대전환의 세기, 유럽의 길을 묻다

우리 시대의 새로운
프런티어21
지적 대안 담론

대전환의 세기, 유럽의 길을 묻다

유럽연합 이후의 유럽

페리 앤더슨 지음 | 안효상 옮김

도서출판 길

지은이 **페리 앤더슨**(Perry Anderson, 1938~)은 영국 런던에서 태어나 중국, 미국, 아일랜드에서 소년 시절을 보냈으며, 옥스퍼드 대학을 졸업했다. 1962년 이후 오랜 기간에 걸쳐 『뉴레프트 리뷰』(*New Left Review*)의 편집을 맡은 바 있고, 지금도 이 잡지의 편집위원으로 있다. 현재 UCLA에서 역사학과 사회학을 가르치고 있다. 저서로 국내에 번역된 『고대에서 봉건제로의 이행』(창비, 1991), 『역사적 유물론의 궤적』(새길, 1994), 『절대주의 국가의 계보』(까치, 1997), 『현대 사상의 스펙트럼 : 카를 슈미트에서 에릭 홉스봄까지』(도서출판 길, 2011) 등을 비롯하여 *English Questions*(1992), *A Zone of Engagement*(1992), *The Origins of Postmodernity*(1998), *The Indian Ideology*(2012), *American Foreign Policy and Its Thinkers*(2014), *The H-Word : The Peripeteia of Hegemony*(2017), *The Antinomies of Antonio Gramsci*(2017) 등이 있다.

옮긴이 **안효상**(安孝祥)은 1963년 서울에서 태어나 서울대 서양사학과를 졸업하고 같은 대학교 대학원에서 박사과정을 수료했다. 사회당 대표와 진보신당 공동대표를 역임했으며, 현재 기본소득 한국네트워크 상임이사, 정치경제연구소 대안의 부소장, 성공회대 외래교수를 맡고 있다. 「버클리 자유언론운동」 등 1960년대 학생 운동에 대한 논문을 썼으며, 저서로 『꿈은 소멸하지 않는다』(공저, 한겨레출판, 2007), 『미국은 어떻게 만들어졌을까?』(민음인, 2013), 『세계사 콘서트 : 인문학적 상상력으로 다시 읽는 역사의 명장면들』(지식갤러리, 2014), 『기본소득운동의 세계적 현황과 전망』(공저, 박종철출판사, 2014) 등이 있다. 역서로는 『칼 맑스-프리드리히 엥겔스 저작선집』(공역, 박종철출판사, 2002), 『세계를 뒤흔든 독립선언서』(그린비, 2005), 『악의 축의 발명』(공역, 지식의풍경, 2005), 『1960년대 자서전』(책과함께, 2008), 『현대 사상의 스펙트럼』(공역, 도서출판 길, 2012) 등이 있다.

우리 시대의 새로운
프런티어21
지적 대안 담론24

대전환의 세기, 유럽의 길을 묻다
유럽연합 이후의 유럽

2018년 7월 10일 제1판 제1쇄 인쇄
2018년 7월 20일 제1판 제1쇄 발행

지은이 | 페리 앤더슨
옮긴이 | 안효상
펴낸이 | 박우정

기획 | 이승우
편집 | 이남숙
전산 | 한향림

펴낸곳 | 도서출판 길
주소 | 06032 서울 강남구 도산대로 25길 16 우리빌딩 201호
전화 | 02) 595-3153   팩스 | 02) 595-3165
등록 | 1997년 6월 17일 제113호

ISBN 978-89-6445-157-1 93300

서문

    유럽이 더욱 통합되어 가면서, 유럽에 대해 쓰는 것도 더 어려워졌다. 이제 리머릭[1]에서 니코시아[2]까지 펼쳐 있는 유럽연합으로 인해 유럽 대륙은 아주 복잡한 포괄적인 제도적 틀, 즉 유럽연합을 구성하고 있는 민족들 위에 아치 모양을 하고 있으며, 유럽을 다른 세계와 분리하는 제도적 틀을 가지게 되었다. 이 구조는 매우 특이하며, 여러 가지 점에서 매우 인상적인 것이어서 '유럽'이라는 말은 요즘 쓰이는 것처럼 이제 종종 유럽연합을 가리키게 되었다. 마치 유럽과 유럽연합을 바꾸어 쓸 수 있는 것처럼 말이다. 그러나 물론 이 두 단어는 바꾸어 쓸 수 있는 것이 아니다. 두 단어가 가진 차이점은 유럽 대륙 곳곳에 흩어져 있는 여러 지역이 아직 유럽연합에 가입하지 않았다는 것에서 나오는 게 아니라 민족[국민]국가들의 완강한 주권과 다양성 때문이다. 유럽의 두 가지 면, 즉 민족적인 면과 초민족적인 면 사이의 긴장은 이 지역의 최근사(最近史)를 재구성하려는 시도에 고유한 분석적 딜레마를 만들어냈다. 그 이유는 다음과 같이 이야기할 수 있을 것이다. 역사적으로 유례가 없

---

1 Limerick: 아일랜드 서안의 항구도시로, 예부터 공업과 상업이 발달했다. ──옮긴이
2 Nicosia: 키프로스 공화국과 북키프로스의 수도이며, 터키어로는 '레프코샤'라고 불린다. ──옮긴이

는 것이기는 하지만, 유럽연합은 분명 자신의 관할권 내에서 다소는 통일된 효과가 있는 하나의 정치체이다. 하지만 유럽연합에 속하는 국가들의 삶에서 정치는—아주 높은 수준의 강렬도로—계속해서 압도적으로 내적이다. 하나의 초점으로 두 수준 모두를 파악하려는 시도는 실패하기 십상이다. 그런 의미에서 유럽은 불가능한 대상이다. 유럽에 대한 문헌이 서로 관련이 없는 세 종류로 나뉘어 있다는 것은 놀랄 일이 아니다. 첫째, 유럽연합을 이루고 있는 제도들에 대한 전문적인 연구가 있다. 둘째, 제2차 세계대전 이후의 유럽 대륙에 대한 대략의 역사 혹은 사회학 연구로, 여기서 유럽연합은 잘해봐야 돌출적인 것으로 나타난다. 끝으로 이런저런 종류의 국가별 연구가 있는데, 여전히 가장 많은 성과물이 나와 있다.

물론 웬만큼 시간이 흐르면 어려움이 극복될 것이다. 그러나 당분간은 임시변통만이 가능할 것이다. 여기서 시도한 해결책은 불연속적인 것이다. 잇달아 쓴 글로 구성된 이 책의 제1부는—최초의 시도자들이 파악했고 후계자들이 변형시킨—유럽연합의 과거와 현재를 살펴본다. 유럽연합이 어떻게 해서 오늘날의 형태를 얻게 되었는가, 이 속에서 어떤 종류의 대중적인 자기의식과 학문 유형—이 두 가지는 아주 다르다—이 발전했는가? 유럽통합은 하나의 기획으로 간주되고 있는데, 이 기획의 경제적 의도와 실천—이것이 유럽연합의 대부분의 활동을 형성한다—은 언제나 다양한 방향에서 다른 수단에 의한 정치의 추구였다. 이를 부인하는 여러 주장이 있지만, 이것은 쉬망 계획 시절이나 오늘날에나 진실이다.

이 책의 제2부는 민족 수준으로 옮아간다. 여기서는 로마 조약[3]에 서

---

3 1957년 3월 25일 프랑스, 서독, 이탈리아, 벨기에, 네덜란드, 룩셈부르크 간에 이탈리아 로마에서 체결되었다. 이 조약으로 인해 독립적이고 초국가적인 경제 조직인 유럽경제공동체(EEC)가 설립되었고, 1958년 1월 1일부터 발효하였다. 유럽원자력공동체 설립을 위한 조약과 함께 묶어 국제 협약인 '로마 조약'으로 불린다. —옮긴이

명한 최초의 여섯 개 나라 가운데 세 개의 주요 나라—프랑스, 독일, 이탈리아—를 살펴본다. 이 세 나라는 로마 조약으로 만들어진 유럽경제공동체 인구의 75퍼센트를 이루고 있다. 역사적으로 볼 때, 이 나라들은 통합 과정의 핵심 지역으로 간주될 수 있다. 프랑스와 독일은 처음부터 통합 과정의 가장 강력한 두 개의 추동력이자 감시자였으며, 이후에도 계속해서 그러했다. 이탈리아는 공동시장의 창출 및 그 초기 시절에는 벨기에나 네덜란드보다 덜 중요했지만, 시간이 지나감에 따라 확대된 유럽경제공동체가 채택한 방향에서 더 중요하게 되었다. 대륙 유럽에서 가장 큰 규모의 경제와 가장 많은 인구를 지닌 국가인 프랑스, 독일, 이탈리아가 또한 가장 풍부한 문화적·지적 역사를 지니고 있다는 점은 누구나 동의하는 바이다. 각 나라 내의 정치 구조는 그 역사와 분리할 수 없으며, 유럽경제공동체의 발전을 검토할 때 나는 지난 20여 년간 일어난 사건의 문화적 배경을 이해하려고 노력했다. 이런 시도를 하지 않는다면, 어떤 나라에 대해서든 필연적으로 유럽연합의 관료제적 외피를 벗어나려는 민족적 삶의 특질을 파악할 가능성이 별로 없다. 여기서 조사된 세 나라 각각은 최근에 일어난 주요한 드라마의 장인데, 이는 각각 고유하고, 유럽연합의 발전에서 모두 벗어나 있는 상황이다. 독일은 통일에 의해 변화되었다. 이탈리아는 하나의 공화국이 붕괴하고 다른 공화국으로 급속하게 변화하였다. 프랑스는 샤를 드골(Charles de Gaulle)에 의해 재주조된 이후 첫 번째 신뢰의 위기를 겪고 있다. 그러한 변화 때문에 세 나라를 똑같이 취급할 수 없으며, 각 장의 접근법은 이에 따라 다르다.

파리, 베를린, 로마가 회의장에서 가장 큰 모습을 보이지만—이 시대의 G-7 가운데 유일한 대륙 유럽 국가들—냉전 종식 이후 서유럽 전체를 대리로조차 대변하지 못하고 있다. 나는 영국이 빠진 것을 아쉬워하지 않는다. 영국의 역사는 마거릿 대처(Margaret Thatcher)의 몰락 이후 별로 중요하지 않았다. 그러나 스페인에 대해서는 쓰고 싶었고, 이 나라의 근대화는 상대적으로 평온하기는 했지만 이 시기의 중요한 특징을 두루 지니고 있다. 이 지역에 속해 있는 작은 나라들은 다른 이유로 아쉽다. 왜냐하면 나는 크기가 작기 때문에 관심을 가질 필요가 없다는 것을 의미한다고 생각하지 않기 때문이다. 또한 내가 성장하는 동안 대부분의 시간을 보낸 아일랜드를 다루지 못했다. 공간이 —어느 정도까지는 시간도— 이러한 제한을 규정한다면, 지식의 문제는 당연하게도 유럽연합의 수준 아래로 옮아가는 데 더 큰 장벽을 이룬다. 누가 유럽연합 27개국에 대해 제대로 혹은 균일하게 쓸 수 있을 것이라고 기대할 수 있겠는가? 이 문제가 해결하기 어렵다는 것은 동유럽에서 더 분명하게 드러난다. 동유럽의 언어들은 널리 읽히는 게 아니며, 이곳의 사건들은 종종 덜 기록되고, 이곳 국가들은 규모라는 면에서 비슷하기 때문에 어디를 선택하는가는 더 자의적일 수 있다. 그렇다고 이런 이유로 인해 이들 국가에 대해 어떤 관심도 기울이지 않았다는 것은 아니다. 반대로 이들 국가가 공산주의에서 벗어나면서 많은 문헌이 생산되었고, 유럽연합 내에 이 국가들이 참여한 것이 —여전히 진행 중이다— 유럽연합의 주요한 성과의 하나로 간주되는 것이 당연한 일이 되었다.

이제 이 지역은 잘 다루어지고 있어서 더 동쪽, 즉 현존 유럽연합의 가장 먼 경계 지역을 살피는 것이 더 나은 것처럼 보이며, 유럽연합의 전망은 아시아로까지 더 확장되고 있다. 이에 따라 이 책의 제3부는 2004년에 유럽연합에 가입한 키프로스, 2년 전에 가입 후보국이 된 터키를 살펴본다. 여기서는 극단적으로 규모의 차이가 나는 게 얽혀 있다. 한 나라는 100만 명이 되지 않는 데 반해, 다른 나라는 7,000만 명이 넘어 곧 독일을 추월해 유럽연합의 현재 회원국 가운데 가장 큰 나라가 될 것이다. 두 나라의 관계가 유럽연합의 확대라는 현재의 의제 가운데 가장 폭발적인 주제를 제기한다고 할 때, 터키가 후보국이 된 것은 유럽연합으로 이해되어 온 '유럽'에 가장 커다란 장래의 도전을 제기한다. 이 도전의 규모는 예전의 코메콘(COMECON)[4] 지역을 흡수했을 때

---

4 1949년 소련의 제창으로 유럽경제협력기구(OEEC)에 대항하기 위해 창설된 기구

와는 다른 수준이다. 그러나 그 도전의 정확한 성격은 별로 토의되지 않는다. 그 이유를 알기는 어렵지 않다. 예전 공산주의 지역의 통합은 서유럽의 지배적인 생각에 별 다른 문제를 일으키지 않았다. 전체적으로 보아 지배적인 생각에 위안을 주는 진실이 이야기될 수 있었다. 반면 키프로스의 운명과 터키의 견인은 유럽의 양심에 곤혹스러운 질문을 제기한다. 세련된—공식적이고, 언론에 발표되는—견해는 억압당해 왔다. 얼마나 곤혹스러운 것인지는 아래에서 살펴볼 것이다. 역사적으로 말하자면, 새로운 동방 문제가 유럽연합의 자기 이미지에 비춘 빛은 과거의 동방 문제가 열강 협조 체제(Concert of Powers)에 비춘 빛과 비교할 수 있다.

이를 고려하면서 나는 이 책의 제2부와는 달리 더 긴 시간대를 채택했으며, 해당하는 두 사회의 정치사에 좀 더 엄격하게 집중했다. 서유럽의 큰 세 국가의 최근 시기에 대한 일반적인 배경은 20세기 역사의 익숙한 수많은 사건과 마찬가지로 대체로 당연한 것으로 볼 수 있다. 키프로스나 터키는 그렇지 않으며, 따라서 각 나라가 현재의 상황에 이르게 된 길을 좀 더 폭넓게 재구성할 필요가 있다. 그것은 놀랄 일이 아니며, 설명할 필요가 별로 없다. 좀 더 미심쩍은 것은 프랑스, 독일, 이탈리아를 다룰 때 좁은 범위와 시간대, 더 넓은 초점을 결합하는 문제이다. 기록이 별로 남아 있지 않고, 관점이 축소되는 것을 감안할 때 모든 당대사는 진정 역사보다 더 제한적이다. 어떤 한 현대 사회를 몇십 년에 걸쳐 직접 탄도 거리에서 파악하려는 시도는 불가피하게 위험한 일이다. 어떤 프랑스의 전승에서 본질의 제거(coupe d'essence)라고 비난하는 위험이 명백하며, 나는 그런 위험을 의식하고 있다. 일반적인 수준의 무시나 오판뿐만 아니라 그러한 위험이 함축하고 있는 단순화나 오류는, 때가 되면 다른 사람들이 교정해 줄 것이다. 아래에서 연속적인 장들을 이

로, 동구권 사회주의 여러 국가의 경제협력기구를 서방 측에서 이르는 약칭을 말한다.—옮긴이

루고 있는 글들은 10년이 좀 넘는 시간 내에 쓰여진 것이긴 하지만 그 기간 내의 서로 다른 국면에서 쓰여졌으며, 따라서 그 흔적이 남아 있다. 나는 이 글들은 상대적으로 별로 고치지 않았다. 이 글들을 시대의 증언이자 시대의 반영으로 놓아두는 게 낫다고 보기 때문이다. 각 글의 앞에 연도를 표기했다.

이 책의 매개변수가 되는 시대의 단일성은 신자유주의의 발흥이다. 역사적으로 볼 때 이것은 두 차례에 걸친 체제의 커다란 변화가 규정한다. 첫 번째 변화는 1980년대 전환기에 있었는데, 대처 정부와 레이건 정부의 등장, 금융시장에 대한 국제적 차원의 탈규제 및 그 뒤를 이은 서방의 산업과 서비스의 사영화(私營化) 등과 함께 변화가 있었다. 1990년대 전환기에 있었던 두 번째 변화에서 우리는 소비에트 블록 공산주의의 붕괴 및 첫 번째 변화가 동쪽으로 확대되는 것을 보았다. 이 이중의 소용돌이 속에서 유럽연합의 모습은 변화하였고, 유럽연합 내의 모든 나라는 새로운 방향으로 쏠렸다. 이러한 압력이 초민족적 차원에서, 민족적 차원에서 어떻게 작용했는지 그리고 그것에 의해 추동된 대외정책과 국내 정책이 어떤 것인지가 이 책에서 반복되는 주제 가운데 하나이다. 오늘날 신자유주의 체제는 위기에 빠졌다. 2008년 사사분기에 시작된 불황으로 세계가 빠져들면서 신자유주의 시대가 지나갔다는 것이 일반적인 견해이다. 한때 신자유주의 옹호자였던 많은 사람조차 그렇게 진단하고 있다. 현재의 위기가 물러간다고 할 때 그 체제가 얼마나 변화할지 혹은 무엇이 그 체제를 대체할지는 아직 지켜보아야 할 때다. 프랑스에 대한 장의 후반부를 제외하면, 이 책에 실린 모든 글은 미국의 금융시장의 붕괴 이전에 쓰여졌다. 위기의 시작에 대한 언급 이외에 나는 그 효과가 어느 정도인지 혹은 어떤 결과가 올지를 알기 위해 글을 수정하지는 않았다. 대신 과거와 현재의 유럽의 이념을 좀 더 일반적인 수준에서 재검토하는 이 책의 결론을 이루는 성찰 속에서 이에 대해 검토했다.

잉글랜드는 처음부터 유럽연합에 가담한 그 어떤 나라보다 유럽회의

주의를 만들어왔다. 유럽연합에 대해 비판적이기는 하지만, 나는 이런 관점을 공유하지는 않는다. 내가 편집자로 있던 1972년에 『뉴레프트 리뷰』는 톰 네언이 쓴 책과 같은 분량의 논문 「유럽에 반대하는 좌파?」를 특별호로 출간했다.[5] 당시에는 영국의 노동당뿐만 아니라 노동당 왼쪽에 있는 압도적인 다수의 사회주의자들까지 영국이 유럽경제공동체에 가입하는 것을 반대했다. 영국의 유럽경제공동체 가입은 보수당 정부에 의해 막 의회를 통과했었다. 네언의 글은 당시 이렇게 일치된 합의를 깨는 것이었으며, 사반세기가 지난 오늘날에도 유럽통합을 지지하는, 좌파로부터 나온 가장 강력하면서도 유일한 주장이다. 좌파의 공식 정당들인 사회민주당, 포스트공산당, 녹색당 등은 현재 금색 별들이 새겨져 있는 푸른 깃발을 두르고 있지만, 그 대열에서는 네언의 글에 필적할 만한 것이 나온 적이 없다. 21세기 초의 유럽연합은 1950년대나 1960년대의 유럽공동체가 아니지만, 원래의 기획자들에 대한 나의 존경심은 그대로이다. 그들이 벌인 사업은 역사상 유례가 없는 것이었으며, 이 사업의 장대함은 시작 이래로 지속되고 있다.

변화하는 현실 속에서 성장해 온 유럽 이데올로기는 다른 문제이다. 유럽 엘리트와 홍보 담당자들의 자기만족은, 유럽연합이 점차 그 시민들의 신뢰를 얻지 못하고, 국민들의 의지를 점점 더 공공연하게 업신여기고 있음에도, 나머지 세계의 모범으로 널리 제시될 정도가 되었다. 이러한 흐름이 어느 정도나 역전될 수 없는 것인지는 누구도 말할 수 없다. 왜냐하면 그것이 견제된다면, 수많은 환상을 포기해야 할 것이기 때문이다. 그러한 환상 가운데 현재 이데올로기의 많은 부분이 기초한 믿음이 있다. 그 믿음은 대서양으로 통일된 유럽이 미국보다 더 고상한 가치를 체현하고 있으며, 세계에서 더 영감 어린 역할을 하고 있다는 것이다. 아메리카에 유리하게 보자면, 이러한 독트린은 이들이 공유하는 것

---

5 Tom Nairn, *New Left Review* I/75, September-October 1972, pp. 5~120. 이 글은 나중에 같은 제목의 책으로 출판되었다(Harmondsworth 1973).

가운데 많은 부분이 존중할 만한 것인지를 유념하는 것에 의해, 유럽에 불리하게 보자면, 많은 것이 반대할 만한 것인지를 유념하는 것에 의해 거부될 수 있다. 유럽인들에게는 두 번째 비판이 더욱 필요하다.[6] 아메리카와의 차이뿐만 아니라 아메리카로부터의 자율성도 유럽인이 상상하는 것보다 적다. 아메리카와 유럽 사이의 현재 관계가 유럽연합 연구의 장보다 더 생생하게 묘사되는 것은 없기 때문에 유럽연합에 대한 세 번째 글은 이것을 다루었다.

대체로 보아 이 장은 더 넓은 공론장과 별로 접촉을 하지 않는, 고도로 기술적인 문헌의 폐쇄된 세계이다. 유럽에서 이 장은 전문 논문, 조사 보고, 자문 등으로 이루어진 광대한 산업을 형성했으며, 많은 부분 브뤼셀의 자금 지원을 받고 있다. 그리고 브뤼셀은 이 영토의 고지를 차지하고 있지는 않지만, 그 아래 광대한 평지는 차지하고 있다. 이 영역에서 이루어지는 범유럽적인 교환의 양은 전례가 없는 것이었다. 역사학과 경제학에서 법학과 사회학까지 인접 분과 학문에서 이루어지는 셀 수 없이 많은 회의, 워크숍, 콜로키엄, 강의 등을 통해 이루어지는 이러한 교환은 국경을 넘어서는 활기 있는 토론을 가능케 하는 지적 공동체의 기초를 창출해 냈다. 하지만 실제로는 눈에 띄는 것이 별로 없다. 부분적으로 이것은 학문이 밖으로 더 넓은 문화로 향하기보다는 내적으로 전문가를 향할 때 나타나는 학계의 특징과 관련이 있을 것이다.

---

6 전자에 대해서는 통계적인 공격인 다음 책을 참조하기 바란다. Peter Baldwin, *The Narcissism of Minor Differences: Why American and Europe are Alike*, New York 2009. 이 책은 만약 서유럽 사회들이 하나의 집합으로 간주된다면, 여러 가지 지표로 볼 때 아메리카 사회는 여러 지점에서 동일한 범위 내에 들어가며, 더 잘난 체하는 유럽에 비해 많은 경우 우월하다는 것을 경쾌하게 보여줌으로써 대서양 세계에 퍼져 있는 반아메리카적인 편견을 교란하고 있다. 물론 이러한 비교는 아메리카 국가와 유럽 국가들 사이의 어마어마한 차이를 간과한다. 미국은 하나의 대륙이라는 크기를 제외하면 민족국가의 속성을 결여한 유럽연합에 대해서는 말할 것도 없고, 유럽의 어떤 국가보다도 군사력, 정치력, 이데올로기의 힘이라는 면에서도 거인이다.

하지만 더 넓게 보면, 그것은 주로 정치학자들이 장악하고 있는 이—원칙적으로—저명한 정치적 장에 활기 있는 정치적 분할이 결여되어 있다는 것을 반영한 것이다. 어떤 독특한 사상(pensée unique)에 대해 말하는 것은 불공평할 것이다. 그것은 편안한 사상(pensée ouate) 같은 것으로, 그 영역의 많은 부분에 장막처럼 드리워져 있다. 미디어는 거기에 균형을 잡아줄 만한 것을 별로 제공하지 않으며, 일반적으로 유럽순응주의에 따르는 칼럼과 사설이 교수나 싱크탱크보다 더 많이 나오고 있다.

그렇게 활력이 없는 것의 한 가지 결과는 유럽에서 진정한 공론장이 등장하는 것을 가로막는 것이다. 사전에 모두가 어떤 것이 바람직하고 어떤 것이 그렇지 않은지—계속되는 국민투표를 보라—에 동의한다고 할 때 다른 민족의 삶과 사상에 대한 호기심을 불러일으키는 충동은 없게 된다. 이미 이곳에서 얻을 수 있는 모든 본질적인 요소에서 그저 반복만 있을 뿐이라면, 다른 곳에 대해 이야기하거나 쓰인 것에 관심을 가질 이유가 있겠는가? 이러한 의미에서 오늘날의 유럽연합의 반향실은 전간기(戰間期)의 대부분의 문화생활이나 심지어 제1차 세계대전 이전 시기보다 덜 유럽적이라고 보는 게 나을 것이다. 오늘날에는 조르주 소렐(Georges Sorel)과 베네데토 크로체(Benedetto Croce)의 편지 교환, 발레리 라르보[7]와 제임스 조이스(James Joyce)의 협력, 엘리어트, 루트비히 쿠르티우스,[8] 카를 만하임(Karl Mannheim) 사이의 논쟁, 에드문트 후설(Edmund Husserl)에 대한 오르테가의 반박 등에 필적할 만한 것이 없다. 물론 제2인터내셔널과 초기 제3인터내셔널 내의 논쟁은 말할 것도 없다. 당시에 지식인들은 더 작고, 덜 제도화된 집단을 형성하고 있었으며, 공통의 인간주의 문화에 깊은 뿌리를 지니고 있었다. 민주화가 이를

---

7 Valéry Larbaud, 1881~1957: 프랑스의 작가이자 번역가, 평론가로 대표작으로는 『페르미나 마르케스』(*Fermina Marquez*, 1911)가 있다. —옮긴이

8 Ludwig Curtius, 1874~1954: 독일의 고고학자. —옮긴이

확산시켰고, 더 많은 재능 있는 사람들이 이 영역으로 들어오게 되었다. 하지만 다른 영역에서 그것의 성과가 무엇이든지 간에 ─ 그것들은 분명히 많다 ─ 유럽연합 내의 문필계에서는 별다른 성과를 낳지 못했다. 이 책의 희망은 그러한 문필계에 기여하는 데 있다.

차례

I

유럽연합

1 기원

‖ 1995년 ‖

수학적으로 볼 때, 오늘날 유럽연합은 세계경제에서 가장 큰 하나의 단위이다. 유럽연합의 명목 GNP는 6조 달러이며, 이에 비해 미국은 5조 달러이고 일본은 3조 달러이다. 총인구는 이제 3억 6,000만 명을 넘어서서 미국과 일본의 총인구를 합친 수치에 근접하고 있다. 하지만 정치적 측면에서 볼 때, 이러한 규모는 여전히 가상현실에 머물러 있다. 워싱턴이나 도쿄와 비교할 때 브뤼셀은 아무것도 아니다. 유럽연합은 주권국가가 아니기 때문에 미국이나 일본에 상응하는 것이 아니다. 그렇다면 그것은 어떤 종류의 구성체인가? 대부분의 유럽인들은 이 질문에 당황할 것이다. 유럽연합은 최근에 유럽연합 시민이 된 소수의 사람을 제외하면 —이들로서는 당황스럽겠지만— 다소는 알 수 없는 미스터리이다. 보통 유권자들에게는 거의 비밀스러운 것이며, 학자들의 거울에서조차 안개막이 흐릿하게 만들어져 있기 때문이다.

1

유럽연합의 성격은 지금 유럽연합이 포함하고 있는 유럽공동체의 기원과 어느 정도 관계를 맺고 있다. 전형적으로 순화된 법률적 왜곡으로도 그것은 대체되지 않았다. 유럽연합의 미래를 검토하는 출발점으로서 그 구조의 발생에 대한 어느 정도의 정치적 해명이 바람직한 것으로 보인다. 이것은 여전히 논쟁적인 근거가 있는 토픽이다. 역사적 문헌은 처음부터 별나게 이론적인 경향을 보였다. 이는 당연시되는 익숙한 가정이 별로 없다는 것을 보여주는 분명한 징후이다. 초기의 지배적인 학계는 전후 서유럽의 통합 밑에 있던 힘들이 초기 석탄철강공동체 및 그 후속편을 구성한 국가들 사이의 객관적인 ― 경제적일 뿐만 아니라 사회적이고 문화적인 ― 상호 의존의 성장에서 찾아야 한다는 견해를 고수했다. 이러한 해석의 첫 번째 물결의 성격은 신기능주의적인 것으로, 제도적 발전이라는 부가적인 논리를 강조했다. 즉 온건한 기능적 변화가 종종 비자발적인 통합의 확대된 길을 따라 보충적인 변화를 낳은 방식 말이다. 경제적 거래, 사회적 교환, 문화적 실천 등이 국경을 넘어 수렴됨으로써 새로운 정치적 이상 ― 국가들의 초국적 연합 ― 으로 점진적으로 나아가는 기초가 마련되었다. 이러한 과정의 시작은 상대적으로 우연적이지만, 이후의 발전은 경로 의존적이라고 생각한 에른스트 하스(Ernst Haas, 1924~2003)는 1950년대 말 『유럽의 통합』(*The Uniting of Europe*)에서 여전히 이러한 입장을 가장 잘 이론화한 것을 생산했다.

이와는 대조적으로 두 번째 해석의 물결은 민족국가의 복원력을 강조했으며, 전후 서유럽의 통합을 초민족적 주권체로 가는 활공 경로가 아니라 반대로 실제적인 민족 권력을 다시 강화하는 수단으로 보았다. 이러한 신현실주의적 주제는 여러 다양한 판본으로 나타났으며, 그것들 모두가 일치하는 것은 아니었다. 앨런 밀워드(Alan Milward)의 저작이 가장 강력하고 특유한 것이었다. 유럽통합에 대해 가장 적게 기여한 나라가 그것을 가장 잘 설명한 역사가를 낳았다는 사실은 다소 아이러니하다. 유럽연합 내의 어떤 학자도 유럽연합의 기원이라는 문제에 밀워드가 보여준 문서를 다루는 장인의 솜씨와 지적 열정에 근접하지 못했다.

그의 출발점은 유럽연합에 대한 생산적인 접선이었다. 그는 이렇게 질문한다. 왜 제2차 세계대전 이후 유럽의 경제 회복이 제1차 세계대전 이후의 패턴을 반복하지 않았는가? 제1차 세계대전 이후의 패턴은 물리적 보충에 따른 초기의 급성장 이후 성장과 후퇴가 기묘하게 발작적으로 반복된 것이었다. 『서유럽의 재건, 1945~51년』(1984)에서 그는 인습적인 설명 — 케인스주의의 도래, 전쟁 피해의 복구, 더 커진 공공 부문, 높아진 국방비 지출, 기술적 혁신 — 을 거부하고, 1945년에 시작되어 최소한 1967년까지 지속된 유례없는 경기 호황의 기초가, 오랫동안 만족되지 못한 수요를 배경으로 이 시기에 대중의 벌이가 꾸준히 늘어난 데 있다고 주장했다. 이러한 성장 모델은 국가들 사이의 새로운 배치에 의해 뒷받침되었는데, 이 국가들의 '협소한 자기 이익의 추구'[1]는 무역 자유화 및 쉬망 계획에서 보이는 최초의 제한된 통합 조치로 나아갔다.

이러한 배치는 이후 유럽경제공동체로 발전했고, 밀워드의 후속 작업은 많은 경험적 사실과 한층 날카로워진 이론적 무기를 지니고 여기에 초점을 맞추었다. 그의 위대한 두 연구인 『민족국가의 유럽적 구제』와 이 연구의 코다(coda)인 『민족 주권체의 경계들』은 연방주의적 개념의 중요성을 과도하게 강조하는 신기능주의에 대한 논박이다. 그는 이를 '유럽 성자들의 삶과 가르침'에 대한 신랄한 장에서 너무 경건하다고 논박했다. 밀워드의 중심 주장은 유럽공동체의 기원이 상호 의존이라는 기술적 명령이나 — 이것은 아마 50년 전보다 세기 중반에 덜 중요했을 것이다 — 일부 연방주의적 가치의 영묘한 전망과는 별 관계가 없거나 아무 관계가 없다는 것이다. 그 기원은 도리어 제2차 세계대전이라는 공통의 파국이 낳은 산물이다. 전쟁으로 인해 피레네 산맥에서 북해 사이에 있는 모든 국가가 패배와 점령으로 엉망이 되었던 것이다.

전전(戰前)의 제도들이 빠져든 끝 모를 무능력과 신뢰의 상실로부터

---

1 Alan Milward, *The Reconstruction of Western Europe 1945~51*, London 1984, p. 492.

평화가 돌아온 이후 아주 새로운 종류의 구조가 세워져야만 했다. 전후 서유럽 국가들은 이전의 협소하고 취약한 국가들보다 더 넓은 사회적 기초 위에 세워졌다고 밀워드는 주장한다. 처음으로 농민, 노동자, 프티 부르주아가 성장, 고용, 복지 등의 조치를 통해 정치적 민족으로 완전히 통합되었다. 각국 내에서 이런 정책들이 유례없는 성공을 거둔 것이 두 번째 확대, 즉 나라들 사이의 협력을 자극했다. 국경 내에서 도덕적으로 재활한 대륙의 여섯 개 민족국가는 주권체가 지닌 공통의 유리한 몇몇 요소를 공유함으로써 힘을 더 강화할 수 있다는 것을 알았다. 이 과정의 핵심에는 초기부터 독일 시장이 다른 다섯 개 나라 경제의 수출 부문을 끌어들이는 자기력이 있었다. 이는 독일 산업이 프랑스 시장과 이탈리아 시장에 쉽게 접근할 수 있다는 매력에 의해, 그리고 점차 벨기에의 석탄과 네덜란드의 농업 같은 특수한 이해관계의 이득에 의해 보충되었다. 밀워드의 관점에서 보면, 유럽경제공동체는 본질적으로 민족국가들의 자율적인 계산으로부터 탄생한 것으로, 이 국가들의 내적 정당성이 기초하고 있는 번영이 관세동맹에 의해 증진될 터였다.

독일을 하나의 힘으로 포함해야 할 전략적 필요성 또한 어떤 역할을 했다. 그러나 밀워드는 이것이 본질적으로 부차적인 역할이며, 다른 수단과 부합할 수 있는 것이어야 했다고 주장한다. 통합의 배후에 있는 추동력은 안전의 추구였는데, 1950년대에 서유럽 사람들에게 진짜로 문제가 된 안전은 사회적이고 경제적인 것이었다. 그것은 1930년대의 기아, 실업, 해체로 돌아가지 않도록 보장하는 것이었다. 로베르 쉬망,[2] 콘라트 아데나워,[3] 알치데 데 가스페리[4] 시대에 정치적 안전의 욕구 —즉

---

2 Robert Schuman, 1886~1963: 룩셈부르크 출신의 프랑스 정치가로, 서유럽의 주요 자원을 공동 관리하는 '쉬망 계획'을 입안했다. —옮긴이
3 Konrad Adenauer, 1876~1967: 서독 총리(1949~63)이자 기민당 대표를 역임했다. —옮긴이
4 Alcide De Gasperi, 1881~1954: 기민당 소속의 이탈리아 총리(1945~53). —옮긴이

독일 군국주의와 소비에트 팽창주의에 대비한 재보험 그리고 가톨릭 연대성에 의해 가능한 '영적인' 안전의 희구——는 말하자면 동일한 기본적 열망의 확장이었다. 유럽경제공동체의 토대는 부흥하고 있던 여섯 개 국가의 사회경제적 이해관계의 '유사성과 화해 가능성'[5]이었으며, 이는 각국에서 전후 민주적 질서에 대한 정치적 합의가 있어 가능했던 것이다. 밀워드의 견해에 따르면, 이 원초적인 모체는 유럽공동체의 확장이나 공동체 메커니즘의 정교화에 의해서도 변하지 않은 채 오늘날까지 확고하게 이어지고 있다.

유럽통합에서 중요한 하나의 진전이었던 1980년대 중반의 단일시장 법(Single Market Act)은 동일한 패턴을 보여준다. 그때가 되면 지구적 경제 위기 및 미국과 일본의 증대된 경쟁의 압력 속에서, 유권자들이 실업의 회귀에 굴복하고 건전통화 및 사회적 탈규제의 명령으로 개심하게 되면서 정치적 합의가 바뀌었다. 밀워드는 이러한 관점의 변화를 만들어낸, '추상적 경제 원리로부터 관리자적으로 인기 영합적이고 협소하게 권위적인 추론'[6]에 대한 혐오감을 감추지 않았다. 그러나 내부 시장의 완성이라는 지점으로 대처 전성기의 영국을 포함해서 모든 회원국이 수렴할 수 있도록 한 것은 프랑수아 미테랑(François Mitterrand)이 1983년에 원래의 케인스주의 프로그램을 포기함으로써 승인한, 신자유주의로의 전반적인 전환이었다. 1950년대와 마찬가지로 각국은 유럽공동체 내에서 자유화가 좀 더 진전되면서 얻을 특수한 상업적 이득을 계산했던 것이다. 다시금 민족국가는 과정의 지배자로서, 자국 시민이 국내에서 지니는 기대감을 만족시키기 위해 각국의 물질적 능력의 총합을 증진시키는 것에 몇몇 사법적 대권을 양보했다.

---

5 Alan Milward and Vibeke Sorensen, "Interdependence or Integration: A National Choice", in Alan Milward, Frances Lynch, Ruggiero Ranieri, Federico Romero, Vibeke Sorensen, *The Frontiers of National Sovereignty: History and Theory 1945~ 1992*, London 1993, p. 20.

6 Alan Milward, *The European Rescue of the Nation-State*, London 1992, p. xi.

유럽통합에 대한 밀워드의 설명력이 가진 누적적인 힘은 필적할 만한 것이 없다. 이런 관점은 이후의 사례연구에서 되풀이되었고, 엄청난 추진력을 가지고 제시된 개별 사례연구 ── 키보드 위를 오만하게 지나가면서 나타나는 제도적 세부 사항과 이론적 공격, 아래의 페달을 밟으면서 냉소적으로 그려내는 개인들의 초상화 ── 를 낳았다. 그러나 바로 그 힘이 수많은 질문을 제기하게 한다. 전체로서의 밀워드의 지적 구성물은 네 가지 가정에 근거한다. 그것들은 아주 단순하지는 않지만 아래와 같이 정식화할 수 있을 것이다.

가장 명백한 첫 번째로 국제 외교의 전통적인 목적 ── 국가 간 체제 내에서 권력을 향한 경쟁적인 투쟁으로, 막스 베버(Max Weber)가 이해한 식으로는 '세계정치'이다 ── 은 전후 유럽통합으로 나아간 선택에서 언제나 부차적인 무게만을 지녔다. 밀워드는 이러한 사실이 과거와 마찬가지로 오늘날에도 맞다고 주장한다. 그는 결론부에서 유럽공동체 국가들이 더 진전된 통합으로 나아가는 것은 "절대적으로 국내적인 정책 선택의 성격에 달려 있다"[7]라고 쓴다(강조는 인용자). 밀워드는 고전적인 프로이센의 격언을 뒤집어서 실질적으로는 무조건적인 국내 정치 우선의 원칙(Primat der Innenpolitik)을 만든다. 대외정책은 한번 입안되면 폐기되지 않는다. 그러나 그것은 민족국가의 사회경제적 우선성에 대한 부속물로 간주된다.

두 번째 가정 ── 첫 번째 가정과 논리적으로 구분되는 ── 은 외부 정치 혹은 군사적 계산이 정책 결정의 균형에 들어올 때는 대중의 번영이라는 내적 추구의 연장으로서 그렇게 하였다는 것이다. 즉 상보적인 영역에서의 안전이라는 것이다. 외교의 목적은 국내의 합의라는 관심사와 밀접한 관계가 있다. 이는 갈등적인 면에서 그런 게 아니라 연속선상에서 그러하다. 다시 국내의 합의라는 관심사는 ── 여기서 세 번째 가정에 도달한다 ── 투표함에서 표현되는 대중의 의지를 반영한다. "국가적

---

7 Alan Milward, *The European Rescue of the Nation-State*, p. 447.

(national) 정책 및 국가의 이해관계를 정식화할 때 미치는 압도적인 영향력은 언제나 유권자의 요구에 대한 대응"이며, "시민들이 국가의 이해관계를 규정할 때 압도적인 영향력을 끼치는 것은 …… 투표를 통해서이다."[8] 사회적 안전이라는 새로운 목적에 의해 고무된 민족국가가 최초로 통합의 결정적인 발걸음을 내디딜 수 있었던 것은 서유럽 전역에서 민주적 합의 — 이 속에서 노동자, 사무직, 농민의 목소리가 마침내 적절하게 들릴 수 있었다 — 가 아주 유사했기 때문이었다. 여기에서 — 가장 눈에 덜 띄지만, 여전히 통찰력 있는 — 최종적인 제안이 있다. 실제로 문제가 되는 것은 원래의 관세동맹을 형성했고, 내부 시장을 완성한 국가들의 참여에는 궁극적으로 균형이 있었다는 것이다.

대내적 목적의 우선성, 이것과 대외적 목표의 계속성, 정책 형성의 민주주의, 국가적 여론의 균형. 캐리커처의 한 요소는 전체의 압축과 분리할 수 없으며, 밀워드의 작업은 미묘하고 복잡해서 수많은 반대되는 증거를 지니고 있다. 그 가운데 일부는 아주 주목을 끄는 것이다. 그러나 거칠게 말하면, 이 네 개의 주장은 그의 작업이 지닌 주요한 강조점을 담고 있다. 그 주장은 얼마나 견고한가? 이 질문에 대한 한 가지 접근법은 밀워드가 자신의 출발점을 어떻게 다루는가를 보는 것이다. 유럽통합을 향한 운동의 절대적 기원은 제2차 세계대전에 있다. 이의가 별로 없다. 그러나 전쟁 자체의 경험은 매우 특별한 관점에서 검토된다. 전쟁은 전전 정치 구조 — 광범위한 민주주의의 기반을 지니지 못한 — 의 전반적인 취약함이 갑자기 드러난 대파국으로서, 이 갈등이라는 용광로에서 민족국가들이 하나씩 무너졌다.

이것은 제2차 세계대전을 바라보는 한 가지 정당하고 생산적인 방식이며, 이것이 밀워드가 말하는 통합으로 이어지는 전후 재건의 이야기를 위한 무대가 된다. 물론 그 전쟁은 모든 유럽 대륙의 국가들이 겪은

---

8 Alan Milward and Vibeke Sorensen, "Conclusions: The Value of History", in *The Frontiers of National Sovereignty*, pp. 194, 201.

공통의 시련은 아니었다. 그것은 또한 열강 사이에서 목숨을 건 투쟁이었으며, 그 결과는 불균형했다. 그 투쟁을 촉발한 독일은 실제로는 민족국가로서 붕괴하지 않았다. 최소한 대중의 지지가 미미했기 때문에 붕괴한 것은 아니었다. 독일의 군인과 민간인은 끝까지 연합국에 단호하게 맞섰다.

밀워드가 강조하는, 전후에 좀 더 번영되고 민주적인 기초 위에 민족국가를 재건한다는 공통의 과제만큼이나 유럽통합을 만든 것은 이렇게 불균형한 전쟁 경험의 기억—독일의 군사적 우월과 그 결과에 대한 기억—이었다. 관심의 중심을 이룬 나라는 필연적으로 프랑스였다. 공통의 유럽 제도를 만드는 데 프랑스가 기여한 게 서유럽 경제 전체에서 프랑스가 차지하는 비중과 비례했다는 것은 우연이 아니다. 독일에 대한 정치적·군사적 봉쇄는 처음부터 프랑스에 가장 우선적인 전략이었으며, 이는 여섯 나라 사이에 통합의 상업적 이익에 대한 파리합의가 있기 전부터 그러했다. 정규군을 동원해서 독일을 억누르려는 조르주 클레망소[9]의 거듭된 시도가 앵글로-아메리카에 의해 불가능하게 되자, 유일하게 일관성 있는 대안은 독일을 가장 가까운 동맹국으로 묶어두는 것이었으며, 이는 전통적인 외교의 임시적인 피난처가 아니라 좀 더 지속적인 구성물을 필요로 했다.

따라서 유럽통합 과정의 중심에는 언제나 유럽 대륙의 주도적인 두 국가인 프랑스와 독일의 특유한 양국 협약이 있었다. 이후 두 국가 사이에 이루어진 일련의 조율—주로 경제적인 형태를 띠었다—이 지닌 근거는 전략적으로 일관된 배경이 있었다. 공통의 유럽 제도가 발전하는 데 결정적인 것은 파리와 본이 벌인 네 차례의 주요한 협상이었다. 물론 이 가운데 첫 번째는 1950년의 쉬망 계획으로, 이를 통해 1951년에 원래의 석탄철강공동체가 만들어졌다. 코크스를 라인 지방의 석탄에

---

9 Georges Clemenceau, 1841~1929: 프랑스의 언론인이자 정치가로, 제1차 세계대전 때 총리를 지내면서 전시내각을 이끌었다. —옮긴이

의존하는 프랑스 철강 산업의 지역적 문제가 쉬망 계획을 낳은 한 가지 요소이기는 하지만, 그 계획이 지닌 의도는 훨씬 더 넓은 것이었다. 두 나라 가운데 독일은 폭넓은 중공업 기반을 지니고 있었다. 다른 한편으로 독일은 루르 지방에 대한 국제적인 군사 통제가 지속되는 것을 두려워했다. 공동의 자원에 대한 주권을 하나로 모아냄으로써 프랑스는 다시 일어날지 모르는 독일 군국주의에 대한 보호 수단을 가지게 되었고, 독일은 연합국의 경제적 감독에서 벗어날 수 있게 되었다.

두 번째 이정표는 1957년에 로마 조약이 맺어지도록 한 아데나워와 기 몰레[10]의 협정이었다. 본의 재무부와 파리의 외무부의 제약에서 벗어난 두 정부는 독일과 프랑스 재화(goods) 산업이 서로의 시장에 자유롭게 들어갈 수 있게 하는 합의에 도달했다. 두 나라는 이미 번영을 위해 서로의 시장에 크게 의존하고 있었다. 이 속에서 독일연방공화국이 프랑스 농산물을 더 많이 수입하게 될 것이라는 전망이 생겼다. 아데나워가 루트비히 에르하르트[11]로부터 격렬한 자유주의적 반대 — 에르하르트는 프랑스의 높은 사회적 비용이 독일로 확산되는 것을 두려워했다 — 에 직면해서도 이런 협정에 동의한 것은 분명히 정치적인 발상에서 나온 것이었다. 그는 공산주의에 대한 방벽으로서, 궁극적으로 독일의 재통일이 프랑스에 의해 인정받는 것으로서 서유럽의 단결을 원했다. 다른 한편 파리의 경제 자문들은 자유무역지대에 대한 런던의 경쟁적인 제안에 본이 더 관심을 가지는 것처럼 보이고, 따라서 프랑스-독일의 상업적 유대의 우선성을 위협한다고 생각하기 전까지 공동시장이라는 기획을 둘러싸고 분열되어 있었다. 그러나 이 쟁점에 대한 어떤 결정을 한 것은 고위 관료들의 기술적 견해가 아니었으며,[12] 몰레 자신의

---

10 Guy Mollet, 1905~75: 프랑스 사회당의 전신인 노동자 인터내셔널 프랑스 지부(SFIO)에서 서기장을 지냈으며, 1956년 프랑스 총리가 되었다. — 옮긴이

11 Ludwig Erhard, 1897~1977: 독일의 경제학자로서 아데나워 내각에서 경제 장관을 지냈으며, 이후 총리가 되었다. — 옮긴이

12 행정부 엘리트 내에서 나타난 통합에 대한 적대감의 정도에 대해서는 다음을

개인적 선호도 아니었다. 몰레는 항상 유럽통합을 선호했지만, 노동자 인터내셔널 프랑스 지부(SFIO) 투표로 유럽방위공동체가 무산된 2년 전에는 당내에서 자기 의견을 관철할 수 없었다. 이 균형을 바꾼 것은 수에즈 위기의 정치적 충격이었다.

몰레는 무역 협상 같은 것보다는 알제리 전쟁의 수행 및 이집트 공격 준비에 관심이 쏠린 정부를 이끌고 있었다. 친영파의 배경을 지닌 그는 동지중해에서 영국과 공동 작전을 벌이는 데 양해를 얻었다. 1956년 11월 1일, 수에즈 원정이 개시되었다. 닷새 후 프랑스 공정대가 이스마일리아 외곽의 지상에 내렸을 때, 아데나워는 공동시장을 위한 비밀 회담을 위해 파리에 도착했다. 아데나워가 몰레를 비롯해 크리스티앙 피노[13]와 토론을 벌이고 있는 중에 앤서니 이든[14]이 갑작스레 런던에서 전화를 걸어 미국 재무부의 압력을 받아 영국이 일방적으로 원정을 포기했다고 알려왔다. 아데나워는 재치 있게 자신을 초대한 사람들에게 타이르듯 말했다.[15] 프랑스 내각은 교훈을 끌어냈다. 미국은 인도차이나 이후에 자신의 태도를 뒤집었다. 영국은 믿을 수 없는 나라였다. 여전히 아프리카의 프랑스 제국과 프랑스 원폭 계획에 몰두하던 제4공화국의 마지막 정부들에게는 유럽의 통일만이 워싱턴에 대해 필수적인 대응물을 제공할 수 있었다. 6개월 후 피노가 로마 조약에 서명했다. 국민의회에서 그것은 조약에 대한 재가를 보장하는 전략적 논거—미국

참조. Gérard Bossuat, "Les hauts fonctionnaires français et le processus d'unité en Europe occidentale d'Alger à Rome(1943~1958)", *Journal of European Integration History*, no. 1, vol. 1, 1995, pp. 87~109.

13 Christian Pineau, 1904~95: 레지스탕스 출신의 프랑스 정치가로, 전후 여러 장관 직을 수행했다. 1956~58년까지 외무 장관으로서 수에즈 위기 및 로마 조약에 대한 책임을 맡았다.—옮긴이

14 Anthony Eden, 1897~1977: 영국의 정치가로, 외무 장관과 총리(1955~57)를 지냈다.—옮긴이

15 Christian Pineau, *Le grand pari: L'aventure du traité de Rome*, Paris 1991, pp. 221~23.

과 러시아 모두로부터 독립적인 유럽의 필요성 — 였다.

세 번째로 중요한 에피소드는 드골의 출현과 함께 벌어졌다. 프랑스에서 전후 최초로 등장한 진짜로 강력한 정권은 불가피하게 협상의 조건을 변경했다. 1962년 초 프랑스 농민들에게 유리한 공동 농업정책(Common Agricultural Policy)을 매듭짓기는 했지만, 6개국 정부를 아우르는 이사회를 구성하는 데는 실패한 드골은 가을에 본과 공식적인 외교 축을 형성하는 논의를 제안했다. 1963년 1월 그는 영국이 유럽공동체에 들어오는 것을 거부했다. 2월에 아데나워는 프랑스-독일 조약에 서명했다. 이 외교 동맹이 자리를 잡자 드골 — 그는 발터 할슈타인[16]이 이끄는 브뤼셀의 위원회에 적대적인 것으로 악명 높았다 — 은 권좌에 있는 한 다른 나라들이 유럽공동체에 들어오는 것을 견제할 수 있었다. 새로운 균형의 제도적인 표현은 1966년의 룩셈부르크 타협이 되었는데, 이는 각료이사회(Council of Ministers)에서 다수결 투표를 막았다. 이는 이후 20년 동안 유럽공동체의 입법 기준이 되었다.

끝으로 상대적으로 제도적인 정체 시기에 속하는 1978년에 발레리 지스카르 데스탱(Valéry Giscard d'Estaing)과 헬무트 슈미트(Helmut Schmidt)는 함께 브레턴우즈 체제의 붕괴 — 이때 전후 최초의 심각한 불황 속에서 고정환율제가 해체되었다 — 가 가져온 불안정 효과를 막기 위해 유럽통화제도(European Monetary System)를 만들었다. 유럽공동체의 틀 밖에서 만들어진 유럽통화제도는 심지어 유럽집행위원회 내에 있는 저항에 맞서면서 프랑스와 독일이 만든 것으로, 6개국 영역 내의 단일통화를 위한 토대를 준비했다.

전후 첫 30년 동안 패턴은 아주 일관되었다. 이웃한 예전의 적들인 두 개의 가장 강력한 세력이, 구분되지만 수렴하는 이해관계를 추구하

---

16 Walter Hallstein, 1901~82: 독일의 법학자이자 정치가로, 1958년 유럽공동시장의 초대 위원장이 되었다. 서독만이 독일의 유일한 합법정부라고 주장한 '할슈타인 원칙'을 제창하기도 했다. —옮긴이

는 속에서 유럽의 제도적 발전을 이끌었다. 이 시기 내내 군사적·외교적으로 우월했던 프랑스는 독일을 공동 경제 질서에 참가시키려 했다. 이 경제 질서는 프랑스의 자체 번영과 안전을 보장할 수 있으며, 서유럽이 미국에 종속되는 것을 피할 수 있게 해주는 것이었다. 이미 1950년대 중반부터 경제적으로 우월해진 독일은 자국 산업을 위해 유럽 공동시장 전체가 필요했을 뿐만 아니라 대서양 블록에 완전히 재통합되고, 소련이 통제하는 지역 — 여전히 공식적으로는 중부 독일(Mitteldeutschland) — 을 궁극적으로 재통일하기 위해 프랑스의 지지가 필요했다. 이 시기에 주도적인 파트너는 언제나 프랑스였으며, 이 나라의 공무원들은 석탄철강공동체의 원안을 구상했고, 유럽 공동시장의 제도적 기관 대부분을 계획했다. 파리와 본의 균형이 처음으로 바뀌기 시작한 것은 독일 마르크화가 유럽 통화(通貨) 지역의 지지물이 되고 나서이다.

프랑스-독일 간 연합의 고도 정치는 내구소비재와 복지 지출 추구라는 면에서 유권자들의 이야기보다 더 오래된 이야기를 들려준다. 그러나 양국의 고도 정치가 국내적 관심을 새롭게 우선시하지도 않았고, 따라서 양국 대중의 균형을 우선시하지 않았더라도 — 다른 회원국들은 이 두 나라의 중요성에 미치지 못한다 — 밀워드가 유럽통합의 역사에서 순수하게 정부 간 관계에 부여한 압도적인 중요성을 확인해 주는 것처럼 보인다. 하지만 여기에서 출현한 유럽공동체 통합의 제도를 살펴보면, 부족한 점이 눈에 띈다. 관세동맹은, 비록 농업 기금이 있긴 하지만, 집행력이 있는 초국가적 위원회도, 각국의 입법을 위법하다고 할 수 있는 최고법원도, 법률의 수정과 철회라는 통상적인 권리가 있는 의회도 필요 없었다. 밀워드가 통합의 배후 추동력이라고 본 제한된 국내적 목표는 더 단순한 틀 내에서 실현될 수 있었을 것이다. 그것은 드골이 1년 일찍 권력을 잡았더라면 동의했을 종류의 틀이며, 오늘날 남아메리카와 북아메리카에서 찾아볼 수 있는 틀이다. 유럽공동체의 실제적인 기제는 또 다른 힘을 이야기하지 않고는 설명할 수 없는 것이다.

물론 그것은 다른 누구보다도 장 모네(Jean Monnet)와 그의 그룹이 발전시킨 초국가적 유럽이라는 연방주의적 관점이다. 이들은 작은 테크노크라트 그룹으로 유럽석탄철강공동체(ECSC)의 원안을 구상했고, 유럽경제공동체(EEC)의 상당히 상세한 계획을 입안했다. 밀워드가 모네에 대해 조심스럽게 쓴 대목을 읽어보면 알 수 있듯이, 모네는 가장 파악하기 힘든 현대 정치가 가운데 한 사람이다. 하지만 프랑수아 뒤셴(François Duchêne)의 훌륭한 전기에서 볼 수 있듯이, 모네는 자신에 대해 좀 더 정확하게 파악할 수 있는 글을 썼다. 모네의 특이한 이력을 전혀 축소시키지 않는 날카롭고도 우아한 전기에서 뒤셴은 '유럽의 아버지'에 대한 인상적인 초상화를 그려낸다.

그의 인격을 둘러싼 시골풍의 신중함과 예의 바름은 그릇된 인상을 준다. 모네는 조르주 뒤아멜[17]의 세계가 아니라 앙드레 말로(André Malraux)의 세계에서 나온 인물이다. 키가 작고 민첩한 이 샤랑테(Charentais) 출신은 큰 스케일을 지닌 국제적인 모험가로서 일련의 스펙터클한 도박에서 재정과 정치에 요술을 부렸다. 그 도박은 전시 물자 조달과 은행 합병의 실행에서 시작해 유럽 대륙의 통일과 지구적인 지도자의 꿈을 향한 계획으로 끝났다. 캐나다 브랜디 시장에서 매점하는 것에서 연합국의 밀 공급을 조직하는 것까지. 바르샤바와 부쿠레슈티에서 유동 채권을 발행하는 것에서 샌프란시스코에서 아마데오 자니니(Amadeo Gianini)와 대리전을 벌인 것까지. 스웨덴의 크뢰거(Kreuger's) 제국을 청산한 것에서 상하이의 쑹쯔원(宋子文)을 위한 철도 건설 관련 대출을 알선해 준 것까지. 디트로이트에 아메리칸 모터스를 설립하기 위해 존 포스터 덜레스(John Poster Dulles)와 함께 일한 것에서 나치 독일에서 화학 콘체른을 팔아치우기 위해 프리드리히 플릭[18]과 협상한 것까

---

17 Georges Duhamel, 1884~1966: 의사 출신의 프랑스 소설가로, 휴머니즘의 관점에서 근대 문명의 진전 속에 허덕이는 중산층의 삶을 그려냈다. ―옮긴이
18 Friedrich Flick, 1883~1972: 독일의 여러 회사에 많은 지분이 있는 산업 제국인 플릭 가문의 창시자이다. ―옮긴이

지. 이런 일들은 전후에 계획위원회(Commissariat au Plan)와 고위관리청(High Authority) 의장으로, 명예훈작(Companion of Honour)과 최초의 유럽 시민(Citizen of Europe)으로 가는 중요한 중간 단계였다.

한 번 보아 그의 삶을 가장 잘 보여주는 것은 그의 결혼이다. 비록 전간기에 대해 부분적으로만 알 수 있지만 말이다. 1929년에 그는 존 J. 매클로이[19]의 명령으로 밀라노 시의 공채를 발행했다. 이때 그는 자신의 이탈리아인 피고용인과 이제 막 결혼한 여자와 사랑에 빠졌다. 무솔리니 치하에서는 이혼이라는 게 없었고, 2년 후 이 부부에게서 아이가 태어났다. 이 결혼을 무효화하려는 시도에 남편이자 아버지가 맞섰고, 바티칸도 거부했다. 1934년에 모네의 본부는 상하이에 있었다. 그곳에서 어느 날, 그는 모스크바에 있는 애인을 만나기 위해 시베리아 횡단철도를 탔다. 모스크바에는 스위스를 거쳐 도착한 애인이 하루 만에 소련 시민권을 얻어 기존 결혼을 파기하고, 소련 국기 아래에서 그와 결혼했다. 독실한 가톨릭 신자인 그의 신부가 이렇게 특이한 결정을 한 것은—모네의 설명에 따르면—리노[20]의 이혼 재판소를 비웃기 위해서였다. 스탈린 정부가 이들의 행동을 허용한 이유에 대해 그는 이해할 수 없었다. 결혼하기에는 부적절한 시기였다. 세르게이 키로프[21]가 14일 후에 암살되었다. 곧 이어 이혼당한 이탈리아인 남편이 상하이에서 네 살배기 딸을 되찾아가려 했을 때, 모네 부인은 납치범을 피해 소련 영사관—코민테른 역사에서 제법 유명한 기관이다—으로 갔다. 1935년 말에 여전히 소련 여권을 지닌 그녀는 모네가 뉴욕으로 자리를 옮기자

---

19 John J. McCloy, 1895~1989: 미국의 법률가이자 은행가로, 제2차 세계대전 당시 전쟁부 차관을 지냈으며, 이후 세계은행 총재, 독일 주재 고등판무관 등을 지냈다.—옮긴이
20 Reno: 미국 네바다 주에 있는 도시로, 이혼 재판소로 유명하다.—옮긴이
21 Sergey Kirov, 1886~1934: 볼셰비키 출신의 소련 공산당 정치국원으로 1934년에 한 청년 당원에게 암살당했는데, 스탈린은 이를 숙청의 빌미로 삼았다. 후일 이 암살 사건은 스탈린이 조작한 것으로 드러났다.—옮긴이

미국 영주권을 얻어 터키인 지역에 살게 되었다. 우리는 지금 『스탬불 특급 열차』(*Stamboul Train*, 1932)[22]나 「상하이 익스프레스」[23]의 통로에 서 있다.

국제 재정가로서만 세계시민주의자일 수 있었던 모네는 프랑스 애국자였으며, 제2차 세계대전 전야부터 종전까지 파리와 런던, 워싱턴, 알제에서 조국과 연합국의 승리를 위해 놀라울 정도로 지치지 않고 일했다. 1945년 드골이 프랑스의 새로운 계획위원회 책임자로 모네를 임명한 것은 논리적인 선택이었다. 밀워드가 현대화 및 설비 계획의 조직자를 "프랑스 민족국가의 전후 소생의 실질적인 아버지"라고 서술한 것은 당연한 일이다.[24] 하지만 그는 실력 있는 집단 속에 있었다. 모네가 다른 점은 기회가 생겼을 때 기존의 끈을 놓아버리는 민첩함과 대담함이었다. 그에게 기회가 온 것은 1949년에 딘 애치슨(Dean Acheson)이 쉬망에게 프랑스의 일관된 대독일 정책을 요구했을 때였다. 하지만 여기에 대해 프랑스 외무부는 답변을 하지 않았다. 유럽통합에 착수하는 것이 모네의 해결책이었는데, 그것은 철강과 석탄 자원의 초국적인 공동 관리라는 제안이었다. 8년 후에 나온 유럽경제공동체라는 더 커다란 제도적 모델은 1950년에 모네의 서클이 계획한 유럽철강석탄공동체의 직접적인 계승자였다.

밀워드가 말하듯이, 이 시절에 모네의 주도권은 주로 미국의 자극에 기댄 것이었다. 유럽의 국경선을 넘어서는 정치 운영자로서 그가 지닌 결정적인 이점은 미국의 정치 엘리트 — 딜레스 형제뿐만 아니라 애치슨, 윌리엄 해리먼,[25] 매클로이, 조지 볼(George Ball) 등 — 와 긴밀한 관

---

22 그레이엄 그린(Graham Greene)의 소설로, 벨기에의 오스텐드에서 출발해서 터키의 이스탄불로 가는 오리엔트 특급을 배경으로 한다. 나중에 미국에서 출판될 때 『오리엔트 특급』으로 제목을 바꾸었다. —옮긴이

23 요제프 폰 스턴버그(Josef von Sternberg) 감독의 영화로, 베이징에서 상하이로 가는 열차를 배경으로 한다. —옮긴이

24 Alan Milward, *The European Rescue of the Nation-State*, p. 334.

계를 맺고 있었다는 것이다. 이것은 그가 뉴욕과 워싱턴에 있던 시절에 형성된 것으로, 뒤셴이 풍부한 문서로 뒷받침하고 있다. 모네가 우리 시대의 헤게모니 국가의 최고위층과 친밀한 관계를 맺은 것은 다른 사람에게는 찾아보기 힘든 일이었다. 이 때문에 그는 자기 나라에서는 여러 사람에게 불신당하게 된다. 당대의 동료들과 그 이후의 역사가들이 질문하는 것처럼 모네의 유럽적 열정은 마셜플랜이라는 전략적 틀 내에서 미국인 후원자들이 자극한 것인가?

구조적 상호 관련성은 아주 밀접하다. 모네가 전후 통합에 대해 사고하기 시작한 것은 미국과 벌였던 토론이었다고 보는 것이 가능하며, 그 이후 그가 성취한 것은 미국의 지원에 결정적으로 의존했다는 것도 확실하다. 그럼에도 그의 정치적 영감은 매우 다른 것이었다. 미국의 정책을 추동한 것은 냉전의 목표를 무자비하게 추구하는 것이었다. 공산주의의 전복 시도에 맞서는 전 세계적인 전투의 중심 전선에서, 강력한 서유럽은 소련의 공격을 막는 방벽으로서 필요했다. 서유럽의 바깥 지역은 아시아, 즉 북으로는 한국에서, 남으로는 인도차이나와 말레이 반도까지 놓여 있으며, 이 전선은 프랑스와 영국이 지키고 있었다.

모네는 이상하게도 이 모든 것에서 별다른 영향을 받지 않았다. 프랑스 내에서는 해방 이후 노동총연맹(CGT) 지도자들과 잘 지냈다. 그는 워싱턴이 돈을 대서 인도차이나에서 벌어진 식민지 전쟁을 "어리석고 위험한" 일이라고 보았다. 한국전쟁이 고조되어 미국이 독일을 재무장시켜 쉬망 계획에서 입안된 주권 공유를 프랑스 여론이 거부하는 지경에 이를까 두려워했다. 서방이 소련에만 신경을 쓰다보면 불화를 낳을 수 있다고 생각했다. 1950년 6월에 그는 『이코노미스트』 편집자에게 유럽석탄철강공동체의 기초가 되는 목적은 "유럽 내에 중립 집단을 수

---

25 William Harriman, 1891~1986: 기업가 출신의 미국 외교관으로, 소련 주재 대사 (1943~46), 영국 주재 대사(1946), 상무 장관(1947~48) 등을 역임했으며, 1969년 은퇴할 때까지 미국 외교에서 주요한 역할을 맡았다. —옮긴이

립하는 것인데, 만약 프랑스가 독일을 두려워할 필요가 없다고 한다면, 다른 두려움, 즉 러시아를 두려워할 필요도 없다"라고 말했다.[26] 중요한 과업은 현대적이고 통일된 유럽, 장기적으로 미국과 독립적인 파트너십을 유지하는 유럽을 세우는 것이었다. 그는 1952년에 이렇게 썼다. "우리는 낡은 우리의 사회적 조건을 변화시킬 것이고, 러시아에 대해 지금 우리가 지닌 두려움을 비웃게 될 것이다."[27] 미국의 힘이 유럽 내의 모든 정치적 행동의 한계를 결정했으며, 모네는 그 한계 내에서 어떻게 일해야 하는지를 그 누구보다도 잘 알고 있었다. 그러나 그는 미국의 의도에 사선으로 놓일 자신의 독자적인 의제가 없었다.

그것은 어디에서 왔는가? 모네는 두 번의 파멸적인 유럽의 갈등을 겪었으며, 그의 최우선적인 목표는 또 다른 갈등으로 이어지는 길을 막는 것이었다. 그러나 이것은 그의 세대에게 공통적인 문제였다. 그렇다고 연방주의에 대한 어떤 일반적인 관점을 불러일으킨 것은 아니었다. 그런 이유 가운데 일부는 서유럽 정치 엘리트가 가졌던 또 다른 우선적인 관심사 속에서 세계대전의 교훈을 치환하거나 거기에 대해 과도한 부담을 지면서 냉전의 열정으로 대체했기 때문이다. 모네는 이런 것들에서 초연했다. 그는 그 어떤 안정된 사회 세력이나 국경으로부터 자유로운, 뿌리 뽑힌 재정 기획자의 경력을 지니고 있기 때문에 자기 계급의 인습적인 관점에 대한 심리적인 시점(視點)이 있었다. 뒤센의 지적처럼 사람들은 모네가 "정치적 가치를 결여하고" 있다고 생각했다. 왜냐하면 그는 "프랑스 혁명과 러시아 혁명에서 나온 경제적 평등을 둘러싼 투쟁"에 대해 별 다른 관심이 없었기 때문이다.[28] 그가 이러한 투쟁이 벌

---

26 François Duchêne, *Jean Monnet: The First Stateman of Interdependence*, New York 1994, pp. 198, 226~28.

27 François Duchêne, *Jean Monnet*, p. 228.

28 François Duchêne, *Jean Monnet*, p. 364.

어진 국가 간 체제라는 전제를 넘어서서 매우 독창적으로 행동할 수 있었던 것은 이러한 상대적인 무관심 ─ 무감각과 똑같은 것은 아니다 ─ 때문이었다.

모네는 조국에 대해 자부심이 있긴 했지만 민족국가의 틀에 붙잡혀 있지는 않았다. 그는 프랑스의 핵 억지력에 반대했으며, 프랑스-독일 조약에 아데나워가 서명하지 못하도록 설득하려 했다. 그는 유럽철강석탄공동체라는 생각 이후 일관되게 유럽 내의 초국적 목표를 위해 일했다. 그는 처음에는 자신이 생각해 낸 것이 아닌 유럽경제공동체라는 아이디어에 대해서는 냉담했는데, 공동시장은 "다소는 모호한" 계획이라고 보았기 때문이다. 어쨌든 그는 자유무역이라는 교의에 특별히 감명을 받지 않았다. 밀워드는 통합을 위한 관세동맹의 잠재력을 역설적으로 과소평가했지만, 모네가 이미 1955년에 제기한 질문 ─ "연방주의적인 사회정책, 통화정책, 거시적 경제정책 없이 공동시장이 가능한가?"[29] ─ 은 40년 후에도 유럽연합에 여전히 중심 쟁점이다. 문장의 순서가 의미가 있다. 은행가였던 모네는 경제적으로 보수주의자가 아니었다. 그는 언제나 자신의 계획을 위해 노동조합의 지지를 구했으며, 말년에는 1968년의 학생운동이 사회적 불의를 경고하는 '인류의 대의'를 대변한다고 하면서 공감을 표하기까지 했다.[30]

다른 한편 모네는 인습적으로 이해되는 것으로서의 민주적 과정에 낯선 사람이었다. 그는 군중 앞에 서거나 공직 선거에 나선 적이 없다. 그는 유권자와 직접 만난 적이 없고, 엘리트 사이에서만 일했다. 유럽통합은 국민국가 내에서 투표로 표현되는 대중의 합의에서 나온다고 본 밀워드의 관점에서 볼 때, 이것은 그 자체로 연방주의에 영향을 끼치는 것에 대해 무감각하다고 그를 비난하기에 충분한 것이었다. 하지만 정반대의 교훈을 이끌어내는 것이 좀 더 타당하다. 모네의 경력은 오늘날

---

29 François Duchêne, *Jean Monnet*, p. 270.

30 Jean Monnet, *Mémoires*, Paris 1976, p. 577.

우리에게 있는 유럽연합으로 이어지는 과정의 지배적인 성격을 특히 순수한 방식으로, 상징적으로 보여준다. 표면상 1976년에 있었던 영국의 국민투표 이전까지 유럽의 통일로 가는 운동에서 어떤 실질적인 대중적 참여도 없었다.

물론 의회 다수당들은 봉합되어야 했으며, 대기업의 이해관계를 일치시켜야 했다. 그들의 주장에 담아야 하는 기민한 로비나 다루기 힘든 대표자들이 있었다. 그러나 유권자들의 의견은 듣지 않았다. 1956년 1월에 프랑스에서 공화주의 전선(Republican Front)이 권력을 잡은 투표에서 유럽이라는 말은 거의 언급되지 않았다. 이 선거의 쟁점은 알제리 갈등과 피에르 푸자드[31]의 호소력이었다. 그러나 유럽경제공동체의 운명이 결국에 가서 바뀌게 되는 결정적인 지점은 국민의회 내에서 수십 석을 차지한 노동자 인터내셔널 프랑스 지부(SFIO)가 투표 방침을 바꾸었던 것이다. 이것은 유럽방위공동체(EDC)를 막아냈는데, 이는 수에즈 위기 이후의 분위기를 반영한 것이었다. 밀워드의 이론적 사중주단 가운데 가장 취약한 연주자가 여기에 있다. 그가 통합의 전 과정에 부여하려는 민주적 기초는 매우 관념적인 것이었다. 계획이 입안되고 논쟁이 고조되었을 때 이 계획에 대한 대중적 반대는 없었으며, 아래로부터 소극적인 동의만을 받았다. 밀워드는 최신작에서 이 점을 거의 인정하게 되었다. 실제는 뒤셴의 서술과 같다. "상황은 혁명적이지 않았으며, 유권자들은 엔진도 브레이크도 아니었다."[32]

그러나 사태가 이러하다면, 모네와 그의 동료들이 각국 총리실 간의 협상에서 어떤 역할을 한 것이 어떻게 가능했는가? 왜 유럽통합의 결과물이 신현실주의적 논리가 함축하는 것과 같은 일방적인 정부 간 형태

---

31 Pierre Poujade, 1920~2003: 프랑스의 우파 포퓰리즘 정치가로, 중소기업인과 상인의 이익을 옹호하면서 낮은 세금과 협동조합을 주장했다. 그의 이름을 딴 푸자드주의는 기성 제도의 문제점을 지적하고 사회경제적 변화에 따라 소외된 일부 계층을 대변하는 사상을 가리킨다. —옮긴이

32 François Duchêne, *Jean Monnet*, p. 357.

를 띠지 않게 되었는지를 묻는다면—다른 말로 하자면 피에르 망데스-프랑스[33]나 드골(혹은 후일의 대처나 존 메이저)이 승인했을 것과 같은 종류의 틀에 가까운 것이 아닌—그 대답은 두 가지이다. 첫째, 6개국 가운데 작은 나라들은 연방주의적 해결책에 기울어져 있었다. 베네룩스 3국—이들의 자체적인 관세동맹은 이미 1943년에 망명지에서 어렴풋이 모습을 드러냈다—은 유럽 내에서 의미 있는 영향력을 끼칠 수 있는 전망이 어떤 식으로든 초민족적인 틀에 있는 국가들이었다. 결국에 가서 로마 조약을 중개하게 된 핵심적인 수를 내놓은 것은 저지(低地) 국가의 두 외무 장관—네덜란드의 얀-빌럼 베이엔(Jan-Willem Beyen) 과 벨기에의 폴-앙리 스파크(Paul-Henri Spaak)—이었다. 실제적으로 처음으로 공동시장을 제안한 베이엔은 선출된 정치가가 아니었으며, 필립스의 전직 중역이자 유니레버의 이사였고, IMF에서 네덜란드 내각에 낙하산 인사로 온 사람이었다. 밀워드는 자신이 모네에 대해 혹평했던 것을 잊어버리고는 당연하게도 그를 환대한다.

하지만 평형저울의 연방주의 접시에 놓인 두 번째이자 더 무거운 분동(weight)이 있었다. 물론 그것은 미국이었다. 통합의 건축가로서 모네가 지닌 힘은 유럽 각국의 내각에서 그가 얻은 특별한 권한—비록 그가 아데나워의 신임을 누리긴 했지만 말이다—에 있는 것이 아니라 워싱턴과 직접 연결되어 있는 것에 있었다. 애치슨과 덜레스 시대에 미국의 압력은 로마 조약으로 신전에 모셔지게 될 '더 큰 연합'이라는 생각의 배후에 있는 실질적인—이상적일 뿐만 아니라—힘을 작동시키는 데 결정적이었다. 밀워드의 설명이 이런 역할을 소극적으로 보고 있는 한 이 설명은 현실주의의 과도함이 아니라 불충분함 때문에 비난받을 수 있다.

동시에 미국의 정책은 밀워드의 가설 가운데 마지막 가설을 두드러

---

33 Pierre Mendès-France, 1907~82: 1954~55년 총리를 지낸 프랑스 정치가로, 베트남과 제네바 협약을 맺었다.—옮긴이

지게 한다. 왜냐하면 결정적인 압력의 시기에 원대한 유럽통합을 위한 일관된 미국의 후원은 그 어떤 중요한 국내 지지층의 이해관계나 요구에도 상응하지 않았기 때문이다. 결정을 할 때 미국 유권자들은 중요하지 않았다. 좀 더 중요한 것으로 공동의 대외 관세를 갖춘 좀 더 통합된 서유럽으로부터 나오는 경제적 경쟁의 잠재력을 재무부, 농무부, 연준 등이 환기시켰을 때 백악관과 국무부가 이 부처들을 압도하고 확고한 결정권을 행사했다. 공산주의와의 지구적 갈등 속에서 미국의 정치적·군사적 요청은 별다른 어려움 없이 상업적 계산을 이겨냈다. 드와이트 아이젠하워(Dwight Eisenhower)는 피노에게 로마 조약의 실현은 "자유세계의 역사에서 가장 훌륭한 날 가운데 하나일 것이며, 아마도 전쟁에서 승리하는 것보다 더 그러한 날일 것"[34]이라고 이야기했다. 연합군 최고 사령관의 의미심장한 한마디였다.

밀워드는 미국의 우선권을 분명하게 알고 있으며, 이를 관습적인 그 특유의 예리함으로 서술했다. 그러나 그는 미국의 우선권이 자신의 해석 도식에 제기하는 이론적 쟁점을 추구하지 않았다. 최소한 미국에서는 국내적 의제와 대외적 목적 사이의 일관성을 얻을 수 없었다. 이들 사이에 분명한 갈등이 존재했다. 이것은 유럽에는 반향이 없는 순수하게 미국적인 예외였는가? 밀워드 자신은 그렇지 않다는 증거를 제공한다. 왜냐하면 결국 통합의 길로 나서지 않은 서유럽의 주요한 한 나라가 있었기 때문이다.

왜 영국은 노동당 통치 시기에도 보수당 통치 시기에도 6개국의 논리를 거부했는가? 분명히 완전고용의 유지 및 복지국가에 기초해서 높아지던 대중의 기준에서 나올 수 있는 국내의 합의는 여전히 완강한 공산당이 있는 프랑스나 이탈리아 혹은 경제적 자유주의의 대담한 옹호자가 있는 독일보다 영국에서 좀 더 성취될 수 있었다. 주요 정치 세력들의 장기판에서 앙드레 마르티[35]나 루트비히 에르하르트(Ludwig Erhard)

---

34 Alan Milward, *The European Rescue of the Nation-State*, p. 375.

에 해당하는 영국의 인물은 없었다. 대륙 유럽의 어휘에서 버츠켈리즘[36]에 상응하는 것은 없었다. 통합을 향한 지배적인 충동이 강력한 국민적 합의로 성문화된 사회적·경제적 안전을 향한 대중적 열망이었다고 한다면, 클레멘트 애틀리(Clement Attlee)나 해럴드 맥밀런(Harold Macmillan) 시대의 영국은 그 속에서 선두에 섰으면 안 되었는가?

비록 밀워드가 영국을 6개국과 다소간 떨어지게 만든 경제적 배치 요소들 — 농업 보조금의 구조, 스털링화의 역할, 영연방 시장의 중요성 — 을 지적하기는 하지만, 그는 그 때문에 영국이 유럽에서 떨어져 있어야 한다고 주장하지 않는다. 반대로 그는 "로마 조약에 서명하지 못한 것은 심각한 실수였다"라고 판단한다.[37] 이 실수에 대한 그의 설명은 오만하고 지방적인 영국의 정치 질서가 영국이 "여전히 어떤 의미에서 강대국이며, 그 대외정책은 그러한 지위를 반영하는 것이어야 한다"라는 믿음에 붙잡혀 있기 때문이라는 것이다. 가까운 세계에 대한 영국의 무시는 맥밀런이 지인에게 했다는 다음과 같은 말에서 아주 순수한 형태로 알 수 있다. 유럽집행위원회의 초국가적 경향에 대해 비난받을 사람은 "유대인, 경제 계획자, 낡은 세계시민주의 분자들"이다.[38]

밀워드의 상세한 설명을 보면, 전후 15년 동안 유럽통합에 대한 영국의 정책이 본질적으로 경제 운영에 대한 계산보다는 정치권력과 위신에 대한 계산 — 혹은 오산 — 을 우선시한 통치자들에 의해 정해졌다는 것을 알 수 있다. 『민족국가의 유럽적 구제』가 지닌 이러한 유형과 전반적인 틀 사이의 부조화는 너무나 명백한 것이기에 그는 여기에 주의를

---

35 André Marty, 1886~1956: 프랑스 공산당 지도자이자 의원을 역임했다. — 옮긴이

36 Butskellism: 영국 보수당 대표 R. A. 버틀러(R. A. Butler)와 노동당 대표 휴 게이츠켈(Hugh Gaitskell)의 이름을 본떠 만든 용어로, 서로 대립하는 양당이 같은 정책을 들고 나오는 상황을 가리킨다. — 옮긴이

37 Alan Milward, *The European Rescue of the Nation-State*, p. 433.

38 Alan Milward, *The European Rescue of the Nation-State*, pp. 395, 432.

기울였다. 평소보다는 좀 더 가설적인 방식으로 그는 다음과 같은 독창적인 제안을 한다. 전간기와 전쟁 시기 동안 영국이 겪은 위기가 대륙 국가들이 겪은 위기보다 덜했기 때문에 "1945년 이후에 새로운 합의를 찾는 것이 좀 더 제한되어 있었으며"—그런 외양에도 불구하고—그 결과는 "아마도 약했던 것 같다." 그는 계속해서 이렇게 언급한다. "그 것이 가져온 번영 또한 제한된 것이었으며, 영국은 결국 전후 합의— 영국은 이 혜택을 가장 적게 받은 나라 가운데 하나였다—에 대한 공격을 이끌게 되었다."[39]

폴 애디슨(Paul Addison)의 『1945년으로 가는 길』(Road to 1945)을 도발적으로 개정할 수 있는 가능성을 여기에서 볼 수 있다. 하지만 경제 성장의 속도와 유럽 정책의 운명을 좌우하는 것은 사회적 합의의 정도라는 전제는 남아 있다. 그러나 '합의'는 완곡어법 같은 것으로 포착하기 어려운 악명 높은 용어이며, 민주주의적 의지를 규정하기보다는 과시하는 것이다. 그 용법은 그것에 대해 이야기하기 좋아하는 엘리트에게 한정되어 있다. 이러한 의미에서 영국에는 분명 합의가 있었으며—밀워드에게는 실례지만—그것도 특유하게 강한 합의가 있었다. 그러나 그 것은 선거와 거의 관련이 없거나 아무런 관련이 없었다.

밀워드의 과장된 진술은 어떤 매력적인 정치적 충동에서 나온 것이다. 전후 복지국가의 성취에 대해 급진적이고 인도주의적으로 집착하는 것—그 성취가 가져온 보통 사람들의 삶의 물질적 향상—이 그의 저작에 깔려 있는 동기이다. 이것들이 국민국가 내에서의 민주적 선택의 산물이었다고 한다면, 동일한 압력이 국가들 사이의 새로운 형태의 협력을 위한 힘이 될 수는 없는가? 이런 수를 놓고 싶은 유혹은 장난스러운 발견적 잡종으로 이어진다. 모순어법을 강조하면서 이름을 붙여보자면, 외교적 포퓰리즘이라 할 수 있을 것이다. 그러나 밀워드가 이것을 자신의 급진적 기질의 한 측면에서 만들어냈다면, 다른 측면—어떤 종

---

39 Alan Milward, *The European Rescue of the Nation-State*, p. 433.

류의 신성함에 대해서도 절대로 참지 못하는 기질—은 몇 번이고 그를 막는다.

그래서 그의 최근 저작은 좀 더 애매한 논조를 띠고 있다. 이제 그는 다음과 같이 인정한다. "투표와 유권자는 우리의 원래 가설이 제시했던 것보다 덜 중요하다."[40] 밀워드는 이제 합의라는 주장에 의존하는 대신 유럽통합을 이해하는 데 핵심적인 것으로서 충성심—"시민들로 하여금 거버넌스 제도에 충성심을 지니게 하는 모든 요소들"—이라는 개념을 제안한다.[41] 이러한 대체는 유익한 것이다. 민주적 유제(乳劑)인 합의와 비교할 때 충성심은 더 오래되고 더 완고한 약이다. 이제 밀워드가 유럽공동체의 출현과 관련된 다양한 요소를 통합할 수 있는 것으로 권고하는 용어가 지닌 봉건적 성향은 딱 어울리는 것이다. 그것은 시민의 참여를 보여주는 것이 아니라 관습적인 애착을 보여준다. 혜택(benefit)과 교환되는 의무이다. 다시 말해 장-자크 루소(Jean-Jacques Rousseau)가 아니라 토머스 홉스(Thomas Hobbes)이다. 확실히 이것이 서방의 현실에 더 가깝다.

밀워드는 이렇게 쓰고 있다. "1945년 이후의 민족 정부에 대해 우리가 할 수 있는 유일한 옹호는 그 정부가 비록 여전히 부분적이고 불완전하긴 하지만 과거보다 인민의 의지를 더 잘 대표하고 있다는 것이다. 우리에게 그것은 민족 정부가 살아남은 역사적 이유이다." 하지만 그것은 그가 "잘 균형 잡혀" 왔다고 판단한 생존이다.[42] 유럽통합에 의한 [민족 정부의] 강화는 위험을 벗어났는가? 전혀 그렇지 않다. 구원은 일시적인 유예일 뿐이라는 점이 드러날 것이다. 밀워드의 주저는 그 제목이 약속한 바와 달리 움츠러드는 모습으로 끝난다. 어쨌든 "유럽공동체의 힘

---

40 Alan Milward, Frances Lynch, Ruggiero Ranieri, Federico Romero, Vibeke Sorensen, *The Frontiers of National Sovereignty*, p. 195.

41 Alan Milward, "Allegiance: The Past and the Future", *Journal of European Integration*, 1995, no. 1, vol. 1, p. 14.

42 Alan Milward, *The European Rescue of the Nation-State*, p. 186.

은 민족국가의 약함에" 있다.[43]

이 반대되는 어조가 조화에 이르지 못하는 것은, 즉 밀워드의 저작이 이론적 도식보다 과도하게 역사적 풍부함으로 가득 차 있는 것은, 부분적으로 그의 나중 저작—그의 이전 저작과 달리—이 체계적인 이야기가 아니라 주제 선택에 의해 진행되기 때문이기도 하다. 그가 원칙상 함께 작동하고 있다고 인정하는 다양한 힘을 동시에 추적하지 않기 때문에 각각의 힘이 통합 과정에 상대적으로 어떤 기여를 했는지를 동일한 조건에서 판단할 수 없다. 그러한 이야기는 문서고가 다 열리고 나서야 가능한 일이다. 그것이 부재한 상태에서 어떤 임시적인 결론이 합리적인가?

최소한 주요한 힘 네 개가 통합의 배후에 있었다. 이것들은 중첩되기는 하지만, 핵심적인 관심사는 매우 달랐다. 모네를 중심으로 하는 연방주의자 서클의 중심 목표는 유럽 대륙을 두 번이나—1914~18년과 1939~45년에—황폐화시킨 파멸적인 민족 간 전쟁을 막을 수 있는 유럽 질서를 만드는 것이었다. 미국의 기본 목적은 소련을 막는 강력한 서유럽 방벽을 만드는 것이었다. 이는 냉전 승리의 수단이었다. 프랑스의 핵심적인 목표는 파리를 엘베 강 서쪽의 우두머리로 하는 전략적 조약에 독일을 묶어두는 것이었다. 독일의 주요한 관심은 기성 열강의 대열에 다시 들어가고, 통일의 전망을 열어두는 것이었다. 서로 다른 프로그램을 하나로 묶은 것은—물론 여기서 밀워드는 전적으로 올바르다—모든 당파가 각자의 목표를 달성하기 위한 조건으로 서유럽의 경제적 안정과 번영을 확보하는 데 공통의 이해관계를 지녔다는 것이다.

이러한 별자리가 1960년대 말까지는 잘 유지되었다. 다음 10년 동안 주요한 변화 두 가지가 일어났다. 첫 번째는 앵글로색슨의 역할이 서로 바뀐 것이다. 뒤늦게 영국이 가입한 것은 명목상 프랑스와 서독에 맞먹는 국가가 유럽공동체에 들어온 것이다. 다른 한편으로 리처드 닉슨

---

43 Alan Milward, *The European Rescue of the Nation-State*, pp. 446~47.

(Richard Nixon)과 헨리 키신저(Henry Kissinger)가 서유럽이 경쟁 강대국이 될 잠재력이 있다는 것을 인식하기 시작하면서 미국은 좀 더 조심스러운 태도를 취했다. 두 번째 변화는 좀 더 근본적인 것이었다. 전후 호황기 동안 초기 6개국을 묶어주던 경제정책과 사회정책이 지구적 경기침체가 시작되면서 해체되었다. 그 결과 공적 재정과 고용 수준, 사회 안전과 경쟁 규칙 등에 대한 공식적인 태도에 큰 변화가 생겼으며, 이것이 1980년대의 바로미터가 되었다.

따라서 오늘의 관점에서 통합으로 가는 마지막 실질적인 단계였던 1986년의 단일유럽의정서(Single European Act)는 불연속적인 것은 아닐지라도 그 이전과 다소는 다른 유형을 보여준다. 내부 시장을 완성하는 데 배후에서 주도권을 발휘한 것은 확고한 연방주의자인 자크 들로르(Jacques Delors)에게서 나왔다. 그는 최근에 유럽위원회의 프랑스인 위원장으로 임명되었다. 밀워드가 올바르게 지적하듯이, 정부 수준에서의 결정적인 변화는 들로르가 정통 자유주의를 밀고 나가는 데서 알 수 있는 것처럼 미테랑 정권의 개종이었다. 곧 우파로의 전환이 있었고, 이 속에서 헬무트 콜(Helmut Kohl)이 독일에서 집권했다. 하지만 이때 세 번째 힘이 어느 정도 중요한 역할을 했다. 대처가 금융시장의 탈규제라는 이해관계에 협력했다. 영국의 은행과 보험회사들은 이 속에서 더 큰 이익을 얻을 수 있는 전망을 보았다. 반면 브뤼셀의 프랜시스 아서 콕필드(Francis Arthur Cockfield)는 이 프로젝트에 행정가적인 혹평을 퍼부었다.

이 에피소드에서 유럽집행위원회의 고위 인사들의 성격은 유럽공동체 내의 기관들 사이의 균형에서 어떤 변화가 있었다는 것을 증명한다. 단일유럽의정서 자체가 각료이사회 내부에 가중 다수결제(qualified majority voting)를 도입(좀 더 적절하게는 회복)함으로써 그 균형을 수정했던 것이다. 다른 한편으로 브뤼셀에 있는 원(proto)연방주의적 기구에 찍혀 있던 프랑스의 흔적이 들로르 위원장 재임 시보다 더 두드러진 때는 없었다. 반면에 파리와 본은 정부 간 관계망에서 전통적인 지배권을 보유하였다. 30년에 걸친 통합의 결과는 오늘날 이상한 제도적 집합으로 이루어진 유럽연합, 즉 서로 무관한 네 부분으로 이루어진 유럽연합이다.

대중의 눈에 가장 잘 보이는 것은 브뤼셀의 유럽집행위원회가 — 말하자면 — 유럽공동체의 '집행부'로 행동한다는 것이다. 회원국 정부가 지명한 관리들로 구성된 기구인 유럽집행위원회는 백악관 주인보다 상당히 더 많은 연봉을 받지만 시 정부보다 더 적은 규모의 관료를 통솔하고, 이 지역 GDP의 1퍼센트 미만의 예산을 쓰는 한 명의 의장이 이끌고 있다. 게다가 이 수입은 유럽집행위원회가 징수하는 게 아니라 — 직접적인 과세권이 없다 — 회원국 정부가 징수하는 것이다. 로마 조약은 이 위원회가 초과 지출을 하는 것을 금지하고 있다. 물론 이 조항은 오직 미국에서만 바랄 수 있는 것이기는 하다. 집행위원회의 지출은 상당 부분 공동 농업정책에 집중되어 있는데, 이에 대해서는 유럽 안팎에서 말들이 많다. 미국과 캐나다의 농업 보조금은 유럽보다 낮지 않으며, 일본보다 훨씬 높다. 또한 일정한 금액이 빈민 구제나 노후 지역 구제에 들어가는 '구조 기금'(Structural Funds)에 쓰이고 있다. 집행위원회가 예산을 집행하며 규제 지시를 내린다. 그리고 — 유럽 입법을 발의할 수 있는 유일한 권리를 행사해서 — 새로운 입법을 제안한다. 이 과정은 기밀이다.

두 번째로 각료이사회가 있다. 이는 아주 잘못 붙여진 이름인데, 사실상 여러 정책 영역(모두 30개 영역)을 다루는, 각 회원국의 부처 장관들로 이루어진 일련의 병렬적인 정부 간 회합이기 때문이다. 이 이사회의 결정은 유럽공동체의 입법적 기능과 동등하다. 그것은 실제로 브뤼셀에서 상설 회의를 여는 다면적인 독립기관으로 이 회의의 심의는 비밀리에 이루어지고, 대부분의 결정은 여기에 모인 각료들 아래의 관료 수준에서 이루어지며, 그 결과물은 각국 의회를 통해 발효된다. 1974년 이래 이 구조물의 꼭대기에 있는 것이 이른바 유럽이사회(European Council)로 회원국 정부 수반으로 구성되어 있으며, 최소한 1년에 두 차례 회합을 가져 각료이사회의 전반적인 정책 방향을 결정한다.

세 번째로 회원국이 임명하는 판사들로 구성된 룩셈부르크 소재의 유럽사법재판소가 있다. 사법재판소는 집행위원회(Commission)의 지시가 합법적인지 아닌지에 대해 판결을 내리고, 유럽연합과 각국 법률이 상충하는 것에 대해 판결을 내린다. 또한 사법재판소는 시간이 흐르면서 로마 조약을 유럽 헌법처럼 간주하게 되었다. 미국의 연방대법원과 달리 유럽사법재판소에서는 투표 내용이 기록되지 않으며, 판결에서 소수 의견이 제시되지 않는다. 개별 판사의 견해는 알 수 없는 것으로 남아 있다.

끝으로 이 제도적 복합체 내에서 유일하게 선출된 기관이기 때문에 형식적으로 '인민적 요소'라 할 수 있는 유럽의회가 있다. 하지만 로마 조약을 무시하고, 이 의회는 공동의 선거 체계가 없다. 즉 상설적인 본 거지 없이 유랑민처럼 스트라스부르, 룩셈부르크, 브뤼셀을 떠돌아 다녔으며, 과세권과 재원 관리권 없이 유럽공동체 예산 전체에 대해 단순한 찬반 투표만을 한다. 또한 극단적인 상황에서 집행위원회 전체에 대해 거부권을 행사하겠다는 위협을 하는 것 말고는 집행부 임명에 대해 발언권이 없다. 법률에 대해 수정하거나 거부하는 것 이외에 법률 발의권이 없다. 이 모든 것을 고려할 때 유럽의회는 입법기관이 아니라 정부의 의례적인 기구로 기능한다. 말하자면 상징적인 외양을 제공하는 것으로 영국의 군주제와 그리 다르지 않다.

따라서 유럽통합의 최종 결과는 초국가적 틀의 유사 행정부—그 결정을 강제할 어떤 기제도 없다—가 있는 관세동맹이다. 정부 간 각료들의 회의로 이루어진 유사 입법부가 각국의 감독을 받지 않으면서 일종의 상원처럼 기능한다. 존재하지 않는 헌법의 수호자처럼 행동하는 유사 대법원이 있다. 대체로 무능한 의회 형태를 띠는 유사 입법기관인 하원이 있다. 그럼에도 이것이 유일하게 선출된 기관이며, 이론적으로 유럽 인민들에게 책임을 지고 있다. 이 모든 것이 민족국가들의 집합 위에 얹혀 있으며, 각국의 재정정책, 사회정책, 군사정책, 대외정책을 규정한다. 그럼에도 1980년대 말이 되면 잠정적이고 임시방편적인 징후 속에서 탄생한 이러한 기구들의 총합이 기성의 것으로 존중받는 분위기가 만들어졌다.

하지만 1990년대에 이러한 복합체가 규정하고 있는 정치적 풍경에 중대한 세 가지 변화가 나타났다. 소비에트 블록의 소멸, 독일의 재통일, 마스트리흐트 조약 등의 과정이 진행되기 시작했으며, 그 규모는 종전(終戰)에 비할 정도로 거대했다. 이 세 가지를 묶어서 볼 때, 앞으로 다가올 시기에 유럽연합은 다기한 과정이 특이하게 결합된 극장이 될 것이다. 유럽통화동맹으로 가는 길, 독일이 대륙의 헤게모니 국가로 귀환하는 것, 이전의 공산주의 나라들이 〔유럽연합〕 가입을 위해 경쟁하는 것. 이렇게 거대한 신진대사로부터 출현할 결과에 대해 어떤 예측이 가능하겠는가?

이 역사적 교차로에서 모네와 그 동료들의 활동을 회상하는 것은 가치 있는 일이다. 역사적으로 볼 때, 국가 구성은 세 가지 주요한 노선을 따라 진행되었다. 하나는 점진적이고, 비계획적이고 유기적인 정부 당국 및 영토의 성장으로, 이를테면 중세 말 프랑스와 근대 초 오스트리아에서 일어난 것과 같은 것이다. 이 국가들의 기획자는 장기 목표에 대한 생각이 거의 없거나 전혀 없었다. 두 번째 길은 기성 모델을 의식적으로 모방하는 것인데, 18세기 유럽에서 프로이센 절대주의나 피에몬테 절대주의가 프랑스 절대주의를 모방하면서 처음으로 등장했다. 세 번째이자 역사적으로 가장 늦은 길은 신중한 혁명적인 혁신이었다. 미국 혁명이나 러시아 혁명 같은 대중 봉기의 압력이나 일본의 메이지 유신 같은 엘리트의 추동력의 압력 아래 있던 매우 압축된 시기에 이루어진 완전히 새로운 국가 형태의 창출이 그것이다.

연방주의 유럽의 기획자들이 제시한 치국(statecraft)의 과정은 ― 이용어를 선택한 것은 에드먼드 버크[44]의 경고를 오마주로 받아들일 수

---

44 Edmund Burke, 1729~97: 영국의 정치사상가로 1790년 자코뱅주의에 반대하

있기 때문이다 ─ 이 모든 길에서 벗어난 것이었다. 그것은 역사상 유례가 없는 것이었다. 왜냐하면 그것의 시작은 매우 세심하게 계획된 것이지만, 다른 것을 모방한 것도 아니었고 전망이 총체적인 것도 아니었기 때문이다. 반면에 그것이 지향한 목표는 가까운 것이 아니라 매우 먼 것이었다. 이것은 아주 진귀한 결합물이었다. 한때는 매우 주의주의적이었지만 실용적으로는 단편적이었던 스타일의 정치적 구성물이다. 하지만 엄청나게 장기적인 스타일이었다. 모네의 전략은 스스로가 '동적인 불균형'이라고 부른 것에 의존한 것으로, 증대되는 총체화이다. 이는 유례없는 목표 ─ 민주적인 초국가적 연방 ─ 를 향해 가는 도정에 있었다. 그의 기획이 지닌 함의는 그도 알고 있었다. 그는 다음과 같이 썼다. "우리는 지속적인 개혁 과정을 시작하고 있는데, 이는 서방 외부에 널리 퍼진 혁명의 원칙보다 더 지속적으로 내일의 세계를 만들 수 있을 것이다."[45] 뒤셴의 전기가 지닌 커다란 장점의 하나는 이러한 혁신의 정도를 지적으로 꿰뚫어보려 한 데 있다. 그는 이것을 ─ 정복, 조정, 격변 등과 비교하면서 ─ "체제 변화에 대한 연구로 역사상 아주 드문 일이었다"라고 한다.[46] 이것은 놀라운 정식이다. 하지만 거기에는 동시에 과장된 진술과 과소한 진술이 담겨 있다. 그 변화는 연구되는 게 아니라 임시변통으로 만들어지는 것이었다. 그러나 문제가 되는 것은 하나의 체제 이상의 것이었다.

회고해 보면 어느 누가 이러한 정치적 진보의 개념에 담긴 천재성을 부정할 수 있겠는가? 마치 나폴레옹(Napoléon)의 야망이 에두아르트 타페[47]의 방법론과 결혼할 수 있었던 것과 같다. 다른 한편으로 그것은 특

는 『프랑스 혁명에 대한 고찰』을 발표하면서 보수주의의 대표자가 되었다. ─옮긴이

45 François Duchêne, *Jean Monnet*, p. 390.
46 François Duchêne, *Jean Monnet*, p. 20.
47 Eduard Taaffe, 1833~95: 오스트리아의 정치가로, 총리를 두 차례(1868~70, 1879~1993) 지냈다. 그의 가장 큰 업적은 체코인과 폴란드인의 민족주의적 요

유한 대가를 필요로 한다. 모든 역사적 사업이 숙명적으로 의도하지 않은 결과를 산출한다고 할 때, 그 사업이 세심하면 세심할수록 그 간극은 더욱 분명해질 것이다. 모네와 그의 동료들이 시작한 '유럽의 구성'은 그것이 지닌 전망과 복잡성에서 다른 어떤 것과도 비교할 수 없는 사업이었다. 하지만 그것은 거의 언제나 생기 없는 제도적 방법과 협소한 사회적 지지에 의존하였다. 역사적으로 볼 때, 그것은 자신이 한 일로 이어질 것이었다. 즉 그 건축가의 의도와 일치하지 않고, 그 의도를 좌절시키는 결과를 낳는 게 계속된 패턴이었다.

이러한 일련의 좌절이 현재까지 이어지고 있다. 1950년대에 그는 유럽원자력공동체(EURATOM)를 원했으며, 공동시장을 골치 아픈 것으로 생각했다. 초국가적 연합을 위해 일했지만 그가 결국 얻은 것은 정부간 컨소시엄으로, 그가 대변했던 모든 것에 대부분 반대했던 정치가, 즉 드골이 지배하는 것이었다. 반대로 드골은 1960년대에 그의 절차적 장치가 집행위원회의 관료제적 겉치레를 막을 것이라고 생각했다. 실제로 그것은 1970년대에 더 크게 튀어올랐다. 1980년대에 대처는 단일유럽의정서가 자신이 영국에서 주장하는 탈규제된 내부 시장을 반복하고 확대할 것이라고 믿었다. 결국 자신이 혐오하던 단일통화로 이어지는 것을 나중에 알게 되었지만 말이다. 들로르의 희망은 여전히 우리와 함께하고 있다. 그 운명이 1990년대에 달라질 것인가?

2

1994년 새해 첫날, 유럽 — 환유어 — 은 이름을 바꾸었다. 유럽공동체의 12개국이 유럽연합이라는 이름을 채택했다. 비록 스페인의 결혼식에서처럼 새로운 명칭이 낡은 명칭을 대체한 것이 아니라 포괄하는 것이기는 했지만 말이다. 실체가 바뀐 것이 있는가? 지금까지는 거의

구를 어느 정도 인정하면서 제국 내에서 통합하려 한 것이다. —옮긴이

없다. 중립국이었던 세 나라가 가입하면서 회원국은 15개국으로 늘어났다. 그 이외에는 달라진 것이 없다. 하지만 새로운 것은 모두가 이것이 끝이 아니라는 것을 알았다는 것이다. 왜냐하면 전후 처음으로 유럽은 전체를 대변하는 부분에 대해 크지만 여전히 측정할 수 없는 변화의 전망 속에 살아가고 있기 때문이다. 여기서 세 가지가 지배적이다.

물론 첫 번째는 마스트리흐트 조약이다. 우리는 이 조약의 다양한 수사적인 조항 — 대외정책과 국방을 위한 모호한 권고나 사회권에 대한 효과 없는 보호장치 등을 규정한 — 을 옆으로 제쳐놓을 수 있으며, 심지어 유럽공동체 내의 제도적 관계를 이 조약이 온건하게 수정한 것도 무시할 수 있다. 이 조약의 핵심은 영국과 덴마크를 제외한 회원국들이 1999년까지 단일한 중앙은행의 관리 아래 단일통화를 도입하기로 약속한 데 있다. 이러한 조치는 유럽연합이 실질적인 연방으로 가는 데 되돌릴 수 없는 움직임이라는 것을 말한다. 이와 함께 각국 정부는 통화 발행권이나 환율 변경권을 상실할 것이며, 매우 좁은 범위 내에서 이자율과 공적 차입 이자율을 변경할 수 있을 뿐이다. 만약 각국 정부가 중앙은행의 지시를 어긴다면 집행위원회는 무거운 벌금을 부과할 수 있다. 각국 정부는 알아서 과세를 하겠지만, 단일시장 내의 자본 이동성은 점차로 공통의 재정적 표준을 보증할 것이라고 기대할 수 있다. 유럽통화동맹은 각국의 경제 주권의 가장 중요한 속성이 끝났다는 것을 말해 준다.

두 번째로 이제 독일이 재통일되었다. 원래의 공동시장은 6개국 가운데 가장 큰 두 나라인 프랑스와 독일의 균형 위에 세워진 것이다. 독일이 경제적 비중이 훨씬 크며, 인구는 약간 더 많다. 반면 프랑스는 우월한 군사적·외교적 힘을 지니고 있다. 후일 이탈리아와 영국이 대략 인구와 경제 규모가 비슷한 옆 국가로 자리 잡았다. 이러한 균형은 1980년대에 유럽통화제도(EMS)가 독일 마르크화 — 그 안에서 절대로 가치절하될 수 없는 유일한 통화 — 에 고정된 지역이라는 것이 드러나자 깨지기 시작했다. 10년 후 독일의 위치는 질적으로 바뀌어 있었다. 인구 8,000만 명이 넘는 독일은 이제 유럽연합 내에서 가장 큰 국가이며, 자국 통화뿐만 아니라 점차 제도적·외교적 힘도 커져 있었다. 이제 유럽 통합의 과정이 역사상 처음으로 다른 모든 회원국과 불균형한 능력을 지닌 헤게모니의 등장과 잠재적으로 대립하게 되었다.

커다란 세 번째 변화는 공산주의 종식 이후에 이전의 바르샤바 조약기구 나라에서 일어났다. 엘베 강 동쪽에 자본주의가 복귀함으로써 독일의 지위가 좀 더 크게 바뀌었는데, 이는 독일을 대륙의 중심 국가 (Land der Mitte) — 보수주의 이론가들이 합리적으로 독일이 다시금 그렇게 될 것이라고 항상 주장했다 — 로 복귀시키는 것에 의해서든, 덜 눈에 띄는 발전이긴 하지만 프랑스와 영국에는 있고, 독일에는 없는 핵무기의 중요성을 감소시키는 것에 의해서 일어난 것이다. 하지만 현재 거의 실질적으로 모든 동유럽 나라들과 예전 소비에트 지역의 일부가 유럽연합에 가입하겠다는 욕망을 표명하고 있다는 것이 더 중요하다. 현재 이 후보국의 총인구는 1억 3,000만 명이다. 이들이 〔유럽연합〕에 들어올 경우 유럽공동체는 5억 명이 되어 미국의 거의 두 배가 될 것이다. 좀 더 날카롭게 보자면, 그렇게 될 경우 유럽연합 회원국은 15개국에서 30여 개국으로 두 배 이상이 될 것이다. 완전히 새로운 배치가 문제될 것이다.

역사적으로 볼 때, 이 커다란 세 가지 변화는 상호 연관되어 있었다. 역순으로 보자면, 마스트리흐트 조약을 촉진한 독일의 재통일을 가능케 한 것은 공산주의의 몰락이었다. 충격파가 유럽의 동부에서 중부로 그리고 서부로 움직였다. 그러나 원인과 결과는 구분되어 있다. 이러한 과정의 결과는 하나의 논리를 따르지 않는다. 그 이상이다. 유럽통합의 그 이전 어떤 국면보다 이 각각이 주는 충격은 훨씬 더 불확정적이다. 우리는 일련의 사후의 불확정성 — 이마누엘 칸트의 어구를 뒤집어서 — 과 직면하고 있으며, 이를 포스트 마스트리흐트 정치의 세 가지 모호성이라고 부를 수 있을 것이다. 이것들은 보통 상상하는 것보다 훨씬 더 극적인 딜레마를 제기한다.

마스트리흐트 조약 자체가 첫 번째 딜레마를 야기한다. 그 기원은 집행위원회의 들로르가 발휘한 지도력의 역동성에 있다. 1986년에 단일 유럽의정서의 통과를 확보한 후에 들로르는 2년 뒤에 주로 중앙은행장으로 구성되고 의장은 자신이 맡는 위원회를 설치하여 단일통화에 대해 보고케 하자고 유럽이사회(European Council)를 설득했다. 이사회가 이 권고안을 공식적으로 수용한 것은 1989년 봄이었다. 그러나 동독이 갑자기 흔들리자 가을에 미테랑은 스트라스부르 정상회담에서 콜을 만나 이 프로젝트에 프랑스-독일 간 연합의 힘을 싣기로 합의한다. 물론 대처는 절대 반대였다.

그러나 대처는 특히 가장 싫어하는 대륙의 정권인 이탈리아 정부에 허를 찔렸다. 그렇지 않았다면 『다우닝 가에서 보낸 시절』(*The Downing Street Years*)에서 보이는 확고한 자기 확신이 이 영웅이 유럽에 갈 때마다 천진난만하게 깨지지는 않았을 것이다. 각 장의 제목이 알려주는 바가 있다. 평범한 개선 행진 ─ "포클랜드: 승리", "좌파의 무장해제", "해트트릭", "프로그램이 아니라 삶의 방식", "오른쪽으로 뒤집어진 세계" ─ 이 아주 슬픈 어조 때문에 잘 이루어지지 않는다. 우리는 "과장된 수사와 지역 공약 정치라는 영국적이지 않은 조합"과 함께 "국경 없는 놀이"와 "바벨 익스프레스"의 세계로 들어간다. 거기에서 "정부 수반들은 런던 시티의 고위 회계사들을 깜짝 놀라게 할 문제들을 토론하게 될 것이다." 그리고 "유럽공동체 정책의 착잡함은 우리의 지적 능력과 명료한 사고를 실제로 시험에 들게 한다."[48]

그녀답지 않게 겸손하게 보이는 것에는 근거가 있다. 가엾게도 계속해서 당황하는 듯한 어조가 보여주듯이, 대처는 어찌할 수 없는 지경에 빠졌던 것으로 보인다. 주된 이유는 다음과 같다. "돌이켜 보면, 이제는 볼 수 있을 것 같다. 그러나 당시에는 그렇지 않았다고 말할 수밖에 없다."[49] 굴욕적인 이런 생각을 하게 만든 계기는 많다. 희극적인 예는

48 Margaret Thatcher, *The Downing Street Years*, London 1993, pp. 727, 729~30.
49 Margaret Thatcher, *The Downing Street Years*, p. 536.

1985년에 있었던 유럽이사회의 밀라노 정상회담이다. 여기서 가중 다수결 투표가 단일유럽의정서에 들어오게 되었다. "크락시 씨는 그보다 더 합리적일 수는 없었을 것이다." "나는 내 주장을 파악하기가 얼마나 쉬운지 결국 알게 되었다." 그러나 다음 날 이상한 일이 생겼다. "놀랍고도 화가 나게도 크락시 씨가 갑자기 표결을 요청했고, 이사회는 다수표로 정부간회의(IGC)의 설립을 결의했다."[50] 5년 후 밀라노에서 있었던 일이 로마에서는 치명적인 일이라는 것이 드러났다. 1990년 10월의 유럽 정상회담에서 대처를 매복 공격해서 당황하게 만든 사람은 줄리오 안드레오티(Giulio Andreotti)였다. 대처는 불운하게도 이렇게 썼다. "이탈리아인들과 하는 일이 늘 그렇듯이 혼란스러움과 교활함을 구분하는 것은 언제나 어려운 일이었다. 그러나 나조차도 사태가 진행되는 방식에 미리 대비하지 못했다."[51] 다시금 막판에 가서 IGC를 소집하자는 표결이 그녀에게 닥쳤는데, 이번에는 정치 연합이라는 좀 더 도발적인 주제를 둘러싼 것이었다. 그녀는 안드레오티의 우아한 계략에 분노가 폭발했고, 이것이 그녀를 끝장냈다. 런던에서 제프리 하우(Geoffrey Howe)는 그녀의 반응을 회의적인 시각으로 바라보았고, 한 달이 채 못 되어 그녀는 자리에서 물러났다. 다음과 같이 말하는 것으로 보아 그녀가 이탈리아 동료들을 진짜로 미워했다는 것은 분명하다. "솔직하게 말하자면, 내가 이탈리아인이었다면, 나도 브뤼셀의 지배를 선호했을 것이다."[52]

대처는 들로르를 존경했으며("분명하게 지적이고, 능력 있고, 성실하다"), 미테랑을 좋아했고("나는 프랑스 매력남을 좋아해요"), 콜을 참을 수 있었다("나보다 더 직접적으로 외교적인 스타일이다"). 그러나 처음부터 안드레오티는 두려워하고 싫어했다. 권좌에 오르고 몇 달 후에 그녀가 참석한

50 Margaret Thatcher, *The Downing Street Years*, pp. 549~51.

51 Margaret Thatcher, *The Downing Street Years*, pp. 765~66.

52 Margaret Thatcher, *The Downing Street Years*, p. 742.

첫 번째 G-7 정상회담에서 그는 다음과 같은 사실을 알아차렸다.

　　그는 원칙에 대해 확실히 혐오감을 가지고 있는 것처럼 보였으며, 원칙
을 지키는 인간은 우스꽝스러운 인물이 될 수밖에 없다는 확신을 가진 것
처럼 보였다. 그는 정치를 18세기 장군이 전쟁을 바라보는 것처럼 보았
다. 그것은 군대가 연병장에서 벌이는 잘 짜인 대규모 연습으로, 그 군대
는 실제로는 싸우지 않는 대신 전리품을 분배하는 실질적인 사업을 두고
협력하기 위해 외견상 힘이 지시하는 대로 승리, 항복, 타협 등을 선언한
다. 이탈리아 정치 체제에서는 정치적 진리에 대한 확신보다는 놀라운 정
치적 거래를 하는 재능이 필요한 것으로 보이며, 확실히 그것은 유럽공동
체에서 꼭 필요한 일로 간주되었지만, 그것을 하는 사람들에 대해서는 혐
오감을 느낄 수밖에 없었다.[53]

　　대처에 대한 안드레오티의 평가는 아주 싸늘했다. 영국의 환불금을
다룬, 지루하게 이어진 유럽이사회 회의 가운데 하나를 마치고 나온 그
는 대처가 임차인에게 지대를 닦달하는 지주를 생각나게 했다고 말했다.
　　유럽공동체의 업무에서 결정적인 제3자로서 이탈리아의 역할이 커
지는 것은 이 시절의 주요한 특색이었다. 마스트리흐트 조약의 기초
를 놓은 1989년의 경제와 통화 통일에 대한 보고의 초안을 마련한 것
은 가장 강력한 단일통화 옹호자인 이탈리아인 톰마소 파도아-스키오
파(Tommaso Padoa-Schioppa)였으며, 영국인과 독일연방은행이 놀랍게도
막판에 조약의 시한을 1999년으로 한 것도 이탈리아인 — 또다시 안드
레오티 — 이 주도한 것이었다. 그럼에도 마스트리흐트에서 이루어진
협상의 최종적인 형태는 본질적으로 프랑스와 독일이 만들어낸 것이었
다. 파리의 중심적인 목표는 실질적으로 주변 국가들의 운명을 좌우하
는 독일연방은행의 일방적인 힘을 유럽 통화 공간에 대한 법적인 권위

53　Margaret Thatcher, *The Downing Street Years*, pp. 70, 736, 742.

로 대체할 수 있는 금융 구조물이었다. 그렇게 되면 이 속에서 독일의 이해관계가 더 이상 특권적인 지위를 차지할 수 없게 될 것이다. 이에 대한 대가로 본은 '수렴 기준'─실제로 독일 마르크화를 포기하기 위한 엄격한 조건으로, 단일통화라는 이탈리아 이론가들이 항상 거부했던 것이다─이라는 안전 체제와 '정치적 통합'이라는 부속물을 받았다.

이 조약의 외교적 기원이 이렇다 할지라도 이 조약이 효력을 발휘할 경우 나타날 경제적 효과는 다른 문제이다. 20세기 말이면 효력을 발휘하기로 계획되어 있는 통화(通貨) 통합의 사회적 논리는 무엇인가? 마스트리흐트에서 상상한 종류의 그런 체제에서 일국적인 거시적 경제 정책은 과거의 일이 된다. 회원국들에 남아 있는 것이라고는 경쟁적인 수준의 조세로, 균형 예산 내에서─필연적으로 축소된─지출에 대한 배분적인 선택뿐이다. 완전고용과 전통적인 복지국가의 사회 서비스─이미 축소되거나 삭감되었다─에 대한 사회민주당과 기독교민주당의 역사적 공약은 더 이상의 제도적 수단을 지닐 수 없게 될 것이다. 이것은 혁명적인 전망이다. 여기서 입안된 유럽중앙은행의 유일한 의무는─연방준비제도의 권한보다 더 제한되어 있다─가격 안정성을 유지하는 데 있다. 현존 민족국가들의 보호 기능과 규제 기능은 해체되어 케인스 이전 시대의 고전적인 자유주의 모델에서처럼 건전통화가 유일한 규제자로 남게 될 것이다.

새로운 요소─즉 장래의 통화 당국이 지닌 초국적 성격─는 그러한 역사적 역전을 강화하는 데 기여하게 될 것이다. 그 이전에 비해 각국의 유권자보다 더 높은 곳에 있게 될 장래의 통화 당국은 정관뿐만 아니라 대중의 압력으로부터 자유로울 것이다. 간단하게 말하면, 이런 의미에서 연방적인 유럽은 영국의 보수당이 두려워하는 것처럼 초민족적인 것이 아니라 덜 국가적인 것을 의미할 것이다. 프리드리히 하이에크(Friedrich Hayek)는 이러한 전망에 대해 명쾌하게 예언한 바 있다. 1939년에 쓴 논문 「국가 간 연방주의의 경제적 조건」에서 그는 대단히 힘 있고 명료하게 유럽 통화 통합의 현재 논리를 제시했다. 그러한 통합 내의 국가들이 독립적인 통화정책을 추구할 수 없다고 말한 후에 그는 거시경제적 개입은 언제나 가치와 목적에 대한 공통의 합의를 어느 정도 필요로 한다고 언급했다. 더 나아가 그는 이렇게 말한다.

그러한 합의가 해당 지역 주민들이 지닌 관점 및 전통의 동질성과 유사성에 반비례해서 제한될 것이라는 점은 분명하다. 비록 국민국가 내에서는 다수의 의지의 복종이 국민이라는 신화에 의해 용이하게 될 수 있을지라도 정부를 통치하는 다수가 다른 국민과 다른 전통의 사람들로 구성되어 있을 경우 일상사에 개입하는 것에 복종하려 들지 않을 것이라는 점은 분명하다. 어쨌든 서로 다른 수많은 민족으로 구성된 연방의 중앙정부가 연방에 포함된 다양한 집단의 저항이 커지는 것을 피하려 한다면, 제한된 권한을 지닐 수밖에 없다는 것이 유일한 상식이다. 그러나 불가피하게 집단들 사이의 차별을 낳을 수밖에 없는, 경제생활에 대한 중앙 명령보다 일반의 일상사에 더 철저하게 개입하는 것이 있는가? 따라서 국민국가의 경우보다 연방의 중앙정부가 경제생활 규제의 폭이 더 좁을 수밖에 없다는 것은 의심의 여지가 없는 것으로 보인다. 우리가 앞에서 본 것처럼 연방을 구성하는 국가들의 힘은 제한될 것이기 때문에 우리가 익숙해져 있는, 경제생활에 대한 개입의 많은 부분은 연방 조직에서는 대체로 불가능할 것이다.[54]

---

54 Friedrich Hayek, *Individualism and Economic Order*, Chicago 1948, pp. 264~65. 회고하자면, 하이에크가 글을 쓰는 맥락과 유럽통화동맹(EMU)의 도래 사이의 간격을 감안하면 그의 비상한 통찰력은 아주 놀랍다. 1939년 9월에 출판된 그의 논문은 연방적 통합에 대한 다양한 개념과 계획을 둘러싼 논쟁을 다룬 주요한 포럼이었던 『계간 신영연방』(*The New Commonwealth Quarterly*)에 기고한 것이다. 이 논쟁의 직접적인 배경은 뮌헨회담 직후 연방적 통합이라는 계획을 나치 팽창에 대한 방벽으로 보는 생각이 열광적으로 퍼졌던 것이다. 이는 미국의 정치평론가인 클래런스 스트레이트(Clarence Streit)가 전 세계의 15개 민주주의 나라가 추축국에 맞서 하나로 뭉쳐야 한다는 주장으로 시작되었다(이 책 665쪽 참조). 지적한 것으로 볼 때 하이에크는 라이오넬 로빈스(Lionel Robbins)의 주장, 즉 "과

이 설명에서 마스트리흐트는 하이에크가 개탄했던 케인스주의 유산 및 이와 연관해서 서유럽 노동운동이 얻은 뚜렷한 성취 대부분을 지우는 것으로 나아가는 것이다. 하지만 정확하게 보면, 이러한 관점의 극단은 실제로 그것이 정반대의 논리를 펼치게 되는 것이 아닌가라는 질문을 제기한다. 국가의 수준에서 경제 거래에 대한 예전의 사회적 통제를 해체함으로써 나오는 극단적인 결과와 직면할 때 유럽연합 내에서 필연적일 수밖에 없는 지역과 계급의 양극화를 피하기 위해 초국적 수준에서 그러한 통제를 다시 도입해야 한다는 엄청난 압력이 곧 — 심지어 이전이라도 — 나타나지 않겠는가? 즉 단일통화와 단일한 일에 집중하는 은행이 탈규제를 재규제할 수 있는 유럽의 정치 당국을 만들어야 하지 않겠는가? 이것이 들로르의 숨겨진 도박이지 않았을까? 그는 통화통합 계획의 입안자이지만, 예전 경력을 보면 경제적 자유주의에 대해 회의하고 대신에 가톨릭 식 사회민주주의를 받아들이고 있는 정치가이다.

이런 식으로 독해할 때, 하이에크의 시나리오는 정반대의 것으로 바뀔 수 있다. 즉 윈 고들리(Wynne Godley)가 그려낸 전망 말이다. 마스트리흐트 조약의 비준이 다가오자 그는 다음과 같이 논평했다.

거 반세기의 개입주의의 '탈계획화'"라는 주장(Lionel Robbins, *Economic Planning and International Order*, London 1937, p. 248; *The History of Freedom and Other Essays*, London 1907, p. 98) 그리고 "민주주의에 대한 모든 견제 가운데 연방주의가 가장 효과적이고 가장 적합하다"라는 액튼 경(Lord Acton)의 믿음에서 영감을 얻었다. 정치적으로 보면, 그는 미국에서 영국을 거쳐 오스트레일리아로 이어지는 민주적 연합이라는 스트레이트의 제안을 회의적으로 보았는데, 이는 나름 이해가 가능하다. 대신 그는 전쟁이 발발하자 로빈스와 마찬가지로 영국-프랑스 연합을 고려하였다. 하이에크는 『노예의 길』(1944)이 출판될 즈음 지금은 잊혀진 이보르 제닝스(Ivor Jennings)의 논고인 『서유럽을 위한 연방주의』(1940)를 전후 상황을 염두에 두고 격찬했다. 그러나 결국 유럽통합이 쉬망 계획으로 진행되자 석탄철강공동체는 그의 공감을 얻기에는 너무 통제적이었다.

마스트리흐트 프로그램에 들어 있는 믿을 수 없는 공백은 이 프로그램
이 독립된 중앙은행 수립과 운영 방식에 대한 청사진은 담고 있는 반면,
유럽공동체의 관점에서 중앙정부 비슷한 것에 대한 청사진은 전혀 담고
있지 않다는 것이다. 하지만 오늘날 개별 회원국의 중앙정부가 수행하고
있는 모든 기능을 유럽공동체 수준에서 충족할 수 있는 일련의 제도가 있
어야만 할 것이다.[55]

아마 하이에크는 그런 주장을 두려워했기 때문에 1970년대 즈음 스
스로 생각을 바꾸었던 것이다. 독일 마르크화가 통화 통합에 흡수될 경
우 인플레이션이 올 것이라는 독일의 두려움에 영향을 받은—당시 그
는 프라이부르크에 근거지를 두고 있었다—그는 단일 유럽 통화는 유
토피아적일 뿐만 아니라 위험한 처방이라고 생각했다.[56] 확실히 유권자
의 압력에 종속되어 있는 국민정부의 손에서 통화 통제권을 가져오는
것은 여느 때보다 더 필수적인 것이었다. 그러나 이제 그는 그러한 치료
법이 통제권을 초국적인 공적 권위로 옮겨주는 게 아니라고 보았다. 도
리어 그러한 치료법은 통제권을 시장에서 경쟁 통화를 발행하는, 경쟁
하는 민간은행 수준으로 추락시키는 것이었다.

원칙적인 우파라 할지라도 이런 해결책을 받아들이는 사람은 별로
없었다. 아마 악의적인 성격을 지닌 파도아-스키오파는 이를 자신의
해결책에 대한 유일하게 일관된 대안으로 칭찬했다.[57] 마스트리흐트 조
약으로 그려진 것과 같은 종류의 단일통화가 사회경제적 안정성을 낳
을 수 있는지에 대한 우려가 심지어 중앙은행장들에게까지 광범위하게

55 Wynne Godley, "Maastricht and All That", *London Review of Books*, 8 October
    1992.

56 Fredrich Hayek, *Denationalisation of Money: The Argument Refined*, London 1978,
    pp. 19~20.

57 Tommaso Padoa-Schioppa, *L'Europa verso l'unione monetaria*, Turin 1992, pp. xii,
    189.

퍼져 있었다. 현재 유럽연합에는 실업자가 2,000만 명이 넘는데, 불경기 지역에서 영구적이고 거대한 실업자 풀을 무엇이 막을 수 있을 것인가? 평가절하가 배제될 경우 유일한 조정 메커니즘은 대규모 임금 감축이나 대규모 이민일 것이라고 경고하는 사람이 바로 잉글랜드 은행 총재이다. 반면 유럽통화기구(EMI)의 수장이자 헝가리계 벨기에 은행가(이며 뛰어난 경제학자)로서 단일통화에 대한 기술적 준비 책임을 맡고 있는 알렉상드르 랑팔뤼시는 정확하게도 — 자기가 속해 있는 들로르위원회의 보고서 부록에서 — "유럽통화동맹(EMU) 내에서 사용할 수 있는 유일한 지구적인 거시경제적 도구가 유럽중앙은행 체제에 의해 수립된 공통 통화정책"이라면, 그 결과는 "호소력 없는 계획이 될 것"이라고 언급했다.[58] 통화동맹이 작동하려면 공동의 재정정책이 필수적이라고 그는 설명했다.

그러나 예산이 국내 정치의 중심적인 전장으로 남아 있는 마당에 선거에 의한 결정 없이 어떻게 재정 협조가 가능하겠는가? 고들리가 반드시 필요하다고 주장한 '제도들의 체제'는 하나의 기초 위에서만 상상할 수 있는 것이다. 그것은 필연적으로 유럽연합 수준에서 진정한 초민족적 민주주의 — 진정으로 효과적이고 책임 있는 유럽의회에 최초로 진정한 인민 주권이 체현된 — 에 기초해야만 할 것이다. 이것의 조건을 밝히기 위해, 선택의 범위라는 점에서 볼 때 공식적 담론이나 회원국의 여론이 얼마나 준비가 되어 있지 않은지를 말하는 것으로 충분하다.

두 번째로 마스트리흐트에서 그려진 유럽 내에서의 독일의 지위는 어떻게 될 것인가? 은행가들과 경제학자들의 희망이나 공포만이 통화동맹으로 가는 가속페달을 밟은 게 아니었다. 궁극적으로 더 중요한 것은 새롭게 확장된 독일을 더 빡빡한 유럽의 구조에 집어넣으려는 프랑

---

58 Alexandre Lamfalussy, "Macro-coordination of fiscal policies in an economic and monetary union", *Report on Economic and Monetary Union in the European Community*, Luxembourg 1989, p. 101.

스 정부의 정치적 욕망이었다. 그런 구조에서는 이자율을 더 이상 독일 연방은행 홀로 규제할 수 없게 될 것이다. 파리에서는 초국적 통제를 받는 단일통화의 창출이 유럽 내에서 독일 민족의 헤게모니가 재발흥하는 것을 막을 수 있는 결정적인 안전장치로 간주되었다. 이와 동시에 독일의 정치 계급 일부와 여론조차 어느 정도는 유혹으로부터 스스로를 보호하기 위해 돛대에 자신을 묶은 오디세우스의 정신으로 ── 어쨌든 선언적으로는 ── 이러한 관점을 공유하는 경향이 있었다. 양쪽에서 그러한 관점의 배후에 있는 가정은 유럽의 통화 당국이 경제적으로 가장 강력한 민족국가, 즉 독일연방공화국의 힘을 줄이는 것이어야 한다는 것이었다.

하지만 1920년대 이래 볼 수 없었던 수준의 독일 이자율이 이웃 나라들에 심각한 불경기를 초래하고, 발칸 반도에서 독일의 외교적 주도권 ── 다시금 20세기 초와 마찬가지로 오스트리아의 책략의 조짐이 보이면서 ── 이 불편한 기억을 불러일으키자 곧 정반대의 조짐이 나타난 것은 마스트리흐트 조약이 체결되고 얼마 지나지 않아서였다. 코너 크루즈 오브라이언(Conor Cruise O'Brien)은 아주 신랄하게 대안적인 견해를 표명했다. 그는 본이 민족자결주의의 원칙 ── 물론 더 작은 민족인 체첸, 쿠르드, 마케도니아에는 적용되지 않는다 ── 에 따라서 움직였다고 주장한 유고슬라비아 위기에 대해 언급하면서 이렇게 썼다.

> 독일은 〔크로아티아와 슬로베니아〕를 인정하는 데 찬성하였다. 유럽공동체의 나머지 나라들은 여기에 반대했으며, 미국도 강하게 반대했다. 그런 문제에 대한 아주 강력한 '서방의 합의'에 직면한 1990년 이전의 독일연방공화국이라면 이를 존중해서 물러섰을 것이다. 새롭게 통일된 독일은 미국을 간단하게 무시했으며, 유럽공동체를 적대시했다. 독일은 크로아티아와 슬로베니아의 독립을 인정했으며, 유럽공동체의 나머지 나라들은 며칠 내에 이를 따랐다. 유럽공동체의 입장이 바뀐 것은 특히 프랑스인들에게 굴욕적인 것이었다. …… 새로운 두 개의 공화국은 이제 동쪽에 있는

광대한 독일 영향권의 일부가 되었다. …… 유럽에서 독일의 경제적 헤게모니는 이제 현실적인 것이 되었으며, 우리 나머지 유럽은 최선을 다해 거기에 적응해야 한다. 이러한 조건에서 연방적 통합을 밀어붙이는 것은 통일 독일의 강력한 힘을 '통제하는 것'이 아닐 것이다. 그것은 우리 나머지를 최고조에 달한 독일의 헤게모니에 종속시키게 될 것이다.[59]

물론 바로 이러한 공포가 몇 달 뒤 프랑스 국민투표에서 마스트리흐트 조약을 반대하는 운동을 동원하는 주제가 되었다. 프랑스 유권자들은 단일통화가 유럽 대륙에서 가장 강력한 국민국가의 힘을 약화시킬 것인지 강화시킬 것인지라는 쟁점을 두고 갈라졌다. 미테랑과 지스카르 데스탱이 이끄는 정치 엘리트의 다수는 실제로 독일의 우세를 중립화하는 유일한 방도는 통화 통합이라고 주장했다. 필리프 세갱(Philippe Séguin)과 필리프 드 빌리에(Philippe De Villiers)가 이끄는 반대파는 이것이 독일의 우세를 야기하는 가장 확실한 방법이라고 반박했다. 이 논쟁은 6월에 독일이 재할인율을 인상하면서 야기된 첫 번째 통화 소동을 배경으로 이루어졌다. 이 일로 반대 운동 마지막 주에 리라화와 파운드화가 유럽환율제도(Exchange Rate Mechanism)에서 축출당했다. 1년 후에 그것은 독일 연방은행의 노선에 따라 광풍으로까지 번진 투기 열풍 속에서 프랑화가 전복되는 차례가 되었다.

이제 우리는 버나드 코널리(Bernard Connolly)의 『유럽의 썩은 심장』(The Rotten Heart of Europe)에서 이 사건들에 대한 생생한 내부 설명을 찾아볼 수 있다. 책 제목과 표지가 세련되지 못한 것에 속아서는 안 된다. 책 내용의 질보다는 겉만 번지르르한 출판이 보여주는 자기의식적인 천박함의 표시라 할 수 있다. 이 책은 종종 읽는 맛이 없으며, 멜로드라마 취향이나 대부분의 경우 아주 박식하고 전문적인 연구로 채워져 있

---

59 Conor Cruise O'Brien, "Pursuing a Chimera", *Times Literary Supplement*, 13 March 1992.

다. 실제로는 아주 흥미 있는 책이다. 브뤼셀에 있는 유럽공동체의 재정기구의 최고위층에 있는 비밀 대처주의자인 코널리는 유럽 정치 영역에서 대처가 보여준 어벙함과는 정반대편에 있는 사람이다. 그는 이 책에서 유럽공동체의 거의 모든 회원국에서 보이는 금융과 투표의 관계를 그 누구보다도 솜씨 좋게 그려내고 있다. 프랑스, 독일, 이탈리아, 영국뿐만 아니라 벨기에, 덴마크, 포르투갈, 아일랜드 등이 유려하고 상세하게 다루어지고 있다(유일하게 중요한 예외는 네덜란드이다. 이 나라가 보이는 자유주의적 경제와 연방 정치 사이의 애매함은 외삽적인 각주로 처리되어 있다). 쇼비니스트적인 확신이 코스모폴리탄적인 역작을 낳았다.

코널리의 관점은 단일통화뿐만 아니라 여러 통화 사이의 고정환율에 대한 원칙적인 적대감에 기초해 있다. 그의 눈에는 이것이 금융시장의 작동을 속박하려는 위험하고 무익한 시도로 보인다. 그것은 기껏해야 무질서할 수밖에 없는 경제 체제가 의존하고 있는 경제적 자유를 질식시킬 뿐이다. 그가 간결하게 쓰고 있는 것처럼 "억제된 서방 자본주의는 파괴된 서방 자본주의이다."[60] 유럽환율제도 내에서 1992~93년에 있었던 혼전을 서술하면서 그는 이자율에 대한 주변국의 우려에 양보해야 한다는 주장에 대해 가장 단호한 독일의 반대자, 특히 당시 독일연방은행 총재였던 헬무트 슐레징어(Helmut Schlesinger)에게 공감한다. 그러나 그의 공감은 철저하게 전술적인 것이다. 슐레징어는 비타협적이라는 점에서 칭찬받는데, 그 결과는 유럽환율제도의 안정성에 대한 그 어떤 전망도 흔들어버리는 것이며, 따라서 유럽통화동맹의 비현실성을 미리 폭로하는 것이다. 그의 공감은 독일연방은행을 이상화하는 것과 아무런 상관이 없는데, 연방은행이 정치적 영향력으로부터 '독립'해 있다는 신화를 코널리는 효과적으로 해체한다. 연방은행의 정책은 선거의 장에서 기민련/기사련(CDU/CSU)의 필요성에 아주 규칙적으로 조응했다.

---

60 Bernard Connolly, *The Rotten Heart of Europe*, London 1995, p. 64.

오늘날 독일의 정치적 계급은 ─ 여기서 민족주의적 반사 행동은 더 이상 지배적이지 않다 ─ 라인 강의 다른 쪽에서도 단일통화의 전망이 모호해지면서 통화동맹에 대해 다시 생각하고 있다. 독일이 마스트리흐트의 거래에서 실체가 아니라 껍데기를 받는 것이 가능했을까? 지배계급의 동맹을 위해 테오 바이겔(Theo Waigel)이, 중앙은행을 위해 한스 티트마이어(Hans Tietmeyer)가 한목소리로 통화동맹에다 돈을 걸었다. 이때 이들은 마스트리흐트 조약에 부수되는 수렴 기준(GDP의 60퍼센트가 넘지 않는 공공 부채와 3퍼센트가 넘지 않는 공공 적자, 유럽연합 내의 가장 좋은 세 나라에서 1.5퍼센트 이내의 인플레이션과 2퍼센트의 이자율)을 지닌 '엄격한 응낙'과 이를 넘어서는 '안정 조약'을 큰 목소리로 요구했다. 이렇게 일치단결한 외침에 법적 기초가 있는 것은 아니었는데, 왜냐하면 마스트리흐트에서 조인된 문서에는 수렴 기준이 충족해야 할 무조건적인 목표가 아니라 지향해야 할 '준거 가치'로 되어 있기 때문이다. 그리고 충분한 조치가 있었는지 여부는 독일연방공화국이나 기타 다른 나라 정부가 아니라 유럽집행위원회만이 결정하게 되어 있다. 이러한 조항은 벨기에 ─ 유연성을 주장할 충분한 이유가 있는 나라로서, 그럴 만한 기억을 지니고 있다 ─ 외무 장관인 필리프 마이슈타트(Philippe Maystadt)의 작업이었다. 이렇게 법적 미묘함이나 작은 이웃 나라를 무시하는 현재 독일의 외교 어조는 점차 빌헬름 시대의 것이 되고 있다.

그럼에도 여태까지 테오도어 아도르노[61]가 '튜튼 족의 장광설'이라고 부른 이것이 방해물을 만나지 않았다는 것이 놀라운 사실이다. 파리는 여기에 반발하기는커녕 순응하려고 노력했다. 코널리에게는 유일하게 예상할 수 있는 일이다. 미테랑 치하에서 프랑스 엘리트의 태도는 독일의 경제력에 비시(Vichy) 정부 시절처럼 복종하는 것이었다. 강한 프

---

61 Theodor Adorno, 1903~69: 독일의 철학자로 비판이론을 주창한 프랑크푸르트 학파의 일원으로 막스 호르크하이머와 함께 쓴 『계몽의 변증법』을 비롯하여 『미니마 모랄리아』 등 많은 저서를 남겼다. ─옮긴이

랑화를 추구한 —대규모 실업을 대가로 독일 마르크화와 보조를 맞추기 위해서는 징벌적인 이자율이 요구되었다 —기성 질서는 프랑스 인민을 배신한 것이다. 코널리는 최근에 실시된 여론조사마다 정치 계급에 대한 광범위한 이반이 분명하다는 것을 언급하고, 이 나라의 오랜 전통인 대중적 불안의 기운이 있다는 것을 상기시키면서 —그는 스스로를 토리 급진파로 묘사한다 —대중이 통화동맹을 위해 지불해야 할 비용을 깨닫게 되면 프랑스에서 또 다른 혁명이 폭발해서 통화동맹을 강제하려는 과두제를 파괴하기에 이를 것이라고 얼굴을 찌푸리면서도 만족한 듯이 전망한다.[62]

이러한 예견은 프랑스에서 더 이상 이상한 일로 간주되지 않는다. 지금 그런 전망은 극적이진 않지만, 여전히 위험하다. 마스트리흐트 조약의 국민투표는 단일통화가 낳을 수 있는 결과를 둘러싸고 프랑스 내의 견해가 심하게 갈라져 있다는 것을 보여주었다. 공채 문제와 관련해서 그것은 유럽화된 독일로 나아갈 것인가 아니면 독일적 유럽으로 나아갈 것인가? 그 이후 대통령 선거에서 자크 시라크(Jacques Chirac)가 승리한 것을 보면 엘리제궁에서 대립적인 계산 사이의 긴장이 지속될 것이라는 점이 확실하다. 왜냐하면 어떤 프랑스 정치가도 계속해서 두 입장 사이에서 동요하거나 기회주의적으로 유권자의 분열된 마음을 반영하지 않을 것이기 때문이다. 미셸 로카르(Michel Rocard)와 에두아르 발라뒤르(Édouard Balladur) 시절의 양당 합의에 도전하는 강령 —일자리 창출보다는 강한 프랑화를 훨씬 더 우선시하는 —을 가지고 권좌에 오른 시라크는 잠시 출발은 좋지 않았지만 열정적으로 재정적 정통으로 다시 돌아섰다. 쥐페 정부는 이제 재정 적자를 마스트리흐트 조약의 수준으로 낮추기 위해 긴축이라는 독한 약을 쓰고 있다.

하지만 가장 빡빡하게 정직한 예산안도 강한 프랑화를 보증하지는 못한다. 코널리가 올바르게 지적했듯이, '수렴 기준'은 건전한 경제의

---

62 Bernard Connolly, *The Rotten Heart of Europe*, pp. 391~92.

지표에서 성장과 고용을 배제한다는 점에서 완전히 비현실적이다. 이 수렴 기준은 금융시장을 보증하기 위한 것으로 오로지 중앙은행장들만 만족시키는 것이다. 금융시장 자체는 속지 않으며, 조만간 물가가 안정되어 있는지, 공공 회계가 균형 잡혀 있는지와 상관없이 실업과 사회적 긴장이 퍼져 있는 나라의 통화는 평가절하할 것이다. 1993년 여름에 이 사실을 프랑스 재무부가 알게 된 것처럼 말이다. 현재 시라크 정권이 보이는 국내 정책의 방향은 유권자의 지지를 대가로 대도시에서 이미 폭발한 압력을 억누를 수 있을 뿐이다. 여기에 프랑스 환율 또한 의존하고 있다. 11월 말에 있었던 대규모 가두 항의 시위는 더 나쁜 사태가 다가올 것이라는 점을 보여준 전조일 수 있다. 여론조사에서 정권 지지율이 떨어진 것은 제5공화국에서 전례가 없는 일이다. 독일연방은행의 지침에 열심히 순응하려 한다는 이미지는 심한 정치적 위험을 감수하는 일이다.

시라크가 핵실험을 재개한 것은 취약한 경제를 군사적 과시로 만회해 보려는 어설픈 시도로 보일 수 있다. 당연하게도 이것은 독일에는 없고 프랑스에는 있는 전략적 자산을 과시하는 것이다. 그 결과는 프랑스가 국제적으로 비난받는 것이었다. 이런 반응의 대부분이 불공평하고 위선적이긴 하지만(이스라엘의 핵폭탄을 비난하는 글은 얼마나 있는가?), 시라크의 실험은 적절하지 못한 것이다. 이런 식으로 허풍 떠는 스타일로는 유럽의 정치적 균형에 전혀 영향을 끼칠 수 없다. 더 이상 유럽에서는 핵무기가 그런 정도로 중요성이 없다. 마스트리흐트 조약—프랑스와 국경을 맞대고 있는 이탈리아, 벨기에, 스페인은 준비가 더 되어 있다—을 강화하려는 독일의 시도에 맞서 프랑스 외교가 동맹을 구하려 했을 때, 그런 시도는 쓸데없이 적대적인 고립을 낳았다. 현재의 직무수행이라는 면에서 시라크는 조르주 불랑제(George Boulanger) 이래 가장 잘못하고, 별 다른 성과를 낳지 못한 프랑스 정치가라는 사실이 드러났다.

그럼에도 일반적으로 받아들여진 견해와 반대로 통화동맹의 운명을 결정하는 것은 독일이 아니라 프랑스일 것이다. 독일연방공화국의 정치적 계급의 자기 확신은 비록 과장되기는 했지만 깨지기 쉬운 것이다. 더 냉정하고 더 강인한 프랑스 정권은 공적인 역사적 기억을 불러일으킬 수 있으며, 별 어려움 없이 독일의 정치적 계급의 허세를 깨버릴 수 있을 것이다. 독일은 마스트리흐트에서 발을 뺄 수 없으며, 그저 이를 변형시킬 수 있을 뿐이다. 파리가 적자를 줄이는 데 진력하지 않는다면 유럽통화동맹(EMU)은 불가능하다. 통화동맹에 관여하는 것은 엘리트의 정치적 계산과 고전적인 치국책의 세계에서 나온 것이다. 즉 독일을 견제하고 프랑스의 국가적 힘을 제고하기로 결정한 외교정책 말이다. 강한 프랑화의 사회경제적 비용은 전체 주민이 부담해 왔다. 여기서 아주 분명하게 밀워드가 예전 통합의 역사에서 없애버리려는 종류의 외적 목표와 국내적 열망 사이의 갈등이 있다. 독일이 외교적으로 다시금 유럽 대륙의 지배자가 되느냐 마느냐가 프랑스 일반 유권자에게 얼마나 문제가 되는가? 일자리 창출과 소득의 성장은 국내 문제가 아닌가? 프랑스에서 앞으로 다가올 시기는 유럽통합 과정에서 소비와 전략의 상대적 비중을 시험하는 흥미 있는 장이 될 것 같다.

그러는 사이에 이미 파업과 시위로 부풀어오른 아래로부터의 압력은 상층의 곤경을 심하게 할 뿐이다. 표면적으로 프랑스 엘리트는 지금 마스트리흐트 조약을 둘러싸고 국민투표 시기보다 덜 분열되어 있다. 그러나 단일통화가 이들이 의도한 것을 가져다줄지는 확실하지 않다. 독일이 억제될 것인가, 억제되지 않을 것인가? 새로운 유럽의 공간에서 경제적 기획으로서의 통화동맹의 모호함은 유럽 내의 잠재적인 민족 경쟁자들의 정치적 논리의 애매함에 상응한다.

끝으로 유럽연합을 동쪽으로 확장하는 전망은 어떠한가? 원칙 자체로 보면, 회원국 사이에 이견이 없다는 것이 놀라운 사실이다. 사전에 고려된 일이 아니라는 것도 덧붙여야 할 것이다. 유럽통합의 역사상 처음으로 정치가나 테크노크라트가 아니라 여론이 중요한 방향을 결정했다. 유권자들의 투표가 이루어진 것은 아니지만 결론을 내리기 전에 오랫동안 숙고했고, 다양한 정치적 견해를 지닌 논설위원과 칼럼니스트들이 한목소리로 다른 방향은 생각할 수 없다고 주장했다. 동쪽으로 확장하는 것은 예전 유고슬라비아연방공화국의 독립에 대해서와 마찬가지의 동일한 정신으로 승인되었다. 이것은 유럽통합 초기의 역사가들이 강조하는 비용과 수익에 대해 냉정하게 계산한 것은 아니었다. 이데올로기적 선의 — 본질적으로 공산주의 아래에서 고통을 겪은 사람들에게 보상해야 할 필요성 — 가 전부였다. 각국 정부는 기본적으로 언론의 합의에 끌려갔다. 원칙은 언론이 세웠다. 정치가들이 할 수 있었던 것은 그것을 어떻게 적용할 것인가였다.

여기서 서유럽의 주도적인 세 국가가 나누어졌다. 처음부터 독일은 폴란드, 헝가리, 예전의 체코슬로바키아, 좀 더 최근에는 슬로베니아를 재빨리 포함시키는 것을 우선하였다. 이 그룹 내에서 폴란드는 독일인의 눈에 여전히 가장 중요하다. 본의 생각은 아주 솔직하다. 이미 독일의 투자를 위한 특권적인 저수지인 이 나라들은 독일과 오스트리아 주위에 있는 가톨릭 나라들의 안전 제방을 이룰 것인데, 이 나라들은 독일기독교민주연합(CDU, 흔히 '기민련')과 편안하게 함께할 수 있는 — 기민련에 공감하는 정당을 사려 깊게 후원하는 — 사회적·정치적 체제를 지닐 것이기 때문이다. 프랑스는 유럽연합을 빠르게 확대하는 데 좀 더 조심스러우며, 소협상국(Little Entente) 나라들 — 루마니아나 세르비아 — 과의 예전 관계를 잊지 않고 있기 때문에 이런 방식으로 지역적 선호를 선택하는 경향이 덜하다. 프랑스의 우선적인 태도는 프라하에서 미테랑이 밝힌 것처럼 유럽연합의 틀을 넘어서서 서유럽과 동유럽 전체의 포괄적인 결합이었다.

다른 한편으로 영국은 비셰그라드(폴란드, 체코, 슬로바키아, 헝가리 4개국을 말한다) 나라들을 빨리 유럽연합에 통합할 것을 압박했을 뿐만 아니라 이를 넘어서서 가장 광범위한 포괄을 압박했다. 메이저는 서유럽 지도자 가운데 유일하게 궁극적으로 러시아를 포함하는 그림을 그렸다. 영국이 지닌 입장의 근본적인 이유는 분명했다. 이 견해에 따르면, 유럽연합이 넓어지면 넓어질수록 유럽연합은 더 얇아져야만 한다. 유럽연합이 더 많은 민족국가를 포함하면 그 민족국가들 상위에 있을 초민족적 권위가 덜 실행 가능할 것이다. 유럽연합이 부크 강[63]과 그 이상으로 확장된다면, 유럽연합은 실제로 광대한 자유무역지대로 발전할 것인데, 런던의 눈에 유럽연합은 언제나 그렇게 되어야만 하는 것이었다. 여기서 확대가 의미하는 것은 제도의 희석이자 사회적 탈규제이다. 동유럽의 값싼 노동력의 막대한 예비군을 포함하고, 서유럽의 임금 삭감 압력이라는 전망은 이러한 영국의 시나리오에 대한 추가 보너스이다.

어떤 결과가 나올 것 같은가? 현재 독일의 구상이 가장 유력하다. 어쨌거나 유럽연합이 어떤 정책 구상을 했다면 그것은 기민련의 방향을 따라가는 것이다. 물론 그 이유 가운데 하나는 독일의 계산과 폴란드, 체코, 헝가리 등의 열망이 현재 수렴되어 있다는 것이다. 여기에는 다소 역사적 아이러니가 있다. 1980년대 말부터 헝가리, 체코 지역, 폴란드에서 그리고 최근에는 슬로베니아와 크로아티아 등지의 언론인과 정치가들이, 이 나라들이 서유럽과 자연적인 친화성을 지닌 중부 유럽에 속하며, 동유럽과는 상당히 다르다는 점을 전 세계에 설득하려 했다. 이러한 정의와 관련된 지리적 확장은 극단적일 수 있다. 예를 들어 체스와프 미워시는 빌니우스를 중부 유럽 도시로 묘사한다.[64] 그러나 폴란드 — 리투아니아는 말할 것도 없고 — 가 실제로 유럽 중앙부에 있다고 한다면, 동유럽은 무엇인가? 논리적으로 상상해 본다면, 그 대답은 러시아일 것이다. 그러나 그 같은 저자들 가운데 다수 — 밀란 쿤데라는 또 다른 예이다 — 가 러시아가 유럽 문명에 속한다는 것을 부정하기 때문에[65] 스

---

63 Bug R.: 우크라이나 서부에서 발원하여 벨라루스와 폴란드로 흐르는 강. 전통적으로 가톨릭 지역과 동방정교회 지역을 가르는 경계선으로 인식되어 왔다. — 옮긴이

64 Czesław Miłosz, "Central European Attitudes", in George Schopflin and Nancy Wood(eds.), *In Search of Central Europe*, London 1989, p. 116.

65 Milan Kundera, "The Tragedy of Central Europe", *New York Review of Books*, 26

스로를 중앙이자 경계라고 선언하는 공간이라는 어려운 문제가 있다.

아마 그런 어려움을 느낀 한 미국인 동조자이자 『스펙테이터』의 외국인 편집자인 앤 애플바움은 — 분명히 불친절한 — 리투아니아, 벨라루스, 우크라이나 등에 대한 연구서에 『동쪽과 서쪽 사이』[66]라는 제목을 붙임으로써 암묵적으로 폴란드를 완전한 서유럽으로 상향 조정했다. 이 어려움에서 빠져나오는 또 다른 길을 제시한 사람은 미클로시 하라치(Miklós Haraszti)인데, 그는 중부 유럽이라는 생각을 현재와 같이 사용하는 용법이 지리적 의미는 별로 없지만, 공산주의에 맞서 싸운 사람들 — 폴란드인, 체코인, 마자르인 — 의 정치적 통일성을 담고 있다고 주장했다. 이 점이 그렇지 않았던 이웃 나라들과 다른 것이다. 물론 1989년에 루마니아인들은 오랫동안 진행된 세 나라의 저항에서 죽은 것보다 더 많이 죽었다. 하지만 오늘날 그러한 구성의 요점이 회고적이지 않은 것과 마찬가지로 명문화된 것도 아니다. 원래 냉전 시기 동안 러시아의 경험과 어떠한 관련도 없다는 점을 주장하기 위해 고안된 중부 유럽은 오늘날 유럽연합에 가입할 수 있는 우월한 후보국을 열등한 후보국 — 즉 루마니아, 불가리아, 알바니아 등 — 과 분리하는 데 이용되고 있다.

그러나 지리적 개념에서 그 기원을 완전히 지울 수는 없다. 중부 유럽(Mitteleuropa)이라는 생각은 독일의 발명품으로, 베버의 친구인 프리드리히 나우만(Friedrich Naumann)이 제1차 세계대전 동안 이론화한 것으로 유명하다. 나우만의 개념은 여전히 흥미로운 주제이다. 그가 생각한 중부 유럽은 프로이센의 산업적 효율성과 오스트리아의 문화적 매력을 결합한 게르만 핵으로 구성되어 있으며, 이는 위성 민족들을 광대한 관

April 1984. 다음 글도 참조. George Schopflin "Central Europe: Definitions Old and New", *In Search of Central Europe*, pp. 7~29.

66 Anne Applebaum, *Between East and West*, London 1994. 이 분야에 속하는 대부분의 다른 작가들과 마찬가지로 애플바움이 항상 일관된 것은 아니다. 중세를 다룰 때 폴란드는 '평균적인 중부 유럽 나라'로 간주된다. p. 48 참조.

세 공동체(Zollgemeinschaft)와 군사 협약으로 끌어들일 수 있는 능력을 지녔는데, 그 범위는 '비스툴라부터 보스게스까지' 걸쳐 있다.[67] 그렇게 통일된 중부 유럽은 그가 초국가(Oberstaat)라고 부른 것이 될 텐데, 이 초국가는 앵글로-아메리카 및 러시아와 경쟁할 수 있을 것이다. 루터 파 목사인 그는 이 초국가가 가톨릭이 지배적이 될 것이라는 점에 대해 안타까워하지만 — 이는 불가피한 대가이다 — 유대인과 소수민족에게 여지를 주는 관용적인 질서를 지닐 것이다. 그것이 창출한 연합은 연방이 되지는 않을 것이다. 나우만은 오늘날의 보충성의 교리를 일찍이 예언한 사람이기도 했다. 경제 주권과 군사 주권 이외의 모든 형태의 주권은 분리된 정치적 정체성을 유지하고 있는 회원국들이 보유할 것이며, 하나의 수도가 만능의 역할을 하는 게 아니라 여러 도시들 — 함부르크, 프라하, 빈 — 이 각기 다른 집행 기능의 중심지가 될 것이다. 이는 오늘날 스트라스부르, 브뤼셀, 프랑크푸르트 등과 유사하다.[68] 이러한 청사진을 배경으로 할 때 비셰그라드 4개국에서 중부 유럽의 전망에 대한 이데올로기적 수요가 어떻게 독일연방공화국에서 정치적 공급을 발견할 수 있는지를 아는 것은 어려운 일이 아니다.

그러나 동쪽으로 어느 정도 확대하는 것이 지금 유럽연합의 공식적인 — 여전히 흐릿하기는 하지만 — 정책으로 신성시되고 있다는 것을 감안할 때, 이 과정은 예전 공산주의 국가들 가운데 선택된 소수에 한정될 수 있을 것인가? 가입 신청은 다층적이며, 신청에 제한되는 분명한 경계가 존재하는 게 아니다. J. G. A. 포콕(J. G. A. Pocock)이 강력하게 주장했듯이, 유럽은 하나의 대륙이 아니라 베링 해협까지 뻗어 있는 연결된 대륙에 있는 개방된 아대륙이다. 유럽이 아시아와 맞대고 있는 유일한 자연적 경계는 헬레스폰트(Hellespont)에 있는 좁은 바다로, 레안드로스와 바이런(Byron) 경이 헤엄쳐 건넌 바 있다. 북쪽으로는 평야와 스텝

---

67 Friedrich Naumann, *Mitteleuropa*, Berlin 1915, pp. 3, 129~31, 222 이하, 254 이하.
68 Friedrich Naumann, *Mitteleuropa*, pp. 30, 67~71, 232~38, 242.

이 투르크스탄까지 쭉 펼쳐져 있다. 문화적 경계도 지리적 경계만큼이나 분명하지 않다. 이슬람교를 믿는 알바니아와 보스니아는 기독교를 믿는 그루지야 및 아르메니아 — 고대인들은 이곳을 유럽과 아시아 분할선으로 보았다 — 서쪽 1,000마일에 위치한다. 이 문제를 다룬 최초의 역사가인 헤로도토스(Herodotos) 자신이 "유럽의 경계는 분명하게 알려져 있지 않으며, 어디까지인지 누구도 말할 수 없을 것이다. …… 그러나 오이로파〔그는 제우스가 빼앗아 간 미인을 가리키고 있다〕는 아시아계이며, 그리스인들이 지금 유럽이라고 부르는 땅에 발을 디딘 적이 없고, 〔황소 등을 타고〕 페니키아에서 크레타 섬으로 왔을 뿐이라는 점은 분명하다." 아마 헤로도토스의 아이러니는 여전히 우리에게도 교훈이 된다. 슬로바키아가 오늘날의 유럽연합 가입 후보국이라면, 루마니아는 왜 안 되는가? 루마니아가 된다면, 몰도바는 왜 안 되는가? 몰도바가 된다면, 우크라이나는 왜 안 되는가? 우크라이나가 된다면, 왜 터키는 안 되는가? 몇 년 내에 이스탄불은 유럽에서 — 어떻게 정의하든 — 반박할 여지없이 파리를 넘어 가장 큰 도시가 될 것이다. 모스크바로 말하자면, 예카테리나 여제가 '러시아는 유럽 나라'라는 유명한 칙령을 선포한 지 200년이 지났으며, 푸시킨(Pushkin)과 알렉산드르 수보로프[69]의 시대 이래로 유럽 문화와 정치의 역사는 이런 여제의 주장을 뒷받침해 왔다. '대서양에서 우랄 산맥까지'의 유럽이라는 드골의 관점은 쉽게 사라지지 않을 것이다. 유럽연합의 확대에 대한 현재 논의가 머무는 정지 장소는 그 확대에 가장 가까이 있는 국가들의 경쟁의 편리함이나 브뤼셀에 있는 관료들의 상상력의 한계일 뿐이다. 이것들은 팽창의 논리에 저항하지 못할 것이다.

1991년에 포콕은 이렇게 말했다.

---

69 Alexandr Suvorov, 1729~1800: 러시아 제국의 대원수를 지냈으며, 역사상 전투에서 한 번도 지지 않은 명장으로 잘 알려져 있다. 저서로 『승리의 과학』이 있다. ─옮긴이

'유럽'은 …… 다시금 문명화되고 안정화된 지역이라는 의미에서 제국이 되었으며, 이 제국은 아직 제국 체제 내에 있지 않고 그 경계를 따라 있는 폭력적인 문화로 정치권력을 확대할 것인지 아닌지를 결정해야 한다. 세르비아인이나 크로아티아인이라 할지라도 오스트리아인이라면, 쿠르드인이나 이라크인이라 할지라도 터키인이라면 '유럽'의 일부가 될 수 있다. 이것은 시장의 결정이 아니라 국가의 결정이다.[70]

그러나 유럽은 익숙한 의미에서 ─ 중앙집중화된 제국적 권위 ─ 제국이 아니라 (그가 말한 것처럼) 국경에 대한 공통의 견해가 없는, '국가들의 합성물'일 뿐이기 때문에 그 국경을 여러 기관에서 긋는 것은 놀랄 일이 아니다. 하지만 그가 쓴 것처럼 그 간극을 메울 전문가적 견해는 없다.

예를 들어 티모시 가턴 애쉬 ─ PCH〔폴란드, 체코, 헝가리〕가 급행으로 유럽연합에 들어와야 한다고 주장한 사람 가운데 처음이자 가장 예리한 옹호자 ─ 는 최근에 자신의 견해를 수정했다. 그는 『타임스 리터러리 서플먼트』(TLS)에 이렇게 썼다. "지난 15년간 대부분의 시간을 프라하, 부다페스트, 바르샤바가 동유럽이 아니라 중부 유럽에 속한다고 서유럽 독자들에게 설명하는 데 할애한 나는 폴란드와 알바니아 사이에 커다란 차이가 있다는 것을 상기해야 할 필요가 있는 마지막 인물이다. 그러나 이른바 비셰그라드 그룹의 중부 유럽 민주주의 나라들과 발트 해 국가들이나 슬로베니아 사이에 아주 분명한 역사적 분할선이 있다고 말하는 것은 또 다른 신화를 만들 수 있다."[71] 그 대신에 분할선은 제2의 유럽과 제3의 유럽 사이에 그어져야 한다. 제2의 유럽은 그가

---

70 J. G. A. Pocock, "Deconstructing Europe", *London Review of Books*, 19 December 1991. 지금은 J. G. A. Pocock, *The Discovery of Islands*, Cambridge 2005, p. 287에 수록되어 있다.

71 Timothy Garton Ash, "Catching the Wrong Bus", *Times Literary Supplement*, 5 May 1995.

유럽연합을 향해 "침로를 정했다"라고 서술한 20개 정도의 국가이며, 제3의 유럽은 이러한 전망을 공유하지 않는 국가들로서 러시아, 벨라루스, 우크라이나 그리고 지도 제작상 미묘한 세르비아 등이다.

분명하게 도구적인 이분법은 이 이분법이 대체한 신화적인 구별보다 더 오래갈 것 같지는 않다. 키스 미들마스는 『유럽의 조정』—유럽연합의 제도적 미궁과 비공식적인 복잡함을 통해서 본 볼륨 있고, 아주 열정적인 가이드—말미에서 더 넓은 풍경을 바라본다. 그는 유럽이 무르만스크에서 카사블랑카까지 이어지는 잠재적인 위협의 아치로 둘러싸여 있다고 말한다. 위협과 거리를 두기 위해서 유럽연합은 절연 지대, 즉 유럽공동체에 통합될 수 있고, 이 공동체를 그 밖의 '제3의 서클'—러시아, 중동, 북부 아프리카—로부터 방어할 수 있는 '제2의 서클'로 구성된 절연 지대가 필요하다. 이러한 구상에서 각각의 완충지대는 논리적으로 볼 때 동유럽, 동지중해의 키프로스와 터키, 마그레브 등이 된다. 하지만 미들마스는 앞의 두 지역은 궁극적으로 유럽연합에 받아들여질 것이지만, 세 번째 지역은 그렇지 않을 것이라고 설명한다. 왜냐하면 "마그레브의 나라들은 사하라 이남 아프리카에 대한 방벽이라고 볼 수 없기 때문이다. 사하라 이남 아프리카는 소수의 불법 이민자를 제외하면 위협이 되지 않는다." 반대로 "위협은 북아프리카 자체로부터 온다."[72] 이것이 터키를 유럽에서 명시적으로 배제하는 애쉬의 접근법보다 훨씬 더 보편적인 접근법이기는 하지만, 이러한 모든 문제에 공통되는 동일한 전개 방식을 보여준다. 그것은 아포리아로 미끄러지는 것이다. 유럽연합의 장래 경계에 제한을 두지 않으려는 모든 시도는 스스로 해체되었다.

당분간은 '유럽 협약'—형식적으로는 [유럽연합] 가입을 위한 대기실로 기획된 것이다—을 조인한 나라는 폴란드, 체코공화국, 헝가리, 슬로바키아, 루마니아, 불가리아 등 6개국이라는 것을 확인하는 것으로

---

72 Keith Middlemas, *Orchestrating Europe*, London 1995, pp. 664~65.

충분하다. 그리고 다른 4개국(슬로베니아와 발트 3국)이 곧 조인할 것이라는 점을 확인해 둔다. 크로아티아, 세르비아, 마케도니아, 알바니아, 보스니아의 남은 지역이 이 대열에 합류하는 것은 시간문제일 뿐이다. 이러한 전망—우리는 이것을 역도미노 효과라고 부를 수 있을 텐데, 여기서 도미노는 밖으로 쓰러지는 게 아니라 안쪽으로 쓰러진다—은 영국의 시나리오가 실현될 것이라는 것을 의미하는가? 맥밀런은 소박한 영국식으로 거대한 자유무역지대가 주는 유익한 압력에 유럽공동체가 노출될 경우에 유럽공동체는 "찻잔에 들어간 설탕처럼 녹게" 될 것이라는 희망을 말한 적이 있다.[73] 이런 희망은 그의 계승자들이 선호하는 전망이다. 이러한 계산은 더 많은 회원국이 있을수록 주권은 실제로 더 적게 모일 수 있게 될 것이며, 연방의 꿈은 닫힐 가능성이 더 크다는 것이다. 얼마나 현실적인가?

유럽연합을 20여 개국으로 확대하는 것이 근본적으로 유럽연합의 성격을 바꿀 것이라는 점은 의심할 여지가 없다. 만약 유럽연합의 현재 구조가 단순히 동쪽으로 확장되는 것이라면, 비셰그라드 4개국을 통합하는 비용만 해도 유럽연합 예산이 60퍼센트 증가한다는 것을 의미할 것이다. 모든 국내의 압력이 감세를 향하고 있는데, 기존 회원국이 그런 부담을 받아들일 가능성은 없다. 그렇다면 남는 것은 서유럽의 농촌 지역과 가난한 지역에 대한 기존의 지원을 줄이거나—이 지역은 이런 구상에 저항할 수 있는 힘을 지닌 유권자들로 구성되어 있다—신참국을 위한 2등 회원국 자격을 만드는 식으로—1등 회원국에 상응하는 양도 혜택 없이—공동체법과 관행의 집적(acquis communautaire)의 효력을 약화시켜야 할 것이다.

이것들은 급속한 팽창을 앞두고 일어난 재정적 두통거리일 뿐이다. 예전 공산주의 경제권에는 물질적인 결과도 가져왔다. 통화동맹을 위한 수렴 기준에 집착하는 노력이 이미 번영할 대로 번영한 서방 사회를 한

---

73 François Duchêne, *Jean Monnet*, p. 320.

계점으로 몰고 가는 일이라 할 때, 가난한 동유럽 사회는 그 기준을 유지할 수 있을 것인가? 이전의 후보국들이 처음에 불리하지는 않았음에도 그러한 거시경제적 절벽을 올라가야 했던 적은 없다. 유럽통화동맹의 요구 조건을 살펴볼 때, 열심히 팽창을 주장하는 사람들이 단일통화라는 생각을 포기해야 한다고 주장하기 시작한 것은 놀랄 일이 아니다. 애쉬에게 바르샤바와 프라하가 필요로 하는 것은 어쨌거나 런던의 지혜가 일치하는 것이다. 그는 통화동맹에 대해 이렇게 쓰고 있다. "아마 유럽은 지금 다소 영국적인 사고를 이용할 수 있을 것이다. 여기서 '영국적'이라는 것은 우리의 특수한 지적 전통의 깊은 의미에서 그런 것이다. 즉 회의적이고, 경험적이고, 실용적인 것이다."[74] 유럽통화동맹과 동유럽으로의 확대가 양립할 수 없을 것이라는 의구심은 정반대 입장을 지닌 자크 아탈리(Jacques Attali) 같이 독특한 인물도 공유하는 것이다. 그는 단일통화를 유효하기는 하지만 지금은 대의를 상실한 것으로 보며, 유럽연합의 확대를 독일의 기획으로 간주한다. 이 기획은 미국 문화에 매혹당한 대부분의 각국 엘리트가 별 흥미를 지니지 못한 연방주의 유럽에서 벗어나게 해줄 것이다. 그는 미테랑 정부 말에 무뚝뚝하게 이렇게 말했다. "유럽은 스스로를 사랑하지 않는다."[75]

마스트리흐트는 그렇게 쉽게 사라질 것 같지는 않다. 그러나 유럽연합을 확대하는 데 따른 위험이 그것이 신구 회원국에 제기하는 경제적 함정에만 있는 것은 아니다. 설사 다양한 종류의—공동 농업정책, 구조 기금, 단일통화 등에서 오는—훼손이 한때 '포로였던 나라들' (captive nations)을 위해 만들어진 것이라 하더라도, 순수하게 정치적 성격을 지닌 좀 더 근본적인 어려움은 남아 있다. 회원국을 두 배로 늘릴 경우 유럽연합의 기존 제도는 힘을 잃을 수 있다. 이미 6개국이나 9개국이 지녔던 원래의 균형은 각료이사회 속에서 나쁜 상태에 빠졌다. 오늘

---

74 Timothy Garton Ash, "Catching the Wrong Bus?"

75 Jacques Attali, *Europe(s)*, Paris 1994, pp. 15, 147~50, 181~99.

날 가장 큰 5개국 ─독일, 프랑스, 이탈리아, 영국, 스페인 ─ 이 유럽연합 전체 인구의 80퍼센트를 차지하지만, 각료이사회에서는 절반이 조금 넘는 정도의 투표권을 행사하고 있을 뿐이다. 예전에 공산주의였던 가입 신청국이 회원국이 될 경우에 이 5개국의 몫은 더 떨어질 것이고, 유럽연합 내의 가난한 나라의 비율 ─지금 이 나라들은 실질적인 이전을 받을 자격이 있다 ─ 은 15개국 가운데 4개국에서 25개국 가운데 절반이 넘는 14개국으로 상승할 것이다.

투표권의 비중을 조정하는 일은 법적 국가를 어느 정도 실질적인 국가로 바꾸게 할 것이다. 그러나 그것은 유럽연합을 동쪽으로 확대하는 것이 야기하는 가장 곤란한 문제를 실질적으로 해결하지는 못할 것이다. 거기에는 수의 논리가 있다. 예전에 소련의 위성국이었던 유럽에는 이미 계속해서 자본주의였던 유럽만큼의 국가가 있으며(최근의 계산에 따르면, 스위스를 포함할 경우 '서유럽'에는 17개국이, '동유럽'에는 16개국이 있다), 인구는 1/3이다. 이런 규모로 구성원이 늘 경우, 구성원들 사이의 불평등을 조정한다 하더라도 제도적인 정체 상태를 낳을 것이다. 이러한 상황에서(Rebus sic stantibus), 유럽의회의 규모는 800명의 의원을 지닐 정도로 커질 것이다. 집행위원의 숫자는 마흔 명으로 늘어날 것이다. 이사회에 참여하는 각료들에게 배당되는 10분의 모두(冒頭) 발언으로 실질적인 논의가 시작되기도 전에 회의는 다섯 시간이 될 것이다. 기존 체제가 지닌 전설적인 복잡성 ─세심한 집행 사무소의 순환, 힘든 정부 간 협상, 아주 복잡한 각료 투표와 의회 투표 ─은 마비 지점에 이를 정도로 과부하를 낳을 것이다.

그러한 조건에서 확대는 불가피하게 느슨함을 의미하지 않겠는가? 이것이 외무영연방부(FCO)부터 『타임스 리터러리 서플먼트』(TLS)까지 런던 ─다소는 공공연하게 소재지에 따라 표명된 ─에서 건 내기이다. 장기적인 관점에서 공식적인 사고를 따라가면, 유럽연합의 팽창은 탈연방화를 의미할 수밖에 없다. 하지만 이것이 논리적인 추론일 뿐인가? 여기서 우리는 최종적인 애매함과 만난다. 제도적으로 막다른 골목에 다다랐다는 전망이 매우 기능적인 필요에서 오늘날 존재하는 것보다 더 중앙집중화된 초국적 권위를 강요할 수 있지 않을까? 12~15개 회원국 사이의 협조는 좀 귀찮기는 하지만 합의의 기초 위에서 그럭저럭 작동할 수 있다. 회원국이 30개국으로 늘어나면 실질적으로 이런 일은 불가능해진다. 더 많은 국가가 유럽연합에 들어오게 되면 작은 규모의 나라가 큰 규모의 나라보다 늘어날 것이기 때문에 각료이사회 내에서 주민 수와 대표성 사이의 불일치가 더 커지게 되고, 전반적인 결정 능력이 더 약해질 것이다. 그 결과 역설적으로 영국의 기대와는 정반대의 일이 벌어질 것이다. 새로운 헌법적 구조 내에서 연방의 권력이 희석되는 게 아니라 집중될 것이다. 이때 각국의 투표 비중은 재조정되고, 다수결이 정상이 될 것이다. 다른 말로 하면, 규모의 문제는 느슨한 자유무역지대의 옹호자들이 피하고 싶어 하는 제도적 난제를 잘라버리는 방식으로 처리하게 할 것이다. 확대는 심화를 견제할 수도 있고, 뒤집을 수도 있다. 하지만 촉진할 수도 있다.

따라서 현재 유럽연합이 직면하고 있는 세 가지 결정적인 쟁점 각각은 ─ 단일통화, 독일의 역할, 회원국의 증가 ─ 근본적인 불확정성을 보여준다. 각각의 경우에 애매함이 지닌 독특한 형태는 동일하다. 한 묶음의 의미가 아주 강렬하기 때문에 특유의 불확실함을 낳으면서 주제가 정반대로 뒤집히는 것처럼 보인다. 이것들은 정치적 유사(流砂)인데, 유럽은 이 위에 지어질 것이다.

2 결과

|| **2007년** ||

어떤 현현(顯現)이 유럽을 미혹시키고 있다. 구세계는 중요성이 축소되기는커녕 의심스럽기는 하지만 과거의 영광된 시절에도 지니지 못한, 인류를 위한 중요성을 지니려 하는 것 같다. 역사가인 토니 주트는 1945년 이후 유럽 대륙을 다룬 800쪽짜리 책인『포스트워 1945~2005』말미에서 21세기 초에 '유럽'이 국제적인 미덕의 모델로 등장하는 것에 대해 기뻐하며 소리친다. 유럽인과 비유럽인 모두가 본받아야 할 모범으로 꼽는 가치의 공동체라고 주장한다. 그가 열심히 우리를 설득하려는 것은 명성은 "스스로 얻는" 것이라는 점이다.[1] 동일한 관점을 신노동당의 선각자들도 지녔다. 노동당 대외정책의 신동인 마크 레너드(Mark Leonard)가 쓴 선언문 제목은『왜 유럽은 21세기를 움직이는가』이다. 그는 독자들에게 이렇게 요구한다. "평화, 번영, 민주주의의 세계를 상상해 보라. 내가 독자들에게 상상해 보라고 하는 것은 '새로운 유럽의 세기'이다." 이렇게 도취적인 전망은 어떻게 실현될 것인가? "유럽은 자유주의에서 온 에너지와 자유가 사회민주주의에서 온 안정 및 복

---

1 Tony Judt, *Postwar 1945~2005*, London 2005, p. 799.

지와 결합된 종합을 대표한다. 세계가 더 부유해지고, 기아와 건강 같은 기본적인 욕구를 만족시키는 것 이상으로 나아가면, 유럽적인 생활방식은 거부할 수 없는 것이 된다."[2] 사실인가? 분명히 그렇다. "인도, 브라질, 남아프리카, 심지어 중국까지 경제적으로 발전하고, 정치적으로 스스로를 표현하게 되면서, 유럽 모델은 이 나라들의 안전을 지키면서도 더욱 번영할 수 있는 매력적인 방식을 대표할 것이다. 이 나라들은 '새로운 유럽의 세기'를 만들고 있는 유럽에 합류하게 될 것이다."[3]

이보다 더 나은 것은 아니지만 미래학자인 제러미 리프킨 — 미국에서 태어났지만 어떤 기준으로 보더라도 명예 유럽인이며, 로마노 프로디(Romano Prodi)가 유럽집행위원회 위원장일 때 개인 보좌관을 지냈다 — 은 『유러피언 드림』에 대한 가이드를 제공한 바 있다. 그는 이렇게 말한다. "헤게모니가 아니라 조화"를 추구하는 유럽연합은 "인류 의식의 세 번째 단계로 가는 여행에서 도덕적으로 높은 수준을 주장할 수 있는 제대로 된 모든 특징이 있다. 유럽인들은 새로운 약속의 땅으로 가는 로드맵을 구상했는데, 이는 삶의 본능과 지구의 분리 불가능성을 다시금 확인하는 데 기여한 것이다."[4] 리프킨은 이 항로에 대한 서정적인 탐색을 한 후 — 전형적인 기항지는 '중심 없는 통치', '시민사회의 낭만화', '제2의 계몽사상' 등이다 — 냉소주의에 대해 경고하면서 이런 결론을 내린다. "지금은 격동의 시대이다. 세계의 대부분이 어두워지고 있으며, 수많은 인류가 분명한 방향이 없다. '유러피언 드림'은 혼란스러운 세상의 등대이다. 이 등대는 포괄성, 다양성, 삶의 질, 심오한 놀이(deep play), 지속 가능성, 보편적인 인권, 자연의 권리, 지구의 평화라는 새로운 시대의 빛을 비춰준다."[5]

---

2 Mark Leonard, *Why Europe Will Run the 21st Century*, London 2005, pp. 7, 85.

3 Mark Leonard, *Why Europe Will Run the 21st Century*, p. 4.

4 Jeremy Rifkin, *The European Dream: How Europe's Vision of the Future is Quietly Eclipsing the American Dream*, Cambridge 2004, p. 382.

5 Jeremy Rifkin, *The European Dream*, p. 385.

이러한 도취 상태는 특유하게 앵글로색슨적인 것처럼 보이지만, 유럽 대륙에도 좀 더 무미건조하기는 하지만 이에 해당하는 게 상당히 있다. 독일의 유력한 철학자인 위르겐 하버마스에게 유럽은 시대의 커다란 두 가지 쟁점, 즉 "국민국가를 넘어서는 거버넌스"와 전 세계에 대해 "모델로 기능하는" 복지 체제를 위한 '모범적인 해결책'을 발견한 지역이다. 그렇다면 세 번째 쟁점에 대해서도 승리를 거두지 않았을까? "유럽이 이 엄청난 두 가지 문제를 해결했다면, 유럽은 그 이상의 도전을 제기하는 게 가능하지 않을까? 즉 국제법 기초 위에서 코스모폴리탄적 질서를 옹호하고 증진하는 것 말이다."[6] 혹은 그의 동료 사회학자 울리히 벡의 말처럼 "유럽화는 새로운 정치를 창조하는 것을 의미한다. 그것은 메타파워 게임에, 새로운 지구 질서의 규칙을 만들기 위해 투쟁하는 데 경기자로서 들어오는 것을 의미한다. 미래를 위한 표어는 이렇게 될 것이다. 미국은 자리를 양보하라. 유럽이 뒤에 있다."[7] 프랑스에서는 민주주의 이론가이자 사상을 다루는 이 나라의 중심적 저널인 『르 데바』의 편집자 마르셀 고셰가 이렇게 설명한다. "우리는 유럽이 개척한 방식이 궁극적으로 전 세계 나라들의 모델로 기능할 운명이라고 생각해도 좋을 것이다. 이런 운명은 유전적 프로그램에 기입되어 있다."[8]

1

물론 자기만족은 유럽에서 익숙한 일이다. 그러나 요즘 분위기는 좀 다른 데가 있다. 그것은 끝 모를 나르시시즘인데, 물에 비친 그림자가 지구의 미래를 구경꾼의 이미지로 바꾸어놓는다. 이런 정도의 정치적

---

6 Jürgen Habermas, *The Divided West*, Cambridge 2006, p. 43.

7 Ulrich Beck, "Understanding the Real Europe", *Dissent*, Summer 2003.

8 Marcel Gauchet, "Le Problème européen", *Le Débat*, no. 129, March-April 2004, p. 66.

허영심을 어떻게 설명해야 하는가? 분명 유럽 대륙의 풍경은 최근에 바뀌었으며, 전 세계에서 유럽의 역할은 커졌다. 현실의 변화가 초현실적인 몽상을 불러일으킬 수 있지만, 그 변화의 연관성이나 그 변화가 결여하고 있는 것을 보기 위해서는 적절하게 조정될 필요가 있다. 10년 전에 헤아릴 수 없는 커다란 세 가지가 앞에 놓여 있었다. 마스트리흐트에서 계획된 통화동맹의 도래, 독일이 통일과 함께 지역의 지배자로 복귀한 것, 유럽연합이 동유럽으로 팽창한 것이 그것이다. 각각의 결과는 사전에 결정되어 있지 않았다. 그 이후에 그것들은 얼마나 명료해졌는가?

1999년 새해 첫날 유럽연합 15개 회원국 가운데 11개국이 동시에 채택한 단일통화 도입은 그 성격상 세 가지 가운데 가장 세심하고 체계적인 변화였다. 그 효과가 가장 빨리, 가장 분명하게 나타난 것이라고 생각한 것은 언제나 이유가 있는 일이었다. 하지만 이것은 아주 제한적인 기술적 의미에서 그렇다는 것이 드러났기 때문에, 12개의 통화를 하나로 대체하는 것은 (그리스는 2002년에 가담했다) 사소한 결함이나 불상사 없이 매우 원만하게 다루어졌다. 다시 말해 행정적인 묘기였다. 그렇지 않았다면 일반적인 예측과 반대로 8년 전에 유로존에서 실행된 통화동맹의 순수한 결과는 여전히 미결 상태였을 것이다. 단일통화와 관련하여 표명된 의도는 거래 비용을 낮추고, 사업 수익성의 예측 가능성을 높여 더 많은 투자를 끌어내고 생산성과 생산량을 더 빨리 성장시킨다는 것이었다.

그러나 지금까지 이런 대의가 결과를 낳는 데는 실패했다. 단일유럽의정서(SEA), 즉 대부분의 정통 경제학자들이 유럽통화동맹(EMU)보다 더 큰 중요성을 부여하면서 고수했던 1986년의 '단일시장법'의 동학적인 결과는 이미 너무 높게 평가되었다. 공식적인 체키니 보고서(Cecchini Report)는 이것이 유럽공동체의 GDP에 4.3~6.4퍼센트를 더해 줄 것이라고 계산했지만, 실제로는 1퍼센트 조금 넘는 정도만 효과가 있었다. 지금까지 유럽통화동맹이 가져다준 이득은 실망스럽기까지 하다. 유로존의 성장은 통화동맹 이전의 5년간 평균 2.4퍼센트에서 이후 5년간

2.1퍼센트로 서서히 줄어들었다. 2004~07년 사이에 약간 늘어나기는 했지만, 여전히 1980년대 수준 아래에 있다. 단일통화가 도입된 직후인 2000년에 리스본 정상회담은 10년 이내에 "세계에서 가장 경쟁력 있고 역동적인 지식 기반 경제"를 창출하겠다고 약속했다. 하지만 결국 유럽연합은 미국보다 낮은 성장률을 기록했고, 중국에는 훨씬 뒤처졌다. 유럽은 미국의 과학기술적 자성(磁性)―40만 명에 달하는 미국 과학자의 2/5는 유럽 태생이다―과 중화인민공화국의 값싼 노동력―유럽보다 평균 임금이 1/20에 불과하다―사이에 끼어 자신의 호언장담을 입증하지 못했다.

단일통화 블록이 미국보다 잘 작동하지 못했기 때문만은 아니다. 좀 더 정확하게 말하면, 유로존은 유럽연합 내에서 자국 통화를 없애지 않으려는 나라들―스웨덴, 영국, 덴마크―에 의해 약화되었다. 이 세 나라는 모두 같은 시기에 더 높은 성장률을 기록했다. 마스트리흐트의 유산에 더 큰 그림자를 드리운 안정화 협약―국민국가 수준의 재정적 무질서가 초국가적 수준에서 통화의 엄격성을 침식해서는 안 된다는 것을 보장하기 위한 것―을 유로존의 주도적인 두 경제권인 독일과 프랑스는 아무런 제지도 받지 않고 반복해서 위반했다. 디플레이션의 충격이 작용했다면, 거기에 저항하기 힘든 포르투갈에 대해 그러했던 것처럼 전반적인 성장은 더 낮았을 것이다.

여전히 통화동맹에 대해 분명한 판결을 내리는 것은 시기상조이라고들 한다. 통화동맹을 옹호하는 사람들은 유로존 내에서 아일랜드와 스페인을 성공 스토리로 지목하며, 독일이 주도한 지난해의 전반적인 경제적 상승을 바라본다. 이들은 이를 유럽통화동맹이 드디어 제자리를 잡아가는 신호로 해석한다. 무엇보다도 이들은 유로(Euro) 자체의 힘을 자랑스러워하는 것 같다. 유로존의 장기 이자율이 미국보다 낮기 때문만은 아니다. 더 놀라운 일은 국제 채권시장에서 유로가 세계 제1의 통화인 달러를 추월했다는 것이다. 그 결과의 하나는 유로 지역 내에서 국경을 넘나드는 합병과 취득의 물결을 강화했는데, 이는 통화동맹의 설계자들이 생각했던 종류의 자본 심화(capital deepening)를 보여주는 증거이다. 세계경제에서 지역이나 국가가 차지하는 상대적인 지위가 보이는 악명 높은 변동성을 감안할 때, ―일본의 지위는 1980년대 이래 가장 스펙터클하게 뒤바뀐 예일 뿐이다 ―유로존이 7년이 약간 넘는 불경기가 지난 지금 정반대로 균형을 잡을 수 있지 않겠는가?

분명하게 많은 부분은 유럽이 전 지구적 수요를 지배하는 미국 경제와 맺는 상호 관련 혹은 절연의 정도에 의존한다. 1999년 이래 유로존의 실적이 평범했던 것 ―경제적 자유주의자들의 눈에는 국가주의적관성과 노동시장의 엄격함이 그 원인이었으며, 이를 극복하는 데 시간이 걸리겠지만 사라져가고 있다 ―은 주로 지난 5년간 아주 유리했던 미국의 소비에 의해 추동되는 지구적 국면을 배경으로 하여 전개된 것이었다. 세계경제의 성장은 평균 4.5퍼센트가 넘었으며, 이는 1960년대이후 처음 있는 일이었다. 이 호황의 많은 부분은 OECD 대부분의 나라에서 치솟은 주택 가격, 특히 미국의 주택 가격 상승에 기인하였다. 특히 한때 주변부 경제였던 스페인과 아일랜드에서는 건설이 최근 성장의 핵심을 이루었다. 다른 한편 모기지가 금융시장의 중심이었던 적이 없는 유로존의 주요 경제권에서는 그 효과가 약했다. 미국 주택 시장이 점진적으로가 아니라 갑작스럽게 망가질 경우 진리의 순간이 유럽통화동맹에 올 것이다. 호황기에 상대적으로 모기지 열풍에 대해 면역력이 있던 유로존이 대서양 전반의 경기 후퇴로부터 얼마나 안전할 수있을까?

새로운 유럽에서 독일의 역할은 여전히 모호하다. 독일은 독일민주공화국(DDR)을 흡수함으로써 20세기 초에 차지했던 유럽 대륙의 전략적 중심부를 회복했으며, 인구도 가장 많고 경제적으로도 가장 부유한 나라가 되었다. 그러나 통일의 장기적인 결과는 여전히 진행 중이다. 국제적으로 볼 때 베를린 공화국은 전후의 여러 금지 조치를 벗어던짐으로써 좀 더 강한 목소리를 내게 되었다. 지난 10년 사이에 독일 공군

(Luftwaffe)은 발칸 반도에 다시 들어갔으며, 기동부대(Einsatztruppen)는 서아시아에서 전투를 벌이고 있고, 독일 해병대는 동지중해를 순찰하고 있다. 그러나 이것들은 나토나 유엔의 작전 속에서 청부로 맡은 작전이지 독자적으로 벌이는 작전은 아니다. 외교적 태도가 군사적인 것보다 더 중요했다. 게르하르트 슈뢰더(Gerhard Schröder) 치하에서 독일은 러시아와 긴밀한 관계를 발전시켰으며, 이 협약은 슈뢰더 외교정책에서 가장 특징적이었다. 그러나 이것은 제2의 라팔로 조약[9]이 아니어서 서방 나라들을 희생한 것이 아니었다. 시라크와 실비오 베를루스코니(Silvio Berlusconi) 치하에서 프랑스와 이탈리아는 자주 블라디미르 푸틴(Vladimir Putin)의 비위를 맞추려 했으나, 경제적으로 쓸 만한 카드를 손에 쥐고 있지는 않았다. 유럽 내부와 관련해서는 베를린 적녹연정은, 구성원들이 젊은 세대라는 것은 잘 알려져 있긴 했지만, 본(Bonn)의 예전 기독교민주당 정부가 했던 일을 크게 바꾸지는 않았다. 실제로 1991년 이래로 콜 정부가 유고슬라비아의 해체를 예상하고 슬로베니아를 일방적으로 승인한 것과 비교할 만한 행동은 없었다. 앙겔라 메르켈(Angela Merkel)은 프랑스와 독일 유권자들의 뜻을 성공적으로 막아내긴 했지만, 이를 스스로의 뜻대로 할 만한 위치에 있지는 않았다. 고전적인 관점에서 볼 때, 유럽에서 독일이 비공식적인 헤게모니를 행사할 수 있다는 전망은 현재로서는 먼 후일의 일이다.

물론 새로운 독일의 상대적인 저자세의 원인은 부분적으로 재통일 비용 때문인데 현재까지 이 비용은 1조 달러가 넘으며, 수년 동안 이 나라를 경기침체와 높은 실업률, 증가하는 공공 부채에 시달리게 했다. 그런데 이 시기는 프랑스가 사냥개는 아니었지만 지속적으로 독일을 앞질렀던 때이다. 1994~2004년까지 10년 내내 프랑스는 더 높은 성장률을 기록했으며, 새로운 세기의 첫 5년 동안 GDP 증가율은 두 배를 기

---

9 Rapallo Pact: 1922년 이탈리아의 제노바 근처인 라팔로에서 독일과 소련 사이에 체결된 우호 조약을 말한다.—옮긴이

록했다. 2006년 마침내 독일은 실질적인 회복세로 돌아섰고, 상황이 바뀌었다. 현재 세계의 주도적인 수출국인 독일 경제는 슈미트와 콜의 집권 초기에 독일이 행사했던 유럽 지배 비슷한 것을 다시 한 번 행사하려는 것처럼 보인다. 그런데 이웃 나라의 목줄을 쥐고 있는 것은 연방은행의 긴축적인 통화정책이다. 유로와 함께 그런 식의 압력은 사라졌다. 그것을 대체하려 한 것은 독일 경제가 회복할 수 있는 기초였던 상당한 임금 하락이었다. 1998~2006년 사이에 독일의 단위 노동비용은 실제로 떨어졌지만 — 실질임금은 7년 연속 떨어졌다 — 프랑스와 영국에서는 약 15퍼센트가, 스페인과 이탈리아, 포르투갈, 그리스에서는 25~35퍼센트가 올랐다. 통화가치 절하가 막혀 있는 현재 지중해 나라들은 경쟁력을 심하게 잃었으며, 이는 유럽연합 남쪽에 있는 모든 나라에 대한 흉조이다. 최고사령부나 중앙은행을 통한 것이 아니라 시장을 통해 작동하는 더 가혹한 형태의 독일의 힘은 아직 잠자고 있는지 모른다. 지역 강대국에 대해 제대로 기술하기에는 너무 이른 시간이다.

독일이 재통일된 지 16년이 지났다. 단일통화가 유통된 지는 8년이 흘렀다. 유럽연합의 확대는 이제 겨우 3년 되었다. 그 결과가 이미 분명해졌다고 한다면, 그건 이상한 일일 것이다. 물론 실제로 유럽연합이 동유럽으로 팽창한 것은 1993년에 시작되었으며, 루마니아와 불가리아에 도달하면서 일단 2007년에 완료되었다. 이것이 어떤 수준에서는 오늘날 유럽이 일치된 목소리로 자축하는 근본적인 원천일 것이라는 점은 분명하다. 예전에 소비에트 블록의 '포로'였던 9개국 모두가 별일 없이 유럽연합에 통합되었다. 요시프 티토(Josip Tito)와 엔베르 호자(Enver Hoxha) 시절 독립적인 공산주의 나라였던 곳만 대기 중이며, 이곳에서조차 슬로베니아에서 이미 시작되었다. 이곳에서 자본주의는 유연하면서도 빠르게 초조함도 별다른 훼손도 없이 회복되었다. 유럽연합 확대위원회 사무총장은 최근에 이렇게 말한 바 있다. "요즘 시장의 사영화와 자유화 수준은 구회원국보다 신회원국의 경우가 더 높을 때가 있다."[10] 새롭게 자유화된 이 지역에서는 성장률 또한 서쪽의 더 큰 경제권보다 상당히 높았다.

그만큼 인상적이었던 것은 자유주의적 기준과 일치하는 정치 체제가 실질적인 마찰 없이 이식되었다는 것이다. 즉 민권, 선출된 의회, 권력분립, 정부의 교체 등을 갖춘 대의제 민주주의가 이식되었다. 호의적이지만 감시하는 위원회의 눈길 속에서 — 위원회는 1993년에 코펜하겐에서 만들어진 기준에 부합하도록 주선했다 — 동유럽은 자유로운 국제 친교국의 대열로 인도되었다. 뒤로 돌아가는 일은 없었다. 대부분의 경우 이 지역의 엘리트는 강요에 의해서가 아니라 스스로 열정적으로 그렇게 했다. 이곳 주민들에게는 일단 과거의 공산주의 족쇄가 풀리자 헌법의 미묘함보다는 높은 생활수준이 더 중요했다. 비록 일부 시민들이 표현이나 직업, 여행의 자유 같은 초라한 자유에 대해 관심을 보였지만 말이다. 가입 시기가 되었을 때 동의는 있었지만 열광은 별로 없었다. 10개국 가운데 2개국만이 — 리투아니아와 슬로베니아 — 유권자 다수가 찬성표를 던지기 위해 국민투표에 참여했다. 다른 곳에서는 주민 대부분이 참여하지 않았는데, 이는 부분적으로 이 일이 지도자들에 의해 어쨌든 기정사실이 되었다고 생각했기 때문이다.

유럽연합의 확대가 테크노크라트적이거나 위에서 이루어진 일이라 하더라도 유럽의 두 부분이 형식상 통일된 것은 매우 역사적인 성취이다. 이것은 유럽통합이 동유럽 나라들을 오래된 공통의 집 — 중부 유럽을 주장하는 이데올로그인 쿤데라 등이 주장하듯이 사악한 운명, 즉 러시아의 전체주의적 지배 때문에 제2차 세계대전 이후 이 나라들은 공동의 집에서 벗어났다 — 으로 돌아오게 했기 때문은 아니다. 유럽 대륙의 분할은 더 깊은 뿌리가 있으며, 얄타 협정보다 더 거슬러 올라간

---

10 Eneko Landabaru, "The Need for Enlargement and the Differences from Previous Accessions", in George Vassiliou(ed.), *The Accession Story: The EU from Fifteen to Twenty-Five Countries*, Oxford 2007, p. 15.

다. 미국의 역사가 래리 울프(Larry Wolff)는 호평을 받은 자신의 책에서 18세기의 건방진 신화인 '동유럽의 발명'을 가지고 계몽사상기의 여행자와 사상가들을 비난했다. 현실은 로마제국 시대 이래로 지금 유럽연합의 새로운 회원국이 차지하고 있는 이 지역은 거의 언제나 서쪽 대부분의 지역보다 가난했고, 교양 수준이 낮았고, 도시화는 덜 되어 있었다. 즉 아시아 유목 민족의 침입에 시달렸고, 제2의 농노제의 지배를 받았는데, 엘베 강 너머의 독일 땅이나 상대적으로 발전한 보헤미아도 예외는 아니었다. 또한 합스부르크와 로마노프, 호엔촐레른, 오스만 정복자 등에게 병합당했다. 제2차 세계대전과 그 직후의 이들의 운명은 이들의 역사에서 예외적으로 불행한 게 아니라 비극적으로 말하면, 표준적인 것이었다.

1,000년 동안 반복된 수모와 억압의 역사를 감안하면 유럽연합의 가입이란 마침내 새로운 시대를 열 수 있는 기회를 잡은 것이다. 유럽 대륙의 역사를 조금이라도 아는 사람이라면 유럽 내 여러 민족의 불평등한 운명을 바로잡을 수 있다는 전망에 감동받지 않을 수 없다. 동쪽으로 유럽연합을 확대한다는 원래 계획은 콜 치하 독일의 전략과 이에 관심이 있는 지역 엘리트가 합동으로 벌인 일이며, 이어 앵글로 아메리카의 다양한 정치평론가가 여기에 합세했다. 이 계획은 폴란드, 헝가리, 체코 공화국이 급행으로 유럽연합에 들어오게 하고, 덜 선호되는 사회는 뒤에 남겨놓는 것을 목표로 삼았다. 이 셋은 이 지역에서 가장 동질적인 국가로서 공산주의에 저항했던 믿음직한 기록과 가장 서구화된 정치계급이 있었다. 다행히도 이렇게 동유럽을 부당한 방식으로 재분할하는 계획은 예방할 수 있었다. 이것을 방지한 것은 우선 프랑스인데, 처음부터 이 나라는 '레가타'(regatta) 접근법을 주장했다. 여기에 따르면 루마니아를 포함해야 하는데, 그러면 불가리아를 배제할 수 없게 된다. 다음으로 에스토니아를 옹호한 스웨덴을 들 수 있는데, 그럴 경우 라트비아와 리투아니아에도 동일한 효과를 지닌다. 마지막으로 프로디 위원회를 들 수 있는데, 이 위원회는 결국에 가서 선택적인 확대가 아니라 포괄적

인 확대를 주장했다. 그 결과 원래 생각했던 것보다 훨씬 더 관대한 처리 방식이 되었다.

그렇다면 다른 쪽 끝으로 유럽연합을 확대한 것이 연합 자체에는 어떤 결과를 낳았는가? 동유럽에 구조 기금을 분배하는 양이 그리 크지 않았기 때문에 유럽연합의 재정 부담은 원래 생각한 것보다 훨씬 적었으며, 무역수지는 서방의 강력한 경제권에 유리했다. 하지만 이것은 확대가 가져온 작은 변화이다. 실질적인 소득 ─ 혹은 보기에 따라서는 계산서 ─ 은 다른 데 있다. 이제 핵심부 유럽 자본은 편리하게도 문 앞에 있어서 자기 마음대로 할 수 있는 값싼 노동력 풀을 지니게 되었으며, 이를 통해 동유럽 공장에서 생산 비용을 극적으로 낮출 수 있을 뿐만 아니라 서유럽의 임금 및 노동 조건에 대해 압력을 행사할 수 있게 되었다. 원형적인 사례는 슬로바키아인데, 이곳 자동차 산업의 임금은 독일의 1/8 수준이며, 곧 세계 어느 나라보다 1인당 더 많은 자동차를 생산하게 될 터였다. 이를 주도하는 것은 폴크스바겐과 푸조이다. 수많은 독일 노동자들은 독일 지역의 자동차 공장이 문을 닫고, 생산을 재배치할 것이라는 두려움 때문에 순순히 장시간 노동과 낮은 보수를 받아들였다. 예전에 공산주의였던 국가들은 투자를 증진하기 위해 일률 과세를 솔선해서 시행했으며, 지금은 가능한 한 가장 낮은 세율을 유지하고 있다. 에스토니아는 26퍼센트에서 시작하며, 슬로바키아는 19퍼센트를 제시하고, 루마니아는 16퍼센트를 홍보하고 있으며, 폴란드에서는 15퍼센트로 하자는 주장이 논의되고 있다.

유럽연합 내에서 새로운 동유럽이 맡은 역할은, 다른 말로 하면 1970년대 이후 미국 경제에서 신남부(New South)가 했던 것을 약속하고 있다. 즉 기업 친화적인 재정 체계, 노동운동의 취약성과 부재, 낮은 임금과 이에 따른 높은 투자, 대륙 전체로 볼 때 과거의 핵심적인 자본 지역보다 더 빠른 성장 등이 그것이다. 또한 미국 남부와 마찬가지로 이 지역은 유럽연합의 다른 지역에서 기대되는 정치적 자격 기준에 다소 미달하는 것으로 보인다. 이미 유럽연합으로 안전하게 들어와 있고, 더 이상 훌륭한 행동을 요구받고 있지 않은 지금 이 지역의 엘리트는 그런 속박에서 벗어났다는 조짐을 보이고 있다. 폴란드의 경우 지배하고 있는 쌍둥이[11]는 스트라스부르나 브뤼셀에서 이해하는, 이데올로기적으로 올바른 기준을 무시하고 있다. 헝가리의 경우에 폭동 진압 경찰이 거짓말을 일삼는 지배자를 경호하고 있다. 체코공화국의 경우에는 정부를 구성할 수 있는 의회가 없는 채 수개월이 지나고 있다. 루마니아의 경우 대통령이 전화 참여 텔레비전 토크쇼에서 총리를 비방한다. 그러나 켄터키나 앨라배마에서처럼 지방의 독특한 기묘함은 칙칙한 메트로폴리탄의 정경을 바꾸기보다는 토속적인 색조를 더하는 것에 불과하다.

모든 유비(類比)에는 한계가 있다. 미국 경제 내에서 신남부의 고유한 역할은 부분적으로 이 지역의 기후 때문에 들어온 이민에 의존했다. 이는 전국 평균보다 훨씬 높은 인구 증가율을 낳았다. 미국 남부와 달리 상대적으로 따뜻하고 광대한 선벨트가 없는 동유럽은 유출 이민으로 고통 받을 가능성이 크다. 이는 최근에 폴란드인들의 물결이 영국에 도착했고, 발트 해 등지에서 비슷한 숫자가 아일랜드와 스웨덴으로 온 것에서 잘 알 수 있다. 그러나 어느 방향이든 노동 이동성은 미국보다 유럽연합이 더 낮다. 언어적·문화적 이유를 감안하면 앞으로도 그럴 것이다. 과거 공산주의에서 물려받았으며, 아직 해체되지 않은 이 지역의 복지 체제 또한 남부적인 경로에 잠재적인 제약으로 남아 있다. 유럽연합 전체 인구의 1/4이 안 되는 동유럽은 미국에서 남부가 차지하는 비중과는 다르다. 여기에 더해 연방 수준에서 지역이 지닌 정치적 영향력은 말할 것도 없다. 당분간 유럽연합 확대의 효과는 본질적으로 영국 외무부와 브뤼셀의 고용주 로비스트가 바라는 대로 될 것이다. 그것은 유럽연합이 값싼 노동력이 있는 주변부를 새로 획득하면서 광대한 자유무역 지대로 확대되는 것이다.

---

11 대통령 레흐 카친스키(Lech Kaczyński)와 총리 야로스와프 카친스키(Jarosław Kaczyński) 형제를 말한다. —옮긴이

동유럽이 유럽연합에 통합된 것은 새로운 유럽의 찬미자들이 정당하게 지적하는 주요한 성취이다. 물론 유럽연합의 업적 전체에 대한 표준적인 찬미와 관련해서 보면, 이데올로기와 그렇게 되어야 한다고 주장하는 현실 사이에 약간 간극이 있다. 유럽연합이 된 유럽공동체는 보통 공동체 덕분이라고 하는 '50년간의 평화'에 결코 책임이 없다. 브뤼셀 덕분이라고 하는 경건함은 엄격하게 말하면 워싱턴 덕분이었다. 유고슬라비아에서 실제 전쟁의 위험이 닥치자, 유럽연합은 전쟁 발발을 막기는커녕 어쨌거나 전쟁의 방아쇠를 당기는 데 기여했다. 유사한 방식으로 유럽연합을 지지하는 정치평론가들은 종종 유럽연합의 확대가 없었다면, 동유럽은 안전한 민주주의의 항구에 도착하지 못하고 새로운 형태의 전체주의나 야만주의로 무너졌을 것이라고 넌지시 말한다. 이런 주장에는 근거가 있다. 왜냐하면 유럽연합은 여러 차례 직접 개입하는 식으로 이 지역 정치 체제의 안정화를 감독해 왔기 때문이다. 그러나 이런 주장은 공허하게 위험을 과장하는 것이기도 하다. 유럽연합은 스탈린이 만들어놓은 정권을 전복하는 데 아무런 역할도 하지 않았으며, 집행위원회의 도움의 손길이 없다 하더라도 무너진 정권이 새로운 독재 체제로 넘어갈 것이라는 조짐은 거의 없었다. 유럽연합의 확대는 역사적으로 볼 때 서서히 풀리는 일이며, 여태까지는 경제적으로 성공을 거두었다고 할 수 있다. 하지만 반사실적으로 정치적 해방도 있었다고 할 수는 없다. 흔한 과장법은 성취한 일을 돋보이게 하기보다는 깎아내리는 것이다.

*　*　*

여전히 가장 큰 문제가 남아 있다. 동쪽으로 확장한 것이 유럽연합 자체의 제도적 틀에 끼친 영향은 무엇이었는가? 이 지점에서 유리는 흐릿해진다. 유럽연합의 확대가 최근 시기의 주요한 성취였다면, 유럽연합을 갱신할 것이라 생각된 헌법은 가장 뚜렷한 실패를 보여주며, 두 가지

일의 잠재적인 상호작용이 어떻게 될지는 여전히 불투명하다. 2002년 초에 레켄(Laeken)에서 열린 '유럽의 미래를 위한 회의'는 유럽 헌법 초안을 작성하기로 결정하고 2003년 중반에 초안을 제출했으며, 2004년 여름에 유럽이사회의 승인을 얻었다. 후보국 대의원들도 명목상 회의에 포함되었지만, 회의 자체가 의장인 지스카르 데스탱——영국인 집사인 존 커(John Kerr)가 그를 보좌했으며, 두 사람이 실질적인 초안의 작성자였다——혼자 하는 일이라는 것을 가리는 진열창에 불과했기 때문에 이 대의원들이 참석한 것은 별다른 의미가 없었다. 장래 유럽의 헌장은 서유럽의 기성 질서를 위해 작성된 것이었다. 이를 승인해야 하는 기존 15개 회원국 정부를 위한 것이었고, 동유럽 나라들은 구경꾼으로 밀려났다. 실제로 제헌적 의지의 논리는 뒤집어졌다. 유럽연합의 확대가 새로운 틀을 이루는 공통의 기초가 되지 못하고, 확대 이전에 틀이 만들어졌던 것이다.

이어진 패배는 서유럽 엘리트에게는 잠시 동안 울리는 천둥소리였다. 헌법——500쪽이 넘으며, 446개 조항과 36개 부칙으로 이루어져 있으며, 전례 없는 관료제적 상피병(象皮病)이라 할 수 있다——은 유럽연합 내에서 가장 큰 4개국, 즉 독일, 프랑스, 영국, 이탈리아의 세력을 더해 주었다. 이 헌법은 정부 간 복합체를 상위에 놓았는데, 여기서 4개국은 유럽연합 시민은 말할 것도 없고, 유럽의회에 의해서도 선출되지 않는 5년 임기의 대통령직을 가지고 더 큰 권한을 행사하게 될 터였다. 이 헌법은 정치·법률의 근본적인 원리로서 대중의 선택과 상관 없이 '왜곡 없는' '매우 경쟁적인' 시장을 절대적인 것으로 새겨넣었다. 미국 공화국의 창건자들이 만약 그렇게 장황하고 낡아빠진 구성물을 보았다면 믿을 수 없다는 듯이 눈을 비볐을 것이다. 그러나 지배적인 것은 그 배후에 있는 유럽 대륙의 미디어와 정치 계급의 합의였으며, 이 헌법이 실행될 것이라는 점을 의심하는 사람은 거의 없었다. 하지만 지배자들에게는 놀랍게도 유권자들이 일을 저질렀다. 프랑스에서는 정부가 현명치 못하게도 모든 유권자에게 초안 사본을 발송했는데——지스카르 데스탱은 이 멍청한 짓에 대해 불평을 늘어놓았다——맹렬한 대중적 반대가 있었던 국민투표 운동 기간이 끝날 무렵에는 아무도 남지 않았다. 라디오나 텔레비전 프로그램은 말할 것도 없고, 어떤 주요 정당이나 신문, 잡지도 이를 지지하지 않았고, 이를 승인하려는 기성 집단은 패배했다. 최근의 프랑스 역사에서조차 그렇게 독특한 사상이 그렇게 극적으로 패배한 적은 없었다.

운동 기간 막바지에 있었던 여론조사 결과, 헌법에 대해 유권자들의 반대가 커지면서 프랑스 언론은 패닉 상태에 빠졌다. 그러나 프랑스에서는 히스테리가 없었다. 국경 너머 독일에서는 그런 사람들이 많기는 했지만 말이다. 귄터 그라스(Günter Grass), 하버마스 등의 독일 지식인들은 『르몽드』에 공개 서한을 보내 "유럽은 용기를 요구한다"라고 권고했다. "프랑스가 '반대' 투표를 할 경우 불가피하게 고립될 것"이라고 프랑스인들에게 경고했다. 계속해서 이들은 이렇게 말했다. "헌법을 거부할 경우에 그 결과는 파멸적일 것이다." 실제로 "자살로 초대하는 일이다." 왜냐하면 "용기가 없다면 살아남을 수 없기 때문이다." 기존 회원국과 신규 회원국 모두에서 "헌법은 오래된 꿈을 실현하고 있으며", 여기에 찬성 투표하는 것은 살아 있는 사람에 대해서뿐만 아니라 죽은 사람에 대해서도 의무였다. "이렇게 될 수 있었던 것은 우리의 광신적인 전쟁과 범죄적인 독재 체제에 목숨을 잃은 수많은 희생자 덕분이기 때문이다."[12] 이것은 유권자들의 민주주의적 참여가 없었던 나라에서 나온 소리이며, 연방의회에서 헌법을 형식적으로 재가한 것은 프랑스의 국민투표를 며칠 앞두고 프랑스 유권자들에게 영향을 끼치기 위해 연출된 것이었다. 이 자리에 지스카르 데스탱이 주빈으로 초대받아 연단에 올랐다. 프랑스의 고립과 관련해서, 3일 후에 네덜란드인들은——여전히 퉁명스럽게 헌법을 승인하지 않으면 아우슈비츠가 유럽에 다시 닥칠 것이라는 이야기가 떠돌았다——큰 표차로 헌법을 거부했다.

---

12 *Le Monde*, 20 May 2005 참조.

새로운 유럽을 위한 헌장을 두 번이나 대중적으로 거부한 것은 실제로 마른하늘에 날벼락은 아니었다. 이 헌법이 거부된 것은 너무 연방주의적이어서가 아니라 과두제 권력의 재분배를 위한 완고한 계획이었기 때문이다. 이 헌법은 유럽연합이 지닌 것으로 보이는 거만하고 불투명한 체계 가운데 가장 믿을 수 없는 것을 체현하고 있었던 것이다. 기회가 많았던 것은 아니지만, 유권자들이 유럽연합이 취해야 할 방향에 대한 견해를 표현할 수 있을 때마다 유권자들은 이 체계를 거부했다. 노르웨이인들은 유럽공동체를 간단하게 거부했다. 덴마크인들은 마스트리흐트 조약을 거부했다. 아일랜드인들은 니스 조약을 거부했다. 스웨덴인들은 유로를 거부했다. 그때마다 정치 계급은 유권자들의 오류를 바로잡기 위해 여론조사를 실시하거나 판결을 뒤집기 위해 때를 기다렸다. 유럽연합의 행동 지침은 베르톨트 브레히트(Bertolt Brecht)의 경구가 되었다. 실패할 경우 정부는 국민을 해산하고, 새로운 국민을 선출해야 했다.

예상 가능한 일이었지만, 로마 조약 50주년 기념식 때 유럽의 국가원수들은 다시금 인민의 의지를 무너뜨릴 방도와 헌법을 포장만 살짝 바꿔서 — 이번에는 민주주의적 결정이라는 위험을 드러내지 않으면서 — 다시 실시하는 방도를 논의했다. 2007년 6월에 개최한 브뤼셀 정상회담에서 정상들은 필요한 조정에 합의했으며, 이번에는 단순 조약이라고 이름을 바꾸었다. 영국이 국민투표를 안 할 수 있도록 했는데, 이는 다른 모든 회원국이 서명한 기본권 헌장(Charter of Fundamental Rights)에 예외가 되는 일이다. 프랑스 내 여론을 무마하기 위해 무자비한 경쟁을 본문에 드러내지 않고 부칙에 숨겨두었다. 네덜란드인들의 양심을 달래기 위해 '유럽적 가치의 증진'을 회원국 조건으로 하였다. 폴란드 지배자의 면목을 살려주기 위해 유럽이사회에서 폴란드가 2등급 지위로 떨어지는 것을 10년간 유보했다. 이렇게 하면 후계자들이 거기에 적응하게 될 터였다.

프랑스와 네덜란드 유권자들이 묻어버린 것을 다시 살리려는 이 모임에서 가장 독특한 것은 독일이 유럽이사회의 선거 구조에서 자신의 우선권을 단호하게 확보하려 했다는 점이다. 헌법 초안을 폴란드가 거부하는 바람에 독일의 비중이 배는 커진 반면 폴란드의 비중은 크게 줄어들었기 때문에 — 이런 문제에 대해 전문가들의 지적처럼 국제 조직 내의 투표 이론은 이를 분명히 보여주었다 — 나름 기술적으로 공평성을 고려한 것이다. 그러나 형평성이라는 쟁점은 민주주의라는 쟁점과도 결과와도 관련이 있는 게 아니었다. 쌍둥이 카친스키 형제는 제2차 세계대전 때 입은 인구 손실 때문에 폴란드는 유럽연합의 계획 속에서 그 손실에 따라 더 많은 몫을 차지할 권리가 있다고 주장했지만, 곧바로 독일의 전격 침략 이전에 전쟁을 경험하지 못한 이 나라의 대령들처럼 곧바로 찌그러들었다. 용기 있는 대화가 있었지만, 이는 모두 전화상으로 이루어졌고 잊혀졌다. 폴란드가 인구와 GDP의 거의 절반을 차지하는 동유럽 지역과 관련해서 보면, 이 에피소드는 유럽연합의 암묵적인 위계제에 대한 교훈을 준다. 동유럽을 환영하기는 하지만, 거만해져서는 안 된다. 최소한 이런 의도로 독일은 다시 한 번 모든 나라의 위에 있다.

부스러기가 없었던 것은 아니다. 영국, 네덜란드, 프랑스 통치자들과 마찬가지로 폴란드 통치자도 자기 나라가 강등되는 것을 연기할 수 있었다. 이는 되살려낸 헌법을 각국 유권자들에게 다시 제출하는 것 대신 얻어낸 무화과 잎사귀였다. 마음 놓고 기쁨을 표현하는 순간에 다음과 같이 탄성을 지른 것은 아일랜드 총리인 버티 어헌(Berti Ahern) — 토니 블레어(Tony Blair)와 함께 회의에서 부패의 오점을 면한 인물이다 — 이었다. "90퍼센트는 여전하다!" 충성심 강한 해설자조차 가장 최근에 실행한 '공동체의 방법'에 대한 냉소주의에서 나타나는 불쾌감을 억누르기 어렵다는 것을 알았다. 새로운 유럽을 위한 선전 현수막과 이런 현실 사이의 대조가 이보다 더 분명하기는 어려울 것이다. 진실은 인류 전체를 위한 롤모델이 각국 주민의 동의를 얻을 수조차 없다는 것이다.

2

그렇다면 마스트리흐트 조약을 맺은 지 15년이 지난 지금, 유럽에서 어떤 종류의 정치 질서가 만들어지고 있는가? 유럽통합의 선구자들 — 모네와 그의 동료들 — 은 궁극적으로 연방적 연합의 창출을 생각했는데, 이는 언젠가 국민국가와 같은 수준의 초국가적인 것이 될 것이며, 확장된 인민주권, 보통선거권, 선출된 입법부에 책임을 지는 행정부, 사회적 책임성에 종속된 경제 등에 기반할 것이다. 간단하게 말하자면, 민주주의 체제가 준대륙적인 규모로 확대되는 것이다(그들이 염두에 둔 것은 서유럽에 국한했다). 그러나 언제나 유럽의 통일을 바라보는 또 다른 시각이 있었는데, 이에 따르면 유럽통합은 어떤 목적 — 기본적으로 경제적 목적 — 을 위해 회원국 정부들이 제한된 권력을 공동 출자하는 것이다. 이것은 전통적인 이해처럼 국민주권의 근본적인 훼손이 아니라 회원국 정부 사이의 특정한 범위의 거래를 위한 독특한 제도적 틀의 창출이다. 드골이 이런 관점을 대변한 것은 유명하다. 대처도 마찬가지였다. 유럽에 대한 연방주의적 관점과 정부간주의적 관점 사이에는 지금까지 내려오는 긴장이 있었다.

하지만 실제로 실현된 것은 그 어느 것과도 상응하지 않았다. 구성이라는 면에서 볼 때, 유럽연합은 민주주의 연방의 캐리커처이다. 왜냐하면 의회는 발의권이 없고, 유럽 수준에서 존재하는 어떤 정당도 없으며, 대중적 신뢰조차 거의 없기 때문이다. 유럽의회의 권한이 조금씩 늘어나면서 이 기구에 대한 대중의 관심이 높아지기는 했지만, 이와 함께 대중적 관심이 줄어드는 경향도 보였다. 유럽의회 선거 참가율은 꾸준히 떨어져 50퍼센트 이하가 되었으며, 새로 유권자가 된 사람들의 관심이 가장 적었다. 동유럽 지역의 경우 2004년에 겨우 30퍼센트가 넘었을 뿐이다. 슬로바키아에서는 17퍼센트가 안 되는 유권자만이 스트라스부르에 보내는 대표자 선거에 참여했다. 이러한 권태감은 비합리적인 게 아니다. 유럽의회는 일종의 메로빙거[13] 입법기관이다. 이 궁전의 장은 각료이사회로서, 실질적인 입법 결정이 여기서 이루어진다. 그 위에는 국가 정상으로 이루어진 유럽이사회가 있으며, 이는 3개월에 한 번씩 모임을 가진다. 하지만 이러한 복합체가 정부 간 권위라는 반대 방향의 논리를 지닌 것도 아니다. 왜냐하면 이사회와 (더 악명 높게는) 의회가 검토할 법률안을 제안할 수 있는 것은 집행위원회 — 유럽연합 내에서 선출되지 않은 집행부 — 뿐이기 때문이다. 이 이중의 권위 — 발의권을 독점하는 관료제 — 가 권력분립이라는 헌법적 원칙을 침해한다는 것은 악명이 높다. 게다가 이러한 혼종적인 집행부와 나란히 독립적인 사법기관인 유럽사법재판소가 있는데, 이 기관은 어떤 국가 정부의 의도나 목적도 좌절시킬 수 있는 명령을 할 수 있는 권한이 있다.

이런 미로의 중심에 어두운 지역이 있는데, 이곳에서 경쟁하는 입법기관인 각료이사회와 위원회가 서로 연결되어 있다. 이것은 유럽연합에서 가장 이해하기 어려운 특징이다. 브뤼셀에 있는 '상주대표' 위원회들의 집합체(Coreper) — 이사회의 밀사들이 비공개적으로 위원회 관리들과 의논하는 곳 — 가 법적으로 구속력 있는 지시를 엄청나게 만들어낸다. 이것이 유럽연합의 주요한 산출물로, 현재까지 10만 쪽 가까이 된다. 유럽연합 관리들이 의례적으로 한탄하면서 하는 말인 — 포럼이 아니라 경리부에서 보통 혀를 차면서 하는 말 — '민주주의의 결여'로 요약되는, 모든 것이 실질적으로 집중되는 지점이 여기이다. 실제로 이사회, 상주대표 위원회들, 위원회의 삼위일체가 보여주는 것은 민주주의의 부재일 뿐만 아니라 — 확실히 그렇긴 하지만 — 통상 이해하는 바의 정부의 약화이기도 하다. 이러한 추축(樞軸)의 효과는 — 무엇보다도 핵심부 위원회들의 수준에서 — 각국의 입법부를 피해가는 것이다. 각국

---

13 5세기 중반부터 8세기 중반까지 오늘날의 프랑스, 벨기에, 독일, 스위스 지역을 통치한 왕조로, 8세기에 이르러 군주의 힘이 약화되고 궁재(宮宰)로 대표되는 신하의 권력이 강화되었다. 8세기 중반에 궁재인 페팽(Pépin)이 새로운 왕이 되어 카롤링거 왕조를 열면서 메로빙거 왕조는 끝이 났다. — 옮긴이

의 입법부는, 스트라스부르에 있는 의회의 그림자 연극을 감안할 때 초국가적인 수준에서 보충할 수 없는 어떤 책임성도 부여하지 않은 채 감독이 결여된 다수의 결정과 끊임없이 직면하고 있다. 정기적으로 무시되고 있는 대중과의 협의라는 소극(笑劇)은 이러한 과두제의 가장 극적인 표현일 뿐이다. 이것이 나머지 전부를 잘 요약해서 보여주고 있다.

이러한 구조는 민주주의 원칙의 부정과 함께 덜 익숙하기는 하지만, 다른 두 가지 특징을 보여주고 있다. 각료이사회, 집행위원회, 상주대표 위원회들이 결정하는 대다수는 전통적으로 각국 입법부에서 토론하던 국내 쟁점들이다. 그러나 브뤼셀에서 열리는 비밀회의에서는 이것들이 외교적 협상의 대상이 되었다. 즉 고전적으로 외교나 국방 업무와 같은 종류였는데, 여기서 의회의 통제는 보통 약하거나 불가능하며, 행정부의 판단이 다소는 자유롭게 허용된다. 르네상스 이래로 비밀주의는 외교의 다른 이름이었다. 유럽연합의 핵심 구조가 실제로 하는 것은 의회의 공개된 의제를 총리나 장관들의 폐쇄된 세계로 바꾸어놓은 것이다. 그러나 이것이 전부는 아니다. 전통적인 외교는 통상 은밀하게 진행되며, 깜짝 성공이 필요하다. 그러나 알력이나 결렬이 있을 수 있다. 고전적으로 볼 때, 외교는 동맹을 형성하거나 파기할 수 있는 당파 사이의 책략으로 이루어졌다. 협상의 영역에서 갑작스러운 방향 전환이 이루어지기도 했다. 수단과 목적이 바뀌기도 했다. 요컨대 국가 내부의 정치와 구별되는 국가들 사이의 정치이다. 그러나 정치이기는 하다. 유럽연합이라는 감염되지 않는 세계에서 만장일치가 모든 중요한 사안에 실질적으로 예의상 필요한 것이 되었기 때문에 이것은 거의 사라졌다. 미리 만들어진 합의를 받아들이는 것을 거부하는 것은 말할 것도 없고, 어떤 공적 불일치도 점차 생각조차 할 수 없는 에티켓에 반하는 행위처럼 여겨졌다. 유럽연합 정상들의 심한 순응주의 ― '제휴 민주주의'(consociational democracy) 이론가들이 독선적으로 자기 보호적인 엘리트의 카르텔이 아닌 다른 무엇이라고 찬사를 보내는 ― 는 현실적인 외교를 관료제의 경건함이라는 화환으로 덮으면서 실질적으로 매장해 버렸다. 민주주의적 참여와 정치적 상상력이 없어지면서 인민의 의지를 움직일 수 있는 것은 아무것도 남지 않게 되었다.

이러한 구조는 언젠가부터 만들어지고 있었다. 이 구조는 유럽연합이 확대되면서 개혁되지 않은 채 강화되었다. 지배자와 피지배자 사이의 거리는 9개국이나 12개국으로 이루어진 유럽공동체에서도 아주 멀었지만, 27개국 이상으로 이루어진 유럽연합에서는 더 멀어질 뿐이다. 이 유럽연합의 경제적·사회적 환경은 너무나 다르며, 현재 유럽연합의 지니계수는 동화 속에서나 나올 법한 불평등의 나라인 미국보다 더 높다. 이것은 언제나 유럽 연방주의의 적대자들—영국 정부는 언제나 그 선두에 섰다—의 계산인데, 공동체가 확대되면 확대될수록 공동체의 제도들이 민주적인 방향으로 심화될 가능성은 그만큼 적어진다는 것이다. 왜냐하면 초국적 연합에서는 인민주권이라는 개념이 점점 더 비현실적인 것이 될 것이기 때문이다. 이들의 의도는 실현되었다. 5억여 명에 달하는 시민이 있는 유럽연합은 오늘날 모네의 꿈을 다시 불러낼 처지가 아니다.

그래서? 전통적인 의미로 이해되는, 유럽연합의 민주주의의 결여에 대한 항의가 잘못된 것일 뿐만 아니라 이것이 실제로는 유럽연합의 가장 위대한 덕목이라는 것을 설명할 준비가 되어 있는 옹호자들은 아주 많이 있다. 『프로스펙트』(Prospect)와 같은 저널에서 볼 수 있는 표준적인 주장은 다음과 같다. 유럽연합은 본질적으로 경계 내에서 상품, 사람, 자본 등의 자유로운 이동을 보장한다는 로마 조약의 목표가 제기한 기술적·행정적 쟁점—시장 경쟁, 생산물 품목, 소비자 보호 등—을 다룬다. 이들 쟁점은 유권자들이 별로 관심이 없는 문제인데, 바람직하게도 이들은 능력 없는 의원들보다 적절한 전문가들이 이 문제를 더 잘 다룬다는 견해를 지니고 있다. 경찰, 소방관, 장교 등은 선출되지 않지만, 분명하게 공적 신뢰를 얻고 있는 것처럼 브뤼셀의 관리들도—여하튼 암묵적으로—신뢰를 얻고 있다. 민주주의의 결여란 일종의 신화

인데, 왜냐하면 유권자들이 큰 관심이 있는 문제들 —주로 세금과 사회
서비스, 즉 정치의 실질적인 내용 —은 여전히 유럽연합이 아니라 전통
적인 선거 메커니즘에 따라 민족국가 수준에서 결정되고 있기 때문이
다. 두 영역이 분리되어 있고, 각각의 결정 방식이 존중되는 한, 그리고
포퓰리즘의 거짓 선동을 하지 않는 한 —대중이 이해할 수 없고, 투표
에 부쳐서는 안 되는 것을 국민투표에 부치는 것 —민주주의는 손상되
기는커녕 오히려 고양된다. 진지하게 생각해 보면, 가능한 가장 훌륭한
유럽 중에서도 최상의 것이다.

　별 생각 없이 들으면, 이런 주장은 유럽연합의 공통적인 직접적인 경
험에 호소하는 말처럼 들린다. 유럽연합 시민들에게 —최소한 유로존
이나 솅겐 벨트에 사는 사람들에게 —유럽연합으로부터 개인적으로
어떤 영향을 받느냐고 질문한다면, 대부분은 유럽연합의 기술적인 지시
에 대해 별 말을 하지 않을 것이다. 이들은 아마 국경 통제나 환전할 필
요가 없어져 여행이 간편해졌다고 대답할 것이다. 이런 편리함 이외에
소수의 전문가나 임원 그리고 다소 많은 이민 노동자나 장인들은 국경
을 넘어 일자리를 찾을 수 있는 혜택을 보았다. 비록 이것은 여전히 제
한적인 것이어서 유럽연합 인구의 2퍼센트 이하만이 자국 밖에서 살고
있다. 다른 면에서 보면, 좀 더 중요한 점은 점점 더 많은 학생들이 유럽
연합 내의 다른 국가에서 교육과정을 이수할 수 있는 프로그램일 것이
다. 여행, 학업, 일자리의 산재 등은 마음에 드는 일이지만, 사활적인 쟁
점은 아니다. 분명히 유권자들이 자신들의 견해를 무시하는 지배자들에
게 수동적인 태도를 취하는 이유는 이렇게 쾌적함이 적당히 커졌기 때
문이다. 유럽연합에 대한 공식적인 계획을 대중이 반복해서 거부하기는
했지만, 이를 비웃지는 않았다. 엘리트는 대중을 설득하지 못한다. 그러
나 어느 모로 보나 이들은 대중을 두려워하지도 않는다.

　그렇다면 일상생활과 충돌하는 게 별로 없고, 상당히 행복하다면 브
뤼셀에 대한 지속적인 불신은 어디서 오는 것일까? 주체의 관점에서 보
자면, 대답은 분명하다. 자기가 통치받는 나라에서 소외되는 시민들은

거의 없다. 실제로 모든 여론조사는 시민들이 통치자들이 하는 말을 얼마나 믿지 않는지, 그리고 통치자가 하는 일을 바꿀 힘이 없는지를 어떻게 느끼는지를 보여준다. 하지만 이들 나라에서는 여전히 정기적으로 선거가 치러지며, 정부가 불신을 받으면 쫓겨날 수 있는 곳이다. 이 최소한의 의미에서 민주주의가 실행되고 있다는 것을 의심할 사람은 없다. 하지만 유럽의 수준에서 이런 책임성의 흔적조차 없는 곳이 있다는 것도 분명하다. 유권자의 소외의 근거가 분명하다. 실제로 유럽연합이 유권자들이 관심을 지니는 것에 대해 아무런 영향을 끼치지 못한다면, 유권자들의 불신은 그저 추상적인 편견으로 치부할 수도 있을 것이다. 그러나 실제로는 이런 불신감 뒤에 있는 직관은 정확한 것이다. 마스트리흐트 조약 이래 유럽연합은 별로 일어나지 않는 일이나 보통 사람에게 관심이 있는 쟁점을 관리하는 것에 한정하지 않았다. 지금 유럽연합에는 중앙은행이 있는데, 이 은행은 고용을 유지하고 의회에 보고서를 제출할 의무가 있는 미국의 연방준비제도와 각국 정부가 엄격한 예산 목표를 달성할 것을 요구하는 안정화 협약에 근거해서 유로존 전체의 이자율을 정한다. 다른 말로 하자면, 가장 높은 수준의 거시경제적 정책 결정권은 각국 수도에서 프랑크푸르트와 브뤼셀로 넘어갔다. 이것으로 통상 유권자들이 강하게 느끼는 쟁점들 — 일자리, 세금, 사회 서비스 — 은 유럽중앙은행과 유럽위원회의 단두대 아래 서게 되었다. 과거의 역사를 보면, 이것이 학문적인 문제가 아니라는 것을 알 수 있다. 1995년 겨울 프랑스에서 커다란 파업의 물결을 촉발한 것은 쥐페 정부가 도입한 재정종합 계획인데, 이는 공공 지출을 삭감하라는 브뤼셀의 압력에 기인한 것이었다. 이 파업의 결과 알랭 쥐페(Alain Juppé)는 물러났다. 포르투갈이 사회 수당을 삭감하고, 2003년에 심각한 경기침체에 빠진 것은 안정화 협약의 압박 때문이었다. 포르투갈은 작은 나라여서 이를 무시할 수 없었다. 오늘날의 유럽연합이 악의 없는 기술적 지배 — 신호등처럼 가치중립적이라고 — 이상이 아니라고 보는 것은 나태한 생각이다.

역사적으로 볼 때, 애초부터 유럽공동체를 연방주의나 정부간주의로 보는 것과 다른 유럽통합에 대한 제3의 관점이 있었다. 이런 관점에서 가장 선견지명이 있는 이론가는 하이에크였다. 그는 이미 제2차 세계대전 전에 유럽공동체를 구성하는 민족들 상위에 있는 헌법적 구조를 그려냈다. 이는 아래로부터 영향을 끼치는 인민주권의 위험성을 배제하기 위한 것이었다. 국민국가에서 유권자들은 끊임없이 통제적이고 (dirigiste) 재분배적인 유혹에 빠져 있어서 민주주의의 이름으로 소유권을 침해한다. 그러나 이질적인 주민들이 그가 국가 간 연방이라고 부른 곳으로 모일 경우, 그런 파멸적인 개입을 하는 경향을 지닌 연합된 의지를 재창출할 수 없을 것이다. 불편부당한 권위 아래에서 정치적 무지나 질투를 넘어서서 시장경제의 자연발생적인 질서가 어떤 간섭 없이 펼쳐질 수 있을 것이다.

모네가 쉬망 계획을 입안하던 1950년에 하이에크는 미국에 있었으며, 통합 논의가 만들어질 때 별다른 역할을 하지 않았다. 후일 그는 단일통화가 국가주의라면서 거부하고 대신 민간 발행을 선호했는데, 아마 유럽공동체가 너무 통제적이라고 결론을 내렸을 것이다. 그러나 독일에는 유사한 관점에서 유럽 통일의 가능성을 바라보는 이론학파가 있었다. 이들은 프라이부르크의 질서자유주의자(Ordo-Liberals)로서, 주요 사상가로는 발터 오이켄(Walter Eucken), 빌헬름 뢰프케(Wilhelm Röpke), 알프레트 뮐러-아르마크(Alfred Müller-Armack)가 속했다. 이들에게는 하이에크의 고집스런 급진주의가 없었고, 대신 전후 독일의 기적을 설계한 사람으로 유명한 루트비히 에르하르트에 가까웠다. 그 때문에 이들은 공동시장 초기에 좀 더 실질적인 영향력을 발휘했다. 그러나 30년 동안 유럽공동체를 형성하는 데에는 다소 열성유전자로 기능했으며, 공동체가 발전하는 데 잠재적이었고 한 번도 뚜렷하게 드러난 적이 없었다.

1970년대에 전 지구적 경제 환경의 갑작스런 악화와 함께 그리고 이어진 1980년대에 전반적인 신자유주의적 전환과 함께 하이에크의 학설은 서방 전역에서 재검토되었다. 변화는 대처와 로널드 레이건(Ronald

Reagan)이 등장한 영국과 미국에서 시작되었다. 대륙 유럽에서는 이와 비교할 만한 급진적인 정권이 등장하지 않았지만, 이데올로기 환경은 동일한 방향으로 꾸준히 바뀌었다. 소비에트 블록이 붕괴하면서 유효했던 전제들이 변화하는 것을 승인했다. 1990년대가 되자 유럽집행위원회는 공개적으로 사유화를 원리로 내세웠으며, 후보 나라들에게 별다른 어려움 없이 다른 민주주의 원칙과 함께 이를 압박했다. 여기에서 가장 강력한 수단은 경쟁위원회(Competition Directorate)로, 서유럽과 동유럽에서 공공 부문의 독점체를 공격했다. 프랑크푸르트의 중앙은행은 하이에크가 전전에 내놓았던 처방전을 그대로 따랐다. 유럽통합을 직조할 때, 처음에는 가장 주목을 덜 받던 실이 이제는 지배적인 패턴이 되었다. 연방주의는 좌절되고 정부간주의도 침식되었는데, 새롭게 등장한 것은 시민이 통제하는 유럽 민주주의의 기본 원리도 아니고, 열강이 이끄는 유럽 집정부의 형성도 아니었다. 고삐 풀린 시장 교환이라는 광대한 지역이 등장하여 하이에크가 유럽의 '시장경제'(catallaxy)라고 생각한 것과 매우 가까웠다.

변화는 결코 완료되지 않았다. 유럽의회는 여전히 거기에 있으며, 연방의 희망에 대한 추억은 사라졌다. 중상주의의 유산인 농업 보조금과 지역 보조금은 여전히 유럽연합 예산에서 많은 부분을 차지하고 있다. 그러나 모네와 들로르가 의도했던 의미에서의 '사회적 유럽'에 대해서 보면, 민주주의 유럽은 남은 게 거의 없다. 물론 국민국가 수준에서 구세계를 신세계와 구분했던 복지 체제는 지속되고 있다. 아일랜드를 제외하면 GDP에서 국가 지출이 차지하는 몫은 미국보다 서유럽이 더 크며, 아카데미 산업의 큰 부분 — '자본주의 문헌의 다양성' — 은 우리 것, 무엇보다도 노르딕 판본에 신경을 쓰는 게 저들의 것에 쓰는 것보다 더 크다는 것을 보여준다. 이런 주장은 충분히 유효하다. 하지만 자기만족은 덜 하다. 왜냐하면 장기 실업자와 연금 수급자의 숫자가 늘어나면서 시대의 흐름이 예전의 지급 기준을 넘어선 게 아니라 그 기준에서 멀어졌기 때문이다. 오늘날 '개혁'이라는 말은 실질적으로 언제나 50년 전에 이 말이 의미했던 것과 정반대로 쓰인다. 이 말은 한때 복지 수령자들이 높게 평가했던 복지 체제의 창출이 아니라 축소를 의미한다. 역사적으로 볼 때, 전후에 사회민주주의가 획득했던 것을 넘어서는 두 가지 주요한 구조적 진전—연금 기금을 위한 스웨덴의 마이드너(Meidner) 계획과 프랑스의 주당 35시간 노동—이 후퇴했다. 조류가 다른 방향으로 움직이고 있다.

오늘날의 유럽연합—지출이 쪼들리고(유럽연합 GDP의 1퍼센트가 겨우 넘는다), 소규모 관료제(통번역자를 제외하고 1만 6,000명 정도의 관리가 있다)로 이루어져 있으며, 독자적인 과세를 하지 못하고, 행정적 강제 수단이 결여된—은 여러 가지 면에서 고전적 자유주의의 가장 철저한 이미지를 넘어서는, 최소 국가의 완벽한 예(ne plus ultra)로 간주할 수 있을 것이다. 야경꾼이라는 이상보다도 덜 하다고 할 수 있다. 유럽연합의 구조는—한때 들로르가 생각했던 종류의—사회적 기능을 국민국가 수준에서 초국가적 수준으로의 이전을 배제할 뿐만 아니라 높은 실업률과 연금 수령자 증가에 따른 부담을 상쇄하는 것도 배제했다. 그 효과는 생산 요소의 자유로운 이동에 대한 수많은 장애물에 대해서와 마찬가지로 국민국가적 사회 급부 체계에 대한 압력을 보완하는 게 아니라 강화한 것이다. 한 당국자는 이렇게 설명한다. "유럽연합의 신자유주의적 성향이란 게 존재한다면, 그것은 현재 국민국가의 정책인 사회복지적 성향에 의해 정당화되고 있다." 이것은 "어떤 책임 있는 분석가도 유지될 것이라고 믿지 않는다." "유럽의 사회정책은 불만을 품은 사회주의자들의 꿈속에만 존재한다." 건전한 진리는 "유럽연합은 압도적으로 자유 시장의 증진에 대한 것이라는 점이다. 유럽연합의 주요한 이해관계 집단의 지지는 다국적 회사, 특히 미국의 다국적 회사로부터 온다." 간단히 말해 유럽연합에서 지배적인 것은 민주주의도 복지도 아닌 자본이다. "유럽연합은 기본적으로 사업에 대한 것이다."[14]

---

14 Andrew Moravcsik, "In Defence of the 'Democratic Deficit': Reassessing Legitimacy

3

찬양자들은 아마 이렇게 대답할 것이다. 그렇다 하더라도 유럽이 세계에서 대표하는 더 커다란 선(good)에서 왜 유럽만이 인권, 국제법, 지구상의 빈민에 대한 원조, 환경 보호를 옹호하는 정치 공동체라는 것을 제외해야 하는가? 유럽연합을 온화한 상업(doux commerce)의 덕이라는 계몽사상의 관점이 실현된 것으로 볼 수 있지 않을까? 이는 몽테스키외(Montesquieu)가 '가장 파괴적인 편견에 대한 치유책'이라고 본 것으로서, 상호 이익과 법의 지배라는 정신으로 국가들의 관계를 진정시킨다.

최근에 유럽에 대해 찬사를 보내는 내용 중에서 가장 눈에 띄는 것이 이러한 주장 — 세계의 현 단계에서 유럽의 독특한 역할과 위신 — 이다. 이 주장이 의존하는 것은 언제나 미국과 비교하는 것이다. 아메리카는 평화와 진보라는 인간적인 대륙의 불길하고, 폭력적이고, 잘난 척하는 타자로 그려진다. 아메리카는 법이 전부인 사회이며, 반면 유럽은 모든 것을 하나로 묶는 법적 질서를 만들기 위해 분투하고 있다. 하버마스와 그의 수많은 동료들은 유럽과 미국의 가치는 분기했다고 설명한다. 국민적 특성인 허장성세는 말할 것도 없고, 광범위한 총기 문화, 극단적인 경제적 불평등, 근본주의적 종교, 사형제 등이 미국과 유럽을 나누며, 국제관계에 대한 퇴행적인 생각을 촉진한다. 요한 볼프강 폰 괴테(Johann Wolfgang von Goethe)의 말을 뒤집으면, 여기 우리는 더 좋은 것을 지니고 있다.

이라크 침공으로 이러한 이미지가 아주 분명해졌다. 하버마스가 생각하기에 2003년 2월 15일에 있었던 대규모 반전 시위는 '유럽 공중의 탄

in the European Union", *Journal of Common Market Studies*, vol. 40, no. 4, November 2002, p. 618; *Financial Times*, 14 June 2005; "Conservative Idealism and International Institutions", *Chicago Journal of International Law*, vol. 1, no. 2, Autumn 2000, p. 310.

생을 위한 신호'로 역사에 남게 될 것이다.[15] 최근에 IMF 총재가 된 도미니크 스트로스-칸(Dominique Strauss-Kahn)처럼 어울리지 않을 것 같은 인물조차 그 반전 시위가 유럽 국민(nation)의 탄생을 가리킨다고 선언했다. 그러나 이것이 독립선언이라면 이때 탄생한 것에 '국민'이라는 말을 쓰는 게 적절한가? 중동을 두고 미국과 갈라서는 게 새로 등장한 유럽에 대한 부정적인 정의라면, 또 다른 개념적 방향에서 드러나는 긍정적인 면도 있었다. 유럽연합의 확대는 유럽연합의 새로운 성취였다. 이것을 이론적으로 어떻게 파악해야 하는가? 소련이 붕괴하고 몇 달이 지났고, 마스트리흐트 정상회담이 열린 지 며칠 후인 1991년 말에 포콕은 예언적인 에세이를 발표했다. 유럽연합에 대한 통렬한 비판자인 포콕은 —유럽연합을 언제나 주권과 정체성을 그리고 이와 함께 민주주의의 조건도, 아직 완료된 것은 아니지만 시장에 넘겨버리는 것으로 보았다— 지금 유럽이 자신의 경계를 확정하는 문제에 직면했다고 주장했다. "문명화되고 안정화된 지역이라는 의미에서의 제국이 다시금 자신이 정치권력을 제국의 경계를 따라 존재하는 폭력적이고 불안정한 문화에 대해 행사할 것인지 아닌지"라는 문제와 직면했다는 것이다.[16]

당시에 이것은 유럽에 대한 공식적인 담론으로 환영받은 공식이 아니었다. 10년 후에 아이러니하게도 이 공식이 풀어놓은 용어가 자기 위안을 위한 공통의 언어가 되었다. 이라크 침공이 임박하면서 블레어의 특별 안보보좌관이자 후일 유럽위원회 의장인 로마노 프로디(Romano Prodi)의 보좌관이 되는 로버트 쿠퍼(Robert Cooper)는 제국의 장점을 『프로스펙트』 독자들에게 이렇게 설명했다. "강한 자가 약한 자를 보호하는 체제, 효율적이고 잘 통치되는 지역이 안정과 자유를 수출하는 체제, 세계가 투자와 성장에 열려 있는 체제. 이 모든 것은 매우 바람직한 것으로 보인다." 물론 "인권과 부르주아적 가치의 세계에서 새로운 제

---

15 Jürgen Habermas, *The Divided West*, p. 40.
16 J. G. A. Pocock, "Deconstructing Europe", p. 287.

국주의는 …… 낡은 제국주의와 달라야 할 것이다." 그것은 유럽연합이 발칸 반도에서 보여주었듯이, '자발적인 제국주의'일 것이다. 유럽연합의 확대를 앞두고 그는 유럽연합이 '협동적 제국'이라는 '고귀한 꿈'으로 가고 있다는 결론을 내렸다.[17]

지금은 옥스퍼드에 있는 폴란드 이론가 얀 질론카는 『제국으로서의 유럽』에서 눈앞에 닥친 확대를 이렇게 기뻐했다. 그 "의도는 진정으로 제국주의적이다." "공식적인 확대 담론에 '파워'라는 말이 나오지 않지만, 가장 훌륭한 파워 폴리틱스"이다. 왜냐하면 이것은 "작동하고 있는 친절한 제국"이었기 때문이다.[18]

독일의 전략가이자 베를린의 훔볼트 대학 정치 이론 교수인 헤르프리트 뮌클러(Herfried Münkler)는 좀 더 현실적인 스타일로 제국의 세계사적 논리 — 야만인이나 테러리스트를 구석으로 몰아냄으로써 인접한 권력 공백이나 혼란한 경계 지역을 안정시킨다 — 를 야심찬 비교 작업인 『제국』(Imperien)에서 설명했다. 이 책의 아이디어는 원래 외무부(Aussenamt)가 소집한 대사들의 회의에 대한 비망록으로 제출된 것이었다. 뮌클러는 당연히 서유럽에 충성스럽기는 했지만, 규범적인 사고는 거부한다. 인권 메시아주의는 아메리카 제국조차 감당하기 힘든 도덕적 사치이다. 유럽의 경우에는 아제국 체제로서 자신의 새로운 역할을 고려해야만 하며, 고양된 의지를 과도하게 말하지 말고 자신에게 요구되는 과제를 자신의 능력과 맞추어야 한다.

물론 접두사는 유럽이 스스로에게 부과한 새로운 정체성이라는 심각한 문제를 제기한다. 유럽은 미국으로부터 얼마나 독립적인가? 과거의 기록을 대충 훑어보기만 해도 대답은 참혹하다. 여러 가지 방식으로 1950년 이래 덜했던 적은 없었다. 유럽연합의 주된 성취인 확대의 역

---

17 Robert Cooper, "The Next Empire", *Prospect*, October 2001.

18 Jan Zielonka, *Europe as Empire: The Nature of the Enlarged European Union*, Oxford 2006, pp. 54~57.

사는 — 자유의 경계의 확대 혹은 제국으로의 고양, 혹은 둘 다 — 하나의 지표이다. 동유럽으로의 팽창을 조종한 것은 워싱턴이었다. 모든 경우마다 예전 소비에트의 위성국은 유럽연합에 가입하기 이전에 미국이 지휘하는 나토에 편입되었다. 폴란드, 헝가리, 체코공화국은 유럽연합에 가입하기 5년 전인 1999년에 이미 나토에 들어왔다. 불가리아와 루마니아는 유럽연합 가입 3년 전인 2004년에 나토에 들어갔다. 슬로바키아, 슬로베니아, 발트 3국조차 유럽연합 가입 한 달 전에 — 상징적인 시점으로 선택되었다 — 호의의 표시로 나토에 들어왔다(발트 3국에 대한 계획은 1998년에 시작되었다). 크로아티아, 마케도니아, 알바니아 등이 동일한 방식으로 일을 처리하기 위해 줄을 서 있다.

나토가 예전 소비에트 국경까지 확대된 것은 빌 클린턴(Bill Clinton) 행정부의 작품이었다. 이는 원래 냉전 말기에 미하일 고르바초프(Mikhail Gorbachev)에게 맡겼던 일인데, 이를 다시 가져온 것이다. 폴란드, 헝가리, 체코공화국의 첫 번째 소집병들이 동맹군에 합류한 지 12일 후에 발칸 전쟁이 시작되었다. 이것은 나토 역사에서 첫 번째로 벌어진 전면적인 군사 공격이었다. 전격적인 공격은 성공했는데, 이는 미국의 작전이었다. 여기에 상징적인 수준의 유럽 지원군이 있었으며, 실질적으로 반대 여론은 없었다. 이때는 유럽과 미국의 관계가 아주 조화롭던 때였다. 동유럽에서 유럽연합과 나토 사이에 경쟁은 없었다. 브뤼셀은 워싱턴의 주도권에 양보했고, 워싱턴은 브뤼셀의 진군을 고무하고 격려했다. 이런 비대칭적인 공생은 이제 너무나 자연스러운 것이어서 미국은 공공연하게 앞으로 어떤 국가들이 유럽연합에 가입해야 하는지를 특정할 수 있다. 조지 W. 부시(George W. Bush)가 앙카라의 나토 모임에서 유럽 지도자들에게 유럽연합이 터키를 받아들여야 한다고 말하자, 시라크는 유럽인들이 미국에게 멕시코를 미연방에 받아들이라고 말하는 것을 좋아하지 않을 것이라고 불평했다. 그러나 유럽이사회가 터키와 공개적인 가입 협상을 벌이기로 결정하자, 콘돌리자 라이스(Condoleezza Rice)는 모여 있는 유럽 지도자들에게 워싱턴에서 전화를 걸어 이들로부터 주권에 대해 별다른 불평을 듣지 않은 채 적절한 결과에 대해 보증할 수 있었다. 이 수준에서 유럽과 미국 사이의 마찰은 미미했다.

그렇다면 왜 대서양 양안의 관계에 전반적인 위기가 발생했다고 생각하는가? 이로 인해 많은 문헌이 생산되었다. 유럽연합 내에서는 언론과 여론이 한목소리로 공화당 행정부가 나토 외부에서의 행위에 책임이 있다고 주장한다. 부시 정권은 교토의정서와 국제형사재판소를 무시하고, 유엔을 방해하고, 제네바 협정을 유린하고, 중동에 몰두함으로써 이러한 견해와 관련해서 미국이 어두운 면이라는 점을 폭로한 셈이다. 이해할 만한 일이지만, 이는 유럽에서는 비록 외교 수준에서 예의상 표현을 자제하기는 했지만 거의 일반적으로 혐오를 불러일으켰다. 무엇보다도 1945년 이래 다른 어떤 사건보다도 이라크 전쟁의 급변 때문에 불화가 생겼다. 이 불화는 하버마스의 최근작인 『분열된 서방』(*The Divided West*)의 고통스러운 제목으로 기록되었다.

이러한 관점에서 클린턴의 대통령직 수행과 부시의 대통령직 수행은 뚜렷한 차이가 있으며, 유럽을 소외시켰다는 점에서 미국 대외정책의 연속성에서 단절이라 할 수 있다. 합의적인 지도력을 포기하고 거만한 일방주의를 채택한 것이다. 이러한 인식이 강렬하다는 것은 분명하다. 그러나 미국의 세계정책의 구성에서 스타일을 실체로 오해하는 일이 쉽게 일어나기도 한다. 부시 행정부의 무뚝뚝한 매너, '국제사회'의 완곡어법을 참지 못하는 것, 교토와 국제형사재판소에 대해 냉랭하게 거부한 것 등은 처음부터 유럽인의 감수성을 건드렸다. 클린턴의 부드러운 제스처는, 실제로 그 결과—클린턴 재임 기간 교토의정서도 국제형사재판소도 입법을 위한 논의에 부쳐지지 않았다—는 종종 같은 것이기는 하지만 좀 더 적절한 것이었다. 좀 더 근본적으로 정치적 행동으로서 거침없는 노선은 발칸 전쟁부터 메소포타미아 전쟁으로 이어졌다. 두 전쟁 모두에서 개전 이유—임박한 제노사이드, 임박한 핵무기—는 조작되었다. 유엔 안전보장이사회는 무시되었다. 국제법도 무시되었다. 그리고 공격이 개시되었다.

유고슬라비아에서는 미국과 하나였던 유럽이 전략적 위험성이 더 높은 이라크에서는 분열했다. 그러나 바그다드로 행군하는 것에 대해 유럽이 반대한 정도는 언제나 환상적인 것이었다. 이탈리아, 스페인, 독일, 영국 등에서 수많은 사람이 거리에 나와 침공에 반대하는 시위를 벌였다. 여론조사를 보면, 모든 곳에서 반대가 많았다. 그러나 일단 전쟁이 일어나자, 점령에 대해 저항하는 것을 후원하는 것은 말할 것도 없고 점령에 대한 항의도 별로 없었다. 대부분의 유럽 국가 정부 ─ 서유럽의 영국, 스페인, 이탈리아, 네덜란드, 덴마크, 포르투갈 등과 동유럽의 모든 정부 ─ 는 침공을 지지했으며, 미군이 이 나라를 장악하는 데 보완이 되는 군대를 파견했다. 2003년 유럽연합의 15개 회원국 가운데 프랑스, 독일, 벨기에 3개국만 전쟁이 일어나기 전에 전쟁을 예상하고 이에 반대했다. 전쟁이 시작되자 공격을 비난하는 나라는 하나도 없었다. 그러나 워싱턴과 런던의 계획에 대해 파리와 베를린이 공개적으로 반대를 천명했기 때문에 유럽 전역에서 미국의 권력과 견해에 대해 거리를 두고 있다는 느낌을 집중시키고, 확인하고, 강화했다. 구세계의 독립선언이 나올 것이라는 생각은 여기서 비롯했다.

현실은 다소 다르다. 시라크와 슈뢰더는 국내 정치의 이해관계 때문에 침공에 반대했다. 두 사람은 유권자들의 생각을 잘 파악했고 실질적으로 이런 태도에서 정치적 이익을 얻었다. 슈뢰더는 재선을 확고히 했다. 다른 한편으로 미국의 의지는 장난치는 게 아니었다. 그래서 각각은 공개적으로는 전쟁에 반대하고 은밀히 협력함으로써, 말로 선언한 것을 행동으로 보충했다. 워싱턴에서는 비밀리에 프랑스 대사인 장-다비드 르비트(Jean-David Levitte) ─ 지금은 니콜라 사르코지(Nicolas Sarkozy)의 외교 담당 보좌관 ─ 가 최초의 포괄적인 유엔 결의 제1441조에 근거해서 백악관에 전쟁에 대한 그린 라이트(승인)를 주었다. 이 결의안은 딕 체니(Dick Cheney) 말처럼 공격에 대한 제2의 승인을 위해 안전보장이사회를 거칠 필요가 없는 것이었다. 블레어는 이를 원했는데, 안전보장이사회를 거칠 경우 프랑스는 비토했을 것이다. 독일 정보부원은 바그다드에서 암호 문서를 통해 펜타곤에 목표물을 알려주었고, 충격과 공포 속에서 이 도시에 대한 최초의 미국 미사일 공격에 협력했다. 프랑스는 미공군이 이라크에서 작전을 수행할 수 있도록 영공을 제공했고(시라크는 레이건이 리비아를 폭격할 때 이를 거부했다), 독일은 이 원정에 핵심적인 교통 허브를 제공했다. 두 나라 모두 미국의 이라크 점령을 승인하는 유엔 결의안에 찬성했으며, 워싱턴이 덕지덕지 붙여서 만들어낸 피보호 정권을 재빨리 승인했다.

유럽연합에 대해 보자면, 2004년에 유럽연합이 집행위원회의 새로운 의장으로 포르투갈 통치자를 선택한 것은 상징적인 것이라 볼 수 없었다. 그는 2003년 3월 16일에 부시, 블레어, 호세 마리아 아스나르 로페스(José María Aznar López) 등이 참석한 아조레스 정상회담을 주최했다. 이 회담에서 이라크 공격을 위한 최후통첩이 발표되었다. 조제 마누엘 바호주(José Manuel Barroso)도 못지않게 마찬가지로 유명인이다. 프랑스는 이제 미국의 전쟁에 대해 적당한 이중성조차 지지하지 않는 베르나르 쿠슈네르(Bernard Kouchner)가 외무 장관이다. 그는 미국의 전쟁을 자신이 항상 옹호한 간섭의 권리의 예로서 환영한다. 한때는 드골보다 더 베트남 전쟁에서 거리를 둘 수 있었던 총리가 있던 스웨덴에서는 파리의 외무 장관과 비슷한 새 외무 장관이 등장했다. 그의 이름은 카를 빌트(Carl Bildt)인데, 리처드 펄(Richard Perle), 윌리엄 크리스톨(William Kristol), 뉴트 깅리치(Newt Gingrich) 등과 함께 이라크해방위원회의 창립회원이다. 영국에서는 외무 장관이 자랑스럽게 전쟁에 대한 지지를 다시금 천명했다. 비록 원칙보다는 승진을 추구하면서 시체들이 늘어났지만 말이다. 스페인과 이탈리아는 이라크에서 군대를 철수시킬 수 있었지만, 어떤 유럽 정부도 미국에 의해 파괴된 사회에 대한 정책이라는 점에서 워싱턴의 시각과 다르지 않았다.

이외에 유럽은 아프가니스탄 전쟁에 철저하게 개입하고 있다. 이 전쟁은 이해에 뿌리 뽑으려 한 게릴라보다 민간인을 더 많이 살해한 전쟁으로, 의화단을 진압하기 위해 파견되었던 원정군의 현대판이라 할 수 있다. 펜타곤은 탈레반의 전격적인 전복 작전에 나토를 동원하려 하지 않았다. 비록 영국과 프랑스의 제트기가 등장하긴 했지만 말이다. 이라크보다 인구가 더 많고, 오지(奧地)가 더 넓은 이 나라를 점령하는 것은 다른 문제였으며, 5,000명의 나토군은 하나로 모여서 카불 주위의 요새를 지켰다. 그동안 미군은 물라 오마르(Mullah Omar)와 오사마 빈 라덴(Osama bin Laden)을 끝장내려고 했다. 5년이 지난 지금도 오마르와 오사마는 잡히지 않았다. 서방의 꼭두각시 통치자인 하미드 카르자이(Hamid Karzai)는 자신을 보호하는 다인코프 인터내셔널(DynCorp International)의 용병부대 없이는 어디도 다니지 못한다. 아편 생산은 열 배나 늘었다. 아프가니스탄인의 저항은 계속적인 효과를 보았다. 나토가 지휘하는 군대가 — 지금은 37개국 파견부대로 이루어졌는데, 여기에는 영국, 독일, 프랑스, 이탈리아, 터키, 폴란드부터 아이슬란드라는 피라미 같은 나라까지 있다 — 3만 5,000명까지 늘었다. 여기에 2만 5,000명의 미군이 있다. 점잖게 표현하면, 무차별 폭격과 마구잡이 사격, '인권 유린' 등이 대(對)게릴라 활동의 일상이 되었다.

시야를 중동으로 넓혀 보더라도 상황은 비슷하다. 유럽은 제국주의 통제의 유산이나 정착자의 열망이 위험에 처하는 곳마다 미국과 한통속이다. 영국과 프랑스는 원래 이스라엘의 대규모 핵무기를 위한 중수와 우라늄을 공급했으며 — 하지만 이를 부인하고 있다 — 미국과 함께 이란이 비확산 조약에서 인정한 핵 프로그램조차 포기해야 한다고 제재와 전쟁 위협을 통해 주장하고 있다. 레바논에서 유럽연합과 미국은 센서스 조사를 하면 하루도 유지될 수 없는 내각을 후원하고 있으며, 독일, 프랑스, 이탈리아 군대는 이 나라 내에서 이스라엘을 위한 국경 경계를 맡고 있다. 팔레스타인과 관련해서 보자면, 유럽연합은 유권자들이 잘못된 정부를 선출했다고 해서 지원을 줄임으로써 미국 못지않게 주민들을 비참한 지경으로 몰아넣고 있다. 그 핑곗거리는 이스라엘이 팔레스타인 국가를 인정하기라도 한 것처럼 유럽연합이 우선 이스라엘

국가를 인정해야만 한다는 것이며, 테러리즘을 포기해야 한다고 말한다. 군사 점령이 40년이나 지속되고 있고, 유럽은 아무런 조치도 취하지 않은 상태에서 군사 점령에 대한 어떤 무장 저항도 테러리즘이라고 공언하고 있다. 다시금 돈이 요르단 강 서안의 떨거지 시종을 보호하기 위해 흘러들어 가고 있다.

유럽을 사랑하는 사람들은 이런 기록의 일부는 의심스러운 것이라고 대답할지도 모르겠다. 그러나 이것들은 대외적인 쟁점이며, 유럽이 유럽 내에서 인권과 법의 지배에 대한 존중을 보여주는 예에 영향을 끼친다고 볼 수 없다. 유럽연합이나 유럽연합 회원국들의 행위가 중동에서 비난받을 수 있지만, 실제로 생각해야 하는 것은 국제적으로 볼 때 유럽 내의 기준이 대변하는 도덕적 지도력이 아닐까? 너무 쉽게 양심이 작동하는데, 왜냐하면 테러와의 전쟁은 경계가 없기 때문이다. 그 이름으로 저질러진 범죄는 통치자들이 잘 아는 상태에서 자유롭게 대륙을 가로질러 활보했다. 원래 고문 청부—피보호 국가들의 비밀경찰이 처리하도록 희생자를 '양도'하거나 인계하는 것—는 다른 많은 것들과 마찬가지로 클린턴 행정부가 1990년대 중반에 도입한 발명품이었다. 10년 후에 이 프로그램의 책임자로 CIA 관리였던 마이클 쇼이어(Michael Scheuer)는 이에 대해 질문을 받고는 이렇게 간단하게 대답했다. "문 앞에서 내 양심을 점검했습니다."[19] 누구나 예상할 수 있듯이 크로아티아 및 알바니아와 함께 첫 번째 포로 인도에 협력한 것은 영국이었다.

부시 행정부에서 이 프로그램은 확대되었다. 9·11이 터지고 3주 후에 나토는 회원국에 대한 공격이 있는 경우 집단 방위를 규정한 나토 헌장 제5조를 발동한다고 선언했다. 그때까지 아프가니스탄을 침공

---

19 2006년 6월 7일 유럽위원회에 제출한 딕 마티(Dick Marty)의 첫 번째 보고서 참조. Dick Marty, *Alleged Secret Detentions and Unlawful Inter-state Transfers Involving Council of Europe Member State*, Strasbourg, 30번째 문단의 각주.

한다는 미국의 계획은 순조롭게 진행되었지만, 이 항구적 자유 작전 (Operation Enduring Freedom)에 유럽을 참여시키는 계획은 없었다. 미국 고위 사령부는 발칸 전쟁에서 있었던 합동 원정 시 〔유럽과〕 협의를 하는 게 귀찮다고 생각했고, 이것이 반복되기를 원치 않았다. 대신에 2001년 10월 4일 브뤼셀에서 열린 모임에서 동맹국들은 다른 조력을 해달라는 요청을 받았다. 어떤 일이었는지는 비밀로 했지만—2007년 6월에 용기 있는 스위스의 탐사 보도 기자인 딕 마티(Dick Marty)가 유럽평의회 (Council of Europe)에 대한 제2차 보고서를 공개해 알려진 것처럼—합의된 내용 중에서 가장 중요한 것은 인도 프로그램을 강화하는 것이었던 것으로 보인다. 일단 아프가니스탄을 이 프로그램의 대상으로 삼자 카불 외곽의 바그람(Bagram) 공군기지는 CIA의 심문센터이자 관타나모로 포로를 실어 나르는 적재 구획이 되었다. 수송은 두 방향으로 이루어졌는데, 그 중심축은 유럽이었다. 한쪽 방향으로는 포로들은 아프가니스탄이나 파키스탄의 지하 감옥에서 유럽으로 보내졌으며, 그곳 CIA 비밀 감옥에 수용되거나 쿠바로 다시 수송되었다. 다른 방향으로는 유럽 내의 비밀 장소에 수용되어 있던 포로들을 필요한 조치를 위해 아프가니스탄으로 보냈다.

비록 나토가 이 체제를 주도하긴 했지만, 나토가 관여한 납치는 북대서양이사회(North Atlantic Council) 회원국에만 한정된 일이 아니었다. 유럽은 열심히 미국을 지원했다. 그것이 계약서 약관처럼 작은 글씨로 쓰인 것이든 아니든 간에 말이다. 북유럽, 남유럽, 동유럽, 서유럽 등 유럽 대륙 모든 지역이 여기에 가담했다. 이 일에 대한 신노동당의 공헌은 놀랄 일이 아니다. 영국과 미국 연합군이 이라크를 침공하면서 65만 명의 민간인이 사망한 것을 감안하면, 생존자에 대한 고문을 가지고 잭 스트로,[20] 마거릿 베킷,[21] 데이비드 밀리밴드[22] 같은 사람들이 잠을 못 잘 이

---

20 Jack Straw, 1946~ : 영국의 정치가로, 블레어 정부와 고든 정부에서 내무 장관 (1997~2001)과 외무 장관(2001~06)을 지냈다. —옮긴이

유는 없을 것이다. 좀 더 놀라운 것은 중립국들의 역할이다. 어헌의 아일랜드는 샤논(Shannon)을 CIA에 넘겨주었는데, 서쪽으로 향하는 비행편이 너무 많았기 때문에 이 지역 사람들은 이를 관타나모 특급이라고 불렀다. 사회민주당이 집권하고 있는 스웨덴은 ─당시 보스는 비만한 예란 페르손(Göran Persson)이었으며, 지금은 기업 로비스트로 활동하고 있다─피난처를 찾고 있던 이집트인 두 명을 CIA에 넘겨주었다. 이들은 곧바로 카이로에 있는 고문 기술자들에게 보내졌다. 베를루스코니의 이탈리아는 대규모 CIA 팀이 밀라노에서 또 다른 이집트인을 납치하는 것을 도와주었다. 이 이집트인은 아비아노(Aviano)에 있는 미 공군기지에서 비행기에 실려 독일의 람슈타인을 경유해서 마찬가지로 고문을 가하기 위해 카이로로 보내졌다. 가톨릭과 예전 공산주의자로 이루어진 프로디(Prodi) 정부는 납치에 대한 사법적 조사를 무마하려고 했으며, 아비아노 기지의 확장을 관할했다. 스위스는 희생자를 람슈타인으로 수송하는 비행기의 영공 통과를 허용했으며, 이탈리아 사법 당국이 체포하려 한 CIA 부서장을 보호했다. 지금 그는 플로리다의 태양 아래 쉬고 있다.

동쪽의 폴란드는 포로들의 운명을 중동에 넘겨주지 않았다. 폴란드는 자국에서 이들을 다루기 위해 CIA가 스타레 키에즈쿠티(Stare Kiejkuty) 기지 지하에 '가치 있는 구금자'를 위해 건설한 고문실에 감금했다. 이는 유럽 내에 있는 바그람인 셈인데, 보이치에흐 야루젤스키(Wojciech Jaruzelski)의 계엄령 시절에는 알려져 있지 않던 시설이다. 루마니아의 경우 콘스탄차(Constanța) 북쪽에 있는 군 기지가 같은 역할을 했다. 이를 현 대통령이며 아주 서방 지향적인 트라이안 버세스쿠(Traian Băsescu)

21 Margaret Beckett, 1943~ : 영국의 정치가로, 블레어 정부에서 외무 장관(2006~07)을 지냈다. ─옮긴이
22 David Miliband, 1965~ : 영국의 저명한 마르크스주의 정치학자인 랠프 밀리밴드(Ralf Miliband)의 아들로, 고든 정부에서 외무 장관(2007~10)을 지냈다. ─옮긴이

가 감독했다. 보스니아에서는 알제리인 여섯 명이 미국의 지령으로 불법적으로 잡혀 있다가 투슬라(Tuzla)에서 비행기에 실려 — 비행 중에 구타를 당했다 — 터키의 인시를릭(Incirlik)에 있는 미군 기지로 보내졌다가 관타나모로 수송되었다. 이들은 여전히 관타나모 수용소에 감금되어 있다. 블레어가 코소보 난민과 감동 어린 만남을 했던 마케도니아의 경우 두 과정이 결합된 모습이 나타났다. 레바논계 독일인은 국경에서 납치되었다. 이 나라에서 CIA에 의해 감금되고, 심문받고, 구타당했다. 그런 다음 좀 더 조사를 하기 위해 마취 상태에서 카불로 보내졌다. 그가 단식투쟁을 한 끝에 그의 신원을 잘못 파악한 것이 드러나자 눈가리개를 한 채 알바니아에 있는 나토 공군기지로 보내졌고, 그 후 독일로 돌려보냈다.

적녹연립정부는 이 독일인에게 어떤 일이 있었는지를 잘 알고 있었다. 이 일이 있었을 때 정보원 한 명을 아프가니스탄의 비밀 감옥에 보내 그를 심문했고 — 녹색당 출신의 내무 장관인 오토 실리(Otto Schily)는 이때 아프가니스탄의 수도에 있었다 — 그와 함께 비행기를 타고 알바니아로 돌아왔다. 그러나 독일 정부는 그의 운명에 관심이 없었고, 마찬가지로 또 다른 거주자에 대해서도 관심이 없었다. 이 사람은 독일에서 태어난 터키인으로 파키스탄에서 CIA에 의해 체포되었으며, 관타나모 수용소로 보내졌다. 이 사람도 관타나모에서 독일 정보원에게 심문을 당했다. 두 작전은 현재 사회민주당 외무 장관인 프랑크 발터(Frank Walter)가 관리하고 있으며, 당시에는 비밀 정보부가 책임지고 있었는데, 쿠바에서 있었던 이 희생자에 대한 고문을 은폐했을 뿐만 아니라 그를 석방하라는 미국의 권고를 거부하기까지 했다. 당시 녹색당의 외무 장관인 요슈카 피셔(Joschka Fischer)는 이 포로의 어머니에게 보낸 편지에서 독일 정부가 이 사람을 위해 해줄 수 있는 게 아무것도 없다고 설명했다. 최근에 주도적인 피셔 찬미가가 묘사한 것처럼 "그렇게 좋은 나라에서" 피셔와 (발터) 슈타인마이어(Walter Steinmeier)는 여전히 가장 인기 있는 정치가이다.[23] 신임 내무 장관인 볼프강 쇼이블레(Wolfgang

Schäuble)는 좀 더 완강하며, 공개적으로 이스라엘 방식으로 국가의 치명적인 적을 다룰 때는 인도가 아니라 암살이 필요하다고 주장했다.

이것은 마티가 유럽평의회(유럽연합과는 관계없는 조직이다)에 제출한 두 건의 상세한 보고서에 설명되어 있다. 두 보고서 각각은 세심한 조사 작업과 도덕적 열정을 보이는 문서이다. 스위스의 티치노 주의 이 검사가 황야의 외침이 아니라 유럽 대륙을 대표한다고 보면, 이를 자랑스럽게 여길 이유가 있다. 그는 두 번째 보고서를 이렇게 끝맺는다. 자신의 작업이 "미국이 주도한 '테러와의 전쟁'의 결과로서 우리가 집단적으로 빨려 들어간 법적·도덕적 곤경"에서 벗어나기를 희망한다. "6년여가 지나면서 우리는 이러한 곤경에서 벗어날 수 있는 기회를 지금보다 더 폭넓게 가졌던 적은 없는 것 같다."[24] 실제로 어떤 유럽의 정부도 유죄를 고백하지 않았으며, 태연하게도 인권에 대해 여전히 장황하게 떠들고 있다. 우리는 포스트모던 시대에 업데이트된 헨리크 입센(Henrik Ibsen)의 세계 — 베르니크 영사, 브라크 판사 등 — 에 살고 있다. 고문의 뚜쟁이 짓을 하고 있다는 것이다.

이 일이 벌어질 때 인도되는 사람들만 두건을 쓰거나 쇠사슬에 묶인 것이 아니라 인도하는 사람 자체도 그렇게 되었다. 유럽이 미국에 굴복한 것이다. 이 인도 행위는 언급조차 할 수 없게 터부시되어 있다. 대략 이것과 가까운 것을 여러 가지 면에서 여전히 둘 사이의 관계에 대한 가장 훌륭한 설명인 로버트 케이건(Robert Kagan)의 『파라다이스와 권력에 대하여』(Of Paradise and Power)에서 발견할 수 있다. 누구나 예견할 수 있듯이, 화성과 금성에 대한 매우 모욕적인 형상화 — 신세계에 의해 군사적 의무에서 해방된 구세계는 빌려온 평화의 예술과 쾌락을 누리고

---

23 Timothy Garton Ash, "The Stasi on our Minds", *New York Review of Books*, 31 May 2007.

24 Dick Marty, *Secret Detentions and Illegal Transfers of Detainees Involving Council of Europe Member States: Second Report*, 8 June 2007, 367번째 문단.

있다 ─ 는 유럽인들을 화나게 했다. 그러나 케이건조차 유럽인들이 실제로 이마누엘 칸트(Immanuel Kant)의 인식에 따라 살고 있는 것처럼 인정했다. 반면 미국인들은 홉스의 진리에 따라 행동해야만 했다. 어떤 철학적 준거가 필요하다고 한다면, 좀 더 적절한 것은 에티엔 드 라 보에시(Étienne de La Boétie)일 것이다. 그가 쓴 『자발적 복종론』(*Discours de la servitude volontaire*)은 유럽연합을 위한 모토를 제공할 수 있을 것이다. 그러나 이것은 만능의 비밀스러운 약이다. 대서양 양안의 관계에 대한 느낌을 제대로 포착한 당대의 텍스트는 아마 불가피하게도 풍자이다. 그것은 서방합중국(United States of West)을 위한 레지 드브레의 청원으로, 여기서 유럽은 미국의 절대권에 완전히 흡수된다.[25]

유럽은 정말로 이렇게 되었는가? 다음과 같은 역설이 있다. 유럽이 덜 통합되었을 때, 유럽은 여러 가지 면에서 좀 더 독립적이었다. 통합의 초기 단계에서 통치하던 지도자들은 모두 미국이 지구적 헤게모니를 장악하기 이전 세계에서 형성된 사람들이다. 당시에는 유럽 주요 국가들이 제국주의적이었고, 대외정책은 알아서 결정하는 것이었다. 이 사람들은 제2차 세계대전의 파국을 겪었지만, 그 파국으로 꺾이지는 않았다. 이것은 드골에게만 해당되는 게 아니라 아데나워와 몰레, 이든과 히스 같은 사람에게도 해당된다. 이들 모두 자신들의 야심을 위해서는 필요하다면 미국을 무시하거나 도전할 준비가 되어 있었다. 자국의 사고법을 받아들이지 않았고, 미국과 충돌한 적이 없는 모네도 유럽인들이 미국과 다른 방식으로 자신들의 일을 처리할 수 있는 장래를 생각한다는 점에서는 이들과 마찬가지였다. 1970년대 들어서도 이러한 정신은 지미 카터(Jimmy Carter)가 발견한 것처럼 지스카르 데스탱과 슈미트

---

25 *L'Édit de Caracalla ou plaidoyer pour les États-Unis d'Occident*, Paris 2002; 다음은 발췌본이다. Régis Debray, "Letter from America", *New Left Review* II/19, January-February 2003.

에게 살아 있었다. 그러나 1980년대에 신자유주의적 전환과 함께 그리고 1990년대에 전후 세대가 권력을 잡기 시작하면서 그러한 정신은 사라졌다. 새로운 경제 학설은 국가가 정치적 행위자라는 것을 의심했고, 새로운 지도자들은 팍스아메리카 이외의 것은 알지 못했다. 전통적인 자율성의 원천은 사라졌다.

다른 한편으로 이때쯤 되면 유럽공동체는 크기 면에서 두 배가 되었으며, 국제통화를 획득했고, 미국을 넘어서는 GDP를 자랑하게 되었다. 통계적으로 볼 때, 독립적인 유럽을 위한 조건은 그 이전 어느 때보다 더 생겨난 셈이다. 그러나 정치적으로 볼 때, 그 조건은 뒤집어졌다. 연방주의의 쇠퇴 및 정부간주의의 축소와 함께 유럽연합은 초민족적 주권을 만들어내지 못한 채 국민주권을 약화시켰다. 이로써 지도자들은 국민주권과 초국가적 주권 사이의 분명치 못한 림보(limbo)에서 표류하게 되었다. 좌파와 우파의 의미 있는 구별이 무색하게 되면서 예전의 유럽의 독립을 주장하던 다른 동기도 약해졌다. 독특한 사고라는 시럽(sirup) 속에서 대서양 한쪽의 시장친화적인 지혜를, 비록 파생물이기는 하지만 대서양 다른 쪽의 지혜와 구별해 주는 것은 거의 없으며, 정치적 차이가 덜 뚜렷한 미국보다 유럽에서 처방전은 좀 더 순하다. 그런 조건에서 열광자라면 유럽연합을 "지구 역사상 가장 성공적인 회사 가운데 하나"라고 칭송하는 말보다 더 나은 표현을 찾기 힘들 것이다. 어떤 회사가 이런 영예를 브뤼셀에 부여했는가? 왜, 당신 지갑 속에 하나가 있는데, "유럽연합은 이미 국가라기보다는 비자카드에 가깝다"[26]라고 신노동당의 신동이 선언했다. 유럽은 신용카드의 수준으로 승진했다.

카를 마르크스(Karl Marx)는 이렇게 믿었다. 민족국가의 초월은 자본의 과제가 아니라 노동의 과제가 될 것이라고. 한 세기 후에 냉전이 자리 잡았을 때, 알렉상드르 코제브(Alexandre Kojève)는 어느 진영이 이를 완수하든 갈등 속에서 승리자가 출현할 것이라고 주장했다. 유럽공동체

---

26 Mark Leonard, *Why Europe Will Run the 21st Century*, p. 23.

의 창설로 그에게는 쟁점이 정리되었다. 서방은 승리할 것이고, 그 승리는 인간 자유의 실현으로 이해되는 역사를 종식시킬 것이다. 코제브의 예언은 정확했다. 그의 외삽과 그것이 지닌 아이러니는 여전히 해결되지 않았다. 그것들은 분명히 논박당하지 않았다. 그는 신용카드 전표의 이미지를 보고 웃을지도 모른다. 유럽연합의 출현은 부르주아지의 최후의 위대한 세계사적 성취로 간주될 수 있으며, 부르주아지의 창조력이 두 차례의 세계대전이라는 동족상잔으로도 고갈되지 않았다는 것을 증명한다. 거기에 일어난 일은 그로부터 희망한 것에서 이상한 굴절이 일어난 것으로 간주할 수 있다. 하지만 통합의 장기적인 결과는 모든 당파에게 여전히 예측할 수 없는 것이다. 충격이 없을 때조차 수많은 지그재그 길이 있었다. 이와 함께 앞으로의 변형이 어떻게 일어날지 누가 알 수 있을까?

3 이론

‖ **2007년** ‖

이제 2,000년 전의 로마제국보다 더 크고, 비잔틴제국보다 불명료한 유럽연합은 관찰자와 참여자 모두를 당혹스럽게 하고 있다. 유럽연합의 가장 저명한 행위자와 분석가조차 그 개념에 좌절했다. 드골에게 유럽연합은 단순하게, 경우에 따라 경멸적으로 이 아무개(ce machin)였다. 유럽연합에 대해 드골과는 정반대의 공감을 지니고 있던 들로르에게 유럽연합은 여전히 비행접시 같은 것이었다. 그가 '미확인 정치 물체' (unidentified political object)라고 불렀듯이 말이다. 유럽연합에 대한 주도적인 헌법 권위자에게 유럽연합은 골렘(golem)이다. 이러한 혼란은 용어법의 급변만은 아니다. 이런 혼란은 고통스러운 현실, 즉 유럽의 제도와 유럽의 시민 사이의 거대한 구조적 간극에 상응한다. 이것은 유럽연합의 의사결정 과정에 대한 대중적 이해는 말할 것도 없고, 모든 여론조사와 유럽연합 선거에서 참여율이 꾸준히 떨어지는 것으로 증명된다. 반대로 이 거리는 유럽연합에 대한 문헌에서 재생산된다. 이 분야에서 저술들은 크게 두 범주로 구분된다. 언론인들이 쓰고—많은 경우는 아니지만 정치가들이 쓴 것도 있다—일반 독자를 겨냥한 대중 문헌이 미디어 영역에 들어와 있으며, 이는 지적인 에테르의 요소가 되었다. 그

안에서 목록이 변화하는 것은 그들의 권리에 따른 것으로 유의할 필요가 있다.

좀 더 광범위한 범위에서 이제는 진짜 산업이 된, 유럽연합에 대한 전문적인 문헌이 있는데, 잡지, 연구서, 논문, 학술회의, 연구 프로젝트, 모음집, 논평 등이 끊임없이 확장되는 조립 라인을 이루고 있다. 유럽연합 전체에 걸쳐 대학과 연구소에 장 모네 유럽 연구 석좌교수 자리가 300개는 된다. 이 세계에서 나온 거대한 결과물 가운데 광범위한 대중의 의식에 파고든 것은 거의 없다. 그 가운데 대부분은 브뤼셀의 규칙이나 지시처럼 기술적인 것들이며, 경우에 따라서는 그보다 심할 때도 있다. 그러나 이것이 부분적으로는 주제 때문이지만, 유럽연합에 대한 학문적 논의를 지배하고 있는 분과학문, 즉 정치과학(political science)과 관계가 있기도 하다. 이 학문 분야에 대해 앨프레드 코번(Alfred Cobban)이 내린 정의 ─ "과학의 지위를 획득하지 않은 채 아주 위험한 주제인 정치학을 회피하기 위해" 고안된 장치 ─ 는 50년이 지난 후에도 여전히 통용되고 있다.

다소는 프랑스와 미국에서 동시에 발명한 ─ 오늘날의 시앙스포[1]는 프랑스가 프로이센에게 패배한 직후인 1872년에 만들어졌다. 미국에서는 남북전쟁이 비교할 만한 분수령이다 ─ 정치과학은 고유하게 미국적인 기획으로서 20세기에 구체화되었다. 이것이 오늘날 유럽연합에 대한 학문적인 문헌의 가장 뚜렷한 한 가지 특징을 이루는 것과 어떤 관계가 있을 것이다. 이 문헌 세계의 주도적인 글 가운데 유럽인이 쓴 것은 별로 없다. 실제적으로 유럽연합에 대한 가장 최근의 독창적인 연구는 미국에서 이루어졌다. 실제로 이 영역은 대체로 보아 미국의 피조물이라는 느낌이 있다. 역사적으로 볼 때, 유럽통합에 대해 최초로 진지하게 이론화한 것이 미국 학자인 에른스트 하스의 작업이

───────────

1 Science-Po: 파리 정치학교. 대학과 별도로 있는 엘리트 교육기관인 그랑제콜의 하나이다. ─ 옮긴이

라는 데 이의를 제기할 사람은 거의 없을 것이다. 유럽석탄철강공동체에 대한 그의 연구인 『유럽의 통합』은 로마 조약이 승인되고 1년 후인 1958년에 출판되었으며, 공동시장 분석을 위한 패러다임을 제공했다. 이는 사반세기가 지난 지금도 가장 유력한 지위를 차지한다. 주지하듯이, 하스의 관점은 신기능주의적이다. 즉 최초 6개국의 이해관계 집단—실업계, 정당, 노동조합—의 수렴으로부터 탄생한 유럽석탄철강공동체가 통합이라는 동적 과정을 여는 방식에 초점을 맞추고 있다. 이 과정에서 경제 분야의 상호 의존성이, 여분의 물이 넘쳐나는 천천히 내리는 작은 폭포처럼, 초민족적 제도 내에서 꾸준히 확대되는 주권의 공동 출자를 낳을 것이라고 주장했다.

하스의 지적 틀이 전적으로 이 시기 미국 정치과학에서 가져온 것이기는 하지만, 그의 동기는 전기적 색채를 띤다. 10대 초반이었던 1930년대 말 프랑크푸르트에서 시카고로 이주한 유대계 독일 집안 출신인 그는—후일 그가 설명하듯이—민족주의의 고통이라는 소년 시절의 경험에서 유럽통합에 대한 연구를 하게 되었다. 1960년대에 유럽 무대에서 중요한 행위자로 드골이 재등장하면서—뒤이어 1970년대 초에 경제적 혼란이 있었다—하스는 민족 감정의 끈질긴 힘을 과소평가하고 유럽통합에서 기술적 자동성을 과대평가했다.[2] 그는 말년에 전 지구적 수준에서 민족주의를 비교 연구한 두 권짜리 두툼한 책을 썼다. 그러나 그의 신기능주의 패러다임에 대한 비판자들이 없지는 않았지만—스

---

2 "드골 장군이 우리 모두에게 가르쳐준 교훈"에 대한 그의 언급 참조. 이 언급은 『유럽의 통합』 제2판 서문에 실려 있다. Ernst B. Haas, *The Uniting of Europe*, Stanford 1968, p. xiv. "원래 이론은 명료하지는 않지만 함축적으로 우리가 '이데올로기의 종언'이라고 부른 상황의 존재를 전제했다. 따라서 민족주의의 상황적인 충격은 경험적으로 검토되지 않은 우리의 존재로부터 정의되었다. 이를 후회하지는 않는데, 왜냐하면 중요한 점이 진행 중에 있기 때문이다. '민족'이라는 개념과 민족 감정의 강렬함의 상호성이 강조되었다. 그러나 강조점이 주어졌는데, 왜냐하면 그 이래 새로운 종류의 민족의식이 특히 프랑스에서 뚜렷해졌기 때문이다."

탠리 호프먼이 초기 비판자이다 — 이 패러다임은 리언 린드버그 등이 저작을 낳은 전통의 기초를 마련했다. 그의 저작은 이 분야에서 계속해서 중심적인 준거점 역할을 한다.[3]

1980년대에는 하스의 유산이 밀워드에게 예리한 공격을 받게 된다. 밀워드의 『민족국가의 유럽적 구제』는 유럽공동체가 전통적인 주권을 약화시키는 초국가적 기획이 아니라 강화하기 위한 대륙적 추동력의 산물이라고 주장한 것으로 유명하다. 그 추동력은 전후 안전의 추구 — 사회적·민족적 안전, 복지와 방위 — 에 의해 움직였으며, 상호 의존적인 산업들의 기능적 흘러넘침과는 아무런 관련이 없었다.[4] 이것은 모든 면에서 지적인 이정표였다. 그 이후 이것과 같은 것은 없었다. 그러나 이미 이 시기에도 로마 조약을 만든 국가 중에도 영국 — 이 시기에 영국이 유럽경제공동체의 회원국이 아니었음에도 — 에서 나온 이런 연구에 비교할 만한 것을 생산하지 못했다. 후일 밀워드가 자기 나라에 초점을 맞춘 연구를 했을 때도 대륙에서 이를 보충할 만한 연구가 나오지 않았다. 프랑스의 경우에 시앙스포의 유럽 연구 초대 교수 자리에 앉을 만한 프랑스인이 없었다. 그래서 벨기에인 르노 데우스(Renaud Dehousse)를 데려와야 했다. 법학의 오랜 전통이 있는 독일의 경우 디터

---

3 하스에 대한 호프먼의 언급은 다음을 참조. Stanley Hoffmann, *The European Sisyphus*, 1995, pp. 34, 84~89. 각각 1964년과 1966년에 대한 것이다. L. N. Lindberg, *The Political Dynamics of European Economic Integration*, Stanford 1963; L. N. Lindberg and Stuart Scheingold, *Europe's Would-be Polity*, Englewood Cliffs 1970.

4 1992년에 출판된 밀워드의 책에 대해서는 앞의 제1장 이하 참조. 제2판은 2000년에 출판되었다. 신기능주의에 대한 그의 견해는 다음에서 볼 수 있다. Alan Milward and Frances M. B. Lynch, *The Frontier of National Sovereignty: History and Theory 1945~1992*, pp. 2~5; Alan Milward, *Politics and Economics in the History of the European Union*, London 2005, pp. 33~35. 이 책은 오스트리아 그라츠(Graz)에서 열렸던 슘페터 기념 강좌인데, 유럽연합에 포함된 모든 국가의 역사적 기록을 여전히 대단한 솜씨로 다루고 있다. 특히 아일랜드와 덴마크의 대담한 연관을 보여준다.

그림(Dieter Grimm) 같은 저명한 헌법 이론가들이 하버마스 같은 규범적인 철학자들과 논쟁을 벌이는 가운데 때맞춰 개입을 했다. 그러나 한스 켈젠(Hans Kelsen)이나 카를 슈미트(Carl Schmitt)의 계보에 따른 종합은 나오지 않았다. 이탈리아의 경우 피렌체에 있는 유럽대학연구소가 저명한 인사들을 교대로 데려오기는 했지만, 이론 생산의 토착 중심지라기보다는 외부 영토인 인클레이브 같은 스타일에 가깝다. 지난 10년 동안 이전 그 어느 때보다 나침반의 바늘은 다시 미국을 가리키게 되었다.

유럽인들이 유럽 학계 풍경에 없는 것은 분명 아니다. 그러나 이들은 이 학계에서 지도적인 영역에 있지 않다. 이 영역은 그레이터 아메리카의 한 지방이 되었다. 즉 사상가들이 유럽에서 태어나기는 했지만, 미국에 기반을 두거나 미국에서 형성되었다는 것이다. 유럽통합에 대한 몇 명 혹은 중요한 현재 이론가들 가운데 대서양 이쪽에서 태어났거나 여기서 경력을 쌓은 인물은 거의 없다. 이것은 단순히 정치과학에서 미국이 지배적인 위치를 차지하고 있기 때문만은 아니다. 역사, 경제학, 사회학, 철학, 법학 등 어디를 보든 패턴은 동일하다.

오늘날의 유럽연합이나 이것이 어디로 갈지에 대해 이해하려고 시도할 때 기존의 이 작업을 우회할 수 없다. 이 작업이 유럽연합에 대해 대중적인 설명을 한 것은 정치적 바람에 흔들리는 갈대이다. 지적으로 더 중요한 것은 유럽연합에 대한 연구를 해온 가장 뛰어난 인물들이 지금의 유럽연합에 대해 어떻게 이야기해야만 하는 것이다. 이들의 성찰은 광범위한 두 개의 주장으로 구분할 수 있는데, 각각은 유럽연합의 성격에 대한 질문을 제기한다. 첫 번째 주장은 이것을 역사의 문제로 다루며, 두 번째 주장은 정책이라는 쟁점으로 다룬다. 거칠게 말하면 이렇다. 유럽연합은 어떤 종류의 역사적 현상인가? 유럽연합의 정치적 미래는 어떠한가? 혹은 어떠해야 하는가? 분명 두 개의 의제가 중첩되어 있다. 왜냐하면 유럽연합이 무엇인가와 관련된 판단은 유럽연합이 앞으로 되어야 할 것과 관련해서 가능하거나 바람직하게 사고하는 것을 규제하기에, 어느 쪽에만 한정하는 저자들은 거의 없기 때문이다. 그러나 구분 자체는 매우 명료하며, 우리는 역사에서 시작할 수 있다.

1

   그간 최첨단을 달리고 있는 것은 앤드루 모라브칙(Andrew Moravcsik)
의 『유럽의 선택: 메시나에서 마스트리흐트까지 사회적 목적과 국가권
력』(1998)이다. 이 책은 밀워드 이래 선도적인 종합으로 각광받았다. 프
린스턴 대학의 유럽연합 프로그램 책임자인 모라브칙은 현재 이 분야
에서 탁월한 권위자이자, 『뉴스위크』와 『프로스펙트』에서 유럽연합 문
제에 대한 정력적인 논평자로 활동하고 있다. 또한 함께 일하는 아내
앤-마리 슬로터(Anne-Marie Slaughter)는 자기 나름의 관점으로 『새로운
세계 질서』라는 책을 썼다. 그가 한 작업의 이론적 배경은 다른 누구보
다 하버드의 — 하버드에서 모라브칙은 나이 어린 동료였다 — 로버트
코헤인(Robert Keohane)이 발전시킨 '국제 체제'(international regime)라는
개념이다. 이때 국제 체제는 국가 간 관계에서 공통의 기대 지평과 행위
를 결정하는 공식, 비공식 원칙, 규칙, 절차 등의 묶음을 말한다. 코헤인
의 주요 저작인 『헤게모니 이후』(1984)가 제기한 특수한 문제는 전후 제
도인 브레턴우즈, IMF, GATT, NATO에 책임을 지고 있는 미국의 우
월권이 사라진 이후 — 그가 생각하듯이 이 일은 1970년대 초에 있었
다 — 선진 자본주의 국가들 사이에서 어떻게 높은 수준의 협력을 유지
할 수 있는가이다.
   이 개념이 목표로 하는 것은 미국의 국제관계 이론에서 지배적인 현
실주의 학파이다. 이 학파는 한스 모겐소[5]에서 시작하며, 세계정치의 장
(場)에서 주권국가들 사이의 관계가 없앨 수 없는 갈등적 성격을 지니고

---

5 Hans Morgenthau, 1904~80: 독일계 미국인 국제정치학자로, 고전적 현실주의의
   대표자이다. 저서로 『국제정치학』(Politics Among Nations)이 있으며, 여러 매체를
   통해 미국 외교정책에 대한 글을 발표했다. — 옮긴이

있다고 주장한다. 코헤인이 보기에 이런 관점은 브레턴우즈 체제의 붕괴 이후 OECD 내의 주도적 국가들 사이의 실용적인 조화의 정도를 이해할 수 없다. 하지만 신기능주의라는 대안이 대답을 해줄 수 있는 것도 아니다. 신기능주의가 공동의 이상과 경제적 연관에 대해 강조하는 것은 코헤인이 "권력과 갈등에 대해 나이브하다"라고 말한 것에서 찾아볼 수 있다.[6] 대신 그는 현실주의와 신기능주의의 종합을 제안한다. 이 종합은 국제 협조라는 비현실적인 현상과 합리적 선택 및 게임 이론이라는 현실적인 도구 상자를 합쳐놓은 듯한 모델화를 통해 현실주의와 신기능주의 둘 다를 낡은 것으로 만들 수 있다.

10년 후 모라브칙은 이런 사고법을 유럽공동체에 적용하기 시작했다. 하지만 지적 세력의 균형이 ─ 어쨌든 미국에서 ─ 코헤인이 직면했던 것과는 정반대의 영역이다. 이곳에서 영향력이 있는 것은 하스와 제자들이 발전시킨 신기능주의였다. 이 신기능주의는 유럽통합의 특유성을 연방주의적 정치 이상에 의해 추동된 기능주의적 경제 상호 의존성에 근거한 과정으로 강조하는 접근법이다. 신기능주의자들에게 이것은 전후 시기에 있었던 다른 국가 간 배치와 다른 방식으로 국가주권을 약화시킴으로써 점차 초민족적 성격의 독특한 구조로 나아가는 조합이었다.

1993년 모라브칙이 선언한 「유럽공동체의 선호와 권력: 자유주의적 정부간주의 접근법」은 바로 이 구성물을 직접적인 목표로 했다.[7] 그는 통합 과정을 이해하기 위한 올바른 출발점은 유럽연합에 특유한 것이 아니라 유럽연합 내에서 표준이 되는 것이라고 주장했다. 유럽공동체는 국제 협력이라는 공통 유형의 변형태로 보아야 하며, 이를 파악하

---

6 Robert O. Keohane, *After Hegemony: Cooperation and Discord in the World Economy*, Princeton 1984, p. 7.

7 Andrew Moravcsik, *Journal of Common Market Studies*, vol. 31, no. 4, December 1993, pp. 472~523.

기 위해 체제 이론(regime theory)이 이미 제공한 것 이상의 분석 도구가 필요한 것은 아니라는 것이다. 유럽연합을 분석하기 위해서는 스트라스부르에 있는 유럽의회는 말할 것도 없고, 브뤼셀에 있는 유럽연합 집행위원회나 룩셈부르크에 있는 유럽형사재판소에 초점을 맞추어서는 안 되고, 회원국 정부 사이의 전통적인 교섭에 초점을 맞추어야 한다. 회원국 정부의 핵심적인 거래가 유럽 협력의 조건과 한계를 정하는 것이다. 표준적인 체제 이론에 필요한 주요한 정밀화는 이 이론 내에 있는 각국의 국내 정치를 포함하는 것으로 족하다. 모라브칙은 이렇게 설명했다. "정부들은 국내 사회집단들에서 오는 변화무쌍한 압력에 대응하는 가운데" 형성된 "실용적인 기능이라는 기초 위에서 대안적인 행동 경로를 평가하는데, 우선성은 정치제도들을 통해 형성된다."

따라서 유럽통합을 바라보는 정확한 방법은 '자유주의적 정부간주의'의 표본으로 간주하는 것이다. 사적인 개인들과 자발적인 결사체들을 정치의 기본적인 행위자로 보고, 국경을 넘나드는 상품과 서비스가 증가함으로써 '상호적인 시장 자유화와 정책 협조'를 촉진하게 될 것이라는 점에서 자유주의적이다.[8] 이것은 합리적 선택 이론에 의해 규제되는 접근법으로—본질적으로 신고전주의 경제학의 절차를 다른 삶의 영역에 외삽하는 것이다—국가의 행동을 회사의 행위에 기초해서 모델화한 것이다. 모라브칙은 "주요한 결정에 도달하는 집합체로서의 유럽공동체의 본질은 거래 비용 절감이라는 기능이다"라고 주장했다.[9] 사실 그렇다. 이것은 통상적이지 않은 방식으로 정부들을 주권의 요소들을 공동 출자하고 대표자를 보내는 국제적 체제였다. 그러나 정부들은 "대안적인 제도적 계획으로부터 도출될 것이라고 기대되는 장래의 실질적인 결정의 흐름에 대한 비용-편익분석의 결과로서" 그렇게 했다.[10]

8   Andrew Moravcsik, "Preferences and Power", pp. 483, 485.

9   Andrew Moravcsik, "Preferences and Power", p. 508.

10 Andrew Moravcsik, "Preferences and Power", p. 509.

이것은 정부들로 하여금 유럽공동체에 특수한 배치에 의해 실현될 효율성 획득을 선호하게 만들었다. 국가는 합리적 선택을 하기 때문에 결정을 할 때 실수를 하지 않을 것이다. 서로 유리하게 교섭을 하는 정부들은 그 결과에 대해 확고한 통제권을 지니고 있다. "의도하지 않는 결과와 오산은" 잘해봐야 ─ 모라브칙도 마찬가지로 ─ "주변적인 역할을 할 뿐이다. 이는 언제나 사회생활에서도 마찬가지이다."[11]

『유럽을 위한 선택』은 유럽통합의 역사를 정부들 사이의 다섯 차례에 걸친 '큰 교섭'의 연속으로 다루면서 이러한 전망을 그려내려 한다. 다섯 차례의 큰 교섭에 대해서 모라브칙은 상세하게 다루고 있다. 1950년대의 로마 조약, 1960년대의 공동 농업정책의 창설과 룩셈부르크 타협, 1970년대의 유럽통화제도(EMS), 1980년대의 단일유럽의정서, 1990년대의 마스트리흐트 조약이 그것이다. 주장은 한결같다. 모라브칙이 주장하기를 유럽통합은 지정학적 계산이나 ─ 독일을 봉쇄할 프랑스의 필요, 체면을 회복하려는 독일의 필요 ─ 연방주의적 이상주의 ─ 초민족주의에 대한 모네의 꿈 ─ 에 의해 추동된 적이 없었다. 혹은 밀워드가 주장한 것처럼 사회복지에 대한 고려 때문에 추동된 적도 없었다. 이는 아쉽게도 미국 사회과학이 제대로 파악하지 못하는 지점을 보여준다.[12] 이 전 과정에서 오늘날의 유럽연합을 구성하게 한 1차적인 동기는 계약 당사자들의 상업적 이해관계였을 뿐이다. 이들의 합리적 계산이 낳은 결과는 '전후 가장 성공적인 국제 체제'였다.

이러한 주장은 광범위하고 촘촘한 문서 작업으로 뒷받침되고 있으며, 영국에 대해서는 존경 어린 시선을 보내면서 주로 프랑스-독일 관계에 집중하고 있다. 드골은 프랑스 농민들을 위한 음흉한 로비스트에 불

---

11 Andrew Moravcsik, "Liberal Intergovernmentalism and Integration: A Rejoinder", *Journal of Common Market Studies*, vol. 33, no. 4, December 1995, p. 626.

12 Review of Milward's *European Rescue of the Nation-State* in *Journal of Modern History*, March 1995, p. 127.

과한 사람으로 축소된다. 다른 한편으로 맥밀런은 통찰력 있는 정치인으로 칭송받는다. 영국에 유럽공동체에 가입하라고 한 그의 (실패한) 권유는 '지도자의 특출난 행동'이었다.[13] 실제로 메시나에서 처음으로 공동시장에 대한 논의가 있은 후 계속해서 "영국의 외교는 선견지명이 있고, 효율적이며, 충분한 정보를 지닌 것이었다. 다시 말해 이상적인 합리적 행위자에 가까웠다."[14] 그러나 일련의 교섭에 대한 전반적인 대차대조표에서 통합 과정을 구체화한 것은 바로 독일이었다는 게 모라브칙의 이야기에서 드러난다. 로마에서 마스트리흐트까지 일반적으로 본이 파리보다 통합을 구성하는 역할을 했다는 것을 추론할 수 있다. 이이야기에서 이탈리아의 역할은 무시되고 있다. 이야기는 별 다른 실수없이 진행되고 있다. 모라브칙은 각국 정부는 자신의 결정이 낳을 즉각적인 결과를 예측하고 있을 뿐만 아니라 "장래에 일어날 변화의 방향을 결코 잘못 이해하지 않았다"라고 분명히 말한다.[15]

『유럽을 위한 선택』의 뚜렷하고 충분한 자기 확신은, 역사가들로부터 수많은 비판을 받았음에도 익숙한 전망을 지닌 정치과학에 의해 지배되는 영역에서 중심적인 준거가 되었다. 하지만 이 책이 대상으로 삼고있는 것과 관련해서 적절하지 않다는 것은 매우 분명하다. 왜냐하면 모라브칙의 구성물은 체제 이론에 정리되어 있는 자본주의국가 간 협력이라는 표준적인 목적이 전쟁이 끝난 후 서유럽에서 자유무역협정이라는 전통적인 방식으로—초민족적 제도의 복합체를 창출하거나 국가주권의 훼손 없이—이루어질 수 없었던 이유를 처음부터 설명할 수 없었기 때문이다. 왜 유럽공동체는 NAFTA 같은 것으로 보여서는 안 되었는가? '자유주의적 정부간주의'의 관점에서 로마 조약에 소중하게 간직되어 있는 유럽연합집행위원회, 유럽의회, 유럽사법재판소는 불필요

---

13 Andrew Moravcsik, *The Choice for Europe*, Ithaca 1998, p. 176.

14 Andrew Moravcsik, *The Choice for Europe*, p. 131.

15 Andrew Moravcsik, *The Choice for Europe*, p. 491.

한 것으로 보일 수 있다. 1950년대 중반 6개국 정부가 아주 사려 깊고 냉정하게 운영한 장치가 언젠가는 불필요한 두통거리로 보일 수 있다는 것이다.

물론 그러한 개념이 간과하는 것은 유럽공동체의 제도적 기원이 신중하게도 동적이고, 변경 가능한 조건에 의해 틀이 만들어졌다는 결정적인 사실이다. 즉 다른 형태의 국제 협약과 달리, 이것들은 궁극적인 목적 ─ 이것의 정확한 형태는 특정되지 않은 채 ─ 이라는 관점에서 디딤돌이라고 선언되었다. 그 이래 계속하여 유럽 회의주의자들을 괴롭힌 유명한 정식은 로마 조약의 첫 문장으로, "유럽 여러 민족 사이에서 그 이전 어느 때보다 가까운 연합"이라고 되어 있다. 유럽통합을 통상적인 국제 협약의 세계와 범주적으로 분리하는 것은 이러한 목적론적 열망이다. 최초의 석탄철강공동체나 그 이후의 공동시장이 목표로 한 안정적인 균형은 없었다. 반대로 이것들이 작동시킨 것은 불안정한 과정, 장기적인 목표를 향해 잠재적·연쇄적으로 구성된 과정이었다. 이러한 구조는 모네를 비롯한 동시대인들의 연방주의자 ─ 정부간주의자가 아닌 ─ 로서 전망을 전개한 역할 없이는 이해할 수 없다. 공동체의 역사는 출발부터 발생론적으로 연방주의적 관점을 향해 가도록 만들어진 불안정성의 충동을 빼고는 설명할 수 없다.

그렇다면 그 이후 과정의 합리성이란 무엇인가? 합리적 선택이라는 수사법은 종종 공허한데, 왜냐하면 어떤 결정은 ─ 일탈적인 것처럼 보인다 하더라도. 경계선에 있는 것으로 존스타운을 예로 들 수 있다 ─ 사실상 선호하는 구조에서 도출해 낸 것일 수 있다. 『유럽을 위한 선택』에서 적절한 선택의 준거는 매우 특유하다. 그것은 상업적 이익이다. 문제는 그것이 함축하고 있는 모델이 실제 세계와 조응할 수 있는가이다. 왜냐하면 유럽공동체의 역사에서 모든 중요한 협약이 그 무엇보다도 ─ 대개 부문별 ─ 경제적 이해관계에 의해 결정되었다는 강력한 주장은 반대되는 증거를 언급하는, 잇따른 유보 조항에 의해 반박당하기 때문이다. 수많은 나머지 것들처럼 무대 뒤로 밀어낸 게 더 나을 때가 있다.

그러한 허용-거절은 이 책 전체에 걸쳐 강박적인 후렴구 방식으로 산재해 있다. 이것은 모든 국면에서 반복된다. 로마 조약, 유럽통화제도(EMS), 영국의 가입, 단일유럽의정서, 마스트리흐트. 로마 조약에서는 "지정학적 사고와 안전이라는 외적 영향이 전적으로 중요하지 않았던 것은 아니다." 맥밀런의 가입 신청에서는 "우리는 지정학적 위신을 동기에서 완전하게 배제할 수 없다." 영국의 가입 신청에 대한 드골의 비토에 대한 독일의 반응과 관련해서는 "나는 지정학적 동기를 전적으로 배제하지 않는다." 유럽통화제도의 창설과 관련해서는 "이것은 유럽의 상징주의와 지정학적 논의를 완전히 무의미한 것으로 만드는 것은 아니다." 단일유럽의정서와 관련해서는 "이데올로기적 고려를 전적으로 배제해서는 안 된다." 통화동맹에 대한 독일의 지지와 관련해서는 "국내 문제에 대한 고려와 분열이 우리가 연방주의적 이데올로기를 완전히 버리는 것을 막아준다." 프랑스가 마스트리흐트 조약을 추구한 것과 관련해서는 "우리는 이데올로기적 설명을 완전히 버릴 수는 없다." 40년간의 통합에 대해서는 "우리는 지정학적 이해관계와 사고를 완전히 무시해서는 안 된다." 산업 국가들의 관계에 대해 유럽공동체가 지닌 대표성과 관련해서는 "우선성의 원천으로서 객관적인 지정학적 환경을 거부할 수 있을지라도 사상의 역할을 완전히 무시할 수 없다. 하지만 사상이 명료하게 측정되고〔원문 그대로〕, 더욱 정확하게 이론화될 때까지는 이데올로기가 중요하다는 주장은 사변적일 수밖에 없다."[16] 어느 경우든 취한 태도가 무엇인지에 대한 심각한 탐구나 성찰이 없다. 변함없이 때에 따라 용인되거나 실제로 삭제된 요소들은 지정학적이거나 이데올로기적이다. 이것을 반복하는 것이 보여주는 것은 증거가 이론적 틀의 꼴을 갖추기 위해 확장될 수 없는 정도를 가리키는 것일 뿐이다. 직물이 펼쳐지면서 틈새와 구멍이 보이기 시작한다.

---

16 Andrew Moravcsik, *The Choice for Europe*, pp. 90, 175, 205, 268, 403, 405, 477, 488, 496.

이 가운데 가장 놀랄 만한 것은 모라브칙이 유럽공동체의 업무와 관련해서 드골의 역할을 다루는 방식이다. 그는 1960년대 영국의 유럽공동체 가입을 드골 장군이 거부한 배경에는 "위세가 아니라 곡물"이 있다고 선언한다. 본질적으로 워싱턴이 보낸 트로이 목마가 들어오지 못하게 문을 닫아걸은 것이 아니라 그저 프랑스 밀의 가격을 유지하려는 욕망이라는 것이다. 역사가들은 이러한 결론을 낳게 된 문서의 선택적인 이용, 부정확한 인용, 억지스러운 증거의 채택 등에 대해 좋지 않은 평가를 내렸다.[17] 하지만 특정인의 의도를 왜곡하기 위해 기록을 마음대로 사용하는 것 이상으로, 미리 만들어진 도식에 고집 센 것으로 유명한 행위자를 맞추는 것이 『유럽을 위한 선택』이 일반적으로 전제하는 것이다. 정치적 오산과 의도하지 않은 결과는 전형적으로—모라브칙이 말하듯이—'사회생활의 주변'에 한정된 일이라는 것이다.

역사의 대부분이 의도하지 않은 결과의 망이라는 관점이 좀 덜 기이한 관점일 것이다. 지난 세기의 결정적인 사건들, 즉 두 차례의 세계대전은 아마도 역사상 가장 스펙터클한 사건일 것이다. 반면 유럽공동체를 건설하려는 열망은 구세계에서 전쟁을 회피하려는 목표에서 나온 것이었다. 그러나 그렇게 만들어진 건축물은 유례없는 것으로 결코 하나로 이루어진 건축물이 아니며, 설계는 정말로 복잡하고, 그 과정은 어떤 정부의 범위도 훨씬 넘어서 확장되었다. 그렇다면 그것은 잘못 계산해서 설치한 지뢰밭일 수밖에 없지 않을까?

이 가운데 가장 최근의 것은 대처와 들로르가 품은 단일유럽의정서에 대한 희망이었다. 정반대였지만 동일하게 실망했다. 한 사람은 이것이 단일통화로 가는 길을 연다고 화가 났고, 다른 한 사람은 이것이 사회적 시장에 대해 막다른 골목이라고 기분이 상했다. 혹은 통화동맹이 성

---

17 특히 다음 참조. Jeffrey Vanke, "Reconstructing De Gaulle", and Marc Trachtenberg, "De Gaulle, Moravcsik, and Europe", in *Journal of Cold War Studies*, vol. 2, no. 3, Fall 2000, pp. 87~116.

장을 촉진하고, 독일과 프랑스의 긴장을 완화할 것이라는 콜과 미테랑의 믿음도 있었다. 모라브칙은 마스트리히트에 이르자 "경제적 이익이 확실히 단일통화에 따른 비용을 넘어설 수 있는지 혹은 다양한 정부의 기대가 충분히 양립할 수 있는지 분명하지 않다"라고 서술하기까지 하였다.[18] 여러 이해관계 집단의 신뢰할 만한 합리성과 예측도 마찬가지이다. 독일이 느슨한 이웃 국가들을 규제하기 위해 강요한 안정화 협약과 관련해서 보자면, 이 협약은 금세 독일연방공화국의 상태와 어긋났다. 독일이 이 협약을 어긴 최초의 나라였다. 그러한 반목적성은 1950년에 쉬망 계획이 공표된 이래 끊임없이 통합을 중단시켰다.

이런 것들에 맹목적인 것은 합리적 선택의 교리 때문이라기보다는 『유럽을 위한 선택』이 특이하게 지닌 비정치적 틀 때문이다. 이 책의 많은 부분은 브뤼셀에 있는 위원회들과 관료들의 테크노크라트적인 담론에 대한 과장된 해설 기사처럼 읽힌다. 물론 모라브칙 본인이 어떤 식으로든 비정치적이라는 게 아니다. 주류적인 신민주당원이라는 것을 의심하기는 어려울 것이다. 그가 드골에 대해 반감을 표시한 것은 그의 이론 틀에 명백하게 위배되는 인물이기 때문만이 아니라 대서양 연대를 깨뜨리면서 프랑스의 독립을 추구하는 '비일관된' 외교정책을 추구했으며, 다행히도 실패할 운명을 지닌 지배자이기 때문이다. 워싱턴에 대한 위협을 혐오하는 전통적인 미국인으로서, 그는 당시 프랑스나 기타 나라 내의 다양한 세력관계를 진지하게 분석할 만한 자극이 없다. 모라브칙의 관점에서 정부의 정책을 형성하는 국내의 이해관계는 다양한 생산자 로비에 불과한 것으로 축소된다. 이 로비란 것은 당대의 정당 체계와 이데올로기적 풍경을 재구성하거나 거기에 준거하려는 시도를 실질적으로 하지 않는 것이다. 정치학이 빠진 결과가 어떠한지는 그가 대처 정권을 '중도 연합'이라고 — 이는 수많은 예 가운데 하나이다 — 서술하는 것에서 판단할 수 있다.[19] 대처는 이 개념을 비방하는 것이라고 간

---

18 Andrew Moravcsik, *The Choice for Europe*, p. 470.

주했을 것이고, 반대자들은 웃기는 것이라고 생각했을 것이다.

그러한 탈수증에 가장 좋은 해독제는 또 다른 젊은 미국 학자로서 오리건 대학의 크레이그 파슨스에게 있다. 파슨스는 통합의 역사에서 프랑스의 역할에 대한 뛰어난 연구인 『유럽이라는 어떤 사상』을 통해 유럽 건설에서 프랑스의 역할이 보여준 정치적 현실성이 다양한 경제적 이해관계 집단의 실용적 기능과 얼마나 멀리 떨어져 있는가를 보여준다. 파슨스는 제2차 세계대전 이후 자신들이 저질렀던 실패가 재상연되는 것을 피하는 문제에 직면한 프랑스 엘리트에게는 세 가지 선택지가 있었다고 주장한다. 전통적인 현실주의 외교, 프랑스와 영국이 주도하는 실용적인 국가 간 협력, 초국가적 공동체로 프랑스와 독일이 직접 통합되는 것이 그것이다. 각각은 비공산주의적 스펙트럼에 따라 우파/좌파 결합을 가로지르고, 결정을 위한 의제를 설정한 독특한 집합의 사상에 의해 형성되었다. 연합의 행동 노선이나 전통적인 행동 노선을 지배했던 '공동체' 접근법은 그러한 노선을 선호한 산업 혹은 농업의 국내 로비의 압력 때문이 아니었다. 그것은 경제적으로 결정된 것이 아니라 '역사적 사상 투쟁'의 결과였다.[20]

그러나 일련의 지도자들 ─ 쉬망, 몰레, 지스카르 데스탱, 마지막으로 미테랑 ─ 이 충분했다고 할 때, 거의 언제나 임시적으로는 통합을 강제하는 정치적 풍압 차가 통합에 대한 조직된 요구 없이 있었다고 할 때 이 지도자들은 마찬가지로 통합에서 혜택을 보지도 못했다. 이들은 유럽적인 쟁점과는 관련이 없는 국내 정쟁 속에서 다른 이유로 그 자리에 오른 것이었고, 또 다른 이유로 권좌에서 내려왔다. 실제로 유럽 통일로

---

19 Andrew Moravcsik, "Negotiating the Single European Act: National Interests and Conventional Statecraft in the European Community", *International Organization*, vol. 45, no. 1, Winter 1991, p. 52.

20 Craig Parsons, *A Certain Idea of Europe*, Ithaca 2003, p. 235.

가는 주요한 진전에 책임이 있는 모든 당사자는 그러한 진전 때문이 아니라 그러한 진전 이후에 투표를 통해 응분의 책임을 지게 되었다. 석탄철강공동체(1951) 이후의 인민공화운동당(MRP), 로마 조약(1958) 이후의 노동자 인터내셔널 프랑스 지부(SFIO), 유럽통화제도(1981) 이후의 프랑스민주연합(UDF), 단일유럽의정서(1986) 이후 그리고 마스트리흐트 조약(1992) 이후의 사회당(PS). 하지만 각각의 시기는 일단 진전되고 나면 후임 지도자들에게 제도적 강제로 작용했다. 후임 지도자들은 원래 이에 반대했으나, 권력을 잡게 되면 이를 찬성하는 쪽으로 돌아섰던 것이다. 1958년의 드골, 1983년의 미테랑, 1986년의 시라크, 1993년의 발라뒤르, 1995년에 다시 시라크가 그렇게 했다. '전향 메커니즘'은 기성의 사실이었고, 이를 뒤집는 데는 큰 비용이 들었다. 스필오버(spillover) 효과가 아니라 미늘톱니바퀴(ratchet) 효과이다.

파슨스는 유럽통합에서 정치사상의 추동적인 역할을 분명하게 복원하면서도 통합의 가속기로서 연방주의가 거둔 성공을 과장하지 않으려 했다. 그는 이렇게 언급한다. 프랑스 지도자들이 끊임없이 유럽공동체가 성립하는 데 헌신하지 않았다면, "오늘날의 유럽은 근대의 여타 국제정치와 비슷한 것으로 보일지도 모른다." 그러나 이들의 헌신이 이들을 충분히 드러내 주는 것은 아니다. 왜냐하면 비록 연방주의적 방향이 몇몇 결정적인 국면에서 지배적이기는 했지만, 이 방향은 언제나 대안적인 —연합적이거나 전통적인— 프로젝트와 겨뤄야 했기 때문이다. 대안적인 프로젝트는 결국 이 셋 사이의 동요의 산물로 출현한 유럽연합이 형성될 때 연방주의적 방향을 줄이거나 막아섰다.[21] 『유럽이라는 어떤 사상』은 모라브칙의 이론적 구성물을 "대체로 검증되지 않은 이론에다 별로 근거가 없는 주장을 담아낸 것"으로, 싸늘하게 취급하고, 이와 비견할 만한 오만을 신중하게 피하면서 합리적 선택의 열광에 감염되지 않은 냉철한 정치과학이 무엇을 성취할 수 있는지를 보여준다.

---

21 Craig Parsons, *A Certain Idea of Europe*, pp. 27, 235.

* * *

세인트루이스 대학의 역사가인 존 길링엄의 저작은 전혀 다른 발상에서 나온 것이다. 『유럽통합 1950~2003년』은 최초로 쉬망 시대부터 슈뢰더 시대까지 유럽통합 과정에 대한 진정한 이야기를 북극광처럼 대지의 흐릿한 하늘을 밝혀주는 화려한 솜씨로 담아내고 있다. "가능한한" "공식적인 언어 — 그는 이를 브뤼셀-볼라퓌크(Volapük, 국제어)라고 부른다 — 는 배제하기로" 작정한 길링엄은 "사상, 사건, 인물 등을 탈신비화하기 위해 표준적인 용어와 공통의 기준을 사용"[22]하면서 장대한 규모로 유럽통합이라는 복잡한 이야기에 대한 설명을 확실히 생동감 있고 힘차게 — 경우에 따라서는 그가 말한 것처럼 통렬하게 — 기술했다. 이 책의 성역(聲域)은 밑에 숨어 있는 경제적 과정에 대한 이론적 분석부터 정치 행위의 동학이나 깜짝 놀랄 만한 외교적 해결까지, 등장인물에 대한 신랄한 초상화까지 전 음역에 걸쳐 있다. 여기에 더해 언제나 사상에 대해 민감한 호기심이 있다. 여기서 사상이란 역사적으로 주도적인 배우들을 움직이게 한 사상과 그 후에 이들을 위치짓기 위해 발전한 사상 모두를 가리킨다. 이 책의 범위는 주요한 국가들에 한정하지 않고, 실질적으로 유럽 대륙 전체에 걸쳐 있다.

이야기를 지배하는 지적 확신은 하이에크에 따른 것이며, 좀 더 확장해서 발터 오이켄과 빌헬름 뢰프케 — 루트비히 에르하르트의 멘토들 — 주위에 모인 프라이부르크의 질서자유주의(Ordoliberalism) 학파에서 온 것이다. 정치적으로 볼 때 〔정치적〕 스펙트럼의 완고한 우파에 속하는 전통이며, 길링엄은 정치적 스펙트럼의 왼쪽에 있는 것에 대해서는 매우 다채로운 표현을 통해 적대감을 숨기지 않는다. 그러나 유럽공동체의 역사를 이해하는 패러다임으로서는 오스트리아 학파의 경제학

---

22 John Gillingham, *European Integration 1950~2003: Superstate or New Market Economy?*, Cambridge 2003, p. xvi.

이 합리적 선택이 기초하고 있는 신고전파적 변종보다 분명히 우위에
있다. 왜냐하면 길링엄이 언급하듯이, 그것은 시장 체제를 균형으로 나
아가는 경향이 있는 일련의 실용적인 기능이 아니라 내재적으로 불안
정한 것으로 — 동적인 발견 과정이며, 이 속에서 정보는 언제나 불완전
하다 — 보기 때문이다. 필연적으로 예상하지 못했거나 아이러니한 결
과는 낯설지 않다는 것이다.

그렇다면 유럽통합에 대한 하이에크의 관점이 낳은 역사적 결과는 무
엇인가? 길링엄에게는 두 가지 정반대되는 통합 모델이 처음부터 공
존하였다. 네거티브 통합은 유럽공동체 내에서 생산 요소의 자유로운
이동을 가로막는 모든 장애물을 제거하는 것으로, 시장의 자연스러운
작동에 경제생활을 통일하는 것이다. 이는 하이에크의 용어로는 자연
발생적 질서로 파악되었다. 포지티브 통합은 국가 개입에 의해 일련의
통일된 관행을 조정하려는 시도이다. 제2차 세계대전 이후 사반세기 동
안에 국가 수준에서 지배적인 사회적 배치, 결합된 자본 통제, 고정환율,
확장된 복지 체제 등은 서유럽 전체에 걸쳐 대체로 '착근된 자유주의'[23]
를 표현한다. 유럽 수준으로 이를 옮겨놓을 경우 그 효과는 포지티브 통
합과 네거티브 통합의 불안정한 결합이었으며, 이 속에서 초기에는 포
지티브 통합이 — 마음대로는 아니었지만 — 우세를 점했다. 1950년에
모네가 설계한 석탄철강공동체부터 1950년대 말과 1960년대 초에 할
슈타인이 5년 동안 유럽집행위원회 의장직을 수행할 때까지 프랑스의

---

23 길링엄은 이 용어를 다음 글에서 가져왔다. John Ruggie, "International regimes,
transactions, and change: embedded liberalism in the post-war economic order", in
Stephen Krasner(ed.), *International Regimes*, Ithaca 1983, pp. 195~231. 초기 미국
의 체제 이론에 대한 정전(正典)적인 모음집에서 가장 주목할 만한 글은 고(故)
수전 스트레인지가 국제 체제라는 개념 전체에 대해 날카롭게 공격한 것으로, 이
책에 결론격으로 들어가 있다. Susan Strange, "Cave, Hic Dragones", pp. 337~
54. 스트레인지는 미국 헤게모니가 끝났다는 생각의 공허함을 지적할 뿐만 아니
라 유럽의 미래가 — 이미 — 유럽에 있는 학자들보다 미국 학자들에 의해 더 많
이 논의되고 있는 정도에 대해 언급했다.

정신이 지시하는 계획과 독일의 관료제적 형식주의로 형성된 사회적 유럽의 설계자들은 1965년 할슈타인이 무리하기 전까지 주도권을 잡았다. 이들은 이때 프랑스를 유럽이사회에서 빼버리고, 초국가적 계획을 그만두겠다고 드골을 도발했다.

그러나 공석 위기가 유럽공동체 내에서 '천년왕국적인 모네주의'의 종말을 의미했다면, 그동안 힘의 균형을 포지티브 통합에서 네거티브 통합으로 바꾼 것은 더 커다란 변화 때문이었다. 이것은 1970년대 초에 브레턴우즈 체제가 붕괴하고 난 후, 선진 자본주의 세계 전역에서 동시에 일어난 '체제 변화'였다. 여기서 이 용어는 그 모습이 어떠하든 모든 정부에 영향을 끼치는 체제 전체의 정책적 제약을 의미한다. 이 용어는 길링엄이 설명하듯이, 외국 정부를 전복하는 것을 가리키는 완곡어법이 아니라 미국의 근대 이탈리아사가인 더글러스 포시스와 노르웨이의 네덜란드 정치과학자인 톤 노테르만스의 저작에서 가져온 개념이다.[24] 불황 시기의 상당한 디플레이션이 완전고용이라는 목표에 의해 좌우되는 새로운 체제를 강제한 것과 마찬가지로 1970년대에 풀려난 인플레이션은 결국 또 다른 체제를 낳았는데, 이는 통화 안정성이라는 규범에 의해 규제되었다.

이와 함께 착근된 자유주의의 붕괴가 일어났으며, 고전적 자유주의의 원칙이 부활했다. 새로운 체제에서 시장은 국가주의적 간섭에서 자유로워졌으며, 자본에 국제 유동성이 회복되었다. 사회적 지출은 삭감되었고, 노동조합은 약화되었으며, 코포라티즘적 관행은 포기되었다. 이 거대한 변화가 즉각 일어나거나 자동적으로 일어난 것은 아니었다. 1970년대는 코포라티즘적 구조를 수습하려는 무익한 시도가 있었던 때

---

24 Douglas Forsyth and Ton Notermans, "Macroeconomics Policy Regimes and Financial Regulation in Europe, 1931~1994", in Forsyth and Notermans(eds.), *Regime Changes*, Providence 1997, pp. 17~68. 여기서 '체제'란 거시정책적인 통화, 재정 규제 패키지를 의미하며, 노동시장, 산업정책, 사회정책에 대한 제약 조건이 된다.

였다. 국제적 합의를 이끌어내기 위해서는 강력한 사상과 정치적 의지가 필요했다. 이 일을 수행한 영예는 대처의 영국 지배에 돌아갔다. 대처는 이전 질서에 대한 하이에크를 비롯한 기타 비판자들의 교훈에서 영감을 얻었다. 1980년대 중반이 되면 유럽통합을 위한 조건이 무르익었으며, 추가 마침내 바른 방향으로 움직였다. 이는 유럽공동체 내에서 방해받지 않는 단일시장을 가로막는 장애물을 뒤늦게나마 철폐하면서 이루어졌다. 런던에서 온 밀사가 초안을 작성한 단일유럽의정서에 들어 있는 철저한 탈규제 패키지는 "본질적으로 …… 대처 여사의 발명품"이었다.[25] 네거티브 통합이 유일하게 실행 가능한 방식으로 마침내 권좌에 앉았다.

하지만 네거티브 통합의 승리는 또한 제한적으로 될 터였다. 유럽위원회 의장인 들로르는 쉬지 않고 자유주의화에 맞서 일했는데, 명백하게 양보해야 할 때조차 맞섰다. 구조 기금(Structural Funds) —— 즉 불필요한 지역 보조금 —— 을 단일유럽의정서에 집어넣고, 통화동맹으로 유도하는 등의 활동을 했던 것이다. 길링엄이 들로르를 자연발생적 질서의 미덕을 이해하지 못하는, 형편없는 '구성주의자'로 보기는 했지만—— 그의 유산이 효과가 있는 경우 대개 유해한 것이었다—— 그가 '분명 위대한 인물'이며, 그의 "대단한 에너지, 정치적 재능, 이데올로기적 헌신"으로 인해 모네와 마찬가지 인물이 되었다는 것을 어렵지 않게 인정했다.[26] 결국 들로르는 유럽 지도자들이 단일유럽의정서에서 마스트리흐트로 가도록 몰아댔기 때문에 대처의 성난 저항을 불러일으켰다. 이 때문에 대처는 국내에서 실각하였다. 그러나 사회적 유럽이라는 자신의 고유한 꿈은 진짜로 자유주의적인 유럽이라는 대처의 꿈과 마찬가지로 성공하지 못했다. "들로르의 경제 계획은 수포로 돌아갔다. 시장 개혁이 사회주의와 코포라티즘의 퇴적물을 일소하게 될 것이라는 대처의 희망

---

25 John Gillingham, *European Integration 1950~2003*, p. 231.
26 John Gillingham, *European Integration 1950~2003*, p. 152.

또한 마찬가지였다. 두 지도자는 결국 상대방이 승리했다고 확신하고는 화를 내면서 무대를 떠났다."[27]

따라서 체제 변화가 돌이킬 수 없고, 유럽통합의 수명을 연장해 주기는 했지만—처음으로 인공적인 게 아니라 실질적인 수명 연장이었다—1990년대는 잘못 지도된 계획과 대체로 좌절된 에너지의 시대가 되었다. 국민국가 수준에서는 거의 모든 곳에서 사영화와 함께 환영할 만한 진보가 있었다. OECD 전체에서 공공 부문은 거의 절반으로 줄어들었고, 경제에서 국가 개입은 급격하게 위축되었다. 복지 체제는 다루기 쉽지 않다는 게 드러났지만 길링엄은 대부분의 나라에서 이루어진 중요한 개선을 기록하고 있으며, 전체적으로 볼 때 스타 행위자, 즉 핀란드, 스페인, 에스토니아를 칭찬한다. 그러나 유럽 수준에서는 단일통화 도입을 위한 강력한 경제적 설명이 없었으며—어쨌든 하이에크는 경쟁력 있는 사적 쟁점을 옹호했다—공동체 전체의 채권시장이 이로부터 나오지 않았고, 어느 경우든 이것이 실질적인 일이 되기 위해서는 전반적인 연기금의 사영화가 필요했을 것이다. 공동 농업정책(CAP)은 없어지지 않았고, 유럽연합의 확장이라는 역사적 위업조차 야비한 조항 때문에 훼손되었다. 이 조항은 새로운 회원국이 "쇼의 절반만을 보기 위해서도 정상 가격표를 사야만 할 것"이라고 규정하고 있다.[28] 그 결과는 지속적으로 애매한 상태에 놓여 있다. 포지티브 통합과 네거티브 통합은 여전히 유럽연합 내에서 코브라와 몽구스처럼 대치하고 있다.

이 불만스러운 결과를 어떻게 설명할 것인가? 노동조합, 공공 부문 피고용인, 좌파 등에서 자유주의화에 대해 퇴행적인 반대가 있을 것이라는 점은 예상된 일이다. 그러나 반항적이기는 했지만 이들은 미래가 없는, 사상을 박탈당한 집단이다. 이들을 누르지 못한 주된 책임은 각국 정부가 지고 있다. 적들이 비판하듯이, 거의 모든 정부가 신자유주의의

---

27 John Gillingham, *European Integration 1950∼2003*, p. 230.
28 John Gillingham, *European Integration 1950∼2003*, p. 412.

대리자들이었다. 신자유주의는 전반적으로 원칙적인 확신이라기보다는 체제 변화에 수반되는 실용적인 부가물이었으며, 이를 실천한 사람들은 대부분 공공연한 사회주의자들이었다. 대처 정부는 공개적으로 자본주의의 미덕을 선언했다는 점에서 예외적이었다. 그러므로 이데올로기적으로 말하면 열정적이지 않은 것은 말할 것도 없고, 공개적이지 않고 은밀하게 시장친화적 정책을 채택하였기 때문에 '신자유주의는 날카롭지 못한 무기'이다. 즉 구 유럽연합 내에서 변화를 막았던 노동조합과 변화 수용자의 악의적인 동맹을 없앨 능력이 없었다.[29] 더구나 괴로운 사실은 대처가 떠난 후에 "오늘날 유럽 어디에도 보수적인 정치적 우파는 말할 것도 없고, 고전적 자유주의를 옹호하는 정치적 지지층이 제대로 조직되어 있지 않다"라는 것이다.[30] 그러나 이곳으로 복귀하지 않았기 때문에 — 결론적인 판단이다 — 유럽연합은 불화와 쇠퇴의 위험에 처해 있다.

길링엄의 책은 강력한 경제 이론의 틀을 지니고 있기는 하지만, 그 주제와 어울리게 본질적으로는 유럽통합의 정치사이다. 유럽 경제와 관련해 주도적으로 연구한 사람은 버클리 캘리포니아 대학의 배리 아이컨그린(Barry Eichengreen)이다. 여러 가지 면에서 『1945년 이래의 유럽 경제: 조정된 자본주의 등』(2007)은 길링엄의 저작과 유사한 방향으로 움직인다. 몇몇 다른 면에서 이 책은 이런 모습을 뒤집는다. 아이컨그린은 서유럽과 동유럽 모두를 다루지만, 시기 구분은 동일하다. 유럽 대륙의 경제사는 두 개의 대조되는 시기로 나누어지는데, 이 사이에 있는 분수령은 1970년대이다. 첫 번째 시기에서 '외연적인 성장'은 전시에 파괴된 자본을 회복하고 인력을 전환함으로써 성취되었고, 그런 다음에는 (기본적으로 미국의) 기술적 진보의 축적과 여전히 풍부한 농촌 노동력에

---

29 John Gillingham, *European Integration 1950~2003*, pp. 150, 498.

30 John Gillingham, *European Integration 1950~2003*, p. 498.

기대어 잃어버린 시간을 벌충하고 미국 수준의 생산성과 소득을 따라잡음으로써 이루어졌다. 두 번째 시기에는 '내포적인 성장'이 요구되었으며, 좀 더 빠르고 급격한 형태의 기술혁신에 더 위험을 내포한 투자를 할 수밖에 없었다. 아이컨그린의 이야기는 앞 시기에 유럽이 번성했던 것에 대한 것이자, 뒷 시기에 비틀거리는 것에 대한 이야기이다.

그는 외연적 성공이 가능했던 것은 협조적인 노동조합, 책임성 있는 사용자 단체, 산업에 대한 은행의 장기 신용, 중요하지 않다고 할 수는 없지만 끝으로 성장 필요성의 책임을 능동적으로 떠맡은 ─ 경우에 따라서는 직접적인 계획의 요소를 갖춘 ─ 정부 등으로 구성된 제도적 배치였다고 주장한다. 이 '조정된 자본주의'는 당대 역사적으로 훌륭한 모델이었다. 그러나 외연적 성장의 한계에 도달하자, 그것은 유럽이 내포적 성장이라는 명령에 적응할 수 없게 한 족쇄가 되었다. 새로운 상황은 더 낮은 세금, 더 약화된 일자리 보호, 더 커진 소득 격차, 더 높은 수준의 일반 교육과 R&D, ─ 가장 중요한 것으로? ─ 혁신적인 출발을 위한 더 벤처적인 자본 ─ 고루한 은행이 아니라 즉시 도박판에 뛰어들 준비가 되어 있는 금융시장에서 조성된 ─ 을 요구했다. 이러한 변화에 대해 과거에 애정의 뿌리를 두고 있는 유럽의 저항은 큰 대가를 요구했다. 1945~73년과 1973~2000년 사이에 1인당 GDP 성장은 절반 이상으로 떨어졌다.

외연적 성장을 종식시킨 위기의 시작을 보자면, 산업적 추격의 완료 및 농촌 노동력의 고갈이 있기는 했지만 아이컨그린이 주되게 강조한 것은 1960년대 말과 1970년대 초에 노동 억제력이 붕괴한 것이다. 대량 실업의 기억이 없는 신세대 노동자들이 임금 폭발을 야기해서 인플레이션의 시대를 낳았다. 그러나 성장의 둔화와 관련해서 이것이 맞다고 보기는 어려울 것이다. 왜냐하면 유럽에 필적할 만한 전투적 노동조합이 존재하지 않았던 미국에서도 성장 속도가 둔화되었기 때문이다. 어디에서나 신기원적인 변화는 불연속적인 기술혁신과 금융 지구화에 기인한다. 그러나 이것들은 결코 인과적인 근거를 지닌 게 아니라서 역

사적 설명이라기보다는 묘사에 불과하며, 이런 점에서 길링엄이 설명하는 체제 변화와 비슷하다.[31]

　물론 정치적으로 볼 때, 아이컨그린의 연구는 대체로 유럽에 호의적이다. 『글로벌라이징 캐피털』(1996)에 명료하게 나타나 있는 그의 지적 공감은 하이에크가 아니라 칼 폴라니(Karl Polanyi)에 근거한 것이다. 이 헝가리인[폴라니]은 거의 모든 면에서 오스트리아인[하이에크]과 반대되며, 천명되지 않은 차이는 『1945년 이래의 유럽 경제: 조정된 자본주의 등』에 명백하게 드러나 있다. 길링엄이 잘해봐야 임시 조치이며 문제가 될 악의 소지가 이미 있다고 간주한 전후 착근된 자유주의의 타협은 조정된 자본주의의 아주 효과적이고 상상력이 풍부한—자연발생적이지 않은—질서가 되었고, 아이컨그린이 유일하게 칭찬한 것이다. 이것이 대표하고 있는 것으로 아이컨그린이 존경했던 것은 끝까지 지속되고 있다. 최근 유럽의 생산성 기록은 미국보다 나쁘지 않을 것이다. 미국인들의 소득이 더 많다 하더라도, 유럽인들이 반드시 더 나빠진 것은 아니다. 왜냐하면 유럽인들은 더 많은 여가를 즐기고, 더 안전하며, 빈곤과 범죄도 덜하기 때문이다. 유럽연합은 내포적인 성장에 적응할 필요가 있지만, 유럽연합의 일부는 이미 그런 길을 보여주고 있지 않은가? 그는 네덜란드와 아일랜드가 이미 금융 규제, 임금 완화, 하이테크 투자

31　1930년대와 1970년대에 있었던 체제 변화에 대한 더글러스 J. 포시스와 톤 노테르만스의 설명도 마찬가지이다. 이 점을 이들도 인정한다. "우리 주장의 심각한 한계는 우리가 탐구하는 정책 변화를 촉발한 명목 가격의 디플레이션 운동과 인플레이션 운동의 시기와 원인을 충분히 설명하지 못한다는 것이다. 우리는 1970년대와 1980년대에 미시 경제적 수단을 통해 인플레이션을 봉쇄하는 데 왜 실패했는가에 대한 포괄적인 설명을 전개했다고 주장하지 않는다. 또한 우리는 1914년 이전의 금본위제가 1920년대 말에 시작된 디플레이션 압력과 같은 정도로 심각한 디플레이션 압력을 낳지 않은 이유를 설명하지 못했다. …… 우리는 대공황에 대한 포괄적인 설명을 제시하지도, 전후 장기 경제 팽창에 대한 포괄적인 설명도 1973년 이후의 침체에 대한 포괄적인 설명도 제시하지 않았다. Douglas J. Forsyth and Ton Notermans(eds.), *Regime Changes*, p. 68.

등을 결합한 네오코포라티즘적 배치를 가지고 다소는 올바른 길로 가고 있다고 말한다. 아마도 유럽 자본주의는 통합과 조정이라는 습관을 버릴 필요는 없지만, 다른 조합을 위해 기존의 조합을 버리는 것이라 할 수 있다.

하지만 이런 이야기는 마지못해 하는 것이라 할 수 있다. 즉 확신에 차서 앞을 내다보는 게 아니라 그리워하는 심정으로 과거를 돌아보는 것이다. 네덜란드와 아일랜드처럼 작은 나라에서는 외적 취약성 때문에 다른 곳에서 쉽게 이루어지지 않는 코포라티즘적 연대를 선호한다고 하는 것만이 아니다. 마찬가지로 중요한 것으로, 아이컨그린이 이들 나라의 성공에 핵심적인 요인으로 삼는 것은 본질적으로 임금 억제이다. 유럽이 내포적 성장이라는 기차에 오르기 위해 그가 가르치려는 것도 같은 것이다. 노동은 더 적은 것에 만족해야 한다. 더 균일한 소득, 더 높은 임금 분산, 더 낮은 일자리 안정성 등이다.[32] 다른 말로 하면, 길링엄이 아이러니하게도 경멸적인 의미로 말한 표준적인 신자유주의적 패키지이다.

『1945년 이래의 유럽 경제: 조정된 자본주의 등』은 유럽연합이 노동시장과 생산물 시장에서 앵글로색슨 식을 따르지 않으면서 앵글로색슨 식 금융시장을 채택할 수는 없는가라는 질문으로 끝난다. 현재 유럽연합은 다소는 분별력 있게 이를 행하고 있다. 아이컨그린은 이러한 일이 기술혁신이 앞으로 10년 동안 점진적으로 일어날지, 아니면 급진적으로 일어날지에 달려 있다고 말한다. 전자의 경우라면, 유럽 모델은 재혁신에 열려 있다. 후자라면, 아마도 국제적인 경쟁이 철저한 미국화를 강요하게 될 것이다. 형식적으로 보면, 판단은 유보되어 있다. 그러나 내용적으로 보면, 그가 펼치는 주장의 논리에 어떤 전망이 담겨 있는지는 분명하다. 더 이전에 아이컨그린은 이미 유럽 모델의 '포괄적인' 개혁

---

32 Barry Eichengreen, *The European Economy Since 1945: Coordinated Capitalism and Beyond*, Princeton 2006, p. 333.

이 필요하다는 것을 분명히 했으며, 유럽연합의 확대로 인해 미국 남부와 유사한 오픈숍의 동유럽이 생길 것이라고 장황하게 설명했다. 명백하게 네덜란드 바세나르나 더블린의 지방적인 협조보다 더 큰 잠재적인 역동적 효과를 제공할 수 있을 것이다. 그래서 그는 기술혁신이 완만하고 점진적이기보다는 급진적이고 불연속적인 변화와 지속적으로 관련될 가능성이 크다고 인정한다.[33] 그가 말한 적은 없지만 이로부터 유일하게 나올 법한 결론은 다음과 같다. 궁극적으로 구세계는 신세계의 모습을 갖추게 될 가능성이 크다.

유럽연합에 대한 문헌을 다룰 때, 경제학에서 사회학까지는 거리가 아주 짧다. 버클리 대학의 홀을 가로질러 닐 플리그스틴의 연구실까지 가면 된다. 플리그스틴은 유럽통합의 사회적 토대에 대해 아주 야심찬 연구를 했는데, 그 책 제목은 오해를 사기 쉬운 『유럽 충돌』이다.[34] 플리그스틴은 유럽연합에 대한 논의가 너무 국가 중심적인 초점을 지니고 있다고 비판하면서 좀 더 커다란 현실, 즉 '유럽 사회의 창출'에 시선을 돌린다. 이것은 예란 테르보른이나 하르트무트 켈블레 같은 학자들이 전후 유럽 대륙 전체에 걸쳐 생활의 모든 영역에서 일어난 변화를 추적한 것과 같은 대상은 아니다.[35] 플리그스틴의 목표는 신중하게 모은 대량의 통계 증거를 가지고 좀 더 특유한 어떤 것의 등장을 증명하는 것이다. 그것은 유럽통합에 의해, 유럽통합과 연결되어 만들어진 사회적 상호작용의 영역이다. 이것은 어떤 형태를 취하는가? 가장 먼저 시장이 있다. 증가하는 유럽 내부 교역이 매일 체결되는 곳이자 유럽 내부

---

33 Barry Eichengreen, *The European Economy Since 1945*, pp. 415~16.

34 Neil Fligstein, *Euroclash: The EU, European Identity and the Future of Europe*, New York 2008.

35 각각 다음의 Göran Therborn, *European Modernity and Beyond: The Trajectory of European Societies 1945~2000*, London 1995; Hartmut Kaelble, *Sozialgeschichte Europas: 1945 bis zur Gegenwart*, Munich 2007 참조.

인수 합병이 양적으로 증가하는 곳이다. 이는 브뤼셀의 지시에 따라 가능해졌는데 — 규제되기도 한다 — 브뤼셀은 사업 이해당사자들이 모여 각자의 문제와 관심에 대해 압력을 가하는 곳이다. 이들의 숫자 또한 점차 늘고 있다. 플리그스틴은 "이 수치들은" 지난 시간 동안 "교역, 소송, 입법, 로비" — "유럽통합의 핵심적 지표" — 등이 어떻게 성장했는지에 대해 "흥미 있는 이야기를 말해 준다"라고 쓰고 있다.[36] 유럽 내 여행은 꾸준히 증가해서 1997년에는 확대 이전의 유럽연합 인구의 1/4이 그 전해에 자신이 태어난 나라 바깥을 다녀오는 정도까지 이르렀다. 유럽 전체를 포괄하는 시민 결사체들 — 전문가 조직, 과학 조직, 비정부기구 — 도 크게 늘어났다. 문화적으로는 서유럽인 세 명 가운데 두 명은 제1외국어를 구사할 줄 안다. 100만 명 이상의 학생이 자기 나라 바깥에서 공부하고 있다. 고등교육 학위는 점차 평준화되고 있다.

그러나 유럽연합을 구성하고 있는 개별 민족공동체와 구분되는, 진정한 유럽 사회가 구체화된다 하더라도 이 사회는 유럽연합의 모든 주민이 동등하게 공유하는 것은 아니다. 통합으로 인해 물질적으로 가장 혜택을 많이 받는 사람들, 국경을 넘어서 사회적으로 가장 자주 상호작용하는 사람들, 집합적인 유럽 정체성을 가장 강하게 지닌 사람들이 소수의 상류 계급을 형성한다. 이들은 사업계, 정부, 고소득 전문직, 학계에서 온 사람들로 형성된다. 다수의 중간계급은 간헐적으로만 지역 경계를 넘어서는 삶과 접촉하는 데 반해 최하층은 이럴 일이 거의 없다. 이 사회층이 경제 통합의 비용을 — 일시적이긴 하지만 — 가장 많이 부담하기 때문에 통합에 대한 잠재적인 저항자이기도 하다. 지금까지 유럽은 — 어쨌든 사회적·문화적으로 — '계급 프로젝트'라는 사실은 부정할 수 없다. 따라서 이해관계의 충돌이 경제 위기라는 상황에서 통합을 둘러싸고 벌어진다.[37]

---

36 Neil Fligstein, *Euroclash*, p. 54.
37 Neil Fligstein, *Euroclash*, pp. vii, 6, 15~18, 139, 251, 253.

그러나 책 제목에 내걸려 있긴 하지만, 충돌은 플리그스틴의 책에서는 전혀 등장하지 않는 순전히 가상적인 관념이다. 부분적으로 이것은 초민족적 정체성이 전혀 없는 하층 계급이 그가 하고 있는 작업의 초점인 유럽 사회에 속하지 않고 그 프레임 밖에 있기 때문이다. 그러나 좀 더 근본적으로는 이 사회 내에서 작동하고 있는 어떤 세력이 있기 때문이다. 이들은 어떤 이해관계의 갈등 가능성도 초월해 있다. 이 세력을 이루고 있는 상층 계급은 부자들로서 자신들의 행운에 종종 이기적으로 집착하기도 하지만, 이상(理想)에 의해 움직이는 이타적인 집단이기도 하다. 한마디로 이들은 교육받은 사람들이다. 플리그스틴은 이들이 "유럽연합의 진정한 도덕적 엔진"이라고 본다. 왜냐하면 "교육받은 사람들이 유럽 프로젝트를 지지하는 이유 가운데 하나는 핵심적으로 이들이 옹호하는 유럽적 가치가 200년 이상 교육받은 사람들의 특징이었던 계몽사상의 가치와 같은 것이기 때문이다. 실제로 유럽이 어떤 것을 대표한다면, 그것은 민주주의, 법의 지배, 타자의 차이에 대한 존중, 합리적 담론과 과학의 원칙 등의 완성으로 볼 수 있다."[38] 이렇게 설득력 있는 윤리적 가이드라인이 있는데, 왜 유럽연합이 상대적 이점이라는 세속적 질문을 둘러싼 분열을 두려워해야 하는가? 고등교육이 확산되면서 더 많은 젊은이들이 외국에서 공부할 것이고, 변화하는 경제 내에서 높은 숙련 기술이 요구되고 더 높은 연봉을 받을 수 있는 '가장 좋은 새로운 일자리'가 '은행, 부동산, 보험 같은 서비스업'이나 컴퓨터 프로그래밍 등에서 증가할 것이다. 예측 가능한 사회학적 변화 자체가 계몽사상의 가치가 골고루 퍼진, 좀 더 연합된 유럽을 만들어내야 한다.

유럽연합의 전향적인 성취에 대해 플리그스틴은 매우 열광적이기 때문에 그의 저작은 '유럽의 돌진'(Eurodash)이라고 이름붙이는 게 좀 더 적합했을 것이다. 그가 말하듯이, 그는 거듭해서 "일어난 일의 놀라운 성격"에 놀라고 있다. 매 쪽마다 '훌륭한'이라는 형용사가 의무적인 후

---

38 Neil Fligstein, *Euroclash*, p. 178.

렴구처럼 반복된다.[39] 그러나 이 용어가 풍기는 승리주의는 구성물의 일관성에 상응하지 않는다. 한편으로 "아주 소수의 사람들이 일상이라는 점에서 다른 유럽인과 깊은 관련을 맺고 있으며", "인구의 적은 일부만이 직접적으로 관련되어" 있는 반면에 "유럽인 절대 다수는 여전히 민족에 확고하게 연결되어 있다." 다른 한편으로 "유럽 다른 나라에서 자기 일과 같은 일을 하는 사람과 경제적·사회적으로 깊게 연관되어 있는" 사람들은 유럽연합 주민의 10~15퍼센트이다. 즉 3,800만 명에서 5,600만 명을 넘지 않는다. 혹은 영국이나 이탈리아의 전체 인구 정도이고, 프랑스 전체 인구보다 적다. '부분적으로 유럽인'인 사람들에 대해 보자면, 이들은 인구의 40~50퍼센트를 구성하고 있다. 거의 2억 명에 이른다.[40] 이런 수치의 환상적인 면은 정의를 바꾸었기 때문에 나온 결과이다. 등장하고 있는 '유럽 사회'는 실질적인 사회적 상호작용의 정도에 의해 계산되어 객관적으로 측정되는 반면, 이렇게 과장된 비율은 그저 여론조사에 의존한 것이다. 여론조사는 사람들에게 명목상 자신을 유럽인이라고 보는지 그렇지 않은지를 질문하는 것이다. 둘 사이에 간극이 어마어마하다는 것은 말할 필요도 없다. 현실은 플리그스틴의 두 번째 묘사가 아니라 첫 번째 묘사에 질문을 던진다. 일상이라는 면에서 비민족적인 형태에 깊게 관련되어 있는 유럽연합의 극소수 시민은 유럽연합 확대 이후 줄어들었다. 이들이 자기연결적인 전체를 구성하고 있는 것처럼 이들을 '사회'라고 말하는 것은 은유이지 사실은 아니다.

이 소수조차 그런 존재에 대한 자기의식이 많지 않다는 것이 『유럽

---

39 Neil Fligstein, *Euroclash*, pp. vii, 10, 33~34, 69, 123, 187, 191~192, 244, 251.

40 다음과 비교. Neil Fligstein, *Euroclash*, pp. 4, 14, 138, 250. 강조점에 대한 동요가 책 전체에 걸쳐 보인다. 다음의 예 참조. "유럽 사회를 창출하는 과정이 얼마나 진행되었는지에 대해 신중하게 보아야 한다. 유럽 내에서 매우 소수의 사람들만이 일상이라는 면에서 다른 유럽인들과 상호작용하고 있다." 100쪽이 지난 후에 다음과 같은 말이 나온다. "유럽 내의 다른 나라에 사는 사람들 사이의 사회적 상호작용 정도는 지난 25년 동안 극적으로 확대되었다." pp. 29, 165.

충돌』의 출판으로 드러난다. 미국이 이 영역을 지배하고 있다는 것을 더 생생하게 표현할 수 있는 것은 없을 것이다. 260권이 넘는 참고문헌 가운데 프랑스어가 하나, 독일어가 하나이다. 유럽인들이 영어로 글을 쓰긴 하지만 — 미국과 문화적으로 가까운 독일, 스칸디나비아, 네덜란드 등지의 저자들이 압도적으로 많다 — 앵글로 지역 외부 출신 저자의 비율은 전체의 약 1/7이다. 이 책에 나와 있는, 유럽연합에 대한 모든 중심적인 참고문헌은 미국인이 쓴 것이다. 이것을 지방주의라고 비난하는 것은 잘못이다. 플리그스틴은 유럽 대륙의 연구 결과를 자신의 연구 자료로 이용했다. 그러나 다른 곳에서와 마찬가지로 여기서도 유럽인들은 하급 노동자이다. 이들의 저작은 이들을 넘어서는 종합을 위해 채택되었을 뿐이다.

2

이것이 현재 유럽연합에 대한 가장 권위 있는 경제학적·사회학적 예상이라고 한다면, 유럽 헌법이 거부된 직후인 현재에 대해 정치과정으로서의 통합에 대한 경쟁자라 할 수 있는 역사학적 이론은 어떤 말을 해야 하는가? 예상할 수 있듯이, 모라브칙은 분명하게 밝은 전망에 구름을 드리운다. 유럽연합은 동유럽으로 확대함으로써 가장 성공적인 10년을 막 마쳤다. 이것은 비용이 많이 들지 않았고, 유럽연합이 이미 가지고 있는 만족할 만한 기관을 크게 바꿀 필요가 없었다. 모라브칙은 만족해하면서 이 기관들은 계속해서 "거의 모든 경우에 유럽 시민들의 요구에 대해 깨끗하고, 투명하고, 효과적이고, 공명하는" 정책을 생산하고 있다고 『프로스펙트』에 게재했다.[41] 그렇다면 헌법에 대해서는 어

---

41 Andrew Moravcsik, "The EU ain't broke", *Prospect*, March 2003, p. 38. 이것이 모라브칙이 주장한 주요한 부분은 아니지만, 플리그스틴은 민주주의의 결핍에 대한 우려를 기각하는 그의 주장에 대체로 공감한다. 반면 그가 현재 제도의 안정

떠한가? 헌법은 공적 관계에서 불필요한 연습 이상의 것이 아니었으며, 헌법의 거부는 유럽연합의 실패를 대변하는 게 아니라 실제로는 유럽연합의 안정성과 성공을 증명하는 것이다.

그러나 유럽연합 내에 민주주의의 결여가 전혀 없다는 것인가? 어쨌거나 없다는 것이다. 이 질문 자체가 혼란에서 나온 것이라고 한다. 유럽연합은 전문가들이 잘 처리한 쟁점을 다루고 있으며, 유권자에게 직접 관련이 있는 쟁점은 아니라고 한다. 즉 무역 장벽, 경쟁 규제, 생산물 규제, 법적 판결, 해외 원조 등을 다룬다. 이런 영역을 대중의 의사결정 과정에서 절연시키는 것은 실용적일 뿐만 아니라 바람직하다. 시민들은 다음을 이해한다. 그들은 정당이나 의회를 별로 존중하지 않지만, 자신들이 존경하는 군대, 법원, 경찰 등을 보유하고 있다. 대중에게 직접 영향을 끼치기 때문에 대중이 관심을 가지는 정치적 쟁점 — 기본적으로 세율과 사회 서비스 — 은 그래야 하는 것처럼 국민국가 수준에서 결정되며, 반면 독립적인 재정적 기초나 민간 행정부가 없는 유럽연합은 이 영역에 영향을 끼칠 수 없다. 하지만 유럽연합은 자신의 고유한 영역에서는 국민투표나 기타 직접적인 민주주의적 의사결정에 개입하려는 무익한 시도를 통해 벌어지는 데마고그적인 개입에서 스스로를 지킬 필요가 있다. "강제적인 참여는 반생산적일 수 있는데, 왜냐하면 대중의 반응은 무심하고, 근거 없고, 이데올로기적이라고 할 수 있기 때문이다."[42] 어느 경우든 유럽연합을 민주화하고자 하는 바람은 실패할 수밖에 없는데, 왜냐하면 "유럽연합은 선진 민주주의 국가들이 실제로 작동하는 방식에 대해 우리가 합의하고 있는 사회과학적 이해에 반하기"(강조는 원문) 때문이다.[43] 왜냐하면 우리는 "정치적 학습, 동원, 숙고, 참여 등이 합리

성을 과대평가할 수 있다는 점을 말한다. Neil Fligstein, *Euroclash*, pp. 216 이하, 228 이하, 240.

42 Andrew Moravcsik, "What Can We Learn from the Collapse of the European Constitutional Project?", *Politische Vierteljahresschrift* 47, 2006, Heft 2, p. 227.

43 Andrew Moravcsik, "What Can We Learn from the Collapse", p. 221.

적 시민들에게 아주 비용이 많이 드는 일"이라는 것을 잊어서는 안 된다.[44] 다행히도 대중은 스스로 이런 사실을 알고 있어 유럽연합의 일에 대한 관심이 필요로 하는 시간과 주의에 드는 높은 비용을 지불하지 않으려 한다. 그들은 자신들을 더 많이 관여시키려는 어떤 시도에도 재빨리 등을 돌릴 것이다. 유럽연합을 민주화하려는 계획은 유럽연합의 정당성을 제고하기는커녕 덜 대중적으로 만들 뿐이다. 죽어버린 헌법이 지닌 그런 유용성 있는 성격은 어울리지 않는 대중의 관심을 끌지 않으면서 각국 의회를 통해 조용히 침투할 수 있다. 왜냐하면 "유럽연합의 가장 훌륭한 전술적 이점은, 한마디로 말하면 아주 지겨운 일"이기 때문이다.[45]

이런 언명은 조금이라도 남아 있는 인민의 의지의 흔적을 소독하려는 궤변이기는 하나 솔직하다는 장점은 있다. 그러나 유럽연합의 정당성이 약간 부적절한 민주주의에 있는 것이 아니라면 유럽연합의 존재 이유는 무엇인가? 모라브칙의 대답은 — 우리가 위에서 본 것처럼 — 직설적이다. "유럽연합은 압도적으로 자유시장의 증진에 대한 것이다. 유럽연합에 대한 1차적인 이해 집단의 지지는 초국적 기업, 특히 미국의 초국적 기업에서 오는 것이다."[46] 좀 더 퉁명스럽게 이렇게 말한다. "유럽연합은 기본적으로 사업에 대한 것이다."[47] 따라서 유럽연합은 앞으로도 그래야만 한다. 유럽연합에 대한 신자유주의적 편견은 '정당화되고' 있다. 왜냐하면 어떤 책임 있는 분석가도 유럽 내의 현재 민족국가적 복지 체제가 지속 가능한 것이라고 믿지 않기 때문이다.[48] 이 복지

---

44 Andrew Moravcsik, "What Can We Learn from the Collapse", p. 221.

45 Andrew Moravcsik, "What Can We Learn from the Collapse", p. 238.

46 Andrew Moravcsik, "Conservative Idealism and International Institutions", *Chicago Journal of International Law*, Fall 2000, p. 310.

47 Andrew Moravcsik, "Conservative Idealism and International Institutions", p. 310.

48 Andrew Moravcsik, "In Defence of the 'Democratic Deficit': Reassessing Legitimacy in the European Union", *Journal of Common Market Studies*, vol. 40, no. 4, 2002,

체제는 유럽연합 수준에서 재접합될 수 없거나 재접합되어서는 안 된다. "사회적 유럽은 키메라이다." 다른 한편으로 완전한 합리성이라는 측면에서 현존하는 유럽은 모든 국제 체제 가운데 가장 훌륭하다.

모라브칙의 낙천적인 전망은 길링엄에게는 낯설다. 그가 『새로운 유럽을 위한 설계』(2006)에서 제시한, 유럽연합의 현재 상태에 대한 진단은 승리주의가 아니라 극단적인 우려를 보이는 경향이 있다. 투표에서 유럽 헌법을 거부한 것이 유럽연합의 정당성 위기의 분명한 증거이며, 거기에는 그럴 만한 이유가 있다. 들로르 시대 이래 관료제적 부패, 편견, 간섭 등은 책임지지 않는 브뤼셀 위원회의 상징이었으며, 내부 시장과 직무 경쟁만이 통합성을 유지했다. 스트라스부르의 유럽의회는 무기력한 잡담 장소일 뿐이다. 유럽이사회는 많은 시간을 우주에서의 GPS 같이 프랑스가 제기한 어처구니없는 프로젝트에 시간을 쏟고 있다. 이 프로젝트는 이미 존재하는 미국의 포괄적인 GPS에 대항하기 위한 것이다. 이뿐 아니라 죽어가는 공동 농업정책의 수명을 연장하려는 부패한 거래에 시간을 쏟고 있다. 그렇게 퇴행적이고 타락한 고안물이 신뢰를 받는 것은 어떻게 된 일인가? 본질적으로 네거티브 통합이라는 간단한 과제가 아주 복잡하고 불투명한 기관으로 부정적으로 변형되어 대부분의 시민들은 이에 대해 전혀 알 수 없게 되었다.

더 심하게는 유럽연합이 농업의 과학적 진보에 저항하면서 실질적인 반계몽주의에 빠졌다는 것이다. 유전자변형 곡물 — 이런 곡물을 생산하는 주도적인 기업인 몬산토(Monsanto)는 세인트루이스에 본사가 있다 — 에 대한 브뤼셀의 봉쇄는 국가 통제적인 무지와 무능의 극치를 보여준다. 마찬가지로 변화에 끝까지 저항하려는(Canute-like) 태도는 오늘날 유럽연합이 직면하고 있는 가장 큰 두 가지 도전에 제대로 대응할 수 없게 한다. 한편으로 새로운 과학혁명이 정보기술, 나노기술, 바이오

---

p. 618.

기술 등을 산업 혁신의 첨단으로 만들면서 중대한 변화가 진행 중이다. 다른 한편으로 세계 시장에 값싼 노동력이 대량으로 투입되면서 전통적인 상품의 대량 생산이 과거보다 더 낮은 가격에 가능해졌다. 먼저 유럽은 미국에 뒤처져 있으며, 이제는 이미 중국의 압력을 받고 있고, 장래에는 아마도 인도나 브라질에 뒤처질 것이다.

공적으로 논의가 많은 것은 아니지만 심각한 것은 전자이다. 산업혁명의 기술 변화와 필적할 만한 기술 변화——"식물과 동물, 생물과 무생물, 심지어 삶과 죽음 사이의 구분"을 없애는 것이다——에 직면한 유럽연합은 이것을 감당할 수 있는 시장의 역동성을 발휘할 능력이 없다.[49] 그렇다면 무엇을 해야 하는가? 길링엄의 치료법은 드라콘적이다. 확실히 공동 농업정책의 폐지와 서비스의 자유화는 핵심적이다. 그러나 이런 방책——이것의 필요성이 실제 조치 없이 종종 풍문처럼 떠돌았다——을 넘어서는 좀 더 급진적인 변화가 필요하다. 지역 기금을 줄이고, 유로화를 버리고, 위원회를 축소하고, 브뤼셀의 건물을 팔아버리고, 유럽의회를 별 볼일 없는 자문기관으로 바꾸게 될, 진정으로 '어리석은 모닥불' 말이다. 이상적으로는 아일랜드에서 우크라이나까지 펼쳐진 자유무역지대로서 과거의 유럽자유무역지대(EFTA)와 마찬가지로 규정이나 관료제의 방해를 받지 않는 그런 유럽은 통합의 진정한 최종 목적으로 민주주의를 교정하고 확장할 것이다.

이렇게 격노한 제안은——본심과 좀 다르게——하이에크 저작에서 찾아볼 수 있는 좀 더 비타협적인 정신 비슷한 것이다. 그러나 또 다른 의미에서는 이런 제안들은 그의 유산과 분명하게 떨어져 있다. 하이에크의 '국가 간 연방주의'——그는 이렇게 불렀다——라는 관점은 명백하게 시장의 자유로운 활동을 민주주의로부터 보호하기 위해 고안된 것이다. 이는 그가 언제나 경계했던 민주주의의 위험에 반대하는 것으로, 그는 보통선거권의 물신이 없는 '데마르키'(demarchy)를 구상하는 것을 선호

---

49 John Gillingham, *Design for a New Europe*, Cambridge 2006, p. 153.

했다.[50] 그의 추론은 유럽중앙은행이 취한 모습과 같았다. 시장의 규칙이 국민국가의 주권보다 더 높이 떠받들어질수록 시장은 국가 개입이나 아래로부터의 재분배에 대한 유권자의 압력에서 더욱 자유로울 수 있게 된다는 것이다. 그의 사도(길링엄)가 마치 제대로 고안하면 통합의 목적이 민주주의로부터 우리를 보호하는 것이 아니라 민주주의를 고양시키는 것이라는 식으로 논변을 완전 뒤집는 것은 별난 움직임이다. 그러나 그것은 유럽연합의 확대 외에는 — 길링엄은 브뤼셀에서 가장 인기 없는 후보국인 우크라이나에 특별한 공감을 가지고 쓰고 있다 — 제도적인 상세 설계 없는 제스처로 남아 있을 뿐이다.

『새로운 유럽을 위한 설계』는 구성주의라고 비난받을 만한 그 어떤 계획도 담고 있지 않다. 실제로 이 책이 보여주는 것은 포괄적인 해체 계획이다. 위원회, 유럽의회, 구조 기금, 통화동맹 등의 아래에 설치한 폭탄으로서의 네거티브 통합이다. 이런 제안이 보여주는 극단성은 유럽 통합에 대한 길링엄의 거대 역사가 내리고 있는 결론에 대한 당혹스러운 주해이다. 왜냐하면 그의 이야기가 설명할 수 없는 것은 왜 체제 변화에 의해 해방된 힘들이 이야기 끝에 가서 갑자기 사라져야 하는가이다. 미래가 없는 반대파에 부딪혔다는 확신이 없는 정부를 뒤에 남긴 채 사라진, 진정한 자유주의자들 말이다. 정치적 사건 표면 아래 있는 사회적 힘들의 균형은 논의에서 실종되고 만다.

모라브칙과 길링엄의 규범적 결론에서 두 사람이 말하는 유럽연합에 대한 설명은 정반대이다. 한 사람은 모든 것을 사태 그대로 유지한다. 다른 사람은 대부분을 철저하게 균등하게 만들 것이다. 이러한 차이의 배후에 대조되는 두 가지 관점이 있다. 둘 다 시장에 주목하지만, 공적 생활이라는 개념에서는 완전히 다르다. 전자는 정치학을 경제학의 한 분야인 것처럼 이해한다. 즉 결과의 유용성과 예측 가능성의 계산을 같

---

50 Friedrich Hayek, *Law, Legislation and Liberty*, vol. 3, London 1979, p. 40.

은 것으로 이해한다는 것이다. 이와 대조적으로 후자는 경제학을 가능하면 정치학과 절연하려고 한다. 마치 경제학은 어떤 종류이든 간에 정부 개입이 있을 경우 자연발생적인 작동이 손상당하거나 파괴당할 위험이 있는 것처럼 본다. 여기서 중요한 의미에서의 결론은 언제나 의도하지 않은 것이다. 시장에서는 상서로운 효과를 내며, 국가에서는 대부분의 경우 아이러니하거나 부정적인 효과를 낸다. 포콕의 가장 영향력 있는 논문이자 가장 장황한 논문은 '휘그주의(Whiggism)의 다양성'을 역사적으로 재구성한 것이다. 자유주의의 다양성도 이에 못지않다. 흥미롭게도 현재 존재하는 기라성 같은 다양한 판본에서 유럽은 편애의 실질적인(virtual) 대상으로 그려지고 있다. 이 가운데 '자유주의적 정부 간주의'와 '고전적 자유주의'가 최종적인 것은 결코 아니다.

3

아마 미국은 물질적으로서가 아니라 아마 정신적으로 유럽을 누르고 있는 듯 보인다. 오늘날 유럽연합 시민들이 자신들이 속한 공동체에 대해 주도적으로 설명하는 게 미국이라고 보는 게 분명하다고 하더라도, 그것이 대서양 건너편의 관점에서 유럽의 과거와 현재에 대해 쓰고 있는 유일한 방식은 아니다. 통합의 역설에 대해 성찰하고 있는 가장 엄격한 사상가는 이탈리아인인 잔도메니코 마조네(Giandomenico Majone)이다. 그는 현재(1995년) 피렌체에 있는 유럽 대학(EUI: European University Institute)에서 은퇴했다. 그는 피츠버그에서 공부하고, 버클리에서 박사학위를 받았으며, 하버드와 예일 대학에서도 가르쳤다. 하지만 경력 이상으로 그는 미국과 관련되어 있다. 그의 전문 영역, 그리고 유럽에 대한 그의 이론이 지닌 원천은 특유하게도 미국적이다. 이 주제에 대해 그가 처음으로 낸 책의 제목인 『유럽의 규제』(Regulating Europe)에서도 그의 관점이 잘 드러난다.

유럽 내에서 '규제(조절)'라는 용어 — 이 말이 통용력을 지닌 한에서

—는 주로 오랫동안 프랑스에서 유래하는 마르크스주의적 근거를 지닌 경제학파와 연관되어 있었다. 이 학파는 생산·신용·소비가 자본주의 발전의 연속적인 국면마다 나타난 체제 재생산의 '구조적 형태'나 규칙과 연관되어 있는 방식에 관심이 있었다. 최근에 이 말은 대중의 통념은 말할 것도 없고 대중의 의식에서도 그리 뚜렷하지 않은 채 관료 사회에서 좀 더 친숙한 느낌을 가지게 되었다. 유럽의 다른 지역보다 먼저 규제기관이 번성하기 시작한 영국에서조차 인물은 말할 것도 없고 어떤 기능이 정체불명의 머리글자 뒤에 있는지를 제대로 아는 경우는 거의 없다. 오프텔(Oftel: Office of Telecommunications), 오프젬(Ofgem: Office of Gas and Electricity Markets), 오프윗(Ofwat: Office of Water Services), 오프렉(Ofreg: Office for the Regulation of Electricity and Gas) 등은 대부분의 시민들에게는 알 수 없는 세계이다.

다른 한편 미국에서는 규제가 1887년 주간통상법(Interstate Commerce Act)에 따라 철도를 규제하는 연방위원회가 만들어진 이래, 규제가 1세기 이상 정치 무대에서 중심적인 역할을 했다. 그 후 산업마다 규제기관이 만들어졌는데, 대부분은 혁신주의 시대와 뉴딜 시대에 만들어졌다. 그 결과 마조네의 말에 따르면, "이 분야의 모든 연구자가 알고 있듯이, 미국에서 규제는 정책 결정의 고유한 유형이며, 눈에 띄는 이론적·경험적 문헌을 낳았다."[51] 마조네는 이런 사상들을 바다 건너로 돌려보내 극적인 지적 효과를 낳게 하였다.

그는 국유화가 오랫동안 미국에서 규제와 동일한 기능을 했음에서 출발한다. 그렇다면 이 사이에 차이는 어디에 있는가? 그 대답은 "시장 과정에 대한 정치적 통제에 접근하는 미국적인 방법과 유럽적인 방법의 중요한 이데올로기적·제도적 차이에서 발견할 수 있다. 미국에서 규

---

51 Giandomenico Majone, "Introduction", in Giandomenico Majone(ed.), *Deregulation of Re-regulation? Regulatory Reform in Europe and the United States*, London 1990, p. 1.

제라는 오랜 전통은 다음과 같이 널리 수용된 믿음을 표명하고 있다. 시장은 정상적인 상태에서 잘 작동하며, 독점력, 부정적인 외적 영향, 부적절한 정보 등과 같은 '시장의 실패'라는 특별한 경우에만 간섭을 받아야 한다. 유럽에서 시장 이데올로기를 대중적으로 받아들인 것은 좀 더 최근의 현상이다."[52] 하지만 이런 차이를 단순히 집단적 믿음의 문제로서 비교하는 것은 잘못이다. 마조네는 계속해서 이렇게 말한다. 국유화와 규제 사이에는 객관적인 차이가 있으며, 후자가 본래부터 시장의 실패에 대한 해결책으로 우월하다. 공적 소유는 여러 목적에 기여하는 것으로 간주되었다. 산업 발전, 완전고용, 사회적 평등, 국가 안보 등. 그러한 목표는 종종 양립할 수 없을 뿐만 아니라 다양성으로 인해 효율성이 추구되기 어려웠고, 결국 국유화 자체라는 생각의 신뢰를 떨어뜨렸다. 이와는 대조적으로 규제는 하나의 규범적인 정당화 ─ 효율성 ─ 만이 있으며, 따라서 국유화가 만들어낸 재분배의 긴장과 혼란을 피할 수 있다. 재분배는 한 집단이 뭔가를 얻으면 다른 집단은 잃게 되는 제로섬 게임인 데 반해 "효율성이라는 쟁점은 올바른 해결책만 찾을 수 있다면 모두가 얻을 수 있는 포지티브섬 게임이라고 생각할 수 있다. 따라서 그러한 쟁점은 원칙적으로 만장일치로 해결될 수 있을 것이다."[53]

하지만 "만장일치는 실질적으로 거대한 정치체에서 불가능하기" 때문에 시장 효율성을 높이는 과제는 전문적인 규제기관에 위임하는 게 가장 바람직하다. 미국에서 이 기관이 점진적으로 발전해 온 것처럼 이 기관의 핵심적인 특징은 위임이다. 즉 국가가 시장을 규제하기 위해 만든 이 기관의 일을 지도하려 하지 않고, 거기에 임명된 사람들의 판단에 맡기는 것이다. 이러한 발전은 레이건 행정부의 개혁에서 절정에 달했

---

52 Giandomenico Majone, *Deregulation of Re-regulation?*, p. 2. 다음도 참조. Giandomenico Majone, *Regulating Europe*, London 1996, p. 10.

53 Giandomenico Majone, "From the Positive to the Regulatory State", *Journal of Public Policy*, vol. 17, no. 2, May-August 1997, p. 162.

으며, 시민사회의 다양한 제3자에게 대부분의 연방정부 지출을 위임하면서 더욱 진전되었다. 이렇게 파악된 규제의 논리는 점차 인민의 의지로부터 전문가의 권위를 완전히 분리한다. 마조네는 보수적인 캘리포니아 경제학파의 관용구, 즉 소유권 이론을 채택해서 이를 표현한다. 규제는 "정치적 소유권의 분할"[54]을 대변하는데, 그것은 공적 권력을 변덕스러운 입법부─5년마다 바뀔 수 있는 당파적인 다수파에 종속되어 있는─에서 유권자의 간섭 없이 신뢰할 수 있는 장기적인 일에 헌신하는 독립적인 기관으로 이전한다.

유럽에서는 이러한 배치가 갖는 이점이 실현되는 데 오랜 시간이 걸렸다. 유럽에서 첫 번째 "국유화는 자본주의 경제의 첫 번째 전 세계적인 불황(1873~96)과 일치했으며, 이 불황으로 인해 거의 한 세기 동안 시장에 대한 대중과 엘리트의 지지를 흔들었다."[55] 하지만 1980년대가 되자 상황이 바뀌었다. 사영화를 주도한 것은 대처 시절의 영국이었다. 영국에서 규제가 성장한 것은 실제로─이후 유럽 대륙에서처럼─사영화의 진전에 대한 보충이었다. 즉 여러 기관은 기업이 예전에 국가가 그러했던 것처럼 독점력을 남용하거나 과도한 외부 영향을 발휘하지 못하도록 했다. 이런 유형이 확산되면서 현대 국가가 수행하는 기능의 균형이 바뀌어 복지 제공이나 경기순환 안정화에서 좀 더 간접적인 규제 역할을 수행하게 되었다. 이러한 변화는 현대 입법국가(Rechtsstaat)의 오랜 원칙과 일치하는 것이기 때문에 충격을 줄 이유는 없었다. 마조네는 이렇게 쓰고 있다. "민주주의의 비다수결 모델─입헌 민주주의의

---

54 Giandomenico Majone, "The Politics of Regulation and European Regulatory Institutions", in Jack Hayward and Anan Menon(eds.), *Governing Europe*, Oxford 2003, pp. 300~05. 시카고 대학의 로널드 코스(Ronald Coase)의 사상에서 유래하는 소유권 학파는 근본적으로 1970년대 UCLA에 있었던 해럴드 뎀세츠(Harold Demsetz) 및 아멘 앨키언(Armen Alchian)과 연관되어 있다.

55 Giandomenico Majone, "The Rise of the Regulatory State in Europe", *West European Politics*, no. 17, 1994, p. 81.

다른 이름이다 — 내에서 전문성, 신뢰성, 공정성, 독립성 등과 같은 질에 의존하는 것은 어느 정도 제한된 목적이 있는 경우 언제나 직접적인 정치적 책임성에 의존하는 것보다 중요했다."[56] 규제기관이 완수해야 하는 주된 과제는 시장의 실패를 교정하는 것이다. 이들 기관의 행위는 재분배 결과를 가져올 수 있지만, 선출된 입법부가 하는 직접적인 정치적 결정을 필요로 하는 재분배라는 목표를 추구해서는 안 된다. 민족국가가 하는 활동의 균형은 변경될 수 있지만, 민족국가는 계속해서 규제뿐만 아니라 복지, 안정성, 방위 등을 수행한다. 민족국가는 여전히 다목적을 위한 피조물이다.

하지만 유럽연합의 핵심은 — 이것이 마조네가 성공한 부분이다 — 큰 규모의 규제기관일 뿐이다. 즉 재분배 기능과 강제 기능이 없는 국가의 한 형태로서 순수하게 시장을 유지하는 기능을 한다는 것이다. 실제로는 부문 재분배와 지역 재분배를 위한 임시 프로그램 — 유감스러운 공동 농업정책 등 — 이 유럽연합에 부가되었다. 그러나 이것들은 유럽연합의 전반적인 성격을 변화시킬 수 없는 우연적인 부가물로 간주할 수 있다. 유럽연합은 유례없는 것으로서 '규제 정치체'이다. 이러한 결론은 최근에 모라브칙이 유럽연합에 대해 설명한 것을 어느 정도 정확하게 예견하는 것처럼 보인다. 여기에 끼친 마조네의 영향은 아주 분명하다. 그는 더 일찍 글을 썼고, 더 설득력 있게 썼다. 그러나 유럽연합에 대한 모라브칙의 이론은 뚜렷하게 구분된다. 유럽연합은 정부간 체제로 환원될 수 없으며, 유럽연합을 최소 공통분모 협상의 결과로 모델화하려는 모라브칙의 시도는 경제 지대에 대한 데이비드 리카도(David Ricardo) 이론을 조잡하게 적용한 것에 불과하다. 이것은 단일유럽의정서와 같은 좀 더 복잡한 혁신은 말할 것도 없고, 분명하게 이 모델에 유리한 에피소드조차 설명할 수 없다. 여기서 정책 기획자로서 위원회의 역할이 중요했다.[57]

---

56 Jack Hayward and Anan Menon(eds.), *Governing Europe*, p. 311.

유럽연합이 좀 더 일반적이고 확산된 현대 국가의 변형을 증류하여 독특한 농축물을 만든 이유는 유럽연합이 독자적인 징세권이 없고, 세입 처분권이 있는 회원국들이 모아준 아주 적은 예산으로 견뎌내야 하기 때문이다. 유럽연합의 예산은 회원국 전체 GDP의 1.3퍼센트 이하에 불과한 데 반해, 회원국들의 공공 지출은 국민소득의 50퍼센트에 달한다. 그러므로 집행위원회 내부에서는 규제라는 대안적인 방식으로 자신의 권위를 확장하려는 사실상 내재적인 경향이 있다.[58] 브뤼셀의 기술적 지시가 늘어나는 이유는 이런 의미에서 불가항력이다. 규제의 매력은 최소한의 기금, 즉 소수 전문가의 월급만 필요로 한다는 점이다. 왜냐하면 규제 비용은 규제 당국이 부담하는 게 아니라 그 법규에 종속된 기업이나 개인이 부담하기 때문이다. 따라서 현재 존재하는 유럽연합을 옹호하는 사람들은 정기적으로 ──모라브칙은 이 점에서 지치지 않는다── 유럽연합이 4억 명 인구에 대해 1만 8,000명의 관리를 고용하고 있다는 점을 지적할 수 있다. 이는 지방 소도시 인구보다 적은 수치이다. 그러나 이 작은 집단이 거대한 규제망을 만들어낸다. 이는 민족국가 입법부들이 통과시키는 법률보다 많다. 1991년 브뤼셀이 만들어낸 지시와 규제는 이미 파리에서 통과된 모든 법률을 넘어섰다. 20세기 말이 되면 유럽연합의 모든 경제적·사회적 규제의 80퍼센트가 유럽공동체의 기원을 갖게 될 것이라는 들로르의 예측은 "아마도 정치적으로는 경솔했을지" 모르지만 "확실한 경험적 근거가 없는 것은 아니었다."[59] 유

---

57 Renaud Dehousse and Giandomenico Majone, "The Institutional Dynamics of European Integration: From the Single Act to the Maastricht Treaty", in Stephen Martin(ed.), *The Construction of Europe: Essays in Honour of Emile Noel*, Dordercht 1994, pp. 92~93; Giandomenico Majone, *Regulating Europe*, p. 62.

58 "유럽연합은 거의 순수한 유형의 규제 국가로서의 발전을 통해서만 그 능력을 향상시킬 수 있다." Giandomenico Majone, "From the Positive to the Regulatory State", p. 150.

59 Giandomenico Majone, "Understanding regulatory growth in the European Community", in David Hine and Hussein Kassim(eds.), *Beyond the Market: The*

럽연합은 더 이상 허울뿐이 아니다.

　그러나 유럽연합의 지휘 기능이 규제적이라면, 유럽연합의 고유한 구조는 무엇인가? 여기서 마조네는 정치사상사에 대한 관심과 노르베르토 보비오(Norberto Bobbio)나 조반니 사르토리(Giovanni Sartori)를 연상시키는, 이탈리아인에게 특징적인 개념적 명료함이라는 재능에 기대면서 미국적인 도구 상자에서 유럽적인 도구 상자로 옮아간다.『유럽통합의 딜레마』(2005)에 따르면, 유럽연합은 연방이 아니며, 앞으로도 연방이 되지 않을 것이다. 왜냐하면 유럽연합은 연방을 창출하거나 지지할 데모스(demos)가 없기 때문이다. 그렇다고 유럽연합이 정부간 체제인 것만은 아니다. 도리어 사람들이 제대로 기억해 내고 있지는 않지만, 이 말이 지닌 고전적인 의미에서 유럽연합은 몽테스키외가 한때 구상했던 연합(confederation)과 같은 개념이다. 이것은 무엇을 의미하는가? 유럽연합의 근원적인 형태는 전근대적 유형의 '혼합 정체'인데, 이는 고대에 아리스토텔레스(Aristoteles)와 폴리비오스(Polybios)에 의해 정식화되었고, 중세와 절대주의 이전 시대에 "개별 시민이 아니라 서로 간에 균형이 있고 정치 주권이 아니라 상호 동의에 의해 통치되는 법인체들"로 구성된 정치체로 실현되었다.[60] 유럽연합의 연합적 성격은 이러한 계획을 국가간 수준에 투사하는 데 있다. 권력의 분할도 아니고 — 집행위원회는 행정 권한과 입법 권한 둘 다를 행사하고 있다 — 여당과 야당의 분리도 아니며, 좌파와 우파의 중요한 분리도 보여주지 않는, 유럽연합 내의 '내부 정치과정의 주요한 주제'는 자율적인 기구들 — 집행위원회, 각료이사회, 사법재판소, 유럽의회 — 각각이 지닌 대권을 둘러싸고 벌이는 책략의 행사라 할 수 있다. "정책은 대립되는 이데올로기적 입장에서가 아니라 이런 경합의 부수 현상으로 출현한다."[61]

　EU and National Social Policy, London 1998, p. 16.

60　Giandomenico Majone, *Dilemmas of European Integration: The Ambiguities and Pitfalls of Integration by Stealth*, Oxford 2005, p. 46.

그러한 체제에서 국민국가—이것은 유권자들이 유지하기를 원하는 곳이다—수준에서만 작동할 수 있는 인민주권에 대해 말하는 것은 이치에 맞지 않는다. 그런 만큼 유럽의회가 더 많은 권력을 획득할수록 유럽의회에 투표하는 것을 귀찮아하는 사람은 그만큼 더 적어진다. "역설적으로 말하면, 유럽 '민주주의의 결함'이 민주적으로 정당화되는 일이 생긴다."[62] 그렇다면 연합의 이점은 무엇인가? 마조네에게 로마 조약은 통제 경제정책(dirigisme)의 흔적이 있기는 하지만 지난 시절에 피할 수 없는 것이었으며, 유럽연합의 통치 원리는 경제적 자유주의의 기본적인 격률인 통치권(imperium)에서 소유권(dominium)을 분리하는 것이었다. 다시 말해 지배로부터 소유를 분리하고, 국가에서 시장을 분리하는 것이다. 이것을 지지하는 마조네는 길링엄만큼이나 급진적이어서 유럽연합 내의 규제 권력을 잔여적인 국가주의적 집행위원회가 계속 가지는 게 아니라 사업계와 전문가 집단에게 넘겨주라고 압박한다. 레이건의 건전한 개혁은 바다를 건너 매력적인 모범을 제시한다. 처음에는 유럽의 규제에 대한 마조네의 이론에 영감을 받았던 미국이 끝에 가서는 충고로서 복귀한다. 그는 우리에게 이렇게 말한다. "국제 경쟁은 상품과 서비스 생산자 사이에서만 일어나는 게 아니라 점차 규제 체제를 둘러싸고도 일어나고 있다. 이 점을 잊어버리지 말자."[63]

유럽연합을 보통의 연합(confederation) 장소로 냉정하게 환원하는 것은 강력한 지적 목적에 기여한다. 마조네의 구성물이 지니는 우아함은 서방 정치에 대한 일반적인 명제를 현대 국가 기능의 이론적 해체에 근거해서 현대 국가의 진화에 대한 논쟁에 연결하는 것이다. 이렇게 함으로써 유럽연합을 현재 진행 중인 보편적인 변화의 실제적인 정점인 것처럼 제시할 수 있다. 이러한 구성물의 핵심은 '비다수결 민주주의'라

61 Giandomenico Majone, *Dilemmas of European Integration*, p. 50.
62 Giandomenico Majone, *Dilemmas of European Integration*, p. 40.
63 Giandomenico Majone, "From the Positive to the Regulatory State", p. 165.

는 개념이다. 마조네가 우리에게 확인해 주듯, 이것은 유럽연합의 조용한 구성적 기초일 뿐만 아니라 영국처럼 제멋대로인 몇몇 예외를 제외하면 거의 모든 선진국이 선호하는 모델이기도 하다. 따라서 새로이 등장하는 국민국가의 제도와 공동체의 제도가 불일치하는 것이 아니라 자연스럽게 딱 들어맞는다. 헌법 이론이 규제 원칙의 정당성을 따라잡을 수 없다 하더라도, 국민국가 수준과 공동체 수준 모두에서 미래의 물결로서 규제 원칙의 정당성을 — 재분배가 아니라 — 뒷받침하는 것은 이것이다. 복지국가에 대한 과도한 집착이 수그러들면서 "독립적인 규제기관과 기타 전문화된 기관은 유권자들의 새로운 요구를 만족시키는 데 정부 부처들보다 더 나은 위치에 있는 것처럼 보일 것이다."[64] 규제 정치체로서의 유럽연합은 민주주의를 약화시키는 게 아니라 실제로는 정부에 맞서 시민들을 위한 사법적·소비자적 보호를 제공함으로써 민주주의를 강화한다. 이런 일은 사법재판소의 판결이나 집행위원회의 명령이라는 형태로 이루어지며, 이에 대해 각료들은 항소할 수 없다.[65]

그러나 권위 있는 듯하고 모호한 '비다수결'이라는 용어가 실제로 의미하는 것은 무엇인가? 마조네는 '비다수결 기관들'이 "의도적으로 유권자나 선출된 관리들에게 직접 책임지지 않는 공적 기관"이라고 설명한다.[66] 그렇다면 이런 정의에 기초할 때 비다수결 민주주의가 어떻게 가능할 수 있는가? 이 개념은 그 자체로는 모순적이다. 행위자에서 정치체까지 불법적인 음운 탈락이라는 작업은 현대 국가에서 규제가 보조적인 활동이거나 부문적인 활동이기를 멈추고, 그 대신에 현대 국가의 중심적인 기능으로, 상징적으로는 공적 생활 전체를 회복하는 기능이 되어야 한다는, 설득력 있는 힘으로 만들었다. 마조네는 '비다수결

64 Giandomenico Majone, *Regulating Europe*, p. 299.

65 Giandomenico Majone, "International Economic Integration, National Autonomy, Traditional Democracy: An Impossible Trinity?", EUI Working Papers, pp. 23 이하.

66 Giandomenico Majone, *Regulating Europe*, p. 285.

민주주의'가 무엇을 의미하는지를 말하는 데 한정하면서 제임스 매디슨[67]에 기대어 말한다. 그것은 최우선적인 목표가 소수를 '다수의 전제'로부터 보호하고 '분파주의'에 맞서는 보호장치를 마련하는 형태의 민주주의이다. 그러나 오늘날 전제적인 다수나 치명적인 분파가 어디에 있는가? 유럽의 정치적 흐름에 대한 마조네의 서술에는 여기에 조응하는 것이 그 어떤 것도 없다. 이 유럽에서는 그런 우려와는 정반대로 유권자들이 대체로 일이 진행되는 방식에 만족하고 있으며, 이데올로기적 분열은 대체로 낮은 편이다. 매디슨은 그에게 낯선 목적을 위해 납치된 셈이다. 구성의 효과는 시장의 실패가 미국 건국의 아버지들이 염두에 두었던 위협적인 폭도들의 현대판인 것처럼 '시장의 실패'를 외삽하는 것이다. 마조네의 의제를 좌우하는 정치적 공포와 '효율성 쟁점' 사이의 간극은 분명하다.

물론 효율성에 대한 질문은 전문가들이 중재하는 만장일치의 해결책을 허용하는 것처럼 재분배라는 쟁점과 분리될 수 없다. 이런 난점을 깨달은 마조네는 효율성과 관련한 결정이 '부(富)의 효과'가 없는 한두 가지가 명료하게 분리될 수 있다는 조건으로 이를 뒤집으려 한다. 즉 그렇지 않다면 경제적으로 곤란한 사람들을 위한 보상도 포함한다. 그는 예로서 유럽연합의 효율성 증진 통화동맹이 재분배적인 '결속 기금'의 창출과 함께 이루어진 방식을 보여준다. 그러나 이 예는 구별을 무화시킨다. 결속 기금은 마스트리흐트의 통화동맹에 더해져야만 하는데, 왜냐하면 통화동맹이 모두에게 동등한 정도로 혜택을 주는 것이라고 만장일치로 생각하지 않기 때문이다. 마조네의 말처럼 더 강한 통합에 대해 "더 부유한 회원국들이 특히 관심이 있으며", 따라서 더 가난한 회원국들에게 부가적인 보상을 해야 한다. 더 가난한 회원국들은 이런 구조에

---

67 James Madison, 1751~1836: 미국 건국의 아버지(Founding Fathers)로, 미국 연방 헌법의 주저자이며, 연방주의자로서 민주주의보다는 대의제에 기초한 공화제를 주장했다. ─옮긴이

서 배제될 수 있다고 의심할 이유가 충분하다.[68] 둘 사이에 어떤 실질적인 균형이 있다는 증거는 없으며, 순수한 재분배 효과가 중립적일 것이라는 점도 그렇다. 실제로 마조네는 유럽연합의 지역 기금이 유럽연합의 더 가난한 지역 내 개인의 소득 재분배에 특별히 효과적이지 않다고 주장한다. 하지만 그는 적지 않은 지역에서 그 효과가 마찬가지였다는 이야기를 덧붙이지는 않는다. 이에 대해서는 메초조르노(Mezzogiorno, 후진적인 이탈리아 남부)를 보라. 중요한 정치적 문제에서 효율성을 재분배와 분리된 쟁점으로 구분하려는 바람은 이데올로기적 몽상이다. 그렇게 되면 본질적으로 현상(現狀)과 격리되는 데 기여할 뿐이다.

하지만 마조네가 해석하는 식으로 유럽연합의 일반적인 구조를 인정한다 하더라도, 그는 모라브칙의 자기만족을 거의 보여주지 못한다. 유럽연합 헌법의 실패는 성공의 징후가 아닐 뿐만 아니라 더더구나 하찮은 일이 아니다. 조약 초안은 최소한 하나의 중요한 내용을 담고 있는데, 그것은 유럽연합의 진정한 성격을 연합(confederation)으로 구체화하게 될 것이다. 즉 계승의 권리를 지닌다는 것이다. 따라서 또한 방위와 대외정책의 공동 대응을 위한 조약의 조항은 연합에 적합한 것이다. 유권자들이 유럽연합 헌법을 거부한 것은 점차 대중이 유럽연합에 대해 신뢰하지 않게 되었다는 것을 말하는데, 유럽연합은 정치적 정당성이 아니라 ― 유럽연합을 민주화하고자 하는 대중의 욕망은 존재하지 않는다 ― 경제적 활동에 대한 보증이 결여되어 있다. 하지만 유럽연합의 중심 목적이 경제적인 것이기 때문에 1995~2005년까지의 경기순환에서 고용과 생산성 성장에 유럽연합이 별다른 성과를 보이지 못한 것은 정당성을 침식할 수밖에 없다.

이 시기 유럽연합이 겪은 두 가지 주요한 제도적 변화의 결과는 자랑할 만한 것이 못된다. 단일통화 및 유럽연합의 확대 모두 전반적인 ― 경제적이고 정치적인 ― 함의에 대한 기술적 요구 조건의 세심한 정확

---

68 Giandomenico Majone, *Regulating Europe*, pp. 295~98.

성과 계산된 모호함이 결합되어 추진되었다. 각각의 경우 "불확실함과 애매함이 대중에게는 조심스럽게 감추어졌으며" 결과물은 그리 인상적이지 않거나 정반대의 효과를 낳았다. 충실한 유럽주의자로서 오랫동안 내부 시장위원회 위원과 경쟁위원회 위원을 지낸 마리오 몬티(Mario Monti) 같은 사람조차 유로의 도래가 아직 제대로 된 결과를 낳지 못했다는 점을 인정한다. 더욱 암울한 것은 유럽중앙은행의 —종종 제한적인— 결정이 시민들의 경제적 복지에 너무나도 분명한 충격을 준다는 것이다. "최초로 유럽 정책의 결과는 특별한 이해 집단이나 소규모 전문가 집단이 아니라 일반 대중에 직접적이고 가시적인 효과를 끼치고 있다. 따라서 과거보다 더욱 형편없는 경제활동이 유럽연합 제도의 신뢰성에 위협이 되고 있으며, 유럽통합의 전체 구조가 의존하고 있는 협소한 정당성의 기반을 침식하고 있다."[69]

그렇다면 유럽연합의 확대는 어떠한가? 루마니아나 불가리아와 같이 가난한 나라들을 포함시킨 것은 유럽연합을 원자본주의 나라인 미국보다 소득 불평등의 지니계수가 더 높은 지역으로 바꾸어놓았다. 이것은 통계적인 결과만이 아니라 유럽연합 내에서 필요한 개혁의 운명을 결정하는 정치적 요소이다. 왜냐하면 서비스의 단일시장을 완성하는 것을 가로막는 것은 동유럽으로부터 오는 사회적 덤핑에 대한 두려움이기 때문이다. 이것은 유럽연합이 서유럽 15개국에 한정되어 있을 때는 논란의 여지가 없었다. 지금은 서비스가 유럽연합 GDP의 70퍼센트와 고용의 50퍼센트를 차지하고 있기 때문에 별로 알려져 있지는 않지만 통합의 전 과정의 심각한 한계를 보여준다. 널리 퍼져 있는 믿음과 정반대로 유럽연합은 여전히 진정한 의미에서의 공동시장이 아니다. 유럽연합 내의 성장이 둔한 이유 가운데 하나가 여기에 있다.

---

69 Giandomenico Majone, "Is the European Constitutional Settlement Really Successful and Stable?", *Notre Europe*, October 2006, p. 5. 이 글은 모라브칙에 대해 직접 대응하는 개입이다.

하지만 현재의 불확실성은 더 깊은 원인이 있다. 이 불확실성은 유럽 통합 자체의 성격에 뿌리를 두고 있다. 유럽통합은 언제나 엘리트적인 기획이었으며, 대중의 수동적인 동의 이상을 얻지 못했다. 이 면허증은 이제 네덜란드처럼 자유주의적 관점을 지닌 모범적인 나라조차 유권자와 의회의 거대한 간극이 분명히 보여주는 것처럼 시효 만료되었다. 네덜란드의 국민투표는 당연하게도 프랑스의 국민투표보다 더 마조네를 놀라게 했다. 마조네는 이렇게 말한다. "인민주권부터 민족이라는 사상과 민족체의 원리까지 근대사의 대부분의 핵심적인 사상은 원래 지식 엘리트와 정치 엘리트가 발전시켰다. 그러나 이러한 사상은 인민을 동원하고 정치적 행동을 하게 하는 능력을 통해 생명력을 입증했다. 유럽 통합은 이런 경우가 아니다." 반세기 넘게 "지식 엘리트, 경제 엘리트, 정치 엘리트의 어떤 유럽화"가 있었지만, "멀리 나폴레옹 전쟁 말기에 서유럽 모든 나라에서 일어났던 …… '대중의 민족화'와 비교할 만한 '대중의 유럽화'는 일어나지 않았다."[70]

상층과 하층의 간극은 여전히 바꿀 수 없는 것으로 남아 있다. 그것은 처음에 계획된 통일 방식에 의해 규정되어 있으며, 계속해서 그렇게 진행되어 왔다. "유럽연합에 대한 현실적인 평가는 …… 이 기획이 지닌 엘리트주의적 성격을 염두에 두지 않을 경우 …… 불가능하다." 왜냐하면 "1950년대에 취해진 유럽통합에 대한 기능주의적 (혹은 모네의) 접근법은 통합과 민주주의 사이의 근본적인 교환을 수반하기" 때문이다. "이러한 접근법의 논리는 통합과 민주주의 사이의 선택이 이루어질 때마다 그 결정은 통합에 유리하게 이루어지고 있고, 이루어져야 한다는 식이다." 입법 발의권을 집행위원회가 독점하고 있는 것만 보아도 이를 알 수 있다. "이는 권력분립이라는 헌법적 원칙과 의회제 민주주의라는 사상을 침해하는 것으로 악명 높다."[71] 친숙한 헌법적 기준을 무효화하

---

70 Giandomenico Majone, *Regulating Europe*, p. 7.
71 Giandomenico Majone, *Regulating Europe*, p. 7.

기에 충분한 물질적 이익이 있는 한 대중은 여기에 찬성할 것이다. 그러나 엘리트가 적절한 수준의 고용과 직업의 안정을 제공하지 못할 경우 혹은 구매력을 증대시키지 못할 경우 유럽연합은 곤경에 빠질 수 있다.

이러한 원인 진단에서는 이미 길링엄의 저작에서 볼 수 있었던 긴장, 즉 실제로 마조네의 저작에서 과두제를 변호하는 형태를 취했던 것과 민주주의에 대한 사후 생각 사이의 긴장이 더 팽팽해지고 더 극단적으로 된다. 한편으로 유럽연합은 구분되는 지적 계보를 지닌 연합 권력의 체제로서 인정받는다. 이는 인민 다수에 의해 이루어지는 결정으로부터 보호받는 것으로 "비다수결제도의 점증하는 중요성"이 "직접 민주주의적 책임성에 의존하는 것보다 전문가, 전문가적 판단, 정책의 일관성, 공평성, 판단의 독립성과 같은 질에 의존하는 것이 더 중요하다"는 것의 증거이다.[72] 다른 한편으로 유럽연합은 안타깝게도 위계적인 기획이며, 이것이 지닌 반민주주의적 계획은 신중한 선택의 결과였다. 여기에 대해서는 GDP가 성장하지 않는 한 수동적 시민을 소외시킬 수 있는 능력이 있는 모네가 책임이 있다.

그러나 우선적으로 유럽연합은 연합인가? 『법의 정신』에서는 그런 의미를 찾을 수 없다. 이 책에서 몽테스키외의 연방공화국(république fédérative)은 도시국가, 주, 칸톤 등의 연합으로──그러한 정치체는 필연적으로 규모가 작다──큰 군주국들의 침공에 맞서는 상호 방위를 위한 것이다. 그는 '연합'(confederation)이라는 말을 쓰지 않았으며, 그가 연방공화국이라고 기술한 것은 마조네가 채택한 의미나 방식과 양립할 수 없는 용어이다. 왜냐하면 그것은 구성단위 내에서 대중 봉기가 일어났을 때, 외부로부터 무장 개입을 포함하고 있을 뿐만 아니라 일단 구성된 연방에서 그러한 단위들이 "탈퇴하는 것 이외에는 전적으로 스스로를 포기하는 것"이기 때문에 그러한 단위들이 다른 권력체와 조약을 맺을 권리를 포기해야 한다고 명시하고 있기 때문이다.[73] 이는 브뤼셀의 군

---

72 Giandomenico Majone, *Dilemmas of European Integration*, p. 37.

사력이 부다페스트에서 일어난 반란을 진압할 권한이 있고, 영국은 나토에 가입할 수 없는 회원국인 것과 마찬가지이다. 모든 사상가 가운데 몽테스키외는 역설 없이 권력분립에 반대했던 것만큼이나 혼합정부의 옹호자로 볼 수 없다. 그가 영국을 "그 정체의 직접적인 목표를 정치적 자유로 하는 유일한 국가"라고 이상적으로 그려낸 것이 혼합군주제의 표준적인 지역적 공식을 재생산하기는 했지만 — 국왕, 귀족, 평민의 삼위일체 — 몽테스키외의 혁신은 이것을 행정부, 입법부, 사법부라는 세 개의 독립적인 권력으로 보는 관점과 겹쳐놓은 것이다. 이것은 섬나라의 현실과 조응은 아니었지만 세상의 기대를 바꾸어놓았다.

마조네는 중첩되는 법인체들의 뒤범벅인 혼합정부라는 개념을 증명하기 위해 — 중세적이고 전(前) 절대주의적인 모델을 그가 불러낸 게 함축하는 것처럼 — 150년 전으로, 즉 적절한 선조로서 요하네스 알투시우스[74]로 돌아가는 게 나았을 것이다. 이것이 나아갈 수 있는 곳은 앞에서 언급한 것처럼 질론카의 저작에서 볼 수 있다.[75] 그의 책 『제국으로서의 유럽』(2006)에서 유럽연합은 신성로마제국의 포스트모던적인 판본으로 칭송받는다. 즉 정치 질서에 대한 국가주의적 관념 대신 복합적인 거버넌스의 영역이 되었다는 것이며, 여기서 조악한 다수의 지배는 과거지사가 되고 있다. 마조네가 — 어쨌거나 현재까지 — 단일시장의 실현을 향한 음울하고 위험한 과정이라고 바라본 유럽연합의 확대가, 여기서는 유럽적인 초국가라는 미망을 단번에 깨뜨리는 앵글로-폴란드의 승리로 환영받는다.

질론카에 따르면, 드네프르 강과 부크 강까지 확장된 유럽연합은 이

---

73 Montesquieu, *De l'esprit des loi*, Book IX, 1-3.
74 Johannes Althusius, 1563~1638: 독일의 법학자이자 칼뱅주의 정치철학자이며, 근대적 연방주의의 아버지. — 옮긴이
75 Jan Zielonka, *Europe as Empire: The Nature of the Enlarged European Union*, Oxford 2006, Chapter 2, pp. 68~69.

제 분명히 잡다한 관할 구역이라는 신중세적 미궁에 빠져 있으며, 이것의 통일성은 어떤 식이로든 관료제적 명령이 아니라 자발적인 시장의 조정에 의존하게 될 것이다. 실제로 중세에는 약탈적인 행위가 만연했다. 그러나 조숙한 복지 체제와 정의로운 전쟁이라는 가치 있는 교리도 있었다. 여기서 배울 점이 여전히 많다. 민주주의? "진화하고 있는 유럽의 거버넌스 체제를 여전히 '민주주의'라고 부를 수 있는가는 논쟁적인 문제이다."[76] 어느 경우든 우리는 인민에 의한 지배라는 전통적인 통념을 넘어서 가고 있다. 선거는 관리들을 통제하는 조악한 수단이다. 좀 더 효과적인 것은 특정한 결정을 위해 로비하는 '정책 네트워크'일 수 있다. 개별 시민은 여기에 이의를 제기할 수 있어야 한다. 그러나 국민투표나 제어할 수 없는 시위는 안 된다. 이것이 바람직하다. 사적 소송과 민원 조사에 호소하는 것이 더 나은 방식이다.

화려한 신중세적 제국이라는 질론카의 개념은 개인적인 교묘한 평가이기는 하지만, 그 결과는 여전히 교훈적이다. 미래의 정치적 기준을 사건이 일어나기 전에 재현하는 게 아니라 사건이 일어난 후에 단언(protestation)한다. 실제로 간청하는 방식으로 복귀하는 것은 군주에게 복종하는 것이다. 마조네는 좀 더 현실주의적이다. 유럽연합 내에서 민주주의를 부정하는 것은 피할 수도 없고, 안정화될 수도 없다. 통합으로 인해 아래로부터의 결정에 여지가 별로 없게 되었다. 그러나 정당성이 유권자의 의지에서 시장의 운명으로 옮아간 이상, 그 정당성은 변덕스러운 시장의 포로가 되었다. 지속적인 고도성장은 대의제 정부보다 지키기 어려운 약속이다. 아마도 인민의 의지는 그렇게 쉽게 회피할 수 있는 게 아니다. 마조네가 "통합의 제단에 민주주의를 희생물로 바친 것에" 모네가 책임이 있다고 주장한 데에는 대안이 가능했다는 것을 함축한다. 그러나 그의 전제는 한 가지를 배제한다. 그가 『유럽통합의 딜레마』에

---

76 Jan Zielonka, *Europe as Empire: The Nature of the Enlarged European Union*,
    p. 117.

서 설명한 것처럼, 모네와 그의 동료들이 비밀리에 추진해서는 안 되었고, 대신 유럽 유권자들에게 자신들이 품고 있던 연방국가를 제시했어야 한다는 것이다. 하지만 이런 비난은 과장된 것이다. 왜냐하면 마조네에게는 유권자들이 그런 전망을 수용할 수 없는 것이었고, 그럼에도 통합은—진정한 의미의 통합은 아닐지라도—마땅히 그래야 하는 방식으로 일어났기 때문이다. 즉 인민주권의 요구를 배제한 연합 말이다.

모네에 대한 비난은 불편함의 징후를 보여준다. 왜냐하면 역사적으로 볼 때, 책임은 다른 곳에 있기 때문이다. 마조네의 연합주의(confederalism)가 배제한 바로 그것이 모네의 연방주의(federalism)가 생각했던 것으로, 유럽 주민에게 선거를 통해 책임지는 유럽합중국(United States of Europe)의 창출이 그것이다. 따라서 처음부터 유럽석탄철강공동체와 유럽경제공동체에 의회제 구조가 자리 잡게 되었고, 모네에게는 유럽방위공동체도 중요했다. 이것이 통합의 역사에 지닌 의미는 크레이그 파슨스가 올바르게 지적한 바 있다. 유럽방위공동체가 유산되고, 유럽의회가 무능하다는 것이 입증되었다는 것은 모네의 관점을 실현한 게 아니라 좌절시킨 것이다. 이것은 오늘날에조차 그에 대한 비판자들이 동요하는 데서 알 수 있듯이, 무대에서 완전히 사라지지 않았다. 2005년 마조네는 『유럽통합의 딜레마』를 유럽연합의 구조가 "포스트모던한 연합의 성공적인 원형"이라고 찬사를 보내는 것으로 시작할 수 있었다.[77] 2년 후에 유럽 헌법이 좌초한 것을 조사하게 되자, 이 책은 너무나 난해한 기초 위에 세워진 위험한 건축물이 되었다.

따라서 이제까지 유럽연합에 대한 네 가지 주요한 설명이 지닌 이데올로기적 스펙트럼에 따른 위기는 매우 명료하다. 모라브칙, 길링엄, 아이컨그린, 마조네의 의미 있는 차이를 이어주는 것은 상호간에 중첩되는 일련의 공통성이다. 봉건제에 대한 철저한 적대감, 고전적인 민주주의 기준 유지의 최소화, 포지티브한 통합에 대해 네거티브한 통합을 더

---

77 Giandomenico Majone, *Dilemmas of European Integration*, p. v.

높이 치는 것, 명령적인 규제보다 자발적인 규제를 선호하는 것, 시장의 동학에 대해 복지 장벽을 세우는 것을 거부하는 것 등이 그것이다. 분석이나 처방이라는 점에서 동일한 척도를 지닌 것은 아니지만 이들 사이에는 가족 유사성이 있다. 전통적인 방식으로 말하면 이들은 신자유주의적 견해의 밀집대형을 이루고 있으며, 다소는 상황에 따라 명료하기도 하고, 모호하기도 하다. 그들이 매우 분명하게 갈라지는 지점은 예측과 관련된 것이다. 유럽연합이 무엇이어야 하는가에 대해 본질적으로 동의하는 이들은 유럽연합이 어떻게 될 것인지에 대해서는 의견이 다양하다. 모라브칙은 아주 낙천적인 태도를 보여준다. 마조네는 예기치 않은 비관주의를 보여주며, 아이컨그린은 신중할 정도로 애매한 회의주의를 따라가며, 길링엄은 부질없을 정도로 걱정스러운 목소리를 낸다. 그렇게 극단적인 불일치는 공통성을 반영한 것인가, 아니면 그저 통상적인 미래의 불투명함을 반영한 것인가?

4

스펙트럼의 다른 지점에는 권위의 집중이 덜하다. 신자유주의적 합의와 다른 생각들은 지적으로 전혀 약하지 않지만 좀 더 분산되어 있고, 고립되어 있다. 하지만 여기서도 주도하는 것은 미국 출신 사상가들이다. 주도적인 주장은 철학, 법학, 비교정치학 분야에서 나오고 있다. 래리 시든톱(Larry Siedentop)의 『유럽의 민주주의』(2000)는 유럽연합의 위험 및 이의 처방에 대한—즉 구식이면서 독립적인—관점이라는 점에서 독보적이다. 이 책이 현재의 순응주의에서 얼마나 벗어나 있는 것인지는 모라브칙의 격한 반응을 보면 알 수 있다. 그는 이 책이 '현재의 주류 분석'의 관심을 끌어서는 안 된다는 생각을 드러낼 수밖에 없었다.[78] 실제로 주류 분석과 시든톱을 나누는 것은 알렉시 드 토크빌(Alexis

---

78 Andrew Moravcsik, "Despotism in Brussels? Misreading the European Union",

de Tocqueville)에게 영감을 받은 고전적 자유주의 —— 그의 책 제목은『아메리카의 민주주의』(De la democratie en Amerique)이다 —— 와 이 시대의 지배적인 신자유주의 사이의 거리이다. 신자유주의에 이런 관점은 상궤를 벗어난 것으로 보일 뿐이다.

시든톱이 이런 특징을 지닌 것은 옥스퍼드에서 경력을 쌓은—— 이사야 벌린(Isaiah Berlin)에 대해 흥미 있는 비판을 하지만, 벌린은 그에게 중심 준거이다 —— 때문이지만, 출발점은 매우 미국적일 수밖에 없다. 연방주의는 미국의 발명품으로 1787년 연방헌법에 새겨져 있다. 유럽이 이를 모방할 것이라는 희망이 있는가? 몽테스키외는 어느 정도의 크기를 지닌 현대 국가에서는 자유가 있을 수 없다고 믿었다. 따라서 왕의 권력을 제한할 능력이 있는 귀족이 없는 군주제가 필연적이다. 매디슨은 광대한 공화국에서 자유를 보존하는 헌법을 고안함으로써 그가 틀렸다는 것을 증명했다. 상업사회의 연방주의는 봉건사회에서 매개체가 보장했던 것을 귀족의 은혜 없이도 실현할 수 있다는 것이다. 이것을 최초로 인식한 토크빌은 미국의 성공적인 연방주의를 지탱하는 독특한 구성도 찾아냈다. 그것은 공통의 언어, 지방자치 정부라는 공통의 관습, 주로 법률가들로 구성된, 개방된 정치 계급, 프로테스탄트에서 기원하며 공유하고 있는 도덕적 신념 등이다. 더 나아가 새로운 구조를 묶어낸 것은 —— 널리 인정되지 않았지만 —— 영제국이라는 유령이었으며, 이로 인해 식민지인들은 단일한 주권체라는 생각에 익숙해졌고, 이후 과세권과 강제 수단을 지닌 연방으로 재발명되었다.

이와는 대조적으로 유럽은 여러 언어와 주권체로 나누어져 있다. 즉 구별되는 여러 문화와 공동 지배의 경험이 없는 고대 국가이다. 유럽은 미국의 신생 자유주의공화국이 희망을 갖게 했던 사회층이나 신조의 통일성 비슷한 것을 가져본 적도 없다. 반대로 유럽은 여전히 파괴적인 반성직자주의의 상흔, 분열적인 계급의식을 지니고 있는데, 이는 대

Foreign Affairs, May-June 2001, p. 117.

서양 건너편에는 알려져 있지 않다. 이는 18세기와 19세기의 불행한 유산으로 다행히 지금은 약화되었지만, 완전히 사라지지는 않았다. 한 가지 의미에서 그러한 과거의 부담은 1950년 이후 유럽인들이 성취한 통일을 향한 발걸음에 잘 새겨져 있다. 그러나 유럽인들의 결과가 미완일 뿐만 아니라 불행한 것이기도 하다면, 무엇보다도 그 이유 또한 현재의 이데올로기적 결여 때문이다. 토크빌은 자신의 시대 이래 자유주의에 일어났던 것을 멜랑콜리하게 숙고만 할 수 있었을 것이기 때문에, 인간의 번성에 대한 자유주의의 풍부한 전망은 결여의 공리주의나 권리의 계약주의라는 얕은 대안으로 축소되었다. 이러한 축소 속에서 시민권에 대한 능동적인 관념은 사라졌다. 우리는 그저 소비자나 소송인 역할만을 하고 있을 뿐이다.

그 결과 남은 것은 마치 유럽연합이 시장 효율성의 문제만인 것처럼 무미건조한 경제주의에 의해 지배되는 유럽통합이라는 개념이었다. 그렇게 협소한 계산법은 당연하게도 대중의 상상력을 끌어낼 수 없었고, 그렇게 해서 생긴 빈 공간은 경쟁적인 정부 프로젝트로만 채울 수 있었을 뿐이다. 여기서는 단 하나의 경쟁자만이 일관된 관점을 지니고 있었다. 아직도 성문헌법이 없으며, 여전히 사상보다는 관습에 의존하는 정치 문화에 사로잡혀 있는 영국은 유럽연합에 대한 강력한 전망을 제안할 위치에 있지 않다. 독일은 비록 연방주의적 틀을 가지고 있으며, 따라서 원리상 유럽 연방을 위한 모델을 제공할 수 있기는 하지만 최근 과거에 저지른 죄악 때문에 움직일 수 없었다. 프랑스만이 유럽연합에 어떤 계획을 부과할 수 있는 제도적 장치와 정치적 의지가 있었으며, 유럽연합의 형성기는 프랑스의 전후 회복기와 일치했다. 그 결과 유럽연합은 상당한 정도로 프랑스의 국가관리적(étatiste) 이미지로 창조된 것이다. 즉 중앙집권적인 행정 구조를 지니고 있으며, 이 안에서 브뤼셀의 권력 브로커들이 폐쇄적으로 결정을 내린다.

프랑스 자체 내에서는 루이 14세 시기에 시작되어 대혁명과 나폴레옹 시기를 거쳐 내려온, 이 유명한 엘리트주의적이고 이성주의적인 정부 모델은 반복해서 그 반(反)명제를 생성했다. 즉 가두에서의 무정부적인 반란, 국가에 맞서는 대중의 봉기 말이다. 이런 관료제적 지배 유형의 먼 판본이라 할 수 있는 유럽연합이 직면한 커다란 위험은 어느 날그런 대중적 거부를 불러일으킬 수 있다는 것이다. 즉 대륙적 범위에서의 시민적 소요 말이다. 오늘날 결합된 경제주의와 국가관리주의는 장래의 불안의 독약 제조법이다. 유럽인들이 유럽연합이 "민주주의적 통제에서 벗어난 무정한 시장의 힘이나 엘리트의 메커니즘"의 결과물일뿐이라고 느끼지 않도록 하기 위해서는 광범위한 정치 토론이 필요하다.[79] 유럽연합은 새로운 기초가 필요하다.

이것은 무엇이어야 하는가? 시든톱은 여기에 대답하기 위해 미국으로 돌아간다. 관료제적 지령 체제가 아니라 능동적인 지역 자치 정부로 구성된 진정한 연방을 만들기 위해 유럽은 공통의 언어로 소통하는 개방적인 정치 계급과 도덕적 정체성을 형성할 공유된 믿음이 필요하다.전자를 만들기 위해 그는 작지만 강력한 유럽 상원을 권한다. 이 상원은 각국 입법부에 의해 선출되고 현재 일을 하고 있는 각국 의회제의 주도적인 인물로 구성되어야 한다. 이미 유럽 대륙의 비공식적인 라틴어로 확산되어 있는 영어가 유럽연합의 공식 언어가 되어야 하며, 이런 유럽연합에서 상원의원들은 미국 의사당 의원들과 마찬가지로 서로를 아주 잘 알게 될 것이다. 그러는 사이에 법률 전문직에 새로 들어오는 사람들이 덜 배타적이게 되면서 — 영국은 특히 나쁜 위반자이다 — 어쨌든 이미 고도로 사법화된 유럽 체제 내에서 새로운 정치 계급에 점차 인적 자원을 제공해야 한다.

여전히 까다로운 문제가 남아 있다. 미국의 시민 종교 — 토크빌의 '마음의 습관' — 에 해당하는 유럽의 시민 종교는 어디에서 와야 하는가? 여기서도 미국의 예에 충실한 시든톱은 유럽의 자유주의적 헌법이 그 자체로 대답이 될 것이라고 말한다. 이 헌법은 도덕적 틀의 역할을

---

79 Larry Siedentop, *Democracy in Europe*, London 2000, p. 1.

할 것인데, 이 속에서 개인들은 시민으로서 자신들이 지닌 동등성을 의식하게 되고, '정체성과 올바른 행동의 원천'으로서의 대리 종교의 방식으로 행동할 것이다.[80] 그러나 그저 대리적인 것으로 충분한가? 어쨌거나 미국인들은 원본에 의지하는 게 아닌가? 모라브칙의 스캔들에 대해 시든톱은 다음과 같은 자신의 주장을 피하지 않는다. 자유주의적 입헌주의는 역사적으로 볼 때, 보편주의와 개인주의를 결합한 세계 종교인 기독교의 최신 업적이다. 신 앞에서 모든 영혼이 도덕적으로 동등하다는 주장은 결국 국가 내에서 시민들이 동등한 자유를 누린다는 것으로 이어진다.

유럽 민주주의가 개인주의를 희생하지 않으면서 일관성과 안정성을 얻기 위해서는 이러한 연관이 회복될 필요가 있다. 이를 대신하고 있는 무능한 다문화주의는 거부되어야만 한다. 유대계 배경을 지닌 벌린 같은 자유주의의 횃불조차 여기서 자유롭지 못하다. 유럽연합은 관용적이지만 부끄러워하지 않는 근저의 기독교 정체성을 취해야 한다. 이 모든 일은 시간이 걸릴 것이다. 시든톱은 아우구스티누스(Augustinus)의 어조로 이야기를 끝맺는다. 유럽은 미국을 형성했던 복합적인 연방주의를 자기 식으로 바꾼 어떤 것을 필요로 하지만, 아직 그렇지 못하다. 유럽연합이 그런 준비가 되어 있지 않은 현재의 조건에서 그런 목표로 매진하는 것은 연방주의에 대한 진정한 공감이나 이해가 없는 엘리트가 지배하는 연방의 희화(戲畵)만을 낳을 수 있다.

『유럽의 민주주의』는 이 분야의 다른 중요한 저작과 달리, 초기 유럽 공동체의 대부분의 언어로 번역됨으로써 유럽의 독자층을 확보했다. 이 저작은 통합에 대해 기술적으로 쓴 여타 무수한 문헌과는 달리, 흡인력을 보였기 때문에 그럴 수 있었다. 직접적인 논증과 매력적인 산문 때문에 누구라도 쉽게 접근할 수 있다. 서유럽 주요 나라들의 서로 다른 정치 문화에 대해서 민감할 뿐만 아니라 유럽연합에 대해 통상적으로 찬

---

80 Larry Siedentop, *Democracy in Europe*, p. 101.

사를 보내는 지적 빈곤을 떨쳐버렸기 때문에, 이 책은 유럽연합에 관한 저작물 가운데 드문 것이라 할 수 있다. 유럽연합에 대한 저작물에 나타나는 철학적 성찰은 대체로 불만족스럽다. 즉 유럽 사용자들을 위해 미국적 미덕을 번역하여 차용한 효과가 그저 그 말이 비판하는 헌법상의 공백을 재생산한다는 것이다. 복음주의적 믿음과 미국 의원이 바람직할 뿐만 아니라 구세계의 정치체에 이식할 수 있는 것처럼 말한다는 것이다. 가장 명료하게 해야 할 부분에서 모호하게 해체되어 버리는 경우처럼 유럽을 위한 원래의 제안이 사라져버린다. 두 대륙에서 연방주의는 실제로 정반대의 의미를 지니는데, 미국에서는 구심력으로서 새로운 주권을 만들어냈고, 유럽에서는 원심력으로 낡은 주권을 해체한다.

시든톱은 토크빌을 상기시키지만 그를 기억하지는 않는다. 토크빌의 눈에 미국 연방주의의 역사적 성취는 몽테스키외가 찬양했던 유럽 연방들(confederation), 즉 네덜란드, 스위스, 독일 등의 취약함을 극복한 것이었다. 미국의 연방주의는 과세와 군대에 대한 중앙집권적 권위를 부여하고, 시민들에게 직접 영향을 끼치는 입법권을 통해 그렇게 했다. 반면 유럽의 연방들은 연방을 구성하고 있는 주(state)에 연방의 의지를 관철할 수 있는 독립적인 수단이 없었다. 『아메리카의 민주주의』는 『유럽의 민주주의』보다 내용이 중앙집권적이다. 실제로 토크빌이 미국 공화국에 대해 가졌던 주요한 불안감은 연방 정부가 여전히 여러 주의 잠재적인 저항을 다룰 수 있는 충분한 힘이 없다는 것이었다. 헌법 제정자들은 "연방에 돈과 군인을 주었지만, 주들은 인민의 사랑과 편견을 유지하고 있으며", 이로부터 코네티컷 주와 매사추세츠 주가 1812년 영국과의 전쟁에 민병대 파견을 거부할 수 있게 하는 '부조리하고 파괴적인 독트린'이 비롯되었다는 것이다.[81]

그러나 토크빌의 전반적인 판단은 분명했다. 그는 이렇게 설명했다.

---

81 Alexis de Tocqueville, *Democracy in America*, Harvey Mansfield and Delba Winthrop(eds), Chicago 2000, pp. 157, 160.

미국에서 "중앙 권력은 국민국가의 정부처럼 매개물 없이 피통치자에게 작용하며, 그들을 관리하고 판결을 내린다. 그러나 그것은 제한된 영역에서만 이런 방식으로 영향을 끼친다. 분명히 그것은 더 이상 연방 정부가 아니며, 불완전한 국민국가의 정부이다. 따라서 정확하게 국민적이지도 않고 연방적이지도 않은 정부 형태이다. 그러나 거기서 멈춰 서서 보면, 새로운 것을 표현해야 하는 새로운 말이 아직 존재하지 않는다."[82] 그렇게 강건한 견해는 브뤼셀을 혼란스럽게 할 것이다. 여기서는 불완전한 국민국가의 정부에 대한 대화가 관료들을 짜증나게 할 것이다. 이와는 대조적으로 시든톱의 처방전은 약하다.

유럽연합에 대한 철학적·법적 접근법을 구분할 필요가 있지만, 하나에서 다른 하나로 가장 좋은 방식으로 움직인다면 우리는 더 큰 미국에 있는 셈이다. 이스라엘 출신의 법률가인 조지프 웨일러(Joseph Weiler) ─스스로를 '본질적으로 방랑하는 유대인'이라고 부른다─는 미시간과 하버드에서 가르친 적이 있으며, 지금은 뉴욕 대학 교수이다. 통상적인 행정이나 시행 기구가 없는, 실제로 순수한 국가 내의 법률이 유럽연합의 규정적인 매개이기 때문에 법률가들이 유럽연합의 활동이나 거기서 의미를 끌어낸 일 모두에서 커다란 역할을 한다. 따라서 다른 분과 학문의 저명한 정통 학자들보다 이단적인 법학자들이 이 일에서 더 큰일을 할 수 있다는 것도 그리 놀랄 일은 아니다. 웨일러는 유럽연합을 위해 유럽의회의 인권선언 초안 작성을 도왔고, 암스테르담 조약위원회의 자문 역할을 했다.

그러나 그런 내부자의 역할은 냉정과 열정을 지닌 뛰어난 사람들의 흐리멍텅한 지적 개입과 아무 관련이 없다. 유럽연합에 대한 문헌의 도상학은 그 표지에 드러나 있는 대부분의 것처럼 얼마 가지 못해 사라질 아둔한 것들이다. 음울한 슈퍼마켓 로고의 스티커나 ─길링엄의 책조

---

82 Alexis de Tocqueville, *Democracy in America*, p. 149.

차 희생자이다 — 회원국의 국기와 함께 큰 물결을 가르며 항해하는 유선형의 쾌속 범선처럼 세련된 진부함 — 모라브칙의 책 — 이 대부분이다. 웨일러의 『유럽의 헌법』 표지는 제임스 엔소르(James Ensor)의 그로테스크한 야만적인 무정부주의적 걸작인 『1889년 브뤼셀에 입성하는 그리스도』에서 가져온 것으로 우리를 향해 노려보고 있으며, 다른 세계로 우리를 초대한다.

이 책의 중심 장인 「세기말의 유럽: 황제는 새 옷을 가졌는가?」가 주조를 보여준다. 유럽연합은 어떤 종류의 정치체인가? 웨일러는 장례식도 치르지 않은 채 정부간 패러다임과 연방주의 패러다임을 "사회적 통제와 책무라는 심각한 문제를 가릴" 뿐만 아니라 "유럽연합이 종종 대변하는 민주주의에 대한 공격과 관련한 자기만족"을 야기하는 "희망적인 이데올로기"라고 보면서 없애버린다.[83] 어느 쪽으로도 유럽연합을 포착할 수 없다면, 그것은 유럽공동체가 역사적으로는 종종 회원국들을 강화하기는 했지만 회원국들이 주인으로 남아 있는 설계도로 환원될 수 없기 때문이다. 도리어 여러 가지 면에서 "유럽공동체는 그 창조자들을 유혹에 빠뜨리는 골렘이 되었다."[84] 유럽사법재판소가 이 무의식적 마술의 주요한 예다. 웨일러는 유럽사법재판소가 각국 정부들이 모르는 사이에 확대된 초국적 사법권을 수립하는 데 주도권을 발휘하는 방법을 보여줌으로써, 유럽사법재판소의 변화하는 기능과 운명에 대해 매혹적인 분석을 제시한다. 결국 이것은 각국 정부들의 반작용을 일으켜 집행위원회 대신 브뤼셀의 각료이사회와 외교 앞잡이들의 역할이 커지는 형태를 취했다. 이러한 변증법 속에서 법적인 면과 정치적인 면의 발전은 반대 방향으로 나아갔고, 둘 다 로마 조약에서 멀어지게 되었다.

비록 웨일러는 유럽사법재판소의 활동을 존경하기는 하지만, 그것을

---

83 Joseph Weiler, *The Constitution of Europe*, Cambridge 1999, p. 269.
84 Joseph Weiler, *The Constitution of Europe*, p. xi.

과도하게 찬양하는 것에 대해서는 경고한다. 유럽사법재판소는 더 큰 대중의 관심을 끌고 담당 건수가 증가하면서 더 신중해졌고, 오늘날의 유럽연합 내에서 더 이상 역동적인 역할을 하지 않게 되었다. 다른 한편 각료이사회와 상주대표위원회(Coreper) —브뤼셀에서 대부분의 협상 결정과 의사결정하는 하는 비밀 허브—는 그 마수를 확실히 거둬들인 것은 아니었다. 웨일러에게 각료이사회는 입법 행위에 대해 행정적 통제를 행사함으로써, 유럽연합 차원에서 권력의 적절한 배분을 왜곡할 뿐만 아니라 이론적 승인을 위해 결정의 규모, 복잡성, 시기 등을 국민국가에 내려줌으로써 국민국가의 수준에서 입법 권력을 거세한다. 거대한 선거구민과 취약한 권력을 가진 유럽의회는 평형추가 없다. 게다가 각료이사회 내부에서는 이데올로기적 분할이 대개 중립화되고 있다. 왜냐하면 정부들은 언제나 서로 다른 모습을 띠고 있으며, 통상적인 정치 갈등이나 논쟁을 테크노크라트적인 합의를 위해 거세하기 때문이다. 이것은 '제휴하는' 스타일의 지배로서 엘리트 카르텔의 상투적인 방식이다.

이러한 제도적인 표류의 결과는 암울하다. 초기에 유럽공동체는 전후 유럽에서 실제적인 중요성이 있는 이상, 즉 평화와 번영, 초민족주의를 대변했다. 오늘날 앞의 두 가지는 진부한 것이 되었다. 세 번째 것은 은행권으로 축소되었다. "마스트리흐트의 유럽은 그 조상인 파리의 유럽 및 로마의 유럽과 달리, 더 이상 원초적인 토대가 되는 가치를 위한 매개물로 기능하지 않는다."[85] 단일유럽의정서와 함께 생산 요소들의 자유로운 이동을 위한 기술적 프로그램뿐만 아니라 시장을 사회적 가치의 척도로 올려놓은 "에토스, 이데올로기, 정치 문화의 고도로 정치화된 선택이" 진행 중이다.[86] 점차 정치가 상품화되고 있는 이 유럽에서 각각의 개인은 권력을 가지게 되었지만, 그것은 시민으로서가 아니라 소비

85 Joseph Weiler, *The Constitution of Europe*, p. 258.
86 Joseph Weiler, *The Constitution of Europe*, p. 89.

자로서이다. 〔유럽연합의〕 확대도 이것을 바꾸지 못하고 있다. 왜냐하면 지배적인 문구가 말하는 것처럼 "회사가 새로운 의결권 주식을 발행하면 각 주식의 가치는 줄어들기" 때문이다.[87] 공적 생활이 빵과 서커스의 수준으로 침몰하고 있다. 그 어떤 존엄이나 정당성도 없이 말이다.

무엇을 해야 하는가? 시장 자체는 적으로 돌리지 않는 웨일러는 시장을 밀턴 프리드먼(Milton Friedman)의 정신이 아니라 토머스 페인(Thomas Paine)의 정신으로 인식할 것이다. 교환과 사회성의 형태로, "지평을 확대하고, 타인과 타인의 습관에 대해 배우고 그것을 존중하는 법을 배우는" 장으로서 말이다. 따라서 시장 자체는 일종의 공동체이기도 하다.[88] 하지만 시민권은 정치적 유대이며, 마스트리흐트 이래 제기된 쟁점은 그것을 민족 수준과 초민족 수준에서 동시에 효과적으로 만들 수 있는가이다. 교묘하게 허버트 마르쿠제(Herbert Marcuse)에 기대는 웨일러는 이것을 에로스와 문명의 결합이라는 문제로 만든다. 민족은 낭만적인 집착의 영속적이고 외적인 초점이며, 유럽연합은 계몽된 이성의 근대적인 틀이다. 이 둘은 민주적인 유럽을 위해 서로를 필요로 한다.

『유럽의 헌법』은 이러한 목적을 위한 구체적인 네 가지 제안으로 끝을 맺는다. 유럽공동체 법에 종속된 영역에서 충분한 수의 서명을 모을 경우에 시민들은 유럽의회 선거가 있기 전에 입법 발의를 할 수 있어야 하며, 그것이 다수에 의해 통과될 경우 유럽연합과 그 회원국들에 구속력이 있을 것이다. 이 입법 투표권을 보충하는 '유럽 공공 광장'이 만들어질 수 있으며, 여기서 유럽공동체 내의 의사결정 과정 일체—특히 현재 브뤼셀에서 보이고 있는 공동 입법 과정(comitology)의 불가해한 휴회 상태—가 시민들의 감시를 위해 인터넷에 게시될 것이다. 특히 젊은 세대의 감시 아래 놓일 것인데, 이들에게 웹은 이전 세대의 인쇄물 같은 것이다. 반면 헌법위원회(Constitutional Council)는 유럽연합 내에서

---

87 Joseph Weiler, *The Constitution of Europe*, p. 264.
88 Joseph Weiler, *The Constitution of Europe*, p. 256.

지속적인 논쟁 지점인 사법적 권한이라는 쟁점에 대해 판결할 것이다. 끝으로 유럽연합은 시민들에게 소액의 소득세를 직접 징수할 수 있어야 하며, 이를 통해 민주주의적 대의제라는 고전적 유대관계와 이 둘을 연결하게 될 것이다.

이런 생각들 자체는 울퉁불퉁하다. 웨일러는 자신의 인터넷 계획 — 그는 이것을 렉스칼리버(Lexcalibur)라고 부른다 — 을 아주 별나다고 보는 회의적인 시각과 달리, 가장 중요하고 원대하다고 생각한다. 마치 미래의 10대들이 9만 7,000쪽에 달하는 유럽공동체의 명령이나 끊임없이 생산되는 상주대표위원회 의사록을 정치적 카페인으로 열심히 검색할 것처럼 말이다. 유순한 프랑스 헌법위원회의 모델을 따른 헌법위원회라는 제안은 대단한 것은 아니다. 그러나 입법 투표권은 상상력이 풍부한 것이자 매우 현실성 있는 제안이며, 유럽의 기성 제도를 허둥대게 만들 것이다. 유럽연합과 그 시민들 사이의 직접적인 재정적 연결이라는 생각은 그리 독창적인 것은 아니지만, 나름 적절하면서도 급진적이다. 핵심적인 것은 이러한 제안과 함께 담론 지형이 변했다는 것이다. 우리는 유럽의 헌법적 질서가 가능한 세계에서 가장 좋은 것, 즉 차선을 담고 있으며, 다른 어떤 것도 불가능하다는 기성의 합의에서 벗어났다.

이 대안적인 지형에서는 뛰어난 한 사람이 유럽연합의 전면적인 재구성을 구상했다. 필립 슈미터(Philippe Schmitter)인데, 버클리 대학의 하스 제자였고, 나중에는 시카고와 스탠퍼드에서 가르치면서 라틴아메리카 전문가로 이름을 떨쳤다. 그다음에 세계에서 가장 혁신적이고 다방면에 걸친 비교학자가 되어 코포라티즘과 지역 통합, 그리고 특히 남아메리카와 남유럽에서의 권위주의 체제에서 민주주의 체제로의 이행 문제를 연구했다. 그는 세기 전환기에 피렌체에 있는 유럽 대학(EUI)에 자리 잡았고, 2000년 여러 면에서 오늘날까지 유럽연합에 대해 가장 뛰어난 성찰이라 할 수 있는『유럽연합을 어떻게 민주화할 것인가. …… 그리고 왜 문제인가?』를 출판했다. 좀 더 짧은 초고가 이탈리아어로 있기는 하나 이 책은 유럽연합의 다른 언어로는 전혀 번역되지 않았다. 이는 스스로에 대해 사고하지 않는 지방적 무관심에 대한 증거로 충분하다. 이 텍스트는 정치 변화의 전망과 구체적인 면에 대한 체계적인 제안을 내놓고 있다는 점에서 다른 시대, 즉 마르키 드 콩도르세(Marquis de Condorcet)가 말년에 쓴 것처럼 느껴진다. 보통 이런 종류의 습작은 유토피아적 유형의 사고에 속하며, 현실의 제약에 대해서는 무관심하다. 그러나 어떤 의미에서든 슈미터의 저작보다 세속적인 기질로 쓰인 것을 찾기는 어렵다. 책 제목의 뒷부분은 저자가 가진 지성의 또 다른 측면을 표현하는데, 그것은 샤를 모리스 드 탈레랑[89]의 후손이라고 할 만한 아이러니한 초연함이다. 이렇게 대립되는 기질을 가로질렀기 때문에 이 책은 유럽연합에 대한 문헌 가운데 매우 독창적인 것이 될 수 있었다.

슈미터는 유럽연합이 국가도 아니고 민족도 아니라는 점을 언급하면서 시작한다. 유럽연합이 정부간 구성이라는 문턱을 넘은 것은 분명하지만 국가를 규정하는 영토적 권위와 기능적 권위의 일치를 보여주는 것도, 민족의 특징인 집단적 정체성을 보여주는 것도 아니다. 유럽연합의 사법권에 종속되어 있는 사람 가운데 이를 이해하는 사람은 거의 없으며, 이유가 충분히 있다. "유럽연합은 이미 인간이라는 행위자가 …… 고안한 것 가운데 가장 복잡한 정치체이다."[90] 유럽연합은 인민의 통제 아래 있는 책임 있는 구조로서 서술할 수 있는 것에서 벗어났다. 어떻게 해야 유럽연합을 민주화할 수 있는가? 현대 민주주의의 세 가지 핵심적인 제도—시민권, 대의제, 의사결정—의 재발명이 필요하다. 슈미터는 냉정하게 각각의 전환을 위한 의제를 명기한다. 냉정하게 '신중한

---

89 Charles Maurice de Talleyrand, 1754~1838: 프랑스의 가톨릭 성직자이자 정치가, 외교관. 나폴레옹 치하에서 외무 장관을 지냈다. —옮긴이

90 Philippe Schmitter, *How to Democratize the European Union … and Why Bother?*, Lanham 2000, p. 75.

제안'이라고 하는 16가지 가운데, 다음의 것들을 간단히 말하는 것으로 충분할 것이다.

시민권? 유럽연합 내에서 좀 더 능동적인 자유를 증진하기 위해 다음이 필요하다. 유럽의회 선거와 함께 직접 일반 투표가 있어야 하는데, 그것은 일주일 내내 전자 투표로 거행되며, 유권자들은 자신들이 선호하는 후보들의 임기를 결정할 권리를 가져야 한다. 처음으로 보통선거권을 실제적인 것으로 만들기 위해 다음이 필요하다. 아이가 있는 성인의 경우 다중 투표를 한다. 사회 연대성을 증진하기 위해 다음이 필요하다. 이민자들을 위한 거류민(denizen) 권리. 그리고 현재 공동 농업정책과 구조 기금에 쓰이는 모든 돈을 '유럽 수당'으로 전환해서 유럽 평균 소득의 1/3 이하를 버는 모든 유럽 시민에게 지급한다.

대의제는? 좀 더 효과적인 입법부를 만들기 위해 각 회원국 인구에 따라 의원 수를 정해서 유럽의회의 규모를 제한하고, 이탈리아처럼 의회의 상징적인 업무 이외의 모든 일을 할당한다. 유럽 전역의 정치 조직을 촉진하기 위해 다음이 필요하다. 현재 회원국 내의 국민 정당에 할당되는 유럽연합 선거 기금을 유럽의회 내의 정당 조직으로 돌려야 하며, 각 국가별 리스트에 올라 있는 후보의 절반을 지명하는 권리를 가진다.

의사결정은? 다양한 크기의 수많은 회원국이 있는 유럽의 복잡함을 합리적으로 다루기 위해 유럽연합을 시민 수가 많은 순서로 세 개의 국가 '군'(college)으로 나누며, 가중치에 따라 각국 내부에서 가중치 있는 투표권을 가진다. 각 군에서 한 명씩 나오는 유럽이사회의 세 명의 의장이 각 군과 유럽의회 내의 다수의 승인을 얻어 집행이사회 의장을 임명한다. 마찬가지로 각료이사회 내의 결정은 세 군 내의 가중치가 있는 투표권의 다수를 필요로 한다.

슈미터는 웨일러와 마찬가지로 자신의 제안이 가장 의미 있는 것이라고 판단할 수 있는 최상의 조건을 갖추지는 못했다. 그는 자신이 개요를 만든 유럽연합의 의사결정 변화가 유럽연합을 민주화할 수 있는 커다란 잠재력을 가지고 있다고 주장한다. 그것은 유럽 시민권과 유럽 대의제의 변화가 즉각적인 결과를 낳지는 않는다는 것을 의미한다. 이것은 그럴듯하지 않은 것처럼 보이는데, 왜냐하면 그의 '군' 질서는 보통 유권자의 감각적인 경험과 일치하지 않으며, 상당히 기술적인 증류기의 구조뿐만 아니라 가장 멀리 떨어져 있는 유럽 권력의 작동과도 일치하지 않기 때문이다. 시민권의 토대 수준의 변화는 좀 더 폭발적이고 빠르게 변화할 것처럼 보인다.

슈미터는 올바르게도 이런 것들에 대한 제안—이 제안은 특정 국가의 시민이자 유럽의 시민이 되는 것의 부가가치를 회복하는 상서로운 충격 효과를 위해 기획된 것이다—이 지니는 '상징적 신기함'의 중요성을 강조한다. 실제로 사람들을 참여시키기 위해 정치는 좀 더 즐거워야 한다. 미국의 건국자들이 분파의 원인을 제거할 수 없다고 생각하면서—당시 분파는 공화국에 나쁜 영향을 끼치는 가장 나쁜 악으로 간주되었다—대신 그 효과를 통제할 수 있는 제도를 만든 것처럼, 따라서 오늘날에 거기에 해당하는 것—미디어에 의한 정치가 사소한 일이 되는 것—을 없앨 희망이 없다면 해독제는 무엇보다도 정치를 좀 더 재미있게 만드는 곳에만 있을 수 있다.[91] 대중적 진정제를 위한 모라브칙의 처방—좀 지루할수록 낫다—과의 비교가 이보다 분명할 수는 없을 것이다. 더 나중의 제안에는 기금 마련을 위한 유권자 복권, 전자 투표, 참여 예산제 등이 포함되었다. 그러나 이것들은 수사적인 것에 불과하다. 슈미터의 무기고에서 가장 대담하고 가장 실질적인 단 하나의 아이디어는 분명 공동 농업 기금과 지역 기금을 없애고 자금을 조달하는 유럽 수당이다. 건전한 사고를 지닌 비판자가 제대로 지적한 것처럼, 이것은 유럽연합 내에서 재분배 투쟁의 물꼬를 트게 될 것이다. 다른 말로 하면, 유럽연합 시민들의 열정과 이해관계가 걸린 끔찍한 사회적 갈등이 예견된다는 것이다. 요컨대 가능한 모든 위험 가운데 가장 나쁘게도

---

91 Philippe Schmitter and Alexander Trechsel, *The Future of Democracy in Europe: Trends, Analyses and Reforms*, Council of Europe 2004 참조.

정치가 멸균 처리된 유럽연합의 일에 틈입한다는 것이다.

슈미터 스스로는 자신이 제안한 개혁의 사회적 맥락을 어떻게 보는가? 철학자들〔계몽사상가들〕의 렌즈가 아니라 빈 회의의 오페라글라스를 통해서 본다. 유럽연합을 민주화하고자 하는 대중의 요구나 아래로부터의 자발적 압력이 현재로서는 없으며, 가까운 미래에도 없을 것이다. 그렇다면 유럽연합을 좀 더 책임성 있게 만드는 계획에 왜 골머리를 앓는가? 그 이유는 기초가 되는 구조적 흐름에 놓여 있을 수밖에 없다. 그것은 결국 유럽의 기획 전체의 정당성을 부식할 수 있다. 이런 것 가운데 국민국가 정치 체제 자체 내의 '질병의 징후'—안토니오 그람시(Antonio Gramsci)의 표현—가 있다. 그것은 정치가들에 대한 불신, 정당의 축소, 투표 참여율의 저하, 부패의 확산, 점증하는 조세 회피 등이다. 또 다른 것으로 한때 통합 과정에 대해 허용하는 합의가 있었으나, 이제는 이게 쇠퇴하고 있다는 것이다. 유럽인들은 점점 더 자신들의 삶의 더 많은 면에 영향을 끼치는 브뤼셀의 비밀스러운 결정에 곤혹스러워하면서 저항하게 되었다. 주요한 정책이 브뤼셀의 관료적 처리로 이루어지고 유럽연합 제도 자체는 투명성도 권위도 얻지 못하면서 국민국가의 지도부는 신뢰를 상실했다. 그러한 퇴행적인 흐름은 이제 통화동맹에 의해 더욱 악화되고 있다. 왜냐하면 통화동맹으로 인해 회원국들은 거시경제적 수단을 상실했으며, 유럽연합의 확대로 인해 비토권이 유럽연합 인구의 1/4이 안 되는 사람들에게 주어졌기 때문이다. 민주화는 여전히 미루어질 수 있다. 그러나 한계가 있다.

하지만 그것은 갑자기 실현될 수 없으며, 완전하게 실현될 수도 없다. 불운한 유럽의 미래에 관한 협의회(European Convention)가 있기 훨씬 전에 슈미터는 그러한 과정은 성공할 가능성이 없다고 기각했다. 헌법은 혁명, 폭동, 전쟁, 경제적 붕괴 등을 통해 탄생하지, 일상의 평화로운 상황에서 탄생하지 않는다. 유럽 정치체가—민주적으로—입헌화되는 유일한 방법은 유럽의 모든 시민이 미리 일반 투표를 통해 위임받은 제헌의회를 통하는 것이다. 그사이에 전진하는 길은 모네의 방법으로 돌아가는 것이다. 지금 그것은 통합을 진전시키는 경제적 스필오버에 의존하는 것이 아니라 유사하게 점진적인 방식으로 유럽연합을 바꾸는 민주주의의 정치적 증대에 의존한다. 다시금 작은 진보가 결국에는 커다란 결과를 낳게 된다.

유럽연합의 민주화를 위해 가장 설득력 있는 프로그램은 신기능주의의 상속자에게서 나와야 한다. 모네의 방법론이 신기능주의를 배제했다는 비난은 직접적으로는 반박할 수 없다. 그러나 슈미터의 지적 배경은 하스보다 더 많은 것을 포함하고 있다. 그의 성찰은 최종적이고 분명한 전환으로 끝을 맺는다. 그의 프로그램을 감당할 세력은 어디에 있는가? 그는 하나의 역사적 행위자가 유럽연합에 의해 분명하게 강화되었다고 말한다. "그것은 유럽의 부르주아지이다." 그들은 도전에 맞설 수 있을 것인가? 아뿔사 그들은 너무나 편안하게 현재의 권력을 가지게 되었기 때문에 현상을 바꿀 이유가 거의 없다. "이데올로기적으로 볼 때, 이들의 '자유주의적' 입장이 지배적이었던 적은 없다. 실천적으로 볼 때, 이들의 '자연적' 반대자인 조직된 노동자계급은 약화되었다." 통합이 아래로부터 위협당하게 된다면, 부르주아지는 투명성과 대중적 참여, 대중 정당의 경쟁, 시민적 책임, 재분배 요구라는 불확실한 과정을 여는 위험을 감수하기보다는 "테크노크라트의 방진 뒤에 있는 참호를 찾으려" 할 것이다.[92] 실제로 그러하다. 여기에는 베버가 자기 시대의 독일 부르주아지에 가졌던 실망감의 메아리가 있다. 그러나 유럽연합에서는 곤경을 해결할 수 있는 카리스마적인 지도자 — 베버의 해결책 — 에 대한 열망이 없을 것이다. 아마도 어쨌든 간에 유럽 정치체의 민주화는 그 이전의 경제의 자유화와 마찬가지로 한밤중의 도둑처럼 다가와야 하며, 모든 행위자 — 같은 정도는 아니라 할지라도 엘리트와 대중 모두에게 — 가 무슨 일이 일어나는지 알기도 전에 덮칠 것이다.

따라서 슈미터의 구성물은 '모네의 방법'에 대한 마조네의 비판을 반

---

92 Philippe Schmitter, *How to Democratize the European Union*, pp. 128~29.

박하면서도 승인한다. 민주적 목적의 급진적 성상 파괴가 결합되어 있다. 왜냐하면 더 나은 신뢰할 만한 어떤 것이 결여되어 있으며, 회의적인 시각에서 당분간 전통적인 은밀함으로 돌아가려 하기 때문이다. 하지만 이러한 성찰은 이제까지 검토된 모든 이론화에 공통적인 경계를 넘어서기 시작한다. 계급의 언어는 유럽의 담론에 속하지 않는다. 슈미터가 여기서 자유로운 것은 라틴아메리카에 대해 작업했다는 배경 때문이다. 라틴아메리카에서는 지배의 어휘가 언제나 조야하며 개인의 문화가 진부한 앵글로색슨 식 진실을 넘어서서 전전의 코포라티즘이나 전후의 사회주의라는 이국적인 해안까지 확대되어 있다. 그는 유럽공동체를 '정치적 지배의 진귀한 형태'라고 서술한 논문을 쓰기도 했다.[93] 그러한 암시가 가리키는 것은 간극이다. 유럽에 대해 지배적인 문헌들은 여러 분과 학문에 걸쳐 있다. 정치학, 경제학, 사회학, 역사학, 철학, 법학 등이 모두 관여하고 있다. 하지만 최근의 문헌에서 빠져 있는 것은 진정한 통합의 정치경제학이다. 그것은 유럽공동체가 창설되던 시기에 밀워드의 작업과 같은 종류의 것이다. 그런 이유로 유럽에 대한 자유주의적 담론의 범위를 벗어나야 한다.

놀라운 일도 아니지만 이 영역, 즉 계급 세력과 사회적 적대, 자본의 변신과 노동의 균열, 계약의 변화와 임대의 혁신 등에 대해 가장 훌륭한 작업은 —너무나 불편할 정도로 구체적인— 마르크스주의 학자들에 의해 이루어졌다. 여기에는 암스테르담 학파라고 부르는 사람들이 있는데, 이들은 초국적 계급의 형성에 대한 연구를 개척하고 길을 연 키스

---

93 "계급적 편견이 너무 강해서 유럽공동체가 실제로 '부르주아지의 전반적인 업무를 관리하는 집행위원회'가 아니라고 생각한다. 이것은 시장과 기업에 대한 믿음이 새롭게 등장하는 이 시대에 놀랄 일이 아니며 (스캔들적인 것조차 아니다)." Philippe Schmitter, "The European Community as an Emergent and Novel Form of Political Domination", Working Paper 1991/26, Centro de Estudios Avanzados en Ciencias Sociales, Madrid 1991, p. 26 참조.

반 데어 페일(Kees van der Pijl)의 예에서 영향을 받았다. 그 결과는 통합의 신진대사에 대해 매우 상세한 경험적 연구만이 아니라 1980년대 이래 유럽연합이 행한 전환을 뒷받침하는 세력관계에 대한 성찰로 나타났다. 그람시의 개념적 유산을 독창적으로 사용한 이 연구들은 유럽연합 내의 신자유주의적 헤게모니의 '규율적' 형태와 '보상적' 형태(말하자면 대처와 신노동당)를 구분하고 — 밀워드가 최초로 제안한 가설을 발전시켜 — 경화(硬貨)에 대해 지배적인 이해관계가 걸려 있는 새로운 금리생활자(rentier) 블록 — 이들의 복잡한 분기는 이제 사적 부문 노동자계급 내의 더 나은 층으로 확대되고 있다 — 내에서 흔들리는 형태의 사회적 기초를 연구하는 해석 노선이다. 이런 작업과 함께 통합의 이데올로기적 기원과 경제적 결과에 대한 정신적인 수정주의적 역사가 작업 중이다. 이 각각은 일반적으로 받아들여지는 견해와 모순된다. 이것은 또한 리카도나 폴라니보다는 마르크스에게서 나온 것이다. 이 이단적인 좌파의 영역에서조차 미국이 등장한다는 점을 말해둔다. 암스테르담 학파의 주요한 논문집인 『폐허가 된 요새?』(2003)는 뉴욕 주 북부에 있는 해밀턴 대학의 교수인 앨런 카프러니가 지휘했다. 『위기에 빠진 통화동맹』의 수정판 편집자이자 주요 기고자인 버나드 모스도 런던에 있지만 미국 출신이다.[94]

유럽연합의 과거와 미래에 대한 연구로서 이해할 수 있듯이, 유럽 연

---

94 Alan Cafruny and Magnus Ryder(eds), *A Ruined Fortress? Neo-Liberal Hegemony and Transformation in Europe*, Lanham 2003. 여기 수록된 스티븐 길의 기조 논문인 「유럽통합에 대한 신그람시주의적 접근법」이 특히 눈에 띈다. Bernard Moss (ed.), *Monetary Union in Crisis: The European Union as a Neo-Liberal Construction*, Basingstoke 2005. 모스의 글과 함께 이 책의 주도적인 논문은 또 다른 미국인 학자인 앰허스트 대학의 제럴드 프리드먼이 썼다. 그의 논문 「유럽의 경제통합은 실패했는가?」는 회원국 국경을 넘는 무역에서 얻는 효과적인 이익이 유럽연합 내에서 국민국가적 요소 기금의 유사성을 감안할 때 제한되어 있다는 점을 보여준다.

구가 국외 추방된 이상한 유형 ─ 국외 추방에 대해 말하는 것은 분명히 잘못된 것이다 ─ 은 어떻게 설명할 수 있는가? 의심할 바 없이 이 영역에서 미국인이 지배하고 있다는 것은 분명 미국 대학 체제가 가지는 더 많은 물질적·지적 자원을 반영하고 있다. 이것은 미국 대학이 다른 수많은 영역에서도 주도하는 것을 보장하고 있다. 또한 미국에는 정치학이 더 오랜 전통과 더 큰 명성이 있다. 이 분과 학문에 유럽통합은 가장 분명한 사냥터이다. 좀 더 일반적으로 제국적 문화는 전 세계에서 벌어지는 주요한 발전을 감시해야 한다. 학문의 균형을 문제 삼는 경우에 현대 중국이나 라틴아메리카가 유럽과 실제로 다르지 않다고 반박할 수 있을 것이다. 오늘날의 유럽연합에서 대학 내 연구의 계보가 아니라 더 큰 밀도조차 유사한 결과를 기대하기 힘들 것이다.

하지만 좀 더 특정한 요소가 작동하는 게 아닌가 하는 느낌을 피하기 어렵다. 미국은 모든 정치 질서 가운데 가장 변화하지 않은 채로 있으며, 미국의 헌법은 18세기에 만들어진 그대로 석화되어 있다. 미국에 대한 최근의 연구 제목은 '얼어붙은 공화국'(Frozen Republic)이다. 이에 반해 유럽은 현재 반세기 동안 지속된 정치 실험을 하고 있다. 이는 전례 없는 일이며, 어떻게 끝날지도 분명하지 않다. 이 과정이 특이하고 지속되고 있기 때문에 헌법적으로 충만하고 마비된 문화 속에서 형성되었으며, 자국 내에서는 지적 에너지를 분출할 수 없는 사람들을 잡아끄는 자석이 되었다. 어쨌든 그것은 상황을 독해하는 한 가지가 될 것이다. 여기에다 역사적으로 볼 때, 거리에 의해 주어지는 지적 이점을 더할 수 있을 것이다. 19세기에 아메리카에 대한 사상가 가운데 토크빌만큼 토착적인 생각을 가졌던 사람은 없었다. 제임스 브라이스[95]조차 그럴 것이다. 왜 오늘날의 유럽에 대해 미국이 답례를 하지 말아야 하는가? 어

---

95 James Bryce, 1838~1922: 영국의 법학자, 역사학자이자 정치가로 1888년에 미국의 제도를 다룬 『아메리카 공화국』(*American Commonwealth*)을 썼다. 후일 미국 주재 대사(1907~13)를 지냈다. ─옮긴이

쨌든 그것은 상황을 독해하는 한 가지가 될 것이다.

그러나 너무 분명하지만 미국인들이 유럽의 내러티브를 장악하는 여러 가지 이유 속에는 최종적인 요소가 있다. 그 결과는 주체와 객체 사이의 새로운 이데올로기적 친화성 같은 것이다. 이것을 밀고나가는 또 다른 방법은 유럽이 놀라울 정도로 현대 자유주의의 이론적 실험장이 되었다고 말하는 것이 될 것이다. 유럽연합에 대해 검토하는 것보다 자유주의의 여러 변종을 생생하게 보여주는 곳은 없다. 신자유주의적 해석의 범위 내에서조차 차이가 뚜렷하다. 모라브칙은 테크노크라트적인 판본을, 길링엄은 고전경제학적인 판본을, 아이컨그린은 포스트 사회적인 판본을, 마조네는 비다수적인 판본을 보여준다. 이외에도 시든톱의 고전 정치학적 판본, 웨일러의 공동체주의적 판본, 슈미터의 급진민주주의적 판본도 다르기는 마찬가지이다. 한쪽 극단은 전통적인 자유주의적 개념으로 이해되는 민주주의가 소멸하였다. 다른 쪽 극단은 거의 변형되었다. 로버트 코헤인, 하이에크, 폴라니, 몽테스키외, 토크빌, 페인 등은 이런 모습에 영감을 주는 다양한 원천이다. 그들이 유럽연합에 대해 서술할 가능성이 여전히 남아 있는가? 토크빌의 말이 다시 돌아온다. "거기 서면, 새로운 사태를 표현해야 하는 새로운 말이 아직 존재하지 않는다."

II

핵심부

4 프랑스

전 유럽에서 프랑스는 외국인이 이 나라에 대해 뭔가를 쓰기에 가장
어려운 나라이다. 우선 프랑스를 다루기 힘든 것은 프랑스인들 스스로
가 자기 사회에 대해 생산한 결과물이 어마어마하기 때문이다. 이는 다
른 나라에서는 꿈도 꾸지 못할 규모이다. 2002년 봄의 선거운동에 대해
서만 70권의 책이 나왔다. 미테랑에 대해서는 200권이 있다. 드골에 대
해서는 3,000권이다. 물론 이들 숫자에는 쓰레기 같은 것도 엄청 많이
있다. 그러나 그런 책들은 그저 말장난이나 하는 것들은 아니다. 프랑스
에 대해 프랑스인이 쓴 저술 가운데 최상의 것들은 높은 수준의 통계적
엄격함, 분석적인 지성, 문필적인 우아함 등으로 여전히 뛰어나며, 양적
인 면에서도 견줄 만한 나라가 없다.

이런 엄청난 양의 자기 서술과 마주할 때, 외국인의 시선으로 무엇을
더하기를 바랄 수 있을까? 거리의 이점은 인류학적인 대답일 것이다.
즉 클로드 레비-스트로스(Claude Lévi-Strauss)의 먼 시선(regard éloigné)
말이다. 그러나 영국에 있는 우리는 실질적인 거리를 취할 수 있는 자제
심이 부족하다. 프랑스는 아주 친숙한 것처럼 오해를 산다. 섬나라의 역
사와 대중적 상상의 인습화된 대문자 타자(Other)로서 반복되고 있다.

여전히 그 나라 언어가 가장 일반적으로 학습되고, 그 나라 영화가 상영되고, 고전이 번역되는 게 프랑스 문화이다. 관광객에게는 가장 가까운 여행지이며, 별장지(secondary residence)로 가장 인기 있는 장소이다. 이제 런던에서 기차로는 에든버러보다 파리가 더 가깝다. 매년 1,500만 명 정도의 영국인이 프랑스를 방문한다. 이는 다른 어떤 나라보다 더 많은 수치다. 가깝다는 것은 마음을 편안하게 해준다. 그 결과 프랑스어와 씨름하는 모든 학생에게 그러지 말라고 충고하고픈 유혹이 나라 전체에 퍼져 있다. 프랑스 자체는 가짜 친구(faux amis)가 되고 있다.

영국의 감식가들은 이런 오류를 교정하는 데 별 도움이 되지 않는다. 현재 가장 유명한 두 명의 영국의 프랑스사가인 리처드 코브(Richard Cobb)와 시어도어 젤딘(Theodore Zeldin)이 변덕스럽고 엉뚱한 영국적 취향을 극단으로 밀고 나간 것이 눈에 띈다. 그들은 그 주제에 압도당해, 그에 대한 벌충으로 프랑스에 대한 영국인의 이미지를 패러디해서 전시하는 것으로 물러섰던 것이다. 마치 역사를 편찬하는 수많은 톰슨 소령[1]처럼 말이다. 덜 활기찬 분야——정치학, 문화 연구, 고급 저널리즘——는 별다른 해독제를 제공하지 않는다. 르포는 가끔 스스로를 억제하고 있는 듯이 보인다. 파리가 통신원의 상상력을 죽이는 장소인 것처럼 파리에서 날아오는 얼마 안 되는 급보는 언제나 밋밋하다. 빛나는 어둠이 이 나라를 덮고 있어서 영불 해협 너머의 비평을 노리는 덫을 가리고 있다. 이하의 글은 그런 부담에서 벗어날 수 있을 것 같지는 않다.

1

현재의 상황은 친숙함이라는 환상의 중요한 예를 보여주기 때문에

---

1 Major Thompson: 프랑스 작가인 피에르 다니노(Pierre Daninos)의 시리즈물 『톰슨 소령의 일지』에 나오는 화자(話者)이다. 은퇴한 영국군 소령 톰슨은 프랑스에 거주하면서 영국 사회와 프랑스 사회를 비교하고 기록한다. ——옮긴이

출발하기에 좋은 지점이다. 프랑스의 쇠퇴를 둘러싼 논쟁이 신문, 저널, 서점을 가득 채우고 있다. 지난 몇 년 동안 조금씩 수면 위로 떠오른 쇠퇴주의(le déclinisme)가 지난 겨울 『추락하는 프랑스』(La France qui tombe)의 출판과 함께 절정에 달했다. 이 책은 중도우파 경제학자이자 역사가인 니콜라 바베레즈가 프랑스의 부족한 부분 ─ "미테랑의 14년과 시라크의 12년은 불길하게도 연속성이 있는데, 선거에는 이기고 프랑스는 망쳐놓는다는 데서 그러하다" ─ 에 대해 쓴 용기 있는 고발이다.[2] 반박과 옹호, 답변, 대안 등이 넘쳐났다. 언뜻 보기에 바베레즈는 다소는 확신에 찬 신자유주의자로 프랑스판 대처주의자처럼 보이며, 논쟁 전체는 영국에서 쇠퇴를 둘러싸고 오랫동안 벌어진 논쟁의 재판(再版)처럼 보인다. 그러나 겉모습은 속임수이다. 문제는 동일하지 않다.

전쟁 이후 영국의 축소는 오래 끈 과정이었다. 그러나 그 출발점은 명료하다. 1914년식 지도자가 이끈 1945년의 승리가 키운 환상이 거의 아무런 휴지기도 없이 곧바로 워싱턴에 대한 재정적 의존이라는 현실로 나아갔다. 국내에서는 내핍이 있었고, 국외에서는 제국의 후퇴가 있었다. 10년 후에 소비가 활발해지자 이 나라는 이미 유럽 대륙의 경제 성장에 뒤처지고 있었고, 몇 년 내에 유럽공동체 ─ 영국은 유럽공동체의 구성을 거부했다 ─ 의 문이 닫혀 있다는 것을 알았다. 그러는 사이에 복지국가 ─ 처음 만들어졌을 때는 랜드마크였다 ─ 자체도 다른 나라에 추월당했다. 과거와의 극적인 청산은 없었으며, 완벽한 정치적 안정이라는 구조 내에서 완만하게 연착륙한 것이다.

해외의 탈식민화도 꾸준히 진행되었다. 본국에는 별로 비용이 들지 않았는데, 그것은 주로 운이 좋았기 때문이다. 인도는 싸우기에는 너무 컸다. 말레이 반도 전쟁은 인도차이나와 달리 공산주의 운동이 소수 민

---

2 Nicolas Baverez, *La France qui tombe*, Paris 2003, p. 131. 중도파에서 나온 고통스러운 응답에 대해서는 다음을 참조. Alain Duhamel, *Le désarroi français*, Paris 2003, pp. 163 이하.

족에 기반했기 때문에 승리할 수 있었다. 로디지아는 알제리와 달리 병참학적으로 범위 밖에 있었다. 피식민자들이 치른 비용은 또 다른 문제였다. 아일랜드, 팔레스타인, 파키스탄, 키프로스 등이 피범벅이 되어 분할되었다. 그러나 영국 사회는 상처를 입지 않은 것처럼 보였다. 하지만 종종 전후 질서의 주요한 성취로 간주되는 영국의 복지국가와 마찬가지로 제국에서의 철수는 마침내 얼스터라는 지방의 종기가 다시 터지자 제국은 광채를 잃었다. 이 시기의 결정적인 변화는 다른 곳에 있었다. 수에즈 원정 이후에 영국은 미국으로부터 자율성이 있다는 외양마저 버렸다. 그 이후로 지구적 헤게모니에 이 나라가 고착되는 것 ─이것은 두 정당 모두에 의해 정치적 지상 명령으로 내재화되었는데, 보수당보다 노동당이 더 그러했다 ─이 대중적 상상에서 영국의 지위 상실을 완화했다. 반면 전 세계에는 그것을 명료하게 보여준 셈이다. 지적인 삶도 별로 다르지 않았다. 전후에 활기는 주로 외부 자원, 즉 유럽 중동부의 망명자에게서 왔지 국내의 업적은 거의 없었다. 여기서도 또한 별로 긴장 없이 침몰이 일어났다.

쇠퇴한다는 느낌은 1970년대 스태그플레이션의 시작과 함께 격렬한 분배 투쟁이 일어났을 때 영국 엘리트 내부에서만 심각해졌다. 그 결과 정치 체제 내에서 날카로운 무게중심의 변동이 있었으며, 이 나라 운명의 추락은 대처에게 권한이 주어졌다. 신노동당 아래에서도 지속된 신자유주의적 주술이 자본의 정신을 재흥시켰고, 사회적 풍경을 다시 그려냈다. 영국은 이전에 복지와 국유화를 선구적으로 했던 것과 마찬가지로 국제적으로 볼 때 민영화와 탈규제 프로그램을 선구적으로 수행했다. 여전히 사회적 기반이 쇠퇴하고 사회 양극화가 심화되는 가운데 경제 회복이 완만하게 이루어졌다. 최근에 유럽이 약화되면서 영국의 르네상스라는 주장이 좀 더 일반적이었지만 물론 이에 대해 확신이 널리 퍼진 것은 아니다.

해외에서 대처의 가장 유명한 성공은 포클랜드라는 남극해의 조그마한 식민지를 다시 획득한 것이었다. 블레어의 가장 유명한 성공은 미국이 이라크를 침공했을 때 영국군을 파견한 것이었다. 그러한 모험에서 얻은 자부심이든 혹은 수치심이든 간에 어떤 것도 나머지 세계에 거의 영향을 끼치지 않았다. 국제적으로 볼 때, 축구의 명성이 이 나라의 문화적인 아이콘이 되었다. 정치적 배치는 거의 바뀌지 않았다. 적당하게 성장하기는 했지만, 여전히 생산성은 낮았다. 대학은 쪼들렸고, 철도는 큰 사고가 났다. 재무부, 잉글랜드 은행, 런던시티의 권위는 여전히 확고했다. 외교가 우선시되었다. 두드러진 성과는 없었다. 영국식 영락의 길은 시시한 사건이라고 불릴지 모르겠다.

하지만 프랑스는 이야기가 달랐다. 패전과 점령으로 인해 해방 이후 프랑스의 출발점은 영국보다 훨씬 아래에 있었다. 레지스탕스는 프랑스의 명예를 살리고 포츠담 회담은 체면을 살렸지만, 프랑스는 승전국이라기보다는 생존국이었다. 경제적으로 볼 때, 프랑스는 여전히 압도적인 농촌 사회로 1인당 소득이 영국 기준의 약 2/3밖에 안 되는 나라였다. 사회적으로는 농민층이 45퍼센트로, 가장 많이 차지했다. 정치적으로는 제4공화국이 정부의 불안정과 식민지의 재난이라는 유사(流砂) 속에서 허우적대고 있었다. 해방 이후 10년도 되지 않아 군대가 알제리에서 반란을 일으켰고, 이 나라는 내전 직전까지 갔다. 전후의 모든 경험은 스펙터클한 실패처럼 보였다.

실제로 제4공화국은 몇 가지 점에서는 특별히 활기찬 시대였다. 프랑스의 행정 구조가 철저하게 정비되고, 오늘날 이 나라의 사업과 정치를 지배하는 테크노크라트 엘리트가 형성된 것도 이때였다. 내각이 공전하는 동안, 영국과 성장률이 거의 두 배가 차이 나는 프랑스 경제를 현대화하는 통제(dirigiste)정책이 지속될 수 있도록 한 것이 공무원들이었다. 프랑스 계획자들—모네와 쉬망—이 유럽통합의 기초를 놓았으며, 로마 조약을 이끌어낸 사람들은 프랑스 정치가들이었다. 제4공화국이 끝나기 직전에 유럽공동체가 탄생한 것은 전적으로 프랑스 덕분이다. 장-폴 사르트르(Jean-Paul Sartre), 알베르 카뮈(Albert Camus), 시몬 드 보부아르(Simone de Beauvoir)의 시대에 프랑스 문학은 국제적인 독자층을 거느렸는데, 이는 전간기의 수준을 넘어서서 전후에도 이에 비교할 만한 잣대가 없을 정도였다.

　알제리의 군사 반란을 등에 업고 드골이 권력을 잡았을 때, 그가 물려받은 재산은 — 겉보기에는 망가졌지만 — 실제로 프랑스의 회복을 위한 단단한 기초를 제공했다. 물론 그는 그 이상을 약속했다. 그의 입에서 나와 유명해진 말로 영광이 없는 프랑스는 상상할 수 없었다. 그의 어휘 속에 있는 말은 영국에 따라붙는 '위대함'(Greatness)이라는 천박한 요구에서 벗어나는 함의가 있다. 그 말은 다수의 프랑스인들에게조차 시대를 따라가지 못하는 것으로 보이는 낡고 추상적인 이상이었다. 하지만 이 남자에게 그 이상을 가로막는 것은 어려운 일이며, 그가 주재한 재건도 그러하다. 드골을 민족의 판테온에 있는 조상(彫像)으로서 윈스턴 처칠(Winston Churchill)과 나란히 놓는 것이 인습적인 일이다. 그러나 낭만적인 전설을 넘어서면 둘 사이에는 차이가 크다. 드골의 역사적 성취가 훨씬 크다. 그와 비교할 때, 분명히 20세기 영국에서 처칠의 역할은 아주 제한적이었다. 그는 소비에트 군대와 미국의 부(富)로 이긴 전쟁에서 결정적이었던 1년 동안 이 나라에서 영감을 불어넣은 지도자였다. 그리고 그에 이어지는 짧은 에필로그로서 평화 시기에 뭐라 말하기 힘든 일을 했다. 그가 남긴 이미지는 거대하지만 점수는 보통이다. 전후 영국에서 제국에 대한 환상을 부추긴 것 이외에 그가 했다고 볼 수 있는 일은 별로 없다.

　망명 시기에 드골은 전쟁 지도자로서 좀 더 순수하게 상징적인 존재였으며, 평화 시기에 적응해서 공직에서 손을 뗐지만 처칠보다 강한 영향력을 지녔다. 별로 성공하지는 않았지만 말이다. 그러나 그는 처칠보다 한 세대가 젊었고, 좀 더 성찰적이면서도 독창적인 역할을 했다. 그가 10년 후에 권좌에 복귀했을 때 정치 예술의 대가가 되어 있었고, 현대 정치술에서 독창적인 인물임이 드러났다. 서방에서는 전후에 그의 기록에 근접하는 지도자가 없다. 20세기의 가장 커다란 식민지 충돌이 —절정기에 알제리의 프랑스 군대는 40만 명이었고, 그만큼의 알제리인이 죽었을 것으로 추정되며, 거의 200만 명이 고향을 등진 전쟁이었다 —파멸적인 결과를 낳았으며, 그를 권좌에 올렸던 사람들이 협정에 반대하여 벌였던 저항을 누그러뜨렸다. 새로운 공화국이 세워졌는데, 무엇보다도 강력한 대통령의 권한이 있는 제도는 정치적 안정의 추구를 목표로 했다. 첨단 기술을 추구하는 경제 현대화가 급속도로 진행되었고, 성장이 가속화되면서 주요한 기반 시설을 갖추는 프로그램과 도시의 생활수준을 빠르게 높이는 일이 진행되었다. 프랑스가 제안해서 만든 공동 농업정책(CAP)에 의해 대규모 농업이 보호받았지만, 사람들은 시골을 떠나기 시작했고, 수도는 원래의 영광을 되찾았다.

물론 가장 눈에 띄는 것은 세계에서 프랑스 국가의 위상이 바뀐 것이었다. 냉전이 지속되면서 드골은 프랑스를 유럽에서 진정으로 유일하게 독립적인 힘으로 만들었다. 그는 미국과 관계를 끊지 않으면서도 미국에 기대지 않는 핵 억지력을 만들었고, 이를 전방위적인 것으로 만들었다. 그는 나토 지휘 아래에서 프랑스 군대를 철수시키고, 유엔 이름으로 미국이 콩고에서 벌인 작전을 보이콧하고, 달러를 약화시키기 위해 금을 비축했으며, 베트남에서 미국이 벌인 전쟁과 중동에서 이스라엘이 보인 오만함을 비난했고, 영국이 유럽 공동시장에 들어오는 것을 거부했다. 오늘날처럼 위축된 세계에서는 생각할 수 없는 행동이었으며, 당시 영국 지도자들은 생각할 수 없는 행동이었다. 당시 그 나라는 쇠퇴라는 생각을 떠올릴 수 없는 곳이었다. 프랑스는 활기찬 경제, 예외적으로 강한 국가, 대담한 외교정책 등으로 벨에포크(Belle Époque) 이래 그 어떤 시대보다 큰 기백을 보여주었다.

이 나라의 찬란함은 문화적인 것이기도 했다. 제5공화국이 성립함과 동시에 지적 열정이 활짝 꽃을 피웠고, 이로 인해 전후 두 세대 동안 프랑스는 다른 모습을 띠었다. 돌아보면 국제적 영향력을 끼친 저작과 사상의 범위는 놀라울 정도이다. 한 세기 동안 그와 같은 일은 없었다고도 말할 수 있다. 전통적으로 프랑스 문화에서는 언제나 문학이 가장 높은 자리를 차지했다. 그 바로 아래 고유한 광운(光雲)에 둘러싸인 철학이 자리하고 있다. 이 둘은 루소와 볼테르(Voltaire)의 시대부터 마르셀 프루스트(Marcel Proust)와 앙리 베르그송(Henri Bergson)의 시대까지 가까이 있었다. 좀 더 아래에 인간과학들(sciences humaines)이 흩어져 자리하고 있다. 가장 유명한 것이 역사학이며, 그리 멀지 않은 곳에 지리학과 민속지학(ethnology)이 있고, 더 아래에 경제학이 있다. 제5공화국 아래 이 오래된 위계는 중대한 변화를 겪었다. 사르트르는 1964년에 노벨상을 거부했다. 그러나 그 이후 어떤 프랑스 작가도 국내외에서 그만큼의 공적 권위를 누리지 못했다. 누보로망(nouveau roman)은 제한된 현상으로, 프랑스 내에만 제한된 힘만을 발휘했으며, 해외에서는 그러지 못했다. 고전적 의미에서의 문학(Letters)은 문화 전반 내에서 지배적인 지위를 상실했다. 문학의 제단이라는 자리를 대신한 것은 사회사상과 철학사상의 이국적인 결합이었다. 드골이 지배하는 10년 동안 지적 삶이 탁월하고 강렬했던 것은 이러한 결합의 산물이었다. 레비-스트로스가 세계에서 가장 저명한 인류학자가 된 것은 이 시기였다. 페르낭 브로델(Fernand Braudel)은 가장 영향력 있는 역사가로서 자리를 굳혔다. 롤랑 바르트(Roland Barthes)는 가장 독특한 비평가가 되었다. 자크 라캉(Jacques Lacan)은 정신분석학의 마법사로서 명성을 얻기 시작했다. 미셸 푸코(Michel Foucault)는 지식의 고고학을 창안하기 시작했다. 자크 데리다(Jacques Derrida)는 이 시대의 반율법주의 철학자가 되기 시작했다. 피에르 부르디외(Pierre Bourdieu)는 자신을 유명한 사회학자가 되게 한 개념을 발전시키기 시작했다. 사상이 이렇게 한꺼번에 폭발한 것은 놀라운 일이다. 1966~67년 겨우 두 해 동안에 ─ 또 다른 범위에서 ─ 『스펙터클의 사회』는 말할 것도 없고, 『꿀에서 재까지』(*Du miel aux cendres*), 『말과 사물』(*Les mots et les choses*), 『물질문명과 자본주의』(*Civilisation matérielle et capitalisme*), 『유행의 체계』(*Système de la mode*), 『에크리』(*Écrits*), 『자본을 읽자』(*Lire le Capital*), 『그라마톨로지에 관하여』(*De la grammatologie*)가 나란히 출판되었다. 이 저작들이 다른 저작들과 어떤 관계를 가졌든 간에 다음 해에 혁명적 열정이 사회 자체를 사로잡게 되었다는 것은 전혀 놀랄 일이 아니다.

해외에서 이런 열기를 수용하는 것은 나라마다 달랐지만, 일본은 말할 것도 없고 서양의 주요 문화권 모두가 여기서 벗어나지 않았다. 물론 이것은 파리적인 어떤 것이 가지고 있는 전통적인 특징 덕분이었다. 그것은 정신과 유행의 어떤 느낌을 지니고 있다. 그러나 그것은 또한 분명히 이러한 사고가 가지고 있는 장르의 생략이라는 진기함의 효과이기도 했다. 문학이 프랑스 문화의 정점에서 자신의 지위를 상실했다 하더라도, 그것은 추방이 아니라 대체였기 때문이다. 비교해서 보았을 때, 이 시기에 언급된 사회과학과 철학의 두드러진 특징은 아카데미 형식이 아니라 예술적인 원천과 파격에 기댄 거장의 문체로 쓰여졌다는 것이다. 구문이라는 점에서 지크문트 프로이트(Sigmund Freud)보다는 스테판 말라르메(Stéphane Mallarmé)에 더 가까운 라캉의 『에크리』나 장 주네(Jean Genet)와 헤겔(G. W. F. Hegel)을 이중의 칼럼으로 교직시킨 데리다의 『조종』(Glas)은 이러한 전략의 극단적인 형식을 대표한다. 그러나 앙토넹 아르토(Antonin Artaud)와 자크 보쉬에(Jacques Bossuet)를 섞어놓은 울림이 있는 푸코의 모호한 제스처, 레비-스트로스의 바그너적인 구조, 바르트의 절충적인 교태는 동일한 영역에 속한다.[3]

이러한 발전을 이해하기 위해서는 학위 논문에서 찾아볼 수 있는 프랑스 교육체계의 상위 수준에서 수사학의 교육적 역할을 상기해야 한다. 그 교육체계에서 이 모든 사상가 — 고등사범학교 문과 준비생(khâgneux) 혹은 고등사범학교 학생(normaliens)으로 실질적으로 남자이다 — 는 문학과 철학 사이의 잠재적인 연결고리로서 교육을 받았다. 부

---

3 아르토(1896~1948)는 근원적이며 삶과 관계라는 폭력을 드러내는 '잔혹극'을 연출했으며, 보쉬에(1627~1704)는 가톨릭 사학자로서 전제정치와 왕권신수설을 옹호한 인물이다. 광기·폭력·주권 등의 관계를 드러내는 푸코의 『광기의 역사』(1961)나 『감시와 처벌』(1975)에서, 특히 아르토와 보쉬에의 영향이 보인다. — 옮긴이

르디외는 이러한 수사학적 전통을 자신의 작업의 주된 목표물의 하나로 삼았지만, 그조차 원래 가지고 있는 고유한 리듬에서 벗어나기 어려웠다. 그의 모호함에 악담을 퍼부었던 루이 알튀세르(Louis Althusser) 같은 사람은 좀 덜한 편이다. 지적 훈련의 문필적 개념이 치를 잠재적인 대가는 매우 명확하다. 논거가 논리에서 자유로우며, 명제가 증거에서 자유롭다. 역사가들은 문학이라는 수입 대체품에 빠지는 경향이 덜하기는 했지만, 브로델조차 현란한 수사에 대한 통제력을 상실하기도 했다. 외국인들의 반응이 종종 양극화된 것은 프랑스 문화의 이러한 특질 때문이었다. 외국인들의 반응은 아첨과 의심 사이를 왔다 갔다 했다. 수사학은 주문을 외우는 것이었고, 거기에 빠진 사람들 사이에서 쉽사리 숭배가 생겨났다. 그러나 이를 사기와 협잡이라고 비난하면서 물리칠 수도 있다. 여기서 균형 잡힌 판단은 쉽지 않을 것이다. 명백한 것은 이러한 저술에서 상상적인 형식의 글쓰기와 논증적인 형식의 글쓰기가 과장되게 융합한 것을—부수적인 결함이 있긴 하지만—이 저술이 가장 독창적이고 급진적이 되게 만든 모든 것과 분리할 수 없다는 것이다.

물론 드골 치하에서 프랑스 문화의 생동감은 이러한 거물들의 문제만은 아니었다. 프랑스 문화가 보여준 생동감의 또 다른 징후는 당시 세계에서 가장 뛰어난 신문인 『르몽드』가 있었다는 것이다. 위베르 뵈브-메리(Hubert Beuve-Méry)의 진지한 체제 아래에서 파리는 당시 서양의 언론계에서 국제 기사를 다루는 양과 질, 정치적 독립성, 지적 수준이라는 면에서 독보적인 일간신문의 지위를 향유할 수 있었다. 이에 비하면 『뉴욕 타임스』, 『타임스』, 『프랑크푸르터 알게마이네 차이퉁』은 지방의 삼류지에 불과했다. 학계에서는 제4공화국 시기에 상대적으로 크게 눈에 띄지 않던 저널인 『아날』(Annales)은 프랑스 역사서술에서 지배적인 힘이 되었다. 『아날』은 공적 문화에서 중심 역할을 하고—한때 이를 누렸으나 오랫동안 잃어버린 어떤 것—해외에서 커다란 영향력을 얻으면서 지배적인 힘을 차지했다. 브로델이 사회과학고등연구원의 제6국을 지휘하면서 사회과학에 활력을 불어넣었고, 집정 정부와 같은 방식으로 사도들과 재능 있는 사람들을 재조직하여 자율적인 인간과학의 집(Maison des Sciences de l'Homme)이라는 요새가 될 기초를 마련했다. 물론 마지막으로 말하지만 중요한 것으로 영화가 있었다. 다른 영역과 마찬가지로 여기서도 창조성이 놀랍게 분출한 원천은 제4공화국의 하위문화에 있었다. 1960년대를 거치면서도 여전히 축소되지 않은 그 특색 가운데 하나는 사상을 다룬 저널의 양과 다양성이었다. 이 저널들은 서양의 다른 어떤 곳에서보다 지적 생활에서 중요한 역할을 했다. 사르트르의 『현대』(Temps moderne), 조르주 바타유(Georges Bataille)의 『비판』(Critique), 에마뉘엘 무니에(Emmanuel Mounier)의 『에스프리』(Esprit) 등은 잘 알려진 몇몇 예일 뿐이다. 앙드레 바쟁(André Bazin)의 『카이에 뒤 시네마』(Cahiers du Cinéma)가 장래에 누벨바그의 감독이 될 사람들의 열정과 확신을 형성하는 용광로가 된 것은 이런 분위기 속에서였다.

이 감독들이 스크린에 데뷔한 것은 드골이 권력을 잡은 때와 일치했다. 「400번의 구타」와 「사촌들」은 1959년에 개봉했고, 「네 멋대로 해라」(À bout de souffle)는 1960년에 개봉했다. 전후에 파리는 한 세기 동안 차지했던 현대 회화의 수도가 더 이상 아니었다. 그러나 시각예술 전반으로 보면, 프랑스는 영화로 활기를 대신했다고 보아야 할 것이다. 혹은 유사하게 영화를 이 시대의 지배적인 서사 형식으로서의 소설을 대체한 예술로 간주한다면, 걸작을 잇달아 내놓은 장-뤼크 고다르(Jean-Luc Godard)를 과거의 위대한 프랑스 작가들에 상당하는 현대의 작가로 볼 수 있을 것이다. 「경멸」(Le mépris), 「국외자들」(Bande à part), 「결혼한 여자」(Une femme mariée), 「미치광이 피에로」(Pierrot le fou), 「그녀에 대해 알고 있는 두세 가지 것들」(Deux ou trois choses), 「중국 여인」(La Chinoise), 「주말」(Week End) 등은 당시 10년이 오노레 드 발자크(Honoré de Balzac)나 프루스트의 최신판이라는 것을 보여준다. 다른 어떤 나라도, 이탈리아조차도 이 시절 프랑스 영화의 분출에 근접하지 못했다.

* * *

오늘날에는 이 모든 것이 지나가버렸다. 제5공화국이 반세기 가까이 지나면서 무너진 풍경을 보여주고 있다는 느낌을 지울 수 없다. 1990년대 경제가 매년 1.3퍼센트씩 기어가듯이 성장한 후인 오늘날에는 또 다른 바닥으로 떨어져 적자가 확대되고 공적 부채가 늘어났으며, 실업률이 아주 높은 수준에 이르렀다. 높은 비율의 조기 은퇴로 인해 노동력이 줄어들었음에도 9퍼센트가 훨씬 넘는 숫자가 일자리가 없다. 프랑스 청년층의 1/4이 일자리가 없다. 이민 가정의 2/5가 일자리가 없다. 한때 유럽에서 가장 훌륭했던 중등교육은 꾸준히 질이 나빠지고 있다. 현재 많은 숫자가 문해(文解) 능력을 갖추지 못한 채 졸업하고 있다. 여전히 프랑스는 대학에 있는 학생보다 리세(최상위 수준을 제외하고 처음으로 사립학교에 뒤처졌다)에 있는 학생에게 더 많은 돈을 쏟아붓고 있기는 하지만, 프랑스는 OECD에서 낮은 문해율을 보이는 나라이다. 자금 지원 면이나 성과 면에서 볼 때도 과학 연구는 바닥을 치고 있다. 과거에는 거의 알려지지 않았던 국외 이주가 이 나라의 실험실을 빨아먹고 있다.

부패가 좀먹고 있는 정치 체제는 점점 더 대중의 외면을 받고 있다. 2002년 대통령 선거 1차 투표에서 유권자의 거의 1/3 — 한 후보를 지지한 찬성표보다 훨씬 더 많은 숫자이다 — 이 투표를 하지 않았다. 이 투표에서 현직 대통령은 1/5도 안 되는 득표를 했다. 의회 선거에서는 40퍼센트가 기권했다. 프랑스 의회는 서방 세계에서 가장 취약한 의회로 제1제정의 반향실(echo chamber)과 유사하다. 이 나라의 현 통치자는 헌법재판소가 서둘러 기소 면제를 해주지 않았다면 공금 횡령 혐의로 피고석에 앉았을 것이다. 법 앞의 평등을 짓밟는 일이었는데, 좀 더 냉소적인 정치 문화가 있다고 여겨지는 이탈리아의 대통령조차 그러지 못했다. 대외정책은 드골주의를 얼룩덜룩하게 패러디한 것이다. 중동에서 미국이 벌이는 전쟁 명분에 대해 말로는 반대를 했지만, 일단 공격이 진행되자 실질적으로 영공의 제공을 허락했고 즉각적인 승리를 희망했다. 아울러 카리브 해 지역의 또 다른 불만족스러운 지배자를 몰아내는 합동 쿠데타로 불충한 태도를 바꾸려 노력했고, 바그다드의 괴뢰 정권에 아그레망을 주었다. 국내에서는 1990년대까지 국가적 자부심의 시금석으로 공공사업이 누렸던 명성이 루아시 공항〔파리의 샤를드골 공항〕의 무덤 같은 먼지와 돌무더기에 놓여 있을 뿐이다.

논란의 여지가 있지만, 안팎에서 보기에 경제적 어려움과 정치적 소모가 프랑스의 본질적인 가치라고 여겨지는 것을 그리 심각하게 훼손하지는 않았다. 어쨌든 그 어떤 다른 국민(nation)도 자신의 정체성을 넓은 의미에서의 문화에 그렇게 분명하게 두고 있지 않다. 그러나 여기서도 또한 —몇 가지 점에서, 혹은 그 이상으로—산업의 문제나 국가의 문제에서와 마찬가지로 전반적인 풍경은 참담하다. 많은 사람이 보기에 진짜로 영락(dégrigolade)이라고 할 수 있다. 말로(Malraux)의 시절은 오래전에 가버렸다. 현재의 상황을 궁정 철학자로서 그의 불운한 후계자의 운명보다 더 잘 보여주는 것은 없다. 시라크 밑에서 교육부 장관을 지낸 살롱통인 뤼크 페리(Luc Ferry) 말이다. 그가 축소 개혁의 최종 조치를 설득하기 위해 학교를 방문했을 때, 교사들은 그의 최신 소품에 조소로써 응답했으며, 이렇게 후원자를 곤혹스럽게 했기 때문에 즉각 잘렸다.

좀 더 일반적으로 볼 때 가치가 떨어지고 멍청해졌다는 느낌, 즉 지적 부패가 금융이나 정치의 부패와 얽혀 있다는 느낌이 널리 퍼졌다. 오랫동안 누이 좋고 매부 좋은—다른 어떤 언어에 이에 해당하는 표현이 있는가?—근친상간에 빠진 신문과 텔레비전은 사상을 다룰 때뿐만 아니라 비즈니스와 권력을 다룰 때 가졌던 예전의 자제심을 잃어버렸다. 『르몽드』의 쇠퇴가 상징적이다. 오늘날 이 신문은 뵈브-메리가 만들어낸 일간신문을 우습게 모방한 것이다. 새된 목소리에, 순응주의적이고 편협하다. 점점 더 웹사이트의 이미지에 따라 만들어지고 있으며, 미국의 타블로이드판 신문보다 심할 정도로 구독자를 바보 같은 팝업창과 무의미한 광고로 괴롭힌다. 다른 대안이 없어서 계속 보고 있는 원래의 구독자들이 이 신문에 대해 느끼는 혐오감은 이 신문을 타락시킨 경영진 트리오 — 알랭 맹크(Alain Minc), 에드위 플레넬(Edwy Plenel), 장-마리 콜롱바니(Jean-Marie Colombani) — 를 반대하는 아주 편파적인 논쟁서가 20만 부 팔렸을 때 드러났다. 이때 논쟁의 저자들에 대한 법적 위협이 있었다가 법정에서 세 명이 더 큰 위기를 피하기 위해 취하되었다.

문을 괴는 데 쓰기 좋은 『르몽드의 숨겨진 얼굴』(*La face cachée du Monde*)은 600쪽에다 명예를 훼손할 만한 자료를 일관되지 않고 부적절하게 섞어 놓았으며, 탐욕스러운 경제 조작, 정치적 아첨과 복수, 어처구니없는 문화적 아첨 그리고 마지막으로 언급하지만 꽤나 중요한 것으로 어떤 기준으로 보더라도 재미없는 탐욕스러운 개인적 축재 등을 폭로한다. 뵈브-메리는 은퇴한 후에 이렇게 말한 적이 있다. "『르몽드』가 창간된 이후 돈은 편집인의 사무실에 들어오기 위해 계단 맨 밑에서 기다리고 있었다. 거기서 언제나처럼 참고 있으면 결국 최종 결정권을 얻게 될 것이라는 말을 들었다."[4] 콜롱바니와 그의 동료들이 세운 미디어 복합기업은 그 업무를 떠맡겠다고 통지했다. 그러나 탐욕만큼이나 상층의 동기도 강력했는데, 이들이 대변한 저널리즘은 너무 널리 퍼져 있는 것이라 이것으로 간단하게 설명할 수 없다. 더 심층에 대한 이야기는 공적 업무에 대한 기성의 논평을 둘러싼 복잡한 공모 — 이는 정치적 스펙트럼 전체에 걸쳐 있다 — 를 폭로한 세르주 알리미의 『새로운 충견들』[5]에서 찾아볼 수 있다. 파리 사회의 텔레비전 진행자와 현명한 편집인들 사이에서 벌어지는 상호 아첨과 잘난체에 대한 이 냉소적인 연구가 보여주는 것은 최소한 시장에서의 물질적 투자만이 아니라 이데올로기적 투자에도 기초한 묵인의 체계이다.

사상의 세계도 별로 나은 모양이 아니다. 위대한 모든 이름이 죽음

---

4 Pierre Péan and Philippe Cohen, *La face cachée du Monde*, Paris 2003, p. 604.
5 Serge Halimi, *Les nouveaux chiens de garde*, Paris 1997. 작지만 놀라운 이 분석서는 출판 이래 17판을 넘어섰으며, 30만 부가량 팔렸다. 『가디언』과 자매지를 다루는 저널이 절실하지만 이에 해당하는 출판물이 영어권에는 없다.

과 함께 실질적으로 사라졌다. 바르트(1980), 라캉(1981), 레몽 아롱(Raymond Aron, 1983), 푸코(1984), 브로델(1985), 드보르(1994), 들뢰즈(1995), 리오타르(1998), 부르디외(2002), 데리다(2004)가 죽었다. 이제 100세인 레비-스트로스만이 살아 있다(이 책이 나온 직후인 2009년 10월에 세상을 떠났다). 그 이래 그 어떤 프랑스 지식인도 그만한 국제적 명성을 얻지 못했다. 물론 명성을 얻지 못했다는 것이 가치가 적다는 것은 아니다. 그러나 고유한 가치가 있는 개별 저작이 계속해서 나오긴 하지만, 지적 삶의 전반적인 상황은 이 나라에서 60세 이하의 가장 유명한 베르나르-앙리 레비(Bernard-Henri Lévy)의 기묘한 명성을 통해 짐작할 수 있다. 그가 사실이나 사상을 정연하게 다룰 능력이 없다는 증거가 무수히 많음에도 프랑스 공론장에서 이 아둔한 명청이에게 보내는 관심보다 취향과 지성에 대한 국민적 기준이 극단적으로 뒤집힌 것을 상상하기는 어려울 것이다. 그렇게 그로테스크한 것이 오늘날 다른 어떤 주요한 서양 문화권에서 번성할 수 있겠는가?

이것이 철학이라고 주장하는 것이라면 문학도 그에 못지않다. 오늘날 주도적인 소설가인 미셸 우엘베크(Michel Houellebecq)─찬미자의 눈에 그는 '슈퍼마켓의 보들레르'이다─는 독자들에게 충격을 주는 작가라는 점에서 영미 문학계의 마틴 에이미스(Martin Amis)와 그리 다르지 않은 위치를 차지하고 있다. 비록 섹스와 폭력이라는 진부함을 빼면 충격을 주는(épater) 형식은 서로 다르지만 말이다. 에이미스는 문체가 현란하고 의미가 어울린다. 우엘베크는 생각이 도발적이고 산문은 진부하다. 우엘베크의 글은 공상과학소설에서 나온 것으로 지적 관점에서 보면 덜 인습적이지만─깊이가 있는 것은 아니지만 때때로 인습을 동요시키는 경구를 다룰 줄 안다─그 기원에서 예상할 수 있듯이 문학적 상상력은 빈곤하다. 대체로 보아 작가가 재능이 없어서가 아니라 활기없고 맥 빠진 문장이 계속해서 윙윙거리면서 이 문장들이 묘사하는 타락한 세계를 재생산한다. 그러나 우엘베크의 엉터리 같은 시를 보면 그러한 일치는 자연스럽다는 것을 알 수 있다. 이러한 수준의 글쓰기가 공식적인 갈채를 받을 수 있다는 것은 이제는 오래된, 프랑스 문화의 또다른 약점에 대해 어떤 것을 알려준다. 프랑스 문화에는 비평이 유별나게 없다. 서평에 대한 표준적인 생각 —『라 켕젠 리테레르』, 『르 누벨 옵세르바퇴르』, 『르몽드』 서평란, 『리베라시옹』 등을 보라 —은 다른 매체에서는 광고란에 불과하다. 물론 예외 없는 규칙이 없지만 이것들은 단순한 전도, 즉 또 다른 의례로서의 악평이 되는 경향이 있다. 『타임스 리터러리 서플먼트』나 『런던 리뷰 오브 북스』(*LRB*), 『린디체』(*L'Indice*)나 『더 뉴 리퍼블릭』의 북 섹션, 하다못해 『디 차이트』의 지루한 지면에 해당하는 것이 없다. 소설, 사상, 역사 등에 대해 부단히 분석적으로 개입하는 일이 거의 없다.

언제나 그러했던 것은 아니다. 정치적 분할은 더 강하고, 저널 내부와의 사이에서 갈등이 더 생동감 있던 제4공화국과 제5공화국 초기의 문화에는 오늘날보다 훨씬 진정한 논쟁과 비평이 있었다. 『카이에 뒤 시네마』는 이에 해당하는 주목할 만한 예이다. 지금은 어떠한가? 콜롱바니 일당의 또 다른 상업 잡지인 『엘르』가 신문가판대에 잘못 자리 잡고 있다. 프랑스 영화가 아주 추락한 게 아니라면, 그것은 주로 프랑스 영화에 혁신을 불러온 사람들로부터 지속적인 결과물이 있었기 때문이다. 고다르, 에릭 로메르(Éric Rohmer), 클로드 샤브롤(Claude Chabrol)은 초창기만큼이나 여전히 활동적이다. 이들의 최신 작품을 살펴보면 최근에 프랑스가 성공적으로 해외로 수출한 영화 「아멜리에」(Amélie)는 할리우드를 고민스럽게 만들 정도로 아주 대중적이었다.

2

물론 현재 프랑스의 풍경을 매력 없는 모습으로 환원할 수는 없을 것이다. 실패의 목록을 가지고 움직이고 있는 사회의 울퉁불퉁한 실제를 파악할 수는 없을 것이다. 모든 시간적인 비교는 왜곡과 선택적 묘사에 빠질 수 있다는 것도 사실이다. 여전히 드골의 뻔뻔스러운 섭정의 그림자가 어슬렁거리는 프랑스의 경우에는 아마 다른 곳보다 더 그러할 것이다. 그러나 현재의 불안은 키메라가 아니며, 설명이 필요하다. 제도·사상·형식·기준 등이 눈에 보일 정도로 침몰하는 배후의 원인은 무엇인가? 분명한 첫 번째 가설은 한때 '프랑스적 예외'—즉 모든 면에서 프랑스 사회와 문화는 프랑스를 둘러싸고 있는 대서양적 보편성의 진부한 관행에서 벗어나 있다는 것 —라고 했던 것이 저항할 수 없는 두 가지 힘에 의해 점차로 이 나라에서 빠져나갔다는 것이다. 그 두 가지는 신자유주의의 전 세계적인 진전과 세계 언어로서의 영어의 부상이다. 이 두 가지는 분명 프랑스라는 전통적인 개념의 토대를 공격했다. 역사적으로 볼 때 우파와 좌파 모두 다른 방식으로는 확실히 분열되어 있었지만, 사회질서를 조직하는 원리로 시장을 신뢰하지는 않았다. 자유방임(laissez-faire)은 언제나 프랑스 현실에는 낯선 프랑스어 표현이다. 오늘날에조차 자유방임에 대한 의구심이 심하기 때문에 프랑스에서는 독특하게도 '신자유주의적'이라는 당대의 용어가 모든 부정적 함의를 내포하고 있으며, 장황하게 쓰이기는 하지만 별로 통용되지 않는다. 의견 차이가 크다고 하더라도 '자유주의적'이라는 말만으로도 비난을 하기에 충분한 말이다. 따라서 대처와 레이건 시절에 시작된 서양의 경제적 배치의 획일화는 제4공화국과 제5공화국에 공통적이었던 경제 개입과 사회 보호라는 국민적 유산에 대해 특히 고통스러운 것이었다.

탈규제화된 금융시장이라는 경제적 압력과 함께 종종 그것의 문화적 차원으로 경험된, 멈출 수 없는 비즈니스, 과학, 지적 교류의 멈출 수 없는 지구적 수단으로 영어의 승리가 도래했다. 북유럽의 작은 나라인 베네룩스 3국과 스칸디나비아 나라에서 이것은 어쨌든 확산되어 있던 이중 언어주의를 확실하게 해주는 것에 불과했다. 독일의 정치 엘리트와 지식인 엘리트는 언제나 부끄러운 과거에서 이 나라를 벗어나게 해준 해방자인 미국에 깊이 속박되어 있었고, 따라서 전후에 독일어에 대한 주장은 약했다. 이탈리아인들은 이탈리아어가 자신들 이외의 다른 사람들에게 중요하다고 생각해 본 적이 없다. 프랑스는 완전히 다른 상황이었다. 프랑스어는 한때 유럽 대륙의 상층 계급이 쓰는 계몽사상의 공통 언어로서 프로이센과 러시아의 경우 때때로 자신들의 언어보다 선호되기도 했다. 프랑스어는 19세기에 외교의 표준이었다. 프랑스어는 1990년대까지 유럽공동체의 관료제의 주요한 의사소통 수단이었다. 오랫동안 프랑스 문명 — 문화 이상의 것으로서 — 이라는 생각과 동일시된 프랑스어는 고유한 보편성의 느낌이 있는 언어였다.

높이 솟아올랐고, 프랑스 국경 너머 멀리에서도 터진 영광의 30년이라는 지적 불꽃놀이는 이러한 관념을 지탱했다. 그러나 지적 불꽃놀이를 낳았던 상황은 아주 자기 확신적이고, 정신적으로 — 종종 실제적으로도 — 한 가지 언어만을 사용하는 엘리트에 의존했다. 이들은 긴장된 온실의 세계에서 세대를 이어 인재를 양성한 주요한 파리의 리세와 고등사범학교에 있는 엘리트였다. 1945년에 와서야 설립되어 정치와 비즈니스 고위층의 양성소가 된 국립행정학교는 — 조르주 퐁피두(Georges Pompidou)는 이 나라를 통치한 마지막 고등사범학교 출신이었다 — 이미 특권화된 교육을 좀 더 테크노크라트적인 방향으로 바꾸게 되었다. 그러고 나서 1968년 이후 대학과 중등학교의 개혁이 다른 나라들의 유형을 따랐다. 협소했던 체제의 기준을 유지하는 데 필요한 자원은 없이 교육 기회를 확대한 것이다.

값싼 민주화는 필연적으로 제3공화국의 자부심이었던 국가적 제도의 사기와 응집력을 침식했다. 교사의 권위가 실추되었다. 커리큘럼은 계속해서 재조정되고 질이 떨어져서 이제 평균적인 리세 학생은 프랑스 고전을 서투르게 맛만 보고 있다. 사립학교가 이런 정체 상태를 메우면서 확산되었다. 이것은 거의 모든 서양 사회에 대해 말할 수 있는 익숙한 이야기이다. 프랑스에서 이것을 과잉 결정한 것은 비즈니스, 엔터테인먼트, 저널리즘의 회로를 통해 영어가 침입하면서 문화적 자존심이 냉엄하게 공격받은 것이었다. 지난 20년 동안 매년 상영되는 프랑스 영화의 비율은 절반에서 1/3로 떨어졌다. 현재 상영되고 있는 영화의 60퍼센트가 미국 영화이다. 『르몽드』는 주말에 — 적절하게 선택한 —

『뉴욕 타임스』를 배포한다. 국민적 정체성의 가장 중요한 버팀목 가운데 하나가 격렬한 스트레스를 받고 있다. 이러한 상황에서 지적 성취에서 어느 정도 해체가 있었다는 것은 예상되는 일이었다.

그러나 영어권 세계에서 오는 경제적·문화적 압력이 프랑스의 전통과 제도에 광범위하게 제약을 주기는 했지만, 프랑스 사회 내부의 정치적 변화도 이 나라가 현재와 같은 부진 상태에 빠지게 하는 데 중요했다. 여기서는 명백한 일치가 눈에 들어온다. 드골은 프랑스의 전후 회복의 절정에서 통치했다. 그의 지배는 1968년 5~6월에 절정에 달했다. 1년 후 그는 물러났다. 그러나 이때가 되면 커다란 변동으로까지 나아갈 정도의 위기 속에서 분출한 사회적 에너지가 사라졌다. 이에 비교할 만한 기세는 다시 나타나지 않았다. 그 이래 프랑스는 사산(死産)한 혁명의 장기적인 사후 불황에 빠졌다. 1848년처럼 전환에 실패한 프랑스 근대사의 전환점이 되었어야 했는데, 그러지 못했다.

이런 추측은 매력적이기는 하지만, 실제 사건의 연쇄는 좀 더 복잡하다. 1968년의 직접적인 혁명적 목표는 달성하지 못했지만, 그 혁명을 추진했던 에너지가 하룻밤 사이에 사그라진 건 아니었다. 정치적으로 말하자면, 당분간 대부분의 에너지는 좀 더 전통적인 좌파의 수로로 흘러들어 갔다. 1970년대 초 공산당원이 급격하게 증가했으며, 사회당은 재통합되었으며, 1972년에 공산당과 사회당은 공동 강령에 합의했다. 이는 냉전 당시의 분열을 잊게 만드는 것으로 보였다. 1974년에 지스카르 데스탱이 근소한 차이로 대통령이 되기는 했지만, 여론조사에서는 1978년 가을로 예정된 입법부 선거는 분명 좌파가 이기는 것으로 나왔다. 이렇게 되면 전후 최초로 자본주의와 절연하고 은행과 산업에 대한 대대적인 국유화를 주장하는 강령에 근거한 사회당-공산당 정부가 들어서는 것이었다.

우파는 패닉 상태에 빠졌고, 이러한 전망 속에서 전후 프랑스의 지성사 및 정치사와 실질적인 단절을 재촉했다. 마르크스주의가 오텔 마티농(Hôtel Matignon, 총리 관저)에 들어가게 하는 마르크스주의의 유령을 막기 위한 동원이 빠르고, 과격하고 포괄적으로 일어났다. 1975~77년 사이에 신철학자들(Nouveaux Philosophes)이 소비에트 전체주의와 이론적 기원에 대해 경고하면서 언론에서는 예전에 좌파였던 지식인들이 캠페인을 벌이는 시끄러운 총소리를 내기 시작했다. 프리드리히 엥겔스(Friedrich Engels)에서 니콜라이 예조프[6]까지 일직선으로 이을 수 있다면, 조르주 마르셰[7]와 미테랑이 그 선을 이 나라에 들여오게 내버려두었다니 프랑스인들은 미친 게 틀림없는가? 『요리사와 식인종』(La cuisinère et le mangeur d'homme), 『인간의 얼굴을 한 야만』(La barbarie à visage humain) 등 무시무시한 제목으로 포장되고 엘리제궁이 후원한 이런 메시지는 때맞추어 1974년에 알렉산드르 솔제니친(Aleksandr Solzhenitsyn)의 『수용소 군도』 프랑스어판이 나오면서 더욱 강화되었다. 소비에트학이라는 학문적 전통이 별로 없는 프랑스는 스탈린 정권의 세부 사항에 대한 공적 인식이 미국·영국·독일에 비해 뒤처져 있었다. 냉전 시기에 다른 곳에서는 상식이었던 것이 데탕트 시기에 파리에서는 뜻밖의 새로운 사실이 되었다.

따라서 짧은 시기 동안 솔제니친은 이 나라의 찬미자가 말한 것처럼 프랑스인들이 자신들의 위대한 작가 가운데 한 사람에게 부여하는 '도덕적 판관' 노릇을 할 수 있었다.[8] 물론 서양을 좋지 않게 보는 그의 견해와 몇 가지 다른 불편함이 드러나면서 그런 역할은 끝났다. 그러나 그 역할이 지속되는 동안은 효과가 상당해서 앙리 레비와 그의 동료들이 영향력을 발휘하는 데 도움이 되었다. 공산주의에 대한 공포가 고조되는 가운데 프랑스 공산당(PCF)은 갑자기 사회당과의 동맹을 철회하

---

6 Nikolay Yezhov, 1895~1940: 소련 내무위원회 위원장으로 스탈린의 대숙청을 지휘했으나 나중에는 자신 또한 숙청당했다. ─옮긴이

7 Georges Marchais, 1920~97: 프랑스 공산당의 지도자이며, 1981년 대통령 선거에 후보로 나섰다. ─옮긴이

8 Pierre Grémion, "Écrivains et intellectuels à Paris. Une esquisse", Le Débat, no. 103, January-February 1999, p. 75.

면서 공산당 반대자들이 한숨을 돌릴 수 있게 했다. 공산당이 이렇게 한 것은 사회당과의 동맹에서 하위 파트너가 되는 게 싫었기 때문이며, 이로 인해 좌파는 국회에서 다수파가 될 기회를 잃어버렸다. 마침내 미테랑이 대통령이 된 1981년에는 공동 강령은 과거지사가 되었고, 공산당은 힘없는 세력이 되었다. 좌파는 사상의 전투에서 패배한 이후 하사관에서 장교로 승진했다.

왜냐하면 1970년대의 불확실성이 활기를 띠면서 그 이후 20년 동안 지적 삶을 지배하게 될 '반전체주의' 전선이 되었기 때문이다.[9] 러시아의 현자와 신철학자들은 이 20년 동안 더 강력하고 더 끈질기게 활동할 세력에 앞서서 소리친 사람들에 불과했다. 1977년에 아롱 — 이때 아롱은 정치에 좀 더 활발하게 개입할 수 있기 위해 『렉스프레스』(L'Express)에 참여했다 — 은 거의 혁명적이라고 할 수 있는 강령에 근거하여 권력을 잡으려 했던 사회당-공산당 정권의 위협에 맞서 제5공화국을 옹호하는 새로운 저널 『코망테르』(Commentaire)를 준비했다. 이 잡지의 창간호가 1978년 3월 선거 직전에 나왔을 때, 프랑스 공산당과 사회당의 분열이라는 '신의 충격'(divine surprise)이 있었다. 그럼에도 그가 강력한 권두 에세이인 「프랑스의 불확실성」에서 설명했듯이, 계속해서 걱정하고 감시해야 하는 이유가 있었다. 19세기에 프랑스가 그렇게 불안정하고 폭력적인 격변에 휩싸인 요인이 있었다. 그것은 일반적으로 수용되는 정통성의 원리가 부재하다는 것이다. 농민들은 1789년에 얻은 토지에 손대지 않는 정권이라면 어떤 정권이라도 수용했다. 파리는 화약통 역할을 했다. 이 모든 것이 퐁피두와 지스카르 데스탱 시절의 번영하고 산업화된 민주주의 속에서 사라져버렸는지 모른다. 그러나 후퇴가 시작된 1970년대 초 이래 경제 위기는 심화되었고, 장기화되리라 예측되는 데

---

9 이 현상에 대한 가장 훌륭한 연구는 꼼꼼한 증거를 갖춘 다음 책 참조. Michael Christofferson, *French Intellectuals Against the Left: The Antitotalitarian Moment of the 1970s*, New York 2004, passim.

도 프랑스인들은 이를 과소평가했고, 운좋게도 좌파가 최근에 분열하긴 했지만 프랑스 사회주의는 여전히 최대주의의 유혹을 벗어버리지 못하고 있었다. 사회당이 프랑스 공산당 지지자들을 당기려 하고 공산주의자들을 정부에 들어오게 한다면, "프랑스는 아마도 혁명적인, 아마도 전제적인 혼란의 시기를 겪게 될 것이다."[10]

『코망테르』는 지적 무게감뿐만 아니라 국제적 시야라는 점에서도 자유주의 우파의 중심 저널이 되어갔다. 국무총리인 레몽 바르(Raymond Barre)의 지휘 아래 이 저널은 학계뿐만 아니라 고위 공무원, 정치가, 사업가 등과 긴밀한 관계를 맺으면서 부분적으로 이런 역할을 했다. 2년 후 자유주의 중도파 내에서 이 잡지의 파트너가 생겼고, 곧 추월해 버렸다. 갈리마르 출판사의 후원 아래 피에르 노라(Pierre Nora)가 더 산뜻한 판형으로 만들어낸 『르 데바』(Le Débat)는 좀 더 야심찬 의제가 있었다. 노라는 지적 개혁을 위한 프로그램으로 이 저널을 열었다. 과거에 인간주의적 전통에 침윤된 프랑스 문화는 수사학의 이상에 의해 지배받았는데, 그로 인해 교사의 역할에서 위대한 작가 숭배로 나아갔고, 모든 종류의 이데올로기적 방종을 허용했다. 하지만 이제 지식인의 정당성은 자격이 있는 제도, 본질적으로 대학이 보증하는 실증 지식에 있다. 이러한 변화는 지적 삶에 내재적이고 논쟁적인 긴장을 없앨 수는 없지만, 지식인들을 새로운 과제에 직면케 했다. 사회 전반에 걸쳐 민주주의를 고양시키는 것뿐만 아니라 '문학 내의 공화국'으로서 사상 자체의 영역 내부에서 민주주의를 실천하는 것이다. 따라서 새로운 저널의 목표는 그동안 프랑스 내에서 거의 없었던 진정한 논쟁을 조직하는 것이었다. 18세기 이래로 작동한, 역사를 이해하는 세 가지 주요한 도식의 소멸로 이를 위한 토대가 형성되었다. 왕정복고의 이데올로기, 진보의 이데올로기, 혁명의 이데올로기가 이제는 모두 죽었으며, 마침내 현대적인 사회과학을 위한 길을 열었다. 『르 데바』는 "정보, 질, 다원주의, 개방성,

---

10 Raymond Aron, "Incertitudes françaises", *Commentaire*, no. 1, 1978, p. 15.

진리"를 대변할 것이며, 모든 종류의 무책임과 극단주의에 반대할 것이다.[11]

불멸의 프랑스 식 질문인 "지식인은 무엇을 할 수 있는가?"를 제기하는 이 선언은 '완전한 민주주의'는 프랑스가 아니라 미국에서 찾을 수 있다는 것을 말하는 것 이상으로 정치를 직접 다루지는 않았다. 1년 후 미테랑이 대통령이 되었을 때, 노라는 미테랑의 승리에 담겨 있는 개인적 성격을 강조하면서 조심스러운 어조를 보였다. 전체주의에 대한 유약함을 의심하지 않은 것은 아니지만, 공산주의의 이 예전 동맹자가 "지난 4년간 소비에트 정권의 이미지를 완전히 뒤바꾼 커다란 심성의 변화"에서 나오는 필연적인 결론을 가지고 주적과 맞서는 적절한 대외정책을 채택할 것인가?[12] 이것은 『에스프리』도 공유한 우려였다. 『에스프리』는 한때 반식민주의적이고 중립적인 가톨릭 좌파의 목소리를 대변했지만, 1976년에 전후 편집자였던 장-마리 도메나크(Jean-Marie Domenach)가 은퇴한 후 반전체주의 투쟁의 최전선에 서는 투사로 나섰다. 나중에 노라의 언급처럼 이 시기에 『코망테르』, 『르 데바』, 『에스프리』는 어투와 지지층이 달랐지만, 다른 지역에서 냉전 자유주의라고 일컫는 공동의 축을 형성했다.

세 개의 저널 가운데 『르 데바』는 중도파의 산물이었다. 경쟁자를 능가하는 자원을 가진, 갈리마르의 사보(社報)로서뿐만 아니라 프랑스의 지적 삶에서 문체와 주제를 실질적으로 현대화한 저널이었다. 아주 잘 편집된 ―종종 노라는 일상 업무를 마르셀 고셰(Marcel Gauchet)에게 맡겼다. 그는 극좌파 단체 사회주의인가 야만인가(Socialisme ou Barbarie)에서 건너온 인물이다 ― 이 저널은 주요 관심사의 세 영역, 즉 역사, 정치, 사회에 대한 절도 있는 탐사에 집중했으며, 여기에 더해 생물과학, 시각

---

11 "Que peuvent les intellectuels?", *Le Débat*, no. 1, March 1980, pp. 1~19;
    "Continuons Le Débat", no. 21, September 1982, pp. 3~10.

12 "Au milieu du gué", *Le Débat*, no. 14, June-July 1981, pp. 3~6.

예술, 사회보장, 전통적인 제도, 포스트모더니즘 등 광범위한 당대의 토픽을 다루는 특별호나 특집을 냈다. 이 저널은 처음 출발했을 때보다는 시야가 덜 국제적이었지만, 그렇다고 전혀 지방적이지 않았다. 물론 취지문에서 밝힌 바와 달리, 객관적인 논쟁을 위한 불편부당한 포럼은 아니었지만 말한 것보다는 덜 날카로웠다. 반대로 이 저널은 세련된 병기(兵器)였다.

이 저널의 정치적 프로젝트 뒤에는 지휘자 한 사람이 서 있었다. 바로 노라의 자형(姉兄)인 역사가 프랑수아 퓌레(François Furet)였는데, 1978년이라는 정치적 교차로에서 출판된 『프랑스 혁명을 생각한다』(Penser la Révolution française)로 금세 그는 이 나라에서 프랑스 혁명에 대한 가장 영향력 있는 해석자로 우뚝 섰다. 부유한 은행가 집안 출신인 퓌레는 냉전의 최고조기에 전후의 공산당에서 정치적·지적으로 형성되었다. 이때 공산당 안에는 영국 역사가들과 경쟁하면서 장래 역사가가 될 사람들의 그룹—에마뉘엘 르루아 라뒤리(Emmanuel Le Roy Ladurie), 모리스 아귈롱(Maurice Agulhon), 자크 오주프(Jacques Ozouf) 등이 속했다—이 있었다. 프랑스에서도 재능 있는 젊은이들의 양성소가 박살난 것은 모스크바에서 열린 소련 공산당 제20차 당 대회와 헝가리 봉기였다. 퓌레는 1958년 이후 어느 시점에 당을 떠났으며—처음에는 아주 인습적으로—역사 연구를 하면서 『프랑스 옵세르바퇴르』의 정기 기고자가 되었다. 『프랑스 옵세르바퇴르』는 알제리 전쟁과 제5공화국의 드골 통치에 반대하는 주요한 기관지 역할을 한 독립 좌파의 주간지였다. 1965년에 그는 또 다른 처남과 함께 일반 독자를 겨냥해서 프랑스 혁명에 대해 사진과 삽화를 곁들여 역사책을 썼다. 이 책은 1792년에 발생한 일련의 비극적 사건으로 말미암아 (프랑스 혁명이) '일탈'(dérapée)했고, 원래 혁명이 목표로 했던 자유주의적 질서가 파괴되었으며, 그 대신 자코뱅의 독재와 공포정치로 이어졌다고 주장했다.[13]

13년 후 『프랑스 혁명을 생각한다』는 좀 더 강력한 주장을 폈다. 솔제니친과 당대의 정치 정세를 상기시키면서 프랑스 혁명에 대한 마르크스주의적 해석이라는 교리문답에 총공세를 취했다. 퓌레는 마르크주의적 해석 대신 두 명의 자유주의-보수주의적 가톨릭 사상가, 즉 19세기 중반의 토크빌과 20세기 초의 오귀스탱 코솅(Augustin Cochin)의 통찰력을 프랑스 혁명의 '개념적 핵심'을 이해하는 실제적인 열쇠로 제안했다. 프랑스 혁명을 사회 계급의 상호작용으로 보는 것이 아니라 본질적으로 절대주의 권력이라는 추상을 인민의 의지라는 추상으로 바꾸어낸 정치 담론의 동학으로 보는 것이다. 그렇게 함으로써 프랑스 혁명 시기에 혁명적 클럽 내에서 작동한 새로운 종류의 사회성이라는 공포스러운 힘을 낳게 되었다는 것이다. 강력한 논쟁적인 힘을 가진 이러한 평결은 논리적으로 볼 때, 1789년의 격변과 그 이후 사태를 파악하지 못한 아날 학파 — "종종 마르크스주의 및 정신분석학에 대한 프랑스적 대체물에 불과한" 아날 학파의 심성(mentalités)이라는 유순한 개념 — 와 날카롭게 단절하는 것으로 나아갔다. 도리어 필요한 것은 "개념적으로 제기된 질문으로부터 명시적으로 데이터를 구축하는 지성사(intellectualist history)"였다.[14]

퓌레가 이러한 신조를 잘 응용한 것은 튀르고(Turgot)에서 레옹 강베타(Léon Gambetta)까지의 프랑스의 전반적인 정치사를 다룬 책으로 1988년에 출판되었다. 퓌레는 이 시기 프랑스 정치사를 구체제에 대한 공격으로 풀려난 원칙의 폭발적인 변증법이 한 세기 넘게 지속된 시기로 보았다.[15] 이전 저작에서 그는 1799년의 나폴레옹의 쿠데타와 함께 "프랑스 혁명은 끝났다"라고 주장한 반면, 이제 그는 프랑스 혁명의 수

13 François Furet and Denis Richet, *La Révolution*, 2 vols, Paris 1965~66; *The French Revolution*, London 1970.

14 François Furet, *L'Atelier de l'histoire*, Paris 1982, pp. 24~25, 29; *In the Workshop of History*, Chicago 1984, pp. 16, 20.

15 François Furet, *La Révolution: de Turgot à Jules Ferry 1770~1880*, Paris 1988; *Revolutionary France 1770~1880*, Oxford 1992.

명을 1879년의 제3공화국 아래에서 군주제가 능동적 힘으로서 최종적으로 사라진 때까지 연장하였다. 이때에 와서 비로소 공화국과 민족은 최종적으로 화해했으며, 1789년의 원래 목표가 안정적인 의회제 질서 속에서 실현되었다. 1815년, 1830년, 1848년, 1851년, 1871년의 소요를 헤치고 나온, 시작부터 결말까지의 고통스러운 경로는 민주주의를 창출하는 최초의 역사적 실험의 긴장과 갈등의 산물로 해명해야 했다.

퓌레의 역사의 원동력은 본질적으로 사상의 계보학이다. 그러나 그는 포콕이나 퀜틴 스키너(Quentin Skinner)가 지성사에 부여했던 의미에서의 지성사가는 아니었다. 그는 관심이 있는 사상가들에 대해 날카로운 통찰력이 있기는 했지만, 저작 속에서 해당 사상가의 저술에 대한 상세한 텍스트 조사를 거의 하지 않았으며, 케임브리지 전통에서의 담론 언어에도 관심을 기울이지 않았다. 도리어 사상을 양식화된 힘으로 간주했다. 이 힘은 뛰어난 개인에게 체화되어 있으며, 고도 정치의 갈등의 서사(narrative)가 이를 둘러싸고 만들어진다. 퓌레는 또한 사상의 공적 상징화로서의 의식에 매료되었으며, 『혁명적 프랑스 1770~1880』에는 나폴레옹의 대관식부터 아돌프 티에르[16]의 장례식까지에 대해 상투적인 서술이 담겨 있다. 그의 상상력의 다른 극은 인격인데, 여기서 그는 신랄한 성격 묘사에 뛰어난 재능이 있었다. 사상·의례·인격이라는 세 가지 요소를 가지고 퓌레는 현대 프랑스의 형성에 대해 확실히 우아하고 날카로운 이야기를 만들어냈다. 그러나 사회적 차원이나 경제적 차원은 빠져 있으며, 해외에서 프랑스 제국의 활동에 대한 것도 완전히 빠져 있고, 순전히 당대의 정치적 결론에 초점을 맞추었다. 그는 마르크 블로크(Marc Bloch)나 브로델 수준의 위대한 역사가는 아니었다. 그러나 프랑스의 공적 삶에서 그들이 하지 못한 방식으로 대단한 영향력은 발휘했다.

---

16 Adolphe Thiers, 1797~1877: 프랑스의 역사가이자 정치가로, 제3공화국 초대 대통령을 지냈다. —옮긴이

왜냐하면 그의 역사적 작업은 큰 계획의 일부였기 때문이다. 현대 역사가 가운데 그토록 강렬하게 정치적인 사람은 없었다. 과거에 대한 그의 작업과 현재에 대한 개입은 거의 매끄럽게 통일을 이루었으며, 이런 점에서 제도적이고 이데올로기적인 조직자로서 그에 비할 사람은 없었다. 그것은 그의 성격이 활달함과 신중함을 동시에 가지고 있기 때문이었다. 그의 과묵한 매력에는 장 가뱅(Jean Gabin)과 같은 데가 있다고 한 외국의 동료 학자가 말한 바 있다. 일찍이 1964년에 그는 망해가던『프랑스 옵세르바퇴르』를『렉스프레스』에서 나온 좀 더 우파적 저널리스트들과 융합하는 일을 지휘하고 있었으며, 그러한 융합에서 나온 정기 간행물이 올바른 정치적 방향으로 가도록 보장하기 위해 필요한 편집인을 구하는 일에 관여했다. 여전히『르 누벨 옵세르바퇴르』—40년 동안 중도좌파 성향의 목소리를 제대로 대변했다—를 관장하고 있는 장 다니엘은 25년이 지난 후 이렇게 회상했다. "나는 우리가 맺었던 조약을 잊지 못할 것이다. 그는 나에게 프랑스 혁명과 마르크스주의에 대한 그의 논쟁적인 테제에 유리한 선택을 할 것을 제안했다. 이미 그와 한편이 되기로 작정한 내가 공범자임을 알아차린 그의 얼굴은 놀란 빛을 띠었다. 나는 그와 그의 사상의 가족들이 나에게 제공한 진정한 지적 안전보장에 대해 빚지고 있다는 점을 기록해 두어야겠다."[17] 프랑스에서 가장 영향력 있는 저널리스트가 이렇게 천진난만하게 고백한다. 심지어 다니엘은 아주 순진하게 다음과 같이 덧붙인다. "어느 날 우리는 알아차리지 못한 채 코셍의 뒤를 따르고 있다는 것을 알게 되었다. 퓌레가 우리를 뒤에서 밀고 있었던 것이다." 시간이 흐르면 파리 지성계와 언론계의 또 다른 중심인물이 하는 이야기를 들을 수 있을 것이다. 퓌레가 맺었던 관계망에 대해 언론에서는 간단하게 '은하계'라고 말한다.

『르 누벨 옵세르바퇴르』가 퓌레에게 미디어의 중심기지였다면, 사회

---

17 Jean Daniel, "Journaliste et historien", *Commentaire*, no. 84, Winter 1998~99, p. 917.

과학고등연구원(EHESS) —브로델의 고등연구원 제6국을 토대로 만들어진 기관으로 퓌레는 이 작업에 도움을 주었으며, 1977년에 원장이 되었다—에 대한 통제는 그를 학계의 가장 전략적인 기관을 지휘하는 위치에 올려놓았고, 분과학문과 상관없이 연구 엘리트들을 라스파이유 대로(大路)에 있는 록펠러 기금 건물에 모을 수 있게 했다. 이들은 프랑스 대학이 부과하는 강의 부담과 행정 부담에서 벗어날 수 있었다. 이에 대해 그는 즐거운 듯 다음과 같이 말했다. "표를 사지 않고 극장에 가는 것과 같았다." 그가 처음부터 적극적으로 활동했던 『코망테르』와 『르 데바』의 출범으로 그는 저널계에서 측면 방어의 위치를 차지하게 되었다. 그러고 나서 미테랑이 권력을 잡은 후에 그는 1982년에 생시몽 재단(Foundation Saint-Simon)을 만드는 데 힘을 썼다. 이 재단은 새로운 정권이 보일 수 있는 사회주의적 경향에 저항하기 위해 형성된 주요한 지식인과 실업가 동맹으로 새로운 정권이 시장과 국가에 대해 좀 더 현대적인 이해를 할 수 있도록 이끌었다. 거대 기업이 돈을 대는—생-고뱅(Saint-Gobain) 기업 집단의 회장이 퓌레와 더불어 이 재단을 만드는 데 기여했다. 퓌레는 그의 한 회사의 이사가 되었다—이 재단은 정치적 싱크탱크로서 학자와 관료, 정치가들을 연결했고 세미나를 개최하기도 했다. 또한 정책 보고서를 출판했고, 매달 슈미트, 바르, 지스카르 데스탱, 시라크, 로카르, 파비위스 등 비슷한 부류의 정치가의 만찬을 주관했다. 끝에 언급하긴 했지만 이 만찬은 중요한 업무였다. 공동의 생각을 적당한 식사와 곁들여 토론하는 자리였다.

2년 후 퓌레는 반전체주의 사상의 전초 부대를 자처한 레몽 아롱 연구소(Institute Raymond Aron)를 세우고—혹은 수여받았고—소장이 되었으며, 얼마 후 사회과학고등연구원의 울타리 안에 들어갔다. 그러고 나서 1985년 그는 관계 범위를 대서양 건너까지 확장해서 1년에 일정 기간은 시카고 대학 사회사상위원회에서 일했다. 그는 여기서 미국 혁명과 프랑스 혁명에 대한 연구를 진행하기 위해 올린 재단(Olin Foundation)의 재정 후원을 확보했다. 1789년의 200주년이 다가오고 있었고, 퓌레는 여전히 공산당 각료를 포함하고 있는 미테랑 정권이 자코뱅주의와 공화국 2년의 신화를 공식적으로 신성화할 수 있는 기회가 될지도 모른다는 공포를 표명했다. 그의 동료인 모나 오주프(Mona Ozouf)와 함께 이런 일이 일어나지 않도록 작업에 착수했다.

위험이 닥칠 수도 있는 1989년 전해에 사건, 행위자, 기관, 사상 등을 포괄하는 1,200쪽의 두꺼운 『프랑스 혁명 고증사전』(*Dictionnaire de la Révolution française*)이 출판되었다. 신중하게 고른 스무 명가량의 기고자가 쓴 100개의 항목은 현대 민주주의를 정초한 사건에 대한 좌익적 전설과 전통적 오해에 대한 종합적인 반박을 제공한다.[18] 이 중도파 학자들의 해설서는 잘 기획되고 집행되어 만들어졌고, 엄청난 충격을 주어 1989년의 신자코뱅파 축제의 위험성을 제거했다. 동유럽 공산주의의 몰락은 프랑스 혁명에 대한 계속된 왜곡에 맞서, 혁명의 원래의 추진력에 대한 최종적인 옹호를 제공했다. 혁명 200주년 때 퓌레는 의심할 바 없이 이 제전의 지적 주관자였으며, 프랑스는 제대로 해명된 1789년의 감동적인 원칙에 경의를 표했고, 마침내 1793~94년의 잔학 행위에 등을 돌렸다.[19]

잘못된 과거를 청산하고, 올바른 과거를 회복하는 것은 현대 민주주의라는 안전한 항구에 이 나라가 연착한 본질적인 부분이었다. 『프랑스 혁명 고증사전』과 함께 퓌레는 같은 해에 생시몽 재단에서 『중도파의 공화국』(*La République du centre*)을 펴내는 데 일원으로 참여했는데, 부제는 '프랑스적 예외의 종말'이었다. 미테랑 정권은 제1기의 어리석은 국

---

18 이 사전에 대한 가장 뛰어난 비판적 평가는 다음 글 참조. Isser Woloch, "On the Latent Illiberalism of the French Revolution", *American Historical Review*, December 1990, pp. 1452~70.

19 1989년 퓌레의 역할에 대한 생생한 설명은 다음을 참조. Steven Kaplan, *Farewell, Revolution: The Historians' Feud, France, 1789~1989*, Ithaca 1995, pp. 50~143. 프랑스 혁명 200주년에 대한 캐플런의 연구의 제2부이며, 한 권으로 된 프랑스어판인 『안녕 89년』(*Adieu 89*)은 2년 먼저 출판되었다.

유화를 단행한 후 1983년에 시장과 시장 금융의 원칙을 수용하면서 사회주의를 좌절시켰으며, 1984년에는 가톨릭 학교를 지지하는 시위에 굴복함으로써 반교권주의를 묵살했다. 이런 일을 통해 미테랑 정권은 급진적 교의와 연극적인 갈등을 정화함으로써 마침내 이 나라를 정상적인 민주주의 사회로 만들었다. 이제 프랑스는 온건한 중도파를 통해 균형점을 찾게 되었다.[20] 자유주의의 승리가 온전한 것처럼 보였고, "갈리아 공산주의의 무거운 망토가 이제 이 나라에서 벗겨졌다"라고 기뻐한 노라는 1990년 자신이 펴내는 저널의 10주년 기념호에서 헤겔 같은 만족스러움을 선언할 수 있었다. "『르 데바』의 정신은 시대의 정신이 되었다."[21]

영국에서는 1990년대 초 대처 지배가 무너졌고, 메이저의 무미건조한 통치 아래 귀에 덜 거슬리는 신자유주의적 의제로 이행했다. 프랑스에서는 흐름이 반대 방향이었다. 시장 지향적인 합의 지배가 미테랑의 두 번째 임기 초에 절정에 달했다. 퓌레와 그의 동료들이 말한 견해로 형성된 전선의 획득물은 프랑스에서 모두가 알 수 있을 정도였다. 마침내 프랑스는 전체주의적 경향에서 구출되었다. 프랑스 혁명의 그늘은 사라졌다. 공화국은 중도파의 안전한 토대 위에 자리 잡게 되었다. 과거의 유산 가운데 하나만이 그 애매모호함을 벗어던지지 못했다. 그것은 민족(Nation)이었다. 이 과업을 노라가 짊어졌다. 1990년 『르 데바』의 10주년 기념 권두언에서 노라는 프랑스의 '새로운 문화적 풍경'을 환영했으며, 몇 년 내에 이 문화적 풍경에 대한 기념비적인 기여를 완수했다. 1978~80년 사회과학고등연구원에서 행해진 세미나에 기초한―

---

20 "La France unie", in François Furet, Jacques Julliard and Pierre Rosanvallon, *La République du centre*, Paris 1988, pp. 13~66.

21 "History has upheld us." 다음을 참조. "Dix ans de Débat", *Le Débat*, no. 60, May-August 1990, pp. 4~5.

『르 데바』와 얽혀 있던 시기 —『기억의 장소』 제1권이 1984년에 그가 지휘하는 가운데 출판되었다. 1992년에 마지막 권이 출판될 때까지 이 사업은 7권, 5,600쪽으로 확대되었으며, 좀 더 넓은 범위의 학자군에서 『프랑스 혁명 고증사전』보다 여섯 배나 많은 기고자를 끌어모았다. 노라는 초기에 이 사업에 대해 발표하면서 이 사업의 목표가 프랑스인의 정체성이 상징적으로 결정화된 기억의 모든 영역의 목록을 만드는 것이라고 선언했다.

이렇게 폭넓은 표제 아래 대부분 뛰어난 수준의 127편의 글은 당혹스러울 정도로 잡다한 대상에 대한 조사를 담았다. 삼색기, 라 마르세예즈, 팡테옹처럼 분명한 항목부터 미식, 와인, 데카르트는 말할 것도 없고 숲, 세대, 회사를 거쳐 대화, 산업 시대, 중세의 계보까지를 다루고 있다. 노라는 이것을 하나로 묶어주는 것은 그의 의도에 따른 위치라고 설명한다. "역사의 모든 대상과 달리, 기억의 영역은 실제에 준거가 없다." 기억의 영역은 "순수한 기호, 스스로에게만 준거하는 순수한 기호"이다.[22] 포스트모던한 미사여구는 진지하게 받아들여지지 않았다. 왜냐하면 이 기호들이 실제로 준거하는 것은 공화국, 민족 혹은 프랑스적인 것 일반이었기 때문이다. 그러나 이것들 또한 상징적이기 때문에『기억의 장소』가 제공하는 이 기호들에 대한 탐구는 프랑스의 '제2차' 역사였을 것이다. 원인, 행위자, 사건 등에 관심이 있는 역사가 아니라 효과와 흔적에 관심이 있는 역사 말이다.

그렇다고 선행자들에 비해 야심이 덜했다는 것을 말하는 것은 아니다.『아날』은 전통적인 정치적 서술이 보여주는 협소함에 대한 반작용으로 전체사(total history)를 추구했다. 그러나 상징은 물질적인 사실과 문화적인 사실을 결합하고, 정치의 궁극적 진리는 상징적 차원에 놓여

---

22 Pierre Nora, "Entre Mémoire et Histoire", *Les lieux de mémoire*, I, *La République*, Paris 1984, p. xli. 영어판은 미국 독자에 맞게 수정되었기 때문에 프랑스어판과 일치하지 않는다.

있기 때문에 기억의 영역에 대한 연구는 역설적으로 아날 학파가 대체하려 했던 것보다 더 총체적으로 정치를 역사의 기록으로 바꾸었다.[23] 이것을 가능하게 한 것은 현재의 제도에 대한 합의적인 지지를 하기 위해 과거의 해석을 통제할 수 있는 지평으로서의 미래의 전망을 포기한 데 있다. 프랑스인들이 더 이상 조국을 위해 죽으려 하지 않는 때에 프랑스인들은 다양한 방식의 표현으로 "조국에 대한 관심과 애착을 발견하는 데 의견일치를 보였다." 그것은 마치 "프랑스가 우리를 나누고 있는 역사이기를 멈추고, 우리를 묶어주는 문화, 가족의 유산처럼 공동 소유권이 있는 것으로 간주되는 재산"이었다.[24] 유감스러운 쌍인 드골주의와 자코뱅주의 같은 전통적인 형식의 민족주의에서 벗어나면서도 민족적 소속감이 약화되는 것이 아닌 방식으로 프랑스인들이 공통의 기억이라는 치유의 영역으로 들어갈 수 있도록 민족주의의 형식을 강화했다.[25]

『기억의 장소』는 엄청난 문화적·공적 성공을 거두었고, 얼마 안 있어 해외에서 유사한 작업을 하는 데 모델이 되었다. 그러나 그것은 전 세계의 어느 곳에서나 있었던 전후 역사서술에서 가장 공공연한 이데올로기적인 프로그램의 하나로 간주해야 한다는 것도 항상 분명한 일이다. 어쨌든 기억해야 하는 것만큼이나 잊어야 하는 것 —16세기 프로테스탄트에 대한 학살과 13세기 알비파의 학살이 그가 든 예이다— 에 의해 민족이 정의된다고 한 사람은 조제프 에르네스트 르낭(Joseph Ernest Renan)이었다. 한 세기가 지난 후 그가 주의를 준 것이 더욱 무시할 수

---

23 Pierre Nora, "Présentation", *Les lieux de mémoire*, II/I, *La Nation*, Paris 1986, pp. xix~xxi.

24 Pierre Nora, "Comment écrire l'histoire de la France?", *Les lieux de mémoire*, III/I, *Les France*, Paris 1992, pp. 28~29.

25 드골주의에 대한 노라의 유보는 일관된 것이었다. 그가 『기억의 장소』에서 서술한 내용 가운데 가장 흥미 있는 것은 각자의 방식으로 강력한 환상의 운반체 역할을 한 드골주의와 공산주의를 결합한 것이다.

없는 일이 되었다. 하지만 노라는 자신의 사업을 다음과 같은 말로 유쾌하게 설명한다.

충분히 심사숙고하기는 했지만 — 필수적인 상징, 질문에 대한 과학적 지식의 수준, 이를 다룰 수 있는 능력 등을 고려하면서 — 주제의 선택에는 어느 정도 자의적인 요소가 있다. 이를 받아들이자. 우리가 좋아하는 상상적인 것에 대한 그런 만족은 분명 지적 후퇴라는 위험 및 현대 역사학이 다행스럽게도 넘어서려고 노력했던 갈리아 중심주의로의 회귀라는 위험이 있다. 우리는 이 점을 깨달아야 하며, 그것을 경계해야 한다. 그러나 잠시 그것을 잊자(원문 그대로). 그리고 이 참신하고 즐거운 글을 — 곧 좀 더 많아질 것이다 — 처음 읽는 사람들이 순수하게 독해하기를 바라자.[26]

이렇게 편의적인 프로토콜은 적지 않은 영어권 역사가들의 지적처럼[27] 사회적 분할에 대한 기억만이 아니라 주로 나폴레옹이나 그의 조카와 같이 피할 수 없는 정치적 과거의 상징 — 이들의 기념물은 말 그대로 이 나라(nation)의 수도에 널려 있다 — 에 대한 기억조차 억압하게 되었다. 이 인물들은 더 이상 '탈중앙집권화된 현대' 프랑스에 적절하지 않으며, 노라가 찬양한 '평화적이고 다원적인' 유럽 안에서 편히 쉬고 있다. 좀 더 넓게 나폴레옹의 정복에서 7월 왕정 아래의 알제리 약탈을 거쳐 제2제국의 인도차이나 장악까지 이 나라의 제국사 전체와 제3공화국의 광범위한 아프리카 약탈은 이 온화한 회상의 법정에서 자리가 없게(non-lieu) 되었다. 노라와 퓌레 모두 청년 시절에 알제리 전쟁을 용기

---

26 Pierre Nora, "Présentation", *Les lieux de mémoire*, I, p. xiii.

27 여러 그 가운데 다음을 참조. Steven Englund, "The Ghost of Nation Past", *Journal of Modern History*, June 1992, pp. 299~320; David Bell, "Paris Blues", *The New Republic*, 1 September 1997, pp. 32~36.

있게 비판했더랬다.[28] 그러나 30년 후에 민족에 향기를 채우게 되었을 때, 두 사람은 기억에서 민족의 대외적인 기록에 대한 모든 준거를 실질적으로 없애버렸다. 퓌레의 19세기사에서 프랑스는 식민제국이었을 뿐만 아니라 그의 특별한 영웅인 쥘 페리(Jules Ferry)가 제3공화국의 로즈(Rhodes)였음을 알 수 있는 사람은 없을 것이다. 노라의 책은 이 모든 운명적인 활동을 뱅센느 숲에서 벌어지는 열대 장난감 전시회로 축소한다. 디엔비엔푸(Dien Bien Phu)를 포함하지 않는 기억의 장소란 도대체 무엇이란 말인가?

이 프로젝트에 대해서 입을 다물고 있던 노라는 8년 후에 이에 대한 비판을 언급하면서 자신의 7권짜리 책이 '반기념물'(counter-commemoration)로 인식되기는 하지만 자기만족적인 유산의 일부로 통합되었으며, 이것이 가지는 악덕에 대해 자신은 잘 알고 있지만 프랑스가 세계 속에서 새로운 확고한 기반을 찾기 전까지는 널리 퍼져 있을 것이라고 불평하면서 비판을 일축했다.[29] 이런 교묘한 궤변은 사후에 『기억의 장소』라는 프로젝트 전체가 철저하게 애가(哀歌)라는 점을 실제로 숨기지 못할 것이다. 이것은 노라만큼이나 아이콘에 열중했지만 아이콘에 대한 비판적 이론에 좀 더 관심을 기울였던 바르트가 『신화학』에서 제시한 반명제에 다름 아니다. 바르트는 프랑스적인 특성

---

28 Pierre Nora, *Les Français d'Algérie*, Paris 1961 참조. 짧게 언급한 것은 다음을 참조. François Furet, *Un itinéraire intellectuel. L'historien-journaliste, de France-Observateur au Nouvel Observateur* (*1958~97*), Paris 1999, pp. 60~64. 이 책은 모나 오주프가 편집한 선집으로 젊은 시절의 것은 빠져 있다. 어느 정도 생략되어 있는지는 다음을 참조. Michael Christofferson, "François Furet Between History and Journalism, 1958~1965", *French History*, vol. 1, no. 4, 2001, pp. 421~27. 마이클 크리스토퍼슨은 1965년까지 익명으로 글을 쓴 퓌레가 후일의 관점에서 보자면 아주 좌파의 위치에서 프랑스 정치에 대해 글을 많이 쓴 논평자라는 것을 보여준다.

29 Pierre Nora, "L'ère de la commémoration", *Les lieux de mémoire*, III/III, Paris 1992, pp. 977~1012.

(francité)의 상징들 —— 노라가 빌려다 쓴 용어이기는 하나 거기서 그 정신을 없애버렸다 —— 을 문화부 장관에게 감사를 표하면서 출판된, 이 애국적인 위무(慰撫)라는 현학과는 멀리 떨어진 신랄한 아이러니로 해체했다.[30] 이 프로젝트가 벗어나지 않았던 근본적인 목적은 달콤한 단결(union sucrée)을 만들어내는 것인데, 그 속에서 프랑스 사회의 분열과 불화는 포스트모던한 기억이라는 다정한 의례 속에서 녹아 없어질 것이다.

　프로젝트를 착수하는 데 지적 한계라는 문제가 있다. 그것이 보이는 정치적 효과는 또 다른 문제이다. 최근 노라와 퓌레가 으뜸가는 지휘자 역할을 하는 프로그램은 프랑스의 공적 삶을 완전히 포괄한 자유주의를 떠받드는 일로 가장 잘 묘사할 수 있다. 이 현재적인 의도 속에 그들은 19세기 초의 위대한 프랑스 자유주의 사상가들의 유산을 끌어올 수 있을 것이다. 그 누구보다 뱅자맹 콩스탕(Benjamin Constant), 프랑수아 기조(François Guizot), 토크빌이 있는데, 이들의 저작은 재발견되어 현대적인 방식으로 적극적으로 이용되기를 기다렸다.[31] 이것은 당대의 반(反)전체주의 전선에서 아주 중요한 활동이었으며, 뛰어난 학문적 업적은 완전히 정통성 있는 계보를 구성하는 데 기여하는 결과를 낳았다. 여전히 선조와 후손 사이에는 아이러니한 대조가 있었다. 왕정복고와 7월 왕정 아래에서 프랑스는 같은 시기의 아메리카는 말할 것도 없고 영국보다 훨씬 더 풍부한 자유주의 정치사상을 생산했다. 그러나 정치 세력으로서의 자유주의는 비할 바 없이 약했다. 지도적인 자유주의자들의

---

30 Roland Barthes, *Mythologies*, Paris 1957, p. 222 이하. 의미심장하게도 바르트가 신화의 본질을 분석하기 위해서 사용한 예는 『파리 마치』에서 가져온 제국적인 프랑스 특성의 아이콘이었다. 『기억의 장소』는 이것을 잊으려 했다.
31 지적인 예는 이 트리오로 끝을 맺고 있는 다음 책을 참조. Pierre Manent, *Histoire intellectuelle du libéralisme. Dix leçons*, Paris 1987. 존 스튜어트 밀(John Stuart Mill)은 거의 언급하지 않는 것이 프랑스 내의 논의의 큰 특징이다.

불운 — 반복되는 고귀한 사상과 비루한 실천의 대조 — 은 이러한 불일치의 징후였다. 100일 동안 변절한 콩스탕, 로마 공화국의 교수형 집행인 토크빌, 자유의 옹호자인 이 두 사람은 두 나폴레옹의 전제를 묵인했다. 배제와 억압의 냉정한 기술자인 기조는 모두가 비난하는 가운데 이 나라에서 쫓겨났다. 이렇듯 경력에 오점을 남긴 것이 사후 그들의 저작이 무시당한 이유이기도 했다. 그러나 당대에도 그들은 동시대인들의 상상력을 사로잡았던 적이 결코 없었다. 프랑스의 고전적 자유주의는 배은망덕한 땅에서 피어난, 부서지기 쉬운 꽃이었다. 150년 후에 사태는 완전히 달라졌다. 1970년대 중반 이후 자유주의적 주제와 태도가 폭넓게 다시 살아났지만, 아롱에 비교할 만한 정치사상가가 나오지는 않았다. 독창적인 사상은 부족했으나, 이것은 조직적 영향력으로 벌충할 수 있는 것 이상이었다. 20년 후에 만들어진 독특한 사상(la pensée unique)이라는 말은 — 그런 모든 말처럼 과장의 요소가 들어 있기는 하지만 — 이 말이 전반적인 영향력을 발휘한 것을 감안하면 꽤나 정확한 표현이었다.

물론 국제 정세는 이러한 전환에서 매우 유리한 환경을 조성했다. 앵글로 아메리칸 신자유주의가 국제적으로 부상하면서 프랑스 무대의 강력한 배경막을 제공했다. 그러나 다른 어떤 서양의 나라도 그렇게 결정적인 지적 승리를 거두지는 못했다. 그러한 성취는 민족적인 것이었고, 20년 이상 퓌레와 노라, 그의 동맹자들이 수완과 결단력으로 수행한 통합 작전의 결과물이었다. 이 통합 작전은 이 나라의 과거에서 수용할 만한 의미와 이 나라의 현재에서 용인할 만한 범위를 규정하기 위한 단일한 사업에 제도적 침투와 이데올로기적 구성을 결합한 것이었다. 다른 어떤 곳보다 프랑스에서는 역사와 정치가 민족의 통합된 전망 속에서 연동되었으며, 폭넓은 공적 공간에 투사되었다. 이러한 회고 속에서 영국 공산당의 역사가 그룹의 구성원들은 정치 활동에 적극적이었고 훨씬 더 혁신적인 역사를 서술했지만, 프랑스의 동시대 역사가들과 비교하면 초보자에 불과했다. 그람시가 말했던 헤게모니를 그렇게 생생하게 보여주는 일도 없었다. 아마 그람시는 거리 이름, 자신이 좋아하는 주제 혹은 지역 공증인에 대한 표제어까지 『기억의 장소』의 모든 내용을 매혹적인 눈으로 바라보았을 것이다. 그리고 그람시는 자코뱅의 유산, 자신의 영웅을 숙청한 에너지와 상상력을 존경했을 것이다. 19세기의 원래의 왕정복고 ─『옥중수고』에서 풀어낸 그람시 이론의 많은 부분이 이를 둘러싸고 구성되었다 ─ 보다 효과적인 '수동 혁명'의 위업이라고 할 수 있다. 실제로 퓌레는 러시아에서 자본의 지배가 회복되면서 20세기의 '사회주의적 막간극'이 종결되었을 때, 공산주의에 대한 부고(訃告)로 자신의 경력을 때맞추어 끝냈다.

퓌레의 다른 저작과 비교할 때, 『환상의 죽음』(Le passé d'une illusion) ─ 볼셰비키주의와 나치즘의 연관에 대한 에른스트 놀테(Ernst Nolte)의 생각과 불장난을 하는 저작인데, 이전에 퓌레는 이 주제에 대해 별로 잘 알지 못했다 ─ 은 돈벌이용이었다. 1995년에 출판된 이 책은 오래전에 끝난 냉전의 여러 주제를 반복하고 있는데, 한 재기발랄한 평자는 러시아의 차관에 대한 상환 요구를 지적으로 점잖게 말하는 것처럼 읽힌다고 논평하기도 했다.[32] 그러나 이것이 프랑스에서의 성공에 영향을 끼친 것은 전혀 아니다. 언론이 걸작이라고 호평한 이 책은 곧 베스트셀러가 되었으며, 이때가 퓌레의 명성이 절정에 오른 시기였다. 적절하게 선정적인 이 갓돌과 함께 반전체주의의 개선문이 완공되었다.

3

9개월 후에 프랑스는 1968년 이래 가장 큰 파업과 시위의 물결로 몸살을 앓았다. 쥐페 정부는 브뤼셀의 압력 속에서 사회보장제도를 신자유주의적으로 바꾸려 했는데, 이로 인해 대중적 분노가 일어나 나라 전

---

32 Denis Berger and Henri Maler, *Une certaine idée du communisme*, Paris 1996, p. 187.

체에 걸쳐 대부분의 시스템이 작동을 멈춰버렸다. 그 결과 나타난 정치적 위기가 6주 동안 계속되었고, 지식인 계급은 양극으로 분열되었다. 사실상 반전체주의 동맹 전체가 쥐페의 계획을 낡은 복지 특권 체제를 현대화하기 위해 매우 필요한 첫걸음이라고 지지했다. 이에 분노하여 처음으로 반대편의 대안적인 견해가 일관성을 갖추었다. 이 대안적인 견해를 부르디외 등이 이끌었으며, 정부에 반대하는 파업 참가자들을 옹호했다.

정치적으로 말하자면, 대통령궁과 거리의 대립은 정권의 완전한 패배로 끝났다. 쥐페는 자신의 개혁을 철회할 수밖에 없었다. 시라크는 쥐페를 버렸다. 유권자들은 리오넬 조스팽(Lionel Jospin)에게 다수표를 줌으로써 시라크에게 벌을 주었다. 지적으로 말하자면, 분위기가 이전과 완전히 달라졌다. 몇 주 후 시골 저택에서 테니스를 치던 퓌레가 코트에서 쓰러졌다. 그는 막 프랑스 아카데미 회원으로 선출되었지만, 금줄로 장식된 녹색의 회원복(l'habit vert)을 입고 칼을 쥔 채 회원들(Immortels)에게 받아들여질 시간은 없었다.

그러나 그는 죽기 전에 불안감을 드러내기 시작했다. 분명히 드골주의와 공산주의는 실천적 목적이라는 점에서는 멸종했다. 사회당은 불합리한 국유화 정책을 포기했고, 인텔리겐치아는 마르크스주의적 망상을 단념했다. 그가 바란 중도파의 공화국이 현실이 되었다. 그러나 이러한 변화를 도모한 정치적 건축가는 미테랑이었다. 그의 통치 기간은 온건 자유주의의 이데올로기적 승리와 일치했으며, 부분적으로 여기에 의존했다. 그에 대한 퓌레의 판단은 가혹했다. 미테랑은 목적은 없고, 수단을 고안해 내는 데만 천재로서 프랑스 공산당을 파괴했고, 사회당이 회사와 시장의 논리를 받아들이도록 했다. 그러나 그는 또한 엘리제궁에 궁정의 모방물을 만듦으로써 헌법의 정신을 욕보였다. 그는 "지적인 뇌전도가 완전히 평평한" 정권을 주재했다. 그는 소비에트 공산주의가 무너졌을 때, 세계사적인 기회를 잡는 데 확실히 실패했다.[33] 그렇게 냉소적이고 사상도 없는 대통령에게 따뜻함을 느낀다는 것은 불가능한 일이었다. 생시몽 재단이 존경하는 바르나 로카르를 더 좋아했을 것이다.

하지만 이러한 반감 뒤에는 프랑스의 공적 삶이 취하고 있던 방향에 대한 더 깊은 의구심이 자리 잡고 있었다. 이미 1980년대 말이 되면 퓌레는 다른 곳에서와 마찬가지로 프랑스에서도 중요해진 인권 담론에 대해 유보적인 태도를 보이기 시작했다. 인권 이데올로기는 완벽하게 자유주의적인 것처럼 보일 수 있지만 — 결국 그것은 프랑스 혁명 200주년의 이데올로기적 연회에서 저항의 무기였다 — 정치에 다다르지는 못했다. 사회주의의 이상이었던 것에 대한 현대의 대용물인 인권 이데올로기는 집단적 존재 형태로서의 민족의 일관성을 침식했으며, 내적으로 모순적인 요구를 불러일으켰다. 같은 숨결을 통해 평등에 대한 권리와 차이에 대한 권리가 선언되었다. 인권을 열렬히 옹호하는 사람들이라면 마르크스가 인권에 대해 말한 것을 다시 잘 읽었을 것이다.[34] 인권에 대한 숭배가 커지면서 프랑스의 정치적 삶과 미국의 정치적 삶 사이의 차이가 좁아지고 있었다.

미국과 가까워지는 것은 이런 불안을 완화하는 게 아니라 더 날카롭게 했다. 퓌레는 언제나 자유 세계의 요새인 이 강대국에 대한 충실한 옹호자였다. 그러나 그가 시카고의 관측소에서 본, 클린턴이 통치하는 미국의 풍경은 불안감을 주지는 않아도 적어도 정은 가지 않았다. 인종 통합은 역설적으로 예전의 흑인 공동체를 해체했고, 불길할 정도로 가난한 게토를 남겨놓았다. 유럽에는 이런 게토에 해당하는 것은 거의 없었다. 미국에서는 성 평등이 진전되고 있었고 (유럽도 마찬가지였지만 다행스럽게도 미국처럼 부조리하지는 않았다) 그것이 민주주의 사회를 바꿀 것이었다. 그러나 그것은 민주주의 사회의 성격을 바꾸지도 새로운 남성이나 여성을 만들지도 못할 것이었다. 정치적 올바름은 학계가 계급

33 François Furet, "Chronique d'une décomposition", *Le Débat*, no. 83, January–February 1995, pp. 84~97.

34 François Furet et al., *La République de centre*, pp. 58~62.

투쟁을 흉내 낸 것에 불과했다. 출세주의적 페미니즘의 과도함과 이종 교배한 정치적 올바름은 수많은 대학의 학과를 아리스토파네스나 몰리에르만이 정당하게 평가받을 수 있는 상황에 몰아넣었다. 다문화주의 ― 종종 그 반대편과 결합하는 것은 아니지만 ―, 즉 미국에서 모든 쟁점을 정당화하는 방식은 필연적으로 느슨한 상대주의를 낳았다. 영악하기는 하지만 지성이 없는 또 다른 대통령 아래의 정치사상의 사막에서 그 대통령이 대변하는, 유토피아에 대한 특정한 자유주의적 변종이 확산되고 있었다.[35]

퓌레의 최후의 성찰은 더욱 어두워졌다. 죽기 직전에 완성된 마지막 텍스트는 시라크가 시행한 선거 이후의 프랑스를 검토하는 것이다. 이 선거에서 사회당은 예상치 못하게 입법부에서 다수를 차지했다. 그가 보기에 자신이 한때 잘 통치한다고 생각했던 정치가가 거의 믿을 수 없는 실수를 한 것이었다. 그러나 조스팽은 쥐페와 다른 것을 별로 주지 못했다. 우파와 좌파는 전 국민 앞에서 실제적인 쟁점을 회피하는 데 한통속이 되었다. 유럽의 건설, 이민을 둘러싼 긴장, 사회복지비를 삭감함으로써만 줄일 수 있는 실업의 지속 등이 실제적인 쟁점이었다. 미테랑 아래에서 프랑스의 공적 삶은 정당과 사상의 전반적인 해체 속에서 '우울한 스펙터클'이 되었다. 이제 "세기말의 법률을 무시하는" 나라에서 유권자가 더 새로운 선동의 알약을 요구하면서 ― 이들은 이를 믿지는 않는다 ― 거짓말과 사기가 정치의 규준이 되었다.[36]

이 법률들은 무엇이었는가? 역사적으로 좌파는 자본주의와 민주주의를 분리하려 했지만, 이 둘은 단일한 역사를 형성했다. 1989년 이래 민주주의는 승리를 거두었으며, 이와 함께 자본이 승리를 거두었다. 그러

---

35 François Furet, "L'utopie démocratique à l'américaine", *Le Débat*, no. 69, March–April 1992, pp. 80~91; "L'Amérique de Clinton II", *Le Débat*, no. 94, March–April 1997, pp. 3~10.

36 François Furet, "L'énigme française", *Le Débat*, September–October 1997, pp. 43~49.

나 그 승리는 불안감 속에 빛이 바랬다. 왜냐하면 시민들이 공적 삶에 더욱더 참여하지 않게 되는 것과 함께했기 때문이다. 시민이 그렇게 철수하는 모습을 우울하게 볼 수밖에 없었다. 공산주의가 붕괴하자 현 상태의 정의를 더 크게 믿게 된 게 아니라 사회에 대한 대안적인 이상이 부재하면서 열정의 정치가 말라버린 것이다. 자본주의가 인류의 유일한 지평이었지만 자본주의가 지배하면 할수록 자본주의는 더욱 욕을 먹게 되었다. 퓌레는 이렇게 결론을 내렸다. "이런 상황은 근대 사회의 정신이 지속되기에는 너무 험악하고 불리한 것이다." 그는 토크빌의 정신으로 자신이 저항했던 것의 가능성에 의탁했다. 그는 이렇게 인정했다. "언젠가 자본주의의 지평을 넘어서는 게, 부자와 빈자로 나뉜 세계를 넘어서는 게 필요할지 모른다." 왜냐하면 오늘날 우리 사회 이외의 어떤 사회를 인식하는 것이 어렵기는 하지만, "민주주의는 그 존재 자체로 부르주아지와 자본을 넘어서는 세계에 대한 필요를 만들어내기" 때문이다.[37]

그런데 무심코 환상의 죽음 자체가 실망의 원천이었다. 현실 자본주의가 냉전의 승자이기는 했지만 그 자본주의는 영감을 주지 못했다. 자본주의가 없는 삶에 대한 유토피아적 꿈이 사라지지 않은 것은 이해할 만한 일이었다. 퓌레는 역사를 다룬 마지막 글에서 다시 한 번 '혁명적 부르주아지'를 쓰는 데 몰두하기조차 했다. 이들이 프랑스를 구체제에서 끌어냈는데, 이는 오랫동안 퓌레가 비난한 교리문답 속에서 이들의 공적을 보는 것과 마찬가지였다.[38] 두 세기가 흐른 후 그가 원한 결말이 왔지만, 그것은 다 타버린 숯덩어리를 들고 있는 꼴이었다. 자유주의적 미다스는 그가 원하던 것을 바라보면서 남겨졌다.

37 François Furet, *Le Passé d'une illusion*, Paris 1995, p. 579; *The Passing of an Illusion*, Chicago 1999, p. 502.

38 François Furet, "L'idée française de la Révolution", *Le Débat*, no. 96, September-October 1997, pp. 28~29.

사후적으로 말년에 퓌레가 보인 혼란의 두 가지 원천, 즉 자본주의와 자기 나라의 상황이 있다고 할 때 그의 추종자들을 흩어놓은 것은 후자였다. 새로운 프랑스의 자유주의 내에는 미국에 대한 정치적 충성과 프랑스에 대한 감정적인 애착 사이의 긴장이 언제나 있었다. 이 프랑스 자유주의의 기획은 계몽사상의 자매 공화국의 원리를 이상적으로 결합하기를 꿈꾸었다. 그러나 "에 플루리부스 우눔"(e pluribus unum, 수많은 것 가운데 하나)과 "하나이면서 분할할 수 없는"(one and indivisible)이라는 모토는 서로 충돌했다. 자유주의자들에게는 어느 것이 더 중요한가? 논리적인 정류장이 없는 원자적 개인주의, 민족을 수많은 경쟁하는 미시 문화로 분할하는 원자적 개인주의에서 그것의 통일은 좀 더 형식적이고 깨지기 쉬운 것이 되어야만 하는가? 혹은 단호하게 민족을 뒷받침하면서 공통의 의무와 엄격한 제도에 기초를 둔 집단 정체성 — 그러나 아마도 억압적이기도 할 텐데 — 으로 결합해야 하는가?

반전체주의 전선이 분열한 것은 이러한 딜레마 때문이다. 1980년대 초 소규모 전투가 일어났는데, 이때 레비는 20세기 동안 반유대주의와 비밀 파시즘에 물든 민족으로 충만한, 특유한 '프랑스 이데올로기'가 좌파에서 우파까지 있다고 선언했던 것이다. 『르 데바』가 두 편의 신랄한 글로써 레비의 비난과 무도함을 잠재우기란 힘든 일이었다. 하나는 르루아 라뒤리가 쓴 것이고, 다른 하나는 노라("우리 가운데 훌륭한 이데올로그")가 쓴 것으로 유대인 문제라는 이름으로 프랑스 공화국의 손상을 저지하려는 시도였다.[39] 충분히 예상할 수 있었지만, 그다음 논쟁은 1980년대 말에 최초로 히잡과 관련하여 이슬람 문제에 의해 제기되었다. 제3공화국에 의해 확립된 공통의 세속 교육 원칙을 침해하지 않으

---

39 Emmanuel Le Roy Ladurie, "En lisant L'idéologie française", and Pierre Nora, "Un idéologue bien de chez nous", *Le Débat*, no. 13, June 1981, pp. 97~109. 1년 전에 노라는 레비가 지식에 대한 순수한 욕망이 부여한, 부정할 수 없는 정당성이 있으며, 그런 이유로 10만 명의 독자가 있었다고 썼다. *Le Débat*, no. 1, p. 9.

면서 학교 내에서 머리에 두건을 두를 수 있는가? 이번에는 분열이 좀
더 심각해서 미국 스타일의 관용적인 다문화주의자 옹호자와 시민 민
족이라는 고전적 공화주의 기준의 지지자가 맞섰다.

결국 이 쟁점을 둘러싸고 끓어오르던 악감정이 터져나왔다. 2002년
『에스프리』와 가까운 역사가 다니엘 렝뎅베르(Daniel Lindenberg)가 예전
에 프랑스 자유주의를 위해 함께 싸웠던 수많은 동료 ─ 이 가운데 저명
한 사람으로『르 데바』와『코망테르』의 지도적인 인물이 있었다 ─의
권위주의적 통합주의, 인권에 대한 적대감, 다문화주의에 대한 경멸 등
에 맞서 맹렬한 공격을 퍼부었다. 그러한 경향은 반동의 영원한 구호인
새로운 질서 회복(rappel à l'ordre)을 대변했다. 렝뎅베르의 팸플릿은 매
우 조야하고 여러 목표물을 엉망으로 섞어놓기는 했지만,『르몽드』와
『리베라시옹』에서만 따뜻한 환영을 받은 것은 아니었다. 그것은 적절하
게도 퓌레의 동료인 피에르 로장발롱(Pierre Rosanvallon)이 편집한 총서
로 출판되었다. 로장발롱은 생시몽 재단의 공동 창립자이자『중도의 공
화국』(La République du centre)의 공동 저자이며, 최근에는 콜레주 드 프랑
스의 교수 ─ 많은 이들이 놀라움을 표시했다 ─ 가 되었다. 고셰와 그
의 친구들이『렉스프레스』를 비롯해 그들과 가까운 신문 칼럼난을 이
용해 반격함으로써 자유주의 진영 내의 사실상의 내전이 벌어질 것이
라는 신호가 되었다. 이는 경쟁자들이 공개서한과 선언을 내놓는, 표준
적인 파리 스타일의 소동이었다. 1970년대 말 예의가 완전히 해체된 것
이다.[40]

---

40 Daniel Lindenberg, *Le rappel à l'ordre. Enquête sur les nouveaux réactionnaires*, Paris
    2002; and contra, Alain Finkielkraut, Marcel Gauchet, Pierre Manent, Philippe
    Muray, Pierre-André Taguieff, Shmuel Trigano, Paul Yonnet, "Manifeste pour une
    pensée libre", *L'Express*, 28 November 2002. 이 논쟁에 대한 건조한 논평으로
    는 다음을 참조. Serge Halimi, "Un Débat intellectuel en trompe l'oeil", *Le Monde
    diplomatique*, January 2003, p. 3.

하지만 그때가 되면 그 입장에서 더 커다란 변화가 일어났다. 근대화의 결말에 대한 퓌레의 염려는 이 나라의 깊은 곳에서 들려오는 좀 더 위협적인 소리에 맞서는 중얼거림에 불과했다. 대중 사이에서 프랑스식 신자유주의는 인기를 얻지 못했다. 미테랑이 금융시장의 논리로 결정적으로 돌아선 1983년 이래로 프랑스 유권자는 언제나 이 약을 처방하려는 모든 정부를 거부했다. 패턴은 결코 변하지 않았다. 좌파 대통령 아래에서 로랑 파비위스(Laurent Fabius) — 새로운 '영화 문화'를 환영했던 최초의 사회주의 총리 — 는 1986년에 쫓겨났다. 우파를 위해 최초의 사영화 물결을 시작한 시라크는 1988년에 쫓겨났다. 사회주의자로서 강한 프랑화를 옹호했던 피에르 베레고부아(Pierre Bérégovoy)는 1992년에 쫓겨났다. 경제적 자유의 추구라는 점에서 오를레앙 중도파를 체현한 에두아르 발라뒤르는 1995년 대선에서 패배했다. 우파 대통령 아래에서 쥐페 — 이들 테크노크라트 가운데 가장 강한 인물로 사회적 보호를 직접적으로 공격했다 — 는 파업으로 휘청거리다 1997년에 자리에서 물러났다. 모든 전임자보다 더 다양하게 사영화를 추구했던 조스팽은 5년간 자기만족적인 통치를 한 후에 자신이 스스로 규칙을 깼다고 생각했고, 2002년 선거에서 패배했다. 오늘날 장-피에르 라파랭(Jean-Pierre Raffarin)은 쥐페가 남겨놓은 일을 수행하기 위해 2년간 끈질기게 노력한 후에 알사스를 제외한 모든 지역 정부를 잃어버렸고, 제5공화국 역사에서 그 어느 총리보다 가장 낮은 지지율을 얻었다. 20년 동안 일곱 차례나 정부가 들어섰고, 평균 3년 이상을 유지하지 못했다. 작은 차이가 있기는 하지만 모두가 유사한 정책을 추진했다. 그리고 아무도 재선에 성공하지 못했다.

서방의 그 어떤 나라에서도 기성 정치 질서에 대해 그런 수준의 반감을 찾아볼 수 없었다. 부분적으로 이것은 제5공화국의 헌법적 구조의 함수였다. (어제까지) 임기가 7년인 유사 제왕적 대통령제는 그렇지 않았으면 매우 안정적인 권력 구조의 틀 내에서 선거에서 지속적으로 불만을 표현할 수 있게 자극하거나 중립화했다. 제4공화국이 내각의 불안정과 경직된 투표 블록이 결합된 것이었다면, 제5공화국은 이 패턴을 뒤집어 기질상 왔다 갔다 하는 유권자들과 분명히 변치 않는 정책을 결합시켰다.[41] 그런 유동성은 제도적 과보호의 부산물만은 아니었다. 시간이 가면서 점점 더 분명해졌듯이, 그것은 좌파 정부나 우파 정부 모두 변함없이 시민들에게 제안한 신자유주의적 개혁이라는 엉터리 약에 대한 불신을 반영했다.

이 엉터리 약은 처방전으로만 있었던 게 아니다. 20년 동안 자유화는 프랑스의 면모를 바꾸어놓았다. 가장 먼저 자유화된 것은 금융시장이었다. 주식시장의 자본 가치는 GNP에 비해 세 배가 늘었다. 국민 중 주식 보유자의 숫자는 네 배 이상 늘었다. 프랑스의 대기업 가운데 2/3가 이제 전체 혹은 부분적으로 사영화되었다. 프랑스 기업에 대한 외국인 소유 주식 가치는 1980년대의 10퍼센트에서 오늘날에는 거의 44퍼센트로 늘어났다. 이는 영국보다 높은 수치이다.[42] 이러한 변화가 가져올 단계적인 충격은 앞으로 나타날 것이다. 이러한 변화가 아직 프랑스 사회 복지 체제를 축소시킴과 더불어 진행이 더딘 이유는 이 나라 지배자들이 확신보다는 우려를 표했기 때문이다. 이들은 유권자의 분노를 낳을 위험성을 깨닫고 사영화보다 주당 35시간 노동으로 달래려 했던 것이다. 영미의 기준으로 보면, 프랑스는 여전히 『이코노미스트』와 『파이낸셜 타임스』가 독자들에게 항상 상기시키듯이, 과도하게 규제되고 과도하게 보호되는 나라이다. 그러나 프랑스 기준으로 보면, 프랑스는 받아들일 만한 국제 기준을 향해 인상적인 발걸음을 내디뎠다.

하지만 그러한 진전도 대중적 의심과 앵글로색슨 식 사고에 대한 혐

---

41 이런 결말에 대한 비판자가 아닌 르네 레몽이 이런 주장을 한다. René Rémond, "Instabilité legislative, continuité politique", *Le Débat*, no. 110, May-August 2000, pp. 198~201.

42 다음 글은 이런 변화에 대해 흐뭇한 대차대조표를 보여준다. Nicolas Véron, "Les heureuses mutations de la France financière", *Commentaire*, no. 104, Winter 2003~04.

오를 완화하지 못했다. 1990년대에 고삐 풀린 새로운 자본주의의 도래를 공격하는 책들이 연이어 베스트셀러가 되면서 손쉬운 성공을 거두었다. 부르디외는 새로운 자본주의의 결과에 대해 『세계의 비참』(*La misère du monde*, 1993)에서 엄청난 공격을 했으며, 소설가 비비안 포레스터(Viviane Forrester)는 열정적인 팸플릿인 『경제적 공포』(*L'horreur économique*, 1996)를 썼고, 풍향계인 에마뉘엘 토드(Emmanuel Todd)의 『경제적 환상』(*L'illusion économique*, 1998)은 한때 자유 세계의 열렬한 전사였던 지식인이 자유방임에 가한 맹공격이었다. 1990년대 중반이 되면 신자유주의 독트린에 대한 혐오의 밀물이 유권자들 사이에 아주 명백해졌기 때문에, 1995년 선거에 나선 시라크는 독특한 사상(la pensée unique)과 이것이 만들어낸 분열된 사회에 대한 비난을 선거운동의 중심에 놓았다. 전임자들과 마찬가지로 관직에 오른 그가 이 정책을 다시 채택하자 거의 하룻밤 만에 파업의 물결이 일었고, 이로 인해 쥐페는 자리에서 물러났다. 잔해더미를 둘러본 『르 데바』의 기록자는 우울한 결론을 내렸다. "자유주의가 이식되지 않았다."[43]

그러나 공식정책과 대중적 감정의 결별 속에는 또 다른 요소도 있었는데, 이것은 정치적인 것이 아니라 사회적인 것이었다. 드골 이래로 제5공화국의 지배자들은 서방에서 가장 밀폐된 통치 카스트가 되었다. 통합된 정치, 행정, 실업계 엘리트를 만들어내는, 매우 작고 단일한 제도에 사회 권력이 집중된 정도는 아마도 세계의 다른 곳에서는 찾아보기 어려울 것이다. 국립행정학교(ENA)는 1년에 100~120명의 학생만 받아들인다. 이 학교가 개교한 이래 5,000만 명이 넘는 인구 가운데 모두 5,000명만 이 학교를 다녔다. 그런데 이들 졸업생은 관료제와 대기업 경영진의 맨 윗자리를 지배할 뿐만 아니라 정치 계급의 핵심도 이룬다. 지스카르 데스탱, 파비위스, 시라크, 로카르, 발라뒤르, 쥐페, 조스팽 등은 모두 국립행정학교 졸업생이다. 지난 사회주의 정부의 열일곱 명 각

---

43 Pierre Grémion, *Le Débat*, no. 103, January–February 1999, p. 99.

료 가운데 열한 명이 이 학교 출신이다. 좌파에서 조스팽의 후계자가 되기 위해 경쟁했던 주요 인물인 도미니크 스트로스-칸과 프랑수아 올랑드(François Hollande)도 마찬가지이다. 우파에서 시라크의 황태자로서 얼마전에 외무 장관을 지냈고 지금은 내무 장관인 도미니크 드 빌팽(Dominique de Villepin)은 말할 것도 없다.

이 과두제의 근친교배는 필연적으로 만연한 부패를 낳았다. 한편으로 공직을 떠나 사기업으로 옮아가는(pantouflage) 관행 ─ 고위 공무원이 행정부에서 실업계와 정치계로 소리 소문 없이 옮아가거나 다시 돌아오는 것 ─ 은 공적 기금이나 사적 기금을 당파적 목적을 위해 사용할 기회를 수없이 주는 일이다. 다른 한편으로 주요한 정당에 의미 있는 평당원이 없기 때문에 정당들은 활동에 쓸 자금을 예산에서 뽑아내거나 부당하게 편의를 봐줌으로써 얻어냈다. 그 결과는 독직(瀆職)이라는 수렁이며, 최근 살짝 부분적으로만 드러났을 뿐이다. 시라크가 파리 시장에 재임할 때 했던 독직은 예심 판사 앞으로 간 명백한 사례였다.

그러나 증거가 아무리 놀랄 만해도 지금까지 사법부는 그 어느 주요한 정치가도 감옥에 보내지 못했다. 시라크는 말랑한 헌법재판소로부터 기소 면제를 보장받았으며, 최근에는 쥐페를 보호하고 있다. 미테랑의 외무 장관인 롤랑 뒤마(Roland Dumas) ─ 그는 전직 판사이다 ─ 는 재판에서 무죄판결을 받았고, 스트로스-칸은 재판도 없이 혐의를 벗었다. 대부분의 프랑스 시민들은 이 모든 인물이 정치적 이점 혹은 ─ 지스카르 데스탱의 다이아몬드라는 정신으로 ─ 개인적 이득을 위해 법을 위반했다고 생각한다. 그러나 좌파와 우파가 동일하게 연루되었고, 징벌을 피하기 위해 단결하기 때문에 정치 계급의 부패는 체제로 인해 어떤 문제가 생겼음을 반박하는 증거가 된다. 프랑스 문화에는 도덕적인 부담이 매우 적으며, 이탈리아보다 부패에 대한 분노가 약하다. 그러나 이것이 대중의 무관심을 말하는 것은 아니다. 그것이 낳은 것은 이 나라를 다스리는 엘리트로부터 크게 소외되었다는 것이다. 관직 보유자들의 회전문 인사에 대한 경멸이다.

유럽연합 평균보다 훨씬 높은 기권율은 정치에 대한 환멸을 보여주는 하나의 예이다. 비록 최근에 신노동당이 통치하는 영국이 다른 모든 나라를 제치기는 했지만 말이다. 또 다른 것으로 아주 두드러지고, 참으로 유명한 ─혹은 악명 높은─ 것이 프랑스적이라고 하는 것이다. 1980년대 중반 이후 국민전선(FN)은 최소한 유권자의 10퍼센트 지지를 받았으며, 1980년대 말 대통령 선거에서 장-마리 르펜(Jean-Marie Le Pen)에 대한 지지는 15퍼센트까지 올라갔다. 당시 극우파 베테랑이 조직했고, 공공연하게 외국인 혐오를 표방한 정당에 대한 이런 지지율로 인해 프랑스는 다른 유럽 나라들과 구별되었다. 대부분이 파시스트라고 생각하는 국민전선은 독특한 민족적 오점으로 드러났으며, 프랑스 민주주의에 대한 잠재적 위협이었다. 그렇게 특이한 상습적 범행을 어떻게 설명할 수 있을까? 실제로 국민전선이 성공을 거둘 수 있었던 초기 요건은 완전히 이념적이며 지역적인 일이었다. 다른 어떤 유럽 나라도 식민 제국에서 그렇게 큰 규모의 정착민 사회를 받아들이지 않았다. 100만 명의 알제리 출신(pied-noir)이 추방의 아픔 속에 마그레브에서 쫓겨났다. 다른 어떤 유럽 나라도 한때 식민지였던 지역에서 그렇게 대규모 이민을 받아들이지 않았다. 250만 명의 마그레브 출신이 있다. 그러한 결합은 언제나 정치적 독소를 방출할 수 있을 터였다.

또한 국민전선은 알제리 출신 공동체에 있는 초기 기반을 넘어서서 비시 정부에 대한 노스탤지어 ─1950년대 장-루이 틱시에-비냥쿠르(Jean-Louis Tixier-Vignancour, 극우파 정치 지도자)의 지지자들로, 이들의 자산은 약화되고 있다─ 혹은 르페브르 추기경의 예배에 대한 충성심에 기댈 수 있었다. 그러나 국민전선이 실제로 도약한 조건은 다른 데 있었다. 르펜이 선거에서 전기를 마련한 것은 1984년이었는데, 이때는 미테랑이 〔사회당과 공산당의〕 공동 강령을 갑자기 버리고 정통 통화주의를 받아들이고 1년이 지난 후였다. 1983년에 있었던 신자유주의로의 전환이 공산당 ─내각에 별로 중요하지 않은 네 자리만 가지고 있었다─ 으로 하여금 정부와 결별하도록 만들지는 않았다. 도리어 공산당은 원칙에 대한 고려는 말할 것도 없고, 정치적 비용까지 감수하면서 별 것 아닌 관직에 집착했다. 인민전선의 어리석음에다 제3기의 어리석음—첫 번째는 1977~78년의 맹목적인 분파주의였고, 그다음에는 허약한 기회주의였다—을 덧붙인 결과는 자기파괴였다. 점점 더 많은 노동자계급 유권자들이 공산당을 버린 것이다. 국민전선에 기회를 준 것은 그 결과 정치적 스펙트럼이 압축되면서 만들어진 간극이었다. 국민전선은 쇠퇴하는 프롤레타리아 교외 지역과 소도시에서 불만을 품은 유권자들을 점차 모았다. 대다수에게는 독특한 사상이 이렇게 신맛 나는 대안만을 남겨주었던 것이다.

정치 계급의 오만과 자기 폐쇄가 나머지 일을 떠맡았다. 비례대표제를 없애버림으로써 국민전선을 국회에 등장하지 못하게 하고, 부패에 대한 청산도 막아버린 기성 질서는 르펜이 기성 질서를 특권의 음모라고 비난한 것을 확인시켜 준 것에 불과했다. 르펜은 대단히 웅변적으로 떠들어댔고, 기성 질서의 그 어느 유력자도 여기에 맞설 수 없었다. 국민전선을 천민으로 취급하는 데 좌파와 우파가 단결하면 할수록 체제에 대한 국외자로서의 국민전선의 호소력은 더 커져갔다. 아랍 이민자들에 대한 공공연한 인종주의, 이보다는 다소 약한 반유대주의 등이 일반화되고 떠들썩한 포퓰리즘과 나란히 국민전선의 레퍼토리가 되었다. 결국 자유주의의 헤게모니를 파열시킨 두 개의 스트레스, 즉 다문화주의와 공화주의를 서로 대립하는 것으로 만든 긴장과 시장의 미덕에 대한 여론의 저항은 가장 민감하게 상호작용하면서 정확하게 국민전선이 싹틀 수 있는 토양이 되었다.

이와 동시에 정치 현상으로서 국민전선이 보이는 한계는 언제나 명확했다. 처음에는 시라크가 은밀하게 접근한 적이 있지만 우파가 등을 돌리고, 르펜이라는 개인에게 과도하게 의존하는 국민전선에는 전문적 능력을 갖춘 지도자가 없으며, 행정 경험을 얻을 수 없었고, 선거와 선거 사이에는 별로 하는 일 없이 분개한 하위문화로서 지냈다. 국민전선이 선거운동에서 보이는 요란한 스타일은 지지자를 끌어모으기도 했지만,

그만큼 불안감을 주기도 했다. 무엇보다 주요한 명함인 이민이라는 쟁점은 내재적으로 제한적이다. 전간기에 파시즘이 호소력을 발휘한 것은 대규모 사회적 혼란과 혁명적 노동운동이라는 유령이 있었기 때문인데, 이는 제5공화국의 깔끔한 풍경과는 아주 달랐다. 당연히 이민은 사실상 소수자의 현상이며, 계급 간의 전쟁은 그렇지 않다. 따라서 이민에 대한 외국인 혐오적인 반응은 험악하기는 하지만, 정치적으로 폭을 넓힐 수 있는 힘이 별로 없다. 독일에서 나치즘의 발흥을 목격했고, 자신이 무엇에 대해 말하는지를 알았던 아롱은 처음부터 이를 이해하면서 국민전선에 대한 겁먹은 과대평가를 비판했다. 실제로 1980년대 중반 이래 국민전선의 득표율은 고정된 범위 안에서 움직였다. 전국 평균 10퍼센트 아래로 떨어지지는 않았지만 15퍼센트 이상으로 올라가지도 않았다.

2000년 정치 체제는 드골 시대 이래로 가장 중요한 변화를 겪었다. 시라크와 조스팽이 2002년 대통령 선거에서 유리한 고지를 얻기 위한 술책을 부리다 대통령 임기를 7년에서 5년으로 바꾸는 데 공모한 것이다. 지스카르 데스탱이 둘 사이의 거래를 중개했다. 표면적으로 이 변화의 목표는 '동거' ─ 엘리제궁과 마티뇽(총리실)을 서로 경쟁하는 정당이 각각 차지하는 것으로 1986년 이래 자주 있는 일이 되었다 ─ 의 가능성을 줄이고 정부에 통일성과 효율성을 부여하는 것이었다. 동거의 경우 대통령과 총리 사이의 긴장으로 너무 자주 타협이 이루어졌다. 실제로 임기 변경을 통해 미국적인 방식에 따라 완전한 정치 체제의 인격화를 보장함으로써 대통령의 권한이 크게 늘어났다. 왜냐하면 행정부 선거와 입법부 선거가 같은 해에 치러질 경우에 고도로 집중화된 프랑스 사회에서 승리한 대통령은 거의 자동적으로 언제나 대통령 선거 직후에 열리는 국회의원 선거에서 자신을 지지하는 유순한 다수당을 만들 것이 분명하기 때문이다. 1958년 이래 대통령 선거와 국회의원 선거가 같은 해에 있을 때는 언제나 그랬다. 그 결과 이미 별로 하는 일이 없는 입법부가 더욱 약화될 수 있으며, 퓌레가 국민적인 병리라고 부른 행정부 권력의 과도함을 더욱 두드러지게 할 뿐이다. 이렇게 헌법 내에서 견제와 균형의 축소를 비준하는 국민투표가 실시되었다. 유권자의 25퍼센트만이 투표에 참가했으며, 이 가운데 4/5가 기성 질서가 프랑스를 다른 선진국과 나란히 하는 프랑스 민주주의의 커다란 진전이라고 떠든 이 변경에 찬성했다.

그러나 여전히 잠재적인 작은 문제가 있었다. 기존 선거 일정에 따르면, 의회 선거는 2002년 3월 말까지는 실시되어야 했고, 대통령 선거는 4~5월에는 치러야 했다. 따라서 바라던 상황을 뒤집고, 행정부 선거가 입법부 선거로 이어지는 게 아니라 그 반대가 되는 위험을 감수해야 했다. 유권자의 존경을 받고 있다고 확신한 조스팽은 엘리제궁으로 가는 길을 열기 위해 의회 임기를 억지로 3개월 연장했다. 이렇게 사리사욕을 위해 헌법을 조작한 것이 그렇게 놀랄 만한 역풍을 가져온 일은 거의 없었다.

2002년 봄 대통령 선거운동 기간에 시라크와 조스팽이 주요 후보로 떠올랐는데, 두 사람은 거의 같은 수사법을 구사하는 강령을 가지고 있었다. 다양한 좌파 —사회당, 공산당, 녹색당, 좌파급진당—의 투표가 각 지지 후보에게 분산된 제1차 투표 결과가 나오자, 조스팽은 그가 총리라는 것을 제외하면 경쟁에서 완전히 나가떨어졌다는 것을 알게 되었다. 그는 치욕적이게도 16.18퍼센트의 득표율을 올렸으며, 르펜은 그보다 19만 5,000표를 더 얻어 시라크와 함께 결선투표에 나가게 되었다. 시라크는 비참하게도 19.88퍼센트를 얻었는데, 이는 현직 대통령으로서 가장 낮은 득표수였다. 입법부 선거가 먼저 열렸다면 분명 조스팽의 동맹이 이겼을 것이며 —4월의 결과를 감안하면 그가 얻을 수 있었던 좌파 동맹 표는 우파보다 거의 10퍼센트는 높았을 것이다— 따라서 엘리제궁에 들어갔을 것이다.

하지만 이 대통령 선거의 놀랄 만한 특징은 사회당이 전체적으로 잘못 계산했다는 것도, 르펜이 조스팽을 이겼다는 사실도 아니었다. 1995년과 비교할 때, 극우파가 받은 전체 투표는 실제로 늘지 않았다.[44] 눈에 띄는 것은 기성 정치 전반에 대한 대중의 반감이 깊다는 것이다. 후보들에게 던진 표보다 더 많은 기권자와 무효표 —— 거의 31퍼센트 ——
가 나왔다. 10.4퍼센트의 유권자가 극좌의 트로츠키주의 후보를 지지
했다. 4.2퍼센트는 사냥, 낚시, 자연, 전통(CPNT: Chasse, Pêche, Nature,
Traditions)의 대의를 지지했다. 전체적으로 볼 때, 프랑스 유권자 세 명
가운데 두 명이 그들에게 제공된 합의라는 오래된 메뉴를 거부했다.

기성 질서는 한목소리로 반응했다. 문제가 되었던 것은 묵시록적인
한 가지 사실이었다. 다음과 같은 전형적인 선언이 나왔다. "4월 21일
8시, 굴욕을 당한 프랑스와 망연자실한 세계는 마음속에 대재앙의 기억
을 새겨넣었다. 르펜이 조스팽을 앞질렀다."[45] 모든 곳에서 사람들이 국
민적 수치에 초조해했다. 언론은 사설, 기사, 방송 프로그램, 호소문 등
을 쏟아내며 프랑스인들에게 지금 중대한 위험에 처해 있으며, 공화국
을 구하려면 이제 그 위험에 맞서 하나가 되어 시라크에게 모여야 한다
고 설명했다. 젊은이들이 거리에 나와 시위를 벌였고, 공직에 있는 좌파
가 대통령 편을 들었으며, 극좌파의 상당수도 지금은 그냥 지나갈 때가
아니며 우파 후보를 지지해야 한다고 결정했다. 시라크는 지난날 둘 사
이에 오갔던 비밀 거래를 폭로함으로써 자신을 곤경에 빠뜨릴 것이 분
명한 르펜과 어떤 논쟁을 벌여도 불리하다고 생각했기 때문에 텔레비
전 토론에 나가지 않았다. 그는 결과가 이미 정해져 있다는 것을 알았
고, 거의 선거운동에 신경을 쓰지 않았다.

결선투표에서 그는 충분하게도 82퍼센트라는 다수를 얻었다. 이는

---

44 르펜은 1995년보다 23만 표를 더 얻었으며, 2인자였다가 국민전선에서 떨어져
   나간 브뤼노 메그레(Bruno Megret)가 67만 표를 얻었기 때문에 합쳐서 90만 표
   의 증가가 있었다. 그러나 1995년에 비슷한 주장을 한 필리프 드 빌리에(Philippe
   de Villiers)가 144만 표를 얻었다. 2002년 그의 프랑스를 위한 운동(Mouvement
   pour France)은 대통령 선거에 참여하지 않았다.

45 Jean-Jacques Chevallier, Guy Carcassonne, Olivier Duhamel, *La Vie République
   1958~2002. Histoire des institutions et des régimes politiques en France*, Paris 2002,
   p. 488. 이 책은 출판사가 말한 대로 프랑스 내에서 표준적인 참고서이다.

제도혁명당(PRI)이 한창일 때 멕시코 대통령이 얻은 것과 같은 수치이다. 파리의 좌안 지역에서 그의 득표율은 사실상 알바니아의 고봉만큼이나 높았다. 언론의 분위기는 15일 만에 히스테리에서 황홀경으로 바뀌었다. 프랑스의 영광은 당당하게 복원되었다. 시민의 책임감을 비교할 바 없이 과시한 후 이제 대통령은 새로운 도덕적 목적을 느끼면서 일을 시작할 수 있었으며, 프랑스는 다시금 전 세계 앞에서 고개를 높이 쳐들었다. 권위주의적인 해설자들은 이것이 이 나라가 또 다른 적에 맞선 신성한 동맹에 합류했던 1914년 이래 프랑스에서 가장 훌륭한 시간이었다고 말했다.

실제로 어떤 유비가 필요하다면, 2002년의 만장일치는 정신적으로 볼 때 1940년에 보르도에서 했던 만장일치에 더 가까웠다. 이때 제3공화국의 국민의회는 압도적 다수표로 앙리 필리프 페탱(Henri Philippe Pétain)에게 권력을 넘겨주면서 이것이 파국을 피하기 위해 애국적으로 불가피한 일이라고 확신했다. 물론 이번에는 비극이 소극(笑劇)으로 반복되었다. 왜냐하면 시라크의 봉헌을 허가해야 할 어떤 기미의 긴급함도 없었기 때문이다. 1차 투표에서 우파가 얻은 모든 표는 이미 국민전선 및 거기서 떨어져나간 정당이 얻은 것보다 75퍼센트나 높았다. 다시 말해 400만 표 이상 차이가 났다. 반면 시라크와 조스팽 사이에 사상이나 정책 면에서 주요한 차이가 없었다는 것을 감안하면, 조스팽에게 투표했던 많은 사람이 결선투표에서 별다른 설득이 없어도 시라크에게 투표할 것이라는 점은 분명했다. 르펜이 대통령 선거에서 이길 가능성은 전혀 없었다. 시라크에게 결집해야 한다는 좌파의 열광적인 호소는 전적으로 여분의 것이었다. 그저 6월에 열린 입법부 선거에서 좌파가 크게 패배한 것을 확인하는 것에 불과했다. 입법부 선거에게 우파는 겸손에 대한 대가로 제5공화국 역사에서 가장 다수를 얻었고, 시라크는 이전에 누려보지 못한 엄청난 권력을 얻었다. 기억할 만한 기만의 시절이었다.

4

하지만 이러한 이데올로기적 변전 속에서 득표율이 정신없이 바뀐 것은 — 시라크는 유권자의 1/7도 안 되는 지지를 받은 무능과 부패의 상징에서 눈 깜짝할 사이에 국민적 권위와 책임감의 아이콘으로 변모했다 — 이 나라 정치 문화에 면면히 흐르는 패턴의 징후로 볼 수 있다. 제5공화국 아래에서 프랑스인들은 점차 집단 조직에 저항해 왔다. 오늘날 유권자의 2퍼센트 미만이 정당원인데, 이는 유럽연합에서 가장 낮은 수치이다. 또한 더욱 놀라운 것은 특이하게 낮은 노조 조직률이다. 노동력의 7~8퍼센트 정도만이 노조원인데, 이는 미국보다 낮은 수치이다. 미국의 노조 조직률은 (계속 떨어지고 있는데) 11퍼센트이다. 피고용 인구의 2/3에서 3/4이 노조원인 덴마크나 스웨덴과는 비교할 필요도 없다. 의심할 바 없이 산업 조직과 정치 조직이 작다는 것은 프랑스 문화와 사회에 깊게 뿌리박은 개인주의적 성향을 보여준다. 이는 프랑스인이나 외국인 모두 다 아는 이야기이다. 이는 개인주의로 이름난 미국보다 여러 가지 면에서 더 강력하다. 왜냐하면 도덕적 순응의 압력에 덜 종속적이기 때문이다.

그러나 인습적 형태의 시민적 결사체에 대한 프랑스인들의 반감이 반드시 사영화(privatization)를 의미하는 것은 아니다. 반대로 이 정치 문화의 역설은 상설 조직의 낮은 지표가 자발적인 폭발이라는 특이한 성향과 공존한다는 것이다. 반복해서 아주 갑작스럽게 아무것도 없는 곳에서 엄청난 대중 동원이 현실화될 수 있다. 여전히 전후 유럽사에서 가장 규모가 크고 가장 인상적인 집합적 행위자의 시위였던 1968년 5~6월의 대반란은 그 이후 프랑스 지배자들이 잊지 않는, 상징적인 현대적 사례이다.

그 이래, 거리의 정치가 반복해서 정부에 반역하고 정부를 견제했다. 1984년에 피에르 모루아(Pierre Mauroy)는 사립학교 교육을 제한하는 시도를 했다가 종교 학교를 지키려 나선 대규모 고해성사의 물결이 퍼지면서 자리에서 물러났다. 50만 명이 베르사유에 모였으며, 수십만 명이 파리의 대로로 쏟아져 나왔다. 1986년에는 대학생과 리세 학생 수십만 명의 시위대가 진압 경찰과 충돌하여 젊은 시위자가 죽은 사건이 발생했고, 이로 인해 시라크는 고등교육을 '현대화'하려는 계획을 철회할 수밖에 없었다. 그의 정부는 여기서 회복되지 못했다. 1995년에는 사회보장을 제한하고 재조직화하려는 쥐페의 계획이 모든 공공 부문이 참여하고 전국을 휩쓴 6주간의 파업과 맞닥뜨렸고, 결국 이는 운동의 완전한 승리로 끝났다. 1년이 조금 넘는 시간 안에 그 또한 권력에서 밀려났다. 1998년에는 트럭운전사, 연금생활자, 실업자 등이 조스팽 정권을 위협할 차례였다. 그런 사회적 토네이도가 마른하늘에서 갑자기 불어올 수 있다는 것을 알게 된 정부는 조심하는 법을 배웠다.

이런 성격상의 이중성, 즉 시민의 원자화와 대중적인 인화성의 공존은 대부분의 프랑스 사상의 심층 구조에서도 찾아볼 수 있다. 이 구조는 사르트르가 『변증법적 이성비판』에서 '계열'의 분산과 '맹세 집단'의 용접 사이의 비교, 그리고 이 둘 사이에서 일어나는 변덕스러운 교환에 대해 했던 이론화 작업의 배경 가운데 하나이다. 그러나 이 구조가 제기하는 문제의 가장 두드러진 효과는 사회적 유대가 기본적으로 언제나 이성이나 자유의지보다는 믿음에 의해 창출된다는 노선을 가진 사상가를 낳았다는 것이다. 이러한 개념의 기원은 시민적 종교만이 공화국의 안정된 토대를 이룰 수 있다는 루소의 주장으로 거슬러 올라간다. 이는 분명 일반의지의 자발적 구성이라는 그의 견해와 상충된다. 자코뱅의 타도 이후 벌어진 최고 존재 숭배에 대한 조소조차 이 주제에 대한 신임을 떨어뜨리지 않았다. 이 주제는 19세기에 일련의 보수적인 변신을 했다. 토크빌은 도그마적인 믿음이 사회질서의 불가결한 기초라고 확신하게 되었다. 유럽보다 종교가 편재하는 미국과 같은 민주주의 나라에서는 특히 그러하다. 오귀스트 콩트(Auguste Comte)는 실증주의의 사명을 인류교(人類敎)의 수립이라고 생각했다. 이 인류교는 산업혁명의 세계를 조각조각낸 사회적 분업을 담금질할 것이다. 앙투안 오귀스탱 쿠르노[46]는 주권에 대한 합리적인 구성은 불가능하며, 언제나 정치 체제는 마지막에 가서 믿음이나 강제력에 의지한다고 주장했다. 에밀 뒤르켐(Émile Durkheim)은 종교는 별들에 투사된 사회라는 자신의 유명한 관념으로 등식의 항을 여러 가지 면에서 가장 급진적으로 전도시켰다.

이 모든 사상가가 거부하는 것은 사회가 개별 행위자들의 이해관계가 합리적으로 모인 것의 산물일 수 있다는 생각이다. 영국에서 공리주의의 전통을 낳은 계몽사상의 분파는 혁명 이후 프랑스에서는 죽은 나뭇가지가 되었다. 이와 비교할 만한 방식으로 정치적 삶을 바라보는 것은 발전하지 않았다. 공리주의 전통에 가까웠던 콩스탕은 반쯤 외국인으로서 잊힌 존재였다. 유사하게 드러나지 않았다가 20세기 들어 사회적인 것을 바라보는 관점이 준 초월주의적 색조를 띠면서 사회학 그룹(Collège de Sociologie)의 로제 카유아(Roger Caillois)와 바타유가 제안한 신성한 것에 대한 이론에서 전간기에 나타났다. 20세기 말에 이런 지적 흐름은 좌파에서 가장 독창적인 두 명의 사상가의 작업에서 더 나아간 형태의 분신을 발견했다. 물론 이들은 주변의 정통파와 불화를 일으켰다. 1980년대 초 드브레는 이미, 스스로에게 내적 지속성과 정체성을 부여하는 모든 인간 집단의 구성적 필요가 있지만 이 필요를 충족할 수 없으며, 따라서 ─ 정의상 넓은 의미에서 종교적이라 할 수 있는 ─ 집단에 외재적인 권위의 정점에, 수직적 통합의 조건으로서 의존하게 된다는 것에 기초한 정치 이론을 발전시켰다.

『정치적 이성비판』(1981)에서 시작된 이러한 판본 속에서 이론은, 왜 민족의 영속성과 순교자들의 불멸성에 대한 숭배를 특징으로 하는 민족주의가 드브레가 한때 라틴아메리카에서 찾으려 했던 사회주의보다 더 강력한 역사적 힘이 있는지를 설명하려 했다. 『신, 하나의 과정』

---

46 Antoine Augustin Cournot, 1801~77: 프랑스의 철학자이자 수학자로, 경제 이론의 발전에 기여했다. ─옮긴이

(*Dieu, un itinéraire*, 2001)이 나올 때가 되면 그것은 기원전 4000년부터 현재까지 서양 일신교의 생태, 하부구조, 정통교의 내에서 일어난 변화를 비교적으로 설명하는 것이 되었다. 이것은 종교를 모든 시대에 걸쳐 인류학적 상수로 간주하는 것이었다. 즉 역사적 형태는 다양하지만 지속적인 사회적 응집력의 영속적인 지평이라는 것이다. 그러한 사변이 현상과 화해하는 데로 나아가지 않고 파리의 합의에 의해 추문이라고 주장되는 정치적 개입과 오랫동안 함께해 왔다. 특히 유고슬라비아에서 나토가 벌인 전쟁에 대한 통렬한 비판은 오늘날 런던과 마찬가지로 파리에서도 보수적인 감수성의 기준이 된다. 아마도 사면을 받은 적이 있는 드브레가 아이티에서 프랑스와 미국이 벌인 쿠데타를 위한 토대를 준비하는 데 양보한 것으로 보인다. 그러나 기성 질서는 그에게 거의 의존하지 않았다.

비교할 만한 사례는 프랑스에서 가장 날카로운 법학자인 알랭 쉬피오(Alain Supiot)이다. 쉬피오는 독립적인 법철학자인 피에르 르장드르(Pierre Legendre)의 저작에 기대어 모든 의미 있는 믿음 체계(belief-system)는 그 추종자들이 불편해할지라도 우리 시대의 가장 소중한 두 가지 신조에 초점을 맞추는 도그마적인 토대가 필요하다는 사상을 새롭게 했다. 이때 두 가지는 자유시장 및 인권에 대한 숭배이다.[47] 여기서도 또한 각각을 옹호하는 주장은 뛰어나지만 논증의 논리가 모호하다. 보편적 지배의 가장 최신 사례로 제시되는 각각은 이성을 넘어서는 필연성 속에서 인간적 공존 자체를 탈신비화하지만 또한 정상화한다. 여기서 프랑스적 정신의 습성이 작동한다. 하지만 그러한 주장의 계보학이 매우 민족적이라는 사실은 그 자체로 그것들의 자격을 박탈하지 않는다. 어떤 일반적 진리라도 지역적 기원을 가질 것이다. 그러나 그것들

---

47 이에 대한 확장된 서술은 그의 다음 책 참조. Alain Supiot, *Homo Juridicus*, London-New York 2007.

이 가리키는 곤경은 전형적으로 프랑스적인 것이다. 만일 하나의 행위자가 자신의 조건을 형성하거나 바꾸기 위해 자유롭게 결합하지 않는다면 어느날 갑자기 예기치 않게 그들을, 사회를 뿌리째 흔들 수 있는 집합적 힘으로 바꿀 수 있는 정신은 무엇인가?

현상 유지의 수호자들에게 이런 일은 생각하기에 너무 짧은 시간이며, 프랑스 역사에서 이례적인 아침의 햇살 아래 금세 흩어져버린다. 2000년 콜롱바니는 "이 나라가 경제적으로 이렇게 강력하고 이렇게 부유했던 적은 없다"라고 열정적으로 말했다. "이 나라의 활력이 이렇게 잘 준비되어 유럽의 경제적 기관차가 된 적이 없었다." 더욱더 좋은 때였다. "프랑스에서 21세기 초입만큼 그렇게 분명하게 '삶의 행복'을 누렸던 적은 없다."[48] 종종 이런 종류의 호언장담 아래에는 신경질적인 저류가 흐르고 있었다. 이렇게 장광설로 끝나는 이 책의 대부분은 드브레나 부르디외 같은 비평가들이 건강한 프랑스의 자기이해에 가한 손상에 대한 경고로 채워져 있다. 실제로 『르몽드』의 편집자는 더 정곡을 찔렀을 수도 있었다. 프랑스에서 자유주의의 조수가 빠져나가면서 해변에는 어지러운 물건이 여럿 남았다.

그 가운데 하나가 일간지와 정반대로 『르몽드 디플로마티크』라는 월간지가 보여준 뚜렷한 성공이다. 이 월간지는 오늘날의 『콤소몰스카야 프라브다』가 『프라브다』와 가진 관계와 정반대의 방향에서 콜롱바니의 글과 비슷한 관계에 있다. 이나시오 라모네(Ignacio Ramonet)와 베르나르 카생(Bernard Cassen)이 편집할 때, 이 월간지는 신자유주의와 신제국주의의 레퍼토리에 있는 모든 금언을 비판하는 정신적 해머였다. 기사의 범위가 매우 소극적으로 편협했던 『르몽드』에 비해 『르몽드 디플로마티크』는 세계정치를 비판적으로 다룬 기사를 내보냈다. 프랑스에서만 25만 명의 독자가 있는 『르몽드 디플로마티크』는 이탈리아에서 라틴아메리카, 아랍 세계, 한국까지 해외에서 20개 이상의 언어로 발행되고 있

---

48 Jean-Marie Colombani, *Les infortunes de la République*, Paris 2000, p. 165.

으며, 러시아어, 일본어, 중국어를 포함해서 20개 이상의 인터넷판을 갖춘 국제적 기관이 되었다. 모두 합쳐 전 세계적으로 150만 명의 독자가 있다. 오늘날 그 어떤 프랑스의 목소리도 이보다 지구적인 범위가 넓은 매체가 없다.

더 나아가 이 저널은 지배적인 지식에 대한 해독제이기만 한 것은 아니다. 조직자이기도 하다. 1997년 아시아 금융 위기가 발생한 후, 이 저널은 '대중 교육을 위한 결사체로서' 아탁(ATTAC)을 만들었다. 오늘날 아탁은 유럽연합 전역에 지부가 있으며, IMF와 유럽집행위원회(European Commission)가 꺼리는 논쟁과 제안을 활발하게 했다. 어떤 정기간행물이라도 조직적 기능을 하려면 대가가 따르는 법이다. 일반적으로 독자들을 놀라게 하지 않아야 하는데, 이 저널도 여기서 자유롭지 못했다. 하지만 활력을 불어넣는 이 저널의 역할은 대단했다. 2001년에 『르몽드 디플로마티크』와 아탁은 포르투 알레그리에서 세계사회포럼을 만들어내는 데 중요한 역할을 했다. 여기서 '대안 세계화' 운동이 시작되었으며, 남과 북 모두에서 신자유주의적 질서에 맞서는 주요한 집합소가 되었다. 익숙하지 않은 초국적 무대에서 프랑스가 국경을 넘어서 급진적 사상과 힘을 점화하는 역할을 함으로써 좌파의 전위의 나라로서 역사적 위치를 다시금 차지하게 되었다.

국민적 효과와 지구적 효과의 유사한 교합은 지난 10년 사이에 등장한 좌파의 좌파(gauche de la gauche)에서도 찾아볼 수 있다. 콧수염을 기른 조제 보베(José Bové)는 이것의 다른 측면을 상징하는 인물이다. 라르자크(Larzac)에서 로케포르 치즈를 만드는 사람이자 GM과 맥도널드 반대편에 서 있는 이 사람보다 더 전형적인 프랑스인이 있겠는가? 하지만 대안 지구화 운동에 국제적 영웅이 있다면 고향에서 농민연합(Peasant Confederation)을 만들었고, 전체적으로 보아 농민의 길(Via Campesina)을 만드는 데 도움을 주었고, 프랑스 마시프상트랄에서 팔레스타인과 브라질 히우그란지두술까지 다니며 활동한 이 카리스마적인 농민이 거기에 속할 것이다. 프랑스 언론은 그를 해를 입히지 않는 사람으로 다룰 수 있는 한 그를 참아주는 태도를 보였다. 그가 무모하게도 이스라엘을 비판하자 이건 다른 문제였다. 하룻밤 사이에 그는 해외에서 프랑스의 이름에 먹칠을 하는 선동가로서 비호감이 되었다.

이 시기에 부르디외의 역할은 같은 별자리에 속했다. 스페인 접경 지역인 베아른(Bearn) 벽촌에서 우체부 아들로 태어난 그의 인생 궤적은 레이먼드 윌리엄스(Raymond Williams)의 궤적과 많은 점에서 닮았다. 웨일스 접경 지역의 철도원 아들로 태어난 윌리엄스는 부르디외와 깊은 연대감을 느꼈다. 두 사람은 그런 배경에서 학계의 엘리트로 부상했고, 그다음 이리저리 겸직하는 사람들이 불투명한 세계와 그들이 오른 주빈석 내에서 극심한 소외감을 느꼈으며, 이로 인해 기성의 명성을 얻은 후 점점 급진화되어 갔다는 공통점이 있다. 그들의 산문에 대한 전형적인 불평조차도―비평가들의 눈에는 정치적 적대감 때문에 예민하며, 어색하고, 장황하게 무겁다고 보인다―비슷하다. 두 사람에게 일생에 걸친 작업의 의제가 되도록 한 중심적 경험은 불평등이었다. 부르디외의 경우에 죽기 직전에 쓴 『자기 분석에 대한 초고』(*Esquisse pour une auto-analyse*)라는 뛰어난 책은 포(Pau)에서 리세를 다니던 침울한 시절에 대한 회상이다.[49]

부르디외는 알제리에서 사회학에 끌린 후―얼마나 많은 프랑스의 주요 지식인들이 이런저런 방식으로 식민지 시절의 경험이 있는지는 놀라운 일이다. 브로델, 카뮈, 알튀세르, 데리다, 노라 등이 그러하다―두 개의 주요한 노선에 따라 작업을 발전시키는데, 그것은 교육에서 불평등 메커니즘에 대한 연구와 문화에서의 층화에 대한 연구이다. 이것들은―『호모 아카데미쿠스』, 『구별짓기』, 『예술의 규칙』―그를 유명하게 만들었다. 그러나 말년에 신자유주의적 정부가 빈민과 취약계층에게 저지른 일에 경악한 그는 프랑스의 정치적·이데올로기적 체제가 만들어낸 패배자의 운명에 눈을 돌렸다. 1995년 말의 사회적 폭발이 있기

---

49 Pierre Bourdieu, *Esquisse pour une auto-analyse*, Paris 2004, pp. 117~27.

2년 전에 출판된『세계의 비참』은 이 사회적 폭발에 대해 미리 나온 다큐멘터리로 읽을 수 있다. 이 책이 나왔을 때 부르디외는 정부 및 언론과 학계의 경비견에 맞선 파업 참가자들을 위해 지식인들의 지지를 동원하는 데 선두에 섰다. 곧이어 그는 불법 체류자를 둘러싼 싸움, 즉 상파피에(sans-papiers)를 옹호하는 싸움의 선두에 서게 되었고, 프랑스에서 비순종적인 견해의 가장 권위 있는 목소리가 되었다. 그가 순응 체제를 괴롭히기 위해 만든 지식 게릴라인 레종다지르(Raison d'Agir, 행동의 이성) 출판사는 신문과 텔레비전에 대한 측면 공격을 맡았다. 세르주 알리미의『새로운 충견들』과 부르디외의『텔레비전에 대하여』가 공격용 수류탄이었다. 죽을 때쯤 그는 유럽에서 사회운동의 신분제 의회를 구상하고 있었다. 그의 친구인 자크 부베르스(Jacques Bouveresse) — 프랑스의 주요한 준(準)분석철학자로서 부르디외만큼 매력적이지만 매우 다른 종류의 사상가이다 — 는 그에게 가장 뛰어난 헌사를 바친 인물일 것이다. 그는 부르디외에 대한 훌륭한 글을 썼을 뿐만 아니라『쉬목』(Schmock, 2001) — 카를 크라우스(Karl Kraus)와 현대 저널리즘에 대한 날카로운 성찰 — 을 공동의 사업으로 헌정했다.

부르디외의 비타협성은 사회과학 내에서 굴복을 거부한 데 있었다. 그러나 비슷한 감성을 최근 프랑스의 뛰어난 영화에서도 찾아볼 수 있다. 로랑 캉테(Laurent Cantet)의「타임아웃」(L'emploi du temps)이나 에릭 종카(Eric Zoncka)의「천사들이 꿈꾸는 삶」(La vie rêvée des angels) 같은 영화는 콜롱바니의 행복한 삶의 잔인함과 낭비를 보여준다. 또한 프랑스에서는 20세기 말 자본주의의 전반적 변형을 추적하는 가장 야심찬 시도라 할 만한 것이 나왔는데, 자본주의의 기원에 대한 베버의 고전을 의도적으로 떠올리게 하는 제목을 달고 있다. 뤼크 볼탄스키(Luc Boltanski)와 에브 시아펠로(Eve Chiapello)가 쓴『자본주의의 새로운 정신』(Le nouvel esprit du capitalisme, 1999)은 산업사회학, 정치경제학, 철학적 탐구 등을 커다란 파노라마 같은 방식으로 결합했다. 이 속에서 자본과 노동의 관계는 1960년대의 문화혁명을 흡수하고, 이윤과 착취의 새로운 동학을 증대하고, 베버가 골몰했던 모든 윤리의 찌꺼기로부터 해방하기 위해 변형되었다는 것이 드러난다. 영어권에는 이런 비판적 종합에 해당하는 게 전혀 없다. 그러나 부르디외의 작업과 마찬가지로 그것은 지난 수십 년 동안 프랑스 문화 내에 있던 이상한 불균형을 보여준다. 왜냐하면 이론적 대상은 일반적이지만, 경험적 데이터와 사실상 모든 지적 참고문헌은 국민적이기 때문이다. 그러한 내향성은 사회학에만 한정되는 게 아니다. 블로크와 브로델 이후 『아날』이 또 다른 뚜렷한 예이다. 지난 30~40년 사이 영국 역사가들이 작업의 지리적 범위가 넓다는 점에서 ─ 많은 유럽 외부의 나라들은 말할 것도 없고, 유럽의 거의 모든 나라가 자기 과거를 이해하는 데 이들이 주요한 기여를 했다고 인정하는 정도까지[50] ─ 뚜렷한 성취를 보였다. 반면 프랑스의 저명한 현대 역사가들은 전적으로 자기 나라에만 집중했다. 르루아 라뒤리, 피에르 구베르(Pierre Goubert), 다니엘 로셰(Daniel Roche), 퓌레, 로제 샤르티에(Roger Chartier), 아귈롱, 필립 아리에스(Philippe Ariès) 등이 그러하며, 목록은 끝이 없다. 엘리 알레비[51]의 시대는 끝났다.

좀 더 일반적으로 프랑스의 사회과학, 정치사상, 심지어 몇 가지 점에서 철학을 보자면, 오랫동안 상당히 폐쇄적이고 프랑스 밖에서 이루어진 지적 발전을 무시했다는 인상만이 남는다. 그 결과 나타난 지체의 예는 크게 늘어났다. 앵글로색슨의 분석철학이나 신계약론과 아주 늦게 그리고 불완전하게 만났다. 프랑크푸르트 학파나 그람시의 유산과도 마찬가지이다. 독일의 문체론이나 미국의 신비평과도 그런 관계였다. 영국의 역사사회학이나 이탈리아의 정치학과도 그러했다. 프레드릭 제임

---

50 수많은 사례 가운데 하나씩만을 들어보면 다음과 같다. 스페인 - 엘리어트, 이탈리아 - 맥 스미스, 포르투갈 - 복서, 독일 - 카르스텐, 네덜란드 - 이스라엘, 스웨덴 - 로버츠, 폴란드 - 데이비스, 헝가리 - 매카트니, 중국 - 니덤, 스페인계 아메리카 - 린치.

51 Élie Halévy, 1870~1937: 프랑스의 철학자이자 역사가로, 작품에 『급진주의 철학의 형성』(1901~04)과 『19세기 영국인의 역사』(1913~46)가 있다. ─옮긴이

슨(Fredric Jameson)이나 피터 월런(Peter Wollen)의 저작이 거의 번역되지 않았고, 심지어 에릭 홉스봄(Eric Hobsbawm)의 『극단의 시대』도 출판사를 찾지 못했던 이 나라는 사상의 국제적 교환에서 후위라고 불러 마땅할 것이다.

하지만 예술과 문학으로 눈을 돌리면 풍경은 달라진다. 프랑스 문학 자체는 쇠퇴하여 정체되어 있다고 할 수 있다. 그러나 프랑스가 세계문학을 수용하는 태도는 나름 독보적이다. 이 영역에서 프랑스 문화는 다른 어떤 메트로폴리탄 사회도 따라올 수 없을 정도로 외국 창작물에 관심을 보였다는 점에서 외부 세계에 상당히 열려 있다. 파리에 있는, 작지만 훌륭한 서점에 한 번 들어가 보기만 해도 차이를 알 수 있다. 아시아, 중동, 아프리카, 라틴아메리카, 동유럽 문화권의 소설과 시의 번역본이 넘쳐나는데, 이는 런던이나 뉴욕, 로마나 베를린에서는 상상할 수 없을 정도이다. 이런 차이는 구조적 결과를 낳는다. 대서양 핵심 지역 외부의 언어를 사용하는 대다수 작가들은 영어가 아니라 프랑스어를 매개로 소개되는 경로를 통해 국제적 명성을 얻었다. 호르헤 루이스 보르헤스(Jorge Luis Borges), 미시마 유키오(三島由紀夫), 비톨트 곰브로비치(Witold Gombrowicz)부터 알레호 카르펜티에르(Alejo Carpentier), 나기브 마푸즈(Naguib Mahfouz), 미로슬라브 클레자(Miroslav Krleža)나 훌리오 코르타사르(Julio Cortázar), 최근에는 중국 소설가인 가오싱젠(高行健)까지 그렇다.

이런 식으로 파리에서 인정받는 패턴을 낳은 관계의 체계가 파스칼 카사노바(Pascale Casanova)의 선구적인 책인 『문학의 세계공화국』(La république mondiale des lettres)이다. 이 책은 최근에 나온 것 가운데 강한 비평적 의도를 상상력이 풍부하게 종합한 뛰어난 예이다. 여기서 부르디외의 작업이 보이는 국민적 한계는 결정적으로 깨진다. 이 책은 부르디외의 상징 자본과 문화적 장 개념을 사용해서 서로 다른 국민문학 사이의 지구적인 힘의 불평등 모델을 구축하고, 정당성 체제의 주변부에 있는 언어를 사용하는 작가들이 중심부에서 자리를 얻기 위해 사용한 전략 전체를 조명하려는 프로젝트이다. 이전에는 이런 프로젝트가 시도된 적이 없다. 마다가스카르부터 루마니아까지, 브라질에서 스위스까지, 크로아티아에서 알제리까지 카사노바가 사용한 자료의 지리적 범위가 그렇다. 그녀가 제시하는 불평등 관계의 지도가 보여주는 명료함과 예리함이 그러하다. 특히 불리한 조건에 있는 사람들의 책략과 딜레마를 탐구한 관대함으로 인해 그녀의 책은 세계사회포럼 배후에 있는 프랑스인의 기백과 유사한 것이 되었다. 이 책은 문학의 포르투 알레그리라고 불러도 좋을 것이다. 그것은 시작이라는 것을 알려주며, 훨씬 격렬한 논쟁과 논의가 닥쳐올 것이다. 하지만 그런 비평이나 반대의 결과가 무엇이든 『문학의 세계공화국』— 카사노바가 보여주었듯이 공화국이라기보다는 제국이지만 — 은 이 책과 비교가 되는 에드워드 사이드(Edward Said)의 『오리엔탈리즘』과 마찬가지로 전반적으로 해방의 충격과 같은 것이 있다.

더 큰 수수께끼가 남아 있다. 프랑스의 독특한 문학적 코스모폴리타니즘과 심한 지적 지방주의 사이의 기묘한 대조를 어떻게 설명할 수 있는가? 그저 각 부문의 상대적인 자기 확신에 있는 게 아닌가라고 대답하고 싶은 유혹을 피할 수 없다. 프랑스의 역사학과 이론은 지속적으로 태생적인 활력을 보여주었기 때문에 외국의 생산물에 대해 무관심하며, 프랑스 문학은 위신이 떨어졌기 때문에 세계의 통역자 역할로 이를 벌충하려 했다는 것이다. 여기에 뭔가 있기는 하겠지만 전부일 수는 없다. 왜냐하면 파리가 현대 문학의 세계 수도 — 상징적 인정이라는 국제 질서의 정상 — 로서 기능한 것은 프랑스 저자들의 명성이 떨어지기 훨씬 전으로, 카사노바가 보여주듯이 최소한 아우구스트 스트린드베리[52]와

---

52 August Strindberg, 1849~1912: 스웨덴의 극작가이자 소설가로, 『붉은 방』으로 새로운 사실주의 문학의 기수로 평가받았으며, 『몽환극』 등 다수의 작품을 남겼다. — 옮긴이

조이스 시대까지 거슬러 올라간다.

게다가 그러한 설명과 완전히 상충되는 또 다른 예술 분야가 있다. 지구 반대편에 대한 프랑스의 적대감은 영화에서도 비교할 수 없을 정도이다. 예나 지금이나 파리에서는 지구상에 있는 그 어느 도시보다 수적으로 외국 영화가 대략 다섯 배 이상 상영되고 있다. 오늘날 '월드 시네마'—이란 영화, 타이완 영화, 세네갈 영화—라고 불리는 영화의 대부분은 프랑스에서 인정받고 자금 지원을 통해 활력을 얻고 있다. 만약 아바스 키아로스타미(Abbas Kiarostami), 허우샤오셴(侯孝賢), 우스만 셈베느(Ousmane Sembène) 같은 감독이 앵글로 아메리카 세계에서의 수용을 의지했다면, 이들의 출신 나라 외부의 사람들은 이들의 영화를 거의 보지 못했을 것이다. 하지만 외국 영화에 대한 이런 개방성은 그곳에 내내 있었다. 누벨 바그의 활력은 할리우드 뮤지컬과 갱스터 영화, 이탈리아의 네오리얼리즘, 독일의 표현주의 등에 대한 열망에서 탄생했는데, 이것은 프랑스 영화를 혁신할 수 있는 어휘를 상당히 제공했다. 국민적 에너지와 국제적 감성은 처음부터 분리할 수 없었다.

이러한 비교는 일정한 규모의 사회는 보조를 맞추어 단일한 방향으로 움직이지 않음을 상기시켜 준다. 언제나 교차하는 흐름과 엔클레이브(enclave)가 있고, 주요한 길로 보이는 것에서 일탈하거나 다시 돌아오는 것도 있다. 정치와 문화에서는 모순과 무관계가 보통 있는 일이다. 이런 것들로 인해 일반적인 판단이 잘못되는 것은 아니지만 그런 판단을 복잡하게 만들기는 한다. 1970년대 중반 이래 프랑스 영화의 쇠퇴를 말하는 것이 의미가 없지는 않다. 그러나 오늘날 쓰이는 의미에서, 즉 쇠퇴주의라는 말을 낳은 니콜라 바베레즈 등이 쓰는 의미에서는 이 용어를 피해야만 한다. 그것은 경제적·사회적 성과에만 협소하게 초점을 맞춘 것으로, 경쟁력이라는 관점에서만 이해된다. 전후 역사를 보면, 이 안에서 상대적 위치가 아주 쉽게 바뀔 수 있다는 것을 알 수 있다. 그러한 것에 기초한 평결은 대개 표피적이다.

그런 것과 관련한 의미에서 쇠퇴는 다른 어떤 것이었다. 영광의 30년이 끝난 이후 20여 년 동안 프랑스 엘리트의 분위기는 1940년대 초 엘리트가 가졌던 전망이 민주화된 모습을 띠는 것과 다르지 않았다. 이 나라는 숙청해야 할 전복적인 독트린에 감염되어 있으며, 이 나라의 과거에서 좀 더 건강했던 부분을 되찾을 필요가 있으며, 무엇보다도 필요한 근대화의 형태를 이 시대의 강대국에서 찾아야 하며, 국내의 재건을 위해 그것을 수용하거나 거기에 적응하는 게 긴급하다는 느낌이 광범위하게 퍼져 있었다. 독일보다 좀 더 유순한 형태로 미국 모델이 더 오랫동안 지속되었다. 그러나 결국 거기에 빠졌던 사람들 가운데 일부는 의구심을 품기 시작했다. 이 길 끝에 프랑스의 완전한 진부화가 기다리고 있는 것은 아닐까? 1990년대 중반부터 반작용이 시작되었다.

그것이 얼마나 깊고, 그 결과가 어떠한지는 여전히 분명치 않다. 표준적인 신자유주의의 구속복을 경제와 사회에 강압적으로 입히려는 힘이 느려지기는 했지만 느슨해지진 않았다. 마스트리흐트 조약 홀로 그것을 보장하고 있다. 정면에서 성취할 수 없는 것을 사회 보호에 대한 공격이 아니라 침식을 통해 점진적으로 얻을 수도 있다. 어쨌든 좀 더 전형적인 길을 통해 이루어질 것이다. 현재 별다른 주목을 받지 못하는 라파랭 정부가 추구하는 식으로 서서히 이루어지는 정상화는 숭배자들이 우파의 최신 달타냥인 사르코지에게 기대했던 식의 전력질주보다 덜 위험할 것이며, 프랑스의 상황에서는 좀 더 효과적일 것이다. 그것을 멈추는 것은 지난 24년 가운데 16년 동안 권력을 잡았던 사회당이 아닐 것이다. 사회당의 문화적 기념물들, 즉 미테랑의 대사업(grands travaux)이 보여주는 조잡함과 자크 랑(Jack Lang)의 스타쇼가 보여준 음란함 —— 당연하게도 보수적인 사람들은 이를 혐오했다 —— 은 진부화의 진전이 의미하는 모든 것을 요약해서 보여준다.

나라 밖을 보자면, 여전히 전간기에는 아주 일반적이었던 열정적인 친프랑스적 태도는 사실상 사라졌다. 이웃 나라들과 마찬가지로, 아니 그 이상으로 프랑스는 오늘날 복잡한 감정을 불러일으킨다. 종종 숭배와 짜증이 같은 정도로 표현된다. 그러나 이 나라가 대서양의 순응이라는 철장 안에서 또 다른 데니즌(denizen)이 되었다고 한다면, 세계에는 커다란 구멍이 남게 될 것이다. 프랑스가 화려하게 다른 모습으로 문화적·정치적으로 대변했던 모든 것이 사라진다는 것은 여전히 파악하기 어려운 거대한 것이 상실됨을 말한다. 그러나 전망이 얼마나 가까운지는 여전히 가늠하기 어렵다. 스미스가 싱클레어에게 했던 건조한 답변이 떠오른다. 한 나라 안에는 수많은 유적(폐허)이 있다. 이 나라의 숨겨진 계층화와 복잡함, 소비사회의 평온한 표면 아래에서 주기적으로 나타나는 격동, 두려움 없이 왼쪽의 왼쪽으로 달리는—수확물이든 떨어진 이삭이든—산발적인 충동, 민주주의의 따분함에 대해 보이는 최근의 조급함 등은 게임이 아직 끝나지 않았다고 생각하게 하는 수많은 이유가 된다. 아롱은 1978년의 훌륭한 사설에서 프랑스가 더 이상 19세기와 20세기 초의 혁명적 단층선에 속하지 않으며, 드디어 안정성과 정당성이 있는 정치 질서를 성취한 모든 이유를 지적한 후에도 다음과 같은 경고로 글을 맺었다. "이 인민은, 얼핏 보기에는 조용하지만 여전히 위험하다." 그렇게 되기를 희망한다.

‖ 2009년 ‖

노라는 앞에서 했던 조사에 대한 응답으로 이렇게 썼다. "나는 최근 프랑스에서 보이는 권태와 창조적 무기력에 대한 일반적 진단에 동의한다. 하지만 그가 프랑스적인 전락(dégringolade)이라고 하는 것을 조롱하는 방식이 아니라 고통스러운 방식으로 살아가고 있으며, '변형'이라는 좀 더 적합한 용어로 마음에 떠오르는 '재난'이라는 말을 감추고 있다."[53] 하지만 쇠퇴를 묘사하는 것과 그것을 설명하는 것은 또 다른 일

이라고 그는 계속해서 말했다. 거기에서 불화는 분명하다. 두 가지 이유에서 그러하다. 방법론의 관점에서 정치적·문화적 포물선에만 초점을 맞추는 것은 관념론적인 것은 아니지만 너무 협소하다는 것이다. 그리고 구조에 대해서 프랑스 내의 발전은 유럽 그리고 전 세계에서 일어난 좀 더 일반적인 변화에 준거하지 않고는 이해할 수 없다는 것이다. "난폭하고 미스터리하게 문화적 생산을 평평하게 만드는 것"은 그의 조국에서도 부정할 수 없는 일이었다.[54] 그러나 본질적으로 문제는 더 나은 곳이 없다는 것이다. 그것들이 프랑스에서만 좀 더 잘 보일 뿐인데, 왜냐하면 역사적으로 볼 때 일련의 이유가 프랑스에 특유하기 때문이다.

　노라의 견해에 따르면, 이 가운데 네 가지가 두드러진다. 첫 번째 것은 중앙집권적인 국가와 이 나라의 언어적·교육적·문화적 제도 간의 비상하게 긴밀한 정치적 연관인데, 이로 인해 오랫동안 인문학이 정치가·작가·지식인·과학자 모두에게 시금석이 되었으며, 이것을 점차 버리는 일은 이 활동의 네 분야 모두에 치명타가 되었던 것이다. 두 번째는 공산주의와 드골주의가 키워온 혁명과 민족의 신화가 전체주의 시대 말기에 붕괴한 것이었다. 세 번째는 전후 프랑스에 힘을 주었던 근대화 메커니즘이 그 이상의 발전을 가로막는 수많은 제동장치로 뒤바뀐 것이었다. 예컨대 프랑스 복지국가의 위기, 프랑스 헌법 내의 알력, 대학, 출판사, 극장, 영화 등 프랑스 문화기관의 곤란함 등이 그것이다. 끝으로 사실상 거의 모든 나라에 영향을 끼치고 자기감정을 동요하게 만든 민족국가 형태의 변화가 있는데, 프랑스는 유럽 대륙에서 가장 오래된 민족국가로서 이를 특히 날카롭게 경험할 수밖에 없었다. 프랑스의 전통적인 정체성 형태, 즉 중앙집권적이고, 국가주의적이고, 제국적이

역할 때 일어나는 것처럼 위에서 한 반성에 비추어 보면 오해가 있는 제목이다. 왜냐하면 쟁점이 되는 중심 사상은 미지근한(tepid) 게 아니며, 정치적 삶에 준거하지 않는 그것만이 쟁점인 것도 아니었다.

54　Pierre Nora, "La pensée réchauffée", p. 111.

고, 군사적이고, 농민적이고, 기독교적이고, 세속적이고, 보편적인 정체성 형태는 오랫동안 지속되어 왔으며, 동시에 충격을 받았다.[55]

이 가운데 다수는 수긍할 수 있다. 국가와 문화의 특이하게 친밀한 관계, 거기에 적합하도록 받는 교육에서 고전적 형태의 수사학이 중심적 자리를 차지하는 것이 앞서 전개한 주장의 일부를 이룬다. 민족 정체성의 일반적 동요와 이의 사례로서의 프랑스에 대해서는 다른 곳에서 논의한 바 있는데,[56] 이때에는 1980년대 이후 대서양 세계에서 일어난 거시경제 체제의 변화가 가져온 압력, 그리고 같은 시기에 세계의 보편 언어로서 영어의 부상에만 강조점을 두었다. 그렇기는 하지만 노라의 다양한 불만은 완전히 정당하다. 본질적으로 정치적·문화적 발전에만 국한된 분석은 충분히 만족스러울 수 없다. 아무리 자세하더라도 사회적인 것이 빠져 있다. 그러나 오늘날의 풍경이 1950년대 말이나 1960년대의 풍경과 아주 다른 이유를 설명하고자 한다면, 대답의 상당 부분은 이 층위에 있을 것이다. 이 층위에서 노라의 전제가 가지고 있는 조건을 뒤집는다면, 그 전제는 선뜻 수용 가능하다. 무엇보다도 드골주의적 근대화가 아주 예외적인 사회적 토대를 파괴한 방식에 주의를 기울여야 한다. 바로 드골주의적 근대화가 그 사회적 토대에 주목할 만한 (모순적이기는 하지만) 표현을 부여했다. 1970년대 말 새로운 프랑스 식 자유주의의 이데올로기적 성공이 가능해진 것은 그것이 수반한 더 깊은 변화 — 농민층의 소멸, 노동자계급의 재구성, 도시 중간층의 증대, 새로운 종류의 자본의 부상 — 가 스스로를 만들어냈기 때문이다.

물론 그러한 추정은 대수적이기만 할 뿐이다. 사회구조의 변화와 문화적 삶 혹은 정치적 삶에서의 변화 사이의 실제적인 상호관계는 여전히 탐구되어야 하며, 처음에 가정했던 것보다 더 복잡하고 예상하지 못

---

55 Pierre Nora, "La pensée réchauffée", pp. 112~14.

56 Perry Anderson, "Fernand Braudel and National Identity", *A Zone of Engagement*, London, 1992, pp. 251~78.

한 것일 수 있다. 노라가 언급한 공산주의와 드골주의의 운명이 해당하는 사례이다. 5월의 반란부터 좌파의 연합이 깨진 10년에 걸쳐 프랑스 공산당(PCF)은 일종의 노인성 치매 상태에 빠져들었고, 이는 미테랑 정권 아래에서 신자유주의로의 전환을 쉽게 한 조건 가운데 하나였다. 결국 공산당은 사실상 소멸했다. 그러나 프랑스 공산주의의 독특한 성격은 오늘날까지 풀리지 않는 미스터리로 남아 있다. 공산당의 그 바보 같은 무감각을 어떻게 설명할 수 있을까? 역사적으로 볼 때, 19세기 중반 이후 영국의 노동자계급과 달리 프랑스 노동자계급은 사상과 문화적 측면에서 완전히 소외되어 있지 않았다. 제3공화국 시절부터 교육을 의심의 눈초리를 가지고 특권의 상징으로 보지 않았다. 그렇다면 전후에 노동자계급을 대변하게 된 공산당이 이데올로기적으로 그렇게 무신경하게 된 이유는 무엇인가? 이탈리아 공산당(PCI)이 드러낸 문화적 전망과 잠깐이라도 비교해 보면, 스탈린주의의 압박이 대답이 될 수는 없다. 종종 프랑스 공산당의 기회가 이탈리아 공산당의 기회보다 훨씬 더 컸다는 것을 잊어버린다. 프랑스 공산당은 1970년대에 정치적으로 고립되어 있지 않았고, 1980년대에는 공직에서 완전히 배제되어 있지도 않았다. 하지만 프랑스 공산당은 자신의 우둔한 머리 외부에 있는 사회의 목소리를 듣지 않았다. 좌파 쪽에서 보면, 그 결과는 모두 예측할 수 있는 것이기도 했다. 꽉 막힌 공산주의는 맹목적인 반공주의를 낳았다. 마치 한쪽이 없으면 다른 한쪽도 없는 것처럼 말이다. 이런 곤경의 밑바탕에 깔려 있는 사회적 논리는 여전히 해결되지 않았다.

드골주의는 좀 더 간단한 것처럼 보인다. 원칙적으로 드골주의의 수명은 그것을 체현한 영웅의 수명보다 그리 길지 않았다. 그러나 드골주의의 운명 또한 드골의 죽음이나 민족국가의 전반적인 쇠퇴가 대답하지 못하는 질문을 남겨놓았다. 어쨌든 드골 장군이 물려준 외교적·전략적 독자성을 포기하고 대서양 세계의 품 안으로 돌아옴으로써 프랑스 정치 계급이 해외에서 무엇을 얻었는가? 국내에서는 제5공화국의 헌법은 확실히 드골의 종주권적 인격을 위해 설계된 도구였지만, 제대로 된 노라의 말처럼 드골이 죽은 다음에는 반대되는 결과를 낳는 것으로 간주되는 것도 당연한 일이었다. 그러나 제5공화국의 대통령제를 축소하지 않고, 동일한 계급이 그것을 극단으로 몰고 나가기 위해 충돌했다. 공화국의 다양한 기능 장애를 멈추게 한 것이 아니라 가속화했던 것이다. 이 가운데 눈에 띄는 복지나 교육의 운명은 또 다른 이야기를 들려준다. 한때 복지나 교육은 일관된 체계를 가졌지만 원래 설계한 수혜자의 범위를 넘어서서 확장되자 절름발이가 되었으며, 결국 배제나 거짓으로만 포함되는 메커니즘이 되었다. 왜냐하면 소득 분배 측면에서 유럽에서 가장 불평등한 나라 가운데 하나인 프랑스에서 표면적인 민주화를 위해 필요한 자원이 부족했기 때문이다. 지난 35년 동안 프랑스는 분명 엄청난 사회경제적 변화를 겪었으며, 이와 함께 심각한 문제들이 쌓였다. 그러나 그에 대한 충분한 대책을 마련할 때조차 거기에 통치 계급이 완벽히 무능하게 대응했다는 것도 변하지 않는 사실이다. 노라의 성찰은 주로 문화적인 면을 다루고 있지만, 가장 날카로운 질문을 제기하는 것은 정치적인 것이다.

1

지난 제5공화국의 특징이었던 조롱 섞인 민심 내에서 또 다른 격렬한 동요를 겪고 있는 시라크 대통령의 두 번째 임기는, 시작할 때 만장일치로 환영받았던 것과 마찬가지로 끝날 때도 만장일치로 욕을 먹었다. 다시 한 번 선거 때 나타나는 유순함이 대중의 불만을 잠재우지는 못했다. 2005년 봄 과두제적인 유럽헌법안을 힘으로 밀어붙이려는 시도가 국민투표에서 압도적 다수로 부결되면서 기성 정치권은 지난 30년 동안 가장 통렬한 거절을 당한 셈이었다. 이 국민투표는 시라크가 전술적으로 계산을 잘못한 가운데 헌법안을 비준받기 위해 치렀던 것이다. 헌법안을 무효로 만든 반대의 힘은 ─ 공식 선전의 내용을 폭로하기 위해 인터넷을 잘 이용했다 ─ 아탁이 주도하면서 아래로부터 나온 것이었다. 유럽헌법안을 지지하기 위해 유례없이 일제 사격을 했던 주류 언론 및 유순한 인텔리겐치아의 분노와 불신은 끝이 없었다. 외국인 혐오증만이 이 결과를 설명할 수 있는 듯이 말했다. 실제로 헌법안이 거부당한 것이 보여주는 것은 이 헌법안을 지지한 두 개의 주요 정당—더 이상 드골주의와 관련이 없는 드골주의자들, 사회주의와 별 관련이 없는 사회주의자들—의 취약한 주장이 어떻게 언론의 통제를 피한, 진기한 민주적 주장으로 바뀌었는가이다. 이 패배로 라파랭은 그만두어야 했다. 시라크는 그를 대신해서 오랜 친구이자 경력 있는 외교관인 드 빌팽을 총리로 삼았다.

5개월 후 두 명의 젊은 이민자들—15세와 17세로 모리타니와 튀니지 출신이었다—이 파리 외곽에서 경찰의 괴롭힘을 피해 달아나다 감전사당했다. 전국적으로 주요 도시에서 폭동이 일어났다. 영어 단어 '교외'(suburb)라는 말에서 떠올릴 수 있는 모든 것의 대립물이라고 할 수 있는 방리유(banlieues)가 폭발한 것인데, 방리유에는 대개 슬럼화된 고층건물에 마그레브와 아프리카 출신들이 몰려 있다. 이곳은 인종적 퇴락과 억압이 만연한 암울한 지역으로 청년 실업—이민자에게만 한정된 것이 아니다—이 전국 평균의 두 배이다. 폭동자들은 자신들을 배제한 소비사회의 가장 가시적인 상징물을 목표로 삼았으며, 밤마다 경찰과 폭력적으로 충돌하는 가운데 사회적 분노의 장작더미에다 차를 불태웠다. 3주 후 봉기가 통제될 즈음 9,000대의 차량이 불타올랐다. 이는 1968년 5월 이래 지배 질서에 대한 가장 스펙터클한 거부였다. 새까맣게 타버린 승용차를 거리에서 다 치우기도 전에 이 나라의 대학과 리세 학생들이 정부의 조치에 항의하는 거대한 물결을 이루었다. 이 조치는 이른바 최초고용계약(Contrat Première Embauche: CPE)으로 사용자가 청년층을 임시직으로 고용하고 쉬운 해고를 합법화하는 것이었다. 이번에는 노동조합의 지지를 받은 파업과 시위, 점거의 물결이 커다란 흐름을 만들어 2개월 이상 지속되었고, 시라크는 이 계획을 철회할 수밖에 없었다. 드 빌팽의 운명은 전임자와 마찬가지로 봉인되었다.

과거에는 이런 충격은 거의 변함없이 엘리제궁에 있는 경비의 변화를 예측하게 했다. 사회당이 상징적인 수준 이상의 정책 변화 없이 ─ 사회당이 이제 전통적인 당이 된 것에서 알 수 있듯이 ─ 다음 해에 치러지는 선거에서 승리할 것이라는 전망 말이다. 그러나 이것은 우파 대열 내에서 시라크의 쇠퇴가 드러나지 않았다는 것을 전제로 한 계산이다. 사회당이 보여주는 것보다 더 분명하게 시라크와 구별되는 대안이 기다리고 있었다. 한때 시라크의 후배였던 사르코지는 1996년에 발라뒤르를 지지하면서 시라크를 배신했다가, 2002년에 내무부 장관으로 마지못해 관직에 오르는 게 허용된 인물이다. 이 자리에서 그는 프랑스 거주 조건을 엄격하게 하고, 방리유의 청년 폭도들을 쓸어버리겠다고 약속함으로써 범죄와 이민에 대해 강한 태도를 보여 재빠르게 명성을 쌓았다. 여론조사에서 인기가 상승한 사르코지는 2004년쯤 신임 당 대표로서 여당의 당 기구를 통제하게 되었고, 이를 자신이 엘리제궁으로부터 독립적이며, 불신을 받고 있는 시라크의 지배에서 한 걸음 떨어져 있다고 주장할 수 있는 강력한 토대로 삼았다. 최초고용계약(CPE)의 최종적인 대패배 ─ 사르코지는 여기서 조심스럽게 거리를 두었다 ─ 로 인해 그는 2007년 대선에서 경쟁자 없이 중도우파의 후보가 되었다.

　그에 맞서 사회당은 당시까지 2인자이자 당 사무총장의 동반자인 세골렌 루아얄(Ségolène Royal)을 내세웠다. 당원들은 사회당이 내세울 수 있는 가장 덜 식상한 후보로 그녀를 선택했다. 무게감도 떨어지고 경험도 별로 없는 그녀가 동료들에게 별다른 신뢰를 받지 못하고 있으며, 사르코지의 적수가 되지 못함이 곧 분명해졌다. 그녀가 범죄에 대해 마찬가지로 단호하고, 애국자로서 마찬가지로 자랑스럽게 여긴다는 것을 보여주는 시시한 쇼는 그녀가 독자적인 프로그램이 없다는 것을 두드러지게 했을 뿐이다. 베르나르-앙리 레비를 친구로 선택한 것은 그녀의 판단력이 결여되어 있음을 여실히 보여주었다.[57] 김빠지고 별로 조직

57 Bernard-Henri Lévy, *Ce grand cadavre à la renverse*, Paris 2007, pp. 9~16, 157~

되지 못한 선거운동이 끝난 뒤, 그녀는 선거에서 완패했다. 사르코지가 200만 표나 더 얻으면서 승리를 거두었다. 하지만 이런 결과 — 어쨌든 5년 전에 조스팽이 겪었던 큰 패배에 비해서는 사회당으로서 덜 참혹했다 — 를 낳은 결정적 요인은 루아얄이 후보로서 약했다거나 사회당의 대안이 빛바랜 전통에 안주했다는 데 있지 않았다. 결정적 요인은 사르코지가 우파의 유권자들을 재조직화했다는 데 있다.

그가 내무부 장관으로 재직하면서 이룬 업적과 선거운동을 하면서 프랑스의 거리와 국경에서 더 큰 안보가 필요하다고 뻔뻔하게 주장한 것이 르펜 지지자들의 상당 부분의 표를 가져왔다. 1차 투표에서 그는 국민전선에서 100만 표를 가져왔는데, 주로 소부르주아 — 노동자계급에 반대하는 — 지지자들이 집중된 지역에서였다. 르펜이 소규모 자영업자, 장인, 사용자 등에게서 얻은 표는 절반 이상 줄었지만, 사르코지는 2002년의 시라크와 비교할 때 사실상 두 배를 얻었다. 사르코지는 이 사회층에다 연금생활자의 상당수를 더했는데, 결선투표에서 노년층의 거의 2/3를 얻었다.[58] 이민자와 제멋대로인 청년층에 대한 두려움이 이 블록의 기본적인 접착제였다. 그러나 사르코지가 승리를 얻을 수 있었던 이유가 오로지 감정만은 아니었다. 2007년이 되면 시라크 정권이 해체되는 것처럼 보이면서, 지속되는 국가의 쇠퇴 — 이는 이전에 수많은 출판물의 주제였다 — 라는 감성이 아주 광범위하게 퍼졌다. 엘리제궁의 골칫덩이로 악명 높았던 사르코지는 이 문제를 활용하는 데 루아얄보다 유리한 위치에 있었다. 루아얄은 후원자였던 미테랑이나 조스팽에게서 거리를 두지 않았던 것이다. 그는 이제 갈채 속에서 이를 했다. 누적된 타성과 깨끗하게 결별하겠다고 약속한 그는 프랑스가 근면, 실

60. 레비는 뒷부분에서 처음에는 오랜 친구인 사르코지의 구애를 받았다가 나중에 루아얄의 '용기와 고독'을 지원하기 위해 달려갔는지를 숨 가쁘게 설명한다.

58 투표에 대한 전반적인 분석은 다음을 참조. Emmanuel Todd, *Après la démocratie*, Paris 2008, pp. 136~40.

력, 정직한 경쟁이라는 가치에 근거한 개혁으로 다시 살아날 수 있다는 것을 유권자들에게 확신시켰다. 그것은 노동시장을 자유화하고, 상속세를 낮추고, 대학에 자율권을 부여하고, 민족적 정체성을 강화하는 것이었다. 이러한 전망으로 그는 25~34세 사이의 연령층에서 다수표를 획득했는데, 이는 두려움이 아니라 좀 더 자유롭고 좀 더 풍요로운 직업에 대한 희망으로 그들을 끌어들였던 것이다.

한편으로 안전과 정체성에 대해 호소하고, 다른 한편으로는 유동성과 기회에 대해 호소하는, 이 두 가지를 결합함으로써—이로 인해 그는 승리를 확신하게 되었다—사르코지는 반대 진영에 극심한 증오와 경고의 대상이 되었다. 그를 르펜과 대처가 결혼해서 낳은 자식으로—실제로 비밀 파시스트는 아니라 할지라도—묘사한 충격적인 그림이 마구 돌아다녔다. 그런 이미지는 효과가 없지 않아서 젊은 유권자들을 루아얄에게 집결시켰을 뿐만 아니라 극좌파 지지자들—이들 가운데 다수는 처음부터 그녀에게 투표했다—과 그녀의 치마를 붙잡고 있던 후보들의 지지자들을 2차 투표장에 집결시켰다. 한 무리의 지식인들이 "우파의 어떤 후보도 이처럼 사회적 퇴행을 상징한 적이 없었다"라고 선언했으며, 또 다른 사람들은 루아얄의 패배는 "근본적인 자유에 대한 심각한 위험"이 될 것이라고 경고했다.[59] 르펜이 대통령이 될 것 같다는 상상적인 위협이 낳은 2002년의 히스테리와 다르지 않은, 너무 과한 애통함은 정권이 일단 들어서면서 실제 성격이 드러나자 반대파를 무장해제하는 데 기여했을 뿐이다.

왜냐하면 사르코지의 첫 번째 조치는 우회전 속도를 높이는 것이 아니라 그가 찾아낼 수 있는 많은 중도우파 인물을 행정부에 영입하는 것이었기 때문에 환영받았다. 이 가운데 첫 번째는 사회당의 인권 영웅

---

59 둘 다 1차 투표 전에 나온 것이다. 다음 두 글을 참조. "Avant qu'il ne soit trop tard", *Nouvel Observateur*, 1 March 2007; "Appel de 200 intellectuels pour Ségolène Royal", *Libération*, 18 April 2007.

인 베르나르 쿠슈네르를 재빨리 외무 장관에 임명한 것이었다. 조스팽의 참모부장인 장-피에르 주이에(Jean-Pierre Jouyet)는 유럽부 장관이 되었다. 한때 루아얄의 경제 참모였던 에릭 베송(Éric Besson)은 총리실(Matignon)의 정무 차관에 임명되었다. 이것은 그리 놀랄 일이 아니었다. 선거운동 기간 동안 사르코지는 주저하지 않고 장 조레스(Jean Jaurès)와 레옹 블룸(Leon Blum)을 프랑스에 영감을 준 인물로 불러냈으며, 곧 청년 공산주의 레지스탕스 영웅인 기 모케(Guy Môquet)를 프랑스 젊은이들이 본받아야 할 인물로 언급했다. 그런 보편적인 접근은 이데올로기 문제에만 한정되지 않았다. 젠더와 인종 문제도 너그럽게 수용되었다. 새 내각의 절반은 여성이었고, 정부 전체에서 마그레브 출신 혹은 아프리카 출신이 세 명 있었다. 이 가운데 한 명은 반인종주의 단체인 인종주의 SOS(SOS Racisme)의 충실한 활동가이다.

　그런 식으로 사람들을 임명하는 것이 도구적 성격이 있다는 것은 분명하지만—사회당의 사기를 저하시키고, 정부의 정책 가운데 좀 더 예민한 부분을 감추기 위한 것이었다—그럴 수 있었던 조건은 사르코지 정부가 출범할 때 내놓은 실제 프로그램에 있었다. 왜냐하면 곧 입증될 것처럼 새 대통령에 대해 경제 신문에서 내놓은 행복한 전망에 대한 희망과 좌파의 선동적인 상상 속에 있는 두려움 모두 과장된 것이었기 때문이다. 사르코지는 선거운동 당시의 약속을 철회하지는 않았지만, 열렬한 지지자들이 예상했거나 그의 수사법이 함축하고 있는 만큼 급진적이지는 않았다. 가장 결정적인 것은 부자들에게 주는 멋진 선물이었던 감세와 상속세 폐지가 승리의 찬란한 불꽃이 사그라지기도 전에 신중하게도 축소되었다는 것이다. 그 이후 전형적인 대립을 피하기 위해 정부의 조치들은 대개 협상의 모양새를 띠거나 실제로 협상을 한 후 실시되었다. 하여간 프랑스에서도 매우 약하다고 할 수 있는 노조는 대화를 통해 회유당해 공공 서비스 부문의 파업 제한, 더 높은 최종 임금 대신에 철도의 특별 연금 폐지, 주당 35시간 노동의 자발적 수용 등을 받아들였다. 대학은 자율권을 부여받아 개인에게 기부금을 받을 수 있고,

우수한 학생들을 유치할 수 있게 되었다. 그러나 학생 선발권은 도입되지 않았고, 고등교육을 위한 공적 기금을 확충하겠다는 약속을 받았다. 소매 부문은 소규모 자영업자들을 크게 위협하지 않는 범위 내에서 자유화되었다. 이민법은 강화되었지만 유럽 다른 나라와 마찬가지로 대개 상징적인 효과만을 가진 것이었다.

프랑스 사회의 재활성화를 위한 처방전으로서 신자유주의라는 약은 어느 정도까지는 상당히 온건했다. 다른 무엇보다 국가 자체가 다이어트를 하지 않았다. 사르코지는 유권자들에게 구매력을 높여주겠다고 약속했지만 재정 원칙을 엄격하게 할 위치에 있지는 않았다. 권력을 잡은 지 1년도 되지 않아 성장은 느려졌고, 재정 적자는 누적되었으며, 인플레이션은 두 배가 되었다. 앵글로색슨 논평가들이 보기에 증세를 하지 못하거나 공공 지출을 삭감하지 못한 것은 실책이었다. 그렇지 않았다면 이들은 그에게 끌렸을 것이다. 더욱 나빴던 것은 정치적으로 불리할 경우 사르코지는 자유시장의 원칙을 존중하지 않았다는 것이다. 사르코지는 일자리를 외주화하는 기업을 거리낌 없이 비난했으며, 브뤼셀의 권고를 무시하고 에너지와 군수산업에서 국가가 주도하는 합병을 중개하면서 산업의 국가주의를 고취했고, 반복해서 유럽중앙은행이 통화 공급을 억제함으로써 성장을 제한하고 있다고 공격했다. 실제로 그는 취임 직후 독특한 사상 자체를 비판한다는 이야기를 들을 수 있었다. 이 혐오스러운 표현이 과거지사가 되기를 바랐던 『르몽드』로서는 실망스러운 일이었다.

요컨대 현재까지 현대 자유주의의 관점에서 볼 때, 프랑스를 부양하는 과제에 사르코지가 접근하는 방식은—스타일이 아니라 실제라는 면에서—대처보다는 라파랭에 가깝다. 비록 지배자로서 사르코지가 라파랭은 말할 것도 없고 대처보다도 더 큰 권력을 누리고 있음에도 말이다. 라파랭은 상대적으로 일관성이 있기는 했지만 급진적이지는 않았다.[60] 명백한 역설을 무엇으로 설명할 수 있는가? 부분적으로 그의 대통령 임기 때 도입한 권력의 심한 인격화를 들 수 있다. 제5공화국 역사에서 처음으로 행정부의 권한이 한 사람의 편재하는 지배자에게 완전히 집중되었다. 사르코지는 헌법이 서술하고 있고, 전임자들이 존중했듯이 일상의 행정 업무에서 일정한 거리를 둔 국가수반으로서만이 아니라 정부의 세세한 일을 다루는, 눈에 잘 띄는 매니저로서도 행동했다. 조스팽이 임기와 선거 일정을 부당하게 변경한 것은 불길한 일이었는데, 이것이 대통령의 권위와 당파적 책임성이 분리되어 있던 것을 무너뜨렸던 것이다. 그러나 이것이 일상의 현실이 된 것은 사르코지의 기질이 완전히 드러났기 때문이다. 처음으로 그런 행동의 위험성이 명백해졌다. 뭔가 잘못되었을 때 엘리제궁은 더 이상 피난처가 될 수 없었다.

이제 이러한 정치적 변화에 문화적 전환이 더해졌다. 새로운 세기가 되면서 프랑스에서는 앵글로색슨 식에 따른 저속한 저널리즘이 확산되면서 공적 삶과 사적 삶 사이의 전통적인 장벽이 무너졌다. 새로운 유명인사 문화 속에서 놀기 위해 사르코지는 선거 전후에 '배너티 페어'(Vanity Fair) 세계의 슈퍼스타 역할을 하기 위해 애를 썼다. 사진작가와 기자들의 이목을 끌기 위해 화려한 결혼식을 과시했고, 유행하는 액세서리를 착용했다. 요란하게 홍보하고 난 후에 그의 아내가 마침내 언론의 대혼란 속에 그를 버리자 그는 지체 없이 좀 더 의심스러운 취향을 보여주는 후계자를 얻었다. 누드모델이자 허스키한 목소리의 가수로, 싸구려 연애사가 있는 인물이다. 이것은 지나친 행동이었다. 사르코지의 보수적 기반의 상당 부분은 그런 '싸구려화'(피폴리자시옹, pipolisation)에 직면했으며, 그의 지지율은 70퍼센트에서 37퍼센트로 급격하게 떨어졌다. 이는 1950년대 말 이래 그 어떤 지배자의 지지율 하락보다 급격한 것이었다. 이렇게 대중의 지지가 빠른 속도로 떨어졌기 때문에 성마른 개혁가의 열정도 식을 수밖에 없었다.

---

60 사르코지가 제출한 의제의 한계에 대해서 가장 명료한 분석은 다음 글이다. Roland Hureaux, "Nicolas Sarkozy peut-il réussir", *Le Débat*, no. 146, September-October 2007, pp. 102~10.

하지만 이렇게 상황에 따라 생긴 차질 이외에 사르코지가 광범위한 권력을 가졌음에도 사회적 풍경에 상당한 변화를 일으키지 못한 데는 좀 더 구조적인 이유가 있다. 드골주의적 과거에 비추어볼 때 프랑스의 쇠퇴는 실질적인 것이기는 하지만, 경제적으로 말하면 대처가 권좌에 올랐을 때의 영국과 같은 상태는 아니었다. 생산성이 더 높았고, 이윤율도 더 높았으며, 통화도 더 안정되어 있었고, 공공 서비스도 더 나았다. 엘리트 수준에서는 더 약한 질병이었기에 더 온건한 치료법을 요구했다. 대중 수준에서 좀 더 과감한 해결책은 폭발적인 반발을 감수해야 했다. 1995년의 파업보다는 규모가 작았지만 2006~07년의 소요는 여전히 경고로 남아 있었다. 순수하고 단순한 자유무역주의(Manchestertum)는 결코 선택할 수 없는 것이었다. 프랑스의 어떤 정권도 온정주의의 모습을 모두 버릴 수는 없었다. 도리어 사르코지의 지배가 보인 특징은 이데올로기적·실천적 절충주의로서 준(準)자유화라는 프로젝트를 유지할 수 있는 방향이라면 언제라도 급히 그쪽으로 방향을 틀었다. 사회학적으로 말하면 심각한 대중적 반대가 없는 곳에서는, 이 나라의 연구기관의 경우처럼 이에 대한 공격이 아주 거셌다. 저항이 널리 퍼질 위험이 있는 곳에서는—가계소득의 감소로 인해 전국적인 시위가 벌어졌다—회유로 돌아섰다. 최근 정부들이 초조해했던 기억은 사라지지 않았다. 2008년 말의 그리스 폭동을 바라보던 사르코지는 자기 당 의원에게 이렇게 말했다. "프랑스인들은 카를라 (브루니)와 함께 마차를 타고 있는 나를 존경한다네. 하지만 이들은 국왕을 단두대에서 처형하기도 했지. 프랑스는 국왕 살해의 땅이라네. 그들은 상징적 행위 이상으로 이 나라를 뒤집어 놓을 수 있다네. 그리스에서 일어난 일을 보게나."[61] 아테네에서의 눈부신 화염을 바라보며, 임박했던 리세 개혁이 재빨리 보류되었다.

---

61 대중운동연합(UMP) 의원에게 한 말로, 『르몽드』 2008년 12월 13일자에 실렸다.

다른 한편 대외 문제에서는 이런 국내의 제약이 없다. 제4공화국의 정치는 냉전이 약화되고, 식민지 봉기가 증가하고, 유럽통합이 시작되면서 당대 정부의 대외정책을 둘러싸고 심각한 갈등을 겪었다는 특징이 있다. 이때는 인도차이나 전쟁, 리지웨이 봉기,[62] 유럽방위공동체, 알제리 전쟁의 시대였다. 이들 쟁점이 유권자를 가르고, 의회를 분열시키고, 정부를 무너뜨릴 수 있었다. 변화가 일어난 것은 북아프리카에서 프랑스를 철수하고, 유럽공동체의 방향을 주도하고, 필요할 경우 미국의 의지를 무시하는 데 드골이 성공한 데 있었다. 이러한 성취가 우파부터 좌파까지 사실상 전 국민을 하나로 묶었던 것이다. 하지만 그 이래로 두드러진 일은 드골의 후계자들이 점차 그의 유산을 버렸다는 것이다. 그럼에도 선거에서 별다른 사건이나 대중적 반발이 없었다. 퐁피두는 발빠르게 영국의 유럽공동체 가입을 허용했다. 지스카르 데스탱은 통화동맹을 요구했다. 미테랑은 페르시아 만에서 미국이 벌인 전쟁에 참여했다. 시라크는 발칸 반도 전쟁에 참여했다. 드골주의는 한 번도 공개적으로 거부당하지 않았고, 대통령들은 처음에는 자신이 드골주의와 연속적이라고 주장할 수 있었다. 프랑스-독일 축의 유지, 소련과의 우호적인 관계, 루마니아의 진보, 이라크 공격 반대 등이 그것이다. 고전적으로 드골이 생각한 독자적인 대외정책에서 벗어나는 일이 언제나 늘어났지만, 지역으로 다시 돌아오거나 반전시킬 여지는 남아 있었다.

사르코지는 한때 모리스 쿠브 드 뮈르빌(Maurice Couve de Murville)이나 미셸 조베르(Michel Jobert)가 옹호한 외교 전통과 분명하게 결별했다. 그는 처음부터 미국에 대한 무제한적인 숭배를 천명하고, 프랑스가 미국 지휘 아래에 있는 나토에 군사적으로 완전히 통합되는 것을 약속하면서 테러와의 전쟁이라는 주요한 정치적 쟁점에 파리가 워싱턴과 한

---

62 1952년 5월 말에 미국 장군인 매슈 리지웨이(Matthew Ridgeway)가 유럽 연합군 최고사령관으로 부임하기 위해 파리로 오는 것에 맞추어 프랑스 공산당이 조직한 반대 시위를 말한다. ─ 옮긴이

줄에 서도록 했다. 프랑스는 유럽에서 유일하게 아프가니스탄의 프랑스 분견대를 증가시켰다. 전임자들은 이란이 핵 능력을 보유할 전망을 크게 개의치 않고 받아들였지만, 사르코지는 이란이 그런 만용을 부린다면 서방으로부터 공습을 받을 것이라고 이란을 위협하는 데 주저하지 않았다. 캠프 데이비드에서 부시와 사르코지가 만남을 가지고 며칠이 지난 후에 프랑스 외무 장관은 이라크에서 해방 활동을 한다는 따뜻한 바람을 가지고 바그다드로 달려갔다. 성경의 권한에 준거해서 이스라엘을 국빈 방문했지만 팔레스타인인들의 운명에 대해서는 일언반구도 없었으며, 유럽연합이 처음으로 텔아비브를 브뤼셀과 상호 협의하는 특권적인 파트너로 공식적으로 받아들이도록 촉구했다.

새로운 프랑스의 대서양주의는 미국의 의지에 수동적으로 따르는 것을 의미하지는 않았다. 반대로 유럽연합 내에서 사르코지는 분명한 목표를 추구하는 데 적극적이었다. 유럽연합을 미국의 좀 더 가깝고 강력한 동맹으로 강화하는 것이 목표였다. 당연하게도 이는 연방주의를 말하는 것이 아니다. 목표는 유럽연합의 주요 국가들로 이루어진 모임이 ─ 프랑스 주도로 이루어지는 게 바람직하다 ─ 유럽연합의 정부간주의적(inter-governmental) 방향을 더욱 강화하는 것이다. 이를 위해 사르코지는 메르켈과 함께 프랑스 유권자들이 유럽 헌법을 패배시킨 것을 우회할 수 있는 방법을 찾고자 했다. 원래 헌법안의 핵심적인 내용을 고스란히 담고 있는 리스본 조약이 예상대로 국민투표라는 번거로운 절차 없이 의회를 통과했다. 이 조약은 독일이 의장국으로 있을 때 맺어지기는 했지만, 배후에 있던 추동력으로서 주도했던 나라는 헌법안이 처리되지 못했던 프랑스였다. 또한 아일랜드 유권자들이 이 조약을 거부했을 때 독일 외무부는 화를 냈지만, 더블린에 압력을 가해 신노동당이 권력에서 물러나서 런던의 보수당 정부가 이 프로젝트를 최종적인 죽음의 위험으로 몰고 가기 전에 2차 투표를 하게 하는 캠페인을 주도한 것도 사르코지였다.

예상처럼 성공하기는 했지만, 이 제도 구성에서 보여준 정치적 속임수를 사용하는 기술은 2008년 프랑스가 의장국으로 있을 때 보여준 과장된 제스처보다 훨씬 오래가는 흔적을 유럽에 남길 것으로 보인다. 2008년에 보여준 제스처는 다음과 같은 것이었다. 또 다른 상징적인 범지중해 조직의 창설, 남오세티야[63]를 둘러싼 갈등을 중재해서 어쨌든 그것이 없었던 일인 것처럼 끝낸 것, 오염물질의 저감을 약속하고, 이민 문제를 다룰 때 좀 더 협조하기로 한 것 등이다. 하지만 그런 이미지 구축 뒤에는 일관된 목표가 있었다. 그것은 유럽연합의 이질적인 국가들을 때에 따라 말이나 실질적 행동을 통해 공동의 사업으로 인도하는 것만이 아니라 이 일에는 유럽연합의 주요 국가들로 이루어진 확고한 지도력이 필요하다는 것을 인식시키는 것이었다. 유럽연합에 대한 이런 생각에는 베를린과의 장래관계에서 잠재적 긴장이 분명히 있다. 유럽중앙은행의 제한적인 통화 체제에 대한 사르코지의 반복적인 공격은 유럽중앙은행이 여러 일로 인해 이를 완화하면서 사라졌는데, 이는 그렇지 않았다면 두 나라 사이의 날카로운 갈등의 원천이 되었을 것을 누그러뜨린 것이었다. 그러나 사르코지는 프랑스의 자연스러운 군사적 파트너라고 간주되는 영국에 대한 구애를 끈질기게 함으로써 과거의 프랑스-독일 축을 필연적으로 약화시켰다. 같이 겪고 있는 경제 후퇴라는 압력 때문에 세 나라가 하나로 뭉칠지 아니면 세 나라 사이의 단층선이 더 벌어질지는 두고 볼 일이다. 구조적으로 볼 때, 협조의 문제는 두 나라보다는 세 나라 사이에서 내재적으로 더 크다. 그러나 당장은 사르코지가 미국으로 방향을 확 튼 것에 대해 보충물이 되는 것은 전 지구적 전장의 부사령관으로서 유럽 프로젝트의 열정적인 페이스메이커로 행동하는 것이다. 여기서도 또한 국내에서와 마찬가지로 그의 지배의 한 면에 의해 산란해질 수 있었던 프랑스적인 감성이 다른 면에 의해 치료

---

63 South Ossetia: 그루지야의 일부 지역으로 1991년 소련으로부터 독립을 선언했으나 그루지야가 이를 가로막았다. 이후 몇 차례 전쟁을 거쳐 사실상 독립국가 상태이다. ─옮긴이

된다. 마치 이 나라의 평판이 그 지도자의 평판과 함께 유럽연합 내에서 올라가는 것처럼 보이게 된다.

2

비록 10년이 아닌 5년 동안 지속되기는 했지만──사태를 보면 그 이상도 가능했다──새로운 정치적 제도는 프랑스의 지적 장을 바꿀 수밖에 없었다. 비록 말하기에는 너무 이른 방식이기는 하지만 말이다. 하지만 전통적으로 다른 어떤 서방에 있는 나라보다 가까운 권력과 사상의 관계는 여전한 것으로 보인다.[64] 실제로 이 관계는 현재 가장 중요한 고찰인 '프랑스 지식인의 미래'에 대한 중심 주제를 이룬다. 이는 프랑스에서 이민 문제의 권위자이자 폭넓은 시야를 가진 사회사가인 제라르 누아리엘(Gérard Noiriel)이 쓴 『공화국의 저주받은 아이들』(Les fils maudits de la République)의 부제이기도 하다. 그는 이렇게 주장한다. 드레퓌스 사건 이래 이 나라의 지식인들은 지식과 정치의 관계에 의해 규정되는 세 가지 유형으로 나눌 수 있다. 샤를 피에르 페기(Charles Pierre Péguy)에서 폴 니장(Paul Nizan)이나 사르트르까지의 '혁명적' 지식인들은 계몽사상의 철학자(philosophe)의 모습을 체현하려 했는데, 이들은 정치가, 학자, 언론인 역할을 통합한 '종합적'(complete) 사상가로서 현대의 사회적·지적 분업이 이런 융합을 막은 이후에도 이를 추구했다. 1968년 이후 마르크스주의의 붕괴 및 혁명에 대한 전망의 부재와 함께 이렇게 대학 밖에 있는 사람들은 실제로 멸종했으며, 좀 더 소박한 야망과 주변적 지위를 가진 '급진적' 지식인들──전임자들과 마찬가지로 철학자들이지

---

64 지식인의 조언이 언제나 받아들여지는 것은 아니지만 정치가들이 지식인과 협의하는 정도에 대한 냉소적인 보고는 사르코지, 파비위스, 프랑수아 바이루(François Bayrou), 루아얄을 다룬 다음을 참조. Jade Lindgard, "La grande 'chasse aux idée', ou comment les politiques en consommnet un maximum, sans toujours s'en servir", in Stéphane Beaud et al., La France invisible, Paris 2006, pp. 473~84.

만 지금은 학계에 편안하게 자리 잡고 있다 — 이 여기저기 흩어져 있을 뿐이다.

이와는 대조적으로 '정부의'(governmental) 지식인은 전형적인 역사가였는데, 이들은 핵심적인 학계의 자리를 좌지우지하고, 관료들과 친밀한 관계를 유지하였다. 샤를 세뇨보(Charles Seignobos)에서 퓌레까지 이어지는 계보에서 이런 인물들은 권력에 대해 자문역을 했으며, 온건한 개혁적 신념이나 보수적 신념을 가지고 있었다. 이들은 일반적으로 순응주의적 신조의 헤게모니를 목표로 해서 — 자주 이를 성취했다 — 영향력의 네트워크를 구축하는 데 뛰어난 능력을 발휘했다. 다른 한편 '특정한'(specific) 지식인은 무엇보다도 사회학에서 찾아볼 수 있었는데, 뒤르켐이나 프랑수아 시미앙(François Simiand)에서 부르디외까지가 그러하다. 이들 유형은 과학이 전문화를 의미한다는 가르침을 배웠으며, 국가를 정치적으로 전복한다거나 국가의 치안판사 노릇을 한다는 것을 모두 포기했다. 하지만 경험적 연구와 정확한 학문이라는 좀 더 냉철한 의무에 충실하다는 것이 상아탑에 은둔한다는 것을 말하지는 않았다. 반대로 특정한 지식인들은 지식을 동료 시민들에게 봉사하는 데 쓰고자 했는데, 뒤르켐이 그들에게 명한 바와 같이 민주적 정신에서 그들의 노고의 결실을 사회 전체와 나누고자 했던 것이다.[65]

2005년에 출판된 누아리엘의 책의 핵심은 헤게모니적 행동을 하는 중도파 역사가들의 뛰어난 현대적 사례로서 『르 데바』 주위에 모여 있는 반전체주의 그룹을 세밀하게 해부하는 것으로 이루어져 있다. 실제로 '정부의' 지식인을 다른 두 유형의 지식인보다 두 배나 많이 다루었으며, 다른 유형은 중심 옆에 자리 잡고 있다. 누아리엘이 이런 유형을 그린 초상화는 매우 비판적이며, 불신과 함께 1995년에서 끝난다. 혁명적 지식인이 이제는 지나간 인물이 되었기 때문에 특정한 지식인은 오

---

65 *Les enfants maudits de la République. L'avenir des intellectuels en France*, Paris 2005, pp. 203~12.

늘날 유일하게 인정받을 만한 이상으로 남아 있다. 흥미로운 입증 사례가 많이 들어 있는 이 분류 체계는 명료하고 위엄 있게 서술되어 있다. 그러나 이것은 아주 뒤죽박죽인 현실을 제대로 집어넣을 수 없는 구속복이다. 결코 과거의 인물이라 할 수 없는 반혁명적 지식인이 시야에서 사라졌다. 대학에는 거의 없지만 공적 영역에서는 영향력이 없다고 할 수 없는 현대판 에피고넨도 누아리엘의 도식에는 자리가 없다. 정부의 지식인이라고 분류된 모든 사람에 대한 문자 그대로의 서술이 언제나 그런 것은 아니다. 이 분류가 에르네스트 라비스(Ernest Lavisse)나 세뇨보에게는 적절할 테지만, 이 나라의 여러 지배자들을 존경하기보다는 종종 훈계하는 데 열심이었던 퓌레에게는 적절하지 않을 수 있다. 퓌레의 헤게모니적 능력은 그 시대의 자문위원회 내에서만이 아니라 주변적 위치에서도 나온 것이었다.

하지만 누아리엘이 제시하는 목록의 가장 큰 약점은 그것이 추천하는 인물을 이상화하는 데 있다. 그가 언급한 것처럼 '특정한 지식인'이라는 슬로건을 만든 것은 푸코였다. 푸코는 과거 사르트르의 역할에 대한 유익한 대안으로 이 슬로건을 제출했으며, 사르트르와는 관계를 정리하려 했다. 그러나 『말과 사물』에서는 냉철한 경험적 연구의 예보다는 니체를 목격하는 일이 더 많다거나, 권력의 형이상학을 뛰어나게 다룬 것은 차치하더라도 신철학에 대한 지나친 지지를 생각하면 푸코를 그렇다고 보기는 어렵다. 실제로 푸코의 이력은 언론이 만들어낸 관심 ─ 1970년대에 강력해진 언론의 유행과 부패라는 새로운 세계 ─ 의 물결로 인해 절정에 올랐다. 이것은 누아리엘의 혐오감이 겨냥하는 특별한 목표였으며, 이와 대조적으로 과학적 연구를 주장하게 만든 것이었다.[66] 그 용어의 발명자 자신이 그것의 부정인 일반적인 홍보 기술자

---

66 다른 곳에서 누아리엘 자신은 ─ 그는 대단하게도 자기교정의 능력이 있다 ─ 언론의 관심에 대한 푸코의 갈망과 거친 일반화가 자신이 추천하는 인물과 별로 상응하지 않는다고 말했다. Gérard Noiriel, *Penser avec, penser contre. Itinéraire d'un*

를 체현했다면, 이 책의 설득력을 의심할 만한 이유가 된다.

기질적으로 푸코의 반대편에 있는 부르디외 —주목받기를 바라기보다는 피하는— 또한 마찬가지로 철학적 지식인들이나 문필적 지식인들의 위선을 지적하는 비판자로서 —그의 경우에는 사회과학의 현대적 엄격함의 이름으로— 여기에 부합하지는 않는다. 누아리엘도 인정했듯이, 부르디외는 말년에 프랑스의 삶에서 사르트르와 다르지 않은 지위를 차지하게 되었다. 이 노선의 수호성인인 뒤르켐도 특정한 지식인을 위한 홍보물로 더 낫지는 않다. 그는 공개적으로 자신의 '도덕성의 과학' —과학적이지 않은 '전복적 혹은 혁명적 이론'과 달리— 은 '현명하게도 보수적인 전망'을 가르친다고 설명했다. 이것은 처음부터 마르크스주의와 싸우는 데 바쳐진 것이며, 결국에는 가장 진부한 쇼비니즘으로 절정에 올랐다.[67] 좀 더 일반적으로 볼 때, 철학이나 역사학과 구분되는 사회과학을 하는 특정한 지식인들을 식별하는 일은 그런 지식인들이 거짓이라는 것을 보여주는 불필요한 자기 영역에 대한 변호(apologia pro domo sua)이다. 결국에 가서 이 범주가 무의미하다는 것을 깨달았다는 듯이『공화국의 저주받은 아이들』의 결론은 갑자기 다른 어조를 띤다. 스타일과 상관없이 모든 지식인은 기본적으로 진보적이라

---

historien, Paris 2003, p. 246.

67 Émile Durkheim, De la division du travail social, Paris 1893, p. v. 1915년쯤 그는 동포들에게 "공격적인 기질, 호전적인 의지, 국제법과 인권에 대한 경멸, 체계적인 비인간성, 제도화된 잔인함"이 "독일 정신의 다양한 표현"(원문 그대로)이라고 말했다. '괴물'의 '병적인 심성'과 '사회 병리'에 맞서 정당한 확신을 가진 프랑스가 라인 강 너머에 있다. 이 뒤에는 '사물의 본성'의 우월한 힘이 버티고 있다. Émile Durkheim, "L'Allemagne au-dessus de tout", La mentalité allemande et la guerre, Paris 1915, pp. 3, 46~47. 세뇨보는 이 쓰레기 같은 글을 출판한 위원회의 동료 위원이었다. 누아리엘은 니장 —"과학의 외양에 공식적인 도덕성"을 부여하는 뒤르켐의 노력을 혹평하는 니장의 서술은 논점을 잃었다— 이 두 사람을 연결해 주었다고 불만을 털어놓은 후 이렇게 말할 수밖에 없었다. "특정한 지식인들과 정부의 지식인들, 이들이 같이 싸우다니!" 뒤르켐에 대한 니장의 견해는 다음을 참조. Paul Nizan, Les chiens de garde, Paris 1932, pp. 189~92.

고 선언한 후 전 세계에 걸쳐 차별에 맞서 이들에게 단결하라고 호소한다. 부르디외 또한 가끔 더 이상 설득력 없게 줄리앙 방다(Julien Benda)의 방식으로 지적인 '보편적인 것의 코포라티즘'에 대해 이야기하는 사람이 되었다. 분리해서 분석하는 것은 만장일치주의의 윤리를 낳을 수 없다.[68]

지식인들의 역할에 대한 누아리엘의 목록을 살펴보는 또 다른 방법은 현재의 풍경을 얼마나 잘 그려내고 있는가이다. 여기서 확실한 출발점은 정부의 지식인 유형인데, 누아리엘은 1970년대 중반부터 1990년대 중반까지 이 유형의 특징을 생생하게 묘사했다. 왜냐하면 철 지난 냉전 자유주의의 고조기가 20세기 말에 지나가기는 했지만, 그 속편과 돌연변이가 이 풍경의 대부분을 차지하기 때문이다. 국면이 바뀌면서 이 유형의 지식인이 받았던 타격이 어쩌하든 간에 퓌레가 내놓은 전망만큼 강력하고 설득력 있는 패러다임은 하룻밤 사이에 사라질 수 없었다. 가장 중요한 궤적은 그의 주요한 후계자로 간주될 수 있는 사상가인 로장발롱의 궤적이다. 원래 가톨릭 노동조합 연맹인 프랑스민주노동연맹(CFDT)의 조직원으로 이 연맹 지도자인 에드몽 메르(Edmond Maire)의 연설문을 써주는 일을 했으며, 이 연맹의 이데올로기인 자주관리(autogestion)와 '제2의 좌파'를 만들어낸 그는 1980년대 초가 되면 생시몽 재단의 총무가 되면서 퓌레의 별자리 내에서 떠오르는 스타였다. 역사가로서 그가 처음으로 한 일은 프랑스 혁명 이후 자유주의의 시기를 전반적으로 복원하는 것이었다. 『기조의 시대』(Le moment Guizot, 1985)는 현대 민주주의에 대한 사고에 중요한 자극제로서 7월 왕정의 지도적인 정치가의 지적 — 정치적 명성은 아닐지라도 — 명성을 회복하려는 것

68 『공화국의 저주받은 아이들』의 이 부분에 대한 적절한 언급과 이 책 전체의 약점과 강점에 대한 평가는 다음의 서평을 참조. Serge Halimi, "Une arrière-garde de l'ordre social", *Le Monde Diplomatique*, September 2005.

이었다. 3년 후 그는 퓌레, 자크 쥘리아르 등과 함께 『중도파의 공화국』
이라는 만족할 만한 대차대조표를 썼다. 이 책은 프랑스적인 예외의 종
말이 좀 더 창조적으로 사회 전체와 연결될 필요가 있는 정치 체제와
함께, 확실한 것은 아니지만—이 부분이 그의 기여이다—이미 끝났
다는 것을 축하하는 것이었다.[69] 여기까지는 지적 은하계에 있는 다른
젊은 인사들과 그가 크게 구별되지는 않았다.

　하지만 1990년대 그는 대규모 기획에 착수한다. 그것은 프랑스 혁명
이래 첫째로 보통선거권의 기원과 긴장(『시민의 축성식』*Le sacre du citoyen*,
1992), 두 번째로 민주주의적 대의제의 기원과 긴장(『발견할 수 없는 인민』
Le peuple introuvable, 1998), 끝으로 인민주권의 기원과 긴장(『성취되지 않은
민주주의』*La démocratie inachevée*, 2000)을 찾아내기를 목표로 삼았다. 이 커
다란 캔버스에서 그는 퓌레의 유산을 두 가지 방식으로 수정하였다. 현
대 프랑스 역사의 골칫거리는 제1공화국의 자코뱅주의적 의지주의가
남겨놓은 뿌리 깊은 전통만이 아니라 왕정복고기와 7월 왕정의 엘리트
주의적 합리주의에서 유래하는 전통이기도 하다. 그 결과 오랫동안 프
랑스는 비자유주의적 민주주의와 비민주적 자유주의 사이에서 동요할
운명이었다. 이러한 곤경은 퓌레가 믿은 것과 달리, 상명하달식으로 제
3공화국이 성립한 것에서 절정에 달한 것이 아니라 약 20년 후에 새로
운 종류의 사법적·사회적 사상과 함께 아래로부터 새로운 사회적 다원
주의의 제도—노동조합, 전문직 조직, 정당—가 발전하면서 절정에
달했다. 최종적으로 프랑스를 진정한 자유민주주의의 확고한 토양(terra
firma) 위에 올려놓은 것은 1890년대의 조용한 혁명—1920년에 증폭
되고 안정화되었다—이었다.[70]

69　프랑스에서는 더 이상 대의가 필요한 게 아니라 숙의가 필요했다. François Furet,
　　Jacques Julliard, Pierre Rosanvallon, "Malaise dans le représentation", *La République
　　du centre*, Paris 1988, p. 180.

70　'새로운 집단적 감수성'의 탄생을 말하는 다음을 참조. Pierre Rosanvallon, *Le
　　peuple introuvable*, pp. 105~276. 『성취되지 않은 민주주의』는 '위임된 권한이라

물론 위험은 여전히 도사리고 있었다. 사라지지 않은 혁명적 일원론이라는 프랑스 특유의 고통은 말할 것도 없고, 20세기의 전체주의나 코포라티즘이라는 일반적인 유혹이 있었다. 심지어 오늘날에도 모든 것이 좋지는 않다. 로장발롱이 두 번째 책에 착수할 때가 되면 쥐페 정부는 신자유주의적 개혁을 내걸고 싸웠던 전투 끝에 거리에서 완패했다. 그는 5년 후에 『르 데바』에 기고한 뚱한 회고에서 이 패배를 현대성에 대한 혼란스러운 거부 — 현대 인민의 아편 — 의 승리라고 서술할 터였다.[71] 따라서 3부작은 『중도파의 공화국』에서 보였던 것과 같은 어조로 끝날 수 없었다. 프랑스가 최종적으로 정치적으로 성숙한 균형에 — 완벽한 것은 아닐지라도 — 도달한 것이 아니었다. 로장발롱은 '균형 잡힌 민주주의'가 익숙하지 않은 혼란을 낳으면서 비틀거리기 시작한 게 실제로는 1980년대이며, 공산주의의 붕괴로 안정된 것이 아니라 민주주의 체제와 전체주의 체제의 활기찬 비교가 사라지면서 이것이 부분적으로 비틀거리는 데 일조했다고 설명한다. 점점 더 정부에 대해 통제할 수 없게 되면서 많은 사람들에게 인민의 의지는 점차 덧없는 것처럼 보였다. 하지만 인민주권이라는 사상은 포기하지 않았다. 도리어 프랑스인들이 '정치의 열등한 시대'(an ordinary age of politics)로 들어섰다면 — 프랑스인들은 그렇게 해야 한다 — 오랫동안 인민주권에 수반되었던 형이상학이 없어진 마당에 그것은 좀 더 현실적으로 재정의되어야 했다.[72]

이렇게 강력한 의제를 제출한 로장발롱은 콜레주 드 프랑스에 들어갔다. 여기서 그는 퓌레를 모방하고 지적 기성 질서와 정치적 기성 질

는 조용한 혁명'을 주제로 다룬다. pp. 255 이하. 3부작의 주제가 중첩되기 때문에 피에르 로장발롱은 연대기를 정확하게 해야 한다는 부담에서 벗어나 시기 구분을 상당히 유연하게 하였다. 1930~80년까지의 반세기를 다룰 때는 아주 피상적이며, 비시 시기는 모두 무시되었다.

71 "L'esprit de 1995", Le Débat, no. 111, September 2000, pp. 118~20.

72 Pierre Rosanvallon, La démocratie inachevée, p. 397. 강조는 원문.

서 모두에서 광범위하고 영향력 있는 네트워크를 만들기 위해 노력했다. 조직적으로 보면, 노동조합 관료제의 막후에서 보낸 초창기 시절과 생시몽 재단의 집사 역할을 했던 후기의 경험을 통해 그는 이 일을 잘할 수 있었다. 생시몽 재단 시절에 대기업과 맺은 긴밀한 관계를 바탕으로 그는 금세 그 재단을 계승하는 새로운 '지식인 워크숍'인 사상의 공화국을 위한 기금을 마련했으며, 주요 출판사와 같은 제목의 시리즈를 출판하기로 계약을 맺었고, 얼마 후 비슷한 생각을 널리 유포하는 웹사이트를 만들었다. 하지만 최근에 협력했던 후원자와 관계를 단절한다는 구조 신호를 보내기 전까지 이 시리즈는 시작도 하지 못했다. 예상할 수 있었던 기고자들에 ― 앞서 나온 책으로 이 시리즈와 직접 연결되는 것은 마이클 이그나티에프(Michael Ignatieff)의 『카불―사라예보』이다 ― 뒤이어 다니엘 렝뎅베르의 책이 나왔는데, 이것은 새로운 유형의 반동이 다문화주의를 불신하는 것에 대한 웅변적인 반박이었다. 이것 또한 『르데바』에서 종종 볼 수 있었다. 이와 함께 얼마 전부터 분명 자유주의 오케스트라에서 제2바이올린을 연주하는 데 짜증이 난 로장발롱은 이제부터 작곡자가 되겠다고 분명하게 밝혔다.

그의 다음 프로젝트는 첫 번째 3부작과 같은 규모의 두 번째 3부작(triptych)으로 새로운 세기의 인민주권의 변화를 다룬 것이었다. 그러나 그는 이를 확고하게 구성적인 정신으로 이해했다. 그는 존 롤스(John Rawls)와 하버마스가 분명 정치사상을 혁신하는 데 많은 일을 했다고 설명했다. 하지만 정치사상에 대한 이들의 접근법은 너무나 규범적이며, 시간이 지나면서 겪은 실제 민주주의의 경험의 복잡성을 간과했다. 이것은 선형적인 것이 전혀 아니었다. 지금 필요한 것은 푸코에게서 영감을 받은 것과 비슷하게 정치적인 것의 철학적 역사이다. 하지만 푸코와 다른 것은 권력의 문제가 아니라 민주주의의 문제에 초점을 맞추는 것이다.[73] 이 문제 가운데 두드러진 것은 선거가 부여하는 절차적 정당성

---

73 Pierre Rosanvallon, "Towards a Philosophical History of the Political", in Dario

과, 제대로 선거를 통해 선출되었지만 실제 정치적 신뢰를 점점 더 정부에 주지 않는 것 사이의 간극이었다. 하지만 둘 사이의 긴장은 최근의 현상이 아니라 오래전으로 거슬러 올라가며 선거를 통한 지배에 균형을 잡아주는 여러 제도 형태를 낳았다. 로장발롱은 새로운 3부작의 첫 번째 책인『반민주주의』(*La contre-démocratie*, 2006)에서 투표함의 판단을 무효화하는 것이 아니라 보충하는 '조직된 불신의 체제'의 목록을 제시했다. 여기에는 감시의 메커니즘(추문 폭로자에서 인터넷까지), 비토의 메커니즘(민선 장관에서 파업까지), 판결의 메커니즘(사권(私權) 박탈에서 배심원까지) 등이 있다. 두 번째 책인『민주주의적 정당성』(*La légitimité démocratique*, 2008)에서 그는 정당성 자체가 더 이상 선거에서의 다수에 의해 주어지는 것이 아니라 다른 원칙에 근거한 제도의 성장과 함께 이루어진 '혁명'을 겪으면서 얻어지는 방식으로 주의를 돌렸다. 여기에는 불편부당함(공공 독립기관, 중앙은행), 성찰성(헌법재판소, 사회과학), 근접성(환영하는 군중과 악수하기(bains de foule), 텔레비전) 등이 있다. 아직 출판되지 않은 세 번째 책에서는 비슷한 스타일로 정치 공동체로서의 국민이 좀 더 복잡한 방식으로 재발명되기를 기다리고 있다.

따라서 제대로 이해했다면, 현대 민주주의는 조지프 슘페터(Joseph Schumpeter)나 카를 포퍼(Karl Popper)의 말처럼 관직을 두고 경쟁하는 엘리트 사이에서 선택하는 협소한 모델보다는 풍부한 일이었다. 그것은 최소주의의 정신으로 파악해서는 안 되고, 긍정적인 마음의 현실주의의 하나로 파악되어야 했다. 당연한 일이지만 그것은 불완전한 채로 있었으며, 특히 포퓰리즘의 병리라는 왜곡된 형태에 책임이 있었다. 이 속에서 몇몇 형태의 '반민주주의'(counter-democracy)가 민주주의 자체를 삼켜버릴 수도 있는 상황이 나타났다.[74] 그러나 이런 위험에 대한 경계가

Castiglione and Iain Hampsher-Monk, *The History of Political Thought in National Context*, Cambridge 2002, pp. 201~02.

74 Pierre Rosanvallon, *La contre-démocratie*, Paris 2006, pp. 269~78.

필요하기는 하지만, 최근에 이루어진 발전의 대차대조표를 보면 대의제 정부의 운명에 대해 그간 표명했던 환멸보다는 훨씬 덜 부정적이라는 것을 알 수 있다. 이 시기에 진짜로 '두드러진 현상'은 정치적 참여의 쇠퇴나 탈규제적 시장의 지배가 아니었다. 그것은 자기 조직적인 시민사회가 성장한 것으로, 이 시민사회는 선거 체제 주변과 선거 체제를 넘어서서 '간접 민주주의'를 확장했다.[75] 이러한 성취는 좁게 인식되던 정치적 장에서의 손실과 함께 이루어졌다는 것을 인정해야 할 것이다. 그런데 여기서 사회과학의 과제는 민주주의의 운명에 대한 좀 더 정밀한 이해를 줌으로써 민주주의를 재정치화하도록 하는 것이다. 그렇게 함으로써 '정치적인 것의 철학적 역사'는 하나의 과업 속에서 인식과 행동을 통일할 수 있게 될 것이다. 각각 지적 위엄이 있던 아롱과 사르트르는 그 세대에서 반대 경향을 체현했다. 얼음 같은 이성과 맹목적인 실천(commitment) 모두 마찬가지로 무력했다. 로장발롱은 이런 결론을 내린다. "이런 노선의 저자는 민주주의에 삶을 가져다주기 위해 더 이상 행동과 떨어져 있지 않은 민주주의의 이론을 정식화함으로써 이 곤경에서 벗어나고자 했다."[76]

한때 로장발롱이 승계하여 대신하려 했던 이런 태도는 그가 열망하는 이 나라의 문화 내에서의 위치를 가리킨다. 아니 그 이상인데, 롤스와 하버마스에 대한 암시를 통해 적절한 국제적 지위를 말한다. 이 희망 가운데 두 번째 것은 최소한 그 의도에 맞는 일을 얼마나 하느냐에 달려 있다. 과거와 현재의 민주주의에 대한 로장발롱의 설명은 원초적 입장이나 의사소통적 이성이라는 이론화에 비해 경험적으로 더 풍부하다. 그러나 이런 이점은 생각보다 제한적이며, 대가를 치르게 된다. 왜냐하면 정치적인 것의 철학적 역사에서 이런 열망을 유지하다 보면, 역사적이기보다는 철학적일 수밖에 없기 때문이다. 뱅상 데콩브의 언급처

---

75 Pierre Rosanvallon, *La démocratie inachevée*, p. 393.

76 Pierre Rosanvallon, *La contre-démocartie*, p. 322.

럼 과거에 대한 푸코의 관점은 '옛날 옛적에'(once upon a time)라는 형태를 취한다는 특징이 있다.[77] 그 관점은 이루어진 일(res gestae)에 대한 진정한 연구라기보다는 현재의 가르침을 위한 우화로서 그것과 무관하게 철학적 진술(philosophemes)을 서술하기 위해 증거를 모았다. 로장발롱의 3부작도 같은 성격이다. 그의 3부작은 그의 지적 성실성과 박학다식을 인상적으로 보여주기는 하지만, 진정한 서사를 만들고 있지는 못하다. 그저 손쉽게 지적 목적에 봉사하기 위해 모아낸 금언과 데이터의 절충적 목록을 펼쳐놓고 있을 뿐이다.

롤스와 하버마스의 경우보다 더 투명하게 이 목적은 변명적이다. 그들이 서구 사회의 현존하는 제도 및 서구 사회의 이해 방식에 새겨져 있는 규범적 질서를 원리적으로 서술하고자 했으나 실제로 종종 안타깝게도 왜곡했다면, 로장발롱은 반대 방향으로 나아가 현재 실재하는 우리의 민주주의 체제가 인민주권의 가치에 부합하는 데 실패했다고 보는 것은 — 민주주의는 인민주권을 통상적으로 생각하는 것보다 더 섬세하고 더 풍부한 방식으로 이루었다 — 우리의 민주주의 체제에 대한 잘못된 이해라는 것을 보여주려 했다. 이런 논증의 기능은 이데올로기적 보충이다. 우리는 민주주의적 의지를 전달자인 선거 체제의 쇠퇴를 한탄하기보다는 비선출적인 형태의 책임성과 공동선의 출현을 환영해야 했다. 종종 이런 목적을 위해 조직된 대리 기구들이 어지럽게 널려 있는 모습은 코믹에 가깝다. 헌법재판소, 거리 행진이나 감사위원회뿐만 아니라 중앙은행, 등급심의위원회와 영국에서 매일 1,500만 명이 참가한다고 진지하게 이야기되는 '정치적 대화'도 포함된다.[78] 이 모든 것은 민주주의가 얼마나 건강한지를 보여주는 지표이기는 하다. 하지만 최신의 활동이 확인된 이후 다음 판에도 무디스나 증권거래위원회

---

77 Vincent Descombes, *Le même et l'autre. Quarante-cinq ans de philosophie française (1933~1978)*, Paris 1979, p. 139.

78 Pierre Rosanvallon, *La légitimité démocratique*, Paris 2008, p. 327.

(SEC)가 남아 있을지는 의문이다. 그러나 이런 연습의 목적은 분명하다. 로장발롱의 말처럼 "선거라는 삶을 어느 정도 세속화하고" "직능적 권한이 증가하는 것"은 처음으로 "민주주의가 완전하게 자유주의적일 수 있는" 복합적인 주권을 위해서는 필수적이다.[79]

　물론 "선출되지 않는다는 것이 중요하다"는 것을 주장하는, 이렇게 확장된 논의는 앵글로색슨 세계에서 발전한 —— 대표적인 예가 잔도메니코 마조네이다 —— 규제 국가(regulative state) 이론의 변종이다. 그러나 마조네나 기타 이론가들이 불필요한 선거를 하지 않는 규제 정체(regulative polity)의 순수한 사례로 유럽연합에 초점을 맞추는 데 비해 로장발롱 —— 그때까지 이들의 작업을 전혀 참조하지 않았다 —— 은 같은 구성물을 아래쪽인 국민국가 자체로 옮겨버렸다. 규제 국가 이론가들은 대체로 보아 국민국가를 선거에서의 대중의 평결에 기초한 전통적인 다수결 민주주의의 영역으로 간주한다. 하지만 이런 전환은 로장발롱 모델에서 규제의 핵심을 감싸고 있는 숙의적인 것, 경우에 따라서는 심지어 지시적인 것(demonstrative)을 설명해 준다. 마조네의 확신을 가진 자유주의자들에게 시장 —— 중립적인 행위자가 적절하게 감시하는 —— 은 불편부당한 판단의 궁극적인 장소이다. 유권자들은 스스로를 신뢰하면서 이에 대해 어떤 판단을 내릴 수 없다. 그러나 로장발롱은 엄격한 의미에서 경제적 자유주의자가 아니라 사회적 자유주의자이다. 따라서 대중적 형태의 비토 —— 행진, 파업, 항의 —— 가 복합적인 주권의 목록 안에 들어가 있다. 그렇지 않았다면 이것은 심하게 테크노크라트적으로 보였을 것이다. 그러나 이것들이 잘해봐야 부속물이라는 사실은 거기에 부가된 위험으로부터 알 수 있다. 아래로부터의 반민주주의에는 항구적인 포퓰리즘의 위험이 있다. 위로부터의 규제 당국에는 이와 비교할 만한 위험이 입증된 것이 없다. 하나가 새로운 일반의지의 원칙이라면, 다른 하나는 박탈당한 낡은 것을 영혼으로 보충한 것이다.

79　Pierre Rosanvallon, *La démocratie inachevée*, pp. 407~08.

퓌레의 성취를 반복한 것인가? 로장발롱은 무시할 수 있는 후계자가 아니다. 그의 멘토와 마찬가지로 그는 민족적 과거에 대한 엄청나게 교훈적인 관점을 제공하며, 현재에 대해서는 신랄한 결론을 내린다. 그는 학계의 힘 있는 지위, 미디어의 유명세, 출판 후원자 등을 잘 결합하고 있다. 또한 사업계 및 정치계와 긴밀한 관계를 맺고 있다. 이제는 이런 경력에 인터넷 일까지 더했다. 아직 빠져 있는 것은 미국에서 유명해지는 것인데, 분명 다음 행보는 그러할 것이다. 이를 위해 그는 미국 사회과학계의 모든 문헌을 최신 저작의 각주로 사용하는 성실함을 보였다. 이는 호의 끌기(captatio benevolentiae)의 확장판이라 볼 수 있다. 그러나 여러 가지 면에서 두 역사가의 공적 경력이 조직가이자 사상가로 비슷하기는 하지만, 로장발롱의 영향력은 여전히 훨씬 더 제한적이다. 부분적으로 이는 개성 및 스타일의 차이와 관계가 있다. 퓌레는 뭐라 말하기 어려운 카리스마가 있으며, 이를 둔감한 후계자가 따라 할 가능성은 거의 없다. 또한 그의 글쓰기는 열정적이고 신랄한 데 반해, 로장발롱의 깔끔하고 다소 사제 같은 산문에는 카리스마가 없다. 아마 이런 대조는 배경 탓이기도 할 텐데, 프랑스 공산당(PCF)에서 훈련받은 것이 프랑스 민주노동연맹(CFDT)에서 배운 것보다 상당히 더 신랄하며, 그럴듯하기 때문이다.

그러나 영향력이 부족한 좀 더 중요한 이유는 정세적인 것이며, 각 프로젝트가 그것이 이루어진 시기와 맺은 관계이다. 퓌레는 1970년대 말과 1980년대라는 [보수주의의] 복고기의 정점에서 글을 썼는데, 그 이전에 이미 신자유주의는 완벽하게 성공을 거두었고, 그의 논쟁적인 재능은 프랑스 혁명, 자코뱅, 볼셰비키 등의 신화를 타파하는 데 집중할 수 있었다. 로장발롱은 훨씬 더 불리한 상황에서 활동했다. 이들이 대표하던 자유주의는 프랑스에서 상당히 공격을 당했을 뿐만 아니라 이렇게 인기가 떨어진 시기에 그에게는 곤란한 과제가 떨어졌다. 낡은 것을 공격하면서도 일어난 변화를 건설적으로 해석함으로써 새로운 것을 윤색해야 하는 과제였다. 다시 말해 더 한층 — '전적으로 완전한' — 자유주의적 미래로 향해가는 과정에 있는 일로 윤색하는 것이다. 그 결과는 불능화된 수준의 완곡어법으로, 그의 글은 별 맛이 나지 않았고, 호소력이 떨어지는 것은 필연적이었다. 이러한 자유주의의 사회적 차원 ─로장발롱이 그 뿌리가 『르 데바』의 공화주의적 신념의 왼쪽에 있다고 주장하는 의미에서 ─ 은 이 약점을 벌충하지 못한다.[80] 만약 그런 것이 있었다면 그것은 프랑스 사회주의 전반의 불행을 드러내는 것이며, 이로 인해 그가 바라던 높은 국제적 인사가 아니라 프랑스의 기든스의 지위로 떨어지게 되었다. 계속해서 정치계에 개입한 결과는 일련의 환멸뿐이었다. 1995년 쥐페에게 당한 굴욕, 2006년 유럽헌법을 둘러싼 패배 ─그 자신은 포퓰리즘의 승리와 함께했다 ─, 2007년 루아얄에 퇴짜 맞은 것 등이 그것이다. 이념의 공화국(République des Idées)은 주요 구성원이 사르코지에게 갔지만 여전히 활동적이며, 미래의 군주를 위한 카운슬러로 예비된 로장발롱은 사회당을 구해야 한다. 그러나 어쨌든 지금으로서 놀라운 것은 의도와 결과 사이의 간극이다.

---

80 로장발롱과 비교할 만한 것으로 현재 나오고 있는 다음의 4부작을 들 수 있다. Marcel Gauchet, L'Avènement de la démocratie. 앞의 두 권인 *La révolution moderne* 와 *La crise du libéralisme*은 2007년에 출판되었다. 두 프로젝트는 자유주의의 계보학, 병리학, 속죄를 위한 변명을 동시에 제공한다는 점에서 유사하다. 주요한 차이는 자신의 이야기를 훨씬 이전인 1500년부터 시작하는 고셰가 자유주의를 좀 더 일반적이고 철학적인 수준 ─ '분석의 극단적인 문체화' ─에 두고, 종교적 신념으로부터 서구가 출현하고, 차차 여기서 벗어나면서 생긴 위기를 중심으로 자유주의에 대해 이야기한다는 것이다. 그렇지 않았다면 의도 ─ '자유민주주의를 탈진부화하는 것' ─ 와 시기 구분까지 사실상 같았을 것이다. 하지만 고셰는 제국주의가 '지구화의 소아병'으로 출현하던 1880년 이후 자유민주주의의 도래와 함께 찾아온 중압감과 1918년 이후 자유주의의 진보를 가로막은 전체주의의 위험에 대해 숙고했다. 로장발롱과 마찬가지로 오늘날 자유민주주의를 괴롭히는 문제는 '성장의 위기'로 보아야만 하며, 이는 ─고셰에게는 좀 더 장기적으로 ─자유주의의 건설적인 재구성으로 이어질 것이다.

3

프랑스 사회주의 자체는 어떻게 되었는가? 프랑스 사회당이 서유럽 내의 모든 자매 정당 가운데 보이는 독특함은 오랫동안 두 가지 외적 결정 요인 때문인데, 이로 인해 자신과 가장 가까운 지중해 지역 정당과도 다른 독특함이 생겼다. 1980년대의 스페인 사회당, 포르투갈 사회당, 이탈리아 사회당과 마찬가지로 프랑스 사회당은 지도자가 깔끔하게 차려입은 테크노크라트와 국가 행정 경험이 있는 사람들 가운데에서 나오는 그런 조직이다. 당 간부와 유권자는 공공 부문에 있는 화이트칼라에서 나온다. 재정은 사회당과 가까운 기업에서 나온다. 지지하는 언론은 점잖은 신문과 정기간행물이다. 스페인, 포르투갈, 이탈리아 사회당과 마찬가지로 노동조합 기반은 약하며, 사실상 프롤레타리아적인 뿌리가 없다.[81] 또한 마찬가지로 프랑스 사회당은 과거와 별다른 연속성이 없는 정치적 형태를 취하면서 최근에 다시 만들어진 정당이다. 그러나 창당 방식은 매우 달랐는데, 기존 조직이 변모한 것이 아니라 몇 개의 예전 조직이 합쳐져서 새로운 것을 만든 것이었다. 이것은 좀 더 어려운 일이며, 실제로 외부의 연방 형성자(federator)에게 달려 있다. 프랑스 사회당의 창조자인 미테랑 — 그가 없었다면 사회당은 존재하지 못했을 것이며, 분명 지금처럼 권력을 잡지 못했을 것이다 — 은 사회주의 전통에 속하는 사람이 아니었다. 그는 프랑스 공화국의 대통령이 되자 멀리 떨어져 당과 완전하게 하나가 되지 않으면서 당의 여러 구성 부문을 서로 대립시키는 정치적 술수를 통해 당을 통제했다. 그가 떠난 후 프랑스 사회주의는 뛰어난 건축가가 없는 상태에서 견고한 분파적 구조만 남는

---

81 1998년까지 당원 가운데 5퍼센트만이 노동자였다. 13퍼센트가 안 되는 숫자가 피고용인이었다. 21세기 초 사회당의 실제 당원 수는 현재 정치적으로 의미가 없는 공산당원 수보다 적다. Henri Rey, *La gauche et les classes populaires*, Paris 2004, pp. 47, 49, 52.

결과가 되었다. 펠리페 곤살레스(Felipe González), 베티노 크락시(Bettino Craxi), 마리오 소아레스(Mário Soares) 등이 몸담고 있는 규율 있는 조직과는 아주 다르다. 프랑스 사회당은 언제나 단일한 구조가 아니었다.

두 번째 차이는 사회당을 둘러싼 이데올로기적 장에 있다. 처음에 미테랑은 〔공산당 서기장인〕 조르주 마르셰(Georges Marchai)에게 득표율과 당원 수에서 뒤졌지만, 프랑스 공산당을 노련하게 압도한 것으로 유명하다. 처음에는 공산당을 불능 상태에 빠지게 했으며, 결국에는 거의 멸종 수준에 이르게 했다. 그러나 그렇게 함으로써 그는 좀 더 자본주의적인 정치 담론의 세계로 공공연하게 들어가는 것을 피해야만 했다. 왜냐하면 프랑스 공산주의가 눈에 띄게 약화되었지만, 미테랑의 첫 번째 임기 말까지 민족적 기억과 이데올로기라는 힘의 장에서 여전히 영향력이 있었기 때문이다. 심지어 1989년 이후에도 일련의 사건이 보여주게 될 것처럼 이 나라의 혁명 전통에서 영감을 끌어온 대중 반란을 모두 무시할 수는 없었다. 따라서 미테랑 정권의 정책이 신자유주의적이기는 했지만, 그는 프랑스 사회당이 프랑스판 사회민주주의보다 더 낫거나 혹은 다른 것이어야 한다는 정치적 예법의 선을 넘는 데 조심스러워했다. 그의 후계자들, 즉 당내에서 권위가 더 적고 대중에 대한 지속적인 급진적 믿음이 좀 더 분명한 후계자들은 꾸준히 오른쪽으로 움직였음에도 불구하고 그 이래 좀처럼 이데올로기적 벽장에서 나오려 하지 않았다.

그 결과는 당의 주장과 실천 사이의 간극을 좁힐 수 없는 무능력 때문에, 마비된 구조 속에서 정치적 차이가 없는 개별 경쟁자 사이의 악감정만 두드러지게 나타나는 것이었다. 이러한 정체 상태에서 부패의 골은 깊어갔으며, 유명 인사들이 계속해서 이런저런 종류의 부패 사건에 연루되었다. 뒤마, 스트로스 칸, 줄리앙 드레이, 쿠슈네르 등이 그러한데, 당연하게도 모두 법적으로 별 일이 없었으며, 분명 더 많은 사람들이 나올 것이다. 끝으로 사르코지와 함께 탈당하는 이가 생겼고, 이와 함께 사기가 떨어졌다. 지금은 똑같이 흐릿한 평범한 사람들, 즉 마르틴 오브리(Martine Aubry)와 루아얄 사이의 분열이 있고, 또 다른 수많은 계파의 포식자들이 기다리고 있는 사회당은 안정된 원칙이나 정체성이 없는 정당이다.[82] 사회당은 몇 년 동안 영국의 블레어주의를 은밀하게 아쉬운 듯 바라본 후에 버스를 놓치자 자기 나라의 폐차장으로 돌아갔다. 예전의 이탈리아 공산주의자들과 마찬가지로 다수의 사회당 지도자들은 이제 사회민주주의라는 어색한 기항지를 건너뛰고 ─ 오랫동안 머뭇거렸다 ─ 사회적 자유주의로 곧장 갈 수 있다는 희망을 가졌다. 대중이 감동을 받았다는 징후는 어디에도 없다. 실제로는 당이 표류하고 있다. 중도우파의 지배가 흔들릴 때마다 다른 것은 없으며 이에 대한 자연스러운 대안이라는, 상속받은 지위에 의존하면서 말이다.

사르코지에 대한 지지도가 심하게 떨어지는 때조차 이것으로 충분하지 않다는 것은 이미 분명해지고 있었다. 사회당의 왼쪽을 보자면, 2005년 유럽헌법의 승리에 대한 대중적 반대를 이끌던 세력은 그 이후에도 작별 인사를 하지 않았다. 이 세력들은 이 스펙터클한 성공을 이용하지 않고 흩어지면서 기회를 상실했고, 행동이나 선거정책에서 공동의 강령에 합의하지 못했다. 유럽헌법에 맞서는 전투의 많은 부분에서 핵심적인 조직인 아탁은 곧 적대적인 진영으로 나뉘었고, 쇠퇴했다. 『르몽드 디플로마티크』는 2003년 장기간의 교사 파업의 실패 ─ 전통적인 독자들의 사기를 꺾었다 ─ 와 히잡 문제를 둘러싸고 계속되는 공화주의적 불화의 사과로 인한 긴장으로 발행부수의 1/3이 줄어들었다. 2007년 4월에는 투표한 유권자가 10퍼센트 늘었음에도 극좌파의 모든 후보가 얻은 표가 2002년 수준에 비해 40퍼센트가 떨어졌다. 언론은 만족감을

---

82 오늘날 프랑스 사회당의 '냉소주의의 도덕 경제' 및 위로부터 아래까지 퍼져 있는 경쟁적인 경력주의에 대해서는 다음 책을 참조. 이 책은 다루는 주제에 대해 매정하지 않다는 점에서 더욱 놀랍다. Rémi Lefebvre and Frédéric Sawicki, *La société des socialistes*, Paris 2006. 당원 가운데 한 사람의 말을 빌리면, "투사는 다른 투사에 대해 늑대"인 이 홉스적인 세계에서 이전 지도자는 ─ 피에르 모루아 답다 ─ "역겨운 사람들이 떠나면, 역겨워하는 사람들만이 남을 것이다"라고 말할 수 있었다. pp. 201, 214.

감출 수 없었다. 콜롱바니는 『르몽드』에 기고한 글에서, 동료 시민들이 투표장으로 몰려가서 분별 있게도 각각 자신의 길을 인상적으로 보여준 주요한 두 명의 후보에게 표를 나누어줌으로써 시민적 책임을 과시했다고 축하했다.

전원시는 오래 지속되지 않았다. 한 달 안에 콜롱바니는 『르몽드』 기자들에 의해 인정사정없이 쫓겨났다. 『르몽드』는 꾸준히 적자를 보고 있었고, 얼마 안 있어 알랭 맹크가 마찬가지로 위엄 없는 분위기에서 뒤를 이었다. 두 사람 모두 즉각 사르코지의 자문으로 임명되었다. 에드위 플레넬은 오래전에 쫓겨났다. 주류 언론의 경제적 위기를 반영하는 이런 소란이 그 자체로 이 신문이 전반적인 순응주의에서 벗어났다는 신호는 아니지만, 한때 중도좌파 진영이 모두 동의하는 기관지였던 신문이 새로운 사장 체제 아래에서 방향을 잃었다는 것을 말해 준다. 대중적인 농담은 더 이상 안정적이지 않다는 것을 보여주었다. 아주 심하게 사르코지의 지지율이 떨어진 것은 1990년대 이래 엘리제궁에서는 흔한 일이라고 볼 수 있었다. 신참은 사회당을 통해 얻을 수 있는 어떤 것도 없었을 뿐만 아니라 사회당 왼쪽에서는 혁명의 불사조가 다시 등장하기까지 했다. 2007년에 출마한 트로츠키 계열의 후보만이 다소 예전의 기반을 붙들고 있었다. 그는 젊은 우체부인 올리비에 브장스노(Olivier Besancenot)로, 혁명적 공산주의 동맹(Ligue Communiste Révolutionnaire)을 대표했다. 그러나 겨우 4퍼센트를 얻었다. 이는 프랑스 공산당의 세 배이기는 하지만, [주류가] 걱정하지 않을 정도로 미약했다.

하지만 2008년 가을이 되면 사회당에 대한 혐오가 확산되어 브장스노는 언론에조차 매력 있는 새로운 얼굴로 떠올라 갑자기 여론조사에서 모든 사회당 지도자를 앞질렀고, 여론에서는 사르코지에 대한 프랑스의 유일한 대안이 되었다. 이런 힘 — 개인적이고 여전히 가상적인 — 을 본 혁명적 공산주의 동맹은 해산한 다음 더 넓고 덜 분파적인 반자본주의 신당을 만들기로 결정했다. 그 운명이 어떨지는 두고 볼 일이다. 임기 2년차에 들어가는 새 대통령에게 사회적·지적 분위기는 완전히 불리하지만은 않았다. 프랑스는 해가 가면서도 현재의 정부에 맞서 고등학생과 대학생이 대규모로 저항하는, 유럽의 유일한 주요 국이다. 이들은 자유지상주의적·연대적 충동이라는 하위문화를 창출했으며, 이는 한 세대의 특징이 될 것으로 보인다. 알랭 바디우(Alain Badiou)나 자크 랑시에르(Jacques Rancière)의 명성이 증명하듯이, 가장 급진적인 부문의 인텔리겐치아 — 다시 한 번 주로 철학에서 나오고 있는데 — 의 사상이 이 젊은이들 사이에서 지지를 얻고 있다. 신당은 주변적이거나 얼마 후 소멸할 것이다. 유성 같은 개인에게 의존하는 것은 분명 위험한 일이다. 또 다른 위험은 제5공화국의 선거 체계에 있는데, 이것은 처음부터 비례대표제를 없앰으로써 프랑스 공산당을 무력화하기 위해 설계된 것이었으며, 1차 투표에서 누가 살아남든지 간에 중도우파에 맞서는 명목상의 대안이라면 [결선투표에서] 거기에 투표하게 강제함으로써 체제에 대한 어떤 잠재적인 도전 세력도 주변화하고 있다. 실제로 브장스노가 시라크에게 투표하라고 유권자들에게 요청한 2002년이 보여주는 것처럼, 마지막에 가서는 중도우파 자체에 집결하는 것은 더 나쁜 것을 피하기 위해서(um schlechteres zu vermeiden)이다. 반자본주의 신당은 프랑스 공산당을 파괴한 사회당과는 어떤 종류의 동맹도 원칙적으로 거부한다고 선언했기 때문에 1차 투표에서 사회당을 실제로 압도했다면 눈앞에 차악이 있다는 논리를 피할 수밖에 없었을 것이다.

개념적으로 볼 때, 이것은 논리적으로 완전히 불가능한 일은 아니다. 2009년 2월이 되자, 프랑스인들은 브장스노를 다른 모든 가능한 후보보다 앞에 있는, 사르코지에 맞서는 가장 뛰어난 대안이라 생각했으며, 오브리와 루아얄의 조합보다 더 선호했다. 하지만 순위는 바뀌는 법이다. 분명한 것은, 이중 전압이라는 프랑스의 뿌리 깊은 정치 문화는 여전하다는 것이다. 그것은 순응에서 반란으로, 그리고 그 반대로 급작스럽게 바뀌는 특징이 있다. 덜 분명한 것은 깊어지는 경제 위기가 어느 쪽에 유리할지 혹은 마침내 — 존중할 만한 견해가 그러길 바라는 것처럼 — 그런 교체를 끝낼 것인지이다.

5 독일

‖ **1998년** ‖

날 좋은 어느 가을날 저녁, 헬무트 콜(Helmut Kohl)은 정치 이력을 시작했던 라인-팔츠의 주도인 마인츠의 성당 광장에서 선거운동을 마감했다. 밤이 되면서 거대한 사암(砂岩)으로 이루어진 교회의 탑들은 짙은 붉은색으로 빛나면서 아래에 있는 바로크 식 시장을 비추었다. 이곳은 지지자와 구경꾼들로 가득 차 있었다. 이렇게 아름다운 풍경 앞으로 나아간 '통일 총리'는 광장 주변에 있는 얼마 안 되는 극좌파 청년들의 야유를 일축하고 기독교민주당 지지자들에게 확신에 찬 연설을 했다. 보안 조치는 심하지 않았다. 연단 옆에 있는 스크린에서는 거대한 배 모양의 정치가 모습을 어둠 속으로 비치고 있었다. 그 정치가는 온후하지만 무거운 턱과 사방을 날카롭게 쏘아보는 눈을 가지고 있었다. 주변 카페에서는 구경꾼들이 큰 관심 없이 작별 인사 같은 게 있나 하고 이 장면을 지켜보고 있었다.

48시간 후에 콜의 헬리콥터는 본(Bonn)에 있는 관저 마당에 착륙했다. 강변로를 따라 산책하는 사람들과 자전거 타는 사람들 머리 위로 헬리콥터가 낮게 라인 강을 가로지르는 모습은 익숙한 풍경이었다. 조용한 일요일 오후에 상상할 수 없는 일이 벌어졌다. 투표가 완료되지는 않

297

았지만, 이때 이미 그는 선거에서 패배했다는 것을 눈치챘을 것이다. 한 시간 후에 텔레비전에서는 첫 번째 예상 투표 결과가 나왔는데 — 완벽한 비례대표제 아래에서 독일에서의 예측 조사는 매우 정확하다 — 이를 보고 사회민주당 당사는 안도와 환호를 보였다. 그러나 크게 기뻐하기는 어려웠을 것이다. 당의 활동가들은 어느 정도 프롤레타리아적이었는데, 이는 영국에서는 거의 사라진 것이다. 맥주와 소시지로만 승리를 축하한 것이 아니라 바구니에 가득 담긴 담배도 있었다. 어떤 둔감함 같은 것을 느낄 수 있었다. 그러나 이상하게 가라앉은 분위기는 이 나라 전체의 반응을 반영한 것이다. 블레어가 다우닝 가에 도착할 때처럼 의기양양함 같은 분위기는 없었다. 그것이 비록 강요된 것이었다 할지라도 말이다.

부분적으로 선거운동 자체가 흥행하지 못한 것에 책임이 있다. 게르하르트 슈뢰더(Gerhard Schröder)는 날카로운 도전이나 급진적인 공약을 하지 않은 채 다음과 같은 슬로건으로 개혁적인 것 이상을 약속하지 않았다. "우리는 모든 것을 바꾸기를 원하지 않는다. 그저 많은 것을 개선하기를 원한다." 사실 사회민주당의 강령은 신노동당이 채택한 [보수당 총리] 존 메이저(John Major)의 경제정책이 아니라 콜의 조세정책을 뒤집은 것이었다. 그러나 유권자들 — 유럽 정치인으로서의 콜의 위상을 존중하는 — 에 대한 사회민주당의 호소가 보인 어조는 1996년에 밀뱅크[1] 조직의 선거운동보다 훨씬 덜 전투적이었다. 당료들의 머릿속에서는 기민련(CDU)과의 대연정에 대한 전망이 완전히 없어진 게 아니어서 너무 분열적인 수사는 피하려 했던 것이다. 그런 결과를 예상한 — 종종 여론조사에 따르면 이를 원했다 — 유권자들은 별로 움직이지 않았던

---

1 Millbank: 런던 시내에 있는 고층건물로, 역사적으로 정치 조직들이 많이 이용한 것으로 유명하다. 1995년부터 영국 노동당은 1997년 총선을 준비하기 위해 이 건물의 두 개 층을 임차했다. 여기서 노동당은 전통적인 선거 전략에서 탈피하여 미디어를 적극적으로 이용하는 선거 방식을 채택했고, 이는 1997년 총선 승리로 이어졌다. — 옮긴이

것이다.

그러나 선거 결과에 대한 아주 절제된 반응 속에서 만연한 정신 상태를 알아낼 수도 있었다. 지난해 독일에서 살았던 사람이라면 많은 독일인이 자기 나라에 닥칠 변화의 규모를 생각하지 않으려 하는 것을 보고 놀랐을 것이다. 정치적으로 보면, 모든 여론조사는 오래전부터 선거 결과가 어떻게 되든 다음 총리는 사회민주당에서 나올 것이라는 점을 명확히 보여주었다. 이는 다른 어떤 서유럽 사회보다 오랫동안 강고한 보수적 지배라는 주문에서 벗어나 정부의 변화를 가져오는 것이다. 지리적으로 보면, 이 나라의 수도가 다시 베를린으로 복귀하는 것이었다. 더 큰 중요성이 있는 커다란 변화로 다른 유럽 나라에서는 최근에 이에 비견할 만한 일이 없었다. 경제적으로 보면, 유럽통화동맹의 출범과 함께 자국 통화가 사라지도록 되어 있었다. 이것은 독일에 특별한 부담이 따르는 변화였는데, 오랫동안 독일 마르크는 전통적인 형태의 민족 정체성을 대신하는 것이었기 때문이다. 이렇게 세 가지 근본적인 변화가 서로 맞물린다는 것은 어떤 사회에나 커다란 의제가 되는 일이다. 하지만 지배적인 분위기는 부정하는 상태라고 할 수 있었다.

이러한 배경을 생각하면 9월 선거의 수용과 결과 사이의 간극을 좀 더 이해할 수 있게 된다. 그러나 객관적으로 보면, 여전히 놀라운 일이다. 많은 관찰자들은 사회민주당을 10년 동안 권좌에 올려놓은 1972년 빌리 브란트(Willy Brandt)의 승리에 대중이 환호한 것을 회상하면서 이번에는 비견할 만한 열광이 없다는 것을 지적했다. 역설은 1998년에 일어난 선거 변화가 더 컸다는 점이다. 이를 바라보는 두 가지 방식이 있다. 하나는 주요한 두 개 정당의 상대적인 성과를 비교하는 것이다. 1949~94년 사이에 기민련과 바이에른의 기독교사회연합(CSU)은 합해서 사회민주당보다 평균 7퍼센트 정도 표를 더 받았다. 프랑스는 말할 것도 없고 영국보다도 우파의 구조적 우세가 훨씬 컸다. 사회민주당은 가장 크게 성공했던 1972년에조차 기민련/기사련보다 0.9퍼센트도 안 되는 차이를 확보했을 뿐이다. 1998년에 처음으로 사회민주당은 경쟁 정당을 많이 앞질렀다. 기민련/기사련보다 5.7퍼센트 많이 받았는데, 역사적 반전이라고 할 수 있다.

그러나 변화의 규모를 측정할 수 있는 또 다른 좀 더 중요한 점이 있는데, 이를 통해 이 성공을 비율적으로 살펴볼 수 있다. 1972년에 사회민주당은 45.8퍼센트의 득표율을 올렸다. 1998년에는 겨우 40.9퍼센트만을 얻었다. 이는 1980년의 수준보다 훨씬 낮은 수치이다. 여기서 예나 지금이나 그저 사회민주당의 승리라고 할 수 있는 것은 없었다. 현실은 다른 곳에 있었다. 사회민주당 자체의 성과의 빛을 바래게 하는 것은 좌파의 전체 득표였다. 녹색당의 6.7퍼센트와 예전 공산당이었던 민주사회당(PDS)의 5.1퍼센트를 합쳐 전체적으로 볼 때 좌파는 독일 역사에서 처음으로 이 나라의 분명한 압도적인 다수를 획득했다. 52.7퍼센트인데, 이는 영국에서는 한 번도 도달하지 못한 수치이다.

이런 모습의 승리는 무엇이라 할 수 있는가? 전후 서독에서는 언제나 종교가 우파와 좌파의 지역적 힘을 보여주는 신뢰할 만한 지표였다. 기독교 민주주의는 여러 종파에 공통적이었지만 변함없이 가톨릭 남부 — 바이에른, 바덴-뷔르템베르크, 라인-팔츠 — 에서 지배적이었다. 반면 사회민주주의는 언제나 프로테스탄트 북부와 중부 — 니더작센, 루르, 헤센 — 에서 지배적이었다. 예외는 아주 북쪽의 슐레스비히-홀슈타인이었는데, 이곳에서는 동부에서 온 대규모 망명자들이 처음부터 기민련 쪽으로 균형을 맞춰주었다. 또 다른 예외는 훨씬 남쪽의 자르인데, 이곳에는 이 나라 전체의 철강과 석탄 노동자계급이 분포해 있으며, 이들이 후일 사회민주당을 지지했다. 언제나 상호관계는 다소 비대칭적이었다. 왜냐하면 수동적인 것과 반대되는 것으로서 교회에 다니는 프로테스탄트는 기민련에 투표했으며, 따라서 루터파 독일에서 사회민주당의 우세는 가톨릭 지역에서의 기민련의 우세만큼 확실한 것은 아니었다. 그러나 시간이 지나면서 종교와 당파적 선호 사이의 관계는 약화되었다.

그러나 1998년에 서부 독일 유권자들 사이에서 종파적 내용이 그 어느 때보다 두드러졌다. 사회민주당의 역대 최고 득표율은 가장 북단의 세 개 주에서 나왔다(사회민주당의 전통적인 요새인 함부르크와 브레멘의 도시 국가에서보다 더 높았다). 모두 45퍼센트가 넘었다. 그 뒤를 이어 헤센과 라인-팔츠 등의 중부 지역이 41퍼센트로 약간 낮았다. 가장 낮은 곳은 기독교 민주주의의 가장 확고한 두 요새인 바이에른과 바덴-뷔르템베르크가 있는 최남부로 대략 35퍼센트를 차지했다. 다시 한 번 자르는 예외 지역임을 보여주었는데, 52퍼센트가 넘어 이 나라에서 사회민주당이 가장 높은 득표를 한 곳이 되었다. 전국적으로 기민련/기사련은 가톨릭 표의 46퍼센트와 프로테스탄트 표의 36퍼센트를 얻었다. 반대로 사회민주당은 프로테스탄트의 46퍼센트와 가톨릭의 32퍼센트를 얻었다. 사회민주당이 경쟁 정당에 비해 압도적인 표차를 얻은 것은 비(非)신자들에게서이다. 41퍼센트 대 21퍼센트였다.[2]

물론 계급은 독일 투표 유형의 또 다른 중요한 결정요인이다. 서부 독일에서 기독교 민주주의는 이번 선거에서 사회민주주의가 얻은 것보다 더 많은 노동자계급 표를 잃었다. 사회민주당은 자기 몫을 겨우 1퍼센트 늘렸을 뿐이다. 분명하게 '새로운 중간층'(the New Middle)을 겨냥한 슈뢰더의 호소는 화이트칼라 피고용자들에게 효과가 있었으며, 여기서 사회민주당은 전국적으로 6퍼센트를 얻었고, 상당수 자영업자를 끌어들였다. 이들 가운데 일부는 예전의 녹색당 지지자들이었다. 젠더 변동은 별로 없었다. 예외는 24세 이하의 젊은 여성들이었는데, 이들은 같은 연령대의 남성보다 사회민주당을 더 강하게 지지했다.

하지만 진정으로 극적인 변화는 동부 독일에서 보여주었다. 전통적으로 동부는 균질적으로 프로테스탄트의 땅이며, 베를린, 라이프치히, 켐니츠, 드레스덴, 메르제부르크 등의 도시에 대규모 노동자계급이 집중되어 있다. 전후 동독의 산업화로 더 커진 곳이다. 이곳은 통일이 될 경

---

2 상세한 투표 분석은 다음을 참조. "Wahlsonderheft", *Der Spiegel*, 29 September 1998.

우에 당연히 사회민주당의 영토라고 생각되던 곳이다. 1990년에〔동독에 대한〕민주적 합병(Anschluss) 과정을 기민련이 완전히 지배하면서 정반대의 일이 생겼다. 콜은 자신이 굴종에서 해방한 동독의 동포들에게 '꽃이 만발한 풍경'을 약속함으로써 1990년에 예전 공산주의 주에서 압도적인 승리를 거두었고, 1994년의 전국 선거전에서는 승리를 위한 결정적인 표차를 얻었다. 4년 후 환멸은 더해졌고, 동부 지역에서 고용이 바닥을 치자 대중적 분노가 일어 기민련에 대한 투표는 크게 줄어들어 1/4이 조금 넘는 정도로 떨어졌다. 서부에서 줄어든 것보다 배나 줄어든 것이다. 서부 지역보다 훨씬 낮은 득표이기는 하지만, 사회민주당은 처음으로 이 지역에서 주도 정당이 되었다(35.6퍼센트 대 42.2퍼센트). 여기에다 포스트공산주의 계승자가 영향을 끼쳤다. 민주사회당 또한 동부 지역에서 20퍼센트를 얻었다. 이것은 200만 표 이상이었다.

독일의 선거 지도에서 이런 결과는 진정한 특색을 보여주는 것이라 할 수 있다. 동부 지역에서 힘의 균형은 서부 지역의 힘의 균형과는 크게 차이가 났으며, 아마도 계속 그러할 것이다. 두 성향의 국민 사이의 차이는 각각이 좌파(사회민주당, 녹색당, 민주사회당)에 투표한 것을 통해 볼 수 있다. 서부 지역은 50.6퍼센트인데 동부 지역은 60.3퍼센트이다. 슈뢰더 정부의 정확한 의회적 계산이 결국 돌아가는 축이 여기에 있었다. 연방의회에서 적녹 블록이 다수를 차지하게 된 것은 사회민주당이 동부 지역에서 얻은 12석의 '초과분'—사회민주당의 비례 의석을 넘어서는—이었다. 만약 기민련이 서부 지역에서 잃은 만큼만 동부 지역에서 잃었다면 대연정이 성립했을 것이다.

그렇다면 사회민주당과 민주사회당이 일상적으로 지배하고 있는 동부 지역이 역사적인 '기본 입장'(default position)이라고 부르는 것으로 돌아서면서 독일의 좌파에게 장기적인 사회학적 다수가 출현할 가능성이 보인다. 여기서 종교적 풍경이 결정적일 수 있다. 동독의 지속적인 유산 가운데 하나는 자코뱅이었다. 두 세대 만에 동독은 놀라울 정도로 탈기독교화를 이루었다. 오늘날 동부 독일 젊은이의 80퍼센트는 무교이며—서부 독일의 10퍼센트와 비교되는 수치이다—동부 지역 사람들의 7퍼센트 정도만이 교회를 다닌다.[3] 루터교는 복음파 교회가 기독교 민주주의 우파에게 헤게모니를 내준 것보다 더 냉담한 비종교가 되었다.

1

이런 급격한 변화로부터 어떤 종류의 정부가 출현할 것인가? 슈뢰더를 블레어와 비교하는 것은 진부하다. 공통으로 가지고 있는 진짜 중요한 하나는 이들이 자기 당에서 선출되기 전에 언론에서 실제 후보로 선택된 방식이었다. 블레어와 비교할 때, 슈뢰더의 경우는 종유성사 자체였다. 두 사람 모두 텔레비전에 어울리는 외모, 세련된 수사법, 새로운 중간층에 대한 추구, '변화의 시간'에 대한 영감 어린 호소 등의 공통점이 있었다. 그러나 몇 가지 점에서 호도된 것이기도 했다. 이것은 부분적으로 정치적 인물 자신과 관련이 있으며, 좀 더 넓게는 당과 관련이 있다. 블레어—사립학교 출신이며, 옥스브리지를 다녔고, 변호사로 돈을 많이 번—는 특권적인 중간계급 출신의 전형인 반면, 슈뢰더—그의 아버지는 러시아 전선에서 죽었으며, 그의 어머니는 청소부였다—는 전후 독일 사회라는 파괴된 잔해더미에서 나온 인물이었다. 처음에는 철물점 판매원으로 일하며, 결국 학위는 야간학교에서 취득했다. 그는 1970년대 초 사회민주당의 청년 조직인 유조스(Jusos)의 지도자가 되었다. 당시 유조스는 사회민주당 왼쪽에 있는 반란의 장이었고, 대중 시위에 적극적으로 참여했다. 비록 선동가는 아니었지만 1980년대 헬무트 슈미트(Helmut Schmidt)를 꺾는 데 기여했다. 1994년쯤에는 당 원로

---

3 침례교는 1950년 77퍼센트에서 1989년 17퍼센트로 떨어졌다. Hartmut Kaelble, Jürgen Kocka and Hartmut Zwahr(eds.), *Sozialgeschichte der DDR*, Stuttgart 1994, p. 272.

들은 그가 총리로 나서기에는 신뢰할 수 없다고 가로막았다. 현대적인 프래그머티즘의 아우라는 최근의 일이다. 하지만 매력은 충분히 있었다. 단호한 모습, 매력적인 굵은 목소리, 짓궂은 미소.

하지만 커다란 차이는 제도적인 면에 있었다. 사회민주당은 사회민주당 출신 총리에 종속되어 있지 않았다. 이 당은 신노동당과는 매우 다른 종류의 동물이다. 당원은 70만 명으로〔신노동당에 비해〕규모는 두 배이며, 사회학적으로 볼 때 당의 하위문화는 눈에 띌 정도로 노동자계급적이다. 거대 산업도시에서 열리는 사회민주당 집회 분위기는 오늘날 영국에서 열리는 노동당 집회가 아니라 1960년대나 1970년대의 노동당 집회와 비슷하다. 차이는 사회민주당의 근대화가 지체된 데 있다기보다는—사회민주당의 고데스베르크 강령은 노동당보다 훨씬 앞서서 중간계급으로 방향을 돌렸다—독일 제조업이 큰 힘을 가지고 있다는 데 있다. 세계적으로 경쟁력 있는 독일 제조업은 영국 노동자계급의 전통적인 정체성의 많은 부분을 파괴한 극단적인 탈산업화로부터 서부 독일의 노동자들을 지켜냈다. 노동조합은 1980년대를 잘 견뎌냈고, 지금도 사회민주당과 강한 유대감을 유지하고 있다.

그러나 두 조직 사이의 더욱 중요한 차이는 사회민주당 내 권력의 지역적 분배에 있다. 연방 구조인 독일에서는 정치적 경력을 우선 주(Länder)에서 이루어야 하는데, 주의 지배자들은 언제나 총리 예비 명단이 된다. 콜은 연방 선거에서 네 차례 계속해서 승리를 거둠으로써 기민련 내부에서 상당한 권력 집중을 이루었지만, 그조차 작센의 비덴코프(Biedenkopf '우두머리 쿠르트') 같이 당내의 심각한 정적이 지역의 중요 인물이 되는 것을 막을 수 없었다. 사회민주당에서는 단일 지도자가 있는 기민련과 달리, 권위의 인격화가 불가능하다. 사회민주당이 권력을 잡을 경우 그 유형은 언제나 총리와 나란히 커다란 독자적인 권력을 행사하는 당 대표가 있는 양두(兩頭) 정치—브란트와 베너 혹은 슈미트와 브란트—였다. 사회민주당 출신 주 지사들은 당연히 말할 것도 없다.

하노버 지방선거에서 승리를 거두고 6개월 만에 전국적인 지도자가 된 슈뢰더는 사회민주당이 승리하는 데 공헌한 것으로 찬사를 받았다. 그러나 그는 당내에 추종 세력이 없었다. 실제로 그는 안팎으로 불신을 받았고, 이런 당의 태도는 클로드 콕번(Claud Cockburn)의 소설에 등장하는 인물이 간결하게 말한 금언을 떠오르게 한다. "매력과 의존성은 함께 가기 힘들다." 당원과 당 관료 모두가 가장 좋아하는 사람은 여전히 오스카어 라퐁텐(Oskar Lafontaine)이다. 그의 기량과 카리스마, 절제력은 콜의 쇠퇴기에 사회민주당 조직에 활력을 주었다. 라퐁텐은 (슈뢰더와 마찬가지로) 가난한 집안의 전쟁고아 출신으로 자르에서 예수회 수사들에게 교육을 받았으며, "브란트의 손자들 가운데 가장 뛰어난 인물"이 되었다. 이들은 1980년대에 유명해질 사회민주당 정치가 세대를 이룬다. 그는 사회민주당 대표이자 재무 장관으로서 25년 동안 공격적인 케인스주의적 관점을 가진 최초의 서방 정치가이다.

물론 정부의 방향은 사회민주당 지도부에 의해서만 정해지지는 않을 것이다. 독일 연정의 규칙은 하위 파트너에게 의미 있는 힘을 준다. 녹색당은 9월 선거에서 특히 잘하지 못했는데, 주로 민주사회당에 대한 당파적인 공격만을 하는, 활기 없는 선거운동 끝에 수십만 표를 잃었다. 언제나 다소 혼란스러운 이 당은 최근 매력적이지 않은 몇 가지 성격이 타격을 주면서 방향을 상실했다. 본 공화국의 속물들의 잘난 체를 보헤미안 스타일로 한다고 알려져 있는데, 이는 특히 녹색당이 사실상 존재하지 않는 동부 독일에 대한 태도로 분명하게 드러난다. 몇 가지 재정 문제와 사회 문제에 대해 전적으로 중간계급 ― 신자유주의적 주제에 무관심하지 않다 ― 기반을 가진 이 당은 사회민주당의 오른쪽에 가게 되었다. 그럼에도 불구하고 여러 가지를 감안할 때 녹색당의 힘은 사회민주당이 자기 식으로 하는 것보다는 정부를 덜 인습적인 방향으로 끌어갈 것이다.

새로운 외무 장관인 요슈카 피셔라는 인물이 그 이유를 알려준다. 1946년 보헤미아에서 쫓겨난 또 다른 전쟁 희생자의 아들인 그는 1960년대 말의 학생 급진주의를 잘 보여준 생존자이다. 당시 그는 프랑크푸르트의 가장 대담한 '자발주의'(spontaneist) 그룹 가운데 하나인 혁명적 투쟁(Revolutionary Struggle)을 이끌었다. 이 그룹은 잘 알려진 이탈리아의 지속적인 투쟁(Lotta Continua)과 유사했다. 그는 다른 동지들과 함께 노동자계급을 반란으로 이끌기 위해 오펠 공장의 조립라인에서 일했다. GM이 이들을 쫓아내자 피셔는 프랑크푸르트의 빈 집 점거운동(squatters' movement)으로 방향을 바꾸어 주택 점거에 대한 경찰력 행사를 막고, 폭력에 맞서 폭력이 필요한 곳에 대응하기 위해 기동타격대(Putzgruppe)를 조직했다. 1976년 울리케 마인호프(Ulrike Meinhof)의 죽음에 항의하는 시위가 걷잡을 수 없는 사태로 번지고 경찰관 한 명이 중상을 당했다. 피셔는 이 일로 체포되었으나 증거 불충분으로 풀려났다.[4]

그는 몇 년간 택시 운전을 하면서 철학 공부를 잠깐 한 후에 시민적 폭력의 정당성에 대한 생각을 바꾸고 녹색당에 입당해 빠른 시간 내에 녹색당의 가장 유연하고 명료한 지도자가 되었다. 독트린에 집착하지 않은 그는 곧 헤센 주 적녹연정 내의 환경부 장관이 되었으며, 장관직 자체는 그에게 따분한 일이었지만 언론으로부터 단호한 야망과 정치적 현실주의를 갖춘 인물이라는 찬사를 받았다. 그는 연방의회 의원으로 공식적인 미사여구 대신 가시 돋친 말을 하는 데 전문이었다. 독일 외교의 수장이라는 그의 새로운 직업은 짜릿함이 있다. '국제사회'의 외교적 위선은 그의 자연스러운 문구가 아니었다. 그러나 그는 배울 줄 아는 사람이다. 피셔의 지도 아래 녹색당은 러시아 국경까지 나토를 확장하는 데 환영했으며, 사회민주당 좌파의 비판에 휘둘리지 않았다.

이런 경력은 더 넓은 포물선의 카메오로 볼 수 있다. 피셔는 화학적으로 순수한 1968년 출신으로는 최초로 서유럽의 저명한 정치가라고 할

---

4 이 사건에 대해서는, 당시 피셔의 다른 진술 가운데에서 일부만을 뽑은 것이지만 다음을 참조. Christian Schmidt, *"Wir sind die Wahnsinnigen ……"*, Munich 1998, pp. 89~94.

수 있다. 그해의 반란은 다른 어느 곳보다 독일 사회에 깊고 지속적인 흔적을 남겼다. 대중운동은 프랑스와 이탈리아에서 좀 더 스펙터클했지만 문화적 지구력은 없었다. 세 가지 특징이 독일이 겪은 격동을 [프랑스 및 이탈리아와] 구분해 준다. 도덕적으로 볼 때, 이곳에서만 1968년의 각성이 민족의 과거를 청산하려는 시도이기도 했다. 이것은 한 세대가 자기 부모들이 이 나라 역사에서 분수령이 된 나치 시절에 했던 일을 발견하고 대면하기 시작하면서 이루어진 것이다. 지적으로 볼 때, 독일의 반란은 다른 어느 곳의 반란보다 더 풍부한 복합적인 토착 사상에 근거했다. 운동을 촉발했던 학생들은 우리가 애덤 스미스나 존 스튜어트 밀을 쉽게 거리감 없이 읽듯이 카를 마르크스를 읽었을 뿐만 아니라 ─ 고전을 자국어로 공부하는 것은 다른 언어로 된 유명한 텍스트를 탐색하는 것과는 매우 다른 경험이다 ─ 발터 벤야민(Walter Benjamin)의 유산, 막스 호르크하이머(Max Horkheimer)와 테오도어 아도르노의 존재, 마르쿠제의 개입, 하버마스의 데뷔 등에 둘러싸여 있었다. 다른 나라에서는 오랫동안 잊힌 텍스트와 전통의 재발견이 있었던 반면 이곳에서는 살아 있는 지속성이 있었다. 프랑크푸르트 학파는 전반적으로 독일연방공화국의 보수적 문화 내에서 독특한 위치를 차지했다. 역설적으로 권력이나 영향력이라는 면에서 프랑크푸르크 학파와 견줄 만한 사회적·철학적 작업을 한 집단이 없었다. 당연하게도 프랑크푸르트 학파의 사후 이미지는 가두 투쟁보다 더 오래 지속되었다.

끝으로 국민 문화 전반에 특유한 경향이 있었는데, 이것은 1960년대 말과 1970년대 초에 유지되고 반복되다가 10년 후에 녹색운동으로 이어졌다. 물론 이것은 오래되고 다양한 색조로 나타난 독일 낭만주의 전통이었다. 폭넓게 해석하면, 베르테르에서 빔 벤더스(Wim Wenders)까지 이 나라의 인텔리겐치아의 감수성 내에 존재하는 가장 지속적인 한 가지 흐름이라고 할 수 있다. 초기 낭만주의(Frühromantik) ─ 프리드리히 폰 슐레겔(Friedrich von Schlegel), 노발리스(Novalis), 장 파울(Jean Paul), 루트비히 티크(Ludwig Tieck), 프리드리히 슐라이어마허(Friedrich

Schleiermacher) 등의 분위기, 그리고 무대 뒤의 휠덜린(Hölderlin)과 하인리히 폰 클라이스트(Heinrich von Kleist) ─ 의 특징인 순수한 상상적인 에너지와 이론적 야망의 결합은 호수파 시인[5]의 영향력이나 빅토르 위고(Victor Hugo)의 예언을 훨씬 넘어서는 폭발력을 가져왔다. 이 전통은 이후 세상의 주목을 받는 세대들의 계속적인 출현을 통해 이어지면서 결코 반복되거나 잊혀지지 않는 광채를 발했다. 매우 다양한 흐름 속에 두 가지 모티프가 이 혈통에 변치 않는 것으로 남아 있었다. 자연 세계의 미스터리에 대한 날카로운 감각 그리고 청년의 소명에 대한 날카로운 감각이다. 필연적으로 이 전통의 정치적 쟁점은 동질이상(同質異像)이었다. 이 전통이 우파 운동에 기여한 것 ─ 어쨌든 슐레겔이나 아담 뮐러(Adam Müller)는 자기 시대의 극단주의자였다 ─ 은 잘 알려져 있다. 그러나 이 전통이 좌파에 끼친 영향 또한 대단히 중요했다. 벤야민 ─ 그의 『일방통행로』(Einbahnstraße)는 마르크스주의 전통 내에서 최초의 생태적 경고의 빛을 발하고 있다 ─ 은 세기 전환기 청년운동(Jugendbewegung) 출신이다. 후일 아도르노가 벤야민과 유명한 논쟁을 벌였을 때 특히 장 파울의 격렬한 두 개의 구절에 기대야만 했던 것은 우연이 아니다.[6]

녹색당은 이런 전통의 대중적 후계자이다. 유토피아적이기는 했지만, 1968년의 혁명적 소요는 썰물이 되어 빠졌을 때 서독에 두터운 뻘로 된 반문화 지대를 남겼다. 더 이상 완강하지는 않지만 독특한 서점과 카페를 가장 어울리지 않을 곳 같은 지역에서도 찾아볼 수 있는 그런 공감

---

5 Lake Poets: 19세기 전환기에 영국 북서부 호수 지역에 거주하던 시인들을 가리키는 말로, 대표 시인으로는 윌리엄 워즈워스(William Wordsworth), 새뮤얼 테일러 콜리지(Samuel Taylor Coleridge), 로버트 서디(Robert Southey) 등이 있다. ─ 옮긴이

6 1938년 11월 10일자 편지. Theodor Adorno, Walter Benjamin, *Briefwechsel 1928~1940*, Frankfurt 1994, pp. 373~74. 그 구절은 1820년에 나온 장 파울의 『가을-꽃』(*Herbst-Blumine*)에 실려 있다.

의 환경 말이다. 1980년대의 환경적 관심은 이곳에서 자연스러운 서식지를 발견했다. 생태주의는 처음부터 그리고 원칙적으로 녹색 정치의 라이트모티프였고, 지금도 그러하다.[7] 그러나 녹색당은 또한 더 넓은 범위의 지적 견해에 호소했는데, 적극적으로 강령으로 받아들이는 것뿐만 아니라 최소한 사회민주주의의 답답함에 비해 낫다는 식으로 녹색당을 받아들이는 것도 포함되어 있다. 어떤 힘이 이 운동에 영향을 끼칠지 미리 알 수 있는 방법은 없다. 분명한 것은, 독일은 궁극적으로 1968년의 경험이 무엇인가라는 질문이 직접적인 시험대에 오른 유일한 나라라는 것이다.

적녹정부의 즉각적인 의제는 기업 로비와 기성 언론인들로부터 격렬한 반응을 불러일으켰지만 그렇게 공격적인 것은 아니다. 정책 패키지가 신노동당보다 좀 더 급진적이기는 하지만, 그렇게 단호한 것은 아니다. 재정정책은 다소간 재분배적일 것이다. 사회적 임금 비용의 축소는 새로운 에너지세로 충당될 것이다. 일자리 창출을 위해 기업과 좀 타협할 것이라고 보이는데, 이는 사회의 모든 파트너를 단결시킬 것이라고 주장되는 '일자리 동맹'의 모습으로 이루어질 것이다. 혈통주의에 기초한 것으로 악명 높은 독일의 시민권 관련 법률이 400만 명에 달하는 이 나라 이민자의 귀화를 용이하게 하기 위해 바뀔 것인데, 이것이 훨씬 중요한 개혁이다. 이것은 분명한 해방적 조치로서 사람들에게 직접적인 영향을 준다. 우여곡절이 많았던 노동당의 헌법적 술책은 비견할 만한 것이 아니다. 그러나 슈뢰더의 프로그램이 블레어의 프로그램보다 덜 보수적으로 보일지라도 그것은 또한 그 맥락에서의 함수라 할 수 있다. 콜은 대처가 아니었다. 독일에서는 정치적 중력의 중심이 그렇게 오른쪽으로 움직인 적이 없다.

7 녹색당의 초기 시절에 대해서는 다음을 참조. Werner Hülsberg, *The German Greens: A Social and Political Profile*, London 1988, pp. 64~139.

2

수도를 베를린으로 이전한 것은 적녹동맹의 그 어떤 조치보다 훨씬 더 극적인 일이 될 터였다. 정부의 위치를 본으로 정한 것보다 전후 독일연방공화국(서독)의 성격을 분명하게 규정하는 것은 없었다. 시간이 흐르면서 인구 분포는 이런 구성에 강하게 결부되었다. 그러나 여기에는 양면이 있었다. 한편으로 주요한 정치적 수도의 부재로 인해 경제적 힘이나 정치적 힘을 영토적으로 집중할 수 없었으며, 연방공화국은 수세기 동안 독일의 자연적 질서였던 것을 뒤집을 수 없었다. 자연적 질서란 대체로 비슷한 규모의 지역적 중심 여러 개가 공존하는, 계몽사상의 유형이다. 뮌헨, 프랑크푸르트, 함부르크, 슈투트가르트, 쾰른 등의 사이에 이렇게 활력과 영향력이 분산되면서 나타난 행복한 결과는 영국이나 프랑스처럼 과도하게 집중된 사회에서 온 방문자라면 누구라도 쉽게 알아차릴 수 있었으며, 무엇보다 그곳에 사는 시민들이 분명하게 느꼈다.

다른 한편으로 어딘가에 수도가 있어야 했고, 이때 본을 선택한 것은 김빠지는 일이었다. 콘라트 아데나워(Konrad Adenauer)는 전후에 프랑크푸르트 — 지리적으로 보나 역사적으로 보나 명백한 일이었다 — 가 임시 수도가 되는 것을 막는 데 확고했다. 왜냐하면 그는 프랑크푸르트를 사회주의 다수파가 차지할 수 있으며, 하층민이 거리를 장악할지 모른다고 우려했기 때문이다. 본은 어번 제로(urban zero)로 선택되었는데, 이곳은 가톨릭 대학이 있는 소규모 타운으로 폭도가 모일 수 없는 곳이며, 아데나워의 기반인 쾰른에서 가까웠다.[8] 그 의도는 관료제라는 캡슐에

---

8 수도를 본으로 결정하는 데 분명한 정치적·재정적 작전에 대해서는 다음을 참조. Henning Köhler, *Adenauer: Eine politische Biographie*, Frankfurt 1994, pp. 495~509. 이 책은 다양한 의원의 표를 매수하기 위해 뇌물이 포함되어 있었음을 아주 분명하게 밝히고 있다.

들어 있는 정치를 대중적 삶에서 분리하려는 것이었다. 그것은 아주 성공적이었다. 연방공화국의 실제적인 덕성은 인위적으로 만들어진 수도라는 것과 동의어가 되었다. 이것은 언제나 혼란스러운 일이었다. 지역적 다양성과 자치가 공적 논의를 불모화하는 것을 필요로 하지는 않았다. 연방주의는 이러한 의회적 주차장에 의존하지 않았다. 연방주의는 그것에 의해 축소되었다.

처음에는 아데나워조차 본이 임시적인 장소 이상이 될 것이라고 제안하지 않았다. 1949년 헌법은 독일이 재통일되면 베를린이 다시 수도가 되어야 한다고 규정하고 있다. 그러나 통일이 먼 지평에 있는 것처럼 보였기 때문에 점점 기성의 이해관계가 현실의 외피가 되었다. 마침내 베를린 장벽이 무너지자 본은 놀라운 스펙터클한 무대가 되었다. 자동적으로 헌법을 존중하기는커녕 서독 지역에서 본을 통일 국가의 수도로 유지해야 한다는 대중적 운동이 일었다. 소집된 의원들이 이 안건으로 투표를 준비하자 이 타운(본)은 처음으로 이곳을 수도로 했을 때 피하고자 했던 것을 보여주는 회화(戲畵)가 되었다. 무뚝뚝한 지역구 의원들은 말할 것도 없고 가게주인, 웨이터, 택시 운전사 등이 베를린에 찬성표를 던지는 의원에게는 서비스를 제공하지 않거나 위협을 가하거나 협박하는 등 이기적인 열정이 끓어올랐다. 표결이 다가오자 서독 정치 계급의 에고이즘에 대해 많은 것을 말해 주었다. 동독의 흡수를 계획한 콜과 볼프강 쇼이블레는 베를린을 지지했다. 브란트는 자신의 경력을 통해 가장 대담한 연설을 통해 본을 계속 수도로 유지하는 것은 1945년에 프랑스 정부가 비시(Vichy)에 남아 있는 것과 마찬가지라고 제대로 말했다.[9] 그러나 양당의 다수는 뻔뻔하게도 헌법의 약속을 깰 준비가

---

9 브란트의 개입은 다음 책에서 볼 수 있다. Helmut Herles(ed.), *Die Hauptstadt-Debatte. Der Stenographische Bericht des Bundestages*, Bonn 1991, pp. 36~40. 알로이스 루멜이 편집한 다음 모음집은 수도를 라인 지역에 두려는 이전 캠페인의 사고방식이 드러난다. Alois Rummel(ed.), *Bonn: Sinnbild der deutscher Demokratie*, Bonn 1990.

되어 있었다. 실제로 사회민주당은 상당한 표차로(126 대 110, 기민련/기사련은 164 대 154) 본에 머무르는 것에 찬성했다. 수도를 프로테스탄트의 북부로 이전하는 것에 대한 가톨릭 남부의 적대감은 충분히 예상할 수 있었다. 그러나 놀랍게도 수도 이전에 대한 바이에른의 저항보다 더 거셌던 것은 지역 성직자들의 꿀단지인 본에 가까운 노르트라인-베스트팔렌 지역이었다. 그나마 면피를 할 수 있었던 것은 자유당과 민주사회당이 압도적으로 찬성을 해서(70 대 27) 최종적으로 베를린이 근소한 차이로(338 대 320) 찬성을 얻었다는 것이다.

이것은 본 공화국에 대한 날카로운 회고적 빛을 비추는 진리의 순간이었다. 제멋대로인 서독 지역의 의원들은 베를린으로 옮아가지 않았을 것이다. 그들은 상당한 표차로(291 대 214)로 본에 머무는 데 찬성했다. 동쪽으로 수도를 옮긴다는 것은 아일랜드가 런던에 지배를 받는 빅토리아 시기의 현대판이 된다는 것을 의미했다. 그러나 먼 곳에서 지시받는 식민 행정을 피한다 하더라도 어디가 새로운 수도가 될지는 남아 있는 일이다. 어떤 유럽 도시도 베를린처럼 그렇게 수많은 잘못 이해된 전설을 가지고 성장하지 않았다. 하지만 지금 벌어지고 있는 일의 배후에 있으면서 손에 잡히지 않는 실체를 파악하는 것보다 거기에 저항하는 일이 더 쉬운 일이다. 대부분의 사람들은—외국인들뿐만 아니라 독일인들도—베를린 하면 프로이센의 군사적 전통, 비스마르크의 독재 정치, 나치의 폭력 및 과대망상증을 떠올린다. 실제로 프리드리히 2세(Friedrich II)는 포츠담에 있는 자신의 상수시 궁전을 더 좋아했다. 오토 폰 비스마르크(Otto von Bismarck)도 싫어했기 때문에 통일 이후 카셀—프로테스탄트판 본이라고 할 수 있다—을 이 나라의 수도로 삼기를 원했다. 유명한 나치 지도자 가운데 베를린 출신은 단 한 명도 없었다. 아돌프 히틀러(Adolf Hitler)는 뮌헨을 사랑했으며, 이 나라의 다른 쪽 끝에 있는 베르히테스가덴(Berchtesgaden)에서 휴가를 즐겼다. 베를린은 반동의 자연스러운 장소는 아니었다. 1848년 베를린에서는 독일 도시에서 일어난 것 가운데 가장 치열한 투쟁이 있었다. 세기 전환기에 베를린은 유럽에서 가장 산업화된 수도였으며, 거기에 걸맞은 노동자계급 인구가 있었다. 1918년에 베를린은 11월 혁명을 이끌었고, 1919년에는 스파르타쿠스 봉기가 있었다. 바이마르 시기에 베를린은 사회민주당과 공산당의 요새였다.

제3제국과 냉전은 이런 전통을 단절시켰다. 히틀러의 몰락 이후 베를린의 점령과 분할로 잠재적인 지속성이 살아남을 것인가라는 문제를 은폐했다. 1998년 선거는 놀랄 만한 대답을 제시했다. 좌파는 모든 선거구에서 승리했다. 도시의 지도가 한 가지 색깔로 칠해졌으며, 농담(濃淡)의 차이만 둘로 나타났다. 서부와 남동부는 사회민주당의 옅은 붉은색이었고, 중부와 북동부는 예전 공산당의 짙은 붉은색이었다. 오랫동안 우파의 세습 영지인 파리와 비교해 보라. 피니(Fini)의 구(舊) 파시스트당이 최대 정당인 로마와 비교해 보라. 혹은 런던에서조차 켄 리빙스턴(Ken Livingstone)은 핀츨리(Finchley)나 켄징턴(Kensington)에서는 승리하지 못할 것이다. 비스마르크의 악몽은 현실이 되었다. 베를린은 유럽에서 가장 좌익적인 수도가 될 것이다.

물론 한 도시의 선거 결과는 그 도시의 성격을 보여주는 하나의 지표에 불과하다. 미래의 베를린은 어떤 종류의 메트로폴리스가 될 것인가? 진정한 수도(Hauptstadt)는 세 가지 기능의 종합이다. 정부 소재지로서 한 나라의 정치생활의 중심이며, 광범위한 경제활동의 집합체이고, 발흥하는 문화적 형식의 자석이다. 근본적인 문제는 실제로 이것들이 베를린에서 교차하고 있는가이다.[10] 베를린은 독일에서 가장 큰 도시로, 약 550평방마일에 걸쳐 340만 명이 살고 있는데, 이 인구수는 제2도시보다 두 배 이상 높은 수치이다. 전체 면적의 1/4이 숲과 호수로 이루어져 있다. 냉전 시기에는 서베를린과 동베를린 모두 정권의 쇼케이스로

---

10 비교적 간결한 성찰은 다음을 참조. Gerhard Brunn, "Europäische Hauptstädte im Vergleich", in Werner Süss(ed.), *Hauptstadt Berlin*, vol. 1, Berlin 1995, pp. 193~213.

서 특별한 대우를 받았다. 물론 서베를린이 보조금이 훨씬 더 많았는데, 이곳에서는 공장에서 생산된 물건부터 미술 전시회까지 모든 것이 공산주의에 맞서는 투쟁 속에서 과시적으로 돈을 모을 수 있었다. 그러나 동베를린 또한 동독의 다른 지역보다 많은 투자를 얻었다.

1990년대 베를린이 다시 통일 독일의 수도가 될 수 있다는 전망 때문에 많은 사람들은 선행 경기 붐이 일 것이라고 예상했다. 관청과 대기업 본사를 위한 건설 계약이 늘고, 부동산 가격이 올라가며, 고용이 늘고 이민자가 쏟아져 들어올 것이라고 예상했던 것이다. 하지만 아이러니하게도 베를린은 통일 이후 심한 경기 후퇴로 고통을 겪었다. 본에서 수도를 옮기기로 공식적으로 결정한 이후에도 (수도 이전에 대한) 저항이 심해서 정부가 옮아오는 것이 10년 가까이 지연되었다. 냉전 종식과 함께 베를린이 '정상적인' 주(Land)가 된 이후 서부 지역의 납세자들은 베를린에 대한 특별 대우가 지속될 이유가 없어졌다고 보았으며, 보조금이 삭감되었고, 산업체들이 떠났다. 반면 동부 지역에서는 통일이 전반적인 산업 붕괴를 가져왔고 다른 어느 곳보다 베를린 내의 차이를 크게 만들었다.

결과는 냉혹했다. 1989년 이래 근처 시골로 주민들이 빠져나가면서 인구가 줄었다. 20만 개의 산업 일자리가 사라졌다. 현재 성장은 마이너스이다. 파산은 전국 평균의 두 배이다. 실업률은 거의 20퍼센트에 육박했다. 몇몇 다국적 기업이 지역 본부를 베를린에 두었지만, 주요한 독일 기업이 옮아온 일은 사실상 없다. 정부 전체가 이 도시로 옮아오기 직전에 믿을 수 없게도 집값이 실제로 떨어지고 있었다. 부티 나는 뮌헨과 함부르크, 프랑크푸르트 등과 비교할 때, 장래의 수도는 가난한 친척으로 남아 있을 것이다.

이러한 환경에서 다소 조종하기 거추장스러운 것과 같은 연방 정치 권력이 베를린 중심부로 천천히 옮아오는 것이 주는 충격은 어떤 것이 될까? 베를린에서 새로운 정부 청사(Regierungsviertel)의 디자인보다 더 논쟁적이었던 쟁점은 없었다. 이것은 집단적인 상상 속에서 수도의 휘장이 될 정부종합청사이다. 매달 이 도시의 재건축의 다양한 측면에 대한 공적 토론이 에리히 호네커(Erich Honecker)가 독일민주공화국을 통치하던 국가평의회 건물에서 열렸다. 그 토론회에 참가했던 것은 기억할 만한 경험이다. 바보 같은 전문가와 권위자들, 청중이 열정적으로 나뉘어 있었고 — 참지 못하고 화를 내는 데는 따라올 사람이 없는 — 이 도시의 마스터 건축가인 도시 계획가 한스 슈티만이 갈기 같은 흰 머리에 네모난 붉은 벽돌 같은 용모로 목청을 한껏 높였다. 하지만 아무도 여기서 독일적인 권위는 말할 것도 없고 시의 권위조차 찾아볼 수 없었다.[11] 그러나 판돈은 컸다. 왜냐하면 여기에는 미래의 모습뿐만 아니라 과거의 장소, 공적인 것과 사적인 것의 관계뿐만 아니라 동부 지역과 서부 지역의 긴장도 쟁점이 되었기 때문이다.

통일된 베를린을 위한 원래 계획은 중심부에 이 도시의 쪼개진 절반을 통합하면서 카를 프리드리히 싱켈[12]의 기세와 맞먹는 현대적인 건축물로 이루어진, 완전히 새로운 정부청사 지역을 건설하는 것이었다. 이 계획은 곧 좌절되었는데, 표면적인 이유는 비용 때문이었다. 하지만 실제로는 서부의 주에 속하는 본에서 이전한다는 계획에 대한 지속적인 억울함, 서베를린 자체가 이 도시의 동쪽의 운명에 대해 별로 관심을 가지지 않았던 것(인구가 두 배인 서베를린이 지방 정부를 지배했다), 독일의 수도를 웅장하게 만드는 것이 가져올 위험성에 대한 거부 등이 얽혀 무산된 것이었다. 그 결과는 이중적이었다. 새로운 정부 '축' — 그 라인

---

11 산업 건축을 전공했으며, 정치적으로 한때 68세대의 일원이었다가 지금은 사회민주당의 충실한 당원인 슈티만은 대개 분할 이전의 베를린의 '비판적 재건축'을 지지했다. 그것은 상대적으로 낮은 스카이라인을 유지하면서 전쟁과 분단이 황폐화시킨 '유럽 도시'라는 표제로 좀 더 현대적인 목표를 주장한 것이었다. Hans Stimmann(ed.), *Babylon, Berlin etc.: Das Vokabular der Europäischen Stadt*, Basel 1995, pp. 9~10.

12 Karl Friedrich Schinkel, 1781~1841: 프로이센의 건축가이자 화가로 고전파 건축의 대표 인물이다. 베를린을 중심으로 활동하며 베를린 국립극장과 베를린 고대 박물관 등을 설계했다. — 옮긴이

은 동쪽으로 이어지는 곳에서 잘려 있다 — 은 이제 서쪽에 한정되어 있다.[13] 화려한 빌헬름 스타일의 외관을 한 연방의사당 건물은 노먼 포스터(Norman Foster)가 디자인한 커다란 투명 돔과 하이테크 인테리어를 갖추게 되었다. 좁은 바로크 식 정면을 슈프레 강 건너에 있는, 흐루쇼프 식으로 거대한 둘레가 있는 국가평의회 건물(Staatsratgebäude)로 전도시킨 듯한 제스처라 할 수 있다.

공식적인 이야기는 연방의회가 과거의 민주주의적 가치를 용감하게 옹호한 것을 기리면서 복원되었다는 것이다. 물론 실제로는 독일 민주주의가 유순하게도 히틀러가 권좌에 오르는 것에 찬성하고 의회의 의지로 그를 총리로 선출한 곳이 바로 이곳이었다. 이 건물을 되살린 진짜 이유는 냉전 시기의 폐허가 동독보다는 서독에서 상징적 자산이었기 때문이다. 다시 시작하는 게 더 나았을 것이다. 악셀 슐테스(Axel Schultes)가 만든 새로운 행정부 사무실 — 다음 해에 밝고 우아한 구조를 가진 이곳을 슈뢰더가 차지했다 — 은 이루어졌어야 하는 일을 보여준다. 둘 사이에는 아주 즐겁게도 낮게 매달린 의회의 편의시설이 들어설 것이지만 지금은 오픈된 중앙 홀로 정화되어 있다. 이곳은 한때 시민들이 권력의 회랑 내에서 교유하고, 논쟁을 벌일 수 있는 곳으로 구상되었다. 슈프레 강 바로 건너 북쪽으로는 레르테(Lehrte) 기차역의 우아한 곡선이 우뚝 솟아 있을 것인데, 아마 새로 지은 공공건물 가운데 가장 아름다울 것이다. 남쪽으로는 다임러-벤츠와 소니(Sony)가 구(舊) 포츠다머 플라츠 지역에 들어서면서 상업 지구가 이어지는데, 렌조 피아노(Renzo Piano), 이소자키 아라타(磯崎新), 리처드 로저스(Richard Rogers), 헬무트 얀(Helmut Jahn), 라파엘 모네오(Rafael Moneo) 등의 재능을 낭비해서 만들어진 이곳은 의심할 바 없이 다른 곳과 마찬가지로 지저분한

---

13 마이클 와이즈(Michael Wise)의 『수도라는 딜레마』(*Capital Dilemma*, Princeton, 1998)는 서쪽 지역의 새로운 정부청사 구역 건설과 동쪽 지역의 나치 행정부 건물의 보존에 대한 뛰어나면서도 역사적으로 풍부한 개관을 담고 있다.

쇼핑몰—교외에 세워져 있어 주변으로부터 폐쇄되어 있는—로 끝날 것이며, 공생(conviviality)의 무덤이 될 것이다.

다른 한편 동베를린 지역에서는 주요한 연방 프로젝트가 새로 시작한 것이 없다. 독일민주공화국의 최악의 유물인, 엷은 색의 우스꽝스러운 아치와 볼록한 모양의 텔레비전 송신탑은 여전히 말도 안 되는 운터 덴 린덴의 끝에 남아 있다. 프리드리히 가(街) 주변 지역에는 사무실, 상점, 식당—누벨(Nouvel), 존슨(Johnson), 로시(Rossi)—등이 들어서면서 사영(私營) 부문이 발전했으며, 여전히 빈약하기는 하지만 다소 생기를 띤다. 국가의 주된 공헌은 나치의 두 랜드마크인 샤흐트(Schacht)의 제국은행과 괴링의 항공부를 외무부와 베를린 공화국 재무부로 화려하게 재정비한 것이다. 새로운 건축물을 만들고자 하는 새로운 아이디어는—당국의 재정 범위 내에서—모두 무시되었고, 한때 히틀러가 검열하던 곳에서 이제 슈뢰더와 라퐁텐은 업무 지시를 내리고 있다. 비용을 핑계로 대는 것이 그렇다 치더라도—그런 건물이 동독의 관리 아래 있었을 때에는 어느 정도 근거가 되었겠지만 지금은 그렇지 않다—이 무시무시한 건축물을 다시 차지하는 것에 대한 공식적인 논리는 그렇게 하는 것이 일종의 속죄라는 것이다. 왜냐하면 그 건물은 잘못되었던 과거의 극악무도함을 매일매일 상기시킬 것이기 때문이다. 널리 이용된 수사법은—동일한 논거가 제2제국과 동독이 남긴 가장 불쾌한 것들을 보존하자는 주장에도 사용되었다—그 건물들이 독일 국민이 수습하는 법을 배워야 하는 '역사적 문서'라고 주장하는 것이다.

베를린에 관대한 단일 정치 수도가 들어설 기회가 있었지만 서베를린의 축소된 구역에 〔정부가〕 들어서는 것과 동베를린 지역에 있는 불길한 마우솔레움(mausolea, 왕릉)을 재정비하는 것을 선호하는 바람에 그 기회는 날아갔다. 이 관료적인 선택은 두 가지 근거로 옹호되었다. 첫째, 통합 정부 구역을 건설하려는 시도는 유럽 내에서 독일 국가가 위험한 교만이나 오만한 과장을 하는 것처럼 보일 수 있다는 것이다. 둘째, 독일인들은 자신들의 어두운 과거에 대해 끊임없이 상기할 필요가 있다는 것이다. 분명한 것은 죄의식이나 노스탤지어가 찍힌 이미지에 시민들의 기억을 고정하려는 이데올로기적 의지이다. 죄의식이라는 요소는 주로 서쪽에서 온 것이며, 노스탤지어라는 요소(공화국 궁전 등)는 동쪽에서 온 것이다. 그 결과는 골동품 취미의 마조히즘 같은 것이다. 미학적으로 추한 것에 집착하는 것인데, 종종 그것은 역사에 진실해야 한다는 명분으로 이루어진 도덕적·정치적으로 추한 것이기도 하다.

그러한 고행은 심각한 지적 혼란을 보여주는 것이다. 왜냐하면 공공건물은 문서가 아니라 기념물이기 때문이다. 역사적 문서는 연구자가 조사할 필요가 있을 때 문서고나 도서관에서 연구할 수 있는 텍스트이다. 그렇지 않을 경우에는 역사적 문서는 누구에게도 자신을 강요하지 않는다. 이와는 대조적으로 도시의 기념물은 그곳을 지나다니거나 이용하는 모든 사람이 매일 볼 수밖에 없다. 공공건물을 파일에 넣어둘 수는 없다. 그런 구조물은 일차적으로 미학적 근거에서 판단해야만 한다. 공공건물이 하거나 하지 않을 수 있는 정치적 기능이나 이데올로기적 기능은 시간이 흐름에 따라 변할 수 있지만 정치적 현실에서 결코 결정적인 것은 아니다. 정치적 현실은 고유한 장과 동학이 있으며, 벽돌이 아니라 사회적 관계에 의해 만들어지는 것이다. 이탈리아 파시즘은 자기 시대에 바라만 보아도 기분이 좋아지는 건물이나 인상적인 건물을 지었는데, 이 건축물들은 계속해서 사용되었으며 즐거운 일이기도 했다. 누구도 피렌체에 있는 기차역을 없애려는 생각을 하지 않았다. 제국은 행이나 항공부 본부 같은 나치의 대건축물은 그것이 주는 연상 작용 때문이 아니라 건축물로서 엉망이고 험악하기 때문에 철거되어야만 했다.

이웃 나라의 신뢰를 얻기 위해 영원한 고통이 될 이런 건축물이 필요하다는 독일인들의 생각이 잘못된 인식은 아니다. 왜냐하면 유럽인들은 전체로 보아 비스마르크나 히틀러나 호네커의 유령을 두려워하지 않는다. 빌헬름 시대의 제국주의나 나치즘이나 스탈린주의도 오늘날 심각한 위협이 아니다. 그것들에 지속적으로 몰두하는 것은 쉽사리 좀 더 긴급한 쟁점을 가리는 것이 될 수 있다. 프로이트적인 용어로 말하면, 상상적 위험에 대한 집착은 대개 다른 실질적인 문제의 전치—
즉 억압—로 기능한다. 따라서 유럽은 재통일된 독일에 대해 불안을
느낄 만한 어떤 이유가 있다는 것이다. 그러나 그 합리적인 두려움은 당
대의 제도와 관련이 있다. 루덴도르프 장군[14]이나 슈프레 강[15]의 유산이
아니라 이 나라의 가장 강력한 기관인 연방은행(Bundesbank)이 수백만
명의 유럽인의 삶과 일자리에 끼치는 과도한 영향력이 문제라는 것이
다. 이 헤게모니는 현재 유럽중앙은행의 구조와 인물 속에 확고하게 자
리를 잡고 있다. 자기비판적인 독일 공중이 관심을 기울였어야 하는 것
은 건전통화에 대한 열광적인 숭배, 마스트리흐트 조약 내의 수렴에 대
한 자의적이고 반사회적인 기준의 주장, 마스트리흐트 조약 이후의 '안
정성 협약'에 대한 가혹한 압력 등이었다. 그러나 거의 예외 없이—슈
미트가 가장 감동적인 주장을 했다—이 지점에서 국민적 만족감은 사
실상 끝이 없었다. 한스 티트마이어[16]와 오트마어 이싱[17]은 자신들이
거머쥔 전 유럽적인 어마어마한 권력을 프랑크푸르트에 있는 수수하
고 평범한 건물에서 휘둘렀다. 독일의 훌륭한 양심의 얼마나 멋진 상징
인가?
　미학과 정치 사이의 바람직한 관계는 이런 병리적인 관계를 뒤집는
일이 될 것이다. 베를린에서는 당대의 건축가가 만들 수 있는 가장 훌
륭한—가장 우아하거나 가장 웅장한—건물을 세우는 데 어떤 제한
도 없었어야 했다. 더 우아하고 더 웅장할수록 더 통합적이고 더 나았

14　Erich Friedrich Wilhelm Ludendorff, 1865~1937: 힌덴부르크와 함께 제1차 세계
　　대전을 이끈 독일의 군인이다. 특히 1916년부터는 두 사람이 사실상의 독재자 역
　　할을 했다.—옮긴이
15　Spree Fluss: 체코 및 폴란드 국경에서 발원해 베를린 시내를 흐르는 강이다.
　　1919년 1월 스파르타쿠스 봉기 때 로자 룩셈부르크가 살해당해 이곳에 버려졌
　　으며, 냉전 시기에는 동베를린에서 서베를린으로 넘어오던 사람들이 익사하기도
　　했다.—옮긴이
16　Hans Tietmeyer, 1993~99: 독일연방은행 총재.—옮긴이
17　Otmar Issing: 유럽중앙은행 이사.—옮긴이

을 것이다. 그렇게 되었다면 이 도시를 실질적으로 단단하게 만드는 데 기여하는 것이었을 뿐만 아니라 유럽통합에도 선물이 되었을 것이다. 파리나 로마나 바르셀로나에 갈 때 —이들 도시는 감각이 매우 뛰어나다 —우리는 이들 도시가 프랑스의 소유물이라거나 이탈리아의 소유물이라거나 카탈루냐의 소유물이라고만 생각하지 않는다. 이들 도시는 공통의 기쁨의 원천이다. 그러한 확고한 생각, 즉 감각적인 아름다움이 —그저 실용적인 것만도 아니고 덜 자기고행적인 기억인 —도시 건축에서 최고의 가치라는 생각 속에서 유럽의 다른 나라 사람은 베를린이 어느 정도는 여전히 재건축될 수 있다는 희망을 가져야 한다.

'역사적 문서'에 대해서 말하자면, 그것을 원하는 사람들을 위해서는 완벽한 해결책이 있다. 히틀러의 벙커를 비롯해 그가 정부로 사용하려고 지은 훨씬 큰 지하 은신처가 운터 덴 린덴 바로 남쪽 지하에 있다. 이는 러시아가 이를 파괴할 기술이 없었기 때문이다. 공식적으로 당국은 제3제국의 잠재적인 이 유물의 존재를 여전히 인정하지 않고 있다. 반성적인 의미에서 관람을 위해 이들의 복원이 왜 이리 어려운가? 이 질문은 기념물 관리부(Denkmalschutz)의 충성스러운 관리들을 곤혹스럽게 만든다. 이들은 이에 대해 오프더레코드로 이렇게 대답한다. 그것들을 지워버리는 것은 잘못된 일이 될 것이며, 그것들을 복원하는 것도 잘못된 일이 될 것이다. 그것들을 보이지 않게 놓아두면서 자연스러운 시간의 흐름에 맡기는 게 최선이다. 한편 지상의 보행자들은 항공부를 견딜 수 있다. 그러한 혼란 속에서 가장 심각한 의미에서 역사적 기억이라는 문제에 대한 하나의 진정한 해결책이 두드러진다. 다니엘 리베스킨트(Daniel Libeskind)의 —거의 문자 그대로 —번쩍이는 유대인 역사 박물관이 그것이다. 아연을 입힌 이 걸작 안에서 과거는 올바른 장소에서 놀라운 힘을 가지고 표현된다.

베를린의 경제적 전망이 여전히 위태롭고 그 정치적 기능이 의원과 공무원이 이곳에 거주하게 될 것이라는 점만 보장한다고 할 때, 베를린의 문화적 역할은 무엇인가? 여러 가지 면에서 이것은 이 도시의 장래에 결정적인 질문이다. 왜냐하면 정치적 생활은 진정한 문화적 층이 둘러싸고 있을 때 빨라질 뿐만 아니라 경제적 활동의 수준도 수도의 커뮤니케이션 산업의 위상에 결정적으로 의존할 것이기 때문이다. 바이마르 공화국 시절 베를린이 특이하게 문화적으로 활성화되었던 것을 모두가 기억한다. 그 비슷한 것이 돌아올 수 있을까? 냉전 시기에 서베를린과 동베를린 모두 위신을 지킨다는 이유로 막대한 보조금을 받았기 때문에 연극과 음악에서 세계적으로 유명한 시설을 갖추었다. 동독 작가들은 동베를린에 모여드는 경향이 있었으며, 이에 반해 서독 작가들은 서베를린에 모여들지는 않았다. 병역이 면제되는 서베를린에는 자유분방한 사회 — '대안적인 무대'(alternative scene). 무대(Szene)라는 말은 독일어에서 영어보다 훨씬 자유롭고 무차별적으로 사용된다 — 가 번성했으며, 나중에는 동베를린에도 비슷하지만 좀 더 온건한 것이 생겨났다. 냉전 종식은 이 모든 것에 큰 타격을 주었다. 베를린 앙상블이 사실상 해체된 것은 전반적인 경향을 보여준다. 음악은 연극에 비해 사정이 나았다. 베를린은 유럽의 다른 대도시보다 여전히 가장 뛰어난 레퍼토리를 제공한다. 분명 연극도 회복될 것이다. 1990년대는 베를린이 불확실한 상태에 있던 이상한 시기였다. 더 이상 진영 간 경쟁에서 스포트라이트를 받는 어린아이가 아니었지만, 재통일된 나라의 수도도 아직 아니었던 때였다. 하지만 진짜 문제는 냉전의 최전선으로서 번성했던 때조차 결여되어 있던 대도시 문화의 요소를 정부가 들어선다고 해서 끌어들일 수 있는가였다.

본 공화국에서 쾰른과 뒤셀도르프는 예술계의 중심이 되었다. 뮌헨은 영화 산업의 중심이 되었다. 텔레비전은 마인츠와 쾰른이 중심지가 되었다. 가장 영향력 있는 신문과 출판계는 프랑크푸르트에 있었다. 주요한 주간지는 함부르크에서 나왔다. 두 개의 주요한 미디어 제국 — 홀츠브링크(Holtzbrinck)와 베텔스만(Bertelsmann) — 은 슈투트가르트와 귀터스로라는 작은 기업 도시에 본부를 두고 있었다. 이와는 대조적으로 바이마르 공화국 시절에는 이런 활동 대부분이 베를린에 집중되어 있었다. 카시러(Cassirer)의 미술 갤러리, 바벨스베르크의 UEFA 영화 스튜디오, 울슈타인(Ullstein)과 모세(Mosse) 출판 제국 등이 있었다.[18] 오늘날에는 젊은 예술가들이 이 도시로 모여든다는 징후가 있지만, 예술 시장에 대한 라인 지역의 장악력은 흔들리지 않고 있다. 동독 시절에 독일영화주식회사(DEFA)가 있던 바벨스베르크 ─ 법적으로는 포츠담 ─ 의 전통적인 영화 단지를 현대화한 것이 아마도 다시금 영화가 중요한 산업이 되게 할 것이다. 베를린이 다시 이 나라의 문필적 수도가 되는 것을 상상하는 것은 어려운 일이 아니다. 이미 독일 소설가이며, 최근 해외에서도 인정받고 있는 탐정 소설 작가인 베른하르트 슐링크(Bernhard Schlink)가 베를린자유대학에서 헌법을 가르치고 있다. 젊은 세대 가운데 가장 재능 있는 비평가인 미카엘 마르(Michael Maar)는 얼마 전 이 도시로 이사를 왔다. 이 나라의 주요한 지적 저널인 『메르쿠르』(*Merkur*)는 비록 생기 있고, 성상 파괴적인 미학자 카를 하인츠 보러(Karl Heinz Bohrer)가 멀리 떨어진 파리에서 ─ 뛰어난 유럽적인 감수성으로 ─ 편집을 하고 있기는 하지만 베를린으로 본거지를 옮겼다.

그러나 오늘날 문화산업의 주요 부문인 텔레비전, 신문, 출판은 빠져 있다. 베를린에는 단 하나의 텔레비전 방송국도 없다. 서독의 큰 출판사들 ─ 이들 가운데 다수는 원래 베를린에서 시작했다 ─ 은 프랑크푸르트, 함부르크, 뮌헨 등지에서 옮아오지 않았으며, 기껏해야 베를린에 제2사무소를 두었을 뿐이다. 베텔스만과 홀츠브링크는 두 개의 주요 일간지인 『타게스슈피겔』(*Tagesspiegel*)과 『베를리너 차이퉁』(*Berliner Zeitung*)을 사들였다. 두 일간지는 각각 서독과 동독에 독자층을 두고 있는데, 구독자를 늘리기 위해 막대한 투자를 하면서 전쟁을 벌이고 있다. 그러나 두 신문 모두 전국적인 비중이 없으며, 정보와 질이라는 면에서 『프

---

18 당시 베를린의 위상에 대한 이미지는 다음을 참조. Peter Gay, *Weimar Culture*, New York 1968, pp. 127~36.

랑크푸르터 알게마이네 차이퉁』이나 『쥐트도이체 차이퉁』에는 미치지 못한다. 만약 상황이 계속해서 이렇게 이어진다면 어떤 권위 있는 신문도 없는 주요한 수도라는 역설적인 전망이 나온다. 슈프링어의 『빌트-차이퉁』이 독점하고 있는 타블로이드 ── 현재의 상황에서는 다행이라고 해야 할 것이다 ── 는 함부르크에 머물러 있다. 연방 정부와 외교단이 베를린의 중심으로 제대로 돌아온다면 이런 양상이 지속되리라고 보기는 어렵다. 그러나 현재의 징후는 썩 좋지는 않다.

이것은 돈이 문화를 만들어낸 위로부터의 시각이다. 그렇다면 아래로부터의 힘은 어떠한가? 20세기에 메트로폴리스의 창조성은 거의 언제나 이민자들을 끌어들일 수 있는 능력과 연관되어 있었다. 이 점에서 베를린은 원리적으로 특권적인 지위를 누려야 했다. 최소한 독일인들은 그렇게 생각한 것은 아니지만 이 도시가 이미 연방공화국 내에서 외국인들이 가장 밀집한 피난처라고 여겨졌다. 이것은 환상이다. 실제로 외국인 비율은 서독의 어떤 주요 도시보다 낮다. 뮌헨의 21퍼센트, 슈투트가르트의 24퍼센트, 프랑크푸르트의 28퍼센트에 비해 12퍼센트에 불과하다. 상대적인 취업 기회를 생생하게 반영하고 있는 수치이다.[19] 물론 독일 내에서 가장 큰 이민자 공동체는 터키인 공동체이다. 영국이나 프랑스의 이민자 집단과 비교할 때, 이들이 독일 사회에 정치적으로나 문화적으로 통합되지 않은 것이 핵심적으로 혈통에 기초한 연방공화국의 부당한 시민권법에 상당한 근거가 있다고 할 수 있다. 그러나 식민지를 갖지 못한 독일의 과거가 이런 어려움에 기여했다는 것도 사실이다. 신참자들에게 공통의 언어라는 요소를 제공할 수 있는 제국이 없었다는 것이다. 〔영국이나 프랑스의 경우〕 공통의 언어가 카리브 해 지역이나 마그레브 지역에서 오는 사람들이 통합되는 것을 용이하게 한 것이 분명하다. 비슷한 게 있었다면 제국적 과거의 장화는 다른 발에 신겨져 있었

19 Statistisches Bundesamt(ed.), *Datenreport 1997: Zahlen und Fakten über die Bundesrepublik Deutschland*, Mannheim 1998.

다. 오스만 제국의 지배력이 호엔촐레른 왕가보다 훨씬 더 크다. 프랑스에서는 터키 이민자들이 모든 이민자 집단 가운데 가장 폐쇄적인 집단이라는 것이 드러났다. 이들은 가장 확실한 동화 메커니즘인 외부인과의 결혼 비율이 다른 어떤 집단보다 낮다. 예측 가능한 대로 문학에서 스포츠까지 모든 수준에서 독일 문화를 다양화하는 데 이들이 기여한 것은 지금까지 매우 제한적이었다. 새로운 정부가 약속한 법과 공식적 분위기의 변화가 이를 바꾸기 시작할지 모르겠다.

그러나 터키인 공동체 밖으로 눈을 돌리면 베를린은 특히 폴란드, 러시아, 발트 해 지역 ─ 베를린의 전통적인 배후지 ─ 에서 오는 이민자들의 커다란 흐름을 기대할 수 있다. 이미 건설업은 대개 폴란드인들이 차지하고 있다. 러시아 공동체 ─ 유대계 예술가, 갱, 학생, 상인, 복지 청구권자 ─ 는 점점 커지고 있다. 정통파 유대인 예배에서 이렇게 다양한 사람들을 볼 수 있다는 것은 놀랄 만한 광경이다. 이제 독일 전역에서 러시아어를 듣는 것은 일상적인 일이지만, 이 놀라운 변화는 카자흐스탄의 국외 독일인(Volksdeutsche)이 대규모로 탈출해 왔기 때문이다. 베를린의 저수지는 주로 고전적인 흐름에서 오고 있다. 이 모든 것 가운데 이제까지 독일이 알고 있던 것보다 더 강한 의미에서 코스모폴리탄적인 메트로폴리스가 출현하고 있는 것으로 보인다.

논리적으로 보면, 반문화 좌파는 신참자들을 최대한 이용하려고 했다. 이는 파리의 『리베라시옹』이나 로마의 『일 마니페스토』(당연하게도 영국에는 이에 해당하는 게 없다)에 해당하는 베를린의 『타게스차이퉁』의 지면을 대충 훑어보기만 해도 알 수 있다. 『타게스차이퉁』은 1968년의 산물인 일간지 트리오 가운데 국내 독자가 가장 적지만 소유하고 있는 건물 가치 덕분에 재정적으로는 가장 안정적이다.[20] 이론적으로 보면,

20 1970년대 말, 이 신문의 창간에 대해서는 다음을 참조. Sabine Von Dirke, '*All Power to the Imagination*': *The West German Counterculture from the Student*

반문화 좌파는 대규모 학생 집단 — 베를린에는 세 개의 주요 대학이 있다 — 으로부터 혜택을 보았다. 이들은 지난 겨울에 학업 조건의 악화에 항의해서 밤낮으로 브란덴부르크 문을 막고 벌인 장시간의 시위로 용기를 보여주었다. 실제로 독일 대학 체제는 이제 제도적으로 볼 때 너무 굼떠서 다른 문화에 자극을 거의 주지 못한다. 이런 점이 1968년의 유산이 가장 애매한 곳인데, 독일 학계에 있는 수많은 낡은 특징을 일소하지 못한 채 모호한 포퓰리스트적 특징을 부가했던 것이다. 그 결과는 곳곳에서 강력한 반작용을 불러일으킨 — 임시직 세대와 동일시되는 — 지적 궁지였다.

1980년대가 되자 재능 있는 사람들이 우파 쪽으로 옮아갔다. 캠퍼스에서 나와 순문학과 비판적 저널리즘의 세계로 간 것이 전형적인 모습이었다. 『프랑크푸르터 알게마이네 차이퉁』의 문학란 편집자 보러가 이런 전환을 시도했다. 여기는 젊은이들이 인습적인 사회-자유주의적 지혜에 맞서 스타일리시한 공격을 할 수 있었던 곳이며, 금지라는 것이 별로 없이 비인습적인 아이디어를 시험해 볼 수 있는 곳이었다. 오늘날 독일 기준으로 볼 때 『디 차이트』의 지루한 지면보다 약간은 방탕한 듯한 이곳의 분위기에서 가장 생동감 있는 정치평론가를 찾아볼 수 있다. 따라서 대체로 젊은 세대와 함께하고 있다고 볼 수 있다. 분명 진보적인 세계관을 가진 30대도 에른스트 윙어(Ernst Jünger)나 카를 슈미트(Carl Schmitt)의 활기찬 모습을 찬양하는 것을 종종 들을 수 있다. 사회민주당은 지식인들의 견해에 직접 도움을 별로 받지 않은 채 집권했다. 이 수준에서 경향은 — 처음에는 1960년대에 있었던 왼쪽으로의 급진화가 있었고, 다음에는 최근에 그 반대 방향으로의 움직임이 있다 — 정반대이다. 콜 정권이 동조자가 별로 없었다고 한다면 슈뢰더는 자신에게 유리한 어떤 사전 움직임에도 기댈 수 없었다.

Movement to the Greens, Lincoln 1997, pp. 120~42.

3

베를린의 경우 고전적인 근대 수도의 요소들이 흩어져 있거나 불완전하다. 아마도 우리가 다른 수도에서 알고 있거나 기억하고 있는 것과 같은 일관성 있는 전체가 구성되지는 않을 것이며, 이 도시는 그 대신에 포스트모던적인 독서 장애(dyslexia)의 이미지만을 제공할 것이다. 하지만 새로운 세대에게는 이 도시의 운명 이상의 것이 문제이다. 베를린으로의 수도 이전이 갖는 큰 의미는 언제나 동독을 이 나라의 동등한 부분으로 국민적 삶의 중심으로 가져오는 것이었다. 구(舊) 독일민주공화국의 중심부로 최고 정치권력을 이전하는 것은 이곳 주민들에게 ─ 심리적이고 실제적으로 ─ 지대한 보완적 효과가 있어야 했을 것이다. 그러나 이전이 지나치게 늦어지고, 이에 대한 서독의 편견까지 겹쳐서 기대가 약화되었다. 연방의 대규모 투자에도 불구하고 여러 가지 면에서 독일의 두 지역 사이의 격차는 그 어느 때보다 크다. 서독의 후한 태도와 경멸이 함께했다. 1990년 통일 독일에 공통으로 적용되는 헌법을 작성하려는 시도가 전혀 없었다. 〔서독〕 기본법(Grundgesetz)이 그렇게 해야 한다고 규정하고 있음에도 말이다. 독일민주공화국은 그저 병합되었고, 서독의 규정이 세세한 규칙에 이르기까지 강제되었다. 그 대신 모두를 위한 행복과 번영을 약속했다. 10년 후 공식적인 실업률은 18퍼센트였지만, 냉정한 경제학자들은 실질 실업률이 40퍼센트에 육박한다고 계산했다. 동독 인구의 2/3가 여론조사에서 자신들이 이 나라의 완전한 시민이 아니라고 느낀다고 대답했다.

이상적으로 보면, '새로운 연방공화국'이 통일 이후에 필요했던 것은 굴욕당한 민족(people)의 공통 경험을 표현하고 거기에서 벗어나는 강력한 지역적 정체성을 형성할 수 있는 토착적인 정치운동이었다. 기독교사회연합(CSU)의 동독 판본이라 할 수 있다. 이 정당은 매우 성공적이었는데, 1950년대 이래 계속해서 바이에른을 통치했으며, 연방 정치에도 계속해서 중요한 행위자로 임했다. 물론 동독에서 그런 지역당은 사회학적 지층 가운데 스펙트럼의 오른쪽 끝이 아니라 왼쪽 끝에 자리한다. 그러나 그러한 운동은 동독 사회 자체가 분할되어 있기 때문에 일어나지 않았다. 이런 동독 사회의 분할 가운데 일부는 지방 간의 분할이다. 작센인, 튀링겐인, 브란덴부르크인, 포메라니아인 등은 각자 고유한 공산주의 이전의 역사가 있으며, 그 어느 것도 동베를린과 연결되어 있지 않았다. 독일민주공화국에서 누렸던 동베를린의 특권은 독일연방공화국에서의 서베를린의 특권만큼이나 다른 사람들의 분개를 낳았다.

그러나 더 깊은 곳을 보면, 동독 주민들은 공산주의의 경험 자체로 분열되어 있었다. 고통을 당한 사람들과 생존자들 사이의 분열이 그것이다. 니콜라이 예조프나 니콜라에 차우셰스쿠(Nicolae Ceauşescu) 혹은 클레멘트 고트발트(Klement Gottwald) 등의 기준으로 볼 때, 독일민주공화국은 유연한 체제였다. 처형된 사람은 별로 없었으며, 노동 수용소는 비어 있었다. 그러나 독일민주공화국은 놀라울 정도로 〔개인의 사생활을〕 침해하는 체제여서, 감시와 밀고가 만연한 사회였다. 1930년대의 러시아조차 기술적인 이유로 이 정도 수준에 도달하지는 못했다.[21] 억압과 공포의 수준은 상당해서 주민 가운데 큰 규모의 소수자들이 오랫동안 악감정을 갖게 했으며, 많은 이들에게 좋지 않은 기억을 남겼다. 동시에 이 체제는 선을 넘지 않는 사람들에게는 확실하고 질서 있는 생존을 보장했다. 비정치적인 품위 있는 생활을 영위할 수도 있었다. 물질적 곤궁함은 별로 없었고, 잔여적 이상주의(residual idealism)의 배출구도 얼마간 있었다. 따라서 공산주의 이후의 태도는 날카롭게 양극화되어 있다. 한쪽에는 복수심에 불타는 소수, 그리고 두 체제의 경험에 대한 뒤섞인 감정이 있는 다수가 있고, 다른 한쪽에는 구질서의 상기와 결부되어 있으며, 새로운 질서와 만나는 것에 적대적인 소수로 나뉘어 있다.

---

21 1980년대 말 국가보안부(슈타지) 직원은 10만 명이었고, 정보원은 25만 명이었다. David Childs and Richard Popplewell, *The Stasi: The East German Intelligence and Security Service*, London 1996, pp. 82, 86 참조.

후자만이 안정적인 정치적 표현을 할 수 있었다. 동독을 이끌었던 사회주의통일당(SED)의 후계 조직인 민주사회당(PDS)은 종종 통일 직후 시기에는 그저 오스탈기(Ostalgie, 구 동독의 삶에 대한 향수)의 정당으로 무시되었다. 비밀리에 독일민주공화국으로 퇴행하려는 움직임으로서 나이 든 관료들과 경찰국가의 공모자들에 의존하는 것으로 보였다. 실제로는 민주사회당은 동유럽의 다른 어떤 공산주의 이후의 정당보다도 활기차게 좌파의 급진주의 운동으로 진화했다. 이런 변화의 많은 부분은 당 지도자인 그레고르 기지(Gregor Gysi)의 공적 덕분이다. 그는 오늘날 독일에서 유일한 유대인 정치가로, ──동독 출신이라는 것은 우연이 아니다──그의 경쾌한 위트, 상상력 있는 안목, 모든 스테레오타입을 뒤집어버리는 비순응적인 유머감각 등으로 인해 다른 서독 출신 의원들이 지루한 정치국원들처럼 보일 정도이다. 그는 소수의 동료들──과학자였던 의장 로타르 비스키(Lothar Bisky)가 가장 중요하다──과 함께 당 대열을 활기 있게 만들었고 지지층을 넓혔다. 이 당은 처음에는 주로 구 동독의 북부 지역에 한정되어 있었고 사회주의통일당 베테랑들에게 의존했지만, 올해 들어 동독 전역에서 고르게 20퍼센트 이상의 지지를 얻었다. 젊은 지식층의 여성들에게 강한 지지를 받았으며, 현재 이들 가운데에서 각 주의 매력적인 대표자들이 종종 나오고 있다. 민주사회당의 호소력은 좀 더 젊은 세대에게까지 다가가고 있다. 선거일 밤에 열정적인 10대 운동가들이 당사로 몰려들었다. 수치로 보면 당원이 9만 명이 넘는데, 동독에서 가장 큰 정당이다. 과거에 있었던 관료제의 무게가 민주사회당 내부 구조에서 여전히 보이며, 특히 서독 좌파라는 익숙하지 않은 땅에서 기반을 갖추려고 할 때 특히 그런 모습이 보인다. 그러나 지금은 사라지고 있는 중이다.

이와 달리 사회민주당은 새로운 수도에서 통일된 나라를 통치하게 되었을 뿐만 아니라 동독에서 얻은 35퍼센트의 득표로 이제 모든 새로운 주에서 주도적인 선거 세력이 되었다. 하지만 조직적으로 보면, 전체 지역에서 당원이 2만 7,000명이 넘지 않아 민주사회당에 뒤처진다.

전후 초기에 쿠르트 슈마허(Kurt Schumacher)는 독일의 분단을 확고하게 반대했으며, 기민련보다 민족통일에 훨씬 강하게 집착했다. 그러나 냉전이 길어지면서 사회민주당은 본 공화국에 필요 이상으로 과도하게 적응한 나머지 1989~90년에는 당 지도부가 ─ 당시 라퐁텐은 총리 후보였다 ─ 통일의 동학을 완전히 잘못 판단하는 지경에까지 이르렀으며, 통일을 환영하지도 못하고 이를 더 나은 제도적 형태로 바꾸는 데도 무능력하다는 것을 입증해 보였을 뿐이다. 사회민주당이 기본적으로 민족통일을 마지못해 받아들이고 있다는 인식 때문에 선거에서 승리는 콜이 차지했다. 이런 어리석은 행동에 대한 반대 목소리는 별로 나오지 않았다. 심층 원인에 대해서는 당의 자유사상가인 틸만 피히터가 신랄하게 비판한 바 있다.[22]

지금 사회민주당은 다시 시작할 수 있는 역사적 기회를 맞이하고 있다. 라퐁텐은 냉전 시기의 터부를 깨면서 메클렌부르크-포어포메른에서 선거 직후 즉시 최초의 사회민주당-민주사회당 연립정부의 구성을 승인했다. 양당은 협력을 통해 이득을 보았다. 민주사회당은 정상적인 정치적 파트너가 되었으며, 사회민주당은 그동안 관련이 없던 지역 현실과 밀착하게 되었다. 사회민주당은 대중적 불만을 피하고 싶다면 동독의 일상적인 삶과 감정에 긴밀히 밀착될 필요가 있을 것이다. 그렇지 않을 경우에는 그 불만은 폭발할지 모른다. 현재 예나 대학에 있는 저명한 구술사가인 루츠 니트함머(Lutz Niethammer)는 공산주의 이후의 첫 학생 세대의 표면적인 냉정함 기저에는 종종 억압된 분노가 숨어 있다고 믿는다. 그것은 이들의 아주 친숙한 기억이 한데 묶여 있는 유년기의 세계가 이제 과거에 대한 공식적인 역사에서 무가치한 것으로 처리되는 것에 대한 분노의 표현이다. 다른 한편 만연한 청년 실업과 도시의

---

22 Tilman Fichter, *Die SPD und die Nation. Vier sozialdemokratische Generationen zwischen nationaler Selbstbestimmung und Zweistaatlichkeit*, Frankfurt 1993, pp. 167 이하.

혼란이 거리에서 폭발할 것으로 보인다.

여기에 새로운 정부의 운명을 좌우할 일반적 문제가 불길하게 응축되어 있다. 현재 독일에는 등록된 실업자가 400만 명이 넘는다. 독일은 오랫동안 급진적인 우파가 대규모 실업이 항구적일 수 있다는 식으로 여론을 길들여 온 영국과 같은 사회가 아니다. 여전히 대량 실업은 모든 면에서 스캔들로 여겨진다. 실업을 해결하겠다는 사회민주당의 약속은 앞으로의 정권을 성공하게 할 수도 있고, 실패하게 할 수도 있다. 사회민주당은 이 문제를 해결하기 위해 어떤 계획이 있는가? 사회민주당의 태도는 양면적이다. 슈뢰더의 대답은 모호한 '일자리 동맹'(Alliance for Work)이다. 낮은 근로소득세를 임금 억제 및 좀 더 유연한 노동시장과 결합해서 투자를 위한 공급 측의 조건을 개선하려는 정부, 기업, 노동조합 사이의 네오코포라티즘적인 협상이라고 할 수 있다. 한스-올라프 헨켈(Hans-Olaf Henkel)이라는 강경파 지도부가 이끄는 독일산업연맹(Federation of German Industries)은 이미 이 계획에 가격표로 붙어 있는 높은 에너지세에 적대감을 드러낸 바 있다. 다른 한편으로 라퐁텐은 수요 측면의 조치를 지지했다. 소득세를 낮추고 이자율을 낮추는 것 말이다. 여기서 영국과의 비교는 포인트가 아니다. 고든 브라운(Gordon Brown)의 첫 번째 행동은 통화정책에 대한 통제권을 영국은행으로 이전하는 것이었지만, 라퐁텐의 첫 번째 움직임은 정부의 목표를 무시하고 디플레 정책을 고수하려는 연방은행을 공공연하게 공격하는 것이었다. 독일적 관습과의 이러한 결별에 대해 예상 가능한 항의가 있었다.

* * *

그러나 실업을 해소하려는 시도가 성공하느냐 실패하느냐는 독일 내부에서만 결정되지 않을 것이다. 단일 유럽 통화가 이루어지면서 모든 매개변수가 바뀔 것이다. 독일에서 현재 진행되고 있는 모든 변화 가운데 가장 마지막이자 중요한 이 변화가 암암리에 정부도 분열시킬 것이다. 슈뢰더는 사회민주당 총리 후보로 지명되기 이전에 독일 마르크를 유로에 희생시키는 것에 대한 회의적인 유보를 숨기지 않았다. 당에서 총리 후보로 지명되자 그는 어조를 바꾸었다. 아마 그의 견해는 다소 약화되었을 것이다. 1998년 봄 베를린에 있는 사회민주당의 세련된 새 당사인 빌리 브란트 하우스에서는 슈뢰더와 하버마스 사이에 토론이 벌어졌다.[23] 이 토론이 여러 가지 면에서 인상적이었으나, 또한 당황스럽기도 했다. 하버마스는 어떤 국민국가적 틀도 한계가 명백해지고 있기 때문에 유럽연합 내에서 공통의 사회정책과 경제정책이 필요하다는 것을 유려하게 말했으며, 사회민주당에 대한 직접적인 도전으로 끝을 맺었다. "유럽을 위한 공세적인 전략이 뭔가 있습니까?" 이에 대해 슈뢰더는 일자리를 위한 동맹(Bundnis für Arbeit)에 대해 장황한 말을 늘어놓았다. 경쟁력 제고와 사회정의의 양립, 현대 문화의 중요성 등에 말했던 것이다. 그러나 유럽에 대해서는 거의 말을 하지 않았다. 이보다 몇 달전 프랑스와 이탈리아에서 주당 35시간 노동의 도입으로 일자리를 창출하고자 한 방안에 대해 어떻게 생각하느냐는 질문을 받았을 때, 그의 대답은 간단했다. "좋은 소식입니다. 우리 독일 기업들은 좀 더 쉽게 통제할 수 있을 것입니다."

라퐁텐은 언제나 다른 어조로 말했다. 선거가 있기 오래전에 청중에게 실업과 불평등에 대한 효과적인 대응책은 필연적으로 마스트리히트 조약의 한계를 넘어서서 유럽이 협조하는 행동을 필요로 한다고 말했다. 그는 공직을 맡은 지 며칠 되지 않아 유럽중앙은행이 높은 이자율을 고집한다고 비판하면서 달러화에 맞서는 유로의 타깃존을 제안했고, 유럽연합의 거시경제적 업무에서 유럽중앙은행에 맞서는 정치적 균형을 요구했다. 그러한 생각은 유럽연합 내에서 독일의 역사적 역할을

---

23 이 토론에 대해서는 다음을 참조. Julian Nida-Rümelin and Wolfgang Thierse(eds), *Jürgen Habermas und Gehard Schröder über die 'Einbeziehung des Anderen'*, Essen 1998.

완전히 뒤집는 것이다. 독일은 다음과 같은 주장을 했다. 유럽중앙은행이 — 대중에게 책임지지 않고 — 유럽 내에서 통화 공급에 기초해서 성장률과 고용을 결정하는 절대적 권한을 가져야 한다. 단일통화로 가기 위한 조건으로 엄격한 수렴 기준이 만들어져야 한다. 디플레이션을 지향하는 안정성 협약이 단일통화 가입 이후에도 각국 예산에 강제되어야 한다. 이것이 유럽이 받아들여 왔고, 받아들여야 하는 기본 질서이다.

따라서 독일이 유럽통화동맹에 들어가는 것은 독일에나 유럽에나 쉬운 일이 아닌 것으로 보인다. 이미 새 정부는 언론의 공격을 받고 있는데, 이는 현재까지 기업 전망에 대한 슈뢰더의 실망으로 촉발된 것이다. 선거에서 크게 승리한 것도 안정적인 삶을 보장하지는 못한다. 전후 유럽의 모든 정치 질서 가운데 최상의 안정을 예상할 수 없는 혼란 속으로 빠져들었다. 넓고 잔잔한 강이 점차 급류를 향해 굽이치며 떨어지기 시작한 것처럼 보인다. 한 가지만이 확실하다. 독일이 재미없는 장소가 되지는 않을 것이라는 점이다. 언젠가 에릭 홉스봄이 말했던 "저 거대하고 모호한 나라"가 앞으로 중심 무대를 차지하게 될 것이다.[24] 독일이 어떤 미래를 대변하게 될지는 여전히 알 수 없으며, 특히 독일인에게는 더욱 그러하다. 마음속에 남아 있는 것은 독일 문화에 특유한 질문 형태의 구절이다. 모든 유럽 언어는 긍정문 끝에 부정적인 질문을 덧붙이는 구어적인 표현이 있다. isn't it?, n'est-ce pas?, no es?이 그것이다. 독일어에도 이에 해당하는 nicht wahr?가 있지만 더 나아간다. 독일의 10대들은 좀 더 불확실한, 하지만 매력적이고 불안한 단어로 문장을 끝맺는다. 그렇지 않다면?(Oder?)

---

24 Eric Hobsbawm, "Confronting Defeat: the German Communist Party", *New Left Review* I/61, May-June 1970, p. 92.

콜이 권좌에서 물러나고 10년이 지난 후 — 베를린 장벽이 무너진 지 20년이 되고 — 넓어진 독일이라는 강은 얼마나 빨리 혹은 얼마나 느리게 흘렀는가? 이 나라는 베를린 장벽이 붕괴한 이후 거대한 구조적 변화를 겪었다. 정치·경제·문화·사회 등이 날카롭게 종종 모순적인 압력에 시달렸다. 연방 수도가 동쪽으로 300마일 옮아간 지 10년도 안 된다. 독일 마르크가 사라지고 독일이 유로존 내에서 지배적인 위치를 차지한 지 10년도 안 된다. 정치적으로는 통일 이후의 새로운 풍경이 1998년 선거 때 와서야 드러나기 시작했다. 16년 동안 통치한 콜에 대한 피로감, 동독에서의 깨진 약속, 무엇보다도 저성장과 지속적으로 높은 실업률이 적녹동맹을 낳았다. 독일이 현재 어떤 방향으로 나아가고 있는지를 추적하기 위해서는 이런 근본적인 변화에 대한 고려를 반드시 해야 한다.

1998년 슈뢰더는 가장 두드러진 약속을 하나 했는데 임기 내에 실업자 수를 절반으로 줄이겠다는 것이었다. 이것을 어떻게 달성할 것인가? 새로 재무 장관으로 임명된 라퐁텐은 확신이 있었다. 독일 경제가 다시 살아나는 것이 통화동맹의 대가로 본 정부가 강요한 디플레이션적인 안정성 협약을 제거하고 케인스주의 노선에 따른 반(反)경기변동적 정책으로 국내 소비를 자극하는 데 달려 있다고 보았다. 그는 몇 달 동안 좌절과 불만을 느낀 후에 배에서 내렸다.[25] 슈뢰더는 경쟁자가 제거되자 안도한 후 정통교리를 선택했다. 즉 예산 균형을 으뜸으로 내세웠다. 라퐁텐 대신 재무 장관이 된 한스 아이헬(Hans Eichel)은 성공을 거두지는 못했지만, 공적 재정을 강화하는 과제에 경도될 정도로 충실한 사

---

25 라퐁텐이 그만둔 직접적인 배경에는 국내외 언론이 그에게 폭력적인 공세를 편데 있다. Joachim Hoell, *Oskar Lafontaine: Eine Biographie*, Braunschweig 2004, pp. 197~205.

람의 대명사가 되었다. 세금 감면이 이루어지자 소비자가 아니라 기업과 은행을 도와준 것이기 때문에 그것은 노동이 아니라 자본을 위한 것이었다. 성장은 이루어지지 않았다. 2002년 사회민주당-녹색당 정부가 유권자와 다시 만나게 되자 이 정부의 경제 성적표는 실제로 낙제점을 면치 못했다. 슈뢰더는 실업률을 5퍼센트로 줄이겠다고 호언장담했더랬다. 연립정부가 선거에 나설 즈음, 실업률은 겨우 10퍼센트 아래였다. 온건한 사회 개혁의 확산 — 이 가운데 가장 중요한 것으로 오랫동안 지연되었던 귀화법의 자유화가 있다 — 도 이런 실정을 가려주지 못했다.

다른 한편으로 외적으로 보면, 연립정부는 활동 범위의 제약을 별로 받지 않았다. 권력을 잡은 지 1년 만에 연립정부는 독일공군(Luftwaffe)이 다시금 유고슬라비아 상공을 비행하게 함으로써 독일을 발칸 전쟁에 참여시켰다. 독일이 연합국 작전에 참여한 것은 유럽 땅에서 일어날지 모르는 또 다른 홀로코스트를 막기 위한 사활적인 인도주의적 사명으로 제시되었고, 국내에서 거의 만장일치로 환영을 받았다. 중도파-우파가 보기에 이것은 군사력으로 독일의 민족적 자신감을 회복하는 분명한 증거였으며, 중도파-좌파가 보기에 이것은 국제적 양심과 박애주의의 감동적인 사례였다. 언론으로 보면, 녹색당이 군사행동으로 결정적으로 전향한 것이 특별한 만족감을 주는 사건이었다. 2년 후에 연방군은 아프가니스탄 점령에서 자기가 맡은 역할을 하기 위해 유럽을 떠났다. 그 나라에 적합한 정권이 본의 이해관계자들 사이에서 정리가 되었고, 독일 장군이 곧 카불에 주둔한 연합군 사령관이 되었다. 이 원정은 멀리서 벌어진 일이기에 유권자들 사이에서 열광적인 반응이 적기는 했지만, 전반적으로는 승인을 받았다. 독일은 민주주의적인 서방의 다른 열강과 동일한 책임을 지는, 선(善)을 위한 정상적인 세력이 되었다.

공적인 수준에서 이런 변화는 적녹연정 통치에 도움이 되었다. 이로 인해 적녹연정의 가장 말 많은 대변인인 피셔는 이 나라에서 가장 인기 있는 정치가가 되었다. 그러나 이것은 대개 작은 정당을 대표하는 연방공화국의 외무 장관이 독일 민족의 양심의 목사로서 오랫동안 누렸던 지위였다. 아주 오랫동안 외무 장관을 했던 한스-디트리히 겐셔(Hans-Dietrich Genscher)뿐만 아니라 존재감이 없었던 클라우스 킨켈(Klaus Kinkel)조차 자기 시대에는 동일한 명성이 있었다. 물론 나토에 대한 충성심이 정부와 야당을 구별해 주지는 않았다. 해외에서의 행동으로 얻은 이점이 국내의 번영을 대신하지 않는다. 이는 아버지 부시나 미하일 고르바초프의 경우처럼 더 큰 규모에서의 수치에서도 알 수 있다. 2002년 선거를 앞두고 사회민주당-녹색당 연정은 여론조사에서 기민련/기사련에 크게 뒤졌다. 기독교민주연합은 오랫동안 이루어진 콜의 부패가 드러나면서 큰 타격을 받았다. 그가 공직에 있을 때가 아니라 그만둔 다음에 드러난 것이 당으로서는 큰 행운이었다.[26] 그러나 정치 계급의 연대감으로 인해 —정치 계급 가운데 약점이 없는 사람은 거의 없다— 이 범죄자는 서방의 다른 나라와 마찬가지로 처벌은 말할 것도 없고 기소조차 되지 않았다. 사태는 사회민주당에 별다른 이득을 주지 않은 채 서둘러 봉합되었다. 경제가 여전히 허우적대는 가운데 야당의 승리가 확실한 것처럼 보였다.

하지만 이라크 침공이 초읽기에 들어간 2002년 여름 분위기가 바뀌었다. 바그다드의 정권 교체는 하나의 계획으로서는 환영받았지만, 베오그라드나 카불보다는 분명 더 큰 위험이 있었기에 독일의 여론은 훨씬 초조한 모습을 보였다. 슈뢰더는 대중의 염려를 알아차렸고, 프랑스의 유보적 태도에 힘입어 베를린은 유엔이 승인하는 경우라 할지라도 —하버마스의 견해는 스캔들이 되었다— 이라크 공격에 참가하지 않을 것이라고 선언했다. 예전에 미국 행정부에 충실했던 피셔는 할 수 없이 투덜거리면서 찬성한 반면, 기독교민주연합은 쩔쩔맬 수밖에 없었다. 공개적으로 워싱턴을 지지할 수도 없었지만 총리를 지지하려고도

---

26 콜의 부정 행위의 재정적·정치적 세부 사항은 다음을 참조. Edgar Wolfrum, *Die geglückte Demokratie*, Stuttgart 2006, pp. 477~78.

하지 않았다. 슈뢰더의 이점은 완벽했다. 이번에는 독일의 자부심을 전쟁이 아니라 평화의 색깔로 드러낼 수 있었고, 그것도 야당은 이를 공유할 수 없었던 것이다. 유일하게 남아 있던 것은 동독 지역의 홍수라는 묵시록적인 개입뿐이었다. 오데르 강이 범람할 당시 직접 보여준 열정과 동정심이 텔레비전으로 방영되면서 그가 꼭대기로 올라갈 수 있었다. 10월 개표 결과, 사회민주당은 기민련/기사련보다 6,000표를 더 얻었고, 연정은 연방의회에서 세 석이 앞선 다수당으로 권력에 복귀했다.[27]

일단 선거로 정돈이 되자 바그다드 공격에 대한 여론의 반대는 줄어들었고, 미국의 전쟁 수행에 대한 조심스럽지만 실질적인 지원이 확대되어 독일 정보원들이 충격과 공포 작전을 위해 비밀리에 목표를 찾아내는 활동을 하였다. 유럽에서는 — 침공과 다른 것으로서 — 이라크 점령이 어쨌든 곧 기정사실로 받아들여졌기 때문에 더 이상 정치적 쟁점이 되지 못했다. 그러나 슈뢰더는 신중하게도 전쟁으로 가는 상황이 고조될 때 시라크와 맺었던 협정을 유지했으며, 공동 농업정책(CAP)을 확대하고 니스 조약의 가중치 조정에서 프랑스가 계속해서 독일과 동등한 위치를 유지하게 함으로써 경제적으로나 정치적으로 엘리제궁을 만족시켰다. 물론 프랑스와 긴밀한 관계를 유지하는 것은 아데나워 시절 이래 독일의 전통적인 정책이었다. 하지만 슈뢰더에게 그것은 — 이제 소련이 있을 때 불가능했던 — 러시아에 대한 접근을 가려주는 것이었다. 그렇지 않을 경우 러시아에 접근하는 것은 제2의 라팔로 조약으로 의심받았을 것이다. 슈뢰더와 블라디미르 푸틴(Vladimir Putin)의 우정은

---

27 예전 서독에서 볼 수 있었던 사회민주당의 북부와 기민련/기사련의 남부라는 전통적인 대조가 두드러진 한편, 이번 선거에서 가장 눈에 띄는 독특함은 젠더 분포이다. 최초로 여성이 기민련/기사련에 비해 사회민주당에 표를 더 던졌는데, 이는 남성이 사회민주당보다 기독교 세력에 표를 더 던진 것과 같은 차이 — 약 4퍼센트 — 를 보였다. 수치에 대해서는 다음을 참조. Dieter Roth, "A Last Minute Success of the Red-Green Coalition", *German Politics and Society*, vol. 21, no. 1, Spring 2003, pp. 49~50.

러시아에서 돈벌이가 되는 계약을 맺게 된 독일 사업계의 환대를 받았지만—총리의 말에 따르면, 푸틴은 '흠 없는 민주주의자'이다—언론의 반응은 냉담했다. 지정학적으로 볼 때, 베를린과 모스크바 간의 긴밀한 관계는 슈뢰더의 재직 기간에 이루어진 가장 중요하면서도 진기한 일이었다. 그러나 정치적으로 볼 때, 국내에서는 별 의미가 없었다.

선거에서 그를 승리로 이끌었던 경제 문제가 두 번째 임기가 시작된 이후에도 별다른 변화 없이 그대로 이어졌다. 경제 문제를 다루지 못하면 책임을 면할 길이 없다는 것을 깨달았을 뿐만 아니라 언론의 비판에도 시달린 슈뢰더는 이제 권위 있는 사람들이 오랫동안 촉구해 온 신자유주의라는 쓴 약을 삼키기로 결정했다.[28] 2003년 가을에 적녹연정은 연방공화국에서 불만이 많았던—필요한 개선을 가로막는 장애물인—개혁 체증(Reformstau)을 없애기 위해 '아젠다 2010'이라고 일컫는 일련의 조치를 통과시켰다. 그것은 이 시대의 표준적인 조리법으로 구성되어 있다. 실업수당 삭감, 은퇴 연령 상향 조정, 의료보험의 아웃소싱, 보조금 삭감, 기술적 요구 조건 철폐, 영업시간 확대 등이다. 마침내 독일 사회민주당은 기독교민주연합이 장기 집권하던 시절 감히 손대지 못했던 사회보장 축소 및 노동시장의 탈규제에 손을 대려고 결심했던 것이다. 언론의 편집인과 경영진은 이 아젠다가 좀 더 철저해야 한다고 요구하기는 했지만, 이 조치에 찬사를 보냈다.

실제로 사회민주당은 신노동당보다—실제로 신노동당 모델이 많이 언급되었다—더 집중되고 포괄적인 신자유주의적 입법안을 통과

---

28 논쟁의 여지 없이 합의된 표준적인 견해는 『이코노미스트』에서 찾아볼 수 있다. "대부분의 분석가들은 독일 경제가 잘못되었다는 데 기꺼이 동의한다. 무엇보다도 노동시장이 너무 경직되어 있다. 두 번째로 세금 및 사회보장 기여금이 너무 높고 이윤은 너무 낮다. 세 번째로 두 번째와 연관되어 있는데, 사회보장 지출, 연금, 의료제도가 너무 관대하다. 네 번째로 너무 관료적이다." "A Survey of Germany", *The Economist*, 7 December 2002, p. 10 참조.

시켰다. 그러나 '아젠다 2010'이 도입된 정치적 풍경은 블레어 시절의 영국이 아니었다. 한편으로 독일에는 사회민주당이 계승해야 하는 대처주의가 없었다. 사회민주당은 대처의 방식대로 그저 한발 더 밀고 나가는 게 아니라 자본을 위해 대처의 방식과 동일하게 창설적인 일을 해야 했다. 다른 한편으로 독일 노동자계급과 그 조직들은 여전히 영국보다 실질적으로 더 강했다. 노동조합 조직률을 비교한다면 —— 양국 모두 30퍼센트에 미치지 못하지만 영국은 가파르게 떨어지고 있었다 —— 독일노동조합총동맹(DGB)은 임금 협상과 공동결정이라는 전통적인 코포라티즘적인 제도를 통해 영국노동조합회의(TUC)보다 훨씬 더 큰 협상력이 있다. 다른 한편으로 신노동당보다 두 배 이상의 당원이 있는 사회민주당은 노동당보다 훨씬 덜 공동화되어 있었다. 그 결과는 이중적이다. 급진적 우파가 아니라 처량한 중도파에서 나온 '아젠다 2010'의 신자유주의적 공격은 대처 정권의 공격보다 필연적으로 훨씬 약했으며, 여전히 —— 상대적으로 —— 거세당하지 않은 노동자 운동 내부에서 나온 이에 대한 저항은 블레어 추종자들보다 훨씬 더 강했다.

충분히 예상할 수 있는 일이었지만 열망 없이 수행하고, 열정 없이 수용된 신자유주의적 방향 전환은 불발이었다. '아젠다 2010'은 미디어에서는 온갖 찬사를 들었지만 경제에 최소의 효과만을 끼쳤던 것이다. 가장 우호적인 평가조차 '아젠다 2010'이 추가적인 GDP 성장에 기여한 것은 0.2퍼센트가 넘지 않는다고 추정했다.[29] 그러나 아젠다가 정치 영역에 끼친 영향은 또 다른 문제였다. 이 패키지의 완결판 처방약으로 실업수당을 삭감한 '하르츠 4'(Hartz IV) —— 폭스바겐의 노무관계 책임자인 페터 하르츠의 이름에서 딴 것인데, 그는 니더작센 주 출신으로 오랫동안 슈뢰더와 가깝게 지냈다 —— 는 노조에 너무 쓴 약이어서 기꺼이 삼킬 수 있는 것이 아니었다. 사회민주당의 근거지에서 동요가 일었고, 루르 지방과 서독의 여러 지역에서 사회민주당으로부터 제한적이지만 이

---

29 *The Economist*, 22 December 2007.

탈이 계속되었다. 지방선거에서 사회민주당은 연달아 패배했다. 사회민주당의 인기가 떨어졌다는 증거로 슈뢰더에 대한 불만이 커졌다. 끝으로 2005년 봄에 사회민주당은 전통적인 요새이자 연방 내에서 가장 인구가 많은 노르트라인-베스트팔렌에서조차 대패했다. 이 주의 우두머리가 '아젠다 2010'의 틀을 짜는 책임을 맡은 각료가 되었다. 너무 오른쪽으로 옮아갔다고 자기 당에서 내쳐진 1981년의 슈미트의 운명을 반복하는 것이 두려웠던 슈뢰더는 선제공격을 하기로 결정했다. 선거를 1년 앞당겨 실시하기로 함으로써 도전을 차단한 것이다.

그렇게 하기 위해 그는 총리의 자의적인 의회 해산권을 금지하고 있는 헌법을 우회해야 했다. 그는 가짜 신임 투표를 감행했고, 자신의 패배를 확실히 하기 위해 자기 당 의원들에게는 불참하라고 지시했다. 기본법에 대한 명백한 침해는 헌법재판소의 승인을 받았다. 이 일은 독일의 전후 법치주의가 가진 한계를 분명하게 보여주었다. 사회민주당과 기독교민주연합의 지도자들 모두 나름의 이유로 법을 위반하려고 했기 때문에 재판관들이 이를 수용했던 것이다. 현재 기민련/기사련 총리 후보 1순위인 앙겔라 메르켈(Angela Merkel)은 여론조사에서 20퍼센트 앞서 있었기 때문에 기다릴 수 없었다. 슈뢰더는 사회민주당이 자신을 지지하는 것 이외에는 다른 방도가 없다는 것을 확신할 수 있었다. 이후 벌어진 경합은 1972년에 브란트를 실각시키려던 시도 이후 가장 치열한 것이었다. 이제 주요 언론인 『프랑크푸르터 알게마이네 차이퉁』, 『벨트』, 『슈피겔』 무리는 떠나는 슈뢰더를 쫓아다니면서 내용 없는 기회주의를 비난하고 이제는 마비된 과거의 코포라티즘과 확실하게 결별할 것을 요구했다. 언론에서 이 나라에 필요한 대처라고 환영받은 데 고무된 메르켈은 공격적인 신자유주의적 선거운동을 벌였다. 과잉보호가 없는, 개인의 노력과 정률세에 기초한 사회를 약속했던 것이다. 기회가 생겼다고 본 슈뢰더는 적극적으로 역공을 가하면서 메르켈의 재정안을 비웃고 새로운 기민련을 사회적 연대에 대한 위협이라고 비난했다.[30] 그의 공격이 효과적이었기 때문에 선거 당일 메르켈이 처음에 가졌던 큰 이점은 사라져버리고 없었다. 개표 결과 기민련/기사련은 사회민주당에 겨우 1퍼센트 앞섰으며, 연방의회에서 겨우 네 석이 더 많았을 뿐이며, 자유민주당(FDP)과 합쳐도 의회에서 과반을 넘지 못했다. 슈뢰더는 총리 자리에서 내려와야 했지만, 메르켈이 자기 당과 대연정을 구성하게 만들었다.

1

이런 결과를 기대한 사람은 거의 없었다. 기껏해야 주요한 두 정당이 필요하지만, 인기 없는 조치를 취해야 한다면 이 때문에 서로를 비난하기보다는 자유주의적 개혁이 법령집으로 만들어질 기회를 어느 정도 가지게 될 것이라는 것이 일반적인 견해였다. 최악의 경우에는 둘 사이의 갈등이 심각한 현상 유지로 끝날 수 있었다. 하지만 실제로는 투표와 정당이라는 정치적 표면 아래에서 심대한 구조 변화가 진행되고 있었으며, 지배의 매개변수를 바꾸었다. 독일의 통일은 이 나라를 두 가지 역설적인 방식으로 바꾸었다. 1989년 이래 계속해서 사회문제였던 독일 경제의 오랜 정체는 대규모로, 나름의 이유로 예전 독일민주공화국을 흡수한 것이기 때문이다. 최종적으로 대략 1조 3,000억 달러의 비용이 들었고 이는 대규모 특별세를 필요로 했으며, 투자가 생산적인 혁신이 아니라 인프라 및 환경 재구축에 돌려져야 했고, 공공 부채를 증가시

---

30 정치가로서 슈뢰더의 대단한 감각은 『결심』(Entscheidungen, Hamburg 2006)이라는 잘못된 제목의 자서전 참조. "나에게 선거운동은 정치가의 삶에서 가장 흥미로운 시간이다. 나는 수많은 선거운동에 참여했고, 여러 도시의 광장에서 연설했으며, 많은 사람들과 악수했고, 셀 수 없이 사인도 많이 했다. 확실히 정치를 하고 형성하는 것, 결정에 도달하는 것 등은 정치가의 중심적인 임무이며, 말하자면 그의 의무이다. 그러나 나에게 묘약은 선거운동이다. 유권자와 직접 만나고, 표를 얻기 위해 경쟁하고 싸우고, 논쟁하는 것 말이다. 테크노크라트도 결정을 할 수 있으며, 저널리스트도 다 알 수 있다. 그러나 정치가만이 선거운동을 할 수 있고, 해야 한다." p. 496.

켰다. 독일은 이렇게 예외적인 상황에 빠진 것이 너무나 급작스러웠기 때문에 원래 어떤 나라도 GDP의 3퍼센트 이상의 재정 적자 ― 유럽의 통화동맹에 들어올 수 있는 재정적 기준으로서 ― 를 볼 수 없게 하는 안정성 협약을 고수하기 위해 노력하던 이 나라가, 최악의 상습범이 되어 유럽연합 집행위원회를 무시하고 여섯 차례나 안정성 협약의 조항을 어겼던 것이다.

그러나 독일 자본에 무거운 부담으로 보였던 것에 독일 자본이 다시 활력을 찾는 조건이 놓여 있었다. 왜냐하면 통일이 노동을 결정적으로 약화시켰기 때문이다. 서독 노동조합은 조직을 동독까지 확대하고 서독의 임금률과 맞먹는 전국적인 임금률을 확보하려 했지만, 동독의 기업들이 급속도로 무너지고 노동자들이 실업으로 약화되었기 때문에 실패는 어느 정도 예견되었다. 그러나 동독이 독일 모델(Modell Deutschland) 이라는 전통적인 코포라티즘적 구조 내로 통합될 수 없자, 필연적으로 이것은 서독에도 계속해서 부담이 되었다. 예상한 일이지만 유럽연합의 확대가 현실이 되면서 독일 투자의 상당한 양이 슬로바키아, 헝가리, 체코공화국, 폴란드 등지로 이전되면서 예전 독일민주공화국의 값싼 노동력은 여전히 더 낮은 동유럽의 임금 비용에 압도당했다. 그다음으로 이것을 넘어서서 아시아, 라틴아메리카, 중동 등지로 공장을 옮겼고, 이로 인해 원래 통일의 방해물이었던 것을 더욱 국내 경제에 몰아넣어 노동시장을 흔들어놓았다.

그 결과는 독일 노동조합의 급격한 쇠락인데, 이는 양적 힘만이 아니라 ― 독일노동조합총동맹(DGB)의 조합원 수가 1991년의 1,100만 명에서 2003년에는 770만 명으로 떨어졌다 ― 독일 자본의 무자비한 압력에 저항할 수 있는 힘이라는 면에서도 그러했다. 실질임금은 7년 연속 떨어졌으며, 이로 인해 독일 기업들은 국제 고급품 시장에서 훨씬 나은 경쟁력이 생겼다. 2004년이 되자 독일은 다시 한 번 ― 1970년대처럼 ― 세계 1등 제조업 수출국이 되었다. 그러한 성공은 생산성 향상에 기초한 것이 아니라 ― 같은 기간 미국의 생산성 향상이 훨씬 높았다 ―

임금 억제, 즉 노동자들이 외주화의 압력 속에서 장시간 노동과 낮은 임금을 받아들일 수밖에 없었고, 국내 소비가 늘어나지 않은 데 기초한 것이었다. 그러나 수출 잉여가 늘어나면서 투자도 늘어났다. 그리고 경기순환이 상승 국면을 타자 마침내 메르켈이 총리가 된 2006년에 성장이 가속되었다. 2008년 초가 되자 실업자 수는 거의 200만 명이 줄어들었다. 동쪽으로부터 주입된 면역혈청이 마침내 효과가 있는 것처럼 보였다.

하지만 두 번째이자 뒤집어진 역설로 이 나라의 경제적 구성을 바꾼 통일은 덜 억제되고 더욱 무자비해진 자본주의를 풀어놓음으로써 정치적 풍경을 반대 방향으로 바꾸었다. 왜냐하면 동독으로 들어간 엄청난 양의 돈이 커뮤니케이션, 건물, 서비스, 편의시설 등 사회 설비를 현대화하기는 했지만 이에 상응하는 산업적 번영을 창출하지 못했으며, 연방공화국 내에서 집단적인 존엄이나 동등성을 만들어내지 못했기 때문이다. 독일민주공화국은 본의 기준으로 보면, 황폐하고 권위주의적이고 낡아빠졌다. 그러나 국가의 그늘에서 모두가 고용되었고, 여전히 상대적으로 평등했다. 서독에 병합되면서 동독 산업 단지의 많은 부분이 해체되었고, 카펫배거[31]가 들이닥쳤으며, 일자리가 사라졌다. 구(舊) 소비에트 제국의 나머지에서는 공산주의 직후의 상황이 종종 더 가혹했다. 더 가난한 나라들이 고유한 해체 및 경기 후퇴의 과정으로 빠져들었던 것이다. 그러나 동독과 같은 정도로 즉각 경쟁의 압축실에 밀려들어간 것이 아니기 때문에 이 나라들은 조정과 전환을 위해 숨 쉴 수 있는 여지가 있었다. 머지않아 이 나라들은 새로운 연방공화국(독일)보다 더 높은 성장률과 더 낮은 실업률을 보이게 된다. 이렇게 성적이 좋았던 것은 경제적인 뿌리뿐만 아니라 사회적 뿌리가 있었기 때문이다. 폴란드, 슬

---

31 carpetbagger: 남북전쟁 이후 이익을 노리고 남부로 이주한 북부인을 말한다. — 옮긴이

로바키아, 헝가리에서 자본주의의 복귀는 그 과실이 주로 자기 수중에
떨어질 것이라고 확신한 지역 정치 엘리트 —— 대개 예전 반체제 인사와
돈을 노리는 전직 당 관료의 결합으로 이루어져 있다 —— 에 의해 완수되
었다. 선거를 치를 때 이들의 인기가 높을 때도 있고 낮을 때도 있지만,
이들은 통합된 지역 사회의 일부였다.

　동독에서는 이와 비교할 수 있는 사회층이 출현하지 않았다. 동독에
서는 새로운 주의 정치적 · 경제적 · 문화적 고위층을 서독에서 유입된
사람들이 빠르게 차지했으며, 경우에 따라서는 사실상 거의 독점했다.
통일로 인해 동독 지역의 전반적인 생활수준이 높아지기는 했지만 ——
실업자조차 서독식의 실업수당을 받았다 —— 자본주의는 대개는 해방
은 말할 것도 없고 자기 승진이 아니라 식민화로 경험되었다. 자본주
의가 물질적 혜택을 가져다준 곳에서조차 자본주의는 토착의 역동적
인 힘이 아니라 고통스러운 힘이었으며, 본질적으로 낯선 힘으로 느껴
지고 있다.[32] 콜의 약속처럼 같은 파고에 모든 배가 함께 떠올랐다면 이
런 효과는 분명 덜했을 것이다. 그러나 사라진 과거에 대한 고통스러운
느낌 —— 회복할 수 없이 평가절하된 생활 세계 —— 이 통일의 결과에 대
한 주관적인 반응인 것만 아니었다. 그것은 이 시기에 동독을 휩쓴 인구
학적 재앙에서 알 수 있는 객관적인 반영이었다. 노인들은 남아 있고 젊
은이들은 떠났으며, 중년층은 결정을 못했다. 1989년에 1,600만 명이
던 인구가 2008년이 되면 1,250만 명으로 급격하게 줄어들었으며, 서독
으로 향한 젊은 여성들의 대탈출로 더 줄어들 것이 예상된다. 아마 훨씬

32　2003~04년 자신의 정체성을 동독인이라고 생각하는 사람이 독일인이라고 생각
　　하는 사람보다 훨씬 많았다. Katja Neller, "Getrennt vereint? Ost-West Identitäten,
　　Stereotypen und Fremdheitsgefühle nach 15 Jahren deutscher Einheit", in Jürgen
　　Falter et al., *Sind wir ein Volk? Ost-und Westdeutschland in Vergleich*, Munich
　　2006, pp. 23~25. 예전 동독에서의 통일 결과에 대한 비교 관찰은 다음을 참조.
　　Claus Offe, *Varieties of Transition. The East European and East German Experience*,
　　Cambridge, MA 1997, pp. 148~58.

더 줄어들 것이다. 1993~2008년 사이에 동독에서 태어난 18~29세 사이의 인구 가운데 2/3 정도가 동독을 떠났다.[33] 독일민주공화국 출신의 주요 작가의 말처럼, 이곳 건물들은 낡았지만 그 안에는 일하는 사람들이 있었다. 이제 건물들은 번드르르하게 재건축이 되었지만, 사람들은 죽거나 떠났다. 건축물의 1/4이 비어 있으며, 소규모 주거 중심지의 대부분, 특히 북부는 유령 도시가 될 위험에 처해 있다.

이러한 상황에서 어떤 기억을 옹호하고 지역의 정체성을 표현하는 유일한 정당이 실패하기는 어렵다. 콜이 실각하자 민주사회당은 동독에서 1/5의 표를 얻었다. 슈뢰더가 실각했을 때는 1/4을 얻어 이 지역의 제2당이 되었으며, 기민련에 살짝 앞섰고 사회민주당과의 표차도 그리크지 않았다. 그러한 성장은 계속 이루어진 것은 아니었으며, 실패도 없지 않았다. 2002년에 득표율이 떨어져 메클렌부르크-포어포메른 지사직을 잃었으며, 2006년에는 베를린에서 사회복지의 비용 삭감을 수용하면서 거센 반발에 부딪혔다. 이 당 내부의 발전도 단선적이지는 않았다. 이 당의 두 지도자인 그레고르 기지와 로타르 비스키는 유엔 안전보장이사회가 파견하는 군사작전에 독일 군대의 참여에 대해 당을 설득하지 못했기 때문에 잠시 물러나 있었다. 한동안 당원들의 연령대는 아주 높았다. 연금생활자가 3/4이었으며, 그 절반이 70세 이상이다. 어떤 의미에서는 이런 심각한 한계 때문에 민주사회당의 복원력은 주목할 만한 일이다.

지역 세력을 전국적 세력으로 변화시킨 것은 슈뢰더 정부의 신자유주의적 전환이었다. '하르츠 4'에 대한 반대 시위가 전국적으로 벌어졌지만, 민주사회당은 동독 근거지에서 수십만 명에 이르는 가장 큰 시위

---

33 *International Herald Tribune*, 9 November 2007 참조. 인구학적으로 볼 때, 독일 전체는 세계에서 출산율이 가장 낮은 나라 가운데 하나이다. 2009년 연방 선거 당시 50세 이상의 유권자가 다른 모든 연령 집단의 유권자보다 큰 집단이 될 터였다.

를 동원했다. 서독에서는 노조에 기반을 두고 있으며 사회민주당에서 떨어져 나온 그룹이 공동 선거 명부를 만들어 그다음 주 선거에 나섰지만, 큰 성공을 거두지는 못했다. 이어 두 그룹 사이의 협력에 대해 신중한 토론이 있었다. 2005년에 갑자기 선거를 하겠다는 슈뢰더의 결정 덕분에, 그렇지 않았다면 질질 끌고 결론도 나지 않았을 일이 진행되었다. 간단하게 좌파(Die Linke, 이하 좌파당)라는 공동의 강령으로 선거에 나선 이들은 모두 합해서 전국 득표의 8.7퍼센트를 얻어 녹색당을 앞섰으며 자유민주당과 큰 차이가 없었다. 이들은 연방의회에서 쉰네 석을 얻었다.[34] 라퐁텐이 성공적인 촉매 역할을 했다. 그는 좌파당의 서독 분파 지도자로서 정치에 복귀했던 것이다. 라퐁텐은 슈뢰더 정부가 우선회하기 이전에 그만둔 것 때문에 미움을 받았고 전술적·수사학적 능력 때문에 두려움의 대상이었는데, 이후 사회민주당이 가장 미워하는 인물이 된 것이다. 그는 여전히 분에 넘치게도 전국적 인지도를 얻고 있으며, 이제는 사회민주당의 선거 기반을 침해할 수 있는 배신자였던 것이다. 실제로도 그렇다는 것이 입증되었다. 민주사회당이 기반을 가질 수 없었던 서독의 주 선거에서 좌파당은 다양한 지역 후보를 내세워 의회 — 브레멘, 함부르크, 니더작센 — 로 가는 문턱을 쉽게 넘었다. 더욱 불길한 것은 전국적인 여론조사에서 좌파당이 10~13퍼센트의 유권자의 지지를 얻어 독일의 제3당이 될 가능성이 있다는 것이다.

좌파당의 부상은 본 공화국의 지배적인 두 정당이 장기간에 걸쳐 쇠퇴한 데에 기인한다. 1970년대 중반 기민련/기사련과 사회민주당은 유권자의 90퍼센트를 가져갔다. 2005년이 되면 이들의 몫은 70퍼센트로 줄어들었다. 무자비하게도 세속화와 3차산업화(tertiarization)는 한때 양

---

34 좌파당의 등장에 대해서는 다음을 참조. Dan Hough, Michael Koss and Jonathan Olsen, *The Left Party in Contemporary German Politics*, Basingstoke 2007, pp. 134~53. 이 연구는 적녹연합 아래의 민주사회당의 발전도 다루고 있다.

당의 핵심 유권자층을 축소시켰다. 1969년 기민련/기사련에 투표했던 사람 가운데 46퍼센트가 교회를 다녔지만, 2005년에는 12퍼센트로 줄어들었다. 사회민주당 유권자의 25퍼센트가 노조 가입자인 육체노동자였는데, 이제는 겨우 9퍼센트에 불과했다. 양당의 당원 수도 급격하게 떨어졌다. 사회민주당은 1990년 94만 명 이상이던 것이 2008년에는 53만 명 이하가 되었다. 기민련은 약 75만 명에서 53만 명 조금 넘는 정도로 떨어졌다. 기민련은 처음으로 경쟁 당인 사회민주당을 넘어섰다. 가장 잘 버틴 기사련은 18만 6,000명에서 16만 6,000명으로 떨어졌다.[35] 전후에 최소한 5퍼센트를 득표한 모든 정당이 득표에 따라 연방의회 의석을 분배하는 선거제도 아래에서 정부를 구성하기 위해서는 양 진영 사이에서 균형추 노릇을 한 자유민주당의 참여가 필요했다. 1970년대 녹색당이 등장하면서 이 3당 체제는 점차 4자 대결이 되었고, 1998년 처음으로 적녹동맹이 만들어지면서 자유민주당 없이 정부의 구성이 가능해졌다.

좌파당이 계속해서 강화되었더라면 이러한 정치적 계산법을 바꾸었을 것이고, 따라서 현재의 분할선에 따라 기민련과 사회민주당의 대연정 이외에는 어떤 두 당이 결합해도 의회 내에서 필요한 다수를 형성하기가 산술적으로 어려웠을 것이다. 이것은 오랫동안 오스트리아의 통상적인 공식이었고, 독일에서도 결국 어쩔 수 없이 이렇게 되었을 것이다. 그러나 두 나라의 정치 전통은 다르다. 프로포르츠(Proporz) 체제를 통해 국가와 경제 내의 자리를 가톨릭 정당과 사회주의 정당이 제도적으로 분할해서 차지하는 방식 — 1930년대 오스트리아에서 내전을 겪

35 David Conradt, "The Tipping Point: The 2005 Election and the De-Consolidation of the German Party System?", *German Politics and Society*, vol. 24, no. 1, Spring 2006, p. 13; Hermann Schmitt and Andreas Wust, "The Extraordinary Bundestag Election of 2005", *German Politics and Society*, vol. 24, no. 1, Spring 2006, p. 34. 통계는 다음의 표 1을 참조. Oskar Niedermeyer, "Parteimitglieder in Deutschland: Version 2008", *Arbeitshefte aus dem Otto-Stammer-Zentrum*, 13, Berlin 2008.

은 경험에서 나온 반응적인 정식화──에 해당하는 것이 독일연방공화국에는 결코 없었다. 독일에서는 언제나 경쟁적인 주의 선거 주기에 의해 불안정해질 가능성이 큰 대연정이 언제나 양당에 의해 비정상적인 미봉책으로 간주되어 왔다. 양당은 대연정을 자신들의 양쪽 끝에 있는 극단주의를 자극하는 것이며, 따라서 가능한 한 빨리 끝내야 하는 것으로 보았다. 1960년대에 대연정 속에서 기반을 잃은 것은 기민련이었고, 사회민주당이 유리해졌다. 오늘날에는 다른 방향을 보이고 있는데, 슈뢰더가 총리직을 그만두면서 당이 분열되자 메르켈과 그 동료들이 방향타를 잃은 것으로 보이는 사회민주당 덕분에 이득을 보았던 것이다. 사회민주당은 좌파의 발흥에 맞서 서투르게 중도에서 급하게 벗어나 당내 신자유주의 분파의 분노를 샀다. 선거에서 이들을 위해 별다른 것을 보여주지 못했던 것이다. 현재 유권자의 1/4 정도의 지지를 받는── 제2차 세계대전 이전에는 이렇게까지 떨어진 적이 없었다──사회민주당은 구조적 위기에 직면한 것으로 보인다. 왜냐하면 통일이 가져다준 것은 실제로 새로운 정치 체제이기 때문이다.

베를린 공화국에서는 오늘날까지 사회민주당, 녹색당, 좌파당을 합하면 본 공화국 시절에 사회민주당은 결코 얻을 수 없었던 사회적 다수파를 누리고 있다. 1998년에 약 53퍼센트, 2002년과 2005년에 51퍼센트였는데, 이에 반해 기민련, 기사련, 자유민주당은 각각 41퍼센트, 46퍼센트, 45퍼센트였다. 그러나 이 나라의 기본적인 힘의 균형에서 나타난 이러한 구조적 변화는 이데올로기적으로 연방 수준에서 표현되지 않고 있다. 민주사회당(PDS), 그리고 지금은 좌파당이 국가 정치의 존중할 만한 파트너가 아닌 정당으로 취급받고 있으며, 공산주의 혈통에 의해 더럽혀진 것으로 간주되었다. 1998년과 2002년에 사회민주당과 녹색당은 연방의회에서 다수파가 되기 위해 민주사회당이 필요하지 않았다. 그러나 2005년에 슈뢰더는 좌파당의 지지를 받는 정부의 구성을 터부시한 탓에 총리직을 그만두었다. 만약 사회민주당과 녹색당이 그렇게 하려고 했다면 세 당이 합해서 마흔 석의 여유가 있는 강건한 의회 다수파가 되었을 것이다. 이러한 결합은 생각할 수 없었기에 사회민주당은 기민련/기사련에 합류할 수밖에 없었고, 당연하게도 이는 스스로에게 패착을 두는 일이었다.

대연정의 기록은 대부분 2006~07년의 경제 호전으로 실업이 줄어들고, 조세 수입이 증가해 적자를 흡수할 수 있었기 때문에 낮은 수준의 사회적-자유주의적 개혁을 둘러싼 논쟁이라는 시시한 이야기에 불과했다. 이런 상황은 2008년 말 이 나라 경제가 깊은 침체기에 빠지기 전까지 계속되었다. 메르켈은 경기 회복도, 경기 불황도 그녀로 인한 것이 아니었기 때문에 양쪽에서 덕을 보았으며, 2009년 선거에서 총리 자리를 노리는 사회민주당의 잠재적인 어떤 후보보다 훨씬 높은 점수를 받았다. 그러나 다른 어떤 것만큼이나 덧없는 인기는 국내 정책의 효과가 아니라 꾸밈없는 여성적인 공평무사함이라는 교양 있는 태도 — 이는 G-8과 유로서밋과 같은 외교정책 스펙터클의 무대에서 연출되었다 — 와 불안정성에 대한 현재의 공포에 기인한 것이었다. 야당 시절 메르켈은 이라크 침공을 지지하고, 복지 의존성을 공격하는 등 정치적 스펙트럼에서 아주 오른쪽에 있었다. 권력을 잡게 되자 슈뢰더보다 훨씬 더 반공주의적이었고 러시아에 대해 더 차가웠지만, 다른 면에서는 중도 쪽으로 나아갔기 때문에 슈뢰더의 재임 기간과 별로 다르지 않았다. 졸렬한 방법을 쓰는 것은 암묵적인 모토로 남아 있다.[36]

자신을 약화시키는 동거에 빠져 있고, 지속적으로 득표율이 떨어지고 있는 사회민주당은 현재 상태로 보아 2009년에 참담한 패배를 겪을 터였다. 몇 가지 사회적 제스처로 좌파당의 확산을 막으려는 시도는 —

---

36 현재까지 독일의 어떤 정부도 급진적 조치를 취하지 못하게 하는 체계적인 장애물 그리고 대연정에 대한 비관적 전망에 대해서는 다음을 참조. Wolfgang Merkel, "Durchregieren? Reformblockaden und Reformchancen in Deutschland", in Jürgen Kocka(ed.), *Zukunftsfähigkeit Deutschlands*, Berlin 2006, pp. 27~45.

연방 최저 임금 요구, 통근 보조금 부활—유권자들에게 별다른 인상을 주지 못했다. 불행한 당 대표 쿠르트 벡(Kurt Beck)은—그는 지난 5년간 네 번째로 당 대표가 되었다—여전히 강력한 사회민주당 우파에게 쫓겨나기 전까지 필사적으로 '하르트 4'의 수정을 요구했다. 사회민주당 우파는 오랫동안 슈뢰더의 잡역부 역할을 했고, 지금은 외무 장관인 프랑크-발터 슈타인마이어(Frank-Walter Steinmeier)를 총리 후보로 세웠다. 젊은 관리들은 그런 발버둥에서 벗어나 그동안 생각할 수 없었던 것을 고려하기 시작했다. 그것은 좌파당을 받아들이는 것이었다. 오랫동안 이론적으로는 분명했던 적-녹-암적 동맹의 통계적인 논리는 점점 더 독일 사회민주주의의 실제적인 고통이 될 위험성이 있었다. 클라우스 보베라이트(Klaus Wowereit)는 7년 동안 녹색당의 지지 없이 민주사회당-좌파당과의 협약을 통해 수도인 베를린을 사회민주당이 장악하도록 했다. 그러나 정치적으로 보면 베를린은 동독의 일부로 간주되며, 베를린이 가진 대도시의 모습은 어쨌든 이 나라의 다른 지역과 구분되는 것이다. 보베라이트는 쾌락을 좇는 메트로폴리스의 시장에 속하는 인물이다. 쇼와 해프닝에 강하고, 예산이나 공익사업에는 다소 그렇지 못했다. 런던의 리빙스턴, 파리의 베르트랑 들라노에(Bertrand Delanoë), 로마의 발테르 벨트로니(Walter Veltroni) 같은 인물이다. 이때의 선거 계산법은 너무나 전형적이지 않아서 어떤 패러다임도 얻을 수 없었다. 더 중요한 것은 헤센(Hessen)에서 사회민주당이 대패한 것이다. 이곳 당 조직 지도자인 안드레아 입실란티(Andrea Ypsilanti)는 좌파와 어떤 거래도 하지 않겠다고 엄숙하게 약속한 후에, 좌파당의 지지에 근거해서야 아슬아슬하게 다수파를 만들 수 있는 적녹 연립정부를 구성하고자 했다. 이와 함께 누구도 피할 수 없는 의미 있는 한걸음이 내디뎌질 것이다. 터부였던 것이 서독의 주에서 깨지면 연방 수준에서도 재현될 수 있을 것이다.

하지만 그렇기 되기까지는 상당한 거리가 있기는 하다. 부분적으로 이것은 대안적인 동맹이라는 술을 마시기 위해서는—당 기구에게는 매우 쓴——녹색당도 그렇게 해야 한다는 의지가 있어야 하기 때문이다. 그러나 반문화적 봉기라는 이들의 시대는 오래전 일이다. 이들은 베를린 공화국에서 관직에 편안히 앉아 있게 되자, 슈뢰더 아래의 사회민주당보다 훨씬 더 오른쪽으로 움직여 시장친화적인 정책과 나토를 자랑스럽게 여기는 정책을 받아들였다. 이것들은 1970년대에는 몹시 혐오스러운 것이었다. 이 당은 점점 더 기성 질서의 얌전한 지지자가 되었으며, 당원들은 독일 자유주의의 부드러운 판본으로 자유민주당과 경쟁하는, 정치적으로 올바른 여피들로 채워졌다. 피셔의 변화, 즉 프랑크푸르트의 혁명적 투쟁(Revolutionary Struggle)의 기동타격대[37]의 불량소년에서 매들린 올브라이트(Madeleine Albright)의 총애를 받는 사람으로 변화한 것은 이런 발전의 과장된 판본이었다. 녹색당의 선거 귀재로서의 그의 명성과 언론에서 보이는 지속적인 아첨 등을 보면, 그가 이 당을 황제에 충실한 대서양주의로 끌고 갈 수 있다는 것을 알 수 있다. 물론 그렇지 않았다 하더라도 이 당은, 그리로 갔을 것이다.[38] 그가 장관직에서 물러나면서 녹색당은 아프가니스탄에서 벌이고 있는 서방의 원정에서 발을 빼려는 자세를 보였다. 마치 그 일이 얼마나 인기 없는 일인지를 알아차린 것처럼 말이다. 하지만 구조적으로 볼 때, 이 당은 기민련 정권의 파트너가 될 정도로 충분히 변화했다. 흑녹동맹은 이미 함부르크

---

37 Putzgruppe: 문자 그대로는 청소 그룹이며, 테러와 파괴를 위한 프롤레타리아 연합의 약자이다.——옮긴이

38 만족스러워하는 역사가의 말을 들어보자. "요슈카 피셔는 연방 독일의 성공적인 민주주의의 완벽한 성취를 체현하고 있다. 그는 반항적인 거리 투사에서 시작해서 다양한 자리를 거쳐 외무부의 수장이 되었다. 이 자리에서 그는 빨치산 전선에서 얻은 것 이상의 명성을 얻었다. 피셔는 오랫동안 여러 제도를 거치는 장정을 했으며, 이제 그 자신이 제도가 되었다." Edgar Wolfrum, *Die geglückte Demokratie*, Stuttgart 2006, p. 479. 좀 더 신랄한 묘사는 다음을 참조. Michael Schwelien, *Joschka Fischer. Eine Karriere*, Hamburg 2000. 슈벨리엔은 『디 차이트』에 글을 기고하는 작가인데, 피셔의 후계자로 그가 선호하는 '장어처럼 매끄러운' 쳄 외즈데미르(Cem Özdemir)를 미리 지목한 바 있다. pp. 62, 65~66.

에서 이루어지고 있으며, 에너지 정책의 세부 사항을 제외하면 이 당의 정책은 현재 이데올로기적으로 라퐁텐보다는 메르켈에 가깝다. 녹색당 유권자들이 중도우파와의 결합을 얼마나 받아들일지는 분명하지 않으며, 그런 시나리오에는 근본적인 억제장치가 있다.

녹색당이 '좌파 블록'과의 논의를 싫어한다고 하면, 사회민주당은 좀 더 분열되어 있다. 당의 부대표인 안드레아 날레스(Andrea Nahles) 같은 젊은층은 장래에 그런 결합에 대한 전망이 있는지를 가볍게라도 생각하려는 것 같다. 그러나 열성적인 신자유주의적 현대화론자는 말할 것도 없고 오래된 당원들은 ― 양자 모두 뼛속까지 반공주의자들이다 ― 그런 생각을 끔찍하게 여기며 광범위한 지적 지지를 받고 있다. 한스-울리히 벨러(Hans-Ulrich Wehler)와 하인리히 아우구스트 빙클러(Heinrich August Winkler) 같은 좌파-자유주의 역사가들에게는 스탈린주의자 그레고르 기지 및 배교자 라퐁텐과 만난다는 생각 자체가 바이마르 시절의 악몽을 떠올리게 한다. 이때 당은 마르크스주의적 환상을 포기하고 혁명적 극단주의의 위험성에 맞서 가톨릭 중앙당 및 중도 자유주의자들과 확고한 동맹을 강화할 필요성이 있었는데, 이를 보지 못했던 것이다.[39] 당연한 일이지만 언론도 동일한 의미에서 사태를 바라보고 있다. 헤센에서 사회민주당 우파는 공산주의에 의해 오염되는 것을 허용하기보다는 흑황연합 ― 안드레아 입실란티가 자신의 2인자에 의해 밀려난 뒤 압도적인 승리를 거두었다 ― 에 권력을 다시 넘겨주는 것을 원했기 때문에 사회민주당 정부라는 계획을 망쳐버리는 데 한시도 주저하지 않았다. 사회민주당이 자신의 왼쪽에 있는 세력을 추방자처럼 대하려 했다면, 사회민주당은 어쨌든 치명적일 정도로 중간 지대를 상실하지 않았을 것인가? 이러한 주장은 오랫동안 재정렬의 사회학적 논리를 마비시켰을 것이다.

---

39 이러한 경고를 격렬하게 제기한 한스-울리히 벨러의 개입을 참고하기 바란다. "Wird Berlin doch noch Weimar?", *Die Zeit*, 5 July 2007.

끝으로 좌파당 자체는 어떠한가? 다른 어떤 혼성적인 구성물과 마찬가지로 좌파당은 다양한 분파를 공통의 정체성이 있는 하나의 정치 세력으로 결합해야 한다는 과제가 있다. 좌파당을 결합하기 이전에, 민주사회당 부분은 거대 정당보다 훨씬 더 심각한 당원 감소 — 생물학적으로 규정된 — 를 겪었다. 비록 유권자들이 늘기는 했지만 말이다. 전국적으로 젊은 세대의 공감을 얻을 수 있는 신당의 능력이 이 당의 장래에 결정적일 것이다. 강령의 관점에서 보면, 시장에 대한 탈규제의 확대 및 사회 보호의 약화에 저항함으로써 이 당은 부정적인 위치를 점하게 되었다. 긍정적인 경제적 제안이라는 면에서, 이 당은 유럽의 다른 좌파보다 더 나을 것은 없었다. 원칙적으로 — 베를린의 경험이 보여주는 것처럼 실제적인 면에서조차 — 국내 정책에 대한 이 당의 태도는 사회민주당과 협력하지 못할 정도로 급진적인 것은 아니다. 문제는 다른 곳에 있다. 좌파당은 해외에서 서방의 이익을 위해 벌이는 독일의 군사작전에 동의하는 것을 거부했다. 이것이 유럽 정치 계급을 진짜로 나누는 분할선이다. 대서양 지배권의 요구에 참여하는 것 — 독일 녹색당은 열띤 태도로 참여했고, 프랑스의 공산당과 이탈리아의 재건공산당(Rifondazione Comunista)은 별로 힘도 없는 장관직을 유지하기 위해 마지못해 그렇게 했다 — 을 거부하지 않는 세력만이 품위 있는 세력으로 간주된다. 유엔이라는 무화과 잎사귀가 가려주든 그렇지 않든 간에 나토의 원정을 받아들여야만 어떤 당이든 정부의 책임 있는 파트너가 될 자격이 있다. 좌파당에 가하는 체제의 압력이 가장 심한 게 바로 이 지점이다. 민주사회당의 그레고르 기지를 둘러싼 갈등은 전구증상(前驅症狀)이라고 할 수 있다.

2

통일의 장기적인 효과가 독일 내에서 상반되는 이중운동, 즉 경제는 효과적으로 오른쪽으로 향하게 하고 정치는 잠재적으로 왼쪽으로 향하게 하는 이중운동을 촉발하는 것이었다면, 이 두 가지 사이의 상호작용은 이 둘이 들어 있는 사회의 진화에 의해 조정될 것이다. 베를린 공화국의 풍경이 꾸준히 양극화된 것처럼 여기서도 변화는 뚜렷했다. 최상층에서는 자본시장이 느슨해지고, 경영진의 보수에 대한 앵글로아메리카적인 기준이 독일 기업계에 수용되면서 부의 축적과 과시에 대한 전통적인 제약이 사라졌다. 법인세와 상위 소득세를 줄인 슈뢰더는 이 과정에서 자신이 부자가 되는 축복을 받았다. 구조적으로 볼 때, 더 중요한 것으로 슈뢰더 정부가 상호 소유 주식의 매각에 대한 자본이득세를 철폐함으로써 기업에 대한 은행의 장기 투자와 전통적으로 독일 코포라티즘에 중심적인 기업의 상호 지분이 약화되도록 했다. 혹은 신성화된 문구인 자본주의의 '라인' 모델을 약화시켰다. 그 대신에 주주 가치가 자유롭게 되었다. 이제까지 독일에 알려져 있지 않던 최초의 주요한 적대적 인수 합병이 슈뢰더가 권력을 잡고 1년 만에 있었다. 보다폰(Vodafone)이 마네스만(Mannesmann)을 장악한 것이다. 은행과 기업이 상호 보유 주식을 처분하자, 곧 헤지펀드와 사모펀드 회사가 독일로 쏟아져 들어왔다. 2006년이 되자 외국인들이 독일 블루칩 회사——닥스(Dax) 지수 상위 30개 회사——의 유통 주식의 50퍼센트 이상을 취득했다.[40] 반대 방향을 보자면, 점점 제조업이 값싼 노동력을 찾아 역외로 이전하면서 독일 자본이 해외에서 넘쳐났고 내수 투자와 맞먹는 수준이되었다. 독일 수출의 총 부가가치의 거의 절반이 현재 이 나라 밖에서생산되고 있다.[41] 비즈니스 언론은 자본 해체(Kapitalentflechtung), 즉 낡고 규제적인 독일 모델의 해체에 만족감을 표시했다.

이 시기에 두드러진 변화는 미국 스타일의 신인류 경영진인데, 이들

---

40 "The Coming Powers: How German Companies are Being Bound to the Interests of Foreign Investors", *Finacial Times*, 1 April 2005. 아래쪽을 보면, 중산층 (Mittelstand)은 전통적인 가부장적인 상태로 모든 독일 기업의 94퍼센트가 가족 경영이며, 그 가운데 일부가 대기업이다. *Financial Times*, 9 December 2008.

41 *Financial Times*, 30 March 2007.

은 노동조합과 파트너로서 혹은 피고용인과 이해 당사자로서 감정적인 대화를 할 시간이 없었다. 코포라티즘적 제약 없이 주주 가치를 극대화하기 위해 호경기 혹은 불경기에 다운사이징을 해야 했고, 이제까지는 별로 좋게 보지 않던 수준으로 자신들에게 보상을 해야 했다. 이러한 변화의 상징적인 인물은 도이체방크의 경영을 맡기 위해 스위스에서 수입된 요제프 아커만(Josef Ackermann)이다. 도이체방크는 독일에서 가장 큰 금융기관이며, 현재 미국에서 〔발생한 금융 위기로 인해〕 모기지를 상실한 주요 기관이다. 아커만은 마네스만 매각 당시의 역할로 인해 기소당할 위기에 처해 있지만 이윤을 늘리고 직원을 줄이는 데 성공했으며, 유명한 전임자인 알프레트 헤어하우젠(Alfred Herrhausen) ─ 콜의 지인으로 1989년에 암살당했다 ─ 의 보수보다 12배나 많은 연봉을 받았다. 1년에 1,400만 유로를 받았는데, 이것은 여전히 가장 보수가 높은 미국의 경영자가 벌어들이는 액수의 일부에 불과하지만 다양한 여론의 주목을 끌기에는 충분할 정도로 규모가 달라진 것이었다.[42] 지멘스, 다임러, 알리안츠 등에서 일하는 같은 유형의 젊은 경영자들도 같은 수준의 보수를 받기를 열망했다. 아래쪽을 보면 장기 실업이 늘고 있으며, 일자리 없는 ─ 종종 이민자인 ─ 청년층이 증대하고 있으며, 이에 따라 공식적인 빈곤선 아래에서 살고 있는 하층 ─ 대략 인구의 1/5로 추산된다 ─ 도 늘고 있다. 이것은 또한 본 공화국 시절에는 알려져 있지 않던 기록 ─ 아마도 잠복한 위험이었을 것이다 ─ 이기 때문에 상당한 수준의 공적 토론을 불러일으켰다. 상층의 탐욕, 하층의 포기, 이 둘 모두 전후 합의 속에 모셔져 있는, 사회적으로 배려되고 도덕적으로 응집력 있는 민주주의의 자기 이미지에 위안이 되지 못했다.

현재까지 앵글로아메리카의 기준이 약속한 불평등의 증대는, 그 기준

---

42 Rainer Hank, "Angekommen im Globalen Kapitalismus. Die Manager der Berliner Republik", *Merkur*, no. 689~90, September-October 2006, p. 909.

으로 볼 때 여전히 심하지 않다. 출입 제한 주택지는 여전히 드물다. 이 제는 도시 인구의 약 1/5인 이민자들이 주로 모여 사는 슬럼이 탄생하 고 있는지도 모르겠다. 그러나 게토 봉기는 아직 일어난 적이 없다. 비 교적인 관점에서 말하자면, 독일 자본주의는 많은 경쟁자에 비해 여전 히 덜 양극화되어 있다. 그러나 다른 곳과 마찬가지로 경향은 매우 분명 하다. 2003년과 2007년 사이에 기업 이윤은 37퍼센트 증가했지만, 임 금은 4퍼센트 증가했다. 가장 낮은 임금을 받는 노동자들의 1/4가량은 실질임금이 1995년 이래 실제로 14퍼센트 떨어졌다.[43] 덜 특징적인 것 은 이러한 변화에 대한 대중의 인식이다. 본 공화국은 공식적인 관점 및 문화생활에서의 아메리카주의로 유명했다. 유럽에서 워싱턴에 가장 충 실한 정치 질서와 지식인 계급이 있었으며, 하버마스의 열정적인 말처 럼 "서방에 대한 무조건적인 지향"을 꾸준히 보였다. 많은 부분은 패배 자의 반사적인 복종이었으며, 다른 경우와 마찬가지로 — 의식적이든 무의식적이든 간에 — 전술적이고 일시적인 것이었다. 그러나 서독에는 다른 주요한 유럽 사회와 달리 전후 미국과 닮은 뚜렷한 면이 자기기만 이 아니라 실제로 있었다. 이것은 독일 내에서 전통적인 방식으로 계층 화된 사회 계급의 상대적인 부재였다. 물론 두 나라의 유형은 똑같지 않 았다. 그러한 절대적 부재라는 면은 달랐다. 그러나 몇 가지 측면에서 여전히 가족 유사성이 있었다.

그 이유는 제3제국의 몰락에 있는데, 이와 함께 히틀러와 공모했던 엘리트의 상당 부분을 끌어내렸다. 동프로이센과 슐레지엔의 상실, 독 일민주공화국의 건국으로 바이마르 공화국 시기 비중이 컸고 특히 군 대를 지배했던 상당수 귀족 계급이 쇠퇴의 길을 걸었다. 루르 지역의 산 업적 역동성이 사라졌고, 크루프와 티센, 슈티네스 등의 대기업은 예전 지위를 결코 회복하지 못했다. 이러한 구조 변동의 생존자들 — 된호프 (Dönhoff)나 람스도르프(Lambsdorff), 포르셰나 몬(Mohn) — 은 전후에

43 *Financial Times*, 28 August 2008.

성공하거나 사업을 재구축할 수 있었다. 그러나 집단의 정체성과 힘은 결정적으로 약화되었다. 어떤 기준으로 보더라도 충분히 부르주아적인 서독은 상대적으로 계급이 없는 것처럼 느껴졌다. 왜냐하면 계급이라는 의미에서 상층이 없었기 때문이다. 오늘날에도 독일의 엘리트를 전쟁에서 크게 손상받지 않고 살아남은 영국, 프랑스, 이탈리아의 엘리트와 비교한다면, 그들이 어떻게 이어지고 있는지 눈에 잘 띄지 않는다. 〔영국의 사립학교인〕 퍼블릭 스쿨도, 〔프랑스의〕 그랑제콜도, 〔이탈리아의〕 성직자 우선(clerical preferment)도 없다. 이런 측면에서 보면, 연방공화국은 미국보다 훨씬 더 우두머리 없는 사회로 보인다. 미국의 경우에 아이비리그 대학이 언제나 워싱턴이나 월스트리트로 가는 직행 코스를 제공하고 있으며, 지니계수가 훨씬 더 높다. 그러나 본 공화국에는 분명하게 특권적인 상층은 없지만, 아래의 노동 대중은 미국의 노동 대중보다 훨씬 더 분명하게 자신들의 과거와 사회 내의 위치를 자각했다. 역사적으로 볼 때, 영국 프롤레타리아트보다 훨씬 늦게 등장한 독일 프롤레타리아트는 사회의 다른 집단과 구분되는 세계로서의 문화적 밀도를 동일한 수준으로 발전시키지 못했다. 그러나 독일 프롤레타리아트의 집단 정체성이 그런 의미에서 다소 약했다 할지라도, 잠재적인 정치 행위자로서 집단 의식은 언제나 더 높았다. 두 나라의 프롤레타리아트 모두 오늘날 크게 약화되었지만, 독일 노동자계급은 ─ 제조업이 여전히 중요한 경제 내에서 탈산업화에 의해 덜 약화되었고, 1980년대에 전선에서 패배했으나 사기는 덜 꺾였다 ─ 정치 체제 내에서 실제적이고 도덕적인 영향력을 유지하고 있다. 하지만 영국 노동자들은 이를 상실했다.

전통적으로 존경을 받아온 오래된 엘리트의 부재와 공격적이지는 않지만 무시할 수 없는 노동자 운동의 존재가 결합한 상황에서, 첨예화되는 불평등 및 경영진과 기타 신흥 부유층이 나타난 충격은 다른 어떤 곳에서보다 훨씬 더 폭발적이었다. 사실상 전 세계 모든 지역의 여론조사를 보면 불평등이 지난 수십 년 동안 만연해 있으며, 이것이 줄어들어야 한다는 믿음이 광범위하게 퍼져 있음을 알 수 있다. 또한 여론조사에 따르면, 불평등이 줄어들 것이라고 믿는 사람은 별로 없다는 것을 알 수 있다. 능동적인 항의보다는 수동적인 분개가 기조를 이루고 있다. 재분배가 선거 쟁점이 되는 곳이 있기는 하지만 두드러지진 않는다. 독일은 여기서 예외처럼 보인다. 독일의 대중 정서는 지속되고 있는 소득 및 삶의 기회의 양극화에 강하게 저항했으며, 이 때문에 메르켈은 기사련 및 자기 당내의 노동 분파의 압력 아래에서 사회 연대성을 위한 작은 선물을 줄 수밖에 없었고, 사회민주당은 2008년 금융시장의 붕괴 이전에 헤지펀드를 메뚜기 떼라고 공격하고 아젠다 2010에서 후퇴하게 되었다.[44] 무엇보다 이런 맥락 속에서 좌파당이 기존 정당에서 가장 평등주의적 정당으로서 광범위한 지지를 얻을 수 있었다. 서독의 노동자 조직의 남은 힘이 유리한 여건을 제공한 것만은 아니었다. 좌파당은 또한 동독에 가지고 있던 상당한 저변에서도 이득을 보았다. 동독의 경우에 노동계는 약했을지 모르지만, 불평등이 자연스러운 사물의 질서로 받아들여지지는 않았다. 좌파당의 부상은 시대의 추세에 분명하게 맞서는 것이었기에 더욱 놀라운 일이다. 그러나 유럽의 다른 어떤 나라보다 먼저 독일에서 기성 질서의 왼쪽에 새로운 세력이 등장했다면, 그것은 최소한 현재 '사회적 불의'가 국민적인 논쟁의 주제이기 때문이다.

3

이것은 본성상 분할의 담론이다. 누군가는 다른 사람이 없는 이점을 누리며, 이들의 행운과 우리의 곤궁을 옹호할 근거는 없다. 기초적인 사고방식이지만, 연방공화국의 기성 정치 내에서는 색다른 경험이다. 연

---

44 2007년 여름 여론조사 응답자의 3/4이 정부가 사회정의를 위해 별로 하는 일이 없다고 생각했으며, 68퍼센트가 최저임금이 입법화되기를 원했고, 82퍼센트가 은퇴 연령을 65세로 되돌리기를 원했다. Thomas E. Schmidt, "Demoskopie und Antipolitik", *Merkur*, no. 709, June 2008, p. 532.

방공화국에서 라이트모티프는 언제나 합의였고, 지금도 그렇다. 사회적 갈등이나 구조적 모순 없이 번영하는 경제와 평화를 누리는 국가를 중심으로 분별 있는 모든 시민이 단합해 있다는 것이다. 전후 유럽의 어떤 정치 체제도 그렇게 이데올로기적으로 겁이 많고, 날카로운 표현이나 화해할 수 없는 견해를 혐오하지 않았으며, 진부함과 건조함에 충실하지 않았다. 1945년 존중에 대한 열망, 연방 수준의 견제와 균형, 동맹의 에티켓 등은 모두 독일적인 정치 스타일, 즉 고결하고 훈계조의 순응주의라는 확실한 코드를 만드는 데 기여했다. 물론 이것이 이데올로기적 매너리즘이기만 한 것은 아니었다. 이것은 모든 이해관계를 조화시키기 위해 고안된, 코포라티즘적 발전 모델로 양당이 —기민련과 사회민주당— 수렴한 현실을 반영했다. 자연스럽게 이해관계의 조화란 사회적 조화를 위한 헌장으로서, 각자가 자기 지위에 따라 혹은 공동결정(Mitbestimmung)으로 뚜렷하게 표현된다.

지금 이러한 합의는 1960년대 말 이후에 처음으로 심각한 압력을 받고 있다. 하나의 방향에서는 사회정의에 대한 요구가 그동안 만들어왔던 가상의 통일을 깰 위험이 있다. 자존심이 있는 모든 전문가와 정치가에게 혐오감을 보이는 이러한 위험에 붙여진 이름은 포퓰리즘이다. 이는 데마고그인 라퐁텐이 체현하고 있다. 이것은 본의 유산을 왼쪽에서 위협하고 있다. 그러나 동일한 합의가 반대 방향에서의 압력에도 노출되어 있다. 이것은 합의를 자유주의의 이름으로 공격하고 있으며, 베를린으로의 수도 이전에 값하는 새로운 패러다임의 정치를 요구하고 있다. 현상 유지에 대한 이들 비판가에게 전후 독일이 항상 가지지 못했던 필수적인 정신을 앵글로아메리카 사회는 오래전부터 가지고 있었다. 개인의 자유라는 감각, 국가에 대한 의심, 시장에 대한 믿음, 위험을 감수하려는 의지 등인데, 존 로크(John Locke), 애덤 스미스, 토머스 제퍼슨(Thomas Jefferson), 데이비드 리카도, 존 스튜어트 밀, 그리고 이들 후계자의 전통을 따른다.[45] 정치적으로 볼 때, 자유민주당(FDP)의 주변성은 연방공화국 내에서 그러한 관점이 약하다는 것을 반영하였다. 1945년 이후 여기에 가장 가까운 독일의 관점인 프라이부르크의 질서자유주의 학파조차 — 발터 오이켄, 알프레트 뮐러-아르마크, 빌헬름 뢰프케 — 루트비히 에르하르트에게 긍정적인 영향을 끼치기는 했지만, 자유로운 사회가 필요로 하는 것이 무엇인지에 관해서는 너무나도 제한된 관점을 가지고 있었다. 이는 후일 덜 익은 코포라티즘에 의한 '사회적 시장 경제'라는, 원래 이들의 반국가적 슬로건에서 찾아볼 수 있다. 이 나라의 고질적인 반응 — 프리드리히 하이에크나 카를 포퍼의 고집스러운 기질에 더 가까운 — 과 급격한 단절이 필요했다.

익숙하지 않은 각도에서 전후 타협을 흔드는 이런 노선의 주장은 대중적으로 분명한 견해와 거리가 있지만, 언론에서는 다양한 반향을 보여주었던 지적 견해가 발전한 것이었다. 이것은 정치적으로 얼마나 중요한 일일까? 잘 알려져 있는 독일적 전통은 권력의 세계에서 문화의 세계를 분리하는 경향이 있다. 권력을 보충하거나 권력보다 우월한 영역으로서 말이다. 볼프 레페니스(Wolf Lepenies)는 최근 연구인 『독일 역사에서 문화의 유혹』에서 제2제국에서 제3제국까지 이 나라가 권위주의에 굴복한 것에 대해 이러한 경향이 상당한 책임이 있다고 주장한다. 그는 특히 수많은 독일 사상가와 작가들이 바이마르 민주주의를 옹호하지 않은 것을 지적했는데, 실제로 이들은 바이마르 민주주의에 대해 종종 명백한 적대감이나 경멸감을 보였다. 전후 시기에 이런 주장은 계속되었고, 그 후 태도는 점차 약화되었다. "독일의 특수한 길은 마침내 의회민주주의, 시장, 법의 지배라는 주류로 흘러들었다. 문명과 문화를 대립시키는 장난은 더 이상 의미가 없었다. 또한 문화를 정치의 대체물로 보는 것도 더 이상 의미가 없었다." 1949년경 레오 스트라우스(Leo Strauss)는 독일 사상이 서방 사상 일반과 구별되지 않게 되었다고 불평한다. 실제로 레페니스는 "20세기의 위대한 정치적 성공 스토

---

45 『디 차이트』의 편집장이 쓴, 신랄한 불평은 다음을 참조. Josef Joffe, "Was fehlt?", *Merkur*, no. 689~90, September-October 2006.

리 가운데 하나"가 그러한 동화에 있다고 논평한다.[46] 독일이 문화민족
(Kulturnation)이라는 유혹과 환상은 마침내 본에서 현대 정치라는 일상
세계에 맞추기 위해 제쳐놓게 되었다.

이러한 관점에서 볼 때, 1968년경 소란스러운 막간극이 있었다. 이때
학생들은 이제는 철 지난 전통의 영향 아래에서 새로운 정상성(normalcy)
을 거부했다. 그것은 반드시 전간기(戰間期)에 가장 고조되었던 전통과
같은 특징을 지닌 것은 아니었지만 나름대로 시장과 의회를 경멸하는
것이었다. 하지만 그러한 혁명적 열정은 곧 사라졌고, 좀 더 부드러운
반문화적 도취(Schwärmerei)를 남겨놓았으며, 결국에는 무해한 녹색으로
바뀌었다. 그 이후 연방공화국의 지적 분위기는 대체로 보아 정치 체제
의 안정을 반영하였다. 동질적인 문화가 형성되지 않았고 역류가 지속
되었다. 그러나 콜이 지배한 체제와 구별되는 것으로서 그의 장기 집권
을 찬미하는 사람이 거의 없었다고 한다면, 이 시기에 문화적으로 우세
했던 것은 좀 더 좌파-자유주의적 음역 속에서 움직였던 정부의 실천
을 이론적으로 보여주는 것이라 할 수 있다. 이 시기의 상징적인 사상가
두 명은 각자 고유한 방식으로 레페니스의 치유법의 유효성을 묘사했
다고 말할 수 있을 것이다. 즉 평화적인 독일 민주주의 체제에서 문화와
권력의 화해를 드러냈다는 것이다. 이들은 아주 적절하게 탤컷 파슨스
(Talcott Parsons)의 『사회 체계』(Social System)에서 미국적인 출발점을 공유
했다. 이 저작은 독일을 제외하면 유럽 그 어디에서도 별로 수용되지 않
았다.

1981년에 출판된 하버마스의 두툼한 『의사소통 행위이론』(Theorie des
Kommunikativen Handelns)은 파슨스에 근거한 긍정적인 변주를 보여준다.
그는 정치적 민주주의의 특징으로서만이 아니라 철학적 진리의 시금석
으로서 근대 사회질서의 기초로서의 가치 통합에 대한 자신의 관념론
적 강조를 합의라는 더욱 고양된 개념으로 발전시킨다. 니클라스 루만

---

46 Wolf Lepenies, *The Seduction of Culture in German History*, Princeton 2006, p. 128.

(Niklas Luhmann)은 납빛의 변주를 보여주는데, 사회 내부의 분화된 하위 체계——경제, 정체, 가족 등——에 대한 파슨스의 설명을 주체적 행위자나 구조적 상호 침투가 없는 자기 재생산적이고 자기조정적인 질서, 즉 자기 외부 환경의 복잡성을 그저 감소시키는 기능을 하는 질서로서의 완전한 자율화 체계 이론으로 급진화하는 것을 통해서 그렇게 변주한다. 루만은 공손한 견해를 좋아하지 않지만, 암묵적으로 본 공화국을 수많은 메커니즘으로 이루어진 기술관료적인 일상의 사실 문제로 구성함으로써 어떤 비판적인 의도도 부인했다. 하버마스가 독자들에게 사물은 마땅히 존재해야만 하는 대로 존재할 수 있다고——그리고 기본법의 보호 아래에서 대개 그렇다——말하는 데 반해, 루만의 메시지는 좀 더 건조하지만 다음을 분명히 하였다. 사물은 그렇게 존재하지 않으면 안 되는 대로 존재한다.

사회 이론의 정상에서 이러한 사상 체계가 그 분야를 지배하고 있다. 위대한 공적 기획의 또 다른 분과인 역사학에서는 풍경의 변화가 좀 더 심한데, 주요한 보수적 인물과 학파가 계속해서 돋보인다. 그러나 여기에서도 연구와 개입의 최첨단은——빌레펠트 대학과 연관된 '사회에 대한'(societal) 역사——충실한 좌파-자유주의로서 제2제국을 제3제국의 대기실로 비판하며, 독일을 서방과 분리해서 파국에 이르게 한 반동적인 특수한 길(Sonderweg)의 경로를 추적한다. 여기서 정치적 강조점은 재앙을 초래한 과거와 변모된 현재 사이의 대조에 맞추어졌다. 본 공화국은 바이마르 공화국에 결여되어 있는 모든 것, 즉 안정성과 합의, 국제사회에 대한 신뢰 등을 갖추고 있는 것으로 그려진다. 하버마스만큼 다작이며, 학창시절부터 가까웠던 한스-울리히 벨러도 공적 영역에서 아주 활발하게 활동했으며, 고유하게 예리한 방식으로 전후 합의의 가치를 옹호했다. 현재를 위한 지침으로서 더 예리한 것은 전간기 독일 노동자 운동에 대한 빙클러의 저작이다. 이 저작은 부르주아 중도파 정당과의 타협만이——다행히도 전후에는 이것이 유지되었다——독일 민주주의 체제를 구할 수 있었음을 맹목적인 사회민주당이 이해하지 못한 것에 대해 숙고하고 있다.

　정치 체제와 본질적으로 동조되어 있는 좌파-자유주의적 문화의 헤게모니는—언제나 재임 중인 특정 공직자와 비판적 거리를 유지하고 있다—결코 배타적이지 않았다. 전간기까지 거슬러 올라가는 초기의 강력한 저작물은 계속해서 유통되었고, 영향력을 발휘해서 현상 유지에 호의적이지 않은 또 다른 결과를 낳았다. 프랑크푸르트 학파도 이 가운데 하나였으며, 1960년대 말에 일어난 반란의 뇌관 역할을 했다. 합의가 이들이 존중하는 가치는 아니었다. 그러나 반란의 과잉 행동주의적인 경향이 지나가자 혹은 누그러지자, 그리고 아도르노와 호르크하이머의 유산이 하버마스의 의사소통 철학이라는 분쇄기를 통과하자, 이들이 대표했던 비판이론에 대한 기억은 사라졌다. 점차 불협화음은 우파에서 나왔다. 여기에서는 여전히 마르틴 하이데거(Martin Heidegger), 카를 슈미트, 에른스트 윙어, 아르놀트 겔렌(Arnold Gehlen) 같은 인물들이 활동하고 있었는데, 모두 제3제국에서 타협했지만 지적 전설 같은 인물들이었다. 이 가운데 국외에서 가장 잘 알려진 하이데거가 아마도 가장 덜 중요할 텐데, 그는 전후 독일보다는 프랑스에서 더 유명했다. 독일에서는 미국의 영향 아래 일찍부터 분석철학이 자리를 차지했으며, 하이데거의 신비적인 존재론은 일반적으로 기술적 현대에 대한 황량한 관점의 하나로서 당대의 정치적·사회적 쟁점에 대해 별로 힘이 되지 않았다.
　하이데거와 달리 모두가 간결하고 생생한 독일 산문의 대가인 세 사람이 더 중요했다. 자기 세대 가운데 가장 빛나고 불안정한 사람이었던 슈미트는 주권, 법, 전쟁, 정치 등을 뒤흔들어 매우 새롭고 불안정한 유형으로 만드는 만화경 같은 능력으로 중요하다. 겔렌은 '역사 이후'(post-histoire)의 결정화 속에서 이데올로기적·예술적 형식이 폐쇄된다는 이상한 감각, 그리고 거기에 맞서는 학생과 게릴라의 반란의 가능성을 보았다. 윙어는 기계문명의 작사가에서 생태적 재난의 예언자로 매력적인 호를 그리는 궤적을 보여주었다. 이들의 영향력이 발휘한 연대기와 영역은 동일하지 않은데, 부분적으로 이는 각자 개인적 처지 때문이다. 슈미트는 제도적으로 볼 때 가장 분명하게 도편추방당했지만, 지적으로 보자면 일찍부터 그의 사상을 추종하는 고문 변호사와 헌법 전문 법률가가 많았다.[47] 훨씬 적은 나이에 죽은 겔렌은 아도르노에 대한 평형추로 인식되었다. 가장 오래 산 윙어는 가장 완벽한 시민권을 다시 얻고 온갖 영예를 누렸으며, 특히 프랑수아 미테랑은 그의 100번째 생일을 축하해 주었다. 그러나 레이먼드 윌리엄스(Raymond Williams)의 의미에서 결코 '나머지'가 아니기는 했지만, 이들 사상가가 체현한 지적 세계는 공적 담론 수준에서 전후의 합의와 대적할 수 없었다. 그것은 지배적인 담론에 대한 하나의 대안이었다. 피할 수는 없었지만 주변적이었고, 지배적인 것을 대체할 수는 없었다. 헤게모니는 여전히 좌파-자유주의에 있었다.

1980년대 중반에 첫 번째 변화의 예감이 들었다. 1985년 하버마스의 마지막 대작인 『근대성의 철학적 담론』이 출판되었는데, 지적으로 보면, 이 책은 이미 수세적인 태도를 취한 것이었다. 근대성이라는 아이디어를 조르주 바타유에서 미셸 푸코, 자크 데리다로 이어지는 프리드리히 니체(Friedrich Nietzsche)의 후손들에게서 구하려는 고귀한 구조 활동이었다. 이들은 근대성을 다시 한 번 비관적으로 바라보고 도취적인 도덕률 폐기론으로 바꾸어냈다. 하버마스가 알아차린 위험성이 기본적으로 프랑스적이기는 하나 얼마 안 있어 독일적인 다양한 변종이 등장했다. 하버마스가 꽤 찬사를 보낸 페터 슬로터디크(Peter Sloterdijk)의 『냉소적 이성비판』(Kritik der zynischen Vernunft)은 2년 일찍 사태를 움직이

47 슈미트의 사법적인 영향력은 다음 책에 잘 기록되어 있다. Dirk van Laak, Gespräche in der Sicherheit des Schweigens. Carl Schmitt in der politischen Geistesgeschichte der frühen Bundesrepublik, Berlin 1993. 광범위한 그의 지적 충격은 다음을 참조. Jan-Werner Müller, A Dangerous Mind: Carl Schmitt in Post-War European Thought, New Haven 2003, pp. 76 이하. 제목에서 알 수 있듯이, 이 책은 독일이라는 장을 넘어서서 다룬다.

기 시작했다. 인도 푸네(Pune, 옛 이름은 푸나)의 구루인 바그완 라즈니쉬(Bhagwan Rajneesh)와 함께 머문 이후에 나온 이 책은 베스트셀러가 되었다. 그 이후 20년 넘게 속편이 소용돌이처럼 쏟아졌고, 심리 치료에서 오존층, 종교에서 유전자 공학까지 모든 영역에서 전율을 일으키거나 유행이 될 정도로 확산되어 슬로터디크는 토크쇼 진행자이자 명사의 지위에 올랐다. 베르나르-앙리 레비의 독일판이라 할 수 있는데, 좀더 학구적이고 곰 같은 모습이기는 했다. 의사소통 이성의 통치는 이런 홍보 활동의 승리를 이겨낼 것 같지 않았다. 하버마스의 제자인 알브레히트 벨머(Albrecht Wellmer)와 악셀 호네트(Axel Honneth)가 계속해서 훌륭한 책을 써냈고, 경우에 따라서는 나중에 점차 종교에 빠진 스승보다 더 급진적인 어조를 보이기도 했다. 그러나 본의 평화를 뒷받침하던 철학적 지지물은 사라졌다.

역사학 장에서는 다른 이야기가 펼쳐졌다. 여기서는 1980년대 중반 좌파-자유주의적 고지에 대해 좀 더 직접적인 공격이 있었다. 이 공격은 성공적으로 격퇴되기는 했지만, 마찬가지로 수용할 만한 견해의 전환이 있었다. 1986년의 역사가 논쟁(Historikerstreit)은 나치의 잔혹성이 이전에 있었던 볼셰비키의 범죄에 대한 반응이었으며, 독일의 과거에 독특한 것이거나 절대적인 규정으로 취급해서는 안 된다고 하는 에른스트 놀테의 주장으로 시작되었다. 곧이어 덜 극단적인 주장을 하는 보수적인 역사가들이 널리 참여했지만, 비판자들의 눈에는 ─ 이들 가운데 벨러와 하버마스가 있다 ─ 제3제국의 범죄를 변명하는 것일 뿐만 아니라 기억과 책임으로서의 전후 독일의 정체성에서 유대인 학살이 가지는 필수적인 중심성을 침해하는 것이었다.[48] 민족의 부흥은 이런 방식으로 이루어져서는 안 되었다. 하지만 곧 민족 정서를 둘러싼 경쟁자를 배제하려는 열망을 가진 좌파-자유주의의 대표적인 인물인 빙

---

48 Jürgen Habermas, "Eine Art Schadensabwicklung", in Piper Verlag, "Historikerstreit", Munich 1987; Wehler, *Entsorgung der deutschen Vergangenheit?*, Munich 1988.

클러, 벨러, 하버마스 등이 독일의 통일이 명백히 현실로 다가왔음에도 통일을 반대하거나 유보적인 태도를 표명하자 상황이 바뀌었다. 통일이 취할 형태에 대한 이들의 반대가 정당하다 하더라도, 이것은 그들이나 그 반대자들이 생각하거나 바라지 않던 독일의 변화라는 사실을 감출 수 없었다. 여기서도 지배적인 것은 해체되었다.[49]

4

지적 분위기의 점차적인 변화 속에서 하나의 촉매가 눈에 띈다. 제2차 세계대전 이후 독일의 주도적인 사상 저널은 『메르쿠르』였으며, 이 저널은 유럽 내에서 분명 필적할 만한 것 없이 꾸준히 훌륭한 내용을 담았다고 할 수 있다. 이 저널을 창간한 뛰어난 편집자인 한스 푀쉬케(Hans Paeschke)는 변함없이 우아하고 간결하면서도 매우 넓은 학제적 범위를 ─ 예술에서 철학과 사회학을 거쳐 자연과학까지 ─ 지면에서 다루었다. 그러나 이 저널을 독특하게 만든 것은 편집자의 신조였다. 크리스토프 빌란트(Christoph Wieland)의 백과전서주의에 영감을 받은 푀쉬케는 보편적인 범위의 계몽사상 모델에다 논쟁적인 변화를 주었다. 즉 괴테가 빌란트를 찬양했던 반응(Gegenwirkung)의 능력에다 ─ 빌란트는 에드먼드 버크와 메리 울스턴크래프트의 저작 모두를 출판했다 ─ 자신의 대립적 시각(Polarisierung)을 결합해 저널의 모토로 삼았다. 이것들이 『메르쿠르』의 변덕스러운 자유주의 ─ 나중에 푀쉬케가 서술

---

49 역사가 논쟁이 벌어진 지 1년이 못 되어 사회학자인 클라우스 레게비는 자신이 새로운 형태로 등장한 보수주의라고 간주한 것을 과장된 방식으로 섭렵한 책을 출판했다. Claus Leggewie, *Der Geist steht rechts. Ausflüge in die Denkfabriken der Wende*, Berlin 1987. 별자리에서 가장 중요한 인물은 아르민 몰러인데, 윙어의 비서이자 슈미트의 친구이며 다음 책의 저자로 유명하다. Armin Mohler, *Die konservative Revolution in Deutschland, 1918~1932, Grundriss ihrer Weltanschauungen*, Stuttgart 1950. 몰러에 대해서는 레게비 책, pp. 187~211 참조.

했듯이, 처음에는 보수주의였다가 그다음에는 민족주의, 그다음에는 좌파—내에서 유지되는 상수였다. 반대 의견을 환영하는 편집 관행을 보였으며, 서로 대립되는 의견이 논쟁하도록 했다. "더 자유주의적일수록 긴장은 더 커진다."[50] 번갈아가며 마르크 브로흐(Marc Broch), 한나 아렌트(Hannah Arendt), 에른스트 로베르트 쿠르티우스(Ernst Robert Curtius), 아도르노, 하이데거, 베르톨트 브레히트, 겔렌, 뢰비트, 바이스제커, 푀겔린, 보르케나우, 에른스트 블로흐(Ernst Bloch), 슈미트, 하버마스, 바인리히, 고트프리트 벤(Gottfried Benn) 등이 모두 이 저널에 글을 실었다. 경제 기적(Wirtschaftwunder)에 관심이 없었고, 냉전에 적대적이었으며, 아데나워의 독일을 '가짜 변화'(pseudomorphosis)라고 간주한 푀쉬케는 동독의 작가들과 좋은 관계를 유지했으며, 1960년대에 정치적 풍경이 바뀌자 학생 반란과 동방정책으로의 전환에 공감했다. 어떤 종류의 종합에 대해서는 부정적이었던 그는 '정신은 선동자이다'(Der Geist ist ein Wühler)라는 금언에 따라 저널을 소크라테스적인 의미에서 변증법적인 일로 이해했다.[51] 정신은 조정자가 아니라 말썽꾼이다.

1970년대 말 푀쉬케는 은퇴했으며, 1984년에 카를 하인츠 보러가 편집권을 승계했다. 그는 선동자 역할을 할 준비가 되어 있었다. 보러는 독일 낭만주의 연구자이며, 윙어의 초기 저작에 대한 이론가로서 1968년 『메르쿠르』에 처음으로 글을 썼다. 그것은 주류 언론의 자유주의적 공격에 맞서 학생 반란을 옹호하는 글이었는데, 학생 반란이 성공할 경우 절충적인 무정부주의의 표현이라고 칭찬하는 것이었다.[52] 그는 프랑크

---

50 Hans Paeschke, "Kann keine Trauer sein", *Merkur*, no. 367, December 1978, p. 1180. 푀쉬케는 저널을 떠나면서 쓴 이 아름다운 고별사의 제목을 벤의 마지막 시에서 따왔다. 이 글은 죽기 몇 주 전에 쓴 것이며, 『메르쿠르』에 게재되었다.

51 "Vorbemerkung", in *Merkur: Gesamtregister für die Jahrgänge I-XXXII, 1947~1978*, Stuttgart 1986, p. x. 이 문구는 야코프 부르크하르트(Jacob Burckhardt)의 글에서 가져왔다.

52 Karl-Heinz Bohrer, "Die Missverstandene Rebellion", *Merkur*, no. 238, January

푸르트 학파가 아니라 벤야민을 찬양했고, 아도르노가 묵살한 프랑스 초현실주의가 본(Bonn) 체제의 혐오스러운 중도주의(juste milieu)에 맞선 반란에 적절한 영감을 주었다고 주장했다.[53] 이러한 것이 곧 이 나라의 주도적인 보수 신문인 『프랑크푸르터 알게마이네 차이퉁』의 문학 담당 편집자로서 이름을 떨치게 될 작가의 감성이었다. 그는 얼마 안 있어 상급자와 불화를 일으킨 후 런던 특파원으로 쫓겨났다. 10년 후에 그는 『메르쿠르』의 책임자로 돌아와서 — 1848년과 1870~71년의 운동과 비교하여 — 정치, 연극, 영화, 예술, 이론, 음악 등을 포괄하는 봉기이자 반문화로서 그리고 윌리엄 블레이크(William Blake)의 호랑이가 거리를 활보하는 혁명적 시기가 1974년에 끝나게 된 1968년 운동의 운명에 대한 고도로 섬세한 조사를 하였다. '낡은 부르주아의 문화적 경건함'으로 다시 복귀하는 것은 불가능하게 되었지만, 새로운 문화도 이제는 자성(磁性)을 상실했다. 요제프 보이스(Joseph Beuys) 같은 예술가만이 전복에 대한 무정부주의적 힘을 간직하고 있었다.[54] 보러의 깊은 믿음은 과거나 미래가 없는 위험한 순간으로서의 '갑작스러움'(suddenness)에 대한 것이었다. 이때 진정으로 미학적인 경험이 존재의 지속성을 파열시키며, 따라서 잠재적으로 사회 조직을 파열시킨다. 니체, 쇠렌 키르케고르(Søren Kierkegaard), 후고 폰 호프만슈탈(Hugo von Hofmannsthal), 윙어 — 버지니아 울프(Virginia Woolf)나 제임스 조이스(James Joyce)도 자기 방식대로 — 가 파악한 갑작스러움은 슈미트의 결단주의에서 그 정치적 표현을 찾아냈다.[55] 무엇보다 미학적 계기와 정치적 계기를 — 예

1968.

53 Karl-Heinz Bohrer, "Surrealismus und Terror", *Merkur*, no. 258, October 1969.

54 Karl-Heinz Bohrer, "Die ausverkauften Ideen", *Merkur*, no. 365, October 1978.

55 Karl-Heinz Bohrer, "Der gefährliche Augenblick", *Merkur*, no. 358, March 1978. 이 주제는 다음 책에서 더 발전된다. *Plötzlichkeit: zum Augenblick des ästhetischen Scheins*, Frankfurt 1981. 영어 번역은 다음과 같다. *Suddenness: on the Moment of Aesthetic Appearance*, New York 1994.

수의 공현과 사도의 행위 —— 결합한, 이 팡테옹의 중심인물은 여전히 윙 어였으며, 보러의 『공포의 미학』(Ästhetik des Schreckens)의 주제이다. 이 책 의 출판으로 그는 빌레펠트의 현대 독일문학사 교수가 되었다.

얼마 안 있어 『메르쿠르』의 편집 책임을 맡은 보러는 스펙터클한 방 식으로 일을 시작했다. 그것은 본의 정치와 문화가 보이는 소부르주아 적 속물근성, 지방주의, 소비주의에 대한 무자비한 풍자로서 콜을 아 무 생각 없이 폭식을 일삼는 인물로 그려낸 것이었다.[56] 이것은 모든 미 학적 형태가 결여된 국가로서 초기 브레히트나 벨기에에 대한 샤를 보 들레르(Charles Baudelaire)의 정신으로만 서술될 수 있는 국가이다. 이어 세 부분으로 이루어진, 독일 정치 계급에 대한 풍자문이 나오는데, 새로 형성된 기민련-자유민주당 연합과 그에 맞서는 사회민주당을 신랄하 게 조소하는 것이다.[57] 시간이 흘러도 이런 판단은 유연해지지 않았다. 1990년대로 들어설 때, 보러는 독일 지방주의를 공격하는 맹렬한 연속 사격을 퍼부었다. 여섯 개로 이루어진 시리즈에서 그는 정부, 문학, 텔 레비전, 광고, 신문, 노래, 스타, 영화, 도시 경관 등을 다루었는데, 이는 독일 동포들이 보이는 유럽에 대한 열광은 관광객 모습을 띤 지방주의 에 불과하다고 하면서 이들의 망상에 신랄한 조소를 보내면서 절정에 달했다. 『디 차이트』와 『프랑크푸르터 알게마이네 차이퉁』의 '목가적인 따분함'부터 귄터 그라스나 마르틴 발저(Martin Walser)의 성마른 감상주 의까지, 그리고 콜을 '코카서스의 거인'으로, 겐셔를 그의 산초 판자로 그로테스크하게 묘사했는데, 누구도 보러의 통렬한 글을 피할 수는 없 었다. 기껏해야 1960년대의 프랑크푸르트는 뒤셀도르프나 뮌헨만큼 따

---

56 Karl-Heinz Bohrer, "Die Ästhetik des Staates", *Merkur*, no. 423, January 1984. 이 텍스트와 이후의 텍스트에서 보이는 보러의 공격적인 문체에 대한 뛰어난 분석 은 다음을 참조. Gustav Seibt, "Vom Bürgerkönigtum", in *Deutsche Erhebungen*, Springe 2008, pp. 142~54.

57 Karl-Heinz Bohrer, "Die Unschuld an die Macht", *Merkur*, no. 425, March 1984; *Merkur*, no. 427, May 1984; *Merkur*, no. 431, January 1985.

분하지 않은 정도였고, 라이너 베르너 파스빈더(Reiner Werner Fassbinder)는 밝은 반점이었다.[58]

그러한 공격이 보이는 논쟁의 기백이 파괴적이기만 한 것은 아니었다. 처음부터 보러는 규범적인 이상을 품고 있었다. 독일은 국가의 창조적인 미학이 필요했다. 그의 첫 논설 및 그 이후의 논설에서 검토한 음울한 풍경을 만들어낸 것은 그런 미학의 부재였다. 벤야민이 파시즘에 특유한 것이라고 했던 '정치의 미학화'를 가지고 그를 비난하는 사람들에게 그는 실제로 자존심이 있는 모든 민주주의 국가는 고유한 미학이 있으며, 수도, 공공건물, 의식, 공간, 지배 형태, 수사학에서 표현된다고 반박했다. 현대의 미국, 영국, 프랑스, 이탈리아가 증거를 보여주는데, 『메르쿠르』 특별호가 이를 다루었다.[59] 민족의 정체성이 감각적인 정당성과 형태를 획득하는 것이 바로 이 속에서였다. 고유한 상징적 형태가 없는 국가, 따라서 정치가 사회적 보조물로 축소되는 국가는 이름값을 할 수 없었다. 이제 독일이 성장을 저해당한 본 공화국의 반감기를 뒤로 해야 할 시간이었다.

5년 후 베를린 장벽이 무너졌지만, 서독의 자유주의적 좌파가 저항하면서 여전히 통일이 불확실할 때 보러는 『프랑크푸르터 알게마이네 차이퉁』에 당대에 독일 통일을 찬성하는 가장 강력한 글을 게재할 만한 위치에 있었다. 글의 제목은 「왜 우리는 하나의 민족이 아닌가: 그리고 왜 우리는 하나가 되어야 하는가」이다.[60] 주된 논적은 하버마스였지만,

58 Karl-Heinz Bohrer, "Provinzialismus", *Merkur*, no. 501, December 1990; *Merkur*, no. 504, March 1991; *Merkur*, no. 505, April 1991; *Merkur*, no. 507, June 1991; *Merkur*, no. 509, August 1991; *Merkur*, no. 510, November 1991.

59 Karl-Heinz Bohrer, "Ästhetik und Politik sowie einige damit zusammanhängende Fragen", *Merkur*, no. 451~52, September-October 1986.

60 Karl-Heinz Bohrer, *Frankfurter Allgemeine Zeitung*, 13 January 1990. 이 텍스트의 영어 번역은 다음을 참조. *New Germany Critique*, no. 52, Winter 1991. 번역자인 스티븐 브로크만은 후일 보러의 주장을 통일 시기 독일 우파에서 나온 승리한 보수주의의 기초적인 담론이라고 말했다. 이러한 판단에 대해서는 그의 다음 책을

보러는 언제나 그에게 존경을 표했다. 보러의 유명한 「국가의 미학」이 나온 직후 하버마스가 『메르쿠르』에 기고를 했는데, 그것은 퍼싱미사일 배치에 반대하는 평화 시위에 관한 것이었다. 그리고 2년 후에 역사가 논쟁이 벌어지자, 보러는 주저하지 않고 그의 편에 섰다. 그러나 통일에 대한 하버마스의 저항은, 비록 실체에서 분리된 헌법적 애국주의라는 관념이 추상적인 이상으로서 가치가 있기는 했으나 망상에 불과했다. 그 배후에는 '부정적 천년지복설'이 자리 잡고 있는데, 이 속에서 유대인 학살은 독일 과거의 무조건적인 사건이며, 이 때문에 이 나라는 고유한 정신적·문화적 형태가 있는 전통적인 민족 정체성을 회복할 수 없다. 그는 날카롭게 이렇게 물었다. "우리에게 특유한 '비합리적인' 낭만주의의 전통이 새로운 사회학의 불도저에 의해 그렇게 철저하게 파괴되어야 하는가?"

재통일이 이루어지고 베를린으로 수도가 이전하면서 또 다른 종류의 독일이 가능해지자, 보러는 이를 옹호하는 주장을 폈다. 왜냐하면 이와 함께 낡은 질서의 지적 비구름이 사라졌기 때문이다. 그러나 베를린 공화국의 도래가 새로운 상황으로 가는 길을 열었다 하더라도, 그것은 보러가 자기만족적인 옹호의 정신으로 생각한 것은 아니었다. 2006년 말 『메르쿠르』가 이 나라의 상태에 대해 조사한 단행본 분량의 특별호 「베를린 공화국의 골상에 대하여」를 『새로운 독일?』이라는 제목으로 발간하자 — 이데올로기에서 정치까지, 저널리즘에서 건축까지, 슬럼에서 경영자까지, 애국자에서 교수까지, 정당성에서 외교까지 모든 것을 다룬 글을 모은 대단한 구성이다 — 보러의 사설인 「국가의 미학 재고」는 그가 별로 동의하지 않는다는 것을 분명하게 보여주었다.[61] 이제 독일

***

참조. Stephen Brockmann, *Literature and German Reunification*, Cambridge 1999, p. 57.

61 Karl-Heinz Bohrer, "Die Ästhetik des Staates revisited", *Merkur*, no. 689~90, September-October 2006. 물론 이 특별호의 제목은 아이러니하게도 예전 독일민주공화국의 공식 일간지를 상기시킨다.

은 다시금 주권 민족이 되었다. 독일은 적절한 수도가 있다. 그리고 지구화로 인해 과거에 보였던 자기폄훼로 후퇴하지 않을 것이다. 이는 환영할 만한 변화였다. 그러나 여러 가지 면에서 못마땅한 본의 유산이 살아 있었다. 베를린을 보면 새로운 정부 청사 지역 대부분은 황량하게 텅 비어 있으며, 그 가운데 관광객들이 찾아오고 있고, 연방의회가 들어서면서 겨우 상쇄된 형편이다. 연방의회조차 그 안에서 이루어지는 웅웅거리는 연설은 말할 것도 없고, 유행하는 장식품과 정치적 올바름으로 진부해졌다.[62] 브란덴부르크 문에서 겐다르멘마르크트 광장까지 이어지도록 길게 재건된 프로이센 고전주의의 앙상블만이 위엄을 보이고 있었다. 베를린이 국가의 수도 자리를 되찾았지만, 이는 독일의 다른 도시에 어떤 변화도 주지 못했고, 심지어 관심을 불러일으키지도 못했다. 만약 어떤 것이 있었다면 그것은 이전보다 각 도시가 더 지역적으로 되고, 이 나라의 원심력이 더 커졌다는 것이다. 2006년 월드컵의 기분 좋은 애국주의는 — 건강한 젊은이들이 흔드는 깃발이 물결쳤는데, 통속적이고도 김빠지는 일이었다 — 공화국을 책임지고 있는 어떤 진지한 국정 운영 기술(statecraft)도 없는 것을 반대편에서 보여준 일이었다. 여기서 메르켈은 의기소침하고 제도적으로 규정되어 있는 최후의 화신이다. 이러한 질서에서 빠진 것은 스타일을 만들어내려는 의지이다. 본 공화국이 명백하게 결여하고 있는 것이 극복되지 않았다.

보러는 이어서 다음과 같이 언급했다. 진정으로 독립적인 정신은 의미 질문(Sinnfragen)을 형식 질문(Formfragen)으로 대체한 사상가들, 즉 미셸 드 몽테뉴(Michel de Montaigne)와 슐레겔, 니체 같은 사상가에게서 찾아볼 수 있다.[63] 이러한 대체는 보러 자신의 작업의 모토로 간주될 수

---

62 새 연방의회의 가구와 집기, 그리고 정부 청사 지역 전체에 대한 우스꽝스러운 관광에 대해서는 다음을 참조. 이 글은 풍자가 대단하다. Gustav Seibt, "Post aus Ozeanien", *Merkur*, no. 689~90.

63 Karl-Heinz Bohrer, "Was heisst unabhängig denken?", *Merkur*, no. 699, July 2007, p. 574.

있다. 그러나 의미와 형식은 그렇게 쉽게 분리되지 않는다. 수도를 베를린으로 옮기기 이전과 이후 독일이라는 나라가 결여한 것에 대한 보러의 비판은 그 자체의 논리로 볼 때 순수하게 형식적인 문제, 즉 미학만의 문제일 수 없었다. 처음부터 그가 『메르쿠르』의 사설을 통해 개입한 것에는 실체적인 면이 있었다. 상징적 형태를 발전시킬 수 있을 정도로 스스로를 존중하는 국가는 국가 간 관계라는 장에서 필요할 때에 자신을 주장하는 법을 알고 있는 국가였다. 보러는 런던 특파원으로 있을 당시 영국이 포클랜드 전쟁에 보인 단호한 결의에 존경심을 표했으며, 그 이후 발칸 반도와 중동에서 벌어진 서방의 군사 개입을 꾸준히 지지했다. 따라서 독일이 결여한 것은 건물이나 연설의 문제만이 아니었으며, 군사력의 문제이기도 했다. 보러는 콜이 사막의 폭풍 작전에 참여하지 않는 것에 대해 신랄하게 비판하였고, 유고슬라비아에 독일 지상군을 파견하는 것을 옹호하였으며, 이라크를 둘러싸고 슈뢰더를 겁쟁이라고 했다. 이런 호전성과 함께 문화적 준거점의 전환도 사라졌다. 퓌쉬케는 『메르쿠르』의 부제를 '유럽적 사고에 대한 독일 저널'이라고 했고, 그 약속을 지켰다. 앙드레 지드(André Gide), 엘리어트, 에우제니오 몬탈레(Eugenio Montale), 호세 오르테가 이 가세트(José Ortega y Gasset), 버트런드 러셀(Bertrand Russell) 등이 독일의 저명인사와 함께 이 잡지에 등장했다. 같은 세대의 독일 지식인 가운데 보러만큼 이런 전통을 유지할 수 있는 소양이 있는 사람은 거의 없었다. 본의 지방주의와 이것이 대변하는 모든 것에 대한 보러의 경멸은 개인적 경험에 뿌리를 둔 것이었다. 런던에서 일하면서 앵글로-프렌치 문화에 깊이 빠진 그는 후일 많은 시간을 파리에서 보냈다.

그러나 세기가 전환되면서 그가 맡고 있는 저널에 변화가 닥쳤다. 유럽의 모습이 사라졌다. 기고자, 주제, 논쟁 등이 점점 더 눈에 띄게 미국적이 되어갔다. 보러는 결코 유럽연합에 열광한 사람이 아니었고, 자신이 오랫동안 존경했던 ─ 그는 『스펙테이터』를 들먹이기를 좋아했다—영국의 회의주의에 가까운 견해를 보였다. 하지만 미국의 지적 자원은 새로운 어떤 것이었다. 호전적인 대외정책이 헤리티지 재단 및 카토 연구소 등과 중복해서 맺은 협약과 결합하면서 미국 스타일의 신보수주의의 독일판이 뒤늦게 『메르쿠르』에서 모습을 보였다. 보러는 그런 식의 분류법을 거부했다. 그에게 어떤 딱지를 붙인다면 애국자이면서 풍자가로서 IMF가 아니라 리처드 로티(Richard Rorty)의 '신자유주의적' 정신이라고 해야 할 것이다. 실제로 그가 대서양을 건너온 어떤 종류의 수입품과도 일치할 수 없었던 것은 그가 어디선가 자신을 '반권위주의적·주관주의적 자유주의'라고 정확하게 묘사한 것에서 분명하게 알 수 있을 뿐만 아니라 때맞추어 나온 독일 학생 반란 40주년에 대한 글에서도 분명하게 알 수 있다.

「68년의 여덟 장면」—그해에 고정된 회상으로 루디 두치케(Rudi Dutschke)와 한스-위르겐 크랄(Hans-Jürgen Krahl), 한스 엔첸베르거(Hans Enzensberger)와 아도르노, 하버마스와 울리케 마인호프(Ulrike Meinhof) 등에 초점을 맞추었다—은 경우에 따라 매우 신랄하지만 대부분은 그해의 지적·감각적 자각에 대한 기억을 뻔뻔할 정도로 서정적으로 다루고 있다. "그때의 심리적·문학적 가장무도회와 정체성 바꾸기를 알지 못하는 사람은, 탈레랑의 문구를 바꾸어 사용하자면 무엇이 삶을 흥분시키는지 모른다."[64] 에드가 라이츠(Edgar Reitz)의 영화 「두 번째 고향」(Zweite Heimat)은 그것들을 잊을 수 없게 재현하였다. 1968년의 사람들에게 할 수 있는 최악의 말은 그들이 독일에 남아 있던 상징적 형태를 파괴했다는 것이다. 최선의 말은 그들이 속물(Spiesser)이 아니었다는 것이다. 그들이 광신주의의 잔여물을 남겼다면, 오늘날 그것은 아마도 예전 68운동 참가자들이 68운동을 철저하게 비난하는 것에 두드러지게 나타난다. 보러는 그렇게 변절할 시간이 없었다. 그는 대니얼 벨(Daniel Bell)이 아니었다. 그는 도덕률 폐기론자라는 말이 두렵지 않았다.

---

64 "Acht Szenen Achtundsechzig", *Merkur*, no. 708, May 2008, p. 419.

보로는 쾨쉬케가 『메르쿠르』를 지휘하던 시절을 회상하면서 이렇게
말한 적이 있다. 슐레겔의 『아테네움』(Athenaeum)은 크리스토프 빌란트
의 『독일 메르쿠르』(Teutsche Merkur)보다 훨씬 더 독창적인 저널이긴 하
지만, 그 시대를 열고 훨씬 더 오래 지속된 것은 후자이다. 권위를 얻어
야 한다면 그런 기이함을 억제해야 하는 정기성과 지속성이 필요하다.
이것이 쾨쉬케가 배운 교훈이었다. 하지만 그 자신은 계몽사상의 전통
이 아니라 낭만주의 전통에서 나왔으며, 이 둘을 접합하려는 데는 시간
이 걸렸다.[65] 보로의 재임 기간이 정해진 끝을 향해가면서 그러한 노력
의 결과가 눈에 보이기 시작했다. 어쨌든 의도한 대로, 한때 보로가 경
건하게 따분한 목소리라고 비난했던 그런 신문 —『디 차이트』,『디 벨
트』,『프랑크푸르터 알게마이네 차이퉁』의 편집자와 칼럼니스트들이 대
거 이 저널의 지면에 등장했다 — 에서 온 기고자들의 모습으로 점차 권
위가 현실화되었다. 여기에 슈뢰더-메르켈의 변변찮은 타협을 혹평하
는, 진정으로 신자유주의 전선이 만들어진 후 공세에 나서 하나의 '패러
다임'의 다른 패러다임으로의 교체를 맹렬하게 시도했다. 약간 옆으로
비켜 서 있는 사람이 이 잡지의 지정학 이론가인 헤르프리트 뮌클러로,
전쟁과 제국에 대한 야심찬 저작을 쓰기도 했다.[66] 그가 최근에 『메르쿠
르』에 쓴 글들은 새로운 세기에 독일을 세계정치(Weltpolitik)의 장으로
복귀시키려는 체계적인 전망을 보여준다.

　뮌클러는 오늘날의 국가간 체제(inter-state system)의 논리는 아리스
토텔레스에게서 볼 수 있는 아테네인의 우화로 가장 잘 설명될 수 있

65　"Hans Paeschke und der Merkur. Erinnerung und Gegenwart", *Merkur*, no. 510~
11, September-October 1991.

66　그의 최근 주요 저작으로 2005년에 출판된 『제국들』(*Imperien*)에 대한 날카로
운 비평은 다음을 참조. Benno Teschke, "Empires by Analogy", *New Left Review*
II/40, July-August 2006.

을 것이라고 말한다. 야수들이 모인 의회에서 토끼는 모든 동물의 동등한 권리를 요구했다. 그러자 사자가 이렇게 대꾸했다. 너의 발톱과 이빨은 어디에 있는가? 이 때문에 제안이 거부되자 토끼는 다시 뒷줄로 물러났다. 도덕, 다시 말해 동등한 권리를 얻기 위해서는 합당한 힘의 동등성이 있어야 한다. 프랑스와 독일 같은 나라는 미국이 사자처럼 이라크를 공격한 데 대한 반응으로 토끼처럼 저항했고, 사자에게 경멸을 당했을 뿐이다. 유럽이 하나가 된다 하더라도 하루아침에 사자가 될 수는 없으며, 이를 깨달아야 한다. 그러나 유럽이 할 수 있고, 해야 하는 것은 사자와 동맹을 맺는 대륙의 여우가 되어 — 니콜로 마키아벨리(Niccolò Machiavelli)의 정식으로 — 어떤 세력의 힘을 다른 세력의 간계로 보충하는 것이다. 혹은 요즘 쓰이는 전문용어로 말하면, 미국의 하드파워와 유럽의 소프트파워를 결합해야 한다. 사자에 대한 여우의 충성심은 확고해야 하며, 현재 서로 간에 보이는 분노를 극복해야 한다. 중동에서 벌어진 일로 인해 사자는 배신당했다고 생각하며, 여우는 굴욕감을 느끼고 있다. 그러나 좋은 관계가 회복되기만 하면 여우는 사자와 협력하면서 동물의 왕국에서 점차 중요해지고 있는 다른 동물에게 사자보다 더 기민한 야수로서 해야 할 특별한 역할이 있다. 그 동물은 지금 그 수가 엄청 늘어나고 있으며, 테러라는 역병을 퍼뜨리는 쥐이다. 이런 설치류는 사자의 먹거리가 아니다. 그러나 사자의 이빨보다 작기는 하지만 마찬가지로 날카로운 발톱과 이빨이 있는 여우는 설치류를 잡아먹을 수 있으며, 이들의 번식을 막을 수 있다. 그러한 동물학적 의무는 유럽이 고유한 세계정치를 만들어낼 의지를 요구한다. 고유한 세계정치 형성 의지 말이다. 유럽이 해야 하는 자기주장은 바로 이것이다.[67]

독일은 어찌 해야 하는가? 매우 불안정했던 제2제국과 바이마르 공화국, 그리고 그러한 불안정을 과잉 보충하기 위해 폭력적인 시도를 했

---

67 Herfried Münkler, "Der Selbstbehauptung Europas. Fabelhafte Überlegungen", *Merkur*, no. 649, May 2003.

던 제3제국과 달리, 베를린 공화국은 새롭고 안정된 자기 확신을 보여주고 있다. 전후 독일은 오랫동안 국제적 존중을 다시 받기 위해 그저 수표장을 가지고 구입하려 했다. 걸프전에 참전하지 않은 채 비용을 갚은 데 참여한 콜은 그렇게 수치스러운 과정의 마지막 에피소드였다. 그가 총리를 그만둔 후 연방공화국은 마침내 유럽연합 내의 자기 확신적인 '중간 규모의 강대국'(medium power)으로서 책임을 떠맡게 되었다. 군대를 발칸 반도로, 아프가니스탄으로, 콩고로 파견했는데, 그것도 자기 이익을 추구하는 이기심 때문이 아니라 타인을 보호한다는 공동선을 위해서였다. 이러한 것이 중간 규모의 강대국이 맡아야 하는 적절한 역할인데, 세계에서의 자기 지위를 위해 억압보다는 위신과 평판에 의존해야 하며, 이런 기여는 유엔의 활동에 상응하는 것이기에 당연하게도 유엔 안전보장이사회의 상임이사국 자리를 추구했다.[68]

하지만 정치적으로는 유럽연합에 통합되어 있고, 군사적으로는 나토에 통합되어 있는 독일은 세계 내에서 주권국가로서 역할을 하는 데 경제적 힘에 여전히 너무 많이 의존하고 있다. 독일은 힘의 포트폴리오를 다양화할 필요가 있는데, 무엇보다도 예전에 있었던 이데올로기적·문화적 매력을 회복해서 다시 한 번 과거의 문화민족(Kulturnation)과 학문의 나라(Wissenschaftslandschaft)가 되어야 한다. 베를린이 국제도시로서 보이는 매력은 바이마르 시절 베를린이 내뿜던 광채에 비견할 만하며, 이것이 도움이 될 것이다. 그러나 소프트파워만으로는 충분하지 않을 것이다. 유럽 전체 그리고 거기에 속해 있는 독일은 현존 자본주의 세계 질서에 대한 저항에 직면해 있는데, 그 저항은 이제 세계 질서의 준(準)중심이 된 중국이나 인도에서 오는 것이 아니라 체제의 주변부에서 오고 있다. 이곳의 테러리즘은 영웅주의 이후의 사회인 서방에 —독일이 가장 심각한 예이다— 대한 근본적인 도전이다. 경제적 원조나 도덕적

---

68 Herfried Münkler, "Die selbstbewusste Mittelmacht. Aussenpolitik im souveränen Staat", *Merkur*, no. 689~90, September-October 2006.

권고만으로 테러리즘을 패배시킬 수 있다고 생각하는 것은 나이브한 일이 될 것이다.[69]

프로이센적 사고 양식을 현대의 상황에 맞게 조정한 이러한 제안은 정책 입안을 목표로 한다. 우파의 인물이 아니라 사회민주당의 단골손님인 뮌클러의 목소리는 현재의 독일 외무부에서 들을 수 있는데, 외무부는 그의 아이디어를 토론하는 대사들의 비밀 모임을 만들었다. 그는 만족스러워하면서 이렇게 쓴다. 정치가들이 아니라 독일 외교관들이 그가 권고한 다른 힘의 키보드를 연주할 준비가 훨씬 잘 되어 있다. 이 대목이 『메르쿠르』에서 찾아볼 수 있는, 비평과 국가 사이의 밀접한 접점일 것이다. 보러의 기획은 전후 지적 기성 질서의 안락한 좌파-자유주의를 몰아내는 것에서 비판적인 역할을 하였다. 그러나 그 기획의 파괴적인 힘은 비견할 만한 새로운 합의를 구성하는 능력과 같지 않았다. 아직까지는 그렇다고 할 수 있다. 프랑스에서 한 시대 동안 『르 데바』와 같은 저널이 성취한 헤게모니는 그 이상이었다. 부분적으로 이것은 형식의 문제이다. 『메르쿠르』에 실린 글들은 여전히 강력한 독일의 순수 문학 전통에 가까운데, 프랑스 저널에 실린 글들이 좀 더 경험적이고, 좀 더 논증적인 데 비해 덜 '현대적'이다. 그러나 그것은 보러가 자기 일을 다루는 고유한 방식에서 나온 것이기도 하다. 비록 그가 권위라는 목표를 존중하기는 했지만, 슐레겔과 빌란트 사이의 긴장 속에서 그가 더 높은 가치로 둔 것은 언제나 특이한 것이었다. 즉 독창성인데, 그가 자신의 텍스트에서 낭만주의적 소재와 초현실주의적 소재로부터 발전시킨 주제와 입장의 기묘한, 하지만 어떤 기준으로 보더라도 강력하고 거품이 넘치는 칵테일이 주요한 예이다. 편집상으로 보면, 뒤늦게 신자유주의적 분위기를 보이기는 했어도 『메르쿠르』는 언제나 푀쉬케의 반응(Gegenwirkung)의 정신에 따라 대립적인 견해로 구성되었다. 그러나 밑

---

69 Herfried Münkler, "Heroische und postheroische Gesellschaften", *Merkur*, no. 700, August-September 2007.

에 깔려 있는 충동은 푀쉬케의 것이 아니라 『아테네움』이 시작한 아방가르드적인 의미에서 양극화하는 것이었다. 보러에게 돌아갈 명예라면 인습적인 권위가 박탈당했다는 것이다.

　하지만 이 경우에 예리함과 영향력 사이의 거리는 크게 보아 베를린 공화국의 정치적 삶과 문화적 삶 사이에 보이는 넓은 분리의 지수로 볼 수 있다. 정치적 삶과 문화적 삶의 대비가 뚜렷하기는 하나, 본 체제 아래에서는 둘 사이에 기본적인 일치가 있었다. 그런 의미에서 전후 독일에서는 문화와 정치 모두 승인된 의미에서 민주적으로 되면서 대체로 문화가 정치와 불화를 일으키지 않았다는 레페니스의 테제가 타당하다. 연방공화국에 특유한 하버마스의 '헌법적 애국주의'라는 관념은 그러한 조화를 암묵적으로 축하하는 것이다. 다른 한편으로 1990년 이래 문화와 정치는 사이가 멀어졌다. 1987년 클라우스 레게비가 논쟁적인 『정신은 오른쪽에 있다』(Der Geist steht rechts)를 출판했는데, 너무 앞선 것이었다. 20년 후에 그러한 변화가 일어났다는 것이 명백했다. 지적 에너지는 오른쪽으로 흘러갔고 더 이상 저항은 없었으며, 언론에서는 여론의 추세라는 중요한 합의가 있었다. 하지만 정치 계급은 익숙한 서식지에 여전히 머물러 있었다. 적녹연정도, 흑적연정도 본 공화국 혈통의 중용을 크게 바꾸지 못했다. 하지만 구(舊) 서독 체제의 평형은 붕괴되었다. 계속되는 비틀림이 그 구성 부분을 떨어져나가게 만들었다. 경제 영역은 우파에게로 넘어갔다. 정치 영역은 아직 중도에서 크게 멀어지지 않았다. 사회 영역은 아래쪽에서 왼쪽으로 움직였다. 지적 영역은 그 반대 방향으로 집중되었다.

　이렇게 서로 다른 구조의 변화가 결국 어떻게 될지는 예상하기 어렵다. 독일의 수출 물량을 난파시킨 지구적 경제 위기로 인해 베를린의 연정이 마지막 해에 접어들고 연정 파트너 사이의 긴장이 고조되자, 이 나라는 하향 곡선에 접어들었다. 여론조사에 따르면, 기민련이 현재 사회민주당을 크게 앞서고 있는데, 이를 계속 유지하고 자유민주당이 충분히 견딜 수 있다면 흑황연정이 등장할 수 있을 것이다. 이것은 얼마 전까지 신자유주의적 처방에 따라 사회적 시장경제를 더욱 급진적으로 탈규제할 수 있는 자유로운 힘이 있었을 것이다. 경기침체로 인해 연기될 것이다. 그러나 자유민주당의 정체성이 확고한 반국가주의에 의존하고 있기 때문에 응급조치를 넘어서서 낡은 형태의 코포라티즘으로 돌아가는 것은 쉽지 않을 것이다. 다른 한편으로 점증하는 불평등과 사회적 불안정에 대한 공포가 확산되어 유권자들의 불만이 커질 경우 투표는 또 다른 대연정의 중심점으로 움직일 수 있다. 지적 분위기의 변화는 어느 쪽의 공식이 맞는지 탐색하는 과정에 영향을 끼칠 것이다. 어느 정도로 일치하는가는 다른 문제이기는 하지만 말이다. 몇 년 전에 국제축구대회를 홍보하는 광고판이 전국에 들어섰는데, 여기에는 이렇게 쓰여 있었다. '독일 ─ 사상의 나라.' 스포츠가 있는 곳에 유아증은 좀처럼 멀리 떨어져 있지 않다. 다행히도 이 나라의 사상의 전통은 축구의 광고 문안으로 축소될 정도는 아니다. 그러나 사회에서 사상이 차지하는 비중이 줄어들고 있다는 것은 확실하다.

실제로 비교적인 관점에서 독일 문화는 지난 30년 동안 사상보다는 이미지의 틀이라는 특징을 보였다. 그러한 관점에서 독일은 프랑스와 역할을 바꾸어 철학은 라인 강을 건너 서쪽으로 이주했고, 회화·사진·영화 등은 동쪽으로 건너갔다. 독일 문화에서 가장 생산적인 분야가 비주얼 아트였는데, 종종 걸출한 것도 있었다. 다양한 분야에 여러 사람이 있었다. 보이스, 게르하르트 리히터(Gerhard Richter), 로제마리 트로켈(Rosemarie Trockel), 안젤름 키퍼(Anselm Kiefer), 베허 부부(Bernd and Hilla Becher), 토마스 슈트루트(Thomas Struth), 안드레아스 구르스키(Andreas Gursky), 토마스 루프(Thomas Ruff), 파스빈더, 한스-위르겐 지베르베르크(Hans-Jürgen Syberberg), 라이츠 등이 이들이다. 당대 유럽의 어떤 사회도 이렇게 다양한 색깔이 있지는 못했다. 또한 더 나아가 다른 어느 곳보다 자국의 역사와 그 변화를 다루었으며, 그것도 폭발성 있는 방식으로 다루었다. 예상할 수 있듯이, 영화가 이것의 가장 직접적인 장소였다. 파스빈더의 「마리아 브라운의 결혼」은 1954년 월드컵 결승전의 떠들썩한 중계방송이 고조될 때 여주인공을 희생 제물로 삼고 있으며, 경제 기적의 회색빛 해골로서 헬무트 슈미트의 창백하고 뒤집어진 이미지가 화면을 가득 채우면서 끝난다. 라이츠의 「고향」 3부작은 ─ 제1부는 콜이 자신의 권력을 강화하던 1984년에 나왔다 ─ 새로운 세기에 부유하고 통일된 독일에서 금융적 포식자가 한 형제의 가족 기업을 파멸시키는 것으로, 그 형제는 라인 강 골짜기에서 비행기 추락 사고를 당하는 것으로, 강 아래쪽에서는 유고슬라비아 고아가 자살로, 지진에 의해 전설적인 그림 수집품이 땅에 묻히는 것으로 끝난다. 이것은 현대판 「니벨룽의 반지」의 배경과 암시를 나타낸다. 최후의 이미지는 어둠 속을 응시하는 가장 어린 여성 생존자인데, 카메라가 꺼져가면서 유령처럼 출몰하는 동물 가면을 천천히 닮아간다. 예술이 행하는 예고가 언제나 옳은 것은 아니지만 예술에는 그러한 측면이 있다.

6 이탈리아

‖ 2002년 ‖

이탈리아는 유럽의 협조 아래 오랫동안 특유한 위치를 차지했다. 국부와 인구라는 면에서 이탈리아는 프랑스, 영국, 독일과 나란히 유럽의 주요한 네 개 국가이다. 그러나 이탈리아는 유럽 대륙의 문제에 대해 그에 상응하는 역할을 한 적이 없으며, 의미 있는 외교 파트너 혹은 경쟁자로 간주되는 일도 거의 없었다. 이탈리아의 이미지는 강대국을 떠올리게 하지 않는다. 역사적으로 볼 때, 의심할 바 없이 이로 인해 오랫동안 이탈리아는 이웃 나라들이 불편해하지 않는 나라였다. 독일인, 프랑스인, 영국인 모두 서로 간에 느끼지 않은 따뜻한 감정을 반복적으로 표현했다. 비록 존경의 대상은 달랐지만 말이다. 이들의 언급 가운데 당대의 반향을 얼마라도 일으키지 않는 것은 없다. 잘난 체하는 바이마르를 떠나 로마로 간 괴테는 "관능적인 사람들 사이에서 사는 게 도덕적으로 좋다는" 것을 발견했다.[1] 이탈리아에서 조지 바이런(George Byron)은 "실제로 법률이나 정부가 없습니다. 하지만 그것들 없이 사태가 잘 돌아가는 게 놀라운 일입니다"라고 결론을 내렸다.[2] 이 나라를 잘 알았던 스탕

---

1 1 November 1786, *Italienische Reise*, Leipzig 1913, vol. 1, p. 126.

달(Stendhal)은 종종 다음과 같이 느꼈다. "이탈리아에서는 음악만이 살아 있으며, 이 아름다운 나라에서 만들어질 수 있는 모든 것은 사랑이다. 영혼의 또 다른 즐거움은 멋대로 하는 것이다. 사람들은 시민으로서 애수라는 독소로 죽어간다." 하지만 이탈리아인들은 역설적이게도 또 다른 실천의 대가들이기도 했다. "이탈리아 밖에서는 정치라고 부르는 예술을 짐작도 할 수 없을 것이다(힘이나 돈이 없을 때에도 다른 사람이 우리에게 동의하게 하는 방법). 참을성이 없고, 화를 억누르지 못한다면 정치라 불릴 수 없다. 이런 관점에서 나폴레옹은 진짜로 소인이다. 그의 몸에는 예민한 이탈리아인의 피가 흘렀지만 이를 사용할 줄 몰랐다."[3] 이렇게 우호적인 금언을 들자면 끝이 없을 것이다.

이탈리아인이 이탈리아에 대해 언급하는 특징적인 어조는 정반대이다. 대부분의 언어에는 그 민족의 전형적인 결점을 가리키는 자기비판적인 말투 — 대개 말놀이이거나 신조어이다 — 가 있다. 독일인들은 이를테면, 지역성에 기초한 정치에 대해 헤겔이 경멸적으로 서술한 독일인의 아둔함(Deutschdumm)을 인용할 수 있겠다. 프랑스인들은 프랑스인다움(franchouillardise)을 자랑하는 일을 개탄한다. 페루인들은 아주 엉망인 것을 페루인다움(peruanada)이라는 말로 표현한다. 브라질인들은 종종 브라질인다움(brasileirice)을 조롱한다. 영국인들은 이처럼 스스로를 비꼬는 반응이 없는 것처럼 보인다. 영국인다움(Englishry) — 스코틀랜드인인 톰 네언의 선물 — 은 영국에서 통용되지 않는다. 이탈리아는 반대극에 있다. 각 민족마다 스스로를 조롱하는 어휘를 상당히 가지고 있지만 그렇게 많이 쓰지는 않는다. 이탈리에타(italietta)는 이 나라의 경박함을 가리키는 말이다. 이탈리코(italico) — 한때 파시스트적인 허세로 많이 사용되었다 — 는 이제 헛된 가식이나 비열한 냉소주의와 동의어로 쓰인다. 이들 말은 대중의 말이 아니라 공적인 용어로 쓰인다. 이

2   2 January 1821, *Byron's Letters and Journals*, vol. 8, Cambridge, MA 1978, p. 55.
3   17 November 1816, 7 January 1817: *Voyage en Italie*, Paris 1973, pp. 9, 423.

탈리아인들은 자기 존중을 표현하지 않는다. 다른 나라 사람들이 [이탈리아에 대해] 좋은 의견을 말하는 것은 이탈리아인들에게는 여전히 낯선 일이다.

최근 전통적인 이런 자기 불신이 끈질긴 정치적 표어를 얻었다. 1980년대 말에 시작되어 1990년대에 고조된 표어에 이제 이탈리아가 '정상국가'가 되어야 한다가 등장했다. 이것이 1995년에 이탈리아 공산당의 전(前) 지도자가 발표한 선언의 제목이었다.[4] 그러나 이 문구는 모든 당파의 연설과 글에 들어 있는 라이트모티프였으며, 오늘날까지 언론에서는 강박적으로 이를 쓰지 않고 있다. 이 표어의 메시지는 이탈리아가 서방의 다른 나라들과 같아져야 한다는 것이다. 여기서 정상적인 것은 여느 때와 마찬가지로 전형적인 어떤 기준 이상의 것을 의미한다. 전형적이지 않은 것은 예외적일 수 있고, 따라서 전형적인 것보다 더 좋을 수 있다. 그러나 '정상적이지' 않은 것은 분명 전형적인 것보다 좋을 수 없다. 비정상 혹은 정상 이하이다. 이탈리아가 정상국가가 되어야 한다는 주장은 자신보다 우월한 다른 나라들을 닮으려는 갈망을 표현한 것이다.

이탈리아가 [다른 서방 국가들과] 다르게 된 비정상의 목록 전체는 설명에 따라 다르지만, 세 가지 특징은 모두가 내세운다. 기독교민주당의 헤게모니가 40년 동안 지속되었으며, 실질적인 정부의 교체가 없었다. 이 정권 아래에서 정치적 부패는 규모가 엄청나게 커졌다. 이와 연관된 조직범죄는 마피아의 활동이 시칠리아에서 로마와 북부로 확대되면서 하나의 권력이 되었다. 다른 민족적 결점도 종종 언급된다. 행정의 비효율성, 법에 대한 존중의 결여, 애국심의 부족 등이 그것이다. 그러나 이탈리아의 상황이 비정상이라는 광범위한 확신에서 복지부동의 정부, 만연한 부패, 군사화된 범죄 등은 중심적인 자리를 차지했다. 이에 대한 신중하고 균형 잡힌 설명으로는 피렌체에서 연구하고 있는 영국인 역

---

4 Massimo D'Alema, *Un paese normal. La sinistra e il futuro dell'Italia*, Milan 1995. 정상성의 맨 앞에는 "경쟁에 열려 있는 시장경제"가 놓여 있다. p. 63.

사가인 폴 긴스보그의 『이탈리아와 그 불만』(*Italy and Its Discontents*)보다
더 뛰어난 연구가 없다. 원래는 이탈리아어로 출판되었으며, 외국인 학
자가 이 나라에 대한 비판적 존경을 보인 최근의 기념비적 저작이다.[5]

물론 〔한 정당이〕 장기 집권한 것이 이탈리아에 고유한 일은 아니었다.
스웨덴 사회민주당은 40년 넘게 권력을 잡았으며, 오스트리아의 적흑
연합도 그 정도로 오래 지속되었다. 스위스 정부는 사실상 변함이 없다.
이들 사회는 심각한 질병으로 고통을 받기는커녕 일반적으로 유럽에서
가장 통치를 잘 하는 나라로 여겨진다. 일본의 정치적 부패는 이탈리아
의 정치적 부패보다 훨씬 더했다. 프랑스와 독일의 정치적 부패도 만만
치 않았다. 마피아는 분명 시칠리아에 고유한 것이기는 하지만 민족적
인 색채가 좀 덜한 수준에서 대부분의 동유럽, 특히 러시아에는 마피아
에 해당하는 것이 널리 있다. 북아일랜드, 바스크 지방, 코르시카 등은
서유럽에도 하나 이상의 주변 지역이 만성적인 폭력에 시달리고 있다
는 것을 상기시켜 준다. 진정한 비교 분석을 위해서는 각각에 대해 여러
가지가 구별되어야 할 것이다. 그러나 이탈리아를 비정상인 것으로 보
이게 하는 것이 그 질병 가운데 어느 하나가 아니라 다른 곳에서는 찾
아볼 수 없는 그 질병의 치명적인 복합체라는 것은 충분히 주장하고도
남는다.

어쨌든 한 사회에 고정관념이 강하다고 한다면, 갑자기 나타난 것은
아닐 것이다. 이탈리아에서 외국 모델에 대한 열망은 ―좀 더 선진적
인 세계를 모방하려는 욕망 ―처음부터 늦게 이루어진 국가 통일과 이
어진 국민국가의 취약점에 의해 야기되었다. 프랑스의 지방행정 체제
(prefectural system)에 대한 피에몬테의 집착은 ―지역 정체성을 고려하
지 않고 강제된 중앙집권 체제 ―초기의 예였다. 얼마 후 독일을 제국

---

5 Paul Ginsborg, *L'Italia del tempo presente: Famiglia, societa civile, Stato 1980~1996*,
Turin 1998. 영어판은 2001년 첫 번째 중도좌파 정부가 종식되었을 때까지의 변화
를 다루고 있다. 특히 제5장과 제6장 참조.

권력으로 존경하는 프란체스코 크리스피(Francesco Crispi)는 또 다른 예였다. 그러한 의미에서 해외의 제도를 모방하려는 열렬한 태도는 최근에 선언된 것으로 보이지만 뿌리 깊은 역사가 있다. 게다가 그것의 현대적인 모습은 불행했던 한 시대의 경험에 의해 강화되었다. 그것은 이탈리아가 어떤 외부의 모델도 따르지 않고 고유한 파시즘 속에서 다른 국가로 확산될 주요한 정치적 혁신을 개척한 때를 말한다. 그때 이후 많은 사람들에게 이탈리아의 토착적인 혁신은 저주스러운 것이었다. 안전하게 모방하는 것이 더 나은 일이었다. 1980년대까지 야당이 기독교민주당(DC)에 대해 상상하게 된 방식은 민족적 독특함에 대한 파멸적인 대안적 유형에다 연관시키는 것이었다. 그것은 괴물 같은 자연의 돌연변이인 백경(Balena Bianca)으로, 바다에 사는 멜빌의 살인 물고기와 비슷한 것이었다.[6] 전설에 따르면, 제2공화국의 도래를 알린 것이 이 괴물에 꽂은 최후의 작살이었다.

1

왜냐하면 그러한 것이 오늘날 이탈리아인들이 정치 질서에 딱지를 붙이는 통상적인 방식이기 때문이다. 이러한 설명에서 제2차 세계대전 종전과 함께 출현한 제1공화국은 1990년대 초에 극적인 격변 속에 붕괴했다. 제1공화국이 붕괴한 가운데 좀 더 현대적인 제도가 등장했는데, 여전히 불완전하지만 이전 제도에 비해 결정적으로 개선된 측면이 있었다. 그것은 이 제2공화국의 완전한 성취였으며, 가야 할 길이 좀 더 남아 있기는 하지만 결국 이탈리아를 정상국가로 만들 것이다. 이것이 지난 10년에 대한 공식적 해석이며, 모든 면에서 널리 공유되고 있다. 물론 여기에는 국외의 패러다임이 배후에 자리 잡고 있다. 이탈리아에서 제1공화국에서 제2공화국으로의 이행은 유비적으로 프랑스에서

---

6 기독교민주당(Democrazia Cristiana)의 상징색이 흰색이다.

제4공화국에서 제5공화국으로의 이행으로 파악된다. 어쨌든 두 나라에서 1945년 이후에 만들어진 정권 간에는 눈에 띄는 유사성이 있었다. 급속한 경제성장, 강력한 이데올로기적 양극화, 대규모의 대중 정당, 정치적 방향은 별로 바뀌지 않은 상태에서 일어난 내각의 잦은 교체, 지중해 주변부의 폭력적 위기를 통제하지 못하는 무능력 등이 그것이다.

각각의 경우에 구(舊) 공화국이 무너진 데는 잇달아 일어난 국제적 사건이라는 맥락이 있었다. 프랑스의 경우에는 유럽 식민주의의 종식이, 이탈리아의 경우에는 냉전의 종식이었다. 움베르토 보시(Umberto Bossi)의 롬바르디아 동맹의 프티부르주아적인 선구자는 제4공화국의 최종적인 위기를 촉진한 피에르 푸자드의 운동에서 찾을 수 있다. 롬바르디아 동맹은 1991년에 다른 정당들과 합쳐 북부동맹을 형성했고, 이 동맹은 이탈리아의 전통적인 정당 체제의 버팀목을 약화시켰다. 이 모든 측면에서 프랑스의 준거점은 1990년대 초의 이탈리아 상황에서 이해될 수 있는 것으로 보인다. 구(舊)질서의 누적된 질병을 카타르시스적으로 없애버리고 국가를 좀 더 건전한 토대 위에서 재구성한다는 희망을 정당화한다는 것이다. 시대의 과제는 북쪽에서 안정적인 제5공화국의 기초를 마련한 샤를 드골의 역사적 성취를 모방하는 것이었다. 그러나 그렇게 복제한 시나리오에서 누가 이탈리아의 드골 역할을 할 것인가?

1992년 4월 집권 연합은——1980년대 이래 기독교민주당의 영원한 '악마'(Beelzebub)인 줄리오 안드레오티와 사회당의 황소 같은 우두머리인 베티노 크락시가 지배했다——다시 한 번 선거를 통해 권좌에 복귀했다. 최근에 정당 체제에 들어온 보시의 운동은 북부에서 놀라운 성과를 이루었지만, 전국적인 결과에 영향을 끼칠 정도는 아니었다.[7] 여느 때와 다르지 않은 것처럼 보였다. 그러나 한 달 후에 밀라노 검찰은 두 지배

---

7 초기 동맹의 생태계에 대해서는 다음을 참조. Ilvo Diamante, *La Lega. Geografia, storia e sociologia di un nuovo soggetto politico*, Rome 1993, pp. 19~42. 1992년에 이 당은 8.65퍼센트를 득표했으며, 하원에서 쉰다섯 석을 얻었다.

정당의 주요 인물에게 부패 혐의로 수사를 받고 있다는 첫 번째 공식 통보를 했다. 거의 같은 때에 시칠리아에서 마피아를 뿌리 뽑겠다는 단호한 의지의 상징인 조반니 팔코네(Giovanni Falcone)가 탄 자동차가 팔레르모 외곽에서 매복 공격을 받아 날아갔다. 이 두 충격적인 사건으로 구질서는 갑자기 해체되었다. 이후 몇 달 동안 밀라노 검찰은 정치 계급과 이들의 기업가 파트너에 대한 대규모 조사를 시작했다. 언론에서는 이를 두고 탄젠토폴리(Tangentopoli), 즉 뇌물의 도시(Bribesville)라고 했다. 1년이 조금 지난 뒤 크락시는 튀니지로 도망갔고, 안드레오티는 마피아와의 공모죄로 기소되었다. 1993년 가을이 될 때까지 상원의원과 하원의원의 절반 이상이 부패 혐의가 있다는 경고를 받았으며 ─ 여론조사에서는 유죄라고 생각했다 ─ 국민투표를 통한 선거법 개정으로 이들을 선출한 비례대표제가 철폐되었다. 이러한 소용돌이 속에서 이탈리아의 전통적인 지배자들이 일소되었다. 1994년 봄이 되자 기독교민주당과 사회주의 정당들이 사라졌다. 이들과 함께 군소 동맹 정당도 소멸되었다.

이런 난파 상태에서 주요 정당 가운데 하나만이 상처를 입지 않은 채 나타났다. 논리적으로 볼 때, 혁신자 역할을 할 수 있는 후보는 이탈리아 공산주의의 후계자들로 보였다. 이들은 최근 좌파민주당(PDS)으로 모습을 바꾸었다. 프랑스의 드골주의와 마찬가지로 이탈리아의 공산주의는 1945년 이후 체제의 안정화에서 배제되어 야당을 형성했고, 많은 추종자가 있었으며, 체제의 타락에 따른 신뢰 손상을 입지 않았다. 1958년의 드골과 마찬가지로 1992~93년의 좌파민주당은 구질서의 붕괴에 책임이 없었으며, 드골이 자신이 부추기지 않은, 알제의 대령들의 반란을 파리에서 권좌에 오를 때 이용한 것과 마찬가지로 좌파민주당은 자신이 관여하지 않은, 탄젠토폴리에 대한 검찰의 공세를 1947년 이래 막혀 있던, 로마에 있는 공직의 문을 열 때 활용하려 했다. 드골은 제5공화국을 구성하면서 변칙적인 범위의 동맹자들을 끌어들였다. 앙투안 피네(Antoine Pinay), 기 몰레, 기타 예상 밖의 사람들이 첫 번째 연합의 일부를 구성했으며, 드골이 새 헌법을 만드는 데 도움을 주었다. 드골은 나중에 이들을 쫓아냈다. 좌파민주당도 다양한 국외자를 비롯해 기회주의자들과 ── 자만심 강한 것으로 유명한 기독교민주당의 마리오 세니(Mario Segni), 고집불통의 급진주의자 마르코 파넬라(Marco Pannella), 여전히 파시스트 지도자인 잔프랑코 피니(Gianfranco Fini) ── 한 팀을 이루어 제1공화국이 기초하고 있는 비례선거제를 없애는 1993년 국민투표를 추진했다.[8]

하지만 이 지점에서 [프랑스와의] 유비가 깨진다. 드골은 파리에 자리를 잡자 프랑스 정치 체제의 재조직화를 확고하게 책임졌다. 그는 국가의 재구성에 착수하면서 모든 주도권 행사를 관리했고, 다양한 동조자를 받아들이거나 쫓아내거나 했던 것이다. 반면 좌파민주당은 세니가 발의한 국민투표라는 임시 대열에 올라탔다. 좌파민주당은 대중을 동원할 수 있는 능력은 있어도, 정치적 방향을 제시할 능력은 없었던 것이다. 이러한 차이는 더 큰 차이를 보여준다. 둘 사이의 유사점에도 불구하고 이탈리아 공산주의의 상속자들은 드골보다 훨씬 취약한 위치에 있었다. 드골이 고향인 콜롱베레되제글리즈(Colombey-les-Deux-Églises)에 물러나 있던 때와 같은 시기에 이탈리아 공산당은 로마의 정부에서 완전히 배제되어 있었지만, 드골이 제4공화국에 대해 비타협적인 태도를 취한 것과 달리 그렇게 하지 않았다. 1980년대가 되자 이탈리아 공산당은 이탈리아의 지역 수준에서는 다양한 지방정부의 연합에 참여했고, 전국 수준에서는 기독교민주당의 암묵적인 파트너로서 준(準)내부자가 되었다. 전국적인 수준에서 대부분의 입법은 공산당의 동의 아래이루어졌다.[9] 따라서 공산당도 어느 정도는 구질서의 특징이었던 정부

---

8 세니의 설명은 다음을 참조. Mario Segni, *La rivoluzione interrotta*, Milan 1994. 그의 전반적인 어조는 이렇다. "4월 18일에 실시된 국민투표로 이탈리아는 제1공화국에서 제2공화국으로 넘어갔다. 고백하건대 그날 저녁 나는 정말 자부심을 느꼈다." 당시 기성의 견해를 가졌던 사실상 모든 기관지가 공유했던 감정이다.
9 이러한 연합의 수준과 관련하여 경우에 따라 통과된 법률의 90퍼센트가 그렇

아래의 지배 기구(sottogoverno)의 전형적인 관례에 —공공사업 계약에
대한 커미션, 유관 조직에 대한 보조금, 당의 주요 인물을 위한 주거—
연루되었다. 위기가 터지자, 이탈리아 공산당은 깨끗한 정부의 옹호자
로 공격적인 태도를 취하기가 쉽지 않았던 것이다.

　더 큰 어려움은 이탈리아 공산당이 전후에 전반적으로 변화한 것에
있다. 공산당은 그람시에게서 —『옥중수고』는 1948년에 처음 출판되
었다— 엄청난 지적 유산을 받았다. 전술적인 선택이나 억압이라는 요
소가 있기는 했지만, 이로부터 이탈리아 공산당은 유럽의 다른 좌파에
게는 없는 대중적인 정치 문화를 만들어냈다. 이탈리아의 다른 정당은
이와 비교할 만한 유산이 없었다. 그람시 사상의 독창성은 국내에서 광
범위하게 수용되었을 뿐만 아니라 1960년대 이후에는 해외에서도 점
차 인정받았다. 그렇다면 여기에 부정할 수 없게 생동감 있고 비타협적
인 순수한 이탈리아의 전통이 있다고 할 수 있다. 그러나 톨리아티 시대
의 이탈리아 공산당은 스스로 성장하고 있던 잔가지이기만 한 것은 아
니었다. 이탈리아 공산당은 소련이 지휘하는, 규율 잡힌 국제운동의 구
성 부분이었다. 전후에 국제운동의 전략은 내적인 이유로 —어쨌든 모
스크바의 바람과 일치할 경우— 계속해서 온건했으며, 시간이 지나면
서 이탈리아 공산당은 점차 소련의 외교적 계산에서 벗어났다. 그러나
당의 내적 구조에서는 스탈린주의적 조직이었으며, 밖에서는 여전히 러
시아와 연관된 것으로 보였다. 1960년대 말에 당의 의회주의적 관점과
완전히 상충되는 급진적인 학생들과 노동자들의 급증으로 곤경에 처
한 공산당은 내부의 가장 활기찬 반대파를 —재능 있는 마니페스토 그
룹— 숙청하는 것으로 대응했고, 점차 이 나라를 공동으로 운영하는 기

다고 추정된다. 이에 대해서는 다음을 참조. Frederic Spotts and Theodor Wieser,
Italy: A Difficult Democracy, Cambridge 1986, pp. 113~15. 알레산드로 피초르노
(Alessandro Pizzorno) 등은 후일 당시의 정치 체제에 대한 표준적인 설명을 뒤집어
서 포함 협약(conventio ad includendum)이라고 서술한다.

독교민주당과의 협상에 당의 미래를 걸었다.

그러나 소비에트와의 관계는 끊어지지 않았다. 이탈리아 공산당의 가장 오른쪽에 있는 지도자인 강적 조르조 아멘돌라(Giorgio Amendola)는 자신의 당이 영국 노동당의 이탈리아 판이 되어야 한다고 공공연하게 말했지만, 소비에트와의 관계에 심하게 집착했고 정기적으로 불가리아에서 휴가를 보냈다. 기독교민주당이 공산주의자들이 제안한 '역사적 타협'을 거부하고 좀 더 고분고분한 파트너로 사회당을 선호하자, 이탈리아 공산당 지도부는 좀 더 공개적으로 모스크바로부터 거리를 두었다. 그러나 1980년대가 되면 그것은 너무나 늦은 일이었고, 장고 끝에 당이 생각할 수 있는 행동 방침은 워싱턴이라는 반대극으로 가는 것이었다. 이탈리아 공산당의 최후의 실질적 지도자인 엔리코 베를링구에르(Enrico Berlinguer)는 이제 공산당은 나토의 보호 아래 있는 것이 더 안전하다고 선언했다. 언론에 있는 당의 지지자들은 이를 환영했지만, 당이 유권자들의 신뢰를 더 많이 얻지는 못했다. 1989년 베를린 장벽이 무너지자 새 지도부는 급하게 당명을 버렸으며, 곧 당의 과거 대부분을 부인하기 시작했다. 정보도 존엄성도 없이 실시된 이 작전은 소득이 별로 없었다.[10] 1940년대에 선두에 있던 프랑스 제국주의자인 드골은 민족이라는 더 상위의 이익에 따라 알제리 독립 협상을 수완 있게 처리함으로써 1960년대에 프랑스 식민제국의 붕괴 속에서도 별다른 상처 없이 등장할 수 있었다. 당명을 바꾼 좌파민주당은 미적지근한 이데올로기적 수프를 위해 유산을 포기함으로써 더 이상 고유한 이탈리아적 전통을 대표할 수 없었고, 유권자들이 당의 희생을 존중하지도 않는 것으로 보였

---

10 이렇게 수행된 전환에 대해 신중하지만 혹독한 성찰은 다음을 참조. Alberto Asor Rosa, *La sinistra alla prova. Considerazioni sul ventennio 1976~1996*, Turin 1996, pp. 124~42. 이후 구성된 좌파민주당의 지도부 내에서조차 갑작스러운 단절에 대해 불화가 상당했다. 다음을 참조. Giuseppe Chiarante, *Da Togliatti a D'Alema. La tradizione dei comunisti italiani e le orgini del PDS*, Rome-Bari 1996, pp. 210~16.

다. 국가적 위기 전야인 1992년 선거에서 당의 득표율은 기록적인 수준으로 낮아져 16.5퍼센트에 불과했다. 이는 15년 전의 득표율의 절반도 안 되는 수치였다.

그래도 1993년 말까지도 여전히 정치적 풍경은 경쟁 정당 혹은 반대정당이 깨끗이 치워졌기 때문에 대안 세력이 없어져서 좌파민주당이 권력을 잡기 직전인 것처럼 보였다. 좌파민주당을 중심으로 형성된 연합은 얼마 전에 로마, 나폴리, 베네치아, 트리에스테, 팔레르모 등지의 시장을 당선시켰다. 대부분의 의회 의석이 소선거구제로 결정되는 새로운 선거법이 ─좌파민주당도 이 선거법을 만드는 데 조력했다─실시되었다. 좌파는 전후 최초의 승리를 거둘 자세였다. 하지만 하룻밤 사이에 이를 도둑맞았다. 1994년 1월 마지막 주에 이탈리아 최대 언론 제국의 소유주인 실비오 베를루스코니가 이 나라를 좌파민주당이 이끄는 카르텔의 마수에서 구하기 위해 자유의 기둥(Polo delle Liberta, 1994년 선거에 등장한 중도우파 선거 연합)을 이끌 것이라고 선언했다. 며칠 내에 그는 새로운 정치운동을 출범시켰는데, 그 이름은 국가대표 축구팀 팬의 노래인 '전진 이탈리아!'(Forza Italia!)에서 따왔으며, 그의 지주회사인 피닌베스트(Fininvest)의 경영진이 이를 조직했다.[11] 전진 이탈리아는 보시의 북부동맹 및 남부에 있는 피니의 민족연맹(Alleanza Nazionale)과 연합을 형성하여 적색 정부의 위험에 맞서는 공동 전선을 만들었다. 두 달 후 자유의 기둥은 절대 다수를 확보하는 압승을 거두었다. 이탈리아 좌파는 제2공화국의 지도자가 되는 경쟁에서 우파 연합에게 신속하고도 완전하게 허가 찔렸다.

모든 진영이 새로운 정치 국가가 필요하다는 수사법을 쏟아내는 가운데 이러한 결과로 이어진 아이러니한 논리가 있었다. 승리를 거둔 베

---

11 이 당이 만들어진 방식에 대한 가장 훌륭한 연구는 에마누엘라 폴리가 꼼꼼하게 증거를 제시한 다음 책이다. Emanuela Poli, *Forza Italia: Strutture, leadership e radicamento territoriale*, Bologna 2001.

를루스코니, 보시, 피니의 삼두정치는 이탈리아의 정치에서는 새로운 세력이었던 것에 비해, 제1공화국의 일부분이었던 좌파민주당 및 그 제휴 정당 대부분은 그렇지 않았다. 경제적으로 볼 때, 베를루스코니의 경제적 부는 구질서에서 받은 호의에 근거한 것이다. 계보학적으로 볼 때, 피니는 살로(Salò) 공화국[12]에 충성하는 파시스트 전통에서 왔다. 그러나 이들은 주요한 정치 행위자로서는 미지수였고, 신선함이라는 아우라를 쉽게 뿜어낼 수 있었다. 보시에 대해 말하자면, 그는 1980년대 말과 1990년대 초 진정으로 뛰어난 침입자였다. 거의 하룻밤 사이에 베를루스코니가 이 이질적인 세력을 하나로 묶어낸 것에 성공한 것은 놀랄 만한 일이었다. 북부의 작은 도시에 사는 지역 제조업자와 상점 주인에 기반을 둔 보시의 북부동맹은 로마의 관료제와 남부의 후견주의(clientelism)에 —이는 피니의 선거 기반이었다—아주 적대적이었다. 전자는 급진적 이행과 탈규제를 대표했고, 후자는 사회적 보호와 국가주의적 중앙집권을 대표했기 때문에 서로를 혐오했다.

세계 최초로 하나의 회사처럼 커진 정당인 전진 이탈리아는 베를루스코니의 개인적 부와 텔레비전 방송 시간에 대한 통제권이 없었다면 불가능했을 것이다. 그러나 이 정당의 정치적 성공에 핵심적이었던 것은 천성적인 적대 세력인 이 두 세력을 나란히 동맹으로 만든 그의 능력이었다. 이 두 세력은 이탈리아 반도의 양쪽 끝에 있었기 때문에 서로 경쟁하지 않았던 것이다. 좌파는 이에 상응할 만한 결집 능력을 보여주지 못했기 때문에 패배했다. 우파 연합은 43퍼센트가량을 득표했다. 좌파는 34퍼센트를 얻었다. 나머지 가톨릭 중도파는 —세계관이라는 점에서 우파보다는 좌파에 가깝다— 16퍼센트를 얻었다.[13] 비례선거제였

---

12 1943년 파시스트 이탈리아가 연합군에 패배하고 난 후에 무솔리니가 독일의 보호 아래 새로 세운 망명정부를 말한다. —옮긴이

13 선거 결과에 대한 자세한 분석은 다음을 참조. Stefano Bartolini e Roberto D'Alimonte(eds.), *Maggioritario, ma non troppo. Le elezioni politiche del 1994*, Bologna 1995. 특히 다음 글을 참조. Luca Ricolfi, "Il voto proporzionale: il nuovo

다면 중도좌파 정부가 되었을 것이다. 그러나 소선거구제 아래에서 — 비례대표제가 일부 남아 있어 약간 완화되기는 했지만 — 좌파와 중도파의 선거 연합이 부재했기 때문에 둘 다 패배했다. 좌파민주당은 세니의 국민투표 제안을 지지함으로써 스스로 무덤을 팠던 것이다.

2

마지막에 가서 승리를 강탈당한 좌파는 패배가 너무나도 고통스러웠다. 어떻게 이탈리아 국민이 베를루스코니 같이 수상쩍은 사람에게 투표할 수 있었는가? 좌파민주당과 그 주변 사람들만 당황한 것은 아니었다. 이탈리아 기성 질서의 여러 영역도 마찬가지였다. 피아트 회장인 조반니 아넬리(Giovanni Agnelli), 올리베티의 데 베네데티(De Benedetti) 같은 기업가 — 이들은 각각 『라 스탐파』(*La Stampa*)와 『라 레푸블리카』(*La Repubblica*)에 영향력 있는 대변인이 있다 —, 공화국 대통령인 오스카르 루이지 스칼파로(Oscar Luigi Scalfaro), 중앙은행의 테크노크라트들, 수많은 법조인과 여러 지식인들, 계몽된 가톨릭교도 등도 마찬가지로 당황했다. 해외의 『파이낸셜 타임스』와 『이코노미스트』는 베를루스코니를 처음부터 인정하지 않았고, 지금까지도 그러하다. 따라서 좌파가 1994년 3월에 있었던 첫 번째 후퇴의 충격 이후에 이탈리아의 신임 총리의 정당성을 날카롭게 공격하기 시작했을 때 넓은 공명판이 있었다. 근본적이고 상호 연관된 두 가지 공격이 그에게 가해졌다. 그가 소유한 언론이나 출판사는 말할 것도 없고 대규모 민영 텔레비전의 통제가 고위 관직을 맡는 것과 양립할 수 없다는 것이다. 이는 경제적 이해관계와 명백히 충돌할 뿐만 아니라 민주주의의 핵심인 권력의 분립을 침해하는 것이다. 더 나아가 그가 온갖 종류의 부정을 통해 추가적인 부(富)를 모아 미디어 제국을 세웠다는 것을 의심할 만한 충분한 이유가 있었다. 그의 선

---

spazio italiano", pp. 273~315.

전과 달리, 이 나라의 새로운 지배자가 구질서의 최악을 체현하고 있었다. 자유로운 사회에 상시적인 위험이 될 부도덕과 불법이 결합되어 있다는 것이다. 거칠게 말하면, 이것이 베를루스코니에 대해 해외의 지배적인 견해로 지속되어 왔다.

사실의 진위 여부에 대해서는 의문의 여지가 별로 없다. 규모가 작은 은행의 직원 아들인 베를루스코니는 밀라노 교외 지역의 개발로 처음 돈을 벌었고, 1970년대 중반에 상업 텔레비전으로 옮아갔다. 밀라노는 이탈리아 국가의 최상층에서 기독교민주당이 가지고 있던 우선권 및 경제적 기반을 깨뜨린 이탈리아 사회당의 독재자인 크락시의 정치적 기반이었다. 기독교민주당은 오랫동안 정당 조직에 돈을 대기 위해 만연한 부패에 의존했지만, 정치적 힘은 교회와 연결된 가톨릭 정당으로서의 대중 기반에 두고 있었다. 이탈리아 사회당은 여기에 비견할 만한 사회적 기반이 없었고, 대중적 지지 기반을 벌충하기 위해 더욱더 강탈에 의존할 수밖에 없었다. 또한 전리품을 두고 벌이는 경쟁이 치열해지면서 부패의 정도는 더욱 심해졌다. 크락시 지도 아래에서 정치적 가두분자 세대는 당의 옛 지도자들과 전통을 청산하면서 어찌어찌 당을 통제하게 되었다. 여기서 이탈리아 사회당 내의 반대파는 신중, 회피, 익명성 등을 우선시하는 관료제 내부에서 복종과 순응을 통해 성장했다. 능란한 술책과 발 빠른 전술적 변화에 능숙했던 이탈리아 사회당 조직은 종종 이탈리아 공산당을 수세적인 자세에 빠지게 하는 정치적 주도권을 보여주었다. 그러나 사회당은 계속해서 재정적으로 기름칠을 해줘야 하는 기구였다. 크락시가 자신의 목표인 총리가 되었을 무렵인 1980년 중반의 투기 붐은 과소비 분위기를 자극했고, 이 분위기에서 정치 계급에게 가해졌던 예전의 제약은 없어지고 있었다. 이제 이탈리아 사회당은 정부의 분위기를 좌지우지했고, 기독교민주당은 부화뇌동했다. 1987년 석유화학기업 에니몬트(Enimont)를 만들기 위해 지배 정당 사이에 들어간 '엄청난 뇌물'만 1억 달러였다.[14]

베를루스코니의 경력은 이렇게 제1공화국의 마지막 10년 동안 일어난 구조적 변화를 따라간 것이다. 그의 첫 번째 부동산 거래는 사회당이 지배하던 밀라노 시가 허가한 계획에 좌우되는 것이었다. 그가 텔레비전으로 옮아갔을 때는 이미 크락시와 친밀한 관계였다. 크락시는 베를루스코니 자식의 대부가 되었으며, 두 번째 결혼의 증인이 되었다. 정치체제 내에서 사회당이 기독교민주당과의 공동 지배로 나아가면서 베를루스코니의 텔레비전 제국도 성장했다. 1983년 크락시가 총리가 되었을 때, 이미 베를루스코니는 —헌법재판소를 무시하고— 두 개의 전국 채널을 통제했다. 마침내 그가 세 번째 채널을 취득하자 이에 분노한 행정관들(praetors)은 1984년 10월 어느 날 밤 세 개 방송국에 방송을 중단하도록 했다. 크락시는 이 행위가 위헌이라는 긴급명령을 발표했고, 이를 임시적으로 확인하기 위해 의회에서 법률을 억지로 통과시켰다. 6년 후 베를루스코니가 이탈리아 상업 방송의 80퍼센트를 장악하게 할 목적으로 이를 승인케 하는 입법이 —이른바 마미 법(Legge Mammi)— 사회당의 압력 속에 의회에서 줄리오 안드레오티에 의해 가결되었다. 이일로 유권자의 신임을 잃은 안드레오티의 당〔기독교민주당〕이 분열하게 되었다.[15] 분명히 어떤 대가도 없이 한 사람의 사업가에게 그렇게 특권적인 국가의 호의를 베풀었다는 것은 말이 안 되는 것 같다.

결국 베를루스코니의 제국은 텔레비전 방송국과 엄청난 이윤을 낳는 광고회사뿐만 아니라 이탈리아에서 가장 명망 있는 출판사, 가장 대중적인 소매점, 가장 성공한 축구팀까지 손에 넣게 되었다. 그러나 처음부터 베를루스코니에게는 다른 면이 있었는데, 루퍼트 머독(Rupert Murdoch)보다는 로널드 레이건에 가까운 자기 이미지였다. 그는 젊은 시절 아드리아 해를 오가는 크루즈 선에서 노래하는 가수였다. 후일 피

14 모든 내용에 대한 설명은 다음을 참조. Gianni Barbacetto, Peter Gomez, Marco Travaglio, *Mani pulite, la vera storia. Da Mario Chiesa a Silvio Berlusconi*, Rome 2002, pp. 153~68.

15 이 에피소드에 대해서는 다음을 참조. Giuseppe Fiorio, *Il venditore. Storia e Silvio Berlusconi e della Fininvest*, Milan 1995, pp. 174~86.

닌베트스[16]의 냉정한 최고경영자가 되는 페델레 콘팔로니에리(Fedele Confalonieri)와 함께 피아노를 치면서 불안한 고음으로 노래했다. 그는 회사들을 긁어모으고 시장의 지배만을 원한 게 아니라 청중에게 매력적으로 보이고 깊은 인상을 주기를 원했다. 자신의 외모를 자랑하는—매끈한 얼굴과 지나친 웃음에서 벼락부자가 된 투박함이 묻어난다—베를루스코니는 언제나 경영진의 방이 아니라 무대의 속성인 육체적 매력과 인기를 좇았다. 그의 대화의 트레이드마크는 농담(barzelletta)이다. 일종의 '웃기는 이야기'인데, 이때 레이건은 끊이지 않는 원천이었다. 좀 더 저속하기는 했지만 말이다. 이렇게 통속적인 면이 대다수 이탈리아인이 베를루스코니를 싫어하는 이유가 되지는 않았다. 이것은 시청 등급이 높은 그의 방송국의 문화이며, 그가 정치적 장에 들어가는 데 핸디캡이 되지는 않았다. 지식인층은 그가 총리가 되자 이를 악물었지만, 다수의 유권자는 그의 스타일에 맞추었다.

하지만 공직에 오른 베를루스코니에 대해 정치 경험이 없다는 것이 곧 화젯거리가 되었다. 그는 독재적인 과감한 추진력을 보여주기보다는 이상하게 우유부단했으며, 첫 번째 권한 행사가—탄젠토폴리 기소에 대한 사면 시도와 연금 축소—강한 반대에 부딪히자 재빨리 물러섰다. 그러나 어쨌든 그의 재임 기간은 짧았다. 선거 전 몇 달 동안 밀라노 검찰은 주요한 이탈리아 기업가에 대한—이 가운데에는 피아트, 올리베티, 페루지 등이 포함되었다—공개적인 수사에 착수했지만, 베를루스코니는 빠졌다. 하지만 그가 총리가 되자 수사가 급진전되었다. 탄젠토폴리를 단속한 밀라노 검찰 집단, 그러니까 마니 폴리테(깨끗한 손) 집단은 중립적이거나 비정치적인 세력이 아니었다. 이탈리아의 검사들과 판사들은—이 둘이 경력상 구분되지 않는 것이 이탈리아 체제의 특징이다—매우 정치화된 집단이며, 이 속에서 암묵적인 정당 지지와 공개적인 전문직 분파는 당연한 것으로 간주되었다. 밀라노 집단도 예외는

---

16 Fininvest: 베를루스코니가 소유한 지주회사를 말한다. —옮긴이

아니었다. 이들이 이데올로기적으로 동질적인 것은 아니었지만——어느 고위 인사는 좌파민주당에 가까웠고, 또 다른 인사는 피니의 국민연합 (AN)과 가까웠다[17]—— 제1공화국의 무절제함에 대한 적대감에서는 일치했다. 베를루스코니가 깨끗한 민주주의의 약속을 찬탈하는 방식에 대해 좌파가 느꼈던 실망감도 한몫했다. 밀라노 검찰의 분노는 좀 더 심각한 문제였다. 11월 말 밀라노 검찰의 수장은 공화국 대통령인 오스카르 루이지 스칼파로에게 전화로 부패 혐의로 총리에 대한 수사 예비 통지 (avviso di garanzia)가 발부될 것이라고 알려주었다. 베를루스코니는 나폴리로 떠날 준비를 하고 있었다. 나폴리에서 초국가적인 조직범죄에 대한 세계 각료회의를 주재하기로 되어 있었다. 다음 날 나폴리의 총회 자리에서 그는 굴욕적인 통지를 받았다.

뒤따른 혼란 속에서 두 번째 올가미가 등장했다. 좌파민주당은 봄의 패배 이후에 새로운 지도자를 얻었다. 40대 초반의 마시모 달레마 (Massimo D'Alema)는 매복과 표변의 대가인 크락시가 지배하던 시절의 이탈리아 사회당 청년단에서 성장했지, 뒤늦게 변한 이탈리아 공산당 지도부 밑에서 성장한 인물이 아니었다. 무대 뒤에서 베를루스코니에 대한 질투심을 자극하는 식으로 보시에게 공을 들였다. 그는 구질서에 대한 반란을 일으켰고, 거물에 대해 거친 사람들이 보이는 계급적 증오가 있었다. 12월이 되자 달레마의 목적이 달성되었다. 지배 연립 내에서 1/3의 의석이 있던 북부동맹은 갑자기 정부에서 나가겠다고 선언했다. 베를루스코니는 다수파의 지위를 잃었으며, 사임할 수밖에 없었다. 제2공화국의 첫 번째 정부는 고작 9개월간 지속되었을 뿐이다. 제1공화국의 평균치보다도 짧았다.

모든 주요 정당이 맹세한 정책에 따르면, 정치적 투명성을 위해 새로운 선거를 실시해야 했다. 1992년 이래 새로운 내각을 구성하기 위해

---

17 각각 제라르도 담브로시오(Gerardo D'Ambrosio)와 피에르카밀로 다비고 (Piercamillo Davigo)이다.

유권자의 동의 없이 의회 내에서 연합 세력을 지속적으로 바꾸는 것보다 더한 제1공화국의 악은 없다는 것이 만장일치 의견이었다. 제2공화국에서는 이 정책이 실시되어 유권자들이 어떤 후보에 투표할 경우 자신의 의사가 하원에서 기회주의적으로 충성심을 바꾸는 것에 의해 뒤바뀌지 않으리라는 것이 보장될 수 있었다. 보시는 주로 북부동맹보다는 자유의 기둥에 투표한 유권자 덕분에 의회에 진출했으며, 그 지역구는 전진 이탈리아가 보시의 당을 위해 양보한 곳이었다. 보시가 갑자기 진영을 바꾸자 베를루스코니는 당연히 배신감을 느꼈고, 민주적 의사가 어디에 있는지를 확인하는 새로운 선거를 요구했다. 의회 해산은 불편부당한 것으로 간주되는 대통령의 권한이었다. 하지만 유권자들이 너무 빨리 자신들의 정서를 표현케 할 경우에 베를루스코니가 총리직에 복귀할까 봐 두려워한 스칼파로는 (당시 재무 장관이던) 은행가인 람베르토 디니(Lamberto Dini)를 총리로 하는 새로운 내각을 구성하는 데 참여했다. 그에게 기꺼이 협력했던 사람은 달레마였는데 ― 제1공화국의 관습을 유지하고 있으며, 공인된 제2공화국의 원칙에 전적으로 반대했다 ― 그는 시간을 벌면서 유리한 선거 결과를 낳을 수 있는 상황을 만들기 위해 중도좌파가 정부에 협력하도록 지휘했다. 보시의 제노포비아 정당은 실제 '좌파의 갈비뼈'였다고 좌파민주당 지도자가 설명했다.[18] 시간이 흐르면서 디니 자신은 ― 베를루스코니 진영에서 나온 또 다른 배신자 ― 중도좌파 연합의 지주로 변신했다.

새로운 질서에 대한 첫 번째 시험에서 나온 이 역설적인 결과는 이탈리아 정치 문화의 유전적 코드를 이해하는 실마리이다. 여기서 중요한 것은 다른 유럽 언어에는 해당 용어가 없는 'spregiudicato'(선입견이 없는)가 담고 있는 관념이다. 문자 그대로 하면 '선입견이 없다'는 뜻이며, 다른 나라에서와 마찬가지로 이탈리아에서도 칭찬할 때 쓰곤 한다.

---

18 "Una costola della sinistra." 이 말은 1995년 2월 12일에 한 것이다.

원래 이 말의 18세기의 의미가 그렇다. 당시 이 말에는 강한 계몽사상의 함의가 있었으며, 오늘날까지 보존되고 있다. 모든 이탈리아어 사전에 나오는 첫 번째 뜻은 다음과 같다. "정신의 독립, 편파 혹은 선입견에서의 자유." 하지만 19세기를 거치면서 이 말은 두 번째 의미를 가지게 되었는데, 같은 사전에 다음과 같이 나와 있다. "양심의 가책의 결여, 자제의 부족, 뻔뻔함." 오늘날에는 두 가지 의미가 사실상 섞여 있는데, 이 점이 중요하다. 다른 유럽인들에게 '편견이 없는 것'과 '부도덕한 것'은 도덕적으로 정반대이다. 그러나 이탈리아인들에게 'spregiudicatezza'(공명정대)는 사람에 따라 존경할 만한 열린 사고와 유감스러운 무자비함 둘 다를 의미한다. 이론적으로는 맥락이 의미를 결정한다. 실제적으로는 공통의 용법이 둘 사이의 차이를 무화시킨다. 현재 일반적으로 'spregiudicato'가 함의하는 것은 전자가 아니라 후자를 가리킬 때도 칭찬이다. 암묵적인 것이 이 용어가 가진 일상적인 힘이 된다. 양심의 가책은 편견이 아닌가? 노선에 따라, 경우에 따라 뜻이 바뀌는 것을 대혁명 이전 프랑스의 자유사상가적 문학에서도 찾아볼 수 있다. 등장인물이 편견이 없다고(sans préjugés) 묘사할 때, 그건 성적 금지가 없는 것을 의미했다. 하지만 현대 이탈리아에서 이런 식의 생략은 체계적이며, 권력의 장에서 주로 쓰고 있다.

이런 의미로 이해되는 'spregiudicatezza'는 이탈리아 정치에 등장하는 변화무쌍한 인물과 세력의 공통된 특징을 보여준다. 그것이 이들 사이의 정치적 차이를 없애지는 않지만, 마치 냉소주의라는 점에서 구별되지 않는 것처럼 일반적인 에테르에 이들을 목욕시키며, 이 속에서 다른 곳에서라면 분명하게 알 수 있는 도덕적 전투의 선명한 대조는 반짝이는 중간 색조의 스펙트럼에 자리를 내준다. 보는 각도에 따라 끊임없이 변화하는 표면의 물결이라 할 수 있다. 마음대로 예를 더 만들 수 있다. 러시아 의회를 포격하는 탱크에 대해 어떤 양심의 가책도 없으며, 윤리적 원칙을 인격화한 사람으로서 모두가 존경하는 민주주의 저명한 이론가. 자기 당에 필요할 경우 살로 공화국의 젊은 폭력배들에게 친절하게 말을 거는 전복의 네메시스이자 부패하지 않는 판사. 한때는 베니토 무솔리니(Benito Mussolini)가 20세기의 가장 위대한 정치가라고 말했지만, 그다음에는 레지스탕스 베테랑에 의해 헌법의 수호자라고 인정을 받은 떠오르는 정치가. 뇌물수수죄의 최대의 적이지만 사업가 친구들에게 리무진과 무상 대출을 받은 두려움 없는 검사. 이중 기준의 허용이 기준 자체가 언제나 동일하다는 것은 아니다. 이데올로기적·정치적 차이는 다른 곳과 마찬가지로 실재하며 강력하다. 만연한 실용주의가, 도덕주의가 진짜로 폭발하는 것을 배제하는 것은 아니다. 국민 문화가 전적으로 일관된 것은 아니며, 탄젠토폴리에 대해 시민의 분노가 얼마나 강렬했는지를 보지 못하는 것은 잘못이다. 이 분노는 최근 사태에 대한 예외적인 배경을 이루었다. 그러나 공식적인 매수에 대한 대중적인 혐오감과 공식적인 매수가 단단한 기본 입장으로 공존하는 것은 이탈리아 대중 전반이 전통적으로 편견이 없다는 것을 보여주는 일이다. 처음부터 베를루스코니의 노골적인 평판에 대한 유권자들의 무관심을 어떻게 설명할 수 있을까?

디니 정부는 동일한 감수성에 대해 좀 더 생생한 그림을 보여주었다. 이 정부 구성원의 대부분은 스칼파로가 뽑았는데, 좌파는 위기 시에 그의 대통령으로서의 역할을 제2공화국을 위한 책임성과 정직성의 가장 훌륭한 예로 보고 그를 칭송했다. 실제로 스칼파로는 구질서의 전형적인 기독교민주당원이며, 체제 변화의 옹호자들이 아주 싫어하는 정부의 몇몇 구성원을 치장해 주었다. 당시 그는 한 레스토랑에서 식사를 하던 중 옆 테이블에 앉아 있는 모르는 여자가 입고 있는 드레스가 자기가 보기에 너무 야하다고 생각해서 일어나 발로 찬 일로 유명했다. 하지만 그는 4년 동안 크락시의 내무 장관으로 뒷전에서 일했다. 1992~93년 봇물 터지듯 스캔들이 터져나왔을 때, SISDE — 비밀 정보기관으로 이탈리아 판 MI5 — 의 직원들은 자신들이 매달 1억 리라가 든 봉투를 재직한 모든 내무부 장관에게 건네주는 일을 했다고 말했다. 물론 질문은 허용되지 않았다고 한다. 네 명의 장관 이름이 언급되었다. 로마 검찰은 이 가운데 두 명인 안토니오 가바(Antonio Gava)와 빈첸초 스코티(Vincenzo Scotti)에 대한 조사를 시작했다. 두 사람은 이미 정치적으로 사망했으며, 우연히 현직 장관이던 세 번째 인물인 니콜라 만치노(Nicola Mancino)는 혐의가 벗겨졌다.

네 번째 인물이 지금 대통령인 스칼파로였다. 검사들은 그에 대한 어떤 증거도 검토하지 않기로 했을 뿐만 아니라 증인을 증언 '번복'을 이유로 기소했다. 검사장인 비토리오 멜레(Vittorio Mele)의 기억할 만한 말에 따르면, "그들의 말이 진실인지 아닌지는 상관없는 일"이었다. 좌파는 이를 불쾌하게 생각하지 않았다. 시칠리아의 판사가 위원장을 맡은 조사위원회는 얼마 안 있어 스칼파로를 무죄라고 선언했다. 디니 정부가 구성되었을 때 이 판사, 즉 필리포 만쿠조(Filippo Mancuso)는 후하게도 법무 장관에 임명되는 보은인사를 받았다. 하지만 곧 그가 밀라노 검찰을 다루는 방식을 둘러싸고 갈등이 생겼다. 스칼파로는 이제 자신의 행위 때문에 물러나게 되었고, 중도좌파는 의회에서 그에 대한 불신임안을 제출했다. 상원에서 발의하기로 한 날에 ─토론이 텔레비전으로 중계되었다─ 귀에 거슬리는 목소리의 만쿠조가 연단에 올라가 어안이 벙벙한 국민들에게 스칼파로가 주도한 SISDE 뇌물 자금에 대한 자신의 보고서를 측근인 가에타노 지푸니(Gaetano Gifuni)를 통해 이미 수정했다고 발표했다. 고함소리가 뒤따랐다. 이런 비방에 분개해서 제정신이 아니었던 중도좌파는 만쿠조를 탄핵하여 망각에 빠뜨렸다.[19] 선거에서 이 나라를 위험한 시련에 빠뜨리지 않게 했던 대통령은 의심을 받지 않았다. 편견 있는 사람들만이 그를 부패 정치와 연관시켰다.

단기적으로는 이런 곡예를 한 것이 잘못 판단한 것은 아니었다. 스칼파로의 지연 전술로 중도좌파는 시간을 벌었고, 달레마는 이 시간을

---

19 이 과정에 대해서는 다음을 참조. "Soldi SISDE. Su Scalfaro vince Mele", *Corriere della Sera*, 12 November 1993; Riccardi Scarpa, *Scalfaro*, Rome 1999, pp. 71~77; Barbacetto et al, *Mani pulite*, pp. 105~06, 393~95.

잘 활용했다. 1996년 봄 선거가 실시되자 좌파민주당은 로마노 프로디를 —가톨릭 배경의 경제학자이며, 국영 산업재건연구소(IRI: Istituto per la Ricostruzione Industriale)를 경영하여 존경을 받았다— 베를루스코니에 맞설 수 있는 후보로 보았고, 그를 내세워 광범위한 올리브 나무(Ulivo) 동맹을 만들었다. 다른 한편으로 베를루스코니는 북부동맹과의 연합을 재건할 수 없었다. 동맹이 선거에 단독으로 나섰던 것이다. 전체 투표를 보면 중도우파의 지지가 실제로 올랐지만, 이들은 분열되어 있었고 중도좌파는 단결했기 때문에 의회에서 올리브 나무 정부가 아슬아슬한 다수를 차지하는 결과를 낳았다.[20] 프로디는 총리가 되었고, 좌파민주당 인사가 부총리가 되었다. 승리한 연합의 약속은 이탈리아 공적 생활의 일관된 근대화, 이탈리아적 비정상의 제거, 이탈리아를 서방의 기준으로 제고하는 것 등이었다. 이제 확실히 제2공화국의 시간이 왔다.

3

승리자들 앞에는 복잡한 아젠다가 놓여 있었다. 제1공화국이 붕괴하는 데 방아쇠를 당긴 것은 부패와 범죄였다. 그러나 이 만성질환 뒤에서 다른 두 가지 압력이 중요한 배경 역할을 했다. 첫 번째 것은 1992년에 맺어진 마스트리히트 조약이었는데, 이를 통해 유럽통화동맹에 가입하기 위한 '수렴 기준'이 마련되었다. 이로 인해 오랫동안 유럽연합의 다른 주요 경제보다 훨씬 높은 수준이었던 이탈리아 공적 부채와 예산 적자를 크게 줄여야 했다. 해외에서는 이탈리아가 그렇게 허리띠를 졸라맬 수 있는지에 대한 의구심이 널리 퍼져 있었다. 두 번째로 긴급한 문제는 북부의 지역주의였다. 북부동맹의 반란은 연방주의적 해결책이 나

---

20 선거 결과에 대해서는 다음을 참조. Paolo Natale, "Mutamento e stabilità nel voto degli italiani", in Roberto d'Alimonte and Stefano Bartolino(eds.), *Maggioritario per caso*, Bologna 1997, pp. 208 이하.

오지 않는다면, 이탈리아의 통일성을 침식할 정도로 심각했다. 이렇게 초민족적인 변화의 온상과 지역적인 변화의 온상 이외에 1992~93년의 국가적 위기가 남겨놓은 미완의 과제가 있었다. 1990년대 중반이 되자 군사적 전환을 시도했던 시칠리아의 마피아가 쪼개지며, 과도한 정치적 부패에 재갈이 물렸다. 그러나 안정된 법질서가 수립되지는 못했다. 정의는 말뿐이었고 체계는 없었다. 조세·행정·교육 등의 미비는 널리 알려져 있었다. 덜 중요한 것은 아니지만, 끝으로 새로운 선거제도는 거의 모두에게 만족스럽지 못한 것으로 드러났다. 원래 의도한 것은 의회에 진출하는 정당의 숫자를 줄이는 것이었지만 도리어 늘어났고, 한마디로 이도저도 아니었다. 대다수 사람들은 행정부를 강화하기 위해 헌법 개정이 필요했다고 주장했다.

이렇게 산더미 같은 과제 속에서 프로디에게는 우선 해야 할 과제가 있었다. 그가 받은 교육이나 기질로 보아 그의 주된 관심은 경제였다. 총리인 그의 주된 목표는 1998년으로 예정된 단일통화 체제에 들어가기 위해 마스트리흐트 기준을 이탈리아가 만족시킬 수 있도록 하는 것이었다. 이런 시각에서 볼 때, 정상성은 ─ 지난날을 무화하거나 은근슬쩍 수정하지 않고 ─ 자유화된 유럽 경제에 완전히 통합되는 것이었다. 그것은 인플레이션을 통제하고, 적자를 줄이고 공적 부채를 적절한 수준으로 만들기 위해 예산 규율을 엄격히 하는 것이었다. 간단하게 말하면, 정통 거시경제학의 틀이다. 프로디는 이런 일을 했더랬다. 물론 가능하다면 전통적인 사회적 관심사에 의해 완화된 것이지만 말이다.

중도좌파 정부는 이런 목표를 추구하면서 일관되고 효율성을 보였다. 독일 은행가들이 놀랄 정도로 이탈리아는 마스트리흐트 조약의 목표를 시간 안에 맞추고 통화동맹에 가입했으며, 공적 부채에 대한 이자 지불을 그 어느 때보다 낮게 할 수 있었다. 이런 부단한 노력에는 포괄적인 조세 개혁이 수반된 것이 아니라 ─ 이탈리아는 여전히 고급 레스토랑 소유자나 변호사보다 노동자들에게 더 높은 비율로 세금을 받아내는 나라이다 ─ 최소한 좀 더 효율적이고 다소는 덜 불공평한 재정 확보가 수반되었다. 수렴 비용은 높았다. 1990년대에 모든 주요 산업 사회에서 가장 낮은 성장률을 기록했으며, 높은 수준의 청년 실업과 지방 실업은 ― 남부는 20퍼센트가 넘었다 ― 실질적으로 줄어들지 않았다. 여전히 유럽통화동맹에 가입한 것이 올리브 나무 정부의 주요한 성과라는 것은 의심의 여지가 없다. 하지만 그것은 과거의 방향이 가장 지속되는 것이기도 했다. 마스트리히트 조약은 부분적으로 안드레오티가 만들고, 또 조인했으며, 조약을 실시하기 위해 가장 크게 재정을 짜낸 것은 제1공화국 말기에 크락시의 오른팔이었던 줄리아노 아마토(Giuliano Amato)의 작품이다. 이런 의미에서 프로디는 구질서의 기독교민주당과 사회당이 물려준 유산의 유능한 집행자였다. 금융 엘리트와 산업 엘리트는 그 유산을 둘러싸고 언제나 단결했다.

그러나 물론 통화(通貨) 통합은 제2공화국이 슬로건으로 약속한 근대화의 주된 내용이 아니었다. 이탈리아가 주변국이 누리고 있는 정직하고 효율적인 정부를 가질 수 있도록 하는 헌법적·선거적·행정적 개혁일 수밖에 없었다. 이 일에 처음부터 앞장섰던 것은 프로디가 아니라 달레마와 좌파민주당이었다. 1997년 초 달레마는 자신을 의장으로 하는 양원 합동위원회를 만들어 헌법 개정을 추진했다. 헌법 개정은 의회에서 2/3의 다수가 필요하고, 따라서 야당과 어느 정도 협상을 해야 하기 때문에 양원 합동위원회라는 형식은 정부 수반인 프로디를 제치고 그가 베를루스코니를 비롯해 피니와 논의할 수 있는 공적인 장을 마련해 주었다. 달레마 위원회는 더 강력한 ― 필요할 경우 준대통령제의 ― 행정부 아래에서 정치 체제 내의 군소 정당을 주변화하는 협약에 이 두 사람을 끌어들이려는 목표가 있었다. 이로부터 이제까지 좌파의 맹렬한 비난의 대상이었던 두 지도자에 대해 달레마가 존경을 표시하는 것이 드러났다. 곧 이 세 사람은 이탈리아에 책임성 있고 깨끗한 정부가 들어서게 하는 과제 속에서, 장래의 파트너로서 서로에게 찬사를 보냈다. 그 결과는 매우 새로운 수준의 정치적 정당성을 베를루스코니에게 선사한 것이다.

이를 보고 올리브 나무 정부의 다른 지지자들은 말할 것도 없고, 좌파민주당의 수많은 평당원은 침을 삼켜야 했다. 3년 전에 베를루스코니를 물러나게 했던 기소 내용은 탄젠토폴리의 기준으로 보면 상대적으로 작은 일이었다. 재무경찰에게 뇌물을 주는 것이었다. 이들이 강탈한 것인지는 분명하지 않다. 그때까지 베를루스코니는 하급 법원에서 이 일과 분식회계로 유죄판결을 받았고, 밀라노 검찰은 미궁 같은 그의 지주회사까지 조사 범위를 넓혔다. 대중이 보기에 그에게 걸린 여러 소송은 여전히 어느 정도는 기술적인 것이었다. 그러나 1996년 초 바의 재떨이 밑에 숨겨 놓은 도청기를 통해 로마의 주요 판사인 레나토 스킬란테(Renato Squillante) ── 이 이름의 뜻은 '고음을 내는'이다 ── 와 다른 두 명의 동료가 체포되는 일이 일어났다. 로벨리 가문이 제기한 파산 심판에서 600억 리라 이상의 뇌물을 받고 6,780억 리라라는 거금에 유리한 판결을 한 죄목이었다.[21]

이 수사의 단서는 아름다운 금발의 골동품 거래상인 스테파니아 아리오스토(Stefania Ariosto)에게서 나왔는데, 그녀는 베를루스코니와 가까운 사이였다. 베를루스코니가 정계에 진출했을 때, 그는 두 명의 저명한 법률 자문인 비토리오 도티(Vittorio Dotti)와 세자레 프레비티(Cesare Previti)를 데리고 왔다. 도티는 밀라노 출신이며, 프레비티는 로마 출신인데, 서로 앙숙이었다. 아리오스토는 도티의 정부였으며, 아마 프레비티의 정부이기도 했을 것이다. 밀라노 검찰의 심문을 받은 그녀는 프레비티가 상당한 금액의 현금을 티베르 강의 유람선 여행이나 다른 자리에서 스킬란테에게 주는 것을 보았다고 말했다. 얼마 후에 스위스 은행 계좌를 통해 프레비티 및 다른 두 명과 로마의 판사들 사이에 송금이 이루어졌다는 것을 확인했는데, 이는 그들이 기소당한 뇌물수수 건과 정확히 일치하는 것이었다. 그 이후의 수사를 통해 베를루스코니 본인

---

21 이어진 미궁에 대한 조사는 다음을 참조. Barbacetto et al., *Mani Pulite*, pp. 419~74.

도 프레비티를 통해 SME 식품 및 캐터링 그룹 인수전에서 유리한 판결을 얻기 위해 거의 50만 달러의 돈을 스킬란테 주었다는 것이 드러났다. 이런 주장의 성격은—자본 측에서 중견 판사에 대한 체계적인 매수—제1공화국의 붕괴에서 드러난 이전 스캔들을 넘어서는 것이었다. 이 스캔들의 대부분은 행정부의 부패와 관련이 있는 것이지, 사법 자체의 핵심에서 일어난 일은 아니었다.

이탈리아 신문들이 양원의 화기애애한 토론에 대해 보도한 것은 국민들이 그런 배경을 잊어달라는 뜻이었다. 헌법을 둘러싼 거래의 대가로 베를루스코니가 원했던 것은 검사들에게 족쇄를 물리는 것이었는데, 달레마는 이미 이를 고려하고 있었다. 그러나 양원에서 좌파민주당의 교묘한 술수가 결국 북부동맹의 반대와—북부동맹이 보기에 그것은 거래 대상이 아니었다—이미 베를루스코니가 얻어낸 정도의 사면에 만족한 그의 기민한 보좌관들의 계산 때문에 실패로 돌아갔다. 이들은 또한 달레마가 새로운 헌법의 설계자라는 월계관을 얻는 것을 바라지 않았다. 1998년 여름, 수없이 초안이 오고간 끝에 야당은 갑자기 논의 중단을 선언했다.

이것은 좌파민주당에게 심각한 타격이었지만, 몇 달 후 달레마는 이를 만회했다. 처음부터 올리브 나무 정부는 의회 내에서 연합에 속하지 않는 한 세력의 지지에 의존했다. 이는 1989년에 있었던 이탈리아 공산당의 변화의 조건에 반대했던 당내 분파인데, 재건공산당(RC)으로서 좌파민주당 왼쪽의 당으로 뿌리를 내렸다. 그해 가을에 프로디의 예산안이 재건공산당을 만족시키기에는 너무 양보하지 않는 것이었기 때문에 달레마는 그를 실각시킬 수 있는 기회를 얻었다. 이는 완만한 방식으로 이루어졌다. 그는 멀리 떨어진 남아메리카에 머물며 재건공산당에 자기가 구성할 좀 더 좌파적인 정부에 대한 희망을 넌지시 알리는 것으로 충분했다. 그리고 그가 귀국했을 때 불신임 안건 발의 시에 연합 내의 모든 의원이 참석하지 못하는, 뜻밖의 운 좋은 일이 생겼다. 프로디는 하원에서 한 표가 부족했지만 이런 상황에 속지 않았다. 달레마는 스탕

달이 제대로 본 이탈리아적 특성의 대가임을 보여주었다. 국가를 권력과 의무의 객관적인 구조로 보는 것이 아니라—국민적 통일이 오랫동안 부재했던 것의 결과—주관적 의지와 지성을 능숙하게 행사하는 것으로서의 정치라는 예술 말이다. 이것은 이미 마키아벨리에게서 볼 수 있었던 조합이다. 이것의 정반대를 마키아벨리의 꿈을 가로막은 스페인의 제국 문화에서 찾아볼 수 있다. 어느 정도 예의를 차리는 시간이 흐른 후에 신임 총리가 누구인지는 놀라운 일이 아니었다.

이 우아한 작전에는 대가가 따랐다. 프로디는 위험할 정도로 분노했지만, 그를 유럽 집행위원회 의장으로 브뤼셀로 보냄으로써 이는 보기 좋게 해결되었다. 브뤼셀로 간 그는 곧 분노를 누그러뜨렸다. 그러나 제1공화국의 관례를 생생하게 떠올리게 한 이 복잡하고 분열적인 모습을 대중한테 들켰고, 혁신 세력으로서의 올리브 나무 동맹의 신뢰는 타격을 받았다. 여전히 좌파민주당에 의회 쿠데타는 그들이 보기에 더욱 중요하다는 의미에서 이탈리아의 정상성을 향해 나아가는 필요한 단계였다. 이탈리아 공산당의 후계자들은 지배 연합 한가운데에 있는 장식품이었고—실제로 지배 연합 내에서 유일하게 실체가 있는 당 조직이었다—정부 내에서 '주요한 지분 보유자'로서 자유롭게 발언할 수 있었다. 하지만 여전히 시대착오적인 편견 때문에 이들은 자신들의 주장을 상징적인 힘으로 전환할 수 없었다. 이는 다른 유럽 나라에서 마찬가지로 일어난 일이었다. 이 터부를 깨기로 결심한 달레마는 스스로가 총리가 되었다.

그렇다면 중도좌파 내에서 실질적인 나라와 법적인 나라 사이의 간극을 메운 결과는 무엇이었는가? 계속해서 좌파민주당이 우선시한 것은 선거제도의 변경이었다. 널리 이야기된 헌법 개정은 언제나 그 자체가 목적이 아니라 이를 위한 수단이었다. 그것은 처음부터 강력한 대통령제를 원한 우파와 협상할 때 거래할 수 있는 물품이었다. 그러나 예전 공산주의자들만이 5년 전에 있었던 격렬한 위기 속에서 급조된 '마타렐라 법안' 혹은 잡종 체제를 폐지하는 과감한 선거제도 개혁이 안정된 제2공화국을 만드는 데 핵심적인 일이라고 느낀 것은 아니었다.[22] 거의 전 언론이 이를 지지했으며, 세니와 파넬라—비례대표제를 폐지하는 국민투표 원안의 발의자들—는 이 일을 완수하기 위한 제2차 국민투표를 주장했다. 선거제도에 이해관계가 있는 정당들은 다른 나라의 모델, 주로 앵글로-아메리카에서 영감을 받은 모델을 주장했다. 이 논쟁에 대해 강력하면서도 명료한 개입은 조반니 사르토리가 내놓았다. 그는 비교 선거제에 대한 세계적인 권위자로서, 컬럼비아 대학 교수이고 석간지 『코리에레 델라 세라』(Corriere della Sera)에 칼럼을 쓰면서, 화려한 일련의 논쟁 속에서 대통령 직선제 및 결선투표제의 프랑스 모델을 옹호했다.[23]

좌파민주당은 프랑스 식 대통령제를 좋게 보지 않았는데, 왜냐하면 대통령제가 보이는 권력의 인격화가 베를루스코니나 피니에게 유리할 것이라고 생각했기 때문이다. 그러나 좌파민주당은 긴급하게 결선투표제(double tour)를 원했다. 실제로 이것은 처음부터 좌파민주당이 가장 중요시한 전략이었다. 그 이유는 분명했다. 기존 체제 아래에서 당은 유권자의 20퍼센트 정도에 머물러 있었다. 모자이크인 중도좌파 내에서 가장 큰 당이지만, 여전히 유럽 기준으로는 작은 당이었다. 정공법으로는 선거 경쟁에서 더 나아갈 수 없었던 좌파민주당은 왼쪽의 경쟁 정당

---

22 이 법안은 발의자인 기독교민주당 의원 세르조 마타렐라(Sergio Mattarella)에서 이름을 따왔다. 이 법안이 나온 시기의 배경에 대해서는 다음을 참조. Paolo Pombeni, "La rappresentanza politica" in Raffaele Romanelli, *Storia dello Stato italiano dall'Unità a oggi*, Rome 1995, pp. 120~24.

23 Giovanni Sartori, *Come sbagliare le riforme*, Bologna 1996; *Una occasione mancata?*, Rome-Bari 1998, pp. 51, 71 참조. 사르토리는 마타렐라 법안의 '비례화된' 소선거구제인 '이탈리아적인 교활함'을 비난했지만, 순수한 프랑스 체제를 원한 것은 아니었다. 왜냐하면 그는 두 명의 후보만이 결선투표에 나가도록 할 경우 이탈리아의 상황에서 이것은 1차 투표에서 두 후보 양 측면에 있는 극단적인 정당이 영향력을 발휘할 수 있도록 할 것이며, 중앙의 선택지를 없애버릴 것이라는 점을 우려했기 때문이다. 따라서 최소한 세 명의 후보가 필요하다고 보았다.

을 제거해서 유권자들의 선택 범위를 좁힐 필요가 있었다. 잠재적으로는 오른쪽의 경쟁 정당에 대해서도 그러했다. 무엇보다 좌파민주당은 재건공산당의 도전을 물리치고자 했다. 재건공산당은 좌파민주당에 실망한 유권자들을 끌어들일 수 있는 세력이며, 중도좌파 정부를 밖으로부터 오는 원치 않는 압력에 종속시킬 수 있는 세력이었다. 하지만 이런 목적을 겉으로 드러내서는 안 되었다. 좀 더 솔직하고 일관성 있는 사르토리는 결선투표제가 북부동맹과 재건공산당 모두를 제거하는 데 핵심적인 것이라고 주장했다. 그는 두 세력을 모든 정책이 자유주의적 중도로 수렴하는 안정된 비이데올로기적 질서의 출현을 위협하는 쌍둥이라고 보았다.

달레마와 그의 당은 이러한 변화를 이끌어내기 위해 어마어마한 에너지를 투여해서 이러저러한 수단을 사용했다. 그런 변화가 베를루스코니에게도 유리하다는 것을 그가 알아채기를 희망하면서 말이다. 그러나 베를루스코니는 잠시 혹하기는 했지만, 좀 더 빨리 그리고 좀 더 확실하게 권좌에 복귀하는 길은 결선투표제를 확고하게 반대했던 보시와의 연합을 재개하는 것이라는 점을 곧 깨달았다. 좌파민주당이 정치적 게임의 룰을 바꾸기 위해 점점 절망적으로 5년 동안 쉬지 않고 들였던 노력의 결과는 거의 소극(笑劇)으로 끝났다. 적극적으로 결선투표제를 요구한 끝에, 2000년 봄 달레마가 총리를 그만두고 새로운 선거가 1년밖에 남지 않았을 때 좌파민주당은 갑작스레 소선거제에 대한 세니-파넬라의 국민투표안을 지지했으며(그때까지 좌파민주당은 이를 거부했다), 이것이 실패하자 독일식의 완전 비례대표제로 돌아섰지만(좌파민주당은 10년 동안 이를 반대했다) 성공할 리 없었다. 이는 그저 다가올 선거에서 예정된 패배를 막기 위한 수단에 불과했다. 이처럼 별다른 성과도 없고 수치스러운 기회주의의 순례 여행은 상상하기 어려운 일이었다. 헌법 개혁의 원장을 보자면, 거기에는 별다른 진전이 없는 대로였다.

실제로 이탈리아 사법제도의 개혁이 더 시급했다. 이탈리아 사법제도는 파시즘에서 유래하는 법률, 즉 자의적인 긴급 권한, 혼란스러운 절차 및 교도소 상황의 혼합물이었다. 실제로 여기에는 서유럽 어느 곳에서도 찾아볼 수 없는 오래된 파노라마가 있다. 이탈리아에는 인신보호영장이 없는데, 누구라도 예비 구금(custodia cautelare) 체제 아래에서 3년 이상 기소 없이 감옥에 가둘 수 있다. 이 체제 아래 있는 사람이 수감자의 절반이 넘는다. 회개법(rules of pentitismo) 아래에서 증인은 기소 면제권이 보장될 뿐만 아니라 적절한 증언을 할 경우 국가가 보상을 해주기까지 한다. 그것도 법정에 출두하지 않거나 증거로 받은 것을 녹화한 것 없이도 그렇게 할 수 있다. 아마 이탈리아 정보국(SISDE)의 정보원에 따르면, 스칼파로와 그 동료들이 매달 받은 돈봉투가 증거가 된다. 앞서 언급한 것처럼 사법부의 경우 검사와 판사 사이에 경력의 분리나 기능의 분리가 거의 없다. 이탈리아 식으로 말하자면 기소를 하는 사람은 증거를 판단하는 사람, 즉 판사(giudici)와 자신을 동일시한다. 감옥을 보자면, 대략 5만 명의 수감자가 수용 능력이 절반밖에 안 되는 곳에 빽빽하게 갇혀 있다. 3심제의 재판 체계가 있는데, 평균 소요 기간은 10년이 넘으며, 법원에 계류 중인 재판이 현재 300만 건이 넘는다.[24] 이런 정글에서는 비효율성이 잔인함을 완화하기도 하지만, 그것을 보충하기도 한다.

이런 체제 아래에서 갑자기 북부에서는 정치적 부패에 맞서, 남부에서는 마피아에 맞서 검사들이 십자군 같은 행동을 했던 것이다. 밀라노와 팔레르모의 수사관들이 이 악(惡)에 맞서 보여준 개인적인 용기와 열정은 이탈리아의 최근 행정부 역사에서 전례가 없는 일이었다. 시칠리아의 경우, 수사관들은 매일같이 목숨을 걸었다. 그러나 이들 또한 양심의 가책을 많이 느끼지 않는 문화의 산물이었다. 예비 구금이 협박 수단으로 사용되었다. 수사가 임박했다는 것을 불법적인 방식으로 누출하는 것이 수사 대상 관직 보유자들을 무너뜨리기 위해 계속해서 이용되

---

24 Matt Frei, *Getting the Boot: Italy's Unfinished Revolution*, New York 1995, p. 73 참조.

었다. 불법 증거가 거리낌 없이 수집되었다. 안드레오티에 대한 소송의 경우, 검찰 측 핵심 증인은 증언의 대가로 공급을 받고 있는 중에도 또 다른 살인을 저지른 살인자였다. 검사와 판사의 경력을 분리해야 한다는 제안은 심하게 공격받았다. 이러한 관행의 합리화 결과는 언제나 똑같았다. 이탈리아는 비상사태였다. 정의는 개인의 권리를 엄격하게 지켜줄 형편이 되지 못했다. 그러나 물론 그것은 비상사태에 대한 대응만이 아니라 그것을 영속시켰다. 법에 대해 만연한 불신은 그 원칙을 구부려도 치유되지 않는다. "우리는 이탈리아를 양말 뒤집듯이 뒤집었다."[25] 밀라노 검찰 가운데 가장 깨끗한 피에르카밀로 다비고는 이 나라가 세탁바구니에서 버려야 할 세탁물인 것처럼 선언했다는 이야기를 들었다.

스타 검사인 안토니오 디 피에트로(Antonio Di Pietro)가 모든 언론에서 가장 주목받던 1990년대 전반이 마니 풀리테의 위신이 가장 높았을 때이며, 이때는 좌파에서도 검사들의 활동에 의심의 목소리를 거의 내지 않았다. 달레마 본인은 결코 이러한 무비판적인 찬사에 휩쓸리지 않았다. 그러나 여기서도 단기적인 전술적 고려가 일관된 원칙보다 우선시되었다. 대부분의 경우 검사들의 인기를 의식한 좌파민주당은 여기에 편승하려 했다. 결국 달레마는 베를루스코니에 대한 기소에도 불구하고 국가 지도자로서 인정하면서도 1997년에 디 피에트로를 당선 가능한 상원의원으로 영입했다. 당 상층부 내에서 개인적인 우려가 어떠했는지는 모르지만 이탈리아 사법제도의 최악의 측면 —— 예방 구금, 돈을 받고 하는 증언, 검사와 판사의 융합 —— 에 대한 공적인 비판은 없었다. 따라서 좀 더 방어적인 대안을 위해 당파적인 사례를 만들려는 우파에게 여지가 있었다. 그것도 이 방어적인 대안의 신뢰를 떨어뜨릴 뿐인 냉소주의로 말이다. 이 힘의 장에서는 어떤 의미 있는 구조적 개혁도 불가능했다.[26] 5년간의 올리브 나무 정부가 끝난 후에 검사들은 분수를 모르

---

25 *Rivoltare l'Italia come un calzino*. 다비고는 후일 이 말은 자신이 아니라 당시 법무장관이던 줄리아노 페라라(Giuliano Ferrara)가 했다고 주장했다.

고 안드레오티까지 기괴하게 기소를 했지만 그는 풀려났고, 베를루스코니에 대해서는 좀 더 그럴듯한 죄목으로 기소하려 했지만 실패했다. 그러는 사이에 이탈리아는 아드리아노 소프리(Adriano Sofri)의 투옥을 환호하는 밀라노 검찰 수장의 비극적 스펙터클로 취급되었다. 밀라노 검찰은 그를 회개죄에 따른 증거로 투옥했는데, 좌파가 그를 옹호했지만 그 증거를 부인할 수는 없었다.[27] 감옥 체계의 상태는 언제나처럼 끔찍했다.

다른 부문에서 중도좌파의 성취는 좀 더 훌륭했다. 비록 두드러진 성과는 없지만 말이다. 행정부의 규제는 어느 정도까지 단순화되었으며 ─5만 개가 넘는 법률이 존재하는 나라에서 이는 시민들에게 별다른 문제가 아니었다. 독일은 5,000개가량의 법률이 있다 ─ 재정 자원은 지역으로 양도되었다. 대학 체제도 제한적이나마 개혁이 있었다. 이탈리아 대학에서는 전통적으로 3/4의 학생들이 학위를 마치지 못했다. 그러나 돈이 더 투입되지 않는다면 실제적인 변화가 일어날 것 같지는 않다. 다른 한편으로 좌파민주당이 하원과 상원에서 메디아세트(Mediaset)의 수장과 협상하면서 헌법재판소가 베를루스코니의 텔레비전 프랜차이즈에 규정한 임기 제한을 거부하기로 하여 이탈리아 미디어의 수준을 높일 수 있는 기회가 날아갔다. 대외정책에서 달레마는 유고슬라비아를 공습하는 나토를 위해 활주로로 이탈리아를 제공했다. 이는 기독

---

26 이탈리아 사법 체제에 대한 균형 잡힌 평가는 다음을 참조. David Nelken, "A legal revolution? The Judges and Tangentopoli" in Stephen Gundle and Simon Parker (eds.), *The New Italian Republic: From the fall of the Berlin Wall to Berlusconi*, London 1996, pp. 191~205.

27 1997년 10월 14일에 프란체스코 사베리오 보렐리는 소프리에게 유죄를 선고하는 판결에서 "완전히 동의한다"라고 표현했다. 이에 대해서는 다음을 참조. Carlo Ginzburg, *The Judge and the Historian: Marginal Notes on a Late-Twenties-Century Miscarriage of Justice*, London 2002.

교민주당이 미국의 의지에 종속되는 것보다 더 나아간 것이며, 일반적으로 중도좌파는 이전의 안드레오티 정권이나 크락시 정권보다 — 발칸뿐만 아니라 중동에서도 — 워싱턴으로부터 덜 독립적인 모습을 보였다.

이런 기록에 거의 계산되지 않은 것은 올리브 나무 연합에 반대한 유권자들은 말할 것도 없고 이 연합에 투표한 유권자들 사이에서 일어난 열정이다. 2000년 봄에 있었던 지방선거에서 중도좌파는 크게 패배했다. 전국 선거를 고작 1년 앞둔 시점에서 달레마는 불길한 징조를 알아차리고 다가오는 패배로 오점을 남기지 않기 위해 서둘러 사임했다. 이탈리아 정치가 집단 가운데 가장 기민한 그는 블레어와 만난 다음에 간명하게 이렇게 말한 적이 있다. "약간 불쾌했다"(manca di spessore, a bit thin). 그러나 그가 블레어의 눈에서 환한 표정 — 디스크 자키의 멍청한 웃음 — 을 보기는 했지만, 자기 눈의 들보는 보지 못했다. 분명 그의 교양은 어느 정도 깊이는 있지만, 그것으로 충분한 것은 아니었다. 전술적 음험함이 과도하고, 이상적인 성찰은 부족했다. 궁극적인 결말은 자기파괴적인 변화인데, 즉 좌파민주당이 언제나 열망하는 '유럽 사회민주주의'의 가난한 잔여물의 표준적인 신자유주의적 상투어로 변화하는 것이었다. 이 당은 대중에게 존경받는 프로디에게 충실하고, 그가 선출될 수 있는 룰을 받아들인 게 더 나았을 것이다. 유권자들은 올리브 나무 연합이 안정적인 정부가 되기를 기대했지만, 달레마의 야심이 이를 무너뜨렸다. 중도좌파의 경험은 크락시의 예전 자문인 아마토가 마지막 총리로서 10년 후에 다시 돌아왔을 때, 한 바퀴를 돌아 제자리에 온 셈이다.[28] 1년 후 그를 중도우파에 맞서는 후보로 내세운 것은 별 일도 아니었다.

---

28 실제로 아마토는 자문 이상으로 세세한 정책에 큰 관심이 없는 크락시 아래의 역대 정부에서 '핵심적인 조직가'였다. David Hine, *Governing Italy*, Oxford 1993, pp. 206, 209 참조.

4

이러한 상황에서 2001년 5월 베를루스코니의 승리는──보시는 북부에서 다시금 자신의 외곽을 튼튼히 했고, 남부에서는 피니가 그러했다──피할 수 없는 결과였다. 지난 선거에서와 마찬가지로 유권자들의 실제 변화는 미미했다. 1996년 이미 다수 유권자를 획득한 중도우파가 이번에는 의회에서 압도적인 승리를 거두었다. 베를루스코니는 가정주부, 보수적인 가톨릭 신자, 소기업가, 노인, 30대에서 지지층을 확보했다. 그러나 '자유의 집'이라고 이름을 바꾼 베를루스코니의 정치 연합은 사기업 부문의 노동자계급에서도 중도좌파보다 많은 표를 얻었다. 이렇게 크게 승리를 거둔 핵심적인 이유는 중도좌파 정부에 대한 유권자들의 준엄한 심판 때문이다. 실제로 올리브 나무 연합에 투표했던 상당수의 사람들이 이탈리아가 직면한 여러 문제를 해결하는 데 중도우파의 능력이 더 믿을 만하다고 고백했다.[29] 제1공화국의 위기를 가져온 두 진원지인 롬바르디아와 시칠리아에서 베를루스코니는 압도적인 표를 얻었다.

돌아보면 중도좌파는 1994년 현재 베를루스코니 행정부를 유산시킨 책략에 대해 책임을 져야 할 형편이다. 당시 베를루스코니의 다수파는 지금보다 훨씬 더 적었다. 그의 정치 경험은 짧았다. 그의 금융 제국은 약했고 그의 정당성은 취약했다. 중도좌파는 그를 권력에서 밀어냄으로써 시간을 벌 수 있다고 생각했지만, 그가 권력을 행사할 수 있는 준비를 더 잘하도록 한 셈이다. 이번에는 베를루스코니의 위치가 더 강해졌다. 전진 이탈리아는 더 이상 껍데기뿐인 조직이 아니라 효율적인 정당이 되었으며, 오래된 기독교민주당의 역할에 가까운 어떤 것을 할 수 있게 되었다. 피닌베스트는 어려움에서 회복되었다. 그의 동맹자들은

---

29 ITANES, *Perché ha vinto il centro-destra*, Bologna 2001, pp. 19, 30, 37, 52, 62~65, 162~63.

빠른 시일 내에 그에게 도전할 것으로 보이지 않는다. 그의 반대자들도 그를 전국적인 지도자로 인정했다. 이러한 상황에서 베를루스코니와 불미스러운 일을 저지른 그의 척후병들이 이 나라를 장악하는 데 성공한다면, 이탈리아 민주주의가 위험에 처했다고 하는 두려움의 목소리가 들릴 수 있다. 이탈리아가 다시 한 번 카리스마적인 지도자 숭배로 조직되면서 천천히 권위주의로 가고 있다고 할 수 있는가? 물론 이번 경우에는 전투단과 피마자유가 아니라 미디어에 대한 유례없는 통제 ─ 민영 텔레비전뿐만 아니라 공영 텔레비전까지 ─ 에 기초하고 있지만 말이다.

　두 개의 구조적인 실제를 보면 이런 생각을 반박할 수 있다. 파시즘은 기성 질서에 대한 아래로부터의 대중 봉기의 위협에 대한 대응으로 발흥해서 권력을 잡았다. 그 위협은 그람시가 러시아의 사태를 보고 '자본에 반하는 혁명'이라고 환영했던 것이 이탈리아로 확산될지 모른다는 것이었다. 오늘날에는 하층에서 그런 소요가 일어나지 않는다. 노동자계급은 원자화되어 있고, 공장평의회는 존재하지 않으며, 이탈리아 공산당은 사라졌고, 학생과 청년층의 급진적인 에너지는 약해졌다. 다른 곳과 마찬가지로 이탈리아의 자본주의는 매우 안전했다. 역사적으로 볼 때 파시스트가 성공한 두 번째 조건은 민족주의적인 자기주장, 즉 군사력으로 이웃 나라를 공격해서 영토를 획득할 수 있는 팽창주의 국가에 대한 약속이었다. 이것 또한 지나가버렸다. 자급자족적인 국가의 시대는 지나갔다. 이탈리아는 유럽연합에 긴밀하게 묶여 있으며, 경제와 군사, 외교 모두 초국가적인 통제에 종속되어 있어 독립적인 정책을 위한 여지가 거의 없다. 유럽연합의 이데올로기적·법적 틀은 표준적인 자유민주주의적 체제와의 그 어떤 결별도 배제한다. 베를루스코니가 무솔리니의 업데이트된 판본이 될 필요도, 기회도 없다.

　실제로 강령이라는 면에서 볼 때, 작년 선거에서 중도우파는 중도좌파와 크게 다르지 않았다. 대서양 세계 전역의 정부와 유사한 아젠다 ─ 남아 있는 국가 자산의 사영화, 노동시장의 탈규제, 공적 연금의 축소, 세율 인하─는 양자 모두에 속하는 것이다. 실제로 자유의 집이 전임자를 넘어 얼마나 나아갈지는 두고 볼 일이다. 사적 교육과 의료 서비스는 공격을 받을 것이다. 또한 베를루스코니는 이민자에 대해 엄격한 조치를 약속했다. 이들의 운명은─이것은 유럽에서 강경한 우파가 활동하는 하나의 영역이다─확실히 더 나빠질 것이다. 그러나 전반적인 사회경제적 방향을 보면 베를루스코니 정권은 어떤 급진적인 반동을 대변하지 않고 있으며, 벌써 경제지에서는 너무 중도적이라는 의심이 나오고 있다. 즉 시장에 제대로 헌신하지 않는다는 것이다. 이들은 공공 일자리 사업을 개시하고 투자를 150만 개의 새로운 일자리를 만드는 데로 돌리겠다는 베를루스코니의 약속을 신뢰하지 않는다. 유럽연합에서 새로운 정부는 전임자보다 기성 여론에 대해 덜 고분고분하며, 브뤼셀의 눈초리를 받으며, 로마에 있는 야당의 통탄을 듣기 때문에 해외에서 이탈리아의 위신을 떨어뜨리고 있다. 그러나 새로운 정부의 이러한 자기주장은 본질적으로 제스처에 불과하기 때문에 외무 장관으로서 자기에게 처음 부여되었던 WTO의 따분한 관리직을 그만두고 유럽연합의 영양가 있는 관료제의 사무소 위치를 어디에 둘 것인가를 두고 싸우는 것 이상이 아니다. 실질적인 중요성이 있는 쟁점에 대해서는 오늘날 유럽의 공식적인 합의에서 심각하게 벗어나지 않을 것으로 보인다.

이 모든 것은 베를루스코니 정부의 결말이 유럽 내에서 가장 가까운 동맹자인 스페인의 중도우파 정부의 결말처럼 통상적인 것이 될 것이라는 점을 보여주는지 모르겠다. 어쨌든 호세 마리아 아스나르 로페스의 당은 이탈리아 파시즘보다 두 배나 오래 갔고, 더 많은 시민을 살해한 파시스트 정권의 직접적인 후계자이다. 하지만 오늘날 아스나르 로페스 정권은 정치적으로 정당한 진실한 모델이며, 런던에서 온 제3의 길의 밀정이 가장 좋아하는 인터뷰 대상자이다. 전진 이탈리아가 국민당(Partido Popular)을 모방하고, 민주주의 정당으로서 예절을 지닌 존중받는 구성원이 되지 못하게 하는 것은 무엇인가? 별로 그런 것은 없는 것처럼 보인다. 하지만 옥의 티가 남아 있다. 베를루스코니가 관직을 차지한 후에 실제로 열심히 추구하는 것은 한 가지 목표뿐이다. 자신을 감옥에 보낼 수도 있는 법률을 개정하는 것이었다. 이 지점에서 베를루스코니 정부가 발휘한 속도와 단호함은 ─ 스위스에서 발견된, 그에게 불리한 증거를 이탈리아의 판결에서는 소용이 없는 것으로 만드는 조치를 통해 밀어붙였고, 아리오스토 재판을 무로 돌리려고 시도했는데, 이렇게 함으로써 제한 법령 이후까지 판결을 지연시키려는 것이었다 ─ 그가 여전히 검찰 측으로부터 치명타를 맞을 수 있다는 것에 대한 두려움을 보여주는 것이었다. 회계장부 조작과 세금 포탈은 이탈리아에서는 불신임거리가 별로 되지 않는다. 큰 규모의 부패 판사에 대한 유죄 선고는 받아넘기기가 좀 더 어려울 것이다. 현재까지 이탈리아 사법부의 기록을 감안할 때, 한 사람에게 돈을 거는 경우는 거의 없다. 놀라운 일이지만 어쩔 수 없는 일이다.

그런 일이 일어난다면 그것은 지난 10년 동안 이탈리아의 정치 문화에 일어난 일을 시험대에 올리는 것이 될 것이다. 오랫동안 '정상적인' 이탈리아를 지지한 사람들이 주장한 이데올로기적 탈동원은 중도좌파 정부의 경험이 낳은 산물 가운데 하나였다. 현재 유권자의 대략 1/4이 선거에서 지지 정당을 표현하지 않고 있다. 그러나 미국이 정상성의 모델로 간주된다면 오직 인구의 절반만이 어쨌든 투표를 하면 된다. 대중이 현재의 사회에 만족한다는 가장 확실한 징후이다. 그람시는 이탈리아가 '수동 혁명'의 나라라고 생각했다. 아마 이것은 제2공화국의 탄생이란 말이 올바른 모순어법이라는 것을 입증할 것이다. 제2공화국의 도래는 그 주창자들의 바람과는 달리 새로운 헌법을 산출하지 않았다. 정당 체제를 합리화하지 않았고 사법제도도 현대화하지 않았다. 관료제를 제대로 점검하지 않았다. 그러나 그 주창자들이 마찬가지로 고심했던 참을 수 없는 수준으로까지 치솟았던 1980년대의 부패를 관리 가능한 1950년대와 1960년대 수준으로 낮추었다. 마피아는 전장에서 패배한 후 전통적이며 눈에 잘 띄지 않는 형태의 활동으로 후퇴했다. 최소한 의회는 이제 여당과 야당이라는 관습적인 분할선으로 나누어져 있다. 주요 정당의 정책을 갈라놓는 심각한 불일치는 없어졌다. 공적 생활은 점차 열정이 없어졌다. 이것이 이탈리아가 필요로 한 수동 혁신이 아닌가?

이러한 기준에 비추어 판단할 때, 제1공화국은 해체되어 종말을 고했지만 좀 더 나아 보인다. 제1공화국은 그 정점일 때 정치적 의견과 표현의 진정한 다원주의가 있었으며, 대중 조직과 시민적 삶에서의 생동감 있는 참여, 복잡한 비공식적 협상 체계, 강건한 고도 문화 그리고 당시의 그 어떤 유럽의 나라보다도 인상적인 일련의 사회운동이 있었다.[30] 지적 갈등과 도덕적 긴장은 또 다른 수준의 정치가를 낳았다. 다른 것과 마찬가지로 이와 관련해서 그 이래 축소모형화(miniaturization)가 있었다. 이탈리아는 실업자를 위한 일자리는 말할 것도 없고 정직한 행정부, 적절한 공적 서비스, 신뢰할 수 있는 정부가 필요했다. 이것은 구질서가 제공하지 못했던 것이다. 그러나 이를 만들어내기 위해 제1공화국의 업적을 무시할 필요는 없었다.

오늘날조차 더 나았던 이 과거의 모든 흔적이 사라진 것은 아니다. 새로운 질서의 최악의 측면에 대한 반란의 힘이 지속되고 있다. 1994년 가을 노동조합 운동은 이탈리아의 전후 역사에서 가장 커다란 동원력이 있었다. 노동조합 운동은 베를루스코니의 첫 번째 연금 개혁을 저지하기 위해 로마 곳곳의 광장에 100만 명을 불러냈다. 2001년 5월에는 G-7이 모인 의미 없는 모임이 끝내 제노바의 거리에 모인 수많은 청년 저항자들에 의해 무산되었다. 이탈리아에만 한정해도 아프가니스탄 전쟁에 반대하는 30만 명의 행진이 페루자에서 아시시까지 이어졌다. 프랑스 공산당과 독일 녹색당이 별 생각 없이 현상을 가리는 무화과 잎사

---

30 제1공화국이 만들어낸 정치 체제에 대한 냉정하고 최고의 회고는 다음 책이다. Mauro Calise, *Dopo la partitocrazia*, Turin 1994. 그는 "이탈리아 의회는 지난 반세기 동안 대서양 민주주의 나라들 가운데 행정부의 이익 때문에 입법부가 전반적으로 쇠퇴한 것에 대해 저항한 유일한 의회였다"라고 말하며, 제2공화국 아래에서 정치적 삶의 퇴화가 많이 일어날 것이라고 예견했다. p. 60 이하.

귀 역할을 하거나 광고판 노릇을 하고 있었던 것에 반해, 재건공산당은 폐쇄적인 분파에 머물지도 않았고 체제에 흡수되지도 않았다. 1968년의 급진적 운동에서 태어난 유럽의 3대 일간지 가운데 파리의 『리베라시옹』과 베를린의 『타게스차이퉁』은 자신들의 원래 목적의 패러디가 되었다. 『일 마니페스토』는 자매 일간지의 엄호를 받으며 흔들리지 않았다. 현재까지 좌파 쪽에서 나온 지구화에 대한 주도적인 대항자는 둘 다 미국을 경유한 이탈리아 출신이다. 안토니오 네그리(Antonio Negri)는 『제국』을 썼고, 조반니 아리기(Giovanni Arrighi)는 『근대 세계 체제 내의 혼돈과 거버넌스』를 썼다.[31]

제2공화국의 희망은 이 모든 것을 근절하는 데 있었다. 과거를 버리고 한 사회를 표준화하는 데는 언제나 의미 없는 폭력이 될 위험이 있다. 어쨌든 '정상화'라는 생각은 어디에서 왔는가? 이 말은 레오니트 브레즈네프(Leonid Brezhnev)가 1968년 바르샤바 조약기구의 체코슬로바키아 침공을 정당화하기 위해 만든 것으로, 체코슬로바키아를 소비에트 블록에 강제로 다시 순종시키는 데에 목적이 있다. 우리는 그것이 어떻게 끝났는지 알고 있다. 이탈리아를 정상화하려는 현재의 노력은 미국의 이미지나 미국을 향해 움직이고 있는 유럽의 이미지에 따라 이 나라를 개조하려는 것이다. 이러한 과정을 움직이는 압력은 비할 바 없이 크다. 그러나 그 결과는 주창자들이 생각하는 것과 사뭇 다를 수 있다. 이탈리아는 미국이나 다른 유럽에 뒤처진 게 아니라 공동의 미래를 향한 행진에서 선두에 서 있는 것은 아닌지 모르겠다. 엔론(Enron)과 엘프(Elf), 만델슨(Mandelson)과 스트로스-칸, 힌두자(Hinduja)와 게이츠(Gates)의 세계에서 무엇이 베를루스코니보다 더 논리적일 수 있는가? 아마 앞선 사람들과 마찬가지로 정상성을 향해 가는 여행자들은 알지 못하는 사이에 이미 거기에 도착했는지 모른다.

---

31 각각 2000년과 1999년에 출판되었다.

‖ 2008년 ‖

오늘날 제2공화국은 ─ 제2공화국이라고 불리게 되었다 ─ 15년이 지났으며, 해방에서부터 제1공화국까지 중도좌파 정권이 들어선 시기와 맞먹는 시간을 보냈다. 한 시대가 지났다. 무엇이 이를 보여주는가? 제2공화국의 기안자들에게 ─ 1990년대 초에는 언론뿐만 아니라 여론에서 압도적인 합의를 보았다 ─ 이탈리아는 포괄적인 정치적 재건이 필요했는데, 이는 당대의 서방 사회 수준의 정부가 이 나라에 들어서는 것이었다. 청렴과 안정성, 양당 체제가 표어였다. 공적 삶은 낡은 질서의 부패가 청산되어야 했다. 내각은 몇 달마다 무너져서는 안 되었다. 두 중도 정당, 즉 한쪽은 우파, 다른 한쪽은 좌파가 권력을 교대로 차지하는 것 ─ 혹은 가장 나쁜 것으로 연합 ─ 이 정상이다. 이러한 노선에 따라 정치 체제가 정비되면 이탈리아 사회를 현대화하기 위해 필요한 개혁이 비록 오랜 시간이 흘렀지만 실현될 수 있을 터였다. 그것은 이탈리아를 대서양 세계의 모든 곳에서 당연하게 여겨지는 수준으로 올려놓는 것이다.

세기 전환기에 새로운 공화국의 옹호자들에게 그 대차대조표는 복잡해 보였다. 많은 점에서 좌절스러운 것이었지만 결정적으로 실망할 것은 아니었다. 긍정적인 면을 보면 제1공화국에 있었던 모든 정당이 해체하면서 정치적 풍경이 변했고, 그 후계자들은 권력을 두고 경쟁하는 두 개의 블록으로 재편되었다. 이탈리아가 유로존에 가입하면서 커다란 경제적 변화가 뒤따랐고, 그 이후 통화가치 절하, 인플레이션, 공적 부채 등으로 인해 이전에 가능했던 전통적인 향락의 길이 원천적으로 봉쇄되었다. 부정적인 면을 보면, 두 가지 변화가 우려할 만했다. 첫째, 전반적으로 점잖은 의견에 따르면 1993년의 선거 개혁이 정치 체제에서 소수당, 즉 좀 더 급진적인 파벌을 제거하는 데 실패함으로써 이들이 경쟁하는 연합의 좌우에 자리 잡게 되었고, 이러한 지지의 대가로 양보를 얻어낼 수 있게 되었다. 그러한 협박 ─ 이 용어는 일관되게 쓰이고 있다 — 이 제거되지 않는다면 새로운 공화국의 과업은 완수될 수 없었다.

두 번째 우려의 원인은 자연스러운 것으로, 일반적으로 이야기되는 것은 아니다. 그러나 정치적 장에 가장 놀랄 만한 방식으로 등장한 신참자인 베를루스코니의 부상은 그에게 반감이 있는 사람들에게만 한정되지 않은 우려를 낳았다. 그는 제1공화국의 마지막 국면의 부패에 깊이 연루되었을 뿐만 아니라 미디어 거물에서 정치가로 변신한 그가 다른 민주주의 체제에서는 용납할 수 없다고 느끼는 이해관계의 갈등을 체현하고 있기 때문이다. 즉 사적인 제국과 공적 권력을 동시에 쥐고 있으며, 서로는 서로에게 봉사하고 있다. 이로부터 이 나라가 예전에 경험했던 대중 권력과 다른 — 하지만 유전학적으로 관련 있는 — 권위주의적 지배 체제가 만들어질 수 있다는 두려움이 반복해서 표현되었다. 제2공화국 초기 이런 두려움은 실제적인 것이 아니라 관념적인 것이었다. 왜냐하면 1994년에서 2001년 사이에 베를루스코니는 겨우 7개월 동안 관직생활을 했기 때문이다.

2001년 봄 마침내 그가 온전한 임기의 관직을 차지하자 좌파 쪽에서는 우려가 널리 퍼졌다. 그것은 준독재적인(semi-dictatorial) 변화뿐만 아니라 급진 우파의 이탈리아 판인 무자비한 사회적 반동의 체제가 등장했다는 우려이다. 하지만 실제는 달랐다. 베를루스코니 정부의 사회적·경제적 성적표를 보면, 훨씬 부드러운 것이었다. 복지국가에 대한 심각한 공격이 없었다. 사회적 지출은 삭감되지 않았고, 연금은 올랐으며, 고용이 증가했다.[32] 노동시장의 유연화와 법적 퇴직 연령의 상승에 대

---

32 이런 측면에서 베를루스코니 연립정부에 대한 전반적인 평가는 다음을 참조.
Luca Ricolfi, *Dossier Italia. A che punto è il 'Contratto con gli italiani'*, Bologna
2005, pp. 101~40; *Tempo Scaduto. Il 'Contratto con gli italiani' alla prova dei
fatti*, Bologna 2006, pp. 103~17. 이탈리아 기성 질서의 정치적·이데올로기적
세계에 대해서는 완전히 무비판적이기는 하지만 — 대외정책이나 사법에 대해
서는 전혀 의문을 제기하지 않는다 — 경제적·사회적 쟁점에 대한 루카 리콜피
(Luca Ricolfi)의 저술은 일관되게 독립적인 정신을 보여준다. 이는 최근에 학계

해서는 신중했으며, 세금 감면은 사회민주당이 권력을 잡은 독일보다 덜했다. 1996년에서 2001년까지 중도좌파 연립정부에서 번성했던 민영화는—이 시기에 이탈리아는 유럽에서 공공 자산을 가장 많이 팔아치웠다—최소화되었다. 가진 자에게 이 정권이 가졌던 가장 중요한 이점은 국내의 자산 통제를 무시하고 불법적으로 자산을 해외로 빼돌린 것에 대해 사면을 해주었다는 것이다. 표면상 이민에 대해 엄격한 입법이 있기는 했지만, 실제적인 효과는 별로 없었다. 대외적으로 베를루스코니는 이라크 파병에 대해 블레어를 비롯해 아스나르 로페스와 손을 잡으면서 미국의 점령을 뒷받침했다. 이는 중도좌파 정부도 반대하지 않은 정책이다. 국가를 좀 더 연방제적으로 만들고, 더 많은 권한을 지역으로 이양하는—보시가 이끄는 북부동맹이 가장 우선시한 일이다—일련의 헌법적 개혁은 의회를 통과했지만, 이어진 국민투표에서 아무런 성과도 얻지 못했다. 이에 대해 베를루스코니는 별다른 동력이나 노력을 보여주지 못했다.

베를루스코니 정부의 주된 힘은 분명히 다른 곳에 있었다. 베를루스코니는 자신이 기소당하지 않도록 하는 것에 가장 관심을 두었다. 이런저런 부패로 인해 그는 여러 건의 소송에 걸려 있었다. 세 개의 법률이 전속력으로 의회에서 강행 처리되었다. 하나는 해외에서의 불법 거래에 대한 증거를 막는 것이었고, 또 다른 하나는 회계 조작을 비범죄화하는 것이며, 마지막 하나는 재판을 다른 재판부로 옮기는 방식으로 피고가 판사를 바꿀 수 있도록 하는 것이었다. 법원이 첫 번째 법률과 세 번째 법률이 위헌이라고 판결하자 베를루스코니는 판을 완전히 바꾸는, 즉

나 언론계를 막론하고 드문 일이다. 이탈리아에 고유한 사고(la pensée unique à l'italienne, 거칠게 말해 어떤 대가를 치르더라도 '현대화'를 해야 한다는 사고)라고 부르는 것에 전적으로 충실하지만, 그가 내리는 결론은 중도우파와 중도좌파에게 모두 불편한 것이다. 『지나간 시간』(Tempo scaduto)에 붙인 제사(題詞)는 파올로 파솔리니(Paolo Pasolini)의 표현이다. "진실을 말하는 지적인 용기와 정치의 실천은 이탈리아에서 화해할 수 없는 두 가지 일이다."

자신에 대한 기소 가능성 자체를 없애버리는 좀 더 과감한 네 번째 법률로 대응했다. 이 법률에 따르면 그는 총리로서 대통령, 양원 두 대표, 헌법재판소장과 함께 면책특권을 가지게 된다. 다른 네 명은 그의 치부를 가리는 무화과 잎사귀였다. 커다란 소동 속에서 이 또한 밀라노 치안 판사들(maggistrates)의 공격을 받았다. 밀라노에서는 베를루스코니와 관련한 주요 재판들이 진행되고 있었다. 이 법률 또한 6개월 후에 위헌 결정을 받았다. 그러나 개인과 관련한 법률의 일제사격이라는 정부의 가장 긴급한 의제는, 결정적이지는 않다고 하더라도 분명 직접적인 효과가 있었다. 총리가 된 직후 베를루스코니는 몬다도리(Mondadori) 출판그룹을 취득하기 위해 판사들에게 뇌물을 주었다는 소송의 항소심에서 무죄 선고를 받았다. 이는 증거가 없었기 때문이 아니라 '정황을 참작'했기 때문이다. 이에 대해 한 이탈리아 판사의 기억할 만한 요약문이 있다. "피고의 현재 사회적·개인적 지위가 어떠한지가 법원이 판단하는 데 결정적이다."[33] 공식적인 면책특권이 폐지되기 전에 이에 따라 베를루스코니에 대한 주요한 재판이 종결되었고, 그 재판이 다시 열렸을 때는 새 재판부는 필요한 판결을 하여 그를 무죄 방면했다.

자기 자신을 지킨 다음에 할 일은 자기 제국을 지키는 일이었다. 법률에 따라 메디아세트는 2003년에 텔레비전 채널 가운데 하나를 포기했다. 메디아세트가 이 채널을 다시 보유할 뿐만 아니라 디지털 텔레비전 방송을 위해 막대한 간접적인 보조금을 받을 수 있도록 하는 법률이 신속히 처리되었다. 이제 베를루스코니는 자신의 민영 방송국을 지휘하고 있을 뿐만 아니라 국영 방송도 통제하고 있기 때문에 시각 미디어에 대한 그의 지배는 최고조에 달했다. 그러나 그의 방송은 여론에 대한 안정적인 지배를 하는 데는 실패했다. 내각을 개편할 수밖에 없었던 2005년이 되면 정부의 인기도 최저점을 기록했다. 부분적으로 이것은 말도 안되는 개인 관련 법률 때문이었다. 이에 대해서는 대중만이 아니라 언론

---

33 Alexander Stille, *The Sack of Rome*, New York 2007, pp. 273~74.

도 비난을 가했다. 그러나 좀 더 근본적으로 인기가 떨어진 것은 이탈리아의 경제적 침체 때문이었다. 2001년 이래 평균 소득은 매년 겨우 1퍼센트밖에 오르지 않았는데, 이는 유럽연합에서 가장 낮은 수치였다.

여론조사에서 지지율이 가파르게 떨어지는 것을 본 여당 연합은 주로 소선구제로 이루어진 선거제도를 비례대표제로 갑작스럽게 바꾸었다. 하지만 이 비례대표제는 다수 득표를 한 연합에 크게 유리하게 프리미엄을 주는 것이었으며 — 하원 의석의 55퍼센트 — 선거에 참여한 정당이 의석을 얻기 위해서는 4퍼센트를 넘어야 했다. 여당 블록보다 훨씬 더 많은 정당으로 나뉘어 있는 야당을 분열로 약화시키려는 데 목적이 있는 이 새로운 제도는 2006년 4월에 열린 총선 결과를 낳는 데 자기 역할을 했다.[34] 예상과 달리 중도좌파는 간발의 차이로 승리했다. 하원에 투표한 3,800만 표 가운데 2만 5,000표를 더 얻었을 뿐이며, 이는 중도좌파가 상원에서 얻은 것보다 적었다. 실제 득표에서는 0.1퍼센트도 차이가 나지 않았지만 프리미엄으로 인해 다수파는 하원에서 예순일곱 석을 더 얻었다. 그러나 상원에서는 두 석 많은 불안불안한 다수를 차지했다. 이는 새로 도입된 해외 거주자 투표가 국내와는 아주 달랐기 때문이다. 가볍게 승리할 것이라고 예상했던 중도좌파는 이 결과를 보고 충격에 빠졌고 심리적으로는 패배한 셈이었다. 브뤼셀에서 돌아온 프로디는 다시 총리가 되었다. 그러나 이번에 그는 산술적으로나 도덕적으로 전보다 훨씬 취약한 정부를 이끌게 되었다.

이제 중도좌파는 위태로워졌을 뿐만 아니라 그 목적조차 잃게 되었다. 1990년대 프로디는 이탈리아가 유럽통화동맹에 가입한다는 중심 목표가 있었으며, 프로디는 이를 추구한 것이 중요한 정치 경력이 되었

---

34 Antonio Floridia, "Gulliver unbound. Possible electoral reforms and the 2008 election: Towards an end to 'fragmented bipolarity'?", *Modern Italy*, August 2008, pp. 318~19.

다. 프로디의 새 행정부는 거기에 맞먹는 주안점이 없었다. 이전 행정부와 달리 극좌파 조직으로 널리 알려져 있는 재건공산당이 외부 지지 세력이 아니라 연립정부의 일부로 참여했다. 유럽 단일통화를 원래 기획한 사람 가운데 하나인 재무부 장관 톰마소 파도아-스키오파는 공적 부채의 감소를 우선시하여 베를루스코니 시절보다 몇 포인트 떨어졌으며, 탈세를 엄중 단속해서 (공식적으로는 부풀려졌지만) 약간의 성과가 있었다. 약국, 택시 같은 업종의 소비자가 편리해지도록 한 소소한 자유화 조치는 곧 흐지부지되었다. 제스처 이상이 아니기는 했지만, 35시간 노동제를 추진해서 재건공산당을 잠잠하게 하는 플라시보 효과를 거둔 중도좌파는 대외정책에서는 단호한 대서양주의를 추구했다. 프로디 정부는 아프가니스탄에 보낸 이탈리아 파견군을 강화했다. 이라크에서 철군은 아주 느렸는데, 이는 베를루스코니의 원래 계획이었다. 발칸 전쟁의 발진 기지였던 빈센차(Vincenza)의 미 공군기지 확장을 승인했다. 이스라엘에 대한 제방을 쌓는다며 레바논에 군대를 파견했다. 이탈리아 땅에서 CIA가 벌인 납치와 용의자 인도를 사후적으로 눈감아주었다.

이 모든 일 가운데 프로디나 각료의 인기에 영향을 끼친 것은 없었다. 재정적 압박이 커지자 전통적으로 탈세를 하던 우파 지지자들은 분노했다. 의미 있는 사회 개혁이 없었기 때문에 좌파 유권자들은 실망했다. 더 불운했던 것은 베를루스코니의 이해관계 갈등을 처리하거나 더 나은 정의 기준을 세우려는 어떤 시도도 없었다는 것이다. 그 대신 포괄적인 사면이 이루어졌다. 명목상으로는 초만원인 감옥을 비우겠다는 것이지만, 실제로는 일반 죄수뿐만 아니라 부패로 유죄판결을 받은 모든 유명인을 석방했다. 악명 높은 클레멘테 마스텔라[35]가 공표한 사면(indulto)은 광범위한 분노를 불러일으켰다. 프로디의 인기가 자유낙하

---

35 Clemente Mastella, 1947~ : 연립정부 내에서 가장 수상쩍은 정치인이며, 캄파니아 출신의 전(前) 기독교민주당원이다. 그가 법무부 장관에 임명된 것은 그의 작은 정당을 붙잡아 놓기 위해서였다. —옮긴이

하던 2007년이 되면 민주당(DS) ─ 이탈리아 공산당의 대다수가 '민주
좌파'로 변화했다 ─ 은 좌파와의 연관을 버리고 다양한 가톨릭 정치인
과 예전 급진주의 정치인으로 이루어진 연립정부 내의 이른바 '데이지'
파를 흡수하여 순수하고 단순한 민주당으로 변신하기로 결정했다. 이렇
게 함으로써 정부의 명성이 추락하는 것을 피할 수 있고, 프로디를 여론
의 질책에서 피할 수 있게 하리라 보았던 것이다. 새로운 정부를 구성할
때 유력한 총리 후보인 외무부 장관 달레마도 예전 패배한 프로디 행정
부에서의 역할 때문에 큰 타격을 받았고, 그 역할은 더 참신하다는 이유
로 오랜 라이벌인 민주당의 로마 시장인 발테르 벨트로니에게 돌아갔
다. 개인적으로 두 사람은 사이가 좋지 않았다. 달레마는 벨트로니를 멍
청이라고 생각했고, 벨트로니는 달레마를 악당이라고 생각했다. 그러나
겉으로 보면 잡다한 추종자를 비롯해 변절자와 함께 두 사람은 새로운
중도 정당이 탄생하는 데 힘을 모았으며, 타협적인 과거와 연관된 모든
것을 깨끗하게 털어버렸다. 2007년 가을이 되자 벨트로니는 다소는 공
개적으로 자신을 프로디의 대안이라고 주장했다. 물론 공식적으로 프로
디는 3년 이상의 임기가 남아 있었다. 실제로는 1998년 말 달레마가 프
로디를 희생시키면서 벌인 작전의 재판이었다.

하지만 이번에는 야망은 더 컸고, 재능은 더 적었다. 벨트로니의 목표
는 기존 연립정부의 수장인 프로디를 대신하는 게 아니라 자신이 당 총
재가 될 수 있도록 조기 선거에 기대는 것이었다. 이는 진기함, 광범위
한 대중적 지지 등과 관련해서 베를루스코니의 목표에 필적할 만한 것
이었다. 그러나 그의 한계는 오랫동안 명백해 보였다. 통통하고 퉁방울
눈인 우디 앨런(Woody Allen)을 닮은 벨트로니는 이미지가 진지하다는
점에서 달레마보다 좀 더 유리했다. 왜냐하면 좀 더 태생적으로 순응주
의자처럼 보이며, 지적인 날카로움은 덜했기 때문이다. 벨트로니는 영
화광이자 축구광이었으며, 디즈니 애니메이션의 목소리 출연도 즐겨했
으며, '세상에서 가장 아름다운 게임을 위한 38개의 사랑 선언' 같은 소
품을 만들기도 했다.[36] 2007년 11월에 의회에서 프로디 정권을 무너뜨

리는 데 실패해서 화가 난 베를루스코니가 갑자기 전진 이탈리아를 새로운 조직인 자유인민당(Popolo della Libertà)에 합당시키면서 동맹자들에게 북부동맹이 아니라 여기에 합류해서 단일전국자유당을 만들자고 요구하면서 중도우파 블록은 분열할 위험에 처했다. 중도우파 블록에 있던 예전 국민연합(AN)과 가톨릭당(UDC)의 지도자인 잔프랑코 피니와 피에르 페르디난도 카지니(Pier Ferdinando Casini) 모두 이에 반발했다. 벨트로니는 이들의 불만에 편승해서 중도우파를 깨는 대신 이탈리아 정치를 중도적인 견해를 지닌 거대 양당 체제로 단순화하는 작업에 자신이 믿음직한 파트너라는 것을 열심히 드러냈다.[37] 이것이 의미하는 것은 모두에게 분명했다. 1990년대 중반과 마찬가지로 다시 한 번 군소정당을 없애기 위해 새로운 선거제도를 가지고 거래하려는 시도 말이다. 이렇게 되면 새로 만들어진 PD(민주당)와 PdL(자유인민당)만이 정치를 좌우하게 된다. 야권에서는 이런 위험이 피니를 즉각 굴복시켜 베를루스코니에 대한 충성으로 돌아서서 중도우파 협약을 부활시켰다. 여권에서 그 효과는 치명적이기까지 한 부메랑이 되었다.

벨트로니와 베를루스코니의 협상이 로마에서 진행되는 동안 남부에서는 오랫동안 누적되어 온 위기가 폭발하려 했다. 2007년 12월 나폴리와 그 인근의 청소부가 작업을 중단해서 쓰레기통이 꽉 차버렸고, 거리와 마을마다 썩은 쓰레기더미가 쌓여갔다. 이 지역의 쓰레기 처리는 황금알을 낳는 사업으로 〔마피아인〕 카모라(Camorra)가 장악하고 있었다. 이들은 북부의 산업 지역에서 유독성 폐기물을 가져와 캄파니아 주에 불법적으로 매립했다. 나폴리 지역과 나폴리 시 모두 10년 넘게 중도좌파의 영지였다. 주지사(이자 전임 시장)는 이탈리아 공산당 출신이며, 시

---

36 선거를 위해 급조한 인물 묘사로는 다음을 참조. Marco Damilano, Mariagrazia Gerina and Fabio Martini, *Veltroni. Il Piccolo Principe*, Milan 2007.

37 피노 코리아스(Pino Corrias)는 다음 책의 서문에서 분명하게 설명한다. Peter Gomez, Marco Lillo and Marco Travaglio, *Il bavaglio*, Milan 2008, pp. 25~29.

장은 기독교민주당 출신이었다. 안토니오 바솔리노(Antonio Bassolino)와 로사 루소 예르볼리노(Rosa Russo Jervolino) — 바솔리노가 훨씬 더 중요하다 — 가 이루고 있는 이런 조합 속에서 이 지역은 나폴리를 원래의 아름다움을 간직한 곳으로 복원하는 것과 캄파니아에 깨끗하고 진보적인 행정부가 들어선 것을 자랑했다. 하지만 실제로는 당국의 윤색에도 불구하고 부패와 조직 폭력이 난무했다. 프로디 정부는 자기 지역구에서 무슨 일이 벌어지는지 전혀 관심을 두지 않았다.[38] 1월에는 마침내 나폴리 시민들이 자신들에게 닥친 어마어마한 부패에 맞서 분노의 항의를 표하기 위해 일어섰다. 중도좌파 정부가 입은 타격은 엄청난 것이었다.

두 달 후 중도좌파 정부 붕괴에, 이 지역에 어울리게도 연립정부의 전술적·도덕적 맹목의 결과가 겹쳐졌다. 나폴리에서 쓰레기 사태가 일어나는 동안 법무부 장관의 부인이자 중도좌파가 장악하고 있는 캄파니아 주의회 의장인 산드라 마스텔라(Sandra Mastella)가 자택에서 체포되었다. 죄목은 자기 당인 UDEUR(유럽을 위한 민주연합)을 위해 지역 병원 트러스트를 매수하려 했다는 것이다. 그녀의 남편은 이에 항의하면서 장관직을 사퇴했다가 프로디에 의해 곧바로 재임명되었다. 그러나 나폴리에서 침묵의 규율(omerta)을 지키지 못했기 때문에 그의 충성심은 약화되었고, 벨트로니가 베를루스코니와 벌이던 협상이 성사되었다면 마스텔라는 남편의 당에 불길한 조짐이 있다는 것을 느꼈을 것이다. 이를 막기 위해 그는 편을 바꾸었고, 그의 편인 상원의원 두 명이 정부를 실각시켰다. 이 소란스러운 상황에서 팔라초 마다마에 있는 중도우파 의원들은 기쁨에 들떠 반원형 건물의 붉은 벨벳으로 장식된 좌석에 샴페인을 뿌려댔다.

---

38 상세한 분석은 다음을 참조. Felina and Percy Allum, "Revisiting Naples: Clientelism and Organized Crime", *Journal of Modern Italian Studies*, vol. 13, no. 3, 2008, pp. 340~65.

계산을 잘못한 것에 대해 대가를 지불한 벨트로니는 이제 자기 당이나 자신을 너무나 분파화된 사회에서 ─ 그 자신도 여기에 의존하고 있었다 ─ 교양 있는 대화를 할 수 있는 불빛으로 만들 시간도 없이 촉박한 싸움을 벌여야 했다. 민주당은 자기 왼쪽에 있는 세 개의 작은 정당과 어떤 협조도 하지 않은 채 싸움에 돌입했다. 극단주의자는 모두 배제하고 이탈리아에 현대적인 정부의 도입을 자기 사명이라고 강조하면서 말이다. 막판에 가서 '깨끗한 손' 검사들 가운데 가장 호전적인 안토니오 디 피에트로가 이끄는 가치 있는 이탈리아(Italia dei Valori)에만 예외가 적용되었다. 다른 한편으로 피니의 세력을 자신의 신당에 통합한 베를루스코니는 거리낌 없이 동맹 세력 ─ 북부동맹뿐만 아니라 남부의 지역주의적인 자율운동 ─ 과 함께 전투에 나갔다. 선거운동 자체는 일반적으로 중도좌파와 중도우파가 사실상 동일한 사회경제적 강령을 제시하는, 제2공화국에서 가장 무미건조한 것으로 보였고, 결국 마지막에 가서 베를루스코니는 더 낮은 재산세를 약속했다. 이를 제외하면 양측은 도덕성(어떻게 가족을 보호할 것인가)과 안전(어떻게 범죄를 근절할 것인가)에 대한 수사법에서만 달랐다.[39] 벨트로니는 어느 정도까지 베를루스코니에 쏟아지는 비난을 피하기 위해 노력했기 때문에 그의 이름을 언급하는 것까지 피했다. 대신 정중하게 '나의 적수'라고만 말했다. 그의 청중은 자극받지 않았다.

그 이후 이어진 재난 규모는 모든 예상을 뛰어넘었다. 중도우파는 9.3퍼센트 차이, 즉 약 350만 표 차이로 중도좌파를 꺾어서 하원에서는 거의 100석, 상원에서는 마흔 석이 우세한 압도적인 다수가 되었다. 하지만 승리한 진영 내에서 성과물을 가져간 것은 새로 만들어진 자유

---

39 특히 다음을 참조. "The Italian political parties and the programmatic platforms: How alternative?", *Modern Italy*, November 2008, pp. 451~64; Marco Brunazzo and Mark Gilbert, "The Right Sweeps the Board", *Journal of Modern Italian Studies*, vol. 13, no. 3, 2008, p. 423.

인민당(여기에 전진 이탈리아와 국민연합이 합류했다)이 아니었다. 이 당은 2006년에 전진 이탈리아와 국민연합이 얻었던 것보다 10만 표나 적게 얻었다. 가장 큰 승리자는 150만 표 이상 더 획득한 북부동맹이었다. 이는 중도우파가 얻은 성적표에서 사실상 증가분에 해당하는 것이었다. 호의적인 모든 이탈리아인이 집결할 수 있는 진보적인 중도 정당으로 자신을 내세운 민주당은 완전히 실패했다. 33퍼센트를 약간 넘게 득표한 민주당은 2006년 그 구성 세력이 얻은 것보다 더 얻은 게 사실상 없었다. 한 계산에 따르면, 실제로 더 적게 얻었다고 한다. 실제로 이런 성적표조차 좌파 정당이라고 할 만한 정당에 투표했던 예전 유권자의 약 1/5에 해당하는 유효표(voto utile) 때문에 얻은 것이다. 이번 선거에서 좌파 유권자는 무지개 동맹(Rainbow Alliance)에 가담했는데, 이 동맹은 4퍼센트 장벽을 넘지 못해 사라졌다. 계산상으로 보면, 거의 250만 표를 잃었던 것이다. 전체적으로 볼 때, 중도우파 유권자를 끌어들여 정치적 풍경 전체를 바꾸면서 만들어진 민주당의 부가가치는 거의 없는 것으로 판명되었다.[40]

1

2008년 선거의 충격은 1948년의 충격에 비견할 만했다. 당시 기독교민주당은 ─ 선거 전 기독교민주당이 약진한다는 경고는 거의 없었다 ─ 공산당 및 사회당에 결정적인 승리를 거두었고, 이로써 그 이후 44년간 계속해서 권력을 장악할 수 있었다. 오늘날의 중도우파가 그 정도로 지속적인 헤게모니가 없다 하더라도 중도좌파, 즉 이탈리아 좌파

---

40 이에 대해서는 다음을 참조. Luca Riclofi, *Perché siamo antipatici? La sinistra el il complesso dei migliori prima e dopo le elezioni del 2008*, Milan 2008, p. 199. 수치 전반에 대해서는 다음을 참조. Brunazzo and Gilbert, "The Right Sweeps the Board."

전체의 상황은 여러 가지 면에서 —사기, 조직, 사상, 대중적 지지— 60년 전의 이탈리아 사회당이나 공산당보다 좋을 게 없다. 좌파의 카포레토 전투[41]에 대해 말하는 것이 더 적절할 것이다. 이 패배에서 핵심적인 것은 북부 노동자계급 내에서 중도좌파에 대한 지지가 북부동맹에 대한 지지로 바뀐 것이다. 노동자를 전통적인 좌파의 동맹자에서 분리해 내는 우파 정당의 능력이 널리 지속적인 것은 아니라 할지라도 확산되었다. 영국의 대처가 처음으로 이를 했고, 그다음으로 미국의 레이건과 부시가 그렇게 했으며, 최근에는 프랑스의 사르코지가 여기에 성공했다. 주요 서방 나라들 가운데 독일만이 여기에 저항하고 있는 셈이다. 이런 관점으로 보았을 때, 북부동맹은 이런 전반적인 흐름의 이탈리아판이라고 볼 수 있다. 그러나 여러 가지 특징 때문에 눈에 띄는, 특별한 경우이기는 하다.

첫 번째로 가장 근본적인 것은 북부동맹이 기성 정당이 아니라 〔기성 질서에〕 반란을 일으키는 운동이라는 것이다. 북부동맹에 보수적이라고 할 수 있는 것은 어떤 것도 없다. 이들의 존재 이유는 질서가 아니라 반란이다. 이들의 장점은 시끌벅적하고 소란을 피우는 저항이다. 전형적으로 저항의 운동은 호흡이 가쁘며 단명한다. 하지만 북부동맹은 전국적인 정치 풍경에서 지속되는, 어떤 것이 된 것만이 아니다. 이제 북부동맹은 이탈리아에서 가장 오래된 정당이며, 30년에 걸친 활동을 되돌아볼 수 있는 유일한 정당이다. 이것은 제2공화국에서 임의로 발생한 우연적인 일이 아니다. 이것은 북부동맹의 두 번째 특징, 간부와 투사를 가진 대중 조직으로서의 동학을 반영한다. 아마 보시의 가장 가까운 동료라 할 수 있는 로베르토 마로니(Roberto Maroni)의 말로 하면, 이 간부와 투사로 인해 북부동맹은 '이탈리아 최후의 레닌주의 정당'이 된다.[42]

---

41 Battle of Caporetto: 1917년 10월 말 독일과 오스트리아 동맹군이 이탈리아 전선에서 승리를 거둔 전투를 말한다. 이때의 패배로 이탈리아 정부와 군대의 최고 통수권자였던 루이지 카도르나(Luigi Cadorna)의 사퇴를 초래했다. —옮긴이

북부 대부분의 지역에서 북부동맹은 이제 과거 이탈리아 공산당의 기능을 수행하고 있다. 종종 공산당 베테랑들이 후회스럽게 말하듯이, 한때 붉은 산업 요새였던 곳에서 커다란 성과를 내고 있다는 것이다. 미라피오리(Mirafiori)에 있는 피아트 공장, 포르토 마르게라(Porto Marghera)에 있는 대규모 석유화학 공장, 밀라노 외곽에 있는 유명한 프롤레타리아 교외 지역인 세스토 산 조반니(Sesto San Giovanni) 등이 50대의 루키노 비스콘티(Luchino Visconti)의 영화 「로코와 그의 형제들」(Rocco e I suoi fratelli)에 그려져 있다. 이것은 북부동맹이 노동에 기반한 정당이라고 말하는 것이 아니다. 북부동맹이 북부 전역에서 노동자계급의 표를 많이 얻기는 했지만, 언제나 그랬듯이 핵심적인 힘은 소규모 제조업자, 가게 주인, 자영업자 등이다. 이는 과거에 기독교민주당의 백색 요새였던 북동부의 가톨릭 지역으로 ─ 지금은 많이 세속화되었다 ─ 중앙정부의 세금과 간섭에 대한 증오가 특히 강한 곳이다. 이곳에서 북부동맹은 아무짝에 쓸모없는 곳으로 인식되는 남부에 대한 재정 이전에 대한 분노에 힘입어 1980년대 말에 도약했다. 발칸 반도, 아프리카, 아시아 등에서 오는 이민이 지난 10년 사이에 네 배가 넘었는데, 지금 여기에 인종주의와 이슬람에 대한 편견이 가미되어 극심한 공포증을 낳았다. 예상할 수 있었듯이, 강조점의 변화가 판매세보다 노동시장의 경쟁에 더 노출되어 있는 북부 노동자계급에게 북부동맹이 영향력을 확대하는 데 기여하는 요소가 되었다.

신랄한 북부동맹의 스타일은 아마도 대중적인 성공을 거둔 가장 중요한 원천일 것이다. 로마에서 만들어진, 인습적이고 역겨운 미사여구의 정치 담론을 무시하는 것이 통명스러운 보통사람의 언어와 가까운, 체제의 국외자인 북부동맹의 정체성을 확인해 준다. 이 당의 지도자들은 모든 방향에서 터부를 깨는 것을 즐긴다. 정치적으로 올바르지 않은 이 당의 모습은 제노포비아에만 한정되지 않는다. 대외정책의 문제에

42 Adalberto Signore and Alessandro Trocino, *Razza Padana*, Milan 2008, pp. 5~7.

서 북부동맹은 공식적인 합의를 계속해서 무시한다. 걸프전, 발칸 전쟁, 리스본 조약에 반대했고, 중국의 값싼 수입품을 막기 위해 제한 없는 관세를 주장했다.[43] 하지만 진부한 담론을 깨는 것과 정책을 실제로 관철하는 것은 다른 문제이다. 1996년에서 2001년 사이의 북부동맹이 힘든 시기에는 자신이 속한 중도우파 정부의 정통성 있는 결정에 한 번도 반발한 적이 없었기 때문에, 북부동맹의 수사적인 도발은 실질적인 순응을 상징적으로 보충하기 위한 것이라 할 수 있다. 그러나 북부동맹은 베를루스코니에게 의존적이지는 않다. 상황은 반대이다. 베를루스코니는 북부동맹이 없었다면 자신이 우세했던 선거에서 이기지 못했을 것이다. 특히 2008년 선거가 그러했다. 둘 사이의 동맹에서 브로커 역할을 했고 지금은 다시 재무 장관이 된 줄리오 트레몬티(Giulio Tremonti)가 벨트로니의 민주당보다 훨씬 날카롭게 고삐 풀린 지구화를 비판했으며, 베를루스코니를 제외하면 현 정부에서 가장 강력한 인물이라는 사실이 우연은 아니다.[44]

북부동맹이 이탈리아 사회당의 다수파가 공산주의에서 사회민주주의를 거치지 않고 사회적 자유주의로 넘어간 것에 대한 주요한 복수의 여신이라고 한다면, 민주적 공산주의를 재정초하려 한 소수파의 운명은 자초한 것이었다. 2006년 선거에서 프로디 연합과 거리를 두는 대신에―10년 전에는 거리를 두면서 좋은 결과를 얻었다. 당시 상호 중지 조약을 맺었기 때문에 이들은 대략 선거에서 얻는 표에 비례해서 의회에 독자적인 세력으로 들어갈 수 있었다. 이후 중도좌파 정부에 대해 외

---

43 Adalberto Signore and Alessandro Trocino, *Razza Padona*, pp. 339~43, 349, 322~26.

44 이탈리아 사회당에서 크락시의 동료였던 트레몬티는 골수 북부동맹 지역인 롬바르디아 최북단의 손드리오 출신이다. 2008년에 출판된 그의 『희망과 공포』(*La Speranza e la paura*)는 '시장주의'를 '자유주의의 타락한 판본'이라고 비난하고, 중국의 신자유주의적 야심을 경계하며, 유럽의 산업정책을 주장했다. pp. 19, 27~29, 109.

부에서 조건부 지지를 했다 —— 재건공산당은 연립정부에 완전히 합류하는 데 동의했다. 그 지도자인 파우스토 베르티노티(Fausto Bertinotti)는 그 대가로 공식적으로 이탈리아 국가의 서열 3위 자리이며, 온갖 특권이 있고, 언론에 자동적으로 노출되는 하원의장이 되었다. 예상대로 공허한 명예가 그에게 주어졌고, 이로 인해 재건공산당은 여당 연합의 말 잘 듣는 부속물이 되어 실질적으로 그 어떤 양보도 얻어낼 수 없게 되었을 뿐 아니라 여당 연합이 무너질 때 오명을 함께 뒤집어쓰게 되었다. 재건공산당은 이런 태도를 유지하면서 베르티노티가 20세기 좌파의 커다란 실수는 폭력이 진보적인 변화의 수단일 수 있다고 믿었다는 것이라고 말한 직후, 아프가니스탄 전쟁을 위한 전쟁 공채에 찬성했다. 좌파가 이제 '절대적 평화주의'를 완전히 단념하는 것만이 정치적으로 수용되었다. 예상할 수 있듯이, 협력과 자기 신념의 철회의 조합은 파멸적인 결과를 낳았다. 녹색당과 민주당 내부에서 좌파에 대해 언급조차 하지 않는 것을 참을 수 없었던 좌파민주당의 잔존 세력이 막판에 가서 연합을 결성한 선거에서 재건공산당은 사라져버렸다. 수백만 명의 유권자가 자신의 정체성을 버린 당을 포기했던 것이다.

베를루스코니는 크게 승리했기 때문에 이전보다 더 강력한 사회경제적 의제를 추구할 수 있는 여지가 있었다. 그건 오랫동안 이탈리아 안팎의 주류 비판자와 논평자들이 그에게 촉구했던 것이다. 그의 연합이 실행하려 준비한 것은 야권 지지자들에게 타격을 가하는 것이었다. 고등교육에 대한 가혹한 예산 삭감과 초등 교원의 감축 등은 정확하게 상대적으로 손쉬운 중도좌파 지지자를 겨냥했다. 이는 제도적 악이라고 널리 인정되던 것이다. 자신의 선거 기반과 관련해서는 과거보다 엄격하지 않은 것으로 보인다. 예상된 일이기는 했지만, 세계적인 경기 후퇴로 대담한 신자유주의가 힘을 얻지 못했다. 정부가 즉각적으로 초점을 맞춘 것은 다른 일이다. 권좌에 복귀한 베를루스코니는 자신을 법 위에 놓는 미완의 과제에 다시 착수했다. 선거 후 100일 동안 의회는 베를루스코니의 기소 면제를 위한 또 다른 법률을 밀어붙였다. 이는 헌법재판소가 이전 법률을 무효화했던 근거를 피하기 위해 베를루스코니의 변호사들이 초안을 다시 만든 것이었다. 이 또한 법원에서 이미 무효화되었다. 법원 밖에서는 국민투표로 이 법률을 폐기하려는 운동이 준비 중이다. 다시 한 번 이탈리아의 정치적 생활은 모든 의미에서 억만장자 지배자의 개인적 운에 따라 결정될 참이다.

오늘날 베를루스코니는 분명 제2공화국의 아이콘이다. 그의 지배는 제2공화국이 대변하는 모든 것을 상징적으로 보여준다. 그가 부를 취득한 방법과 이를 이용해서 권력을 획득하고 유지한 방법에 대해서는 더 이상 비밀이라는 것은 없다.[45] 더 큰 질문은 사회적으로 어떻게 이런 경력이 가능했는가이다. 분명한 대답은 제1공화국에서 기독교민주당이 계속해서 지배한 것이며, 베를루스코니를 본질적으로 그 후계자로 보는 것이다. 제2공화국의 선거 균형을 감안할 때, 이런 식의 독해에 진실의 요소가 있다는 것은 분명하다. 이런 설명에 어울리게 1994년 이래 있었던 다섯 차례의 선거에서 북부동맹을 제외하고 중도우파가 얻은 표를 합하면 재건공산당을 제외하고 중도좌파가 얻는 표보다 5퍼센트에서 10퍼센트 정도 많다.[46] 다른 말로 하면 이탈리아는 근본적으로 극도로 보수적인 나라였고, 여전히 그렇다. 광범위하게 논의되고 있는 그 이유는 찾기 어렵지 않다. 다른 서방 사회에 비해 출생지를 떠나 다른 지역에 사는 사람이 적으며, 부모와 함께 사는 어덜트 차일드가 많고, 평균적인

---

45 David Lane, *Berlusconi's Shadow*, London 2004; Paul Ginsborg, *Silvio Berlusconi*, London 2005; Alexander Stille, *The Sack of Rome*, London 2006; Giuseppe Fiori, *Il venditore*, Milan 1995. 알렉산더 스틸(Alexander Stille)이 베를루스코니에 대해 과도하게 일반화하면서 설명한다고 한 비판적 고찰에 대해서는 다음을 참조. Donald Sassoon, "Povera Italia", *Journal of Modern Italian Studies*, vol. 12, no. 3, 2007, pp. 339~46.

46 자세한 수치에 대해서는 다음을 참조. Ilvo Diamanti and Elisa Lello, "The Casa delle Libertà. A House of Cards", *Modern Italy*, May 2005, pp. 14~16.

회사 규모가 작고, 자영업자의 수가 매우 높다는 것이다. 이런 것은 위험이나 변화에 태생적으로 적대적인, 어떤 정치체를 구성하고 있는 반동의 세포들이다. 전국적이면서 보편적인 유일한 제도인 가톨릭 교회의 지배와 자생적인 대규모 공산주의에 대한 공포가 이 정치체에 대한 기독교민주당의 헤게모니를 확실히 해주었으며, 비록 각각이 쇠퇴하기는 했지만 그 잔재가 베를루스코니 추종자들에게는 살아 있다.

하지만 이런 추론은 너무 단순하기도 하다. 분명 베를루스코니는 기독교와 가족의 가치 혹은 공산주의의 지속적인 위험에 대해 호소했으며, 전진 이탈리아는 명백하게 남부에서 기독교민주당 후원주의의 요새를 상속받았다. 가장 악명 높은 곳이 시칠리아이다. 그러나 그가 성공하는 데 있어 가톨릭의 기여는 점차 줄어들었다. 북동부의 백색 지역이 북부동맹에 넘어갔을 뿐만 아니라 가톨릭 신자들 — 현재 어느 정도 정기적으로 미사에 참석하는 사람은 주민의 1/4 정도이다 — 은 유권자 가운데 가장 변동이 심해서 제2공화국 초기에는 많은 수가 북부동맹뿐만 아니라 좌파민주당에도 투표했다.[47] 소기업 및 자영업과 정치적 반동 사이에 분명한 관계는 없다. 이탈리아 사회당이 항상 가장 강력했고, 오늘날 민주당이 여전히 장악하고 있는 중부 이탈리아의 붉은 벨트 — 토스카나, 움브리아, 에밀리아-로마냐, 마르케 — 는 소기업과 자영업이 넘쳐나는 곳이다. 가족 기업, 마이크로 기업의 번성, 독립적인 장인과 가게주인, 지역의 협동조합 등이 많다. 다시 말해 큰 공장이나 조립라인의 세계가 아니라 소자산의 세계이다.

베를루스코니의 실제 계보는 좀 더 확실하다. 근본적으로 그는 기독교민주당이 아니라 크락시와 크락시가 대변했던 1980년대 이탈리아 정치의 변화를 계승하고 있다.[48] 유비적인 것만이 아니라 문자 그대로 가

---

47 Ilvo Diamanti and Luigi Ceccarini, "Catholics and Politics after the Christian Democrats: The Influential Minority", *Journal of Modern Italian Studies*, vol. 12, no. 1, pp. 49~50.

계(家系)이다. 밀라노 출신인 두 사람은 가까운 동시대인이며, 1976년
에 크락시가 사회당 지도자가 된 이래 두 사람의 경력은 계속해서 얽혔
는데, 2년 후 베를루스코니는 처음으로 주요 텔레비전 방송국을 만들었
고, 이탈리아 사회당이 통제하는 은행에서 막대한 대출을 받았다. 둘의
관계는 개인적으로나 업무상으로나 매우 친밀했다. 크락시는 베를루스
코니가 미디어 제국을 만들 수 있도록 국가가 후원케 했으며, 베를루스
코니는 거기서 나오는 이윤으로 크락시의 조직에 돈을 대고, 뉴스를 통
해 좋은 이미지를 만들어갔다. 크락시는 아르코레(Arcore)에 있는 베를
루스코니의 으리으리한 별장에 자주 들락거렸는데, 이곳에서 시녀들과
고급 요리를 후하게 대접받았다. 크락시는 1984년에 베를루스코니가 여
배우 베로니카 라리오(Veronica Lario)와 낳은 첫째 아이의 대부였다. 이
때 두 사람은 결혼 전이었다. 그리고 1990년 두 사람이 결혼할 때는 들
러리를 섰다. 1983년 총리가 된 크락시는 대법원의 명령을 무시하고 베
를루스코니의 방송국이 문을 닫지 않도록 힘을 써주었으며, 1990년에
는 베를루스코니가 방송국을 영원히 장악할 수 있도록 도움을 주었다.
이때 외국 은행에 있는 베를루스코니의 계좌에 예치되어 있던 1,200만
달러를 받을 수 있는 법률을 만들어주었다. 크락시는 권력의 정점에 있
을 때, 전후 이탈리아의 정치적 풍경에서 새로운 모습을 보였다. 강인하
고 단호했으며, 언론 노출을 즐겼고, 자기 당을 완전히 장악했으며, 냉
정한 협상가의 모습을 보였다.

　3년 후 마니 풀리테 검사들이 그가 저지른 엄청난 규모의 부패를 폭
로하면서, 크락시는 이 나라에서 가장 비난받는 공인이 되었다. 그러나
끝난 것은 아니었다. 자신의 경력은 무너졌지만 자신의 정치적 비전을
직접 베를루스코니에게 넘겨주었고, 1993년 4월 밀라노에서 열린 한

48　선거라는 관점에서 본 계보에 대해서는 생태학적으로 조심스럽게 다룬 다음
　　을 참조. Michael Shin and John Agnew, *Berlusconi's Italy: Mapping Contemporary
　　Italian Politics*, Philadelphia 2008, pp. 78, 134.

모임에서 선거에 뛰어들라고 설득했다. 한 목격자의 말이다.

크락시는 자기 말처럼 사냥당한 짐승처럼 방 안을 서성였다. 크락시는
베를루스코니에게 "우리는 라벨, 새로운 이름, 즉 다섯 개로 이루어진 과
거의 연합에 투표했던 유권자들을 하나로 묶어줄 수 있는 상징이 필요하
네"라고 말했다. "당신은 이탈리아 반도 전역에 사람들이 있고, 방향을 잃
고 혼란스러워하지만 공산당의 통치는 받아들이려 하지 않는 유권자들을
잡을 수 있고, 구해야 하는 것을 구할 수 있다네." 그런 다음 자리에 앉아
종이 위에 동심원을 그리기 시작했다. "이게 하나의 선거구이네. 이 안에
는 대략 11만 명이 살고 있을 것이고, 대략 8만 명에서 8만 5,000명이 투
표권이 있을 것이네. 이 가운데 6만 명에서 6만 5,000명만이 실제로 투표
를 할 걸세. 이 후보 저 후보에게 유리한 선전을 쏟아낼 수 있는 텔레비전
방송국이 있으니 예상을 빗나가게 하기 위해 2만 5,000명에서 3만 명의
사람을 하나로 모아내기만 하면 되네. 이런 일이 가능한 건 기습이기 때문
이고, 공산당에게 통치를 받지 않으려는 수많은 비공산주의 유권자의 욕
망 때문이네." 이렇게 말한 크락시는 방에서 나갔다. 그가 나간 후에 베를
루스코니는 이렇게 말했다. "좋아, 이제 무엇을 해야 되는지를 알았어."[49]

이 시기 말에 가면 심한 경쟁 압력을 받던 기독교민주당도 이탈리아
사회당과 마찬가지로 평범한 수준으로 떨어지기는 했지만, 크락시의 정
치 모델과 기독교민주당 사이에는 역사적으로 중요한 차이가 있다. 기
독교민주당은 시간을 견뎌온 신앙이라는 후광이 있을 뿐만 아니라 뿌
리 깊은 사회적 기반이 있었다. 이는 크락시의 불안정한 조직이 얻을 수
없는 것이었다. 또한 기독교민주당은 항상 1인 지도력에 저항했고, 균
형을 잡아주는 정파의 복잡한 네트워크여서 독재자에 대한 숭배를 막

49 Marco Travaglio, *Montanelli e il Cavaliere*, Milan 2004, pp. 59~60. 번역은 스틸의
   책에서 인용했다.

을 수 있었다. 말기에 가서 수금업자들이 청부인과 기업가들에게 수십억 리라를 거둬들이기는 했지만, 지도자들의 개인 주머니로 들어간 것은 적었다. 이들의 라이프스타일은 크락시나 그 동료들과 달리, 그리 과시적이지 않았다. 당 고위 인사들 가운데 롬바르디아 출신은 거의 없었다. 문화적으로 이들은 다른 세계에 속했다.

　따라서 크락시가 망명한 정치 무대에 갑작스럽게 올라간 베를루스코니는 전후 서방 사회의 역사에서 가장 심오한 아이러니를 체현한 것으로 보인다. 제1공화국은 엄청난 수준의 정치적 부패가 폭로되는 와중에 붕괴했지만, 제1공화국의 통치가 만들어낸 불법과 부패를 훨씬 더 노골적으로 보여주는 인물이 지배하는 제2공화국을 낳았을 뿐이다. 이와 비교하면, 크락시 자신의 비행은 초라해 보인다. 돈에 좌우되는 것은 새로운 지배자와 측근만이 아니었다. 이들 아래로 부패는 줄어들지 않고 오히려 널리 퍼졌다. 캄파니아의 중도좌파 주지사 ― 예전 이탈리아 사회당의 안토니오 바솔리노 ― 가 사기와 공금횡령으로 기소된 지 몇 달 후에 중도좌파의 또 다른 충직한 당원 ― 예전 사회당의 오타비오 델 투르코(Ottavio del Turco) ― 인 아브루초의 주지사가 체포되었다. 민간 의료계의 한 거물이 보호비 명목으로 600만 유로를 현금으로 그에게 주었다고 자백한 직후였다. 베를루스코니는 그를 중심으로 쭉 뻗어나간 체제의 갓돌이다. 그러나 정치적 배우로서 사람들이 상상했던 것과 정반대로 제2공화국으로 제1공화국의 질병을 치료한 공은 우선 그에게 돌아갔다. 이탈리아는 더 이상 토착적인 전통도 이합집산(trasformismo)도 없게 되었다. 정치 세력이란 삼투작용에 의해 반대파로 변형되기 마련이다. 우파가 공식적인 좌파로 흡수되는 것인데, 이는 19세기 말 아고스티노 데프레티스(Agostino Depretis)가 고전적으로 실천했던 것이다. 또한 20세기 초에는 조반니 졸리티(Giovanni Giolitti)가 자유주의에 도움이 되도록 노동개혁주의를 끌어들였다. 제2공화국의 사례는 더 큰 규모로 이루어진 이합집산이다. 정당이나 계급이 아니라 질서 전체가 원래는 종식시키려던 질서로 변했다.

사회는 국가가 이끌면 따라가기 마련이다. 1993년 이후 시기는 삶의 모든 영역에서 파시즘 몰락 이후에 가장 처참한 때였다. 전후 그 어떤 유럽 나라보다 심한 탐욕, 불의, 태만, 실패를 보여주는 이 시기에 대한 두 권의 책이 나왔다. 『코리에레 델라 세라』의 정력적인 두 저널리스트 인 잔 안토니오 스텔라(Gian Antonio Stella)와 세르조 리초(Sergio Rizzo)가 쓴 『라 카스타』(La Casta, 2007)와 『표류』(La Deriva, 2008)는 베스트셀러가 되었으며 — 전자는 6개월 동안 23판을 거듭했다 — 그럴 만한 가치가 있다. 이 두 권의 책이 드러낸 것은 무엇인가? 우선 이 나라를 운영한 정치 계급의 탐욕이다. 의회에서 의원들은 1948년보다 실질 가치로 자 신들의 봉급을 여섯 배나 올렸다. 이로 인해 유럽의회에 있는 이탈리아 의원들은 1년에 15만 유로를 받게 되었다. 이는 독일이나 영국 의원들 보다 대략 두 배가 넘으며, 스페인 의원들보다는 네 배 더 받는 것이다. 로마에 있는 하원, 상원, 총리는 최소한 46동의 건물을 차지하고 있다.[50]

공화국 대통령이 사는 키리날레(Quirinale) — 현재 대통령은 조르조 나폴리타노(Giorgio Napolitano)인데, 그는 얼마 전까지 저명한 공산주 의자로 전임자들과 마찬가지로 주변 일에 휘둘리지 않는 사람이다 — 에는 대통령 마음대로 부릴 수 있는 이러저러한 아랫사람이 최근 집계 에 따르면 900명이 넘는다. 대통령 관저에 드는 비용이 1986년 이래 세 배가 되었다. 엘리제궁의 두 배이며, 버킹엄궁의 네 배, 독일 대통령에 게 드는 비용의 여덟 배이다. 거기에 살던 사람들은 얼마나 벌었을까? 1993년에 대통령궁의 요셉이라 할 수 있는 비서실장 가에타노 지푸니 는 당시 스칼파로 대통령이 기소를 면하게 하는 일의 핵심에 있었는 데, 이 일로 현재 가치 55만 7,000유로를 받았다. 미국 대통령의 봉급보 다 훨씬 많은 금액이다.[51] 교통은? 2007년에 이탈리아에는 선출된 18만

---

50 Sergio Rizzo and Gian Antonio Stella, *La Casta. Cosí i politici italiani sono divenuti intoccabili*, Milan 2007, pp. 13, 46.

51 Sergio Rizzo and Gian Antonio Stella, *La Casta*, pp. 53~60.

명으로 이루어진 통치 계급을 위해 57만 4,215대의 관용 리무진(autos blus)이 있다. 프랑스에는 6만 5,000대가 있다. 경호는? 베를루스코니가 하나의 예이다. 공금으로 여든한 명의 보디가드를 두고 있다. 대충 계산을 하면, 이탈리아에서 정치적 대표자들에게 쓰는 비용은 봉급 이외의 비용까지 모두 포함할 때, 프랑스·독일·영국·스페인에서 쓰는 비용을 모두 합한 것과 같다.[52]

이렇게 특권을 누리는 층 아래로 이탈리아인 네 명 가운데 하나는 빈곤층으로 살아가고 있다. 1990년 이래 예산에서 차지하는 비중이 떨어진 교육 지출은 겨우 GDP의 4.6퍼센트이다(덴마크는 8.4퍼센트). 전체 인구의 절반만이 의무교육 이후의 상급 학교에 다니고 있는데, 이는 유럽 평균보다 20퍼센트포인트 낮은 수치이다. 20세 이상 가운데 1/5 이하만이 고등교육을 받으며, 그 가운데 3/5은 중간에 그만둔다. 1인당 병상 수는 제2공화국 들어 1/3이 줄어들어 이제 독일이나 프랑스의 절반 수준이다. 법원을 보자면 형사재판은 최종 판결까지 평균 4년이 걸리며, 공소시효를 고려할 때 이 가운데 거의 1/5이 취소된다. 민사소송의 경우 파산 심리가 완료되는 데 걸리는 평균 시간은 8년 8개월이다. 2007년 말 70대 연금 수령자 두 명이 사회보장기구에 소송을 제기하려 했는데, 2020년에야 의견 청취가 가능하다는 이야기를 들었다. 법 앞에서의 평등과 관련해서는, 한 알바니아 이민자가 고향에서 암소 한 마리를 훔친 것으로 기소되었는데, 이 사람은 크게 사기 쳐서 수천 명의 시민을 위험에 빠트린 식품업계의 세르조 크라노티(Sergio Cragnotti)보다 더 오래 감옥에 있었다. 정치가들은 재계 거물보다 더 나은 대우를 받았다. 베를루스코니의 오른팔인 세자레 프레비티는 9년이나 끈 청문회 이후 판사를 매수한 죄로 유죄판결을 받아 6년 징역형에 처해졌지만, 감옥에는 겨우 5일만 있고 사회봉사 명령을 받아 풀려났다.[53]

52 *Le Monde*, 31 May 2007.

53 Sergio Rizzo and Gian Antonio Stella, *La Deriva. Perché l'Italia rischia il naufragio*,

이탈리아의 물질적 하부구조도 공공기관보다 더 낮지는 않다. 항구 시설을 보면, 이탈리아의 주요 일곱 개 항구가 모두 합쳐 로테르담보다 적은 컨테이너를 처리한다. 도로를 보면, 총연장이 스페인의 절반이다. 고속철도를 보면, 총연장이 프랑스의 1/3이다. 전체 철도의 총연장은 1920년보다 겨우 13킬로미터 늘었을 뿐이다. 항공을 보면, 알리탈리아 항공사는 독일의 루프트한자가 134대의 장거리 여객기를 보유한 데 비해 스물세 대뿐이다. 이 모든 것이 지난 10년간의 우울한 경제 실적의 성적표이다. 지난 10년간 GDP는 유럽연합의 다른 어떤 지역보다 저성장을 유지했고, 노동 생산성은 거의 개선되지 않았다. 2001~06년 사이 겨우 1퍼센트 늘었다. 1인당 소득—1980~95년 사이에는 연평균 2퍼센트 정도는 늘어났다—은 2000년 이래 실질적으로 거의 정체 상태에 있다. 북부와 남부의 생활수준 차이는 크게 벌어졌다. 1,300만 명 가량이 사는 남부(Mezzogiorno)의 400개 이상의 코뮌에서 범죄 조직이 활동하고 있으며, 지역의 기업가 세 명 가운데 한 명이 사기 행위를 광범위하게 저지르고 있다. 노동 참가는 서유럽 나라들 가운데 가장 낮으며, 여성의 노동 참가는 바닥 수준이다. 덴마크보다 30퍼센트포인트, 미국보다는 20퍼센트포인트, 체코공화국보다 10퍼센트포인트 낮다. (여성이) 생산에서 배제된 것이 재생산이 높다는 것을 의미하지는 않는다. 순수 재생산은 마이너스이다. 여성 0.6명 혹은 1인당 출산율은 1.3명이며, 이로 인해 5,800만 명이던 인구가 20세기 중반까지 4,700만 명으로 떨어졌다. 이미 60세 이상의 고령 인구가 18~24세의 청년층보다 세 배 많다. 유권자의 평균 연령은 47세이다.[54]

이 우울한 상황을 상쇄할 수 있는 것은 사실상 일자리 창출 하나뿐이

Milan 2008, pp. v, 128~29, 134, 140, 148, 185, 218; *Il Manifesto*, 8 December 2007.

54 Sergio Rizzo and Gian Antonio Stella, *La Deriva*, pp. vi, xvii~xviii, 24, 27, 60, 66, 72, 79~80; *Financial Times*, 13 May 2005; *Economist*, 26 November 2005.

었다. 1990년대 중반에 12퍼센트였던 실업률은 현재 6퍼센트까지 떨어졌다. 그러나 이렇게 만들어진 일자리의 대부분은 —2006년에 새로 만들어진 일자리의 절반— 단기 계약직이며, 대부분이 비공식 경제의 불안정한 고용이다.[55] 그래서 실질적인 결과를 낳지 못했다. 나폴리의 사회학자인 엔리코 풀리에제(Enrico Pugliese)의 공식에 따르면, 이탈리아는 제1공화국 말기의 일자리 없는 성장에서 제2공화국의 성장 없는 일자리로 나아갔으며, 이는 생산성 증대를 가로막았다. 중소규모 기업이 압도적으로 많기 —대략 450만 혹은 확대 이전 유럽연합 전체의 1/4— 때문에 연구 비용의 지출이 잘 이루어지지 않으며, 수출도 의류와 신발 등 전통적으로 강세를 보이는 품목에 한정되어 있다. 그런데 이 분야는 현재 저비용의 아시아 생산자로부터 경쟁 압력이 매우 강하다. 하이테크 제품 수출은 유럽 평균의 절반이며, 외국인 투자는 매우 낮다. 이는 부패와 행정 부실에 대한 우려 때문이지만 이탈리아 대기업의 근접 방어 때문이기도 하다. 이탈리아 대기업의 지주회사와 은행은 소수의 강력한 내부자 사이에 맺어진 주식 보유자 협약에 의해 통제되고 있다.[56]

과거에는 이 모델이 변동 환율에 의해 번성했다. 외부의 도전에 대해 경쟁적인 평가절하를 하고, 상대적으로 높은 국내 인플레이션율과 적자 재정을 감내하는 방식으로 그렇게 할 수 있었다. 이탈리아가 유럽통화동맹에 들어가면서 제2공화국은 그렇게 할 수 없었다. 마스트리흐트 기준을 맞추기 위해 예산이 삭감되고 인플레이션은 억제되었으며, 통화의 평가절하가 불가능해졌다. 그러나 대안적인 모델은 구체화되지 못했다. 거시경제 체제가 바뀌었지만, 생산구조는 바뀌지 않았다. 이로 인해 회복을 위한 조건을 더 악화시킨 결과를 낳았다. 성장의 길은 열리지 않고 도리어 막혀버렸다. 수출은 감소했고, 세계에서 세 번째로 많은 공적 부채는 GDP의 100퍼센트 이상을 지속적으로 유지했다. 이는 마스트리흐

55 *Sole 24 Ore*, 21 November 2007.
56 *Economist*, 26 November 2005; *Financial Times*, 28 March 2007.

트의 조항을 웃음거리로 만드는 것이었다. 제2공화국의 출범 이후 이탈리아는 구매력으로 조정했을 때 여전히 유럽연합의 큰 나라 가운데 독일에 이어 두 번째로 높은 1인당 소득을 보였다. 실질단위로 보았을 때, 생활수준이 프랑스나 영국보다 높았다. 오늘날에는 상대적으로 가난한 동유럽 국가들 때문에 낮아진 유럽연합 평균보다도 낮으며, 거의 그리스 수준에 접근했다.[57]

2

이런 국가적 쇠퇴의 파노라마 속에는 아주 가슴 아픈 한 영역이 있다. 이탈리아의 좌파는 한때 서유럽에서 사회 변화를 위한 가장 크고 가장 인상적인 대중운동을 이끌었다. 이탈리아 좌파는 각각 독자적인 역사와 문화가 있는 두 개의 대중 정당으로 이루어져 있으며, 둘 다 자본주의의 개량이 아니라 극복을 위해 노력했다. 하지만 이탈리아 사회당과 공산당의 전후 동맹은 1950년대의 경제 호황기를 견뎌내지 못했다. 1963년 피에트로 넨니(Pietro Nenni)는 처음으로 사회당을 기독교민주당의 하위 파트너로 정부에 끌어들였는데, 이는 크락시까지 이어지는 길이었으며 이로 인해 공산당은 1948년 이래 자리 잡은 기독교민주당 체제에 대해 아무런 견제도 받지 않으면서 반대파로 남아 있을 수 있었다. 처음부터 이탈리아 공산당은 조직적으로나 이데올로기적으로 사회당보다 강했고, 폭넓은 대중적 기반이 있었다. 1950년대 중반 200만 명이 넘는 당원이 있었는데, 남부의 농민부터 중부의 장인과 교사, 그리고 북부의 산업 노동자까지 넓게 퍼져 있었다. 공산당은 또한 풍부한 지적 유산이 있었는데, 당시 막 출판된 그람시의 『옥중수고』의 중요성은 당 밖에서도 즉각 인정을 받았다. 이탈리아 공산당은 전성기에 엄청나게 넓은 범위의 사회적·도덕적 에너지를 끌어들였는데, 이는 이탈리아의 다른 어떤

---

57 *Economist*, 19 April 2008.

세력보다 대중적 뿌리가 깊고, 지적 영향력이 넓은 것이었다.

냉전으로 인해 40년의 야당 시절을 보낸 공산당은 처음에는 기초 지방 행정부, 나중에는 광역 행정부 그리고 이탈리아에서 입법이 이루어지기 위해 반드시 거쳐야 하는 의회 상임위원회에 자리 잡았다. 이로 인해 공산당은 하위 수준에서 상당한 지배 질서와 얽히게 되었다. 1948년 이후에 해방의 성과는 나누어졌다. 권력은 기독교민주당이 가져갔고, 문화는 이탈리아 공산당이 가져갔다. 기독교민주당은 국가 운영권을 통제했으며, 공산당은 시민사회의 재능 있는 사람들을 끌어들였다. 이탈리아 공산당은 다양한 분야의 학자·작가·사상가·예술가뿐만 아니라—여러 사람 가운데 체사레 파베세(Cesare Pavese), 이탈로 칼비노(Italo Calvino), 파올로 파솔리니, 루키노 비스콘티, 질로 폰테코르보(Gillo Pontecorvo), 루이지 노노(Luigi Nono) 모두 이런저런 시기에 공산당 당원이었거나 동조자였다는 것을 떠올리는 것으로 충분할 것이다—일반적으로 진보적인 여론을 자신을 중심으로 양극화하는 능력을 발휘했는데, 이는 유럽 다른 정당이 따라갈 수 없었다. 부분적으로 이는 당 지도부의 사회학적 지적 수준에 기인했는데, 프랑스, 독일, 영국, 스페인 공산당과 달리 대부분이 높은 수준의 교육을 받았다. 또한 부분적으로는 '사상의 전투'를 상대적으로 관용적이고 유연하게 다룬 덕분이기도 했다. 이 영역에서 공산당의 지배는 이탈리아 공산주의의 아주 뚜렷한 자산이었다. 그러나 이것은 공산당이 계속해서 보지 못한 양면적인 대가를 치르게 했다.

이탈리아 공산당이 사상과 예술의 세계에 끼친 영향 정도는 오랜 세월 동안 이탈리아의 기존 문화 속에 있는 지배적인 흐름에 공산당이 적응하고 이를 재생산하는 정도와 같은 것이었다.[58] 이것은 베네데토 크로체의 철학에서 독특한 것은 아니지만, 가장 강력한 현대적 표현을 보

---

58 개괄적인 논평에 대해서는 다음을 참조. Christopher Duggan, *Force of Destiny*, London 2007, pp. xvii~xx.

인 관념론이었다. 크로체는 오랫동안 이탈리아의 지적 삶에서 괴테와 비슷한 위치에 있던 인물이다. 전후 이탈리아 공산당이 직간접적으로 지배했던 이탈리아 문화의 많은 부분을 둘러싼 분위기가 되었던 것이 바로 크로체의 역사주의 체계였다. 옥중에서 그람시가 이 역사주의 체계에 주목하면서 그 뛰어남에 동의했다.[59] 그러나 그 배후에는 정치학에서 의지나 오성으로 파악하는, 사상의 영역에 우월함을 부여하는 더 오래된 전통이 있었다. 로마제국의 몰락과 리소르지멘토의 완수 사이 이탈리아에는 이탈리아 반도 전체에 걸친 국가나 귀족이 없었고, 대부분의 시간 동안 서로 갈등하는 외국 세력에 종속되어 있었다. 그 결과 오랫동안 엘리트층 내부에서는 과거의 영광과 현재의 비참함 사이의 간극에 대한 감정이 커졌다. 단테(Dante) 이후로 고전 고대의 고급문화를 회복하고 전수해야 하는 소명에 대한 뚜렷한 의식이 있었으며, 새 생명을 찾은 사상의 도움에 의해서만 이탈리아가 제대로 될 수 있다는 확신 있는 지식인의 전통이 발전했다. 이렇게 몰락한 현실에서 이 지식인들만이 창조자가 될 수 있다는 것이다.[60] 문화는 권력과 구분되는 영역이 아니었다. 문화는 권력으로 가는 통행증일 수밖에 없었다.

좋은 의미에서 이탈리아 공산주의는 이런 정신 상태를 물려받았다. 그것이 민족 성향에 부여한 독특한 형태는, 충실한 것은 아니지만 그람시에게서 끌어왔다. 여기에서 '헤게모니'는 사회적 실존의 현실적인 기초인 시민사회 내부에서 대체로 합의되는 문화적·도덕적 지배력을 얻는 것이며, 결국 집합적 삶의 외적이고 표피적인 표현인 국가를 평화적으로 확보하게 된다. 따라서 지적 영역에서 공산당이 획득한 지배적인 위치는 공산당이 궁극적인 정치적 승리로 나아가는 길 위에 있다는 것

59 이 배경에 대해서는 다음을 참조. Remo Bodei, *I noi diviso: Ethos e idee dell'Italia repubblicana*, Turin 1998, pp. 16~19, 63~69, 113.
60 이런 신드롬에 대한 예리한 설명은 에르네스토 갈리 델라 로지아의 핵심 저작인 다음 책에서 볼 수 있다. Ernesto Galli della Loggia, *L'Identità italiana*, Bologna 1998, pp. 31~42, 116~21.

을 보여주었다. 이것은 그람시가 믿었던 것은 아니었다. 제3인터내셔널의 혁명가인 그는 자본이 무장력 없이 파괴될 수 있다고 생각한 적이 없다. 지배 질서의 전복에 대한 광범위한 대중적 합의를 얻는 것이 중요하기는 하지만 말이다. 그러나 대체로 보아 그것은 장갑처럼 문화라는 관념론적 틀에 맞았다. 게다가 지적 영역 내에서 이탈리아 공산당은 전통적인 엘리트의 인문주의적 편향을 재생산했다. 전통적인 엘리트는 언제나 철학·역사·문학 등을 선택했다. 공산당의 구성에서 빠진 것은 좀 더 현대적인 분과학문인 경제학과 사회학이었으며, 좋든 나쁘든 이런 분과학문이 자연과학에서 빌려오려 한 방법론이었다. 신성시되는 문화적 위계제의 꼭대기에서는 공산당의 위치가 대단해 보였지만 낮은 곳에서는 훨씬 더 약했으며, 이는 얼마 지나지 않아 심각한 결과를 낳게 된다.

전후 이탈리아의 이탈리아 공산당의 생태계를 변화시키게 될 두 가지 커다란 변화가 당에 충격을 줄 당시 당은 그 어느 변화에도 준비가 되어 있지 않았다. 첫 번째 것은 완전히 상업화된 대중문화가 시작된 것인데, 이는 그람시는 말할 것도 없고 팔미로 톨리아티(Palmiro Togliatti)의 세계에서도 상상할 수 없었던 것이다. 전성기 때에도 문화 영역에서 이탈리아 공산당 그리고 좀 더 넓게 이탈리아 좌파의 영향력에는 명백한 한계가 있었는데, 그 이유는 가톨릭교회가 대중의 신앙과 상상력에서 넓은 영역을 차지하고 있었기 때문이다. 공산당의 계보가 광범위하게 퍼져 있는 대학, 출판계, 스튜디오, 저널 등의 수준 아래에 그리고 언론에서 차지하고 있는 자유주의적 부르주아지의 기성 요새와 뚜렷하게 구분되어 기독교민주당 유권자들의 저속한 취향을 쫓는 순응주의적 잡지나 쇼의 덤불이 무성하게 자라고 있었다. 이탈리아 공산당은 엘리트 문화에서 유리한 위치를 차지하고 있었기 때문에 이런 세계를 관용적으로 용인하는 태도로 바라볼 수 있었다. 공산당은 이것을 성직자가 지배하던 과거 — 이것의 중요성에 대해서는 그람시가 오래전에 강조한 바 있다 — 의 두드러지기는 하지만 계몽되지 않은 유산의 표현으로 보았다. 공산당은 이것을 위협으로 생각하지 않았다.

완전히 세속적인 미국화된 대중문화의 유입은 또 다른 문제였다. 준비 없이 이런 상황을 맞이한 당 기구와 이를 둘러싸고 있는 인텔리겐치아는 충격을 받았다. 진지한 비판적 개입이 이탈리아에서도 부족하지는 않았지만 — 움베르토 에코(Umberto Eco)가 선구자였다[61] — 이탈리아 공산당은 이를 자기 것으로 하지 못했다. 고급문화와 저급문화의 관계 변형을 통해 새로운 것의 공세에 저항할 수 있는 창조적인 대화가 이루어지지 못했다. 무엇보다 전후에 이탈리아가 우세했던 영화의 경우가 상징적인 예가 될 수 있다. 1940년대와 1950년대 초에 데뷔했고, 1960년대 초에 최후의 중요한 작품을 쏟아낸 거장 세대 — 로베르토 로셀리니(Roberto Rossellini), 비스콘티, 미켈란젤로 안토니오니(Michelangelo Antonioni) — 가 이어지지 않았다. 프랑스의 장-뤼크 고다르나 독일의 라이너 베르너 파스빈더와 비교할 만한, 아방가르드와 대중적 형식의 교차가 활발하게 이루어지지 않았다. 나중에 난니 모레티(Nanni Moretti) 정도의 움직임이 있었다.[62] 그 결과는 교육 받은 감수성과 대중적 감수성 사이의 간극이 아주 넓어진 것이며, 이탈리아는 저능하고 환상적인 것으로 도배한 대중적 상상력으로 가득 채운 베를루스코니의 텔레비전 제국의 문화적 반혁명에 어느 정도는 무방비 상태가 되었다. 너무나 끔찍하게 싸구려이기 때문에 저능하고 환상적이라는 말조차 너무 관대

---

61 이 주제에 대한 그의 첫 번째 모음집인 『묵시록적인 것과 통합적인 것』(*Apocalittici e integrati*)은 1964년에 출간되었다.

62 이탈리아 영화계가 전후 세대 이후에 일급 감독을 배출하지 못했다는 말이 아니다. 1980년대와 1990년대에 잔니 아멜리오(Gianni Amelio)는 안토니오니와 비스콘티의 대조적인 유산으로부터 유럽에서 가장 훌륭한 영화를 발전시킨다. 그러나 고전적인 전통에서 그러한 것이고, 아방가르드와 대중적 형식에서는 모두 떨어진 것이었다. 아멜리오의 뛰어난 성취에 대해서는 다음을 참조. Silvana Silvestri, "A Skein of Reversals", *New Left Review* II/10, July-August 2001.

하다고 할 수 있다. 이탈리아 공산당은 변화에 맞서거나 변화를 돌려내지 못했고, 10년 동안 거기에 저항했다. 공산당 최후의 진정한 지도자인 엔리코 베를링구에르는 새로운 세계의 문화적·물질적 소비에 대한 방종과 소아병을 심하게 경멸한 인물이었다. 그가 죽은 후에는 완강한 거부에서 연이은 거부로 옮아가는 것은 아주 쉬운 일이었다. 남학생 앨범에서 나온, 생글생글 웃는 그림엽서를 닮게 된 벨트로니는 『우니타』(Unità) 편집장이 되자 『우니타』에 그런 종류의 부록을 같이 배포함으로써 이름을 날렸다.

이탈리아 공산당의 관념론이 이탈리아에서 여가생활을 변화시킨 시장과 미디어의 물질주의적 추동력을 파악하지 못하게 했다면, 이를 제대로 볼 수 없었던 경제적·사회학적 안테나의 부재도 마찬가지로 작업장에서 일어난 변화를 볼 수 없게 했다. 이미 1960년대 전환기에 이 시기 유럽 좌파 내에서 가장 폭발적이고 가장 기묘한 지적 모험 가운데 하나인 오페라이스모(operaismo, 노동자주의)라는 이탈리아 특유의 현상을 만들어내기 시작한 청년 급진주의자들에 비해 공산당은 이에 덜 주목했다. 이탈리아 공산당과 달리, 전후 이탈리아 사회당에는 최소한 로돌포 모란디[63]라는 주요한 인물이 있었다. 그의 마르크스주의는 덜 관념론적이었고, 이탈리아 산업구조에 관심을 가져 이에 대한 연구로 유명하다. 그는 그다음 세대에서 이탈리아 사회당의 투사인 라니에로 판치에리(Raniero Panzieri)라는 재능 있는 후계자를 찾았다. 토리노로 이사한 그는 피아트 공장 노동자들의 조건에 대한 연구에 착수했고, 이 일을 중심으로 일군의 젊은 지식인들을 모았다. 다수는 사회당 청년 조직 출신이었지만(이 가운데 네그리도 있다), 모두가 그런 것은 아니었다.[64]

---

63 Rodolfo Morandi, 1903~55: 사회당 정치가이자 경제학자. 1931년에 출판한 『현대 이탈리아 대기업사』로 유명하다. ―옮긴이

64 좌파의 전후 문화는 이탈리아 공산당의 독점물은 아니었다. 사회주의 전통에는 오랫동안 독립적인 정신을 가진 저명한 인물이 많았는데, 그 가운데에는 이탈리아 공산당의 그 어떤 지도자보다 지적으로 뛰어난 이탈리아 사회당 지도자인 렐

그 이후 10년 넘게 오페라이스모는 변화무쌍한 세력의 모습을 갖추었고, 현대 이탈리아의 노동과 산업자본의 변모를 탐구하는 오래가지 못한 저널—『붉은 노트』(*Quaderni rossi*), 『노동자계급』(*Classe operaia*), 『들고양이』(*Gatto selvaggio*), 『콘트로피아노』(*Contropiano*)—의 씨를 뿌렸다. 이탈리아 공산당은 이와 비교할 만한 것을 보여주지 못했고, 이렇게 분출하는 모습에 별로 주의를 기울이지 않았다. 이 시기 새로운 이론가 가운데 가장 영향력 있는 인물이 로마의 공산당 내에 있는 마리오 트론티(Mario Tronti)였음에도 그러했다. 그 문화는 본질적으로 당에 낯선 분위기의 문화였으며, 영성주의와 민중주의에 대해 그람시가 책임이 있다고 보면서 그람시에게 공개적으로 적대적이었다.

오페라이스모의 충격은 그 사상가들의 연구나 생각에서만 온 것이 아니라 이들이 일군의 새로운 노동자계급과 맺은 연관에서도 기인한 것이다. 이 새로운 노동자계급은 남부 출신의 젊은 이민자들로 이루어져 있었는데, 북부의 공장에서 그들이 처한 낮은 임금과 억압적인 노동 조건에 맞서 반란을 일으켰다. 공산당이 지도하는 노동조합들이 자발적으로 터져나오는 전투성과 예상치 못한 투쟁 형태에 놀란 것은 말할 것도 없다. 이러한 격동을 예측한 것으로 인해 오페라이스모는 강력한 지적 역풍을 행사할 수 있었다. 그러나 또한 이로 인해 사후적으로는 프롤레타리아의 반란을 다소는 현장에서 지속적으로 용암이 분출하는 것으로 낭만화하게 되었다. 1970년대 중반이 되면 이탈리아의 산업이 다시 한 번 변화하고 있고, 작업장의 전투성이 쇠퇴했다는 것을 깨달은 네그리 등은 임박한 혁명의 담지자로서 '사회적 노동' 일반—사실상 자본에 의해 고용되었거나 고용되지 않은 모든 사람—이라는 형상(figure)

리오 바소(Lelio Basso)는 말할 것도 없고 시인이자 비평가인 프랑코 포르티니(Franco Fortini), 영화감독인 조르조 스트렐러(Giorgio Strehler), 문헌학자인 세바스티아노 팀파나로(Sebastiano Timpanaro) 등이 있었다. 물론 후일 원래는 행동당(Partito d'Azione) 출신인 노르베르토 보비오가 이탈리아 사회당에 참가하는데, 이때는 크락시가 당을 지배하던 좋지 않은 시기였다.

으로 후퇴하게 된다. 이러한 관념의 추상화는 절박함의 징후였으며, 여기에 수반된 묵시록적 정치는 결국 1970년대 말에 오페라이스모를 아우토노미아(autonomia)의 막다른 골목으로 몰고 갔다. 하지만 1960년대의 변화를 따라가지 못했던 이탈리아 공산당은 여기에서 아무것도 배우지 못했으며, 산업사회학을 통해 더 나은 것을 내놓지도 못했다. 따라서 이탈리아 경제가 1980년대에 소규모 수출 기업 및 지하경제의 부상 속에서 심각한 변화를 겪을 때 — 당시에는 이를 두고 희망 섞인 표현으로 '이탈리아의 제2의 기적'이라고 했다 — 공산당은 여전히 아무런 준비가 되어 있지 않았다. 이번에는 집합적 노동자의 정치적 대변자로서의 공산당의 지위에 가한 타격은 치명적이었다. 20년 후에 전진 이탈리아의 승리가 민중 문화의 대중화에 제대로 대응하고 개입하지 못한 공산당의 실패를 극적으로 보여주게 되는 것과 마찬가지로 북부동맹의 승리는 포스트모던 노동의 파편에 제대로 대응하지 못한 공산당의 무능력을 드러낼 터였다.

이것은 망탈리테(mentalité)가 부족한 것으로, 공산당의 마르크스주의보다 더 뿌리가 깊었다. 그것은 지적 가치가 그 모든 한계에도 불구하고 그 자체로 명예롭고 종종 존경받을 만하다는 고전적인 감각이다. 하지만 이탈리아 공산주의에 특유한 동일한 관념론에는 해로운 또 다른 면이 있었고, 공산당은 이에 대해 의식적인 정치적 책임을 떠맡았다. 이것은 해방 이후 결코 변하지 않은 전략적 반응이었고, 격동을 겪은 이후에도 오늘날까지 지속되고 있다. 1944년 봄 톨리아티는 모스크바에서 살레르노로 돌아온 후, 예견된 일이지만 독일군을 축출한 직후에 이탈리아에서 사회주의 혁명을 이루려는 시도는 있을 수 없는 일이라고 당에 분명하게 밝혔다. 이탈리아 공산당이 지도적인 역할을 한 북부의 레지스탕스는 남부에서 독일군을 몰아내는 주력인 영미 군대의 보조 역할을 할 수는 있지만 대체 세력이 될 수는 없었으며, 평화가 회복되자 지배력을 행사한 것은 연합군 최고사령부였다. 20년 동안 억압과 추방을 당한 이탈리아 공산당의 과제는 대중 정당을 만들고, 이탈리아를 새로운 민주주의 기반 위에 올려놓을, 선출된 의회에서 중심적인 역할을 하는 것이었다.

이것은 이탈리아 반도의 세력균형, 그리고 독일의 패배 이후 자본에 대한 어떤 공격도 허용하지 않겠다는 워싱턴과 런던의 결정에 대한 현실주의적 이해였다. 전후의 봉기는 의제에 올라와 있지 않았다. 하지만 톨리아티는 이보다 한 발 더 나아갔다. 이탈리아에서 파시즘이 자리 잡는 데 도움을 주었고, 또 이와 편안하게 동거한 군주제는 시칠리아에 연합군이 상륙한 후에 무솔리니와 함께 몰락할 수도 있다는 두려움에 1943년 여름 무솔리니를 축출했다. 짧은 휴지기가 지난 후에 국왕은 에티오피아의 정복자인 피에트로 바돌리오(Pietro Badoglio)와 함께 남쪽으로 도망갔는데, 연합군은 이들을 지역 행정부 수반으로 올려주었다. 반면 북부에서는 독일이 무솔리니를 살로에 있는 괴뢰 정권의 수반으로 만들어주었다. 따라서 전쟁이 끝났을 때 이탈리아는 패전국인 독일과 같은 취급을 받지 않고, 잘못을 깨달은 '공동 교전국'으로 대우받았다. 연합군이 철수하자 좌파자유주의 정당인 행동당, 사회당, 공산당, 기독교민주당으로 구성된 연립정부는 파시즘을 비롯해 파시즘과 협력한 군주제의 유산을 처리해야 했다. 기독교민주당은 잠재적인 지지자들이 여전히 군주제에 충성하고 있으며, 국가 기구 내의 자연스러운 지지자가 파시즘의 일상 도구였다는 것을 알았기 때문에 독일의 탈나치화에 해당하는 어떤 것도 막으려 했다. 그러나 이들은 내각에서 소수파였고, 세속적인 좌파가 더 많은 장관직을 차지하고 있었다.

이러한 상황에서 이탈리아 공산당은 국가에 대한 비타협적인 숙청—관료, 사법부, 군대 경찰 등에서 파시즘에 협력한 고위직을 모두 추방—을 해야 한다는 압박을 통해 기독교민주당을 몰아붙이는 대신 기독교민주당이 정부를 이끌도록 했고, 무솔리니 지배의 전통적인 기구의 해체와 관련해서 거의 아무 일도 하지 않았다. 톨리아티는 기독교민주당을 고립시키기는커녕 기독교민주당 대표인 데 가스페리를 정부

수반으로 밀어주었고, 무솔리니가 바티칸과 맺은 라테르노 협정을 기독교민주당과 함께 확인해 주었다. 이에 대해 사회당은 분노했다. 두체(Duce)에게 봉사한 지방행정관, 판사, 경찰 등도 거의 제재를 받지 않았다. 1960년까지 예순네 명의 지방행정관 가운데 예순두 명이 파시즘의 하수인이었으며, 135명에 이르는 이탈리아의 모든 경찰서장이 그러했다. 판사와 관리들을 보면 고스란히 유지된 법원은 파시즘 체제의 고문자들을 석방했고, 여기에 맞서 싸운 빨치산들에게는 유죄판결을 내렸다. 이는 사후적으로 살로의 파시즘 공화국의 전사들을 정당한 교전 상대로 인정한 것이고, 레지스탕스들은 비합법적이라고 선언한 것이다. 따라서 후자는 1943년 이후 약식 처형에 대해 법적 책임을 져야 했고, 1945년 이후 전자에 대해서는 법적 제재를 하지 않은 것이다.[65] 이런 심각함은 이탈리아 공산당이 벌인 일의 직접적인 결과였다. 1946년 6월에 이런 일을 가능하도록 사면을 발표한 것은 당시 법무부 장관인 톨리아티 본인이었다. 1년 후 공산당은 데 가스페리에 의해 인정사정없이 정부에서 쫓겨나는 것으로 이에 대한 보답을 받은 셈이었다. 데 가스페리는 더 이상 공산당이 필요 없었던 것이다.

따라서 전후 이탈리아의 역사는 독일과 완전히 달랐다. 대중적인 레지스탕스가 없었던 독일에서 나치즘은 심각한 군사적 패배와 뒤이은 연합군의 점령에 의한 소탕으로 파괴되었다. 연방공화국에서 파시즘은 다시 머리를 들지 못했다. 반면 이탈리아에서는 —— 애국적인 —— 반파시즘 이데올로기를 물려주었고, 이탈리아 공산당이 앞장서서 떠든 공식적인 수사법이 파시즘의 지속을 덮어주었다. 이 파시즘은 물려받은 사법부와 관리들의 기구 속에서, 그리고 공공연히 선언된 신조와 운동으로 지속되었다. 이탈리아사회운동(MSI)으로 재건된 파시스트 정당은 곧 의회 의석을 다시 얻었으며, 조르조 알미란테(Giorgio Almirante)의 지도

---

65 이 모든 것에 대해서는 다음을 참조. Claudio Pavone, *Alle origine della Repubblica*, Milan 1995, pp. 132~40.

아래 결국 기성 질서에 편입할 수 있었다. 무솔리니의 반(反)유대인법을 예찬하는 이 인물은 1938년에 자신의 동포에게 "인종주의는 이탈리아가 할 수 있는 가장 대단하고 용기 있는 자기 인정"이라고 말했으며, 무솔리니가 독일의 공수 작전으로 북부에서 구출되고 난 후인 1944년에는 이탈리아인들이 살로 공화국을 위한 전사로서 입대하지 않을 경우 등 뒤에서 총을 맞을 것이라고 말했다. 1988년 알미란테 장례식에 톨리아티의 미망인이 참석했다. 오늘날 알미란테가 지명한 후계자인 피니는 하원 의장이며, 아마도 베를루스코니의 뒤를 이어 총리가 될 것이다.

이러한 행로에 문제가 있는 것은 분명하지만, 이탈리아 공산당 내에서 가장 심각한 것은 자기파괴적인 무능력이었다. 공산당은 자기 강령에 분명한 반파시즘의 칼을 심어 넣어서 무솔리니 정권을 뒷받침한 반동적인 지지자들로부터 기독교민주당을 떼어냄으로써 기독교민주당을 약화시킬 수 있는 기회가 있었지만, 실제로는 정반대로 행동했다. 공산당은 기독교민주당과 무솔리니 정권이 협력한 일을 관대하게도 잊게 해줌으로써 기독교민주당이 이탈리아의 지배 세력이 되는 것을 도와주었고, 이로 인해 성직자들의 지배 아래 있는 보수 진영을 강화함으로써 공산당이 몰락할 때까지 권력에서 밀려나게 만들었다. 이러한 큰 실패를 한 공산당의 행위를 국제적인 환경 탓으로 돌릴 수도 없다. 전후 이탈리아에서 혁명이 배제되어 있기는 했지만, 1946년이 되면 연합군이 이 나라를 떠났고 파시즘의 숙청을 막을 위치에 있지 않았다. 데 가스페리에 압도당한 톨리아티의 순진함은 외적인 영향과는 관계가 없었다. 이는 그가 그람시에게서 끌어온 전략적 개념에 뿌리를 두고 있었다. 그것도 크로체와 그 선조의 눈으로 해석된 것이었다. 그람시는 정치권력의 추구가 두 종류의 전략, 즉 진지전과 기동전 ─ 참호전이나 포위전 대 이동 공격 ─ 을 필요로 한다고 했다. 이는 군사 이론에서 유래한 용어이다. 러시아 혁명은 후자의 예이다. 서방의 혁명은 후자로 넘어가기 전까지 상당한 기간 동안 전자를 필요로 한다.[66] 그람시의 헤게모니 개념을 그저 그것이 가지고 있는 동의의 계기로만 희석시킨 것과 마찬가지로 톨리아티 지도 아래의 이탈리아 공산당은 그람시의 정치 전략 개념을 진지전으로만 축소했다. 즉 마치 서방에서는 더 이상 기동전 — 매복, 기습, 기습적인 전방위 공격, 기습에 의한 계급적 적들이나 국가의 장악 — 이 필요 없는 것처럼 시민사회 내에서 영향력을 서서히 획득하는 것에만 한정했다는 것이다. 1946~47년 데 가스페리와 그의 동료들은 똑같은 실수를 하지 않았다.

1948년이 되자 대중적인 해방의 열의가 사그라들었다. 냉전이 시작될 무렵에 치른 선거에서 패배한 이후, 이탈리아에서 또 다른 정치적 분출의 물결이 일기까지 20년이 필요했다. 정치적 분출이 일었을 때 학생과 청년 노동자를 포함하는 1960년대 말의 세대적인 반란은 유럽의 다른 어느 곳보다 심원했고 더 오래갔다. 톨리아티의 후계자인 루이지 롱고(Luigi Longo)는 외교관이라기보다는 투사에 가까웠는데, 그가 대표로 있던 시절 이탈리아 공산당은 프랑스 공산당과 달리 청년 반란에 부정적으로 반응하지 않았다. 그러나 창조적으로 반응하지는 못했고, 일정 기간 역동적으로 상호작용한 거리의 고급문화 및 저급문화 — 마르크스주의와 볼셰비키적 과거의 고전, 그래피티 미술 — 와 연결하지 못했고, 비축된 전략적 개념을 갱신하지도 못했다. 당의 타성에 대한 비판적 반대가 당 내부에서 마니페스토 그룹이라는 형태로 나타나자 이탈리아 공산당은 지체 없이 이들을 당에서 쫓아냈다.

마니페스토 그룹이 주저하지 않고 비난한 소련의 체코슬로바키아 침공 이후 파문 사태가 이어졌다. 이탈리아 공산당의 토착적인 관념론과 함께 이탈리아 공산주의가 지속적으로 보여준 전략적 마비 상태의 두 번째 이유가 여기에 있다. 이탈리아 공산당은 다른 면에서는 유연했을

---

66 그람시의 텍스트에 대한 분석과 이후 그것이 이용된 것에 대해서는 다음을 참조. "The Antinomies of Antonio Gramsci", *New Left Review* I/100, November 1976-February 1977, pp. 5~78.

지 몰라도 내부 구조 및 소비에트 국가와의 외적 관계에서는 스탈린주의였다. 무기력한 기독교민주당의 일당 지배에 절망한 당의 자유주의적 지지자들은 ─ 시간이 흐르면서 많아졌다 ─ 여러 차례 이탈리아 공산당이 국내에서 보인 신중한 정책에 찬사를 표했지만, 소련과의 관계 때문에 타협하지 않아 좋은 결과를 내지 못한 것과 이로부터 나온 조직적 기준에 대해 짜증을 표시했다. 실제로 이 두 가지는 내적·구조적으로 연결되어 있었다. 살레르노 이래 공산당의 중도화는 모스크바와의 관계에 대한 보충물이었지, 모순이 아니었다. 공산당이 10월 혁명의 나라와 의심스러운 친족관계를 맺고 있다는 비난 때문에 공산당은 너무나 유명한 변화 모델을 모방해서 자신의 결백을 입증해야만 했다. 귀속된 죄의 부담과 죄에서 벗어나는 일은 함께 가는 것이었다.

1960년대 말과 1970년대 초의 반란을 인수하거나 발전시킬 수 있는 능력이 없었던 이탈리아 공산당은 그 대신 다시 한 번 기독교민주당 쪽으로 돌아섰다. 기독교민주당이 노선을 바꾸었고, 이제 이탈리아를 통치하는 데 공산당과 협력할 준비가 되어 있을 것이라는 희망을 품고서 말이다. 가톨릭주의와 공산주의는 전복의 위험 및 소비주의의 유혹으로부터 이탈리아 민주주의를 지키기 위한 '역사적 타협'으로 단결했다. 베를링구에르는 당 대표가 된 직후인 1973년에 이러한 협약을 제안하면서 칠레의 예를 들었다. 당시 칠레에서는 막 아옌데 정권이 무너졌는데, 이는 좌파 ─ 공산당과 사회당 ─ 가 산술적인 다수 유권자에 기초해서 나라를 통치하려 할 때 내전이 발발할 위험이 있다는 경고라는 것이다. 이보다 더 그럴듯한 논거가 없었을 것이다. 비록 폭력 사태 ─ 1969년 우익 테러리스트들이 밀라노의 폰타나 광장에 설치한 폭탄이 최악의 사례였다 ─ 가 있기는 했지만, 나라 전체의 정치적 생활에 크게 영향을 끼치지 않았던 이탈리아에서는 내전의 기미가 거의 없었다. 그러나 이탈리아 공산당이 기독교민주당을 포용하는 방향으로 나아가자, 청년 반란 속에서 등장한 공산당 왼쪽의 혁명적 그룹은 반대파 없는 정부인 단일한 의회 질서의 등장을 예견하고 이에 맞서는 직접 행동으로 방향을 바꾸었다. 붉은 여단의 첫 번째 치명적인 공격이 다음 해에 시작되었다.

그러나 정치 체제는 위험에 빠지지 않았다. 이탈리아 공산당이 선전했던 1976년 선거는 완전히 조용했다. 이 선거 이후에 기독교민주당은 자비롭게도 안드레오티가 이끄는 이른바 '국민 연대' 정부에 대한 공산당의 지지를 받아들였다. 그것도 정책을 바꾸거나 장관 자리를 이탈리아 공산당에 양보하지 않고서 말이다. 시민적 자유를 근거 없이 옥죄는 억압적인 입법이 이루어졌다. 2년 후 붉은 여단은 기독교민주당의 가장 영향력 있는 지도자인 로마의 알도 모로(Aldo Moro)를 납치하여 붉은 여단 수감자들을 석방해 주면 풀어주겠다고 거래했다. 55일 동안 감금되어 있으면서 모로는 자신이 당에 버림받았다는 두려움을 느끼면서 동료들에게 점차 격렬한 편지를 썼는데, 만약 그가 풀려난다면 안드레오티에게 분명히 위협이 되었을 것이다. 이러한 위기 속에서 이탈리아 공산당은 다시금 인도주의도 상식도 보여주지 못했다. 이탈리아 공산당은 모로의 석방을 위한 어떤 협상도 기독교민주당 지도부보다 더 격렬하게 비난했던 것이다. 기독교민주당 지도부의 의견은 갈라져 있었는데, 이는 이해할 만한 일이었다.

모로는 운명에 맡겨졌다. 그가 살아 돌아왔다면, 그것은 분명 기독교민주당을 분열시켰을 것이고 아마도 안드레오티의 경력은 끝났을 것이다. 그를 구하는 대가는 무시해도 좋은 것이었다. 어떻게 보더라도 이탈리아 민주주의 체제에 별다른 위협이 되지 않는 작은 집단인 붉은 여단이 단원 몇 명이 석방된다고 해서 강화되지는 않았을 것이다. 석방된 사람들은 그때부터 경찰의 지속적인 감시 아래 놓였을 것이다. 그렇게 굴복하면 국가의 위신이 떨어질 것이고, 그 이후 수천 명의 새로운 테러리스트가 생겨날 것이라는 생각은 이해관계에 따른 히스테리 이상이 아니었다. 사회당은 이를 알았고, 협상을 주장했다. 국왕보다 더한 왕당파인 공산당은 자신이 국가의 가장 확고한 버팀목이라는 것을 증명하겠다는 열망 속에 한 생명을 희생시켰고, 헛되게도 복수의 여신을 구했다.

하지만 기독교민주당은 고마움을 표시하지 않았다. 데 가스페리보다 타이밍을 잡는 데 대가였던 안드레오티는 공산당을 이용하고 나서는 이들의 영향력을 축소했다. 1979년 선거에서 이탈리아 공산당은 150만 표를 잃었고, 다시 추방되었다. 역사적 타협은 공산당 유권자들의 환멸과 당 기반의 약화 이외에 아무것도 남기지 못했다. 그다음 해에 베를링구에르가 대량 해고의 위협에 놓인 피아트 노동자들과 연대를 호소하자 그 호소는 무시되었다. 공산당이 개입한 최후의 대공장 행동은 급격하게 분쇄되었다.

4년 전 사르토리는 조국에 대해 쓰라리게 성찰하면서 그람시가 진지전과 기동전을 구별하는 것이 옳았다고 언급했다. 윈스턴 처칠이나 드골 같은 위대한 지도자는 기동전에 대한 본능 때문에 그러한 지도자가 되었다. 이탈리아에서 정치가들은 오직 진지전만을 안다. 사르토리는 항상 오르테가의 유명한 책인 『활기 없는 에스파냐』(*España invertebrada*)의 제목이 이탈리아에 더 잘 들어맞는다고 생각했다. 이탈리아에서는 반종교개혁이 순응주의라는 뿌리 깊은 습속을 만들어냈고, 지속적인 외국의 침략과 정복으로 인해 이탈리아인들은 낮은 자세로 생존하는 데는 전문가이다. 열정적인 엘리트가 없는 이 나라는 신체에 뼈가 없는 민족이었다.[67] 사르토리가 임의대로 말했던 것은 아니다. 그의 태도가 그가 말한 정치 계급이었다. 이때가 되면 이탈리아 공산당은 사라졌고, 베를루스코니가 권력을 잡았으며, 그의 정치적 목표는 분명했다. 자신과 자신의 제국을 법으로부터 보호하는 것이었다. 이 둘을 지키기 위한 개인적인 조치가 의회를 통해 추진되었고, 대통령의 책상 위로 옮

---

67 Giovanni Sartori, *Mala Tempora*, Rome-Bari 2004, pp. vii, 124: 비탄에 빠진 나라 (un paese desossato). 물론 사르토리의 역사적 암시는 심한 단순화였다. 무엇보다 리소르지멘토와 레지스탕스가 소수파의 활동이기는 했지만 복종을 위한 연습은 아니었다.

아왔다. 이탈리아 대통령직은 순수한 명예직은 아니었다. 대통령 관저 (Quirinale)는 의회의 비준을 받아야 하는 총리를 지명할 뿐만 아니라 장관을 인준하지 않고 법률안을 거부할 수 있다. 2003년에 대통령은 전직 중앙은행장인 카를로 아첼리오 참피(Carlo Azeglio Ciampi)였다. 그는 프로디 아래에서 재무 장관을 지내면서 제1공화국의 마지막 정부를 이끌었던 중도좌파의 장식품 같은 인물이었다. 현재 그는 민주당 상원의원이다.

냉정하게도 참피는 특례법에 서명했는데, 이는 베를루스코니의 미디어 장악을 강화할 뿐만 아니라 영구히 그의 기소 면제를 보장하는 것이었다. 참피는 거기에 자기 이름도 추가함으로써 대통령인 자신도 이 면제의 수혜자가 되었다. 대통령 관저 바깥에서는 이에 반대하는 비통한 촛불 시위가 벌어졌다. 그러나 공산당의 후계자들은 반대하지 않았다. 기소 면제 법률 초안이 만들어졌을 때, 구 공산당은 중도좌파의 대열에서 떨어져 나왔다. 이 법률안을 둘러싸고 언론에서 난리가 났지만, 대통령 ─ 헌법적으로 초당파적이고 존경받는 존재 ─ 은 문제가 되지 않았다. 참피에 반대하는 의미 있는 목소리는 하나뿐이었다. 그것은 구슬픈 게 아니라 통렬한 것이었다. 그 목소리는 보수적 자유주의자인 사르토리에게서 나왔다. 그는 참피를 경멸적으로 겁쟁이 토끼라고 부르면서 그에게 대통령으로서의 역할을 하고 있느냐고 공개적으로 질문했다.

현재 대통령 관저에 있는 사람은 예전 공산주의자인 조르조 나폴리타노이다. 그는 아멘돌라 사후 이탈리아 공산당 내의 가장 오른쪽 분파의 지도자이다. 현재 첫 번째 특례법은 헌법재판소에 의해 무효 판결을 받았다. 그러나 누구 말대로 리스본 조약을 흉내 내서 내용은 그대로인 채 포장지만 바꾼 동일한 법안이 의회에서 베를루스코니의 다수파에 의해 다시 통과되자, 상원에 있는 옛 공산당 의원의 수장은 여기에 반대하기는커녕 다음 의회에서 효력을 발휘하기는 하겠지만 민주당은 원칙적으로 반대하지 않는다고 말했다. 나폴리타노는 그가 그 법률안을 받은 날에 발효 서명을 했기 때문에 그런 명예마저 누릴 시간이 없었다.

다시금 이 불명예를 비난하는 유일한 목소리는 자유주의 혹은 비정치적인 사르토리와 몇몇 자유사상가였다. 이들은 민주당 계열의 언론뿐만 아니라 재건공산당을 추종하는 언론으로부터 국가원수를 존중하지 않는다고 즉각 비난을 받았다. 이것이 오늘날 이탈리아의 줏대 없는 좌파의 모습이다.

소비에트 경험의 종식, 전통적인 노동자계급의 축소 혹은 해체, 복지국가의 약화, 비디오 영역의 확대, 정당의 쇠퇴라는 강력한 역사적 힘이 유럽 전역에서 좌파에게 압박을 가하고 있다. 이로 인해 남은 것이 별로 없으며, 좋은 것은 특히 그러하다. 이러한 의미에서 이탈리아 공산주의의 몰락은 비난할 만한 일이 아니며, 더 큰 이야기의 일부일 뿐이다. 하지만 다른 어디에서도 그렇게 인상적인 유산이 완전히 낭비되지는 않았다. 공산당은 파시즘을 숙청하거나 성직자주의를 분열시키는 데 실패함으로써, 데 가스페리와 안드레오티에게 뒤떨어졌지만 여전히 전략적 순진무구함에도 불구하고 아주 활력 있는 대중적 힘을 확대하고 있었다. 공산당의 후계자들은 베를루스코니와 공모했는데, 여기에는 변명의 여지가 없다. 왜냐하면 베를루스코니가 어떤 사람인지 잘 알고 있었고, 자신들이 무슨 일을 하는지 잘 알고 있었기 때문이다. 현재 베를루스코니에 대해 폭로하는 책들이 이탈리아 안팎에서 많이 나왔으며, 최소한 영어로 된 책 중에 3종은 일급이라 할 수 있다. 그러나 대부분의 중도좌파가 베를루스코니에 대한 비난을 잠재우고 그의 권력을 공고히 하는 데 행한 역할을 다루는 데에서는 얼마나 유약한지 놀랄 일이다. 대통령들이 그를 — 그리고 대통령 자신들을 — 법 위에 두는 데 행한 공모는 결코 변칙이 아니라 이탈리아 공산당의 후계자들이 일관적으로 보여준 패턴의 일부일 뿐이다. 그들은 베를루스코니가 당시 실정법을 무시하면서 미디어 제국을 유지하고 확대하도록 허용한 것을 비롯해서 베를루스코니의 이해 충돌 행위에 대해서도 손가락 하나 끄떡이지 않았다. 그들은 베를루스코니의 오른팔뿐만 아니라 다른 백만장자 범죄자들을 감옥에서 빼주었다. 또한 민주주의의 원칙을 모두 훼손하면서까지 자신들에게 유리한 쪽으로 그와 선거 협상을 끊임없이 시도하기도 했다. 이 모든 것의 끝은 공산당 후계자들이 선배들과 마찬가지로 빈손으로 돌아섰을 뿐만 아니라 결국 정신과 양심마저 텅 비웠다는 것이다.

3

이탈리아 좌익 문화의 위대한 대사원에 무슨 일이 있었는가? 그 대사원은 오래전부터 무너지고 있었는데, 한때 대중 정당의 성채와 함께 그 기초가 침식되었다. 독일과 마찬가지로 오른쪽으로의 전환이 역사학 영역에서 처음으로 있었는데, 그것은 전간기 이탈리아의 독재에 대한 재평가를 통해서였다. 렌초 데 펠리체의 무솔리니 전기 첫 번째 권 ―제1차 세계대전까지의 시기를 다루고 있다―이 1965년에 출판되었다. 그러나 대공황부터 에티오피아 침략까지를 다룬 제4권이 1974년 ―1년 후에 미국의 신보수주의자인 마이클 레딘(Michael Ledeen)과 책 분량 정도 되는 인터뷰를 했다. 레딘은 후일 이란-콘트라 사건으로 유명해졌다―에 나오고 나서야 이 대단한 기획이 공적 영역에 커다란 충격을 주었고, 처음으로 좌파가 파시즘의 재활이라고 집중적으로 비판을 가했다.[68] 1980년대 초 제5권이 나올 때가 되면 데 펠리체는 권위자로서 인정을 받았고, 미디어에 아무 때나 나오는 인물이 되었으며―그는 점차 텔레비전에 모습을 많이 비추게 되었다―국내에서는 점차 비판자가 줄어들었다. 곧 그는 이탈리아의 공식 이데올로기로서의 반파시즘의 종식을 요구했고, 1990년대 중반쯤에는 북부에서의 내전 시기 ―이때 살로 공화국 충성파는 과소평가되었다―에 레지스탕스의 실제 역할이 탈신화화되어야 한다고 말했다.[69] 마지막 권인 제8권은 데 펠리체가 죽

---

68 Renzo De Felice, *Intervista sul fascismo, a cura di Michael Ledeen*, Rome-Bari 1975. 전쟁이 일어나지 않았다면 무솔리니 체제는 분명 프랑코 체제와 마찬가지로 긍정적인 방향으로 진화했을 것이라고 한다. pp. 60~62.

으면서 완성되지 못한 상태로 1997년에 출판되었다. 전체적으로 보아 데 펠리체는 무솔리니의 생애에 6,500쪽을 할애했는데, 이는 이언 커쇼(Ian Kershaw)가 쓴 히틀러 평전의 세 배가 넘으며, 마틴 길버트(Martin Gilbert)가 쓴 공인된 처칠 전기보다 훨씬 길다. 20세기 지도자에 대한 가장 커다란 단일 기념물이라고 할 수 있다.

글솜씨가 형편없고, 종종 구성도 자의적인 이 저작의 질은 그 규모에 못 미친다. 하지만 이 책의 강점은 데 펠리체의 지칠 줄 모르는 문서고 작업과 몇 가지 반박할 수 없는 진실에 대한 강조에 있다. 그 몇 가지 진실은 기본적으로 하나의 운동으로서의 파시즘의 투사들은 주로 중하층 계급 출신이라는 것, 하나의 체제로서의 파시즘은 기업가·관료·상층 계급 전반의 합의를 누렸다는 것, 전성기에 이 체제는 대중의 광범위한 지지를 받았다는 것 등이다. 특별히 독창적이라 할 수 없는 이들 발견은 파시즘이 계몽사상의 자손이라는 것, 파시즘은 나치즘과 관계가 없다는 것, 파시즘의 붕괴는 민족의 죽음이라는 주장과 앞뒤가 맞지 않게 섞여 있으며, 특히 무솔리니를 결함이 있기는 하지만 위대한 현실주의 정치가로 대책 없이 과대 포장하여 그리고 있는 것과 뒤섞여 있다. 지적인 면에서 말하면, 데 펠리체는 그보다 먼저 책을 내기 시작한 에른스트 놀테의 개념적 도구나 관심의 광범위함이 별로 없다. 그러나 그가 끼친 충격은 훨씬 더 컸는데, 그의 학문적 비중이나 독일에서 파시즘은 이탈리아에서보다 훨씬 더 평판이 나쁘다는 사실 ─ 이것이 분명 근본적인 것이기는 하지만 ─ 때문만이 아니라 그가 죽을 때쯤 되면 그가 반대하고자 했던 전후의 공식 문화가 더 이상 남아 있지 않았기 때문이기도 하다. 그의 건축물을 가장 확실하게 파괴한 사람이 이탈리아 역사가가 아

---

69 살로 공화국을 이끌 때 무솔리니는 복수의 욕망, 정치적 야심, 파시즘의 급진적 출발점으로 돌아가 파시즘을 구원한다는 바람에 의해 움직인 게 아니라 '애국적 동기'에 의해 움직였다. "이탈리아를 구원하는 신전의 진정한 '희생물'"이라는 것이다. Renzo De Felice, *Rosso e nero*, Milan 1995, pp. 114~15.

니라 영국의 맥 스미스라는 것은 의미심장하다.[70]

그러나 데 펠리체가 자신의 목표 대부분을 이루었다고 느낀 이탈리아에 역사가 논쟁(Historikerstreit)에 해당하는 것이 없었지만, 독일과 달리 지적 에너지 전반이 오른쪽으로 분명하게 이동하지도 않았다. 데 펠리체의 주요 후계자인 에밀리오 젠틸레(Emilio Gentile)는 유사한 주제를 증폭하는 데 몰두했다. 즉 20세기의 대중 정치는 초자연적인 믿음의 세속화된 판본이며, 이것들은 해로운 브랜드 — 공산주의, 나치즘, 민족주의 — 로 나뉘어 있으며, 광신적인 '정치적' 종교와 '시민적' 종교를 구성하고 있는 좀 더 수용할 만한 형태 — 특히 미국적인 애국주의 — 로 이루어져 있다. 다시 말해 전체주의와 신성한 옷을 걸치고 있는 민주주의 말이다. 이것은 이탈리아 자체보다 영미권에 더 많은 추종자가 있다. 역설적으로 좌파의 오페라이스모의 최종 결실에 대해서도 마찬가지로 말할 수 있다. 여기서 노동자 앙케트(enquête ouvrière)는 1960년대 중반 판치에리의 때이른 죽음과 함께 사라졌고, 트론티와 젊은 — 당시에는 마찬가지로 자극적인 — 문학 비평가인 알베르토 아조르 로자(Alberto Asor Rosa)의 충동 속에 그 전망은 두 번의 급격한 변화를 겪었다.

트론티는 노동자계급이 자본의 손에서 연속적인 경제적 변화를 견뎌야 하는 게 아니라 각각의 축적 국면에서 사용자와 국가에 구조적 변화를 강제하는 세계의 형성장(demiurge)이라고 확신했다. 발전의 비밀은 위로부터 비인격적으로 이윤을 경제적으로 요구하는 데 있는 것이 아니라 아래로부터의 계급투쟁의 추동 압력에 있었다. 로자는 노동자계급은 현대 세계 — 이 속에서 문화 자체는 정의상 치유할 수 없을 정도로 부르주아적이다 — 의 예술이나 문학에서 혜택을 볼 수 있다고 바라지 않기 때문에, '참여 문학'은 대중적인 환상이라고 주장했다. 조야한

70 데 펠리체의 저작 전체에 대한 스미스의 최종 판결은 다음을 참조. Mack Smith, "Mussolini: Reservations about Renzo De Felice's biography", *Modern Italy*, vol. 5, no. 2, 2000, pp. 193~210.

속물주의나 소박한 톨스토이주의가 나오지 않았다. 그 대신 문학이라고 간주할 수 있는 것은 토마스 만(Thomas Mann), 마르셀 프루스트, 프란츠 카프카(Franz Kafka), 이탈로 스베보(Italo Svevo) 같은 고급 모더니즘과 베르톨트 브레히트에 맞먹지만 이를 넘어서지는 못한 급진적인 아방가르드뿐이다. 그러나 이것은 비교할 수 없는 형식적 혁신에도 불구하고 부르주아적 존재의 내적 모순에 대한 수많은 증언이지 노동의 세계에 유용한 유산은 아니었다. 두 세계 사이의 간극은 블라디미르 마야콥스키(Vladimir Mayakovsky)라는 가장 뛰어난 혁명적 의도에 의해서도 메워질 수 없었다. 그것은 구성적이었다.

> 훌륭한 문학을 양산할 때, 사회주의는 본질적인 것이 아니었다. 혁명을 할 때, 작가는 본질적이지 않을 것이다. 계급투쟁은 다른 경로로 나아간다. 계급투쟁은 <u>스스로</u>를 표현하고 <u>스스로</u>를 이해할 수 있는 다른 목소리가 있다. 그리고 시는 계급투쟁 뒤에 있을 수 없다. 왜냐하면 시가 위대하면 이미 세계의 상징, 즉 세계의 거대한 메타포라는 배타적인 가치를 내포하는 사물──투쟁과 나날의 생존이라는 단단한 사물──이 있는 언어를 말하기 때문이다. 그리고 시의 위대함의 대가, 경우에 따라서는 비극은 시가 실천으로부터의 도피를 말하고 결코 이로 돌아오지 않는다는 데 있다.[71]

이 글을 썼을 때, 그 타깃은 이탈리아 공산당의 공식 노선과 그 배후에 있는 그람시였다. 그람시는 공산주의 운동이 르네상스, 종교개혁, 계몽사상 등 유럽의 가장 뛰어난 문화의 정통 계승자이며, 이탈리아 내에서 공산주의 운동이 해결해야 할 문제 가운데 민족적·민중적 문학의 부재가 있다고 보았다. 그러나 1960년대 말의 격변이 시작되자, 처음에는 트론티가, 나중에는 아조르 로자가 어쨌든 조직된 노동자계급이 있

---

71 "Letteratura e Rivoluzione", *Contropiano*, no. 1, 1968, pp. 235~36.

는 이탈리아 공산당 내부에서 활동하는 게 외부에서 활동하는 것보다 더 낫다고 결정했다. 이런 행보를 취하면서 트론티는 공장 내의 투쟁을 우선시하는 관점을 바꾸어 사회 내의 정당 활동을 우선시하게 되었다. 이는 자신의 관점을 급진화해서 생산으로부터 정치의 자율성의 이론으로 바꾼 것이다. 아조르 로자나 트론티보다 어리며, 트리오 가운데 지적으로 가장 야심찼던 마시모 카치아리는 두 사람이 시작한 일을 완성했다. 그는 문화와 경제를 혁명 정치에서 분리했을 뿐만 아니라 현대적인 삶과 사고의 모든 영역을 서로 번역될 수 없는 수많은 기술적 영역으로, 체계적으로 해체하자고 제안했다. 공통적인 것은 그 영역의 위기일 뿐인데, 이는 세기 전환기의 물리학, 신고전주의 경제학, 정전적인 인식론, 자유주의 정치학, 분업은 말할 것도 없고, 시장의 작동, 국가의 조직 등에서 동일하게 나타난다. '부정적 사고'만이 이 위기의 깊이를 파악할 수 있다. 아르투어 쇼펜하우어(Arthur Schopenhauer), 프리드리히 니체, 루트비히 비트겐슈타인(Ludwig Wittgenstein), 마르틴 하이데거 등이 그러하다.[72] 헤겔(G. W. F. Hegel)이 종합한 것을 이들은 거부했다. 어떤 종류든 변증법적 합명제 말이다.

오페라이스모는 반인간주의였던 것과 마찬가지로 언제나 반역사주의였다. 카치아리의 『위기』(Krisis, 1976)에서 반역사주의는 이제 니힐리스트 사상가들의 노선에서 영감을 찾았다. 니힐리스트 사상가 가운데 니체는 처음부터 권력에의 의지에 대한 설명 때문에 가장 중요했으며, 그를 현대적으로 체현한 것은 이탈리아 공산당일 수밖에 없었다. 그러나 비합리주의는 있을 수 없었다. '위기의 문화'가 요구한 것은 각각의 실천에 특유한 새로운 합리성의 질서와 형태였다. 따라서 당을 그 목적

---

72 이런 사고의 일부가 처음 전개된 것은 다음을 참조. Massimo Cacciari, "Sulla genesi del pensiero negativo", *Contrapiano*, no. 2, 1968, pp. 131~200. 당시 카치아리는 여전히 이 저널에 이탈리아의 공장 투쟁, 프랑스의 학생 반란, 라틴아메리카의 게릴라 투쟁, 계획에 대한 소비에트의 논쟁 등에 대해 많은 글을 쓰고 있었다.

에 맞게 인도하는 데 그람시가 아니라 막스 베버와 카를 슈미트가 냉정하고 명료한 테크닉으로서의 정치 전문가로 바람직한 카운슬러였다. 지적인 면을 말하자면, 종합명제라는 헤겔적인 정신에 물들어 있는 이탈리아 공산당이 고이 모시고 있는 마르크스주의에 대한 철저한 거부는 상상하기 어려웠을 것이다. 그러나 정치적으로 보자면, 오페라이스모의 니체적인 전회는 1970년대 초에는 당의 공식 노선과 완벽하게 양립할 수 있었다. 그렇다면 당시 이탈리아에서 권력에의 의지는 무엇을 의미하는가? 분명 그것은 경제와 사회를 현대화하기 위해 조직된 노동과 대자본 사이의 동맹을 만들어내는 설계자로서 이탈리아를 통치하는 이탈리아 공산당의 소명이었다고 트론티는 주장했다. 그것은 미국의 뉴딜과 다르지 않았고, 트론티는 뉴딜을 언제나 칭찬했다. 그것은 지대에 맞서는 임금과 이윤의 협약이었다.

  정치적 혼란을 야기하지 않는 한 언제나 이론적 차이를 관용해 온 이탈리아 공산당은 부정적 사상의 주창자들을 어려움 없이 순응시켰다. 이즈음 이탈리아 공산당은 더 이상 이국적인 돌출자들과 비판적으로 싸울 능력이 없었다. 이들이 누리게 된 명성을 알아차린 당은 얼마 후에 이들이 그 자율성을 지지한 정치 영역에서 명예를 누릴 수 있게 했다. 카치아리는 이탈리아 공산당 의원이 되었고, 이후 베네치아 시장이 되었다. 현재 그는 베네치아 시장이다. 트론티와 아조르 로자는 결국 상원의원이 되었다. 그들이 목표로 했던 권력 영역에서 분명하게 실패한 당에 통합된 대가는 일관된 패러다임으로서의 오페라이스모의 소실일 수밖에 없었다. 20년이 흘렀고, 이탈리아 공산당이 추억에 불과한 지금 로자는 이탈리아 좌파에 대한 멜랑콜리한 대차대조표를 작성할지도 모른다. 이에 대해 아조르 로자와 트론티는 여전히 자기들 방식으로 충실하지만 카치아리는 민주당 우파의 액세서리이며, 비트겐슈타인의 숭배자로서 어울리게 신비주의와 기술주의를 정치에 결합하고 있다. 이는 신노동당과 그리 다르지 않은 것이다.[73] 뒤에 온 사람들에게 부정적 사상의 지적 유산은 전 문화에 대한 무미건조한 숭배 이상이 아니었고, 그에 수반해서 탈정치화가 있었다.

1960년대 말의 기로에서 네그리는 반대 방향으로 갔다. 그는 이탈리아 공산당의 보호 아래 자본과 조직된 노동 사이에 현대성에 대한 협약이 이루어질 것이라는 전망이 아니라 비조직 — 혹은 실업 — 노동자와 국가 사이의 갈등이 고조되어 무장투쟁과 내전으로 이어질 것이라고 전망했다. 자신이 이론화한 아우토노미아가 탄압받고, 알도 모로의 죽음에 대한 배후 조종이라는 날조된 혐의로 공산당 치안관에게 체포된 그는 나중에 프랑스로 망명해서 꾸준히 책을 펴냈다. 가장 유명한 것은 스피노자에 대한 것이었다. 프랑스에서 그는 20세기 말의 아우토노미아 오페라이아의 비공장 노동자를 마이클 하트(Michael Hardt)와 함께 쓴 『제국』에서 17세기의 형상인 '다중'(multitude)으로 변신시키는 작업을 준비했다. 이 책은 이탈리아에서 출판되기 훨씬 앞서서 미국에서 나왔다. 이 책의 명성 때문에 네그리의 국제적 영향력은 젊은 추종자들이 있는 국내에서의 영향력에 비해 훨씬 컸다. 더 나중의 지적 별자리에 들어온 조르조 아감벤(Giorgio Agamben)에 대해서도 마찬가지로 말할 수 있다. 그는 카치아리와 준거점을 많이 공유하지만 — 하이데거, 발터 벤야민, 슈미트 — 정치적 변곡점은 다르다.

비교해 보면, 1960년대 중반부터 1970년대 중반까지의 10년 동안 프

---

73 크리스티나 코라디는 다음 책에서 카치아리 여정의 종점을 "관리된 세계를 씩씩하게 받아들인 것"이라고 서술하고 있다. Cristina Corradi, *Storia dei marxismi italiani*, Rome 2005, p. 231. 좀 더 일찍 나왔고, 덜 절제된 비판은 다음을 참조. Constanzo Preve, *La teoria in pezzi: La dissoluzione del paradigma operaista in Italia (1976~1983)*, Bari 1984, pp. 69~72. 정치적으로 말하자면, 아조르 로자와 트론티의 차이는 뚜렷한데, 여러 차례 했던 트론티의 회고는 솔직하다. Asor Rosa, *La Sinistra alla prova. Considerazione sul ventennio 1976~1996*, Turin 1996, and Mario Tronti, "Noi operaisti", Giuseppe Trotta and Fabio Milana (eds.), *L'operaismo degli anni sessanta. Da 'Quaderni rossi' a 'Classe operaia'*, Rome 2008 참조. 1960년대의 그룹을 연결하는 특징은 트론티가 아주 개인적인 회고에서 말했듯이, "중부 유럽(Mitteleuropa)의 세기 전환기 문화와 결합된 열정적인 연애"였다.

랑스에서 만개한 좌익주의(gauchisme)의 특징과 오페라이스모의 유사성은 두드러진다. 그들 사이에 어떤 직접적인 접촉도 없었기 때문에 더욱 그렇게 보인다. 극좌파 단체 '사회주의인가 야만인가' 주위의 사상가들이 '콘트로피아노' 주위의 사상가들과 똑같은 길을, 즉 급진적인 노동자주의에서 반근본주의적인 주관주의로 향한 것은 객관적인 일치점이 있었던 것 때문으로 보인다. 비록 후일 질 들뢰즈(Gilles Deleuze)나 미셸 푸코에게 빚진 네그리나 아감벤 속에서 프랑스적 흐름과 이탈리아적 흐름이 직접 서로에게 흘러들어 가기는 했지만 말이다. 두 경험의 대조적인 결과는 주로 국가적 상황의 차이로 설명할 수 있다. 프랑스에서는 프랑스 공산당이 유혹을 던지지 않았고, 1968년의 5~6월 반란은 스펙터클이라는 말에 맞게 아주 짧았다. 대중 반란이 훨씬 오래 지속된 이탈리아에서는 공산주의가 덜 폐쇄적이었고, 사상가들이 아주 젊었으며, 오페라이스모의 내세가 비록 주변부로 제한되어 있기는 했지만 훨씬 더 컸다.

우파 쪽에서의 파시즘의 회귀, 좌파 쪽에서의 노동자주의의 쇠퇴는 전통적으로 세속적인 중도파와 교권적인 중도파가 공존해 온 중앙의 공간을 재배치했다. 역설적으로 이곳에서 공공연한 가톨릭 정당의 지배를 종식시킨 기독교민주당의 분열이 일어나 공적 생활에서 종교의 역할을 축소한 게 아니라 종교의 역할을 예전보다 더 넓게 정치적 스펙트럼의 모든 곳에 재분배했다. 기독교민주당 유권자들은 중도우파와 중도좌파로 고르게 나뉘어졌을 뿐만 아니라 유권자 가운데 가장 불안정한 부문이 되어 경합하는 블록이 가장 소중하게 여기는 '스윙 요소'(swing factor)가 되었다. 과거의 급진주의자들은 말할 것도 없고 이탈리아 공산당의 예전 지도자들도 이들을 획득하기 위해 앞 다투어 사적인 종교 생활, 어릴 적의 교회 출석, 숨겨진 영적 소명, 기타 포스트세속주의 정치에 요구되는 것들을 설명했다. 실제로 엄격한 충성심을 가진 대중 정당의 소멸이라는 손실을 본 교회는 비록 열정이 낮아지기는 했지만, 사회 전반에 영향력이 널리 퍼졌다는 이득을 보았다. 오랫동안 눈에 띄지 않던 이런 미신 수준의 추락과 함께 카롤 보이티와(Karol Wojtyła, 교황 요한 바오로 2세)가 교황직을 수행하는 동안 교회사에서 이전 5세기보다 더 많은 지복이 선포되었고(798회), 더 많은 성자가 탄생했고(280명),[74] 축성에 필요한 기적의 숫자가 절반으로 줄었으며, 비오 신부(Padre Pio) — 1918년에 성흔(聖痕)을 통해 신을 영접한 카푸친 작은 형제회 수사이며, 수많은 초자연적 위업의 주인공 — 에 대한 그로테스크한 숭배가 시작되어 주류 언론이 진지한 토론에서 과학의 법칙에 대한 그의 승리가 진실이라고 기록하는 정도에까지 이르렀다.

신앙에 대해 이런 정도로 고분고분한 세속 문화가 권력에 대해 더 전투적일 것 같지는 않다. 제2공화국 아래에서 이탈리아 인쇄 문화의 중심 기관에 실린 견해는 당대의 표준적인 억견(doxa)에서 그리 벗어나 있지 않았다. 이 시기의 생산물은 스페인, 프랑스, 독일, 영국의 네오타블로이드판 신문에서 찾을 수 있는 것과 구별되지 않았다. 자존심 없는 논평자가 사회의 질병을 치유하기 위해 개혁을 주장하지 못하고 있다. 이를 위한 치유책으로는 언제나 서비스와 교육에서 더 많은 경쟁, 생산과 소비 시장의 더 많은 자유, 더 규율 있고 축소된 국가 등이며, 차이가 있다면 필요한 구조조정을 받아들여야 하는 희생자들에게 제공되는 회유 수단 정도이다. 이런 종류의 순응은 아주 일반적이어서 이탈리아의 칼럼니스트와 언론인들이 독립적인 정신을 보여줄 것이라고 기대하는 게 비합리적인 일이었다. 법에 대한 언론의 태도는 또 다른 문제였다. 제1공화국의 정치 계급에 대한 항의의 선두에 섰던 — 치안관들이 부패에 대한 공격을 개시한 이후 — 언론은 베를루스코니가 새로운 질서의 중심이 되자 매우 순종적임을 보여주었다. 대부분 형식적인 비판에 그쳤고, 베를루스코니에게 실제로 타격을 입히거나 무대에서 쫓아낼 수 있는 무제한 전쟁을 하겠다는 낌새는 전혀 없었다.

---

74 Tobias Jones, *The Dark Heart of Italy*, London 2003, p. 173 참조.

이를 위해서는 언론이 베를루스코니만이 아니라 그를 계속해서 석방한 판사들, 그에 대한 기소를 무효로 하는 공소시효, 그에게 면책을 보장해 준 대통령들, 그를 수용할 만하고, 게다가 중요한 대화 상대로 만들어준 중도좌파 정당을 겨냥했어야 했다. 이 시기 언론이 보여준 전반적인 논조에서 더 나아간 것은 아무것도 없었는데, 위법 행위에 대한 불평은 보통 두려움과 굴종으로 물들어 있었다. 이렇게 무력한 기록은 유례를 찾아볼 수 없기 때문에 더욱더 도드라진다. 이 가운데 우뚝 솟아 있는 사람이 마르코 트라발리오 기자이다. 베를루스코니나 프레비티의 범죄에 대한 확고한 고발뿐만 아니라 이들을 보호하는 묵인 체제, 특히 언론에 대한 고발은 당시 길들여진 유럽의 언론 세계에서 비교할 게 없다. 예상할 수 있는 대로 수십 만 권의 책이 팔린 트라발리오는 자유주의 우파의 인물이며, 좌파에게서는 찾아볼 수 없는 논조의 격렬함과 자유를 보여주었다.[75]

유럽에서는 —미국에서는 최소한 같은 방식으로는 사실이 아니다 — 대체로 미디어 세계가 유럽이 창출한 문화의 상황 이상을 반영하며, 그 질은 궁극적으로 대학 상태에 더 많이 의존한다. 악명 높게도 이탈리아에서는 대학이 폐물에다 재원도 부족하며, 많은 학과들이 관료제적 공모와 귀족적인 후원제의 오물로 가득 차 있다. 그 결과 우수한 사람들은 해외에서 자리를 얻기 위해 계속해서 나가고 있는데, 이는 미국에 기반을 두고 있거나 미국에서 오랫동안 머물면서 일하는 주요 학

---

75 인물에 대해서는 다음을 참조. Claudio Sabelli Foretti (intervista), *Marco Travaglio. Il rompiballi*, Rome 2008. 그가 쓴 책은 공저를 포함해서 다음과 같다. Marco Travaglio and Elio Veltri, *L'odore dei soldi. Origini e misteri delle fortune di Silvio Berlusconi*, Rome 2001; Marco Travaglio, Gianni Barbacetto and Peter Gomez, *Mani puliti: La vera stori, Da Mario Chiesa a Silvio Berlusconi*, Rome 2002, and *Mani sporchi: Così destra e sinistra si sono mangiate la II Repubblica*, Milan 2008; Marco Travaglio, Peter Gomez and Marco Lillo, *Il bavaglio*, Milan 2008. 이탈리아 언론에 대한 충격적인 해부는 다음을 참조. Marco Travaglio, *La scomparsa dei fatti*, Milan 2006.

자들의 목록이 보여준다. 유전학의 루카 카발리-스포르차(Luca Cavalli-Sforza), 정치학의 조반니 사르토리, 경제학의 프랑코 모딜리아니(Franco Modigliani), 역사학의 카를로 긴즈부르그(Carlo Ginzburg), 사회학의 조반니 아리기, 문학의 프랑코 모레티(Franco Moretti) 등이 그들이며, 여기에 좀 더 젊은 세대를 더할 수 있을 것이다. 거의 모두가 이탈리아 내에 여전히 관계를 두고 있기 때문에 — 대부분 이런저런 방식으로 지적 생활에 참여하고 있다 — 디아스포라는 아니지만 그럼에도 이들의 부재는 분명 이들을 낳은 문화를 약화시켰다.

최근 상황에서 그들과 비교할 만한 사람들이 나올 수 있을지는 지켜볼 일이다. 표면적으로는 그럴 것 같지 않다. 그러나 이 나라가 끌어 쓸 수 있는 저수지의 깊이를 과소평가해서는 안 될 일이다. 현재 자신의 현대화가 종종 자신이 상실한 모델로서의 자기비판적인 이탈리아인들에 의해 뒷받침되고 있는 스페인을 보면 이를 상기할 수 있다.[76] 스페인은 경제성장률이 더 높았고, 교통체계가 더 빠르며, 정치제도가 더 기능적이고, 조직범죄가 덜 하고, 지역 발전이 더 균등하지만 — 모든 면에서 이탈리아보다 앞선다 — 여전히 지방적 문화에 머물러 있다. 훨씬 빈약하고 새로운 게 없는 지적 생활의 문화이며, 이 상대적인 후진성은 문화를 둘러싸고 있는 현대성에 의해 강조될 뿐이다. 이탈리아의 그 모든 황폐함에도 불구하고 당대 문학에 대한 기여는 수준이 다르다. 최근에는 유럽의 어떤 나라도 모레티가 편집하고 에이나우디(Einaudi)가 출판한 소설의 국제적 역사와 형태학에 대한 다섯 권짜리 연구에 필적할 만한 지구적인 수준의 학문적 기념비를 생산하지 못했다. 이는 이탈리아 고유의 장대한 기획이며, 그 규모를 영어권 독자들은 프린스턴 대학이 출판한 — 공감과 정신이 결여된 — 기성품 같은 판본으로 맛만 볼 수 있

---

76 이러한 비교를 가장 광범위하고 독창적으로 한 예는 다음을 참조. Michele Salvati, "Spagna e Italia. Un confronto", in Victor Pérez-Diaz, *La lezione spagnola. Società civile, politica e legalità*, Bologna 2003, pp. 1~82.

을 뿐이다. 해외에서 기성의 패러다임을 뒤흔드는 이탈리아인의 능력이 계속되고 있다는 것을 알 수 있는 예를 찾기는 어렵지 않다. 프랑스 역사학자들은 시도하지 않은, 조르주 뒤메질(Georges Dumézil)을 재구성한 긴즈부르그의 에세이는 말할 것도 없고 그의 선언 「실마리」는 하나의 예이다. 뛰어난 고전학자인 루치아노 칸포라(Luciano Canfora)가 민주주의에 대해 쓴 최근 저서는 또 다른 예이다. 〔이 책은 '유럽의 형성'이라는 시리즈의 하나인데〕 독일에서 출판을 담당한 출판사가 내용을 못마땅하게 여겨 독일에서는 출판되지 못했다. '국제적 정의'를 타파한 정치학자인 다닐로 촐로(Danilo Zolo)가 세 번째 예일 텐데, 그는 영국과 네덜란드에서 각광받고 있다. 그러한 전통은 쉽게 죽지 않는다.

4

현존하는 초당파적 기성 질서 너머에 있는 정치적 반대파는 누구인가? 1960년대 중반부터 이탈리아 공산주의에는 공식 노선도 아니고 오페라이스모도 아닌 또 다른 흐름이 있었는데, 이는 지도부가 제시하거나 결국 관용했던 어떤 것보다 더 진짜로 그람시적인 것이었다. 1969년에 제명당한 루초 마그리(Lucio Magri), 로사나 로산다(Rossana Rossanda), 루치아나 카스텔리나(Luciana Castellina) 등의 일 마니페스토 그룹은 같은 이름의 신문을 창간했고, 오늘날까지 이어지고 있다. 이 신문은 유럽에서 급진적인 일간지로 정평이 나 있다. 오랜 세월 좌파와 이탈리아가 직면한 문제에 대해 일관되고 예리한 전략적 분석을 제대로 한 것은 이 흐름이었다. 놀랄 일도 아니지만 헤겔의 후예가 되는 게 하이데거에 매혹당하는 것보다 과제에 적합한 도구를 받을 수 있었다. 오늘날 이 유산은 주도적인 세 인물이 나누어 가지고 있다. 이들은 그 경험에 대해 회고록을 썼는데, 각기 다 의미가 있을 것이다. 가장 먼저 나온 로산다의 매우 우아한 『지난 세기의 소녀』(Ragazza del secolo scorso)는 전국적인 베스트셀러였다. 그러나 2005년에 잡지가 폐간되었고, 현재 일간지가 신용 위기 속에 폐간될 위험에 처했다. 철학자인 파올로 플로레스 다르카이스(Paolo Flores d'Arcais)가 편집하는 두툼한 격월간지 『미크로메가』(*MicroMega*)는 언론 제국의 일부이기 때문에 그런 위험이 없다. 이 언론 제국의 대표주자는 로마의 일간지 『라 레푸블리카』와 시사주간지인 『레스프레소』(*L'espresso*)이다. 제2공화국 아래에서 플로레스는 자신이 편집하는 저널을 베를루스코니에 대한 비타협적이고 효과적인 적대 전선의 조직자로 만들었다. 유럽연합 내에서 나오는 이런 종류의 지적 출판물로서는 독특한 정치적 역할을 한 셈이다. 2001년 중도우파가 승리한 후에 수동적인 중도좌파 외부에서 그리고 그런 중도좌파에 저항하면서 베를루스코니에 대한 인상적인 대중 저항의 물결이 시작된 게 바로 여기이다.

여기서 다른 두 사람이 중심적인 역할을 했다. 한 사람은 이탈리아에서 가장 인기 있는 배우 겸 영화감독인 난니 모레티이다. 그의 영화는 10년 넘게 이탈리아 공산당의 해체와 그 낙진을 비판적인 방식으로 추적했다. 또 다른 사람은 영국의 역사가 폴 긴스보그이다. 그는 전후 이탈리아에 대해 두 권의 책을 썼으며, 피렌체 대학에서 학생들을 가르치고 있다. 학자로서 뛰어날 뿐만 아니라 지금은 귀화한 나라의 시민으로서도 그러하다. 영어로는 『이탈리아와 그 불만』(이 판은 2001년까지 확장되었다)으로 출판된, 1980년에서 1998년까지의 시기를 다루는 두 번째 책에서 긴스보그는 이탈리아 중간계급의 여피층—크락시 아래에서 번성한 상승하는 계층(ceti rampanti)—이 에고이즘과 탐욕을 보이는 것은 분명하지만 이탈리아 중간계급 내에는 여피층과 나란히 사려 깊고 시민의식이 있는 전문가와 공공 부문 피고용인—분별 있는 중간층(ceti medi riflessivi)—이 있으며, 이들은 이타적인 행동을 할 수 있고, 이탈리아 민주주의가 회복될 수 있는 잠재적인 자원을 이룬다는 가설을 제출했다. 그가 이 가설을 제기하자, 회의론이 나오기도 했다.[77] 그러나 2002년 이

---

77 여러 회의론 가운데 나의 책은 다음을 참조. Perry Anderson, Simon Parker and

는 사실임이 드러났다. 그해 베를루스코니에 맞서는 시위에 핵심적인 부대 역할을 한 것이 그가 지목한 계층이었다.

하지만 그 속에는 한계도 있었다. 그들이 취한 독특한 형태—시위자들이 서로 손을 잡고 공공건물을 에워싸는 것인데, 시위의 평화적이고 방어적인 정신을 상징적으로 보여주기 위한 것이었다—를 보고 언론은 재빨리 '둥글게 둥글게 놀이'(girotondi)라고 불렀다. 그로 인해 이들이 벌인 시위는 쉽게 아이들이 하는 놀이 같은 느낌이 들었다. 자신들에 대한 비난을 싫어했을 뿐만 아니라 정치적 경쟁을 할까 두려워한 중도좌파 정당은 적대감을 숨기려 하지 않았다. 하지만 아이들 놀이 하듯이 시위하는 이들은 같은 방식으로 대응하지 않았다. 제노바에서 있었던 G-7 회담에 맞서 싸운 것과 같은 식의 격렬한 행동은 하지 않겠다고 결의하고, 중도좌파에게 저당 잡혀 있는 노동조합 지도자들과의 동맹이라는 헛된 희망을 품은 이 운동은 정부와 야당의 공모는 말할 것도 없고 정부에 대해 더 강력한 공격을 할 수 없게 되었으며, 결국 착한 아이(bon enfant)라는 자기 이미지 때문에 해체되어 존속할 수 없었다.

벨트로니로서는 격노할 일이지만 『미크로메가』가 지난여름에 용기 있게도 베를루스코니가 권좌에 복귀하는 것에 반대하는 대중 시위를 피아차 나보나(Piazza Navona) 광장에서 열자 이 운동에 잠재하던 모순이 터져나왔고, 모레티를 비롯해서 연단에 섰던 인사의 절반가량이 좀 더 급진적인 연사들과 결별했다. 급진적인 연사들은 조르조 나폴리타노, 민주당 혹은 재건공산당 등을 봐주지 않았던 것이다. 제1공화국 말기의 번다한 완곡어법이 그 반동으로 북부동맹의 계산된 조잡함을 낳았던 것과 마찬가지로 이번에는 이 운동이 보여준 깔끔한 수사학, 즉 난폭하기보다는 청원하는 수사학이 그 정반대의 것을 폭발시켰다. 정치 계급을 혐오하는 것으로 유명한 코미디언에게서 가져온 눈에 띌 정도로 거

John Foot, "Italy in the Present Tense: A Roundtable Discussion with Paul Ginsborg", *Modern Italy*, vol. 5, no. 2, 2000, pp. 180 이하.

친 이미지와 말이 사용되었으며 —사실상 베를루스코니의 침실이 이렇게 만든 것이다—이는 광장에서 모범생처럼 행동하는 사람들을 당혹스럽게 했다. 그러나 여론조사로 판단해 보건대, 중도좌파 유권자들조차 대부분은 꼭 그렇지 않은 것 같다. 정치적으로 말하자면, 이 에피소드는 1970년대의 양극화의 축소판으로 볼 수 있다. 위로부터는 걱정스러운 마음에 달래려는 모습이 나타났는데, 이게 아래로부터의 분노의 폭발을 자극한 것이다.

가을 들어 중도우파가 표결한 교육 재원 삭감과 학교교육 축소 등에 반대하는 학생 저항의 물결과 이보다는 더 제한적이기는 하지만 글로벌 경기침체에 대한 정부의 경제 대응에 반대하는 노조의 동원이라는 물결 속에서 이 긴장은 해소되었다. 얻어낸 양보는 운동의 규모에 비하면 그리 중요하지 않다. 그러나 베를루스코니가 보여준 전술적 후퇴의 패턴과 그에 맞서는 대중적인 반대의 일시적 폭발은 이제 새로운 것이 아니다. 경제 상황이 점점 나빠지면서 이것이 어떻게 변화할지는 두고 볼 일이다. 이탈리아 좌파는 목수와 농부의 위험한 연장을 뒤에 숨긴 채 채소 왕국이나 별 특색 없는—장미, 오크, 올리브, 데이지, 무지개—상징을 하나씩 채택했다. 금속의 반짝임이 없는 이탈리아 좌파가 앞으로 나아갈 것이라고는 보이지 않는다.

III

동방문제

7 키프로스

|| 2007년 ||

많은 사람이 유럽연합의 확대는 냉전 종식 이후 유럽연합이 이룬 가장 커다란 성취로 간주하고 있지만 다소는 부적절한 자축이라고 평가하고 있다. 이는 브뤼셀이 축하의 꽃다발을 손에 쥘 때마다 눈에 띄지는 않는 가시를 남겨주었다. 유럽연합이 새로 얻은 모든 곳 가운데 가장 동쪽 지역은, 설사 가장 부유하고 민주적이라 할지라도 기성 질서에 시련을 안겨주었는데, 공산주의의 포로에서 구출된 나라라는 감상적인 이야기에도 맞지 않고 유럽연합 외교의 전략적 목표를 발전시킨 것도 아니다. 실제로는 그 전략적 목표를 방해했다. 실제로 키프로스는 새로운 유럽 내의 예외(anomaly)이다. 하지만 브뤼셀이 이런 이유로 전전긍긍한 것은 아니다. 이 나라는 오랫동안 국토의 많은 부분이 외국 군대에 의해 점령당한 유럽연합 회원국이다. 탱크와 대포를 앞세우고 요르단 강 서안 지구보다 더 많은 정착자가 옮아왔고, 이에 대해 유럽연합 이사회나 집행위원회는 어떤 문제 제기도 하지 않았다. 키프로스의 영토에는 관타나모의 세 배가 넘는 외국 군대 기지를 ─ 임대가 아니라 수용권에 의한 것이다 ─ 유럽연합의 동료 회원국인 영국이 통제하고 있다.

1

이런 상황의 출발은 한 세기도 더 거슬러 올라가는 빅토리아 성기(盛期)의 제국주의 시대에서 시작한다. 1878년 영국은 이 섬을 오스만 제국에게서 획득했는데, 이는 베를린 회의에서 벤저민 디즈레일리(Benjamin Disraeli) 덕분에 러시아에 양도했던 아르메니아 지역을 터키가 다시 회복한 데 대한 보상이었다. 중동에 영국의 해군기지를 두겠다는 열망에서 나온 이 새로운 식민지는 고대부터 주민과 문화라는 면에서 그리스적이었지만, 16세기 오스만 제국의 정복 이후 소수의 터키계가 함께 살고 있었다. 그러나 19세기만 하더라도 그리스에서 400마일 떨어져 있는 이 섬은 민족적 자각의 영향을 상대적으로 적게 받았다. 이 민족적 자각은 처음에는 그리스의 독립을, 이후에는 크레타 섬에 대한 오스만 제국의 지배에 대한 일련의 봉기 및 제1차 세계대전 이전에 크레타 섬이 그리스에 통합되는 결과를 낳았다. 키프로스는 이후 반세기 동안 불안정에 시달리지 않았다. 1931년에 가서야 동일한 에노시스(Enosis, 병합)에 대한 욕구가 끓어올라 영국의 지배에 대한 자발적인 반란이 섬 전체에서 일어나 총독 관저가 화염에 휩싸였다. 이를 진압하기 위해 폭격기, 순양함, 해병대가 필요했다.[1] 그 후 이런 감정의 폭발에 대한 영국의 반응은 제국의 연대기에서 독특한 것이었다. 키프로스는 니코시아에서 깃발이 공식적으로 내려질 때까지 칙령에 의해 지배되는 식민지 체제였다.

하지만 민족운동이 이 섬에서 조직된 세력으로 실제로 모습을 갖춘

---

1 이 사건에 대한 생생한 묘사는 다음을 참조. Robert Holland, *Britain and the Revolt in Cyprus 1954~1959*, Oxford 1998, pp. 1~5. 이 걸출한 저작은 아마도 탈식민화의 역사에 대한 가장 훌륭한 연구일 것이다. 전간기에 "이 섬의 행정 관료의 절반 이상이 서아프리카에서 왔는데, 대개 나이지리아에서 사관 후보생으로서 경력을 쌓은 사람들이었다." George Horton Kelling, *Countdown to Rebellion: British Policy in Cyprus 1939~1955*, New York-London 1990, p. 12.

것은 전후 시기였는데, 그것도 당대의 기묘한 혼합물로서 그러했다. 출현은 늦었지만 형태는 앞선 시기의 것이었다. 톰 네언이 오래전에 지적했듯이, 범(凡)헬레니즘은 여러 가지 면에서 "성공한 민족주의적 동원의 독창적인 유럽 모델"이며, 그리스 독립전쟁을 통해 빈 회의 이후 최초로 승리한 민족해방 운동을 낳았다. 하지만 그는 "그리스 민족주의가 이렇게 선구적이었기 때문에 …… 거기에는 독특한 불이익이 생겨났다"라고 덧붙인다. 범헬레니즘 이데올로기는 20세기 들어 점차로 '시대착오적이고 낡은' 모습을 띠게 되었다. 그러나 이 이데올로기는 제2차 세계대전 이후에도 이 섬의 대중 반란으로 나타날 정도로 여전히 강력했다. 대중이 정치적으로 각성하면서 "이미 이곳에 자리 잡은 성숙하고 최면적인 그리스 민족주의의 꿈이 자신들을 유혹한다는 것을 알게 되었다." "이들이 이런 부름에 대해 자신들의 애국주의를 발전시키기보다는 비잔티움의 후계자로서 대답한 것은 필연적인 일이었다."[2] 독립이 아니라 통합이 이러한 자기 결정의 자연스러운 목표였다.

하지만 그러한 헬레니즘은 그 기원의 상태를 넘어서 움직인 사회에서 낡은 수입품, 즉 철 지난 것이 아니었다. 그 호소력은 저항할 수 없었는데, 왜냐하면 낭만주의적인 19세기 민족주의보다 훨씬 더 오래된 토착적인 제도에서 강력한 공명판을 찾았기 때문이다. 키프로스 정교회는 다른 그리스의 섬과 견줄 수 없을 정도였다. 5세기 이래 자치 교회인 그리스 정교회의 대주교는 콘스탄티노플, 알렉산드리아, 안티오크 등지의 총대주교와 동등한 지위를 누렸으며, 오스만 제국 아래에서 언제나 그리스인 공동체의 인정받는 우두머리였다. 영국이 이 섬에서 교육을 제공하려는 노력을 하지 않았기 때문에 — 영국은 끝까지 대학 설치를 허

---

2 Tom Nairn, "Cyprus and the Theory of Nationalism", in Peter Worsley (ed.), *Small States in the Modern World: The Conditions of Survival*, Nicosia 1979, pp. 32~34. 키프로스의 헬레니즘의 궤적에 대한 좀 더 폭넓은 성찰은 다음을 참조. Michael Attalides, *Cyprus: Nationalism and International Politics*, Edinburgh 1979, passim.

용하지 않았다 — 학교교육은 그리스 정교회의 통제 아래 있었다. 따라서 민족주의 운동에서 성직자들이 지도력을 발휘한 것은 도덕과 정치 생활에서 이들이 필연적으로 가지고 있는 종교적 보수주의와 함께 미리 보장되어 있는 것이나 마찬가지였다.

그렇다고 해서 그리스 정교회의 헤게모니가 완벽한 것은 아니었다. 1920년대 이래 강력한 지역 공산주의 운동이 발전했는데, 런던은 이를 더 위험한 것으로 간주했다. 압도적 다수가 되기를 열망했던 아켈 (AKEL) — 현재 키프로스 공산당 — 은 전쟁이 끝났을 때 그리스와의 통합운동에 너무 열중했다.[3] 1945년에 공산당이 그렇게 할 이유는 충분했는데, 왜냐하면 그리스에서 공산당 레지스탕스는 나치의 점령에 맞서 싸운 투쟁에서 단연코 지도적인 세력이었고, 이 나라에서 나치가 물러났을 때 권력을 잡을 수 있는 강력한 위치에 있었기 때문이다. 이러한 위험을 피하기 위해 영국은 군사 개입 — 후일 헝가리에 대해 소련이 했던 규모보다 훨씬 컸다 — 을 통해 신뢰받지 못하는 그리스 군주제로 이루어진 보수적인 정권을 세웠다. 그 결과 심각한 내전이 일어났고, 이때 영국과 미국이 들어와 — 스페인에서 이탈리아와 독일의 역할 — 이 갈등이 우파의 승리로 끝나도록 한 다음에야 좌파는 진압되었다.

그리스의 사태가 균형을 이루고 있는 동안에는 AKEL은 큰 부담 없이 최소한 겉으로는 에노시스를 지속적으로 지지할 수 있었다. 실제로 1949년 11월 — 그리스 본토에서 민주군(Democratic Army)이 최종적으로 패배한 다음 달 — AKEL은 키프로스에서 민족해방 투쟁의 방아쇠를 당겼다. 그것은 유엔에 "키프로스와 그리스의 통합을 의미하는 자결권"에 대한 국민투표 실시를 요청하는 일이었다. 그러나 이것은 운동의 선두에 섰던 AKEL의 마지막 시간이었다. 1950년 1월 정교회는 이 운동의 주도권을 잡기 위해 재빨리 움직여 키프로스 섬 전역의 교회에서

---

3 공산당의 초기 역사에 대해서는 다음을 참조. T. W. Adams, *AKEL: The Communist Party of Cyprus*, Stanford 1971, pp. 21~45.

개최된 독자적인 국민투표를 조직했고, AKEL도 여기에 합류했다. 그 결과는 분명 대중의 정서를 보여주는 것이었다. 그리스계 키프로스인의 96퍼센트 — 즉 이 섬에 사는 주민의 80퍼센트 — 가 통합에 찬성했다.

당연하게도 런던의 노동당 정부는 이런 민주적 의지의 표현을 무시했고, 지역 관리들은 이것을 '의미 없는 일'로 치부했다. 국민투표의 보호자로서 노동당 정부는 생각했던 것 이상의 것과 부딪혔다. 5개월 후 미카엘 무스코스(Michael Mouskos)가 37세의 나이로 교회의 수장으로 선출되어 대주교 마카리오스 3세(Makarios III)가 되었다. 염소지기의 아들로 태어난 그는 키프로스의 신학교를 거쳐 아테네에서 대학을 다녔고, 보스턴에서 대학원 공부를 했다. 이때 키티움(Kitium)의 주교 관구의 부름을 갑자기 받아 키프로스의 정치적 허브에 대한 책임을 맡게 되었고, 여기서 그는 자신의 수사적·전술적 재능을 발휘했다. 국민투표는 일반 의지를 보여주었다. 이후 4년 넘게 마카리오스는 이를 조직하기 시작했다. 보수적인 농민협회, 우익 노동조합, 대중적인 청년 조직이 만들어져 교회의 보호 아래 민족 투쟁을 위한 강력한 대중 기반을 조직했다. 국내의 동원에 해외의 압력이 따라왔는데, 처음에는 아테네에 대해 키프로스 자치 문제를 유엔으로 가져가라는 것이었다. 그러나 또한 교회의 전통과 달리 이 지역 아랍 나라들도 지지를 보냈다.

이 가운데 어느 것도 런던에 영향을 주지 못했다. 영국에 키프로스는 포기할 생각이 전혀 없는 지중해의 요새였다. 수에즈 운하 지역에 있는 영국 요새들이 안전하지 못한 것으로 판단되면서 이곳의 전략적 가치가 올라갔고, 1953년에 중동 지역 최고사령부가 이곳으로 이전했다. 1년 후에 식민성 장관 — 이제는 보수당이었다 — 이 하원에서 키프로스 같은 영토는 자치권을 기대할 수 없다고 말했다. 통합을 지지하는 인구의 4/5가 다수를 차지할 것을 우려한 런던이 어떤 입법부도 허용하지 않았기 때문에 자치정부조차 고려 대상이 아니었다. 화이트홀의 관점은 여전했다. 우리는 우리가 가진 것을 지킬 것이다. 공적 판단이 필요했다면 앤서니 이든(Anthony Eden)은 아주 조야한 것을 제시했을 것이다. "키프로스가 없다면 우리의 석유 공급을 보호할 시설도 없을 것이다. 석유가 없다면 영국에는 실업과 기아가 만연할 것이다. 이렇게 간단한 일이다."[4] 이 섬에 대한 권리를 주장할 때는 통상적인 수사법도 필요 없었다. 그것은 논쟁의 여지가 없는 불가항력적인 문제였다.

공공연하게 무제한적인 식민 지배를 주장하고, 헌법적인 무화과 잎사귀마저 없애버렸기 때문에 키프로스의 민족 투쟁은 불가피하게 무장으로 나아갈 수밖에 없었다. 이것은 오직 본토로부터만 확보될 수 있었다. 이제 아테네에서는 우파가 권력을 장악했고, 이후 30년간 지속될 보복적인 차별과 박해 체제를 마련했다. 교회가 그리스를 지지하기로 돌아섰을 때, 한 가지 정치적 태도만이 가능하다는 것을 알게 되었다.[5] 이후 4년 동안 영국에 압력을 가하기 위한 국제적인 여론을 환기하려는 무익한 시도가 지난 후인 1954년 초에 마카리오스는 비밀리에 그리스군의 퇴역 대령인 게오르게 그리바스(George Grivas)를 만나 키프로스를 해방하기 위한 게릴라 투쟁 계획을 세웠다.

그리바스는 인물이나 수단을 선택하는 데 별로 까다롭지 않은, 그리스 우파 기준으로도 극단적인 반혁명파의 불한당(nervi)이었다. 그는 제1차 세계대전 이후 그리스가 아나톨리아를 침공했을 때 참전한 베테랑으로 제2차 세계대전 때 독일의 점령을 수수방관했고, 이후 철수하는 독일군의 도움으로 이 섬에 영국이 상륙하기 전에 좌파를 때려잡은 암살대를 조직했다. 그러나 그가 그리스에 온 지 수십 년이 지나기는 했어도 그는 키프로스 출신이며, 가장 협소한 의미에서 범헬레니즘을 신봉했다. 비공식적으로 그는 그리스 총참모부와 접촉하고 있었다. 이제

---

4 1956년 6월 1일 노리치에서 한 연설.
5 코스타스 카라만리스(Kostas Karamanlis, 1955~)가 행한 선거에서의 협박과 부정은 말할 것도 없고 억압 기제에 대한 생생한 묘사는 다음을 참조. Constantine Tsoucalas, *The Great Tragedy*, London 1969, pp. 142~52.

막 나토에 가입한 파파고스 정부는 조심스럽게 그와 거리를 두었지만, 그가 키프로스 상륙을 위한 무기와 병참을 얻게 되자 다른 생각을 하게 되었다. 그는 1954년 말 키프로스에 도착했다.

1955년 4월 1일, 그리바스는 이 섬에서 첫 번째 방아쇠를 당겼다. 이후 4년 넘게 그의 '키프로스 투사 민족 조직'(National Organization of Cypriot Fighters: EOKA)은 치명적인 수준의 게릴라 전쟁을 벌였고, 런던은 이를 진압하지 못했다. 결국 그리바스는 200명밖에 안 되는 군대를 가지고 2만 8,000명의 영국군을 제압했다. 주민들이 민족적 대의를 폭넓게 지지했기 때문에 가능한 일이었다. 지휘관으로서 그리바스의 능력은 매우 제한적이었다. 순전히 군사적인 수행 능력이라는 관점에서 비교해 보았을 때, EOKA의 투쟁은 전후 시기에 벌어진 모든 반식민 저항 투쟁에서 아마 가장 성공적이었을 것이다.

정치적으로 볼 때, 그 효과는 모호했다. 그리바스의 맹렬한 반공주의 때문에 무장투쟁에서 AKEL이 끼어들 자리가 없었다. EOKA는 AKEL의 투사들을 거듭해서 쏘아 죽였고, 심지어 영국이 AKEL을 금지하고 지도자들을 구금했을 때에도 그러했다. 지하로 숨어들어간 AKEL은 반식민 투쟁에서 주변부로 밀려났고, 마카리오스에 대한 지지를 통해서만 정치적 피난처를 찾을 수 있었다. 하지만 마카리오스는 AKEL을 무시했다. 따라서 보통은 민족해방 운동의 중심적인 부분이었어야 할 키프로스 좌파는 사실상 소거되었다. 이보다 더 위태로웠던 것은 키프로스 공산주의의 즉각적인 운명이었다. 자신의 노동조합이 있는 AKEL은 그리스 공동체와 터키 공동체에 뿌리를 내리고 있는 이 나라의 유일한 대중 조직으로서 민족적 분할선을 넘어서서 활동가들을 통합하고 있었다.

AKEL이 배제되면서 총독 관저에 맞서 민족공동체를 넘어서는 연대를 구성할 수 있는 가능성도 사라졌다. 키프로스는 산악 지역의 게릴라 투쟁과 거리의 시위를 결합해서 영국에 맞서는 하나의 강력한 반란을 일으켰다. 한 명의 총잡이와 한 명의 고위 성직자가 이끌면서 성직자주의와 군사주의의 결합으로 나타난 이 투쟁은 대영제국이 아시아나

아프리카가 아니라 유럽 민족을 지배한 다른 사례인 아일랜드 민족주의와 어느 정도 닮았다. 혈통으로 볼 때 헬레니즘은 피니언주의보다 오래되었으며, 분리가 아니라 통합이라는 그 목표도 달랐다. 그러나 시대가 달라졌고, 키프로스 내의 세력의 별자리는 사실상 현대적이었다. 자결을 위한 투쟁의 확고한 정치 지도자인 마카리오스는 반둥 회의 시대에 속하는 인물로 에이먼 데 벌레라[6]나 종교 협약보다는 자와할랄 네루(Jawaharlal Nehru), 우 탄트,[7] 호치민(胡志明) 등과 어울렸다. 아일랜드에서의 투사와 목사 사이의 관계를 뒤집은 그의 교회는 영국에 맞서는 동맹에서 덜 퇴행적인 요소였다. 시간이 흐르면서 이 차이는 더 커졌다. EOKA가 비밀 조직으로서 효율적이기는 했지만, 공개적으로는 AKEL에 비할 바가 아니었다. 완전히 몰아낼 수 없는 대중적인 좌파의 존재는 키프로스의 경험을 아일랜드의 경험과 구분했다.

이 섬을 통치하기 위해 런던은 제국 참모총장이자 야전군 원수인 존 하딩(John Harding) 경을 보낼 수밖에 없었다. 1955년에 도착한 지 한 달 만에 아주 솔직하게 내각에 자치를 배제할 경우 "군정이 수립되어야 하며, 이 나라는 무기한 경찰국가로 통치되어야 합니다"라고 말했다.[8] 그는 자신의 말만큼이나 행동도 훌륭했다. 표준적인 억압정책이 실시되었다. 마카리오스는 추방당했다. 시위는 진압되었고, 학교는 문을 닫았으며, 노동조합은 불법화되었다. 공산주의자는 구금되었고, EOKA 혐의자는 처형당했다. 통행금지, 일제 검거, 구타, 처형 등이 이루어졌다. 1년 후에 이를 바탕으로 키프로스는 이집트 원정을 위한 발진 기지 역할을 했다. 하나의 민족 저항이 도시의 지하실과 산악에서 억압당하고 있을 때, 또 다른 민족 저항은 얼마 떨어지지 않은 곳에서 24시간 내내

---

6 Eamon De Valera, 1882~1975: 아일랜드 독립운동 지도자이며, 독립 이후 여러 차례 정부 수반을 지냈다. ─옮긴이

7 U Thant, 1909~74: 버마의 외교관으로 유엔 사무총장(1961~71)을 지냈다. ─옮긴이

8 Robert Holland, *Britain and the Revolt in Cyprus*, p. 91.

공격을 당했다. 영국과 프랑스의 항공기가 1분 간격으로 이착륙하면서 이집트에 폭탄과 공정대를 투하했다.[9] 수에즈 운하 지역을 다시 장악하는 데 실패한 것이 영국이 키프로스를 장악해야 한다는 것에 대해 즉각적인 영향을 끼치지는 않았다. 그러나 이든이 떠나면서 영국의 정책은 좀 더 분명한 모습을 취하게 되었다.

처음부터 식민 지배는 다수인 그리스계에 대해 소수인 터키계를 온건한 대항 세력으로 이용했다. 물론 특별한 혜택을 주거나 관심을 많이 기울인 것은 아니었다. 그러나 통합 요구가 더 이상 무시할 수 없게 되자, 런던은 터키 공동체를 이용하는 것에 관심을 두기 시작했다. 터키 공동체는 인구의 1/5이 되지 않아 크지는 않지만 무시할 수도 없었다. 다수인 그리스계보다 가난하고 교육도 덜 받은 터키 공동체는 또한 덜 적극적이었다. 그러나 40마일 바다 건너에 그리스보다 훨씬 큰 터키가 있을 뿐만 아니라 이 터키는 확고하게 보수적이었다. 심지어 감옥에 있거나 망명한 패배한 좌파가 있는 것도 아니었다. 1950년 통합에 대한 국민투표가 진행되자마자 ─ 키프로스 문제가 터졌을 때 ─ 앙카라 주재 영국 대사는 런던의 노동당 정권에 이렇게 조언했다. "터키 카드는 까다로운 것이기는 하지만, 우리가 겪고 있는 곤경에서 유용한 것입니다."[10] 이 카드는 끝까지 별로 망설임 없이, 그리고 별 다른 제한 없이 꾸준히 사용될 터였다.

처음에 앙카라는 터키가 키프로스의 장래에 관심을 가져야 한다는 영국의 교사에 별다른 반응을 보이지 않았다. "심지어 영국이 터키인들을 통해 키프로스라는 버튼을 누르기 시작했을 때에도 처음에는 바라던 즉각적인 반응을 낳지 못할 정도였다. '이상하게 동요하고 있으며' '이상하게 애매하다'가 런던에서 느낀 당혹감을 표현하는 말이었다"라

9   자세한 것은 다음을 참조. Brendan O'Malley and Ian Craig, *The Cyprus Conspiracy*, London 1999, pp. 41~43.

10   Robert Holland, *Britain and the Revolt in Cyprus*, p. 43.

고, 이 주제에 대한 대표적인 학자인 로버트 홀런드는 기록한다. "키프로스에 대해 터키인들이 큰 자극을 받도록 강요해야 했던 것은 …… 바로 영국이었다는 것은 …… 분명한 사실이다."[11] 마침내 필요한 자극이 가해지자 런던은 그 자극이 취한 형태에도 불구하고 주저하지 않았다. 키프로스에서 EOKA가 등장한 지 한 달 안에 이든은 이미 이 지역의 혼란을 막기 위한 어떤 제안도 터키의 사전 승인을 받아야 한다는 초안을 작성하고 있었다. 식민성이 쓰고 있듯이, 터키는 '공평한 기회'를 가져야 했다.[12]

채찍이 내리쳐졌다. 게다가 그 채찍에 쇠까지 감은 채 말이다. "앙카라에서 폭동이 좀 일어난다면 그건 우리에게 좋은 일이 될 것입니다"라고 외무성 관리가 말했다.[13] 1955년 9월 런던에서 열린 세 열강의 회담에서 키프로스 문제가 논의되고 있을 때, 터키 비밀경찰은 살로니카에 있는 케말의 생가에 폭탄을 설치했다. 이 '그리스인의 음모'를 신호로 폭도가 이스탄불 거리에서 그리스인 가게들을 약탈하고 그리스 정교회의 교회에 불을 질렀으며, 그리스인이 사는 주택가를 공격했다. 런던의 공직 사회에서는 그 누구도 이 학살이 멘데레스 정부에 의해 촉발되었음을 의심하는 사람이 아무도 없었지만, 회담을 책임지고 있던 해럴드 맥밀런은 특별히 항의하지 않았다.

이런 외적인 지렛대에 내적인 발전이 더해졌다. 이미 충분히 공산주의자들을 죽인 그리바스는 EOKA에 적개심을 불러일으키지 않기를 바랐던 터키인들을 공격하지 말고 대신 영국에 협조적인 그리스인들, 특히 경찰 내부의 그리스인들을 대상으로 삼으라는 엄중한 지시를 내렸다. EOKA의 압력 아래 이들의 숫자는 급격하게 줄었다. 이들을 대신해 하딩은 터키인들을 채용했고, 경찰기동예비대(Police Mobile Reserve)

---

11 Robert Holland, *Britain and the Revolt in Cyprus*, p. 43.

12 Robert Holland, *Britain and the Revolt in Cyprus*, p. 52.

13 Robert Holland, *Britain and the Revolt in Cyprus*, p. 69.

를 추가로 만들었다. 이는 의도적으로 터키 공동체 내의 룸펜적 요소를 흡수해서 필요할 때 잔인함을 드러내도록 하기 위해서였다. 얼마 후 홀런드가 쓰고 있듯이, 보안 조직 전체가 대규모의 군사적인 공격 이외의 경우에는 터키계의 예비 병력에 의존하게 되었다. 그 결과 전에는 존재하지 않았던 커다란 간극이 두 공동체 사이에 만들어졌다. 이제 키프로스에 있는 소수계인 터키인들에 대해 원격 통제를 하게 된 앙카라가 이섬에 독자적인 군사 조직을 세우는 방식으로 EOKA에 맞대응하게 되자이 간극은 더욱 넓어졌다. 이 군사 조직은 TMT(터키 저항 조직)였고, 곧자기 쪽의 좌파를 살해했다. 이에 대해 영국은 모른 체했다.

수에즈 위기 이후에 런던은 더 큰 게임에서 자신이 고른 카드를 가지고 다른 방식으로 게임하는 방향으로 나아가기 시작했다. 키프로스의 분할만이 해결책이라는 암시가 흘러나오기 시작했다. 영국이 자결을 용인해야 한다면 터키가 이 섬에 군대를 주둔시킬 것이라고 이미 약속한 바 있는 터키 총리 아드난 멘데레스(Adnan Menderes)는 이 제안을 덥석 물면서 식민성 장관에게 "우리는 이런 종류의 일을 이전에 한 바 있다. 이 일이 생각만큼 나쁘지 않을 것이다"라고 말했다.[14] 그리스인들에게 1922~23년에 있었던 공포의 기억을 떠올리게 하는 말이다. 하딩은 이런 생각을 정정당당하지 못한 것이라 보고 반감을 표했으며, 심지어 외무성 내에서도 이것이 '주데텐란트의 불쾌한 기억'을 떠올리게 할 것이라는 두려움을 표하기도 했다. 이 계획이 워싱턴에 전해졌을 때, 미국 관리들도 이 계획을 "이 섬에 대한 강제적인 생체 해부"라고 비난하면서 달가워하지 않았다. 런던의 목표가 키프로스를 둘로 나누어 영국의 종주권 아래 통제하는 것이었다면, 미국의 두려움은 이것이 그리스 내의 분노를 낳아 충성스러운 정권을 무너뜨리고 여전히 이 나라에 잠복

---

14 Menderes to Lennox-Boyd, 16 December 1956; Robert Holland, *Britain and the Revolt in Cyprus*, p. 166.

해 있는 전복 세력에게 권력이 넘어가는 것이었다. 영국에서는 그러한 우려가 별로 고려되지 않았다. "고르디아스의 매듭을 자르고 이제 분할을 위한 결정에 도달해야 할" 필요가 있다고 촉구하는 앙카라에 있는 우리 사람이 더 중요했다.[15]

결국 첫 번째 실질적인 조치를 취한 것은 터키였다. 1958년 6월에 살로니카 작전을 다시 실행한 터키 정보부는 니코시아에 있는 터키 공보원에서 폭발물을 터뜨렸다. 다시금 조작된 분노—실제로 누구도 다치지 않았다—가 그리스인들을 향한 폭도의 폭력을 지휘하는 신호가 되었다. 비상사태가 선포된 이후, 최초의 커다란 공동체 사이에 충돌이 벌어져 주택이 불타고 사람들이 살해당할 때 보안군은 옆에 서 있었다. 분명하게 미리 계획된 결과는 니코시아를 비롯해 다른 도시들의 터키인 지역에서 그리스인들이 추방당하는 것이었고, 자기 폐쇄적인 터키인 구역을 만들기 위해 지방정부 시설을 장악하는 것이었다. 현장에서 조금씩 분할이 일어나고 있었다.[16] 이 계획의 조직자들은 영국이 기뻐할 것이라고 확신했다. 사건이 일어나기 전날에—하딩은 이제 그 자리에 없었다—새로운 총독인 노동당의 미래 캐러던 경(Lord Caradon)—휴 풋(Hugh Foot)—은 그 계획의 지도자들에게 터키 공동체가 장래 영국의 계획 아래 "각별히 혜택을 받고 각별히 보호받는 국가"가 될 것이라고 확언했다. 몇 달 후 식민성 장관은 키프로스가 '역외 터키 섬'이라고 공개적으로 말했다.[17]

여전히 망명 중이던 마카리오스는 바람이 어디로 부는지를 보면서 그리고 그리스가 영국의 압력에 굴복할 것이라는 두려움을 가지고 아테네에 있는 그리스 총리 코스타스 카라만리스와 맞섰다. 그는 키프로

---

15 Robert Holland, *Britain and the Revolt in Cyprus*, pp. 241, 194.

16 이후 사태에 결정적이었던 이 사건에 대해서는 다음을 참조. Diana Weston Markides, *Cyprus 1957~1963, From Colonial Conflict to Constitutional Crisis: The Key Role of the Municipal Issue*, Minneapolis 2001, pp. 21~24 이하, 159~60.

17 Robert Holland, *Britain and the Revolt in Cyprus*, pp. 251, 288.

스에 대한 영국-터키의 계획이 실시되는 것을 막을 수 있는 간단한 방법은 그리스가 나토에서 탈퇴할 것이라고 위협하는 것이라고 말했다. 자신의 역사적 존재 이유가 냉전의 파수꾼이라고 보는 카라만리스 — 코스타 가브라스(Costa Gavras)의 영화 「Z」는 그의 정권 당시의 분위기를 잘 보여주고 있다 — 는 즉각 이 생각을 고려하는 것조차 거부했다.[18] 헬레니즘은 본질적으로 대중적 소비를 위한 것이었으며, 국내의 여론을 잠재우기 위한 것이었다. 정권에게 헬레니즘은 계산된 반공주의였으며, 둘 사이에 갈등이 발생할 경우 통합은 거리낌 없이 버릴 수 있는 것이었다. 마카리오스는 필연적인 결론을 끌어냈다. 3일 후 그는 그리스 정권에 어떤 경고도 하지 않은 채 공개적으로 키프로스의 독립을 지지한다고 말했고, 이는 그리스 정권을 놀라게 했다.

영국에게는 이것이 늘 생각할 수 있는 시나리오 가운데 최악이었다. 게오르게 그리바스는 — 줄리언 에이머리(Julian Amery)가 생각했듯이 — 언젠가 그리스의 훌륭한 독재자가 될 수 있는 충실한 우익 경쟁자로서 존중받을 수 있었다. 그러나 모든 문젯거리의 근원인 마카리오스는 런던에게는 저주였다. 이 섬을 그에게 넘겨주는 것은 결국 패배하는 일이 될 것이었다. 다른 한편으로 미국인들은 여전히 그리스의 정치적 장에서 키프로스를 둘러싸고 너무 심하게 분열되는 것이 가져올 영향을 우려하고 있는데, 그리스에서 이 문제에 대한 대중적 감정은 너무 고조되어 있고, 독립이 동맹 사이의 잠재적인 갈등이 터져나오는 것으로 비쳐졌다. 그러나 이것은 철저하게 통제되어야만 했다. 석 달 후에 유엔이 키프로스 문제를 논의하기 위해 만났을 때, 미국은 이 섬의 자치 요구라는 그리스의 해결책이 실패한 것이라고 다시 말했으며 — 이번에는 미국의 부탁으로 이란 독재 정권이 발의한 결의안 덕분이었다 — 그 대신 터키와 그리스가 직접 회담을 열어 해결해야 한다는 것을 분명히 했다.

---

18 이 대화에 대한 생생한 설명은 다음을 참조. Stephen G. Xydis, *Cyprus: The Reluctant Republic*, The Hague-Paris 1973, pp. 238~41.

카라만리스와 멘데레스는 곧 취리히의 한 호텔에서 만났다.

2

그 결과는 예상할 수 있었다. 터키가 더 강력한 군사력이 있을 뿐만 아니라 이 섬에 대한 식민적인 약탈자로서 가장 가까운 위치에 있었다. 좀 더 근본적으로 보면, 터키 국가에 대해 어떻게 말한다 하더라도—이것 자체는 확실히 가볍지 않은 주제이다—터키라는 나라는 케말주의의 독자적인 창조물이며, 외부 세력에게 어떤 빚도 없이 민족주의 운동으로 세워졌다. 이에 반해 전후 그리스 국가는 영국의 보호령으로 시작했고, 미국의 종속국으로 삶을 지속했으며, 문화적·정치적으로 그 창시자의 의지를 넘어설 수 없었다. 그리스에 사는 키프로스인들은 종종 자신들의 정치 계급을 배신자라고 비난했지만, 대다수의 장관과 외교관들의 뼈대 없음은 구조적인 문제였다. 배신이라고 할 만한 자율성의 내부 핵심이 아예 없었다. 멘데레스는 합의의 세부 사항을 확정할 때, 중재자를 밀실로 불러 자기 조건을 강요하는 데 어려움이 없었다.

통합을 피하기 위해 키프로스는 중립적인 방식으로 독립해야 했다. 터키 군대와 그리스 군대가 자신의 영토에 주둔할 수 있도록 하는 헌법을 두어야 했고, 대법원장을 외국인으로 해야 했으며, 터키계 부통령에게 모든 입법에 대해 거부권을 주어야 했으며, 의회와 지방 행정부에서 그리스인과 터키인에 대해 분리 투표를 해야 했고, 공무원의 30퍼센트와 군대의 40퍼센트를 터키인으로 구성해야 했으며, 모든 조세는 그리스인과 터키인의 투표로 승인받아야 한다는 조건이 덧붙여졌다.[19] 이 패키지를 완결하는 것은 '신사 협정'—여기서 협정을 지켜본 미국 고문관들이 느껴진다—이라는 형식으로 된 비밀 부속 조항이었는데, 이는

---

19 헌법에 대한 훌륭한 비판적인 분석은 다음을 참조. Polyvios Poliviou, *Cyprus: Conflict and Negotiation*, London 1980, pp. 16~25.

장래의 키프로스 공화국이 나토에 가입하고 AKEL을 금지한다는 것이다. 마지막으로 가장 중요한 것은 영국과 터키, 그리스 사이의 보장 조약으로 인해 만약 협약의 침해가 있다고 할 때, 이 세 나라 모두 이 섬에 개입할 권한을 가지게 되었다는 것이다. 실제로 1901년 이후에 미국이 쿠바에 대해 개입할 수 있는 권한을 부여한 플랫 수정 조항의 변형이다.

취리히에서 배제되었던 영국에 남은 유일한 것은 이 거래에 소유자의 도장을 찍어주는 데 따른 대가를 만족스럽게 챙기는 것이었다. 런던이 요구한 것은 키프로스에 자국 군사기지를 두는 것이었다. 맥밀런의 말처럼 작은 '지브롤터' 말이다. 현장에서는 완곡어법조차 별로 없었다. 니코시아에 있는 핵심 관리는 이렇게 말했다. "우리는 크게 요구해야 한다."[20] 먹은 지역은 지브롤터의 마흔 배였으며, 새로운 국가와 헌법을 수립한 최종 보장 조약이 체결되었을 때 다른 모든 조항을 합친 것보다 더 많은 분량이 키프로스의 영국 기지에 할애되었다. 법적으로 드문 예이다.

카라만리스가 마카리오스에게 절대적 명령이라고 제시한 것은 협상의 여지가 없는 것이어서, 그는 여기에 굴복해 1960년 새로운 공화국의 대통령이 되었다. 독립이 주어졌지만 홀런드가 쓰고 있듯이, "키프로스에서는 대부분의 사람들이 이해하고 있는 '자유'가 쟁취되지 않았으며, 아무리 당파적으로 정의한다 하더라도 자치가 적용되지 않았다."[21] 식민 통치 아래에서 키프로스가 당했던 고통이 끝나기는커녕 이 조약이 보장한 것은 더 큰 고통이 다가온다는 것이었다. 평등의 원칙은 말할 것도 없고 실용적인 필요보다는 외교적인 필요에 의해 고안된 취리히의 헌법은 금세 작동할 수 없다는 것이 드러났다. (그리스계와 터키계로) 분리된 지방 행정부를 분할하는 방식과 관련해서 커다란 문제를 낳았다.

---

20 Robert Holland, *Britain an the Revolt in Cyprus*, pp. 303, 306.

21 Robert Holland, *Britain an the Revolt in Cyprus*, p. 336.

이는 영국조차 건드리지 않으려 했던 문제이다. 이 문제가 진전이 없자, 터키계는 예산을 비토하면서 전반적으로 행정이 마비될 위험이 생겼다. 두 공동체로 구성된 군대를 어떻게 만들지에 대한 합의가 이루어지지 않으면서 현장에서는 양쪽이 비정규군을 만들게 되었다.

1963년 말이 되면, 취리히 헌법의 기초자들이 무대에서 사라졌다. 2년 전에 멘데레스는 교수형에 처해졌는데, 무엇보다 1955년에 있었던 학살 교사가 주된 죄목이었다. 1963년 여름 카라만리스는 경찰이 좌파 의원인 그리고리스 람브라키스(Grigoris Lambrakis)를 살해하면서 혼란 속에서 물러났다. 이들의 강요 속에 합의안을 받아들였지만, 영구적이라고 결코 생각하지 않던 마카리오스는 이제 이를 수정하는 작업에 착수했다. 11월 말에 그는 터키계 부통령인 파질 쿠추크(Fazil Kutchuk)에게 일련의 제안을 했는데, 그것은 단일한 행정부와 다수 지배에 기초한 좀 더 전통적인 민주주의 체제를 키프로스에 만들어내려는 것이었다. 3주 후 팽팽한 긴장 속에서 두 공동체 간의 싸움이 니코시아에서 일어났다. 이번에는 어느 쪽도 계획한 것이 아니었지만 우발적인 초기의 사건이 큰 일로 이어졌고, 실제로 싸움이 중단되기 전까지 그리스인들이 터키인들에 비해 더 큰 피해를 입었다. 공직에 있는 모든 터키 대표들이 사퇴했고, 터키계 거주자들은 점차 강력한 방어선이 있는 강화된 공동체로 재편성되었다. 영국군이 니코시아의 휴전을 감시했지만, 2월까지 충돌이 이어졌고 그리스계 측이 공격의 균형을 이루었다. 3월이 되어 유엔군이 도착하면서 더 이상의 폭력이 발생하지 않도록 두 공동체를 강제했다.

마카리오스는 회고록을 남기지 않았고, 문서고도 이 시기와 그 이후 시기에 그가 어떤 생각을 했는지에 대해 별로 알려줄 것 같지는 않다. 분명한 것은 취리히의 명령 이후에 그에게는 두 개의 길이 있었다는 것이다. 그와 그의 동포 대다수가 투쟁해 온 목표인 그리스와의 통합을 계속해서 추구하는 것과 키프로스에 진정한 독립국가를 만드는 것이었다. 다시 말해 보장 열강(Guarantor powers)에 빚을 지거나 자신들이 물려받은 장애물에 걸려 넘어지지 않는 것이다. 마카리오스는 대통령이 되자 두 가지 가능성 모두를 열어두었다. 키프로스는 신사 협정의 조항과 달리 나토에 가입하지 않았고, AKEL도 금지하지 않았다. 이들 조항에 따르면, 키프로스는 자동적으로 그리스와 통합될 터였다. 그러나 공직에 오른 그는 이를 막을 수 있었다. 국가원수로서 그의 첫 번째 해외 방문은 이집트의 가말 압델 나세르(Gamal Abdel Nasser)를 만나는 것이었고, 뒤이어 요시프 티토(Josip Tito)가 개최한 비동맹회의에 참석하는 것이었다. 그리고 인도의 네루를 방문했다. 이런 역할을 하면서 그는 내전 이후 그리스의 심한 냉전 정치의 대척점에 서 있던 제3세계 지도자의 면모를 보였다.

동시에 그는 비타협적인 EOKA로 구성된 내각을 지명했고, 유권자들에게—그는 그리스 공동체 유권자의 2/3를 획득했다—키프로스가 그동안 부정당해 온 모국과의 통합을 자유롭게 선택할 수 있는 자결권이 있다는 것을 분명히 했다. 통합이 연기될 수는 있지만 철회되지는 않았다. 마카리오스는 위엄과 섬세함을 두루 갖춘 카리스마적인 지도자였으며, 종종 혼을 빼놓을 법한 달변가였다. 그러나 그는 자신에게 권위를 부여해 준 사람들의 감정을 무시할 수 없었다. 그들은 자신들의 바람에 사로잡혀 있었고, 왜 외국의 지시 때문에 그 바람을 포기해야 하는지를 알지 못했다. 그는 허수아비 헌법을 개정하려 할 때, 그들이 자신에게 그렇게 하기를 원하는 것처럼 행동하고 있었다. 그러나 그렇게 함으로써 그는 그리스 공동체에 대한 터키계의 반응을 잘못 판단했다. 처음에는 터키계의 공포를 조작하고 앙카라의 개입을 부탁한 것이 영국이라는 것을 잘 알고는 있었지만, 그리스계는 아무리 시작이 조작된 것이라 할지라도 터키계 공동체의 현실이 만만치 않은 결과를 낳았다는 것을 이해하기 어려웠다. 그것은 터키계가 이 섬에서 불평등한 권력의 몫에 대한 권리를 누리고 있다는 것과 계속해서 직접적으로 포위당한 채 살아간다는 신경증을 느낀다는 것이었다.

마카리오스는 신중하게 터키계를 우대하는 관대한 경제적·문화적 조치를 취함으로써 독립 이후 터키계의 환심을 사려는 노선을 일부러 라도 취했어야 했다.[22] 하지만 이런 조치들이 크게 도움이 되었을지는 의심스럽다. 냉정한 사실은 취리히 헌법이 보통 터키계 정도의 소수 집단이 통상적인 상황에서 요구할 수 있는 것 이상으로 국가 내에서 터키계의 위상을 높였다는 것이다. 마카리오스가 감미로운 것을 제공했느냐와 상관없이 정의상으로 보자면 어떤 헌법 개정도 사실상 축소하는 것이 될 수밖에 없고, 터키계가 앙카라의 후원을 받는 한 이를 받아들일 가능성은 없었다. 이러한 변화를 둘러싼 긴장은 어떤 경우든 마카리오스가 일정한 책임이 있는 상황의 두 가지 성격에 의해 과잉 결정되었다.

통합이 그리스계 주민들을 끌어당기는 목표이고, 그 또한 어느 정도는 이를 목표로 하는 한 터키계가 키프로스의 독립을 방해하는 것에 대비한 네거티브한 방어물이 아니라 공동 국가에 대한 충성심의 기초로 간주할 만한 유인은 별로 없었다. 동시에 취리히에서 기술적으로 계획된 작은 키프로스 군대 ─ 터키계는 군대를 민족별로 분리하자고 했고, 그리스계는 통합하자고 했다 ─ 에 대한 합의가 실패했기 때문에 마카리오스는 국가원수로서 자신이 통제할 수 없는 군대의 처분에 맡겨졌다. 그리바스는 1960년 협약의 조건에 따라 그리스로 돌아가야 했다. 그러나 영국인들을 쫓아낸 EOKA가 정부 내에서 누리는 지위를 부정할 수는 없었으며, 그리바스의 부하들이 이제는 장관들에게 명령을 내렸다. 여기로부터 이들은 EOKA의 이미지로 형성된 비정규군을 엄호하거나 이들에게 지시를 내렸다. 독립 투쟁에서 반대파를 늘려줄 의향이 없었던 그리바스는 터키계에 대한 공격을 삼갔다. 그러나 영국인들이 독립운동을 억압할 때, 블랙앤탄(Black-and-Tan) 스타일의 보충부대에 의존하게 됨에 따라 이는 불가피하게 화선(火線)이 되었다. 영국이 물러가고 난 후에 같은 식으로 억제해야 한다는 생각이 EOKA에는 더 이상

---

22 이 점을 잘 지적한 것은 다음을 참조. Robert Stephen, *Cyprus: A Place of Arms*, London 1966, p. 173.

적용되지 않았다. 이제 장애물은 다른 쪽에 있는 비정규군, 즉 앙카라가 육성한 터키계 민병대였다. 이렇게 가연성 있는 물질로부터 그리스계의 공격이 압도적이었던 1963년에 충돌이 벌어졌고, 마카리오스는 이를 막는 데도 처벌하는 데도 실패했다.

표면적으로는 마카리오스는 취리히 협정의 붕괴로부터 더 강력한 위치를 차지한 것으로 보였을 수 있다. 유엔군은 불안한 평화를 가져왔다. 키프로스를 침공하겠다는 터키의 위협은 미국 린든 존슨 대통령의 무뚝뚝한 전화 한 통으로 취소되었다. 이 섬을 그리스와 터키에 나누어 할당하려는 미국의 '이중 통합'(double Enosis) 계획은 아무런 도움이 되지 않았다.[23] 1965년 말에 유엔 총회는 형식적으로 모든 국가에 "키프로스의 주권, 통일성, 독립, 영토적 통합성을 존중"하라고 호소했다. 외부 열강의 간섭에서 벗어나 키프로스 공화국의 국제적인 지위를 확보하려 했던 마카리오스의 노력 가운데 가장 중요한 것이었다. 당황한 영국과 미국은 결의안에 공개적으로 반대했으며, 뻔뻔스럽게 자신들의 의도를 드러내면서 자신들의 추종국들과 함께 기권하는 방식으로 자신들의 불쾌감을 드러냈다. 액면가로 보자면 ─ 형식적으로는 이 결의안은 오늘날까지 유효하다 ─ 그것은 마카리오스의 외교적 승리였다.

다른 발전은 그에 미치지 못했다. 민족 간 충돌이 1964년 초에 진정되면서 영국은 난민을 혼합 촌락에 재통합하기를 거부함으로써 터키계 주민들을 요새화된 지역에 더 집중시켰다. 영국에 뒤이어 미국은 이 섬에 대한 제국주의적 간섭을 더욱 심화했다. 식민 지배 시기에 미국은 이

---

23 이것은 후일 워싱턴과 완벽하게 일치하는 시절을 그리워하는 그리스 우파의 사후적인 관점에서 키프로스 해결의 커다란 '잃어버린 기회'가 되었을 것이다. Evanthis Hatzivassiliou, *Greece and the Cold War: Frontline State 1952~1967*, London 2006, pp. 181~83 참조. 이는 게오르기오스 파판드레우(Georgios Papandreou, 1888~1968)가 이런 유산과 별 효과도 없게 결별한 것을 비난하는, 카라만리스 정권에 대한 포괄적인 변호이다.

미 중동 지역 감시를 위해 키프로스에 있는 정보 시설―위성 추적 기지 등―을 영국으로부터 확보했다. 이는 보장 조약에서 언급되지 않았다. 1960년대 초 영국에 노동당 정권이 다시 들어서면서 영국 기지와 감청 시설은 매우 실질적인 이유로 미국이 마음대로 쓸 수 있게 되었으며, 이는 오늘날도 마찬가지이다. 키프로스의 전략적 가치는 초기 시기에는 다목적 U-2기보다 가치가 떨어지는 '가라앉지 않는 항공모함'이었지만, 워싱턴이 터키에 주피터 미사일을 배치하고 모스크바가 여기에 맞서 R-12 미사일을 쿠바에 보내 쿠바 미사일 위기를 낳으면서 전략적 가치는 더욱 올라갔다.

이런 상황에서 키프로스에 믿을 만한 대리자가 있는 게 중요해졌다. 워싱턴을 방문한 마카리오스는 존 F. 케네디(John F. Kennedy)에게 AKEL의 인기를 견제할 자신의 정당을 오른쪽에 만들어야 하며, 소련과의 불필요한 인습적인 관계를 끊어야 한다는 말을 들었다. 대주교가 자신의 양떼를 분열시키지 않겠다고 말하면서 정중하게 거절한 후, 그는 요주의 인물이 되었다. 정치적으로 볼 때, 실제로 그는 선택의 여지가 없었다. 국내에서 그는 범헬레니즘 열성당원에 맞설 수 있는 공산주의자들의 암묵적인 지지가 필요했다. 해외에서는 터키의 허가를 얻어 영국과 미국이 분할 계획을 다시 강요하려는 시도에 맞서 유엔 내의 소비에트 블록의 외교적 지지가 필요했다. 존슨이 터키의 침공을 막았지만 마카리오스는 이것이 키프로스에 관용을 베푼 것 때문이었다는 환상을 가지지 않았다. 워싱턴의 관심은 여전히 그리스에 가해질 정치적 충격이었으며, 나토 내의 두 동맹국이 적대감을 가지는 것을 원치 않았다. 마카리오스는 미국인들의 눈에 '성직자복을 입은 카스트로' 이상이 아니었다. 얼마 후 상황을 정리하기 위해 파견된 부영사 조지 볼(George Ball)은 이렇게 말했다. "그 개새끼는 키프로스에서 어떤 일이 일어나기 전에 죽여 버려야 해."[24]

---

24 Laurence Stern, *The Wrong House*, New York 1977, p. 84.

1964년 여름 국무부는 아테네 정부에 매우 명확하게 마카리오스와 타협해야 한다고 말했다. 당시 총리는 파판드레우 — 그는 오늘날까지 그리스가 계속해서 시달림을 당하고 있는 또 다른 왕조의 가부장이다 — 였는데, 그는 1944년 영국군을 보내 자기 동포들을 공격하게 한 인물이었다. 키프로스가 '또 다른 쿠바로 변하지' 않게 하기 위해 키프로스를 나토의 통제 아래 두어야 한다는 재촉을 받은 파판드레우는 그리바스를 다시 키프로스로 보냈다. 그는 마카리오스를 대체할 수 있는 인물로서 워싱턴과 런던의 승인을 받았다.[25] 키프로스에서 그리바스는 봄에 만들어진 국민방위군의 책임자가 된 다음에 본토에서 군대를 충원해 이를 확대했고, 공공연하게 다음과 같이 선언했다. "키프로스에는 하나의 군대만이 있다. 그것은 그리스 군대이다."[26] 터키에 떨어지는 몫이 작은 한 이중의 통합을 받아들일 의사가 있었던 그의 즉각적인 목표는 자신에게 충성하고, 그리스에 양도될 더 큰 부분을 지배할 수 있는 군대를 만들어서 마카리오스의 권위를 약화시키는 것이었다.

1967년 4월 군부가 파판드레우를 계승한 약한 정권을 무너뜨리고 그리스에 본격적인 우익 독재를 실시했다. 앞날을 걱정한 AKEL은 지하로 들어갈 계획을 준비했다. 예상할 수 있는 일이지만, 여기에 고무된 그리바스는 전략적 위치에 있는 두 개의 터키계 마을에 대한 전면적인 공격을 개시했다. 이에 대해 터키는 군대를 동원해 키프로스를 침공했다. 여기에는 이제 1만 명의 그리스 군대가 주둔하고 있었다. 나토의 두 동맹국 사이의 전쟁이 임박해지자 미국은 그리스 군부에게 물러나라고, 키프로스 섬에서 모든 그리스 군대를 철수시키는 데 동의하라고 설득했다. 그리스 군대, 그리고 그리바스가 물러가자 공동체 사이의 긴장이 가라앉았고, 마카리오스는 자신의 권위를 다시 주장했다. 압도적인 다수 표로 대통령에 재선된 그는 터키계 지역의 바리케이드를 제거하고 국

25 Brendan O'Malley and Ian Craig, *The Cyprus Conspiracy*, p. 112.

26 Stanley Mayes, *Makrios: A Biography*, London 1981, p. 184.

내의 안정을 목표로 해서 두 공동체 사이의 대화를 시작했다. 적절한 경제 붐이 시작되었다.

이 새로운 상황에서 마카리오스의 정치적 정체성의 모호함 — 통합의 주창자인가 독립의 상징인가 — 이 해소될 필요가 있었다. 군부가 지배하는 그리스에 키프로스를 병합하는 것은 생각할 수 없는 일이었다. 통합은 암묵적으로 포기되었고, 키프로스인과 제3세계 및 제2세계 나라들과의 관계가 강화되었다. 그러나 국내의 인기와 해외의 신망 모두 그가 가지고 있는 근본적인 위치의 어려움을 상쇄할 수는 없었다. 식민 지배가 끝났을 때 통합을 버리고 진정한 독립을 무조건적인 목표로서 두 공동체에 제시하는 게 가능했다면, 터키계의 생각도 영향을 받았을지 모른다. 하지만 이제는 적개심이 강화되었다. 터키계 공동체는 방어적인 지역 안에 웅크리고 있었고 그 어느 때보다 앙카라의 통제를 강하게 받고 있었다. 그러나 그러한 독립이 터키계 측에는 너무 늦은 것이었다면, 그리스계 측의 여전히 강력한 소수 집단에게는 너무 이른 것이었다. 이제 아테네의 강력한 지원을 받는 이들은 마카리오스에 대해 통합을 배신했다고 비난했다. 그리스 군부에게 마카리오스는 헬레니즘에 대한 배신자일 뿐만 아니라 위장한 공산주의자였다. 터키는 언제나 그를 싸늘한 적대감으로 대했다. 그리스 군부가 권력을 잡자, 치명적인 위협이 된 것은 그리스였다.[27]

1970년 3월 산에 위치한 수도원의 예배에 참석하려던 마카리오스를 태운 대통령 헬기가 대주교 관저에서 이륙하려 하자 근처에 있는 판키프리안 김나지움(Pancyprian Gymnasium) 옥상에서 자동소총 공격이 있었다. 마카리오스는 이 김나지움 출신이기도 했다. 헬기는 벌집이 되었지만 다행히 마카리오스는 총에 맞지 않았고, 대신 조종사가 총에 맞았다.

---

27 이 시기에 대해서는 다음의 통찰력 있는 설명을 참조. Michael A. Attalides, *Cyprus: Nationalism and International Politics*, pp. 104~37. 이 책은 키프로스 헬레니즘 내부의 긴장에 대해 여전히 가장 세심한 분석을 하고 있다.

하지만 기적적으로 조종사는 헬기를 땅에 충돌시키지 않고 착륙시킬 수 있었다.[28] 그의 목숨을 노린 첫 번째 시도가 실패로 끝난 후, 그에 대한 광범위한 작전이 수행되었다. 다음 해에 그리바스는 비밀리에 키프로스로 돌아왔다. 곧이어 그리스의 주교 전부인 세 명이 마카리오스의 사임을 요구했다. 1973년이 되면 그리바스의 새로운 조직인 EOKA-B가 키프로스 전역에서 폭탄을 터트렸고, 경찰서를 공격했으며, 마카리오스를 제거하기 위한 저격수를 준비했다. 가을에 마카리오스가 다니는 길에 폭탄을 매설해서 죽이려는 또 다른 시도가 있었다. 역사적으로 볼 때, 좀 더 자연스러운 결과를 낳지 못한 헬레니즘은 자기파괴의 길로 들어서기 시작했다.

이것이 그리바스의 마지막 작전이었다. 1974년 1월 그는 아무도 모르게 죽었고, 마카리오스에 대한 작전 통제권은 다시 아테네의 군부에 넘어갔다. 당시 아테네는 좀 더 폭력적인 지도부가 장악하고 있었다. 금세 발작이 왔다. 7월 초 마카리오스는 그리스 군부의 명목상의 대통령에게 자신에 대한 일련이 음모를 상세하게 담은 공개편지를 보냈다. 여기서 그는 아테네 정권을 키프로스 내전을 촉발한 독재 정권이라고 비난하고, 선출된 정부에 위협이 되는 국민방위군 내의 그리스 장교를 철수시키라고 요구했다. 2주일 후 국민방위군 탱크가 대통령궁을 공격했다. 두 세력 사이가 얼마나 먼지가 있는지 이보다 더 잘 보여줄 수는 없을 것이다. 대통령궁에서는 마카리오스가 카이로에서 온 그리스계 학생들을 만나고 있었다. 어린 여학생이 마카리오스에게 인사말을 하는 동안 포격이 시작되었다. 경호대가 버티면서 싸웠기 때문에 마카리오스는 건물이 화염에 휩싸이기 전에 건물 뒤에 있는 하수구를 통해 피할 수 있었다. 파포스(Paphos)에 있는 유엔 분견대에 도착한 그는 아크로티리(Akrotiri)에 있는 영국군 기지로 후송되었다가 이 나라를 떠나 몰타로 갔다.

---

28 다음 책은 이 시기에 대한 감동적인 이야기를 제공한다. Stanley Mayes, *Makarios: A Biography*, pp. 202~41.

쿠데타에 대한 저항은 며칠 만에 진압되었다. 쿠데타를 아테네가 완벽하게 통제하고 있었기 때문에 아테네의 군부는 여기에 앞장설 지역협력자조차 준비하지 못한 상태였고, 쿠데타 이후에 여러 후보자를 이리저리 찾다가 결국 니코스 삼프손(Nikos Sampson)에게 도움을 청했다. 그는 EOKA-B의 허풍떠는 총잡이로 식민 시기부터 무자비한 것으로 유명했다. 급조된 그의 정권은 그리스 공동체 내의 좌파와 마카리오스 충성파를 한데 모으는 일에 집중했다. 그를 두려워할 만한 이유가 있던 터키계는 완전히 빼놓았다. 그러나 쿠데타는 분명히 보장 조약을 어긴 것이었고, 48시간이 못 되어 장관과 장군들을 대동한 터키 총리 뷜렌트 에제비트(Bülent Ecevit)가 다우닝 가 10번지에 나타나 이 사태를 뒤집기 위한 즉각적인 행동을 취하는 데 영국이 터키 편을 들 것을 요구했다.

이 회담에서 키프로스 섬의 운명이 결정되었다. 이것은 사회주의 인터내셔널의 동료인 사회민주주의자 해럴드 윌슨(Harold Wilson), 제임스 캘러헌(James Callaghan), 에제비트 사이의 대화였다. 영국은 키프로스 섬에 무장 군대와 압도적인 공군력이 있었음에도 — 삼프손과 그의 후원자들보다 훨씬 막강한 전투기와 폭격기가 있었다 — 윌슨과 캘러헌은 손가락 하나 까딱하려 하지 않았다. 다음 날 터키는 해병대의 상륙을 준비했다. 단독으로든 합동으로든 간에 삼프손을 큰 어려움 없이 제거할 수 있었던 영국은 해안에 전함을 준비시켜 마찬가지로 손쉬웠을 터키의 일방적인 침공을 억지했다. 다시금 런던은 아무것도 하지 않았다.

3

그 결과는 오늘날까지 이어지는 키프로스의 모습을 만든 대참사였다. 제공권을 완전히 장악한 터키군은 키레니아(Kyrenia)에 교두보를 마련하고 내륙에 공수부대를 투하했다. 3일 내에 그리스 내의 군부가 몰락하고 삼프손은 물러났다. 몇 주간의 정전이 있었는데, 이 시기에 터키는 자신의 침공 근거가 된 조약 위반에 대해서는 별 관심이 없음을 분명히 했으며, 대신 즉시 〔키프로스의〕 분할을 원했다가 정전이 끝난 후 터키 장군들은 수복된 키프로스의 합법 정부에 대해 탱크, 비행기, 포병, 전함을 동원한 총공세를 개시했다. 72시간이 못 되어 터키는 가장 비옥한 지역을 포함해서 키프로스 섬의 2/5를 장악했는데, 이는 모르푸 만(Morphou Bay)에서 파마구스타(Famagusta)에 이르는, 미리 결정된 '아틸라 라인'(Attila Line)에 해당하는 것이었다. 점령과 함께 인종 청소가 시작되었다. 18만 명의 키프로스인 — 그리스 공동체의 1/3 — 이 고향을 떠나 아틸라 라인 남쪽으로 쫓겨났다. 4,000명의 키프로스인이 목숨을 잃었고, 1만 2,000명이 부상을 당했다. 이는 영국 인구로 치면 30만 명이 죽고, 100만 명이 부상을 당한 것이었다. 이에 비례해서 보복이 뒤따랐고 터키계 키프로스인도 많이 죽었다. 얼마 후 약 5만 명의 사람들이 반대 방향으로 〔키프로스 섬의 남쪽에서 북쪽으로〕 옮아갔다. 부분적으로는 두려움 때문이었지만, 근본적으로는 북부에 수립된 터키계 정권의 압력 때문이었다. 터키계 정부는 인구 증가와 두 공동체의 완벽한 분할을 원했다. 니코시아는 일정 기간 철조망과 바리케이드로 분할된 지중해의 베를린이 되었다.

터키가 키프로스를 무자비하게 공격한 것은 도드라진 것처럼 보이지만, 그렇게 놀랄 일은 아니었다. 이번과 마찬가지로 이전에도 앙카라는 자신의 의도를 반복해서 미리 알려주었다. 이 참사에 대한 정치적 책임은 이를 막아야 하는 사람이 아니라 허용하고 자극한 사람들에게 있었다. 종종 미국이 주된 비난을 받았다. 1974년 여름 리처드 닉슨은 워터게이트 사건으로 힘을 잃었기 때문에 — 그는 터키의 첫 번째 공격과 두 번째 공격 사이에 쫓겨났다 — 헨리 키신저 혼자 미국의 정책을 결정했다. 니코시아에 있었던 군부 쿠데타에 CIA가 공모했는가라는 문제 그리고 그렇게 했다면 쿠데타 계획을 국무부와 사전에 공유했는지에 관한 무수한 글이 쏟아졌다. 의심할 수 없는 것은 마카리오스에 대한 키신저의 판단이다. 마카리오스는 1971년 모스크바를 오랫동안 국빈 방문했으며, EOKA-B에 대항하기 위해 체코제 무기를 수입했고, 그가 통치하던 키프로스는 북베트남과 교역을 하던 비공산권 4개국 가운데 하나 였다. 키신저는 그가 없어지기를 원했고, 니코시아에 삼프손이 자리 잡기를 원했으며, 유엔 안전보장이사회가 쿠데타를 비난하는 것을 막아냈다. 앙카라가 런던에 최후통첩을 했을 때 그는 터키의 침공을 묵인했고, 사전 준비에 대해 앙카라와 직접 협력했다.

그러나 키프로스의 분할에 미국의 역할이 분명하기는 하지만, 이에 대해 큰 책임이 있는 것은 영국이었다. 전형적으로 윌슨과 캘러헌은 나중에 영국은 미국이 없이는 아무것도 할 수 없었다고 말하면서 비난을 키신저에게 돌리려고 했다. 예나 지금이나 확실히 워싱턴에 굽실거리는 것이 노동당의 본능적인 반응이었다. 에드워드 히스(Edward Heath)가 총리로 남아 있었다면 그런 변명은 통하지 않았을 것이다. 실제로는 키프로스에 대한 터키의 공격을 막을 수 있는 수단과 의무 모두 영국에 있었다는 것이다. 다수인 그리스계에 대한 터키의 적대감을 처음으로 확인한 후 영국은 키프로스 섬에 보장 조약을 강요함으로써 진정한 독립을 빼앗고, 자신의 이기적인 목적을 위해 영국의 주권이 있는 군사기지를 보유했다. 그러다가 이제 보장 조약을 준수하라는 요구가 있자 팔짱만 끼고서는 현대의 아틸라(터키)에게 자유 통행권을 주었다. 핵보유국인 영국이 아무런 할 일이 없다고 주장하면서 말이다.

2년 후 하원 조사위원회는 다음과 같은 결론을 내리게 된다. "영국은 개입할 수 있는 법적 권리가 있었으며, 개입해야 하는 도덕적 의무가 있었고, 개입할 수 있는 군사 능력이 있었다. 영국은 정부가 제시하기를 거부하는 이유로 개입하지 않았다."[29] 그 이래 영국 정부가 제시하기를 거부하는 이유는 간편하게도 미국 때문이라는 것이었고, 영국 정부의 태도를 비판하는 사람들도 그렇게 생각했다. 직접적인 주관적인 정서로는 실마리가 분명하다. 캘러헌은 회고적인 분위기로 키신저가 "거부할 수 없는 매력과 따뜻함"이 있다고 나중에 말한다.[30] 그러나 중요성은 더

---

29 Christopher Hitchens, *Cyprus*, London 1984, p. 136.

장기적이고 더 객관적인 연속성에 있다. 1945년 이후 키프로스의 탈식민화를 거부함으로써 키프로스의 참사를 연 노동당은 이제 키프로스를 휴전 체제로 방기함으로써 이를 완성했다. 런던은 1915년에 그리스가 전쟁에서 자기편에 들어오는 대가로 키프로스를 그리스에 넘겨줄 준비를 했더랬다. 그렇게 되었더라면 그 이후의 모든 참사를 피할 수 있었을지 모른다. 터키에 더 가깝고 마찬가지로 터키계가 소수인 로도스 섬과 비교해 보면 이를 알 수 있다. 1945년에 이 섬은 평화적으로 그리스에 반환되었다. 왜냐하면 이 섬이 영국 식민지가 아니라 이탈리아 식민지였기 때문이다. 영제국의 근대사에서 키프로스에서 보인 영국의 특유한 원한은 도드라져 보인다.

그리스에 대해서 보면, 취리히의 호텔부터 니코시아의 공사판까지 그 지배자들이 한 일은 구제할 수 없는 수준이었다. 그것은 그리스 군부의 몰락과 함께 끝나지 않았다. 군부의 지배를 종식시킨 장관들은 예상할 수 있었듯이 자신들도 속해 있는 질서를 회복하기 위해 카라만리스에게 눈을 돌렸다. 힘을 회복한 그가 첫 번째로 한 것은 키프로스를 가라앉히는 것이었다. 터키가 전격전을 개시했을 때, 키프로스에 어떤 도움도 주지 않았던 것이다. 1959년과 마찬가지로 1974년에도 유일하게 효과적인 무기는 전에 그러했던 것처럼 존슨이 앙카라에 전화를 하지 않을 경우 자국에서 미군 기지를 철거하고 나토에서 탈퇴하겠다고 위협하는 것이었다. 그랬다면 즉각 효과가 있었을 것이다. 당연하게도 카라만리스는 키프로스에 있는 동포보다 자신의 후원자들에게 좀 더 관심이 있었기 때문에 이런 일은 아무것도 하지 않았다. 1980년대 그를 승계한 아들 안드레아스 파판드레우도 고함치는 것 말고는 더 낫다는 것을 보여주지 못했다.

이제 키프로스에 남은 그리스의 유물이라 할 수 있는 삼프손은 국회 의장이자 마카리오스 다음으로 실권자인 글라프코스 클레리데스(Glafcos

---

30 Brendan O'Malley and Ian Craig, *The Cyprus Conspiracy*, p. 225.

Clerides)에게 자리를 넘겨주었다. 우파 인물인 클레리데스는 키신저와 카라만리스가 원하는 방향으로 움직임으로써 권력을 유지하려고 애썼다. 그것은 마카리오스를 키프로스에 돌아오지 못하게 하고 지리적 연방에 근거하여 더 강력한 터키계 야당 인물인 라우프 뎅크타시(Rauf Denktash)와 협상을 벌이면서 단일 공화국이라는 원칙을 포기한 것이었다. 그러나 워싱턴과 아테네가 최선을 다해 그를 밀어주었지만 마카리오스에 대한 그리스계 키프로스 보통 사람들의 열정적인 충성심을 막을 수는 없었고, 결국 마카리오스는 그해 말 대대적인 환영 속에 귀국했다. 선거가 열렸을 때 클레리데스는—그의 당은 EOKA-B의 완고파를 받아들였다—좌파와 마카리오스 충성파가 맺은 동맹에 완패했다.

그러나 마카리오스의 대통령 자리는 예전과 마찬가지로 온전했지만 그가 주도권을 발휘할 수 있는 여지는 제한되었다. 끊임없이 외부로부터 오는 압력에 지치고 의기소침해진 마카리오스는 1977년에 다수의 동의를 누릴 수 있는 강력한 중앙정부가 가능하다면 두 개의 공동체로 이루어진 연방공화국을 받아들일 수 있다고 했다. 이는 카터 행정부가 터키를 설득해서 터키가 장악한 것의 일부를 포기할 수도 있다는 희망 속에 이루어졌다. 지미 카터는 터키로부터 양보를 끌어내지 않고 터키에 대한 의회의 무기 수출 금지 조치를 해제하기 위해 모든 노력을 기울이면서 키프로스에 대한 대중의 분노—영국에서는 이런 일이 없었다—를 무시했다. 자신이 달성한 목표에 만족한 카터는 이를 이후 인권에 헌신한 대통령의 주요 대외정책 성과의 하나로 꼽게 된다.

4

아크멧 수카르노(Achmed Sukarno)와 저우언라이(周恩來) 시절 최후의 특이한 생존자이며, 반둥 회의에 참석한 유일한 유럽 지도자였던 인물이 사망한 이후에도 사태는 그대로였다. 30년 후 무엇이 변했는가? 키프로스는 여전히 아틸라 라인을 따라 둘로 나누어져 있다. 이런 점에서 보면, 아무것도 변한 게 없다. 다른 점을 보면 많은 것이 바뀌었다. 그리스계 키프로스인들은 자신들에게 남은 영토—키프로스 섬의 58퍼센트—에다 참사로부터 벗어나 용기와 열정을 가지고 번영하는 선진 경제를 세웠다. 1960년대까지 압도적으로 농업 사회였던 곳이 현대적인 서비스 산업이 GDP의 70퍼센트가 넘는 사회로 바뀌었다. 이는 유럽의 다른 어느 곳보다 높은 비율이다. 이 키프로스—마카리오스가 유엔에서 국제적인 승인을 얻어낸 키프로스 공화국—의 1인당 소득은 유럽연합의 보조금이 없이도 그리스와 같으며, 포르투갈보다 훨씬 높다. 장기 실업률은 스웨덴을 제외한 유럽 다른 어느 곳보다 낮다. 고등교육률은 독일보다 높으며, 부패 정도는 스페인이나 이탈리아보다 심하지 않다. 노동조합 조직률은 핀란드나 덴마크보다 높으며, 불평등도는 아일랜드보다 낮다.[31] 정부 교체가 이루어지고 있고, 각각의 정당은 공정하게 자기 몫을 하며, 선거는 별다른 문제없이 이루어지고 있다. OECD 기준으로 볼 때 발전하고 있으며, 평등하고 민주적인 이 공화국은 눈에 띄는 성공을 거두었다.

키프로스 섬의 나머지 37퍼센트는 터키군이 점령하고 있다.[32] 이곳에 앙카라는 1983년에 북키프로스터키공화국을 세웠는데, 겉으로는 독립국가이지만 실제로는 본토의 파생 정권이다. 지역 정당과 정치인들이 관직을 두고 겨루고 있으며, 이들의 이해관계와 정체성이 언제나 터키의 해당 시기 지배자들과 일치하는 것은 아니다. 그러나 이런 식의 자율성은 심각하게 제한되어 있는데, 왜냐하면 상당한 일자리를 제공하는 지역 국가가 그 비용을 대는 앙카라의 보조금에 전적으로 의존하고 있고, 경찰은 터키군의 직접적인 통제 아래 있기 때문이다. 개발은 주로

---

31 이상의 비교에 대해서는 다음을 참조. Economist Intelligence Unit, *Cyprus: Country Profile 2008*, p. 25; *European Community Statistics on Income and Living Conditions*, January 2008; EIRonline, *Trade Union Membership 1993~2003*.

32 남은 5퍼센트는 유엔의 완충지대와 영국군 기지이다.

건설, 비인가 대학의 값싼 학위 판매, 관광, 주로 본토에 대한 음식 서비스 등으로 이루어졌다. 평균 소득은 키프로스 섬의 그리스 측 소득의 절반 이하이다. 빈곤과 범죄가 만연하다.

이 모든 것이 토착적인 것은 아니다. 침공과 인구 재편성 이후 전체 인구의 1/5이 사는 2/5에 해당하는 지역을 손에 넣은 터키는 원주인이 쫓겨난 상당한 양의 빈집과 농장을 소유하게 되었다. 이를 채우기 위해 터키는 본토에서 정착자들을 데려왔다. 현재 이들이 차지하는 비율이 얼마인가가 논란거리인데, 왜냐하면 부분적으로 이들은 그 이후 본토에서 온 임시 노동자, 경우에 따라 계절노동자, 학생들로 채워졌기 때문이다. 터키의 공식 발표 수치에 따르면, 전체 26만 명 가운데 25~30퍼센트가 넘지 않는 숫자가 본토에서 왔다. 그리스 측은 그 숫자가—1974년에 키프로스 섬에는 12만 명 이하의 터키인이 있었다—상당한 유출 이민이 있었다는 것을 감안할 때, 50퍼센트가 넘는다고 본다. 출생증명서를 조사하는 것만이 이 쟁점을 해결할 수 있다. 하지만 분명한 것은 터키군은 1974년 이래 점령 지역에 3만 5,000명의 군대를 유지하고 있다는 것이다. 이는 이스라엘이 요르단 강 서안에 있는 정착자들을 보호하기 위해 배치한 군대보다 비율적으로 높은 것이다.

키프로스 섬의 군사적 분할이 30년간 변함이 없었지만 국제 상황은 바뀌었다. 1990년 키프로스는 유럽공동체에 가입 신청을 했다. 키프로스의 가입 신청이 원칙상 3년 후에 받아들여졌지만, 실제로 키프로스 섬에 끼친 효과는 아무것도 없었다. 브뤼셀에 중요한 것은 동유럽으로 유럽공동체를 확대하는 것이었고, 모든 에너지가 여기에 집중되었다. 키프로스는 잘해봐야 초점을 흐리는 것이고 나쁘면 골치 아픈 책임을 떠맡는 것이었다. 1987년에 가입 신청을 했지만, 그 처리가 진행되고 있지 않던 터키는 키프로스가 자신보다 먼저 회원국이 된다는 것에 분노했다. 유럽이사회와 집행위원회 모두에 키프로스는 가장 덜 환영받는 유럽연합 후보국이었다. 앙카라와의 좋은 관계가 더 중요했다.

1994년 말 마침내 그리스가 동포에게 해를 끼치는 게 아니라 돕기 위해 브뤼셀이 터키에 제시한 관세 연합을 제지했을 때 — 이는 브뤼셀이 터키의 유럽연합 가입 신청은 보류한 상태에서 터키의 비위를 맞추기 위한 것이었다 — 상황이 바뀌었다. 이때쯤이면 아들 파판드레우가 명목상 권좌에 복귀하기는 했지만 개인적·정치적 부패가 상당히 진행된 단계였다. 따분하게도 그가 아테네의 왕조 정부 — 별로 구별되지 않는 두 지배 가문이 교대하는 순응주의의 산물 — 에 복귀한 것과 그의 죽음 사이에 있었던 아주 짧은 시간 동안 유럽이사회에서 어느 정도 독립성을 행사할 수 있었던 것이다. 당시 외무 장관인 테오도로스 팡갈로스(Theodhoros Pangalos)는 아첨하지 않는 성격 때문에 브뤼셀에서 진짜로 미움을 받던 인물인데, 그런 그가 키프로스가 가입을 위한 협상 날짜를 받기 전까지는 그리스의 비토를 철회하지 않겠다고 분명히 선언한 것이다. 1995년 3월 칸에서 열린 유럽연합 정상회담을 주재한 프랑스는 마지못해 필요한 협상을 중재했다. 키프로스는 1998년까지 가입 절차를 확인받았으며, 터키에는 관세 연합 가입이 주어졌다.[33]

유럽연합이 동유럽으로 한참 팽창하던 때라 이 일은 크게 눈에 띄지 못했다. 하지만 한 나라의 수도에서는 이 일이 가진 잠재적인 불편함에 주목했다. 그해 말 유엔 주재 영국 대사가 임기를 마치자, 외무부는 그에게 키프로스에 대한 영국 특별대표직을 맡으라고 요청했다. 이란과 아프가니스탄에서 외교관 경력을 시작한 데이비드 헤너이(David Hannay) 경은 영국의 주요한 대(對)유럽 외교관으로 30년 정도 유럽연합 문제에 관여한 인물이다. 그를 부른 것은 제러미 그린스톡(Jeremy Greenstock)이었는데, 그린스톡은 이후 블레어 시절 유엔 대사와 이라크 특별대표를 맡아서 이름을 알렸다. 헤너이를 임명한 것은 이 임무가 중

---

33 터키와 그리스 모두 불만족스러워한 이 전환점에 대해서는 다음을 참조. Christopher Brewin, *The European Union and Cyprus*, Huntingdon 2000, pp. 21 ~ 30.

요하다는 것을 보여준 것이다. 헤너이는 회고록인 『키프로스: 해결책 찾기』에서 자신의 생각을 설명하고 있다. "유럽연합의 확대는 영국 외교정책의 주요한 목표였으며, 키프로스 사태로 인해 지연되거나 손상을 받아서는 결코 안 되었다." 특히 영국은 "터키가 유럽과 함께하려는 열망을 가장 지지하는 유럽 나라"였기 때문이다.[34]

여전히 우호적인 것은 미국이었다. 1990년대 초 이래 유럽연합은 어깨 너머로 워싱턴을 바라보고 있었으며, 워싱턴은 동유럽이 안정되면 전략적 우선성을 터키에 두어야 한다는 점을 분명히 했다. 키프로스의 유럽연합 가입과 관련한 협상 마감일이 다가옴에 따라 클린턴 행정부는 갑자기 행동에 나서 유럽 국가들게 터키를 받아들이라고 압력을 가했다. 헤너이조차 이를 '가혹하다'고 생각했다. 그러나 방식을 제쳐놓더라도 영국과 미국은 즉시 사전에 터키가 선호하는 방식으로 키프로스섬 문제가 정리되지 않는다면 키프로스가 유럽연합에 가입할 수 없다는 것을 분명히 하고, 앙카라가 독자적으로 유럽연합 가입을 위해 어떤 일을 벌일 경우 생길 수 있는 복잡한 문제를 미연에 방지할 필요가 있었다. 가장 간단한 해결책은 터키가 만족하기 전까지 키프로스의 가입을 막는 것이었지만, 키프로스가 유럽연합에 들어오지 못할 경우 유럽연합이 동유럽 전체로 확대하는 것을 그리스가 비토했기 때문에 이는 배제되었다. 남은 것은 한 가지 경로였다. 키프로스를 고착화하는 것이었다. 1999년 여름 영국과 미국은 G-8을 통해 키프로스 공화국의 합법 정부를 무시하는 결의문을 끌어냈다. 그것은 유엔이 키프로스 섬의 안정화를 목표로 키프로스 섬 내의 그리스인과 터키인의 대화를 감독하라는 요구였다.

당시 이것은 형식적으로는 코피 아난(Kofi Annan)이 책임을 맡고 있었지만, 안전보장이사회의 고무도장이었다. 당연하게도 워싱턴 덕분에 사

---

34 David Hannay, *Cyprus: The Search for a Solution*, London-New York 2005, pp. 50, 85.

무총장이 된 아난은, 헤너이의 말처럼 "다가오는 협상에서 유엔이 가능하면 미국과 영국에 긴밀하게 협조해야 할 필요성을 깨닫고" 있었다.[35] 물론 실제로 이것은 평소에 그가 하던 역할, 즉 앵글로-아메리카의 복화술사라는 것을 의미했다. 헤너이는 당시를 기록하면서 무슨 권리로 영국과 미국이 키프로스의 운명의 중재자 역할을 사칭했는지를 설명하는 일에 신경 쓰지 않았다. 이것에 대해서는 아무 말 없이 넘어갔다. 얼굴빛이 짙은 페루 관리〔알바로 데 소토(Álvaro de Soto)〕가 앞장서기로 했지만, 실제로 지휘한 것은 헤너이와 미 국무부 키프로스 담당 특별 조정관인 톰 웨스턴(Tom Weston)이었다. 이 트리오는 아주 긴밀하게 일했기 때문에, 헤너이는 세 사람 사이에 입장 차이가 전혀 없었다고 자랑했다. 당연하게도 헤너이가 지휘했는데, 이는 나이, 자기 확신, 경험 면에서 헤너이가 가장 앞서 있었기 때문이다. 이후 4년에 걸쳐 구체화된 일련의 키프로스에 대한 '아난 계획'(Annan Plan for Cyprus)은 본질적으로 그의 작품이며, 세부 내용은 불투명한 스위스 외교가에서 온 정체불명의 공증인인 디디에 피르터(Didier Pfirter)가 만들었다.

이 계획의 첫 번째 것은 2002년 코펜하겐에서 열린 유럽연합 정상회담 며칠 전에 때맞추어 만들어졌다. 이 회담에서 유럽연합 이사회는 키프로스와의 협상을 끝내는 것을 고려하고 있었다. 유엔 사무총장의 갸륵한 계획이 지지를 받았지만, 그는 뉴욕을 떠날 이유가 별로 없었다. 왜냐하면 그 계획의 실제 작성자 — 아난은 "내가 터키 CNN과 한 인터뷰에서 밝힌 것과 거의 같은 조건으로 …… 성취될 수 있는 결과물을 정리하고" 난 후였다 — 가 현장에 있었고, 덴마크 수도에 여러 정상이 모인 가운데 블레어와 협의하고 있었기 때문이다.[36] 터키를 유럽연합에 가입시키려는 앵글로 아메리카의 노력은 11월 선거에서 AKP(정의개발당)가 승리했기 때문에 더욱 긴급한 일이 되었다. 이로 인해 앙카라에

35 David Hannay, *Cyprus: The Search for a Solution*, p. 105.
36 David Hannay, *Cyprus: The Search for a Solution*, p. 175.

워싱턴과 런던이 편안하게 느끼는 첫 번째 정권이 들어섰고, 그 지도자인 타이이프 에르도안(Tayyip Erdoğan)과 압둘라 귈(Abdullah Gül)이 자신들의 요청을 밀어붙이기 위해 코펜하겐에 도착했다. 유엔의 계획은, 즉 '아난 I'은 막판에 가서 그들을 만족시키기 위해 조정되었고, 이렇게 만들어진 '아난 II'는 당시 키프로스 대통령인 글라프코스 클레리데스에게 보내졌다. 이 계획의 작성자가 보기에 유럽연합 이사회가 키프로스의 유럽연합 가입에 대해 어떤 결정을 내리기 전에 그리스계 키프로스인과 터키계 키프로스인 모두가 동의하는 계획을 끌어내는 게 사활적인 문제였다. 클레리데스는 다 알아들은 척 서명할 준비가 되어 있다는 신호를 보냈다. 그러나 혜너이로서는 실망스럽게도 터키계 키프로스 대표를 원격조정하던 라우프 뎅크타시가 그것으로는 어떤 것도 할 수 없다고 거부했다. 이어진 혼란 속에서 유럽연합 지도자들은 그나마 나은 선택을 할 수밖에 없었다. 키프로스를 유럽연합에 받아들이되 그 효력은 2004년 봄부터 발생하고, 터키는 유럽연합의 인권 기준에 부합할 경우 후보국으로서 협상한다는 약속을 받았다. 이는 2004년 겨울에야 효력이 발생할 터였다.

AKP는 이 약속을 터키의 역사적 성취라고 선언했다. 여기에는 몇 가지 이유가 있었다. 터키는 유럽연합 가입을 위한 협상 개시일을 확정하는 데 성공했는데, 이는 주로 부시 행정부가 커다란 압력을 행사했기 때문이다. 이로써 부시 행정부는 터키에 대한 영향력을 강화했다. 그러나 터키 정부는 여전히 신생 권력이었고, 뎅크타시를 짧은 시간 내에 굴복시키지 못했으며, 터키에게 유리한 방식으로 키프로스 섬에 대한 협정이 조인되고 미리 승인받지 않은 채 키프로스의 유럽연합 가입을 사전에 저지할 수 없게 되었다. 더욱 난감한 것은 일단 키프로스가 유럽연합에 가입하면 터키 가입에 대한 비토권이 생긴다는 것이었다.

하지만 어쨌든 터키는 오랫동안 거부당한 이후 코펜하겐에서 후보국으로 받아들여 줄 것을 요청했다. 정치적 경험의 문제를 차치하면 에르도안은 코펜하겐에서 그렇게 힘 있는 위치에 있지 않았다. 더 중요한 문제는 왜 터키의 가입에 대한 미국의 입장을 지지한 유럽 열강이 키프로스의 스케줄을 위험하게도 바꾸는 것을 허용했는가이다. 즉 키프로스 가입의 조건이었던 키프로스 섬 문제가 정리되기 이전에 가입을 허용했는가이다. 그 답은 유럽 지도자들이, 터키 정부가 일단 가입 신청을 하면 터키계 키프로스인들이 이미 결정된 것을 받아들이도록 하는 데 큰 어려움이 없을 것이라고 믿었던 데 있으며, 이는 정확한 것이었다. 이렇게 되면 이미 코펜하겐에서 확보한 그리스인들의 동의를 기대할 수 있을 것이라고 생각한 것이다. 키프로스가 가입하기까지는 여전히 15개월이 남아 있었고, 당시에는 달성하지 못한 합의를 이룰 시간이 충분히 있었다.

하지만 이 계산법에는 여전히 같은 중재자가 있다는 가정이 들어 있었다. 서방 나라들은 편안한 상대인 클레리데스에게 익숙해져 있었다. 그는 10년간 키프로스의 대통령을 지냈으며, 대서양 동맹의 지정학적 계획을 망칠 생각이 전혀 없는 우파 인사였다. 불행하게도 클레리데스가 코펜하겐에서 정중한 모습을 보여준 후, 두 달 이내에 키프로스에 선거가 예정되어 있었다. 2003년 2월 83세의 나이로 다시 선거에 나선 그는 타소스 파파도풀로스(Tassos Papadopoulos)에게 패배했다. 파파도풀로스는 독립 당시 마카리오스 내각에서 최연소 장관을 지냈고, 마카리오스 말년에는 가장 가까운 동료였기 때문에 AKEL과 키프로스 좌파의 지지를 받을 수 있었다. 대통령으로서 그는 그렇게 유순할 것 같지 않았다.

헤너이와 협력자들은 좌절하지 않고 더욱더 압력을 가했다. 뉴욕에서 아난, 톰 웨스턴, 알바로 데 소토, 헤너이 등이 모임을 가졌는데, 여기서 "당연하게도 3년 넘게 우리가 긴밀하게 협력해서 일했기 때문에 상황에 대한 분석과 행동 계획에 대한 합의가 있었다."[37] 이후 아난은 직접 니코시아로 세 번째 계획을 들고 갔는데, 이는 키프로스 섬의 두 지

---

37 David Hannay, *Cyprus: The Search for a Solution*, p. 206. 알바로 데 소토는 유엔이 파견한 페루 관리였다.

역에서 국민투표를 실시하는 것이었다. 그리고 일주일 후 파파도풀로스와 뎅크타시를 헤이그로 불러 여기에 합의하도록 하는 것이었다. 그러나 당시는 2003년 3월이었다. AKP 정부는 임박한 이라크 전쟁을 둘러싸고 혼란스러웠을 뿐만 아니라—3월 1일에 터키 의회는 이라크 침공을 위한 미군의 터키 통과 요구를 거부함으로써 에르도안과 귈에 저항했다—당시까지 법률적인 문제로 의원이 될 수 없었던 에르도안이 의회에 들어갈 수 있도록 하고 총리가 되게 하는 진통이 있었다. 이러한 혼란 속에서 앙카라는 다시금 아난 계획을 막으려던 뎅크타시를 제어하는 데 두 번째로 실패했다. 헤너이는 좌절 속에 손을 떼고 물러났다. 유엔은 키프로스에 있는 사무소 문을 닫았다.

그러나 앙카라의 AKP 정권이 강화되고 군대와 의견 일치를 보게 되자—10월에 AKP 정권은 이라크를 점령한 미군을 돕기 위해 터키군을 파견하는 데 찬성했다—북키프로스에서 자신의 의지를 관철할 수 있는 위치에 서게 되었다. 그동안 북키프로스에서 뎅크타시가 전제적인 지배를 하면서 어쨌든 혼란 상황을 만들었다. 앙카라가 불쾌하다는 신호를 보내자 2003년 12월에 있었던 지역 선거는 그에게 반대하는 것이 되었고, 주요 야당이 정부를 구성했다. AKP는 터키의 유럽연합 가입을 최우선적인 일로 삼았고, 시간을 조금도 낭비하지 않았다. 1월에 터키 군부와 국가안보회의(National Security Council) 사이에 키프로스에 대한 공동 입장이 만들어졌고, 다음 날 에르도안은 다보스로 날아가 이를 아난에게 설명했다. 그런 다음에 부시를 만나기 위해 워싱턴으로 날아갔다. 이 회담의 효과는 즉각적이었다. 백악관이 아난을 불렀고, 24시간이 지난 후 키프로스의 양측과 보장 열강이 아난과 회담을 하기 위해 뉴욕으로 초청을 받았다.

여기서 아난은 다음과 같이 설명했다. 다시금 합의에 이르지 못할 경우, 예전에 있었던 어려움을 극복하기 위해 유엔의 계획이 양측 당국의 견해와 상관없이 각 공동체 유권자들에게 직접 제시되어야 한다. 이번에는 유엔 사무총장의 초안이 미국에서 작성되었고, 미국 외교관들이 파파도풀로스와 뎅크타시에게 최대로 압력을 가하여 이 명령의 계획을 받아들이라고 강요했다. 다음 달 회담은 스위스의 휴양 도시 인터라켄의 뷔르겐스톡에서 최종 국면에 들어갔다. 여기서 그리스 대표를 이끈 사람은 막 아테네의 총리가 된 코스타스 카라만리스였다. 그는 취리히의 정치가의 조카이다. 다시금 미국의 밀정이 배후에서 신중하게 움직이고 있었는데, 이번에는 영국 대표로서 그렇게 했다(미국은 보장 열강이 아니었다). 한편 무대 전면은 터키 총리가 좌지우지했다. 유엔 계획의 제4판은 터키의 요구에 맞추어 수정되었고, 더 이상 협상 불가인 최종판 ― '아난 계획 V' ― 이 3월 마지막 날 발표되었다. 득의만면한 에르도안은 터키 국민에게 그리스에 대한 무스타파 케말 아타튀르크(Mustafa Kemal Atatürk)의 군사적 승리를 확인한 1923년의 로잔 조약 이래 터키 민주주의의 최대 승리라고 말했다.

이제 시간이 얼마 없었다. 키프로스가 유럽연합의 회원국이 되는 운명의 날이 한 달 앞으로 다가왔다. 뉴욕에서 강요당한 국민투표가 일주일 전인 4월 24일로 예정되어 있었고, 아난 계획 V 인쇄본 ―9,000쪽이 넘는 묘비 ― 이 투표 48시간 전에 최종 손질을 끝내고 급하게 준비되었다. 터키계 키프로스인들의 승인은 예정된 결론이었다. 이들은 제2의 로잔 조약을 거부하지 않을 것이었다. 그러나 4월 7일에 파파도풀로스는 침울한 텔레비전 연설을 통해 그리스계 키프로스인들에게 이 계획에 반대하라고 말했다.[38] 클레리데스의 당이 이 계획을 지지한다고 선언했기 때문에 중요한 결정은 AKEL에게 떨어졌다. 워싱턴과 런던, 브뤼셀이 모두 힘을 모아 이 당에 그리고 그리스계 유권자 일반에 이 계획을 받아들이라고 압력을 가했다. 미 국무부 장관 콜린 파월(Colin Powell)은 AKEL 지도자인 디미트리스 크리스토피아스(Dimitris Christofias)에게 전화를 걸어 지지를 확보했다. 국민투표 이틀 전에 뉴욕

---

38 연설문은 다음을 참조. James Ker-Lindsay, *EU Accession and UN Peacemaking in Cyprus*, Basingstoke 2005, pp. 194~202.

에서는 미국과 영국이 이 계획을 승인하는 결의안을 안전보장이사회에 제출했다. 이것은 유권자들에게 국제사회의 의지를 우습게 보지 말라는 인상을 주기 위한 것이었다. 아주 놀랍게도—매우 분노한 헤너이는 이를 '불명예'로 생각했다—러시아가 냉전 종식 이후 처음으로 비토권을 행사했다. 24시간 후에 AKEL은 이 계획에 반대 의사를 표시했다. 개표가 끝난 후에 결과가 모든 것을 말해 주었다. 터키계 키프로스인의 65퍼센트가 찬성했고, 그리스계 키프로스인의 73퍼센트가 반대했다. 이 계획에 대해 아무것도 알 필요가 없었던 정치학자라면 잠시 동안 이 계획을 찬성한 사람에 대해 어떤 의심을 할 수 있었을까?

5

헤너이가 다섯 번의 판본을 거치면서 일어난 무수한 기술적인 수정에도 불구하고, '아난' 계획의 본질은 내내 변하지 않았다고 말했는데, 그는 틀리지 않았다. 그는 그럴 위치에 있었다. 이 계획은 세 가지 근본적인 요소를 담고 있다. 이 계획이 받아들여질 경우에 만들어질 국가에 대해 규정하는 것이 첫 번째 요소이다. 40년 동안 국제적으로 인정된—반복해서 말하지만 유엔이 인정한—키프로스 공화국이 없어질 것이며, 이와 함께 국기, 국가, 국명이 없어질 것이다. 이를 대신해서 완전히 새로운 실재가 다른 이름으로 만들어질 것인데, 이는 두 개의 입헌 국가로 구성될 것이다. 하나는 그리스계 국가이며, 다른 하나는 터키계 국가인데, 각각은 연방 수준에서 유보된 권력—원칙적으로 대외 문제 및 공동 재정—을 제외하고 자기 영토에서 모든 권력을 가진다. 상원은 그리스계와 터키계가 50:50으로 나누어 가지며, 하원은 인구 비율에 따라 뽑지만 터키계에게 25퍼센트를 보장한다. 대통령은 없지만, 네 명의 그리스계와 두 명의 터키계로 구성된 행정위원회(Executive Council)가 있는데, 이 위원회 구성원을 승인하기 위해서는 그리스계 상원과 터키계 상원 각각의 2/3 찬성이 필요한 '특별 다수'에 의해 선출된다. 교착 상태에 빠질 경우 세 명의 그리스계, 세 명의 터키계, 세 명의 외국인으로 구성된 대법원이 행정 기능과 입법 기능을 맡게 된다. 마찬가지로 중앙은행은 동수의 그리스계 이사와 터키계 이사가 있으며, 외국인이 캐스팅보트를 쥔다.

이 계획의 두 번째 요소는 영토, 토지 재산, 주민을 다룬다. 그리스계 국가는 키프로스 지표면의 70퍼센트가 조금 넘으며, 터키계 국가는 30퍼센트가 조금 안 된다. 그리스계 국가는 키프로스 해안선의 50퍼센트가 조금 안 되며, 터키계 국가는 50퍼센트가 조금 넘는다. 각각이 장악한 토지 재산에 대한 보상은 그 영역 혹은 가치 —더 낮은 쪽으로— 의 1/3로 제한될 것이며, 나머지는 연방 정부가 발행하는 —납세자의 비용으로 지불될— 장기 채권으로 보상될 것이며 반환의 권리가 없다. 약 20년 동안 자기 고향에서 쫓겨난 사람들 가운데 자기 주거지를 회복한 최대 숫자는 각각의 지역에서 인구의 1/5 이하일 것이며, 10만 명이 안 되는 터키계 주민과 유입자들이 북부의 영구 주민이자 시민이 될 것이다.

이 계획의 세 번째 요소는 군대와 국제법이다. 세 열강에 키프로스에 대한 개입의 권리를 부여한 보장 조약은 이 조약이 보장하기로 한 국가가 없어지고 난 다음에도 계속 유효할 것이다. 헤너이가 만족스럽게 기록하고 있듯이, 이 조약은 "제한이 없으며, 효력이 약화되지 않았다." 새로운 국가는 군대를 보유하지 않을 것이지만, 터키는 향후 8년 동안 6,000명의 군대를 키프로스 섬에 주둔시킬 것이며, 시간이 좀 더 흐른 다음에는 취리히에서 인정받은 군부대가 영구적으로 주둔할 것이다. 영국군 기지는 규모가 약간 줄기는 했지만, 영국의 주권 소유지로서 변화가 없을 것이다. 장래의 키프로스 국가는 유럽 인권법원에 제기한 모든 청구권을 포기할 것이며,[39] 마지막으로 터키가 유럽연합에 가입하는 데

---

39 1995년 유럽 인권법원은 터키군의 주둔으로 인해 재산을 잃은 그리스계 키프로스인 티나 로이지우(Tina Loizidou)에게 터키가 46만 8,000파운드를 배상하라고 판결했다. 앙카라는 이 판결에 강한 저항을 보이다가 결국 지불했다. 헤너이 계

찬성하게 될 것이다.

아난이 갈채를 보낸 것처럼 "키프로스 문제를 영구적으로 해결하는" 이러한 처리 방식이 엄청난 것은 분명하다. 인종 청소의 승인이 그 핵심인데, 그 규모와 철저함이라는 면에서 이스라엘의 정착자 정책이 부러워할 정도이다. 극우 정당인 이스라엘 베이테이누(Yisrael Beiteinu, 이스라엘은 우리의 고향이다)의 지도자인 아비그도르 리에베르만(Avigdor Lieberman)은 공개적으로 요르단 강 서안에 대한 '키프로스 식 해결책'을 주장했다. 이 주장은 너무나 극단적이어서 연립정부의 모든 정당이 거부할 정도였다. 이 계획은 수십 년 동안의 점령과 약탈에 대해 터키가 보상할 책임을 면제해 줄 뿐만 아니라 그 비용을 이로 인해 고통을 당한 사람들에게 강제하는 것이었다. 또한 그것은 점령국이 정복 영토에 정착자들을 데려오는 것을 금지한 제네바 협약을 위반하는 것이었다. 이 계획은 정착자들의 철수를 강제하는 게 아니라 이들의 존재를 뒷받침하는 것이었다. 디디에 피르터의 말에 따르면 "누구도 강제로 떠나지 않을 것이다."[40] 이 계획에서 법적 기준이라는 문제는 별로 고려되지 않았으며, 주된 관심은 이 계획의 조항을 유럽 인권법원과 유럽재판소의 관할 범위를 사전에 벗어나게 하는 것이었다.

현존하는 민주주의 체제의 원칙에 대한 경멸이라고 할 수 있는 이 계

획에서는 유럽 법원의 명령에 따른 이런 식의 배상을 중단시키는 게 핵심이었다. 키프로스 북부 지역에서의 손실에 따른 보상액이 모두 160억 달러에 이를 것으로 추산된다. 이에 대해서는 다음을 참조. Williams Mallinson, *Cyprus: A Modern History*, London-New York 2005, p. 145. 맬리슨은 이 액수가 IMF가 최근에 터키에 빌려준 돈과 맞먹는다고 말한다. 유럽 법원에 제기된 다른 소송에 대해서는 다음을 참조. Van Coufoudakis, *Cyprus: A Contemporary Problem in Historical Perspective*, Minneapolis 2006, pp. 90~92.

40 Claire Palley, *An International Relations Debacle: The UN Secretary-General's Mission of Good Offices in Cyprus 1999~2004*, Oxford 2005, p. 70 참조. 이 책은 유엔 계획에 대한 주요한 법적 연구로, 35쪽에 걸쳐 이 계획의 여러 판본을 상세하게 비교하고 있다. pp. 277~314.

획은 약 18~25퍼센트로 이루어진 소수 주민에게 국가의 의사 결정권의 50퍼센트를 주었다. 이런 제안이 얼마나 그로테스크한 것인지를 알기 위해서는, 쿠르드 소수계 — 비슷하게 18퍼센트 정도이다 — 에게 터키 영토의 약 30퍼센트에 대한 배타적인 사법권은 말할 것도 없고, 터키 대국민의회 의석의 절반을 부여해서 터키 행정부 내에서 활동할 수 있는 권리를 보장해야 한다고 말할 경우에 터키가 어떻게 반응할지를 물어보는 것으로 충분하다. 유엔 사절이나 유럽연합 사절 혹은 서방 미디어에 종사하는 많은 사람 가운데 헤너이를 변호하는 사람들이 그런 제안을 가지고 앙카라로 갈 수 있겠는가? 에스닉 소수자는 보호를 필요로 하지만 — 터키의 쿠르드족은 어떤 기준으로 보더라도 터키계 키프로스인보다 중요하다 — 이렇게 악명 높은 정치적 불균형을 만들어내는 것은 적대감을 억제하기보다는 자극하는 일이다.

　민족 권력의 공식적인 비율이 전부는 아니었다. 수많은 불평등한 내용으로 이루어져 있는 이 계획의 툰드라 위에 외국인이 전략적 지위 — 대법원, 중앙은행, 토지위원회 — 를 가지게 되었다는 것이다. 독립국가에서 말이다. 마지막으로 군대는 외부 열강에 남겨지게 되었다. 터키군이 여전히 자리를 지켰고, 영국 기지들은 이라크 공습에 이용되고 있다. 유럽연합의 어떤 회원국도 이렇게 갈라지고 쪼그라든 독립국가의 모습을 하고 있지 않다. 그리스계 키프로스인들은 이를 압도적으로 거부했다. 그것은 그들이 파파도폴로스에게 속았거나 크리스토피아스의 명령을 따랐기 때문이 아니었다. 여론조사는 두 사람이 이 계획에 반대하기 이전부터 다수가 반대했다는 것을 보여준다. 그들이 반대한 것은 별로 얻을 것이 없었기 때문이며 — 작은 영토, 제대로 이루어질지 알 수 없는 보잘것없는 토지 반환 — 이로부터 잃는 것이 훨씬 많았기 때문이다. 이들은 커다란 분할이나 교착 상태가 없는, 제대로 잘 통합되어 있고, 존중받는 국가, 그 속에서 정상적인 자부심을 느낄 수 있는 국가를 원했다. 왜 헌법적으로 별 것이 아닌 것을 위해 이를 포기해야 하는가? 그 헌법의 기능은 본질적으로 유엔에 의해 불법적인 것으로 확인된 '북키프로스터키공화국'에 새 집을 마련해 주는 것이 아닌가? 게다가 그 새 집은 날림으로 지은 것이었다. 외국인에 의해 만들어진 취리히 헌법은 작동할 수 없는 것이며, 오직 공동체 간의 갈등과 붕괴로 이어질 뿐이었다. 복잡하고 여전히 불평등한 뷔르겐스톡의 헌법은 앙심과 마비에 대비한 요법에 불과했다.

하지만 여기에는 논리가 작용한다. 1960년의 선례와 마찬가지로 전체 계획의 근거는 키프로스 외부에 있으며, 이 계산에서 키프로스 내부의 공동체의 이해관계는 부수적인 것 이상이 아니었다. 이 계획의 배후에 있는 근본적인 추동력은 —모든 판본에서 나타나듯이 —그렇게 만들어진 키프로스가 사전에 분할되거나 정비되지 않은 채 유럽연합에 들어갈 경우에 키프로스 섬에 대한 터키의 장악 —군인과 정착자 —을 포기하기 전까지는 키프로스가 터키의 유럽연합 가입에 대해 비토할 수 있다는 것이다. 따라서 헤너이의 계산에서 언제나 최저선은 앙카라가 터키 내에서 여론이나 '국가 내 국가'를 자극하지 않으면서 유럽연합 회원국 자격을 얻는 데 도움이 되도록 앙카라가 수용할 수 있는 어떤 것이었다. 서방의 이상적인 파트너라 할 수 있는 AKP 정부는 키프로스인의 부차적인 문제에서 양보를 얻어내려 할 때마다 국내의 저항을 언급하면서 터키의 유럽연합 가입이 커다란 공동의 목표라고 위협했다. 그리고 중재자들은 이를 따르려고 안간힘을 썼다.

1960년 및 1974년과 마찬가지로 2004년으로 이어지는 과정에 대해 터키를 비난하는 것은 초점이 빗나간 일이다. 어찌 되었든 간에 이번 경우에는 터키가 크게 성공을 거두지는 못했다. 터키는 자신이 초대받은 모든 시기에 국가이성(raison d'état)이라는 고전적인 관념에 따라 행동했으며, 부적절하게 신성한 체한 것은 아니었다. 키프로스에 대한 최후의 시도를 만들어낸 저자들은 다른 데 있다. 단조로운 공식 언어 뒤에 있는 헤너이의 회고록에 따르면, 영국이 처음과 마찬가지로 이야기의 마지막에 있었으며, 키프로스 섬에 납으로 된 망토를 드리우려는 노력에서 가장 중요한 행위자였다는 것이 무의식적으로 명확하게 드러난다. 헤너이는 하나의 사회로서의 키프로스의 운명을 냉담하게 무시하는 흐름 속에 있는 하딩, 캐러던, 캘러헌의 직접적인 후계자이다. 물론 영국 혼자 행동한 것은 아니었다. 역사적으로 볼 때, 키프로스 섬의 운명이 걸린 세 차례의 위기에 미국은 주도적인 역할을 하지 않으면서 끝까지 영국을 교사했다.

하지만 마지막 에피소드에서는 새로운 행위자가 무대에 등장했는데, 바로 유럽연합이었다. 1996년 취리히에서 영국이 공을 다른 방향으로 굴러가게 했고, 1997년에 미국이 이를 따랐다고 한다면, 유럽연합은 2002년 말에 AKP가 권력을 잡은 다음에야 터키가 유럽연합에 ─ 경제적·이데올로기적·전략적 이유에서 ─ 즉시 가입해야 한다는 앵글로 아메리카의 결정을 지지했다. 간간이 불안감이 지속되기는 했지만 2003년이 되면 로마노 프로디가 유럽 집행위원회 위원장으로 있고, 귄터 페어호이겐(Günter Verheugen)이 유럽연합 확대 담당 집행위원으로 있는 브뤼셀은 런던과 워싱턴을 완전히 지지하게 된다. 집행위원회 운영에 대해 누구보다 잘 알고 있는 헤너이는 그 이전에 페어호이겐을 매수해서 유럽연합의 '공동체법과 관행의 집적'이 키프로스에서 이를 무효화하는 조약에 걸림돌이 되어서는 안 된다는 자신의 확신을 분명히 했다. 이때 '공동체법과 관행의 집적'이란 후보국이 준수해야 하는 규칙 전체를 말하는데, 여기에는 거주 및 투자의 자유가 포함된다. 이는 아틸라 라인의 북부에서 난제가 될 것이 틀림없었다.

페어호이겐은 곤란한 일을 만들지 않았다. 이후 모든 과정에서 ─ 2004년 초에 아난과 부시를 만나기 위해 비행기를 타기 전날, 앙카라에서 에르도안과 함께 그리고 두 달 후 뷔르겐스톡의 종반전에서 ─ 그는 정상적인 '공동체법과 관행의 집적'이 적용되지 않을 것이라고 애써 설명했다. 헤너이가 올바르게 말했듯이, 그가 미리 회원국들과 입장을 조율하지 않았음에도 이렇게 했다. 즉 그는 회원국들과 협의도 하지 않은 채 지시를 무시했던 것이다.[41] 뚱뚱하고 거만한, 독일판 위드머풀[42]이라 할 수 있는 ─ 리투아니아 해변에서 비서와 함께 누드를 즐기고 있는 모

습이 찍힌 다음에 자국에서 우스운 인물이 되었다 ─ 페어호이겐은 아
난 계획을 대표해서 장시간 인터뷰를 함으로써 키프로스 국민투표에
직접 개입하려 했다. 이를 다루려는 텔레비전 방송국이 아무데도 없는
것에 화가 난 그는 이 계획이 거부되었을 때 거의 졸도할 지경이었다.
그리스 유권자들이 브뤼셀의 의지를 받아들이지 않기로 했을 때, 브뤼
셀이 보인 전반적인 반응도 마찬가지였다. 유럽의 거의 모든 공론장에
서 믿지 못하겠다는 듯한 분노가 일었다. 『파이낸셜 타임스』와 『이코노
미스트』가 앞장섰는데, 그 이후 이런 분위기는 죽지 않았다.[43] 국제법과
인권에 대해 유럽연합이 어떻게 기여했는지에 대한 또 다른 교훈이 필
요하다면, 키프로스에 대한 유럽연합의 행동이 오늘날까지 가장 생생한
것이다.

6

물론 끝난 것은 아니다. 키프로스는 스위스에 설치되었던 함정에서
빠져나와 정치적으로 별다른 영향을 받지 않고 국민투표 일주일 전인
2004년 5월 1일에 유럽연합에 가입했다. 중재 기간에 키프로스 섬의 상
황은 더 나은 방향으로 확실히 변했다. 물리적 분할이 줄어들었는데, 왜
냐하면 2003년에 뎅크타시가 검문소를 설치해서 그린라인을 넘어서는
남북 왕래를 허용했기 때문이다. 이로 인한 즉각적인 효과는 그리스계
가 예전에 살던 집을 둘러보기 위해 북부를 많이 방문한 것인데, 몇 년
사이에 200만 명이 넘었다. 남쪽으로는 터키계 노동자들이 유입되어 이
제 건설업 노동력의 1/10을 차지하게 되었다. 더 지속적인 결과는 터키

---

41 David Hannay, *Cyprus: The Search for a Solution*, pp. 134, 172.

42 Widmerpool: 앤소니 파월의 『시대의 음악에 맞추어 춤을』에 나오는 등장인물. ─
    옮긴이

43 이런 반응에 대해서는 다음을 참조. James Ker-Lindsay, *EU Accession and UN
    Peacemaking in Cyprus*, p. 113. 이 저자는 같은 생각으로 쓰고 있다.

계에게 키프로스 섬에서의 합법적인 권리를 담고 있는 키프로스 공식 문서가 대규모로 발행되었다는 것이며―2005년 봄이 되면 6만 3,000건의 출생증명서, 5만 7,000건의 신분증, 3만 2,000건의 여권―이는 유럽연합 가입국이 가지는 흡인력을 반영한 것이었다. 그리고 경제성장은 유럽연합 평균 이상이었다.[44] 2008년 키프로스는 유럽연합이 확대된 이후 가입한 회원국 가운데 슬로베니아의 뒤를 이어 두 번째로 유로존에 가입했다.

정치적으로 볼 때, AKEL이 키프로스 공화국 역사상 처음으로 독자적인 대통령 후보를 내기로 결정한 이후인 2007년에 AKEL이 정부에서 철수하면서 변화가 있었다. AKEL은 키프로스에서 언제나 가장 강한 정당이었고 오랫동안 유일하게 실제적인 정당이었지만, 범헬레니즘과 냉전 속에서 국가를 이끌겠다는 열망이 없었다. 노동조합과 협동조합 운동 내에 뿌리가 튼튼하고 소비에트 블록의 붕괴 이후 신중하게 방향을 잡았기 때문에―AKEL은 이탈리아 공산주의의 패주(débandade)에서 교훈을 끌어냈다―시대의 역풍을 잘 극복하는 놀라운 능력을 발휘할 수 있었다. AKEL은 2003년에 파파도풀로스를 지지하는 대가로 처음으로 핵심 각료직을 얻었으며, 2008년이 되면 독자적으로 대통령직에 도전할 준비가 되었다. 2월에 열린 1차 투표에서 크리스토피아스는 파파도풀로스를 제치고 2위를 했다. 2차 투표에서 그는 파파도풀로스 및 그 당의 지지를 받아 클레리데스의 후보를 제치고 유럽연합 내에서 최초로 공산주의자로서 국가수반이 되었다.

건장하고 친절한 인물인 크리스토피아스는 북부의 키레니아 인근 마을 출신으로 10대 때 AKEL의 청년 동맹에 가입했다. 20대에는 모스크바에서 공부했으며, 1974년에 박사학위를 받고 터키 침공 이후 키프로스로 돌아왔다. 1988년 42세라는 상대적으로 젊은 나이에 당 지도자가

---

44 이 수치에 대해서는 다음을 참조. Van Coufoudakis, *Cyprus: A Contemporary Problem in Historical Perspective*, p. 46.

되었다. 차분하면서도 말솜씨가 뛰어난 그는, AKEL이 오랫동안 그리스 쇼비니즘과 터키 쇼비니즘 모두를 비판해 왔고 두 공동체의 선린관계를 위해 노력해 왔지만, 각각이 겪은 고통을 최소화하거나 동등하게 취급하려 하지 않았다고 강조했다. 여기에는 그의 가족이 겪은 개인적인 경험도 있었다. 2003년 이후 북부로 간 "내 누이들은 우리 마을에 일어난 일을 보고, 말 그대로 아팠다." 그는 유엔 계획이 앙카라가 수용할 수 있도록 너무 많은 양보를 담고 있어 "헤너이를 비롯해 나의 좋은 친구인 톰 웨스턴과 여러 차례 만남"을 가졌지만, 이미 재고하기에는 시간이 너무 지나가 버렸기 때문에 이 계획을 자기 당에 권할 수 없었고, 이제 돌아갈 수도 없다고 주장한다. 그러나 AKEL은 이제 북부의 여당이 된 터키 공화당(CTP)과 뎅크타시가 두 공동체 사이의 접촉을 금지한 시절 내내 관계를 맺었으며, 해외에서 몇 차례 비밀 회동을 갖기도 했다. 국민투표 이후에 두 정당은 자신들의 노동조합 및 청년 조직과 함께 정기적인 모임을 가지면서 '화해를 위한 대중운동'이라는 AKEL의 목표를 추구하였다.

크리스토피아스가 대통령으로서 첫 번째로 한 것은 북부의 대통령인 메흐메트 탈라트(Mehmet Talat)를 만나 한때 니코시아의 주요 쇼핑가였던 곳을 그린라인을 통과해서 개방하도록 정비한 것이었다. 자기 공동체를 대표하는 수반인 두 사람의 도착은 키프로스 섬의 역사에서 이상한 수렴을 보여준다. 기원이라는 면에서 CTP는, 크리스토피아스는 설명하기 좋아하는 방식으로 말할 때, AKEL의 '자매 정당'이었다. 공산주의가 여전히 국제적인 운동이었을 당시에 모두 공산주의의 지부였다. CTP의 경우, 이 당은 일종의 급진적인 마르크스주의 학생들에 의해 점화되었다. 이들은 당시 터키 좌파의 반란에서 투사가 되었는데, 본토에서 이는 결국 키프로스를 침공한 장군들의 감옥에 수만 명이 갇히는 것으로 끝났다. 1990년대에 이 당은 점령군과 화해했고, 오늘날에는 다목적 기회주의의 대명사인 동유럽의 예전 공산당(ex-Communist)과 비슷하다. 탈라트는 크리스토피아스보다 헝가리 총리인 페렌츠 주르차니

(Ferenc Gyurcsány) 혹은 폴란드 대통령인 알렉산데르 크바시니에프스키 (Aleksander Kwaśniewski)에 더 가까운 인물이다.

여전히 양측을 묶어주는 일부 공동의 역사가 있다는 것이 키프로스에서 민족 경계를 넘어서는 대화에서는 새로운 일이다. 탈라트가 앙카라로부터 얼마나 독립적일 수 있는지는 두고 볼 일이다. 터키계 키프로스 정치 계급은 지역 특권과 밀접한 연관이 있으며, 터키가 북부를 흡수할 경우 이를 상실하게 될 것이다. 이들은 지금처럼 애매한 상태보다는 유럽연합 내에서 진정으로 이점을 누리기를 바란다. 지역 주민들은 특히 불우한 계절 이민자들과 잘 지내고 있지 못하다. 이들은 대부분 본토에 있는 가장 가까운 항구인 이스칸데룬 주변 지역 출신이며, 지역 주민들이 국가가 제공하는, 소득이 더 높은 일자리 때문에 피하는 육체노동의 대부분을 책임지고 있다.

경제가 여전히 앙카라에서 오는 막대한 보조금에 의존하고 있기 때문에 공공 부문 고용이 터키보다 훨씬 높다. 퇴직한 경찰의 연금이 본토의 부교수보다 더 많다. 사기업이라고는 본토나 중동 혹은 중앙아시아 등 인근 지역에서 오는 형편없는 학생들에게 학위를 나누어주는 여섯 개의 '슈퍼마켓' 대학이 고작이다. 유럽연합에 통합되면 얻을 수 있는 잠재적인 이점과 별도로 '공동체법과 관행의 집적'이 줄 잠재적인 충격에 노출될 인위적인 성격의 경제가 문제이다. 구조조정이 동독보다 더 고통스러울 수 있다.

따라서 재통일은 제도적 보호를 필요로 할 뿐만 아니라 터키계 소수자를 위한 경제적 완충장치도 필요로 하며, AKEL 대통령은 다른 무엇보다 이를 잘 이해할 것이다. 키프로스 섬의 진정한 안정은 외부에서 강요되는 것이 아니라 내부로부터만 올 수 있으며, 오늘날에도 이는 변함없는 진실이다. 모든 외국군과 기지의 철수—터키군의 철수뿐만 아니라 시대착오적인 영국군 기지의 폐쇄까지—와 함께 AKEL이 오랫동안 요구한 키프로스의 비무장화는 진정한 해결의 조건이다. 모든 형태의 차별에 대한 꼼꼼한 보호장치가 있는 헌법, 양측 모두가 입은 손실에 대한 진정한 보상은 선출기관에서 상대를 자극하는 과잉대표성이나 예측 가능한 국가의 교착 상태—둘 다 지속될 수 없다—보다 소수자의 복지를 훨씬 잘 보장한다. 이러한 목표를 달성하기 위한 정치 체제의 고안은 현대의 헌법 사상의 범위를 넘어서는 게 아니다.

과거에는 터키가 키프로스 섬을 장악하고 있었기 때문에 이런 원칙을 제기하는 게 불가능했다. 하지만 오늘날에는 '유엔'의 모든 절차가 피하려 했던 것이 과거지사가 되었다. 키프로스는 터키의 유럽연합 가입과 관련해서 비토권이 있으며, 유럽연합에서 축출될 각오를 할 경우 터키군을 몰아낼 수 있는 위치에 있다. 이 거대한 잠재적 변화는 과거에 있었던 모든 열광적인 외교의 숨겨진 패였다. 프랑스가 터키의 유럽연합 가입을 거부하거나 터키 민족주의 때문에 터키가 유럽연합에서 멀어질 경우 키프로스는 지금 손에 쥐고 있는 지렛대를 잃어버릴 수 있다. 그러나 터키를 가입시키려는 서방의 이해관계와 서방의 지위를 얻으려는 터키의 이해관계, 특히 자본의 이해관계가 크기 때문에 그럴 가능성은 낮다. 그렇다고 해서 키프로스가 지금 가지고 있는 힘을 계속해서 사용한다는 뜻은 아니다. 키프로스는 작은 사회이며, 그 힘을 사용하지 말라는 엄청난 압력에 시달릴 것이다. 유럽연합의 결정은 휴지조각에 불과하다는 것이 악명 높은 사실이다. 작은 나라들이 강대국을 무시하곤 했지만 점점 드문 일이 되었다. 어떻든 나올 수 있는 결과는 그리스의 또 다른 섬[밀로스]에서 이야기된 다음 문장으로 요약될 것이다. "강자는 자신이 할 수 있는 일을 하고, 약자는 자신이 해야 할 일을 한다."

8 터키

‖ 2008년 ‖

〔1989년의 일이 있은 지〕 2년 후에 J. G. A. 포콕은 이렇게 썼다. "1989년 이후 단 하나의 가장 위대한 진실은 동쪽으로 향한 '유럽'의 프런티어가 모든 곳에서 열려 있고, 결정되지 않았다는 것이다. 이제 '유럽'이라고 할 수 있는 것은─고대 지리학자들의 꿈처럼─대륙이 아니라 아대륙이다. 인도처럼 유라시아 육괴의 반도이며, 상호작용하는 문화가 아주 뚜렷한 연쇄를 이루면서 존재하고 있다. 하지만 인도와 달리 뚜렷한 지리적 프런티어가 없다. 아프가니스탄 및 히말라야 대신 인습적인 '유럽'이 인습적인 '아시아'로 스며들어 가는 다양한 수준의 지역이 있으며, 우랄 산맥에 도달한다 해도 이를 인식하는 사람은 별로 없을 것이다."[1] 그러나 그는 계속해서 제국들─그 규정 방식에 따라 유럽연합도 여기에 들어간다─은 언제나 권력을 행사할 수 있는 공간, 즉 주변에 공포의 경계 혹은 매혹의 경계를 결정할 필요가 있었다고 말한다.

15년 후에 이 질문은 더욱 구체적인 형태를 띠게 되었다. 예전 코메콘(COMECON) 국가를 모두 흡수한 후에 한때 독립적인 공산주의 국가였

---

1 J. G. A. Pocock, *The Discovery of Islands*, p. 278.

던 유고슬라비아와 알바니아 — '서부 발칸'의 일곱 개의 작은 국가 — 라는 애매한 잡동사니가 남게 되었다. 하지만 이들도 유럽연합에 통합되었다. 이미 흑해까지 확대된 경계 배후에는 아직도 주머니에 넣어야 할 곳이 있는데, 얼마 후 유럽연합은 이곳으로 들어가게 되었고, 아무도 이를 의심하지 않았다. 유럽연합이 직면한 커다란 문제는 더 동쪽에 있다. 광대한 스텝 지역이 눈을 혼란스럽게 하는 게 아니라 오랜 전통 속에 두 세계를 나누는 좁은 해협이 있는 곳이다. 누구도 보스포루스 해협을 모르지 않았다. 사르코지는 엘리제궁으로 가는 도중에 유권자들에게 "모든 학생이 소아시아는 유럽의 일부가 아니라는 것을 안다"라고 말하면서 이를 유지할 것이라고 약속했다. 이 유세 당시에 그는 부부 간의 재결합의 정신으로 이런 약속을 했다. 터키는 그런 방식으로 다루어지지 않게 된다. 유럽연합 내에서 터키가 온전한 자격을 갖춘 회원국이 되어야 한다는 공식적인 합의가 얼마 전부터 대세가 되었다. 이런 합의는 각국 정부가 다른 생각을 가지는 것을 배제하지 않았지만 — 독일, 오스트리아, 프랑스 모두 각기 다른 점에서 다른 생각이 있었다 — 이를 행동으로 옮기는 데는 유럽이사회나 집행위원회보다 터키 가입을 더 완벽하게, 더 충실하게 지지하는 만장일치의 여론이라는 만만치 않은 장벽이 있었다. 또한 어떤 나라도 유럽연합 가입 후보국이 되어 협상이 개시된 이후 거부당한 적이 없다는 간단한 사실도 있다.

유럽연합이 바르샤바 조약기구의 나라들로 확대될 때, 정치적 방어나 사례를 드는 일이 필요하지 않았다. 관련 나라들은 논쟁의 여지없이 — 어떻게 정의하든 간에 — 유럽적이었으며, 모두가 공산주의 치하에서 고통을 받았다. 이 나라들을 유럽연합에 가입시키는 것은 공동의 자유민주주의적 자본주의에 속하게 함으로써 오래된 유럽 대륙의 분할을 치유하는 것일 뿐만 아니라 1945년 이후에 동유럽이 당한 불행을 보상함으로써 서유럽과 동유럽 사이의 서로 다른 운명에 대해 떳떳하지 못한 서방을 구제하는 것이기도 했다. 물론 동유럽 나라들은 러시아의 재기에 대한 전략적인 방어막을 이룰 것이며, 가까이 있는 값싼 노동력의 풀이 될 것이다. 이 부분이 여론의 주목을 덜 받기는 했다. 논란의 여지가 없는 이 논리는 표면적으로 즉각 터키에 적용되지 않는다. 터키는 오랫동안 시장경제를 유지했고, 의회 선거가 있으며, 나토의 지주이며, 이제는 과거보다 러시아에서 더 멀리 떨어져 있다. 동유럽의 마지막 동기, 즉 경제적 목적만이 적용되는 것처럼 보인다. 분명 중요하지 않은 것은 아니지만 터키가 유럽연합에 가입해야 하는 우선적인 이유를 브뤼셀에서 설명하기는 어렵다.

하지만 서방의 수도에서 터키가 회원국이 되어야 한다고 제시한 원칙적인 이유 가운데 동유럽에 대해 나왔던 주장과 대칭적인 것을 찾아볼 수 있다. 소련의 몰락이 공산주의의 위협을 제거했다면, 이제 그 대신 나타난 것이 이슬람주의이다. 이는 널리 퍼진 믿음이다. 중동의 권위주의적인 사회 곳곳에서 발흥한 이슬람주의의 촉수가 서유럽 내의 이민자 사회에까지 뻗쳤다. 이를 막는 데 유럽연합 내에 충실한 이슬람 민주주의 나라를 포용하는 것보다 더 나은 예방책이 있는가? 이 나라는 한때 좀 더 계몽적인 정치 모델이 몹시 필요한 이 지역에서 자유주의적 질서의 등대로 기능했으며, 모든 종류의 테러리즘과 극단주의에 맞서는 감시인이었다. 이런 생각은 원래 유럽연합보다 더 넓은 범위의 전 지구적인 책임을 맡고 있는 미국에서 나온 것이며, 터키가 유럽연합에 가입하도록 하는 미국의 압력으로 최고조에 달했다. 워싱턴이 〔유럽연합이〕 동유럽으로 확대될 때 나토가 길을 열어서 유럽연합이 갈 수 있도록 하면서 속도를 조절한 것과 마찬가지로, 워싱턴은 유럽이사회나 집행위원회가 터키 가입에 대한 태도를 바꾸기 전에 터키를 옹호했다.

그러나 잘못된 종류의 이슬람에 맞서는 지정학적 장벽의 가치에 대한 전략적 주장이 이제는 유럽 언론의 칼럼과 사설에서 표준적인 것이 되었지만, 미국에서만큼의 위치를 확보한 것은 아니다. 부분적으로 이것은 터키군의 경계 태세가 입증되기는 했지만, 이라크 및 이란과 국경선을 마주한다는 것에 대해 유럽연합 내의 대다수의 나라가 환영하지 않기 때문이다. 멀리 떨어져 있는 미국인들은 큰 그림을 보기 쉬운 위치에 있다. 그러나 그러한 유보가 중심적인 것이기는 하지만, 이 주제가 미국과 달리 유럽연합 내의 논의를 지배하고 있는 이유는 아니다. 왜냐하면 다른 주장이 좀 더 큰 비중을 차지하고 있기 때문이다. 현재 유럽의 이데올로기는 유럽연합이 가장 높은 수준의 도덕적·제도적 질서를 세계에 제공해야 한다고 주장한다. 불완전하지만 어떤 경쟁자도 따라올 수 없는 경제적 번영과 정치적 자유, 사회적 연대의 복합물 말이다. 그러나 이러한 독특한 창조물이 성공한 데에는 문화적 폐쇄라는 위험이 있는 것은 아닌가? 이 모든 유럽의 성취 속에서 유럽은 ─ 비난이라는 말뜻 그대로의 의미에서 ─ 유럽중심주의에 떨어질 위험이 있는 것은 아닌가? 문명화된 삶의 선진적인 수호가 반드시 좀 더 다문화적이어야 할 때 너무 동질적이고 내향적인 정체성이 아닌가?

　터키가 유럽연합에 합류한다면, 이런 우려를 잠재울 것이다. 현재의 세대들에게 전통적으로 협소한 유럽의 개념이 가지고 있는 가장 커다란 부담은 유럽이 유럽 대륙의 역사적 표지인 기독교와 동일시되는 것이다. 이 유산에 대한 가장 커다란 도전은 오랫동안 이슬람으로부터 왔다. 그렇다면 과거의 로마제국처럼 유프라테스 강까지 뻗은 초유럽적인 체제 내에서, 국가 수준과 시민사회에서 두 신앙의 평화로운 결합보다 더 성공한 현대의 다문화주의를 보여주는 게 무엇일 수 있겠는가? 터키 정부가 처음으로 공공연한 이슬람교도로 이루어져 있다는 것은 가입과 관련한 약점이 아니라 가입을 위한 추천 사항으로 보아야 하며, 유럽연합이 다음 단계로 헌법 제정 과정에서 필요한 다문화적 생활 형태에 대한 재평가를 약속해야 한다. 유럽연합 측을 보면, 포스트공산주의 동유럽에서 새로이 성립하거나 회복된 민주주의 나라들이 정상화되는 데 유럽이사회의 꾸준한 도움으로 혜택을 입은 것과 마찬가지로 터키 민주주의는 유럽연합 내에서 보호를 받으면서 더욱 강화될 것이다. 동유럽으로의 확대가 공산주의를 겪은 사람들에게 진 빚을 갚은 것이었다면, 터키를 포용하는 것은 자기만족적인 혹은 오만한 지방주의가 끼친 도덕적 훼손을 상쇄하는 것이 될 수 있다. 유럽은 이러한 이중의 속죄를 하면서 더 나은 지역이 될 수 있다.

　이런 자기비판적인 모습 속에서 종종 역사적으로 비교되는 게 있다. 수세기 동안 기독교 유럽은 야만적인 종교적 비관용, 즉 모든 종류의 박해, 종교재판, 추방, 집단 학살 등으로 인해 추하게 되었다. 내부의 이단은 말할 것도 없고 다른 신앙 공동체, 즉 유대교인이나 무슬림을 없애버리려고 했다. 다른 한편 오스만 제국은 박해나 강제 개종 없이 기독교인과 유대교인을 관용했고, 다른 신앙 공동체가 무슬림 지배 아래에서 평화롭게 공존하도록, 다시 말해 근대 이전의 다문화적 조화 속에 살게 했다. 이 이슬람 질서는 기독교 질서보다 더 계몽되었을 뿐만 아니라 유럽의 타자이기는커녕 수세기 동안 유럽 열강 체제의 통합된 부분을 이루었다. 터키는 그러한 의미에서 유럽에 새로 온 사람이 아니었다. 도리어 터키의 유럽연합 가입은 그 연속성, 혼합, 접촉 등을 복원하는 것이며, 이로부터 우리는 여전히 많은 것을 배워야 한다.

1

　대략 말하자면, 이런 이야기들은 터키의 유럽연합 가입과 관련해서 유럽 전역의 대사관저와 인터넷 채팅방, 학술적인 저널과 주요 신문기사, 강의와 토크쇼 등에서 들을 수 있는 담론이다. 이 담론의 커다란 강점 가운데 하나는 오늘날까지 어떤 비(非)제노포비아적인 대안도 부재하다는 것이다. 그것의 약점은 이 담론을 구성하는 지나치게 낙관적인 이야기에 있으며, 터키가 유럽연합 가입을 신청하는 데 실제적인 이해관계가 무엇인지를 흐리게 한다. 분명한 것은 이 모든 것을 고려할 때 오스만 제국에서 시작해야 한다는 것이다. 터키의 가입 신청과 동유럽 나라의 가입 신청이 보이는 가장 우선적이고 근본적인 차이는 이 경우에 유럽연합이 오랫동안 서방의 어떤 왕국보다 강력했던 제국적 국가의 후계자를 다룬다는 것이기 때문이다. 이 혈통을 파악하는 전제는 오스만 제국의 기원적 형태를 현실주의적으로 이해하는 것이다.

오스만 왕국(Osmanlı Sultanate)은 14~16세기 사이에 유럽으로 확장할 때 당대의 어떤 기독교 왕국보다 — 시대착오적인 말이기는 하지만 — 참으로 관용적이었다. 이에 대해서는 가톨릭 스페인에 살던 무슬림의 운명과 오스만 치하의 발칸 반도에 살던 정교회 신자의 운명을 비교하는 것으로 충분하다. 오스만 왕국은 기독교인과 유대교도를 강제로 개종시키지도 추방하지도 않았으며, 이슬람의 집(House of Islam)에서 원하는 예배를 허용했다. 이것은 현대적인 의미에서의 관용도 아니고, 오스만 왕국에 특유한 것도 아니었다. 그것은 8세기 우마이야 왕조 시절까지 거슬러 올라가는 전통적인 이슬람 지배 체제였다.[2] 불신자는 법적으로 지배하는 사람들보다 열등하고 종속된 사람들이었다. 기호적으로나 실제로나 이들은 분리된 공동체였다. 이들은 무슬림보다 더 많은 세금을 냈으며, 무기를 들 수 없었고, 행진에 참석할 수 없었고, 특정 옷을 입을 수 없었으며, 일정한 높이 이상의 집을 가질 수 없었다. 무슬림은 불신자 아내를 맞을 수 있었지만, 불신자는 무슬림 여성과 결혼할 수 없었다.

이런 체제를 물려받은 오스만 국가는 투르크 족장이 다른 부족과 경합하면서 14세기에 아나톨리아에서 발흥했고, 지역의 무슬림 경쟁자들을 물리치고 동쪽과 남쪽으로 팽창했으며, 서쪽과 북쪽으로는 비잔티움의 변경 지역으로 확장했다. 200년 동안 오스만 군대가 동유럽의 대부분과 중동, 북아프리카를 정복하면서 이들이 세운 제국은 이 양방향성을 유지했다. 그러나 이들의 전략적 중심과 우선적인 계기가 무엇인지는 분명했다. 처음부터 오스만 지배자들은 자신들의 정통성을 기독교 왕국의 경계에서 벌이는 성전 — 가자(gaza) — 에서 끌어왔다. 유럽

---

2 Bruce Masters, *Christians and Jews in the Ottoman Arab World*, Cambridge 2001, pp. 16~40 참조. "무슬림의 사회적 지위는 비무슬림의 사회적 지위보다 높았는데, 이는 여성에 대한 남성의 사회적·법적 우위를 확립한 법과 마찬가지로 전통의 법전화이다." p. 23.

의 정복된 지역은 오스만 제국 내에서 가장 부유하고, 가장 인구가 많고, 정치적으로 보상이 많은 지역이 되었으며, 이후 술탄들이 '이슬람의 집'을 확장하기 위해 전쟁의 집으로 나아가면서 군사 원정의 대부분이 이루어지는 전장이었다. 최근에 역사가인 캐롤라인 핑클이 쓰고 있듯이, 오스만 국가는 '지속적인 전쟁이라는 이상' 위에 세워졌다.[3] 오스만 국가는 동료도 인정하지 않고, 평화 공존을 존중하지도 않고 전장을 위해 설계되었다. 영토의 경계나 제한도 없이 말이다.

그러나 실용적이기도 했다. 처음부터 불신자에 대한 이데올로기적 전쟁은 그 전쟁을 추구하기 위해 불신자들을 도구적으로 이용하는 것과 결합되었다. 얼마 후 서유럽에서 발흥한 절대군주국들 —각국은 왕조적 권위를 주장하고, 영역 내에서 종교적 일치를 강요했다—의 관점에서 메흐메트 2세(1432~81)와 그 후계자들의 제국이 보이는 특유성은 목표와 수단의 결합에 있었다. 한편으로 오스만은 기독교 세계에 대해 무제한적인 성전을 수행했다. 다른 한편으로 15세기가 되면 국가는 예전 기독교 청년에 대한 징집 —데브쉬르메(devshirme)—에 의존했다. 발칸 반도의 예속 집단에서 선발된 이들은 무슬림이 될 의무가 없었으며, 오스만 제국의 군대와 행정부의 엘리트를 이루게 된다. 이들이 카피 쿨라리(kapı kulları), 즉 '술탄의 노예'이다.[4]

200년 이상 이 가공할 만한 정복 엔진의 동학 —그 범위는 마침내 아덴에서 베오그라드까지, 크림 반도에서 리프 산맥까지—은 유럽에 두

---

3 Caroline Finkel, *Osman's Dream: The Story of the Ottoman Empire 1300~1923*, New York 2005, p. 322. 16세기 초 이래 메카와 메디나가 제국의 일부였지만 오스만 술탄은 성지순례를 가지 않았다.

4 기독교인에 대항한 이데올로기적 전쟁과 이들을 실용적으로 이용하는 것의 결합은 오스만 역사의 아주 초기로 거슬러 올라가는데, 보스포루스 해협을 건너거나 데브쉬르메가 발전하기 이전이다. 이 유형에 대한 생생한 연구는 다음을 참조. Cemal Kafadar, *Between Two World: The Construction of the Ottoman State*, Berkeley 1995, passim.

려움을 안겼다. 그러나 17세기 말이 되면, 빈의 마지막 포위전이 끝난 후에 그 힘이 떨어졌다. 오스만 제국의 '지배하는 제도'는 더 이상 불신자의 자식으로부터 충원되지 않았고, 토박이 무슬림으로 바뀌었다. 그러면서 점차 군대의 균형이 이들에게 불리해졌다.[5] 러시아가 흑해 북쪽에서 계속해서 오스만 제국에 치명적인 패배를 안기고, 혁명기 프랑스가 순식간에 이집트를 장악한 18세기 말 이래 오스만 국가는 여기에 맞서는 대규모 전쟁을 벌이지 못했다. 19세기 오스만 국가의 생존은 내적인 힘보다는 유럽의 포식자 열강의 상호 질투에 더 많이 의존했다. 계속해서 오스만 국가는 서로 경쟁하는 국외 수도 — 런던, 파리, 빈, 기억할 만한 위기 속에서는 심지어 상트페테르부르크까지 — 가 서로 대립하면서 벌인 개입에 의해서만 국가가 더 이상 분해되거나 파괴되는 것을 피할 수 있었다.

그러나 외부 압력 — 오스만 제국과 유럽 제국들 사이의 기술적 간격이 벌어지면서 잠재적으로는 더 불길한 것이기는 했다 — 이 원칙적으로 오랫동안 서로를 중립화했기 때문에 서방으로부터의 도전에 맞서 국가와 사회를 제대로 점검할 수 있는 시간이 있기는 했지만 — 이집트 태수 메흐메트 알리(Mehmet Ali)의 쿠데타는 무엇을 할 수 있었는지를 보여준다 — 발칸 반도의 종속된 기독교 민족 사이에서 민족주의가 발흥하면서 외교적인 균형이 침식되었다. 러시아가 유일한 후원자가 될지 모른다는 두려움 때문에 영국과 프랑스가 마지못해 후원한 그리스의 독립은 술탄 국가가 내부 개혁을 처음으로 진지하게 수행하도록 할 정도로 충격이었다. 탄지마트(Tanzimat) 시기(1839~76)에 근대화는 좀 더 체계적으로 이루어졌다. 관료제가 궁정을 압도했다. 행정은 중앙집권화되었다. 모든 신민의 법적 평등과 재산의 보호가 선포되었다. 교육과 과

---

5 최후의 데브쉬르메는 1703년이었다. 이것이 쇠퇴하고 엘리트의 저수지가 '베지르-파샤'(vezier-pasha)로 바뀐 방식에 대해서는 다음을 참조. Donald Quataert, *The Ottoman Empire 1700~1922*, Cambridge 2000, pp. 33~34, 43, 99~100.

학이 장려되었다. 사상과 풍습이 서방에서 수입되었다. 계속해서 친영적인 고관이 다스리면서 오스만의 질서는 유럽적인 국가 체제가 되었다.

그러나 당대의 개혁가들은 비록 세속적이기는 했지만, 오스만 지배의 종교적 토대를 바꿀 수 없었다. 전통에 의해 세 가지 불평등이 법전화되었다. 신자와 불신자, 주인과 노예, 남성과 여성의 불평등이 그것이다. 세기말이 되면서 남아 선호가 엘리트층 내에서 좀 덜해지기는 했지만 성별 관계는 거의 변하지 않았고, 노예제는 서서히 사라져갔다. 정치적으로 볼 때, 결정적인 관계는 첫 번째 것이었다. 표면적으로는 불신자에 대한 차별이 개혁에 의해 철폐되었다. 그러나 원칙적으로 부정되었지만 실제로는 지속되어 불신자는 인두세를 내야 했는데, 이는 병역 면제에 대한 대가로 위장된 것이었다. 이를 롬(rom)이라고 하며, 무슬림은 면제되었다.[6] 계속해서 신자만이 군대에 갈 수 있었고, 중요한 모든 국가 관

---

6 모든 집단에 적합한 배치라고 할 수 있다. "군대는 기독교도 농민을 받아들이는 게 군대에 부담이 될 수 있으며, 비무슬림은 사기를 저하시킬 것이라고 우려했다. 이것이 중요한 점인데, 왜냐하면 1850년에서 1918년 사이의 오스만 군대를 지켜본 모든 관찰자가 동의하듯이 오스만 군대의 투쟁심은 굉장히 높은 수준에서 종교적이었다. 공격은 언제나 모두가 동시에 '알라, 알라'와 '알라후 아크바르'(신은 위대하다)라고 소리치면서 이루어졌다. 종교적으로 혼합된 군대가 이렇게 동일한 행동을 할 수 있다고 상상하기는 어려웠을 것이다. 대부분의 무슬림, 특히 시골에 사는 무슬림은 기독교도가 무기를 든다는 데 반감을 표했다(어떤 관찰자는 이들의 감정을 미국 남부에서 흑인의 평등에 대한 감정과 비교한다). 오스만 제국에 사는 대부분의 기독교도는 그리 열정적이지 않았다. 대체로 보아 그들은 오스만 국가 (state)의 신민이지 오스만 민족(nation)의 일원이라고 느끼지 않았다. 오스만의 민족 건설이라는 생각(당시에는 '구성 요소의 통일'이라고 알려졌다)은 언제나 대부분 무슬림인 소수의 엘리트에 한정되었다. 끝으로 오스만 정부는 실제로 기독교도를 징집하지 않는 데 가장 강력한 동기가 있었다. 1856년 칙령에 나오는 법 앞의 평등에 대한 강조는 전통적으로 기독교도와 유대교도가 자신들이 살고 있는 이슬람 국가에 공납으로 내는 지즈야(cizye) 세금이 계속되어야 한다고 말한다. 오스만 제국의 마지막 세기에 유럽 쪽 영토의 상실로 오스만의 기독교도가 상당히 줄어들기는 했지만, 이들은 여전히 압뒬하미트 2세 시절 인구의 거의 30퍼센트를 차지했고, 제1차 세계대전 직전에도 20퍼센트 가까이 되었다. 놀랄 일도 아니지만

직도 신자의 독점물이었다. 하지만 이렇게 이슬람의 우위를 보호하는 것으로 개혁에 적대적이었던 대중을 달랠 수 없었다. 대중은 개혁을 유럽의 압력과 유행에 굴복하는 것이라 보았고, 신앙 혹은 오스만 제국 내 신자의 적절한 지위와 양립할 수 없는 것이라 보았다.[7] 도시에서는 부적절한 서방의 생활방식이 나타났고, 인기가 없는 농촌세가 무슬림에게까지 확장되었다. 반면 외국의 이득은 말할 것도 없고, 기독교 상인들은 개혁가들이 서방 열강에 양보한 자유무역 체제 아래에서 번성했다.

일관되게 근대적이지도 않고, 완강하게 전통적이지도 않은 탄지마트 정권은 재정적으로도 실패했다. 공식적으로는 부정되었지만, 징세 청부가 오랫동안 남아 있었다. 공공 수입은 늘어나기는커녕 줄어들었다. 외국인에게 주어지는 치외법권적인 특권이 지속되었다. 대외 채무가 눈덩이처럼 불어났으며, 마침내 1875년에 국가 파산으로 폭발했다. 2년 후에 오스만 군대는 다시 한 번 패배했고, 잠시 헌법을 둘러싼 에피소드가 흐지부지된 이후인 1878년에 세르비아, 몬테네그로, 루마니아의 독립과 불가리아 대부분 지역의 자치를 수용해야 했다. 이후 30년 사이에 힘의 균형추는 다시 관료제에서 궁정으로 넘어가, 술탄인 압뒬하미트 2세가 권력을 장악했다. 그는 기술적·행정적 근대화—철도, 우편, 전함—와 종교적 복귀 및 경찰 억압을 결합했다. 발칸 반도의 대부분 지역을 상실하면서 무슬림이 제국 인구의 70퍼센트를 넘었다. 정권에 대

지즈야는 국가의 조세 수입 가운데 (십일조 다음으로) 두 번째로 중요한 원천이었다. 그러니 국가가 실제로 기독교도가 군 복무를 하는 대신 군 면세세를 지불하도록 하는 것을 선호했다는 것이 놀랄 일은 아니다. 이것은 실제로 1909년까지 보편적으로 실행된 일이었다." Erik-Jan Zürcher, "The Ottoman Conscription System, 1844~1914", *International Review of Social History*, vol. 43, no. 3, 1998, p. 446.

7 핑클은 1856년 개혁 칙령이 선포되었을 때의 반응을 널리 조사한 정치가 아흐메드 제브데트 파샤(Ahmed Cevdet Pasha)를 인용한다. "오늘날 우리는 조상이 피로써 얻은 신성한 공동체의 권리를 상실했다. 무슬림 공동체가 지배 공동체이기는 하지만, 그 신성한 권리를 박탈당했다. 오늘은 무슬림 민중이 큰 슬픔에 빠진 날이다." Caroline Finkel, *Osman's Dream*, p. 459.

한 충성심을 강화하기 위해 술탄은 오랫동안 등한시한 칼리프 칭호를 복원하고, 범이슬람주의적 호소를 확대했으며, 행정부 고위직에 아랍인을 앉혔다. 그러나 이데올로기적 허세 혹은 공인된 빅토리아 스타일로 전통을 조작하는 것도 오스만 제국이 외국인이 지휘하는 공공부채청에 의존하는 것을 바꿀 수 없었으며, 발칸 반도에서 불붙은 민족주의를 꺾을 수 없게 만드는 유럽의 힘의 균형을 바꿀 수 없었다.

오스만의 광범위한 지배가 여전히 아드리아 해까지 퍼져 있었는데, 이곳에서는 다양한 봉기 집단 — 가장 유명한 것은 마케도니아의 비밀 조직인 IMRO(내부 마케도니아 혁명 조직) — 이 산악 지역에 출몰했으며, 정예 부대는 루멜리아(Rumelia)의 나머지 지역을 확보하기 위해 요새 마을에 주둔하고 있었다. 루멜리아는 오스만 제국의 '로마' 지역으로, 제국의 부유한 핵심 지역이었다. 세기말이 되면 이 지역에서는 하미트의 반동에 대한 반대가 모든 에스닉 집단의 청년층에 널리 확산되었고, 특히 터키인 청년층에 확산되었다. 1908년에 이 지역을 러시아와 영국이 곧 분할한다는 소문이 돌면서 모나스티르(Monastir)와 살로니카(Salonika)에서 무장 봉기가 일어났다. 반란은 급속히 확산되었고, 몇 주 만에 걷잡을 수 없게 되었다. 압뒬하미트는 선거를 실시할 수 밖에 없었고, 이 선거에서 봉기 배후 조직이 새로이 통일과 진보위원회(CUP: Committee of Union and Progress)로 등장하여 제국 전체에 걸쳐 큰 승리를 거두었다. 청년 투르크가 권력을 장악한 것이다.

2

1908년 혁명은 이상하고 양면적인 사건이었다. 많은 점에서 이 혁명은 3년 후에 있을 페르시아와 중국의 봉기를 미리 보여주는 일이었지만, 20세기에 있었던 이후의 모든 봉기와는 다른 특징이 있었다. 한편으로 이것은 진정한 입헌운동으로서 오스만 제국 전역의 모든 민족체(nationality)에게 대중적인 열광을 불러일으켰고, 광범위한 선거에 기반하여 민족을 넘어서는 의회를 선출했다. 이것은 여전히 당대의 자유주의적인 시대정신의 진정한 표현으로 남아 있다. 다른 한편으로 소장파 장교와 음모가들의 비밀 조직이 일으킨 군사 쿠데타로서, 이후 제3세계에서 있었던 그러한 에피소드의 긴 목록 가운데 첫 번째라고 할 수 있다. 두 가지는 분리되지 않았는데, 왜냐하면 쿠데타의 기획자들, 즉 소규모 음모자들은 입헌적 지배라는 이름으로 하룻밤 사이에 제국 전체에서 지지를 받았기 때문이다. 1년 만에 당원 수가 수십만 명에 이르렀다.[8] 형식적으로 말하면, 두 개의 목적을 구별할 수 없었다. 당시의 언어 속에서 전자에 의해 선포된 '자유, 평등, 우애, 정의'는 모든 민족이 공유하는 공통의 시민권 속에서 후자가 추구한 제국의 통합을 보장하는 조건으로 인식되었다.

그러나 그러한 종합은 안정적이지 않았고, 안정적일 수 없었다. 혁명의 근본적인 추동력은 CUP 내의 핵심적인 장교 집단이었다. 이들의 전반적인 목표는 무슨 수를 쓰든 간에 제국의 보존이었다. 헌법이나 기타 세부 사항은 그 자체로 목적이 아니며 수단으로서 여기에 기능적인 것이거나 그렇지 못할 경우 무용한 것이었다. 이런 일은 종종 나타났다. 그러나 이들은 자유주의자가 아니었지만 그렇다고 해서 나중에 등장하는 제3세계의 군사 애국자들처럼 반식민적이지도 않았다. 나중에 등장하는 이들은 종종 심하게 권위주의적이었지만 분명 서방 제국주의의 확고한 적이었다. 이집트의 자유장교단, 아르헨티나의 비밀결사(Lodges), 버마의 '30인의 지사' 등이 그러하다. 오스만 제국에 대한 위협은 오랫동안 그러했던 것처럼 유럽 열강이나 이들의 지역 동맹자로부터 왔지만, 청년 투르크는 서방을 문화적으로나 정치적으로 거부하지

---

8 "1909년 말이 되면 제국 전역에 있는 CUP 지부의 숫자가 83개(이들 가운데 일부는 소규모 세포였다)에서 360개로 급증했고, 당원 수는 대략 2,250명에서 85만 명으로 늘었다." M. Şükrü Hanioğlu, *A Brief History of the Late Ottoman Empire*, Princeton 2008, p. 160. 현재 이 시기를 다룬 책 가운데 가장 훌륭하다.

않았다. 도리어 이들은 하나의 경쟁자로서 동일한 조건으로 서방 열강의 권력정치(Machtpolitik)의 장에 들어가기를 원했다. 이를 위해 오스만 국가에 변화가 필요했으며, 경쟁자들의 힘이 된 것과 같은 근대적인 대중 기반이 그 국가에 주어져야 했다.

그러나 여기에서 이들은 심각한 딜레마에 직면했다. 어떤 이데올로기적 호소로 오스만 제국의 잡다한 인구―언어, 종교, 민족 기원으로 나누어진―를 하나로 모을 수 있는가? 통일의 애국주의가 핵심적이기는 했지만, 이를 위해 당대에 전형적이었던 내용을 빠뜨렸다. 오스만 질서와 가장 비슷한 게 합스부르크 제국이었지만 합스부르크 제국은 상당히 적었고, 기본적으로 하나의 신앙이 압도적이었으며, 여전히 존경받고 있는 전통적인 지배자의 소유물이었다. 예멘에서 도나우 강까지 펼쳐 있는 땅과 오랫동안 분리되어 있었고, 양립할 수 없는 신앙의 위계제로 층화되어 있는 사람들을 책임지게 된 청년 투르크는 그런 이점이 없었다. 우연히 어떤 왕조의 신민이었다는 것 말고 이 국가의 시민이 된다는 것은 어떤 의미가 있는가? 청년 투르크 자신도 이 왕조에 별다른 존경심이 없었고, 권력을 장악한 지 1년도 안 되어 압뒬하미트를 무례하게 추방하지 않았던가? 새로운 정권은 기본적인 정통성 결여에서 벗어날 수 없었다. 이 정권의 이데올로기적 입장이 취약하다는 것을 처음부터 알고 있었다. 왜냐하면 청년 투르크는 자신들이 맞서 반란을 일으킨, 신뢰를 잃은 군주제를 유지했기 때문이다. 청년 투르크는 압뒬하미트의 사촌을 술탄국의 명목상의 후계자로 삼았고, 심지어 잔인한 보스포루스 해협의 폭탄왕이 마침내 사망했을 때 압뒬하미트의 상여를 따라 우스꽝스럽게 행진하기도 했기 때문이다.

그렇게 약화된 연속성의 실타래가 새로운 집합적 황제의 옷이 될 수는 없었다. CUP는 근대 민족주의의 완전한 옷이 필요했다. 그러나 이것은 어떻게 규정되어야 하는가? 투 트랙의 해법이 그 해결책이었다. 대중의 소비를 위해서 CUP는 '시민적' 민족주의를 선언했는데, 이는 신앙이나 혈통과 상관없이 국가의 모든 시민에게 열려 있었다. 이는 광범위한 호소력이 있는 것으로서 초기에 엄청난 희망과 에너지를 분출시켰는데, 심지어 아르메니아인을 포함해서 제국 내에서 이제까지 가장 불만이 많은 사람들 사이에서도 그러했다. 다른 한편으로 CUP는 비밀회의에서 무슬림이나 투르크인에 한정된 좀 더 종교적이거나 좀 더 에스닉적인 민족주의를 준비했다.[9] 이것은 CUP의 특유한 구조를 반영하고 있는 이중성이었다. CUP는 정당으로서 제국에서 처음으로 실시된 자유선거에서 의회의 다수를 차지했으며, 1912~13년의 짧은 휴지기를 제외하면 국가정책을 정했다. 그러나 당 지도부는 무대 전면에 나서지 않았는데, 내각의 각료직이나 군 사령관직을 맡지 않았던 것이다. 이런 자리는 윗세대의 군인과 관료에게 맡겼다. 하지만 앞에서는 헌법을 존중하고 연장자들을 존경하는 것처럼 보였지만, 실제 권력은 당의 중앙위원회가 행사했다. 중앙위원회는 쉰 명의 열성분자로 구성되어 정치 조직을 통제했는데, 이는 마케도니아와 아르메니아의 지하 조직을 모델로 하여 만들어졌다. '청년 투르크'라는 말은 부적절한 명칭이 아니었다. 이들이 권력을 잡았을 때, CUP의 핵심 지도자들은 20대 말에서 30대로 구성되었다. 숫자로 보면, 군 지휘관과 장군이 압도적이었지만 민간인도 고위급에 있었다. 결국 각광을 받은 트리오는 장교단의 엔베르 파샤(Enver Paşa)와 제말 파샤(Cemal Paşa) 그리고 우체국 공무원 출신의 메흐메드 탈라트(Mehmed Talat)였다. 공개적으로 눈에 띄지는 않았지만, 이들 뒤에서 조직을 움직이던 두 사람은 군의관인 셀라니클리 나짐

---

9 이러한 이중성에 대해서는 다음을 참조. Hugh Poulton, *Top Hat, Grey Wolf and Crescent: Turkish Nationalism and the Turkish Republic*, New York 1997, p. 80. 일찍이 1910년 탈라트는 CUP 중앙위원회 비밀 연설에서 다음과 같이 말했다. "여러분은 헌법 조항에 의해 무슬림과 이교도의 평등을 인정하고 있습니다. 모두가 알고 있고 느끼고 있듯이 이것은 실현할 수 없는 이상이라는 것입니다. 샤리아, 우리의 모든 과거 역사, 수만 명의 무슬림의 감정, 심지어 오스만화하려는 모든 노력에 강하게 저항한 이교도들의 감정도 진정한 평등을 확립하는 데 넘을 수 없는 장애물입니다. …… 따라서 우리가 제국을 오스만화하는 데 성공하기 전까지는 진정한 평등은 불가능합니다."

(Selânikli Nazim)과 바하에틴 샤키르(Bahaettin Şakir)였다. 다섯 명의 최고 지도자는 모든 제국의 '유럽' 지역 출신이었다. 멋쟁이 엔베르는 이스탄불의 부유한 집안 출신이었으며, 탈라트와 임상의(臨床醫) 샤키르는 오늘날의 불가리아 출신이었으며, 나짐은 살로니카, 좀 나이가 많은 제말은 미틸레네 출신이었다.

CUP는 곧 자신이 갱신하고자 한 제국을 옹호해야 하는 시험에 들게 되었다. 1911년 이탈리아가 북아프리카에 있는 오스만의 마지막 영토인 리비아를 장악했을 때, 엔베르는 헛수고가 될 사막의 저항을 조직하려 했다. 1년 후 세르비아, 몬테네그로, 그리스, 불가리아가 힘을 합쳐 발칸 반도에 있는 오스만 군대에 합동 공격을 했고, 수주 만에 오스만 군대는 유럽에서 쫓겨났다. 1912년 여름 잠시 권좌에서 물러나 있었기 때문에 CUP는 이 엄청난 패배에 따른 비난을 피할 수 있었고, 적들이 서로 싸우게 되었을 때 최소한 에디르네(Edirne, 아드리아노플)를 다시 차지할 수 있었다. 그러나 제국이 겪은 재난의 규모는 엄청난 것이었다. 루멜리아는 오랫동안 오스만 제국에서 가장 선진적인 지역이었으며, 데브쉬르메 시절부터 청년 투르크까지 오스만 엘리트가 주로 배출된 곳이었다. 청년 투르크는 1912년까지 중앙위원회를 이스탄불이 아니라 살로니카에 두었다. 이곳을 최종적으로 상실함으로써 ─ 열강에게 빼앗긴 것도 아니었다 ─ 유럽 내의 오스만 지배 영역은 겨우 거점이 있는 정도로 축소되었고, 40만 명의 투르크인이 고향을 잃고 쫓겨남으로써 오스만 제국의 역사에서 가장 커다란 재난과 굴욕이 되었다.

이 일이 CUP에 끼친 효과는 이중적이었다. 제국은 이제 85퍼센트가 무슬림이었기 때문에 남아 있는 불신자들에게 정치적으로 호소할 이유가 적어졌으며, 정권에 대한 지지를 모으기 위해 이슬람이라는 카드를 쓴다는 유혹이 더 커졌다. 그러나 아랍 지역을 놓치지 않겠다고 결심한 중앙위원회 지도자들이 이를 충분히 이용하기는 했지만, 그 이전에 발칸 전쟁으로 인해 독립할 수 있는 기회를 얻은 알바니아인들이 가르처준 뼈아픈 교훈이 있었다. 동료 무슬림의 배신은 공통의 종교가 물려받은 국가가 계속해서 해체되는 것을 막는 데 충분하지 않다는 것을 알려주었다. 그 결과 CUP의 이데올로기적 축은, 특히 이너서클 내부에서 점점 에스닉 — 무슬림과 구별되는 것으로서의 터키 — 방향으로 기울어졌다. 이런 전환은 전망이라는 점에서 대가가 없었다. 사실상 어떤 사람에게 청년 투르크는 실증주의자들이었다. 신성하게 보이는 이들의 관점은 철저하게 도구적이었다.[10]

이들은 축소된 제국의 지위를 받아들이려 하지 않았다. 루멜리아에서 쫓겨났다고 해서 수세적인 자세를 취한 게 아니라 발칸 반도에서의 패배를 갚으려는 능동적 의지를 부추겼고, 제국의 손실을 벌충하려 했다. 엔베르는 아내에게 이렇게 썼다. "우리의 분노는 커지고 있습니다. 복수, 복수, 복수. 다른 말은 없습니다."[11] 1912년에서 CUP가 얻은 교훈은 오스만의 힘이 최소한 유럽의 열강 가운데 하나와 동맹을 맺는 것을 통해서만 유지될 수 있다는 것이었다. 이들은 오스만이 패배할 때 수수방관하고 있었다. 청년 투르크는 특별히 선호하는 강대국이 없었고, 영국, 오스트리아, 러시아, 프랑스와 차례로 협상을 벌이다 계속해서 거부

---

10 이들에 대한 지적 영향력에 대해서는 다음을 참조. Erik-Jan Zürcher, "Ottoman Sources of Kemalist Thought" and M. Şükrü Hanioğlu, "Blueprint for a Future Society", in Elisabeth Özdalga(ed.), *Late Ottoman Society: The Intellectual Legacy*, London 1995, pp. 14~27, 29~93. 전자는 라피트, 르봉, 뒤르켐 등 프랑스적 기원을 지적하며, 후자는 루트비히 뷔흐너, 에른스트 헤켈 등 독일의 통속적 유물론과 사회적 다윈주의를 강조한다.

11 Taner Akçam, *A Shameful Act: The Armenian Genocide and the Question of Turkish Responsibility*, New York 2006, p. 115. 여기서 저자는 엔베르가 다음과 같이 선포한 연설을 인용한다. "어떻게 우리 선조의 피가 흐르는 평원과 초지를 잊을 수 있는가. 터키 공격대가 400년 동안 자신들의 말을 매복시켜 두었고, 우리의 사원, 우리의 묘지, 우리의 탁발 수도승이 침거하던 곳, 우리의 다리와 성 등이 있는 장소를 버리고, 이를 우리의 노예에게 넘겨주고, 루멜리아에서 쫓겨나 아나톨리아로 갈 수 있는가. 이것은 견딜 수 없는 일이다. 나는 내 남은 생애를 불가리아인, 그리스인, 몬테네그로인에 대한 복수를 하는 데 기꺼이 바칠 준비가 되어 있다."

당했고, 결국 제1차 세계대전 발발 이틀 전인 1914년 8월 2일에 독일과 〔동맹을 맺는 데〕 성공했다.[12] 이제 CUP가 전면에 나섰다. 엔베르는 전쟁 장관, 탈라트는 내무 장관, 제말은 해군 장관이었다. 조약 자체는 오스만 제국이 삼국협상과 전쟁을 벌여야 하는 것은 아니었고, 청년 투르크도 큰 위험을 감수하지 않으면서 조약으로부터 이익을 얻을 수 있다고 생각했다. 그들은 독일이 금방 프랑스를 궤멸시킬 것이라고 믿었고, 그런 다음 오스만 군대가 동맹국(Central Powers)에 안전하게 합류하여 러시아를 공격하면 승리의 열매를 얻을 것이라 생각했다. 트라키아라는 적절한 지대, 에게 해의 섬들, 키프로스, 리비아, 아라비아 반도 전체, 코카서스 및 아제르바이잔과 투르키스탄까지 이어진 땅을 다시 얻는 것이다.

그러나 서유럽에서 프랑스가 무너지지 않고, 독일이 동유럽에서 러시아를 약화시키기 위해 오스만 제국에 참전하라고 압박하자 내각의 대다수는 초조해졌다. 몇 주 동안 합의도 못하고 결정도 하지 않다가 권력을 잡고 있던 군부 가운데 가장 호전적인 엔베르가 1914년 10월 말에 흑해에 있는 러시아 해안 진지에 정당한 이유 없이 함포 사격을 가하면서 오스만 정부를 전쟁으로 끌고 가는 데 성공했다.[13] 하지만 오스만 해군은, 비록 독일인 선원들이 승선하고 있었지만, 우크라이나에 실제로 상륙할 수는 없었다. 그렇다면 청년 투르크의 패기는 어디서 볼 수 있는가? 결국 상징적인 수준의 군대가 갈리시아에 있는 오스트리아-독일

---

12 이 외교 드라마에 대해서는 다음을 참조. M. Şükrü Hanioğlu, *The Late Ottoman Empire*, p. 175; Ulrich Trumpener, *Germany and the Ottoman Empire 1914~1918*, Princeton 1968, pp. 12~20; David Fromkin, *A Peace to End All Peace: Creating the Modern Middle East 1914~1922*, London 1989, pp. 54~76. 마지막 책은 엔베르가 속임수로 독일인들을 동맹에 끌어들였고, 그런 다음에는 독일인들이 그에게 속임수를 써서 결국 러시아에 적대하도록 했다고 주장한다.

13 이 시기의 엔베르에 대한 가장 훌륭한 묘사는 다음 글이다. Charles Haley, "The Desperate Ottoman: Enver Paşa and the German Empire", *Middle Eastern Studies*, no. 1, January 1994, pp. 1~51, and no. 2, April 1994, pp. 224~51.

전선을 지원하기 위해 북쪽으로 파견되었으며, 베를린의 설득으로 이집트의 영국군 전선에 맞서기 위해 마지못해 원정대를 보냈다. 그러나 이것은 부차적인 일이었다. 엔베르가 직접 지휘한 최정예 부대는 코카서스에서 러시아 국경을 넘으라는 명령을 받았다. 여기에는 1878년 베를린 회의에서 오스만 제국이 빼앗긴 세 지역, 즉 바툼(Batum)과 아르다한(Ardahan), 카르스(Kars)가 수복되기를 기다렸다. 오도 가도 못할 정도로 눈이 쌓인 1915년 1월 이곳에서 돌아온 사람은 거의 없었다. 오스만 군대의 공격은 제1차 세계대전에서 있었던 그 어떤 공격보다 완전한 실패였다. 이 원정에서 살아남은 사람은 일곱 명 가운데 한 명이 채 안 되었다. 동상에 걸리고 사기를 잃은 이들이 뿔뿔이 후퇴하면서 후위가 무방비 상태로 노출되었다.

이스탄불에서는 CUP가 재빨리 반응했다. 이것은 후방으로 가는 통상의 철수가 아니었다. 후방에서는 또 다른 마른 전투[14]가 벌어질 것이었다. 전선의 양쪽으로 이어진 영토는 아르메니아인들의 고향이었다. 이제 터져나온 갈등 속에서 어느 지역을 그들이 가질 수 있었겠는가? 역사적으로 볼 때, 이 지역에서 그리고 아나톨리아 전체적으로 가장 오래 거주한 사람들은 기독교인들이었다. 3세기까지 거슬러 올라가는 이들의 교회는 로마 교회보다 더 우위에 있다고 할 수 있다. 그러나 19세기가 되면 세르비아인, 불가리아인, 그리스인, 알바니아인 등과 달리 이들은 자신들이 거주하는 어느 곳에서도 밀집한 민족적 다수를 차지하지 못했다. 1914년에 1/4은 러시아의 신민이었고, 3/4은 오스만 제국의 신민이었다. 차르 치하에서 이들은 정치적 권리를 누리지 못했지만 동료 기독교인으로서 종교 때문에 박해받지 않았고, 제국 행정 체계 내에서 출세할 수도 있었다. 술탄 치하에서 이들은 처음부터 데브쉬르메가 될 수 없었고, 관직에는 오를 수 없었지만 상인으로 종사할 수 있었고

---

14 Battle of Marne: 프랑스 마른 강에서 1914년 7월과 1918년 7월 벌어진 두 차례의 큰 전투이다. 독일은 두 번의 전투에서 모두 패배했다. ― 옮긴이

토지를 취득할 수 있었다. 19세기 동안 이들은 중요한 지식인층을 양산했다. 오스만 최초의 소설은 아르메니아인이 썼다.

발칸에 사는 사람들과 마찬가지로 그리고 그들에게 영감을 받아 이 인텔리겐치아들은 필연적으로 민족운동을 발전시켰다. 그러나 두 가지 점에서 구별되었다. 이들의 민족운동은 광대하고 불연속적인 영토에 산재해 있었다. 이 속에서 이들은 소수자였다. 또한 이들은 두 개의 경쟁하는 제국으로 나뉘어 있었고, 하나는 이들의 보호자를 자처했고, 다른 하나는 박해자로 보였다. 대부분의 아르메니아인들은—대략 75퍼센트—오스만 제국의 가장 동쪽에 있는 세 개 지방에 살고 있던 농민들이었으며, 이들은 이곳 인구의 1/4을 차지했을 것이다. 그러나 오늘날의 시리아와 국경을 접한 실리시아(Cilicia), 이스탄불과 다른 도시의 완강한 공동체에도 의미 있는 인구가 집중되어 있었다. 경합하는 국경 너머와 연결이 있는 소수 집단에 대한 국가의 의심, 불신자에 대한 대중의 잠재적인 적대감, 외부자의 상업적 부에 대한 경제적 질투 등이 아나톨리아에 있는 이들의 존재를 둘러싼 일촉즉발의 분위기를 조성했다. 압뒬하미트의 개인적인 적대감을 생각할 때 그의 치하에서 그들이 고통을 당할 게 분명했고, 이는 그들에 대한 반복적인 집단 학살로 나타났다. 1894~96년에 8만 명에서 20만 명 정도가 쿠르드족 특별 연대의 손에 학살당했다. 쿠르드족 특별 연대는 동부에서 에스닉의 억압을 위해 압뒬하미트가 만든 부대였다.[15] 국제적인 항의가 이어졌고, 결국 가장 상황이 나빴던 지역에서 아르메니아인의 안전을 보장하기 위해 외국인 감독관이 임명되었지만, 이는 이론적으로만 의미가 있을 뿐 실제로는 아무것도 아니었다. 이것은 아르메니아인 공동체가 〔오스만 제국에〕 불충한다는 믿음을 확고하게 해주었을 뿐이다.

코카서스에서 자국 군대가 패주하는 모습을 보았던 CUP의 즉각적인 두려움은 지역의 아르메니아인들이 적과 합류할 수도 있다는 것이었

---

15 추정치가 다른 것에 대해서는 다음을 참조. Taner Akçam, *A Shameful Act*, p. 42.

다. 2월 25일에 CUP는 군대에 있는 모든 아르메니아인 징집병의 무장을 해제한다는 명령을 내렸다. 영국군과 프랑스군이 다르다넬스에 포격을 가하기 시작하던 날에 이 전보가 나왔다. 다르다넬스 포격은 이스탄불을 위협하는 일이었다. 3월 말, 수도에 엄청난 긴장감이 감도는 가운데 중앙위원회가 —탈라트가 주동자였다— 오스만의 후방을 확보하기 위해 아나톨리아에 있는 모든 아르메니아인을 시리아 사막으로 보낸다고 결정했다. 이 작전은 '특별 조직'인 테슈킬라트 으 마흐수사(Teşkilât-ı Mahsusa)가 수행할 것이었다. 이 조직은 1913년에 당이 비밀 임무를 위해 만든 것으로 이제는 바하에틴 샤키르 휘하의 3만 명 이상으로 구성되어 있다.[16]

*   *   *

대규모의 인종 청소(ethnic cleansing)는 이 지역에서 특이한 일이 아니었다. 전형적으로 정복 군대로 인해 발생하는 난민으로서 어떤 공동체가 자기 고향에서 완전히 쫓겨나는 것은 1860년대에 러시아가 북부 코카서스를 확고히 장악하면서 수십만 명의 터키인과 체르케스인이 겪은 운명이었으며, 발칸 반도의 민족들은 이후 반세기 사이에 오스만 제국의 지배에서 벗어나 독립을 얻었다.[17] 아나톨리아에는 기독교인들에게 당한 아픈 기억을 가진 그런 무자히르(mujahir, 이슬람 이민자)로 가득 차 있었다. 광범위한 학살은 어느 지역에서도 낯선 일이 아니었다. 1890년대에 있었던 아르메니아인 학살은 다른 지역에서와 마찬가지로 '동방

---

16 특수 조직의 기원에 대해서는 다음을 참조. Philip Stoddard, *The Ottoman Government and the Arabs, 1911 to 1918: A Preliminary Study of the Teşkilât-ı Mahsusa*, Princeton dissertation, 1963, pp. 46~62.

17 이러한 인종 청소의 물결에 대해서는 균형 잡히고 냉정한 다음 책을 참조. Benjamin Lieberman, *Terrible Fate: Ethnic Cleansing in the Making of Modern Europe*, Chicago 2006, pp. 3~52.

문제'의 역사에서 모든 곳에서 수많은 전례가 있었다. 안보를 이유로 한 강제 이주는 제1차 세계대전 당시에 한쪽에만 해당하는 일이 아니었다. 러시아에서는 차르 체제에 의해 최소한 50만 명의 유대인이 폴란드와 팔레(Pale)로부터 강제 이송당했다.[18]

하지만 1915년 봄에 CUP가 시작한 일은 새로운 것이었다. 표면적으로는 강제 이송이었지만—그 자체로도 아주 잔인하기는 했다—절멸을 은폐하는 것이었다. 그것은 어떤 공동체 전체에 대해 국가가 조직한 체계적인 살인이었다. 살해는 러시아군이 아나톨리아로 밀고 들어오기 시작하면서 다소는 위험한 상황이었던 3월에 시작되었다. 점점 공포가 커져가던 분위기였던 4월 20일에 반(Van) 시에서 아르메니아인의 봉기가 있었다. 5일 후 영국군과 프랑스군이 다르다넬스에서 대대적인 상륙작전을 벌였고, 연합군이 수도를 함락할 경우에 정부를 내륙으로 옮긴다는 후속 계획이 세워졌다. 이러한 비상 상황에서 CUP는 시간을 낭비하지 않았다. 6월 초가 되면 아르메니아인에 대한 중앙 명령적이고 통합적인 살해가 절정에 달했다. 현대의 인종 청소에 대한 비교 연구의 권위자인 마이클 만은 다음과 같이 말했다. "첫 번째 사건에서 제노사이드까지 확대되는 데 3개월이 걸렸는데, 나중에 있었던 유대인에 대한 히틀러의 공격보다 훨씬 빨리 확대된 것이었다."[19] 바하에틴 샤키르—가장 뛰어난 음모가이며, CUP의 원 설계자—는 은밀하면서도 꼼꼼하게 목표 지역을 순시하면서 도살자를 감독했다. 안보를 위한 것이라는 핑곗거리도 없이 전선에서 수백 마일 떨어져 있는 서부 아나톨리아에 사는 아르메니아인들에게 절멸이 덮치면서 완전히 사라졌다.

사망자 숫자와 어떻게 죽었는지—총상인지 자상(刺傷)인지 아니면

---

18 Benjamin Lieberman, *Terrible Fate*, pp. 87~91. 저자는 이 경우에 역설적으로 강제 이송된 사람 가운데 2/5가 그 이전까지 거주할 수 없었던 러시아의 도시—상트페테르부르크나 모스크바는 아니지만—로 갔다고 말한다.

19 Michael Mann, *The Dark Side of Democracy: Explaining Ethnic Cleansing*, Cambridge 2005, p. 152.

기타인지, 현장에서 죽었는지 이송 중에 죽었는지 — 에 대한 믿을 만한 자료가 없다. 120만 명에서 140만 명이 합리적인 추측이라고 생각한 마이클 만은 "아마 아르메니아인의 2/3가 죽었을 것이라고 판단한다." 이는 "20세기에 이루어진 가장 성공적인 현대의 인종 청소"이며, 비율이라는 점에서 쇼아(Shoah)를 능가한다.[20] 이 명령이 초래한 참상을 감출 수는 없었다. 영사·군인·목사 등 다양한 직책으로 오스만 제국의 동맹국으로 아나톨리아에 머물던 독일인들은 이를 목격했고, 어떤 일이 일어나고 있는지를 공포와 충격 속에서 본국에 보고했다. 미국 대사를 만난 탈라트는 애써 이를 부정하려고 하지도 않았다. 제2차 세계대전 시기에 유대인 학살에 대해 침묵했던 동맹국과 달리 연합국은 주저 없이 절멸을 비난했고, 1915년 5월 24일에 절멸을 실행한 사람들을 범죄자로 처벌할 것이라는 엄숙한 성명을 발표했다.

다르다넬스의 승리[21]는 CUP 정권을 구했다. 그러나 이것은 CUP 정권이 벌인 전쟁에서 유일하게 실제로 성공한 방어 전투였다. 아라비아, 팔레스타인, 이라크, 흑해 등 다른 곳에서는 여전히 농업 사회였던 곳의 군대가 산업화된 적에게 패배를 당했고, 민간인의 커다란 고통과 막대한 군 사상자를 낳았는데, 인구 비율이라는 점에서 오직 세르비아에만 뒤지는 것이었다. 1918년 9월 말 불가리아의 함락과 함께 오스만 제국이 동맹국과 이어지는 생명선이 무너졌으며, CUP에 재앙이 닥쳤다. 소피아를 거쳐 베를린을 방문했다가 돌아온 탈라트는 게임이 끝났음을

---

20 Michael Mann, *The Dark Side of Democracy*, p. 140. 2009년 1월 탈라트 문서에 있는 자료 —남편을 변호하는 탈라트의 미망인이 언론인 무라트 바르대크시 (Murat Bardakçi)에게 넘겨주었다 —는 오스만 제국의 아르메니아인이 1914년 125만 6,000명에서 1916년 28만 4,157명으로 줄었다고 기록하고 있다. "Nearly a Million Genocide Victims, Covered in a Cloak of Amnesia", *New York Times*, 9 March 2009 참조.

21 1915년 4월 말 영국군이 다르다넬스 해협의 갈리폴리에 대한 상륙 작전을 펼쳤지만 터키군의 승리로 끝났다. —옮긴이

알았고, 2주일 이내에 대재상(grand vizier) 자리에서 물러났다. 겉보기에는 덜 타협적인 새 내각이 2주 후에 만들어졌고, 10월 31일에 제국의 조정은 연합국과 휴전 협정을 체결했다. 3일 후인 11월 3일에 오스트리아, 두 주 후인 11월 11일에 독일이 휴전 협정을 체결했다. 마치 가장 약한 곳에서 가장 강한 곳으로 도미노가 무너지고 있는 것처럼 보였다.

<h1 style="text-align:center">3</h1>

이런 인상은 오해의 소지가 있다. 빈에서는 합스부르크의 군주제가 하루아침에 해체되었다. 베를린에서는 호엔촐레른 가(家)가 망명하면서 병사평의회와 노동자평의회가 등장했다. 소피아에서는 전쟁이 끝나기도 전에 봉기를 일으켰던 알렉산드르 스탐볼리스키(Alexander Stamboliski)의 농민당이 권력을 잡았다. 각각의 경우에 패배는 논란의 여지가 없는 것이었고, 구질서는 이로 인해 신뢰를 잃었고, 혁명 세력이 그 폐허 속에서 등장했다. 이스탄불은 그런 시나리오대로 움직이지 않았다. 오스만 제국은 다른 강대국과 달리 납득할 수 없는 결정으로 참전했고, 그 출구 역시 다른 강대국과는 달랐다. CUP 지도자들이 패배를 받아들이지 않았기 때문이다. 내각을 넘겨준 것은 이보 전진을 위한 일보 후퇴였다. 그들이 정부에서 물러나고 휴전 협정을 조인하기까지의 2주 동안 그들은 임박한 점령에 저항하고, 투르크인의 힘을 주장하기 위한 투쟁의 제2막을 준비했다. 엔베르는 미래를 위한 영감으로 1912∼13년에 있었던 발칸 반도의 참사를 상기시켰다. 이때 그가 에디르네를 되찾으면서 간신히 구제될 수 있었다.[22] 탈라트는 준군사 지하 조직인 카라콜(Karakol)을 만들었는데, 이는 가까운 협력자들 — 엔베르의 삼촌

---

22 Eric Zürcher, *Turkey: A Modern History*, London 2004, p. 135; Nur Belge Criss, *Istanbul under Allied Occupation 1919∼1923*, Leiden 1999, p. 4; Eric Zürcher, *The Unionist Factor*, Leiden 1984, p. 84 참조.

을 포함해서 ─ 이 지휘했고, 특수 조직이 몰래 숨겨둔 무기와 자금을 사용했다. 카라콜은 잠시 후에 해체하고 통일당으로 이름을 바꾸었다. 문서고를 없애버렸고, 범죄 행위를 입증할 만한 파일을 체계적으로 파기했다.[23]

10월 31일에 렘노스(Lemnos) 섬에서 항복 문서에 조인은 했지만, 아직 연합군이 보스포루스 해협으로 들어오지 않았을 때 CUP 지도자들은 마지막 수를 두었다. 준비가 끝났고, 패닉은 없었다. 11월 1일과 2일 사이의 밤에 여덟 명의 최고지도자들은 비밀리에 예전에 독일이 러시아에서 나포한 구축함 샤스트리비 호에 올라 세바스토폴로 향했다.[24] 여전히 연합군과 전쟁을 벌이고 있던 독일은 우크라이나를 통제하고 있었다. 여기에는 엔베르, 탈라트, 샤키르, 나짐, 제말 등이 있었다.[25] 크림 반도에서 엔베르는 코카서스로 향했고, 나머지는 변장을 하고 하나둘 베를린으로 갔다. 이들이 베를린에 도착한 것은 1919년 1월이었다. 베를린에서 이들은 공화국의 새로운 사회민주당 대통령인 프리드리히 에베르트(Friedrich Ebert)의 보호를 받았다. 통일주의는 나치즘이 아니었지만, 유추가 필요하다면 이렇게 말할 수 있다. 1945년 히틀러, 하인리히 힘러(Heinrich Himmler), 에른스트 칼텐부르너(Ernst Kaltenbrunner), 요제프 괴벨스(Joseph Goebbels), 헤르만 괴링(Hermann Göring) 등이 독일에서 베어볼프(Werewolf) 작전 계획을 잘 준비한 뒤 차분하게 함께 핀란드로 도망가서 투쟁을 계속하는 것과 비슷하다.

10일 후에 연합군이 이스탄불에 입성했다. 전쟁이 끝나면서 합스부

---

23 이에 대한 자세한 설명은 다음을 참조. Eric Zürcher, *The Unionist Factor*, pp. 68~105.

24 지휘관이었던 부함장 헤르만 발처(Hermann Baltzer)의 생생한 묘사는 다음을 참조. *Orientrundschau*, November 1933, pp. 121~23. 이를 뒷받침하는 것이 부(副)제독 알베르트 호프만(Albert Hopman)의 일기인데, 이는 다음에 수록되어 있다. Winfried Baumgart(ed.), *Von Brest-Litovsk zur Deutschen Novemberrevolution*, Göttingen 1971, p. 634.

25 이스탄불의 경찰 총수인 베드리(Bedri), 트라브존 지사인 제말 아즈미(Jemal Azmi), 또 다른 의사인 루수히(Rusuhi) 등이 동행했다.

르크 제국은 자연스럽게 해체되었다. 호엔촐레른 왕조 대신에 공화국이 들어섰으며, 이 공화국은 알자스-로렌을 넘겨주고 라인란트의 점령을 감내해야 했지만 독일의 영토적 통합성에 대한 실질적인 손실은 없었다. 오스만 제국은 또 다른 문제였는데, 그 운명은 훨씬 더 승리자들의 처분에 달려 있었다. 1918년 말에 네 개의 강대국 — 영국, 프랑스, 이탈리아, 그리스 — 이 전리품을 나누었는데, 영국과 프랑스는 오스만 제국의 아랍 지역을 나누어 가졌고, 이탈리아와 그리스는 남서 아나톨리아에서 전리품을 얻기 위해 경쟁했다. 최종적으로 오스만 제국을 어떻게 나눌 것인가에 대해 이들이 합의하기까지는 2년이 더 소요되었다. 그 사이에 이들은 이스탄불에서 CUP를 싫어하는 것으로 알려져 있던 새로운 술탄이 지배하는, 명백히 순응적인 내각에 대한 공동 감시를 했다. 물론 처음에는 매우 느슨했다.

하지만 패배한 사회가 겪은 전후의 상황이 독일이나 오스트리아보다 훨씬 비참하기는 했지만, 카르타고적인 화평에 저항할 수 있는 힘은 더 컸다. 수도에서 카라콜은 곧 비밀요원과 무기를 국내로 들여왔는데, 이미 전시에 권력의 중심을 이동한다는 계획이 수립되어 있었다. 하지만 무슨 일이 벌어지고 있는지를 감시하는 외국인은 거의 없었다. 게다가 결정적으로 러시아를 연합국의 대열에서 떨어지게 한 10월 혁명으로 인해 동부 아나톨리아가 점령을 피할 수 있게 되었다. 뿐만 아니라 엔베르가 코카서스를 장악하기 위해 파견한 오스만 제국의 제9군은 브레스트-리토프스크 조약으로 인해 제9군이 통일주의 사령관의 지휘 아래 이 지역에서 아무런 저항 없이 바쿠로 진격할 수 있었다.

1919년 봄 또 다른 통일주의 장교가 무대 위에 올랐다. 루멜리아 출신인 케말 아타튀르크는 CUP의 초기 멤버였으며, 다르다넬스 방어전에서 두각을 나타냈다. 전쟁의 나머지 기간에는 시리아에서 제말(Jemal)과 함께 보냈다. 엔베르와 불편한 관계였기 때문에 그는 당의 핵심에서 벗어나 있었으며, 당의 특수 조직에도 관여하지 않았다. 그는 전후 내각의 각료 자리를 얻기 위해 다마스쿠스에서 돌아왔는데, 각료 자리 대신 동부 지역의 군 조사관 자리가 제안되었다. 아마 이 제안은 카라콜과의 논의 속에서 나왔을 텐데, 그는 수도로 돌아오면서 이 조직과 접촉을 했다. 흑해 연안에 도착한 케말 아타튀르크는 내륙으로 들어가 터키에 대한 연합국의 통제에 대한 정치적·군사적 저항—처음에는 은밀하게 이루어졌으나 곧 공공연해졌다—을 조율하기 시작했다. 곧 독립 전쟁이 될 상황 속에서 그는 유리한 4가지 요인의 도움을 받았다.

첫 번째는 CUP 지도자들이 저항 준비를 상당히 해놓았다는 것이다. 여기에는 상당한 양의 무기와 비밀 정보요원이 포함될 뿐만 아니라 공개적으로 유사 정당으로 활동하던 민족방위권협회(Societies for the Rights of National Defense)의 전국적인 네트워크도 있었다. 여기에 더해 선견지명이라기보다는 운이었지만, 연합군의 범위 밖에 있는 잘 무장된 정규군이 있었다. 두 번째는 러시아에 의해 확대된 연대였다. 러시아의 레닌 정권은 러시아 내전에서 자신을 무너뜨리려는 연합국의 다각적인 개입에 직면해서 공동의 적에 맞서 싸우는 터키 저항군에게 무기와 자금을 대주었다. 세 번째는 연합국 자체의 분열이었다. 영국은 이스탄불에서 으뜸가는 권력이었다. 그러나 영국은 이 지역의 대리인으로 그리스에 의존하기를 원하면서 그 정치적 힘에 맞는 군사력을 보낼 생각이 없었다. 그러나 그리스 카드—이것이 이 상황에서 네 번째 핵심적인 요소였다—는 승리자들이 가지고 놀기에는 특히 약한 카드였다.

이탈리아는 열등한 경쟁자인 그리스에 대해 분개했고, 프랑스는 그리스를 영국의 하수인이라고 의심했다. 터키인의 눈에 그리스는 오스만 제국의 상대라고 할 만한 강대국 뒤에서 썩은 고기를 먹는 자칼로 보였다. 그리스는 오스만 제국 군대의 패배에 실질적으로 어떤 기여도 하지 않았지만, 가장 넓은 점령 지역을 받았다. 이 점령 지역에서는 이미 전쟁 전에 특수 조직에 의해 상당수의 그리스인이 추방당했고, 민족 간의 긴장이 높아졌다. 하지만 무엇보다도 그리스는 군사력이라는 면에서 거의 의미가 없는, 작고 내적으로 분열된 국가였다. 민족해방 운동에서 그리스보다 더 나은 목표를 상상하는 것은 어려운 일이었다. 케말이 흑해에 도착하기 나흘 전에 그리스 군대가 스미르나(Smyrna)에 도착해 주변 지역을 장악했는데, 이것이 전국적인 분노를 일으켰고, 많은 터키인이 여전히 조심스럽게 생각한 일을 벌이기 위한 완벽한 조건을 창출했다.

1년도 안 되어 케말은 앙카라에 국민의회를 세웠는데, 이는 이스탄불에 있는 정부를 공공연하게 무시하는 것이었고, 서부 아나톨리아를 점점 더 많이 점령하게 된 그리스의 진격을 억제할 수 있는 힘을 모으는 일이었다. 그리스는 1921년 가을 처음에만 전리품을 얻은 후 더 이상 진격하지 못했고, 1년 후에는 여전히 동일한 전선에 주둔하고 있던 침공 세력이 패배했다. 10일 이내에 케말의 군대는 스미르나에 입성해서 초토화시켰고, 남아 있던 그리스 주민을 바다 쪽으로 몰아냈다. 이때 양측 모두 가장 야만적인 행위를 저질렀다.[26] 영국에서는 피보호국의 참패로 인해 로이드 조지 정부가 끝장났다. 죽을 때까지 친그리스적이었던 그는 1922년 10월 터키의 성공에 맞서 전쟁을 벌이려 했고, 이로 인해 칼튼 클럽[27]에서 일어난 반란으로 쫓겨났다.

다음 해 여름 커즌 경(Lord Curzon, George Nathaniel Curzon)은 아나톨리아를 분할한다는 연합국의 애초 계획을 포기하고, 현대 터키의 기본적인 국경을 인정하고 터키 내에 있는 외국인의 모든 치외법권의 종식을 수용했다. 이를 위해 그는 프랑스, 이탈리아, 그리스의 외무 장관과 함께 오스만 국가에 대한 적대 행위를 종식하는 로잔 조약에 서명했다. 법률적으로 볼 때, 이 조약에서 가장 특이한 점은 노르웨이의 박애주의자인 프리드쇼프 난센(Fridtjof Nansen)이 제안한 상호 인종 청소였다. 그는 이 묘안으로 노벨평화상을 받았는데, 그런 식의 수상자로는 최초였고,

---

26 이때 발생한 화재에 대한 묘사는 다음을 참조. Andrew Mango, *Atatürk: The Biography of the Founder of Modern Turkey*, London 1999, pp. 345~47.

27 Carlton Club: 1832년 토리당 의원들이 만든 신사클럽. 보수당 지도자들과 주요 의원들이 모여 토론을 벌이는 장소이다. ─옮긴이

이후 그 같은 수상자가 많이 나왔다.[28] 터키와 그리스 사이의 '인구 교환'은 승자와 패자의 상대적인 지위를 반영했다. 90만 명의 그리스인과 40만 명의 터키인이 고향을 떠나 반대 방향으로 향했다.

　자기 나라에서 해방자로 환영받은 케말은 이제 정치적 장(場)의 주재자가 되었다. 샤스트리비 호가 정박하던 항구를 떠났을 때 그는 통일주의가 남겨놓은 병렬 국가에 기대 권력을 쥐었으며, 당분간은 분명한 대장이라기보다는 CUP 생존자 사이에서 동료 가운데 제1인자의 지위를 누렸다. 1921년 여름 엔베르는 흑해 연안에서 국경을 건너 다시금 경쟁에 뛰어들어 케말이 그리스의 진격을 막는 데 실패할 경우, 케말로부터 지도권을 찾아올 준비를 하고 있었다. 군사적 승리로 케말은 그런 위협에서 벗어날 수 있었으며, 베를린에 있던 탈라트는 그런 위협이 어쨌든 경솔하다고 생각하고 추종자들에게 새로운 지도자를 따르라고 말했다. 그러나 CUP는 케말의 지배의 정당성에 잠재적 걱정거리가 되는 또 다른 종류의 위험이기도 했다. 연합군의 점령 아래 아르메니아인 학살에 책임 있는 핵심 인물에 대한 재판이 이스탄불 정부에 의해 열렸고, 세바스토폴로 간 여덟 명의 최고지도자 전원이 궐석재판으로 사형선고를 받았다.

　이들의 신병이 인도될 경우 독일과의 연루가 드러날 것을 우려한 바이마르 정부는 이들을 보호했다. 베를린에서 이들은 터키의 힘을 회복하기 위해 유럽과 아시아를 넘나들면서 나름대로 야심찬 계획을 세웠다. 탈라트는 벨기에·스웨덴·이탈리아로, 제말은 스위스·그루지야로,

---

28 "난센이 지지한 에게 해 사이의 소수 인종의 강제 교환이 도덕적 문제를 제기하기는 했지만, 노벨상 위원회는 크게 문제 삼지 않았다. 난센에게 권한을 부여하고 이를 창조적으로 사용하도록 자극한 서구 열강은 양심의 가책을 조금도 느끼지 않았다." Bruce Clark, *Twice a Stranger: How Mass Expulsion forged Modern Greece and Turkey*, London 2006, p. 95. 이 저자는 "난센이 고양이 목에 방울을 달자 터키 진영은 환호했다"라고 쓰고 있다.

샤키르와 엔베르는 러시아로, 다른 사람들은 페르시아와 아프가니스탄으로 갔다. 이들은 복귀를 위한 서로 다른 계획이 있었다.[29] 이들이 베를린에 그대로 머물러 있었다면, 이들은 케말 정권이 매우 곤혹스러웠을 것이다. 왜냐하면 케말 정권이 이들과 어떻게 연관되어 있는지를 상기시키는 일이었고, 정권으로서는 어떻게 해서든 피하려 했던, 이들에 대한 공식적인 입장을 내야 했을 것이기 때문이다. 아이러니하게도 케말은 이 문제를 아르메니아 혁명당(Dashnaks) 중앙위원회로부터 도움을 받았다. 예레반(Erevan, Yerevan) 모임에서 스스로 정의를 실현하겠다고 결정한 이 아르메니아 혁명당은 이스탄불의 판결을 수행할 요원을 파견했다. 1921년 3월, 탈라트는 베를린 중심가의 쿠어퓌르스텐담 바로 옆의 우란트 거리에 있는 자신의 집에서 몇 미터 떨어지지 않은 곳에서 권총에 맞아 쓰러졌다. 1922년 4월, 샤키르와 제말 아즈미는 얼마 떨어져 있지 않은 같은 거리에서 총에 맞았다. 7월에 제말은 츠빌리시에서 암살당했다. 8월에 아르메니아 혁명당의 복수를 모면한 엔베르는 아르메니아의 체카 요원으로 추정되는 인물에 의해 쫓기다가 타지키스탄에서 볼셰비키와 싸우다 죽었다.[30] 앙카라의 신질서를 위해 이보다 시의

---

29 CUP 망명자들의 활동과 이들이 케말과 맺었던 관계는 여전히 세심하게 연구되어야 할 주제이다. 현재까지 엔베르가 소련의 도움을 받으려 했다는 것과 중앙아시아에서 이슬람의 기치를 내걸려고 한 시도를 유럽에 있던 다른 사람들의 일부 문서와 함께 가장 잘 다룬 것은 다음이다. Yamauchi Masayuki, *The Green Crescent under the Red Star: Enver Pasha in Soviet Russia 1919~1922*, Tokyo 1991. 이들이 베를린에서 누렸던 외교적인 환대에 대해서는 다음의 회고록을 참조. Wipert von Blücher, *Deutschlands Weg nach Rapallo*, Wiesbaden 1951, pp. 130~37. 탈라트의 체류에 대해 존경 어린 투로 이야기하는 것은 다음을 참조. Ingeborg Böer, Ruth Herkötter and Petra Kappert(eds.), *Türken in Berlin 1871~1945*, Berlin 2002, pp. 195~201.

30 이에 대한 선정적인 설명은 다음을 참조. Jacques Derogy, *Opération Némésis: Les vengeurs arméniens*, Paris 1986, pp. 135~48, 239~61, 275~78, 296~301. 법률가 수업을 받은 베드리가 카불에 어떤 임무를 띠고 파견되었는데, 여기서 그는 아마눌라(Amanullah) 정권을 위해 헌법과 형법 초안을 작성하는 일을 도왔으며,

적절한 청소는 없었을 것이다. CUP 지도자들이 처리되면서 케말은 터키를 자신의 이미지대로 건설하는 길에 나섰고, 너무나 악명 높은 과거의 기억에 방해받지 않게 되었다.

4

엔베르가 죽고 3개월 후에 CUP가 조심스럽게 보존해 온 술탄제가 폐지되면서 결국 오스만은 합스부르크, 로마노프, 호엔촐레른의 뒤를 잇게 된다. 1년 후 엄격하게 통제된 선거가 실시되었고 케말 아타튀르크가 터키 공화국의 대통령이 되었다. 통일주의가 집착해 온, 수세기에 걸친 왕조적 아우라와 상징적으로 결별했다는 것이 분명했지만 당시까지는 크게 보이지 않았다. 그렇게 예측할 수 없는 논리가 이어진 일의 특징이 되었다. 1924년 봄 여전히 무슬림 세계에서 존경받고 있던 종교기관인 칼리프제를 없애버렸고 ― 멀리 인도에서 저항의 물결이 있었다 ― 곧 사원을 폐쇄했으며, 데르비시(dervish, 수피 결사 집단의 탁발승)를 억압했고, 터키 식 모자를 금지했고, 달력을 바꾸었으며, 샤리아 대신 시민법을 만들었고, 아랍 문자 대신 라틴 문자를 사용하게 했다. 신앙·시간·복장·가족·언어 등을 포함한 종교 전통과 민간의 관습에 대한 공격의 범위와 속도는 오늘날까지 움마(Umma, 이슬람 공동체) 내에서 독특한 것으로 남아 있다. 누구도 사전에 이런 정도의 급진주의를 추측할 수 없었는데, 이는 같은 시기에 멕시코의 플루타르코 카예스(Plutarco Calles)의 엄격한 반성직자주의와만 비교 가능하다. 그 몽상가적인 공세로 인해 케말은 그 전임자들과 분명하게 구별되었다.

이제 터키를 사로잡은 이러한 변화는 비록 체계적이기는 했지만 낮

1924년에 폐결핵으로 사망했다. Sebastian Beck, "Das Afghanische Strafgesetzbuch vom Jahre 1924 mit dem Zusatz vom Jahre 1925", *Die Welt des Islams*, August 1928, p. 72.

선 것이었다. 사회혁명 없는 문화혁명으로서 역사적으로 매우 드문 일이었고, 선험적으로 불가능한 것으로 보일 정도였다.[31] 사회구조, 소유의 규칙, 계급관계의 유형 등은 변하지 않았다. CUP는 처음부터 모든 파업과 노동 조직을 억압했다. 케말도 이를 따랐다. 모스크바와 바람직한 외교관계를 맺고 있었지만, 공산주의자들은 살해당하거나 감옥에 갔다. 그러나 케말주의에 반자본주의적 충동이 없었기는 하지만, 거기에는 의미 있는 반봉건적 차원도 없었다. 관직 보유자 국가를 중심으로 하는 오스만의 지배는 농촌 지역의 강력한 지주 계급을 필요로 하지도 않았고 허용하지도 않았는데, 특히 농민 보유가 전통적으로 지배적이었던 아나톨리아에서 그러했다. 유일한 실제적인 예외는 부족장이 통제하는 남동부의 쿠르드족 지역이었다. 따라서 농업 개혁의 전망은 러시아 혹은 발칸의 일부 지역에서보다 제한적이었고, 이에 대한 어떤 시도도 없었다.

하지만 동시에 문화혁명의 영향을 받은 사회적 풍경은 한 가지 결정적인 측면에서 안정적인 전통 질서의 정반대이기도 했다. 케말주의의 동학에 계급투쟁이 없었다 하더라도 거대한 규모로 일어난 에스닉 격변은 아나톨리아 사회를 재구성했다. 러시아 혁명이나 발칸 전쟁으로 인한 투르크인과 체르케스인의 유입, 아르메니아인의 절멸, 그리스인의 추방 등은 여전히 후진적인 농업 경제 내에서 거대한 인구와 재산의 혼합을 낳았다. 이렇게 파편화된 배경 속에서 위로부터의 문화혁명이 아래로부터의 폭력적인 반응을 불러일으키지 않은 채 강제될 수 있었다. 유럽에서보다 두 배나 긴, 10년이 넘도록 계속된 전쟁의 종결과 함께 이루어졌기 때문에 엄청난 도덕적·물질적 뿌리뽑힘이 통제할 수 없는 폭발을 낳지 않은 채 문화투쟁을 가능케 했다. 그러나 마찬가지로 이 혁명은 대중의 능동적인 에너지를 얻지도 못했다. 케말주의는 수직적인

---

31 카터 핀들리는 상상력이 풍부한 다음 연구에서 올바르게도 이 혁명의 드문 성격을 강조한다. Carter Findley, *The Turks in World History*, Oxford 2005, p. 204.

일이었다.

케말주의가 한 가지 근본적인 측면에서 —— 서법을 철폐함으로써 문자로 된 과거와의 모든 연관이 끊어진 새로운 세대에 의해 —— 오스만 문화와 날카롭고 갑작스럽게 단절하기는 했지만, 대중과의 거리감 때문에 오스만 전통을 계승했을 뿐만 아니라 강조하기도 했다. 전 근대의 모든 지배 집단은 말투나 어휘에 불과하지만 지배를 받는 사람과 구별되는 자신의 언어를 사용했다. 그러나 오랫동안 주로 투르크인으로 구성되어 있지 않던 오스만 엘리트는 특유하게 자신의 신민과 떨어져 있는 국가 공무원 집단이었다. 이들은 페르시아어, 아랍어, 투르크어의 혼합에다 수많은 외래어가 섞인 복잡한 언어를 사용했기 때문에 피지배자가 이해할 수 없었다. 행정에 사용되는 오스만어는 그 문자 형태보다 덜 세련되었고, 투르크인은 여전히 민간 어법을 사용하기는 했지만 오스만 제국 내에는 언어로 정해진 고급문화와 하위문화 사이에 엄청난 간극이 있었다.[32]

케말주의는 현대 터키어를 만들어냄으로써 이를 제거하기 시작했다. 오스만 제국 시절에 터키어는 천대 받는 방언이었지만, 이제는 새로운 공화국의 모든 시민이 함께 쓰는 언어가 되었다. 그러나 케말주의는 과거에 가장 넓었던 지배자와 피지배자 사이의 간극을 좁히려 했지만 동시에 과거에는 그 정도로 존재하지 않았던 간극을 만들었는데, 그들 사이의 전반적인 거리는 그 어느 때보다 컸다. 언어 개혁은 통일성을 위한 것이었다고 할 수 있다. 종교개혁은 분열로 이어지게 되었다. 오스만 엘리트의 신앙은 대중적 형태의 신심과 공통점이 거의 없었다. 교육 받은 계층은 다양한 제례와 민속신앙을 경멸했다. 그러나 최소한 이슬람에 충실하다는 것을 공유했다. 케말이 이러한 연결을 끊어버렸다. 국가가 사원과 성직자단, 설교사와 기도회 등을 공격하기 시작하자 그것은 전

---

32 오스만어 용법의 세 층위에 대해서는 다음을 참조. Şerif Mardin, *Religion, Society and Modernity in Turkey*, Syracuse 2006, pp. 320~24.

통적인 숭배와 애착의 대상물을 표적으로 삼았고, 대중은 여기에 저항했다. 이 수준에서 문화혁명은 불발했다. 케말주의적 세속주의는 이 나라의 농촌과 소규모 타운 대부분에서 거부당했고, 그 대신 현대화된 오스만 제국 엘리트의 후손—관료, 군 장교, 전문직—에 의해 도시들에서 열정적으로 받아들여졌다. 이 도시 계층 내에서 세속주의는 시간이 흐르면서 아주 편협하고 고유한 대용 종교 비슷한 것이 되었고, 오늘날도 여전히 그렇다. 그러나 이러한 세속주의의 견고함은 특유하게 불안정한 세속주의이다. 지적으로 빈약하거나 대중적인 감정과 떨어져 있을 뿐만 아니라 더 깊은 곳을 보면 이것과 분리할 수 없는 구조적인 불신 때문이다.

케말이 평생 다소는 프랑스 제3공화국의 특징을 지닌 완강한 무신론자로 살았다고 생각할 이유는 없다. 그러한 의미에서 케말은 수도자의 신비화와 미신에 재앙이었던 터키판 에밀 콩브[33]로 기억할 수 있을 것이다. 그러나 그는 권좌에 오르자 탈라트나 엔베르처럼 이슬람 없이 지낼 수 없었다. 그는 1920년에 이렇게 선언했다. "우리 조국을 위해 우리가 지금 뛰어드는 성전에서 신의 도움과 보호가 우리와 함께한다."[34] 독립을 위한 투쟁은 성전이었으며, 케말은 이를 가지(Gazi), 즉 초기 오스만 팽창을 신봉하는 전사로 이끌었다. 그는 이를 30대에 받아들였다. 1923년 신자들에게 모스크에서 설교하면서 그는 주저하지 않고 "신은 하나이며, 신의 영광은 위대하다"라고 말했다.[35] 그다음 해 터키 공화국 헌법이 만들어지자 이슬람은 국교로 선포되었다. 이 시기에 케말이 무슬림 신앙을 이용한 정신은 나폴레옹 대관식에서 교황의 은총을 이용한 것과 같은 것이다. 그러나 이것은 그들이 냉소주의 속에서 반대 방

33 Émile Combes, 1835~1921: 프랑스의 정치가이자 프리메이슨이며, 총리(1902~05)를 지냈다. 그는 반성직자주의의 대표자로 국가와 교회의 분리에 헌신했다.—옮긴이

34 Hugh Poulton, *Top Hat, Grey Wolf and Crescent*, p. 91.

35 Andrew Mango, *Atatürk: The Biography of the Founder of Modern Turkey*, p. 374.

향으로 움직이게 되는 것에 대한 연습이었다는 것이다. 나폴레옹은 혁명가로서 권좌에 올랐고, 권력을 안정시키기 위해 종교를 이용했다. 케말은 혁명을 하는 데 종교를 이용했고, 권력이 안정되자 등을 돌렸다. 1926년 이후에는 더 이상 신에 대한 이야기가 들리지 않았다.

5

새로운 정권은 이슬람을 전술적·과도기적으로 이용했고, 더 이상 필요하지 않게 되자 쉽게 바꿔었다. 그러나 심층에서는 이 정권이 표면으로 나오는 것을 억누르려 한 바로 그 종교와 이 정권이 긴밀하게 맺어져 있는 매듭이 있었다. 터키 세속주의는 표면상 아주 열정적이었을 때조차 진정으로 세속적이지 않았다. 종종 언급되는 것처럼, 이는 부분적으로 케말주의가 종교를 국가로부터 분리하지 않고 국가에 종속시켰기 때문이다. 케말주의는 모든 모스크의 소유권, 이맘의 임명권, 종교 재단의 행정권 등을 인계받은 집정관(directorate)을 만들었던 것이다. 이는 신앙을 관료제의 일부로 바꾼 것이다. 하지만 더 깊은 이유는 종교가 민족과 분리되지 않았기 때문이다. 그 대신 종교는 민족을 암묵적으로 규정했다. 하지만 이로 인해 케말주의는 엘리트의 숭배 이상의 것이 될 수 있었고, 대중에게 지속적인 흔적을 남겼다. 촌락 수준에서 세속주의가 대중에게 뿌리내리는 데 실패했지만, 민족주의는 대중적 기반을 획득했기 때문이다. 그렇게 함으로써 케말주의는 이슬람으로 개종하기 이전에 중앙아시아에서 태어난, 오랜 터키의 문화 전통에 기댈 수 있었다. 이는 카터 핀들리(Carter Findlay)가 『세계사 속의 터키』에서 주장한 것인데, 이것이 국가의 신성화라는 특징을 만들어냈다는 것이다. 이것은 다시 비상한 잠재력의 아우라가 있는 현대적인 기표 — 데블렛(devlet, 국가) — 에 스며들어 있다. 그렇지만 케말주의의 애매함이 두 개의 상표에 들어 있는 이데올로기적 코드를 만들게 되었다. 하나는 세속적인 것으로서 엘리트에게 호소력이 있었다. 다른 하나는 비밀 종교적인 것으로서 대중에게 접근할 수 있었다. 두 개에 공통적인 것은 최고의 정치적 가치로서 민족의 통합성이었다.

기독교인, 그리스인, 아르메니아인은 처음부터 배제되었다. 1919년에 있었던 첫 번째 국회 선거에서는 무슬림만 투표권이 있었으며, 1923년에 주민이 '교환'되었을 때 실리시아에 있던 그리스 공동체조차 터키어를 사용하고 완전히 동화되어 있었음에도 불신자라는 이유로 추방당했다. 이들의 에스니시티는 문화가 아니라 종교에 의해 규정되었다. 그렇게 민족에서 배제한 것은 사실상 말할 필요도 없다. 그러나 이 나라 안에는 또 다른 큰 공동체가 있었는데, 그 구성원의 대부분은 터키어를 하지 못했음에도 무슬림이기 때문에 보내지지 않았다. 인종 청소가 이루어진 아나톨리아에서 쿠르드족은 아마 인구의 1/4을 차지했을 것이다. 이들은 아르메니아인 학살에서 중심적인 역할을 했는데, 쿠르드족 분견대가 절멸을 위한 돌격대가 되었고, 독립 전쟁에서 터키인과 함께 싸웠다. 그렇다면 신생 국가에서 이들의 위치는 무엇이 되었을까?

독립 투쟁의 전망이 아직 불확실하던 때에 케말은 쿠르드족에게 정체성을 존중할 것이며, 이들이 지배적인 곳에서 종교의 자율성을 보장할 것이라고 약속했다. 케말은 1919년에 이렇게 선언했다. "터키인과 쿠르드족이 있다. 민족은 하나의 요소가 아니다. 결합된 다양한 무슬림 구성 분자가 있다. 이 실체를 구성하는 모든 무슬림 구성 분자는 시민이다."[36] 그러나 승리가 확정되자 쿠르드족 지역에는 터키인 관리들이 배치되었고, 쿠르드 지명이 변경되었으며, 법원과 학교에서는 쿠르드어 사용이 금지되었다. 그 후 케말은 1924년 칼리프제의 폐지와 함께 그 이전 5년 동안 의지했던 이슬람이라는 공통의 상징을 제거했다. 5년 전 그는 "터키인과 쿠르드족은 칼리파 제도 속에서 형제로서 계속해서 함께 살아갈 것이다"라고 맹세했더랬다.[37] 이렇게 이슬람이라는 공통의

---

36 David McDowall, *A Modern History of the Kurds*, London 2004, p. 188 참조.

37 David McDowall, *A Modern History of the Kurds*, p. 187.

상징을 제거한 행위로 인해 1925년에 부족의 종교 지도자인 셰이크 사이트(Sheikh Sait) 지도 아래 주요한 쿠르드족 반란이 일어났다. 터키 군 전체의 절반, 즉 5만 명 이상의 병력이 반란을 진압하기 위해 동원되었다. 한 계산에 따르면, 독립 전쟁 시기보다 이 반란 진압 당시에 더 많은 군인이 죽었다.[38]

남동부 지역에서는 진압 이후에 추방, 처형, 체계적인 터키화가 뒤를 이었다. 나라 전체로 보면, 이것은 이 시기에 야당과 언론을 금지하는 질서유지법과 함께 독재가 시작되었다는 신호였다. 좀 더 가혹한 터키화 프로그램에 직면한 1937년에 데르심(Dersim) 지역에서 알레비 쿠르드족이 봉기를 일으켰다가 폭격기, 가스, 중포(重砲) 등 현대적인 살상 무기로 잔인하게 진압당했다. 공식적으로 이제 쿠르드족은 존재하지 않는다. 1925년 이후 케말은 공적인 자리에서 '쿠르드'라는 말을 입에 올리지 않았다. 민족은 하나의 동질적인 사람들로 구성되었으며, 그 민족은 오로지 터키인뿐이었다. 이후 세 세대에 걸쳐 지속될 픽션이 만들어진 것이다.

그러나 쿠르드족이 터키인과 다르지 않다 하더라도, 언어와 관습, 자기의식 등 무엇이 둘의 분리 불가능한 정체성을 규정했는가? 암묵적으로 그것은 케말주의가 더 이상 인정할 수 없었지만 그렇다고 해서 없이 지낼 수도 없는 유일한 것, 즉 그것은 종교일 수밖에 없었다. 여전히 이 나라에는 이스탄불과 그 주변 지역에 핵심적으로 보존되어 있던 소규모 기독교 공동체와 유대인 공동체가 있었고, 점차 이들 공동체는 케말주의 국가에서 신자와 불신자의 구별이 얼마나 근본적인 것인지를 분명하게 보여주는 대우를 받게 될 것이다. 그러나 이슬람이 민족의 범위를 정하기는 했지만, 순수하게 부정적인 방식으로 그렇게 하게 되었다. 동질성이라는 이름으로 모든 긍정적인 결정이 제거되고 난 다음에 남

---

38 Caroline Finkel, *Osman's Dream*, p. 550.

는 것은 은밀한 정체성이었다. 그 결과 터키 세속주의는 언제나 자신이 억압하려는 것에 의존하게 되었다.

물론 억압은 다른 것으로 벌충되어야 했다. 종교가 더 이상 공식적으로 민족의 공통 지시자로 기능하지 않게 되자, 국가는 이데올로기적 접합제로서 대체물을 필요로 했다. 케말은 터키 공화국에 모든 사람이 공유하는 인종과 문화의 전설적인 본질을 만들어냄으로써 문제를 해결하려 했다. 이 구성물을 만들어내려는 재료에는 그 자체의 난점이 있었다. 최초의 터키 부족은 11세기에 아나톨리아에 들어왔는데, 종종 고대 메디아인의 후손으로 생각되는 쿠르드족은 말할 것도 없고, 1,000년 이상 앞선 그리스인이나 아르메니아인과 비교해도 신참이었다. 오늘날 터키에 살고 있는 사람들의 모습을 대충 보기만 해도 대부분은 오랫동안 유전적으로 섞였다는 것을 알 수 있다. 순수한 터키 문화라는 것도 마찬가지로 의심스러운 것이었다. 오스만 엘리트는 어떤 사회라도 부러워할 만한 언어적·시각적 풍부함을 생산했지만, 이것은 코스모폴리탄 문화로서 너무나 특유한 터키적인 것과 구별될 뿐만 아니라 이를 경멸하는 것이었다. '투르크'(Turk)는 19세기까지 시골의 막돼먹은 사람을 가리키는 용어였다. 이제 문자 개혁 때문에 이런 유산의 대부분은 어쨌든 접근할 수 없는 것이 되었다.

케말주의는 이런 한계에도 굴하지 않고, 전간기(戰間期) 민족주의 가운데 가장 과장된 신화를 지침으로 만들어냈다. 1930년대 중반이 되면 터키 국가는 터키인 — 지중해의 히타이트와 페니키아인도 그 갈래에 속한다 — 이 중앙아시아에서 세계로, 중국에서 브라질로 문명을 전파했다는 이데올로기를 선전하게 된다. 그리고 보편사의 기관사로서 모든 다른 언어의 기원이 되는 언어를 사용했다고 하는데, 그것은 최초의 터키인의 태양어(Sun-Language)에서 온 것이다.[39] 이러한 에스닉 과대망상은 공식적인 사업이 가지고 있는 불안정성과 인위성의 정도를 반영한

---

39 Hugh Poulton, *Top Hat, Grey Wolf and Crescent*, pp. 104~14 참조.

것이다. 확신이 덜 할수록 이를 수행하기 위해 더 많은 팡파르가 필요했다는 것이다.

에리히 아우어바흐(Erich Auerbach)는 1936∼37년에 이스탄불에서 케말주의 문화정책을 직접 관찰한 후, 발터 벤야민에게 이렇게 썼다. "일의 진행이 귀신처럼 빠르게 이루어지고 있다네. 이미 아랍어나 페르시아어를 아는 사람이 거의 없으며, 과거의 터키 텍스트조차 금세 이해하지 못하게 될 걸세." "현존하는 모든 이슬람 문화 전통의 포기, '원 터키'(ur-Turkey)라는 환상에 대한 집착, 증오하면서도 질투하는 유럽을 유럽의 무기로 공격하기 위해 유럽적 의미에서 이루어지는 기술적 현대화 등이" 결합한 케말주의는 "역사적인 민족의 성격을 동시에 파괴하면서 최상의 민족주의를" 제공했다.[40]

70년 후 한 터키 지식인은 이 과정의 논리를 더 깊게 고찰하게 된다. 샤글라르 케이데르(Çağlar Keyder)는 민족주의에 관한 전 세계의 문헌에서 가장 훌륭한 것 가운데 하나인 뛰어난 글에서, 케말 정권 초기에 아나톨리아가 인종 청소로 비어버린 것을 보충하는 메커니즘으로 이 지역에 히타이트인과 트로이인의 외모를 갖춘 '원 터키인'을 이주시킨 필사적인 소급 행위를 서술하고 있다. 그러한 기억의 억압은 지배자와 피지배자 사이에 침묵의 공모를 낳았지만, 진정한 반제 투쟁이 만들었을 수도 있는 그런 종류의 대중적 결속을 낳지는 못했다. 독립 전쟁은 대중이 트라우마로 경험한 제1차 세계대전과 비교할 때 여전히 작은 규모의 일이었다. 공간의 상상이라는 면에서의 추상성과 시간의 투사라는 면에서의 경조증(輕燥症)을 보인 공식 이데올로기는 고유하게 '교훈적인' 성격이, 그것도 이 말이 함의하고 있는 모든 것을 담고 있었다. "명백하게 날조된 역사에 준거하는 민족 유산을 가지고 있는 특수한 건국 신화의 선택, '모국'의 탈영토화, 공유된 최근 경험에 대한 결벽증적인 회피와

---

40 Letters of 12 December 1936 and 3 January 1937, published in *Zeitschrift für Germanistik*, December 1988, pp. 691∼92.

억압 등으로 인해 터키 민족주의는 아주 건조한 것이 되었다."[41]

그러한 민족주의는 새로운 형태였지만 이 민족주의가 억압했던 경험은 바로 그 민족주의가 성장해 나온 것과 그 민족주의를 친밀하게 연결했다. 공화국 아래에서 쿠르드족을 대우하는 방식으로 명백하게 드러나는, 케말주의와 통일주의의 연속성은 여전히 다른 방식으로 냉혹했다. 왜냐하면 아르메니아인에 대한 절멸은 1916년에 끝난 것이 아니었기 때문이다. 1920년 우드로 윌슨(Woodrow Wilson)이 — 별 다른 노력 없이 서류상으로 — 아르메니아인에게 부여한 지역에 아르메니아 국가가 등장하는 것을 막기 위해 앙카라의 케말 정부는 코카서스의 러시아 측 국경에 세워진 아르메니아 공화국을 공격하라는 명령을 내렸다. 이곳에 사는 대부분의 아르메니아인들은 1915~16년의 학살을 피해서 온 사람들이었다. 외무 장관은 침공을 책임진 사령관인 카짐 카라베키르(Kazim Karabekir)에게 비밀 전보를 보내 긴급명령을 수행할 때 "아르메니아인을 속이고 유럽인을 바보로 만들라"고 지시했다. "아르메니아는 정치적으로, 물리적으로 절멸되는 것이 피할 수 없는 일이다."[42] 소비에트 역사가들은 적군이 개입하기 이전에 5개월 동안 20만 명의 아르메니아인이 학살당한 것으로 추산한다.

이때는 여전히 전쟁 시기였다. 평화가 왔을 때, 최초의 학살에 대한 터키 공화국의 태도는 무엇이었는가? 관심을 보인 외국인들에게 케말은 대개 은밀하게 학살을 소수의 악당들의 일이라고 개탄하게 된다. 외교적으로 정권은 살아 있든 사망했든 간에 가해자들을 대우하려는 태도를 보였다. 이스탄불의 재판소에서 잔학 행위로 인해 1920년에 교수

---

41 Çağlar Keyder, "A History and Geography of Turkish Nationalism", in Faruk Birtek and Thalia Dragonas(eds.), *Citizenship and Nation-State in Greece and Turkey*, London 2005, p. 14.

42 Vahakn Dadrian, *The History of the Armenian Genocide*, New York 2003, pp. 358, 371 참조. 이 전보의 발신인인 아흐메트 무흐타르 몰라오글루(Ahmet Muhtar Mullaoğlu)는 1927년에 첫 번째 워싱턴 주재 터키 대사가 되었다.

형에 처해진 가장 유명한 살인자 가운데 두 명은 나중에 케말주의자가 다수인 의회에서 '민족의 순교자'로 선포되었고, 1926년에 탈라트, 엔베르, 샤키르, 제말의 가족들은 나라에 봉사한 것을 인정받아 공식적으로 연금과 아르메니아인에게서 빼앗은 재산과 토지를 수여받았다. 그러한 결정은 감상적인 제스처가 아니었다. 케말 정권은 위로부터 아래까지 1915~16년의 학살 참여자들로 채워져 있었다. 전·현직 외무 장관과 내무 장관, 재무 장관, 교육부 장관, 국방부 장관, 공공사업부 장관 등이 모두 학살의 참여자였다. 적절하게도 법무 장관이 이스탄불 재판소에서 피고 측 변호인이었다.[43] 이것은 마치 콘라트 아데나워(Konrad Adenauer)의 내각이 나치 친위대와 보안대의 유명한 책임자들로 구성되어 있던 것과 마찬가지이다.

케말 본인은 어떠했는가? 1915년 말까지 갈리폴리에 있었던 그는 1916년 봄 남동부에 있는 디야르바크르(Diyarbakir)에 주둔하게 되었는데, 이때는 이 지역에서 아르메니아인들이 쫓겨난 다음이었다. 그는 분명 학살에 대해 알고 있었지만 — 그 위치에 있던 누구도 이를 모를 수는 없었을 것이다 — 어떤 역할을 하지는 않았다. 당시에 그가 그 지역에 있었다면 어떻게 했을지를 추측하기란 쉽지 않다. 사건이 있은 후 그가 이 일을 새로운 터키의 조건이 된 기성사실로 간주했다는 것은 분명하다. 이 점에서 그는 대부분의 터키인들과 마찬가지였다. 아나톨리아에서 최소한 인구의 1/10이 되는 아르메니아인을 제거하는 것이 1퍼센

---

43 이 개인들과 전반적인 패턴에 대해서는 다음을 참조. Taner Akçam, *A Shameful Act*, pp. 362~64. 에릭 취르허(Eric Zürcher)는 케말주의 엘리트 전부가 CUP와 마찬가지로 동일한 지역적·직업적 배경이 있다고 말한다. "두 지도자 그룹은 사회학적으로 볼 때 거의 동질적인 풀에서 나왔다." 계속해서 이렇게 말한다. "우리는 이 지점에서 현대 터키의 역사에서 매우 민감한 쟁점을 다루고 있다." 그리고 전간기 정권의 저명인사를 거론한다. "제1차 세계대전 시기 이 사람들의 활동에 대해 더 많이 알고 싶다." "How Europeans Adopted Anatolia and Created Turkey", *European Review*, vol. 13, no. 3, July 2005, p. 386 참조.

트도 안 되는 독일의 유대인을 제거하는 것과 달리, 다수의 보통 시민들에게 물질적 이익이 된다고 보았던 것이다. 이는 인구의 또 다른 1/10인 그리스인을 축출함으로써 얻는 것과 마찬가지로 쫓겨난 사람들에게서 토지와 부를 획득할 수 있기 때문이었다. 케말 자신도 이 막대한 선물의 수혜자 가운데 한 사람이었다. 그는 부르사(Bursa)와 트라브존(Trabzon, 트레비존드)의 그리스 소유자들이 버린 빌라와 샨카야(Çankaya)에 있는 주택을 거저 얻었다. 이 주택은 나중에 앙카라의 국가수반의 관저가 되었다. 이는 원래 어떤 아르메니아 가족의 영지였던 곳에 오늘날 공화국 대통령궁이 들어서 있는데, 이 또한 학살의 전리품 위에 세워진 것이다.

하지만 범죄에 참여한 것과 범죄로부터 이익을 얻는 것은 다른 것이다. 케말의 사례는 역사적으로 가장 눈에 띄는 '도덕적 행운' 가운데 하나이다. 이는 버나드 윌리엄스(Bernard Williams)가 철학적 모순어법으로부터 델포이의 신탁으로 만든 것이다. 군대 내의 인사라는 우연에 의해 케말의 손은 당대에 벌어진 가장 추악한 사건과 무관하게 되었고, 자연스럽게 전후 민족운동 지도자의 후보 반열에 올랐다. 개인적으로 그는 용감했고 지적이었으며, 선견지명이 있었다. 군사령관으로 성공한 그는 국가 건설자로서도 대단했다. 필요에 따라 대담하기도 하고 신중하기도 했던 그는 권력을 얻고 행사하는 데 있어 일관된 현실주의를 보여주었다. 하지만 그 또한 자기 국민의 더 나은 삶이라는 진정한 이상에 의해 움직였다. 그것은 당대의 가장 선진화된 사회에 모범을 둔 문명화된 근대성으로 들어가는 것이라고 인식되었다. 실제로 이 이상이 어떻게 되었든 간에 그는 결코 여기서 벗어나지 않았다.

목적과 수단은 다른 것이다. 케말 정권은 영웅적인 풍모의 개인에 대한 숭배를 중심으로 하는 일당독재였다. 케말의 기마상은 러시아에서 스탈린 기념물이 세워지기 훨씬 전인 1926년에 세워졌다. 터키 민족의 공식 신조가 된 1927년의 연설은 니키타 흐루쇼프(Nikita Khrushchyov)

나 피델 카스트로(Fidel Castro)의 그 어떤 연설도 초라하게 만들었다. 자신의 업적을 칭송하는 이 연설은 6일 동안 36시간에 걸쳐 진행되었고, 최종적으로 600쪽에 달하는 대작으로 묶였다. 독재자의 연대기를 다룬 기록물인 셈이다. 전쟁으로 단련된 그는 생명을 경시했고, 자기 앞길을 가로막는 사람은 주저 없이 죽였다. 한때 강제로 터키인으로 분류되었기 때문에 절멸당하지는 않았지만 쿠르드족 수만 명이 살해당했다. 공산주의자들은 살해당하거나 감옥에 갔는데, 이 나라의 가장 위대한 시인인 나짐 히크메트(Nazim Hikmet)는 생애 대부분을 감옥과 망명지에서 보내야 했다. 케말은 옛 동료만은 살려두었다. 그러나 그에게 저항한 통일당 당원들은 처형당했는데, 재판은 조작되었고, 언론의 입에는 재갈이 물렸다. 케말 정권은 현대적인 기준으로 볼 때 촘촘하게 감시하는 정권은 아니었지만 억압은 일상으로 이루어졌다.

　케말의 지배를 당대의 다른 지중해 지역 독재 정권과 비교하는 것은 진부하나 합당한 일이다. 명백하지는 않지만 케말 정권의 상대적인 장점은 분명히 있다. 한편으로 올리베이라 살라자르(Oliveira Salazar)나 프란시스코 프랑코(Francisco Franco)나 이오안니스 메탁사스(Ioannis Metaxas)와 달리, 케말은 교회와 결탁해서 반동적인 도덕률을 강요한 전통적인 보수주의자는 아니었고, 당대의 의미에서 진보의 적이 아니었다. 그는 분명한 현대화론자였으며, 지주나 은행가를 옹호하기 위해 권좌에 오른 게 아니었다. 그에게 국가는 전부였고, 가족과 종교는 포기할 수도 있는 지원 역할 이상이 아니었다. 동시에 또 다른 현대화론자인 무솔리니 — 케말은 무솔리니에게서 형법전을 가져왔는데, 터키는 이로 인해 여전히 고통받고 있다 — 와 달리, 케말은 팽창주의자가 아니었다. 그는 자기 지역에서 또 다른 제국 건설을 원했다. 터키의 국경이 더 늘어날 가능성이 있기는 했지만, 1918년보다는 더 많은 영토를 회복하는 것으로 충분해 보였다. 그가 벌인 마지막 행동은 파리의 약한 정부와 대결하면서 알렉산드레타(오늘날의 이스켄데룬)를 병합하는 것이었다. 그러나 그럴듯한 겉모습의 새로운 로마를 추구한 것은 아니었다. 그는 노런한 군인이지 모험가가 아니었으며, 엔베르의 운명을 깊이 새기고 있었다. 물론 케말은 대중 집회를 열지도 않았고, 라디오를 통해 국민에게 연설을 퍼붓지도 않았으며, 스펙터클한 행진이나 퍼레이드를 하지도 않았다. 대중 동원의 시도는 없었다. 이 점에서 터키는 이탈리아보다는 포르투갈이나 그리스에 더 가까웠다. 대중 동원이 필요하지 않았던 것은 억제하거나 억압할 계급 갈등이 별로 없었기 때문이다.

그러나 정권에 대중의 기반이 필요하지 않았다는 그 이유로 케말은 무솔리니는 결코 생각할 수 없었던 개혁을 할 수 있었다. 1934년에 터키 여성은 [남성과] 동등한 투표권을 받았는데, 이는 이탈리아나 프랑스에서는 1945년까지, 그리스에서는 1950년대 중반까지, 포르투갈에서는 1970년대 중반까지 이루어지지 않았던 변화이다. 하지만 여기서 우리는 케말 문화혁명의 한계도 볼 수 있다. 그가 죽을 당시 터키 여성의 90퍼센트는 여전히 문맹이었다. 이 나라는 여전히 그가 꿈꾸던 현대 사회로 변화하지 않았던 것이다. 터키는 그가 말년에 자칭한 터키인의 아버지 지배 아래에서 해방되기보다는 여전히 가난하고 농업 위주이며, 숨막히는 사회였다.

결국 끝에 가서 케말은 아마도 어떤 수준에서는 자신이 실패했다는 것을 알았을 것이다. 그의 말년에 대해 확실하게 알려진 것은 없다. 왜냐하면 그의 삶에 대한 대부분은 여전히 국가가 엄밀하게 관리하는 비밀로 남아 있기 때문이다. 추측만이 가능하다. 분명한 것은 그가 일상적인 행정 업무를 좋아하지 않았으며, 1920년대 말부터 정부의 일상 업무를 평범한 부관인 이스메트 이뇌뉘(İsmet İnönü)에게 위임했다. 그는 이일을 국무총리로서 수행했으며, 이로 인해 케말은 자신의 계획 그리고 샤카야 혹은 앙카라의 카바레나 페라 팰리스 호텔 등에서 벌인 쾌락과 욕망에 몰두할 수 있었다. 이곳에서 그는 동료들이나 친구들을 불러 밤새 도박을 하거나 떠들썩하게 놀았고, 점차 낮에 벌어지는 현실에서 멀어졌다. 이 음침한 모임에서 케말은 이오시프 스탈린(Iosif Stalin)과 마오쩌둥(毛澤東)이 좋아하던 일과 비슷한 일을 했다. 세 사람 모두 마지막에서는 전제군주가 어둠의 비밀을 필요로 하듯이 밤의 지배자가 되어 시간의 질서를 뒤집었으며, 전제군주의 도구를 거기에 결합했다. 유사점은 여기서 끝나지 않는다. 케말이 정부 업무에서 거리를 둔 방식이 마오쩌둥을 닮기는 했지만 ─ 그의 경우에도 데르심 학살이나 알렉산드레타의 병합 같은 커다란 정치 공작에 주의를 기울일 수 있었던 것도 거리를 둔 덕분이다 ─ 그의 마음을 사로잡은 환상적인 언어 이론은 스탈린 말년의 언어학적 견해와 유사하다. 세 사람 모두 낮으로부터 철수했기 때문에 낮 시간에 맞추어 사는 사람들을 의심하는 것으로 끝났다.

그러나 독재자 분류법으로 볼 때, 케말은 특이한 한 가지 측면에서 구별된다. 정치국원들은 스탈린의 별장에 모여 밤새 술을 마셨다. 그러나 서기장 본인은 조심스레 자기 주량을 조절했고, 수행원들이 정치국원들을 상대하게 해서 술에 취하게 했고, 이런저런 이야기를 늘어놓게 했다. 케말의 모임은 좀 더 확실한 술 파티였다. 그는 언제나 당당한 장교 스타일을 유지하면서 술을 많이 마셨다. 그러나 말년에 독한 술(raki)이 그에게 타격을 주었다. 절대 권력은 다른 모든 어느 것보다 빠져들기 쉬운 법이다. 술이 자주 이와 결부되긴 했지만 기껏해야 절대 권력에 따라붙는 사소한 것에 불과하다. 그러나 케말은 회의주의 ─ 정부 업무에 대해 느끼고 있던 따분함 ─ 때문에 권력에 완전히 집착하지 않았고, 계속 술을 마시면서 결국 알코올 중독자가 되었다.

의지의 쾌락이 육체의 쾌락에 굴복하자 여성은 또 다른 분명한 위안거리가 되었고, 케말은 이를 마다하지 않았다. 그러나 여성이 그의 고독에 대한 보호막이 되지는 못했다. 그는 남자들과 함께 지낼 때만 편안하게 느꼈다. 관습이라는 면에서 병영생활을 통해 형성된 군인이었던 그는 〔몽테스키외의〕『페르시아인의 편지』 이후 서양 예절의 상징인 남녀가 함께 참여하는 사교계에서 우아하게 행동하고 싶었을 것이다. 그러나 그는 그러기에는 너무 거칠었다. 부유한 상인의 딸이자 서구에서 교육받은 여성과의 결혼생활은 1년 조금 넘게 했을 뿐이다. 그 이후 이 사람 저 사람과 관계를 맺었고, 가끔 외국인과도 관계를 했다. 점차 신중하지 못한 행동에 대한 평판이 쌓여갔다. 흑인 환관이 경호하는 양녀들 —
이를 다룬 최신 연구는 없다 — 이 늘어났다. 말년에 케말은 사진에서
멍한 표정을 짓고 있는데, 지쳐버린 난봉꾼 모습이다. 장군에 어울리지
않게 피폐해진 한량이 된 모습이다. 말년의 공허함이 가까이 있었다. 간
경변에 시달리던 그는 1938년 말 쉰일곱 살의 나이로 세상을 떠났다.

그는 자신의 지배가 궁극적으로 별 다른 성과를 낳지 못한 데에 절망
해서 알코올 중독자가 되었다. 이것은 오늘날 터키 내에서 비판적인 사
람들이 말하는 추측이다. 이것과 반드시 모순되는 것은 아니지만 다른
평가는 헤겔이 로마의 전제 지배자들에 대해 서술한 것을 상기시킨다.

> 황제의 인격 속에서 고립된 주체성은 완전히 무제한적인 실현을 획득
> 했다. 존재와 의지의 한계가 제한 없는 절대 존재를 구성하는 요소인 한,
> 정신은 그 고유한 성격을 포기한다. …… 따라서 통제로부터 완전히 해방
> 된 개별 주체성은 내향적 삶이 없으며, 미래를 향한 감정도 회고적인 감정
> 도 없고, 회개도 없고, 희망도 없고, 두려움도 없다. 사고조차 없다. 왜냐하
> 면 이 모든 것은 정해진 조건이나 목표와 관련이 있는데, 여기서는 모든
> 조건이 완전히 우연적이기 때문이다. 행동의 원천은 욕망, 욕정, 열정, 바
> 람 등이다. 요컨대 아무런 제약 없는 변덕이다. 이 변덕은 타자의 의지 속
> 에서 별 다른 제한을 발견하지 못하기 때문에 의지에 대한 의지의 관계는
> 절대 노예에 대한 절대주권의 관계로 불러도 된다.[44]

이 그림은 아주 과장되어 있으며, 여기에 들어맞는 현대의 지배자는
없다. 왜냐하면 이데올로기는 대개 전제 지배자와 분리될 수 없기 때문
이다. 고전 시대에는 정당성 전체가 지배자에 의존하는 것으로 충분했
다. 그러나 이런 식으로 권력의 나태함을 그림으로써, 다른 식으로 읽어
내면 케말 독재의 내적인 황혼을 어느 정도는 알아볼 수 있게 되었다.

---

44 G. W. F. Hegel, *The Philosophy of History*, New York 1956, pp. 315~16.

6

마지막에는 그가 버리고자 했던 후계자는 완전히 다른 종류의 인물이었다. 또 다른 CUP 간부인 이뇌뉘는 1916년에 케말 밑에서 일했으며, 1919~20년에는 전쟁성에서 카라콜과 협력했다. 독립 투쟁기에는 고참 사령관이었다. 그는 침울하고 독실한 보수적인 사람으로서 겉모습과 세계관이라는 면에서 살이 덜 찐 터키 판 프랑코라 할 수 있다. 1938년 유럽에 전쟁의 그림자가 드리워졌을 때, 그의 정권은 독일과 화해하고자 했지만 베를린이 이를 거부했다. 당시 베를린은 터키의 보복을 두려워한 아랍 국가들의 지지를 얻고자 했다. 그러자 앙카라는 이탈리아의 팽창을 막고, 나치-소비에트 조약이 터키에 끼칠 영향을 고려해서 전쟁 발발 직후 영국 및 프랑스와 지중해에서 방위 조약을 맺었다. 하지만 1940년 이탈리아가 프랑스를 공격하자 이뇌뉘 정부는 방위 조약의 의무를 어겼고, 1년도 안 되어 독일과 불가침 조약을 맺었다. 3일 후 히틀러가 러시아를 침공하자 터키 지도부는 "기쁨에 들떴다."[45]

여전히 살아 있는 엔베르의 동생 누리 파샤(Nuri Pasha)가 소련 내의 터키 민족이 나치에 맞설 가능성에 대해 논의하기 위해 황급히 베를린으로 파견되었으며, 곧 두 명의 터키 장군인 휘스뉘 에미르 에르킬레트(Hüsnü Emir Erkilet)와 알리 푸아드 에르덴(Ali Fuad Erden)이 러시아 내의 독일군 전선을 시찰했다. 두 사람은 전선에서 폰 룬트슈테트(Von Rundstedt)에게서 전황 설명을 들은 후 총통을 직접 만나기 위해 라스텐베르크로 갔다. 에르킬레트 장군은 이렇게 말했다.

열정으로 가득찬 히틀러가 군사작전과 파견을 지휘하는 본부에서 말로 다할 수 없는 겸손함과 소박함으로 우리를 맞이했다. 아주 큰 방이었는

---

45 Henry and Robin Adams, *Rebel Patriot: A Biography of Franz von Papen*, Santa Barbara 1987, p. 375.

데, 중앙에 긴 테이블이 있었고 벽은 전장의 상황을 보여주는 지도로 가득했다. 그럼에도 그들은 지도를 숨기거나 가리지 않았다. 우리를 신뢰하고 존중한다는 분명한 표시였다. 나는 초대에 감사한다고 말했다. 그러자 그는 지도를 보면서 반쯤 돌아섰다. 동시에 그는 뭔가를 찾는 듯이 우리 눈을 쳐다보았다. 그의 검은 눈과 앞머리는 사진으로 보는 것보다 더 다정하고, 더 생생하며, 더 매력적으로 보였다. 그의 남부 억양, 공식적이면서 완벽한 독일어, 독특하고 강력한 목소리, 단호한 표정은 그의 개성을 잘 보여준다.

총통은 터키인들에게 동맹을 제외하곤 늑대소굴(Wolfsschanze, 동부전선의 본부)에 초대된 최초의 외국인이라고 말하고 난 다음에 러시아를 완전히 파괴할 것이라고 약속했다. "또한 이 전쟁은 이전 전쟁의 계속이며, 이전 전쟁이 끝나면서 손해를 본 사람들은 이번 전쟁에서 그에 대한 보상을 받을 것이라고 강조했다."[46] 에르킬레트와 에르덴은 히틀러에게 "이렇게 아주 중요하고 귀한 이야기를 해준 것에 대해" 깊이 감사한 후, 서둘러 그 이야기를 가지고 국가 수장(National Chief) — 이뇌뉘는 자신을 이렇게 부르는 것을 좋아했다 — 에게 돌아왔다.

이들이 한 일을 모스크바는 가볍게 보지 않았다. 일주일이 지나기 전에 스탈린은 에르킬레트와 히틀러의 만남을 비난하는 성명을 개인적으로 발표했고, 곧이어 제1차 세계대전 종전 결과에 대해 두 나라가 공동으로 보상을 얻으려는 시도를 막기 위한 고위험 작전을 개시했다. 코카서스 지역에서 터키군이 독일군과 손잡는 것을 막기 위해 스탈린은 내무위원회의 고위 첩보원인 레오니트 에이팅곤(Leonid Eitingon) — 2년

---

46 H. E. Erkilet, *Şark Cephesinde Gördüklerim*, Istanbul 1943, pp. 218~23. 터키 군부가 이라크와 이란에 있는 영국군 진영을 시찰하도록 초대한 것은 거부되었다. Lothar Krecker, *Deutschland und die Türkei im zweiten Weltkrieg*, Frankfurt 1964, p. 198.

전 트로츠키를 살해한 책임자 — 을 앙카라로 보내 독일 대사인 프란츠 폰 파펜(Franz von Papen)을 암살하도록 했다. 이는 히틀러로 하여금 터키에 대한 보복 공격을 하게 한다는 바람에서 이루어진 것이다.[47] 이 시도는 실패로 돌아갔고, 곧 누가 기획한 일인지도 드러났다. 그러나 모스크바의 우려에는 근거가 있었다. 1942년 8월 터키 총리 사라쇼글루(Saraçoğlu)는 폰 파펜에게 터키인으로서 자신은 "러시아의 말살을 열정적으로 바란다"라고 말했다. 실제로 "러시아 문제는 최소한 러시아에 사는 러시아인 절반이 절멸된다는 조건 아래 독일에 의해서만 해결될 수 있다"는 것이 그의 견해였다.[48] 1943년 여름 또 다른 터키군 사절은 동부전선뿐만 아니라 늑대소굴을 방문하기 전에 프랑스에 있는 나치의 서쪽 방어선도 시찰했다. 전쟁은 통일주의자들의 야망을 되살렸다. 터키는 여러 번 트라키아, 도데카네스 제도, 시리아, 모술 지역, 알바니아 보호령에 대한 권리 등을 다시 얻고자 시도했다.

신질서와 보조를 맞추는 일은 대외정책에만 국한되지 않았다. 1941년 6월, 징집 연령의 모든 비무슬림 남성 — 유대인, 그리스인, 남은 아르메니아인 — 은 내륙의 노동수용소로 보내졌다. 1942년 11월, 스탈린그라드 전투가 격화되자 유대인과 기독교인에게 '부유세'가 부과되었다. 이

---

47 여기에 대해서는 다음을 참조. Frank Weber, *The Evasive Neutral: Germany, Britain, and the Quest for a Turkish Alliance in the Second World War*, Columbia and London 1979, pp. 126~36. 이 책은 이 시기 터키 외교에 대한 가장 훌륭한 연구서이다. 전쟁 시기 앙카라의 지나친 우려에 따른 행보는 다음 책에서 볼 수 있다. Edward Weisband, *Turkish Foreign Policy 1943~1945*, Princeton 1973 and Selim Deringil, *Turkish Foreign Policy during the Second World War: An 'Active' Neutrality*, Cambridge 2004. 이 저자는 처음부터 솔직하게 말한다. "터키 대외정책에 대한 연구는 이상적으로 볼 때, 문서고에 기반해야 한다. 그러나 안타깝게도 주요한 터키의 문서 자료가 개인 연구에는 개방되어 있지 않기 때문에 불가능하다"(p. 7). 하지만 그는 이게 왜 그런지 질문하지 않는다.

48 *Documents Secrets du Ministère des Affaires Etrangères d'Allemagne*, Paris 1946, p. 89. 1945년 베를린에서 노획된 독일 문서고의 소비에트판에서 번역.

들은 언론에서 반유대주의 및 반불신자 공격이 거세지는 가운데 무슬림보다 열 배까지 많은 세금을 내야 했다. 터키 관리들도 유대인 피가 흐르는지에 대해 조사를 받아야 했다. 지역위원회의 기준을 충족하지 못하거나 하지 않으려 하는 사람들은 산악 지역에 있는 강제수용소로 보내졌다. 그 결과 이스탄불에 있는 비무슬림 기업이 대규모로 파괴되었다.

뻔뻔하게 민족적·종교적 소수자를 겨냥한 이 작전은 터키 통합 민족주의의 직계 전통으로, 통일주의에서 케말주의로 이어진 것이었다. 10년 전 이뇌뉘는 이렇게 선포했다. "오직 터키 민족만이 이 나라에서 민족적 권리와 국민적 권리를 주장할 자격이 있다. 다른 사람들은 그런 권리가 없다." 그의 법무 장관은 다음과 같이 이를 꼼꼼하게 말했다. "터키인이 이 나라의 유일한 주인, 유일한 지배자가 되어야 한다. 순수한 터키 혈통이 아닌 사람들은 이 나라에서 오직 하나의 권리만 있다. 하인과 노예가 될 권리이다."[49] 1942~43년 캠페인에서 새로운 것은 반유대주의의 범위였을 뿐이며, 이뇌뉘 정권 —크게 증가한 군사 예산 때문에 경제적으로 어려웠다 — 이 과세의 일부를 무슬림에게도 강제했다는 사실뿐이다. 이런 이유로 이슬람으로 개종한 유대인은 신자에 포함되지 못했다. 이런 분위기에서 히틀러는 탈라트의 유해를 터키로 돌려보냄으로써 터키에 찬사를 보냈다. 탈라트의 유해는 나치의 십자 표시로 장식된 열차에 실려 돌아와 이스탄불의 자유의 언덕에 있는 순교자 기념물 옆에 엄숙하게 묻혔다. 이곳은 오늘날까지 애국자들이 묻히는 곳이다.[50]

---

49 Hugh Poulton, *Top Hat, Grey Wolf and Crescent*, p. 120.

50 이 일에 대한 기사는 다음을 참조. *Cumhuriyet*, 25 February 1943. 영국 대사인 내치불-허지슨(Knatchbull-Hugessen)은 외무성에 다음과 같이 보고했다. "탈라트의 유해와 관련한 이 일은 원래 충직한 심복인 사라쇼글루가 제안한 것이라는 점을 알았다." Robert Olson, "The Remains of Talat: A Dialectic Between Republic and Empire", *Die Welt des Islams*, no. 26, 1986, p. 54 참조. 독일 외교관이자 해결사인 에른스트 예크는 한 번은 케말이 그에게 "자신은 우리 모두의 청년 투르

하지만 러시아가 우세한 쪽으로 흐름이 바뀌고 독일이 패배할 것으로 보이자 앙카라는 태도를 바꾸었다. 터키는 나치의 전쟁 기구가 필요로 하는 크롬철강을 계속해서 제3제국에 공급하면서도 이제는 영국과 미국의 접근을 즐겼다. 그러나 이뇌뉘는 연합국 편에 서라는 영국과 미국의 압력에 저항하면서 자신의 원칙은 반공산주의라는 것을 분명히 했다. 소련은 주적이었으며, 터키는 소련에 맞서는 요새로서의 독일의 위치를 바꾸려는 영국이나 미국의 전략에 대해 명백히 반대했다. 터키는 런던과 워싱턴이 베를린과 별도로 강화를 한 뒤, 모스크바에 맞서는 공동 행동을 하기를 바랐다. 무조건 항복 이외에는 없다는 것을 알고 실망한 이뇌뉘는 연합국이 독일에 선전포고를 해야만 유엔의 자리를 주겠다고 해서 데드라인이었던 1945년 2월에 가서야 독일에 선전포고를 하는 시늉을 했다. 터키는 파시즘에 맞서는 싸움에서 총 한 방 쏘지 않았다.

평화가 찾아오자 정권은 위태로운 처지에 빠졌다. 내적으로 보면, 이제 인구 대다수가 정권을 혐오했다. 이들은 군대를 늘리는 과정에서 물가가 치솟고, 세금이 늘고, 강제노동에 동원되면서 생활수준이 급격하게 떨어졌기 때문에 심한 고통을 받았던 것이다. 인플레이션은 모든 계급에 영향을 끼쳤고, 관료조차 예외가 아니었다. 부유세로 인해 부자들마저 조바심이 났다. 외적으로 보면, 터키 정권은 나치즘과의 관계 때문

크 친구와 정치가들의 어깨 위에 서 있다"라고 말했다고 하면서, 그날 이스탄불의 모습을 다음과 같이 서술했다. "터키 땅에 탈라트를 다시 매장하기 위해 '자유의 언덕'에서 시작된 장례 행렬에는 내각의 장관들과 어마어마한 군중이 군대와 함께 모여 군장의 예를 갖추었다. 1921년에 그가 죽었을 때, 내가 추도사를 한 것은 엄청난 특권이었다. 이번에는 우리의 친구이며, 원로 정치평론가인 후세인 자히드 얄킨(Hussein Djahid Yalcin)이 눈물을 흘리며 추도사를 했다. 그는 청년 투르크 시기부터 아타튀르크 시절까지의 역사적 변화를 체현한 인물이다." Ernst Jäckh, *Der goldene Pflug: Lebensernte eines Weltbürgers*, Stuttgart 1954, pp. 125, 231~33; *The Rising Crescent*, New York 1944, p. 95 참조.

에 ─ 전후 소련 외교가 이 점을 빨리 보여주었다 ─ 그리고 연합국의 승리가 분명해진 이후에도 이 승리에 기여하기를 거부했기 때문에 위태로운 처지에 빠졌다.

이뇌뉘는 지지율이 떨어졌음을 깨닫고 1945년 초 뒤늦은 토지 분배로 이를 만회하려 했지만, 농촌의 신뢰는 얻지도 못한 채 지배 정당 내부의 반란만 불러일으켰다. 다른 무언가가 필요했다. 6개월 후에 그는 자유선거가 실시될 것이라고 발표했다. 20년 동안 독재를 겪은 터키는 이제 민주주의 체제가 될 터였다. 이뇌뉘의 수는 일석이조를 겨냥한 것이었다. 대외적으로는 서방의 존중 받는 파트너로서 정권의 정당성을 회복하는 것이었다. 미국이 주도하는 자유 나라들의 일원이 되고, 그러한 지위에서 오는 혜택을 받을 자격을 얻는 것이었다. 국내적으로는 통치 체제의 안정성을 위험에 빠뜨리지 않으면서 반대파를 위한 배출구를 제공함으로써 불만을 잠재우려는 것이었다. 왜냐하면 그는 진정한 경쟁을 허용할 생각은 없었기 때문이다.

1946년 완전히 엉터리 선거를 통해 여당인 공화인민당(RPP)이 민주당에 압도적인 승리를 거두면서 복귀했다. 민주당은 농업법을 둘러싸고 인민당에서 탈당한 사람들이 주도한 당이었다. 부정이 너무 노골적이었기 때문에 국내적으로는 정권의 위신을 세우기는커녕 더욱더 손상만 시켰다. 하지만 국제적으로는 효력이 있었다. 터키는 예상대로 서방의 지주라고 선언되었고, 트루먼 독트린은 소비에트의 위협에 맞서기 위해 터키를 선택해서 경제적·군사적 지원을 했으며, 마셜 플랜에 따른 원조가 쏟아져 들어오기 시작했다. 경제 회복이 속도를 내기 시작했고, 터키는 이후 4년 동안 높은 성장률을 기록했다.

하지만 이러한 월계관이 터키 대중을 달래주지는 못했다. 이뇌뉘는 처음에는 자신의 당에서 주도적인 친파시스트 정치인 ─ 케말 통치 아래 있었던 가장 극악한 탄압에 책임이 있는 인물 ─ 을 총리로 지명하고 난 다음에는 종교와 시장에 양보함으로써 민주당의 좀 더 자유주의적인 옷차림을 훔치려 했다. 이것은 소용없는 일이었다. 1950년 선거가 치러지자 예전처럼 조작은 불가능했고 — 이뇌뉘가 상상했듯이 — 이제는 불필요했다. 그의 위신에 더해 전시의 혹독함이 완화되었기 때문에 공화인민당이 어쨌든 승리를 거두리라 생각했다. 하지만 유권자들이 큰 표차로 그의 정권을 거부하고 민주당에 의회 다수당의 지위를 부여하자 그는 대경실색하고 말았다. 4년 전 그가 조작했던 속임수만큼이나 큰 표차였다. 케말이 수립한 독재 체제는 종식되었다.

7

　무라트 벨게(Murat Belge) — 자기 세대의 정치적 감수성을 파악하는데서 따라올 사람이 없는 작가 — 는 1960년대의 청년 반란 가운데에서 나온 가장 날카로운 자기비판적인 성찰을 담은 유명한 글에서 당대인들에게 터키 좌파에 대해 말했다. 이때는 강렬한 희망의 10년보다 더 기나 긴 또 다른 군부 개입이 다가오고 있었는데, 터키 좌파는 아주 근본적인 방식에서 잘못 이해하고 있었다. 이들은 터키를 제3세계에 속한다고 보았고, 도시나 산악 지대에서 게릴라 봉기를 통해 해방시킬 수 있는 단계에 있다고 보았다. 이들이 파악하지 못한 역설은 당시 터키가 "경제적으로 보나 …… 사회적으로 보나 상대적으로 후진적"이기는 — 1인당 소득이 알제리 및 멕시코와 같았고, 성인 문맹률은 60퍼센트에 달했다 — 했지만, "정치적으로는 상대적으로 선진적이었고" "야당 지도자들이 대중의 위임 속에 여러 차례 권력을 얻을 수 있는 양당 체제를 갖추었는데, 예를 들면 일본에서는 일어난 적이 없는 일이었다."[51] 요컨대 터키는 가난하면서도 교육을 제대로 받지 못한 사회에서 일반적으로 이해되는 민주주의 체제가 남아 있는 특이한 나라였다. 비록 폭력적인 중단이 있기는 했지만 말이다. 벨게는 1980년 군사 쿠데타 이후

51　"The Tragedy of the Turkish Left", *New Left Review* I/26, March-April 1981, p. 85. '아흐메트 사밈'(Ahmet Samim)이라는 가명으로 출판되었다.

에 이 글을 썼다.

사반세기가 지난 후에도 그의 진단은 여전히 유효하다. 1950년에 엄격한 의미에서의 케말주의 질서가 종식된 이후에 터키는 전반적으로 볼 때 정기적인 선거가 있고, 경쟁적인 정당이 있으며, 선거 결과가 정해져 있지 않고, 정권이 교체되는 나라이다. 이것은 정권의 교체라는 점에서 스페인, 포르투갈, 그리스, 이탈리아보다 역사가 오래되었다. 이를 어떻게 설명할 수 있는가? 역사가들은 오스만 제국 후기부터 케말주의 중기까지 이어진 헌법 논쟁 혹은 의회 경합의 계기를 언급한다. 그러나 기억을 존중한다 하더라도 그러한 에피소드는 너무나 약하고 단기간의 일이었기 때문에 현재 70년 가까운 현대 터키의 민주주의 체제가 보이는 안정성의 토대라고 보기 어렵다. 대안적인 접근법은 좀 더 국면적인 것으로서 전술적인 이유를 강조한다. 이뇌뉘가 1946년에 민주주의를 실현할 것처럼 속임수를 썼고, 1950년에는 이로부터 오판을 하게 된 이유를 찾는 것이다. 그러나 이는 그 이후 민주주의 체제가 뿌리를 내려서 계속된 군부 개입조차 터키에서 민주주의가 정치적 규범으로 받아들여지지 않는 이유에 대해서는 답변하지 못한다. 좀 더 구조적인 설명이 필요하다.

제2차 세계대전 때 이뇌뉘는 프랑코가 스페인에서 했던 것보다 더 나아간 방향으로 자기 나라를 끌고 갔다. 프랑코는 신중한 관망적 태도로 나치 정권에 대한 소극적 친화성을 보였고 지원에도 소극적이었는데, 이 덕분에 독일이 패배할 것으로 보였을 때 서방과 더 나은 관계를 맺을 수 있었다. 그러나 전후에 비록 동일하게 반공산주의적이기는 했지만 두 독재자의 처지는 달랐다. 스페인은 소련에서 멀리 떨어진 유럽의 한쪽 끝에 있었지만 터키는 지정학적으로 냉전의 전선 국가였으며, 그것도 러시아와 오랫동안 적대적이었던 역사가 있는 국가였다. 따라서 두 나라 모두 워싱턴으로서는 긴급한 이해관계가 있었지만 앙카라가 더 긴급한 필요가 있었고, 마드리드의 경우보다 두 나라 사이에 더 긴밀한 합의가 맺어질 수 있었으며, 이에 따라 터키는 서방과 더 나은 이데올로기적·제도적 관계를 맺을 수 있었다.

하지만 이것만으로 터키가 민주주의 체제가 된 것은 아니었을 것이다. 자유세계의 권위주의 정권에 대해서 미국은 이들이 워싱턴에 대해 확고한 군사적·정치적 지원을 보일 경우에 관용하거나 심지어 환영하기도 했다는 것이 냉전의 변치 않는 특징이었다. 어쨌든 10년 내에 프랑코도 미군 기지를 맞이했다. 터키를 스페인과 구분짓는 것은 더 심원한 어떤 것이었다. 스페인 독재 체제는 격렬한 내전의 산물이었다. 이 내전은 계급과 계급의 대립이자, 사회혁명과 반혁명의 대립이었으며, 국가주의 십자군은 승리를 위해 독일과 이탈리아의 원조가 필요했다. 1945년에도 정권에 저항하는 일부 게릴라가 산악 지역에서 활동하고 있었다. 전후에 프랑코로서 민주화는 생각할 수 없는 일이었다. 그렇게 했다가는 다시금 정치적 화산이 분출할 위험이 있었고, 군부, 유산계급, 교회 그 누구도 이를 막을 수 없었다.

30년 후 프랑코 정권은 자신의 역사적 과제를 완수했다. 경제 발전은 스페인 사회를 변화시켰고, 급진적인 대중 정치는 사라졌으며, 민주주의는 더 이상 자본에 위협이 되지 않았다. 따라서 독재 체제가 자신의 과업을 철저하게 완수했기 때문에 이빨 빠진 부르봉 사회주의는 자신이 무너뜨린 공화국을 복구할 수조차 없었다. 이러한 스페인의 실험실에는 미래를 향한 더 넓은 포물선이 있었는데, 1970년대의 라틴아메리카 독재자들 ─ 피노체트가 대표적인 사례이다 ─ 이 반복하게 된다. 이들 독재자는 유권자들이 최종적으로 회복된 시민적 자유에 감사한 나머지 그 이후부터는 사회질서 형성에 쓸데없이 간섭하지 않도록 만드는 정치 질서의 설계자들이었다. 오늘날 스페인이라는 본보기는 자유의 일반 공식이 되었다. 더 이상 민주주의에 대해 안전한 세계를 만드는 게 아니라 이러한 세계에 대해 안전한 민주주의를 만드는 것 말이다.

터키는 스페인 ─ 1950년대에 경제적으로나 사회적으로 후진적인 다른 나라는 말할 것도 없고 ─ 보다 더 일찍 민주주의 체제가, 좀 더 선진적인 사회가 되었을 수도 있다. 왜냐하면 이런 나라들과 비교해서 억제되어야 할 폭발적인 계급 갈등도 없었고, 분쇄할 급진적인 정치도 없었기 때문이다. 대부분의 농민이 토지를 소유하고 있었다. 노동자는 별로 없었다. 지식인들은 주변적이었다. 좌파는 별로 중요하지 않았다. 당시에는 여전히 봉합되어 있었지만, 사회의 분할선은 사실상 계급이 아니라 에스닉이었다. 이러한 상황에서는 아래로부터 터져나올 수 있는 혼란의 위험이 적었다. 엘리트는 자신이 통제할 수 없는 힘이 풀려나갈 것이라는 두려움 없이 자기들끼리 거래할 수 있었다. 이러한 정도의 안전은 지속되지는 않을 것이다. 얼마 후 대중 반란이 터져나오면서 사회적 혼란과 민족적 혼란이 나올 터였다. 그렇게 되면 국가는 폭력적으로 반응할 것이다.

그러나 사회학적으로 말하면, 1950년에 있었던 첫 번째 선거가 설정한 기본적인 매개변수가 오늘날까지 이어지고 있다. 터키 민주주의는 주기적으로 무너졌지만 이런 상황이 오래가지 않았다. 왜냐하면 터키 민주주의는 다수파인 중도우파에 근거하고 있으며, 이런저런 형태로 깨지지 않은 채 이어지고 있기 때문이다. 네 차례의 역사적 사이클을 거친 터키 정치생활의 두드러진 특징은 안정성이다. 1950년부터 1960년까지 이 나라는 민주당 대표인 아드난 멘데레스 총리가 통치했다. 민주당은 58퍼센트까지 표를 받은 적이 있었고, 47퍼센트 아래로 내려간 적이 없었다. 민주당은 말기까지 여전히 국회 의석의 4/5를 차지했으며, 대통령직을 가지고 있었다.

부르주아지가 성장하면서 터키 엘리트가 분열하자 이 정당이 탄생했는데, 이들은 전전(戰前) 시기보다 국가에 덜 의존적이었고, 경제에 대한 관료적 명령을 더 이상 받아들이려 하지 않았고, 정치권력이라는 전리품을 얻고자 했다. 그 지도자들은 모두 케말주의 질서의 구성원들이었고, 대개 사적 부문에 이해관계가 있었다. 멘데레스는 부유한 면화 농장주였고, 1950년 이후 대통령인 마흐무트 젤랄 바야르(Mahmut Celal Bayar)는 가장 중요한 은행가였다. 그러나 추종자들은 압도적으로 이 나라의 다수를 구성한 농민 대중이었다. 이러한 통치의 요리법은 제3세계에서는 드문 역설이었다. 시장에 대한 추구와 동등한 대우라는 전통에의 호소를 결합한 자유주의적 포퓰리즘이라는 역설 말이다.[52] 각각이 전개되면서 수사법이 현실을 앞서 나갔지만 현실감을 잃지는 않았다. 권좌에 오를 때 멘데레스의 첫 번째 조치 — 그는 의회에 자문을 구하지도 않았다 — 는 군대를 한국에 파견하는 것이었는데, 이로 인해 워싱턴에서 높은 점수를 받았고 나토에 가입하는 보상을 받았으며, 이런 터키의 서비스에 보답하는 달러가 넘쳐났다. 멘데레스 정권은 미국의 원조를 이용해 농민에게 값싼 신용을 공급하고 높은 가격을 보장해 주었으며, 경작지를 확대할 수 있도록 도로를 건설했고, 환금 작물 생산을 현대화할 수 있는 기계를 수입했고, 농업 통제를 완화했다. 서방의 전후 호황의 영향 속에서 농촌 지역의 성장은 가속화했고, 1인당 소득은 치솟았다.

이 하나만으로도 민주당 정부의 인기를 보장하는 데 충분했을 것이다. 그러나 멘데레스는 농촌 지지층의 주머니 사정에만 반응한 것이 아니라 감수성에도 반응했다. 이뇌뉘는 전후에 자신이 고립되어 있다는 것을 알고 이미 케말의 종교정책에서 멀어지기 시작했다. 민주당은 훨씬 덜 억압적이었다. 새로운 모스크가 세워졌고, 종교 학교가 늘어났으며, 이슬람 교리가 국가 교육의 표준이 되었고, 기도는 다시 아랍어로 이루어졌고, 승려회는 다시 합법화되었고, 반대파는 불신자로 비난받았다. 터키인을 무슬림 정체성과 동일시하는 것, 즉 오랫동안 케말주의 아래 묻혀 있던 것이 더 강력한 표현을 얻게 된 것이다. 이것은 공식적인 세속주의에 헌신하는 엘리트 분파들의 반감을 불러일으키기에 충분했지만, 오스만 제국의 후기 혹은 공화국 초기의 유산과 단절을 의미하는 것은 아니었다. 멘데레스는 이뇌뉘가 케말을 아무도 손댈 수 없는 민족의 상징으로 만든 것을 넘어서서 케말의 무덤을 앙카라에 다시 만들었

---

52 이러한 구성에 대한 고전적 분석은 샤글라르 케이데르의 핵심 저작인 다음을 참조. Çağlar Keyder, *State and Class in Turkey*, London 1987, pp. 122~25.

고, 그의 기억을 조금이라도 손상하는 일은 가혹한 형벌을 받을 수 있는 범죄로 만들었다.

좀 더 심각한 일로 멘데레스가 영국의 요청에 응답해서 키프로스 섬의 소수자인 터키인의 대의를 받아들여 로잔 조약에서 포기한 이 섬에 대한 개입의 권리를 재천명했을 때, 전간기 통합 민족주의는 새로운 계기가 생겼다. 1955년 키프로스의 장래에 대한 세 열강의 회담이 런던에서 열리자 멘데레스 정권은 이스탄불에 있는 그리스인 공동체에 대해 야만적인 학살을 촉발했다. 형식적으로 1923년의 인구 교환에서 빠졌던 이 공동체는 그 이후 국가의 압력 아래 급속하게 줄어들었지만 1930년대 중반 여전히 10만 명이 넘었고, 이스탄불의 번성하고 생동감 있는 도시적 삶의 일부였다. 하룻밤 사이에 정부가 조직한 갱들이 교회, 학교, 상점, 기업, 병원 등을 파괴하고 불태웠으며, 가는 곳마다 폭력과 강간을 일삼았다. 교외 지역인 플로리아(Florya)에 있던 멘데레스와 바야르는 밤하늘에 화염이 치솟을 무렵 앙카라행 기차에 올랐다.[53] 바로 터키의 수정의 밤(크리스탈나흐트)[54]이었다. 과거와의 연속은 이데올로기적인 것일 뿐만 아니라 개인적인 것이기도 했다. 1913년 바야르는 CUP의 특수 조직 공작원으로서 스미르나 지역에서 그리스인들을 청소하는 데 책임을 맡고 있었다. 이때는 제1차 세계대전이 일어나기 전이었다. 몇 년이 지나자 아주 소수의 그리스인만이 이스탄불에 남아 있었다.

하지만 이번에는 언론과 여론이 충격을 받았고, 멘데레스의 방법에 기성 질서 내의 사람들도 불편해했다. 1957년 그는 세 번째 선거 승리를 향해 순항했지만, 외채와 재정 적자, 인플레이션 등이 높아지면서 그

---

53 Speros Vryonis Jr., *The Mechanism of Catastrophe: The Turkish Pogrom of September 6~7, 1955 and the Destruction of the Greek Community in Istanbul*, New York 2005. 이 책은 이 사건에 대한 가장 완벽한 서술을 보여준다. 멘데레스와 바야르의 역할에 대해서는 pp. 91~98 참조.

54 Kristallnacht: 1938년 11월 9일 밤 독일 전역에서 나치가 유대인 교회와 주택, 상점 등을 공격한 사건. ─옮긴이

의 경제활동 수행 능력이 빛을 바랬으며, 자신의 지위를 유지하기 위해 언론과 의회 내 야당을 목표로 해서 점차 가혹한 억압 조치를 취하기 시작했다. 지나치게 자신만만하고 야만적이지만 똑똑하지는 못한 그는 결국 정적을 조사하는 위원회를 설치했고, 그 조사 과정을 감독했다. 그는 터키를 한국전쟁으로 몰고 감으로써 자신의 권력을 강화했다. 10년 후 이 전쟁이 지키려 했던 이승만을 무너뜨린 한국의 학생들에 자극을 받은 앙카라의 학생들은 거리로 나와 독재 체제로 가려는 그를 막았다. 앙카라와 이스탄불의 대학들은 폐쇄되었지만 매일 밤 폭동이 일어났다. 한 달 동안 혼란이 지속된 후에 마침내 군부가 개입했다.[55] 어느 이른 아침 멘데레스를 비롯한 각료와 보좌관 등이 체포되었고, 약 마흔 명으로 구성된 위원회가 정부를 장악했다.

1960년의 쿠데타는 터키 고위 군부의 작품이 아니라 하급 장교로 이루어진 음모가들의 작품이었다. 이들은 얼마 전부터 멘데레스를 축출할 계획을 세우고 있었다. 일부는 급진적인 사회적 이상이 있었고, 다른 일부는 권위적인 민족주의자들이었다. 그러나 민주당의 해체와, 민주당 지도자들에 대한 응징 이외에 명료한 프로그램이 있는 사람은 별로 없었다. 민주당 지도자들은 다양한 명목으로 기소당했는데, 그 가운데는 1955년의 집단 학살도 포함되어 있었다. 바야르는 모면할 수 있었지만, 멘데레스는 이 일로 처형을 당했다. 군 내부에서도 많은 수의 보수적인 장교들이 숙청당했지만, 군부 고위층은 더 이상의 사태 악화를 막고 자신의 위치를 다시금 확보했다. 군부가 단합되지 못했던, 일시적으로 유동적인 상황에서 대학 출신의 법률가들이 신헌법을 제정하고 국민투표로서 승인을 받았다. 이 헌법은 멘데레스 지배의 특징인 권력 남용을 막기 위해 만들어진 것으로, 헌법재판소와 상원을 두었고 비례대표제를

---

55 이에 대한 생생한 묘사는 다음을 참조. William Weiker, *The Turkish Revolution 1960~1961*, Westport 1980, pp. 14~20.

도입했으며, 사법부를 강화하고, 시민의 자유, 학문의 자유, 언론의 자유를 보장했다. 하지만 이 헌법은 군부가 지배하는 국가안보위원회를 두었는데, 이 위원회는 폭넓은 권한을 행사할 수 있었다.

이들 제도가 자리를 잡으면서 전후 터키 정치의 두 번째 사이클이 시작되었다. 선거가 실시되자마자 민주당이 형성한 투표 블록—처음에는 수많은 후계 조직으로 나누어져 있었지만—은 여전히 이 나라의 안정적인 다수파를 형성하고 있다는 점이 분명해졌다. 1965년이 되면 이는 쉴레이만 데미렐(Süleyman Demirel)이 이끄는 정의당을 형성했고, 53퍼센트의 득표율을 보였다. 30년 후에도 데미렐은 여전히 대통령궁에 있을 것이다. 데미렐은 미국과 관계가 있는 수력공학자—아이젠하워 펠로십이자 모리슨-크누드센의 자문—이자 멘데레스가 관료 사무소를 위해 선발했던 인물로 자신의 후원자보다 인격이나 원칙 면에서 더 나은 점이 없었다. 그러나 전임자의 운명을 본 그는 좀 더 조심스러웠고, 나중에 비록 손을 대기는 하지만 1961년 헌법 때문에 동일한 스타일의 지배를 재생산할 수는 없었다.

권좌에 오른 데미렐은 멘데레스와 마찬가지로 빠른 성장으로 혜택을 보았고, 농촌에 호의를 베풀었으며, 농촌의 신앙심에 호소력이 있었고, 맹렬한 반공주의를 자극했다. 정의당의 포퓰리즘은 더 이상 자유주의적이지 않았다. 1960년대는 전 세계적으로 개발경제학의 시대였고, 나세르주의에 애매하게 영향을 받은 1960년 쿠데타의 장본인들도 예외는 아니어서 강력한 지도적 국가를 추구했다. 데미렐은 표준적인 수입대체 산업화로의 전환이라는 유산을 물려받았고, 선거를 위해 이를 최대한 활용했다. 두 번째 변화는 좀 더 근본적이었다. 민주당을 권좌에서 끌어내린 군대에 대해 자신의 간부들이 가진 원한을 자극하고, 자신의 종교적 연극이 세속주의적인 원칙에 가까워지기는 했지만 병영에서 불만의 징후가 보이자 데미렐은 재빨리 군부에 존경심을 표했다.

하지만 이것 자체로는 멘데레스의 정치적 환경과 비교하면 정치적 환경의 지배를 보장하는 데는 충분하지 않았다. 1950년대 세 번이나 무너진 바 있는 공화인민당은 별 다른 위협이 되지 않았다. 1970년대 초 이뇌뉘가 마침내 무대에서 물러났을 때 에제비트가 당을 이어받았는데, 그는 잠시 이 당을 중도좌파 대안으로 만들려고 시도했다. 하지만 1974년에 있었던 터키의 키프로스 침공의 전조로서 군부의 손에 무너졌으며, 애처로운 쇼비니즘의 텅 빈 화석으로 막을 내렸다. 더 이상 소선거구제로 인한 압도적인 승리를 가져다주지 못한 의회 내에서 연합 형성의 기술자들이 그를 세 번이나 총리로 만들어주었지만, 그가 물려받은 케말주의 블록은 선거에서 결코 다수를 획득하지 못했다.[56] 그가 무대에서 퇴장할 때는 득표율이 20퍼센트까지 떨어졌다.

데미렐에 대한 위험은 도처에 있었다. 신헌법으로 인해 노동당은 처음으로 후보를 낼 수 있었다. 노동당은 5퍼센트 이상을 얻지 못했고, 체제의 안정에 위협이 되지 못했다. 그러나 터키 노동자계급은 여전히 소규모였고, 대중적인 선거 정치에 나설 만하지 못했지만 터키의 대학은 급속하게 급진주의의 온상이 되었다. 독특하게 제1세계, 제2세계, 제3세계의 교차점에 자리 잡은—서쪽으로는 유럽, 북쪽으로는 소련, 남쪽과 동쪽으로는 마쉬레크(Mashreq, 이집트 동쪽의 아랍 지역)—터키 학생들은 세 곳 모두에서 온 사상과 영향력에 자극받았다. 캠퍼스 반란, 공산주의 전통, 게릴라 투쟁의 상상력 등이 그것인데, 터키 사회의 불의와 잔인함에 대해 각각 적실성이 있는 것으로 보였다. 이 사회에서 인구의 다수는 여전히 농촌에 살았고, 절반은 문맹에 가까웠다. 이 자극적인 혼합물로부터 다양한 혁명 그룹이 나왔는데, 이들에 대한 추도사는 10년 후에 씌어질 터였다. 1960년대 말에 데미렐이 모든 종류의 좌파 의견을 탄압하자, 얼마 후 일부가 무기를 들고 산발적인 폭력 행위를 벌였다.

이런 행위 자체는 바늘로 찌르는 정도 이상으로 큰 일이 아니었으며, 정의당의 정치적 통제에 별다른 충격을 주지 않았다. 그러나 이런 행위

---

56 키프로스 침공 이후 포위 분위기에서 공화인민당은 41퍼센트 이상을 얻어 절정을 누렸다. 데미렐, 튀르케스, 에르바칸을 모두 합쳐 52퍼센트 이하였다.

는 좀 더 위협적인 성격이 있는 다른 운동에 에너지와 기회를 주었다. 1969년에 알파르슬란 튀르케스(Alparslan Türkeş)가 초민족주의 정당인 민족주의행동당(MHP)을 창당했다. 당시 대령이었던 그는 제2차 세계 대전 당시 청년 장교로서 열렬한 친나치주의자였고, 1960년 쿠데타의 주동자 가운데 하나였다. 파시스트의 방법론을 채택한 민족주의행동당은 재빨리 준군사 조직 — 회색 늑대 — 을 만들었는데, 이는 좌파가 할 수 있었던 것보다 훨씬 강력한 것이었다. 그리고 금세 지지자를 두 배로 늘렸다. 이것이 전부는 아니었다. 데미렐이 군부에 접근하면서 정치 체제의 탄력성은 커진 반면 덜 순응적인 이슬람주의가 등장해서 그를 측면에서 공격했다. 1970년 데미렐과 마찬가지로 공학자였지만 대학교수로서 높은 지위에 있던 네지메틴 에르바칸(Necmettin Erbakan)이 민족질서당을 출범시켰다. 그는 나크쉬반디 수피 결사체의 회원으로서 신앙심에 대해 좀 더 진정한 주장을 했다. 정의당보다 좀 더 급진적인 무슬림 후보로 나섰기 때문에 그렇게 할 수 있었고, 미국에 대한 정의당의 종속을 공격했으며, 민족구원당으로 이름을 바꾼 그의 조직은 첫 번째 시험에서 12퍼센트를 얻었다.

다루기 힘든 이 외부자들이 일으킨 혼란은 케말주의의 기성 질서가 감당하기에는 너무 컸기 때문에 1971년에 군이 다시 개입했다. 이번에는 — 이후에도 마찬가지인데 — 군부 고위층이 나섰는데, 이들은 기존 질서를 유지하는 데 실패했다는 이유로 데미렐을 축출하겠다는 최후통첩을 보냈고, 우파의 테크노크라트 정부를 강요했다. 계엄령 아래에서 노동조합 운동가, 지식인, 좌파 대표자들을 잡아들여 고문했으며, 헌법의 자유주의적 조항은 무효화했다.[57] 2년 후 전복 세력이 숙청된 상황에서 정치적 풍경은 다시 열린 선거에 의해 판단되었고, 남은 1970년대 동안 데미렐과 에제비트는 연합 정부 내에서 시소놀이를 했다. 이 연합

---

57 이에 대한 예리한 설명은 다음을 참조. Feroz Ahmed, *Turkey: The Quest for Identity*, Oxford 2003, pp. 134~37.

정부 내에서 튀르케스나 에르바칸 혹은 둘이 캐스팅보트를 쥐었고, 자신들이 통제할 수 있는 각료들을 두었다.

당시 회색 늑대는 신참자이지만 체제에 엄청난 영향력을 가진 세력으로 보였다. 이들은 빠르게 경찰과 국가 정보기관의 요직을 장악했고, 이를 이용해서 외부의 준군사 조직을 지휘하면서 테러를 가했다. '파시즘'이라는 말만큼 남용되는 말도 별로 없지만, 이 시기의 민족주의행동당이 여기에 딱 들어맞음은 분명하다. 하지만 여기에 한계가 있었다. 고전적으로 볼 때 파시즘—이탈리아 혹은 스페인 그리고 독일에서—은 대중적인 혁명운동의 위협에 대한 반응이었다. 유산계급은 이 운동을 기성의 헌정 질서 내에 묶어둘 수 없다는 것에 두려움을 느꼈다. 그러한 운동이 없는 곳에서는 클럽이나 조직이 지역에서 〔좌파에〕 위협을 주는 데는 도움이 되기는 했지만, 최고 권력을 아래로부터 올라온 초법적인 동학을 가진 우파에 맡긴다는 것은 전통적인 지배자들에게는 위험이 너무 큰 일이었다. 터키에서 변화무쌍한 혁명 세력이 등장해서 대학의 선동가들뿐만 아니라 종교적 소수자와 에스닉 소수자로부터 신참자를 끌어들였고, 노동자 그룹에서 지역의 지지를 끌어냈으며, 교육받은 중간계급 내에서도 동조자를 끌어들였다. 그러나 특정 지역이나 도시에서는 영향력을 발휘할 수 있었지만 결코 대중적인 현상은 아니었다. 학생에 기반한 운동은 비록 전투적이기는 했지만, 보수적인 유권자 다수는 말할 것도 없고 중무장한 국가와 대적할 수 없었다.

그사이 농촌에서 이주한 사람들이 도시에 무허가 주거지를 형성하면서 터키 사회의 전통적인 구조가 깨지고 있었다. 이들은 여전히 떠나온 촌락의 생활방식과 사고방식을 버리지 않았지만—터키 사회학자들의 주임 사제라 할 수 있는 세리프 마르딘(Şerif Mardin)의 유명한 정식화에 따르면, 도시의 농촌화가 신참자의 도시화보다 우세했다[58]—동일한 공동체적 유대감은 없었다. 1970년대로 들어서면서 전후 호황이 끝

---

58 Şerif Mardin, *Religion, Society and Modernity in Turkey*, pp. 217~19.

나기는 했지만, 수입 대체 산업화는 해외에 있는 터키 노동자의 송금 및 대외 부채의 팽창으로 인해 인위적으로 연장되었다. 1970년대가 끝날 때가 되면, 이 모델은 수명을 다했다. 데미렐표 포퓰리즘은 멘데레스 시절보다 더 늘어난 적자, 높은 인플레이션, 커진 암시장, 낮은 성장으로 끝났다. 악화된 경제 상황에 시민사회 내의 폭력이 결합되었다. 이는 극우파가 좌파에 대한 공격을 강화하고, 이에 맞서 다양한 혁명 집단이 반격하면서 일어난 것이다. 이로부터 알레비(Alevi) — 시아파보다 더 나쁜 이단이라고 의심받던 공동체 — 가 가장 큰 영향을 받았는데, 소수자에 대한 가장 최근의 학살의 희생자가 되었다. 이때 회색 늑대가 과거의 특수 조직 역할을 했다.

하지만 티핑 포인트는 다른 방향에서 왔다. 1980년 9월 샤리아 회복을 주장하는 이슬람주의 집회가 코니아(Konya)에서 열렸는데, 케말주의적 방안에 대한 공개적인 도전으로 국가(國歌) 부르기를 거부했던 것이다. 일주일이 안 되어 군대가 나서 국경을 봉쇄하고 잠시 동안 권력을 장악했다. 참모총장이 의장인 국가안보회의 아래에서 의회가 해산되고 주요한 정치가들이 구금당했다. 정당도 폐쇄되었다. 의원, 시장, 지방 의원 등이 축출당했다. 1년 후 폴란드에서 계엄령이 선포되자, 서방은 한목소리로 항의했다. 사설, 기사, 서적, 집회, 시위에서 비난이 넘쳐났다. 터키에서 군부가 권력을 장악한 것에는 별다른 목소리가 들리지 않았다. 하지만 보이치에흐 야루젤스키의 지배는 터키의 나토 작전사령관인 케난 에브렌(Kenan Evren)의 지배와 비교하면 온건한 편이었다. 17만 8,000명이 체포되었는데 6만 4,000명이 투옥되었고, 3만 명이 시민권을 박탈당했으며, 450명이 고문으로 죽었고, 쉰 명이 처형당했으며, 나머지는 실종되었다.[59] 유럽의 양심은 이를 무시했다.

---

59 다음 두 글을 비교. Ece Temelkuran, "Headscarf and Flag", *New Left Review* II/51, May–June 2008, p. 83; Mehmet Ali Birand, *The Generals' Coup in Turkey: An Inside Story of 12 September 1980*, London 1987, p. 212.

대중적인 억압은 터키에서 독재로 가는 관문이 아니라 후일 라틴아메리카에서 보게 되듯이, 일종의 민주주의적 카타르시스로 가는 관문이었다. 에브렌과 그의 동료들은 대규모로 고문을 가한 것에 대해 거리낌이 없었지만 헌법의 중요성은 이해하고 있었다. 새로운 헌장이 작성되어 권력이 행정부에 집중되었고, 입법부 대표 선출에서 10퍼센트의 봉쇄 조항을 도입했으며, 과도하다고 생각되는 시민의 자유를 철폐했다. 특히 무책임한 파업이나 언론의 중상 등을 없앴다. 예상할 수 있는 바였지만 이 문서에 대한 어떤 논의도 금지된 상태에서 이루어진 국민투표로 이 헌장이 비준되었고, 에브렌은 대통령에 임명되었다. 1983년 선거는 좀 더 나아진 통치 아래에서 실시되었고, 의회 정부가 복귀했다. 이제 중도우파 정치의 제3의 순환이 시작되었다.

새로운 총리는 투르구트 외잘(Turgut Özal)이었는데, 데미렐 — 그의 부상은 데미렐에게 빚지고 있었다 — 과 마찬가지로 미국에서 공부했지만 편협한 엔지니어였다. 그가 관료 및 관리직에서 정치로 처음 옮아간 것은 민족구원당을 통해서였다. 그의 형이 이 당의 주요 인물이었던 것이다. 쿠데타가 발발하기 1년 전 데미렐은 터키가 금융 위기에서 벗어날 수 있도록 구제금융을 받기 위해 IMF가 주장한 안정화 계획 — 이는 표준적인 디플레이션 일괄정책이며 노동조합의 강력한 반대에 직면했다 — 책임자로 그를 임명했다. 권력을 장악한 군부는 그에게 그 일을 계속 맡겼으며, 대중의 저항이 진압되자 외잘은 마음 놓고 정책을 펼칠 수 있었다. 그는 이제 공공 지출을 줄이고, 이자율을 높이고, 가격 통제를 없애고, 실질임금을 삭감했다. 이는 국제적인 신뢰를 얻기 위해 필요한 것이었다. 자신의 팀 내에서 벌어진 금융 스캔들 때문에 그는 1982년에 사임해야 했는데, 덕분에 다음 해에 열린 선거 때 군부와 관계를 계속할 필요가 없었다. 스스로 조국당을 창당했는데, 이 당은 이제는 금지된 과거 우파의 세 가지 전략 — 포퓰리즘, 파시즘, 이슬람주의 — 모두를 암묵적으로 지지했다. 그는 이 당으로 45퍼센트의 득표율을 올리면서 손쉽게 승리했고, 의회 내 절대 다수파가 되었다.

외모는 땅딸막하고 매력이 없으며, 매너는 상스러운 외잘은 언제나 터키 판 미스터 토드[60]의 분위기를 풍겼다. 그러나 그는 데미렐이나 멘데레스보다 주목할 만한 인물로 명민한 정신과 조국의 장래에 대한 일관된 비전이 있었다. 1980년대, 즉 대처와 레이건의 시대에 권력을 잡은 그는 신자유주의적 확신이라는 점에서 터키의 대처이자 레이건이었다. 가격 통제, 과도하게 절상된 환율, 관료제적 허가제, 공공 부문에 대한 보조금 — 케말주의적 국가주의가 오랫동안 발전시키려 했던 모든 것 — 등이 있는 수입 대체 모델이 해체되기 시작했으며, 시장에 지배력을 주기 시작했다. 한계는 있었다. 국영기업의 사영화는 말만 많았지 시행된 게 많지 않았다. 그러나 전반적으로 볼 때 경제의 자유화가 진행되었으며, 터키 자본에는 아주 만족스러운 결과를 낳았다. 수출 가치는 세 배가 늘었다. 새로운 기업이 우후죽순 생겨났으며, 이윤이 올라갔고, 임금은 떨어졌다. 성장이 가속화되고 부자가 되어야 한다는 전반적인 분위기 속에서 중간계급은 현대적인 소비주의를 받아들였다.[61]

이와 동시에 외잘은 자신의 지위를 강화하기 위해 전임자보다 더 공공연하게 종교를 이용했다. 그가 이렇게 할 수 있었던 것은 전복 세력과 싸우기 위해 군부가 세속주의 전통을 포기했기 때문이다. 에브렌은 국민들에게 "세속주의가 무신론을 말하는 것은 아니다"라고 말했다.[62] 1982년 신앙고백 지침이 국립 학교에서 의무사항이 되었는데, 이때부

---

60 Mr Toad: 케네스 그레이엄의 동화 『버드나무에 부는 바람』에 등장하는 인물. — 옮긴이

61 이에 대한 개관은 다음을 참조. Çağlar Keyder, "The Turkish Bell Jar", *New Left Review* II/28 July-August 2004, pp. 67 이하; Eric Zürcher, *Turkey: A Modern History*, pp. 306~12.

62 다음의 논문을 참조. Osman Taştan, "Religion and Religious Minorities", in Debbie Lovatt(ed.), *Turkey Since 1970: Politics, Economics and Society*, New York 2001, p. 151.

터 공식 이데올로기 내에 암묵적으로만 있던, 즉 민족과 종교의 동일시가 교과서에서 "터키-이슬람 종합"의 보급으로 분명하게 표현되었다. 외잘은 으뜸가는 실용주의자이기는 했지만 신비주의적인 나크쉬반디 교단(Naqshbandi)의 회원이 되었으며 — 그는 이들을 신앙과 돈의 친화성의 예로서 모르몬교도와 비교하기를 좋아했다 — 이를 장려하기 위해 그 어느 때보다 종교에 대한 국가 통제를 이용했다. 그의 통치 아래 종교 업무 감독관의 예산은 열여섯 배가 늘었다. 500만 부의 코란이 공적 비용으로 인쇄되었으며, 50만 명의 순례자가 메카를 다녀갔고, 7만 개의 모스크가 신앙인을 위해 문을 열었다.[63] 독실한 신앙인, 역동적인 사람들, 쾌락주의자 모두가 그에게 고마워할 이유가 있었다.

1987년 봄, 외잘은 터키의 유럽공동체 가입을 신청함으로써 자신의 나라를 현대화하는 프로젝트를 마무리했다. 하지만 후보국의 지위를 얻기까지 이후 20년이나 기다려야 했다. 가을에 그는 총리로 재선출되었고, 1989년 에브렌이 은퇴한 후 대통령이 되었다. 절정기 이후 내리막이 시작되었다. 경제적으로 볼 때 무역 적자 및 과대 평가된 통화가 선거를 위한 과도한 공적 지출과 결합해서 인플레이션이 쿠데타 이전 수준이 되었고, 파업의 물결과 불안정한 경제 상황이 계속되었다. 호황기에 만연한 부패가 이제는 대통령 가족에게까지 흘러들었다. 정치적으로 볼 때, 구(舊)정치인을 경기장에 다시 들어오지 못하게 하는 국민투표를 가지고 구정치인을 경기에서 배제하는 도박을 벌인 그는 국민투표에서 패배하면서 다시 살아난 데미렐의 복수에 직면했다. 점점 돌출적이고 독재적인 스타일이 된 그는 걸프전에서 터키를 미국이 이라크 공습을 하는 발진 기지로 만들었다. 이는 여론과 참모부의 의견을 무시한 일이었으며, 이에 따른 경제적 보상이나 전략적 보상도 없었다. 그 대신 이제 터키는 남동쪽 국경에 미국 보호 아래 있는 쿠르드족 자치 지역과

---

63 Huri Türsan, *Democratization in Turkey: The Role of Political Parties*, Brussels 2004, p. 228; David Shankland, *Islam and Society in Turkey*, Huntington 1999, p. 30.

직접 마주하게 되었다.

중도우파 통치가 거쳐온 세 번의 주기 모두 역사적 구조물인 케말주의의 기둥 가운데 하나 —종교를 부재하는(default) 정체성으로 축소하고, 종교적 표현을 사적 영역으로 한정한 것 —가 꾸준히 약화되는 모습을 보여왔다. 이제는 공식적으로 규정된 세속주의뿐만 아니라 경제적 관점으로서의 국가주의까지 침식되었다. 외잘은 두 방향 모두에서 더 나아갔는데, 신앙고백적인 종교단체라는 방향과 자유주의적 방향이었다. 그러나 케말주의적 질서의 심층에 놓인 것은 훼손되지 않았다. 통합 민족주의는 1945년 이래 모든 정부에 필수적이었고, 언제나 희생자가 따랐다. 1950년대에는 그리스인이었고, 1970년대에는 알레비파였다면 이제는 다시금 쿠르드족 차례였다. 1960년대 말의 급진화가 영향을 끼치지 않은 것은 아니지만, 합법적인 노동자당이 있는 한 혹은 대학의 비합법 운동이 살아 있는 한 쿠르드족의 열망은 좀 더 일반적인 행동주의의 흐름에 합류할 수 있었다. 하지만 1980년의 쿠데타가 이 좌파를 궤멸시키자 새로운 세대의 쿠르드족의 정치적 재각성이 풀려나올 길을 찾아야 했다.

권력을 잡은 에브렌 일당은 남동부 지역에 계엄령을 선포하고 재빨리 쿠르드어의 사용 —사적인 사용일지라도 —을 범죄로 선포했다. 집단적인 쿠르드족 정체성에 대한 문화적 표현이나 정치적 표현 모두가 터키 모든 곳에서 절대적으로 부정되었다. 그러나 남동부에서는 사회경제적 관계가 폭발적이었다. 토지 없는 농민의 비율이 높았으며,[64] 오랫동안 국가와 공모한 대지주의 권력은 거대했다. 이러한 배경 속에서 쿠데타 직전에 앙카라에서 결성된 쿠르드족 그룹 가운데 하나가 게릴라전의 자연스러운 조건을 찾아냈다. 처음에는 자랑스럽게 마르크스-레

---

64 디야르바키르에서는 농민의 45퍼센트가, 우르파(Urfa)에서는 47퍼센트가 토지가 없었다. Feroz Ahmed, *Turkey: The Quest for Identity*, p. 163.

닌주의 색조를 띠었지만 실제로는—시간이 흐르면서—철저하게 실용적인 PKK(쿠르드노동자당)는 1984년 봄 시리아 국경과 이라크 국경 일대에서 작전을 처음 개시했다.

이번에 터키라는 국가는 외부에 기지가 있고 잘 훈련되고 현대화된 적에 직면해서 1925년 봉기 및 1937년 봉기와는 달리 몇 달 만에 이 운동을 진압할 수 없었다. 장기전이 이어졌고, PKK도 무자비한 행위의 군사적 테러로 대응했다. 육군과 공군이 쿠르드족 반란을 종식시킨 것은 15년이 지난 1999년이었다. 그때까지 앙카라는 25만 명 이상의 군대와 경찰—이라크를 점령한 미군의 두 배—을 동원했으며, 매년 60억 달러를 썼다. 공식 수치에 따르면, 최소한 3만 명이 사망했고, 38만 명이 고향에서 쫓겨났다. 실제 희생자는 더 많았다. 고위 당국자의 말에 따르면, "비공식적으로는 내부 난민의 숫자가 300만 명에 이른다."[65] 주민들을 군 통제 아래 수용하기 위해 마을을 불태우고 파괴하면서 베트남에서 있었던 전략촌의 터키 판이 만들어졌다. 이는 인근 도시 지역의 감시받는 슬럼가였다. 이송 방법은 오래되었지만 목적지는 새로웠다.

이것이 외잘 지배의 또 다른 얼굴이었다. 말년에 그는 자신이 반은 쿠르드족 출신이라고 말했으며—그는 동부의 말라티아(Malatya) 출신이었다—쿠르드어 사용을 금지하는 가혹한 법률을 느슨하게 풀어주기 시작했다. 그러나 1993년에 그가 갑자기 죽자 데미렐이 대통령이 되었고, 고문과 억압이 강화되었다. 남은 1990년대 동안에는 취약하고 부패한 정치 연합이 이어졌는데, 이는 1970년대의 궤적을 반복하는 것이었다. 이는 이전 10년 동안의 정치 체제와 경제 모델이 해체되는 과정이었는데, 마치 중도우파의 헤게모니는 매 세대마다 동일한 포물선을 반복할 운명인 것처럼 보였다. 다시금 공적 부채가 크게 늘어나고 인플레이션이 시작되고 이자율이 치솟았다. 이번에는 깊은 경기 침체와 높은 실업이 패배를 마무리지었다.

---

65 William Hale, *Turkey, the US and Iraq*, London 2007, p. 70.

20세기의 마지막 해에 빈사 상태의 에제비트가 쿠르드노동자당 지도 자인 압둘라 오잘란(Abdullah Öcalan)을 체포한 것을 뽐내며 관직에 복귀 했다. 그는 표도르 도스토옙스키(Fyodor Dostoevsky)의 소설에 나오는 인 물 같은 사람으로 아프리카에서 모사드와 CIA에 의해 납치되어 포박된 채 앙카라로 인도되었다. 앙카라에서 그는 곧 터키에 대한 사랑을 지나 칠 정도로 표현했다. 이제 공적 재정은 바닥이 났고, 생필품 가격은 통 제 불능이었다. 최종적인 위기는 대통령과 총리 사이의 품위 없는 논쟁 으로 촉발되었다. 지금 그 대통령은 전직 판사이며, 총리는 각료들의 부 패 때문에 책임을 지게 된 것에 격노하고 있다. 국가 운영자에 대한 분 노는 주식시장의 패닉을 불러왔고, 통화가 붕괴했다.[66] 붕괴는 IMF 긴 급 대출로 가까스로 피할 수 있었는데, IMF 긴급 대출은 같은 이유로 보리스 옐친(Boris Yeltsin)의 러시아까지 확대되었다. 터키는 무너질 경 우 국내의 혼란을 미국이 감당할 수 없을 정도로 중요한 나라였다. 몇 달 후 정부가 무너지고 이로써 외잘 시기의 여파는 종식되었다.

8

2002년 가을에 열린 선거는 완전히 바뀐 정치적 풍경을 보여주었다. 18개월 전까지 존재하지도 않던 정당이 선거 결과를 휩쓸었다. 정의개 발당(AKP)은 온건한 무슬림 강령을 내걸고 선거에 나서 의회의 2/3를 차지해 멘데레스 시대 이래 가장 큰 다수파 정부를 구성했다. 정의개발 당의 승리는 터키에 새로운 시대가 열린 것으로 국내외적으로 크게 환 영을 받았다. 오랫동안 지속된, 티격태격하는 연립 내각의 시대가 끝나 고 안정적인 정부를 가지게 될 뿐만 아니라—보다 중요하게는—터 키에서 오랫동안 지연된 종교와 민주주의의 화해가 가능하리라는 전망

---

66 경제 위기의 규모 및 사회적 영향에 대해서는 다음을 참조. Zülküf Aydin, *The Political Economy of Turkey*, London 2005, pp. 123~25.

이 나왔다. 선거운동 당시 정의개발당의 중심 강령이 터키의 유럽연합 가입이었기 때문이다. 이를 위해 오랫동안 유럽연합 회원국 기준, 무엇보다 법의 지배와 인권 존중이라는 정치적 필요조건을 만족시키겠다는 것이었다. 선거에서 승리한 지 한 달도 안 되어 정의개발당 지도자들은 유럽연합의 코펜하겐 정상회담에서 외교적 승리를 확보했다. 이 회담에서, 터키가 정해진 기간 동안 충분한 정치적 개혁을 수행할 경우에 유럽연합 가입을 위해 협상을 시작하는 분명한 날짜가 정해졌다. 그것은 겨우 2년 후였다. 국내에서는 절망감에서 행복감으로 전반적인 분위기의 극적 반전이 일어났다. 1950년 이후 그렇게 커다란 희망을 불러일으킨, 신선한 출발은 없었다.

서방에서 폭넓은 찬사를 받은 정의개발당 통치의 신선함은 환상이 아니다. 그러나 미국은 말할 것도 없고 유럽의 모든 보수적인 사설, 기명 칼럼, 르포 등에서 찾아볼 수 있는 표준적인 이미지 — 브뤼셀의 공식적인 성명을 말하는 게 아니다 — 와 실제로 새로운 것 사이에는 거리가 상당하다. 정의개발당은 자신의 운명의 창건자가 아니라 상속자이다. 1987년에 1980년 이전 정치가들의 정치활동 금지 조치가 없어졌을 때 1970년대 말의 풍경이 다시 등장했다. 외잘과 데미렐은 전통적으로 헤게모니를 행사했지만, 측면에서 파시스트적이고 이슬람주의적인 정당이 부상하면서 1970년대에 약해진 주류 중도우파 유권자들을 놓고 경합을 벌였다. 이제 이런 정당들이 당연하게도 재등장했지만 차이가 있었다. 튀르케스는 초기 이데올로기의 많은 부분을 버렸고, 시간이 흐르면서 그의 정당은 좀 더 포괄적인 터키 쇼비니즘 스타일로 종교와 민족의 연합을 내세웠고, 여전히 제한적이기는 하나 어느 정도는 성공을 거두었다.

다른 한편으로 에르바칸은 주요한 세력이 되었다. 이슬람주의에 대한 대중적 지지층은 더 커졌으며, 그는 이를 형성할 수 있는 강력한 인물이라는 것을 입증했다. 1994년까지 그는 지역의 종교 네트워크에 기반을 두고, 현대적인 커뮤니케이션과 데이터 체계로 움직이는 당의 풀뿌리 조직을 만들어냈다. 그해에 이름을 바꾼 그의 복지당(RP)은 지방선거에서 이스탄불, 앙카라, 기타 도시를 장악함으로써 그 힘을 보여주었다.[67] 시청은 과거에 큰 중요성이 없었지만 복지당의 새로운 시장과 그 보좌관들은 이전까지 별다른 주의를 끌지 못하던 사회 서비스와 자선 활동을 공동체에 제공함으로써 시청을 대중적인 이슬람주의의 요새로 만들었다.

이러한 성공 뒤에는 좀 더 장기적인 사회 변화가 있었다. 국가 교육체계 외부에서 종교 학교들이 1950년대 이래 번성했다. 시장에서는 미디어가 점차 하층 독자를 향해 움직이고 있었다. 타블로이드 신문과 상업 텔레비전이 대중문화를 설파하고 있었는데, 다른 곳과 마찬가지로 선정적이고 소비주의적이었다. 물론 지역적 변형이 있었다. 미디어는 이슬람에 대한 케말주의적 압박이 기대고 있는 구별, 즉 사적인 삶 — 그리고 환상 — 과 허용되는 공적 이상 혹은 열망 사이의 구별을 해체하면서 종교가 정치 영역으로 흘러들기를 바랐다. 오스만 제국 이후의 엘리트는 대중이 이 나라 정부 내에서 실질적인 목소리를 내지 못하게 하는 정치 체계가 있는 한, 민속 종교에 물들어 있는 대중문화를 얕잡아 볼 수 있었다. 그러나 터키 사회가 점점 민주화되고 대중의 감수성과 신앙이 선거 영역에서 점차 목소리를 내게 되었다. 무슬림 투표는 거의 50년 동안 있었다. 1990년대 중반이 되면 억제하기가 어려워졌다.

복지당은 지방선거 승리 다음으로 1995년에 있었던 전국 선거에서 20퍼센트를 얻어 정당이 난립한 의회에서 제1당이 되었으며, 곧 에르바칸이 위태로운 연립정부의 총리가 되었다. 국내에서는 자기 당의 의제를 추진할 수 없던 그는 해외에서 좀 더 독립적인 노선을 추구하려 했다. 말하자면 무슬림의 연대였는데, 이를 위해 이란과 리비아를 방

---

67 이 성공에 대해서는 다음을 참조. Nihal İncioğlu, "Local Elections and Electoral Behavior", in Sabri Sayari and Yilmaz Esmer, *Politics, Parties and Elections in Turkey*, Boulder 2002, pp. 83~89.

문했다. 그러나 금세 기존의 외교정책을 추진하는 집단에 의해 가로막혔고, 1년도 못 되어 군부의 압력 아래 축출당했다. 6개월 후 헌법재판소는 세속주의를 침해했다는 이유로 복지당을 금지했다. 복지당이 금지당하기 전에 에르바칸은 복지당의 후계 정당으로 파질레트 파르티시(Fazilet Partisi, Virtue Party)를 창당했다. 2001년 여름 이 당이 다시 금지당하자, 여전히 자극적인 이름의 사데트 파르티시(Saadet Partisi, Felicity Party)를 대신 창당했다.

하지만 이번에는 자신의 부대를 이끌 수 없었다. 새로운 활동가 세대는 에르바칸의 변덕스러운 지도 스타일 ─ 선동적인 급진주의와 부적절한 기회주의 사이를 크게 왔다 갔다 했다 ─ 이 자신들의 대의에 골칫거리라고 결론지었다. 더욱 중요하게 그가 대변한 종류의 이슬람주의가 계속해서 탄압을 받았기 때문에, 이들은 권력을 잡기 위해서는 그의 반자본주의적이고 반서방적인 수사법을 제거하고 유권자들에게 좀 더 온건하고 덜 신앙고백적인 면모 ─ 케말주의를 신봉하는 기성 질서와 공공연하게 대립하지 않는 ─ 를 제시해야 한다고 확신했다. 이 간부들은 이미 파질레트 파르티시의 지도권을 놓고 에르바칸에 도전한 바 있으며, 2001년에는 그와 완전히 갈라설 준비가 되어 있었다. 사데트 파르티시 창당 3주 후에 타이이프 에르도안이 이끄는 정의개발당이 출범했다. 그는 1994년부터 1998년까지 이스탄불 시장을 지냈으며, 선동적인 시를 썼다는 이유로 잠시 투옥된 적이 있었기 때문에 여전히 의회 선거에 나설 자격이 없었다. 그러나 그가 가진 야심의 현실성을 의심하는 사람은 거의 없었다. 그는 웅변가이자 조직가로서의 능력을 보인 바 있기 때문에 새로운 당에 대한 지배를 확보할 수 있었다.

2002년 정의개발당이 거둔 엄청난 규모의 승리로 인한 갑작스러운 집권은 선거에서 압도적인 지지로 얻은 게 아니라 선거제도의 효과였다. 정의개발당은 34퍼센트 정도의 득표를 했지만, 멘데레스, 데미렐, 외잘 등이 최고로 많이 얻었을 때에 비해 훨씬 못 미치는 득표율이었다. 이런 수치가 다른 많은 정당이 10퍼센트 봉쇄 조항을 넘지 못하면서 의회 의석이 67퍼센트로 바뀐 것이다. 잔존한 케말주의 정당인 공화인민당만이 19퍼센트로 봉쇄 조항을 넘었다. 그 결과는 정의개발당에 대한 유권자들의 주기적인 신뢰에 대한 평결이 아니라 1980년 헌법이 마련한 종류의 민주주의에 대한 평결이었다. 의원 배출과 관련한 봉쇄 조항 때문에 유권자의 거의 절반이 선거권을 박탈당한 것과 같은 것이었다.

하지만 정의개발당이 득표율에 맞지 않게 입법부를 장악한 것은 새로운 현실에 조응하는 것이기도 했다. 전임자들과 달리 정의개발당은 신뢰할 만한 야당이 없었다. 1990년대 말의 참패와 연관된 모든 정당은 급조된 공화인민당을 제외하곤 어떤 긍정적인 강령이나 정체성도 남겨놓지 못한 채 사라졌고, 신이슬람주의가 이 나라를 장악할 것이라는 두려움 속에 생존했을 뿐이다. 중도우파 지배의 새로운 순환이 시작되었는데, 이는 과거와의 단절이 아니라 하나의 결정적인 측면에서 변형한 것이었다. 정의개발당은 처음부터 이 순환의 비슷한 단계에서 전임자보다 수적으로 지지를 덜 받기는 했지만, 전반적인 정치적 장에서 이데올로기적 헤게모니를 누렸다. 이는 전임자들이 갖지 못한 것이었다. 제거 과정에서 정의개발당은 유일하게 무대를 지휘할 수 있게 되었다.

이러한 구조적 변화와 함께 지배 정당 자체 내의 성격 변화가 있었다. 당의 뿌리가 1980년 이후 기성 질서 외부에서 등장한 이슬람주의에 있기 때문에, 그리고 권력을 잡는 과정에서 좀 더 온건한 태도를 취하는 쪽으로 방향을 바꾸었다는 것이 분명했기 때문에 서방의 찬미자들은 정의개발당을 기독교민주당에 해당하는 바람직한 무슬림 정당으로 보았다. 정의개발당이 이런 칭찬을 잘 받아들이지는 않았지만, 유럽에서는 정의개발당을 칭찬하면서 '보수적 민주주의'라는 용어의 사용을 선호했다. 이는 케말주의의 반발을 불러일으키지 않으려는 태도였다.[68]

---

68 에르도안이 미국 기업연구소에서 행한 연설 참조. "Conservative Democracy

그러나 이런 비교는 어떻게 보더라도 대개 잘못된 것이다. 정의개발당은 기대고 있는 교회가 없고, 관장하는 복지 체제가 없으며, 이를 견인할 노동조합이 없다. 또한 정의개발당은 전후 독일의 기독교민주연합이나 이탈리아 기독교민주당이 항상 가졌던 특징인 내부 민주주의나 분파적 에너지도 없어 보였다.

하지만 정의개발당은 약간 수정을 한다면 유럽의 기독교민주당과 일치하는 두 가지 측면이 있다고 말할 수 있다. 유럽의 기독교민주당과 마찬가지로 지지층에 여전히 터키 인구의 30퍼센트를 차지하는 농민층이 포함되어 있음에도, 전후 유럽에는 거의 존재하지 않는 도시 슬럼 거주자인 수많은 하층민에 크게 의존하고 있다. 그러나 정의개발당의 핵심적인 힘은 새롭게 부유층이 된 아나톨리아의 기업가 계층에서 온다. 이들은 이윤이 되는 사업을 할 때는 완전히 현대적이며, 종교적 신앙과 관습에 대한 집착이라는 면에서 심하게 전통적이다. 베네토의 지역 유지나 슈바벤의 중산층이 피아트나 도이체방크와 구별되는 것처럼 이스탄불의 대기업과 구별되는 이 계층은 정의개발당이 주도하는 중도우파 블록의 새로운 구성체이다. 독일 기독교민주연합이나 이탈리아의 구 기독교민주당의 지역 엔진과 이들이 유사하다는 것은 분명하다.

이 정당의 이데올로기적 접착제로서의 유럽 중심성 —과거에는 유럽공동체였고 지금은 유럽연합이다— 또한 마찬가지이다. 하지만 정치적으로 말하면, 독일의 아데나워나 이탈리아의 데 가스페리보다 터키의 에르도안과 그 동료들에게 더 중요하다. 오늘날까지 유럽연합 가입은 정의개발당 헤게모니의 마법 같은 공식이다. 독일에 있는 200만 명의 터키인 속에 친척이 있는 주민들에게 자유롭게 여행할 수 있는 유럽은 구할 수만 있다면 국내보다 더 나은 일자리에 대한 희망을 나타낸다. 유럽연합 회원국 지위는 대기업에는 더 큰 자본시장에 접근할 수 있는 길

and the Globalization of Freedom", in M. Hakan Yavuz, *The Emergence of a New Turkey: Democracy and the AK Party*, Salt Lake City 2006, pp. 333~40.

이다. 중소기업에는 더 낮은 이자율을 의미한다. 대기업과 중소기업 모두에 좀 더 안정적인 거시경제적 환경을 제공해 준다. 전문직 계급에게 유럽에 대한 헌신은 정의개발당 내에서 이슬람주의적 유혹이 지배적이지 않다는 지표이다. 자유주의적 인텔리겐치아에게 유럽연합은 군사 지배로 복귀하는 것을 막아주는 안전장치이다. 군부에 그것은 케말주의의 오랜 꿈인 서방에 완전한 합류를 실현하는 일이다. 요컨대 유럽은 가장 다양한 이유로 터키 내에서 가장 대조적인 세력들이 응시할 수 있는 약속의 땅이다. 정의개발당 지도자들은 이 대의를 자신들의 것으로 만들어 초기 공화국의 케말주의 이래 그 어떤 세력보다 완벽하게 정치적 판을 지배하게 되었다.

정의개발당은 터키를 유럽으로 데려간다는 자신의 주장을 실현하기 위해 통치 첫 두 해 동안 유럽연합이 제시한 기준을 맞추기 위한 일련의 조치를 취했다. 권력을 잡기 이전부터 추진된 국가안보위원회 권한의 축소와 그 내부에서 군부의 역할 축소는 국민 전체의 관심일 뿐만 아니라 정의개발당의 관심이기도 했다. 보통 시민에게 가장 긴급하고 중요한 것은 제일가는 억압 기구였던 국가안보법원(State Security Court)의 폐쇄였다. 1987년부터 계속된 남동부 지역의 계엄령이 해제되었고, 사형제가 폐지되었다. 2004년에는 의회에서 쿠르드어를 사용했다는 이유로 투옥된 쿠르드족 의원들이 마침내 석방되었다. 언론에서 환영받은 이 개혁 조치들은 정의개발당이 유럽적 정당성이 있다는 것을 확인해 주었다.

하지만 새로운 정부가 인기를 끌었던 더 큰 이유는 이 정부가 주도하면서 이루어진 빠른 경제 회복이었다. 정의개발당은 2001년에 IMF가 터키에 준 대규모 대부 조건인 IMF 안정화 프로그램을 물려받았고, 이는 경제 운영의 파라미터가 되었다. 정의개발당의 기원이 되는 복지당의 이데올로기는 반서방일 뿐만 아니라 수사학상 종종 반자본주의적 색채를 띠었다. 정의개발당이 친유럽으로 돌아서면서 반서방의 흔적을 지닌 사람은 모두 숙청되었다. 여전히 드러나기는 하지만 반자본주의적 성격에 대한 모든 기억도 뒷전으로 밀어냈으며, 개종의 열광 속에 신자유주의 체제를 받아들였다. 재정적 규율이 표어가 되었으며, 사영화가 성배가 되었다. 곧 『파이낸셜 타임스』는 "국가 자산을 매각하려는" 정의개발당의 '열정'을 칭찬했다.[69] 가장 중요하게는 예산 흑자를 6퍼센트로 하는 것에서 시작해서, 실질 이자율을 15퍼센트로 올리고, 인플레이션을 한 자릿수로 줄이면서 기업의 신뢰와 투자가 회복되고, 성장이 다시 일어났다. 2002~2007년까지 터키 경제는 연평균 7퍼센트 성장률을 보였다. 호황에 이끌리고, 또 이 호황을 뒷받침한 외국 자본이 쏟아져 들어와 이스탄불 주식시장의 70퍼센트를 차지했다.

다른 곳과 마찬가지로 높은 인플레이션이 종식되면서 생필품 가격이 안정되자 저소득층의 경제 상황이 나아졌다. 호황으로 일자리도 창출되었다. 하지만 이는 공식 통계에 잡히지 않았는데, 10퍼센트가 넘는 실업률은 변동이 없었다. 그러나 공식 부문의 일자리 없는 성장으로 비공식 부문의 고용 증대가 나타났고, 무엇보다 건설 산업의 일용직이 증대했다. 객관적으로 볼 때, 그러한 물질적 성과는 그렇게 크지 않은 것이었다. 실질임금은 제자리였고, 인구 성장을 감안할 때 실제로 극빈자가 늘어났다. 하지만 이데올로기적으로 볼 때 예리한 관찰자가 주장했듯이, 그러한 물질적 성과는 정의개발당이 신자유주의를 사상 처음으로 저소득층의 상식으로 만들려 할 때는 충분하고도 남았다.[70]

그런데 시장이 언제나 궁극적으로 가장 좋은 길을 알고 있다는 대중의 믿음은 어느 정도나 깊은 것인가? 재정적 규율은 사회 서비스나 보조금에 대한 사회적 지출의 삭감을 말하며, 이로 인해 정의개발당은 1990년대에 —— 이때 복지당은 이런저런 공적 수당을 지지자들에게 줄

---

69 "Investing in Turkey", *Financial Times* Special Report, 18 July 2007, p. 1.

70 Cihan Tuğal, "NATO's Islamists: Hegemony and Americanization in Turkey", *New Left Review* II/44, March-April 2007, p. 22. 이 글은 현재까지 정의개발당의 집권 및 역할에 대한 뛰어난 분석으로 알려져 있다.

수 있었다 — 그 지도자들이 성장할 수 있었던 기반인 지방정부 수준의
자선 사업을 국가 수준에서 하기 힘들게 되었다. 터키는 GDP의 겨우
18퍼센트만을 세금으로 거두었고 — 오늘날의 기준으로 보더라도 부자
의 에고이즘에 대한 헌정이다 — 채권자에게 지불하고 나면 모두의 필
요를 충족하기에는 적은 정부 돈이었다.[71] 정의개발당은 도시에 있는
유권자들을 잡아두기 위해 신자유주의의 빵 — 이는 아직 돌은 아니었
다 — 이상의 어떤 것을 제공할 필요가 있었다. 사회적 재분배가 부족했
기 때문에 문화적 혹은 정치적 보상이 필요했다. 또한 당의 간부도 고려
해야 했다. IMF 처방만으로는 이들을 굶주리게 할 수밖에 없었다.

　순응주의자들이 해외에서 오는 지령을 따르는 어려움은 초기부터 잘
드러났다. 정의개발당은 2003년 3월 미군이 터키를 통과해서 이라크를
공격할 수 있도록 하기 위해 의회에서 표결을 강제하려 했다. 정의개발
당 의원 가운데 1/3이 반대표를 던져 안건은 부결되었고, 대중은 전폭
적으로 지지했다. 당시 에르도안은 여전히 의원이 아니었으며, 그에게
내려진 정치 활동 금지 조치를 해결해야만 했다. 라이벌 의식을 가능하
면 숨기고 있던 그의 부사령관인 압둘라 귈이 총리 역할을 하고 있었지
만, 그를 대신해서 미국의 말을 따르고 있다는 흔적을 남기려 하지는 않
았다.[72] 두 달 후 에르도안은 의회에 들어가 책임을 떠맡았다. 총리가 된
그는 이라크 점령에 참여하기 위해 터키군을 파견하는 안건을 통과시
켰다. 이때가 되면 너무 늦었기 때문에 바그다드에 있는 미 당국은 쿠르
드족의 신경질적인 반응 속에 이 제안을 거부했다. 그러나 이런 방책을
밀어붙일 수 있는 에르도안의 능력은 정의개발당 내에서 그가 차지하
는 위치를 보여주는 것이었다.

----

71 이는 최근에 수정된 터키 국가 회계에 따른 것이다. Economist Intelligence Unit,
　　Report on Turkey, April 2008, p. 15 참조.
72 이 에피소드에 대한 날카로운 분석은 다음을 참조. Saban Kardas, "Turkey and the
　　Iraqi Crisis", in Yavuz (ed.), *The Emergence of a New Turkey*, pp. 314~26.

실제로 그에게는 물질적 어려움에 대해 이 정당의 유권자 대중이 누린 상당한 상징적 보상물이 있었다. 그 어느 때보다 스펙터클과 연결되어 있는 포스트모던 문화는 엔터테인먼트 산업 출신의 지도자들을 낳았다. 이런 면에서 에르도안은 레이건이나 베를루스코니 부류에 속한다. 배우와 발라드 가수 다음으로 축구 공격수보다 인기 있는 게 무엇이 있겠는가? 이스탄불의 노동자계급 출신이자 종교 학교를 다닌 에르도안은 프로 축구선수가 되었다. 이후 마흔 살에 복지당 소속으로 이스탄불 시장이 되었다. 이 과정에서 그는 지역의 사업가로서 재산을 엄청 모으면서 사적 영역의 보증서를 만들 시간을 얻었다. 비천한 출신이거나 현대적인 방식으로 부를 모은 중도우파 지도자는 터키에서 새로운 것이 아니었다. 에르도안을 전임자들과 구별하는 것은 멘데레스, 데미렐, 외잘과 달리 관료제 내의 승진을 통해 위로부터 권력에 이른 게 아니라 아래로부터 풀뿌리 조직을 통해 권력에 이르렀다는 것이다. 처음으로 터키는 직업적 정치가라는 용어가 가지고 있는 완전한 의미에서 직업적 정치인이 통치하게 되었다.

단상에 서 있을 때, 에르도안은 타고난 카리스마가 넘치는 인물이다. 큰 키에 강인한 모습, 반쯤 감긴 듯한 눈, 긴 윗입술이 잘 다듬은 수염으로 인해 돋보이는 그는 터키 대중문화에서 가장 중요시되는 세 가지 가치를 체현했다. 신앙심 —그는 경기장에 나서기 전에 항상 기도를 했다는 전설이 있다—, 남자다움 —적과 부하 모두에게 강인한 말과 행동을 보이는 것으로 유명하다—, 대중적인 감수성 —살롱이 아니라 시장 상인의 매너와 어휘. 정의개발당 내에 민주주의의 흔적이 남아 있지 않다고 하더라도 —정의개발당 대회에서는 통합러시아(United Russia)의 지도자를 칭송한다— 그것이 힘의 상징으로서 권위주의를 존중한 어떤 전통에 반드시 감점 요인이 되는 것은 아니다. 에르도안의 공적 이미지에 있는 약점은 다른 데 있다. 화를 잘 내는 그는 언론의 조롱에 취약해서 자신과 가족에 대해 호의적이지 않은 기사를 썼다는 이유로 10여 명의 언론인을 고소했다. 이런 기사는 정의개발당이 집권당일 때 상당히 많았다. 베를루스코니가 참석해서 화려해진 아들의 결혼식, 페르베즈 무샤라프(Pervaiz Musharraf)가 참석해서 빛난, 딸의 결혼식 때문에 이스탄불의 절반이 문을 닫아야 했다. 사위의 회사는 터키에서 두 번째로 큰 미디어 회사의 경영권을 인수했다. 출범 초기부터 정의개발당은 청렴하여 명성을 누렸다. 이제 그 지도자는 타블로이드판 신문을 장식하는 유명인 같은 모습을 띠게 되었다. 이에 따른 애매모호함과 함께 말이다. 그러나 에르도안에 대한 개인숭배는 여전히 정의개발당의 으뜸 패이다. 그 이전에 있었던 멘데레스처럼 말이다. 허영심과 독재적이라는 점에서 멘데레스도 에르도안 못지 않았다. 간단하게 말하면 청중이 농촌에서 도시로 옮아온 것이다.

9

2007년 선거가 다시 치러지면서 정의개발당 내에서는 지나간 과거의 유물로서 이라크 전쟁에 반대했던 모든 사람이 숙청당했다. 이제 단일한 노선을 가진 정당이 되었고, 5년간의 성장에 기댈 수 있게 되었으며, 매력적인 지도자가 있는 정의개발당은 47퍼센트의 득표율을 거뒀다. 이것은 2002년보다 더 결정적인 승리였는데, 전국적으로 골고루 표를 얻었고, 서방에서 전례 없는 인정을 받았다. 하지만 몇 가지 점에서 이는 기대에 미치지 못하는 것이었다. 정의개발당의 득표율은 1965년의 데미렐보다 6퍼센트포인트, 1955년의 멘데레스보다 11퍼센트포인트 낮은 것이었다. 다른 한편으로 마찬가지로 급조한 비밀 고백적인 색조를 띤 전(前) 파시스트 정당인 민족주의행동당은 14퍼센트를 얻었고, 이 둘을 합치면 우파는 61퍼센트를 얻은 것이 된다. 이는 분명 우파의 또 다른 높은 파고라 할 수 있다. 봉쇄 조항의 변화 때문에 득표가 1/3 정도 늘어났음에도 정의개발당의 의석수가 실제로 떨어지기는 했지만, 민족주의행동당의 성공으로 두 당이 합쳐 의회의 3/4을 차지하게 되었다. 개헌을 하는 데 충분한 의석이다.

정의개발당은 두 번째 집권기에 방향을 바꾸었다. 2007년까지는 유럽연합의 가입이 여전히 전략적 목표였지만 더 이상 당에 과거처럼 쉬운 길이 아니었다. 왜냐하면 키프로스 공화국 문제를 마무리하겠다는 영국과 미국의 계획이 2004년에 실패로 돌아가면서, 유럽연합에 가입할 경우 키프로스 섬에 대한 터키의 군사 점령을 끝내야 하는 곤란한 상황에 직면할 가능성이 생겼기 때문이다. 이는 앙카라의 정치적 기득권층 전체가 주저할 수밖에 없는 대가이다. 따라서 정의개발당은 초기에는 자유주의적 개혁을 과감하게 시도했지만, 시민권을 보호하거나 억압 기구를 해체하는 것과 관련해서 실질적인 조치를 거의 취하지 않았다. 이는 오랫동안 긍정적인 면만을 보고자 했던 브뤼셀 관료집단의 인내심까지 시험하는 것이었다. 2006년이 되면 유럽연합 집행위원회가 작성하는 터키에 관한 연례보고서에는 전형적인 관료적 완곡어법으로 가득 차 있기는 하지만 이곳저곳에서 애매하게나마 유감을 표시하고 있다.

얼마 후인 2007년 초 '터키적인 것(Turkishness)에 대한 명예훼손' 죄로 — 그는 아르메니아인 학살에 대해 말했다 — 여러 차례 기소된 바 있는 아르메니아계 터키인 저널리스트 흐란트 딘크(Hrant Dink)가 이스탄불에서 암살당했다. 그의 살해에 항의하는 대중 시위가 일어났다. 1년 후 정의개발당은 딘크가 기소당한 죄목을 '터키적인 것에 대한 명예훼손'에서 '터키 민족에 대한 명예훼손'으로 크게 바꾸었다. 이런 변화가 있고 24시간 후인 2008년 메이데이에 터키 경찰은 탁심 광장에서 1977년에 살해된 노동조합 활동가들을 추모하려는 노동자들을 전방위적으로 공격했다. 정의개발당은 이미 시위를 금지한 상태였다. 곤봉, 최루가스, 물대포, 고무탄 등으로 인해 서른여덟 명이 부상을 당했다. 500명이 넘는 사람이 체포당했다. 에르도안이 설명하듯이, "발이 머리를 통치하려고 할 때 최후의 심판이 온다."

유럽이 터키 가입안을 기각하자, 자유주의적 균형추가 사라진 것은 민족적 포비아에 영합한다는 것을 의미했다. 정의개발당은 첫 번째 집권기에 쿠르드족 문화와 정서에 많은 양보를 했다. 지역 방송에서 하루 몇 시간씩 쿠르드어로 방송하는 것과 사립학교에서 쿠르드어를 가르치는 것을 허용했다. 이것이 쿠르드족 주민의 상황에 구조적 변화를 가져온 것은 아니었지만, 국가가 선택적으로 쿠르드족 지방자치단체에 후원하는 것과 함께, 그리고 좀 더 보편적인 수사학과 결합해서 2007년에 정의개발당이 남동부 지역에서 득표를 세 배로 늘리는 데──이는 전국 평균에 이르는 것이다──기여했다. 하지만 그 이래 정부는 이 지역에 대해 전통적인 군사적 접근법을 강화했다. 정의개발당이 키프로스에서 얻고자 했던 계획이 실패로 끝난 직후인 2004년 여름에 재개된 쿠르드노동자당의 게릴라 활동에 직면했다. 과거보다 규모는 훨씬 작고 오잘란이 거부했지만,[73] 미군은 바그다드로 진격한 이후 사실상 자치권을 누린 이라크 내 쿠르드족 지역 내에 확실한 후배지를 가지게 되었다는 이점을 누렸다.

터키 최고사령부는 관례대로 억압을 강화하는 방식으로 대응했다. 남동부 지역에 좀 더 많은 탱크와 헌병을 투입했고, 북부 이라크 쪽의 국경 공격을 압박했다. 게릴라를 쳐부수기 위한 국가 기구와 준(準)국가기구의 동원과 함께 시민사회 내에서 민족주의적 히스테리 열풍이 불었다. 이는 이라크 내에서 쿠르드족이 오랫동안 자치를 확보한 것이 가져온 결과에 대한 두려움, 100년 내에 처음으로 유럽에 해명해야 한다는 분노, 청년 실업자들이 겪고 있는 지방생활의 비참함──이는 민족주의 행동당이 기반을 확대한 근거였다──등이 만들어낸 것이었다. 이런 폭풍우 속에서 에르도안과 그 동료들은 데미렐과 같은 길을 걸었다. 그것은 군부에 순응하고──곧 터키 공군과 육군이 국경을 넘어 이라크를 공격했다──쇼비니스트적 수사법을 강화하는 것이었다. 2007년 겨울이

---

73 감옥에서 오잘란이 보인 행태는 종종 그를 체포한 사람들에게 영향을 받은 것으로 생각되었다. Michael Gunter, *The Kurds Ascending*, New York 2008, pp. 63~86 참조.

되자, 터키 도시들의 거리 끝에서 끝까지 국기가 창문이나 발코니에서 휘날리게 되었다. 젊은이들은 페이스북 사진을 각자의 사진에서 터키 국기로 바꾸었다. 매일 밤 텔레비전 뉴스는 에르도안과 귈의 장엄한 이미지로 채워졌다. 군 사령관 대열 앞에 서 있거나, 남동부 지역에서 사망한 군인의 장례식을 주재하는 모습이었다. 어머니들은 관 위에서 흐느꼈고, "하나의 깃발, 하나의 민족, 하나의 언어, 하나의 국가"를 소리 높여 노래하면서 남동부 도시 디야르바키르를 거쳐 행진하는 군대의 모습이 실렸다. 1930년대 이래 유럽에서는 이렇게 강렬한 통합 민족주의를 본 적이 없다.

정의개발당이 이런 맹목적 애국주의(jingoism)을 받아들였다고 해서 자신의 목적을 포기한 것은 아니었다. 민족이 종교와 모순되지 않으면서 종교를 사회의 지배적인 담론으로 이용할 수 있듯이 정의개발당도 그렇게 함으로써 얻은 것은 많고 잃은 것은 적었다. 전술적으로 보면, 이러한 조정은 분명한 논리가 있었다. 터키의 경제 전망은 나빠지고 있었다. 무역 적자는 막대했고, 이를 메워주기 위해 유입되는 해외 자금은 주로 핫머니여서 문제가 생기자마자 떠날 수 있었으며, 인플레이션은 다시 두 자릿수가 되었다. 호황이 사라진다면, 안보 전선에 확고함을 보여주는 게 선거에서 충분한 대안이 될 수 있었다. 전략적으로 보면 계산은 맞아떨어졌다. 테러리즘에 맞서는 전투에서 군부에 원하는 모든 것을 주었기 때문에 정의개발당은 다른 영역에서 자기 목표를 추구하는 데 군부와 함께할 수 있었다. 이것은 이중적이었다. 하나는 사회를 좀 더 빈틈없는 틀에 구겨넣는 것이고, 다른 하나는 이에 저항하는 국가 부문을 장악하는 것이다. 정의개발당이 자유주의적 개혁을 포기하더라도 이렇게 근저에 있는 목표를 달성하는 것을 우선시했다는 것은 귈을 대통령에 앉힘으로써 대통령을 분명하게 통제하려 했다는 것에서 알 수 있다. 이런 조치는 군부의 분노를 불러일으켰지만, 2007년 선거 승리와 함께 가라앉았다. 이것의 정치적 의미는 민주적 성향이 있는 독립적 인사의 임명을 정의개발당이 거부했다는 데 있다. 이는 정의개발당이 별 관심이 없었던 또 다른 종류의 정치적 이익을 얻게 해줄 터였다. 독실하지만 능력 없는 사람을 중앙은행 총재로 임명하려던 시도는 실패했지만, 이는 정의개발당의 전반적인 행동 노선을 보여준다. 신뢰할 수 있는 앞잡이를 통한 국가의 식민화인데, 하위 수준에서는 빠른 속도로 진행되어 왔다. 이와 동시에 망명한 밀교 해설자인 펫훌라흐 귈렌(Fethullah Gülen) — 친기업적이고 친현대적이며, 친미국적인 이슬람을 나무랄 데 없이 설교했다 — 이 지도한 운동이 오푸스 데이[74] 스타일의 제국을 만들어 신문, 텔레비전 방송국, 수백 개의 학교를 통제했을 뿐만 아니라 경찰 곳곳에 스며들었다.[75]

시민사회를 집권당의 의지에 종속시키려는 비슷한 시도가 이어졌다. 이탈리아 파시즘의 형법에 모델을 두고 있는 수많은 가혹한 처벌 조항을 없애려는 노력을 하지 않고, 대신 간통을 범죄화하는 법률을 통과시키려 했다. 바람을 피우면 3년형을 받게 되어 있었다. 이 시도는 유럽에서 에르도안을 가장 존중하는 사람들에게까지 너무 심한 것이 분명해지자 중단되었다. 이제 전선은 여성이 머리에 쓰는 히잡으로 옮아갔다. 유럽 인권재판소에서 터키가 대학을 포함한 공공건물에서 히잡 착용 금지가 기본권 침해라는 판결을 받아내는 데 실패한 뒤 정의개발당-민족주의행동당 블록은 지난 2월에 이를 폐지하는 2개의 헌법 수정조항을 통과시켰다. 헌법재판소가 이를 기각했고, 이제 집권당은 국가의 세

---

74 Opus Dei: '신의 사역'이라는 뜻으로, 정식 명칭은 성 십자가와 오푸스 데이(The Prelature of the Holy Cross and Opus Dei)이다. 1928년에 창립된 로마 가톨릭교회의 속인교구를 가리킨다. 비밀주의 및 육체적 고행에 대한 강조로 논란이 되고 있다. —옮긴이

75 이제는 귈렌에 대한 다양한 문헌이 있는데, 그의 사상에 대해서는 다음을 참조. Berrin Koyuncu Lorasdaği, "Globalization, Modernization, and Democratization in Turkey: The Fethullah Gülen Movement", in E. Fuat Keyman, *Remaking Turkey*, Lanham 2007, pp. 153~75.

속적 기반에 대한 전복 시도로 공식적인 기소를 당할 지경이 되었다. 만약 그렇게 되었다면 정의개발당은 해산되고 에르도안이나 귈 등의 지도자는 5년 동안 모든 정치 활동을 금지당하게 되었을 것이다.

히잡 논쟁은 그 자체로는 사소하지만 케말이 물려준 터키 내의 국가와 종교의 왜곡된 변증법을 완벽하게 보여준다. 젊은 여성이 캠퍼스 내에서 자신이 원하는 것을 착용할 권리를 부정하는 것은 독실한 신자에 대한 차별이며, 이들을 공공 고등교육에서 배제하는 일이다. 지방에서 올라온 세속적인 여성이 말하겠지만 히잡의 허용은 그 반대의 두려움을 불러일으킨다. 히잡을 착용하라는 야만적인 사회적 압력이 있을 것이며, 그렇지 않을 경우 도편추방이나 그 이상의 대가가 따를 것이다. 정의개발당은 그러한 두려움을 떨쳐버릴 만한 위치에 있지 않다. 왜냐하면 집권했을 때 보인 모습이나 그 지도자의 스타일은 일관되게 오만하고 사회적 약자를 괴롭히는 것이었기 때문이다. 마찬가지로 현대의 케말주의도 국가는 어떤 종교적 표현으로부터도 지켜져야 한다고 주장할 수 있는 위치에 있지 않다. 왜냐하면 케말주의는 공적 비용으로 단하나의 신앙, 즉 이슬람을 선전하는 대규모 부서를 유지하면서 다른 모든 활동을 축소했기 때문이다. 1950년대 이래 커진 정치적 경건주의의 물결은 케말주의의 이중성에 대한 논리적인 복수였으며, 정의개발당의 경건주의는 그 최신판일 뿐이다. 진정한 세속주의는 국가와 종교 사이의 끈을 깨끗하고 완벽하게 잘라냈을 것이고 모든 초자연적인 신앙에 대해 일상에서 거부할 수 있는 공간을 창출했을 것이다. 케말주의가 이것과 관련해서 얼마나 크게 실패했는지는 에르도안의 정치력에 대해서는 말할 것도 없고 터키의 신앙과 사회에 대해 가장 공감하는 분석가가 내린 판결에서 알 수 있다. "남자든 여자든 간에 신에 대한 믿음을 공개적으로 부정하는 것은 이제 위험한 일이 되었다는 것은 아주 분명하다."[76] 세속주의의 요새라고 간주되는 군부는 진압 작전에서 숨진 사람

---

76 David Shankland, *Islam and Society in Turkey*, p. 170.

들을 '순교자'라고 부르고 있다. 민족과 종교는 현대판 케말주의 속에서 구조적으로 상호 의존적인 것으로 남아 있는데, 이는 케말이 처음으로 국가를 수립했을 때 둘의 관계와 마찬가지이다.

그러나 그러한 상호 의존성을 공개적으로 인정할 수 없었기 때문에 터키 정치 체제 내부에서 긴장이 조성되었다. 세속적이기를 주장하는 엘리트와 신앙적이기를 주장하는 운동 사이의 긴장으로, 각각은 상대방을 관용이 결여되어 있다고 비난했으며, 이 긴장은 여전히 완화될 필요가 있다. 정의개발당은 이러한 교착 상태를 제거한 게 아니라 재생산했다. 에르도안이 권좌에 오르기 전에 추종자들에게 했다는 말은 유명하다. "민주주의는 통근열차와 같은 것이다. 우리는 이를 타고 목적지에 갈 것이며, 도착하면 내릴 것이다."[77] 이 말은 가끔 다수를 차지한 의회를 근본적인 독재 체제를 수립하는 데 정의개발당이 이용할 숨겨진 의도가 드러난 것으로 해석된다. 그러나 그 의미는 좀 더 평범한 어떤 것으로 볼 수 있다. 문제가 되는 것은 원칙이 아니라 권력이다. 에르도안은 분명 블레어나 부시—그는 이들과 사이가 좋다—만큼 개인적으로 볼 때 독실한 사람이지만, 다른 무엇보다 자신의 극단적인 신앙을 위해서 권력이라는 과실을 잃을 위험을 무릅쓸 이유는 별로 없다. 민주주의에 대한 도구적 태도가 민주주의에 적대적이라든지 민주주의에 헌신적이라든지 하는 것과 같은 것은 아니다. 선거는 정의개발당에 잘 봉사하고 있다. 왜 이를 포기해야 하는가? 종교적 성실함이 유럽연합의 가입을 가로막을 것이다. 왜 이런 위험을 무릅써야 하는가?

이 정당을 유혹하는 것과 곤경은 다른 데 있다. 한편으로 정의개발당은 신앙과 외적인 상징을 공적으로 인정받기 위해 신자들이 오랫동안 벌여온 투쟁의 결과물을 보여 달라는 지지층—무엇보다 전투적인 핵심인자들—의 압력에 시달리고 있다. 정의개발당의 신뢰는 이를 할 수

---

77 수많은 판본이 있는 이 유명한 언급에 대해서는 다음을 참조. Ersin Kalaycıoğlu, *Turkish Dynamics: Bridge Across Troubled Lands*, Basingstoke 2005, p. 165.

있는 능력에 달려 있다. 정치 체제 내에서 정의개발당에 대항하는 야당이 전례 없이 약하기 때문에 정의개발당 지도자들은 새로운 행동의 자유를 누리고 있는 들뜬 감정에 사로잡혀 있다. 분명 군부와 관료들은 잠재적인 위협이다. 그러나 터키가 유럽연합에 가입하기 직전에 있고 전 유럽이 지켜보고 있는데 군부가 다시 쿠데타를 감행할 것인가? 헌법재판소와 의회가 대립하고 있는 현재의 위기는 정의개발당이 터키 내의 새로운 역관계를 얼마나 잘 판단할 것인지를 보여줄 것이다. 유권자들에게 압도적 지지를 호소하여 1980년 헌법을 제거하는 것이 하나의 가능성이다. 멘데레스를 몰락시킨 자만심은 또 다른 가능성이다. 분명한 것은 터키의 중도우파 지배의 최신 주기가 결정적인 지점으로 향해가고 있다는 것이다. 그 지점에서 선도자가 보일 것이다.

10

이들 사이의 갈등의 직접적인 결과가 무엇이든 간에 이슬람주의와 케말주의의 최신판은 전임자들과 비슷하게 형성된 순간에서 비롯되었으며, 심지어 유럽 숭배의 추구에서와 같다. 터키가 유럽연합에 가입하지 못하는 주요한 잠재적인 걸림돌도 그렇다. 터키에서는 이것들이 유럽 인종주의이자 이슬람포비아라고 주장하고 있거나, 아니면 터키가 유럽연합 이사회에서 가장 큰 회원국이 될 전망 때문이라고 본다. 자주 언급되는 것은 아니지만 이와 비슷한 적실성이 있는 것이 터키를 받아들일 경우에 우크라이나의 가입을 거부하기 어렵다는 계산이 나온다. 우크라이나는 터키만큼 큰 나라는 아니지만 민주적이며 1인당 국민소득도 더 높다. 〔유럽연합 집행위원회 위원장〕 로마노 프로디가 뉴질랜드보다 유럽연합에 가입할 가능성이 더 높은 나라라고 설명한 바 있다. 이러한 반대는 축소되어서는 안 된다. 그러나 더 다루기 힘든 어려움은 터키 내부에 있다. 이 세 가지가 나머지를 규정하고 있다. 이 세 가지는 정복에 기반한 제국의 말년에 파열이나 양심의 가책 없이 등장한 통합 민족주의에 공통의 기원이 있다.

터키가 유럽연합에 가입하는 데 걸림돌은 키프로스를 계속해서 군사적으로 점령하고 있고, 정치적 종속을 유지하고 있다는 점인데, 이것이 첫 번째이자 이론적으로 민감한 문제이다. 키프로스가 유럽연합 회원국임을 인정하지 않으려 하면서 자신은 유럽연합에 가입하겠다는 것은 과거의 제국만이 할 수 있는 외교적 냉정함을 필요로 한다. 아무리 브뤼셀이 앙카라를 열렬히 환영한다 하더라도, 키프로스와 관련해서 터키가 보이고 있는 법적 괴물(monstrum) 같은 모습으로 인해 터키의 지위와 터키의 유럽연합 가입 사이에는 풀 수 없는 과제가 남아 있다. 두 번째 걸림돌은 터키 내 소수자의 상황이다. 이 소수자들은 규모 면에서 작은 공동체가 아니다. 쿠르드족은 900만 명에서 1,300만 명 사이이며, 알레비는 1,000만 명에서 1,200만 명 사이이다. 아마 알레비 가운데 200만 명 혹은 300만 명이 쿠르드족일 것이다. 다른 말로 하자면, 전체 인구의 1/3이 에스니시티 혹은 종교 때문에 조직적인 차별을 받고 있는 셈이다. 국가가 쿠르드족에게 가하는 잔인함은 잘 알려져 있지만, 사회가 허용하는 알레비의 지위 ─ 종종 수니 다수파에 의해 무신론자로 취급당한다 ─ 는 덜 알려져 있다. 두 집단 모두 단일하게 부당한 취급을 받는 동질적인 대중이 아니다. 현재 쿠르드족은 남동부 지역보다 대도시 지역에 더 많이 살고 있으며, 이들 가운데 다수는 더 이상 쿠르드어를 사용하지 않고 터키인과 통혼하고 있지만,[78] 한 군데 산악 지역에 고립되어 있는 알레비는 만약 그렇지 않았다면 전국적으로 흩어져 살았을 것이다. 그러나 두 집단 모두 유럽연합의 코펜하겐 기준으로 ─ 공식적으로 의무를 부과하고 있는 ─ 동등한 권리와 존중을 받고 있지 않은 것은

---

78 물론 억압이 사라지면 동화된 사람들 사이에서조차 쿠르드 정체성이 다시 일어날 수 있다. 다음의 신중한 논의를 참조. Henri Barkey and Graham Fuller, *Turkey's Kurdish Question*, Lanham 1998, p. 83. 인구학적으로 볼 때, 남동부의 쿠르드족 지역은 터키의 다른 지역보다 출산율이 높다. David McDowall, *A Modern History of the Kurds*, p. 450.

명백한 사실이다.

끝으로 아르메니아인 학살이 있다. 그 장본인들은 살인자들을 찬양하고 기념하듯 전국의 거리와 학교의 이름으로 숭배를 받고 있다. 탈라트의 이름은 앙카라의 대로, 이스탄불의 네 개의 거리, 에디르네의 고속도로, 지자체 내의 세 개의 구, 네 곳의 초등학교에서 쓰인다. 엔베르는 이스탄불에 있는 세 개의 대로, 이즈미르에 있는 두 개의 대로, 점령한 키프로스에 있는 세 개의 대로, 이즈미르, 무글라, 엘라지그의 초등학교에서 쓰인다. 트레비존드에서 죽은 수천 명에 대해 책임이 있는 제말 아즈미는 그 도시의 초등학교 이름으로 쓰인다. 디야르바키르의 도살자인 레시트 베이(Resit Bey)는 앙카라의 대로 이름으로 쓰인다. 악행 때문에 교수형을 당한 메흐메트 케말은 이스탄불과 이즈미르의 간선도로 이름으로 쓰이며, 아다나(Adana)와 이즈미르에 동상이 있고, 이스탄불에 있는 국가영웅기념관에 묘지가 있다. 아무 생각 없이 독일의 광장, 거리, 유치원을 힘러, 하이드리히, 아이히만 등으로 부르는 것과 마찬가지이다. 탈라트, 엔베르, 샤키르 등을 찬양하는 책들이 그 어느 때보다 많이 나오고 있다.[79] 이 모든 것이 케말주의적 과거의 유산인 것은 아니다. 이슬람주의자들도 같은 전통을 현재까지 이어오고 있다. 1943년 이뇌뉘가 탈라트의 관대를 의례를 갖추어 매장하기 위해 제3제국에서 무장열차를 통해 들여왔다면, 1996년에 엔베르의 유해를 이스탄불에 있는 국립묘지에 재매장하기 위해 타지키스탄에서 가져온 것은 데미렐이었다. 관이 땅속에 묻힐 때 데미렐 옆에는 서방이 가장 좋아하는 무슬림 온건

---

79 현재 탈라트를 찬양하는 책들이 나오고 있는 흐름에 대해서는 다음을 참조. Hülya Adak, "Identifying the 'Internal Tumors' of World War I: Talat Paşa'nin Hatiralari(탈라트 파샤의 회상), or the Travels of a Unionist Apologia into 'History'", in Andreas Bähr, Peter Burschel, Gabriele Jancke(eds.), *Räume des Selbst: Selbstzeugnisforschung trankulturell*, Cologne 2007, pp. 167~68. 샤키르에 대한 주도적인 찬미자가 쓴 책은 다음을 참조. Hikmet Cicek, *Dr Bahaettin Şakir. Ittihat Terakki'den Teskilati Mahsusa'ya bir Turk Jakobeni*, Istanbul 2004.

파인 압둘라 귈이 서 있었다. 그는 지금 정의개발당 소속의 터키 대통령이다.

아르메니아인을 절멸하고, 그리스인을 추방하고, 쿠르드인을 이송하고, 반대파 터키인을 고문하는 데 주저하지 않았으며, 여전히 선거에서 폭넓은 지지를 받고 있는 통합 민족주의는 가볍게 다룰 힘이 아니다. 계속해서 통합 민족주의의 희생자가 된 터키 좌파는 이와 맞서는 용기를 보여주었다. 정치적으로 말하면, '78년 세대'는 1980년 군사 쿠데타에 의해 없어졌다. 투옥과 망명, 죽음의 시절로 인해 대중적 관심이 다시 일어나거나 같은 규모의 행동주의가 등장할 가능성을 없애버렸다. 그러나 최악의 억압이 사라지자 같은 시기 유럽의 다른 나라에서 견줄 수 없는 비판적 문화가 등장할 수 있었던 것은 이런 대가가 있었기 때문이다. 학술 서적, 소설, 영화, 잡지, 출판사 등으로 인해 이스탄불에서는 여러 가지 면에서 현대의 런던, 파리, 베를린보다 더 생생한 급진적 분위기가 만들어졌다. 오르한 파무크(Orhan Pamuk)와 기타 주요한 터키 작가의 등장은 이러한 배경 속에서이다. 물론 이러한 배경에는 우호적인 비평도 포함된다.

이러한 지식인 좌파의 전망에서 맹점이 있다고 한다면 그것은 키프로스이다. 이에 대해 알고 있고 말하는 사람은 거의 없었는데, 이는 영국의 지식인 좌파가 북아일랜드에 대해 지녔던 태도와 비슷하다. 그러나 가장 폭발적이었던 당대의 두 가지 문제에 대해 이들이 벌인 활동은 본보기가 될 만하다. 수십 년간에 걸친 쿠르드족의 옹호는 이들의 상상력의 중심에 서 있었고, 계속해서 주요한 작가나 감독 — 종종 쿠르드족 출신도 있었다 — 을 배출했다. 야사르 케말(Yasar Kemal)과 메흐메드 우준(Mehmed Uzun), 일마즈 귀니(Yilmaz Güney)의 영화 「욜」(Yol)에서부터 한단 이페크시(Handan Ipekci)의 금지된 영화인 「거인, 작은 사랑」(Big Man, Little Love, 2001), 그리고 예심 우스타오글루(Yesim Ustaoğlu)의 「태양으로의 여행」(Journey to the Sun, 2001) 등 최근 영화까지를 들 수 있다. 아르메니아인들의 운명에 대해서는 이스탄불에서 열린 역사적 학술대회에서 주제로 사용되었으며(두 개 대학에 대한 정치적 압력으로 취소되었다고 해서 다른 대학에서 열렸다), 베스트셀러 회고록(현재 영어로 출판되어 있다. Fethiye Çetin, *My Grandmother*), 소설(Elif Shafak, *The Bastard of Istanbul*), 우상파괴적인 르포(Ece Temelkuran, *Deep Mountain*), 수많은 칼럼(Murat Belge, *Radikal*) 등에서 다루고 있다.

그러나 무엇보다도 역사가인 타네르 아크삼(Taner Akçam)의 뛰어난 저작이 아르메니아인 학살의 현실성과 터키라는 나라에 깊게 깔려 있는 침전물을 드러냈는데, 이는 현대 학계에 거스를 수 없는 성과물이다. 아르메니아인 학살에 대한 그의 선구적이고 터부 파괴적인 연구는 1999년에 터키에서 출판되었다.[80] 주요 논문 모음집인 『제국에서 공화국으로: 터키 민족주의와 아르메니아인 학살』(*From Empire to Republic: Turkish Nationalism and the Armenian Genocide*)은 2004년에 영어로 출판되었으며, 첫 번째 책은 『부끄러운 행위: 아르메니아인 학살과 터키의 책임 문제』(*A Shameful Act: The Armenian Genocide and the Question of Turkish Responsibility*)라는 제목으로 2006년에 출판되었다. 1980년의 군부 쿠데타에 의해 수감되었다가 나중에 국외로 망명한 아크삼은 망명지에서조차 거듭되는 협박과 위협을 받았는데, 캐나다 당국과 미국 당국은 터키 당국과 협력해서 그의 삶을 어렵게 했다. 터키 내부에서는 아르메니아인 학살이라는 문제가 이를 입에 올리는 사람에게는 여전히 위험한 일이다. 파무크의 기소와 딩크의 죽음──두 사건 모두 정의개발당 통치 아래에서 벌어졌다──이 이를 잘 보여준다.

---

80 *İnsan Haklari ve Ermeni Sorunu: İttihat ve Terakki'den Kurtuluş Savaşina*, IMGE, Ankara. 아르메니아계 미국인인 주요 학자 바하큰 다드리안은 『아르메니아인 학살의 역사』 초판──현재 7판이 나와 있다──을 1995년에 출판했다. 두 사람은 현재 이스탄불 재판에 대한 공동 연구를 위해 협력하고 있다. 〔Vahakn N. Dadrian and Taner Akçam, *Judgement at Istanbul: The Armenian Genocide Trials*, New York and Oxford, 2011.〕

터키 외부에는 고(故) 스탠퍼드 쇼(Stanford Shaw)가 이끈 역사학파가 있다. 이 학파는 학살이 오스만 제국의 땅에서 결코 벌어진 적이 없다는 터키 국가의 공식 이데올로기를 재생산했다. 이런 종류의 단호한 부정은 학계의 신뢰를 받지 못했다. 나중에 만들어진 판본은 아르메니아인의 운명을 깡그리 부정하기보다는 터키 기성 학계의 접근법에 발맞추어 축소하거나 상대화하는 경향이 있다. 지적으로 말하면 이런 경향은 현재 학계에서 신뢰를 잃고 주변화된 것으로 볼 수 있지만, 서방에서 활동하는 뛰어난 터키 현대사가들에게서도 이런 식의 태도는 찾아볼 수 있다. 이는 터키 비평가들의 용기와 고통스럽게 대비된다. 저명한 최근의 권위자에게서도 여전히 회피와 완곡어법이 일반적이다. 캐롤라인 핑클이 쓴 550쪽짜리 오스만 제국의 역사에서 이 주제에 할애된 간명한 두 문단에 따르면 "양쪽에서 끔찍한 학살이 일어났다." 학살(genocide)과 관련해서 이 말 자체가 불행인데, "오스만 제국 내의 아르메니아인의 운명의 역사에 대한 폭넓은 이해를 어렵게" 할 뿐만 아니라 ― "전 세계적으로 터키의 대외관계"는 말할 것도 없고 ― "터키와 국경을 마주하고 있는 아르메니아를 …… 비참한 존재로 만든다"(원문 그대로).[81]

2008년 출판된 쉬크뤼 하니오글루(Şükrü Hanioğlu)의 명쾌한 『후기 오스만 제국 약사』(*A Brief History of the Late Ottoman Empire*)를 보면, 다음과 같은 구절이 있다. "제1차 세계대전 당시 있었던 가장 비극적인 사건 가운데 하나는 아나톨리아에 사는 아르메니아 주민의 대부분을 이송"한 것이며, 이 속에서 진격하는 러시아군이 "아르메니아인 반란자들"로부터 "결정적인 도움"을 받는 것을 막는다는 정부 결정의 "더 세부적인 사항"은 불행하게도 실제로 발견할 수 없다. 이는 예상할 수 없었던 "대량의 인명 손실"이라는 결과를 낳았다.[82] 찬사를 받은 앤드루 망고의 전기인 『아타튀르크』는 좀 더 입을 굳게 다물고 있다. 이 책에서 우리는

---

81 Caroline Finkel, *Osman's Dream*, pp. 534~36.
82 M. Şükrü Hanioğlu, *A Brief History of the Late Ottoman Empire*, p. 182.

"동부 아나톨리아는 가장 좋았을 때조차 살기 힘든 곳이었다." 그곳 아르메니아인들이 "이송되었다"면, 그것은 그들이 러시아인들에 끌려서 오스만 지배에 반란을 일으켰기 때문이다. 분명 "아르메니아인들의 제거"는 "인종 청소라는 야만적 행위"였지만, CUP 지도자들에게는 "순박한 정당성"이 있었다. "그들이냐 우리냐."[83] 그럼 이에 대한 논평은? 단 한 줄이다. "이송은 오스만의 커뮤니케이션에 부담을 주었으며, 아나톨리아에서 거의 모든 장인을 제거했다." 독일의 철도 교통도 부담을 갖게 될 터였다.

다른 어떤 학자보다 1918년 이후에 CUP 지하 조직과 케말의 연관성을 밝혔던 네덜란드 역사가인 에릭 취르허조차 그의 고전인 『터키: 현대사』에서 이를 증명하는 것이 "불가능하지는 않지만 힘들다"라고 하면서 "최소한 CUP가 선동하고 중앙에서 통제한 절멸정책이 있었다는 견해는 가지고 있다"는 식으로 조심스럽게 주관적으로 인정하고 있을 뿐이다. 1993년의 일이었다. 10년 후인 2004년 수정판에서 같은 구절은 다음과 같다. "CUP가 중앙에서 통제하는 절멸정책을 선동했다는 것은 더 이상 부정할 수 없다."[84] 비록 표현이 빗나간 것이라 할 수는 있지만 어쨌든 이러한 변화—교수부터 신문 칼럼까지 학살을 부인하는 이야기는 지속되고 있다—는 아크삼의 저작이 준 충격을 증명하는 것이며, 이에 대해 취르허는 편견 없이 서지적 찬사를 보내면서 터키의 주요 역사가로서 느끼기에 최종적으로 할 수 있는 환영의 태도를 표하고 있다. 그러나 이러한 변화를 과대평가하는 것은 현명하지 못한 일이 될 것이다. 이렇게 서방 학계에서 자주 볼 수 있듯이 〔아르메니아 학살에 대해〕 회피하고 왜곡하는—그렇지 않았다면 아주 높은 수준이라 할 수 있지만—이유는 외국인 혹은 국외 연구자에게 흔한 두려움 때문이다. 이는

---

83 Andrew Mango, *Atatürk*, p. 161.
84 Eric Zürcher, *Turkey: A Modern History*(1993), p. 211; *A Modern History*(2004), p. 116.

진실이 당국에 의해 왜곡되고 있는 사회에 대한 두려움이며, 따라서 민주적 터부를 깨는 행위로 인해 이곳에 가거나 연락을 하거나 친구를 만나는 것 등이 어렵게 되고 결국 모든 것이 금지된다.

상을 수상하거나 자문 등을 할 때는 신중해야 할 큰 이유가 있다. 아르메니아인 문제와 관련해서 취르허가 쓴 책의 수정판은 이전 판보다 진보한 것이다. 그러나 쿠르드족 문제와 관련한 내용은 반대 방향으로 나아갔는데, 1993년판의 분명한 진술 —"터키는 앞으로 쿠르드어를 미디어, 교육, 행정 등에서 제2언어로 사용하는 두 민족국가가 되어야 한다. 남동부 지역은 쿠르드족이 통치하고 치안을 유지하는 광범위한 자치권을 부여받아야 한다" —은 2004년판에서는 사라졌다.[85] 이후 취르허는 터키 외무부에서 최우수 메달을 받았고, 유럽연합 집행위원회의 자문이 되었다. 학문적으로는 어느 쪽의 영예도 얻을 것 같지 않다. 정치 브로커는 종종 용감한 발언자가 아니다. 그렇다고 해서 곧장 터키에 대한 서방 역사가의 타협, 취르허처럼 독립적인 학자의 타협을 비난하는 것은 잘못된 일일 것이다. 그들이 직면한 제약은 현실적인 일이다. 그러나 터키인에 대한 압력은 훨씬 더 강하다. 더 안전하다고 해서 덜 회피하는 것은 아니다.

이 영역에서 찾아볼 수 있는 하나의 예외가 법칙을 확인해 준다. 2005년에 출판된 도널드 블록스햄(Donald Bloxham)의 『제노사이드라는 거대한 게임』(*The Great Game of Genocide*)은 오스만 연구자가 아니라 터키와 직업적인 연관이 없는 절멸에 대한 비교역사가의 저작이다. 제목을 영 잘못 선택했기 때문에 이 책의 명료함과 힘을 느낄 수 없지만, 아르메니아인 학살의 국가적 맥락과 국제적 여파 모두를 간결하게 조명한 이 분야의 걸작이다. 서방에서 공인된 역사가들이 CUP가 벌인 학살을 취급하는 방식이 블록스햄의 이야기의 일부를 이루지만, 그의 서술에서 중심에 있는 것은 여러 국가의 태도이다. 그의 서술처럼 이 가운데 미국이 오랫

---

85 취르허 책의 1993년판 321쪽과 2004년판 334~35쪽을 비교.

동안 가장 중요한 역할을 차지했다. 1916~18년에는 오스만 제국에 대해 선전포고를 하지 않았던 연합국과 1919~27년까지 터키 고등판무관을 지낸 브리스톨 제독이 아르메니아인 학살 이후 인종 청소가 더 필요하다고 주장했던 것이다. 미국이 침묵시켜야 할 그리스 공동체와 아르메니아 공동체를 봉쇄하고 있었기 때문에 후일 학살을 부인하는 궤변이 유럽에 퍼지기 전 전간기에 처음으로 등장한 게 미국이었다. 1930년대 할리우드는 실리시아에서 있었던 학살에 대한 아르메니아인의 저항을 다룬 프란츠 베르펠(Franz Werfel)의 소설을 영화화하기로 결정했으나 그 소설이 명예훼손이라고 주장한 터키 대사관의 협박 때문에 취소했다.

물론 1945년 이래로 터키는 미국에 훨씬 중요한 전략적 동맹자가 되었다. 처음에는 냉전 시기였으며, 지금은 테러와의 전쟁이다. 지난 20년 동안 1920년대보다 훨씬 커진 아르메니아 공동체의 압력, 그리고 서방에서 1915~16년의 절멸에 대한 현대적 연구를 개척한 아르메니아 학자의 출현으로 이 문제를 억압하기가 어려워졌다. 상·하원 합동회의에서 이 문제에 대한 결의안을 채택하려던 시도가 실패로 돌아간 후, 2000년 하원 국제관계위원회는 아르메니아인 학살을 비난하고 조심스럽게 터키 공화국이 여기에 책임이 없다는 양자 결의안을 의결했다. 앙카라는 만약 이 결의안이 상·하원 합동회의에서 통과될 경우 무역보복, 터키 내 미군 시설 철거, 터키 내 미국인에 대한 폭력 위험 — 미 국무부는 여행 경보를 내려야 했다 — 등의 협박으로 대응했다. 빌 클린턴(Bill Clinton)은 자기 스타일대로 이 결의안이 상정되지 못하도록 개인적으로 개입했다. 앙카라에서는 에제비트가 이것이 터키의 힘을 과시한 것이라고 환호했다.

2007년 같은 시나리오가 반복되었다. 이번에는 하원의장인 낸시 펠로시(Nancy Pelosi) — 민주당 내에서 대표적인 인권 옹호자 — 가 191명의 서명자와 함께 결의안을 지지한다고 선언했다. 그러나 매들린 올브라이트(Madeleine Albright)가 이끄는 당의 유명 인사들이 개입하자, 펠로시는 국무부와 국방부의 주장에 귀를 기울였고 이 결의안에 대한 표결을 막았다. 배경을 보면, 터키의 협박은 결의안을 막고자 하는 노력이 커지면서 나타난 매수와 결합되어 있었다. 전(前) 민주당 원내총무인 리처드 게파트(Richard Gephardt)가 지휘한 로비 활동에 앙카라는 320만 달러를 지출했다. 게파트는 2000년에는 결의안을 지지했는데, 당시에는 아직 터키 돈을 받지 않았었다.[86] 한편 다른 학살의 희생자들에게 어떤 연대감도 표시하지 않았던 주요 유대인 조직들—AIPAC(미국이스라엘 공공문제위원회), ADL(반명예훼손연맹) 등—은 워싱턴에서 궐과 비밀회동을 갖고 학살을 부정하는 방법에 대해 논의했다.[87] 여기서 이데올로기가 작동했다. 나치가 유대인을 파괴한 유일한 사례가 가지고 있는 도덕적 특허권이 침해되어서는 안 된다는 것이다. 그러나 이스라엘과 터키 사이에는 밀접한 군사적·외교적 관계가 있으며—이스라엘 군 전투기가 터키 영공에서 훈련한다—이 때문에 공감하는 옵저버의 말에 따르면 텔아비브는 "터키의 전략적 중요성에 대해 미국의 유대인을 교육해야 할 공동의 노력"을 떠맡아야 했다.[88] 모든 양심이 쉽게 잠재워지는 것이 아니었다. 그러한 공모에 맞서 더 양심적인 유대인의 목소리가 나왔지만 지금까지는 별다른 효과가 없었다.

유럽에서 터키의 유럽연합 후보국 지위는 이 의제에 여러 쟁점이 포함되도록 함으로써 워싱턴보다 브뤼셀에서 더 큰 문제가 되었다. 유럽에서 터키인의 상황은 아르메니아인의 운명이 아니라 쿠르드족의 원칙에 따라 키프로스인의 확장으로서 주목의 대상이다. 실제로 유럽연합

---

86 "Turkey Pays for Sway in Washington", *International Herald Tribune*, 18 October 2007. 게파트는 활동 대가로 매년 120만 달러를 받는다.

87 "Genocide Resolution Still Far from Certain", *Los Angeles Times*, 21 April 2007.

88 Efraim Inbar, "The Strategic Glue in the Israeli-Turkish Alignment", in Barry Rubin and Kemal Kirişi, *Turkey in World Politics, An Emerging Multiregional Power*, Boulder 2001, p. 123.

집행위원회가 우선시하는 것은 최소한의 비용으로 터키를 유럽연합에 가입시키는 것이다. 즉 진보의 선구자를 대변하는 정의개발당 정부가 최소한의 곤란만을 겪도록 하는 것이다. 정의개발당은 퇴행적인 기존의 사법 질서 및 군부에 의해 유럽적 기준을 제대로 실현하는 것을 방해받고 있다. 회원국 가입을 위한 터키의 변화에 대한 연례 보고서는 언제나 정치적 요구 조건보다 경제적 요구 조건에 더 많이 초점을 맞추고 있으며, 사영화와 고문을 동일하게 차분한 언어로 평가하고 있다. "상당한 진전이 있지만 아젠다가 완수되지는 않았다." "터키의 사법적 틀은 고문과 학대를 막는 일련의 보호장치를 포함하고 있다. 그러나 여전히 그런 일이 벌어지고 있다." 단점을 언급하지만 길은 언제나 좋은 쪽으로나 있다.[89]

당연하게도 모든 잠재적인 난제는 이 단조로운 기념물에서 빠져 있다. 키프로스는? 「지역 쟁점과 국제적 의무」라는 제목의 보고서는 터키가 자신은 가입하려는 유럽연합의 한 회원국을 인정하지 않으려 하는 것에 대한 언급이 없다. 소년 같은 야심가로 자기 나라 대통령을 목표로 하는 핀란드 출신의 유럽연합 집행위원장인 올리 렌(Olli Rehn)은 키프로스 섬에서 벌어지는 인종 청소에 대해 자신이 무관심하다는 것을 숨기지 않았다. 그는 키프로스인들에게 "과거의 불의에 대해 불평하는 것을 그만하고 실용적인 접근법으로 미래의 해결책을 찾아야 한다"라고 말했다. 당연히 앙카라가 키프로스 섬을 점령하고 있는 것은 브뤼셀의 이해관계에 따라 수용한다는 것이다. 결국에는 집행위원회가 만족스러운 태도로 보고했듯이, 여러 이점 가운데 "터키가 이라크 보안군을 훈련시켰으며" "유럽연합의 공통의 외교 안보정책과 긴밀하게 협력"하는 것을 보여주었다.[90]

---

89 Commission of the European Communities, *Turkey 2007 Progress Report*, Brussels 2007, pp. 14, 28.
90 *Turkey 2007 Progress Report*, pp. 74~75.

그렇다면 쿠르드족은? 모든 곳에서 가능한 한 쿠르드족에 대해 언급하기를 회피한다. 정의개발당 집권기 및 유럽연합이 이들을 비호한 방식에 대해 주요한 두 명의 법학자가 내놓은 권위 있는 연구에 따르면, 유럽연합은 "쿠르드족 문제를 표현하는 완곡어법으로 '남동부 지역의 상황'이라는 용어"를 사용하는 경향이 있다. 유럽연합 지도자들은 쿠르드족 문제에 대해 "특이하게도 어떤 성명도 발표하지 않았"거나 "이에 대해 어떤 민주적 입장이나 의미 있는 담론도 내놓지" 않았지만 "집행위원회가 그려낸 민주화, 인권 존중, 다원주의를 향한 전반적인 움직임에 대한 화려한 그림은 소수자의 권리를 부여하는 것과 관련한 터키의 태도에 대한 실상을 왜곡하는 것이며, 쿠르드족은 진정한 변화의 징후를 조금도 보여주지 못하는 것이다."[91] 이러한 비판에 당황한 집행위원회의 최근 보고서는 미약하나마 이를 수행하기 위한 노력을 보여주었다. 쿠르드족과 알레비는 별로 감명을 받지 않았다. 이들은 유럽연합의 주된 관심이 자신들이 터키의 유럽연합 가입을 좌절시키지 않을까라는 것임을 잘 알고 있다.

그렇다면 아르메니아인들은? 이들의 운명은 터키가 유럽연합에 가입하는 데 영향을 끼치지 못하고 있다. 현재의 표준적인 완곡어법으로 렌이 말하듯이, '1915년의 비극'은 앙카라와 〔아르메니아의 수도〕 예레반 사이의 '포괄적인 대화'의 일부를 이룰 수 있지만 브뤼셀은 이를 다루지 말아야 한다. 터키 내부에서 정의개발당 명예영사로 널리 인정받고 있는 렌은 아마도 천박한 자기만족과 위선이라는 점에서 현재의 집행위원 중에서도 예외적인 인물일 것이다. 그의 목표를 말한 『유럽의 다음 프런티어』는 팝송에서 가져온 경구와 "패배주의는 결코 승리하지 못한

---

91 "터키가 코펜하겐 기준을 충족하는 것과 관련한 결정에서 유럽연합은 쿠르드족에 대한 유럽연합이 책임을 충족하는 데 분명히 실패했다." Kerim Yildiz and Mark Muller, *The European Union and Turkish Accession: Human Rights and the Kurds*, London 2008, pp. 180~83.

다" 혹은 "정치적 전망은 로켓 과학이 아니다" 같은 격언으로 가득 차 있으며, 적절하게도 축구장에서 그가 보이는 어설픈 만용으로 끝난다. "골키퍼에게 말하지 마세요. 하지만 나는 페널티킥을 왼쪽 구석 낮은 쪽으로 차곤 합니다. 결국 중요한 건 골이잖아요. 유럽통합에서도 말입니다."[92] 이것이 그의 '민주적 기능주의'이다. 그러한 사람에게서 "가입 과정에서 집행위원회의 역할은 진실을 말하는 친구라고 할 수 있다"라는 말을 듣는다고 해서 누가 놀라겠는가?[93]

물론 바호주 위원회(Barroso Commission)는 독립적인 권력의 중심일 수도 있고, 고립된 권력의 중심일 수도 있다. 이 위원회는 유럽 정치계급 전반의 전망을 반영한다. 스트라스부르에 있는 유럽의회에서 터키 조사위원인 네덜란드 유럽의회 의원 카밀러 외를링스(Camille Eurlings)가 아르메니아인 학살에 대한 인정이 터키의 유럽연합 가입의 조건이 되어야 한다고 말하자, 이 조항을 삭제하기 위해 행동에 나선 이들이 다니엘 콘-벤디트(Daniel Cohn-Bendit)가 이끄는 녹색당 의원들이었다는 것은 예상할 수 있는 일이었다. 이는 어떤 정치 그룹이 인권에 대해 많이 말할수록 그 그룹이 인권을 덜 존중한다는 일반 규칙을 확증해주는 일이었다. 이와 관련해서 대표적인 것이 터키에 대한 독립위원회(Independent Commission on Turkey)이다. 이 위원회를 두고 한 찬미자는 "유럽의 고위 인사들이 만든 그룹"이며, "유럽이 진실을 추구하는 데 얼마나 공정하고 열심인지를 보여주는 횃불이며, 이는 유럽과 터키에서 크게 청송받았다"라고 찬사를 보냈다. 여기에는 기든스 경(Lord Giddens, Anthony Giddens)은 말할 것도 없고 한 명의 전직 대통령, 두 명의 전직 총리, 세 명의 전직 외무 장관이 포함되어 있다.

더 풍부한 안내서는 연방주의 재단(Federal Trust)이 낸 『유럽연합과 터키: 화려한 상인가 아니면 짐인가?』(The EU and Turkey: A Glittering Prize or

---

92 Olli Rehn, *Europe's Next Frontiers*, Baden-Baden 2006, pp. 116~77.
93 렌의 2008년 5월 21일 유럽의회에서의 연설.

a Millstone?)이다. 이 질문에 대한 대답을 추측하는 데 따른 보상은 없지만 열정적인 전망이 계속해서 나온다. 물론 만약이나 그러나 등 점잖은 글투가 드문드문 나오며, 종종 좀 더 솔직한 말이 보인다. 이 책의 편집자인 마이클 레이크—전직 앙카라 주재 브뤼셀 대표—는 터키의 역사적 개혁 과정을 추동한 데 대해 터키 기업가협회의 "고귀하고 역사적이기까지 한" 역할에 경의를 표하면서 이 책을 시작한다. 그는 터키가 유럽연합에 가입한다면 유럽은 "최상의 전략적 자산"을 얻게 될 것이라고 지적한다. 책을 마무리하면서 노먼 스톤(Norman Stone)은 거침없이 아르메니아 문제를 다룬다. 이 문제를 제기한 사람들의 동기를 없애야 한다. "이스라엘에 대한 적대감 때문에 그들이 이스라엘의 강력한 주장을 가치절하하도록 했는가?" 솔직히 말하면, "왜 우리가 오늘날 그런 일에 대해 이야기해야 하나?"[94]

유럽 내의 점잖은 의견은 대개 이런 식의 무뚝뚝함을 보이지 않는다. 주류 자유주의는 좀 더 교묘하게 말한다. 마크 마조워는 『파이낸셜 타임스』에 쓴 글에서—비슷한 글은 아주 많다—"아르메니아인들에게 일어났던 일"은 "정치의 영역에서 빼서 역사에 되돌려야" 한다고 말한다.[95] 논쟁은 학자들이 하게 내버려두고 국가의 행렬은 그냥 지나가자. 물론 그렇게 사심 없는 조언이 가지고 있는 어려움은 터키 공화국이 언제나 아르메니아인의 운명을 국가 업무로서 다루어왔고, 계속해서 그렇게 한다는 것이다. 블록스햄이 서술했듯이, "터키는 자신의 과거에 대해 끊임없이 거짓말을 해왔으며, 계속해서 거짓말을 하는 과정에서 터키 내 소수자와 다른 국가들을 괴롭혔고, 아르메니아인들을 터키 역사책에

---

94 Michael Lake(ed.), *The EU and Turkey: A Glittering Prize or a Millstone?*, London 2005, pp. 11, 13(Lake); 177(Stone). 독립위원회에 대한 찬사는 하칸 알티네이 (Hakan Altinay)가 한 것이다. p. 113.

95 Mark Mazower, "Europe Can Learn from Turkey's Past", *Financial Times*, 12 October 2005.

서 없애버렸다."[96] 물론 마조워와 다른 사람들이 바라듯이, 아르메니아인들의 운명을 서방에서 "정치 바깥에" 두기 위해 큰 규모의 공적 자금을 지출하기도 했다.

당연하게도 그렇게 행운을 바라는 사람들은 자신들의 용어를 사용할 때 조심스럽게 한다. 마조워는 제노사이드(학살)라는 단어(G-word)에 대한 언급을 신중하게 피한다. 티모시 가턴 애쉬가 『가디언』에 "아르메니아인들의 고통(suffering)"이라고 썼을 때, 이러한 우회적인 표현은 앙카라가 받아들일 만한 것이다.[97] '제노사이드'라는 말은 현대 정치 언어에서 가장 평가절하된 말이며, 이보다 더 심한 것은 '파시즘'밖에 없다. 그러나 그 말이 원래의 부정확함을 넘어서서 가치절하되었다고 한다면, 그것은 주로 나토를 위해 일하는 변호론자 때문이다. 이들은 코소보에서 제노사이드 — 100만 명의 인구 가운데 5,000명이 죽었다 — 가 자행되었다고 주장했는데, 바로 이들이 터키와 결실 있는 관계를 맺기 위해 이 용어가 사용되어서는 안 된다고 현재 가장 맹렬하게 주장하고 있다. 하지만 역사적으로 볼 때, 종종 지적되는 것처럼 전후 유엔에서 제노사이드의 정의에 대해 책임을 졌던 법률가인 라파엘 렘킨(Raphael Lemkin) — 1919년 이스탄불 재판 당시 〔서부 우크라이나의〕 리보프 대학 학생이었다 — 이 흑해 건너편에서 있었던, CUP에 의한 아르메니아인 학살을 보고 처음으로 이 말을 사용하는 방향으로 나아갔던 것이다.

아르메니아인의 절멸을 언급한 또 다른 사람이 히틀러였다는 것은 우연이 아니다. 뮌헨 시절에 그의 가까운 동료 가운데 이를 직접 목격한 사람이 있었다. 에르주룸(Erzerum) 주재 전직 독일 영사인 막스 폰 쇼이브너-리히터(Max von Scheubner-Richter)는 상사에게 아르메니아인들

---

96 Donald Bloxham, *The Great Game of Genocide*, New York 2005, p. 228.
97 Timothy Garton Ash, "This Is the Moment for Europe to Dismantle Taboos, Not Erect Them", *Guardian*, 19 October 2006.

이 제거된 방식에 대해 아주 상세하게 보고했다. 초기 나치 전투 동맹(Kampfbund)의 책임자이자 대기업, 귀족, 교회 등과 당에서 핵심적인 관계를 맺게 되는 이 맹렬한 인종주의자는 1923년에 있었던 맥주홀 폭동 당시 히틀러의 손을 잡고 있는 사이 총에 맞아 죽었다. 이언 커쇼에 따르면, "쇼이브너-리히터를 죽인 총탄이 오른쪽으로 1피트만 빗나갔어도 역사는 다른 경로로 나아갔을 것이다."[98] 히틀러는 그를 "대신할 사람이 없다"라고 하면서 추모했다. 16년 후 그는 폴란드를 침공하면서 사령관들에게 그 유명한 연설을 하게 될 터이다. "지금 누가 아르메니아인을 기억하는가?" 폴란드인을 가리키는 것이지만, 분명 유대인을 의미하는 것이다. 제3제국이 자신의 제노사이드를 벌이는 데 터키의 선례가 필요했던 것은 아니다. 그러나 히틀러가 이에 대해 잘 알고 있었고, 독일의 작전을 격려하기 위해 터키에서 행해진 제노사이드의 성공을 인용한 것은 의심할 바 없다. 둘의 비교 가능성을 의심하는 사람이 있었다 해도 나치는 아니었다.

비교(유사) 가능하다는 것이 같다는 뜻은 아니다. 두 제노사이드 사이의 유사성이 두드러지며, 역사적으로 그 어떤 사건보다 유사하다.[99] 그러나 완벽하지는 않으며, 둘 사이의 차이가 오늘날 이에 대한 반응에서 커다란 차이가 나는 이유 가운데 일부를 차지한다. 두 절멸운동은 비밀 전쟁으로 개시되었다. 가해자들은 자신들이 범죄를 저지르고 있다는 것을 알고 있었고, 숨어야만 했다. 둘 다 특수 살해 조직이 필요했으며, 이

98 Ian Kershaw, *Hitler 1889~1936: Hubris*, London 1998, p. 211. 〔나치 이론가인〕 알프레트 로젠베르크(Alfred Rosenberg)와 마찬가지로 발트 해 지역 출신인 쇼이브너-리히터에 대해서는 다음을 참조. Georg Franz-Willing, *Ursprung der Hitlerbewegung*, Oldendorf 1974, pp. 81~82, 197~98, 287~88.
99 이에 대해 가장 뛰어난 논의는 다음을 참조. Vahakn Dadrian, "The Comparative Aspects of the Armenian and Jewish Cases of Genocide: A Sociohistorical Perspective", in Alan Rosenbaum, *Is the Holocaust Unique? Perspectives on Comparative Genocide*, Boulder 2001, pp. 133~68.

는 당 기구와 국가 기구 사이에서 비공식적으로 활동하는 정치적 지도자가 통제하는 것이었다. 둘 다 군 장교에 의한 선택적 참여가 있었다. 엘리트 수준에서는 둘 다 세속적 민족주의와 사회적 다원주의의 교의를 결합했다. 대중적 수준에서는 둘 다 고대의 종교적 증오에 기대면서 전쟁 이전에 이미 종교적 집단 학살에 희생된 집단을 겨냥했다. 둘 다 지역 차원의 살해에서 체계적인 절멸로 가는 상승 과정이 있었다. 둘 다 자신들의 행동을 이송이라고 위장했다.

둘 사이의 차이는 본질적인 것으로 규모나 의지에 있는 것이 아니라 나치의 제노사이드와 비교할 때 통일주의자들의 더 큰 도구적 합리성, 그리고 시민적 참여에 있다. 독일의 유대인은 인구의 1퍼센트 미만으로 어떤 정권에도 위협이 되지 않았다. 나치가 유대인을 학살한 것은 이데올로기적으로 추동된 것이지 전략적이거나 경제적으로 추동된 것이 아니었다. 유대인의 전 재산을 빼앗기는 했지만, 권좌에 있는 사람들이 그 이득을 독점했고 대중에게는 큰 규모의 혜택은 없었다. 그리고 동부 전선에서 이미 패색이 짙을 무렵, 절멸 비용은 독일이 전쟁을 수행하기에는 큰 부담이었다. 터키의 아르메니아인 학살은 비록 민족적-종교적 증오에 의해 부추겨지기는 했지만 좀 더 전통적인 경제적·지정학적 목적이 있었다. 오스만 제국 말기의 아르메니아인 소수자는 규모 면에서 독일의 유대인 공동체보다 열 배 이상 컸으며, 상당한 규모로 토지와 자본을 소유하고 있었을 뿐만 아니라 국경 너머 러시아 제국 내에 있는 동포들은 아르메니아인들을 자신들의 확장 계획을 위한 잠재적인 충원 세력으로 보았다. 전쟁이 발발하자 이스탄불의 공포와 탐욕이 절멸의 뇌관에 불을 붙이기 위해 좀 더 낡은 방식과 결합했던 것이다. 아나톨리아에서 있었던 인종 청소의 참여자와 수혜자 모두 수적으로 대단했고, 이것이 사회에 끼친 구조적 결과도 컸다. 하나의 제노사이드는 사라진 질서에 대한 망각이었다. 다른 하나의 제노사이드는 참고 기다린 끝에 한 국가가 건국하는 계기가 되었다.

그러나 이것이 두 재난의 진정한 차이라고 한다면 유럽의 상상 속에서 각각이 그려내는 차이는 너무 분명해서 거의 판단을 할 수 없게 한다. 하나는 엄청난 규모로 공식적이고 대중적인 추모의 대상이 되었다. 다른 하나는 구석에서 속삭이는 종류의 일이 되었고, 유럽연합에조차 이를 대변하는 외교관도 없다. 이런 차이에는 내놓을 만한 몇 가지 이유가 있다. 하나의 제노사이드는 유럽 대륙의 한복판에서 살아 있는 기억 속에서 일어났으며, 다른 하나의 제노사이드는 한 세기 전에 유럽의 변경 지대에서 일어났다. 전자의 생존자들은 후자의 생존자보다 교육을 더 받은 사람들로, 개인적인 증언을 남겼다. 그러나 아르메니아인 학살이 일어나자 서방 열강은 이를 맹렬히 비난한 데 반해 유대인 학살에 대해서는 침묵했다. 이들 학살이 일어났을 때 제3의 증인 ─ 공식적인 증인 ─ 이 있었기 때문에 이렇게 차이가 큰 것을 설명하기 위해서는 다른 것이 필요하다. 그것이 무엇인지는 조사할 필요도 없다. 중동 지역에서 축이 되는 동맹인 이스라엘은 유대인 학살에 대한 인정을 필요로 하며, 이에 대해 대규모 보상을 받았다. 근동의 사활적인 동맹인 터키는 아르메니아인 학살이 결코 일어난 적이 없다고 부인하고 있으며, 이에 대해 언급조차 하지 말아야 한다고 주장한다. 유럽연합과 유럽연합의 고매한 정신의 소유자들은 이를 따르고 있다.

이것은 골동품 전문가들에게 맡겨두면 좋을, 오래된 역사가 아니다. 터키 영토 내에서 행해진 아르메니아인 절멸을 인정하는 것을 터키 국가가 완강하게 거부하는 것은 시대착오적이거나 비합리적인 것이 아니라 터키 국가의 정당성을 옹호하기 위해 지금까지 이어지는 정치적 입장이다. 왜냐하면 아나톨리아를 아직 터키는 아니지만 동질적인 무슬림 지역으로 만든 최초의 대규모 인종 청소 다음으로, 동일한 통합 민족주의의 이름으로 좀 더 작은 규모이기는 하지만 정치체 내의 숙청이 있었고, 이는 오늘날까지 지속되고 있기 때문이다. 1955년과 1964년의 그리스인에 대한 집단 학살, 1974년의 키프로스의 병합과 키프로스인의 추방, 1978년과 1993년의 알레비에 대한 학살, 1925년에서 2008년까지 이어진 쿠르드족에 대한 억압 등이 그것이다. 이 가운데 어느 하나 진실이 밝혀지지 않았는데, 터키 공화국의 태생적인 정체성과 지속성에 큰 손상을 입히지 않고는 가능하지 않을 것이다. 이것이 정의개발당 지도 자들이 전임자들과 마찬가지로 무자비하게 같은 정도의 위협과 막대한 돈을 들이면서 부정하려고 하는 이유이다. 케말주의와 이슬람주의는 전통적으로 긴장관계를 유지했지만 화학적으로 분리되지는 않았다. 에르도안과 귈 두 사람 모두 공식적으로 통합하는 데 능숙하며, 브뤼셀에서 개혁으로 통하는 '터키 민족'은 비난받을 만한 범죄자가 되었다.

그렇다면 이제 터키의 유럽연합 회원국 지위는 어떻게 되는가? 유럽연합 내에서 이것이 추진되는 이유는 여러 가지이다. 군사적으로 보면, 테러리즘을 막는 방벽이다. 경제적으로 보면, 역동적인 기업가와 값싼 노동력이 있다. 정치적으로 보면, 지역 내 주변 국가의 모델이 된다. 외교적으로 보면, 문명의 가교이다. 이데올로기적으로 보면, 유럽에 진정한 다문화주의가 도래하는 것이다. 과거에는 이러한 고려보다는 유럽연합이 터키처럼 먼 땅으로 확장될 경우에 제도적 응집력이 침식될 것이라는 우려가 있었을 것이다. 즉 영역이 넓어질수록 연방이 발전할 가능성을 막는다는 것이다. 그러나 그 말은 이미 달아나버렸다. 이러한 근거에서, 터키의 유럽연합 가입 거부는 어떤 의미가 상실된 이후에 그 일을 나중에 하는 것과 같은 것이다. 유럽연합은 집단적인 의지의 아고라가 아니라 생산의 중매인을 위한 거대한 영역이 되어가고 있으며, 방목지를 하나 더하는 것은 그곳이 아무리 넓고 여전히 아무도 거들떠보지 않는 곳이라 하더라도 유럽연합의 이런 성격을 변화시키지는 않을 것이다.

유럽과 마찬가지로 터키 내에서도 유럽연합에 가입하기 위해 애쓰는 주요 세력은 현대판 질서의 수호자들이다. 즉 증권거래소, 모스크, 병영, 미디어 등이다. 신문과 텔레비전의 관점에서 볼 때 기업가에서 장교까지, 성직자에서 정치가까지 퍼져 있는 합의가 한목소리인 것은 아니다. 여기저기에서 반대하는 목소리가 들린다. 그러나 일치하는 정도는 두드러져 보인다. 일치하는 용어를 적용할 경우에 여러 가지 말도 안 되는 이유가 있지만, 운동 진영은 터키가 유럽연합에 가입하는 것을 환영하는 한 가지 훌륭한 이유를 제시한다. 정치적으로는 주변적이지만 문화적으로는 중심인 터키 좌파에게 유럽연합은 케말을 비롯해 코란 숭배와 이로 인한 억압에서 벗어날 수 있는 희망을 대변한다. 터키의 빈민에게는 고용과 복지 기회를 대변한다. 쿠르드족과 알레비에게는 소수자의 권리를 다소 대변한다. 이러한 희망이 얼마나 현실적인지는 다른 문제이다. 그러나 이 때문에 희망이 부정당하지는 않는다. 문제 삼을 다른 측면도 있다. 왜냐하면 아마도 여기에서만 터키의 가입을 통해 유럽연합이 위선적인 다문화주의에서 벗어날 수 있는 관념을 도덕적으로 얻게 될 것이기 때문이다. 수많은 활기차고 비판적인 사람들이 들어오고, 터키의 수많은 보통사람들이 보이는 분명한 위엄과 예의바름 — 이는 터키를 그냥 방문하는 사람들을 놀라게 한다 — 으로 인해 유럽연합의 구조는 좀 더 풍부해질 것이다.

　유럽연합이 스스로 원칙에 따라 운영되면서 키프로스에서 철수한 터키의 가입을 환영하고, 키프로스 점령에 따른 배상을 해준다면 바람직할 것이다. 그것은 쿠르드족에게 웨일스인이나 카탈루냐인의 권리와 비교할 만한 권리를 부여하는 것이다. 그것은 아르메니아인의 학살에 대해 인정하는 것이다. 하지만 현재까지의 모습은 이러한 전망과는 너무 멀리 떨어져 있다. 현실적으로 일어날 법한 일은 다른 것이다. 유럽연합이 아라라트(Ararat) 산까지 확장되어 각료, 의원, 관광객 — 혹은 피셔, 쿠슈네르, 콘-벤디트 등의 각료와 의원이 관광객처럼 은퇴 후에 즐길 수 있다 — 등이 TGV를 타고 파리나 베를린에서 이스탄불까지 자유롭게 다니는 것이다. 정거장마다 황금 별이 그려져 있는 푸른 깃발〔유럽연합 기〕이 휘날리며, 이는 유대인 절멸 기념물이 있는 브란덴부르크 문에서 아르메니아인 절멸자들의 기념물이 있는 리버티 힐까지 이어진다. 전직 집행위원장인 렌은 탈라트와 엔베르의 대리석 기념물 바로 옆에 있는 공원에서 축구 경기를 즐길 수 있을 것이고, 지루한 젊은 병사들—당연히 그런 병사들은 별로 없을 테다—은 키레니아에서 한가로이 앉아 있을 것이며, 테러리스트들은 툰젤리 주[100]에서 계속해서 탈영병들을 만날 것이다. 유럽 내에서 더 나은 삶을 누리겠다는 터키의 꿈은 존중받을 것이다. 그러나 해방이 나라 밖에서 찾아오는 일은 거의 없다.

---

100 Tunceli: 아나톨리아 동부에 있는 지역으로, 인구 대부분이 알레비 쿠르드족으로 구성되어 있다. —옮긴이

IV

결론

9 전례(前例)

유럽의 경계 구분은 한편으로는 유럽에 대한 일련의 질문을 제기할 뿐만 아니라 다른 한편으로는 사상의 역사에 대한 일련의 질문을 제기한다. 지리적 표현으로서의 유럽은 물론 고전고대 이래 존재했다. 그러나 유럽에 대한 이후의 관념을 드니 드 루즈몽의 말처럼, 헤시오도스(Hesiodos) 시절로 거슬러 올라가 찾으려 하는 시도는 인위적인 것이다.[1] 그리스-로마 세계의 통일성은 지중해적인 것으로 이 바다의 양쪽 해안을 포함하고 있으며, 북쪽의 스칸디나비아 반도가 아니라 동쪽의 시리아까지 확장되어 있었다. 이 세계에서 유럽은 그다지 두드러진 범주가 아니었다. 역사가들에 의해 유럽의 출현을 중세까지 소급할 수 있지만, 유럽을 구별된 문명으로 바라보는 시각은 중세 유럽인들에게 의미 있는 관념이 아니었다. 회고적으로 볼 때 중세 유럽은 종교적 신앙, 사회적 관행, 문화적 제도와 종교적 제도 등의 인상적인 통일성을 보여주며, 유럽 대륙의 남동부 거의 모든 지역에서 모방되었다. 중세 유럽의 팽창에 대한 로버트 바틀릿(Robert Bartlett)의 연구만큼 이를 강력하

---

1 Denis de Rougemont, *Vingt-huit siècles d'Europe*, Paris 1961. 이 사람과 그의 저작에 대한 강렬한 오마주는 현재 유럽연합 집행위원회 위원장인 조제 마누엘 바호주가 그의 탄생 100주년에 했던 2006년 10월의 연설 참조.

게 보여주는 저작물은 없다. 이 팽창은 원식민적(proto-colonial) 폭력을 통해 대륙 전역에서 공통의 봉건적 위계제를 수립하였으며, 이 속에서 약탈적인 영주, 종교적·군사적 기사단, 십자군 등 기회가 있을 때마다 비유럽 세계에 대해 폭력을 행사할 후손들의 원형이 등장했다.[2] 바틀릿의 책 제목이 『유럽의 형성』이다. 그러나 이를 에드워드 톰슨(Edward Thompson)의 『영국 노동계급의 형성』이라는 의미로 이해하면 안 된다. 왜냐하면 객관적으로 후일 유럽이라고 하는 것이 이 시기에 탄생하기는 하나, 전반적인 주체적 의식이 이 과정에 수반되지는 않았기 때문이다. 당대인들에게 자신들이 속한 세계는 기독교 세계(Christendom)였다. 그들에게 유럽이라는 개념은 존재하지 않았으며, 이 선조들에게서 유럽이 기원한다고 보는 것은 시대착오적이다.[3]

1

얼마 후인 17세기 말 루이 14세에 맞서는 동맹 속에서 유럽이라는 용어가 일반적으로 유통되기 시작했다.[4] 1713년까지도 위트레흐트 조약에서 여전히 기독교 국가(Respublica Christiana)라는 말을 언급했으며, 2년 후 라이프니츠는 위트레흐트 조약 협상을 도왔던 생 피에르(Saint Pierre) 사제가 기독교 세계라는 이름으로 ─ 그에게는 여전히 신성한 것이었다 ─ 유럽의 영구 평화안을 제시한 것을 비판할 수 있었다.[5] 계몽

---

2 Robert Bartlett, *The Making of Europe: Conquest, Colonization and Cultural Change*, London 1993, pp. 306~14.

3 문서 정리 작업에 대해서는 다음을 참조. Denis Hay, *The Idea of Europe*, Edinburgh 1957. 그는 '유럽적'이라는 용어를 교황 비오 2세(1458~64, 본명은 에네아 실비오 피콜로미니)가 처음 사용했다고 보며, '유럽'이 '기독교 세계'를 처음으로 의미 있게 대체한 것은 필리프 드 코민(Philippe de Commynes, 1488~1501년 사이에 사용)이라고 한다. pp. 83~89.

4 H. D. Schmidt, "The Establishment of 'Europe' as a Political Expression", *The Historical Journal*, IX, 2, 1966, pp. 172~78.

사상을 통한 세속적 전환이 있고 나서야 단일한 문명을 가리키는 것으로서의 강한 의미의 유럽이 출현했다. 그러나 일단 출현하자, 유럽은 빠르면서도 놀라울 정도로 단일한 의미를 가지게 되었다. 프랑스의 섭정 시대(1715~23)부터 프랑스 혁명 발발 때까지 유럽은 지도적인 인물에게 거의 동일한 용어로 이해되었다. 이 말에 대한 범주적인 주석을 단 것은 몽테스키외였다. "군주는 이웃 국가의 파멸로부터 더 위대해질 수 있다고 믿는다. 하지만 반대이다! 유럽의 상황은 국가들이 서로 의존하고 있는 상황이다. 프랑스는 폴란드와 모스크바 공국의 부가 필요하며, 귀엔(Guyenne)은 브르타뉴(Bretagne)가 필요하며, 브르타뉴는 앙주(Anjou)가 필요하다. 유럽은 몇 개의 지역(province)으로 이루어진 하나의 국가이다."[6] 이런 정식화는 빨리 퍼져 나갔다. 볼테르에게 "기독교 유럽은 몇 개의 국가(state)로 나뉘어 있는 단일한 공화국(republic)으로 간주될 수 있었다."[7] 엠리히 드 바텔에게 현대 유럽은 "질서와 자유의 보존"을 위해 연합한 "일종의 공화국(republic)"이었다.[8] 윌리엄 로버트슨에게 "유럽의 열강"은 "하나의 위대한 정치 체제"를 형성하였다.[9] 에드워드 기번에게 "유럽은 하나의 위대한 국가로서 그곳에 사는 다양한 거주민들은 거의 같은 수준의 예절과 문명을 획득했다."[10] 에드먼드 버크(Edmund Burke)에게 유럽은 "사실상 하나의 위대한 국가(state)로서 다양한 지방적 관습과 지역의 질서가 있지만, 일반법이라는 동일한 기초"가

5   "Observations on the Abbé de St. Pierre's 'Project for a Perpetual Peace", in Patrick Riley(ed.), *The Political Writings of Leibniz*, Cambridge 1972, pp. 180~81.

6   Montesquieu, *Pensées*, I(1720~1734), § 318, Paris 1991(ed. Desgraves), p. 281.

7   Voltaire, *Le Siècle de Louis XIV*(1751), Ch. II, Paris 1937(ed. Bourgeois), p. 10.

8   Emmerich de Vattel, *Le Droit fes gens*, III, Ch. 3, § 47, London 1958, facsimile, pp. 39~40.

9   William Robertson, *The History of the Reign of Charles V*(1769), Preface, New York 1833(ed. Harper), p. v.

10 Edward Gibbon, *The Decline and Fall of the Roman Empire*(1781), vol. II, Ch. 38, Harmondsworth 1994(ed. Womersley), p. 511.

있었다. 이 국가 안에서 여행자는 "해외에 있다는 느낌이 결코 없다."[11] 이렇게 인식된 대륙의 통일성은 목적이 아니라 주어진 것이었다.

비유에 쓰는 어휘 — 국가(state, republic) — 는 정치적이지만, 그 의미는 본질적으로 사회적이다. 유럽을 통일시키고 있는 것은 공통의 종교적 신앙, 공법, 관습적 매너 등이었다. 볼테르에서 버크까지 이 삼위일체가 가장 자주 인용되었다. 하지만 결정적으로 유럽은 자신과 불화를 일으키는 정치적 차원이 있었다. 유럽 대륙에 대한 모든 묘사에서 중심적인 것은 — 나머지 세계와 결정적으로 구별될 뿐만 아니라 우위에 있는 것으로 — 그 구성 부분 사이의 독특한 균형이었다. 유럽의 문명적 통일성 내에서 유럽의 행운은 일련의 경쟁하면서도 상호 의존적인 국가들에 분배되어 있었다. 이들 국가는 규모가 보통이어서 보편적인 지배를 할 수 없었다. 유럽적 자유의 조건은 힘의 균형이었다. 이런 관념에 처음으로 가장 간결한 표현을 부여한 것은 또 몽테스키외였다. 그는 이렇게 말했다. "아시아에서는 강한 민족이 약한 민족과 대립하고 있으며" "따라서 전자는 정복해야 하고 후자는 정복당해야 한다. 유럽에서는 반대로 강한 민족이 강한 민족과 대립하고 있다. 경계를 마주하고 있는 민족이 거의 같은 정도로 용기가 있다. 이것이 아시아가 약하고 유럽이 강하며, 유럽이 자유롭고 아시아가 노예 상태에 있는 주된 이유이다."[12] 로버트슨 또한 "민족들이 서로 비슷한 상태에 있고, 개선을 향한 진보가 동일한 속도로 이루어질 때 이들은 갑작스러운 정복의 재난에 노출되어 있지 않다고" 판단했으며,[13] 기번은 "힘의 균형이 계속해서 변

---

11. Edmund Burke, *Letters on a Regicide Peace*(1796), I, London 1893(ed. Keene), pp. 74~75.

12. Montesquieu, *De l'esprit des lois*(1748), XVII, 3, *Oeuvres complètes*, II, Paris 1949(ed. Caillois), p. 526. 유럽의 자연적인 지리적 분할이 유럽의 자유를 지키는 방벽이라는 생각은 XVII, 5, p. 529 참조.

13. William Robertson, *The History of Reign of Charles V*, Bk, 12, p. 488. 로버트슨은 칭기즈칸과 티무르가 폭풍우처럼 모든 것을 휩쓸고 갔다는 것을 상기시키면서

동하는, 여러 개의 독립국가로 유럽이 분할되어 있는 것"은 "인류의 자유를 위해 가장 좋은 결과를 낳았다"라고 말했다.[14] 볼테르도 마찬가지로 단호했다. "가능하면 유럽 민족들이 서로 간의 힘의 균형을 유지하려는 현명한 정책"은 "세계의 나머지 지역에서는 알려져 있지 않은" 정치 원칙이었다.[15] 바텔에게 유럽의 정치 체제는 좀 더 단순하게 "힘의 균형이라는 유명한 생각"과 분리될 수 없었다.[16]

이러한 균형은 다시 자유의 조건일 뿐만 아니라 유럽의 예술 및 과학의 조건이었다. 왜냐하면 여기서도 마찬가지로 유럽 대륙은 나머지 지역과 분리된 세계로서 다른 모든 곳에 대해 지적인 주도권을 행사하고 있기 때문이다. 볼테르에게 이것은 문자 공화국(republic of letters)으로서 모든 나라가 기여한 엄청난 정신의 성취였고, 유럽은 정당하게도 이에 대해 자랑스러워할 만했다.[17] 그런데 이렇게 문화적으로 출중하게 된 것을 자극한 것은 무엇이었는가? 공동으로 합의하고 있는 것에 따르면, 궁극적으로 그것은 국가들 사이의 분할과 경쟁에 있었다. 기번이 말하듯, "능동적인 삶과 관조적인 삶 모두를 추구하는 가운데 국가와 개인의 모방이 인류의 노력과 개선의 가장 강력한 원천이다. 고대 그리스 도시들은 연합과 독립의 행복한 혼합 속에서 만들어졌으며, 이는 좀 더 느슨한 형태이기는 하지만 좀 더 큰 규모로 유럽 민족들에 의해 반복되었다."[18] 더 나아가 이렇게 모방을 추구하는 과정에서 유럽이 나머지 세계를 지배한 핵심적인 요인을 찾을 수 있다. 몽테스키외는 이렇게 썼다.

유럽과 아시아를 비교한 몽테스키외를 반복했다.

14 Edward Gibbon, *The Decline and Fall of the Roman Empire* (1776), vol. I, Ch. 3 (ed. Womersley), p. 106.

15 Voltaire, *Le Siècle de Louis XIV*, Ch. II, p. 11.

16 Emmerich de Vattel, *Le Droit des gens*, III, Ch. 3, § 47, p. 40.

17 Voltaire, *Le Siècle de Louis XIV*, Ch. XXXIV, pp. 654~64.

18 Edward Gibbon, *The Decline and Fall of the Roman Empire* (1781), vol. III, Ch. 53 (ed. Womersley), p. 421.

"문필이 수많은 시민에게 그저 즐거움을 주는 것이라고만 말할 수 없다." "문필의 번성은 제국의 번성과 긴밀하게 연결되어 있으며, 분명 그 것의 징후이거나 원인이다. 지금 세계에서 벌어지고 있는 일에 눈을 돌린다면, 세계의 나머지 지역이 노예 상태와 비참함 속에서 신음하고 있는 반면, 유럽은 세계의 다른 세 부분을 지배하면서 번성하고 있음을 볼 수 있다. 따라서 유럽은 깊은 무지의 밤에 빠져 있는 나머지 지역보다 계몽되어 있다."[19] 그는 이러한 지식과 권력의 결혼이 지배당하는 세계에게 의미하는 바가 무엇인지에 대해 별다른 환상이 없었지만, 다른 사람들은 낙관적으로 보았다. 로버트슨은 이렇게 언급했다. "유럽의 민족들"은 "하나의 거대한 가족과 같은데", 왜냐하면 "지식의 습득, 전쟁술의 발전, 정치적 현명함과 접근법이 거의 같기" 때문이다. "거의 모든 역사 시기마다 유럽인을 지구의 다른 지역에 사는 사람들보다 우위에 놓았고, 유럽인에게는 지배할 운명을, 다른 사람들에게는 복종할 운명을 부여한 특성과 천재성"에서 보이는 커다란 간극의 차이 때문에 그러하다.[20]

사회적 유사성, 정치적 균형, 지적 모방, 문화적 우월함 등이 계몽사상이 합의한 유럽의 일반적인 삼단논법이었다. 계몽사상이 항상 유럽의

---

19 Montesquieu, *Pensées*, § 1006, pp. 379~80.

20 William Robertson, *The History of the Reign of Charles V*, p. 489. 이와는 대조적으로 몽테스키외에게 "유럽은 세계의 다른 세 부분의 상업을 장악함으로써 그들의 전제군주가 되었다." *Pensées*, § 568, p. 320. 명예혁명을 기념하는 로버트슨의 설교는 모방이라는 비유에 대해 자세하게 설명했다. "유럽의 모든 문명화된 민족들은 하나의 배타적인 공동체를 구성하고 있다고 볼 수 있다. 이들 사이의 교류는 위대하며, 이 가운데 한 민족에게 도입된 과학, 예술, 상업, 정부 등에서 보이는 모든 개선은 금세 다른 민족에게 알려지고 있으며, 시간이 흐르면서 수용되고 모방된다. 이런 이유로 유럽의 모든 민족은 대개 닮아가고 있으며, 인류의 다른 사람들보다 이들이 우월함도 여기서 나온다." Richard Sher, "1688 and 1788: William Robertson on Revolution in Britain and France", in Paul Dukes and John Dunkley(eds.), *Culture and Revolution*, London 1990, p. 102 참조.

해외 제국에 대해 무비판적이었던 것은 아니지만—드니 디드로(Denis Diderot), 기욤 토마 레날(Guillaume Thomas Raynal)은 말할 것도 없고 심지어 애덤 스미스까지 의구심을 표명한 것은 유명하다—유럽의 고상한 사회의 통일성에 대해서는 확실히 만족감을 표시했다. 사실상 장-자크 루소만이 당대의 코스모폴리타니즘 및 그 자기만족을 비웃으며 말했을 뿐이다. 그는 신랄하게 이렇게 말했다. "아무리 반대한다 하더라도 우리 시대에는 더 이상 프랑스인, 독일인, 스페인인, 심지어 영국인 같은 것은 없다. 요즘에는 같은 취향, 같은 열정, 같은 풍습을 가진 유럽인만 있을 뿐이다." "모두가 공공선에 대해 말하면서도 자신에 대해서만 생각한다. 모두가 절제를 말하면서 크로이소스[21]가 되기를 원한다. 야망은 오직 사치를 향한 것이며, 열정은 황금을 향한 것이다." 그렇다면 "이들이 어떤 지배자에게 봉사해야 하는지 신경쓸 것이며, 복종해야 할 국가의 법에 신경을 쓰겠는가? 훔칠 돈과 타락시킬 여성이 있는 곳이라면 어디든 고향이다."[22] 민족적 제도가 그 민족에게 성격과 활력을 부여하는 것이지, 국제적인 유행이나 욕망이 그런 것은 아니라고 루소는 폴란드인들에게 말했다.

2

다른 곳에서와 마찬가지로 루소는 이 충고 속에서도 예언적인 태도

---

21 Kroisos: 리디아의 왕(기원전 595~기원전 546)으로 어마어마한 부를 소유한 것으로 유명하다.—옮긴이

22 Jean-Jacques Rousseau, *Considération sur le gouvernement de Pologne et sur sa réformation projettée*(*1770~71*), Ch. 3, Paris 1782, pp. 17~18. 그 이전에 루소는 유럽을—"아시아나 아프리카"와 달리 "공동의 이름을 가진 민족의 개념적 집합"—"고유한 종교, 관습, 심지어 법까지 갖춘 진정한 사회"라고 관대하게 보았다. "이 사회를 구성하는 어떤 민족도 문제를 일으키지 않으면서 여기서 떨어져나갈 수 없다." Jean-Jacques Rousseau, "Extrait du projet de paix perpétuelle" (1760), *Oeuvres*, III, Paris 1964, p. 567.

를 보였다. 프랑스 혁명의 발발과 함께 계몽사상이 그려낸 유럽의 이미지는 시야에서 사라졌다. 사회적 유사성은 자코뱅 봉기와 동원의 압력 속에서 무너졌고, 모든 정치적 균형은 나폴레옹의 팽창에 의해 파괴되었다. 버크의 『국왕 살해의 평화에 관한 편지』—그는 여기에서 프랑스가 통상적인 공동체 혹은 국가가 아니라고 경고한다. "프랑스는 우리가 전쟁 상태에 있다는 무장 교의(armed doctrine)를 가지고 있다"—는 이런 변화에 대한 절망적인 기록이다. 사회 혁명과 민족적 각성이 하나의 위대한 공화국(republic)이라는 세계(ecumene)를 망쳐버렸다. 그러나 유럽이라는 이상적인 관념은 사라지지 않았다. 20년 동안 벌어진 혁명과 전쟁의 격변으로부터 이 관념이 변형된 형태로 다시 등장해서 다음 세기로 이어졌다. 적절하게도 이후 아젠다의 대부분을 설정한 것으로 간주될 수 있는 사람은 계몽사상의 세계와 초기 사회주의의 세계를 이어준 상징적인 사상가였다. 부르봉 왕가가 복귀한 이후이자 〔나폴레옹의〕백일천하가 있기 전인 1814년 10월에 생시몽(Saint-Simon)은 그가 새로 들인 제자인 오귀스탱 티에리(Augustin Thierry)의 도움을 받아 '유럽 사회의 재조직화'를 위한 제안을 출판했다. 여러 주제를 기묘하게 결합한 그의 계획은 이후에 나타날 거의 모든 발전 노선을 예시했다.

생시몽은 계몽사상의 판단을 뒤집어 중세를 가톨릭교회의 신앙과 그 성직자들에 의해 통일된 단일하고 대체로 평화적인 정치체를 유럽이 형성한 때로 보고 있다. 종교개혁은 이런 통일성을 파괴했고, 30년 전쟁으로 이어지는 종교 갈등을 폭발시켰다. 이로부터 〔중세와 달리〕 국가 간 힘의 균형에 기초한 정치 체제를 만들어낸 베스트팔렌 조약이 나왔다. 그러나 유럽 대륙은 이로부터 혜택을 받은 게 아니었다. 이런 원칙이 정착되자 "전쟁은 유럽의 일상적인 상태가 되었으며", 이제 막 끝난 재난적인 전쟁의 발발로 절정에 달했다. 한 세기 전에 생 피에르 사제는 영구 평화를 위한 기획을 구상했지만, 자기 시대의 봉건제의 유제(遺制)를 받아들이면서 전제군주의 권력을 보존하기 위한 전제군주들 사이의 상호 보장 이상의 것을 제안하지 못했다. 이제 필요한 것은 영국의 자유

헌법의 원칙을 유럽 전체로 확장할 수 있는 정부 체제였다. 이때 첫 번째 핵심은 유럽 대륙의 모든 민족에게 절대주의를 종식시킬 수 있는 예를 보여줄 영국-프랑스 합동 의회이다. 영국과 프랑스가 각각 대의 정부를 가지게 되면─독일인들이 그다음이어야 한다─유럽 대륙 전체를 통치하는 의회가 등장할 것이다. 이 의회는 교육 받은 시민 100만 명당 네 명씩─학자, 기업가, 행정가, 치안관─선출된 대표자로 이루어질 것이다. 낭비할 시간이 없었다. 혁명은 여전히 위협적이었고, 영국에서 공적 채무는 마비된 상태였으며, 프랑스에서는 회복된 왕권이 여전히 위태로웠다. 부르봉 왕조는 왕정복고 이후 스튜어트 왕조가 어떤 운명을 겪었는지 잘 기억해야 할 것이다. 생시몽이 말한 재조직화를 통해서만 유럽은 평화롭고 안정된 질서를 누릴 수 있을 것이다. "황금시대는 우리 뒤에 있지 않고 우리 앞에 있다."[23]

이 몽상적인 텍스트에는 이후 세기에 유럽이라는 개념을 둘러싸고 경합하게 될 세 개의 정치적 전통이 맹아적인 형태로 모두 들어 있다.[24] 미국 혁명 속에서 싸웠고, 프랑스 혁명에서 돈을 번 생시몽은 유럽의 구체제로의 회귀를 거부하면서 그 위에 자신의 생각을 구축했고, 프랑스

---

23 Saint-Simon, *De la réorganisation de la société européenne*, Paris 1814, pp. 7~9, 24~26, 33~40, 47, 58~59, 63, 75~81, 97. 생시몽은 영국 헌법 〔체제〕의 장점이 영국이 번영한 이유이기도 하다고 강조했다. 유럽도 유사한 체제에서 번영을 누릴 수 있게 될 것이다.

24 사실상 거의 동시에 나왔던 다른 계획의 운명과 비교. 1814년 5월에 신진 철학자인 카를 크리스티안 크라우제(Karl Christian Krause)는『유럽 국가 연방 개요』 (*Entwurf eines europäischen Staatenbundes*)를 라이프치히에서 출판했다. 이는 영구 평화에 대한 이마누엘 칸트의 개요에서 영감을 받은 것으로 독일관념론의 법률적 경향의 노선에 속한다. 프랑스에 대해 승리한 군주국들에게─특별히 독일의 주도 아래─아주 적절하게도 베를린에 수도를 둔 유럽연합(confederation)의 창출을 촉구했다. 다른 대륙이 이 예를 따를 경우 이는 나중에 세계 정부가 된다는 견해도 있었다. 이 텍스트는 아무런 관심을 끌지 못했고, 크라우제의 다른 저작과 마찬가지로 독일에서는 망각에 빠지게 되었다. 몇 세대 후 오직 스페인에서만 영향을 끼치게 된다.

에서 복고된 왕정이 폭력적으로 타도될 것이라고 정확히 예견했다. 그 후 10년 동안 그는 최초의 산업주의적 견해의 유토피아 사회주의를 생산하게 된다. 이런 그의 유산으로부터 통합된 유럽을 위한 일련의 혁명적 개입과 구호가 나왔다. 1830년대에 샤를 푸리에(Charles Fourier)의 제자인 빅토르 콩시데랑은 유럽 대륙에서 전쟁을 추방하기 위해 생산적 노동 및 권리와 상품의 상호 인정에 기초한 유럽 연방을 주장했다. 파리 코뮌 시기에 — 이때 그는 쿠르베와 함께 일했다 — 콩시데랑은 미합중국(USA) 모델에 따른 유럽 합중국(United States of Europe)을 주장했다. 이제 과학과 기술의 진보에 의해 가능하게 된 유럽 합중국은 프랑스와 독일의 협력으로 시작해야 했다.[25] 1848~49년 혁명 시기에 주세페 마치니와 카를로 카타네오(Carlo Cattaneo)는 유럽의 통일을, 인민주권과 민족체를 파괴하는 전쟁을 막을 수 있는 방벽으로 보았다. 마치니는 공동시장을 생각했고, 카타네오는 연방국가를 생각했다.[26] 빅토르

---

25 Victor Considérant, *De la politique générale et du rôle de la France en Europe*, Paris 1840, pp. 26~31; Jonathan Beecher, *Victor Considérant and the Rise and Fall of French Romantic Socialism*, Berkeley-Los Angeles 2001, pp. 373~75, 402~405 이하.

26 마치니는 유럽에 대한 문헌의 출현을 정치경제학의 발흥과 연결했다. 유럽은 "하나의 거대한 공동시장"이었으며, "새로운 통일의 시대로, 더 친밀한 결사체의 시대로 — 유럽 주민의 공동의 합의에 의해 — 나아가고" 있으며, "이 속에서 하나의 보편적인 사고의 영향 아래 사람들은 마침내 서로를 하나의 커다란 가족의 구성원으로 보게 될 것이며" "자연이라는 위대한 작업장 내에서" 수많은 "노동자들이 자신의 지위, 특별한 소질 혹은 소명에 따라 분배될 것이지만 모두가 하나의 작업에 기여할 것이고 그 결실은 모든 생명에 확대되고 모든 생명을 강화할 것이다." Giuseppe Mazzini, "La Lega Internazionale dei Popoli"(1847). 이 텍스트는 원래 에든버러에서 영어로 출판되었다. *Scritti editi ed inediti di Giuseppe Mazzini*, vol. 36, Imola 1922, pp. 8~10. 카타네오에 대해서는 다음 책을 참조. Dell' insurrezione di Milano nel 1848 e della successiva guerra. *Memorie*, Brussels 1849, p. 306. "완전히 자유롭고 우정 어린 유럽에서는 병영의 통일 대신 인민의 자유가 등장할 것이다. 왕과 황제들이 세운 건물은 순수한 아메리카 모델에 기초하여 재건축될 수 있다. 자신을 파괴하려는 군사적 억압에 의해 자극받고 거대한 힘을

위고는 파리에서 열린 평화 대회에서 유명한 연설을 함으로써 유럽 합중국에 자신의 강한 목소리를 더했다.[27] 1860년대 피에르 조제프 프루동과 미하일 바쿠닌이 뒤를 이었다. 프루동은 유럽은 연방을 구성하기에는 너무 크기 때문에 스위스의 예를 따라 연합들(confederations)의 연합(confederation)이 되어야 한다고 주장했다. 바쿠닌은 제1인터내셔널에 가입하기 직전에 마치니의 민족체 원리를 더 약하고 더 후진적인 공동체를 파괴하기 위해 고안된 것이라고 하면서 공격했고, 관료제적 구조는 다가올 유럽 합중국의 봉기적 자유와 양립할 수 없다고 비난했다.[28]

제2인터내셔널에서는 견해들이 나뉘었다. 1911년 카를 카우츠키는 항구적인 세계 평화로 가는 유일한 길은 "유럽 문명에 속한 국가들을 공동의 무역정책, 연방 의회, 연방 정부, 연방군이 있는 하나의 연방 — 유럽 합중국의 수립 — 으로 통합하는" 것이라고 선언했다. 이는 로자 룩셈부르크가 유토피아적이라고 거부했던 관점이다.[29] 그러나 1914년에 전쟁이 발발하자 볼셰비키는 전쟁에 반대하는 첫 번째 선언에서 공화주의적인 유럽 합중국이라는 구호를 채택했다. 1년 후 블라디미르 레닌(Vladimir Lenin)은 이 입장을 비판하게 된다. 자본주의적인 유럽 합중국이 유럽 대륙의 소유 계급이 혁명을 억압하고 더 빠르게 성장하는 미국의 도전에 대응할 수 있는 공동전선으로는 가능하지만, 마르크스주의

갖게 된 민족체는 동유럽의 우연적인 제국을 해체하여 이를 자유로운 민족의 연방으로 바꿀 것이다. 유럽 합중국이 등장할 때 우리는 진정한 평화를 얻게 될 것이다."

27 Victor Hugo, "Discours d'ouverture du congrès de la paix"(1849), in *Oeuvres complètes: Politique*, Paris 1985(ed. Fizaine), pp. 299~304.

28 Pierre Joseph Proudhon, *Du principe fédératif et du la nécessité de reconstituer le parti de la révolution*, Paris 1863, pp. 88~94; Mikhail Bakunin, "Fédéralisme, socialisme et anti-théologisme"(1867), in *Oeuvres*, Paris 1902, pp. 14~21.

29 Karl Kautsky, "Krieg und Frieden. Betrachtungen zur Maifeier", *Die neue Zeit*, 1910~11, Bd. 2, pp. 105~106; Rosa Luxemburg, "Friedensutopien"(1911), *Gesammelte Werke*, Bd. 2, Berlin 1974, pp. 499~504.

자가 사회주의적 관점에서 이를 주장하는 것은 잘못이라는 것이다. 왜 냐하면 유럽 합중국은 유럽 전체를 휩쓸기 전에 한 나라 혹은 몇몇 나라에서 혁명이 승리할 수 없다는 것을 의미하기 때문이다.[30] 이와는 달리 레온 트로츠키는 — 10년 후 그가 덧붙였듯이 — 비록 아메리카와 좀 더 대등한 조건으로 경쟁하려는 유럽 자본의 요구에 부응하는 가운데 혁명이 성취하지 못한 과제를 처음은 아니고 반동이 해결해야 하지만, 자본주의적 유럽 합중국이라는 전망을 잠재적으로 통일된 유럽 노동자계급을 창출하는 데 도움이 될 수 있는 단계로 보았다. 이오시프 스탈린이 소련에서 하겠다고 주장한 것처럼 한 나라에서 사회주의를 건설하는 것은 불가능한 반면, 유럽은 사회주의를 향한 논리적인 투쟁의 장을 형성했다.[31]

소련 공산당 내에서 스탈린이 승리하면서 제3인터내셔널 내에서 유럽 합중국에 대한 논의는 더 이상 이루어지지 않았다. 그러나 외부에서는 그렇지 않았다. 혁명적 전통은 제2차 세계대전 중에 벤토테네 섬에서 작성된 선언에서 최종적이고 스펙터클한 표현을 찾았다. 이 선언은 모스크바 재판을 비판했다는 이유로 당에서 쫓겨난 이탈리아 공산당원인 알티에로 스피넬리(Altiero Spinelli)와 정의와 자유(Giustizia e Libertà)의 지도자인 에르네스토 로시(Ernesto Rossi)가 작성했다. 두 사람 모두 1920년대 이래 무솔리니의 감옥에 있었다. 이탈리아는 민족통일과 독립을 위한 급진적 투쟁을 벌인 고전적 나라였고, 이는 주세페 가리발디(Giuseppe Garibaldi)의 경력에서 찾아볼 수 있다. 벤토테네 선언은 그러한 경험과 구별되는 것이었다. 그러한 민족주의가 한때는 진보적인 것이었지만, 거기에는 제국주의로 타락할 수 있는 씨앗도 들어 있었다. 이

30 Vladimir Lenin, "On the Slogan of a United States of Europe"(1915), *Collected Works*, vol. 21, Moscow 1974, pp. 339~43.

31 Leon Trotsky, "Programma Mira", *Nashe Slovo*, no. 86, 11 April 1916; "Razoruzhenie i Soedinennye Shtaty Evropy", *Biulleten' oppozitsii*, no. 6, October 1929, pp. 9~14.

는 유럽에 두 번이나 전쟁의 분노를 풀어놓았다. 나치즘은 연합국에 패배되어야만 했다. 그러나 승리에 사활적인 소련은 관료적 전제주의가 되었으며, 영국과 미국은 구질서의 복구로 기울었다. 그런데 이 구질서가 제국주의 간 전쟁을 처음으로 일으켰다. 그러므로 전쟁이 끝났을 때, 혁명적인 명령은 주권적인 민족국가로 분할된 유럽을 폐지하는 것이었다. 필요한 것은 유럽 대륙 차원의 단일한 연방이었다. 다가올 투쟁에서 결정적인 분할선은 민주주의나 사회주의를 둘러싼 것이 아니라 국제주의를 둘러싼 것이었다. 유럽 혁명은 확실히 사회주의적인 것이 될 것이고, 이 혁명이 창출하게 될 새로운 국가와 민주주의 체제의 규율 잡힌 핵심으로서 혁명당의 임시적인 독재를 필요로 할 것이다. 그러나 유럽 혁명은 모든 재산을 관료적으로 국가화(statification)해서는 안 되며, 공적 표현 및 조직 수단에 대해서는 더더욱 그러하다. 러시아에는 전혀 없는 자유 언론, 자유로운 노동조합, 자유로운 사법부 등이 여기에서 핵심적이다.[32] 알베르트 히르쉬만(Albert Hirschman)의 누이가 몰래 본토로 반입한 이 선언은 유럽의 저항운동에서 출현한 유럽 대륙 통합의 전망 가운데 분명 가장 강력한 것이었다. 아직 철의 장막이 드리워지지 않았던 당시에 가능했던 유동적이었던 사상을 증명해 주는 종합으로서, 자유지상주의적 모티프와 자코뱅적 모티프가 열렬하게 결합되어 있다. 40년 후 스피넬리는 유럽 집행위원회 위원이자 유럽의회의 아버지로서 존경을 한몸에 받으면서 경력을 마무리했다.

---

32 Altiero Spinelli, Ernesto Rossi, Eugenio Colorni con Ursula Hirschmann, "Il Manifesto di Ventotene"(1941), in Luciano Angelino, *Le forme dell'Europa. Spinelli o della federazione*, Genoa 2003, pp. 187~201. 이 선언의 사회적 부문과 자코뱅적 부문은 쫓겨난 공산주의자인 스피넬리가 아니라 지엘리스타(giellista, 정의와 자유 내의 게릴라를 가리키는 말) 로시가 작성한 것이다.

이러한 혁명 전통보다 나중에 출현한 것이 19세기 들어 생시몽의 유산이라고 가장 잘 알려진 것과 더 가까운 두 번째 파생물이었다. 바람직한 사회 변화를 전문 지식이라는 정상에서 사회를 개혁하는 과학 엘리트와 산업 엘리트의 작업으로 보는 그의 관념이 그것이다. 유럽의회라는 그의 처방전에 들어 있는 이러한 테크노크라트적인 관점은 그의 추종자들, 즉 제2제정과 제3공화국의 생시몽 정치가들, 은행가들, 엔지니어들뿐만 아니라 좀 더 넓은 범위의 개혁적 견해의 장에 전해졌다. 이런 관념이 유럽에 적용되었을 때, 그 특징은 혁명 노선에서 벗어나 상세한 제도적 구조에 관심을 가지는 것이었다. 프랑스-프로이센 전쟁과 파리 코뮌은 이것이 출현하는 신호였다. 1867년 제네바에서 '평화와 자유 동맹'(League of Peace and Freedom)이 만들어진 이래 그 후 20년 동안 샤를 르모니에(Charles Lemonnier)가 운영을 맡았다. 그는 생시몽 선집의 편집자이자 크레디 모빌리에(Crédit Mobilier) 총재를 지냈으며, 1868년부터 '평화와 자유 동맹' 월간지인 『유럽 합중국』(Les États Unis d'Europe)을 발간했다.[33] 위고를 협력자로 하고, 가리발디를 대표로 하는 이 동맹은 분명 1848년 혁명의 공화주의적 전통에서 내려온 것이었다. 그러나 이제 막 끝난 '슬프고 끔찍한 해' 이후인 1872년에 르모니에가 연방주의적인 유럽 합중국을 주장하는 책을 출판하자, 강조점이 변화한 것은 분명했다. 공화주의적 정부로 구성된 연합된 유럽은 단일한 군대, 하나의 대법원, 공동시장이 필요했고, 보통선거를 통해 표출된 시민의 동의를 필요

---

33 이 월간지의 첫 번째 사설에서 생시몽의 『재조직화에 관하여』(De la réorganisation)를 창립의 준거로 삼고 있다. Donatella Cherubini, "Si Vis Pacem Para Libertatem et Justitiam", in Marta Petricioli, Donatella Cherubini and Alessandra Anteghini, Les États Unis d'Europe. Un Project Pacifiste, Berne 2004, p. 22. 이 책의 제목과 텍스트에 나오는 '평화주의'(pacifist)는 영어가 아니라 이탈리아어에서 채택된 것으로, 폭력에 대한 거부가 아니라 불의의 전쟁에 반대한다는 뜻이다.

로 했다. 그러나 연합된 유럽은 파업을 막기 위해 조정을 하고 경제성장을 촉진하는 것 이외의 '사회 문제'는 피해야만 한다.[34]

5년 후 좀 더 온건하지만 좀 더 상세한 제안을 스위스 법률학자인 요한 블룬칠리가 내놓았다. 그는 보수적인 존더분트(Sonderbund)가 스위스에서 패배한 이후[35] 독일로 이주하여 그 후 국제법 권위자가 되었다. 아메리카 모델과 스위스 모델 모두를 배제한 그는 장래의 유럽연합(European union)은 연합을 구성하고 있는 국가들 — 신중하게 거론했는데 모두 18개이다 — 의 주권을 존중해야 하며, 이 나라는 투표 비중에 따라 큰 나라와 작은 나라로 나뉜다. 그렇게 만들어진 조직은 회원국에 대해 재정적 권위도 군사적 권위도 가져서는 안 되고 공동으로 해결할 수 있는 행정적·법적 쟁점에 집중해야 한다. 이 제안과 함께 유럽 단일체에 대한 연방주의적 관념과는 구별되는 정부 간 주의(inter-governmental)가 최초로 완전한 형태로 등장했으며, 구성 법률의 기술적인 문제로 방향 전환이 시작되었다.[36]

---

34 Charles Lemonnier, *Les États Unis d'Europe*, Paris 1872, pp. 175~78. 이 저작은 이제 생시몽보다 칸트에 더 의존했으며, 생시몽은 빈에 모인 외교관들에게 전술적인 양보를 했다는 이유로 비난받았다. 프랑스-프로이센 전쟁을 통해 유럽 대륙의 통일에 대해 생각하기 시작한 또 다른 사람은 에르네스트 르낭이었다. 그는 1870년에 유럽 연방을 만들자고 다비트 슈트라우스(David Strauss)에게 애원조로 편지를 썼다. 프랑스가 스당에서 항복하고 두 주 후였다. Ernest Renan, "Lettre à M. Strauss"; *Oeuvres complètes*, vol. I, Paris 1947, pp. 437~48. 1882년에 쓴 그의 유명한 논문 「민족이란 무엇인가」 — 여러 가지 면에서 민족주의에 대한 찬가이다 — 에서조차, 이를 제대로 이해하자면, 르낭은 언젠가 유럽연합이 분명 올 것이라고 생각했다.

35 1840년 스위스 내의 자유주의·개혁주의 세력이 새로운 연방 헌법을 제안하자 이에 반대하는 가톨릭 주들이 존더분트를 결성했다. 이 갈등은 이후 내전으로 발전했고, 1847년 연방파의 승리로 끝났다. — 옮긴이

36 Johann Bluntschli, "Die Organisation des europäischen Staatenvereines", *Gesammelte kleine Schriften*, Bd. 2, *Aufsätze über Politik und Völkerrecht*, Nördlingen 1881, pp. 279~312.

초기 사회과학도 그렇게 뒤처지지 않았다. 1900년에 시앙스포는 파리에서 유럽연합에 대한 경쟁적인 기획이 토의되는 콜로키움을 조직했다. 주요 기성 가문의 자손인 역사가 아나톨 르루아-볼리외(Anatole Leroy-Beaulieu)는 유럽 합중국이라는 구호가 반생산적이라는 점을 분명히 했다. 아메리카 스타일의 연방은 예정에 없다는 것이다. 유럽 단일체로 가는 첫걸음은 경제적 — 관세 연합 — 이어야지 정치적이어서는 안되며 유럽 문명의 핵심부, 즉 서유럽과 중부 유럽의 라틴족과 게르만족에서 출발해야만 한다. 이들 민족을 둘러싸고 있는 세 개의 제국 가운데 러시아는 독일에 대한 균형추로 필요하며, 투르크는 유럽 단일체를 둘러싼 전쟁의 위험을 회피하기 위해 들어오는 게 허용되어야 한다. 그러나 영국은 막아야 한다. 영국은 유럽의 연대성이 없는 해상제국이며, 여기에 맞서 연합한 유럽이 만들어져야 한다. 앵글로색슨 열강에 대한 두려움이 단순한 민주적 정서보다 유럽 단일체의 형성을 더 자극할 것이다. 또 다른 토론자인 법률가 귀스타브 이장베르(Gustave Isambert)는 민족적·종교적·도덕적 근거에서 영국은 포함하고 투르크는 배제했으며, 유럽 단일체의 회원국을 힘에 따라 두 범주로 나누는 것에 반대했다. 연합(confederation)만이 가능하지만 그것은 입법부, 고등법원, 행정부, 군대 등이 있는 강력한 연합이어야만 하며, 수도는 아마 스트라스부르에 두게 될 것이다. 왜냐하면 기술적·경제적 진보의 효과로 전쟁을 방지할 수 있다고 보는 것은 기만적인 것이기 때문이다. 정치적 의지의 지렛대를 가지고 바위를 제거하기보다는 물이 밀려들어와 바위가 침식되기를 기다려야 한다. 3억 7,500만 명으로 구성된 연합된 유럽은 지상에 단단하게 법률을 세울 수 있을 것이다. 당연하게도 이는 정의와 형평의 원칙에 부합해야 한다.[37]

37 *Congrès des sciences politiques de 1900*, *Les États-Unis d'Europe*, Paris 1901, pp. 10, 22, 11~13, 15~18(Leroy-Beaulieu); 144~45, 147~55(Isambert). 두 발표자 모두 유럽의 식민주의적 사명을 당연한 것으로 간주했다. 르루아-볼리외의 형제

이러한 성찰이 보이는 사법적·지정학적 틀은 유럽이 세계에서 차지하는 위치가 눈에 띌 정도로 위협받게 되는 제1차 세계대전 이후 더욱 생명력을 얻었다. 테크노크라트적인 전통은 언제나 본능상 온건했으며, 대체로 정치적 스펙트럼의 한가운데에 있었다. 그러나 전간기(戰間期)에 등장한 주요한 후속편은 좀 더 명시적으로 중도(the center)의 교의가 되었는데, 이 말이 지닌 두 가지 의미에서 모두 그러했다. 이 시기에 전술적으로 변화가 있기는 했지만, 1923년에 범유럽주의 운동을 개시한 오스트리아 백작인 쿠덴호베-칼레르기(Coudenhove-Kalergi)의 사상에서 유럽의 통일은 언제나 이중의 반대에 근거한 것이었다. 이념적으로 볼 때, 그것은 왼쪽으로 공산주의에 대해서, 오른쪽으로는 극단적 민족주의, 후일에는 나치즘에 대한 방벽이어야 했다. 지정학적으로 볼 때, 그것은 러시아에 대한 효과적인 군사적 장벽이자 앵글로-아메리카의 경제적 경쟁자일 것이다. 후일 그가 영국을 유럽에 포함하는 것으로 생각을 바꾸었을 때는 미국의 경제적 경쟁자가 되는 것이었다.[38] 선임자들보다 훨씬 자기의식적으로 엘리트주의적이었던 ―그의 성향은 테

인 경제학자 폴은 쥘 페리(Jules Ferry)와 가까운 인물로 제3공화국 내에서 프랑스 제국주의적 팽창의 주요한 지지자였다. 이장베르는 이렇게 설명했다. 유럽이 연합할 경우 미국의 스페인 식민지 장악을 막을 수 있을 것이며, 보어인에 대한 영국의 공격을 억제할 수 있을 것이다. 식민지 정착자들 ―확실히 원주민은 아니지만― 은 유럽 입법부에 나갈 각 민족 대표자들을 할당할 때 계산에 넣어야 한다. 이러한 언급은 이런 흐름에서 낯선 것이 아니었다. 1814년에 이미 생시몽 자신도 해외 정착을 앞으로 유럽이 감당해야 할 위대한 사명의 하나로 강조했다. Saint-Simon, *De la réorganisation*, p. 52.

38 *Pan-Europa*, Vienna 1924, pp. 53~58, 42~44, 157~63. 어머니가 일본인인 쿠덴호베-칼레르기는 1918년 이후 체코 시민권을 얻었다(그의 영지가 보헤미아에 있었다). 히틀러에게 그는 '세계의 악당'이었다. 그에 대한 뛰어난 전기는 아직 없다. 제2차 세계대전 이후에 처칠은 그의 자서전 가운데 하나[*An Idea Conquers the World*, 1953]에 서문을 썼으며, 프란츠-요제프 슈트라우스(Franz-Josef Strauss)는 유럽이 세계 강국이 되어야 한다는 그의 책[*Weltmacht Europa*, 1971]에 서문을 썼다.

크노크라트적이기보다는 미학적이고 철학적이었다 ― 쿠덴호베-칼레르기는 당대의 위대한 인물들에게서 지지를 구했다. 알베르트 아인슈타인(Albert Einstein)에서 라이너 마리아 릴케(Rainer Maria Rilke)까지, 베니토 무솔리니에서 콘라트 아데나워까지, 토마스 만에서 폴 클로델(Paul Claudel)까지, 하인리히 브뤼닝(Heinrich Brüning)에서 아리스티드 브리앙(Aristide Briand)까지 말이다. 실제로 그의 조직은 오스트리아 ― 제국이 해체되고 자결권을 부정당한 이 나라는 베르사유에서 진행된 윌슨주의 외교의 희생자들 가운데 가장 두드러진 희생자였다 ― 의 이그나츠 자이펠(Ignaz Seipel)과 엥겔베르트 돌푸스(Engelbert Dollfuss)의 사목적인(clerical) 정권으로부터 후원과 도움을 받았고, 과거의 크레디 모빌리에에 필적한 만한 도움을 게르만의 기성 은행 ― 바르부르크, 도이체 방크, 멜키오르(Melchior), 크레디트안슈탈트(Kreditanstalt) ― 의 자금에서 받았다.[39]

공적으로 볼 때, 쿠덴호베-칼레르기는 너무 많은 ― 부르주아적 혹은 사회주의적 ― 민주주의자들이 줏대없이 민주주의를 옹호하는 사람들이기는 하지만 좌우 사이의 중용으로 민주주의를 지지했다. 그 이전에 그는 민주주의를 "위대한 두 귀족 시대 ― 칼의 봉건적 귀족과 정신의 사회적 귀족 ― 사이에 낀 통탄할 막간극"이라고 하면서 민주주의에 대한 자유주의적 경멸을 감추지 않았다.[40] 그러다가 아돌프 히틀러가 오스트리아를 합병하자 쿠덴호베-칼레르기의 관점은 원래의 반(反)의회주의에서 벗어났고, 영국과 프랑스의 전문가들이 주장한 자유와 집단 안보의 결합에 가까워졌다. 그러나 전체적으로 볼 때, 그가 제시한 유럽 헌법 기획 ― 관세 연합과 고등법원을 통한 중재 조약에서 단일통화까

---

39 자세한 것은 세심하게 자료를 이용해서 쓴 다음을 참조. Anita Zeigerhofer-Prettenhaler, *Botschafter Europas. Richard Nikolaus Coudenhove-Kalergi und die Paneuropa-Bewegung in den zwanziger und dreissiger Jahren*, Vienna-Cologne-Weimar 2004, pp. 106~16.

40 Richard von Coudenhove-Kalergi, *Adel*, Vienna 1923, p. 31.

지 ─ 은 위로부터 여러 국민에게 수여되는 것이었다. 기질이라는 면에서 생시몽 ─ 화려하고, 반쯤은 세속적이지만 반쯤은 그렇지 않은 ─ 과 완전히 다르지 않은 이 오스트리아 백작은 결국 프랑스적인 것의 적자(嫡者)라는 것이 증명되었다. 비실천적이지만 다가올 것에 대해 기분 나쁘리만치 예언을 적중하는 것 말이다.

4

하지만 생시몽은 유럽에 대한 세 번째 흐름의 사고도 예측했다. 이 흐름도 마찬가지로 의미 있는 것이었다. 가톨릭 신앙과 중세의 제도 속에 평화적인 본래의 단일성이 있으며, 계몽사상이 생각한 국가 간의 힘의 균형이 전쟁을 약화시킬 것이라 말하지만 실제로는 전쟁을 조장하는 파멸적인 대체물이라고 일축한 생시몽은 왕정복고기 문화와 이로부터 나온 보수적 전통에 중심이 될 두 가지를 언급했다. 이상화된 봉건주의와 종교 이미지, 즉 유럽을 진정으로 하나로 만든 우아한 신앙과 기사도의 세계는 이미 버크의 반혁명적 메시지의 주제였다. 그러나 변증법적이기 때문에 ─ 따라서 애매하기도 한 ─ 훨씬 더 강력한 견해는 아직 출판되지 않았다. 『국왕 살해의 평화에 관한 편지』가 출판되고 3년 후에 집필된 노발리스의 『유럽』(*Europa*, 1799)은 교황에 의해 통일된 조화, 사랑, 미의 전설적인 왕국으로서의 중세 기독교 세계를 그려냈다. 이 세계는 가톨릭교회에 대한 마르틴 루터(Martin Luther)의 반란으로 파괴되었고, 이는 다시 프랑스에서 혁명 ─ '두 번째 종교개혁' ─ 을 풀어놓았다. 그 이후 유럽은 낡은 세계와 새로운 세계의 투쟁으로 분열되었으며, 유럽의 전통적인 국가 조직의 지독한 결점을 드러냈다. 그러나 이제 유럽 대륙을 분열시킨 전례 없는 갈등의 '근본적인 역사적 목표'가 실제로는 유럽을 다시 하나로 모으는 것이라면 어떻게 되는가? 전쟁은 유럽을 더 높은 '국가들의 상태'로 다시 깨어나게 하는 것이 아닐까? 이 속에서 전통과 해방은 다가올 혁명 이후의 신앙 안에서 화해하지 않을까?[41]

열광적이면서도 아이러니한 이 폭발적인 텍스트는 너무 선동적이어서 노발리스 생전에는 출판되지 못했다. 『아테네움』에 게재하는 것과 관련해서 의견을 묻자 괴테는 이를 출판하지 못하게 했으며, 1826년에 마침내 세상의 빛을 보게 되었을 때조차 사반세기 동안 이를 출판하지 못하게 했던 그의 동료 낭만주의자들인 루트비히 티크(Ludwig Tieck)와 아우구스트 빌헬름 폰 슐레겔(August Wilhelm von Schlegel)은 이 텍스트를 무시하는 게 더 나은 '분열적인' 오류로 취급했다. 나중에는 정치적·종교적 반동의 수준 높은 저작으로 수용되었던 것보다는 어떤 의미에서 더 통찰력이 있는 불편함이라고 할 수 있다.[42] 친구의 선언문을 검열

---

41 노발리스는 이렇게 열변을 토한다. "서로 갈등하는 열강의 관계는 평화로 끝날 수 없다. 모든 평화는 환상일 뿐이며, 휴전일 뿐이다. 내각의 관점에서 그리고 공통의 의식 속에서 통일은 상상할 수 없다. 양자가 세계와 인류의 정신에 의해 추동되는 위대하고 긴급한 요구가 있으며, 이를 성취해야 한다. 양자 모두 인간의 마음속에서는 파괴될 수 없는 열강이다. 한쪽에는 고대에 대한 존경, 역사적 제도에 대한 의존, 선조의 기념물에 대한 사랑 및 국가의 오래되고 영광스러운 가문의 기념물에 대한 사랑, 복종의 즐거움 등이 있다. 다른 쪽에는 들뜬 해방감, 거대한 활동 영역에 대한 무한한 기대, 젊고 새로운 것에서 느끼는 즐거움, 국가의 동료 구성원 사이의 무제한적 접촉, 인류의 형제애에 대한 자부심, 온전한 개인의 권리와 재산이 주는 즐거움, 강력한 시민 감정 등이 있다. 이 둘 가운데 어느 것도 다른 것을 파괴할 가능성은 없다. 여기서 모든 정복은 의미가 없는데, 왜냐하면 모든 왕국의 내적 수도는 흙으로 만든 성벽 뒤에 있지 않으며 폭풍우로도 파괴할 수 없기 때문이다." "여러 민족의 이 무시무시한 광증이 별다른 소득을 가져다주지 않는다는 것을 깨닫기 전까지 유럽은 피로 넘쳐날 것"이며 "연기가 피어오르는 전장에서 흐르는 뜨거운 눈물 속에서 사랑의 축제가 평화의 제전으로 열린다." Novalis, *Die Christenheit oder Europa. Ein Fragment*, Stuttgart 1966, pp. 44~46; in English, *Hymns to the Night and Other Selected Writings*, Indianapolis 1960, pp. 60~61(영어 번역은 수정).

42 이 텍스트에 대한 발행 금지 및 처리 과정의 역사에 대해서는 다음을 참조. Wm. Arctander O'Brien, *Novalis: Signs of Revolution*, Durham 1995, pp. 227~30. 이 텍스트를 위해 '기독교냐 유럽이냐'라는 제목을 고안했던 슐레겔은 1815년에 이 텍스트를 없애버리려 했다. 버크 — 노발리스의 아이러니에 화를 내지 않았다 — 는 이 텍스트를 보고 크게 놀랐다. 신비로운 음역으로 간명하면서도 격정적인 이

하는 데 중요한 역할을 했던 슐레겔은 1802년에 파리로 이주해서 새로운 저널인 『유럽』(*Europa*) — 당시에는 대중적인 제목이 아니었다 — 을 창간해서 프랑스 혁명에 의해 변화된 기독교 세계로부터 갱신된 유럽이라는 전망보다 더 오래갈 주제를 발전시켰다. 창간 사설에서 그는 이 저널이 '매우 다양한 토픽'을 다룰 것이라고 설명했으며, 창간호에 들어 있는 그의 주요한 첫 번째 글에서 독일에서 파리로 오는 여행에 대해 설명하면서 군중에게는 의심할 바 없이 '유럽적인 동일성'이 나타나지만, 좀 더 분별 있는 눈으로 보면 민족들 사이에 중요한 차이가 있으며, 이때 프랑스인이 성격과 생활방식이라는 면에서 시대정신에 좀 더 가깝다는 점에서 독일인에 비해 우위에 있다는 것을 인정해야 한다고 말한다. 이런 의미에서 파리는 세계의 수도가 될 수 있으며, 프랑스가 수행한 혁명은 환영할 만한 실험으로 간주될 수 있으며, 더욱이 이 실험이 이루어진 물질적인 것의 저항에 관심을 가져야 한다. 그러나 전체로서의 북남 유럽은 완전히 다른 두 종류의 사회로 이루어져 있으며, 이 차이는 구성적인 요소였다. "오리엔트에 기원을 두고 있으며, 단일한 형태 속에 분할할 수 없는 힘이 여기에서는 더 큰 기술로 다양하게 전개되면서 분할되었다. 여기서 인간 정신은 해체되어야 하고, 그 힘은 무한하게 발산해야 하며, 따라서 그렇지 않았으면 얻지 못했을 것이 되어야 한다." 그렇지만 유럽의 지상의 힘 — 북부의 철의 힘과 남부의 작렬하는 장작의 힘 — 이 조화를 이룰 수 있다면 진정한 유럽이 출현할 수 있을 것이다.[43] 슐레겔은 초기 낭만주의(Frühromantik)의 통일성에 대한 노스탤지어를 버리지 않았으며, 이는 나중의 저작에서 동방의 우월한 지혜에 대한 반복되는 주장 속에서 나타나게 되지만 중요한 주제는 여전히

텍스트와 비교할 것은 아마 『공산당 선언』밖에 없을 것이다.

43 *Europa. Eine Zeitschrift* (1802~03), Darmstadt 1963 (ed. Behler), pp. 2, 28~32. 다양성(Mannigfältigkeit)은 이 텍스트와 이후의 텍스트에서 항상 핵심적인 용어이다.

다양성이었다. 1810년에 혁명의 불구대천의 원수가 된 그는 현대사 강의를 듣기 위해 온 청중에게 이렇게 말했다. "아시아는 통일의 땅이며, 모든 것이 거대하게 그리고 가장 단순한 관계 속에 펼쳐져 있다고 말할 수 있을 것이다. 유럽은 다양한 개인과 고립된 에너지의 경합을 통한 자유의 땅, 즉 문명(Bildung)의 땅이다. …… 바로 이렇게 풍부한 다양성, 이러한 다면성이 유럽을 유럽으로 만든 것이며, 모든 인류의 삶과 문명의 주요한 자리라는 특징을 부여한 것이다."[44]

이 글을 쓸 때가 되면 슐레겔은 빈으로 이주하여 합스부르크 제국의 기성 질서에 빠르게 진입해서 처음에는 오스트리아 총참모부에서 일했고, 나중에는 독일에서 나폴레옹 전쟁 이후 질서를 기획하는 일에 참여했다. 유럽에 대한 보수주의적 사고의 주요한 두 번째 주제, 즉 혁명 이전 외교가 이해한 힘의 균형 원칙에서 벗어나는 것은 나폴레옹에 맞서 투쟁하는 동안 갖추어진 모습이었다. 버크의 『프랑스 혁명에 관한 성찰』의 번역자로서, 나중에 프린스 클레멘스 메테르니히(Prince Clemens Metternich)의 보좌관이자 빈 회의의 서기가 되는 프리드리히 폰 겐츠(Friedrich von Gentz)를 변화의 전파자로 볼 수 있다. 집정제 시기에 이루어진 첫 번째 개입에서 그는 다소 전통적인 관점에서 베스트팔렌 조약 이후의 힘의 균형을 "정치적 대중 속에 있는 모든 비중이 어딘가에서 평형추를 찾기 위해" 조직된 체제라고 옹호하면서도 유럽이 적절한 연방 체제(federal constitution)를 얻으려면 이것 이상이 필요하다고 주장했다. 그러한 견제와 균형을 넘어서서 열강 사이의 긍정적 상호성이 필요했으며, 이것은 공법의 원리로서 국제 질서에 위협을 가하는 어떤 국가의 사안에 개입할 수 있는 권리를 포함해야 한다.[45] 왕정복고와 함께

---

44 Schlegel, *Über die neuere Geschichte*, Vienna 1811, pp. 15, 11~12.

45 유럽의 어떤 주요 국가가 이웃 나라를 위험에 빠뜨릴 수 있을 정도로 혼란스러워졌을 때 이웃 나라들은 이 나라에 개입할 자격이 있다. 이는 정치적 타산이라는 근거뿐만 아니라 "적절하게 이해된 국제법"의 문제로서 그러하다. Friedrich von Gentz, *Von dem politischen Zustande von Europa vor und nach der französischen*

이런 추론은 공리가 되었다. 빈 회의에서 자리 잡은 정치 체제는—여기서 메테르니히는 자신을 설계자는 아닐지라도 주된 수호자로 간주할 수 있었고, 겐츠는 이론가로 간주할 수 있었다—18세기 힘의 균형의 재판은 아니었다. 그것은 근본적으로 새로운 것이었다. 주요 열강 사이의 경쟁 체제가 아니라 복원된 구질서를 안정시키고 여기에 맞서 일어난 혁명적 봉기의 위험을 진압하기 위한 협조 체제였다.[46] 그 창시자에게 이것은 구체제의 카르텔이 아니라 새로운 종류의 구성적 단일체(constitutional unity)의 실현, 즉 유럽의 협조(Concert of Europe)였다. 스스로를 "유럽 사회 전체를 대변한다"라고 생각한 메테르니히는 1824년에 아서 웰링턴(Arthur Wellington)에게 이렇게 쓸 수 있었다. "오래전부터 나에게 유럽은 하나의 조국이라는 가치였습니다." 1세기 후에 헨리 키신저(Henry Kissinger)는 그를 '유럽의 총리'라고 부르게 된다.[47]

Revolution, Berlin 1801, vol. 1, p. 207. 당연하게도 프랑스 혁명은 그러한 경우였다. 30년 후에도 그는 주변 나라의 변화 때문에 안보가 위협받는다고 느끼는 어떤 주권의 "무제한적인 개입의 권리"를 주장했다. "Bemerkungen über das Interventions-Recht"(March 1831), in *Schriften von Friedrich von Gentz. Eine Denkmal*, vol. 5, Mannheim 1840(ed. Schlesier), pp. 181~83.

46 1818년 겐츠는 이렇게 설명했다. "1814년과 1815년 이래 유럽에서 수립된 정치 체제는 세계사에서 전례 없는 현상이다. 균형의 원리, 혹은 좀 더 정확하게 특수한 동맹에 의해 형성된 균형추의 원리, 즉 3세기 동안 유럽을 통치했지만 종종 말썽을 일으키고 유럽을 피로 물들게 한 원리 대신 일반적 연합의 원리가 들어섰다. 이는 다섯 개의 주요한 열강의 보호 아래 연방주의적 유대로 모든 국가를 하나로 만드는 것이다." "유럽을 창출한 아레오파고스의 보호 아래" 유럽을 "단합된 하나의 거대한 정치적 가족"으로 만드는 것인데, 그 회원국은 각자의 권리를 평온하게 향유하도록 스스로와 다른 모든 국가에 보장한다. Friedrich von Gentz, "Considérations sur le système politique actuellement établi en Europe", in *Dépêches inédites du Chevalier de Gentz aux hospodars de Valachie. Pour servir à l'histoire de la politique européenne(1813 à 1828)*, Paris 1876, pp. 354~55 참조.

47 Henry Kissinger, *A World Restored: Metternich, Castlereagh and the Problems of Peace 1812~1822*, Cambridge Mass. 1957, pp. 11, 321. 왕정복고에 의해 이루어진 국제 체제의 변화가 어느 정도였는지에 대해서는 다음의 위대한 보수주의적인 저

프랑스에서는 프랑수아 기조(François Guizot)가 마찬가지로 유럽의 협조에 헌신했으며, 1848년 혁명에서 함께 희생자가 될 터였다. 메테르니히와 기조 모두 1848년 혁명 시기에 실각했다. 동일한 대의 속에서 그의 지적 성취는 달랐다. 통일과 다양성이라는 보수주의의 두 모티프를 엮은 역사적 종합은 로마제국의 몰락에서 왕정복고까지 이어지는 유럽의 운명에 대한 본격적인 이야기로서 유럽 문명의 통일성을 규정할 때 '놀라운 다양성'을 자부심의 원천으로 보았다. 이는 다른 문명에서는 찾아볼 수 없을 정도로 풍부했다. 이러한 관점에서 독특한 것은 프리드리히 폰 슐레겔이 전면에 내세웠던 다양성이라는 어구에 기조가 부여하는, 신중하게 꾸민 듯한 글솜씨였다. 유럽은 정치 체제, 사회구조, 지적 교의, 미학 형태의 놀라운 다양성을 보여주는 극장일 뿐만 아니라 이것들이 '지속적인 갈등 상태' 속에 있으며, 이것이 유럽 문명의 활력의 원천이었다.[48] 로마적 요소, 기독교적 요소, 야만적 요소가 충돌하고 또 결합해서 중세 질서의 기초가 출현했다. 귀족, 교회, 평민 사이의 투쟁으로부터 민족이라는 단일체가 발전했고, 군주제 — 귀족도 아니고 신권도 아니고 공화국도 아니다 — 에 의해 강화되어 현대 국가 형태로 이어졌다. 정신에 대한 교황의 절대적 권력에 맞서는 사상의 자유의 봉기였던 종교개혁으로부터 17세기 영국에서 자유정신과 중앙집권화된 군주제 사이의 충돌이 발생했다. 영국은 유럽 역사에서 이어져 온 모든 다양성이 진정으로 집중된 땅이었다.

끝으로 여전히 절대군주제에 대한 순수한 관점과 좀 더 급진적인 자

작을 참조. Paul Schroeder, *The Transformation of European Politics 1763~1848*, Oxford 1994, passim, and "Did the Vienna System Rest on a Balance of Power?", in *Systems, Stability and Statecraft: Essays on the International History of Modern Europe*, New York 2004, pp. 37~57.

48 François Guizot, *Cours d'Histoire Moderne. Histoire générale de la civilisation en Europe depuis la chute de l'empire romain jusqu'à la révolution française*, Paris 1828, Lesson II, pp. 6~12.

유사상 사이에 벌어진 프랑스의 갈등으로부터 1789년 혁명이 일어났다. 하지만 그것은 너무 절대적인 인간 이성의 승리였고 인간 이성의 전제로 이어졌지만, 이제는 다행히도 과거지사가 되었다. 왜냐하면 "어떤 권력이든 모든 권력은"—정신적인 것이든 세속적인 것이든—"내부에 자연적인 악, 즉 약함과 남용의 원칙을 포함하고 있으며, 여기에는 제한이 필요하다는 것을 인정하는 것이 의무이며, 내가 생각하기에 우리 시대의 장점이 될 것"이기 때문이다.[49] 현명하게도 유익하다고 할 수 있는 갈등성(conflictivity) 또한 포함되어 있을 것이다. 유럽에서 이로부터 나온 자연스러운 결과는 타협이었다. 왜냐하면 "여러 세력이 서로 지속적인 갈등관계에" 있다면 "누구도 타자를 억압하는 데 성공하지 못할 것이며, 사회 전체를 소유할 수 없게 된다."[50] 기조는 7월 왕정 전야인 1828년에 유럽 문명의 일반사에 대한 강의를 했으며, 7월 왕정 시기에 그는 중도주의(juste milieu) 원칙을 실천에 옮기게 된다. 프랑스 프로테스탄트인 그는 생시몽과 독일 낭만주의의 기획을 뒤집어 종교개혁을 퇴행이 아니라 해방으로 만들었고, 왕정복고의 원칙을 정통성에서 떼어냄으로써 왕정복고의 원칙을 빈의 절대주의적 관점에서 파리의 헌법적인 격언으로 바꾸었다. 유럽의 다양성 속의 통일은 이러한 위그노 식 해석에서는 신의 섭리의 작품이며, 의도는 자유주의적이었지만 여전히 보수주의의 흔적이 있었다. 보수주의에게 프랑스인은 반가운 존재가 아니었다.[51]

---

49 François Guizot, *Cours d'Histoire Moderne*, Lesson XIV, pp. 40~41.

50 François Guizot, *Cours d'Histoire Moderne*, Lesson II, p. 7.

51 "유럽 문명은 섭리에 의해 영원한 진리가 되었다고 말할 수 있다. 유럽 문명은 신의 길을 따라가고 있다. 그 속에는 유럽 문명의 우월함이라는 이성적인 원칙이 있다." François Guizot, *Cours d'Histoire Moderne*, Lesson II, pp. 11~12. 기조에게 십자군은 전 유럽이 참가한 "첫 번째 유럽적인 사건"으로 전 유럽은 "동일한 감정에 의해 움직였고, 동일한 대의에 의해 행동했다." 십자군 이전에 "유럽은 존재하지 않았다." 십자군은 더 많은 실존적 다양성으로 가는 관문이기도 했다. "여러 민족은 고대 야만인의 자유를 상기하고 넓은 미래의 지평을 열면서 십자군에 투

라인 강 건너편에서도 유사한 사상이 곧 나타났다. 5년 후 빈 시절 겐츠의 친구인 청년 레오폴트 폰 랑케(Leopold von Ranke)는 "유럽 내의 기독교 민족들의 복합체는 하나의 전체로, 말하자면 단일한 국가로 간주되어야만 한다"라고 주장하면서도 독일 독자들에게 "아주 위험한 시기에 ─ 재난, 봉기, 구제 ─ 서로 대립하는 세력의 충돌로부터 가장 결정적인 새로운 발전이 나타난다"라고 말했다. 19세기가 프랑스 혁명의 해로운 유산 이상의 것을 하지 못했다고 생각하는 것은 잘못이었다. 19세기는 "모든 국가의 근본 원칙, 즉 종교와 법을 갱신하기도 했으며, 개별 국가의 원칙에 새로운 생명을 부여했다." "서로 다른 문헌이 개별 등장인물을 섞어서 하나로 만들어낼 경우" ─ 왜냐하면 "모두의 통일은 각자의 독립성에 의존해야 하고, 그래야 서로를 모방할 수 있기" 때문이다 ─ "유쾌하지 못한 단조로움만 있게 되는 것"과 마찬가지로 이것은 "국가와 민족에 대해서도 마찬가지이다." "결론적으로 하나가 실질적으로 우세할 경우 타자의 파멸을 가져올 것이다. 모든 것의 혼합은 각각의 본질을 파괴할 것이다. 각각의 분리와 자기 발전으로부터 진정한 조화가 등장할 것이다."[52] 프랑스의 체제 변화가 전염될 것을 우려했으며, 아직 충분히 발전하지 못한 프로이센 국가를 위해 글을 쓴 랑케는 공동의 주제에 대한 좀 더 전투적인 언급을 했다. 랑케는 유럽의 과거를 보고 기조가 칭찬한 갈등의 원칙은 그가 대체로 기억하지 않으려 한 장에서 고전적인 방식으로 드러났다는 점을 분명히 한 것이다. 헤라클레이토스(Herakleitos)의 말처럼 전쟁은 만물의 아버지였다. 반세기 후 오토 폰 비스마르크(Otto von Bismarck)의 업적을 본 랑케는 좀 더 단정적이었다. 1881년 그는 이렇게 썼다. "역사적 발전은 문명을 향한 경향에만 의

신할 때 하나의 새로운 존재가 되었다." François Guizot, *Cours d'Histoire Moderne*, Lesson VIII, pp. 11, 17.

52 Leopold von Ranke, *Die grossen Mächte*(1833), Leipzig 1916(ed. Meinecke), pp. 58~63.

존하지 않는다. 그것은 매우 다른 종류의 충격에서도 나오는데, 특히 땅의 소유나 정치적 우세를 둘러싸고 서로 갈등을 벌이는 민족의 경쟁에서 나온다. 역사상 위대한 제국들이 형성된 것은 문화의 모든 영역에 영향을 주면서 이러한 갈등 속에서, 이러한 갈등을 통해서이다.”[53]

이보다 좀 앞서 한때 랑케의 제자였던 야코프 부르크하르트(Jacob Burckhardt)는 서로 차이가 나는 것이 갈등을 거쳐 비타협적인 싸움으로 이어지는 과정에 대해 가장 눈에 띄는 정식을 남겼다. 르네상스 이래 유럽은 확실히 “전례 없는 삶의 다양성(variety of life)”을 보여주었으며, “모든 차이의 본고장답게 이곳에서 가장 풍부한 구성물이 발원해서 지적인 모든 것이 목소리와 표현을 가질 수 있었던 하나의 단일체를 해체했다. 유럽은 모든 세력이 기념물, 이미지, 말 속에서 자기표현을 하는 곳이며, 이는 기관과 당파에서 개인까지 그러하다. 유럽은 이러한 곳이다.” 그러나 이 다면성 속에는 평화가 없었다. 거리를 두고 볼 때 “서방의 삶은 투쟁이며” 그 “거대한 폭력”과 “적을 절멸하려는 욕망”에도 불구하고 부르크하르트는 “역사는 이러한 풍요로움 속에서 기뻐해야 한다”라고 주장했다. 왜냐하면 “여기에 숨겨져 있는 우월한 힘이 끊임없이 풍부한 특수한 삶의 시대·민족·개인을 생산하기” 때문이다. 한 역사가의 “고상하면서도 거리를 둔 관점”에서 유럽의 종소리들은 “가까이서 들을 때는 불협화음일 수도 있고 아닐 수도 있지만 아름다운 조화를 이룬다. 조화로운 부조화(Discordia concors) 말이다.” 오직 한 가지, 즉 “압도적인 기계적인 힘”이다. 그것이 야만적인 것이든 절대주의적인 것이든 아니면 오늘날 대중의 평등화 압력이든 간에 말이다. 그러나 동질화하려는 모든 위험으로부터 유럽은 지금까지 언제나 자신을 구제할 사람을 찾았다.[54]

---

53 Leopold von Ranke, *Weltgeschichte* (1881), Leipzig 1896, p. 5.

54 Jacob Burckhardt, *Historische Fragmente* (notes from 1867), Stuttgart 1942 (ed. Kaegi), pp. 141~48.

5

대략적으로 보면 이러한 것이 계몽사상에서 벨에포크(Belle Époque)와 그 이후까지 이어진 사상의 레퍼토리로서, 역사가인 크시슈토프 포미안 (Krzysztof Pomian)이 계속해서 이어진 유럽 단일체의 화신 사이의 잠재 적 연관이라고 파악한 가장 직접적인 '화석'이라고 간주할 수 있었다.[55] 하나의 운동 속에서 이들 모두를 산산조각 낸 제1차 세계대전은 이들에 게 또 다른 새로운 삶을 주었고, 이들은 생존자로서 참사로부터 교훈을 끌어내고 이것이 반복되는 것을 피하기 위해 노력했다. 전간기에 통일 된 유럽을 위한 책과 논문, 기획이 쏟아져 나왔으며 — 불완전한 목록으 로도 대략 600종이 여러 언어로 나왔다 — 지난 세기에 다루어졌던 거 의 모든 토픽과 문체가 개별적으로 혹은 결합되어 사실상 반복되었으 며, 처음으로 이 대의를 위한 조직이 모습을 드러냈다.[56] 산만하게 말하 자면, 겨우 하나의 새로운 주제만이 이 시기에 눈에 띄었다. 더 이상 유 럽이 자신을 전 세계에서 가장 뛰어나다고 보기 어려웠다. 성장하는 미 국의 부와 힘이 모든 유럽 국가를 압도하고 소련과 일본의 급속한 발전 이 두려움을 자아내면서 이제 유럽 대륙의 잠재적 쇠퇴 혹은 실질적 쇠 퇴가 논의되었다. 1919년 폴 발레리(Paul Valéry)가 말한 유명한 격언, 즉 "이제 우리 문명은 우리가 필멸이라는 것을 안다" — 금세 복수형 대신 단수형이 쓰이게 되었다. 다른 "난파선들은 우리 일이 아니었다" — 라 는 말은 널리 퍼진 전조를 표현한 것이었다.[57] 10년 후 그는 다음과 같

---

55 이 책 692~93쪽 참조.

56 이 시기의 유럽 단일체 사상에 대한 다음의 섬세한 연구를 참조. Jean-Luc Chabot, *Aux origines intellectuelles de l'union européenne*, Grenoble 2005, pp. 14~ 16. 외교에 초점을 맞추고 있으며, 다루는 시기가 약간 다르지만 더 일찍 나온 훌륭한 서술로는 다음을 참조. Carl Pegg, *Evolution of the European Idea 1914~ 1932*, Chapel Hill 1983.

57 Paul Valéry, "La Crise de l'esprit"(1919), *Oeuvres*, I, Paris 1992, p. 988. 『아테네

이 풍자적인 언급을 하게 된다. "유럽은 분명 아메리카에서 온 위원회에 의해 통치받기를 열망하고 있다. 유럽의 모든 정치는 그 방향을 향하고 있다."[58] 전후 풍경에 대한 발레리의 생각이 눈에 확 뜨이는 것은 분명하지만——유럽의 다양성과 유럽의 우월함 모두에 대한 비관주의적 비틀기이다. 다양성은 이제 무질서가 되었고, 우월함은 과학적 진보의 확산에 의해 침식당했다——구성적 쟁점이 없이 반어적인 문화 비판(Kulturkritik)의 한계 안에 머물러 있었다. 이 시기의 다른 주요한 철학적·문필적 인물은——호세 오르테가 이 가세트, 줄리앙 방다, 베네데토 크로체——좀 더 능동적으로 유럽 단일체라는 이상에 매진했다.[59]

지적 영역에서 나타난 그러한 흐름은 정치 세계와 무관하지 않았다. 1929년 유럽연합에 대한 제안이 프랑스에 의해 국제연맹에서 떠올랐고 1931년까지 공적인 관심을 받았다. 브리앙 안(Brian Plan)——그는 이에 대해 쿠덴호베-칼레르기에게 자문을 구했다——이 사라진 것은 그와 그의 보좌관인 알렉시스 레제르(Alexis Leger)——생-존 페르스(Saint-John Perse)——가 각국 정부에 제출한 각서가 보이는 계산된 모호함 때문이었다. 그러나 어떤 실질적인 결과가 나올 가능성이 별로 없었다면, 그것은 핵심적으로 독일이 가장 큰 경제와 가장 많은 인구가 있는 유럽

<hr />

움』에 영어로 처음 출판되었다. 오늘날이라면 상상하기 어려운 일이다.

58 Paul Valéry, "Notes sur la grandeur et décadence de l'Europe"(1927), *Oeuvres*, II, p. 930. "역사에서 스스로를 제거하는 방법을 모르는 우리는 아무것도 없거나 거의 아무것도 없는 행복한 민족들에 의해 역사에서 벗어나게 될 것이다. 이 행복한 민족들은 자신들의 행복을 우리에게 부과할 것이다." 발레리는 1890년대 미국이 스페인에 이기고, 일본이 중국에 이기는 것에 영향을 받아 이런 식의 생각을 처음으로 하기 시작했다고 설명했다.

59 José Ortega y Gasset, *La Rebelión de las masas*, Madrid 1930, pp. 302~08; Julien Benda, *Discours à la nation européenne*, Paris 1931, passim; Benedetto Croce, *Storia d'Europa nel secolo decimonono*, Bari 1932, p. 358. 브리앙 안 시기에 글들이 모여 있는 것을 주목하기 바란다. 오르테가는 소련의 도전으로부터 영향을 받았다. "나는 유럽을 하나의 위대한 민족국가로 만드는 것만이 '5개년 계획'의 승리를 막을 수 있는 유일한 일이라고 본다."

의 강자로 복귀하는 것을 막기 위해 고안된 체제에 독일을 가둬놓으려는 프랑스의 조숙한 시도 때문이었다. 그 이유는 제3공화국에서 감정적인 브리앙뿐만 아니라 에두아르 에리오(Édouard Herriot), 폴 팽르베(Paul Painlevé), 레몽 푸앵카레(Raymond Poincaré)까지 여러 현실주의적 정치가들이 너무 이상주의적이라고 보이는 계획을 지지했기 때문이다. 그러나 제2차 세계대전과 달리 제1차 세계대전은 독일을 실제로 그대로 두었고, 구스타프 슈트레제만(Gustav Stresemann) — 브리앙이 목표로 했던 대화 상대자 — 은 강대국의 지위를 회복하려는 독일 민족의 야심을 단념할 생각이 없었다. 후일 유럽 단일체라는 생각을 거부한 영국은 특별히 미국과 어떤 연관이 없었다 하더라도, 프랑스의 제안을 이기적인 대안이라고 묵살하기 위해 국제연맹이라는 좀 더 고상한 국제적 이상을 불러냈다. 파리에서만 프랑스의 제안이 잊히지 않았다. 20년 후 프랑스와 독일이 패배와 점령이라는 경험으로 인해 기가 꺾여 좀 더 진지한 연합을 할 준비가 되었을 무렵, 쉬망 계획은 지금과 마찬가지로 과거에도 프랑스가 유럽 단일체라는 공을 굴렸다고 말하면서 전임자들에 대해 신중하게 언급했다.

단기적으로는 독일에서 나치즘의 승리가 그러한 전망의 부활을 막았다.[60] 그 이후 격화된 민족주의의 포악함이 동유럽과 남유럽을 휩쓸었

60 영국에서만 진기한 후기(後記)라고 간주할 수 있는 어떤 것이 있었다. 브리앙의 실패 이후 웨일스의 산업 자산을 물려받은 백만장자인 데이비스 남작 — 로이드 조지(Lloyd George)의 전 비서 — 은 뉴 커먼웰스 소사이어티(New Commonwealth Society)를 창립해서 국제 담당으로 에른스트 예크를 두었다. 1934년 두 사람은 연구소를 세워 계간지를 발행했다. 이 계간지는 뮌헨의 여진이 남아 있는 5년 후에 이런저런 종류의 '연방주의적 연합'을 위한 기획을 연달아 내놓는 연단이 되었다. 이것은 미국의 언론인 클래런스 스트레이트가 낸 베스트셀러 『이제는 연합』(Union Now) — 1933~34년 겨울에 초안을 썼지만 1939년까지 출판사를 찾지 못했다 — 에 의해 촉발되었는데, 이 책은 "거의 지구의 절반을 소유하고 있고, 거의 모든 바다를 지배하고 있으며, 인류의 거의 절반을 통치하고 있는" "전 세계의 15개 민주주의 나라" — 미국, 영국, 백인 자치령, 프랑스,

다. 1935년이 되면 마르크 블로크는 3년 전에 로마에서 파시스트의 후원 아래 열린 학술대회(참석자 가운데에는 로젠베르크와 괴링도 있었다)를 언급하면서, 유럽에 대한 당대의 관념을 공포의 표현 이상의 것으로 보지 않을 수 있었다. 그 공포는 서쪽으로는 경제적 경쟁에 의해, 남쪽에서는 식민지 반란에 의해, 동쪽에서는 낯선 사회 형태에 의해, 내부적으로는 정치적 불화에 의해 촉발된 것이며, 그것이 갑자기 그렇게 좋은—진지하든 그렇지 않든—유럽인을 만들었다.[61] 몇 년 내에 히틀러의 신질서는 자기 나름의 연합한 유럽을 주장하게 된다. 이는 서쪽으로는 앵글로색슨의 금권정치에 맞서고 동쪽으로는 볼셰비키의 테러에 맞서기 위해 독일의 지도력 아래 정렬한 것이다. 어떤 심원한 효과를 끼치기에는 너무 짧고 도구적이기는 했지만, 이러한 징발은 즉시 그림자를 남겼다. 1944~45년 겨울에 해방된 파리에서 뤼시앵 페브르가 처음으로 유럽사 강좌를 했을 때, 그의 결론은 억제된 것이었다. 베르사유 이후 '절망적인 망명자'에 불과했던 유럽의 연합이 무력에 의해서만 실현될 수 있는 것으로 보였으며, 무력으로부터의 해방의 기쁨이 이제는 과

저지국들, 노드딕 섬과 스위스—에게 추축국에 맞서는 무적의 연방으로 하나로 뭉치라고 요구했다. 전쟁이 발발하자 계간 『뉴 커먼웰스』에는 영국-프랑스 연합이라는 대안이 떠올랐고, 파리가 함락당한 이후 처칠—그는 뉴 커먼웰스 소사이어티 영국 지부 대표였다—은 절망 속에서 이를 채택했다. 이는 프랑스 제3공화국을 계속해서 싸우게 하려는 무익한 시도였다. 독일이 패배하자 그런 식의 최후의 수단으로서의 연방주의는 영국에서 자연히 잊혀졌다. 하지만 미국에서는 냉전으로 인해 대서양 연합(Atlantic union)에 대한 논의가 부활했는데, 이번에는 공산주의의 위협에 맞서는 것이었다. 그리고 스트레이트는 1950년 말 『타임』의 표지를 화려하게 장식했다. "수많은 아르메니아인을 구한" 탈라트의 찬미자이자 장례식에 참석한 예크는 트루먼 독트린을 예견하는, 러시아에 맞서 청년 투르크와 맺은 독일의 동맹에서 자신의 역할과 유럽의 초국적 이상에 자신이 기여한 일 모두에 대해서 기뻐할 수 있었다. Ernst Jäckh, *Der goldene Pflug*, pp. 20, 219~20.

61 Marc Bloch, "Problèmes d'Europe", *Annales d'histoire économique et sociale*, no. 35, September 1935, p. 473.

학적 파괴력의 진보가 역전될 수 없다고 생각하면서 그 어느 때보다 살
인적인 산업화된 전쟁의 기계가 다시금 돌아간다는 두려움으로 물들어
있었다. 평화로운 신유럽의 건설은 헤라클레스의 과제여서 — 정치적-
행정적·경제적-재정적·문화적-문명적으로 — 희석화된 자유주의적
파토스로는 감당할 수 없는 것이었다. 하지만 그것은 진정한 전 지구적
형제애로 가는 단계를 이룰 올바른 목표인가, 아니면 위험한 방해물이
라서 생략하는 게 더 나은 것인가?[62]

　2년 후 페데리코 카보드는 앤 여왕부터 비스마르크 시대까지의 유럽
의 이념을 역사적으로 재구성한 최초의 진지한 내용을 로마에서 행한
일련의 강좌 서론으로 출판했다. 이는 통찰력이라는 면에서 여전히 필
적할 만한 것이 없다.[63] 그러나 이 또한 낙관주의적 어조라고 보기 어

62　Lucien Febvre, *L'Europe. Genèse d'une civilisation*, Paris 1999(이때까지 강의 노트
　　가 출판되지 않았다), pp. 279, 284~89, 316, 292. 페브르는 발레리 — 유럽의
　　지식이 비유럽 세계로 전파된 것에서 나온 물수제비뜨기 — 와 블로크 — 유럽은
　　산업 경쟁, 식민지 봉기, 공산주의의 실험, 민족적 갈등의 심화 등에 대한 공포의
　　극장으로 남아 있다 — 두 사람의 주제에 광범위하게 의지했다. pp. 308~09.
63　Federico Chabod, "L'Idea di Europa", in Luisa Azzolini(ed.), *Idea d'Europe e
　　politica dell'equilibrio*, Bologna 1995, pp. 139~203. 이 글은 1843~44년 겨울 밀
　　라노에의 강의에 기초한 것이다. 후일 좀 더 광범위한 문헌이 출간되었지만 이른
　　시기의 두 저작이 여전히 가장 두드러진 작품으로 남아 있다. Heinz Gollwitzer,
　　Europabild und Europagedanke, Munich 1951. 이 책은 계몽사상기부터 프리드리
　　히 니체까지 독일의 저술을 뛰어난 학술서로 다룬 것이다. Carlo Curcio, *Europa.
　　Storia di un'idea*, Florence 1958. 분석적인 면은 덜하지만 개요가 광대한 이 책은
　　고대부터 전후 시기까지 유럽 대륙의 주요한 모든 문화를 다루고 있다. 프랑스 역
　　사가들은 유럽에 대한 이념의 정치적 측면에 한정해서 집중하는 경향이 있다. 이
　　는 피에르 르누뱅의 책에서 시작해서 좀 더 넓은 시야를 가진 장-바티스트 뒤로
　　셀의 책과 좀 더 최근에는 파트리스 롤랑(Patrice Rolland)의 선집까지 이어진다.
　　Pierre Renouvin, *L'Idée de Fédération Européenne dans la Pensée Politique du XIXe
　　Siècle*, Oxford 1949; Jean-Baptiste Duroselle, *L'Idée d'Europe dans l'histoire*(preface
　　by Monnet), Paris 1965; Patrice Rolland, *L'unité politique de l'Europe. Histoire d'
　　une idée*, Brussels 2006. 스위스에서는 1961년에 연대기인 다음 책이 나왔다.
　　Denis De Rougemont, *Vingt-huit siècle d'Europe*, 1961.

려운 상태로 끝났다. 카보드는 자기 세대의 다른 많은 이탈리아 지식인과 마찬가지로 1930년대에 파시즘에 반대하지 않았고, 무솔리니의 아비시니아 정복을 환영했지만[64] 전시에는 고향인 발레 다오스타(Valle d'Aosta) 지역에서 파르티잔 활동에 가담했고, 해방 과정에서 적극적인 역할을 했다. 그는 1947년 초에 쓴 글의 결론부에서 19세기 말 힘의 숭배가 승리하고, 유럽이 제1차 세계대전에 빠졌고, 전쟁이 끝났을 때 유럽은 영원히 약해진 상태였다고 말한다. 정치적·경제적·문화적으로 유럽은 그 이후 유럽보다 더 큰 열강에 의해 결정되거나 아니면 가려졌다. 잘 해봐야 유럽 지식인은 세계의 문필 공화국 내에서만 말할 것이 있을 뿐이다. 1948년 카보드는 전후 베네룩스와의 경제적 협력에 대한 최초의 시도에 대해 언급했다. 그러나 좀 더 광범위한 유럽 단일체에 대한 전망에 어떤 확신이 있었다는 징후는 없었다.[65] 같은 해 프랑스의 위대한 고대 로마 연구자인 에른스트 로베르트 쿠르티우스는 나치가 독일에서 권좌에 오른 이래 15년 동안 애를 쓴, 유럽 단일체를 찬성하는 저작을 출판했다. 그러나 그의 기념비적인 책 『유럽 문학과 라틴 중세』가 제목에서 보여주는 것처럼 지리적인 방식이나 연대기적인 방식으로 이루어진 '유럽의 해체'(dismemberment of Europe)에 대한 이런 식의 저항은 유럽을 다시 하나로 만들려는 시도이기는 하지만 유럽의 가장 불투명한 과거로 후퇴하는 것이었다. 쿠르티우스 자신은 이제 진정한 유럽의 통일을 죽은 언어에서만 발견할 수 있는 것처럼 "유럽 문학사의 범

---

64 그가 전쟁 전에 쓴 글인 「유럽 역사 속의 균형의 원칙」(Il Principio dell' equilibrio nella storia d'Europa)은 "매우 유럽적이고 인간적인" 외교와 "이탈리아 파시즘이 두체(Duce)의 현명하고 확고한 지도 아래 떠맡은 새롭고 위대한 사명"에 대한 찬가로 끝을 맺고 있다. Federico Chabod, *Idea d'Europa e politica dell'equilibrio*, pp. 30~31. 나폴리 출신의 카를로 쿠르쇼(Carlo Curcio)는 헌신적인 정권 추종자였고, 전후에 숙청당했다.

65 Federico Chabod, "L'Idea di Europa", and "Europa, Storia" in *Idea d'Europa e politica dell'eqilibrio*, pp. 203, 257 참조.

위는 초기 중세 및 성기 중세의 라틴 문학보다 잘 알려져 있고 짧지 않다"라고 언급한다.[66]

6

하지만 2년이 채 안 되어 장 모네가 쉬망 계획을 입안했고, 오늘날의 유럽연합으로 이어지는 유럽통합 과정이 시작되었다. 그 과정에 대한 이렇게 난해한 전사에서 나온 결과는 무엇인가? 1960년대 초 모네의 서문을 달고 나온, 고위 관리의 새로운 유럽의 권위 있는 역사가에게는 분명한 것이었다. 장-바티스트 뒤로셀(Jean-Baptiste Duroselle)은 이렇게 썼다. "이른바 '선구자들'과 1945년 이후 시기의 유럽인" 사이에는 '심연'이 있었다. 완전히 새로운 기획에서 그의 동시대인들은 마침내 "자신들의 부, 힘, 영광을 잃어버린 민족에게 이를 다시 회복하는" 것을 목표로 한 연합된 유럽을 건설했다. 그는 흥분해서 이렇게 말했다. "조국의 이상을 부정하거나 경멸했던 보편주의자와 코스모폴리타니스트," 즉 과거의 다양한 "계획의 부화자, 조언의 제공자, 유토피아적인 체계 건설자"의 유럽과 얼마나 다른가. 그는 이와 동일한 거친 경멸이 얼마 후에 그가 생각하기에 실천적인 정신을 가진 영웅들, 즉 "유럽의 성인들의 삶과 가르침"에 공동시장의 창출에서 민족국가의 역할에 대해 훨씬 더 현실주의적인 견해를 가진 어떤 역사가에 의해 쏟아질 것이라고는 상상하지 못했다.[67] 스스로를 강한 정신의 소유자라고 상상하는 사람보다 더 강인한 정신을 가진 사람을 발견하는 게 보통이다.

실제로 통합에 선행하는 길고 복잡한 역사가 있는 유럽의 이념이 계

---

66 Ernst Robert Curtius, *Europäische Literatur und lateinische Mittelalter*, Berne 1948, pp. 14, 21.

67 Jean-Baptiste Duroselle, *L'Idée européenne dans l'histoire*, Paris 1965, p. 26; Alan Milward, *The European Rescue of the Nation-State*, pp. 318 이하.

속해서 통합을 괴롭혔다. 각각의 이념은 고유한 사후적인 삶이 있다. 좌파에서는 가장 일찍 단결의 기치를 내걸었던 혁명 전통은 20세기의 급류 속에서 별로 이를 유지할 능력이 없다는 것이 드러났다. 여기에는 최소한 두 가지 이유가 있었다. 이 흐름에서 연합된 유럽을 주장한 주된 동기는 언제나 전쟁 방지였다. 물론 평화라는 이상은 유럽화라는 모든 견해에 사실상 중심적인 것이었으며, 초기에 아주 진지하고 긴급하게 좌파가 이를 주도한 이유를 설명해 준다. 좌파가 옹호하려고 한 이해관계가 있는 대중이 전쟁의 주된 희생자였을 뿐만 아니라 좌파는 언제나 권력에서 떨어져 있었기 때문에 전쟁을 개시할 유혹에서 벗어나 있었다. 그러나 시간이 흐르면서 전쟁을 회피할 필요에서만 나온 단일체라는 관념이 지닌 제한성이 이를 약화시켰다. 이것은 부분적으로 평화가 본성상 부정적인 목표가 아니라 라이프니츠가 지적한 것처럼 고유한 정치 질서 혹은 실존적 질서를 명확하게 하지 못하는 추상적인 것이었기 때문이다. 그러나 그것은 유럽이 잠재적으로 이를 규정하는 극장으로서 간주되는 일이 약화될 수 있었기 때문이기도 하다. 열강의 협조(Concert)가 유지되는 한 열강 사이에 평화가 지배적일 수 있지만, 19세기 내내 아무런 방해를 받지 않고 제국주의적 병합 전쟁 혹은 억압 전쟁이 이루어진 세계의 나머지 지역은 어떠했는가?

20세기 초 좌파는 급진주의 진영과 온건주의 진영으로 나뉘었고, 로자 룩셈부르크는 카를 카우츠키와 주고받은 편지에서 급진주의자들의 근원적인 목표를 다음과 같이 요약했다. "유럽 문명이라는 이념은 계급의식이 있는 프롤레타리아트의 관점에는 아주 낯선 것입니다. 유럽의 연대가 아니라 지구상의 모든 지역·인종·민족을 포괄하는 국제 연대가 마르크스주의적 의미에서 사회주의의 기초입니다. 모든 부분적 연대는 진정한 국제성의 실현으로 가는 하나의 단계가 아니라 그 반대이며, 그 적이고, 민족적 적대의 날카로운 발톱을 숨기고 있는 애매함입니다. 우리가 언제나 범게르만주의, 범슬라브주의, 범아메리카주의에 대해 반동적 이념이라고 보면서 싸우는 것과 마찬가지로 우리는 범유럽주의라는 이념과 아무런 관계가 없습니다."[68] 그러나 국제연맹이 창설되자 똑같이 유보적인 태도가 온건파 사이에서도 나왔다. 국제연맹이 유럽연합보다 더 높은 심급, 즉 더 설득력 있는 이상이 아닌가? 이러한 의구심의 유산은 사라지지 않았다. 오늘날의 유럽연합에 대해 위르겐 하버마스는 과거의 민족국가보다 좋은 의미에서 추상적이지만, 코스모폴리탄적 가치 체계를 충분히 대변할 만큼 추상적이지는 않으며, 기껏해야 치안을 담당하는 열강이 있는 국제연합으로 체현될 칸트적인 세계 질서로 가는 과도기에 불과하다고 파악하는데, 여기에는 동일한 긴장의 메아리 이상의 의미가 있다. 보편적인 것의 그늘에서 특수한 것은 관용 속에서만 존재할 수 있다. 혹은 보편적인 것이 말기에 부패하면서 이미 빈껍데기가 되었을 때에만 존재할 수 있다. 유럽연합이 오늘날 전 세계에 모범이 된다고 말하는 현재의 이데올로기, 즉 지금 유럽연합 관료들의 자기 이미지에 체현되어 있는 이데올로기는 본질적으로 한때 좌파에 속했던 사람들이 만들어낸 것이다.

하지만 시간이 흐르면서 이 전통이 능동적인 힘을 잃게 된 또 다른 이유가 있었다. 푸리에와 생시몽의 시대였던 초기 유토피아주의자들 이후의 사회주의 운동은 정치제도에 별다른 관심이 없었다. 프루동의 연방주의 혹은 민주적 공화주의 색조의 카타네오조차 강령으로 구체화하지 못하고 여전히 하나의 원칙으로서 관념적인 상태에 머물러 있었다. 파리 코뮌은 너무 짧은 기간의 실험이었기 때문에 혁명주의자들에게 진정한 사회 변화가 이루어지려면 기존의 국가 기구는 전유될 수 없고 분쇄되어야만 한다는 부정적 교훈 이외에 남긴 것이 없었다. 다른 한편으로 개혁주의자들에게 부르주아 의회는 바람직한 제도였기 때문에 선거권을 완전히 확대하는 것 이외에는 별다른 생각이 없었다. 연합된 유럽이라는 구호는 20세기까지 이어졌지만, 혁명주의자들과 개혁주의자들 모두 연합된 유럽의 건설이라는 문제에서 내용이 없었다. 여러 면에서

68 Rosa Luxemburg, *Gesammelte Schriften*, p. 503.

범상치 않은 벤토테네 선언조차 연합된 유럽의 정치 구조보다는 발전된 유럽 합중국의 사회적 전망을 제출했을 뿐이다.

이와는 대조적으로 생시몽에서 이어지는 테크노크라트적인 노선은 제도적 기획 및 경제적 생산성주의에 대한 그의 집착을 물려받았다. 유럽통합이 이루어지자, 이 과정에 대한 가부장의 권리가 테크노크라트적인 노선에 있다고 주장할 수 있었던 것은 바로 이러한 조합이었다. 해외에서의 제국주의적 활동이 별다른 골칫거리가 되지 않은—실제로 해외에서 식민 지배를 보존하는 방법으로 국내에서는 대륙 단일체가 추진되었다—유럽통합은 평화를 유지해야 하는 범위가 어디까지인지를 둘러싼 양심의 가책 문제로 방해받지 않았다. 유럽만 유럽 내의 모든 계급의 복리(well-being)를 위해 전쟁을 겪지 않으면 되고, 산업 성장과 과학의 진보에 전념하면 되었다. 그러나 이를 위해서는 세밀한 행정적·법적 공학이 필요했으며, 환상이 아니라 유럽의 재조직화를 위한 최초의 현대적인 제안의 독창성이 요구되었다. 이런 전통의 제도적 사고가 제2차 세계대전 이후에 만들어진 실제의 공동체(Community)의 모습과 많은 부분에서 가깝다는 것은 놀라울 정도이다. 하지만 몇 가지 점에서 그것이 유럽연합을 괴롭히고 있는 문제를 예시한 정도도 마찬가지로 놀랍다. 유럽연합을 설계하는 데 있어 많은 부분에 대해 가장 인상적인 예견을 제출한 블룬칠리는 파울 키르히호프(Paul Kirchhof)나 디터 그림보다 훨씬 전에 유럽에서 연방주의적 민주주의가 불가능한 이유를 설명했다.

그는 아메리카의 연방주의가 공통의 나라, 언어, 문화, 법체계, 공통의 이해관계로 묶인 아메리카인에 기초하고 있다고 말했다. 다른 한편 유럽은 이 모든 면에서 서로 다른 민족으로 이루어져 있었다. 이곳에서는 실제의 정치권력이 국가에 남아 있는 국가들의 연합(confederation)—주권적인 의회나 하나의 정부가 아니다—만이 유럽의 공법, 유럽의 평화, 공통의 문화적 관심을 발전시킬 수 있었다. "하나의 인민이 없는 정치 단일체(unity)는 용어상 모순이다. 유럽 인민이 없기 때문에 유럽이라 불리는 국가가 있을 수 없다."[69] 그런 국가는 등장하지 않았다. 그러나 잡종적인 유사 국가(quasi-state)가 건설된다면, 이런 전제 위에 이는 대중의 빈 공간 위에서 결합하고 지배할 수 있는 능력이 있는 사람들에 의해 위로부터만 가능할 것이다. 이러한 엘리트주의의 논리는 여전히 익숙하다. 이 엘리트에는 생시몽이 바랐던 것과 달리, 관료와 집행부는 들어 있지만 많은 과학자가 포함되어 있지는 않다. 이 엘리트는 블룬칠리의 상상과 달리 내각으로만 한정되지 않는다. 이 엘리트는 쿠덴호베-칼레르기가 바란 것과 달리 출생 귀족과 정신적 귀족으로 화려하게 돋보이지도 않는다. 그러나 하늘의 구성물이라는 성격으로 볼 때―당대 인물의 기준에 따르면―가장 훌륭하고 뛰어나다는 점에서는 의심의 여지가 없다. 이런 결과를 예견하고 환영한 사람은 쿠덴호베-칼레르기였다. 1920년대에 쓴 글에서 그는 현재 민주주의는 카오스에 대한 보호물이라고 말했다. 그러나 장래의 유럽에서, 즉 "진정한 새로운 귀족이 구성된다면 민주주의는 저절로 사라질 것이다."[70] 이러한 관점에서 오늘날의 유럽연합은 그를 실망시키지 않을 것이다.

그렇다면 보수주의적 전통은 어떠한가? 서방의 경제 체제가 변화를 겪고 냉전이 승리로 끝나자 나중에 그 유산이 표면에 떠올랐다. 그런 다음 유럽연합이 동쪽으로 확대되면서 1815~23년의 원칙이 제대로 된 평가를 받았다. 트로파우 의정서[71]의 정신에 따라 혼란의 가능성이 있는 지역의 치안을 유지하고 이데올로기적 평온을 보장하기 위해서는 열강의 균형이 아니라 협조가 필요하다는 것이다. 공공연하게 이론화되기 훨씬 전에 브뤼셀은 이전의 공산주의 나라들에서 새로운 유럽의 협조와는 다른 식의 사태 전개가 보일 때마다 현대적인 개입권(droit

69 Johann Bluntschli, *Gesammelte kleine Schriften*, Bd. 2, pp. 293~94, 298~99.
70 Richard von Coudenhove-Kalergi, *Adel*, p. 36.
71 Protocol of Troppau: 1820년 7월에 일어난 나폴리 혁명을 진압하기 위해 그해 11월에 러시아, 오스트리아, 프로이센, 영국, 프랑스 등 5개국 사이에 체결된 조약을 말한다. ―옮긴이

d'ingérence)을 발동했다. 당연하게도 자본주의의 복원은 절대주의의 복원과 매우 다른 종류의 일이었고, 그 개입은 군사적인 것이 아니라 경제적이고 정치적인 것이었다. 그러나 발칸 반도에서 일어난 일련의 행동이 보여주게 될 것처럼 무력이 필요한 곳에서는 무력이 사용되었다. 새로운 정통주의는 왕의 재가가 아니라 법의 지배와 인권에 대해 말한다. 그러나 지정학적으로 볼 때, 유럽연합군(EUFOR)과 유럽연합 법치특파단(EULEX) 같은 온건한 행동조차 그 계보는 샤토브리앙의 생 루이의 수많은 아들들(cent mille fils de Saint Louis)[72]에 속한다.

하지만 이러한 연속성은 아마 이러한 노선이 브뤼셀에 물려준 것 가운데 덜 중요한 것에 속할 것이다. 왜냐하면 열강의 협조라는 원칙은 더 이상 유럽에만 특유한 것이 아니라 대서양적인 것이 되었기 때문이다. 새로운 세기에는 여전히 불완전하기는 하겠지만 점차 전 지구적인 것이 될 것이다. 언제나 보수주의적 전통의 가장 강한 힘이 있는 곳은 유럽을 다른 나머지 세계와 구별하는 것에 대한 보수주의의 숙고였다. 프로그램적인 것이 아니라 이렇게 발견적인 관심은 역설적이게도 계몽사상에서 물려받은 것이다. 이것이 역설적인 이유는 보수주의적 전통과 대립되는 전통 ─ 그것이 혁명주의적인 것이든 테크노크라트적인 것이든 ─ 이 계몽사상과 정치적으로 더 가깝기 때문이다. 하지만 더 이상 계몽사상가들(philosophes)처럼 메타 정치적인, 실제로 간주되지 않은 유럽 단일체라는 실천적인 목표를 추구하는 가운데 이들은 대체로 자신들의 지적 아젠다를 포기했다. 다른 한편으로 유럽 합중국이라는 구성주의적 구호의 자리가 없는 보수주의적 전통 내에는 우선 의미 있는 단위로서의 유럽의 독특성을 규정하는 문제가 중심적인 관심사로 남아 있었다. 그 결과 다른 어떤 전통보다 지적으로 더 풍부한 이념적 자산을 물려주었다. 계몽사상이 찬양한 국가들의 복수성(plurality)은 문화와 권

---

72 1823년 프랑스의 루이 18세가 스페인의 페르디난드 7세를 돕기 위해 동원한 군대를 가리킨다. ─옮긴이

력의 다양성이 되었고, 이는 유럽을 세계의 나머지 지역과 구분하는 것이었다. 양적인 이점이 질적인 미덕으로 전환된 것이다. 유럽연합의 정신적 격투장에는 이것도 계속해서 살아 있다. 그러나 사후적인 삶에서는 예상이 잘 안 된다.

10 예상

1

그렇다면 새로운 세기의 첫 10년대가 끝나가는 지금 유럽연합은 어디에 서 있는가? 헌법적 개혁 극장의 막간에 있는데, 제1막에서는 모든 회원국이 동의한 권리와 의무에 대한 헌장을 성공적으로 성취했다가 제2막에서는 프랑스와 네덜란드의 유권자에 의해 극적으로 취소되었다가 리스본의 제3막에서 침착하게 소생했으며, 아일랜드의 유권자에 의한 제4막에서 비로소 거절당했다(리스본 조약은 아일랜드의 경우 2008년 6월 국민투표에서는 부결되었으나 2009년 10월 다시 실시한 국민투표에서 가결되었다). 해피엔딩을 의심하는 사람은 별로 없다. 그러나 스펙터클했던 과정은 교훈적이었다. 리스본 조약의 목적은 프랑스와 네덜란드의 유권자들이 (유럽연합 헌법을) 압도적으로 거부한 이후 지스카르 데스탱이 고안했고, 2004년 각국 정부가 승인한 규정을 대중이 거부할 가능성을 봉쇄하는 것이었다. 이번에는 인민이 아니라 의회가 비준하도록 했다. 유럽에서 오직 한 나라에서만 대중 투표를 합법적으로 피할 수 있었다. 그러나 이는 확실히 무시되었다. 인습에 의해 브뤼셀의 선물과 유럽통합의 경제적 성공 스토리에서 가장 큰 수혜를 받은 게 아일랜드가 아니었던가? 더블린에서는 아일랜드의 노동조합과 기업가협회는 말할 것도 없고 주요한 세 정당 모두 원래의 유럽 헌법을 둘러싼 외교에서 주도적인 역할을 했던 총리를 뒷받침하면서 조약을 지지하지 않았던가? 그렇다. 아일랜드 유권자들은 예전에는 2000년에 니스 정상회담에서 승인한 조약을 거부할 정도로 무책임하지 않았다. 그러나 이들은 재빨리 후회하고 태도를 바꾸어야만 했다. 이들은 그 교훈을 배울 것이라고 생각한다.

2008년 6월 국민투표──동료 유럽인들이 그 조약을 만장일치로 수용했다는 인상을 아일랜드인들에게 주기 위해 다른 18개 회원국 의회가 조약을 비준할 때까지 미루어졌다──가 실시되었다. 아일랜드의 기성 질서 전체 그리고 자유주의적 견해를 지닌 인물들이 모여 나중에 총리와 외무 장관 모두 읽어본 적이 없다고 고백한 어떤 문서를 지지하는 캠페인을 벌였지만, 그 결과는 3년 전 프랑스에서 나왔던 것과 사실상 같았다. 투표율이 전보다 더 높은 가운데 새로운 조약이 53퍼센트 대 46퍼센트로 거부되었다. 자유시장을 지향하는 기업가들이 자기 나름대로 반대했고, 독실한 사람들 가운데에서 신학적인 이유로 의구심이 나오기는 했지만 결정적인 것은 계급적 양극화였다. 신페인당이 고리대금업 부르주아지를 줄기차게 공격했으며, 이들의 모든 활동은 아일랜드 버블로부터 가장 혜택을 받지 못하는 사람들을 동원하는 데 집중되었다. 부유한 지역인 더블린 서구(Dublin West)에서는 70퍼센트가 조약을 지지했지만, 가난한 지역에서는 80퍼센트가 반대했다. 사회학적 분할이 본질적으로 네덜란드 및 프랑스의 유형과 일치했다.

브뤼셀의 실망도 덜하지 않았다. 하지만 이번에는, 그 유권자들이 잘못된 결론을 내린 게 창립 6개국 가운데 두 나라──그 가운데 한 나라는 유럽공동체에서 오랫동안 가장 강력한 회원국이었다──가 아니었고, 유럽연합 내에서 역사로 보나 위치로 보나 주변적인 가장 작은 국가였다. 따라서 공식적인 분노가 좀 더 공공연하고 맹렬하게 표현되었다. 게다가 리스본 조약은 유럽연합 내의 중요 문제를 하찮게 여기지 않는 연합인 베를린과 파리의 합작품이었다. 유럽공동체 법을 베트만-홀베크(Bethmann-Hollweg)가 보였을 법하게 경멸적인 태도로 본 독일의 프랑크-발터 슈타인마이어(Frank-Walter Steinmeier)는 아일랜드가 독일 외무 장관(Aussenamt) 및 그 파트너들의 바람을 따르지 않을 경우 유럽연합에서 축출 — "통합 과정에서 퇴장" — 하겠다고 위협했다. 프랑스에서는 니콜라 사르코지가 지체 없이 "아일랜드인들은 첫 번째 국민투표의 결과를 없애기 위해 두 번째 국민투표를 해야 한다"라고 선언했다. 대부분의 언론이 보인 태도는 폭력적이었으며, 특히 독일의 여론을 주도하는 언론은 유럽 단일체에 대한 제안을 인민의 의지에 맡기는 것은 어리석은 일이라는 교훈을 끌어냈다. 그러나 당시로서는 할 일이 거의 없었다. 더블린의 피아나 페일(Fianna Fáil) 정권은 — 10년 동안 권좌에 있었으나 이제는 인기가 바닥을 치고 있었다 — 두 번씩이나 조약을 거부하는 위험을 감수할 생각이 없었다. 이는 첫 번째보다 아마 더 나쁜 결과를 초래할 것이었다.

3개월 후 리먼 브라더스가 뉴욕에서 파산 신청을 했고, 이는 대공황 이래 최악의 금융 붕괴를 촉발했다. 미국에서 벌어진 붕괴(crash)가 유럽에 끼친 영향은 — 강제화된 세계화(mondialisation oblige) — 이번에 훨씬 빨랐으며, 유럽연합 경제와 미국 경제가 탈동조화되어 있다는 관념을 좌절시켰다. 2008년 말이 되자 유로존의 GDP가 미국의 GDP보다 더 가파르게 떨어졌다. 모든 우익적 사고를 가진 개혁가들이 요구하는 노동시장 유연화에서 스타로 칭송받은 덴마크가 가장 먼저 침체에 빠졌다. 유럽연합 내에서 가장 강한 경제를 가진 독일은 수출시장이 줄어들면서 프랑스나 이탈리아보다 산출량이 급격하게 줄어들었다. 최악은 통화동맹 출범 이래 유럽연합 내에서 가장 높은 성장률을 보이던 두 나라, 즉 스페인과 아일랜드였는데, 두 나라 모두 주된 원인은 부동산 투기였다. 2009년 초가 되면 스페인의 실업률이 20퍼센트가 넘었다. 위기는 아일랜드에 최악의 충격을 주었는데, 2008년 1/4분기에서 2009년 1/4분기 사이에 산출량이 8.5퍼센트 줄었고 재정 적자는 GDP의 15퍼센트 이상으로 치솟았다. 다음번 선거에서 정권에 대한 사형 집행이 기다릴

게 분명하기는 했지만, 단기적으로는 켈틱 타이거(Celtic Tiger, 켈트의 호랑이)의 몰락은 정권에 신이 내려준 뜻밖의 외교적 선물이었다. 대중적인 패닉 속에서 이제 정부는 리스본 조약이 아일랜드 경제의 운명에 부적절할지라도 유권자들에게 리스본 조약을 받아들이라고 협박할 수 있었다.

그러나 리스본 조약──2009년 6월 독일 헌법재판소는 숨도 쉬지 않고 유럽의회가 민주적 정당성이 있다는 주장을 기각하는 판결을 내려 리스본 조약을 축성했다[1]──은 이제 경제 위기를 틈타 통과되겠지만, 유로존 내의 위기에 대한 해법을 담고 있지는 않다. 이 문제와 관련해서는 각국 정부가 은행 구제, 자동차 산업 지원, 노동시장 지원 등 임시 조치를 통해 긴급 상황에 대처하고 있다. 독일은 이론에는 저항하고 있으나, 현실에서는 이 길을 주도하고 있다. 경제 위기가 닥치고 9개월이 지났지만 이에 대처하기 위한 조직화된 전략은 나오지 않았다. 채권시장의 금리 차이가 커졌고, 이탈리아·스페인·포르투갈·그리스 시장의 수

---

1 이런 결정을 내린 판사 우도 디 파비오는 2005년 지방정부가 선거 시기를 지방정부 편의대로 결정하는 것을 금지하는 조항을 기각함으로써 정치적 기성 질서를 충족시킨 바 있다. 이민자의 후손인 디 파비오는 독일연방공화국의 클래런스 토머스(Clarence Thomas)로서 신보수주의적인 논설인 『자유의 문화』(*Die Kultur der Freiheit*)를 썼다. 이 논설은 활발한 시장 경쟁을 찬양하고, 과도한 복지 의존을 공격하며, 가족·종교·민족의 가치로 돌아갈 것을 주장한다. 이는 전전의 정식화를 업데이트한 것으로 민족(Volk)이라는 고명을 얹은 아이(Kinder), 회사(Firma), 교회(Kirche)라고 할 수 있다. 독일인들은 이런 표현을 비롯해 히틀러가 썼던 더 나은 다른 표현을 피하려 했다. 진정한 독일인이 아니었던 히틀러는 "프로이센 국가 관료의 고상함, 고향에 대한 집착 및 바이에른의 가톨릭주의적 삶에 대한 열망, 근면 성실의 경향, 부르주아적 습관 및 기독교 전통이 있는 독일적 생활방식"이 결여되어 있었다. 1950년대의 '황금시대'에 이러한 가치들이 회복되었지만, 이제 독일인들은 1960년대의 해로운 유산인 근시안적인 쾌락주의에 빠질 위험에 처해 있다. Udo Di Fabio, *Die Kultur der Freiheit*, Munich 2005, pp. 207, 212, 217 이하. 이 책 자체는 양식상 민족적이었지만, 인색하게 말하면 공항 서점에서 파는 철학 서라고 할 수 있다.

익이 높아졌다. 발트 해 지역 경제는 끝도 없이 추락했다. IMF는 헝가리·루마니아·불가리아의 뱅크런 사태를 간신히 막고 있었다. 악화된 상황이 유럽연합 내에서 얼마나 깊어질지, 얼마나 오랫동안 지속될지 아직 알 수 없다. 분명한 것은 통화동맹이 안정적인 통화를 만들어내기는 했지만, 유럽 경제의 오래된 취약점을 위한 처방은 아니었다는 것이다. 유럽중앙은행의 저금리 기조가 스페인, 아일랜드, 발트 해 나라의 버블을 부추겼다. 좀 더 넓게 보면, 유로존의 1인당 소득이 1999~2008년 사이에 이전 10년보다 느리게 성장한 것만이 문제는 아니었다. 실제로 생산성 증가가 반토막이 났다. 2009년 봄까지 유럽의 실업률은 여전히 미국보다 낮았지만 유럽에 있는 은행들이 드러낸 취약점은 훨씬 심각해 보였다. 4월에 IMF는 세계의 은행 체계를 위험에 빠뜨리고 있는 독성 자산(toxic assets) 2조 3,000억 달러 가운데 절반이 넘는 1조 4,000억 달러를 유럽 은행들이 가지고 있는 데 반해 미국의 은행들이 가진 것은 1조 달러라고 추산했다. 유럽 내에서 이루어진 자산 가치의 평가절하는 미국에 비해 여전히 적으며 — 겨우 1/5 — 은행 체계를 1990년대 중반 수준으로 가져가기 위한 자본 확충에는 거의 두 배가 들 것이라고 추산된다.

1929년의 월스트리트 붕괴와 비교할 때, 2008년의 금융 붕괴 — 훨씬 더 폭발적인 신용 창출에서 기인한 — 는 전 세계의 실물경제에 더 빨리 더 넓게 영향을 끼쳤다. 선진 산업 세계의 주요한 국가 모두가, 1930년대에는 심각한 논쟁 속에서 주저하며 투입했던 이런저런 공적 자금을 시장에 엄청나게 투입했다는 사실만 가지고도 그때와 비교할 만한 경기침체가 이어질 것인가는 다른 문제이다. 이전 시기의 탈규제가 정도는 다르지만 모든 지역에서 다소는 만장일치로 받아들여진 것과 마찬가지로 현 시기의 구제금융은 공동의 지혜인 것처럼 보인다. 장기적인 결과가 어떨지에 대해 여기저기서 회의적인 생각이 나오기는 하지만 말이다. 순식간에 독특한 사고(pensée unique)가 맹목적으로 따르는 독특한 고행(pénitence unique)이 되었다. 전간기에는 다양한 종류의 이단적인 교의와 성상 파괴적인 처방이 대기하고 있었고, 대공황이 전개되면서 중심적인 자리를 차지했지만 오늘날 지적 창고는 텅 비어 있으며, 공적 논쟁의 장에서 어떤 대안도 논의되고 있지 않다. 이것이 얼마나 오래 갈지는 짐작만 할 수 있을 뿐이다. 분명해 보이는 것은 위기가 지속될 경우 이 위기가 유럽연합의 현재 상태에 사회적 압력을 가중시킬 것이라는 점이다. 현재 유럽연합 내에는 효과적인 정책 협조도 없고, 제대로 작동되는 국가적 자율성도 없다. 실업의 증대와 경제적 어려움으로 인해 유럽연합은 원심력의 방향으로 갈 수도, 구심력의 방향으로 갈 수도 있다. 각 지역의 주민을 보호하기 위한 국가적 필요에 의해 실시되는 다양한 해결책을 내놓을 수도 있고, 통합을 심화하는 방향으로 갈 수도 있다. 후자의 가장 가능한 형태는 단일시장을 서비스로까지 확대하고 조세 체제를 동질화하며, 유럽 공동 채권시장을 만드는 것이다.

2

세기 전환기에 유럽통합에 대한 가장 위대한 역사가는 전후 공동시장의 기원에 관한 자신의 설명을 돌아보면서 스스로에게 이렇게 물었다. 통화동맹의 도래와 함께 공동시장을 위한 창고에 이제 무엇이 남아 있는가.[2] 앨런 밀워드는 유럽경제공동체가 이 공동체를 창설한 민족국가의 약화를 가져오지 않고 도리어 제2차 세계대전이라는 재난 이후 민족국가가 그 이전까지 누려보지 못한 내적인 물질적 보장과 외적인 물질적 보장을 동시에 국민들에게 제공함으로써 민족국가가 소생하는 데 도움이 되었다고 주장했다. 유권자에게 책임을 져야 하는 정부가 유권자를 만족시킬 수 있는 정부의 능력을 제고하는 방식으로 정당성을 재구축하기 위해 정부의 대권을 공동출자하는 방식을 선택한 것이다.

---

2 Alan Milward, "Envoi", to the second edition of *The European Rescue of the Nation-State*, London 2000, pp. 425~36.

40년이 지난 후에도 동일한 논리가 유효한가? 밀워드는 구조적으로 볼 때, 그렇다고 생각했다. 언제나처럼 통합이 진전되는가, 정체하는가, 후퇴하는가는 각국 정부가 선택하는 국내 정책과 통합이 양립할 수 있는가에 달려 있을 것이다. 그러나 그동안 각국 경제가 운영되는 방식에 엄청난 변화가 일어났다. 1980년대 이래 성장이 느려지고 경쟁력이 떨어졌을 뿐만 아니라 이와 함께 사회적 연대도 약화되었다. 유럽 민족국가가 전후에 재건될 때 핵심이었던 완전고용과 복지 제공은 더 이상 공통의 우선 사항이 아니었다. 긴급하게 해야 할 새로운 일은 인플레이션을 통제하고, 이를 강제하기 위해 시장을 탈규제하는 것이었다. 마스트리흐트 조약의 단일통화와 유럽중앙은행을 낳은 것은 독일의 봉쇄라는 전통적인 관심과 함께 이러한 요구였다.

그렇다면 이를 통해 유럽공동체에 의해 구원받은 민족국가는 어떤 처지에 빠졌는가? "모든 역사는 변화하기 때문에 그러한 구원은 일시적인 것일 수밖에 없다." 왜냐하면 "경제 발전의 과정 자체가 전후에 민족과 초민족을 지탱한 정치적 합의를 침식했기" 때문이다.[3] 이것은 유럽공동체의 파멸을 말하는 게 아니라 그 운명이 불확실하다는 것이었다. 정부에 대해 책임지지 않는 중앙은행이 관리하는 주요한 국제통화라는 것은 전례가 없는 일이었다. 유럽중앙은행에 책임을 물어야 할 민주주의의 부재에 대해 브뤼셀이나 스트라스부르를 비난하는 것은 효과가 없었다. 유권자들은 유럽의회가 조세 권한을 획득할 때에만 유럽의회를 진지하게 생각할 것이지만, 유럽의회가 조세 권한이 없는 것—유럽연합 집행위원회가 선출되지 않는 것과 마찬가지로—이 유럽연합의 의도하지 않은 결함이 아니라 유럽연합을 만든, 민주적으로 선출된 각국 정부의 신중한 결정이었다. 밀워드는 이렇게 냉정하게 결론을 내린다. "민족국가가 진정으로 민주적이지 않았다든지 혹은 정책을 국제화할 때 민족국가가 전후 민주주의의 압력을 제한하려 하고 있다든지 하는

---

3 Alan Milward, "Envoi", p. 428.

증거로 이를 해석한다고 해도"〔이런 견해에〕 반대하기 어려웠다. "합의를 필요로 하는 전후의 긴급한 국내 정책을 실시하면서 좀 더 민주적인 정당의 전후 역할은 일시적이었고, 이들 정당이 특히 1968년 이후 점차 행정부의 일부가 되었다는 증거는 무수히 많다."[4] 1968년 이후 …… 이 연대 그리고 이 연대가 함의하는 바가 무엇을 말하는지는 분명하다. 암묵적으로 이제 구원받아야 할 것은 민족국가가 아니라 민족국가 안의 민주주의였다. 혹은 민족국가를 넘어서는 민주주의인가? 통합을 진전시키는 힘이 출현하겠지만 모든 것은 그 정치적 성격에 달려 있을 것이다. "국가의 잔혹한 권력이 누구의 이익을 위해 존재하게 될 것인가? 누가 국가를 운영할 것인가? 그리고 누구를 위해서? 유럽연합의 미래를 결정하게 될 것은 이런 질문에 대한 대답이다."

유로화가 탄생할 때 쓰인 이 글에 대한 첫 번째 대응이 6년 후에 유럽 헌법이 국민투표에 부쳐진 열띤 논전 속에서 나왔다. 고유한 아이러니가 있는 밀워드의 직설적인 목소리는 영국에서 온 것이다. 나중에 대륙의 중심 문화에서 온 판단은 어떠했나? 프랑스에서는 통합에 관한 권위자인 르노 데우스 — 벨기에인 — 가 프랑스 국민투표 결과에 대해 오해의 소지가 있는 『유럽의 종말』(*La fin de l'Europe*)이라는 제목의 책으로 반응했다. 그는 유럽연합이 19세기의 부르주아 사회와 비교할 수 있다고 말했다. 19세기의 부르주아 사회는 헌법으로 절대주의를 대체해서 신민의 자유를 보호했지만 여성과 가난한 이들을 무시했다.[5] 실제로 19세기 부르주아 사회는 재산 자격에 따른 자유주의(censitary liberalism)에서 시민의 민주주의로 이행해야만 했다. 그러나 그러한 질서의 원리는 현실주의적 관점에서 이해해야만 한다. 프랑스 국민투표에서 반대 진영도 이를 파악하지 못했다. 외교적 시대착오로 그로테스크하게 장식된 서두를 지닌 문서인 헌법 조약 자체는 참신한 수사로 장식되어 있지만, 과거

---

4 Alan Milward, "Envoi", pp. 435~36.
5 Renaud Dehousse, *La fin de l'Europe*, Paris 2005, p. 71.

에 있었던 통합의 수단과 실질적으로 연속된다는 것을 감추고 있었다. 이 헌법 조약에 대한 대부분의 반대가 이미 오랫동안 유럽연합에 체현되어 있는 '공동체법과 관행의 집적'—니스 조약과 암스테르담 조약에 명시되어 있는 자유시장의 필요, 나토에 대한 충성—에 집착할 정도였다. 마치 이것들이 유럽연합이 이미 가지고 있는 유용하지만 온건한 제도적 변화가 아니라 대단한 혁신인 것처럼 보았다는 것이다. 물론 유권자들은 '공동체법과 관행의 집적'에 대해 조언은 말할 것도 없고 정보도 제대로 듣지 못했으며, 복잡한 제도적 기구에 별로 관심도 없었다. 유권자들은 자신들에게 유럽연합이 무엇인지에 대한 인식에 따라 두 개의 사회적 블록으로 나뉘었다. 노동자, 청년, 부유하지 않지만 식자층으로 현재 중간계급에서 중요한 계층—과거 수십 년 동안의 경제적·사회적 변화의 비용과 위험에 노출된 모든 사람—등이 '공동체법과 관행의 집적'으로 이득을 얻었거나 이득을 기대하고 있는 사람들과 대립했다.

유럽 헌법은 이러한 분할을 극복할 수 있는 구체적인 프로젝트를 제시하지 못했기 때문에 실패했다. 유럽연합 내에서 정당성은 그 기관의 투입 측면보다는 산출 측면에서 나온다. 책임성이나 보충성이라는 추상적 원칙이 아니라 그것이 가져다줄 수 있는 실질적인 이득에서 온다는 것이다. 이것은 유럽연합 수준의 민주주의적 의지에 대한 우려는 기각하면서 현 상태를 옹호하는 앤드루 모라브칙의 변명이 유효하다는 것을 말하는 게 아니었다. 프랑스의 국민투표는 유럽연합 내의 정당성의 위기를 드러냈는데, 이 정당성의 위기는 브뤼셀에서 이루어진 결정이 각국의 사회정책에 실질적인 영향력을 끼치기 시작한 이래 유권자들이 이런 결정에 대해 아무런 발언권이 없다는 것이 드러난 위기였다. 정치인들은 으레 그러하듯이 집행위원회로 비난을 돌렸다. 현대화는 중립적인 과정이 아니었다. 여기에는 승자와 패자가 있다. 이것을 기술적인 영역이라고 민주적 갈등으로부터 봉쇄할 수는 없었다. 그러나 헌법 조약이 유럽 대중에게 설득력 있는 프로젝트를 보여주지 못했다고 한다면,

그것은 유럽연합의 존재 이유(raison d'être)와 관련해서 더 이상 합의—전후 유럽공동체의 특징이었던 합의—가 없었기 때문이다. 유럽의 목적과 관련해서 보면, 국제적 자율성도 아니고, 사회적 연대성도 아니고, 자유무역지대는 더더군다나 아닌 어떤 일반적인 동의가 있었다. 그러나 이것은 확고한 것이 아니었다. 유럽연합은 유럽연합이 무엇인지가 아니라 유럽연합이 무엇을 하는지에 의해 판단될 것이다. 대외정책적인 야심은 배제되어야 한다. 유럽연합이 제공하는 공공재는 환경의 보호 및 저소득층을 위한 소득 지원이다. 유럽의 사회 협약은 손에 잡히는 것이어야 한다.

데우스의 분석에서 이런 전망을 보장하지 않거나 단순한 제안에 불과하다 하더라도, 전반적인 어조는 동일한 사태에 대해 독일에서 나온 반응 가운데 가장 눈에 띄는 것과 비교해도 상대적으로 낙관적이었다. 유럽 헌법을 재가하라고 프랑스 유권자들에게 보낸 호소문이 있었는데도, 이 가운데 (재가하지 않는 것은) 야만주의로 퇴행하는 대가를 치를 것이라고 가장 열띤 목소리를 낸 호소문에 서명한 하버마스는 후일 열정이 식어버렸다. 그 후 하버마스가 유럽연합에 대해 개입한 글을 모은 『아, 유럽』을 통해 변화를 볼 수 있다. 유럽 헌법 초안을 품위 있게 복사한 것 이상이 아닌 리스본 조약은 매우 다양한 반응을 얻었다. 하버마스에게 그것은 유럽연합에 결핍된 민주주의에 대해서도 유럽연합이 가지고 있지 못한 도덕적·정치적 종국성(finality)에 대해서도 해결책을 제공해 주지 않았다. 그것은 유럽에 어떤 긍정적인 방향도 제시하지 못한 채 "정치 엘리트와 시민 사이에 존재하는 간극을 메울" 뿐이었다.[6] 유럽연합이 해결해야 할 문제는 명백했다. 민족국가는 그 내용이 고갈되었지만 유럽연합은 민족국가가 상실한 것을 보충할 수 있는 권한을 얻지 못했다. 더 이상 사회적 규칙에 의해 길들여지지 않는 시장은 불평등을 악

---

6 Jürgen Habermas, *Ach, Europa. Kleine politische Schriften XI*, Frankfurt 2008, p. 105.

화시키고 환경을 위협하고 있었다. 국제무대에서는 국제법을 유지하고 유엔을 개혁할 유럽연합의 단합된 어떤 행동도 없었다.

필요한 해결책 또한 명료했다. 정치적 삶의 형태를 자유롭게 결정할 수 있는 시민의 권한이 유럽연합 차원의 재정정책 및 사회경제 정책의 조화와 함께 유럽연합 수준에서 회복되어야만 한다. 유럽연합은 독자적인 재정 원천을 획득해야 하며, 전 세계에서 인권을 보호하기 위해 개입할 수 있는 군사력을 획득해야 한다. 이런 역할을 위해 유럽연합은 외무장관이 필요할 뿐만 아니라 직접 선출된 대통령도 필요하다. 이러한 핵심적인 목표를 달성하기 위한 시간이 별로 없었다. 이것이 너무 긴급한 일이었기 때문에 하버마스는 2009년으로 예정된 유럽의회 선거와 함께 이러한 목표에 대한 유럽 전체 차원의 국민투표를 실시하자고 주장했다. 이러한 목표의 승인을 위해 두 수준의 다수결, 즉 국가와 일반 유권자의 다수결이 필요했다. 이것은 분열(polarization)을 요구하는 것이었다. 만약 그때까지 국민투표가 실시되지 않는다면, "유럽연합의 미래는 정통 신자유주의 노선에 따라 결정될 것이다."[7]

이러한 선언에서 찾아볼 수 있는 위압적인 열정은 하버마스의 글에서는 전례가 없는 것이었다. 그의 독자들은 대부분 감명을 받았다. 그러나 그 독자들이 그를 존경하기는 했지만, 그를 모순으로 몰아넣기도 했다. 이것은 합의의 이론가가 뒤늦게 분열의 미덕을 발견했기 때문만은 아니었다. 이것이 그가 오랫동안 주장한 담론 윤리와 충돌할지는 모르지만, 이것은 환영해야만 하는 깨달음이다. 더욱더 당황스러운 것은 유럽연합의 미래를 대중이 직접 결정하게 하자는 그의 주장이 정치적 기회주의라는 비난을 쉽사리 피할 수 없다는 것이다. 왜냐하면 그가 오랫동안 유럽 헌법을 지지하기는 했지만, 유럽이 직면한 쟁점에 대해 국민투표를 열렬히 지지한 모습을 보인 적은 없기 때문이다. 그는 유럽연합의 확대에 대해서는 말할 것도 없고, 마스트리흐트 조약에 대해 독일인

7 Jürgen Habermas, *Ach, Europa*, p. 85.

들이 투표를 해야 한다고 주장하지 않았고 — 이는 프랑스인에 대해서도 마찬가지였다 — 독일 연방의회가 거수기 역할을 하면서 이를 비준한 것에 만족했을 뿐만 아니라 헌법 조약이 보류되었을 때 자국에서는 국민투표가 없는 것에 대해 한마디도 하지 않은 채 프랑스의 국민투표에 대해 개입했던 것이다. 리스본 조약에 대해 비판한 이후에 아일랜드에서 있었던 반대운동에 대한 어떤 지지도 보여주지 않았다. 아일랜드의 국민투표는 그저 유럽 엘리트에 대한 경고로만 — 사후에 수동적으로 — 기록되어 있다.

현재 지식인의 역할을, 앞에 나타난 문제를 사회에 경고하는 전위적인 '초기 경보 체제'라고 말하기는 하지만, 하버마스 본인은 헌법 조약비준의 실패 이후까지 브뤼셀의 국가 기밀(arcana imperii)에 대한 대중의 불만이 어느 정도인지를 거의 깨닫지 못했으며, 여전히 2007년에조차 유럽의 대중이 엘리트보다 통합에 더 찬성하는 경향을 보인다고 주장했다. 이러한 근거에서 그는 독일 사회민주당에 대해 좌파당을 물리치기 위해 유럽연합기를 받아들이라고 촉구했다. 이 조언은 국내 문제의 급진화는 중요한 게 아니라는 점을 분명히 한 것이었다. 한때 헤겔주의적 마르크스주의자였던 그는 자신이 칸트주의적인 프래그머티스트가되었다고 설명한 바 있다. 유럽에서 계급사회는 사라졌다. 이제 시민의 사회만이 있을 뿐이었다.

그렇다면 그가 유럽이라는 승무원실에서 비상 정차 줄을 그렇게 정력적으로 당긴 이유는 무엇이었는가? 본질적으로 그것은 실망 때문이었을 것이다. 유럽연합 자체에 대한 것이 아니라 미국에 대한 것이었다. 그렇게 오랫동안 서방에 대한 철학적 충성을 바친 사람에게 유엔의 승인 없이 개시된 이라크 전쟁은 고통으로 다가왔다. 서방이 균형과 명성을 회복하려면 유럽이 미국의 진정한 파트너로서 행동할 수 있어야 하며, 필요한 경우에는 공동의 위험에 대한 신중하지 못한 반응은 자제할 수 있어야 했다. 이제 필요한 것은 영감 어린 프랭클린 루스벨트(Franklin Roosevelt)의 전통 속에서 유엔을 개혁하는 데 헌신하는 '서방의 양극 공동체'였다. 국제 안보를 지키고 인권 존중을 강화하는 이것은 서방 내의 지역 참가자 수를 줄이고, 글로벌 거버넌스를 전개할 수 있는 실제적인 권한을 부여함으로써 가능하다. 물론 이 공동체의 두 극은 절대적으로 평등할 수 없다. 왜냐하면 미국은 전 세계에서 유일한 초강대국일 뿐만 아니라 지구상에서 "'가장 오래된 민주주의 국가'로서 이상주의적 전통 위에서 살아가고 있으며, 다른 어떤 나라(nation)보다 18세기의 정신에서 보편주의에 개방되어 있는 나라이다."[8] 그러나 충성스러운 유럽이라는 파트너를 자기편에 두지 않은 채 미국이 필요한 변화를 추진할 수 있다고 생각하는 게 현실적인가? 그것도 독립적이기는 하지만 반미 감정은 조금치도 없는 사람으로서 말이다.

따라서 유럽연합의 상실한 '종국성'에 대한 하버마스의 처방은 데우스의 처방보다 훨씬 더 포괄적이며, 그 결과는 사실상 정반대였다. 유럽연합은 대외적인 야심을 포기하지 말고 "대외정책 결정"을 위해 이를 더 확대해야 했다. "왜냐하면 이 야심은 안보 및 뿌리 깊은 전망을 위한 존재적 필요에 영향을 끼치고, 언제나 관련 대중에게 고도의 상징적인 가치가 있기 때문이다."[9] 유럽연합이 통일적인 국제 행위자의 권한을 얻지 못하는 한 이를 얻을 수 있는 기회는 비극적이게도 계속해서 상실할 것이다. 하버마스가 드는 예는 그가 바라는 유럽연합이 얼마나 미국과 가까이 해야 하는지를 분명하게 보여준다. 2007년 유럽이 "이스라엘 건국 이래 처음으로 중동에 중립 세력"을 주둔시킬 수 있었다면 좋았을 텐데……. 이 말은 이렇게 번역할 수 있다. 프랑스나 이탈리아가 군대를 파견하고, 독일 해군이 해안을 순찰하는 게 아니라 말 그대로 유럽연합이 이스라엘 국방군(IDF)이 침공한 레바논 지역에 텔아비브에 맞서

---

8 Jürgen Habermas, *Ach, Europa*, pp. 121~22.
9 Jürgen Habermas, *Ach, Europa*, p. 110. 하버마스의 "단계적 통합의 정치를 위한 변론"에서 찾아볼 수 있는 내적 동기와 외적 동기의 상대적 비중은 각각에 할당된 지면으로 판단할 수 있다. 외적 동기가 내적 동기보다 두 배 정도 많다.

는 제방을 쌓았어야 했다. 이런 노선에 따른 독자적인 대외정책이 유럽 대중에게 상징적인 신호가 될 것 같지는 않다. 찬미자가 바라는 만큼이나 '이상주의적이고 보편주의적인' 민주당 행정부가 워싱턴에 들어서면서 하버마스에게도 이게 그렇게 긴급한 문제가 되지 않을 것으로 보인다. 조지 W. 부시(George W. Bush)라는 마귀가 사라진 지금 유럽도 분명히 긴장을 풀 수 있을 것이다. 유럽연합 차원의 국민투표가 없는 것이 국민투표를 지지하는 사람들로부터 더 이상 커다란 저항을 불러일으키지 않을 것으로 보인다. 그 한계가 무엇이든지 간에 리스본 조약은 의심할 바 없이 결국 조용히 수용될 것이다.

시의에 맞는 개입은 아니지만 파노라마 같은 종합인 스테파노 바르톨리니(Stefano Bartolini)의 『유럽의 재구축』(Restructuring Europe, 2005)은 이탈리아가 유럽연합에 대한 가장 진지한 문헌을 생산한 대륙의 문화권이라는 생각을 뒷받침해 준다. 잔도메니코 마조네와 달리 바르톨리니의 이전 저작은 모두 이탈리아어로만 출판되었지만, 마조네의 저작과 마찬가지로 이 책은—중요하지 않은 사실은 아니지만—저자의 모국어가 아니라 영어로 출판되었다. 여러 가지 면에서 『유럽의 재구축』은 그 기원이 앵글로 아메리카가 아닌 것으로서 유럽연합에 대한 진정으로 최초의 포괄적인 연구로 볼 수 있다. 이 책의 출발점은 이단적이며, 일종의 역사적인 사고 실험이다. 모두가 유럽연합은 국가가 아니라고 말한다. 그러나 유럽연합을 고전적인 민족국가의 대립물이 아니라 민족국가의 발전으로 보면 안 되는가? 그렇다면 유럽연합을 어떻게 볼 것인가? 알베르트 히르쉬만과 스타인 로칸(Stein Rokkan)의 작업 도구를 가지고 바르톨리니는 유럽 국가 체제의 기원을 추적하고, 오늘날 우리가 알고 있는 민족국가의 출현을 다섯 단계로 재구성한다. 첫 번째는 강압적인 단계로, 봉건제에서 절대주의로 넘어간 것이다. 그다음에는 자본주의적인 단계로 이때 강압이 덜 집중된 지역에서 시장이 출현했다. 그다음이 민족적인 단계이며, 언어적·문화적 동질화가 일어났다. 그다음이 민주적인 단계이며, 참정권의 일반화가 있었다. 마지막으로 복지 체제의 창출과 함께 사회적 분배(social-sharing)가 일어났다. 이러한 긴 역사의 누적적인 결과는 전쟁 기능, 상업적 기능, 민족적 기능, 헌법적 기능, 복지적 기능 등이 군사적·경제적·문화적·정치적·사회적 경계가 일치하는 가운데 융합된 것이었다. 이러한 발전 속에서 핵심적인 구성부분은 '체제 건설' 과정이었다. 민족적 정체성의 창출, 정치적 참여의 성장, 사회보장의 도입 등이다.

그렇다면 유럽연합은 4억 5,000만 명의 인구와 400만 제곱킬로미터의 땅에서 이전의 다섯 단계를 대륙 수준에서 반복하면서 국가 형성의 여섯 번째 단계가 될 것인가? 1945년 이후에 통합은 제2차 세계대전의 결과에 의해 추동되었다. 당시 유럽의 민족국가는 자족적인 군사적 캡슐 혹은 경제적 캡슐이 더 이상 아니었다. 안보에 대한 관리와 통화정책이 대서양을 건너갔던 것이다. 감당할 수 없는 군사적 경쟁 비용과 경제적 주변화의 위험성으로 인해 유럽공동체가 시작되었지만, 그렇게 함으로써 유럽은 민족국가를 규정하던 경계선의 일관성이 깨졌다. 마스트리흐트 조약은 재유럽화된 통화정책과 안보정책을 위한 노력으로 볼 수 있었다. 그러나 국가 형성의 다른 차원에 대한 대차대조표는 어떠한가?

바르톨리니의 결론은 음울하다. 분명히 '중심 형성'은 집행위원회, 이사회, 의회, 재판소 사이의 경쟁 속에서 빨리 진척되었고, 여러 방면에서 역량의 확장으로 이어졌다. 그러나 이 복합물이 중세적인 신분의 혼합 정체를 가지고 있다는 마조네의 유추는 근거가 없다. 왜냐하면 유럽연합의 테크노크라트적이거나 상업적인 분할선이 분명하지 않기 때문이다. 그 대신 브뤼셀은 매우 커다란 복합체의 의사결정 과정의 소굴이며, 집행 기능과 입법 기능을 혼란스럽게 하고 있다. "전문적인 법률가와 훈련받은 관리만이 따라갈 수 있는" 32개 이상의 절차가 있다.[10] 토

---

10 Stefano Bartolini, *Restructuring Europe. Centre formation, system building and political structuring between the nation-state and the European Union*, Oxford 2005, pp. 157~58.

론 없이 승인되는 이사회 결정의 3/4은 상주 대표위원회의 휴식 시간에 불투명하게 미리 준비된 패키지에 다름 아니다. 반면 대중이 볼 수 없는 하위 수준에서는 각국 관리와 공동체 조직 사이의 하층 커넥션이 확대되고 있다. 브뤼셀에서 확대된 위원회 체제에 만연한 로비의 90퍼센트는 이런저런 기업 조직이 벌이는 것이다. 이와는 대조적으로 노동조합, 환경 단체, 소비자 단체, 여성 단체 혹은 기타 '공익 그룹'은 모두 합해서 5퍼센트 정도이다. 현실적인 조건을 보면 1990년대 집행위원회가 관리하는 예산은 유럽연합 GDP의 1퍼센트 미만이었다. 1990년대 말이 되면 이 가운데 1/3이 결속 기금(Cohesion Fund)에 사용되었는데, 이는 사회적 재분배보다는 영토적 재분배의 효과가 있다. 전체적으로 볼 때, 유럽연합의 사회 지출은 각국 정부가 할당하는 총액의 1/100에 불과하다. 이러한 조건에서 "가시적이거나 의미 있는 유럽의 사회적 시민권을 가지고 있다고 볼 수 있는 층"은 존재하지 않는다. 다른 한편으로 통화동맹은 유럽중앙은행이 감독하는 유로존이라는 매우 강력한 경제적 범위를 만들어냈다. 그러나 현재까지 가격 안정 이외에 어떤 다른 제도적 목표도 없는 통화동맹은 유럽연합 공통의 이익과 경제적 헤게모니에 봉사하는 기구라기보다는 '회원국'의 행동을 "규율하는 엄격한 체계 비슷한 것으로 보인다."[11] 공동의 이민 통제 및 범죄 통제가 개시되면서 내부 안보가 유럽연합의 역량 범위 내로 들어왔으며, 이와 함께 강제적인 경계의 속성 가운데 일부를 가지게 되었다. 마지막이지만 마찬가지로 중요한 것으로 유럽사법재판소는 새로운 법률 영역으로 꾸준히 관할 영역을 확장해 왔으며, 최근에는 의미 있게도 노동법으로 확장했다.

여전히 선택적이기는 하지만 이렇게 상부에서 권력의 축적이 이루어진 데 반해, 민족국가의 발전에서 아래로부터 이루어진 보완적인 충성심과 정체성을 창출하는 과정은 여전히 보잘것없다. "언어의 파편화는 대중적 수준의 상징적 상호작용에 대해 어마어마한 방해물로 남아 있

---

11 Stefano Bartolini, *Restructuring Europe*, pp. 284, 233, 198.

다.” 영어의 사용이 확산되고 있지만 유럽의 표준이 아니라 지구적 표준으로서 그러하기 때문에, 유럽연합과 세계의 어떤 문화적 경계를 그리는 게 아니라 제거하고 있다. 유럽의회 내의 정치적 대표성은 관념적인 것에 불과하며, 유럽의회 내의 이러저러한 블록은 너무나 이질적이어서 이러한 분할이 순수하게 보일 정도이다. 왜냐하면 의회 자체가 보이지 않고, 거기서 논의하는 게 국내에서 아무런 결과를 내지 못하기 때문이다. 이른바 유럽 수준의 정당은 어떤 선거 결과를 추구할 역량이 없을 뿐만 아니라 실질적인 정치적 책임성도 질 수 없다. 유럽 수준의 정당은 각국 내 정당의 방식으로 시민의 요구를 총합하거나 전달하지 못하고 이 요구를 희석하거나 억압하는 행동을 취한다. 이들이 대표하는 모습의 가장 두드러진 특징은 결석(absenteeism)이다. 유럽의회 의원 가운데 절반이 안 되는 숫자가 의결을 위해 출석하려 하고 있으며, 표결을 위한 평균 출석률은 겨우 45퍼센트이다.[12] 이것은 유럽의회가 중요성이 없어서가 아니다. 왜냐하면 유럽의회 또한 유럽연합의 경쟁하는 상층부 내에서 —부분적으로는 의도하지 않은 것이지만— 몇몇 제도적인 굼뜸(creep)으로부터 혜택을 보고 있기 때문이다. 그러나 실질적인 관점에서 보면, 그 주된 효과는 정치과정으로서의 유럽연합의 핵심 현상인 ‘엘리트적인 강화’를 대중의 시선 혹은 대중적 경합으로부터 막는 것이다.

이것이 바르톨리니가 ‘공모한 민주주의’(collusive democracy)라고 부른 체제이다. 여기서 엘리트는 유권자가 접근할 수 없는 문제를 둘러싸고 유권자들이 분할될 수 없도록 막는다. 이러한 체제 내에서 정당성이라는 쟁점 —종종 유럽 엘리트가 이를 번민하지만 웃기는 일이다— 은 결코 제기되지 않는다. 왜냐하면 정의상 정당성은 수행성 —기껏해야 수동적인 동의를 확보하는 능력인데, 이는 매우 다른 것이다— 으로

---

12 Stefano Bartolini, *Restructuring Europe*, p. 331. 공동결정(co-decision, 이사회와 의회가 합의하여 처리하는 것) 절차에 따라 의회가 행하는 중요한 표결의 경우에조차 유럽연합 의원의 1/3은 출석하지 않는다.

대체될 수 없는 원칙에 대한 것이기 때문이다. 그렇게 해서 나온 질서는 일관되지 못하다. 자신의 경제적·법적·행정적 경계선을 포기한 민족국가는 자신의 문화적·사회적·정치적 경계 뒤에 숨으려 한다. 그러나 민족국가를 둘러싼 더 큰 공간에 의해 침투당하고 침식당한 이들 경계는 더 이상 과거의 그 경계가 아니다. 마조네나 모라브칙의 상상과 달리, 두 지역 사이에 명료한 경계나 분업이 있는 것이 아니라 비일관성과 양립 불가능성이 있다. 그 민족들의 사회적·정치적 삶은 유럽연합의 경제적·관료적·사업적 작동의 충격 ─ 누군가에는 전염병이고, 누군가에는 치료약이다 ─ 으로부터 격리될 수 없다. 역사적으로 민족국가의 건설 과정은 되풀이되지 않고, 재정돈되고 해체되었다. 비판적으로 보면, 유럽통합은 "사회적 정체성 및 결정 규칙에 아무런 관계가 없거나 거의 관계가 없는 사회적·경제적 관행의 어마어마한 팽창"을 경험했다. 바르톨리니의 결론은 위안이 되지 못한다. 장래에 첨예한 갈등이 생기지 않는다면, "흩어진 정체성, 이해관계, 제도 등의 요소가 새로운 일관된 질서로 가기 위해 화해할 필요가 있다."[13] 그러나 그러한 길은 여전히 불투명하다. 이 책 앞머리에는 괴테를 인용한 제사가 있다. "결국 우리는 우리가 만들어낸 피조물에 의존하고 있다"(Am Ende hängen wir doch ab/ Von Kreaturen, die wir machten). 이 말은 메피스토펠레스가 한 말이다. 피조물은 난쟁이이다. 다음 장면은 발푸르기스의 전야제(Walpurgis Night)이다.

3

좀 더 장기적인 지속에서 볼 때 유럽연합은 무엇이며, 유럽 문명 자체는 무엇인가? 2001년 이래 브뤼셀에는 공식적인 유럽 박물관이 있어서 시민들은 오늘날 유럽이 획득한 공동의 제도로 절정에 달한 유럽 대

13 Stefano Bartolini, *Restructuring Europe*, pp. 410~12.

류의 과거에 대한 역사 탐방을 할 수 있게 되었다. 이 박물관을 만들기로 한 개념은 박물관의 학술 책임자인 프랑스-폴란드 역사가인 크시슈토프 포미안 자신이 공동 편집인으로 있는 『르 데바』에서 설명한 바 있으며, 『유럽과 그 민족들』(1990) 그리고 엘리 바르나비(Elie Barnavi)와 공동으로 2008년에 출판한 『유럽 혁명, 1945~2007』에 상세하게 나와 있다.[14] 이것은 유럽이 현재의 상황에 이르기 위해 걸어온 길에 대한 정전(正典)적인 설명에 가장 가깝다.

포미안의 이야기는 커다란 세 단계로 펼쳐진다. 1000년에서 1500년 사이에 유럽은 종교적·문화적·사회적 단일체를 형성했는데, 이는 공통의 신앙, 관행, 제도 ── 로마의 신조가 미치는 범위 안에서 유럽 전역에서 모방된 ── 등에 의해 규정되는 라틴 기독교 세계이다. 이러한 유럽 대륙의 첫 번째 통일은 종교개혁과 함께 폭발한 종교 전쟁으로 파괴되었고, 17세기 말까지 지속되었다. 마침내 이 종교 전쟁의 불꽃이 사그라지자 계몽사상이 등장하여 유럽의 두 번째 통일을 가져왔다. 이는 다소 확대된 범위에서 코스모폴리탄적인 문자 공화국(republic of letters)과 공통의 궁정 문화를 통해 이루어졌고, 이 둘은 결국 당대의 모든 엘리트가 공유하는 하나의 분위기로 융합되었다. 이러한 단일체는 다시 프랑스 혁명 및 이후의 나폴레옹 전쟁의 폭발로 해체되었고, 대륙 전역에서 대중적 열정뿐만 아니라 민족주의적 열정도 풀어놓았다. 이는 궁극적으로 20세기의 이데올로기 전쟁을 낳게 될 치명적인 동학의 시동을 걸었다. 20세기 전체주의적 신조들 ── 격화된 민족주의, 파시즘, 볼셰비키주의 ── 이 계속된 비극적인 갈등 속에서 유럽을 산산조각 냈다. 하지만 이로부터 세 번째 커다란 유럽의 통일이 등장했다. 이번에는 과거처럼 다른 힘의 부산물이 아니라 신중한 프로젝트의 산물이었다. 오늘날

---

14 박물관 책임자로서 포미안이 쓴 계획서는 다음을 참조. Krzysztof Pomian, "Pour une musée de l'Europe. Visite commentée d'une exposition en projet", *Le Débat*, no. 129, March-April 2004, pp. 89~100.

우리가 누리고 있는 경제적·사법적 공동체의 건설이 그것이다. 이러한 통일이 가능했던 직접적인 조건은 파시즘의 패배, 식민주의의 종언, 공산주의의 붕괴, 경제 및 라이프스타일의 현대화 등이다. 그러나 더 깊은 역사적 수준에서는 계몽사상이라는 두 번째 통일에 대한 노스탤지어가 없었다면 가능하지 않을 것이다. 이것은 첫 번째 기독교 세계의 유산이 없었더라면 두 번째가 가능하지 않았던 것과 마찬가지이다. 오늘날 유럽 정체성이 닻을 내리고 있는 곳은 공통의 기억 속에 있는 이런 연속적인 퇴적층이다.[15]

이러한 도식은 그 한계가 무엇이든지 간에 비슷한 다른 제안과 마찬가지로 역사로서 대칭이라는 호소력이 있다. 중세 사회가 기독교 세계와 대립되는 것으로서 유럽에 대한 의식이 없었고, 계몽사상은 기독교 세계를 사회의 협소한 하나의 층으로 보았으며, 이에 반해 유럽공동체는 모든 시민의 의식적 충성을 주장하고 모든 시민을 실제로 포함했기 때문에 이 이야기는 헤겔적인 용어로 요약할 수 있을 것이다. 연속적인 시련을 겪은 유럽의 경로는 즉자적 총체성에서 시작해서 대자적 선택성을 거쳐 즉자대자적인 총체성으로 나아가는 것이다. 하지만 이 삼각형의 결론에는 난점이 있다. 유럽 대륙의 세 번째 통일의 독특한 점이 프로젝트가 되어야 한다는 것이다. 그러나 무엇을 위한 프로젝트인가? 그것은 현재 없는 것 가운데 하나로 일관된 혹은 주목할 만한 종국성이다. 이는 데우스나 하버마스 같이 유럽연합에 대해 호의를 가진 사람들이 반복해서 말하는 것이다. 현재 유럽연합이 하고자 하는, 어떤 동기가 있는 목적 — 혹은 이것이 목적인가? — 은 점점 모호해지는 것으로 보인다. 유럽연합을 구성하고 있는 제도의 건설은 분명 하나의 프로젝트였다. 그러나 구성되고 난 다음에는 무엇이 이 구성의 궁극적인 목적이

---

15 Krzysztof Pomian, *L'Europe et ses nations*, Paris 1990, pp. 53~61, 91~117, 219~33; Elie Barnavi and Krzysztof Pomian, *La révolution européenne 1945~2007*, Paris 2008, pp. 261~69.

되는가? 관료제라는 무풍지대 속에서 길을 잃은 종국성이라는 생각이 만연해 있다.

언제나 그런 것은 아니었다. 유럽통합의 영웅적 국면에서 그 목표는 분명했다. 프랑스와 독일을 공동의 법적 틀로 묶음으로써 철의 장막 서쪽에 평화를 보장하고, 준(準)대륙적인 시장을 창출함으로써 6개국에 번영을 가져오는 것이었다. 밀워드의 간결한 정식으로 보면, 유럽공동체는 그 회원국에 안보를 보장해 준다. 이 안보는 두 가지 의미에서 그러한데, 이 지역의 두 주요 국가 사이의 세 번째 전쟁의 위험성을 제거함으로써 국가적(national) 안보를 보장하는 것과 더 빠른 성장, 높은 생활수준, 더 많은 사회보장을 제공함으로써 사회적 안보를 보장하는 것이었다. 돌이켜보면 통합이 이를 위한 필수불가결한 중추였던 시절보다 이것이 덜 명료해 보인다. 지역 수준의 노력이 아니라 팍스 아메리카나라는 제국적 질서가 서유럽의 평온을 보장했다. 역사적으로 말하자면, 공동시장에 의해 가능했던 전반적으로 높은 성장은 사실 대단한 것이 아니었다. 이는 여러 국민경제의 산출 구조가 유사했기 때문이다. 최근 연구는 공동시장의 창출, 단일유럽의정서의 통과, 유럽통화동맹의 도입 등을 모두 고려해도 지난 반세기 동안 유럽연합의 GDP 성장에 순수하게 더해진 것은 압도적인 수치가 아니라 대략 5퍼센트일 것이라고 신중하게 추정한다.[16]

하지만 이러한 계산을 제쳐놓을 경우 1980년대가 되면 평화도 번영

---

16 Andrea Boltho and Barry Eichengreen, "The Economic Impact of European Integration", *Discussion Paper*, no. 6820, Centre for Economic Policy Research, May 2008, p. 44. 신중하게 설정한 반사실적 대조에 기초해서 이들은 공동시장이 1950년대 말에서 1970년대 중반까지 3~4퍼센트의 GDP 증가를 가져왔으며, 유럽통화제도(EMS)의 효과는 무시할 만한 것이고, 단일유럽법은 아마 1퍼센트 또 더했을 것이라고 결론 내리며, 통화동맹은 "이 지역의 성장률 혹은 산출 수준에 조차 아주 작은 효과 이상의 것"을 가져온 것은 아니라고 결론지었다. pp. 27, 29, 34, 38. 이것은 저자들도 말하듯이, 언제나 통합을 지지했고, 여전히 통합을 지지한 사람들이 내린 결론이다.

도 더 이상 유럽공동체 내에서 긍정적인 영감을 줄 수 없었다. 전후 두 세대의 평화와 번영은 유럽공동체 시민들에게 당연한 것이었고, 많은 사람들이 성장이 어느 정도 이루어졌다고 느꼈으며, 일부의 경우에는 다른 곳보다 더 많이 성장했다고 느꼈다. 냉전 승리로 인해 침략의 위협은 한층 더 멀어졌으며, 높은 생활수준에 대한 약속은 다시 한 번 유럽연합이 동쪽으로 확대되면서 강력한 유인력이 있었지만, 유럽연합 인구의 3/4을 이루는 서유럽 시민들은 더 이상 여기에 흥분하지 않았다. 공식적이든 비공식적이든 간에 정당화 담론에서 강조점이 특히 ─ 아마 어느 정도는 유일하게 ─ 유럽연합의 가치를 규정할 때 연대로 옮아갔다. 여기서 유럽의 복지 체제 및 소득 분배는 자주 더 관대하고 덜 불평등한 것으로 미국의 복지 체제 및 소득 분배와 비교되었다.

이러한 주장에 대중적인 반향이 있었다는 데는 의심의 여지가 없다. 그러나 이것이 공동의 모반이 있는 사회구조의 실질적인 차이를 드러낼 수는 있지만 유럽연합의 종국성과 같은 것은 아니다. 왜냐하면 여기에는 유럽연합에 특유한 것이 없기 때문이다. 복지의 제공은 여전히 유럽공동체가 아니라 민족국가의 일이었으며, 유럽 대륙 전체는 말할 것도 없고 서유럽에서조차 나라마다 달랐다. 실제로 차이의 정도는 상당해서 유럽연합 내부나 외부에서 이러저러한 사회 안전망 차원에서 미국의 이러저러한 주나 지역의 특징이 없는 지역이 거의 없을 정도이다. 이때 미국은 보통 상상하는 것보다 유럽의 모자이크와 훨씬 가깝다.[17] 연대라는 이데올로기는 미국보다 유럽에서 훨씬 더 강하다. 하지만 현실은 더 가깝다. 앞으로 들어설 행정부가 수행할 개혁과 여러 유럽 나라 정부가 진행하고 있는 사회 비용의 삭감을 볼 때 현실은 더 그렇게 될 것으로 보인다.

물론 대륙 수준의 한 민족국가를 크기도 각기 다르고 역사와 발전 수

---

17 다음의 체계적인 설명 참조. Peter Baldwin, *The Narcissism of Minor Differences*, New York 2009, passim.

준도 다른 18개 혹은 ― 동유럽의 가입에 따라 ― 거의 30개 민족국가와 비교하는 한 미국과 유럽의 사회경제적 비교는 잘못된 추론이라고 비난을 받을 수도 있다. 브뤼셀은 워싱턴이 아니다. 유럽공동체는 중앙 행정부도 없고 글로벌 파워도 아니다. 그러나 유럽공동체는 그렇게 되면 안 되는가? 이것이 오늘날의 유럽연합을 일관된 프로젝트로 만들어 줄 수 있는 종국성이 아닌가? 이와 같은 어떤 것이 비록 조용하고 사적으로 표현되었지만 모네 자신의 마음속에 처음부터 있었으며, 많은 사람은 그 이래 이를 더 공개적으로 주장했다. 당대의 버전에서 이것은 대개 지정학적인 형태와 윤리정치적인 형태가 있었다. 전자의 관점에서 유럽연합 ― 현재 전체 인구와 경제 면에서 미국보다 상당히 크다 ― 은 발전하고 있는 강대국(Great Power)으로서의 객관적인 지위에서 오는 정치적 책임을 받아들여야 한다.[18] 이는 인접 지역 및 세계의 다른 지역에서 단일한 대외정책을 실행하고 강제할 수 있는 유럽 군사 기구 및 외교의 창출을 필요로 한다. 로버트 쿠퍼(Robert Cooper)나 헤르프리트 뮌클러 같은 이론가에게 이렇게 인식된 유럽연합의 사명은 새로운 ― 이번에는 진정으로 은혜로운 ― 제국이 되는 것이다. 이는 아메리카 제국과 경쟁하는 것은 아니지만 자율성을 가진 제국이다.

이런 종류의 지정학적 기획은 더 넓게 보았을 때 유익하지도 않고 현실적이지도 않다. 국제무대에서 유럽의 적절한 사명은 도리어 윤리정치적인 것이다. 과거에는 이런 형태에서 결코 볼 수 없었던 어떤 것, 즉 '규범적 힘'이 되어야 한다. 하버마스가 말하는 가장 급진적인 버전에서 헌법적으로 민족국가를 대신하는 유럽연합은 세계 정부로 가는 인류의 길을 개척하고 있으며, 그러한 궁극적인 목적에 어울리는 과업을 떠맡을 필요가 있다. 이러한 책임은 여전히 민족국가인 아메리카 공화국 ― 언제나 그러했지만 여전히 존경할 만한 ― 이 완수하기에는 내재

---

18 인구: 유럽연합 4억 7,000만 명; 미국 3억 3,000만 명. 경제: 유럽연합의 GDP 18조 달러; 미국 14조 달러. IMF, *World Economic Outlook Database*, April 2009 참조.

적으로 부족하다. 유엔은 보편적인 것으로, 이 속에서 유럽은 이를 부정하지 말고 자신의 특수성을 승화시키고 모든 민족을 위해 법의 지배 및 인권의 헌법화를 추구할 수 있다. 이는 비록 국가주권이라는 낡은 속성이기는 하지만 법의 지배 및 인권을 침해하는 나라를 처벌하기 위해 유엔에 필요한 기구와 절차를 ── 칸트는 이를 간과했다 ── 도입함으로써 가능하다.

프랑스 사회당의 우파에 속하는 정치학자 자키 라이디(Zaki Laïdi)는 이러한 목표가 지나치게 높은 것이라며 회의적인 태도를 보이면서 온건한 버전을 제안한다. 쿠퍼-뮌클러 노선에 따른 유럽적인 현실정치(Realpolitik)도, 하버마스 노선에 따른 세계의 헌법화도 실행 가능하지 않다. 왜냐하면 유럽인들은 스스로를 자기 안보의 보장자라고 보지 않기 때문이다. 일본인들과 마찬가지로 유럽인들은 자기 안보를 미국에 위탁하고 있다. 그러나 유럽연합은 적절하게 이해된 규범적 힘으로서 세계 속에서 중요한 역할을 할 수 있다. 왜냐하면 유럽연합 자체가 규범에 기초해 있기 때문이다. 유럽연합 회원국들은 이 규범들을 통해 주권을 포기하지 않으면서도 주권을 공동출자할 수 있었다. 이러한 규범을 발전시키면서 ── 코펜하겐 기준을 기준점으로 들 수 있다 ── 유럽연합은 모델이 아니라 여러 영역에서 미국을 따돌리고 지구적 기준을 설정한 좀 더 유용한 어떤 것, 세계를 위한 도구상자가 되었다. 여기에는 환경, 의료 서비스, 경쟁 등이 있다. '구원적인 것이 아니라 규제적인' 규범을 헌법화하려는 시도 속에는 특별한 순간이 있는 것이 아니다. 왜냐하면 그런 규범들은 어쨌든 동적인 것이고 시간이 지나면서 진화하는 것이기 때문이다. 국가들 사이의 형식적 평등을 위한 계획이 실질적인 불평등을 없애지 못한다. 규범적 힘이 일종의 소프트 파워라고 한다면, 소프트 파워는 하드 파워와 완전히 분리될 수는 없다. 유럽연합이 2,000마일에 달하는 전략적 범위를 가진 유럽연합 전투단(Battle Group)을 창설하고, 몰다비아에서 모로코까지 주변 지역에 군대를 배치한 것이 ── '고전적인 반주변 통제정책' ── 이를 입증한다. 그러나 설사 이중 기준이 불가피하다 하더라도 본질적으로 유럽연합은 "규범 있는 지정학을 수행한다."[19]

특수한 유럽적 연대에 대한 요청과 마찬가지로 유럽적 자율성에 대한 열망은 유럽연합 전역에서, 적어도 냉전 경계선의 서쪽에서 여론의 폭넓은 지지를 받았다. 그러나 이를 표현하는 이데올로기들은 불확실한 것이었고, 지지도 피상적이었다. 많은 유럽인들이 정치적 청렴함의 피난처로서 유럽연합의 독특한 덕을 찬양했지만, 세계의 나머지 지역이 이에 깊은 인상을 받았다는 징후는 별로 없다. 라틴아메리카, 아시아, 아프리카, 중동의 정책 입안자들은 시장, 병원 대기자 명단, 배출 가스 등에 대해 뭔가 배우려고 브뤼셀에 있는 경쟁위원회 위원장(Competition Commissioner)도, 런던에 있는 국민의료서비스도, 독일의 자동차 산업도 찾지 않는다. 키프로스의 군사적 점령과 인종 청소 그리고 터키의 제노사이드에 대한 억압과 유럽연합의 충돌은 발칸 반도에서 유럽연합이 벌인 구조 활동과 유대인 학살(Shoah)에 대한 기념행사가 이중 기준 이상의 것이라는 점을 폭로한다. 유럽에 특유한 '규범성'이라는 사명으로 인식되는 유럽의 자율성은 포스트모던적인 것을 위한 변명 이상이 아니니다.

덜 윤리적이고 덜 정치적인 버전은 현실과 더 많이 접촉하고, 완곡어법의 부담은 더 적다는 이점이 있다. 당연히 이 버전 또한 자신의 제국주의적 선조가 그러했던 것처럼 도덕적 권리와 의무라는 장비가 없을 수는 없다. 뮌클러는 이 연속성에 대해 완벽하게 이해한다. 그러나 미국이 자유주의적 문명이라는 수사에서 유럽연합의 경쟁자가 되거나 손쉽게 뛰어넘을 수 있다는 것을 알고 있는 이들은 이를 유럽적인 것의 핵심으로 제시하려는 경향은 덜하다. 자율성에 대한 이들의 개념은 더 제

19 Zaki Laïdi, *Norms over Force: The Enigma of European Power*, New York 2008, pp. 5, 8, 42~50, 120, 33, 129. 영어판은 다음 프랑스어판의 증보판이다. *La Norme sans la force. L'énigme de la puissance européenne*, Paris 2005.

한적이다. 아메리카의 지구적인 지배권(imperium)을 수용하는 이들은 유럽연합을 그 속에 자리 잡게 하고, 패권국가(hegemon)와 충성스러운 연대 ― 필요한 경우 비판적인 ― 를 유지하면서 아제국 권력으로서 주변 지역의 순찰을 제시한다. 이것이 유럽 대륙의 다른 지도자들은 아직 그렇지 않지만 대체로 사르코지가 채택한 유럽연합의 전망이며, 브뤼셀이 지금까지 할 수 있었던 것보다 좀 더 중앙집권적이며, 필요한 경우 무력을 사용하는 외부 작전을 더 많이 벌인다는 것을 의미한다. 이것은 지정학적 전망으로서 장래성이 있다. 최근 유럽의 대중이 세계에서 미국이 하는 역할에 대해 보이는 반감 ― 워싱턴으로 급격하게 돌아선 프랑스 대외정책은 국내에서 인기가 없었다 ― 은 이를 저주하는 것처럼 보인다. 그러나 이런 모습의 대부분은 미국과의 동일성에서 정치적으로 심각하게 벗어나는 것이라기보다는 유럽의 감수성을 경시하는 부시와 공화당 행정부에 대한 문화적 반감이다. 예상할 수 있듯이, 민주당 행정부가 등장하면서 아메리카보다 유럽에서 이미 새로운 대통령에 대한 대단한 열광이 나타났다. 이러한 의미에서 국제무대의 관리자에게 도전하지 않으면서 국제무대에서 좀 더 분명한 자리에 오른다는 유럽연합에 대한 개념은 완전히 받아들일 수 있는 것으로 보인다. 이것이 가지는 한계는 실제로 얻을 수 있는 자율성이 별 것 아니라는 데 있다. 미국이 중요하게 보는 쟁점에 대해 패권국가의 의지를 거스를 수 없는 유럽연합은 사전에 영향력이 줄어든 행위자이다. 이것이 유럽연합의 종국성이라고 한다면 그것은 축소된 종국성일 것이다.

하지만 유럽연합이 재현할 수 있게 된 프로젝트를 더 진전시킨 개념이 있는데, 이는 유럽연합을 가장 심오하고 가장 지속적인 과거에 대한 명상의 일부와 연관시킬 것이다. 유럽 대륙의 진정한 역사적 특징인 유럽의 다양성이라는 주제는 낭만주의적 사고와 왕정복고에 뿌리를 두고 있다. 19세기 말이 되면 치열한 논쟁 속에서 뒤틀렸고, 20세기 대부분의 시기 동안 약화되었지만 완전히 사라지지는 않았다. 냉전이 끝나가면서 이 주제는 잠재적인 새로운 표현을 발견했다. 프랑스 사회학자

이자 다재다능한 사상가인 에드가 모랭이 쓴 『유럽을 생각한다』(1987)
는 이러한 복귀의 기함이었다. 모랭은 유럽에 대한 이상화 혹은 추상화
를 모두 기각하면서 유럽 대륙은 대립물의 복합체라고 선언했다. "우리
는 하나의 분명하고 구분되며 조화로운 유럽을 버려야 하며, 고유한 유
럽적인 본질 혹은 실체라는 관념을 거부해야 하고, 분열과 적대보다 앞
에 놓인 유럽적 실제의 이상을 몰아내야 한다. 반대로 우리는 유럽을 분
열과 적대 속에 새겨넣어야 한다." 유럽의 통일성은 두 가지 원칙의 관
점에서만 제대로 이해될 수 있을 것이다. 그것은 대화의 원칙과 회귀의
원칙이다. 첫 번째 것은 "하나의 단일체 내에 복합적인—보충적이고,
경쟁적이고, 적대적인—방식으로 묶인, 즉 그 속에 이중성이 보존되는
방식으로 두 개 이상의 논리"가 존재함을 의미한다. 두 번째 것은 "명백
하게 적대적인 힘의 흐름이 보충적이 되는—공기 혹은 물의 소용돌이
로서—소용돌이를" 함의하며, 이는 "자신의 구성 요소를 추동하고 통
합하기 위해 그 구성 요소에 반응하는 자기 발생적인 나선형" 속에서
그렇게 한다.[20]

　유럽 문명의 기원에는 서로 크게 다른 세 개의 전통, 즉 고전주의 전
통, 유대교 전통, 기독교 전통이 있으며, 이들의 유산 사이에는 영구적
인 갈등이 있었다. 기독교 세계는 다시 그리스 정교회와 로마 교회로 분
열되었다. 중세는 제국과 교황 사이의 항쟁으로 분열되었고 그 뒤에 대
분열이 있었다. 부르주아 문명은 봉건제를 침식했고, 종교개혁은 로마
교회를 쪼갰고, 르네상스는 신앙과 이성의 연결을 끊어버렸다. 왕조국
가는 유럽을 서로 싸우는 동맹으로 분열시켰고, 이는 힘의 균형에 의
해 규제되었다. 민족국가는 이 균형을 뒤흔들었고, 유럽의 힘을 절정으
로 올렸다가 자살적인 전쟁의 심연으로 빠트렸고, 이로부터 유럽공동
체—여전히 생산과 시장으로 제한되어 있기는 하지만—가 등장했다.
근대 유럽을 형성한 모든 것이 유럽을 분열시켰고, 유럽을 분열시킨 모

20　Edgar Morin, *Penser l'Europe*, Paris 1987, pp. 27~28.

든 것이 유럽을 형성했다.

오늘날 유럽의 가장 소중한 유산으로서 "유럽의 유례없는 문화적 다양성"으로부터, 그리고 이로부터 공동의 운명을 벼려야 할 필요성으로부터 새로운 인식이 등장했다고 모랭은 생각했다. 유럽의 미래는 분명히 산업의 쇠퇴, 인구의 축소, 핵 절멸의 위험에 위협받고 있었다. 그러나 유럽이 직면한 가장 직접적인 위협은 소련이라는 전체주의 제국이었다. 왜냐하면 한때 모랭이 신봉했던 자본주의와 사회주의의 갈등은 오래전에 민주주의와 전체주의의 대립으로 대체되었기 때문이다. 무엇보다 민주주의는 다양성과 복합성 위에서 번성하지만 유럽에서 민주주의는 두 번째 바람이 필요했다. 국제적으로 볼 때, 하나의 지방 이상이 아니었던 유럽 대륙이 세계를 향해 열린 또 다른 르네상스를 수행할 수 있는 능력이 있는 '메타 민족'으로 전환되면서 유럽 대륙의 변신이 이미 시작되었다.[21]

프랑수아 기조의 구성물을 20세기 말의 버전으로 만든 이 속에서 전통적인 긴장은 첨예한 일련의 모순으로 급진화되었다. 계몽사상은 유럽 내의 국가들의 복수성을 칭찬했다. 낭만주의자들은 이를 다양성—숫자만이 아니라 차이를 포함하는—이라는 가치로 바꾸었다. 왕정복고 시기에 역사가들은 견해의 다양성을 이해했다. 하지만 언제나 타협에 의해 통제되는 것이었다. 모랭에게서 기조의 단서 조항은 사라지고, 자기 추진 식의 회오리바람이나 용오름이라는 이미지로 대체되었다. 그 결과는 중간이나 끝에 멈추는 지점 없이 다양성과 갈등성 사이를 끊임없이 왔다갔다 하는 것이며, 종종 한 문장 안에서도 그러하다. 적대, 무질서, 혼돈 등이 다양성, 혁신성, 보충성보다 유럽을 규정하는 긍정적인 정의인 것처럼 규칙적으로 들먹이는데, 마치 이들 사이에 차이가 없고, 이들을 동일시하는 데 아무런 대가가 없는 것처럼 그렇게 한다. 유럽사는 대화라는 은혜로운 매개 속에서 전개되며, 민주주의라는 든든한 무

---

21 Edgar Morin, *Penser l'Europe*, pp. 149, 191, 212, 199, 207, 216~17.

기에서 끝나며, 종종 두 말은 의사소통적 이성의 품에서 거의 같은 것으로 취급된다. 하지만 동일한 호흡 속에서 갈등은 정적인 타협으로 끝나지 않고, 동적인 종합 속에서 상승하는 나선형이 되어 새로운 갈등을 창출한다.

그렇다면 그러한 갈등이 화해할 수 없고, 생산적 교환 혹은 합리적 규제를 위한 공간을 남겨놓지 않는 적대가 되는 지점은 어디인가? 다시 말해 전시에 법이 침묵하는(inter arma silent leges) 때는 언제인가? 모랭은 잠시 유럽 문화의 비판적 정신, 즉 모든 것을 문제화하는 필수적인 부정성이 유럽을 재난으로 이끈 자기파괴적인 과정과 연관이 있는지를 궁금해하지만 상냥한 충고와 함께 이런 생각을 거부한다. "그것은 판단할 수 없다. 그것 또한 문제화되어야 한다." 매우 타당하게 『유럽을 생각한다』가 제시하는 민주주의의 창조성에 대한 최종적인 정의는——이 책의 생기 넘치는 방식으로 불가능한 일을 하는데——다양성에 대한 랑케의 냉정한 버전에서 전쟁의 창조성에 청한 것과 동일한 권위에 호소하고 있다. "민주주의가 조화를 향하는 경향이 있다면, 그것은 갈등을 통합하는 헤라클레이토스적인 조화이다."[22]

스타카토적인 기백으로 쓰인 『유럽을 생각한다』는 이 책에 대해 무슨 이야기를 하더라도, 우리 시대라는 주제에 대해 분명 가장 열정적으로 개입하는 책 가운데 하나라 할 수 있다. 하지만 여기에는 두드러지게 없는 것이 하나 있다. 유럽의 통일성에 대한 책에서 모랭은 자신이 살고 있는 실제 유럽공동체에 대해, 자신의 감정이 매우 냉정한 유럽공동체에 대해 거의 말하지 않았다. 이러한 무관심은 분명 과거 공산주의자로서 동유럽의 운명에 대한 그의 관심과 관련이 있었다. 이 지점에서 그는 번영하는 서유럽의 제도를 검토할 계획이 없었다. 그러나 좀 더 근본적으로 그가 가지고 있는 유럽의 이미지와 유럽공동체에 의해 새로운 유

---

22 Edgar Morin, *Penser l'Europe*, p. 212; Leopold von Ranke, *Die grossen Mächte* (1833), Leipzig 1916(ed. Meinecke), p. 58.

럽의 본질이라고 점점 설파되고 실천되고 있던 이상 사이의 커다란 간극의 지표로 읽을 수 있다. 브뤼셀에서 원하는 것은 무엇보다도 갈등이 아니었다. 집행위원회의 발표나 의회의 연설은 말할 것도 없고, 이사회의 모든 회의에서 끊임없이 반복해서 유럽적 가치에 대해 정의하는 것은 정반대였다. 그것은 합의였다. 이것은 오늘날까지 남아 있다. 공식적인 이데올로기 속에서 이러한 합의는 물론 균일성은 아니었다. 수반되는 가치 가운데 다양성보다 분명하고 높이 칭송받는 가치는 없었으며, 이 또한 지극히 유럽적인 가치였다. 각 회원국은 고유한 문화와 정체성이 있으며 ─ 나중에 발견한 것으로 ─ 각 민족 내의 모든 지역 또한 고유한 문화와 정체성이 있었다. 모든 것이 각자의 방식으로 다양하지만, 건전한 타협 후에 이들 사이의 토론이 합리적인 결론에 도달하자마자 공동의 관심사에 관해 모두가 동의할 수 있었다.

『유럽을 생각한다』가 합의를 위한 시간을 갖지는 못했다 하더라도, 모랭이 현실을 다룰 때 어떤 종류의 유익한 갈등이 유럽의 소용돌이를 계속해서 상승시킬 수 있는지에 대해 모호한 태도를 취했다는 점은 주목할 만했다. 물론 생태주의, 그리고 권위와 위계에 대한 1968년의 반란이 있었다. 하지만 이것은 이제 20년 전의 일이다. 그 후에는 새로운 지역의 정체성이 있었다. 그러나 그가 이를 다루는 방식은 지극히 형식적이어서 유로크라트(Eurocrat)라면 모랭의 허세에 맞설 만하다고 느낄 것이며, 실제로는 그를 브뤼셀의 평화주의와 거의 구별시켜 주지 못한다. 모랭과 브뤼셀 각자 자신의 영역에서 다양성의 덕을 설명하고 있는 것이다. 예상할 수 없었던 것은 이 다양성이 곧 취하게 될 혼란스러운 형태였다.

4

맹점은 지적인 동시에 정치적인 것이며, 개념과 현실 모두를 이해하기 어렵게 한다. 개념적으로 볼 때 다양성은 종종 자유·평등·우애 등과 비교되면서 다루어졌고, 여전히 그렇게 다루어지지만 다양성은 이것들과 같은 종류의 가치일 수 없었다. 다양성에는 무시할 수 없는 수많은 대중적 속담에 들어 있는——"다양성은 삶의 향신료이다." "다양한 사람이 모여 세상을 이룬다"——직관적인 호소력이 있다.[23] 하지만 좀 더 엄격한 의미에서 정의상 다양성(diversity)은 모든 형태와 그 대립물을 포함하는 텅 빈 기표이다. 제3제국은 1930년대에 유럽 정부의 다양성에 더해진다. 차우셰스쿠 정권은 1970년대에 다양성을 제공했다. 다른 것이 반드시 더 좋거나 그저 다르기만 한 것은 아니다. 그것은 더 나쁠 수도 있다. 현재 다양성을 옹호하는 입장에서 다양성이 유효한 것은 보통 자연에서 온다는 것이다. 지구상의 생명에게 생물 다양성보다 더 필요한 것이 있을 수 있는가? 그러나 자연은 도덕적으로 볼 때 볼테르와 마르키스 드 사드(Marquis de Sade)에서 니체까지의 사상가들이 언급했듯이 무관심한 주인(master)이며, 그 법칙은 적자생존이다. 자연의 다양성은 병치가 아니라 창조일 뿐만 아니라 상호관계적인 파괴이다. 다른 경우와 마찬가지로 이 속에서 자연이라는 준거점은 그 준거점이 봉사할 것이라고 가정되는 문화적 대의에 별로 이득이 되지 않는다. 이 준거가 제공하는 것은 가치 공백적인 다양성에 대한 생생한 묘사이며, 개념적으로 적대와 분리될 수 없다는 것이다.

정치적 근시안은 더 넓은 현상이었다. 냉전이 끝나가던 당시에 전후 풍경의 중요한 변화로서의 이민이 아직 유럽 엘리트의 레이더 스크린에 잡히지 않던 때였다. 하지만 마침내 사태가 그렇게 되었을 때 다양성이라는 수사는 환영할 수 있는 지근거리에 있었다. 그러나 이제 변화의 규모가 커지면서 그것은 다문화주의라는 이데올로기 속에서 좀 더 체

---

23 'variety'의 함의와 'diversity'의 함의 사이에는 미묘하지만 중요한 차이가 있다. 전형적으로 후자는 함께 있지만 서로 다른 것에 해당하며, 전자는 자주 시간에 따른 경험의 변화를 함의한다. 이는 민중의 지혜 속에 나타나는 생생한 상상에서 그러하다. 샤를 푸리에가 정념을 분류할 때 변덕(Butterfly)의 표상으로 이론화한 것이 이것이다. Charles Fourier, *Oeuvres*, vol. II, Paris 1845, pp. 145~46.

계적인 형태를 띠게 되었다. 다문화주의가 기원한 북아메리카에서 이는 핵심적으로 언어 및 인종에 의해 제기된 쟁점에 대한 반응이었다. 캐나다에서 다문화주의라는 담론은 퀘벡의 프랑스어 사용 민족주의의 발흥을 순응시키고 공식적인 보호를 받을 수 있는 문화의 명단에 더 많은 공동체들 — 이누이트, 아메리카 인디언, 나중에는 아시아인 — 을 포함함으로써 그 민족주의를 중립화하려 했다. 미국에서 다문화주의는 차별과 배제에 대한 흑인의 저항이 커지면서 발전했는데, 이는 민족적·문화적 정체성의 표현으로 좀 더 손쉽게 취급할 수 있기 때문이다. 또한 스페인어 사용 인구의 성장과 함께 발전했는데, 더 일찍 이민을 온 사람들이 단일 국가에서 사용자가 된 것에 비해 이들은 그렇게 하려 하지 않았다. 역사적인 이민자의 나라인 두 사회 어디에도 새로운 문제와 직면한 것은 아니었다. 다문화주의는 진화하기는 했지만 오래된 상황에서 출현했다.[24]

유럽으로 건너온 다문화주의는 꼭 민족적 수준은 아니라 할지라도 유럽연합 수준에서는 기성 담론에 적용될 수 있는 것이었다. 문화의 다양성은 초민족적인 유럽공동체의 매력 가운데 하나로 오랫동안 찬양받았다. 이제 필요한 것은 최근에 들어온 새로운 이민자 문화를 포괄하기 위해 동일한 호소를 회원국 사이가 아니라 회원국 내부의 차이로 확장하는 것이었다. 다문화주의는 여기에 완벽하게 들어맞았다. 이것은 적대 없는 다양함(variety)이었다. 그러나 다문화주의가 '공동체의 방법'으로 합의를 신성시하는 공식 독트린에 부드럽게 나란히 놓였다 하더라도, 이민을 둘러싼 현실에도 그렇게 한 것은 아니었다. 여기에는 두 가

---

24 다문화주의의 등장이 이전의 '멜팅 폿'과 연속되었다거나 새로운 기능을 수행하는 데 실패했다는 것이 아니다. 불평등을 은폐하는 새로운 담론에 대한 가장 파괴적인 공격은 미국에서 나왔는데, 다음의 맹렬한 비판을 참조. Walter Benn Michael, *The Trouble with Diversity*, New York 2006. 현재 다문화주의의 날이 어머니날, 아버지날, 기타 장엄한 기념일과 함께 공식적으로 기념되는 캐나다에서는 이에 대응하는 것이 없다.

지 주요한 이유가 있었다. 우선 유럽연합의 회원국은 미국이나 캐나다와 달리 해외 이민에 기초하지 않는다. 역사적으로 볼 때 미국과 캐나다 사회의 부와 정체성은 세계의 다른 지역에서 건너온 정착자와 이민자에 의해 구성되었는데, 이때 이전에 거주하던 사람들을 내쫓거나 주변화시켰다. 19세기 말과 20세기 초 유럽에서 상당수의 이민자를 받아들인 나라들이 있었는데 — 프랑스가 주도적인 예이고, 독일이 또 다른 예였다 — 당시에는 미국만큼이나 비율이 높았다. 그러나 이민자들은 오랫동안 지속된 문화적·정치적 역사가 있는 사회에 들어왔으며, 대다수는 상대적으로 비슷한 이웃 나라에서 왔고, 정체나 정체성의 구조적 변화 없이 동화되었다. 그 결과 이들에 대한 공적 기억이 별로 없는 정도가 되었다.

전후의 이민은 매우 다른 문제였다. 유럽 전체로 볼 때, 규모 면에서 훨씬 컸기 때문만은 아니었다. 무엇보다 그것은 출신지가 유럽 내부가 아니라 유럽 외부에서 왔기 때문이다. 본질적으로 그것은 유럽의 해외 영토 및 한때 준(準)식민적 주변부였던 곳의 탈식민화의 산물이었다. 물론 이것은 유럽이 곧 미국에서와 마찬가지로 인종적인 긴장에 직면함을 의미했다. 하지만 미국에서는 흑인 인구를 이민자로 간주할 수 없었으며, 역사적으로도 그렇게 간주되거나 취급되지 않았다. 그러나 유럽에서는 영국에서 카리브 해 이민의 수용에서 알게 되듯이 — 상대적으로 말한다면 — 발화점이 덜했다. 더 큰 발화점은, 두 가지가 실제로는 구별되기 어렵지만 인종이 아니라 종교였다. 새로운 이민의 절반 이상이 무슬림이었다. 이에 따라 다문화주의의 이데올로기는 유럽에서 기능적인 변화를 겪었다. 문화의 의미가 민속에서 신앙 체계로 변화함에 따라 다문화주의는 민족 간 다양성이 아니라 주요하게 신앙 간의 가치에 대한 독트린이 되었다. 이러한 움직임에서 보이는 퇴행은 강조할 필요가 없다. 급진적 운동 및 사회주의 운동은 말할 것도 없고 계몽사상은 초자연적인 신앙의 소멸을 전망한 데 반해, 이제 공식적인 좌파-자유주의적 견해는 종교가 다수 있을수록 더 좋다는 식으로 신앙의 증식을 찬양했다. 물론 이 독트린의 주창자들은 대개 어떤 종교도 갖고 있지 않다. 이들은 신자들 사이의 잠재적인 조화를 찬양하는데, 스스로도 신조들 사이의 역사적 증오와 끊이지 않는 불화를 잘 알고 있다.

이런 식으로 다양성의 비유를 왜곡한 효과는 불가피하게 유럽에서 새로운 이민의 현실을 크게 억압하는 것이었다. 유럽에서 다문화 담론에 건조하게 충실한 것은 진행되고 있던 가혹한 흐름과 별 관계가 없었다. 2009년쯤 인구 3억 7,500만 명의 유럽연합 내의 부유한 서유럽 국가에서 무슬림 이민자는 약 1,500만 명에서 1,800만 명이 되었다. 즉 프랑스(약 550만 명)와 독일(360만 명)에 집중되었고, 영국(160만 명), 네덜란드, 이탈리아, 스페인(각각 100만 명 정도)이 뒤를 이었다. 이 수치는 대략 추산한 것이지만, 퍼센트로 보면 큰 게 아니었다. 하지만 원주민의 출산율이 순재생산 이하로 줄어들면서 무슬림의 비율이 커졌는데, 신규 이민 대다수가 자리 잡은 대도시에서 주로 그러했다. 유럽연합의 수도인 브뤼셀에서는 매년 태어나는 신생아의 절반 이상이 무슬림 이민자 가정 출신이다. 암스테르담의 경우 프로테스탄트나 가톨릭교도보다 무슬림이 더 많다. 런던의 경우에는 인구의 1/8이 무슬림이다. 현재 독일의 주요 도시에 사는 15세 이하 아동의 거의 절반이 이민자 가정 출신이다. 전체적으로 볼 때 현재 유럽으로 유입되는 이민자는 매년 170만 명이며, 이는 미국으로 유입되는 합법 이민자 및 불법 이민자와 같은 수치이다. 이민자 사회의 빈곤과 실업은 전국 평균보다 높으며, 차별이 만연하고 동족 내 결혼 비율이 높다. 최근에 들어온 이민자들에 대해 호의적 여론을 보이는 곳은 한 군데도 없으며, 여러 나라들 — 프랑스·독일·네덜란드·이탈리아 등이 현재까지 가장 두드러진 곳이다 — 에서 이민에 대한 제노포비아적 반대에 기초한 정당이 부상했다. 새로운 다양성은 조화를 촉진하지 못했다. 새로운 다양성은 갈등에 불을 지폈다.

유럽연합 내에서 이민에 대한 문헌 — 학문적이든 선정적이든 — 이 급격하게 증가하는 가운데, 가장 눈에 띄는 책이 다시금 유럽이 아니라 미국에서 나왔다. 크리스토퍼 콜드웰(Christopher Caldwell)의 『유럽 혁명에 대한 고찰』(Reflections on the Revolution in Europe)은 명료한 역사적 분석
과 날카로운 비교적 관점으로 인해, 이 주제를 둘러싸고 지배적인 경건
한 체하는 모습 및 회피의 태도라는 늪지대에서 벗어났다. 콜드웰은 지
난 사반세기 넘게 아메리카가 최근에 일어난 거대한 이민의 물결을 통
합하는 데 성공한 것은 ─ 현재 미국에는 3,500만 명의 외국 태생 시민
이 있다 ─ 유럽이 결코 갖지 못한 일련의 조건에 의존하고 있다고 지적
한다. 매우 강력하고 오래된 이데올로기적 동화의 장치 ─ "이민자들이
순응하도록 만드는 프로크루스테스의 침대 같은 압력" ─ 가 준비되어
있다. 아메리카 대륙은 여전히 거대한 빈 공간을 포함하고 있었다. 엄청
난 수의 신규 이민자들은 미국적 틀에 낯설기보다는 가까운 문화인 라
틴아메리카의 가톨릭 사회 출신이다. 이들은 이미 전통 산업에서 서비
스업으로 급격하게 이동하고 있는 경제에서 일자리를 얻었다. 이 서비
스업은 지속적으로 낮은 임금과 숙련 기술이 별로 필요 없는 일자리를
창출했다. 이들은 토착 흑인에 비해 피부색 혹은 잠재적인 범죄자라는
낙인을 덜 받았고, 대규모 유폐 및 자동적으로 사회적 지위에서 가장 낮
은 자리를 차지하는 것도 피할 수 있었다. 그렇긴 해도 1,100만 명으로
추산되는 미국의 불법 이민자에 초점을 맞추는 신규 이민에 대한 저항
이 커지고는 있다.

　다른 한편으로 유럽에서는 전후 이민이 전통적인 산업 부문의 노동
력 부족을 해결하기 위한 단기 해결책으로 시작했는데, 이런 산업 부문
은 곧 쇠퇴했고, 이민자들이 임시적인 손님노동자(Gastarbeiter)로 고향에
돌아가지 못하게 되자 무일푼 신세로 남겨지게 되었다. 이들을 위한 동
화정책은 국가의 주요한 관심사나 프로그램이 아니었고, 영구적인 이민
인구를 위해 필요한 정책 제정과 관련한 사회적 합의도 없었다. 1970년
대 형식적 장벽이 제거된 이후에 영구 이민 인구는 가족이 재결합을 시
도하고 망명자가 피난처를 찾으면서 지속적으로 성장했다. 탈산업화
와 함께 신규 이민 사회 내의 높은 실업률은 종종 이민 노동력이 얻었
던 경제적 이득을 확인시켜 주었다. 곧 범죄화가 시작되었는데 프랑스

의 경우 청년 남성 수감자 비율은 미국의 청년 남성 흑인의 수준에 접근하고 있다. 무엇보다 압도적으로 많은 수의 이민자가 문화적으로 유럽과 멀리 떨어져 있을 뿐만 아니라 오랜 상호 적대의 역사로 인해 서로 대립적인 이슬람 세계에서 왔다. 콜드웰은, 출신 지역은 서로 다르지만 ─ 독일 내의 터키인, 영국 내의 인도인과 파키스탄인, 프랑스의 북아프리카 및 사하라 이남 아프리카인 ─ 이민자 모두가 서방에 매우 유해하다는 오늘날의 무슬림 이데올로기에 노출되어 있다고 주장한다. 그 결과 새로운 세기가 되면서 유럽은 무의식중에 폭발적인 정치 문제에 빠져들어 가는 실수를 범했고, 이 정치 문제는 인구 내에서 이민자의 비중이 늘어나면서 지속적으로 첨예화되는 경향에 있다. 유럽의 엘리트는 이 문제를 축소하려 하지만, 이민자와 가까이 사는 대중은 그렇지 않다. 현재 유럽을 괴롭히고 있는 전반적인 경제 위기만이 유럽연합 내 사람들에게 유일하게 큰 문제일 뿐이다.[25]

콜드웰은 스스로 말했듯이, 완곡어법과 기우 모두를 피하려 한다. 완곡어법을 피하는 것과 관련해서 그는 분명히 성공했다. 두 번째와 관련해서는 책 제목이 암시하듯이 그렇지 못하다. 이 점에서 『유럽 혁명에 대한 고찰』은 로버트 케이건의 『파라다이스와 권력에 대하여』와 다르지 않다. 각각은 세계 전반에 대해 무비판적인 신보수주의적 가정이라는 글로벌 프레임워크 내에 들어 있는 아메리카와 유럽에 대한 명료하고 냉정한 비교를 한다. 전통적인 자유주의적 지식보다 미국과 유럽연합에 대해 훨씬 더 설득력이 있다. 각각 일탈의 장소는 중동인데, 서방을 위협하는 테러리스트의 위험과 실패한 국가의 용광로로 취급되고 있으며, 유럽 내의 무슬림 정신에 해로운 빛을 쏘이는 곳이다. 급진적 이슬람의 확산은 커다란 위험이다. 『유럽 혁명에 대한 고찰』은 한때 버크가 자코뱅주의를 바라보았던 것과 마찬가지로 살라피즘(Salafism)

---

25 Christopher Caldwell, *Reflections on the Revolution in Europe*, pp. 3~4, 9~10, 29~30, 127~31, 19.

을 — 또 다른 '무장 독트린' — 파악하고 있다. 이는 부분적으로 보통 유럽에서 종교를 파악하는 것보다는 독실한 아메리카적 전통에 따라 종교를 자신의 논증 속에서 심각하게 파악하고 있기 때문이다. 모든 주요 종교는 서로 같은 것이라는 통속적인 견해를 기각하는 콜드웰은 기독교 세계와 이슬람 세계의 장기간에 걸친 유혈적인 적대의 기록을 들어 점증하는 무슬림 인구가 쉽게 유럽에 통합될 것이라는 주장에 의문을 던지는 대신 종교 간 갈등이 커질 것이라고 전망한다. 이런 견해에 근거하면 고대의 신앙 체계가 문제이며, 이들 사이의 적대는 자의적인 것이 아니라 독트린의 차이와 역사적 경험에 뿌리박고 있는 것이 된다.

　하지만 이러한 설명에서 완전히 빠져 있는 것은 유럽연합 내의 부유한 백인 국가 및 그 관리들 — 경찰, 세관, 이민국, 복지 담당자 — 에 의해 무슬림과 기타 비유럽인이 광범위하게 당한 인종적 적대 및 모욕만은 아니다.[26] 마찬가지로 완전히 빠져 있는 것은 서방에 대해 분노하고 있는 현대 아랍 — 확장하자면 무슬림 — 의 정치적 기반에 대한 이해이다. 중동에 대한 제국주의적 통제는 완벽하게 세속적인 것이었고, 여전히 그러하며, 성경과 코란의 차이보다 불신자에 대한 증오에 기름을 끼얹은 것은 이런 대규모 침입과 지배의 체계 — 여기에 신학적으로 정당화된 정착자 국가가 이스라엘에 수립된 것이 더해졌다는 것도 사실이다 — 라는 것이 명백하다. 유럽연합 내의 무슬림 사회는 부끄러움이나 양심의 가책 없이 중동에 대한 서방의 지배에 협력하는 국가에서 살고 있다. 이라크 침공에 영국이 참가하고, 페르시아 만에 불필요하게 프랑스 해군기지가 주둔한 것은 오랜 역사에 있어 최근의 몇몇 예일 뿐이다. 그들이 이런 것에 영향을 받지 않는다면, 그것이 놀랄 일일 것이다.

26　콜드웰은 자신의 책이, 이민이 지역 주민에게 제기한 문제에 대한 것이고, 이민자의 문제는 실제로 있다 하더라도 아니라고 설명한다. 그러나 유럽 내의 무슬림의 주관적 태도에 대해서는 어느 정도 다루고 있기 때문에 자신의 논리에 따르더라도 무슬림의 객관적 상황을 생략하는 것은 정당한 것이라 보기 어렵다.

그러나 이것과 유럽연합을 테러리스트를 위한 '거대한 은신처'라고 보는 관점 사이는 거리가 멀다.[27] 명백한 현실은 유럽에 있는 압도적 다수의 무슬림에게 종교는 주변 사회에 대한 전투 신호가 아니라 뿌리 뽑히고 취약한 사회의 보호막으로 기능한다는 것이다. 집단적 반란이 일어난 곳 ― 프랑스 방리유에서 일어난 폭동이 고전적인 사례이다 ― 을 보면, 이는 이민자 인구 가운데 종교적인 경향이 가장 덜한, 불만이 많은 실업자 청년층에서 주로 일어난다는 것이다. 모스크에서 기도를 하는 것과 자동차에 불을 지르는 것 사이에는 커다란 사회적 갭이 있다. 이것이 보여주는 것은 기우(杞憂)의 문헌에서 이슬람을 두드러지게 과장하는 잠재적인 이유이다. 경제적으로 더 나아질 수 있다는 희망 때문에 유럽으로 이민을 오는데 ― 정치적 망명은 드물다 ― 이것은 완전히 세속적이다. 이런 희망이 좌절될 경우 종교적 위로가 강해질 수 있다. 그러나 높은 생활수준을 원하는 물질적 목표는 그대로이며, 장기적으로 볼 때 전해내려오는 신앙을 침식하는 경향이 있다. 폴란드나 이란이 보여준 것처럼 소비는 어떤 신앙보다 강력한 힘이다. 이런저런 종교를 믿는 백만장자가 겉으로 독실함을 증명할 수 있는 것처럼 겉으로 신앙을 보여주는 것은 보존될 수 있고, 심지어 과시될 수도 있다. 그러나 대개 내적인 충동이 일어난다.[28] 포스트모던 사회에서는 세속적 상품을 얻기 전에도 이를 상상하는 것만으로도 동일한 효과가 있다. 이것이 소비 없는 소비주의이다. 종교가 존재하는 곳에서 종교는 이러한 유혹에 대한 보충 혹은 때때로 반동으로 존재하는 것이지, 대안적 삶의 원리로서 존재하는 게 아니다. 카이로나 이스탄불에 있는 쇼핑몰도 앞으로 모방하

---

27 이 말은 다음 책에 나온다. Walter Laqueur, *The Last Days of Europe*, New York 2007, p. 100. 콜드웰은 이런 식의 미사여구를 피하지만 전반적인 이해는 비교할 만하다.

28 · 이런 사례에 대한 고전적 진술은 ― 아직 반박되지도 극복되지도 않았다 ― 다음 논문에서 찾아볼 수 있다. Ernest Gellner, "The Rubber Gage: Disenchantment with Disenchantment", in *Culture, Identity, and Politics*, Cambridge 1987, pp. 152~65.

게 될 것처럼 이슬람도 예외라고 볼 수 없다.

이렇게 중요한 유보 사항을 제쳐놓을 경우에 『유럽 혁명에 대한 고찰』은 하나의 중심적인 사실을 전해 준다. 유럽이 한때 지배했던 동종 (allogenous) 세계에서 온 중요한 이민자 사회의 출현은 ─ 이 사회는 오랫동안 유럽에 적대적인 신앙 속에서 성장했다 ─ 그 주민들의 주요한 부문이 의지를 가지고 했거나 의도했던 것이 아니었다. 이들은 어떤 의견도 듣지 못했다. 값싼 노동력이 추가적으로 필요했던 사용자조차 대개는 이들을 일시적인 수단으로 보았다. 그러나 일시적으로 이득이 된다고 생각한 계산으로부터 지속적인 사회 변화가 나타났다. 전후에 나타난 대규모 이민이 무엇이든지 간에 그것은 어떤 프로젝트의 반명제였다. 이를 자연발생적인 질서의 온화한 결과물로 볼 수 있는가? 즉 어떤 구성적인 의도도 금지하는 프리드리히 하이에크의 시장경제 (catallaxy)의 결과물로 볼 수 있는가? 그렇지 않은데, 왜냐하면 하이에크는 국경을 넘는 노동력의 자유로운 이동을 불가피한 사회적 응집력에 너무 위협적인 것으로 거부했기 때문이다. 역사적으로 볼 때 전후 이민은 유럽연합의 건설 시기의 반종국성(counter-finality), 즉 통합 과정이 아니라 해체 과정이었다. 프랑스의 노동사회학자인 로베르 카스텔이 '탈퇴'(disaffiliation)라고 부른 효과가 있는 사회적 구조의 분해(coming-apart)이다.[29] 너무 늦었고 또 부적절하기는 했지만 공식적인 조치가 터진 곳을 봉합하려 했고, 공식적인 이데올로기가 반갑지 않은 일을 자기에게 이득이 되도록 만들려 했다. 그것은 완전한 다문화적 ─ 즉 다종교적 ─ 다양성을 유럽연합의 구원적인 목표로 제시하는 것이었다.[30]

---

29 Robert Castel, *Les métamorphoses de la question sociale*, Paris 1995, passim. 그가 이 용어를 쓰게 된 동기에 대해서는 p. 15 참조.

30 다양성이라는 수사가 유럽의 자기만족을 위해 오랫동안 근거를 제공했다고 할 때, 찬사를 덜 받은 것은, 다양성의 필연적인 결과물로 간주할 수 있는 혼합 (mixture)이라는 것은 주목할 만하다. 앞에서 보았듯이, 랑케는 여기에 대해 분명하게 경고했다. 특별하게 강건한 사람(esprit fort)만이 이 폭발적인 땅의 위험을

5

이러한 목적이 선포된 유럽연합은 합의에 의해 작동하고 있으며, 유럽연합 시민들은 지속적으로 이런 교육을 받고 있다. 그것은 '공동체 방법론', 즉 유럽 내의 초민족적인 행위의 코드이다. 그러한 합의는 지속적으로 엘리트를 강화하는 절차로서 권력을 가진 사람들에게 한정되어 있다. 이것은 대중의 동의와는 무관한데, 대중의 동의를 우회하는 기능을 하기 때문이다. 그럼에도 이것이 유럽연합의 만신전에 최고의 가치로 자리 잡은 것은 마찬가지로 당대에 과두제적 원칙에 충실했던 역사가들이 유럽의 발전에서 다양성이 했던 역할을 파악한 방식과 놀라울 정도로 불일치한다. 그들에게 다양성은 본질적으로 갈등적이었다. 유럽 대륙에 특유한 동학을 계속해서 제공한 것은 그 빈도와 정도에서 다른 지역과 비교할 수 없을 내적 갈등이었다. 그런데 과거에 그러했다면 현재 그런 동학은 어디에 있는가? 모랭보다 10년 후에 이에 대해 글을 쓴 마틴 말리아는 문제를 훨씬 더 정확하게 보았다. 그는 현대의 통합은 카롤링 시대 이래 이루어진 어떤 발전보다 유럽의 내적 성격을 크게 바꾸

감수했다. 페르디난드 갈리아니가 두드러진 인물이다. "변덕이 모든 동물 종의 물리 법칙이다. 그것이 없다면 생식도 다양성도 완벽함도 없다. 유럽에서 살거나 뒤섞여 있는 민족의 어마어마한 다양성으로 인해 우리 인종은 완벽해졌다. 중국인들은 다른 사람들과 섞이는 데 실패함으로써 스스로를 마비시켰다. 타르타르인이 온 이후에 그것은 많은 것을 얻었다. 여기에 또 다른 진기한 사고 방향이 있다." Ferdinand Galiani, *Correspondance inédite de l'Abbé Ferdinand Galiani*, vol. II, Paris 1818〔1776~77〕, p. 272. 그가 승리주의자였다는 것은 아니다. "중국인 만세! 이들은 우리를 어린애와 악당으로 간주한 오래된 민족이다. 반면 우리는 바다와 땅을 돌아다니면서 모든 곳에 전쟁과 불화, 우리의 주괴(ingots), 우리의 총, 우리의 성경, 우리의 천연두를 퍼뜨린 것을 위대한 일이라고 본다." vol. I, p. 87. 후일 살바도르 데 마다리아가만이 이와 비슷하게 다양성에서 잡종성(hybridity)으로 옮겨간 것으로 보인다. 그는 행복한 유럽의 통일이 실제로는 인종의 교차에 의존하고 있다고 언급하는데, 이때 인종에는 몽골인과 유대인도 넣어야 한다고 보았다. Salvador de Madariaga, *Bosquejo de Europa*, Mexico 1951, pp. 23~24.

고 있다고 주장했다. 왜냐하면 그 성격은—보편적 기독교, 보편적 이성 혹은 보편적 민주주의 등 가치의 공동체보다 훨씬 더—창조적 진화의 원동력인 분열과 갈등에 의해 규정되었기 때문이다. 칸트는 이렇게 불안한 역설을 인식했다. 그에게는 인간의 성향은 "적대라는 수단을 통해서"만 혹은 유명한 문구를 들자면 인간의 "비사교적인 사교성"에 의해서만 충분히 발전할 수 있는 게 자연 법칙이었다. 그러나 현재 유럽이 만인을 위한 보통법 아래에서 실제로 영구 평화를 성취했다고 한다면, 무엇이 그러한 적대를 대체할 수 있는가? 유럽 통일의 이상은 민족주의 혹은 사회주의에 비견할 만한 동원력이 없었다. 그것은 엘리트의 일이었다. 역사상 최초의 다민족적인 민주주의를 창출한다는 과제가 과거에 기독교 유럽 혹은 계몽사상의 유럽을 가져왔던 것과 맞먹는 창조성을 요구하는 것이 아닌가?[31]

　신중하게도 말리아는 유럽의 이전 역사가 보인 창조적 진화를 재개할 수 있는 메커니즘을 특정하지 않았다. 그의 관점에서는 새로운 과제가 과거의 동학과 비견할 만한 동학 없이 수행될 수 있다고 암시되지 않는다. 즉 분열 없는 동의, 적대 없는 혁신은 없다는 것이다. 그가 질문을 던졌다고 한다면, 그는 어떤 대답을 제시할 수 있었을까? 니콜로 마키아벨리에서 애덤 퍼거슨(Adam Ferguson)과 랑케에 이르는 고전사상가의 기나긴 계보 속에서 민족들에게 가장 활력을 주는 갈등 형태는 전쟁이었다.[32] 1945년 이후에는 어떤 유럽인도 이를 다시 권고하지 않았다.

31　Martin Malia, "Une nouvelle Europe?", *Commentaire*, Winter 1997/1998, pp. 815~26.

32　갈등이 자유와 힘의 조건이라는 사상의 창시자인 마키아벨리에게 로마 공화국이 자유와 제국적 동학을 얻을 수 있었던 것은 귀족과 평민 사이의 투쟁이었다. "만약 로마가 혼란의 원인을 제거하려 했다면, 로마는 팽창의 원인도 제거하게 되었을 것이다." Niccolò Machiavelli, *Opere III*, Turin 1997(ed. Vivanti), pp. 208~17. 퍼거슨에게 경쟁의 덕은 특별히 군인다운 것이었다. "민족의 경쟁 그리고 전쟁의 실행이 없다면 시민사회 자체는 목적 혹은 형태를 발견할 수 없을 것이다." Adam Ferguson, *An Essay on the History of Civil Society*(1767), Cambridge 1995(ed. Oz-

그러나 기조는 이미 효과라는 면에서 동일한 동학이 있는 또 다른 종류의 적대를 보았다. 민족 간의 갈등이 아니라 계급 간의 갈등이 그것이다. 여기서도 로마 공화국 내에서 계급 간의 투쟁을 로마 공화국의 위대함의 비밀로 찬양한 마키아벨리가 길을 안내했다. 유럽연합 내에서 계급투쟁의 운명은 무엇이었는가? 물론 계급투쟁은 20세기 전반기에 노동자 운동의 혁명적 분파의 지도적 원리였다. 서유럽의 대중적 공산당이 처음에는 정치 세력으로 인정받았다가 나중에 청산된 20세기 후반기에는 개량주의적 분파가 오늘날까지 이어지고 있는 다양한 사회민주주의 정당으로서 지휘권을 떠맡았다. 원래 이들도 계급에 대해 말했고, 온건하기는 하지만 자신의 방식대로 자본에 맞서 노동을 옹호하는 투쟁을 벌였다.

그러나 1980년대 체제 변화(regime change)가 시작될 때가 되면 산업 노동자계급의 규모와 응집력 모두 모든 곳에서 쇠퇴하고 있었으며, 정당도 육체노동의 세계에 뿌리가 없거나 연관이 없이 상층에서 동원된 전문가들로 구성되고 이들이 통제하는 선거 기구가 되었다. 지적인 면에서 볼 때 전후 사회민주주의는 언제나 상대적으로 빈약했고, 초기 자유주의 사상가들 ─ 크누트 빅셀(Knut Wicksell), 존 홉슨(John Hobson), 존 메이너드 케인스(John Maynard Keynes), 윌리엄 베버리지(William Beveridge) ─ 에게서 사상을 빌려왔지만 여전히 최소한 앤서니 크로스랜드(Anthony Crosland)나 루돌프 마이드너(Rudolf Meidner) 같은 사람이 있었다. 그러나 20세기 말에 있었던 신자유주의적 전환과 함께 사회민주주의 정당이 하나둘씩 생색내기식의 지원금으로 보완된 탈규제와 민영화라는 지배적인 아젠다를 채택하면서 실천적인 목표로서의 완전고용과 복지 확대는 포기되었다. 이렇게 전통적인 존재 이유를 상실하면서 사회민주주의 정당은 이제 지지 유권자들이 광범위하게 붕괴하는 위험에 직면하게 되었다. 2009년 중반 유럽에서 실시한 선거에서 독

Salzberger), p. 28. 랑케에 대해서는 앞의 p. 660 참조.

일의 사회민주당은 겨우 21퍼센트를, 프랑스 사회당은 16퍼센트를, 영국 노동당은 15퍼센트를, 네덜란드 사회당은 12퍼센트를 얻었다. 사회민주주의의 고전적인 요새인 스칸디나비아에서조차 스웨덴 사회민주당은 24퍼센트, 덴마크 사회민주당은 21퍼센트를 겨우 얻을 수 있었다. 이렇게 이들 정당의 정체성이 약화되었기 때문에 유럽의회 내에서 독자적인 블록을 더 이상 형성할 수 없었고, '민주주의자들'과 함께하면서 정체성이 희석되었다. 이렇게 대중의 견해와 분리되어 있었기 때문에 브뤼셀의 공동 지배에서 전술적 거리를 두는 것조차 할 수 없었다. 브뤼셀에서는 중도우파 정당들이 사회민주주의 정당들이 대중에게 경원시되는 것을 알고는 종종 공동 지배를 제안했다. 계급투쟁은 말할 것도 없고 어떤 종류든 갈등은 그들에게 배척해야 하는 것이다.

그 결과 이민자와 지역 주민들 사이의 갈등이 유일하게 남겨진 갈등의 원리가 되었다. 사실상 이 갈등은 유럽연합의 서유럽 지역에서 만연한 것이어서 무시하거나 억압할 수 없는 것이 되었다. 실제로 일어난 일은 민족적-종교적 긴장이 계급 적대를 대신한 것이었다. 이러한 전치(轉置)는 계급 적대의 대용품이자 계급 적대의 타락이었다. 노동자들은 사용자나 국가에 맞서 단결하는 대신 동료 노동자들에게서 등을 돌렸다. 가난한 사람들은 가난한 사람들을 욕했다. 객관적으로 말하면 이것이 순수한 허위의식은 아닌데, 왜냐하면 느리게 성장하는 경제 속에서, 콜드웰이 말했듯이 그리고 공식적인 수사와는 반대로 이민은 숙련기술이 없는 노동자들의 임금을 억제하고 복지 수요를 증대시킬 수 있었기 때문이다. 최근 몇십 년간 유럽 노동자계급의 상당수가 우파로 돌아선 획기적인 일은 — 잉글랜드에서는 노동자계급이 대처로 돌아섰고, 프랑스에서는 마리 르펜과 사르코지로 돌아섰으며, 이탈리아에서는 북부동맹으로 돌아섰다 — 사회 내에서 노동자계급의 상대적 위치가 변했다는 것을 보여주었다. 노동자계급은 더 이상 사회적 위계 내에서 최하층에 있지 않았다. 왜냐하면 이민자들이 그 아래 자리를 차지하고 있기 때문이다. 하지만 동시에 산업이 더 이상 존경받지 않고 불평등이 꾸준히 증가하는 사회 속에서 노동자계급은 이전보다 더 약해지고 더 불안정해졌다.

유럽 내부의 불평등 그리고 유럽과 유럽이 한때 지배했던 세계 사이의 불평등이 있다. 이민은 전자를 심화시켰다. 그러나 이것은 후자에 의해 추동되고 있다. 이 불평등은 더 커졌으며, 기아·위험·결핍을 피하려하는 수백만 명을 아프리카·중동·남아시아·라틴아메리카로부터 끌어들여 지금 유럽연합 내에 살게 했다. 이들이 온 것은 기아·위험·결핍을 피하기 위해서였지만 해결책이 되지는 않는다. 유럽이 진정으로 지구촌 다른 지역의 운명에 관심이 있다면, 아무 생각 없이 편의대로 노동력을 수입했다가 쫓아내는 게 아니라 이민자들의 출신 지역에 주는 사심 없는 원조에 자원을 썼을 것이다. 그러나 이를 위해서는 시장의 맹목적인 작동이 아니라 진실한 프로젝트를 수행할 수 있는 집합적 의지가 필요할 것이다.

하지만 역사의 아이러니 속에서 이로부터 느린 변화가 유럽의 형세에 일어나고 있는 것 같다. 앙리 피렌(Henri Pirenne)은 아랍의 정복이 지중해를 분할하고, 고전 세계의 통일성을 기독교 세계와 무슬림 세계로분해했을 때 유럽이 탄생했다고 주장했다. 무역로의 붕괴에 기초한 그의 경제적 논변은 의문시되어 왔다. 이 수준에서 페르낭 브로델은 피렌이 해체했던 것을 다시 묶으려 했을 것이다. 그러나 수십 년밖에 안 되는 시간 동안 이슬람이 시리아에서 스페인까지 지배하게 된 것이 지중해의 남부 해안으로부터 분리된 문화적·정치적 세계로 고대 문명이 들어갔다는 지리적 표현에 지나지 않는다는 것을 의심하는 사람은 거의 없다. 모랭에게 이슬람은 기독교 세계를 둘러쌈으로써 유럽을 만들었을 뿐만 아니라 유럽이 이에 맞서 무슬림이 더 북쪽으로 나아가지 못하게 쫓아냄으로써 스스로를 만들도록 한 외적인 연방 추진 요인이었다.[33]

***

33 Edgar Morin, *Penser l'Europe*, pp. 37 이하.

서유럽 내에서 현재 무슬림 사회가 본국과 접촉하는 가운데 성장을 암시하는 것은 이러한 역사적 구조의 침식이다. 우선은 유럽이 유프라테스 강까지 팽창한 것을 볼 수 있으며, 아랍 세계는 터키 국가 이외의 어떤 것으로, 과거보다 훨씬 크다는 것을 알 수 있다. 그러나 탕헤르나 튀니스는 앙카라보다 마드리드나 파리에 가깝고 한때 로마제국의 아프리카 속주였던 곳의 인구 압력은 더 크다. 유럽이 결국 통일을 성취할지 모르지만, 고전 시대 이후의 유럽 정체성이 해체되고 고대에 가까운 어떤 것이 되고 있다는 것을 알게 될 것이다.

6

이러한 추론은 미래를 염두에 둔 것이며, 이 속에서 어떤 것도 빼놓을 수 없다. 현재 유럽연합의 풍경은 또 다른 문제이다. 톰 네언은 40년 전에 글을 쓰면서 민족주의에 대한 지배계급의 태도가 역사적으로 변화해 왔다고 말했다. 신성동맹 시대에는 확고하게 적대적이었고, 리소르지멘토 시대에는 분명하게 호의적이었고, 제국주의 전성기에는 가혹할 정도로 도구적이었다. 전후 시대가 되면서 엘리트의 술책에 여지가 큰 상태에서 포스트민족주의적 헤게모니를 추구하게 되었다. 당시 좌파에서는 대중적인 국제주의가 부재했다. 공동시장은 당시에 그러했던 것처럼 제국주의가 아니라 왕정복고 혹은 리소르지멘토와 비교해야만 하는가? 당시의 마르크스주의자들은 이를 무시하고 있었다. 그러나 이것을 자유무역이나 농업혁명, 산업혁명 혹은 민족국가와 같은 부르주아 사회의 발전으로 보면 안 되는가? 이것이 보이는 냉혹함을 카를 마르크스는 모순적이기는 하지만 진보적인 발전으로 판단했다. 유럽 자본주의는 눈을 반쯤 감은 상태에서 별 의도 없이 긍정적인 방향으로 진화하고 있던 것으로 보였지만 좌파는 "시간과 모순이 정지한 것"처럼 간주했다.[34]

---

34 Tom Nairn, *The Left Against Europe?*, London 1973, pp. 91~93, 145.

오늘날의 유럽연합은 1970년대 초의 공동시장에서 약간 벗어났다. 유럽연합이 보여주는 풍경은 유럽연합에 사는 사람들에게 따뜻함이나 확신을 불러일으키는 것이 아니다. 정치적으로 볼 때, 유럽연합은 법적인 외양과 상관없이 대중의 의지 표현에 그 어느 때보다 더 무관심한 과두제적 구조로 경화되었다. 초기 여섯 나라의 외무 장관이 서명한 로마 조약은 백지로 구성되어 있었다. 왜냐하면 엄숙한 조인을 위한 텍스트가 완성되지 않았기 때문이다. 이는 그렇게 대담한 새로운 기획에서 외교적 무경험 때문인가? 거의 반세기 후에 같은 과정이 반복되었다. "2004년 6월 18일에 유럽연합 지도자들은 '유럽 헌법을 만드는 조약'에 합의할 테지만 지도자들 가운데 이를 읽어본 사람은 아무도 없으며, 이들이 합의할 포괄적인 텍스트는 여전히 존재하지 않았다. 타자본으로 844쪽인 완성된 조약 텍스트는 이들이 서명하고 난 뒤인 11월까지 볼 수 없을 것이다."[35] 엄밀함 때문인가? 다음과 같은 것을 반복할 필요는 없겠다. 유럽 헌법에 대한 국민투표가 겨우 두 나라—프랑스·네덜란드—인데, 이 두 나라는 모두 창립 6개국에 속한다. 이후 리스본 조약으로 이름을 바꾸어 달았는데, 대중의 판단에 이를 맡긴 한 나라에서만 거부되었다. 그 유권자들은 반대 결정을 했어야 한다는 이야기를 들었고, 이는 더 큰 이웃 나라에서 유권자들이 같은 결정을 할 위험이 있었기 때문인데, 이들의 반대는 잘 알려져 있었고, 이 문제에 대한 의견을 표현할 수 있었다.

언론에 나타나는 순종적인 홍보 활동가 집단은 말할 것도 없고 유럽연합 각료이사회 및 집행위원회의 엘리트와 그 하수인들이 보여주는 민주주의의 초보적인 원칙에 대한 경멸은 대중을 대변한다고 되어 있는 유럽의회에 대한 대중의 멸시로 보답을 받았다. 더 많은 수의 대중이 유럽의회를 무시했는데, 투표율은 2009년 가장 낮은 43퍼센트로 떨

---

35 Christopher Booker and Richard North, *The Great Deception*, London 2005, p. 540.

어졌다. 이는 최초 선거가 있었던 1979년에 비해 20퍼센트포인트가 떨어진 것이다. 국제적으로 보면 같은 엘리트가 터키에서는 부인주의 (negationism)와 공모하고, 키프로스에서는 인종 청소를 재가하며, 이스라엘에 의한 공격을 교사하고 아프가니스탄 점령을 도와주고 있다. 사회적으로 볼 때 현재 유럽연합은 미국보다 소득 불평등의 정도가 더 심하며, 민족 간 관계도 더 혹독하다. 경제적으로 볼 때 신자유주의 체제의 위기 이래 유럽연합의 경제활동은 미국보다 더 나쁘며, 이에 대한 대중의 반응은 더 보수적이다.

어쨌든 이러한 모습이 2009년 여름의 국면이다. 세상만사가 그렇듯이, 이 국면도 변화할 수밖에 없을 텐데 아마 아무런 예고 없이 그렇게 될 것이다. 그러나 유럽연합의 현재 추세는 분위기의 반전 이상일 것이다. 유럽통합은 1950년대에 일련의 전제 위에서 파악되었다. 그것은 또다른 것을 구체화했다. 유럽통합의 시동을 건 모네는 유럽통합을 통일된 시장 내에서 생산 요소를 자유화하는 것만이 아니라 거시경제적 개입과 사회적 재분배를 할 수 있는 초민족적 연방을 실정적으로(positive) 만들어내는 것으로 상상했다. 그는 실제로 만들어진 유럽통합에 대해 안심하지 않았을 것이다. 침묵이라는 유보적 태도로 유럽통합의 시발을 바라보았고, 이를 크게 지지한 적이 없는 하이에크는—그가 공동 농업 정책을 지지할 것이라고 기대할 수 있겠는가?—부정적 예방 조치로서 통합을 원했다. 자유무역에 대한 장벽을 없애고 시장에 대한 대중의 간섭을 저지하는 것 말이다. 그 또한 오늘날의 유럽연합에 만족하지 않았을 것이다. 그러나 두 관점 가운데 유럽연합은 하이에크의 관점에 더 가깝게 변화해 왔다.

이러한 변화가 있었던 원인은 1980년대 이래 국제 질서로서의 자본주의의 전반적인 형태 변화에, 그리고 20년 후 동유럽으로 통합이 확장된 데에 있었다. 이 과정에서 결정적인 것은 현재의 경제 침체를 부추긴 금융시장에 대한 지구적인 탈규제였다. 물론 잠재적인 원인은 더 깊은 것이고 당대의 신자유주의 체제에 처음으로 압력을 가하기는 했지만 말이다. 하지만 신자유주의의 위신에 직접적인 충격이 가해진 이후에 이 체제의 이데올로기적 지주는 상당한 저항력이 있다는 것이 입증되었다. 서유럽에서 하나의 가치로서의 공적 소유는 포식자 은행과 헤매고 있는 산업 부문을 구제하기 위해 공적 자금이 대규모 투입되었음에도 터부였다. 동유럽에서는 민영화가 여전히 의제를 이끌었다. 좀 더 '조정된'(coordinated) 자본주의, 즉 구조 면에서 유럽공동체 초기에 더 가까운 자본주의로의 회귀를 막은 것은 무시무시한 시장의 구조 및 제도적 이해관계만이 아니라 노동운동의 지속적인 약화 그리고 한때 유럽 대륙의 다양한 사회민주주의 체제 내에서 의회로 표현된 것이 속빈 강정이 된 데 있다. 유럽 법원의 최근 결정들 — 동유럽으로부터 자유주의적 원칙으로 엄격하게 개종한 것에 영향을 받은 — 은 1990년대에조차 손댈 수 없는 것으로 간주되었던 노동 보호를 기각했다.[36]

경제적으로 말하자면, 촘촘한 명령 체제 그리고 종종 의심스러운 보수 체계가 있는 유럽연합은 완벽한 하이에크적인 질서와는 거리가 멀다. 그러나 주재하고 있는 사람들과 정치적으로 거리를 두고 있는 유럽연합은 하이에크가 제시한 이상에 접근하고 있다. 그가 예견하지 못한 것은, 아마 놀랄 일도 아니고 그에게 당황스러운 일도 아니지만, 그가 구상했던 체제가 그 체제의 결정에 종속된 대중 사이에서 불러일으킨 불만이다. 하지만 마음이 약한 사람은 그러한 소외에 대해 걱정할지 모르겠지만 그에게는 냉정할 만한 몇 가지 이유가 있을 것이다. 그렇게 적극적 지지가 낮을 것으로 볼 수 있듯이, 대중의 참여가 별로 없는 정치 질서가 유지 가능한가라는 질문에 대한 대답은 미국에서 찾아볼 수 있을 것이다. 2008년 흑인 대통령을 선출한 것은 새로운 시대의 여명으로 갈채를 받았는데, 유권자를 투표소로 불러냈고 — 무엇보다도 젊은 유권자를 — 뉴딜 이래 전례 없는 정치적 각성이라는 것이다. 실제로는

---

36 이러한 변화에 대해서는 다음을 참조. Alain Supiot, "Les Europes possible", *Esprit*, January 2009, pp. 173~74.

유권자의 56.8퍼센트 정도가 역사적 결정을 위해 투표소에 나왔다. 이는 2004년 부시를 선출한 투표율보다 겨우 1.5퍼센트 높은 수치였으며, 1968년 리처드 닉슨이 권력을 잡았을 때의 60.8퍼센트보다 한참 낮은 수치였다.

이러한 체제의 조건에는 정당 간의 실질적인 차이가 거의 없는 것과 대중이 광범위하게 탈정치화된 것 등이 있다. 역사적 관계가 뒤집혀져서 이제 전자는 미국보다 유럽연합에서 더 두드러진다. 미국에서 정당 간의 적대는, 대개 수사적인 충돌이 실제의 차이보다 크기는 하지만, 여전히 크다. 반면 유럽에서는 중도우파와 중도좌파는 종종 호환 가능하며, 때로는 구별조차 되지 않는다. 이러한 전도는 후자에 대해서는 동일한 방식으로 유지되지 않는다. 여기서 대서양 양안 사이의 전통적인 차이는 분명히 줄어들었다. 신자유주의의 진전 이전에 ─ 좌파 정당의 담당자들은 재빨리 신자유주의로 전향했다 ─ 좌파에 있는 정당들이 퇴장한 것은 이 효과 때문일 것이다. 정치적 선택의 공간이 크게 좁아지자, 공론장의 탈카텍시스(decathexis, 탈집중)가 따라오게 되었다.

이렇게 탈정치화된 배경 속에서 이민이라는 쟁점이 사회에서 차지하는 객관적인 위치와 어울리지 않을 정도로 두드러지게 떠올라 사회적 불평등 및 공적 의식에서 인지되지 않는 대중의 무력감에 의존하는 사회의 통점(punctum dolens)이 되었다. 자본을 어떻게 대체할 것인가라는 전망은 말할 것도 없고, 자본을 장악하지 못한 모든 사람을 사로잡을 수 있는 권력 구조에 대한 어떤 집단적인 전망도 없는 상태에서 사회적 생존의 주변부에 포위되어 있는 소수자들은 모든 투사와 분개의 초점이 되었다. 구름 낀 봉우리처럼 불안정이 일반화된 상태에서 비록 유령 같기는 하지만 흐릿한 모습이 쉽게 위협적인 형태를 얻는다. 이럴 때 제노포비아의 인큐베이터 역할을 하는 보안 기구들은 겁에 질린 다수자가 잊어버렸던 그런 종류의 반란을 유발할 수 있다. 1968년의 사건 이래 2005년에 방리유에서 있었던 폭동을 제외하면 기성 질서에 대한 저항이라는 점에서 이와 비교할 만한 것이 없었다.

그렇다 하더라도 여전히 비교적 최근의 일인 유럽 대중의 탈정치화는 미국의 실어증만큼 심하지는 않다. 이는 유럽연합과 미국의 미디어 영역 — 텔레비전, 라디오, 잡지, 아직 살아 있는 신문 — 을 보면 분명하다. 유럽연합보다 하위 수준에서 유럽 정치생활의 민족적 틀은 좀 더 집약적이고 내포적일 뿐만 아니라 계급 갈등 및 이데올로기적 혼란의 기억이 덜 주변적이다. 하지만 정당 체제 내에서는 이것이 더 이상 표현되지 않게 되었다. 이와 관련해서는 유럽연합 주요 국가에서 사회주의 인터내셔널(SI)이 처한 곤경이 잘 보여준다. 회원 정당들이 거의 동일하게 도덕적·정치적 쇠퇴를 겪고 있는 것은, 변화가 진행 중이고 이들의 유산 가운데 남은 것이 사실상 하나도 없을 수 있다는 것을 암시한다. 전후 영국사에서 가장 저속한 정권이 마감하고 있는 신노동당이 경멸의 구렁텅이에 빠진 것은 극단적인 사례이다. 그러나 권력을 잡아서 오점을 남기지는 않았지만 유럽연합 핵심부에 있는 자매 정당도 대중이 대하는 태도가 예전에 볼 수 없었던 수준으로 떨어졌다. 프랑스 사회당, 독일 사회민주당, 이탈리아 민주당 등은 유권자의 1/4의 지지율을 유지하기 위해 애쓰고 있는 상황이다.

하지만 이들 정당이 현재 거세당한 것을 보고 모두가 서부전선에서 침묵할 것이라는 결론이 나오는 것은 아니다. 영국이나 스페인에서는 노동 세력이 거의 30년 동안 머리를 쳐들지 못했다. 그러나 프랑스에서는 1995년의 파업이 정부를 무너뜨렸고, 사용자들이 공장 문을 닫자 보스내핑(bossnapping)의 위험에 처하기도 했다. 독일에서는 사회민주당이 자신의 산업 기반과 분리되면서 우파로 돌아선 것에 대한 대가를 치렀고, 이름에 값하는 좌파당이 등장했다. 이탈리아에서는 2002년 말 노동조합이 연금 방어를 위해 이탈리아 공화국의 전후사에서 가장 큰 시위를 할 수 있었다. 그리스에서는 여전히 학생들이 경찰과의 총력전에서 이들을 궁지로 몰아넣을 수 있었다. 입법부와 미디어 영역이 마취되어 있다 하더라도 격변이 거리에서 아직 사라진 것은 아니다. 신자유주의 체제는 자신이 언제나 통제할 수 없는 반응을 만들어낸다.

한편 또 다른 종류의 유럽 질서가 지평에 떠올랐는데, 그것은 그 안에 준(準)시장경제(semi-catallaxy)와 비스듬히 있는 것이다. 유럽연합은 대리 제국(deputy empire)의 역할을 준비하고 있다. 리스본 조약은 유럽연합 내부에서 독일에 좀 더 실질적인 권력을 허용하고, 스트라스부르에 있는 유럽의회에 더 큰 형식적 권리를 부여한다. 그러나 그 주된 기능은 유럽연합의 전체적인 설계를 위한 예비적인 틀을 제공하는 것이 될 것이다. 이는 상징적인 자리로서 유럽이사회의 대통령을 두고, 유럽 전체의 실질적인 외무 장관으로 기능할 집행위원회 부위원장을 두는 것으로 이루어진다. 이렇게 중요한 자리를 둠으로써 유럽연합은 ─ 이론에 따라 ─ 최종적으로 세계무대에서 자신의 비중에 맞는 역할을 할 수 있게 될 것이다.

물론 그 뒤에서 유럽의 주요 국가들은 계속해서 자신의 이익을 추구할 것이고, 유럽연합의 적절한 상에 대한 각자의 관점에 따른 정책을 만들려고 할 것이다. 과거에 그들 사이의 다양성이 종종 크게 강조되었다. 그러나 오늘날에는 여러 정부의 대외정책 사이에 충돌하는 지점이 있기는 하지만, 세계 전체에서 유럽연합이 채택해야 하는 전반적인 태도에 대한 불일치는 거의 없다. 물론 이렇게 수렴한 이유는 새로 수립된 프랑스의 대서양주의 때문이다. 가능하다면 영국·독일·이탈리아의 엘리트가 미국을 추종하는 지혜를 버릴 필요가 없었다. 그러나 프랑스의 전통은 좀 더 완고했다. 이러한 전통과 단절하고 파리가 워싱턴과 확고하게 한편이 되게 한 사르코지는 유럽 대륙을 주도한다는 형식적인 야망으로서 드골주의를 유지했지만 그 내용은 텅 빈 것이었다. 아이러니하게도 그 결과는 1960년대에 파리가 제출한 푸셰 계획에서 볼 수 있는, 열강의 이사회 같은 어떤 것이 가능해졌다는 것이다. 푸셰 계획은 당시에 유럽공동체의 나머지 다섯 개 회원국이 잠재적으로 반미적이라는 이유로 거부했다. 당시와는 정반대의 징후를 보이고 있는 오늘날 별

자리는 호의적이다. 주요한 모든 국제 문제에 대해, 특히 중동이라는 중심 무대에 대해 별들 — 주요하게는 런던·파리·베를린 — 은 현재 친미적인 동맹을 형성하고 있다.

앞으로 다가올 하위 제국적 역할에 대한 개요는 이제 막 나오고 있는 중이다. 그러나 그 이데올로기와 전략은 이미 작업 중이며, 현재 무엇이 우선시되는가는 분명하다. 아프가니스탄에서 미국을 군사적으로 지원하는 것, 이란에 대한 경제제재 및 외교적 위협, 이스라엘에 대한 특권적 관계를 유지하고, 더 나은 오슬로 조약을 위해 후원하는 것, 동아프리카와 페르시아 만 그리고 필요할 경우 발칸 반도에 빠르게 군사력을 전개하는 것, 탄소 배출량 감축과 관련해서 미국보다 더 과감한 목표를 설정하고 금융 흐름에 대한 규제를 하는 것, WTO 내에서 미국과 마찬가지로 서비스의 자유화를 위한 압력을 넣는 것 등이다. 나토 동맹이 '방어' 영역을 지구 끝까지 확장하는 것과 마찬가지로 여기서도 불화는 전혀 없다.

새로운 유럽에서 러시아는 무조건 배제하고 터키는 포함될 가능성이 있기 때문에 잠재적으로는 유럽연합의 동부전선의 지정학이 좀 더 불화를 일으킬 수 있다. 문화적·역사적으로는 말도 안 되지만, 정치적으로는 광대한 미국의 지배권 내에 있는 지역 체계의 기능과 완벽하게 일치한다. 유럽연합이 러시아의 에너지 공급에 의존하고 있고, 그 형태가 아무리 불쾌하다 하더라도 러시아가 최근에 진입한 자본주의를 육성할 필요 때문에 모스크바에 대한 신중한 적대를 넘어서지는 못하고 있다. 그러나 형식적으로 올바른 관계로 인해 여전히 러시아는 유럽이 방어해야 하는 잠재적인 적으로 그려지고 있다. 이 과제는 어쨌든 동유럽의 새로운 회원국의 관심사 가운데 높은 자리에 있다. 여기서 미국과의 갈등은 없는 것으로 보인다.

터키는 좀 더 곤란한 문제를 제기한다. 클린턴 행정부 이래 터키의 유럽연합 가입은 핵심적인 미국의 동맹국을 서방 나라들의 일원으로 확실히 하는 수단으로서 워싱턴의 최우선 관심사였다. 이는 충성스러운 유럽의 군사 동원력을 강화하고 ― 터키군은 현재 유럽연합의 어떤 나라보다 거의 두 배 규모이다 ― 아랍 세계의 반제국주의 위험에 맞서는 방벽을 건설하는 것이다. 유럽연합 내에서 브뤼셀의 집행위원회와 언론의 기성 여론은 터키의 준회원국 자격을 둘러싸고 야단법석이었으며, 곧 앙카라를 유럽연합에 들어오게 하려는 모든 노력이 경주되었다. 2003년이 되면 부시 행정부가 목소리를 높였으며, 블레어 정부는 긴밀하게 협조했고, 게르하르트 슈뢰더와 자크 시라크는 자애로운 태도를 취해 터키의 가입이 사실상 확실한 것처럼 보였다. 그러나 이해 당사자들이 너무 쉽게 했던 신속한 처리는 키프로스라는 암초에 부딪혀 완전히 실패했다.

그 이래 관련 국가의 수도에서는 공식적인 발표와 실제 계산 사이에, 현재의 의도와 미래의 의도 사이에 간극이 생겼다. 물론 신노동당은 워싱턴을 위해 변함없는 메신저 역할을 하고 있다. 그러나 프랑스와 독일에서는 사르코지와 앙겔라 메르켈이 시라크나 슈뢰더와 달리 터키의 가입을 분명한 쟁점으로 보는 유권자와 직면했으며, 신자유주의라는 약을 제시할 때 유권자들이 이를 받아들일지 누구도 확신하지 못했기 때문에 인기 없을 것 같은 일을 벌이는 위험을 감수하려 하지 않았다. 두 사람 가운데 사르코지는 메르켈보다 더 분명하게 앙카라에 반대하는 모습을 보였다. 일단 권력을 잡자 두 나라의 통치자는 당연히 방향을 바꾸었다. 유럽 전역에서 엘리트의 견해는 ― 다른 나라들도 프랑스 및 독일과 마찬가지이다 ― 전반적으로 터키의 가입에 우호적이다. 이에 반해 대중의 견해는 애매하거나 반대이다. 그러나 어느 경우든 미국의 새 대통령은 취임 직후 앙카라를 방문함으로써 미국이 우선시하는 것을 분명히 했으며, 두 나라의 긴밀한 관계를 칭송했고, 먼 과거에 대한 불편한 이야기는 삼갔다. 버락 오바마(Barack Obama)의 선거 공약은 금세 묻혀졌고, 이제 아르메니아인 학살에 대한 인정은 부시 아래에서보다 의회가 덜 관심을 가지게 되었다.

터키를 유럽연합에 포함할 것인가라는 전략적으로 중요한 쟁점에 대해 주인과 유권자 사이에 끼어 있는 파리와 베를린은 오직 시간을 끄는 것 이외에는 방법이 없다. 한쪽으로는 터키 가입에 대한 반대를 큰 소리로 되풀이하는 사르코지가 다른 쪽에서는 이에 대한 국민투표가 프랑스에서는 헌법상 불가능하다는 점을 분명히 하면서 마치 터키 가입을 원칙적으로 반대하지 않는 듯한 태도로 터키의 가입 협상을 지속하고 있다. 국내에 있는 큰 규모의 터키인 사회 —이들 가운데 일부는 투표권이 있다— 를 고려하는 메르켈은 사르코지 덕분에 가려진 것에 기뻐했다. 이것은 궁극적인 결과에 영향을 끼치지 않는 우회 전술인데, 어느 통치자도 무한정한 정치생활을 하지 않기 때문이다. 사르코지는 길어야 8년 이내에, 분명한 것은 3년 이내에 자리에서 물러날 것이며, 제약이 없는 흑황 연정(Black-Yellow regime)을 이끌겠다는 메르켈의 희망은 4년 이상 갈 것으로 보인다. 브뤼셀의 눈에는, 그리고 워싱턴에는 한층 더 터키가 다가올 유럽 확대의 '빛나는 상'이며, 쉽사리 포기되지 않을 것이다. 이를 둘러싸고 다양성이라는 담론은 잠시 동안 잔업을 하고 있다. 이 온건한 무슬림 나라의 유럽공동체 가입보다 다문화적 관용의 빛나는 트로피가 무엇이 있을 수 있겠는가? 역사적으로나 현실적으로 어떤 신참자가 하위 제국의 책임을 공유할 준비가 더 잘 되어 있겠는가?

러시아와 터키 사이에는 유럽공동체의 어떤 존중할 만한 관점에서 보더라도 다루기 힘든 문제가 있는데, 우크라이나라는 임자 없는 땅이 펼쳐져 있는 것이다. 어떤 기준으로 보더라도 터키보다 안정된 정체는 아니지만 분명하게 더 민주적인 나라이다. 문자 해득률과 1인당 소득도 더 높다. 고문도 덜하며, 내란 진압 부대도 없고, 인종 청소도 없으며, 제노사이드도 없다. 더 가난하고 더 억압적인 이웃 나라가 유럽연합에 들어오려고 하는데, 왜 우크라이나의 가입은 거부되어야 하는가? 대답은 분명하지만 집행위원회의 고상한 발표와 일치시키는 것은 말할 것도 없고 공개적으로 말하는 것도 쉽지 않다. 우크라이나의 군사력은 터키군에 비하면 작은 규모이며, 키예프의 주식시장은 이스탄불의 주식시장에 비하면 보잘것없는 수준이다. 기독교 정교회의 세계는 같은 종교를 믿는 사람들을 견제하기 위한 순경을 필요로 하지 않는다. 끝으로 덜 중요한 것은 아니지만 이 지역의 패자는 전통적인 피보호국가를 선호하는 미국이 아니라 과거사를 무시하는 것에 반대하는 러시아이다. 제국은 자신의 힘이 충분할 때 의지대로 영토를 고를 수 있다. 그러나 그 영토가 준(準)주권 지역에 불과할 경우에 그 영토를 고르는 일을 미루어야 할 때가 있다. 따라서 브뤼셀은 앙카라는 포함하고 키예프에 대해서는 주춤한다. 그러나 우크라이나의 모든 당파가 연합해서 유럽연합에 들어오겠다는 압력은 사라지지 않을 것이다. 장래에 어디선가 유럽연합의 동쪽 돌출부에서 일어난 간극, 즉 정치적 아르덴 지역(political Ardennes)이 이를 위해 준비되어 있을지 모른다.

이것이 유럽연합의 내부 정치를 해치게 될지, 아니면 대체로 내부 정치와 무관하게 확대될지는 아직 알 수 없다. 현재 대리 제국이라는 유럽의 전망은 영국이 항상 뚜렷하게 대변해 왔던 것의 복사판이다. 미국과 특별한 관계를 맺으면서 하위 파트너로서 자기 영역에서는 주도권을 행사하고, 이를 넘어서는 무대에서는 상위 파트너를 추종하면서 배우자이자 조언자라는 명예직을 수행하는 것이다. 이러한 구조 내에서 유럽연합은 분명 동등하지는 않겠지만 영국보다 더 많은 힘을 행사할 것이다. 영국에서는 이런 관계에 대해 대중적인 열광이 있지 않았고, 엘리트 내부에서만 합의된 문제였지만 여기에 대한 심각한 반대도 없었다. 동일한 것을 유럽 차원으로 확대한 것이 이에 비견할 만한 수동성이나 무관심에 직면할 것인가? 혹은 이해관계가 있는 모든 나라의 수도에서 이루어진 현재의 합의를 위해 여전히 많은 점에서 맹아적인 그러한 야망이 새로 만들어진 집정관(Directorate)에 의한 제국적 목적을 위해 편성되기를 바라지 않는 작은 회원국들의 원심력적인 저항에 의해 사전에 무너질 것인가?

유럽공동체의 내적 방향도 외적 방향도 아직 정해지지 않았다. 명확한 수단이나 목적이 없는 유럽연합은 표류 상태에 있는 것으로 보인다. 하지만 모두가 개탄하고 있는, 일관된 종국성의 결여가 한 가지 장점으로 여겨질 수도 있다. 즉 처음부터 통합을 더 진전되고 가능하면 더 나은 놀라운 일로 끌어온 의도되지 않은 결과를 낳았다는 것이다. 원칙적으로 다이내믹한 불균형이 이를 가능하게 한다. 당분간 장기화된 경제 침체가 과거에는 유럽 대륙에 자극제가 되었던 정치적 갈등과 이데올로기적 분열의 엔진을 재점화할지 모른다. 오늘날의 유럽에서는 어느 쪽인지 확실하지 않다. 그러나 시간과 모순이 정지할 것으로 보이지는 않는다.

기로에 선 유럽(연합)

이 책은 영국의 역사가이자 저명한 좌파 평론가인 페리 앤더슨(Perry Anderson)의 *The New Old World*, 2009를 번역한 것이다. 유럽통합의 역사와 이론, 주요한 개별 국가에 대한 스케치, 유럽통합의 사상과 그 전망까지 유럽과 유럽연합에 대해 포괄적이면서도 수준 높은 내용과 관점을 제공하는 보기 드문 저술이라 할 수 있다. 이런 종류의 책을 써낼 수 있는 것은 에세이스트로서의 뛰어난 역량뿐만 아니라 본인의 말처럼 오랫동안 저널 편집자로 일을 했기 때문일 것이다. 광범위한 자료를 섭렵하고 이를 편집하는 능력이 그런 역할에서 나왔을 것이다.

그럼에도 이 책의 불가피한 한계는 시간 범위이다. (문자 그대로 유럽 '전체'를 다루지 못한 지리적 제약은 앤더슨도 서문에서 밝히고 있다.) 이 책은 유럽연합 헌법을 만들려던 구상이 좌초되고 리스본 조약(2009년)이 맺어진 시점에서 끝나고 있다. 하지만 이 시점이 더 의미가 큰 것은 2008년 경제 위기로 인해 기존 체제, 흔히 신자유주의라 불리는 체제가 위기에 빠져들기 시작한 때라는 것이다. 이는 앤더슨의 책이 신자유주의 시기의 유럽을 다루고 있다는 점을 감안하면 더욱 그러하다. 물론 시대의 변화 속에서 유럽과 유럽연합이 어떤 궤적을 보일지를 파악하는 것은 우리의 몫이다.

이를 위해 2009년 이후에 있었던 사건을 나열해 보자. 우선 2008년

경제 위기가 유럽에서는 부채 위기로 전이되었다. 상황은 각기 다르지만 아일랜드·그리스·포르투갈·키프로스·스페인 같은 나라가 공적 부채를 갚거나 새로 돈을 빌릴 수 없는 처지에 빠졌다. 이를 해결하기 위해 유럽연합, 유럽중앙은행, IMF가 구제금융에 나섰는데, 구제금융의 조건으로 악명 높은 '긴축'이 제시되면서 대중의 삶이 심하게 나빠졌다.

구제금융과 긴축정책은 두 번째 사건으로 이어졌다. 가혹한 조건으로 구제금융을 받게 된 그리스에서 시작한 대중의 저항은 2011년 5월 스페인의 분노한 사람들이라는 흐름을 낳았다. 이는 다시 대서양을 건너가 '월스트리트 점거'로 이어진다. 이런 대중의 분노와 저항은 유럽 각국의 기성 정치 질서를 흔들었다. 그리스에서는 조그만 좌파 정당인 시리자(Syriza)가 2015년에 집권하게 되며, 스페인에서는 포데모스(Podemos)라는 신생 정당이 2015년 이후 주요한 정당으로 자리 잡게 된다. 왼쪽뿐만 아니라 오른쪽에서도 '새로운' 정당이 등장하거나 기존 극우파 정당이 새로운 에너지를 얻으면서 기성 정치 질서를 흔들게 된다.

세 번째 사건은 극우파 정치 세력의 부상과 맞물려 있는 이른바 '난민 위기'이다. 이 난민 위기는 2010년 12월에 발발한 튀니지 혁명에서 시작한 '아랍의 봄' 혹은 아랍 혁명의 효과이다. 튀니지 혁명은 리비아·이집트·예멘·바레인·시리아 등지로 퍼져 나가 정권의 전복과 내전으로 이어졌다. 이외에도 모로코·이라크·알제리·레바논·요르단·쿠웨이트·오만·수단·이란의 후제스탄(Khuzestan) 지역 등지에서도 대규모 시위가 벌어졌다. 하지만 2012년 중반 혁명과 저항의 물결이 약화되고 권위주의 정권의 폭력적인 대응이 거세지면서 혁명의 성과가 하이재킹당하거나 격렬한 내전이 발발했다. 이집트는 쿠데타가 일어나 혁명의 성과가 무화되었고, 시리아·이라크·리비아·예멘 등은 대규모 내전이 지루하게 지속되는 양상을 띠게 된다. 내전 속에서 발생한 난민은 주로 터키나 요르단 등지로 갔으나 2014년부터 유럽으로 몰려들기 시작했다. 2014년 43만 명이던 난민은 2015년 130만 명이 넘어 정점에 달했고, 2016년에도 120만 명이 넘는 난민이 유럽으로 유입되었다.

네 번째 사건은 증가하는 테러를 들 수 있다. 과거 유럽 내에서 발생한 테러는 아일랜드공화국군(IRA)과 바스크 조국과 자유(ETA) 같이 주로 분리주의 세력이 일으킨 것이었다. 하지만 2003년 이라크 전쟁 이후의 테러는 '이슬람 극단주의' 세력이 주로 일으키고 있다. 특히 '아랍의 봄'과 이어진 내전 속에서 권력의 공백 속에 자리 잡은 이슬람국가(IS)와 그 동조자들이 구체적인 요구 없이 무차별적으로 일으키고 있기 때문에 유럽인을 공포에 몰아넣고 있다.

마지막으로 이런 안팎의 위협과 이로 인한 불안정 속에서 유럽연합 자체를 해체할 수도 있는 사건으로 벌어진 것이 영국(UK)의 유럽연합 탈퇴 국민투표였다. 2016년 6월 23일 영국 국민은 51.9퍼센트의 찬성으로 유럽연합 탈퇴 지지 의사를 밝혔다(투표율은 72.2퍼센트). 물론 실질적인 탈퇴까지는 2년의 시간이 걸리며, 탈퇴 이후에 유럽연합과 어떤 관계에 놓일 것인지도 여전히 불투명하다. 하지만 유럽연합의 주요 국가가 대중의 의지로 탈퇴를 결정했다는 것 자체가 유럽연합의 미래를 불투명하게 만들었다.

유럽과 유럽연합이 직면하고 있는 이런 도전 과제를 좀 더 자세히 살펴보기로 하자. 우선 부채 위기를 겪은 나라 가운데 그리스의 위기는 유럽연합의 가장 야심찬 시도인 유로존의 근본 구조와 현실성에 심각한 우려를 낳았다. 간단하게 말하면 서로 다른 경제 규모와 수준을 가진 나라들이 단일통화를 채택하는 것이 적절하고 유지 가능한가라는 질문이 제기되었다. 유럽연합의 확대 과정에서 나중에 들어온 동유럽 나라들을 제외하더라도 유럽 경제는 독일·벨기에·오스트리아·핀란드·네덜란드 등의 '조직화된 시장경제'와 스페인·포르투갈·그리스·이탈리아 등의 '지중해 시장경제'로 나눌 수 있는데, 둘 사이에 이른바 경쟁력의 차이가 있다. '조직화된 시장경제'의 대표 격인 독일의 경우 코포라티즘 체제가 발전했기 때문에 수출을 위한 노동 비용의 인하를 끌어낼 능력이 있다. 이로 인해 독일은 고부가가치 수출품을 생산하는 데 상당한 우위를 보이고 있다. 이에 반해 코포라티즘 구조가 약하고, 주로 낮은 노동 비용에 의존하는 남유럽 경제는 고부가가치 수출품의 생산과 혁신에 취약할 수밖에 없다. 이런 경제는 소비에트 블록 해체 이후 동유럽 나라들이 유럽연합에 들어오면서 더욱 불리한 처지에 놓이게 된다.

이런 구조적 차이는 단일통화가 도입되면서 더욱 커지게 되는데, 남유럽 나라들이 과거에 했던 환율 조정을 통한 경쟁력 강화가 더 이상 가능하지 않게 되었기 때문이다. 이에 따라 남유럽 나라들은 내수 확대를 통한 경제성장의 길로 나설 수밖에 없었다. 게다가 유럽통화동맹(EMU)에 들어가면서 이런 전략이 더욱 호소력을 갖게 되었는데, 북유럽 나라들의 잉여 자본을 값싼 이자로 들여올 수 있었기 때문이다. 실제로 그리스와 스페인의 경우 1997~2007년 사이에 4퍼센트에 가까운 성장률을 보였다. 하지만 경제 위기는 더 이상 이런 방식의 성장이 가능하지 않다는 것을 폭발적인 방식으로 보여주었다.

그리스 부채 위기, 그리고 아일랜드와 포르투갈의 부채 위기 해결 과정에서 유럽연합 정부들은 유례없는 협력을 통해 구제 조치를 취했지만 바로 그 과정에서 해당 정부와 시민들에게 협박과 압력을 가함으로써 도리어 유럽의 진전된 통합을 어렵게 만들었다. 유럽연합은 2010년 5월과 2011년 11월 두 차례에 걸쳐 2,250억 유로를, 그리고 2015년에 860억 유로를 구제금융으로 그리스 정부에 제공했다. 하지만 여기에는 긴축재정과 공공자산 매각의 강요가 수반되었다. 이는 앞서 말한 유럽 경제 내의 구조적 차이를 감안할 때 그리스 경제가 회복될 수 있는 방식이 아니었다. 게다가 이렇게 들어간 구제금융은 사실 독일을 비롯한 북유럽 나라의 은행이 그리스에 빌려준 돈을 갚는 데 사용되었다. 다른 말로 하면 디폴트나 부채 탕감을 했을 경우 이들 나라의 은행을 구제하는 데 어차피 공적 자금이 투여되었을 일을 그리스에 대한 구제금융이라는 식으로 준 것에 불과하다는 것이다.

부채 위기에 대한 대응 과정을 통해 사람들은 유럽연합과 유로존이 신자유주의적 시장경제의 다른 말에 불과하며, 이윤을 위해서는 각국 시민의 민주적 의사는 철저하게 무시하는 어떤 권력체라는 것을 분명히 알게 되었다. 이는 이후 유럽연합의 장래를 둘러싼 좌파 내부의 논쟁이 기대는 준거점이 된다.

이런 내부 차이를 무시한 통화(通貨) 통합에 대해서는 일찍부터 가능하지 않다는 비판이 있었다. 게다가 재정 통합이 없는 상태에서 통화가 통합되고 단일시장이 형성된 것이기 때문에 경제 위기 시에 각국 정부가 어떤 재정정책도 사용할 수 없는 형편이다. 이런 이유로 '그렉시트'(Grexit)로 대표되는 유로존 탈퇴가 유럽연합의 미래와 관련해서 중요한 쟁점이 될 수밖에 없었다. 물론 그렉시트는 일시적인 유로존 탈퇴를 의미하는 것에서 시작했지만, '브렉시트'(Brexit)에서 볼 수 있듯이 유럽통합이 여러 가지 면에서 자국에 불리하다는 인식과 맞물려 유럽연합과 유로존의 해체 경향을 가리키게 되었다.

유로존의 위기 및 그 해결 과정에서 더욱 강화된 이른바 '유럽 회의주의'는 분명 극우파 포퓰리즘 정치 세력의 자양분이 되었다. 하지만 현실적 계기이자 선동의 무기는 이민(난민)이라는 쟁점이다. 이 책에서 잘 다루고 있지만, 프랑스의 국민전선과 이탈리아의 북부동맹 같이 반(反)이민을 당의 분명한 정치적 색깔로 하는 정치 세력은 이전부터 있었지만, 기성 질서를 뒤흔들 정도로 크게 성공을 거두었다고는 할 수 없었다. 하지만 2017년 프랑스 대선, 네덜란드 총선, 독일 총선을 보면, 비록 제2의 트럼프가 등장한 것은 아니지만 상당한 지지 기반을 얻은 것으로 보인다. 여기에 더해 브렉시트가 근소한 차이이긴 하지만 찬성표를 끌어낸 것도 반이민 정서에 근거한 것이라 할 수 있다.

이슬람이 오늘날의 동유럽 지역에 들어온 것은 7세기까지 거슬러 올라가고, 일부 지역은 인구의 50퍼센트 이상을 차지한다. 하지만 서유럽 지역에 무슬림이 상당수 들어온 것은 20세기 후반과 21세기 초이다. 20세기 후반 탈식민주의와 포스트식민적 상황을 배경으로 하고, 전후 경제 호황 속에서 서유럽으로 이민자들의 물결이 이어지는데, 이 속에서 무슬림의 증가가 있었다. 프랑스의 경우 알제리 전쟁 시기(1954~

62년)에 무슬림 이민이 상당수 들어왔으며, 서독은 1961년 손님노동자 (Gastarbeiter)를 받아들였는데, 이 가운데 일부가 무슬림이 다수인 터키나 유고슬라비아에서 왔다. 영국의 경우에는 구 식민지였던 파키스탄과 방글라데시 등지에서 왔다.

이런 경향의 이민은 21세기 들어 더욱 증가했을 뿐만 아니라 상대적으로 높은 무슬림의 출산율로 인해 유럽 내 무슬림 숫자는 지속적으로 증가했다. 20세기 말과 21세기 초를 보면 1990년에 유럽 인구 가운데 무슬림은 4퍼센트였으나 2010년에는 6퍼센트로 증가하여 10년마다 1퍼센트씩 증가하는 것으로 나타났다. 숫자로 보면 2010년 유럽 전체의 무슬림 인구는 4,400만 명이며, 유럽연합 내로 한정하면 1,900만 명 (3.4퍼센트)이다. 이런 추세에 따르면, 2030년이 되면 8퍼센트가 될 것으로 추정된다.

앞서도 보았듯이 이런 상황에서 '아랍의 봄'의 효과로 지속된 내전이 많은 수의 난민을 유럽으로 밀어 넣고 있다. 이는 이른바 유럽의 안보, 사회적 통합과 안정이라는 면에서 많은 우려를 낳고 있을 뿐만 아니라 극우파 포퓰리즘 정치 세력의 발흥에 연료 역할을 하고 있다. 더 나아가 무슬림의 존재 및 이로 인한 갈등은 이른바 '유럽적 가치' 자체에 근본적인 도전이라 할 수 있다. 21세기 들어 유럽연합으로 대표되는 유럽은 무엇보다 인권과 민주주의, 그리고 이를 뒷받침하는 관용의 챔피언으로 인정받고 있다. 하지만 유럽 문명과 유럽적 가치를 기독교와 등치시키려는 사고방식은 여전히 강하다. 물론 그 기독교 문명은 오랜 종교 전쟁과 갈등을 거쳐 '관용'을 주요 내용으로 삼고 있기는 하다. 따라서 난민 위기는 '자유로운 이동'이라는 유럽과 유럽연합의 가치뿐만 아니라 관용과 공존이라는 유럽적 가치에도 심각한 도전이다.

하지만 난민에 대한 유럽 각국의 대응을 보면 문제를 해결하기보다는 회피하려는 태도를 보인다. 앞서 본 것처럼 2015년과 2016년에 걸쳐 300만 명 가까운 난민이 유럽으로 들어왔고, 이 가운데 독일이 100만 명 이상을 받아들였다. 하지만 2017년 들어 유럽으로 들어온 숫자는

1/3로 줄어들었다. 이는 난민 자체가 줄어들었기 때문이 아니라 유럽이 난민 수용을 회피하고 있기 때문이다. 독일의 한 보고서에 따르면, 리비아에 100만 명, 이집트에 100만 명, 알제리에 50만 명, 튀니지에 16만 명이 탈출을 기다리고 있으며, 중간 기착지 역할을 하는 요르단에도 수십만 명의 난민이 있다. 여기에 더해 터키에도 330만 명의 난민이 있는 것으로 보고된다. 이들은 기회만 되면 꼭 유럽이 아니더라도 '안전한 지역'으로 가려고 한다.

이렇게 급증한 난민에 대해 유럽의 책임이 없다고는 할 수 없다. 근본적인 뿌리 가운데 하나인 식민과 탈식민은 지난 세기의 일이라 하더라도, 21세기 들어 난민이 증대한 직접적인 원인 가운데 하나는 미국과 그 동맹국의 공격적인 대외정책이라는 것을 부인할 수 없다.

하지만 유럽 각국은 난민 위기에 대해 자신들이 말하는 유럽적 가치에 기반한 근본적인 해결책을 내놓기보다는 국내 정치 차원에서 대응하고 있다. 대표적인 나라가 영국이다. 2015년 데이비드 캐머런(David Cameron) 총리는 향후 5년 동안 2만 명의 난민을 받아들이겠다고 했다. 400만 명 가운데 겨우 2만 명이다!

이런 식으로 대응할 수 있는 배경 가운데 하나가 낡아빠진 더블린 조약이다. 1997년에 발효된 더블린 조약에 따르면, 난민 처리 과정은 처음 입국한 나라가 책임져야 하며, 난민이 그 나라 국경을 넘어 유럽의 다른 나라로 가려고 할 경우 송환할 수 있다. 그렇기 때문에 현재 난민 루트에 있는 그리스와 이탈리아가 가장 큰 압력을 받고 있다. 더블린 조약의 이런 문제점을 개선하기 위해 난민 쿼터제가 제안되었지만 체코·슬로바키아·루마니아·헝가리 같은 나라들의 반대로 이루어지지 못하고 있다.

이런 상황이기 때문에 유럽은 '사람의 이동'(displacement of people)이라는 전(全) 지구적 문제에 대한 근본적이면서도 인도주의적 해결책보다는 '억지'(deterrent)라는 자기중심적인 태도를 보이고 있다. 이는 2016년 3월 유럽연합과 터키 사이에 맺은 협정에서 잘 알 수 있다. 유럽연합은 터키에 금전적 지원을 하는 대신에 터키를 통해 그리스로 들어온 시리아 난민을 터키로 다시 돌려보낼 수 있게 되었다. 이는 난민 유입을 막기 위해 독재 정권인 에르도안 터키 정부를 지지하는 셈이다. 덕분에 타이이프 에르도안은 이후 유럽이 터키에 대한 비판을 할 때마다 난민 카드로 역공을 펼 수 있게 되었다.

난민 위기와 겹치면서 유럽을 어렵게 하는 문제가 테러이다. 최근 들어 IS가 상당히 약화된 것으로 보이지만 IS가 직접 벌이거나 IS에 공감하는 '외로운 늑대'가 벌이는 테러 위협은 쉽게 수그러들지 않을 것으로 보인다. 관계 당국에 따르면, 5,000명의 유럽 시민이 IS의 전투에 합류하기 위해 시리아와 이라크로 움직였다고 한다. 이들이 다시 유럽으로 돌아와 테러에 가담할 가능성도 매우 크다. 치안 관점에서 더 문제가 되는 것은 앞서 말한 '외로운 늑대'이다. 2016년 7월 프랑스 니스에서 있었던 트럭 테러에 대해 IS는 자신들의 '병사'가 저지른 일이라고 주장하지만 IS와 무관한 사건이라는 분석이 있다. 2016년 크리스마스에 베를린에 있었던 트럭 테러도 이 경우에 속한다고 할 수 있다.

IS 혹은 IS에 영감을 받은 사람들의 테러는 무슬림의 통합 문제에 대한 우려뿐만 아니라 무슬림에 대한 다른 유럽인의 적대감을 불러일으키고 있다. 물론 유럽 각국 정부는 공식적으로는 이슬람 극단주의자와 보통의 무슬림을 등치시켜서는 안 된다고 우려를 표명한다. 하지만 앞서도 보았듯이 난민 위기와 함께 테러는 극우파 포퓰리즘 정치 세력의 자양분이 되고 있다.

2016년 말과 2017년 초에 극우파 포퓰리즘에 대한 우려가 최고조에 달했다. 여기에는 대서양 건너편에서 도널드 트럼프(Donald Trump)가 미 대통령에 당선된 것도 한몫했지만, 난민 위기와 테러 공포가 크게 작용했다. 이런 상황에서 2017년은 유럽 주요 나라에서 대통령 선거와 총선거가 있는 해였다. 특히 프랑스의 경우 국민전선(FN)의 장-마리 르펜(Jean-Marie Le Pen)이 대통령이 될 수도 있다는 우려가 고조되었다.

하지만 자유주의자와 기성 질서로서는 다행히도 르펜은 결선투표에서 33.9퍼센트를 얻어 에마뉘엘 마크롱(Emmanuel Macron)에게 패배했다. 이보다 앞서 열린 네덜란드 총선에서도 자유당(PVV)이 이전보다 득표율을 높이긴 했지만 제2당에 머물렀다. 브렉시트라는 맥락에서 열린 것이라 상황이 좀 다르긴 하지만 영국의 조기 총선에서 영국독립당(UKIP)은 가지고 있던 1석마저 잃어버렸다. 다만 9월에 있었던 독일 총선에서 독일을 위한 대안(AfD)이 94석을 얻으면서 처음으로 연방의회에 진출하는 사건이 일어났다(득표율은 12.6퍼센트).

극우파 포퓰리즘의 본질이 무엇인가에 대해서는 논란이 있을 수 있지만, 현상적으로 나타나는 위험은 '소수자'를 희생양으로 삼는 정치적 방향을 채택하고 있다는 것이다. 이때 소수자는 에스닉 소수자로 사실상 무슬림을 가리킨다. 이는 20세기 후반 이후 유럽에서 무슬림 이민자의 통합이 제대로 이루어지지 않았다는 것을 배경으로 한다. 많은 유럽인들은 분명 유럽이 진정으로 다문화적으로 되어야 하며, 에스닉이나 피부색이 다른 사람들을 '동료'로서 받아들여야 한다고 생각한다. 하지만 꽤 많은 수는 여전히 그렇지 않다. 반대편에서도 상황은 마찬가지인데, 많은 수의 이민자가 자신이 도착한 지역의 언어를 배우고, 사회 문화와 가치를 수용하고 있지만, 꽤 많은 수는 그렇지 않다. 지난 수십 년 동안 지속되어 온 이런 긴장이 특히 서유럽에서 커다란 정치적 균열을 낳고 있고, 이것이 극우파 포퓰리즘이 성장할 수 있는 하나의 배경이다.

하지만 사회 통합과 배제의 문제를 이렇게 문화적 측면에서만 볼 수는 없다. 유럽의 가치에 비추어볼 때 지난 10년간 가장 커다란 변화는 무엇보다 신자유주의의 발흥과 위기 속에서 증대된 빈곤과 불평등이다. 이 속에서 경제적 불안감을 느끼고 있는 중간층과 하층이 극우파 포퓰리즘의 성장 배경이 되었다.

전반적으로 볼 때 유로존 내에서 빈곤율은 2007년 16.1퍼센트에서 2015년 17.2퍼센트로 상승했다. 경제 위기의 충격을 받은 남유럽 나라의 빈곤율이 상승한 것은 물론이고, 프랑스와 네덜란드, 독일 같은 서유럽의 부유한 나라도 유사한 양상을 보였다. 프랑스는 14.3퍼센트이고,

독일도 15퍼센트가 넘는 것으로 나타났다. 경제 위기의 직격탄을 맞은 스페인·포르투갈·그리스 등은 빈곤율이 30퍼센트가 넘는다.

경제 위기를 심하게 겪은 나라의 빈곤율이 높다는 것은 쉽게 이해할 수 있지만, 독일 같은 나라에서도 빈곤율이 다소 상승한 점은 좀 더 근본적인 문제를 드러낸다고 할 수 있다. 독일은 유럽의 다른 나라 및 아시아 신흥시장에 대한 주요 수출국으로 2016년에만 2,660억 유로의 흑자를 냈으며, 이런 상황은 지속될 것으로 보인다. 하지만 독일 경제 이면에서 우리는 '노동 빈민'(working poor)의 증가를 본다. 2007년 독일의 노동 빈민은 5퍼센트 이하였지만 2014년에는 10퍼센트가 되었다. 이는 임금 억제와 사회보장의 삭감을 가져온 2000년대 초반의 '개혁'에 기인하는 것이다.

게르하르트 슈뢰더(Gerhard Schröder) 총리 시절에 만들어진 하르츠위원회(Hartz Commission)는 당시 높은 실업률을 잡기 위해 노동시장의 유연화에 착수했으며, 특히 실업 보조금과 사회 서비스 구조를 바꾸는 데 주력했다. 이 가운데 가장 악명 높은 것이 '하르츠 4'(Hartz IV)인데, 이에 따르면 실업자가 연방고용청이 제시하는 일자리를 받아들이지 않을 경우 실업수당을 받지 못하게 하는 것이다. 이러한 노동 요구로 인해 시간당 1~2유로를 받는 '미니잡'(mini job)이 증가하게 되었고, 이는 노동 빈민과 불평등 증대의 원인이 되었다.

이른바 '개혁'을 통해 독일은 기존의 기술력에 더해 노동 비용의 절감에 따른 국제 경쟁력을 좀 더 쉽게 누릴 수 있게 되었다. 앞서도 보았듯이 재정 통합 없는 통화 통합 상태인 유로존에서 이는 주변국에게는 재앙이었다. 경쟁력이 떨어지는 주변국들은 다른 수단이 없기 때문에 무역 적자에 시달리고, 이는 막대한 채무를 갚을 방도가 관광업 외에는 없는 상태를 초래했다(이른바 '근린궁핍화'). 반면 막대한 무역 흑자에 힘입은 독일은 상당한 재정 흑자를 낼 수 있었고, 이를 기준으로 부채 위기가 도래할 때 채무국을 향해 예산 삭감 등을 요구하는 근거가 된다.

이렇게 경제 위기를 심각하게 겪은 남유럽 나라들만이 아니라 독일 같은 나라에서도 노동 빈민의 증가와 빈곤율의 상승은 '사회적 유럽'이 해체되었다는 증거이다. 사실 유럽 좌파가 말하는 사회적 유럽이 제대로 구성된 적은 없다고 해야 할 것이다. 하지만 국민국가 단위에서는—정도의 차이가 있긴 하지만—사회국가가 형성되었다. 사회국가는 파시즘과 총력전을 역사적 배경으로 하고 냉전을 지정학적이면서도 이데올로기적 조건으로 하여 형성되었으며, 정치적으로는 중도우파와 중도좌파의 타협과 상호 임무 교대라는 모양새를 띠었다. 이는 자본주의의 특정한 국면인 '장기 호황' 속에서 그럭저럭 유지될 수 있었다. 하지만 앤더슨의 책이 집중적으로 다루고 있는 시기, 즉 신자유주의적 지구화 시기에 이 체제는 침식당하기 시작했고, 2008년 경제 위기 이후 나타난 여러 정치적·사회적 현상은 그 결과의 표현이라 할 수 있다.

'사회적 유럽'이란 특정한 국면에 성립해서 유지된 사회국가를 유럽 통합 국면에서 유럽 전체 차원으로 확대해야 한다는 유럽 일부 좌파의 바람이자 목표였다. 하지만 유럽적 차원의 '시민'이 존재하는가라는 근본적인 질문 이외에도 '민주주의가 부재한' 유럽연합의 구조 내에서 이를 어떻게 관철할 것인가, 회원국의 차이를 어떻게 극복할 것인가라는 실질적인 문제에 대해 적절한 답을 내놓지 못하면서 사회적 유럽은 그저 구호였을 뿐이다.

하지만 경제 위기와 뒤이은 변화 속에서 사회적 유럽은 다시금 논의의 준거점이 된다. 넓은 의미의 좌파 내에서 유럽연합과 유로존에 대한 태도는 크게 세 가지라 할 수 있는데, 당연하게도 현재 유럽연합과 유로존에 대한 이해에 차이가 그 기반이 된다. 우선 노벨 경제학상 수상자이자 오랫동안 긴축에 반대해 온 미국의 조지프 스티글리츠(Joseph Stiglitz)는 유럽연합이 민주화되어야 하는데, 특히 문제가 되는 것이 공동 통화인 '유로'라고 주장한다. 앞서도 말했듯이 재정 통합 없는 통화 통합으로 각국 정부는 독자적인 통화정책과 환율정책을 통해 경제에 개입할 수 없다. 또한 유럽 전체 차원에서 부유한 지역에서 가난한 지역으로 재정 이전을 할 수도 없다. 따라서 이른바 중심 지역과 주변 지역의 불평등과 격차는 계속해서 커질 수밖에 없게 된다. 이에 대한 해법은 '유연한' 유로를 만들고, GDP의 3퍼센트 이내로 제한되어 있는 재정 적자 제한을 없애는 것이다(사실 이는 현재 어떤 나라도 지키고 있지 못하다). 스티글리츠의 이런 해법은 미국식 연방주의를 유럽 차원에서 변형해서 적용하려는 시도라 할 수 있으며, 이를 위해서는 어쨌든 유럽연합과 유로존 차원의 민주적 개혁이 필요하다. 더 나아가 유럽연합의 통합을 좀 더 높은 수준으로 가져가야 한다는 것을 함의한다.

이와는 반대편에 있는 좌파의 입장이 이른바 '렉시트'(Lexit), 즉 좌파적 유럽연합 탈퇴이다. 대표적인 렉시트 지지자는 그리스 민중연합의 스타티스 쿠벨라키스(Stathis Kouvelakis)와 영국 『뉴레프트 리뷰』(*New Left Review*)의 편집위원인 타리크 알리(Tariq Ali)이다. 이들은 유럽연합이 진보적인 방향으로 개혁될 수 없다고 본다. 왜냐하면 그 구조 자체가 개혁될 수 없는 방식으로 설계되어 있기 때문이다. 알리의 경우 '극단적 중도'(Extreme Centre)라는 개념을 통해 기존 체제의 개혁 불가능성과 렉시트를 주장하고 있다. 여기서 극단적 중도란 신자유주의 국가의 정치적 표현으로서 지속적인 전쟁과 보통 사람에 대한 지속적인 공격으로 나타나고 있다. 현재 유럽연합은 이런 극단적 중도 정부의 모임이며, 대다수 사람들은 여기에 어떤 영향도 끼치지 못한다. 또한 여기에 어떤 신뢰도 보내지 않고 있다.

렉시트의 입장은 유럽연합의 민주화가 필요하고 가능하다는 스티글리츠의 입장과는 정반대에 있다. 이런 태도는 유럽연합이 민주주의의 결여 때문에 문제가 있는 것이 아니라 원래 '민주주의의 부재 지역'(democracy-free zone)으로 구성되었다는 야니스 바루파키스(Yanis Varoufakis)의 입장과 유사하다. 바루파키스는 제1기 시리자 정부에서 재무 장관으로 일하면서 트로이카(유럽중앙은행, 유럽연합, 국제통화기금)와 부채 협상을 하다가 그만둔 후에 유럽민주화운동(DiEM25)을 이끌고 있는 인물이다. 그가 유럽연합을 바라보는 시각은 렉시트 주장자들과 유사하지만 처방은 다르다. 그는 유로존 탈퇴 및 유럽연합 탈퇴 흐름을 제노포비아적인 우파가 주도하고 있는 상황에서 좌파가 이와 엮이지 않으면서 탈퇴를 주장하는 게 가능하지 않다고 말한다. 그가 보기에 렉시트는 좌파의 국제주의와 맞지 않을 뿐만 아니라 국경을 다시 세우고, 환경정책 결정권을 다시 국민국가에 돌려주는 것은 대중적 차원에서도 설득력이 없다고 말한다. 그 대신 바루파키스는 범유럽적 시민 불복종과 정부의 불복종 운동을 다양한 차원에서 벌이자고 한다.

현 상황을 고려할 때 어떤 입장이 적절한 것일까? 스티글리츠의 주장은 아마 유럽연합과 유로존에서 받아들이기 어려울 것으로 보인다. 앞서 보았듯이 지금 유럽은 '독일의 시대'이고 독일은 기존 유럽연합과 유로존의 질서를 고수하려 할 것이다. 그렇다면 렉시트는? 바루파키스의 말처럼, 그리고 앤더슨의 책에서도 잘 설명되어 있듯이 오늘날의 유럽연합은 특정한 목적을 향해 특정한 방식으로 만들어진 구성물이다. 이 구성물은 프리드리히 하이에크(Friedrich Hayek)의 예언처럼 인민의 의지와는 격리된 초국적인 관료제 체제이며, 신자유주의적 방식으로 자본의 최대 이익을 추구하는 관계망이다. 따라서 이 기계를 수리해서 쓰기는 어렵고 해체하는 게 논리적으로는 마땅한 일이다. 하지만 유럽연합의 해체와 인민의 의지를 반영할 수 있는 국민국가의 강화(회복)라는 고지로 가는 교두보는 이미 극우파 포퓰리즘 정치 세력이 선점하고 있는 실정이다. 이런 상황에서 렉시트가 고유한 의미의 정치적 전망으로 대중을 설득할 수 있을까? 그렇다면 다층적 차원의 불복종 운동을 제시하는 유럽의 민주화운동 전략은 적절한 것인가? 유럽통합의 이상을 되살리면서도 대중의 봉기를 이끌어내려고 한다는 점에서 이 전략은 분명 의미 있는 시도이긴 하다. 하지만 렉시트와 마찬가지로 해당 지역의 정치 지형이 극우파에 유리할 경우 크게 성공을 거두기는 어렵다.

유럽연합의 장래에 대한 태도와 관련해서 이제 브렉시트에 대해 살펴볼 차례이다. 2016년 6월 23일 영국 유권자들은 찬성 51.9퍼센트 대 반대 48.1퍼센트로 영국의 유럽연합 탈퇴를 결정했다. 이런 결정에는 이민자의 대량 유입에 대한 반대, 즉 제노포비아가 크게 작용한 것은 분명하다. 특히 탈퇴 캠페인에서 영국독립당과 보수당의 저명인사들이 이를 크게 부각했다.

하지만 다른 요인이 있다. 영국의 엘리트는 유로존 가입은 거부했지만, 유럽연합보다 더 가혹한 신자유주의적 정책을 펼쳤다. 신노동당 정부는 금융화를 촉진해서 영국을 금융 위기로 몰고 갔으며, 이후 보수당 정부는 대륙 유럽보다 가혹한 긴축 조치를 단행했다. 그 결과 사회경제적 양극화는 심화되었고, 이는 지역 간 양극화로 표현되었다. 버블로 고소득을 올리는 런던을 비롯한 남동부 지역과 탈산업화되고 빈곤화된 북부 및 북동부 지역의 대조가 그것이다. 북부와 북동부 지역에 사는 유권자들은 더 이상 잃을 것이 없다는 심정으로 브렉시트 국민투표에서 탈퇴에 투표했다. 이는 미국의 '러스트 벨트'(Rust Belt, 펜실베이니아·웨스트버지니아·오하이오·인디애나·일리노이 등 쇠락한 산업지대를 말한다) 유권자들이 트럼프에게 찬성표를 던진 것과 유사하며, 오늘날 유럽의 극우파 포퓰리즘이 자신들을 '노동자 정당'이라고 주장하는 것과 맥이 닿아 있다.

브렉시트의 배경이 되는 이민에 대한 공포 및 사회경제적 양극화가 유럽연합의 다른 나라도 겪고 있는 공통의 문제라면 정치 제도 및 대영제국의 역사적 위상에 대한 기억은 영국 특유의 것이라 할 수 있다. 영국은 대부분의 대륙 유럽 나라와 달리 소선거구제를 채택하고 있고, 이는 제3정당에 가는 표를 사표로 만든다. 이는 특히 하층민이 기권하는 이유가 된다. 하지만 국민투표는 자신들의 의사를 분명하게 표시할 수 있는 기회였고, 이들은 이 기회를 신노동당과 보수당에 대한 반대를 표시하는 기회로 삼았다. 끝으로 역사적으로 볼 때 영국은 한때 대영제국이었을 뿐만 아니라 대부분의 대륙 나라들이 겪었던 패배나 침공, 그리고 점령 등을 겪지 않았다. 이런 나라 사람들이 보기에 유럽연합은 브뤼셀에 있는 관료들이 운영하는 기묘한 구성물이며, 여기에 영국이 따라야 할 이유가 없다.

물론 현재로서 브렉시트가 실제로 일어날지, 일어난다면 어떤 모양새

('하드' 혹은 '소프트')가 될지 알 수는 없다. 영국의 탈퇴 비용, 상대국 체류민의 권리, 영국과 아일랜드의 국경 문제 등에 더해 향후 영국과 유럽연합의 (무역)관계까지 처리해야 할 문제는 많고, 견해와 전망도 각각이기 때문이다. 물론 2017년 3월에 영국과 유럽연합이 리스본 조약 제50조를 발동하면서 2년 안에 협상을 마쳐야 하고, 만약 협상이 이루어지지 않을 경우 영국은 유럽연합에서 자동 탈퇴하게 된다. 하지만 이런 상황을 누구도 두고 보지는 않을 것인데, 결국 영국 정치 지형의 변화가 향방을 결정할 것이다.

오늘날 유럽연합이 겪고 있는 안팎의 위기는 20세기 말과 21세기 초에 마치 종국성을 향해 달려온 것처럼 보이는 유럽연합의 존재 자체를 위기로 몰아넣고 있다. 이런 이유로 지난 3월 25일 로마 조약 60주년을 맞이해서 다시 로마에 모인 유럽연합 27개국 정상이 '우리의 분리 불가능한 연합에 헌신'하자고 한 다짐이 공허하게 느껴진다. 그래서 2016년 9월 스트라스부르의 유럽의회에서 장-클로드 융커(Jean-Claude Junker) 유럽연합 집행위원장이 의원들에게 유럽연합이 '존재의 위기'에 직면했다고 한 말이 더 와 닿는다. 하지만 "각국 정부가 포퓰리즘 세력에 의해 약화되었고" "다음 선거에서 패배할 위험이 있다"라는 말은 한편으로 책임 전가이며, 다른 한편으로 과장이었다. 책임 전가인 것은 앞서도 보았듯이 유럽연합과 유로존이 사회적 해체를 가져온 주범이라는 사실을 회피하는 것이며, 과장인 것은 이후의 선거에 보여주었다.

비관적이면서도 복잡한 상황이기 때문인지 로마 조약 60주년 직전에 유럽연합 집행위원회는 「유럽의 장래에 관한 백서」(White Paper on the Future of Europe, 2017)를 발표했다. 여기에는 2025년까지 가능한 다섯 가지 시나리오가 들어 있다. 첫 번째는 예정되어 있는 개혁 과제를 계속해서 추진하는 것이다(Carrying on). 두 번째는 단일시장을 강화하는 것에만 초점을 맞추는 것이다(Nothing but the single market). 세 번째는 뭔가를 더 추진하고자 하는 회원국들이 특정 영역에서 협력하는 것이다(Those who want more do more). 네 번째는 특정한 정책 영역에만 초점을 맞추고 나머지 영역에서는 일을 적게 하는 것이다(Doing less more efficiently). 끝으로 모든 정책 영역에서 유럽연합이 더 많은 일을 하기로 결정하는 것이다(Doing much more together).

집행위원회가 이런 식의 시나리오를 작성한다는 것 자체가 오늘날 유럽연합이 얼마나 모호한 상태에 놓여 있는지를 보여주는 일이다. 하지만 분명한 것은 전후 유럽의 역사가 전환점을 맞이했다는 것이다. 세계대전과 냉전을 배경으로 해서 평화와 번영을 추구하는 새로운 정치체를 형성하려는 인간의 진기한 시도가 더 이상 내적 동력을 가지기 어려운 상태에 처했다고 할 수 있다. 이렇게 유럽연합이 코마(coma) 상태에 빠진 것을 보고 이미 사망기사(obituary)를 낸 사람도 있다.

그렇다면 우리는 '유럽 이후'를 생각해야 하지 않을까? 최근 몇 개월 사이에 경제 상황이 나아지면서 유럽(연합)의 장래에 대해 좀 더 낙관적인 생각이 퍼지긴 했다. 하지만 앤더슨의 책에도 인용되어 있는 토니 주트(Tony Judt)의 말처럼, 국제적 미덕의 모델로서의 유럽이 지속될 것이라고 보기는 어렵다. 그런 유럽은 마크 레너드(Mark Leonard)가 말하듯이 '평화, 번영, 민주주의의 세계'인데, 앞서 살펴본 것처럼 오늘날의 유럽은 어디에도 해당하지 않는다. 유럽연합이 구조적으로 민주주의를 결여했다는 것을 말할 것도 없고, 부채 위기의 해결 과정에서 각국 대중의 의사마저 무시하는 상황을 연출했다. 테러 위기와 난민 위기만이 고조된 갈등을 보여주는 것이 아니라 신자유주의 체제 아래에서 모든 곳에 출현한 중심-주변은 사회 자체가 심각한 갈등에 휩싸였다는 것을 보여준다. 게다가 유럽을 뒷받침했던 20세기 말과 21세기의 경제, 즉 신자유주의적 자본주의가 지속될지 자체가 의문이다. 그렇다면 유럽이 지금의 위기를 헤쳐나간다 하더라도 그 유럽은 '유럽'이 아닐지 모른다.

2018년 5월
옮긴이 안효상

찾아보기